宋史纪事本末

一

卷一至卷四〇

〔明〕陈邦瞻 撰

中華書局

图书在版编目(CIP)数据

宋史纪事本末/(明)陈邦瞻撰. —北京:中华书局,2018.9
(2026.2 重印)
(历代纪事本末)
ISBN 978-7-101-13390-5

Ⅰ.宋… Ⅱ.陈… Ⅲ.中国历史-宋代-纪事本末体
Ⅳ.K244.044

中国版本图书馆 CIP 数据核字(2018)第 182392 号

书　　名　宋史纪事本末(全三册)
撰　　者　〔明〕陈邦瞻
丛 书 名　历代纪事本末
责任编辑　许　桁
封面设计　刘　丽
责任印制　陈丽娜
出版发行　中华书局
(北京市丰台区太平桥西里 38 号　100073)
http://www.zhbc.com.cn
E-mail:zhbc@zhbc.com.cn
印　　刷　大厂回族自治县彩虹印刷有限公司
版　　次　2018 年 9 月第 1 版
2026 年 2 月第 6 次印刷
规　　格　开本/850×1168 毫米　1/32
印张 37¾　插页 6　字数 232 千字
印　　数　9001-10000 册
国际书号　ISBN 978-7-101-13390-5
定　　价　118.00 元

宋史纪事本末总目

出版说明

宋史纪事本末一〇九卷，明陈邦瞻撰。它是继通鉴纪事本末以后，用纪事本末的体裁，记述宋代（960—1279）三百余年历史的书。

陈邦瞻，字德远，高安（今江西高安县）人，万历二十六年（1598）进士，曾任南京吏部稽勋司郎中，后官至兵部左侍郎，明史卷二四二有传。在他之前，有山东临朐人冯琦（明史卷二一六有传），曾起草编写此书；另外，南京的侍御史沈越，也用同样的体裁编录宋代的史事，取名事纪。这两部书都未完稿。后来就由冯琦的弟子监察御史刘曰梧、应天府丞徐申创议，请陈邦瞻将冯、沈二书加以增订，合为一编，于万历三十二年（1604）着手编撰，大约历一年左右的时间，全书完成。清朝编的四库总目提要，说这部书“大抵本于琦者十之三，出于邦瞻者十之七”，漏略了沈越的事纪，是不够确切的。关于此书的编撰情况，可以参看我们这次点校本后面所附的几篇序跋。

陈邦瞻在宋史纪事本末叙中，说史书的编写要“征往而训来，考世而定治”，书中在记叙南北宋历史时，在不少章节中引述了程朱等理学家的议论，作为评价史事的根据。如卷八十七孝宗朝廷议，长篇累牍引了朱熹的奏议，特别强调朱熹的话说：“天下事千变万化，其端无穷，而无不本于人主之心者，此自然之理也。”又说：“天下之务莫大于恤民，而恤民之本在人君正心术以立纪纲。”这里所说的“理”或“纪纲”，也就是理学家所极力宣扬的一套封建纲常。陈邦瞻等人生活的万历年间（1573—1620），封建统治集团十分腐败，贵族大地主的土地兼并越来越剧烈，田赋、徭役以及各种苛捐杂税，日益加重，广大贫苦农民与封建地主阶级的矛盾加深，被压迫人民的反抗斗争不断爆发，一场大规模的农民起义的风暴正在蕴酿，新的起义高潮就要到来。因此，先后由冯琦、沈越、陈邦瞻这样一些地主官僚以程朱理学为指导思想来编写的这部宋史纪事本末，也就必然要反映这一时代的阶级矛盾和阶级斗争的特点。

书中对于宋代三次较大的农民起义，即北宋初年的四川李顺王小波起义，北宋末年浙江的方腊起义，南宋初年湖南洞庭湖地区的钟相杨太起义，都有专章叙述。但作者站在封建地主阶级的立场，一概称起义军为“贼党”、“群盗”，对于镇压起义的文武官员，极力推崇。尤其是在卷六十六平群盗中，把农民反抗封建统治的正义斗争与当时四处流窜残害人民的宋朝廷的散兵游勇相提并论，并称“杨太与刘豫通，欲顺流而下，李成既据襄阳，又欲自江西陆行趋浙与太会”。实际上，当时杨太的农民军将刘豫、李成派来说降的奸细严正处死，这在南宋时署名鼎澧逸民的杨幺事迹中就有明确的记载。其实元朝官修的宋史中也并没有说杨太与刘豫联合攻宋的事，在这个问题上，此书甚至比宋史还倒退了一步。

当然，这部宋史纪事本末在不少地方还是承袭了宋史的观点。譬如宋史在人物列传中特别设立道学传，记载道学家的事迹和言论，本书也就在孝宗朝廷议、道学崇黜等卷中大量记载程颐、程颢、朱熹等人的言行。陈邦瞻编撰此书时，除了参考宋史外，还取材于明薛应旂的宋元资治通鉴，而薛应旂的书，连四库提要也说它别无长处，“唯道学家特详尔”。于此可见，这部书的观点与宋史也是一脉相承的。

这部书，记述了宋代历史的大概轮廓，和宋代社会的一些重要事件，对于我们了解那一时期的历史，还有一定的参考价值。元朝修的宋史，有近五百卷之多，份量很大，而且内容芜杂。其他几部有关南北宋历史的书，如王称的东都事略，李焘的续资治通鉴长编，徐梦莘的三朝北盟会编，李心传的建炎以来系年要录等，卷帙也相当大，记述的也非宋代全史。这部宋史纪事本末，以较少的篇幅，按历史事件把大量的史料加以剪裁、整理和集中，确实表现出纪事本末体的那种“前后始末，一览了然”的特色。书中涉及的问题也较为广泛，除政治事件外，如治河、茶盐、学术思想等都有专题叙述，还记载了金和蒙古早期的历史情况。

关于宋史纪事本末的刻本流传情况，据现在所知，大致是这样的：此书撰成以后，即由刘曰梧、徐申校订刊行，分二十八卷，刻于万历三十三年（1605）。这个本子，可以称之为原刻本。在这以后，又由徐申动议，请陈邦瞻续编元代部分，约用一年左右的时间写成元史纪事本末初稿，并由臧懋循（字晋叔）参加订补，分为六卷。万历三十五年，监察御史黄吉士巡抚淮南，就将陈氏的宋、元二书与袁枢通鉴纪事本末合刻，并将宋史纪事本末略加合并，改为十卷，元史纪事本末改为四卷。另外，明朝崇祯年间，江苏太仓人张溥，就通鉴纪事本末各篇写成史论若干篇，并取陈氏二书逐目加以论正，附于各篇之后，改成以篇为卷。这样，从明末以后，宋史纪事本末就有二十八卷本、十卷本、一〇九卷本三种（四库总目提要把二十八卷误为二十六卷，后来有些目录书也沿袭了这一错误，实际上文津阁和文溯阁本四库全书与提要都作二十八卷）。清初以后，二十八卷本与十卷本传本较稀。张溥的史论在清朝前期虽列为禁书，但颇有影响，而且一〇九卷本以篇为卷，是一个重要优点，因此流传较广，后来好些本子就是据一〇九卷本刊刻的，如康熙十八年（1679）张闻升重刻本，同治十三年（1874）江西书局刻本，光绪十三年（1887）广州广雅书局重刻江西书局本，等等，大约有十余种。江西书局本系据张闻升的本子重刻，并取续纲目等书校勘过，对原书的一些错误有所刊正，是一个较好的本子。

我们这次整理校点，就是以江西书局本为底本，用万历三十三年原刻本和宋元通鉴（明嘉靖四十五年刊本）、续通鉴纲目（明成化十二年内府刊本）互校，同时参考张溥、张闻升等刻本，以及宋史、金史、元史、东都事略、宋史全文、宋会要辑稿、续资治通鉴长编等书。江西书局本对过去刊本的一些错误有所改正，但未注明依据，有时还有误改之处，我们这次就参考有关各书，择善而从，加以订正。凡补正删改的，都注明依据，写成校记，用括号小字排在各句之后。文内圆括号（　）表示应删之文，方括号〔　〕表示应补之文。常用的书名有较长者，采用略称，如薛应旂宋元通鉴称为薛鉴等。引用各书都注明卷数，编年体史书年代与本书相同的，就从略，遇有不同的则仍加注明。我们还在分段的起始年代下附加干支纪年和公元，以便于阅读。

本书校点整理工作由河北师范学院（前河北北京师范学院）历史系中国古代史组担任。书中错误或不当之处，请读者批评指出。

中华书局编辑部

1977 年 6 月撰

2018 年 7 月修订

宋史纪事本末卷一

太祖代周

宋太祖建隆元年（庚申、九六〇），周恭帝宗训元年也。先是，周显德六年十一月，镇、定二州上言，北汉会契丹兵入寇。至是年正月辛丑朔，遣殿前都点检、检校太尉、归德节度使赵匡胤率兵御之，殿前副都点检慕容延钊将前军先发。时主少国疑，中外密有推戴匡胤之意，都下欢言："将以出军之日，册点检为天子。"士民恐怖，争为逃匿计，惟内廷晏然不知。癸卯，大军继出。军校苗训号知天文，见日下复有一日，黑光摩荡者久之，指示匡胤亲吏楚昭辅曰："此天命也。"是夕，次陈桥驿。将士相聚谋曰："主上幼弱，吾辈出死力破敌，谁则知之！不如先册点检为天子，然后北征，未晚也。"都押衙李处耘具以事白匡胤弟供奉官都知匡义及归德掌书记赵普。匡义、普部分诸将，环列待旦，遣牙队军使郭延赟驰骑入京，报殿前都指挥使石守信、都虞候王审琦，二人皆素归心匡胤者。甲辰黎明，将士逼匡胤寝所，匡义、普入帐中白之。匡胤时被酒卧，欠伸徐起，将校已露刃列庭，曰："诸将无主，愿册太尉为皇帝。"匡胤未及对，黄袍已加身矣。众即罗拜呼万岁，掖之上马，还汴。匡胤揽辔曰："汝等贪富贵立我，能从我命则可，不然，我不能为若主矣。"皆下马曰："愿受命！"匡胤曰："太后、主上，我北面事者，不得惊犯；公卿，皆我比肩，不得侵陵；朝市府库，不得侵掠。用命，有重赏；违，不汝贯也。"皆应曰："诺！"遂肃队而行。

乙巳，入汴。先遣楚昭辅慰安家人，又遣客省使潘美见执政谕意。时早朝未罢，闻变，范质执王溥手曰："仓卒遣将，吾辈之罪也。"爪入溥手，几出血，溥噤不能对。侍卫亲军副都指挥使韩通自禁中遑遽而归，谋帅众御之，军校王彦昇逐焉。通驰入其第，未及阖门，为彦昇所害，妻子俱死。匡胤进登明德门，令甲士归营，而自退居公署。将士拥范质等至，匡胤见之流涕曰："吾受世宗厚恩，为（大）〔六〕（据续纲目改）军所迫，一旦至此，惭负天地，将若之何？"质等未及对，列校罗彦瓌挺剑厉声曰："我辈无主，今日必得天子！"质等相顾不知所为；溥降阶先拜，质不得已亦拜。遂请匡胤诣崇元殿，行禅代礼。召百官至，晡时班定，犹未有禅诏，翰林承旨陶穀出诸袖中，遂用之。匡胤就廷，北面拜受；已，乃掖升殿，即皇帝位。奉周主为郑王，符太后为周太后，迁之西宫。（乙巳）大赦，改元。

以所（镇）〔领〕（据续纲目、薛鉴改）归德军在宋州，国号宋。遣使遍告郡国藩镇，加官进爵有差。定国运以火德王，色尚赤，腊用戌。

帝，涿郡人。四世祖朓，唐幽都令。生珽，唐御史中丞。珽生敬，涿州刺史。敬生弘殷，周检校司徒、岳州防御使。弘殷娶杜氏，生帝于洛阳夹马营，赤光绕屋，异香经宿不散。及长，容貌雄伟，器度豁如，识者知其非常人。仕周，补东西班行首；累官殿前都指挥使，掌军政，凡六年；数从世宗征伐，洊立大功，人望归之。世宗尝于文书囊中得木，长三尺余，题曰"点检作天子"。时张永德为殿前都点检，乃命代之，卒用代周。华山隐士陈抟闻帝代周，曰："天下自此定矣。"未几，镇州报北汉兵引还。

戊申，诏赠周马步亲军副都指挥〔使〕（据宋史卷四八四周三臣传、薛鉴载赠典原诏补）韩通为中书令，以礼收葬，以旌其忠。欲加王彦昇擅杀之罪，群臣以建国之始，乞贳之，帝犹怒，故终身不得节钺。

辛亥，论翼戴功，加石守信为侍卫亲军马步军副都指挥使，高怀德为殿前副都点检，张令铎为马步军都虞候，王审琦为殿前都指挥使，张光翰为马军都指挥使，赵彦徽为步军都指挥使，并领节镇，余领军者并进爵。时慕容延钊握重兵屯真定，韩令坤领兵巡北边。帝遣使谕意，许以便宜从事，两人皆听命。乃加延钊殿前都点检，令坤侍卫都指挥使。

乙卯，帝以其弟匡义为殿前都虞候，改名光义，赵普为枢密直学士。

立四亲庙。尊高祖朓为僖祖文献皇帝，曾祖珽为顺祖惠元皇帝，祖敬为翼祖简恭皇帝，妣皆为皇后，考弘殷为宣祖昭武皇帝。定制，岁以四孟月及季冬凡五享，朔、望荐食荐新；三年一祫，以孟冬；五年一禘，以孟夏。

夏四月癸巳，周昭义节度使李筠起兵。初，帝即位，遣使加筠中书令。使者至潞州，筠欲拒之，宾佐切谏，乃延使者，置酒，既而取周太祖画像悬于壁，涕泣不已。宾佐惶骇，告使者曰："令公被酒，失其常性，幸勿讶。"北汉主钧闻之，乃以蜡书结筠同起兵，筠长子守节泣谏，筠不听。帝手诏慰抚，且召守节为皇城使，遣归谓筠曰："我未为天子时，任汝自为之；我既为天子，汝独不能小让我耶?"守节归以白筠，筠遂起兵。令幕府为檄，数帝罪；执监军周光逊等送于北汉，以求济师；又遣人杀泽州刺史张福，据其城。从事闾丘仲卿说筠曰："公孤军举事，其势甚危，虽倚河东之援，恐亦不得其力。大梁甲兵精锐，难与争锋。不如西下太行，直抵怀、孟，塞虎牢，据洛邑，东向而争天下，计之上也。"筠不能用。北汉主自帅兵赴筠，筠迎谒于太平驿，言受周太祖恩，不敢爱死。北汉主与周世仇，不悦其言，因使其宣徽使卢赞监其军。筠见汉兵弱少，而赞又来监，心甚悔，谋多不协，乃留守节守潞，而自引众南向。北汉主闻赞与筠异，复遣其平章事卫融和解之。帝遣石守信、高怀德、慕容延钊、王全斌分道击之，仍敕守信等曰："勿纵筠下太行，急引兵扼其隘，破之必矣！”守信等败筠兵于长平。

六月辛未，帝自帅大众讨筠。山路险峻多石，帝先于马上负数石，将士因争负之，即日平为大道。遂与守信等会，大败筠众于泽州南，杀卢赞，筠走保泽州。帝亲督战，列栅围之。大将马全义帅敢死士数十人，攀堞而上，遂入其城，筠赴火死。获卫融，请死，帝怒，以铁挝击其首，流血被面，融呼曰：“臣得死所矣！”帝曰：“忠臣也。”释之，以为太府卿。北汉主惧，引师归。帝进攻潞州，守节以城降。帝释其罪，以为单州团练使。

秋七月，帝自潞州还。以大梁为东京，洛阳为西京。

己未，周淮南节度使李重进据扬州起兵。重进，周太祖之甥，与帝同事周室，分掌兵柄，常心惮帝。帝立，加重进中书令，移镇青州。重进愈不自安，阴怀异志。及李筠举兵，重进遣亲吏翟守珣往潞，阴结筠。守珣素识帝，乃潜诣京师求见。帝问曰：“我欲赐重进铁券，彼信我乎？”守珣曰：“重进终无归顺之志。”帝厚赐守珣，令说重进缓其谋，无令二凶并作，分我兵势。守珣归，劝重进未可轻发，重进信之。既而帝遣六宅使陈思诲赐之铁券。重进欲治装随思诲朝汴，左右沮之，犹豫不决。又自以周室懿亲，恐不得全，遂拘思诲，治城缮兵，遣人求援于唐，唐主以闻。遣石守信、王审琦、李处耘、宋偓等分道讨之，赵普劝帝自行。

冬十月，帝发汴。十一月丁未，至广陵，即日拔之。城将陷，左右欲杀思诲，重进曰：“吾将举族放火死，杀此何益！”即尽室自焚，思诲亦被害。帝入城，戮同谋者数百人，扬州平。

史臣曰：韩通死于宋未受禅之顷，忠义之志明矣。李筠、李重进旧史书叛，叛与否未易言也。洛邑所谓顽民，非殷之忠臣乎！或曰三人者，尝臣唐、晋、汉矣，曰智氏之豫让，非欤？

三年（壬戌、九六二）冬十月，迁郑王宗训于房州。王后以开宝六年春殂，谥曰恭帝。

宋史纪事本末卷二

收兵权

太祖建隆二年（辛酉、九六一）闰三月，以慕容延钊为山南东道节度使。先是，帝受禅，延钊握重兵屯真定，韩令坤领兵巡北边。帝遣使谕意，许以便宜从事，两人皆听命，乃加延钊殿前都点检，令坤亦加侍卫指挥使。至是，延钊自真定来朝，令坤亦从讨李重进还，皆罢为节度使。自是殿前都点检不复除授。

秋七月，罢侍卫都指挥使石守信等典禁兵。初，石守信、王审琦等皆帝故人，有功，典禁卫兵。赵普数以为言，帝曰："彼等必不吾叛，卿何忧之深邪？"普曰："臣亦不忧其叛也。然熟观数人者，皆非统御才，恐不能制伏其下，则军伍间万一有作孽者，彼临时亦不能自由尔。"帝悟。一日，召普从容论天下之事，因喟然叹息曰："自唐季以来数十年间，八姓十二君僭窃相踵，兵革不息，生民涂炭。吾欲息天下之兵，建久长之计，其道何如？”普对曰：“陛下之及此言，天地神人之福也。节镇太重，唯稍夺其权，则天下自安矣。”帝曰：“卿勿复言，吾已喻矣。”顷之，帝因晚朝，与石守信等饮，酒酣，屏左右谓曰：“朕非卿等不及此。然天子亦大艰难，殊不若为节度使之乐，朕终夕未尝敢安枕卧也。”守信等请其故，帝曰：“是不难知，此位谁不欲为！”守信等顿首曰：“陛下何为出此言？今天命已定，谁复有异心！”帝曰：“卿等固然，其如麾下欲富贵何？一旦有以黄袍加汝身，汝虽欲不为，其可得乎！”守信等泣谢曰：“臣等愚不及此，惟陛下哀矜，指示可生之途。”帝曰：“人生如白驹过隙，所以好富贵者，不过欲多积金钱，厚自娱乐，使子孙无贫乏尔。卿等何不释去兵权，出守大藩，择便好田宅市之，为子孙立永远不可动之业；多置歌儿舞女，日夕饮酒相欢，以终天年。朕且与卿等约为婚姻，君臣之间，两无猜疑，上下相安，不亦善乎？”守信等皆谢曰：“陛下念臣等至此，所谓生死而肉骨也。”明日，皆称疾，乞罢典兵。帝从之，以守信为天平节度使，高怀德为归德节度使，王审琦为忠正节度使，张令铎为镇宁节度使，赵彦徽为武信节度使，皆罢宿卫就镇，赐赉甚厚，唯石守信兼职如故，其实兵权不在也。已而欲用天雄节度使符彦卿典禁兵，赵普谏曰：“彦卿名位已甚，岂可复委以兵柄？”帝曰：“朕待彦卿厚，岂忍相负耶？”普对曰：“陛下何以能负周世宗？”帝默然，事遂寝。

久之，王彦超及诸藩镇入朝，帝宴于后苑，酒酣，从容谓之曰："卿等皆国家宿旧，久临剧镇，王事鞅掌，非朕所以优贤之意也。"彦超谕意，即前奏曰："臣本无勋劳，久冒荣宠，今已衰朽。乞骸骨，归丘园，臣之愿也。"安远节度使武行德、护国节度使郭从义、定国节度使白重赞、保大节度使杨廷璋竞自陈攻战阀阅及履历艰苦。帝曰："此异代事，何足论！"明日皆罢镇，奉朝请。

胡一桂曰：太祖深思天下唐末以来，生民涂炭，知所以处藩镇收兵权之道。既以从容杯酒之间，解石守信等兵权，复以后苑之宴，罢王彦超等节镇，于是宿卫、藩镇不可除之痼疾，一朝而解矣！

乾德元年（癸亥、九六三）春正月，初以文臣知州事。五代诸侯强盛，朝廷不能制，每移镇受代，先命近臣谕旨，且发兵备之，尚有不奉诏者。帝即位初，异姓王及带相印者不下数十人。至是，用赵普谋，渐削其权，或因其卒，或因迁徙致仕，或因遥领他职，皆以文臣代之。

夏四月，诏设通判于诸州，凡军民之政皆统治之，事得专达，与长吏均礼。大州或置二员。又令节镇所领支郡皆直隶京师，得自奏事，不属诸藩，于是节度使之权始轻。时符彦卿久镇大名，专恣不法，属邑颇不治，故特选常参官强干者往莅之，自是遂著为令。

三年（乙丑、九六五）三月，初置诸路转运使。自唐天宝以来，藩镇屯重兵，租税所入，皆以自赡，名曰留使、留州，其上供者甚少。五代藩镇益强，率令部曲主场务，厚敛以入己，而输贡有数。帝素知其弊。赵普乞命诸州度支经费外，凡金帛悉送汴都，无得占留。每藩镇帅缺，即令文臣权知所在场务。凡一路之财，置转运使掌之，虽节度、防御、团练、观察诸使及刺史，皆不预签书金谷之籍，于是财利尽归于上矣。

八月，选诸道兵入补禁卫。先是，帝诏殿前、侍卫二司，各阅所掌兵，拣其骁勇者升为上军。至是，命诸州长吏择本道兵骁勇者送都下，以补禁旅之阙。又选强壮卒定为兵样，分送诸道，召募教习，俟其精练，即送阙下。复立更戍法，分遣禁旅戍守边城，使往来道路，以习勤苦、均劳佚。自是将不得专其兵，而士卒不至于骄惰，皆赵普之谋也。

帝谓宰臣曰："五代诸侯跋扈，有枉法杀人者，朝廷置而不问。人命至重，姑息藩镇当如是邪！自今诸州决大辟，录案闻奏，付刑部详覆之。"

帝复问赵普以文臣有武干者，普以左补阙辛仲甫对，帝遂用之为四川兵马都监。因谓普曰："五代方镇残虐，民受其祸。朕今用儒臣干事者百余人分治大藩，纵皆贪浊，亦未及武臣十之一也。"

吕中曰：天下之所以四分五裂者，方镇之专地也；干戈之所以交争互战者，方镇之专兵也；民之所以苦于赋繁役重者，方镇之专利也；民之所以苦于刑苛法峻者，方镇之专杀也；朝廷命令不得行于天下者，方镇之继袭也。太祖与赵普长虑却顾，知天下之弊源在乎此，于是以文臣知州，以朝官知县，以京朝官监临财赋，又置运使，置通判，皆所以渐收其权。朝廷以一纸下郡县，如身使臂，如臂使指，无有留难，而天下之势一矣。

帝既定计尽收诸宿将兵柄而削藩镇权，尤注意命将分部守边，具得要领。以赵赞屯延州，姚内斌守庆州，董遵诲屯环州，王彦昇守原州，冯继业镇灵武，以备西夏；李汉超屯关南，马仁瑀守瀛州，韩令坤镇常（州）〔山〕（据宋史卷二五一韩令坤传改），贺惟忠守易州，何继筠领（隶）〔棣〕州（据宋史卷二七三何继筠传改），以拒北狄；又以郭进控西山，武守琪戍晋州，李谦溥守隰州，李继勋镇昭义，以御太原。其家族在京师者，抚之甚厚。郡中管榷之利悉与之，恣其图回贸易，免所过征税。令召募骁勇以为爪牙。凡军中事，许从便宜。每来朝，必召对，命坐，赐以饮食，锡赉殊异。由是边臣皆富于财，得以养募死士，使为间谍，洞知蕃情。每入寇，必能先知预为备，设伏掩击，多致克捷。自此累年无西北之虞，得以尽力东南，取荆、湖、川、广、吴、楚之地。

汉超在关南，民有讼其强娶己女为妾及贷民钱不偿者。帝召讼者，谓曰："汝女可适何人？"对曰："农家尔。"又问："汉超未至关南时，契丹何如？"对曰："岁苦侵暴。"曰："今复尔邪？"对曰："无也。"帝曰："汉超，朕之贵臣，汝女为之妾，不犹愈为农妇乎！且使汉超不在关南，汝家尚能保其所有货财邪？"责其人而遣之，密使谕汉超曰："亟还其女并所贷，朕姑贳汝，勿复为也。不足于用，何不以告朕邪？"汉超感泣，由是益修政理，吏民爱之。

初，遵诲父宗本仕汉为随州刺史。帝微时，客游至汉东，依宗本。遵诲冯藉父势，尝侮之，一日谓帝曰："每见城上有紫云如盖。又梦登高台，遇黑蛇，约长百尺余，俄化龙，飞腾东北去，雷电随之。是何祥也？"帝皆不对。他日论兵，遵诲理屈，拂衣起，帝乃辞宗本去。自是紫云渐散。及即位，召遵诲谕之曰："卿尚记曩日紫云、黑龙之事乎？"遵诲惶恐再拜。俄而部下卒诉其不法十余事，遵诲待罪请死。帝曰："朕方赦过赏功，岂念旧恶邪！"遵诲母在幽州，患难暌离，帝厚赏边民，购得之，仍加优赐。至是，以环、夏近边，授通远军使。遵诲至镇，召诸族酋长，谕以朝廷威德，众皆感悦。后数月，复来扰边，遵诲率兵深入其境，俘斩甚众，获羊马数万，夷落以定。

陈邦瞻曰：宋祖君臣惩五季尾大之祸，尽收节帅兵柄，然后征伐自天子出，可谓识时势、善断割，英主之雄略矣！然观其任将如此，此岂猜忌不假人以柄者哉！后世子孙不深惟此意，徒以杯酒释兵权为美谈。至南渡后，奸臣犹托前议，罢三大帅兵以与仇敌连和，岂太祖、赵普之谋误之耶！然当时务强主势，矫枉过直，兵材尽聚京师，藩篱日削，故主势强而国势反弱矣，亦不可谓非其遗孽也。

宋史纪事本末卷三

平荆湖

太祖建隆元年（庚申、九六〇）（六）〔八〕（据宋史卷四八三高保融传改）月，荆南节度使高保融卒，弟保勖嗣。初，保融迂缓，国事悉委于母弟保勖，及卒，保勖权知军府，请命于帝，授以节度使。

三年（壬戌、九六二）冬十月，武平节度使周行逢卒，子保权嗣，时年十一。

十一月，荆南节度使高保勖卒，兄保融子继冲嗣。

初，周行逢病亟，召将校，属其子保权曰："吾部内凶很者，诛之略尽，唯张文表在耳。我若死，文表必乱，诸君善佐吾儿，无失土宇。必不得已，当举族归朝，无令陷于虎口。"及保权嗣位，文表闻之，怒曰："我与行逢俱起微贱，立功名，今日安能北（向）〔面〕（据续纲目、薛鉴改）

事小儿乎！”十二月，会保权遣兵代永州戍，道出衡阳，文表遂驱之以袭潭州。知留后廖简素易文表，不设备。文表兵径入府中，简方燕客醉，被杀，文表遂据潭州。又将取朗陵以灭周氏，保权遣杨师璠击之，且来求援。先是，帝遣卢怀忠使荆南，谓之曰：“江陵人情去就，山川向背，我欲尽知之。”怀忠还言：“高继冲甲兵虽整而控弦不过三万，年谷虽登而民困于暴敛。南迩长沙，东距建康，西迫巴、蜀，北奉朝廷，其势日不暇给，取之易也。”及周保权使至，帝谓范质等曰：“江陵四分五裂之国，今出师湖南，假道荆渚，因而平之，万全策也。”

乾德元年（癸亥、九六三）春正月庚申，乃命慕容延钊为都部署，枢密副使李处耘为都监，率十州兵，假道继冲，讨文表。未至，杨师璠已破文表于平津亭，执文表，脔而食之，枭首朗陵市。处耘至襄州，遣丁德裕使继冲谕意。孙光宪因言于继冲曰：“中国自周世宗时，已有混一天下之志，今宋主规模宏远，不若早以疆土归之，则可免祸，而公亦不失富贵矣。”继冲乃遣其叔父保寅，奉牛酒犒师于荆门，且觇强弱，处耘待之有加。继冲闻之，以为无虞。是夕，延钊召保寅宴饮帐中，处耘密遣轻骑数千倍道前进。继冲但俟保寅还，遽闻王师奄至，即惶怖出迎，遇处耘于江陵北十五里。处耘揖继冲，令待延钊，而率亲军先入城。比继冲还，则王师已分据要冲。继冲大惧，因尽籍其境内三州十（六）〔七〕（据宋史卷八五地理志、续纲目、薛鉴改）县，遣客将王昭济奉表纳于帝。帝受之，以王仁赡为荆南都巡检使，而授继冲荆南节度使如故，高氏亲属僚佐拜官有差，以光宪为黄州刺史。

三月戊寅，延钊进克潭州，将趋于朗。保权牙将张从富等，以为文表已诛而宋师继进不止，惧为所袭，相与拒守，延钊至，不克入。帝闻之，遣使谕从富等，不听，以兵逆战于澧江，败之。李处耘择所俘体肥者数十人，令左右皆啖之，黥其少健者，令先入朗。黥者入城，言被擒者为宋师所啖，闻者皆恐，遂溃。延钊因长驱而进，遂克其城，执从富杀之。其大将汪端劫保权及家属亡匿江南岸僧寺中。处耘遣田守奇帅师渡江，获之以归。帝释其罪，以为右千牛卫上将军。汪端犹拥众寇掠，王师击杀之。湖南悉平，得州十四、监一、县六十六。帝以户部侍郎吕余庆权知潭州。

湖南辰州在唐分为锦、溪、巫、叙四郡，唐末，蛮酋分据之，各保险阻以自固，时出寇抄。帝既平湖南，思得通蛮情、习地势、沉勇智谋者以镇抚之。辰州猺人秦再雄，武健有奇略，蛮党畏服，帝召至汴，察其可任，擢为刺史，使自辟吏，予以租赋。再雄感恩，誓以死报，至州日，训兵士，得三千人，皆能披甲渡水，历山飞堑如猨猱。又选亲校二十人，分使诸蛮，以传朝廷怀来之意，莫不从风而靡，各得降表以闻。自是荆、湘无复边患。

宋史纪事本末卷四

平　蜀

太祖乾德二年（甲子、九六四）十（二）〔一〕（据宋史卷一太祖纪、续纲目、薛鉴改）月，命王全斌伐蜀。蜀主孟昶自袭位，日事奢纵，以王昭远、伊审徵、韩保正、赵崇韬分掌机要，总统军政。昶母太后李氏，本唐庄宗嫔御，以赐知祥，尝谓昶曰："吾见庄宗及尔父灭梁、定蜀，当时主兵者，非有功不授，故士卒畏服。今昭远乃汝给事左右之人，保正又世禄之子，素不习兵，一旦有警，此辈何所用之！"蜀主不听。及宋下荆、湖，蜀相李昊言于蜀主曰："臣观宋氏启运，不类汉、周，一统海内，其在此乎！若通职贡，亦保安三蜀之良策也。"蜀主欲通使，昭远固止之，乃率兵屯峡路，增置水军。帝闻之，遂谋伐蜀，以张晖为凤州团练使。晖尽得蜀虚实险易以闻，帝大悦。已而蜀山南节度判官张廷伟说知枢密院事王昭远曰："公素无勋业，一旦位至枢近，不自建立大功，何以塞时论？莫若通好并州，令发兵南下，我自黄花、子午谷出兵应之，使中原表里受敌，则关右之地可抚而有。"昭远然其言，劝蜀主遣赵彦韬等以蜡书间行，约北汉济河同举兵。至汴，彦韬潜取其书以献，帝笑曰："西讨有名矣！"帝乃命王全斌为西川行营都部署，刘光义、崔彦进副之，王仁赡、曹彬为都监，将步骑六万，分道伐蜀。且命为蜀主治第于汴水之涯，凡五百余间，供张什物具备。诏全斌谓曰："凡克城寨，止籍其器甲、刍粮，悉以财帛分给将士。吾所欲得者，其土地耳。"全斌及彦进等由凤州进，光义及彬等由归州进。蜀主闻之，以王昭远为都统，赵崇韬为都监，韩保正为招讨使，李进副之，帅兵拒宋。命左仆射李昊饯于郊，昭远酒酣，攘臂言曰："吾此行非止克敌，取中原如反掌耳。"手执铁如意，指麾军事，自方诸葛亮。

十二月，王全斌等克万仞、燕子二砦，遂取兴州，连拔石圌等二十余砦，获粮四十万。全斌先锋将史延德与保正、李进等战于三泉砦，败之，擒保正及进等，获粮三十万。师至罗川，蜀师依江列阵以待，崔彦进遣张万友夺其桥，蜀人退保大漫天砦。彦进、万友与康延泽分三道击之，蜀人悉其精锐逆战，大败而溃。王昭远等复引兵迎敌，三战皆败，昭远渡桔柏江，焚梁，退保剑门。

刘光义、曹彬克蜀夔州，蜀宁江制置使高彦俦死之。初，夔州有锁江为浮梁，上设敌棚三重，夹江列炮具。光义等行，帝示以地图，指锁江曰："我军泝流至此，慎勿以舟师争胜，当先以步骑陆行袭击之。俟其势却，即以战櫂夹攻，取之必矣。"及师至夔，距锁江三十里，舍舟步进，先夺浮梁，复牵舟而上。彦俦谓监军武守谦曰："北军涉远而来，利在速战，不如坚壁以待之。"守谦不从，独领麾下与光义骑将张廷翰战，败走。廷翰乘胜登城，彦俦力战不胜，身被十余创，左右皆散。彦俦奔归府第，整衣冠，望西北再拜，投火自焚死。后数日，光义得其骨于灰烬中，以礼葬之。

三年（乙丑、九六五）春正月，王全斌进次益光，得降卒，言："益光江东，越大山数重，有狭径名来苏，蜀人于江西置栅，对岸可渡。自此出剑门南二十里至青（疆）〔强〕（据宋史卷二五五王全斌传、续纲目、薛鉴改，下同）与官道合。若行此路，则剑门不足恃也。"乃分兵趋来苏，跨江为浮梁以济。蜀人见之，弃寨而遁，遂进次青（疆）〔强〕。王昭远闻之，留其偏将守剑门，自引众退屯汉源坡以待全斌。未至汉源，剑门已破，昭远股栗失次。赵崇韬布阵出战，昭远据胡床不能起。全斌进击，大破之，斩首万余级。昭远走投东川，匿仓舍下，悲嗟流涕，目尽肿，俄而追骑至，与崇韬俱被执。

刘光义、曹彬进克蜀万、施、开、忠四州，峡中郡县悉定，遂州知州陈愈以城降。时诸将所过，咸欲屠戮以逞，独曹彬禁止之，故峡路兵始终秋毫无犯。

蜀主闻昭远败，大惧，出金帛募兵，令太子玄喆统之，李廷珪、张惠安等为之副，趋剑门以御王师。玄喆素不习武，廷珪、惠安皆庸懦无识。玄喆离成都，但携姬妾、乐器及伶人数十辈，晨夜嬉戏，不恤军政。至绵州，闻已失剑门，遂遁还东川，所过焚庐舍、仓廪而去。蜀主惶骇，问计于左右，有老将石斌对曰："宋师远来，势不能久，请聚兵固守以老之。"蜀主曰："吾父子以丰衣美食养士四十年，及遇敌，不能为我东向发一矢，今若固垒，何人为我效命！"已而全斌进次魏城。乙酉，蜀主命李昊草表请降，全斌受之，遂入城。刘光义等亦引兵来会。前蜀之亡也，降表亦昊为之，蜀人夜书其门曰："世修降表李家。"师自发汴至受降，凡六十六日，得州四十五，县百九十八。帝以吕余庆知成都府。

初，全斌之伐蜀也，属汴京大雪，帝设毡帐于讲武殿，衣紫貂裘帽以视事，忽谓左右曰："我被服如此，体尚觉寒，念西征将士，冲冒霜雪，何以堪处！"即解裘帽，遣中使驰赐全斌，仍谕诸将曰："不能遍及也。"全斌拜赐感泣，故所向有功。

王全斌、崔彦进、王仁赡等在蜀，昼夜宴饮，不恤军务，纵部下掠子女，夺财物，蜀人苦之。曹彬屡请旋师，全斌不从。既而帝诏发蜀兵赴汴，并优给装钱，全斌等擅减其数，仍纵部曲侵扰之，蜀兵忿怨思乱。三月，蜀兵行至绵州，遂作乱，劫属邑，众至十余万，自号兴国军。获蜀文州刺史全师雄，推以为帅。全斌遣朱光绪往招抚之，光绪尽灭师雄之族，纳其爱女。师雄怒，遂无归志，率众攻彭州，据之，自称兴蜀大王，开幕府，署节帅二十余人分据要害，两川民争应之。崔彦进、高彦晖等分道攻讨，为师雄所败，彦晖战死。全斌又遣张〔廷〕翰（据宋史卷二五九本传、续纲目、薛鉴补）击之，复不利，退保成都。师雄势益张，遣兵守绵、汉间，断阁道，缘江置砦，声言欲攻成都。于是邛、蜀、眉、雅、果、遂、渝、合、资、简、昌、普、嘉、戎、荣、陵十六州及成都属县皆起兵应师雄，全斌等大惧。时成都城中降兵未遣者尚二万七千，全斌虑其应贼，与诸将谋，诱至夹城中，尽杀之。

六月，蜀主昶举族与官属至汴，率子弟素服待罪阙下。帝御崇元殿，备礼见之，赐赉甚厚。拜昶检校太师兼中书令，封秦国公，子玄喆为泰宁军节度使，从臣亲属授官有差。昶寻卒，帝废朝五日，追封楚王。昶母李氏，本唐庄宗宫妾也，至汴，帝命肩舆入宫，谓之曰："国母善自爱，无戚戚怀乡土，异日当送母归。"李氏曰："妾本太原人，倘得归老并土，妾之愿也。"时帝有北征意，闻其言甚喜。及昶卒不肯哭，以酒酹地曰："汝不死社稷，贪生以至今日。吾所以忍死者，以汝在耳；今汝既死，吾何用生为！"不食数日亦死，帝闻而伤之。帝尝见昶宝装溺器，命撞碎之，曰："以七宝饰此，当以何器贮食？所为如是，不亡何待！"

十二月，帝闻两川兵起，客省使丁德裕领兵往讨之，以康延泽为东川七州招安巡检使。时全师雄屯新繁，刘光义、曹彬进击，大破之。师雄退屯于郫，王全斌、王仁赡复攻之，师雄走灌口。水陆转运使曹翰会仁赡围贼吕翰于嘉州，翰弃城走。是夕，贼还，结众围城，约以三鼓进攻。曹翰谍知之，戒掌漏者止击二鼓，贼众不集，至明而遁，追袭，大破之。全斌复破师雄于灌口，师雄走金堂，病死。其党据铜山，推谢行本为主，延泽旋拔之。德裕等分道招辑，贼众悉平。西南诸夷多来请附。

（乾德）五年（丁卯、九六七）春正月甲寅，征王全斌等还。帝自闻蜀兵乱，凡使者至，各令陈王全斌等不法事，因尽得其状，乃皆征还。以其初立功，不欲属吏，但令中书问状。全斌等具（状）〔伏〕（据宋史卷二五五王全斌传、续纲目、薛鉴改）黩货、杀降之罪。遂责降全斌崇义节度留后，崔彦进昭化节度留后，王仁赡右卫大将军。以刘光义等廉谨，并进爵秩，（后）〔复〕（据续纲目、薛鉴改）召吕余庆参知政事。仁赡等历诋诸将，冀以自免，且曰："清廉畏慎，不负陛下者，曹彬一人耳！"彬之还也，囊中惟图书、衣衾，又能（济）〔戢〕（据宋史卷二五八曹彬传、续纲目、薛鉴改）下，于是赏彬特优。彬入谢曰："诸将皆获罪，臣不敢奉诏。"帝曰："卿有茂功，又不〔矜〕（据宋史卷二五八曹彬传、续纲目、薛鉴补）伐。惩劝国之常典，可无逊。"

二月，以沈义伦为枢密副使。义伦为四川（都）（据宋史卷二六四沈伦传、续纲目、薛鉴删）转运使，随军入蜀，独居佛寺，蔬食，有以珍异献者皆却之，及归，箧中惟书数卷而已。帝尝问曹彬以官吏善否，彬曰："臣止监军旅，至于采察官吏，非所职也。"固问之，曰："义伦可用。"帝嘉之，故有此命。

宋史纪事本末卷五

平南汉

太祖乾德二年（甲子、九六四）春正月，南汉侵潭州，防御使潘美击却之。

时南汉主刘鋹性昏懦，委政宦者龚澄枢及才人卢琼仙。鋹日与宫人波斯女等游戏宫中，宦者至七千余，有为三师、三公者。宦者陈延寿谓鋹曰："先帝所以得传位于陛下者，由尽杀群弟故也。"劝鋹除去诸王。鋹以为然，遂杀其弟桂王璇兴，由是上下怨而纪纲大坏。

内侍监许彦真复谗杀尚书右丞钟允章，与龚澄枢并用事，争权不协。会有告彦真通先朝李丽姬者，澄枢将按之，彦真惧，与其子谋杀澄枢。澄枢使人告彦真谋反，下狱族诛。南汉主复以李讬为内太师、六军观军容使。初，南汉主纳讬长女为贵妃，次女为美人，至是，诏国政皆禀讬而后行。

九月，潘美、尹崇珂帅兵攻南汉郴州，克之。初，南汉内常侍邵廷琄言于南汉主曰："汉承唐乱，居此五十余年，幸中国多故，干戈不及，而汉益骄于无事。今兵不识旗鼓，而人主不知存亡。夫天下乱久矣，乱久必治，请饬兵备，且遣使通好于宋。"南汉主懵然莫以为虑。至是始惧，以廷琄为招讨使，屯洸口。

帝既克郴，得南汉内侍余延业。帝访其国政，延业具言其主作烧、煮、剥、剔、刀山、剑树之刑，或令罪人斗虎抵象。又赋敛繁重，邑民入城者，人输一钱，琼州斗米税四五钱，置媚川都定其课。令入海五百尺采珠，所居宫殿，以珠、玳瑁饰之。内官陈延寿作诸淫巧，日费数万金。宫城左右，离宫数十，游幸常至月余或旬日。以豪民为课户，供宴犒之费。帝闻其奢酷，惊骇曰："吾当救此一方民。"时方谋下蜀，未遑也。

三年（乙丑、九六五）六月，南汉招讨使邵廷琄屯洸口以待王师，招辑亡叛，训士卒，修战备，国人赖以少安。有投匿名书谮廷琄将图不轨，南汉主信之，遣使赐廷琄死。士卒排军门见使者，诉廷琄无反状，请加考验，弗许；乃相与立庙洸口，祠之。

开宝三年（庚午、九七〇）九月，鋹举兵侵道州。刺史王继勋上言："鋹肆为残暴，数出寇边，请南伐。"帝令南唐主为书谕鋹使称臣，归所侵湖南旧地。鋹囚唐使而驿书答唐主，言甚不逊。唐主上其书，帝乃以潘美为桂州道

（宋史卷二太祖纪作“贵州道”，长编作“贺州道”，毕鉴从之。按：贵州远在西南，与此役无涉，必误。贺州为双方争夺之军事要冲，当作“贺州道”为是。疑“贺”、“贵”形近致讹，复转讹为“桂”。惟桂州亦在宋军攻取范围，故不改）行营都部署，尹（从）〔崇〕珂（据宋史卷二五九本传改）为副以伐之。时南汉旧将多以谗构诛死，宗室翦灭殆尽，掌兵者惟宦官数辈。自南汉主晟以来，耽于游宴，城壁濠隍多饰为宫馆池沼，楼舰皆毁，兵器又腐。及闻有宋师，内外震恐，乃遣龚澄枢驰往贺州，画守御策。前锋至芳林，澄枢遁还，潘美遂围贺州。南汉诸大臣皆请起故将潘崇彻，鋹不从，遣伍彦柔将兵援贺。潘美闻彦柔至，潜以奇兵伏南乡岸。彦柔夜泊南乡，舣舟岸侧。迟明，挟弹登岸，踞胡床指挥，而伏兵卒起，彦柔众大乱，死者十七八。擒彦柔斩之，枭其首以示城中，城遂破。美督战舰，声言顺流趋广州。南汉主忧迫，计无所出，乃以潘崇彻为都统，领众三万，屯贺江。会美径趋昭州，崇彻但拥众自保而已。美乘胜克昭州，进拔桂、连二州。鋹闻之，谓左右曰：“昭、桂、连、贺本属湖南，今北师取之，足矣，吾知不复南也。”

十（一）〔二〕（据宋史卷四八一南汉世家、续纲目、薛鉴改。本卷下文校改未注依据者同此）月，鋹以李承渥为都统，将兵十余万，阵于莲花峰下。南汉人教象为阵，每象载十数人，皆执兵杖，凡战，必致阵前，以壮军威。潘美集劲弩射之，象奔踶，乘者皆堕，反践承渥军，军遂大败，承渥仅以身免。美进拔韶州。韶，汉之北门也。鋹闻韶破，穷蹙不知为计，始令堑广州东壕。顾诸将无可使者，宫媪梁鸾真荐其养子郭崇岳可用，南汉主以为招讨使，与大将植廷晓统军六万，屯马迳，以御王师。崇岳无谋勇，唯日祷于鬼神而已。

四年（辛未、九七一）二月，潘美克南汉英、雄二州，潘崇彻以其众降。美进次泷头，汉主遣使请和，且求缓师。美不许，进兵马迳，去广城十里，砦于双女山下。汉主闻之，取舶船十余，载金宝、妃嫔，欲入海。未及发，宦者乐范与卫兵千余，盗舶船走。汉主惧，遣其左仆射萧漼奉表诣军门乞降，美即令人送漼赴汴。汉主欲遣其弟保兴率百官出迎，郭崇岳止之，乃复为捍御之备，又遣保兴率国内兵拒战。植廷晓谓崇岳曰："北军乘席卷之势，其锋不可当，吾士旅虽众，然皆伤疲之余，今不驱策而前，亦坐受其毙矣。"廷晓乃领前军据水而阵，令崇岳殿后。既而王师济水，廷晓力战不胜，死于阵，崇岳奔还其栅。潘美谓诸将曰："彼编竹木为栅，若篝火焚之，必扰乱，因而夹击之，此万全之策也。"遂分遣丁夫，人持二炬，间道造其栅。会暮夜，万炬俱发，天大风，烟埃纷起，南汉军大败，崇岳死于乱兵。龚澄枢、李托相与谋曰："北军之来，利吾国中珍宝耳，今尽焚之，使得空城，必不能久驻也。"乃纵火焚府库宫殿，一夕皆尽。明日，鋹出降，美入城，俘其宗室、官属，送汴。有宦者百余辈盛服请见，美曰："是椓人多矣，吾奉诏伐罪，正为此等。"悉斩之。凡得州六十，县二百四十。加潘美山南东道节度使。

三月丙申，诏："广南有买人男女为奴婢转佣利者，并放免。伪政有害于民者，悉以闻，除之。"

鋹至汴，帝遣吕余庆问鋹反覆及焚府库之罪，鋹归罪龚澄枢、李讬。明日，有司以帛系鋹及其官僚，献于庙、社。帝御明德门，遣刑部尚书卢多逊宣诏责鋹，鋹曰："臣年十六僭位，澄枢等皆先臣旧人，每事臣不得专。在国时，臣是臣下，澄枢是国主。"遂伏地待罪。帝命大理卿高继申引澄枢、讬，斩于（午）〔千秋〕门外，释鋹罪，赐袭衣、冠带、器币、鞍马，授检校太保、右千牛卫大将军，封恩赦侯。

鋹体质丰硕，眉目俱竦，有口辩，性绝巧。尝以珠结鞍勒为戏龙之状，极其精妙，以献。帝谓左右曰："鋹好工巧，习以成性，倘能移于治国，岂至灭亡哉！"鋹在国时，多置鸩毒臣下。一日，从帝幸讲武池，从官未集，鋹先至，赐以卮酒。鋹疑有毒，泣曰："臣承祖父基业，违拒朝廷，劳王师致讨，罪固当诛。陛下既待臣以不死，愿为大梁布衣，观太平之盛，未敢饮此酒。"帝笑曰："朕推赤心于人腹中，安有此事！"命取鋹酒自饮，而别酌以赐鋹，鋹大惭谢。鋹后于太宗太平兴国五年卒。帝之将伐北汉也，宴近臣于禁中，鋹进言曰："朝廷威灵及远，四方僭伪之主今日尽在坐中；旦夕平太原，刘继元又至。臣率先来朝，愿得执梃为诸国降王长。"帝大笑。

宋史纪事本末卷六

平江南

太祖建隆元年（庚申、九六〇），南唐主李景以御服、锦绮、金帛来贺即位。十一月，帝平李重进，令诸军习战舰于迎銮镇，景大恐，遣使犒师，且使其子从镒朝于扬州。唐臣杜著、薛良以罪来奔，献“平南策”。帝方恶其不忠，斩著下蜀市，配良庐州牙校，遂还汴。

二年（辛酉、九六一）二月，唐迁都于豫章。初，唐主景之袭父位也，属中国多故，跨据江、淮三十余州，擅盐鱼之利，即山铸钱，物力富盛，颇有窥觎中原之志。及淮甸入于周，浸以衰弱。帝既平扬州，虽戮其亡叛，景终不自宁，乃迁豫章，以太子从嘉守建康。豫章城邑迫隘，群臣日夜思归，景怒，欲诛赞行者。

八月甲辰，唐主景方议东（迁）〔还〕（据续纲目改），以疾卒于南都。太子煜时留建康，遂即位。遣其户部尚书冯谧奉父遗表于帝，愿追尊帝号，帝许之。煜乃谥景为文孝皇帝，庙号元宗，陵号顺陵。煜初名从嘉，聪悟好学，善属文，工书画，明音律。

三年（壬戌、九六二）六月，诏唐主煜："应朝廷横海、飞江、水斗、怀顺诸军亲属有在江表者，悉遣令渡江。"煜每闻朝廷出师克捷及喜庆之事，必遣使犒师修贡；其大庆更以贡宴为名，别献珍玩。

秋七月，南唐遣其臣翟如璧贡金银、锦绮千万。是月，放南唐降卒弱者数千人归国。

十一月，赐唐建隆四年历。

唐主酷信浮屠法，出禁中金钱，募人为僧。时都下僧及万人，皆仰给县官。唐主退朝，与后服僧衣，诵佛书，拜跪，手足成赘。僧有罪，命礼佛而释之。帝闻其惑，乃选少年有口辩者，南渡见唐主，论性命之说。唐主信重，谓之"一佛出世"，由是不复以治国守边为意。

开宝元年（戊辰、九六八）五月，唐以韩熙载为中书侍郎。熙载显德中入朝归国，唐主景问中国大臣，熙载曰："赵点检顾视不常，不可测也。"帝受禅，景益重之，欲以为相，以帷薄不修而止，至是复用。

唐主立周氏，故后妹也，美姿容，以姻戚往来，先得幸于唐主，后卒，遂册立之。唐主颇留意声色，霓裳羽衣曲久绝不传，后按谱尽得其声调。唐主常欲以户部侍郎孟拱辰宅赐教坊袁承进，御史张宪上疏力谏，不听。初，唐宰相严续尽忠不贰，与执政议多不同，求罢政事，唐主许之，于是百司政事皆归于枢密院。枢密副使陈乔柔懦畏怯，猾吏潜结权幸，多为非法，纪纲并坏。而张洎方以文学得幸，特授清辉殿学士，与太子太傅徐辽、太子太保徐游别居澄心堂，密画机务，中旨多自澄心堂出，游从子元楀等宣行之，中书、密院俱同散地。

四年（辛未、九七一）十一月，唐主遣其弟从善来朝，奉方物入贡。帝以从善为泰宁军节度，赐第，留京师。唐主手疏求遣从善归国，优诏不许。时唐主事中国，虽外示畏服，内实修备。及南汉亡，惧甚，因上表乞去国号，改“唐国主”为“江南国主”，“唐国印”为“江南国主印”，且请赐诏呼名，帝许之。唐主乃贬损制度，下书称教，改中书、门下省为左、右内史府，尚书省为司会府，其余官称多所更定。先是，唐主以银五万遗赵普，普以白帝，帝曰：“此不可不受，但以书答对，少赂其使者可也。”普辞，帝曰：“大国之体，不可自为削弱，当使之勿测。”及从善来朝，常赐外，密赉白金如遗普之数。唐君臣皆震骇，服帝之伟度。

五年（壬申、九七二）二月，江南江都留守林仁肇密陈：“淮南戍兵少，宋前已灭蜀，今又取岭南，道远师疲。愿假臣兵数万，自寿春径渡，复江北旧境。彼纵来援，臣据淮御之，势不能敌。兵起日，请以臣叛闻于北朝，事成，国享其利；败则族臣家，明陛下无二心。”江南主不听。又沿江巡检卢绛募亡命，习水战，屡破吴越兵于海门，亦尝说江南主曰："吴越，仇雠也，他日必为北朝掎角。臣请诈以宣、歙叛，陛下声言讨臣，臣且乞兵吴越，至则蹑而攻之，其国可取。"江南主亦不用。帝忌仁肇威名，赂其侍者，窃取仁肇画像悬别室，引江南使者观之，问："何人?"使者曰："林仁肇也。"曰："仁肇将来降，先持此为信。"又指空馆曰："将以此赐仁肇。"使者归，白江南主。江南主不知其间，鸩杀仁肇。

七年（甲戌、九七四）春正月，江南主遣常州刺史陆昭符入贡，奉疏求弟从善归国，帝不许。江南主天性友爱，自从善来使被留，悲恋不已，岁时宴会皆罢。

九月癸亥，遣曹彬等将兵伐江南。帝欲伐江南而无名，遣知制诰李穆谕江南主入朝。江南主将从之，其门下侍郎陈乔曰："臣与陛下俱受元宗顾命，今往，必见留，其若社稷何？臣虽死无以见元宗于九泉矣！"内史舍人张洎亦劝其主无入朝。时乔与洎掌（枢）〔机〕（据续纲目、薛鉴改。本卷下文校补未注依据者同此）密，江南主信之，遂称疾固辞，且言："谨事大朝，冀全济也。今若此，有死而已！"穆曰："朝与否，国主自处之。然朝廷甲兵精锐，物力富雄，恐不易当也。宜熟思之，无贻后悔。"江南主不从，而遣使求封册。帝不许，命梁迥复使，讽之入朝。江南主不答。迥还，帝乃命曹彬为西南路行营都部署，潘美为都监，曹翰为先锋，将兵十万以伐之。自王全斌平蜀多杀降卒，帝每恨之。至是，彬等入辞，帝诫彬曰："江南之事，一以委卿，切勿暴掠生民，务广威信，使自归顺，不烦急击也。"又曰：

"城陷之日，慎无杀戮。设若困斗，则李煜一门不可加害。"且以剑授彬曰："副将而下，不用命者斩之！"潘美等皆失色。彬自荆南发战舰东下，江南屯戍皆谓每岁宋所遣巡兵，但闭壁自守，奉牛酒犒师，寻觉异于他日，池州将戈彦弃城走。彬入池州，败江南兵于铜陵，进次采石矶。

初，江南池州人樊若水举进士不第，因谋来归。乃渔钓于采石江上，乘小舟载丝绳其中，维南岸，疾棹抵北岸，凡十数往还，得其江之广狭。因诣汴上书，言江南可取状，请造浮梁以济师。帝然之，遣使往荆湖，造黄黑龙船数千艘。又以大舰载巨竹絙，自荆渚而下。或谓江阔水深，古未有浮梁而济者，帝不听，擢若水为右赞善大夫。及师南下，以若水为向导，既克池州，即用为知州。十一月，若水请试舟，乃先试于石牌口，移至采石，三日而成，不差尺寸。潘美因率步兵渡江，若履平地。时江南久不用兵，老将皆没，主兵者多新进，以功名自负，闻兵兴，踊跃言利害者〔日〕数十人。江南主以镇海节度使、同平章事郑彦华督水军万人，都虞候杜真领步军万人，同逆王师。将行，江南主诫之曰："两军水陆相济，无不捷矣。"彦华以战舰鸣鼓，泝流而上，急趋浮梁，潘美麾兵击败之。真以所部步军接战，彦华不能救，亦败。金陵始戒严，下令去开宝之号，益募民为兵，民以财粟献者，官爵之。

八年（乙亥、九七五）二月，曹彬连破江南兵于白鹭洲、新林港，遣田钦祚攻溧水。江南统军使李雄谓诸子曰："吾必死于国难，尔曹勉之！"父子八人皆没于陈，钦祚遂克溧水。彬大军进次秦淮，江南兵水陆十万陈于城下。时舟楫未具，潘美率兵先赴，令曰："美提骁果数万人，战胜攻取，岂限此一衣带水而不径渡乎！"遂涉水，大军随之，江南兵大败。马军都虞候李汉琼率所部，取巨艘，实以葭苇，乘风纵火，拔其城南水寨，又拔关城，守陴者争（道）〔遁〕，溺死千计。

初，陈乔、张洎为江南主谋，请所在坚壁以老宋师。江南主遂弗为虑，自于后苑引僧及道士诵经、讲易，高谈不恤政事。军书告急，非徐元楀等莫得通，王师驻城下累月，江南主犹不知。时兵政皆属神卫统军都指挥使皇甫继勋。继勋素贵骄，初无效死意，但欲其主速降，而口不敢发，每与众言，辄云："北军强劲，谁能敌之！"闻兵败则喜曰："吾固知其不胜也。"偏裨有募死士欲夜出邀战者，继勋必杖其背，拘囚之。一日，江南主自出巡城，见宋师列栅，旌旗满野，知为左右所蔽，始惊惧，收继勋付狱杀之，遣使召神卫军都虞候朱令赟以上江兵入援。

冬十月，江南都虞候刘澄以润州降。江南主危迫，遣学士承旨徐铉求缓师。铉至，言于帝曰："李煜无罪，陛下兵出无名。煜以小事大，如子事父，未有过失，奈何见伐？"帝曰："尔谓父子为两家，可乎？"铉不能对而还。逾月，江南复遣铉乞缓师，以全一邦之命。铉见帝，论辩不已，帝按剑怒曰："不须多言！江南亦有何罪，但天下一家，卧榻之侧，岂容他人鼾睡耶！"铉惶恐，辞归江南。

朱令赟自湖口入援，众号十五万，顺流而下，将焚采石浮梁。彬闻之，遣战棹都部署王明密令人树长木于洲渚间，若帆樯之状。令赟望见，疑有伏，逗挠不敢进，明因移檄诸将，掎角袭之。令赟乘其大航，建大将旗鼓，至皖口，明合步军将刘遇急攻之。令赟势促，纵火拒战，会北风甚，火反及之，众大溃，遂擒令赟。金陵独恃此援，由是孤城愈蹙。

曹彬遣人谓江南主曰："事势如此，所惜者，一城生聚耳。若能归命，策之上也。某日城必破，宜早为之所。"江南主不听。一日，彬忽称疾不视事，诸将皆来问疾。彬曰："某之疾非药石所能愈，惟须诸君诚心自誓，以克城之日，不妄杀一人，则自愈矣。"诸将许诺，共焚香为誓。明日，彬即称愈。又明日，城陷。初，陈乔、张洎约同死社稷，然洎实无死志。至是，乔径入白江南主曰："今日国亡，愿加显戮，以谢国人。"江南主曰："此乃历数，卿死无益也。"乔曰："纵不杀臣，臣何面目以见士人乎！"遂自经死。勤政殿学士钟倩朝服坐于家，兵及门，亦举族死之。江南主率臣僚诣军门请罪，彬慰安之，待以宾礼，请煜入宫治装，彬以数骑待（军）〔宫〕（据宋史卷二五八曹彬传、续纲目、薛鉴改）门外。左右密谓彬曰："煜入或不测，奈何？"彬笑曰："煜素慄无断，既已降，必不能自引决。"煜治装毕，遂与其宰相汤悦等四十五人赴汴京。彬自出师至凯旋，士众畏服，无敢轻肆，克城之日，兵不血刃，凡得州十九、军三、县一百八十。捷至，群臣称贺，帝泣曰："宇县分割，民受其祸，攻城之际，必有横罹锋刃者，实可哀也!”命出米十万赈恤之。

九年（丙子、九七六）春正月乙亥，曹彬俘江南主李煜还汴。帝御明德门，以煜尝奉正朔，命勿宣露布，止令煜君臣白衣纱帽至楼下待罪。诏并释之，赐冠带、器币、鞍马有差，授煜检校太傅、右千牛卫上将军，封违命侯，子姓从官皆录用之，因赦天下。帝责张洎曰：“汝劝煜不降，使至今日。”因出洎所草召上江援兵蜡丸书示之。洎谢曰：“书实臣所为，然犬吠非其主，此其一耳，他尚多。今得死，臣之分也!”帝奇之，以为太子中允。

二月庚戌，以曹彬为枢密使。初，彬之伐江南也，帝谓曰：“俟克李煜，当以卿为使相。”潘美预以为贺，彬曰：“不然，夫是行也，仗天威，遵庙谟，乃能成事，吾何功哉！况使相极品乎?”美曰：“何谓也?”彬曰：“太原未平耳。”及还，帝谓曰：“本授卿使相，然刘继恩未下，姑少待之。”美视彬微笑。帝诘之，美以实对，帝亦大笑，乃赐彬钱五十万。彬退曰：“人生何必使相，好官无过多得钱耳!”未几，乃拜枢密使。

江南州郡皆降，独江州指挥使胡则杀刺史谢彦实，集众固守。曹翰围之四月余，则力屈被执，翰杀之，因纵兵悉取赀财而屠其民。

太宗太平兴国三年（戊寅、九七八）秋七月壬辰，陇西公李煜卒。

宋史纪事本末卷七

太祖建隆以来诸政

太祖建隆元年（庚申、九六〇）春正月乙卯，遣使分赈诸州。

是月，视学。诏增葺祠宇，塑绘先圣、先贤像，自为赞，书于孔、颜座端，令文臣分撰余赞，屡临视焉。尝谓侍臣曰：“朕欲尽令武臣读书，知为治之道。”于是臣庶始贵文学。

帝尝讲求辅弼，谓左右曰：“朕闻范质居第之外，不殖货产，真宰相也！”是日，以质及王溥、魏仁浦同辅政。旧制，宰臣上殿，命坐而议大政；其进拟差除，但入疏状，画可降出，奉行而已。质等自以周朝旧臣，稍存形迹，且惮帝英睿，乃请用札子，面取旨，退，各疏其事，同列书字以志。从之，坐论之礼遂废。

庚寅，赐贡士杨砺等十九人及第、出身有差。自是岁贡举。

二年（辛酉、九六一）春正月，度民田。周世宗末年，尝命官诣诸州度民田，而使者多不称。至是，帝谓侍臣曰："度田盖欲勤恤小民，而民敝愈甚。今当精择其人。"遂分遣常参官诣诸州。寻诏州县课民种植，长吏以春秋巡视，著为令。又置义仓，官所收贰税，每一石别输一斗，贮之以备凶歉。

夏四月，诏郡国置前代帝王、贤臣陵冢户。

三年（壬戌、九六二）二月甲午，诏："自今百官每五日内殿起居，以次转对，指陈时政得失。事关急切者，许不时上章，无以触讳为惧。"

己亥，诏曰："王者禁人为非，乃设法令，临下以简，必务哀矜，世属乱离则纠之以猛，人知耻格则济之以宽。窃盗之生，本非巨蠹，近朝立制，重于律文，甚非爱人之旨。自今窃盗赃满五贯足陌者，死。"

乾德元年（癸亥、九六三）秋七月，帝幸武成王庙，历观两庑，指白起像曰："起杀已降，不武之甚，岂宜受享！"命去之。

二年（甲子、九六四）春正月，行四时参选法，诏陶穀等四十七人各于见任幕职京官中，举堪为郡守副佐者一人。除官之日，仍书举主姓名，如谬举致职事乖方者，并连坐。

夏四月丁未，策贤良方正直言极谏科，取博州判官颖贽。宋初取士有三科：一曰贤良方正直言极谏，一曰经术优深可为师法，一曰详闲吏理达于教化。凡内外职官、布衣草泽皆得充举，并诸州解送吏部，试论三道，廷试策一道。应制科者自贽始。

三年（乙丑、九六五）八月，置封桩库。帝平荆、湖、西蜀，收其金帛，别为内库储之，号“封桩”，凡岁终用度之余，皆入之，以为军旅、饥馑之备。尝谕近臣曰：“石晋割幽、燕以赂契丹，使一方独限外境，朕甚悯之。欲俟斯库所蓄满四五百万，遣使谋于彼，傥肯以地归于我，则以此酬之。不然，我以二十匹绢购一胡人首，彼精兵不过十万，止费我二百万匹绢，则虏尽矣！”

四年（丙寅、九六六）三月甲辰，诏翰林学士、常参官，于幕职、州县及京官内，各举堪任常参官者一人，不当者连坐。

开宝元年（戊辰、九六八）三月，初覆试贡士。是科擢进士合格者十八人，陶穀子邴名在第六。帝谓左右曰：“闻穀不能训子，邴安得〔登〕（据宋史卷一五五选举志、续纲目补）第！”命中书覆试，因下诏曰：“造士之选，匪树私恩，世禄之家，宜敦素业。如闻党与，颇容窃吹，文衡公器，岂宜私滥！自今举人，凡关食禄之家，悉委中书覆试。”

三年（庚午、九七〇）秋七月己巳，诏曰：“吏员猥多，难以求治，俸禄鲜薄，未可责廉，与其冗员而重费，不若省官而益俸。诸州县宜以户口为率，差减其员，旧俸月增给五千。”

帝性孝友节俭，质任自然，不事矫饰。受禅初，颇好微行。或谏其轻出，曰："帝王之兴，自有天命。周世宗见诸将方面大耳者皆杀之，我终日侍侧，不能害也。"尝坐寝殿，令洞开诸门，皆端直轩豁，无有壅蔽，谓左右曰："此如我心，若有邪曲，人皆见之矣！"一日，罢朝坐便殿，不乐者久之。左右请其故，曰："尔谓天子容易为耶？早作乘快误决一事，故不乐耳。"宫中苇帘缘用青布，常服之衣，浣濯至再。永康公主尝衣贴绣铺翠襦，帝曰："尔服此，众必相效。"禁之。主一日劝帝以黄金饰肩舆，帝曰："我以四海之富，宫殿饰以金银，力亦可办；但念我为天下守财耳，岂可妄用！"尤注意刑辟，尝读二典，叹曰："尧、舜之罪四凶，止从投窜，何近代法网之密耶！"故定为折杖法，以递减流、徒、杖、笞之刑。自开宝以来，犯大辟非情理深害者，多得贷死；惟赃吏弃市，则未尝贳。

宋史纪事本末卷八

礼乐议

太祖建隆三年（壬戌、九六二）夏四月（长编系于二年五月，宋史卷九八礼志称其事在太祖“即位之明年”），太常寺博士聂崇义上三礼图。先是，周世宗时，将禘于太庙，言事者以宗庙无祧室，不当行禘祫之礼。崇义上言，其略曰：“魏明帝以景初三年正月上仙，至五年二月，祫祭。明年，又禘。自兹后，以五年为禘。且魏以武帝为太祖，至明帝始三帝，未有毁主而行禘祫，其证一也。宋文帝元嘉六年，祠部定十月三日大祫。其太学博士议云：‘按禘祫之礼，三年一，五年再。’宋高祖至文帝裁亦三帝，未有毁主而行禘祫，其证二也。梁武帝用谢广议，三年一禘，五年一祫，谓之大祭。禘祭以夏，祫祭以冬。且梁武乃受命之君，裁追尊四朝而行禘祫，则知祭者是追养之道，以时移节变，孝子感而思亲，故荐以首时，祭以仲月，间以禘祫，序以昭穆，乃礼之经也，非关宗庙备与未备，其证三也。”终从崇义之议。世宗诏参定郊庙祭玉，崇义因考正三礼，至是，表上之。帝览而嘉之，诏曰：“礼器、礼图，相承传用，浸历年祀，宁免差违。聂崇义典事国庠，服膺儒业，讨寻故实，刊正疑讹，奉职效官，有足嘉者，崇义宜量与酬奖。所进三礼图，宜令太子詹事尹拙集儒学三五人，更同参议，所冀精详，苟有异同，善为商榷。”

尹拙驳正三礼，聂崇义复引经释之，下（礼）〔工〕部（据宋史卷四三一聂崇义传改）尚书窦仪裁定。仪上奏曰：“伏以圣人制礼，垂之无穷，儒者据经，所传或异，年祀浸远，图绘缺然，踳驳弥深，丹青靡据。聂崇义研求师说，耽味礼经，较于旧图，良有新意。尹拙爰承制旨，能罄所闻。尹拙驳议及聂崇义答义各四卷，臣再加详阅，随而裁置，率用增损，列于注释，共分为十五卷，以闻。”诏颁行之。拙、崇义复陈“祭玉、鼎釜异同”之说，诏下中书省集议。吏部尚书张昭等奏议曰：“按聂崇义称祭天苍璧，九寸圆好，祭地黄琮，八寸无好，圭、璋、琥并长九寸。自言周显德三年，与田敏等按周官玉人之职及阮谌、郑玄旧图，载其制度。臣等按周礼玉人之职，只有‘璧琮九寸，瑑琮八寸’，及‘璧羡度尺好三寸以为度’之文，即无苍璧、黄琮之制，兼引注有尔雅‘肉倍好’之说，此即是注‘璧羡度’之文，又非苍璧之制。又详郑玄自注周礼，不载尺寸，岂复别作画图，违经立异？四部书目内有三礼图十二卷，是隋开皇中敕礼官修撰，其图第一、第二题云梁氏，第十后题云郑氏，又称不知梁氏、郑氏名位所出。今书府有三礼图，亦题梁氏、郑氏，不言名位。厥后有梁正者，集前代图记，更加详议，题三礼图曰：'陈留阮士信受礼学于颍川綦毋君，取其说为图三卷，多不按礼文，而引汉事与郑君之文违错，正删为二卷。'其阮士信即谌也。如梁正之言，可知谌之纰谬，兼三卷礼图删为二卷，应在今礼图之内，亦无改祭玉之说。臣等参详，自周公制礼之后，叔孙通重定以来，礼有纬书，汉代诸儒颇多著述，讨寻祭玉，并无尺寸之说。魏、晋之后，郑玄、王肃之学，各有生徒，三礼、六经，无不论说，检其书亦不言祭玉尺寸。臣等参验画图本书，周公所说正经不言尺寸，设使后人谬为之说，安得便入周图？知崇义等以诸侯入朝献天子、夫人之琮、璧以为祭玉，又配合羡度肉好之言，强为尺寸。古今大礼，顺非改作，于理未通。又据尹拙所述，礼神之六玉，称取梁桂州刺史崔灵恩所撰三礼义宗，内昊天及五精帝圭、璧、琮、璜皆长尺二寸，以法十二时；祭地之琮长十寸，以效地之数。又引白虎通云：'方中圆外曰璧，圆中方外曰琮。'崇义非之，以为灵恩非周公之才，无周公之位，一朝撰述便补六玉阙文，尤不合礼。臣等窃以刘向之论洪范，王通之作元经，非必挺圣人之姿而居上公之位，有益于教，亦为斐然。臣等以灵恩所撰之书，聿稽古训，祭玉以十二为数者，盖天有十二次，地有十二辰，日有十二时，封山之玉牒十二寸，圜丘之笾豆十二列，天子以镇圭外守，宗后以大琮内守，皆长尺有二寸，又裸圭尺二寸，王者以祀宗庙。若人君亲行之郊祭，登坛酌献，服大裘，搢大圭，行郊奠，而手秉尺二之圭，裸献九寸之璧，不及礼宗庙裸圭之数，父天母地，情亦奚安？则灵恩议论，理未为失，所以自义宗之出，历梁、陈、隋、唐垂四百年，言礼者引为师法，今五礼精义、开元礼、郊祀录皆引义宗为标准。近代晋、汉两朝，仍依旧制。周显德中，田敏等妄作穿凿，辄有更改。自唐贞观之后，凡三次大修五礼，并因隋朝典故，或节奏繁简之间稍有厘革，亦无改祭玉之说。伏望依白虎通、义宗、唐礼之制，以为定式。又尹拙依旧图画釜，聂崇义去釜画镬，臣等参详旧图，皆有釜无镬。按易说卦云：'坤为釜。'诗云：'维锜及釜。'又云：'溉之釜鬵。'春秋传云：'锜釜之器。'礼记云：'燔黍捭豚。'解云：'古未有甑釜，所以燔捭而祭。'即釜之为用，其来尚矣，故入于礼图。今崇义以周官祭祀有'省鼎镬'、'供鼎镬'，又以仪礼有'羊镬'、'豕镬'之文，乃云：'画釜不如画镬。'今诸经皆载釜之用，诚不可去。又周、仪礼皆有'镬'之文，请两图之。又若观诸家祭祀之画，今代见行之礼，于大祀前一日，光禄卿省视鼎、镬，伏请图镬于鼎下。"诏从之。

乾德元年（癸亥、九六三）二月，（按：宋史卷一二六乐志，"太常窦俨上言曰云云"乃建隆元年二月之事，——薛鉴在建隆元年四月——下文"翰林学士承旨陶穀等云云"方为乾德元年之事。本书因二事性质相近，故合叙之。）太常窦俨上言曰："三五之兴，礼乐不相沿袭。洪惟圣宋，肇建皇极，一代之乐，宜乎立名。乐章固当易以新词，式遵旧典。”从之，因诏俨专其事。俨乃改周乐文舞崇德之舞为文德之舞，武舞象成之舞为武功之舞。改乐章十二顺为十二安，盖取“治世之音安以乐”之义：祭天为高安，祭地为静安，宗庙为理安，天地宗庙登歌为嘉安，皇帝临轩为隆安，王公出入为正安，皇帝食饮为和安，皇帝受朝、皇后入宫为顺安，皇太子轩县出入为良安，正冬朝会为永安，郊庙俎豆入为丰安，祭享、酌献、饮福、受胙为禧安，祭文宣王、武成王同用永安，耤田、先农用静安。五月，有司上言：“僖祖文献皇帝室奏大善之舞，顺祖惠元皇帝室奏大宁之舞，翼祖简恭皇帝室奏大顺之舞，宣祖昭武皇帝室奏大庆之舞。”从之。翰林学士承旨陶穀等奉诏撰定祀感生帝之乐章曲名：降神用大安，太尉行用保安，奠玉币用庆安，司徒奉俎用咸安，酌献用崇安，饮福用广安，亚献用文安，送神用普安。五代以来乐工未具，是岁秋行郊享之礼，诏选开封府乐工八百三十人，权隶太常，习鼓吹。

四年（丙寅、九六六）春，遣拾遗孙吉取成都孟昶伪宫县至京师。太常官属阅视，考其乐器不协音律，命毁弃之。

六月，判太常寺和岘言：“大乐署旧制，宫县三十六虡设于庭，登歌两架设于殿上。望诏有司别造，仍令徐州求泗滨石以充磬材。”许之。先是晋开运末，礼乐之器沦陷，至是，始令有司复二舞、十二案之制。二舞郎及引舞一百五十人，按视教坊开封乐籍，选乐工子弟以备其列，冠服准旧制。鼓吹十二案，其制，设毡床十二，为熊罴腾倚之状以承其下，每案设大鼓、羽葆鼓、金錞各一，歌箫、笳各二，凡九人，其冠服同引舞之制。

十月，岘又言："乐器中有叉手笛，乐工考验皆与雅音相应。按唐吕才歌白雪之琴，马滔进太一之乐，当时得与宫县之籍，况此笛足以协十二旋相为宫，亦可通八十四调。其制如雅笛而小，长九寸，与黄钟管等，其窍有六，左四右二，乐人执持，两手相交，有拱揖之状，请名之曰拱宸管。望于十二案、十二编磬并登歌两架，各设其一，编于令式。"诏可。

太祖每谓雅乐声高，近于哀思，不合中和，又念王朴、窦仪，素名知乐，皆以沦没，因诏和岘讨论其理。岘言："以朴所定律吕之尺较西京铜望臬古制石尺短四分，乐声之高良由于此。"乃诏依古法别创新尺以定律吕，自此雅音和畅，事具律历志。（按：此文原出宋史卷一二六乐志，故仅著篇名。）

自国初已来，御正殿、受朝贺，用宫县次；御别殿、群臣上寿，举教坊乐。是岁冬至，上御乾元殿，受贺毕，群臣诣大明殿，行上寿礼，始用雅乐、登歌二舞。

是月，和岘又上言："郊庙殿庭，通用文德、武功之舞，然其缀兆未称武功、文德之形容。又依古义，以揖让得天下者，先奏文舞；以征伐得天下者，先奏武舞。陛下以推让受禅，宜先奏文舞。按尚书，舜受尧禅，'玄德升闻，乃命以位'。请改殿宇所用文舞为玄德升闻之舞。其舞人约唐太宗舞图，用一百二十八人，以倍八佾之数，分为八行，行十六人，皆著履，执拂，服袴褶，冠进贤冠。引舞（一）〔二〕（据宋史卷一二六乐志改）人，各执五采纛。其舞状、文容、变数，聊增更改。又陛下以神武平一宇内，即当次奏武舞。按尚书周武王‘一戎衣而天下大定’，请改为天下大定之舞。其舞人数行列，悉同文舞。其人皆被金甲，持戟。引舞二人，各执五采旗。其舞六舞：一变象六师初举，二变象上党克平，三变象淮扬底定，四变象荆、湖归复，五变象邛蜀纳款，六变象兵还振旅。乃别撰舞曲乐章，其铙铎、雅相、金錞、鼗鼓，并引二舞等工人冠服，即依乐令，而文德、武功之舞，请于郊庙仍旧通用。又按唐贞观十四年，景云见，河水清，张文收采古朱雁、天马之义，作景云河清歌，名燕乐元会第二奏者是也。伏见今年荆南进甘露，京兆、（东）〔果〕州（据宋史卷一二六乐志改）进嘉禾，黄州进紫芝，和州进绿毛龟，黄州进白兔。欲依月律，撰神龟、甘露、紫芝、嘉禾、玉兔五瑞各一曲，每朝会登歌，首奏之。”有诏：“二舞人数、衣冠悉仍旧制，乐章如所请。”

六年（戊辰、九六八），岘又言：“汉朝获天马、赤雁、神鼎、白麟之瑞，并为郊歌。国朝合州进瑞木成文，驯象由远方自至，秦州获白乌，黄州获白雀，并合播在管弦，荐于郊庙。”诏岘作瑞文、驯象、玉乌、皓雀四瑞乐章，以备登歌。

未几，岘复言：“按开元礼，郊祀车驾还宫，入嘉德门，奏采茨之乐；入太极门，奏太和之乐。今郊祀礼毕，登楼肆赦，然后还宫，宫县但用隆安，不用采茨。其隆安乐章本是御殿之辞，伏详礼意，隆安之乐自内而出，采茨之乐自外而入，若不并用，有失旧典。今大乐署丞王光裕诵得唐日采茨曲，望依月律别撰其辞。每郊祀毕，车驾初入，奏之；御楼礼毕，还宫，即奏隆安之乐。”并从之。

宋史纪事本末卷九

治　河

太祖乾德二年（甲子、九六四），遣使案行黄河，治古堤。议者以旧河不可卒复，力役且大，遂止。诏民治遥堤，以御冲决之患。

三年（乙丑、九六五）秋，大霖雨，河决阳武，梁、澶、郓亦决。诏发州兵治之。

四年（丙寅、九六六）八月，滑州河决，坏灵河县大堤。诏殿前都指挥使韩重赟等督士卒丁夫数万人治之。

五年（丁卯、九六七）春正月，帝以河堤屡决，分遣使行视，发畿甸丁夫缮治。自是岁以为常，皆以正月首事，季春而毕。是月，诏开封、大名府、郓、澶、滑、孟、濮、齐、淄、沧、棣、滨、德、博、怀、卫、郑等州长吏，并兼本州河堤使。

开宝五年（壬申、九七二）五月，河大决濮阳，又决阳武。诏发诸州兵及丁夫凡五万人，遣颍州团练使曹翰护其役。翰辞，太祖谓曰："霖雨不止，又闻河决。朕信宿以来，焚香上祷于天，若天灾流行，愿在朕躬，勿延于民也。"翰顿首对曰："昔宋景公，诸侯耳，一发善言，灾星退舍。今陛下忧及兆庶，恳祷如是，固当上感天心，必不为灾。"

六月，下诏曰："近者澶、濮等数州，霖雨（渐）〔荐〕（据宋史卷九一河渠志改。本卷下文校补未注依据者同此）降，洪河为患。朕以屡经决溢，重困黎元，每阅前书，讨究经渎。至若夏后所载，但言导河至海，随山浚川，未闻力制湍流，广营高岸。自战国专利，堙塞故道，小以妨大，私而害公，九河之制遂隳，历代之患弗弭。凡搢绅多士，草泽之伦，有素习河渠之书，深知疏导之策，若为经久，可免重劳，并许诣阙上书，附驿条奏。朕当亲览，用其所长，勉副询求，当示甄奖。"时东鲁逸人田告者，纂禹元经十二篇。帝闻之，召至阙下，询以治水之道。善其言，将授以官。以亲老，固辞归养，从之。翰至河上，亲督工徒，未几，决河皆塞。

太宗太平兴国二年（丁丑、九七七）秋七月，河决孟州之温县，郑州之荥泽，澶州之顿丘，皆发缘河诸州丁夫塞之。

三年（戊寅、九七八）春正月，命使十七人分治黄河堤，以备水患。

八年（癸未、九八三）五月，河大决滑州韩村，泛澶、濮、曹、济诸州民田，坏居人庐舍。东南流，至彭城界入于淮。诏发丁夫塞之。堤久不成，乃命使者按视遥堤旧址。使回条奏，以为："治遥堤不如分水势。自孟抵郓，虽有堤防，唯滑与澶最为隘狭，于此二州之地，可立分水之制。宜于南北岸各开其一，北入王莽河以通于海，南入灵河以通于淮，节减暴流，一如汴口之法。其分水河，量其远迩，作为斗门，启闭随时，务乎均济。通舟运，溉农田，此富庶之资也。"不报。时多阴雨，河久未塞。帝忧之，遣枢密直学士张齐贤乘传诣白马津，用太牢加璧以祭。

十二月，滑州言决河塞，群臣称贺。

九年（甲申、九八四）春，滑州复言房村河决。帝曰："近以河决韩村，发民治堤不成，安可重困吾民，当以诸军代之！"乃发卒五万，以侍卫步军指挥使田重进领其役。

淳化四年（癸巳、九九三）冬十月，河决澶州，陷北城，坏庐舍七千余区。诏发卒代民治之。是岁，巡河供奉官梁睿上言："滑州土脉疏，岸善隤，每岁河决南岸，害民田。请于迎阳凿渠引水，凡四十里，至黎阳合大河，以防暴涨。"帝许之。

五年（甲午、九九四）春正月，滑州言新渠成。帝又案图，命昭宣使、罗州刺史杜彦钧率兵夫计功十七万，凿河开渠，自韩村埽至州西铁狗庙，凡五十余里，复合于河，以分水势。

真宗大中祥符（三）〔五〕年（壬子、一〇一二），著作佐郎李垂上导河形胜书三篇并图，其略曰："臣请自汲郡东推禹故道，挟御河，较其水势，出大伾、上阳、太行三山之间，复西河故渎，北注大名西、馆陶南，东北合赤河而至于海。因于魏县北析一渠，正北稍西，迳衡漳直北下，出邢、洺，如夏书'过洚水'，稍东，注易水，合百济，会朝河而至于海。大伾而下，黄、御混流，薄山障堤，势不能远。如是，则载之高地而北行，百姓获利，而契丹不能南侵矣。禹贡所谓'夹右碣石入于海'。孔安国曰：'河逆上此州界。'其始作自大伾西八十里，曹公所开运渠东五里，引河水，正北稍东十里，破伯禹〔古〕堤，迳牧马陂，从禹故道。又东三十里，转大伾西，通利军北，挟白沟，复（四）〔西〕大河（据长编改），北迳清丰、大名西，历洹水、魏县东，暨馆陶南，入屯氏故渎，合赤河而北，入于海。既而自大伾西新发故渎西岸，析一渠，正北稍西五里，广深与汴等，合御河道。逼大伾北，即坚壤析一渠，东西二十里，广深与汴等，复东大河。两渠分流，则三四分水犹得注澶渊旧渠矣。大都河水从西大河故渎，东北合赤河而达于海。然后于魏县北发御河西岸，析一渠，正北稍西六十里，广深与御河等，合衡漳水。又冀州北界，深州西南三十里，决衡漳西岸，限水为门，西北注滹沱，潦则塞之使东渐渤海，旱则决之使西灌屯田，此中国御边之利也。两汉而下，言水利者屡欲求九河故道而疏之。今考图志，九河并在（中）〔平〕原而北，且河坏澶、滑，未至平原而上已决矣，则九河奚利哉！汉武舍大伾之故道，发顿丘之暴冲，则滥兖泛齐，流患中土，使河朔平田膏腴千里，纵容边寇劫掠其间。今大河尽东，全燕陷北，而御边之计，莫大于河。不然，则赵、魏百城，富庶万亿，所谓诲盗而招寇也。一日（俟）〔伺〕我饥馑，乘虚入寇，临时用计者实难，不如因人足财丰之时，成之为易。”诏枢密直学士任中正、龙图阁直学士陈彭年、知制诰王曾详定。中正等上言：“详垂所述，颇为周悉。所言起滑台而下，派之为六，则缘流就下，湍急难制，恐水势聚而为一，不能各依所导。设或必成六派，则是更增六处河口，悠久难于堤防，亦虑入滹沱、漳河，渐至二水淤塞，益为民患。又筑堤七百里，役夫二十一万七千，工至四十日，侵占民田，颇为烦费。”其议遂寝。

天禧三年（己未、一〇一九）六月，滑州河溢城西北天台山旁，俄复溃于城西南，岸摧七百步，漫溢州城。历澶、濮、曹、郓，注梁山泊，又合清水、古汴渠，东入于淮，州邑罹患者三十二。即遣使赋诸州薪石、楗橛、芟竹之数千六百万，发兵夫九万人治之。

四年（庚申、一〇二〇）二月，河塞。群臣入贺，上亲为文，刻石纪功。是年，祠部员外郎李垂又言疏河利害，命垂至大名府、滑、卫、德、贝州、通利军，与长吏计度。垂上言：“臣所至，并称黄河水入王莽、沙河与西河故渎，注金、赤河，必虑水势浩大，荡浸民田，难于堤备。臣亦以为河水所经，不无为害。今者决河而南，为害既多，而又阳武埽东，石堰埽西，地形污下，东河泄水又艰。或者云：‘今决处漕底坑深，旧渠逆上，若塞之，旁必复坏。’如是则议塞河者诚以为难。若决河而北，为害虽少，一旦河水注御河，荡易水，迳乾宁军，入独流口，遂及契丹之境。或者云：‘因此摇动边鄙。’如是则议疏河者又益为难。臣于两难之间，辄画一计，请自上流引北载之高地，东至大伾，泻复于澶渊旧道，使南不至滑州，北不出通利军界。何以计之？臣请自卫州东界曹公所开运渠东五里河北岸凸处，就岸实土坚引之，正北稍东十三里，破伯禹古堤，注裴家潭，迳牧马陂。又正东稍北四十里，凿大伾西山，酾为二渠，一逼大伾南足，决古堤，正东八里，复澶渊旧道；一逼通利军城北曲河口，至大禹所导西河故渎，正北稍东五里，开南北大堤。又东七里，入澶渊旧道，使南不至滑州，与南渠合。夫如是，则北载之高地，大伾二山脽股之间，分酾其势，浚泻两渠，汇注东北，不远三十里，复合于澶渊旧道，而滑州不治自涸矣。臣请以兵夫二万，自来岁二月兴作，除三伏半功外，至十月而成，其均厚埤薄，俟次年可也。”疏奏，朝议虑其烦扰，罢之。

初，滑州以天台决口去水稍远，聊兴葺之，及西南堤成，乃于天台口旁筑月堤。六月望，河复决天台下，走卫南，浮徐、济，害如三年而益甚。帝以新经赋率，虑殚困民力，即诏京东西、河北路经水灾州军，勿复科调丁夫。其守捍堤防役兵，仍令长吏存恤而番休之。

五年（辛酉、一〇二一）春正月，知滑州陈尧佐以西北水坏城，无外御，筑大堤；又叠埽于城北，护州中居民；

复就凿横木，下垂木数条，置水旁以护岸，谓之木龙，当时赖焉；复并旧河开枝流，以分导水势。有诏嘉奖。

说者以黄河随时涨落，故举物候为水势之名：立春之后，东风解冻，河边人候水，初至凡一寸则夏秋当至一尺，颇为信验，故谓之“信水”。二月、三月，桃华始开，冰泮雨积，川流猥集，波澜盛长，谓之“桃华水”。春末，芜菁华开，谓之“菜华水”。四月末，垄麦结秀，擢芒变色，谓之“麦黄水”。五月，瓜实延蔓，谓之“瓜蔓水”。朔野之地，深山穷谷，固阴沍寒，冰坚晚泮，逮乎盛夏，消释方尽，而沃荡山石，水带矾腥，并流于河，故六月中旬后谓之“矾山水”。七月，菽豆方秀，谓之“豆华水”。八月，菼薍华，谓之“荻苗水”。九月，以重阳纪节，谓之“登高水”。十月，水落安流，复其故道，谓之“复槽水”。十一月、十二月，断冰杂流，乘寒复结，谓之“蹙凌水”。水信有常，率以为准，非时暴涨，谓之“客水”。其水势，凡移谼横注，岸如刺毁，谓之“札岸”；涨溢逾防，谓之“抹岸”；埽岸故朽，潜流漱其下，谓之“塌岸”；浪势旋激，岸土上隤，谓之“沦卷”；水浸岸逆涨，谓之“上展”；顺涨谓之“下展”；或水乍落，直流之中忽屈曲横射，谓之“径窗”；水猛骤移，其将澄处望之明白，谓之“拽白”，亦谓之“明滩”；湍怒略停，势稍汩起，行舟值之多溺，谓之“荐浪水”。水退淤淀，夏则胶土肥腴，初秋则黄灭土颇为疏壤，深秋则白灭土，霜降后皆沙也。

旧制岁虞河决，有司常以孟秋预调塞治之物，梢芟、薪柴、楗橛、竹石、茭索、竹索凡千余万，谓之“春料”。诏下濒河诸州所产之地，仍遣使会河渠官吏，乘农隙，率丁夫水工，收采备用。凡伐芦荻，谓之“芟”；伐山木榆柳〔枝〕叶，谓之“梢”。辫竹纠芟为索，以竹为巨索，长十尺至百尺，有数等。先择宽平之所为埽场。埽之制:密布芟索，铺梢，梢芟相重，压之以土，杂以碎石，以巨竹索横贯其中，谓之“心索”。卷而束之，复以大芟索系其两端，别以竹索自内旁出，其高至数丈，其长倍之。凡用丁夫数百或千人，杂唱齐挽，积置于卑薄之处，谓之“埽岸”。既下，以橛臬阂之，复以长木贯之，其竹索皆埋巨木于岸以维之。遇河之横决，则复增之以补其缺。凡埽下，非积数叠亦不能遏其迅湍。又有“马头”、“锯牙”、“木岸”者，以蹙水势护堤焉。

凡缘河诸州，孟州有河南、北凡二埽，开封府有阳武埽，滑州有韩、房二村、凭管、石堰州、西鱼池、迎阳凡七埽〔原注:旧有七里曲埽，后废〕、通利军有齐贾、苏村凡二埽，澶州有濮阳、大韩、大吴、商胡、王楚、横陇、曹村、依仁、大北、冈孙、陈固、明公、王八凡十三埽，大名府有孙杜、侯村二埽，濮州有任村、东、西、北凡四埽，郓州有博陵、张秋、关山、子路、王陵、竹口凡六埽，齐州有采金山、史家涡二埽，滨州有平河、安定二埽，棣州有聂家、梭堤、锯牙、阳成四埽。所费皆有司岁计而无阙焉。

宋史纪事本末卷十

金匮之盟

太祖建隆元年（庚申、九六〇）二月乙亥，尊母杜氏为皇太后。太后定州安喜人，治家严而有法，生五子，曰匡济、匡胤、光义、光美、匡赞，匡济、匡赞早卒。陈桥之变，后闻之曰："吾儿素有大志，今果然矣。"及尊为皇太后，帝拜于殿上，太后愀然不乐。左右进曰："臣闻母以子贵，今子为天子，胡为不乐？"太后曰："吾闻为君难，天子置身兆庶之上，若治得其道，则此位可尊；苟或失驭，求为匹夫不可得，所以忧也。"帝再拜曰："谨受教！"

二年（辛酉、九六一）六月甲午，皇太后杜氏崩。太后疾，帝侍药饵，不离左右。疾革，召赵普入受遗命，且问帝曰："汝知所以得天下乎？"帝曰："皆祖考、太后之余庆也。"后曰："不然，正由柴氏使幼儿主天下尔。若周有长君，汝安得至此！汝百岁后，当传位光义，光义传光美，光美传德昭。夫四海至广，能立长君，社稷之福也。”帝泣曰：“敢不如教！”后顾谓普曰：“尔同记吾言，不可违也。”普即榻前为誓书，于纸尾署曰“臣普记”，藏之金匮，命谨密宫人掌之。遂崩，谥曰昭宪。

秋七月，以弟光义为开封尹，光美为（开）〔兴〕元（据宋史卷二四四宗室传、续纲目、薛鉴改）尹。

乾德二年（甲子、九六四）六月，以皇子德昭为贵州防御使。故事，皇子出阁即封王，帝以德昭未冠，特杀其礼。

三年（乙丑、九六五）六月，加弟光义中书令，光美同平章事，子德昭贵州团练使。

开宝六年（癸酉、九七三）八月，赵普罢相，出为河阳三城节度使。普至河阳，上表自诉曰：“外人谓臣轻议皇弟开封尹，皇弟忠孝全德，岂有间然。矧昭宪皇太后大渐之际，臣实与闻顾命。知臣者君，愿赐昭鉴！”帝手封其表，藏之金匮。

九月，封弟光义为晋王，班宰相上。又以弟光美兼侍中，子德昭同平章事。

九年（丙子、九七六）三月，以子德芳为贵州团练使。

九月，帝幸晋王光义第。帝友爱光义，数幸其第，恩礼甚厚。光义尝有疾，亲为灼艾，光义觉痛，帝亦取艾自灸。每对近臣言：“光义龙行虎步，他日必为太平天子，福德非吾所及也。”

冬十月，帝有疾。壬午夜，大雪，帝召晋王光义，属以后事。左右皆不得闻，但遥见烛影下晋王时或离席，若有逊避之状。既而上引柱斧戳地，大声谓晋王曰："好为之！"俄而帝崩，时漏下四鼓矣。宋皇后见晋王愕然，遽呼曰："吾母子之命皆托于官家！"晋王泣曰："共保富贵，无忧也。"甲寅，晋王光义即皇帝位，改名炅。号宋后为开宝皇后，迁之西宫。以弟廷美为开封尹，封齐王；兄子德昭为永兴军节度使兼侍中，封武功郡王；德芳为山南西道节度使、同平章事、兴元尹。廷美即光美也。寻诏太祖、廷美子女并称皇子、皇女，以示一体。

太宗太平兴国四年（己卯、九七九）二月，帝自将伐汉，欲以齐王廷美掌留务。开封判官吕端言于廷美曰："上栉风沐雨，以申吊伐。王地处亲贤，当表率扈从，若掌留务，非所宜也。"廷美遂请行，帝许之。

八月，皇子武功王德昭自杀。初，德昭从帝征幽州，军中尝夜惊，不知帝所在，有谋立德昭者，帝闻不悦。及还，以征北未利，久不行太原之赏，德昭以为言，帝大怒曰："待汝自为之，赏未晚也。"德昭退而自刎。帝闻之惊悔，往抱其尸大哭曰："痴儿何至此耶！"赠中书令，追封魏王，谥曰懿。

冬十月，论平汉功，进封齐王廷美为秦王。

六年（辛巳、九八一）三月，皇子兴元尹德芳卒，赠中书令、岐王，谥曰康惠。

时卢多逊专政，赵普奉朝请累年，多逊益毁之，谓普初无立上意，普郁郁不得志。会晋邸旧僚柴禹锡、赵镕、杨守一告秦王廷美骄恣，将有阴谋窃发。帝疑，以问普，普因言："愿备枢轴，以察奸变。"且自陈曰："臣忝旧臣，为权幸所沮。"遂备道预闻昭宪太后顾命及前朝上表自诉等事。帝发金匮，得誓书，及览普前表，因召见，谓曰："人谁无过，朕不待五十，已知四十九年非矣。"九月，拜普司徒兼侍中，封梁国公。

七年（壬午、九八二）三月，或又告廷美欲因帝幸西池为乱，遂罢廷美开封尹，为西京留守，赐袭衣、犀带，钱千万缗，绢、彩各万匹，银万两，西京甲第一区。诏枢密使曹彬饯廷美于琼林苑。以太常博士王遹判河南府事，开封府判官阎举判留守事。进柴禹锡枢密副使，杨守一枢密都承旨，赵镕东上阁门使，赏其告廷美阴谋功也。贬左卫将军、枢密承旨陈从（龙）〔信〕（据宋史卷二七六本传改）为左卫将军，皇城使刘知信为右卫将军，弓箭库使惠延真为商州长史，禁军列校皇甫继明为汝州马步军都指挥使，定人王荣为濮州教练使，皆坐交通廷美及受其燕犒也。或告王荣尝与廷美亲吏狂言："我不久当得节帅。"坐削籍，流海岛。

初，昭宪太后遗命太祖传位于帝，帝传之廷美以及德昭，故帝即位之初，命廷美尹开封，而德昭、德恭等皆称皇子。及德昭不得其死，德芳相继夭没，廷美始不自安，柴禹锡因上变以摇之。他日，帝以传国意访之赵普，普对曰："太祖已误，陛下岂容再误！"廷美遂得罪。赵普复相，卢多逊心不自安，普屡讽令引退，而多逊贪固权位，不能决。会普廉得多逊尝遣堂吏赵白交通秦王事，帝大怒，责授守兵部尚书。越二日，下御史狱，捕系中书守堂官赵白、秦府孔目官阎密、小吏王继勋等，命翰林承旨李昉、学士扈蒙、卫尉卿崔仁冀、御史滕中正等杂治之。多逊具伏，言累遣赵白以中书机事密告廷美，且曰："愿宫车晏驾，尽力事大王。"廷美亦遣小吏樊德明报多逊云："承旨言正会我意。"因遗之弓矢，多逊受之。阎密恣横不法，言多指斥，王继勋尝为求访声妓，怙势赃污，皆伏罪。狱上，帝诏文武官集议朝堂，太子太师王溥等七十四人奏："多逊及廷美顾望诅咒，大逆不道，宜行诛戮，以正刑章。赵白等处斩。"诏削夺多逊官，流崖州，并徙其家属、期亲于远裔。赵白、樊德明、阎密、王继勋等悉斩于都门外，籍其家财。廷美勒归私第，其男女等复正名称，德恭等仍为皇侄，皇侄女适韩崇业，去公主、驸马之号，并发遣西京，就廷美居止。贬阎矩为涪州司户参军，孙屿为融州司户参军，皆廷美官属，坐辅导无状也。赵普又以廷美居西京非便，讽知开封府李符上言："廷美不悔过，怨望，乞徙远郡，以防他变。"诏降封廷美为涪陵县公，房州安置，妻楚国夫人张氏削国封。以阎彦进知房州，袁廓通判州事，以伺察之。普又恐符言泄，乃坐符他事，流之春州，岁余卒。

八年（癸未、九八三）冬十月，赵普罢。廷美至房州，忧悸成疾，雍熙元年春正月，卒于房州，年三十八。帝闻之，呜咽流涕，谓宰相宋琪、李昉等曰："廷美自少刚愎，长益凶恶。朕以同气至亲，不忍寘之于法，俾居房陵，冀其思过。方欲推恩复旧，遽兹殒逝，痛伤奈何！”因悲泣，感动左右。诏追封为涪王，谥曰悼，为发哀成服，以其子德恭、德隆为刺史。廷美之得罪，赵普为之也，真宗即位，追复为秦王，妻张氏为楚国夫人，仁宗赠太师、尚书令，徽宗改封魏王。

初，普以佐命功，代范质等为相，帝倾心任之，事无大小，悉咨决焉。普尝荐某人为某官，帝不许；明日复奏，不许；明日又奏，帝大怒，裂奏牍掷地。普颜色不变，跪拾之以归。他日，补缀旧牍，复奏如初，帝悟，卒用其人。又有群臣当迁官，帝素恶其人，不许，普坚以为请。帝怒曰：“朕固不与，卿若之何？”普曰：“刑赏，天下之刑赏，陛下岂得以喜怒专之！”帝怒甚，起，普亦随之。帝入宫，普立宫门，久之不去，竟得允。其刚果类此。然多忌刻，屡以微时所不足者为言，帝曰：“若尘埃中可识天子、宰相，则人皆物色之矣！”普独相且十年，颇专，尝以私怨诬冯瓒、李美、李檝，以赃论死，廷臣多忌之。帝常幸其第，会吴越遣使致书于普，及海物十瓶，置帘下，未及发而帝至，仓卒不及屏。帝顾问何物，普以实对，帝曰：“海物必佳。”即命启之，皆瓜子金也。普惶恐谢曰：“臣未发书，实不知。”帝曰：“第受之，彼谓国家事皆由尔书生耳。”时官禁私贩，秦、陇大木多冒称普市货都下。三司使赵玭以闻，帝大怒，即欲逐普，王溥力为救解，得止。而卢多逊与普不协，数因入对短普，帝滋不悦。先是开宝初，判大理寺雷德骧以寺官属附会普增损刑名，愤惋，见帝面白其事，辞气俱厉。帝怒，曳出之，贬商州司户参军。久之，知商州奚屿希普意，奏德骧怨望，坐削籍，流灵武。德骧子有邻，击登闻鼓陈冤，并诉中书吏他不法事，帝为下御史狱，鞫实。帝愈疑普，遂诏参知政事吕余庆、薛居正与普更知印押班，以分其权。普竟罢，终帝世不复召。久郁郁不得志，太宗太平兴国五年，遂因上变事，得召为司徒、侍中，而秦王廷美之狱竟成于普。八年，罢为武胜军节度使。帝作诗饯之，赐宴长春殿。普奉诗泣曰："陛下赐臣诗，当刻石，与臣朽骨同葬泉下。"帝为之动容。明日，谓宰相曰："普有功国家，朕昔与游，今齿发衰矣，不欲烦以机务，因诗以道意。普感激泣下，朕亦为堕泪。"宋琪对曰："昨普至中书，执御诗涕泣谓臣曰：'此生余年，无阶上答；庶希来世，得效犬马力。'今复闻宣谕，君臣始终，可谓两全。"

宋史纪事本末卷十一

吴越归地 陈洪进附

太祖建隆元年（庚申、九六〇）三月，吴越王钱俶遣使来贺即位，自是岁朝贡。

开宝七年（甲戌、九七四）冬十月，伐江南，诏加吴越王俶为升州东南行营招抚制置使。先是，俶遣判官黄夷简入贡，帝谓之曰：“汝归语元帅，江南倔强不朝，我将讨之，元帅当助我，无惑人言云：‘皮之不存，毛将安附。’”寻密告以师期，遂有是命。

八年（乙亥、九七五）夏四月，吴越王俶既受命，以沈承礼权知国务，而自率兵五万攻常州。丞相沈虎子谏曰：“江南，国之藩蔽，今大王自撤其藩蔽，将何以卫社稷乎！”不听，进攻其关城，又败其军于北界。遣兵攻江阴、宜兴，皆下之，遂拔常州。江南主贻俶书曰：“今日无我，明日岂有君？一旦明天子易地酬勋，王亦大梁一布衣耳！”俶不答，以书上，帝优诏褒之。

九年（丙子、九七六）二月，吴越王俶来朝。先是，帝谓吴越使者曰：“元帅克毗陵，有大功，俟平江南，可暂来与朕一相见，以慰延想，即当复还。朕三执圭币以见上帝，岂食言乎！”至是，俶与妻孙氏、子惟濬入朝，帝赐礼贤宅以居，亲幸宴之，赏赉甚厚，赐俶剑履上殿，书诏不名。命与晋王叙昆弟之礼，俶固辞，乃止。留两月，遣还，赐以一黄袱，封识甚固，戒俶曰：“途中宜密观。”及启之，则皆群臣乞留俶章疏也，俶甚感惧。

太宗太平兴国三年（戊寅、九七八）三月己酉，吴越国王俶来朝。会陈洪进纳土而惧，上表乞罢所封吴越国王及解天下兵马大元帅并书诏不名之命，归其兵甲，求还，帝不许。其臣崔仁冀曰：“朝廷意可知矣，大王不速纳土，祸且至！”俶左右争言不可。仁冀厉声曰：“今已在人掌握，且去国千里，惟有羽翼乃能飞去耳！”俶遂决策，上表献其境内十三州、一军、八十六县。俶朝退，将吏始知之，皆恸哭曰：“吾王不归矣！”丁亥，诏封俶为淮海国王，授俶弟仪、信并观察使，俶子惟濬、惟治并节度使，惟演、惟灏及族属、僚佐授官有差。又授其将校孙承祐、沈承礼、崔仁冀并为节度使，赐赉待遇，冠绝当时。寻令两浙发俶缌麻已上亲及管内官吏悉至汴京，凡千四十四艘。以范旻权知两浙诸州、军事。旻上言：“俶在国日，徭赋繁苛，乞尽蠲其弊。”从之。

八年（癸未、九八三）十二月，俶改封汉南国王，罢天下兵马大元帅。

端拱元年（戊子、九八八）八月戊寅，俶生辰，帝赐燕。是夕暴卒。

陈洪进者，故清源节度使留从效牙将也。建隆三年三月，从效卒，子绍镃典留务。会吴越聘使至，绍镃夜召与燕。洪进诬绍镃谋附吴越，执送于唐建康，推副使张汉思为留后，而自为副使。已而汉思患洪进专，因设燕，伏甲将杀之。酒数行，地忽大震，同谋者惧，因以告洪进。洪进亟走出，甲士皆散，自是更相为备。一日，洪进袖大锁，安步入府中，叱退直兵。汉思方坐内斋，洪进即合其户而锁之，使人叩门而言曰："郡中军吏请副使知留务，众情不可违，幸授之印。"汉思惶惧不知所为，即自门间出印与之。洪进遽召将吏曰："留后授吾印以莅事。"众皆贺。即日迁汉思别舍，以兵守之。遣使请命于唐，又遣牙将魏仁济间道奉表来告，且请制命。

乾德二年（甲子、九六四）二月，改清源为平海军，仍授洪进节度。洪进岁贡，多厚敛于民，二州甚苦之。

太宗太平兴国三年（戊寅、九七八）夏四月，洪进来朝，因献漳、泉二州，县十四。诏授洪进武宁节度使、同平章事，留之汴京，诸子皆授要郡，遣之官。

洪进后从平太原，封岐公，雍熙三年卒。

宋史纪事本末卷十二

平北汉

太祖建隆元年（庚申、九六〇）夏四月，北汉主刘钧自将兵至潞州赴李筠。筠兵败，北汉主惧，引师归。

（八）〔九〕（据宋史卷一太祖纪、薛鉴改）月，昭义节度使李继勋焚北汉平遥县，俘获甚众。晋州钤辖荆罕儒复率众攻汾州，为北汉大将郝贵超所袭，战死。罕儒骁将，帝痛惜之，斩其部将不用命者二十余人。

三年（壬戌、九六二）二月，北汉侵潞、晋，守将击走之。

乾德元年（癸亥、九六三）秋七月，汉宿卫殿直王隐、刘昭、赵峦等谋逆，伏诛；辞连其枢密使段常，北汉主出常为汾州刺史，寻缢杀之。初，北汉主宠姬郭氏，医僧之女也，僧与嫠妇通而生姬，有殊色。北汉主嬖之，将立为妃，常以所出非偶，恐贻笑邻国，北汉主乃止。姬之昆弟姻戚又多抑而不用，故咸怨常，因谮杀之。死非其罪，国人怜之。

八月，王全斌攻取北汉乐平，诏以为平晋军。契丹救之，不及。

九月，北汉以契丹攻平晋军，洺州防御使充西山巡检郭进救却之。进御下严毅，帝遣戍卒，必谕之曰："汝辈谨奉法。我犹贷汝，郭进杀汝矣。"尝有军校自西山诣汴，诬讼〔进〕（据续纲目、薛鉴补。本卷下文校改未注依据者同此）不法事。帝诘知其情，送进，令杀之。会北汉来侵，进语其人曰："汝敢论我，信有胆气。今贯汝罪，汝能掩杀敌兵，当即荐汝；如败，可自投河东。"其人踊跃赴战，大（至）〔致〕克捷。进即以闻，乞还其职，帝从之。

北汉主自潞州之败，日惧宋师至，以赵文度为相，又召抱腹山人郭无为及五台山僧继颙参预国事。未几，文度、无为议论不协，北汉主出文度守汾州，而无为独相，机事悉以委之。

契丹主以书贻北汉主曰："尔不禀我命，擅改年号，助李筠，杀段常，其罪有三。"北汉主引"父为子隐"谢之。初，北汉与契丹岁使不绝，自是契丹使不来，而北汉使往则见留，群臣悉以使北为惧。北汉主乃命从子侍卫亲军使继文请命，亦被拘。继文，崇之嫡孙，魁梧有气局，沉毅寡言，契丹主亦厚礼之。

二年（甲子、九六四）二月，昭义节度使李继勋侵北汉辽州，克之。初，继勋屡败北汉兵，至是，帝遣曹彬会继勋合兵入北汉境，攻其边邑及辽、石州。继勋大败北汉兵于辽城下。北汉辽城刺史杜延韬危蹙，籍部下兵三千人降于继勋。契丹以六万骑来援，又击走之。

三月，北汉耀州团练使周审（王）〔玉〕（据宋史卷一太祖纪、又四八二北汉世家改）等来降。

四年（丙寅、九六六），北汉复取辽州。

五年（丁卯、九六七），北汉将阎章、樊晖各以砦来降。

开宝元年（戊辰、九六八）秋七月，北汉主钧殂，养子继恩立。初，世祖女适薛钊，生继恩；再适何氏，生继元。二子初幼孤，世祖以钧无子，命养为子。钧尝谓郭无为曰："继恩巽软，非济世材，恐不能了我家事，将奈何？"无为不对。至是，病笃，召无为付以后事。继恩既嗣位，怨无为初不助己，且患其专政，加守司空，外示优礼，内实疏之。

八月戊辰，遣李继勋将兵伐北汉。初，帝尝因谍者谓汉主曰："君家与周世仇，宜不屈。今我与尔无所间，何为困此一方人也？若有志中国，宜下太行以决胜负！"汉主遣谍者报曰："河东土地甲兵不足以当中国，然我家世非叛者，区区守此，盖惧汉氏之不血食也。"帝哀其言，谓谍者曰："为我语钧，开尔一生路。"故终钧世不加兵。至是，闻其卒，遣李继勋等以禁军伐之。

北汉主初立，宋兵已入其境，乃遣刘继业、马峰等领军扼（围北）〔团柏〕谷。峰至铜锅河，李继勋前锋将何继

(钧)〔筠〕(据宋史卷二七三本传改)击破之，斩首三(十)〔千〕余级，遂夺汾河桥，薄太原城下，焚延夏门。

九月，北汉主欲逐郭无为，畏懦不能决。月余，供奉官侯霸荣率十余人，挺刃入阁，反扃其门。时继恩独处丧次，见之惊起，绕屏还走，霸荣以刃揕其(背)〔胸〕，杀之。无为使人梯屋入，杀霸荣。继恩立才六十余日，并人疑无为授意于霸荣，亟杀之以灭口。无为与群臣议立继恩之弟继元，参议中书事张昭敏独曰："少主非刘氏，故嗣位不终。今宜立宗姓，以慰民望。世(宗)〔祖〕嫡孙继文，久留契丹，历险阻，宜迎立之，可以固宗社，结虏援。"无为不从，以继元易制，遂立之。

十一月，北汉主遣使告即位于契丹，且乞师。契丹主遣挞烈将诸道兵救之。帝亦遣使赍诏谕北汉主令降，约以平卢节度使授之。又别赐郭无为诏，许以邢州节度使。无为得诏色动，劝北汉主纳款，北汉主不从。初，帝使谍者惠璘伪称殿前指挥使，负罪奔北汉，无为知其(诈)〔谋〕，使为供奉官。及宋兵入境，璘即奔赴，至岚谷，候吏获送太原，北汉主使无为鞫之，无为释不问。有李超者，知璘奸状，上告，无为怒，并超斩之以绝口。李继勋等闻契丹兵来，皆引归，北汉因大掠晋、绛二州。

北汉主继元妻段氏尝以小过为孝和后郭氏所责，既而病卒。继元疑后杀之，后方缞服哭孝和帝于柩前，继元遣其嬖臣范超执而缢杀之。宫中嫔御遭罹逼辱，无复嫌间。世祖十子，镐、铙、锡最有贤行，继元听群小之谮，幽囚之，未逾年皆死。

二年（己巳、九六九）三月，帝以李继勋等师还无功，谋再举，以问魏仁浦曰："朕欲亲征太原，何如？"仁浦曰："欲速则不达，惟陛下重之。"帝不听，命继勋等将兵先赴太原，以光义为东京留守，自将发汴。三月，至太原。筑长连城围之，立砦于城四面：继勋军于南，赵赞军于西，曹彬军于北，党进军于东。北汉刘继业等乘晦突门，犯东、西砦，战败而遁。帝又命壅汾、晋二水以灌城，汉人大恐。郭无为复劝北汉主出降，汉主不从。一日，因宴群臣，无为痛哭于庭曰："奈何以空城抗宋百万之师乎！"引佩刀欲自刺，冀动众心。汉主遽降阶执其手，引升坐而止。

夏四月，契丹复救北汉，帝度其必由镇、定救太原，使韩重赟倍道兼行赴之。又闻其分道，一自石岭关入，召何继筠逆击，授以方略。继筠遇契丹兵于阳曲，大败之，斩首千余级。重赟亦先阵于嘉山，契丹兵自定州西入，见旗帜，大骇欲遁，重赟急击，大破之，擒其首领三十余人。帝命以所获契丹俘示于城下，城中丧气。宪州判官史昭文、岚州刺史赵文度各以城降。

闰五月壬子，帝班师。时契丹主遣韩知璠册立北汉主。知璠习知戎备，在围城中，昼夜督察，尽心固守。帝命水军载弩环攻，骁将石汉卿等多战死，北汉兵亦屡败。夜半，忽传呼："汉主出降。"帝将开壁门，将作使赵（遂）〔璲〕（据宋史卷四八二北汉世家、续纲目改）曰："受降如受敌，讵可中夜轻出！"已而果谍者。契丹复遣南大王者将兵援北汉，东西班都指挥使李怀忠曰："敌势已困，若选劲兵急攻，破在旦夕。"都虞候赵廷翰请先登，帝壮之，俾率众攻城。战不利，怀忠中流矢几死。时帝师顿于甘草（池）〔地〕（据宋史卷二五八曹彬传、续纲目、薛鉴改），会暑雨，军士多疾，太常博士李光赞上书请班师。帝以问赵普，普亦以为然。乃分兵屯镇、潞，徙北汉民万余户于山东、河南而还。北汉主籍宋所弃军储，得粟三万，茶、绢各数万，丧败之余，赖此少济。

太原之围，南城为汾水所陷。郭无为谋出降，因请自将夜击宋。北汉主信之，选精甲千人付无为，自登（七）〔延〕夏门（据长编改）送之。无为行至北桥，值风〔雨〕晦冥而止。至是，阉人卫德贵告其事，且言无为献地之谋，踪迹屡露，反状明白，不可赦。北汉主乃杀之以徇。

三年（庚午、九七〇）春正月，契丹韩知璠自太原归，言晋阳多梗而刘继元无辅。政事令（赵）高勋（据辽史卷八五本传，高勋初封赵王，此时已改封秦王，故删）亦言："我与晋阳，父子之国，先君以一怒而尽拘其使，甚无谓也。"契丹主乃尽索北汉使者，凡十六人，厚礼而遣之。仍命刘继文为平章事，李弼为枢密使，俾辅继元。继文等久留契丹，复受其命归秉国政，左右皆谮毁之，北汉主乃出继文为代州刺史，李弼为宪州刺史。

是年，北汉主以僧继颙为太师兼中书令。继颙本刘氏孽子，以宗姓授鸿胪卿，尝游华严，见地有宝气，乃于团柏谷置银场，募民凿山，官收十之四，继颙自督，所获即倍于民。时北汉主多内宠，继颙献首饰数百副，北汉主大喜，遂有是命。

六年（癸酉、九七三）十二月，北汉主杀其弟刘继钦。初，北汉主为大内都（检）点〔检〕，父钧以其幼弱，命刘继钦副之，委以禁卫。北汉主立，亲旧多所诛放，继钦遂谢病请罢。北汉主曰："继钦但事先帝，岂肯为我尽力耶！"乃黜居交城，寻遣人杀之。北汉主性残忍，凡臣下有忤意，必族其家。自帝亲征及遣将攻伐，因之杀伤不可胜计，大将张崇训、郑进、卫俦、故相张昭敏、枢密使高仲曦等，先后俱以谗见杀。

九年（丙子、九七六）八月，帝令党进、潘美、杨光美、牛思进、米文义率兵分五道以攻太原，又遣郭进等分攻忻、代、汾、沁、辽、石等州。诸将所向克捷，进败北汉兵于太原城。北汉主急求救于契丹，契丹主遣其相耶律沙救之。师还。先是，帝尝微行过赵普，与普谋下汉。普曰："太原当西、北二面，太原既下，则二边之患我独当之。不如姑俟削平诸国，则弹丸黑子之地将安逃乎！"帝以为然，故虽连年攻伐，至城下，辄退师。

太宗太平兴国四年（己卯、九七九）春正月庚寅，帝议伐汉，薛居正等多以为不可，惟曹彬力赞之，帝意遂决。乃以潘美为北路都招讨使，帅崔彦进、李汉琼、刘遇、曹翰、米信、田重进军，分四面攻太原城。又以郭进为太原石岭关都部署，以断燕、蓟援师。

二月甲子，帝自将伐汉。

三月己未，汉求救于契丹，契丹遣耶律沙为都统，敌烈为监军，帅师赴之。至白马岭，与都部署郭进遇。沙欲阻涧以待后军，敌烈不从，渡涧迎战，未成列，进薄之，契丹大败，敌烈等皆死。会耶律斜轸兵至，进引师退，沙得免。田钦祚护石岭屯军，恣为奸利，进不能禁，屡形于言，钦祚憾之。进武人，刚烈，战功高，钦祚数加凌侮，进不能堪，遂缢而死。钦祚以卒中风眩闻。帝悼惜良久，赠安国节度使。左右皆知而无敢言者。寻诏以牛思进代之。

夏四月，帝发镇州。行营都监折御卿分兵攻岢岚军，下之，遂取岚州。汉人于隆州依险筑城以拒，帝遣军使解晖、折彦赟等先发兵围之，继遣尹勋往，城遂陷。

庚午，帝次太原。时潘美等屡败汉兵，进筑长连城围太原，矢石交下如雨。汉外援不至，饷道又绝，城中大惧。帝至，督战益急，城无完堞。帝虑城陷杀伤者众，诏谕继元降。使者至城，守陴者不纳。帝亲督诸将士进薄城下，列阵于前，蹲甲交射，矢集城上如蝟毛。

五月，汉指挥使郭万超逾城出降，继元亲信之臣多亡，城中危急。帝复诏谕继元速降，当保终始富贵。诏虽入城，而诸将锐攻不可遏。帝犹虑城陷害良民，麾兵少却。甲申，继元乃夜遣客省使李勋奉表乞降。诏许之，因至城北，张乐宴从臣于城台。明日，继元率官属缟衣、纱帽待罪台下。帝释之，赐袭衣、玉带，召使升台。继元叩首谢罪。诏授特进、检校太师、右卫上将军，封彭城郡公，赐赉甚厚。命刘保勋知太原府。凡得州十、军一、县四十一。帝作平晋诗，命从臣和。又授汉相李（挥）〔恽〕（据宋史卷四八二北汉世家改）以下官有差。诏毁太原旧城，改为平晋县，以榆次县为并州。遣使分部徙太原民居之。纵火焚太原庐舍，老幼趋城门不及，焚死者甚众。

陈邦瞻曰：宋之受制夷狄，由失燕、蓟；其不能取燕、蓟，失在先下太原。昔王朴与周世宗谋取天下，欲先定南方，次及燕，最后乃及太原。盖燕定则太原直置中兔耳，将安往哉！太祖、赵普雪夜之言，亦朴遗意也。太宗一日忘其本谋，急于伐汉，尽锐坚城之下，仅能克之。师已老矣，复议攻燕，所谓强弩之末，势不能穿鲁缯。一败而没世不振，再举再失利，皆由太宗不知天下之大势，倒行求前，以致颠蹶也。

宋史纪事本末卷十三

契丹和战

太祖开宝八年（乙亥、九七五）三月，契丹主贤命其涿州刺史耶律琮贻书知雄州孙全兴，请通好，全兴以闻。帝命答书许之。契丹乃使克（沙）〔妙〕骨慎思（据十朝纲要、宋会要辑稿蕃夷一改）来结成，复遣人告北汉，以通好于宋，无妄侵伐。

秋七月，遣阁门使郝崇信、太常丞吕端使契丹报聘。

太宗太平兴国二年（丁丑、九七七）夏四月，契丹遣使耶律敞会葬太祖山陵。寻遣辛仲甫报谢之。契丹主问曰：“闻中朝有党进者，真骁将，如进之比凡几人？”仲甫曰：“名将甚多，如进鹰犬之材，何可胜数！”契丹主欲留之，仲甫曰：“信以成命，义不可留，有死而已。”契丹主知其不可夺，厚礼遣还。帝曰：“仲甫远使绝域，可谓不辱君命。更得数人如此，朕何患也！”

四年（己卯、九七九）春正月，帝伐北汉，契丹遣挞马长寿来言曰：“何名而伐汉也？”帝曰：“河东逆命，所当问罪。若北朝不援，和约如故；不然，惟有战耳！”自是和好中绝。

帝既灭汉，欲乘胜取幽、蓟，诸将以师罢饷匮不欲行，崔翰独曰：“所当乘者，势也；不可失者，时也。取之易。”帝意决。五月庚子，遂发太原。

六月丁卯，次东易州，契丹刺史刘宇以城降，留兵千人守之。戊辰，次涿州，判官刘厚德亦以城降。庚午，进次幽州城南。契丹将耶律奚底军于城北，帝率众击走之。壬申，命宋渥、崔彦进、刘遇、孟玄喆分兵四面攻城，围之三周。以潘美知幽州行府事，契丹将多降。

秋七月，契丹顺州、蓟州皆降。耶律学古时守燕，悉力备御，不能支，城中大惧。契丹遣耶律休哥救燕。癸未，帝督诸军与契丹将耶律沙大战于高梁河。沙败，将遁，休哥兵适至，与耶律斜轸分左右翼以进，复战。帝大败，死者万余人。甲申，帝引师南还。休哥追至涿州，帝急，乘驴车走免，丧资械不可胜计。庚寅，命孟玄喆屯定州，崔彦进屯关南，刘廷翰、李汉琼屯真定而还。以石守信、刘遇从征失律，贬之。

乙巳，帝至自范阳。

九月丙午，契丹寇镇州，都钤辖刘廷翰等合击，大破之。是时，契丹遣南京留守韩匡嗣与耶律沙、耶律休哥侵镇州，报围燕之役，军于满城西，方阵。官军诈降，匡嗣欲纳之，休哥曰："彼气甚锐，疑诱我也，可整众待之。"匡嗣不听。俄而刘廷翰阵于前，崔彦进潜师蹑其后，李汉琼、崔翰、赵延进兵继至，合击之，契丹军大溃。追至遂城西，大败之，斩首万三百级，获三将，马万匹。匡嗣弃旗鼓遁走，独休哥整兵而退。

五年（庚辰、九八〇）三月，契丹兵十万寇雁门。代州刺史杨业领麾下数百骑自西陉出，至雁门北口，南向击之，契丹兵大败，杀其驸马侍中萧咄李。自是契丹畏业，每望见旌旗，即引去。业本北汉节度使刘继业，为汉主继元扞太原城东南面，每杀伤王师，及继元降，继业犹据城苦战。帝素闻其勇，欲招致之，令中使谕继元，俾招继业。继元遣亲信往，继业乃北面再拜，大恸，释甲来见。帝慰抚之，复姓杨氏，止名业，拜代州刺史。时以业善战，号杨无敌。

冬十月，契丹主贤入寇，围瓦桥关。官军阵于水南，耶律休哥帅精骑渡水而战，官军大败，休哥追至莫州。

十一月己酉，帝自将御契丹。戊午，次大名。会契丹主引去，帝欲复伐幽州，李昉力陈其未可。帝以刘遇、曹翰为幽州部署，遂还京。

时廷臣多迎帝意，言宜速取幽、蓟，张齐贤上疏曰："方今海内一家，朝野无事，关圣虑者，岂不以河东新平，屯兵尚众，幽燕未下，辇运为劳？臣愚以为此不足虑也。自河东初下，臣知忻州，捕得契丹纳粟典吏，皆云：'自山后转般，以授河东。'以臣料，契丹能自备军食，则于太原非不尽力，然终为我有者，力不足也。河东初平，人心未固，岚、宪、忻、代未有军砦，入寇则田牧顿失，扰边则守备可虞。及国家守要害，增壁垒，左控右扼，疆事甚严，恩信已行，民心已定，乃于雁门阳武谷来争小利，此其智力可料而知也。圣人举事，动在万全，百战百胜，不如不战而胜。若重之慎之，则契丹不足吞，燕、蓟不足取。自古疆场之难，非尽由敌国，亦多边吏扰而致之。若缘边诸砦抚驭得人，但使峻垒深沟，畜力养锐，以逸自处，宁我致人，此李牧所以用赵也。所谓择卒不如择将，任力不如任人。如是则边鄙宁，边鄙宁则辇运减，辇运减则河北之民获休息矣。臣闻家六合者以天下为心，岂止争尺寸之事，角强弱之势而已乎！是故圣人先本而后末，安内以养外。陛下以德怀远，以惠勤民，内治既成，远人之归可立而待也。”帝嘉纳之。

吕中曰：齐贤之论其知本矣；然徒知辽未可伐，而不知燕、蓟在所当取。岂惟齐贤，虽赵普、田锡、王禹偁亦不之知也。盖燕、蓟之所当取者有二：一则中国之民陷于左衽，二则中国之险移于夷狄。燕、蓟不收则河北之地不固，河北不固则河南不可高枕而卧也，特太宗时未有可取之机耳。

契丹主还国，以耶律休哥为于越。于越，契丹至贵之职也。休哥智略宏远，善料敌，每战胜，让功诸将，故士卒乐为之用。

六年（辛巳、九八一）春正月癸卯，置平塞、静戎二军。

辛亥，易州破契丹数千众。复改静戎军为安静军。

秋七月，遣使如渤海。渤海本高丽别种，契丹尝取其扶余城为东丹府。时帝将大举伐契丹，遣使赐其王诏书，令发兵以应。约灭辽之日，幽、蓟土宇复归中朝，朔漠之外悉与渤海，竟无至者。帝后复遣使如高丽，谕令发兵西会，高丽亦不能应。

七年（壬午、九八二）九月，契丹主贤幸云州。至焦山，有疾，命韩德让、耶律斜轸受遗诏，立长子梁王隆绪而卒。隆绪小字文殊奴，生十二年矣。既嗣位，谥贤曰孝成皇帝，庙号景宗，尊母萧氏为太后，专国事，复国号曰大契丹，改元统和。后以德让为政事令兼枢密使，总宿卫兵，勃古哲总领山西诸州事，耶律休哥为南面行军都统。

雍熙三年（丙戌、九八六）春正月庚寅，以曹彬、田重进、潘美等为都部署，将兵伐契丹。初，贺怀浦将兵屯三交，好议边事，与其子知雄州贺令图上言："契丹主少，母后专政，宠幸用事，请乘其衅以取燕、蓟。"帝信之，于是以曹彬为幽州道行营都部署，崔彦进副之，米信为西北道都部署，杜彦圭副之，出雄州；田重进为定州路都部署，出飞狐；潘美为云、应、朔等州都部署，杨业副之，出雁门。

三月癸酉，曹彬趋涿州，遣先锋将李继隆破契丹兵，取固安、新城二县。进攻涿州，克之，杀其将贺斯。虏兵复集，米信独以麾下三百人接战，被围数重，信持大刀，大呼突围而出。会彬遣兵至，遂败契丹兵于新城东北。丁丑，田重进出飞狐南，遇契丹兵，击破之。契丹西南面招安使大鹏翼率众来拒。重进阵于东，命部将荆嗣出其西，乘暮薄崖，以短兵接战，契丹兵投崖而下，杀获甚众。挑战数日，敌势颇张。时谭延美屯小沼，嗣令延美列队平川，别遣二百人执白帜于道侧，嗣以所部疾驱往斗。契丹兵见旗帜绵亘，疑大军继至，欲遁去。重进乘之，契丹兵崩溃，生擒大鹏翼。飞狐、灵丘皆降。

丁亥，潘美自西陉入，与契丹兵遇，追至寰州，破之，刺史赵彦章以城降。进围朔州，节度副使赵希赞亦举城降。遂转攻应、云州，皆克之。

夏四月己酉，田重进战飞狐北，再破之，杀其二将。赵普上疏曰："伏睹今春出师，将以收复幽、蓟，屡闻克捷，深快舆情。然晦朔荐更，已及初夏，尚稽克复，属在炎蒸，飞輓甚烦，战斗未息，王师渐老，吾民亦疲，夙夜思之，颇增疑虑。战者危事，难保其万全；兵者凶器，深戒于不戢。前书有'兵久生变'之言，此可以深虑也。苟更图淹缓，转失机宜，旬朔之间，便涉秋序。臣又虑内地先困，边境渐凉，虏则弓劲马肥，我则人疲师老，恐于此际，或误指踪。伏望速诏班师，无容玩寇。"不报。

五月庚午，曹彬引兵退，与契丹耶律休哥战于岐沟，败绩。初，诸将陛辞，帝谓曰："潘美但先趋云、朔，卿等以十万众声言取幽州，且持重缓行，不得贪利。虏闻大兵至，必悉众救范阳，不暇援山后矣。"及彬等乘胜而前，所至克捷。每捷奏闻，帝讶其进兵之速。彬既次涿，契丹南京留守耶律休哥兵少，不敢出战，夜则令轻骑掠其单弱，以胁余众，昼则以精锐张其势，又设伏林莽，以绝粮道。彬居涿旬日，食尽，退师雄州，以援馈饷。帝闻之，曰："岂有敌人在前，反退军以援刍粮，失策之甚也！"亟遣使止彬勿前，急引师缘白沟河与米信军接，俟美尽略山后地，会重进东下，合势以取幽州。彬部下诸将闻美、重进累捷，耻握重兵不能有所攻取，谋议蜂起。彬不得已，乃裹粮与米信复趋涿州。休哥闻之，以轻兵来薄，伺蓐食则击离伍单出者。且战且却，由是军士自救不暇，结方阵，堑地两边而行。时方炎暑，军渴乏井，漉淖而饮，凡四日，始得至涿，士卒困乏，粮又将尽。会契丹主隆绪与其太后自驼罗口将大兵应援，趋涿州，彬、信复〔引〕（据续纲目补）退。休哥因出兵蹑之，战于岐沟关。彬、信败走，无复行伍，夜渡拒马河，休哥引精兵追及，溺者不可胜计。彬、信南趋易州，方濒沙河而爨，闻休哥引兵复至，惊溃，死者过半，沙河为之不流，弃戈甲如丘山，知幽州行府事刘保勋死之。休哥请乘胜略地，至河为界，太后不从，引兵还燕，封休哥为宋国王。丙子，帝召曹彬、米信及崔彦进等还，令田重进屯定州，潘美还代州，徙云、应、朔、寰四州吏民及吐谷浑部族分置河东、京西。时契丹耶律斜轸将兵十万至定安西，贺令图遇之，败绩，南奔。斜轸追及，战于五台，死者数万人。明日，攻〔陷〕（据续纲目、薛鉴补）蔚州。令图与潘美帅师往救，与斜轸战于飞狐，又败，于是浑源、应州将皆弃城走，斜轸乘胜入寰州，杀其守城吏卒千余。潘美既败于飞狐，副将杨业引兵护云、应、寰、朔吏民内徙。时耶律斜轸已陷寰州，兵势甚盛，杨业遇之，欲领兵出大石路，直入石碣谷，以避其锋。护军王侁等以为畏懦，欲从雁门北川中而往。业不可，侁曰："君侯素号'无敌'，今逗挠不战，得非有他志乎？"业曰："业非避死，盖时有未利，徒杀士卒而功不立。今君责业以不死，当为诸公先！"乃引兵自石跌路趋朔州，将行，泣谓美曰："此行必不利。业，太原降将，分当死，上不之杀，宠以连帅，授之兵柄，非纵敌不击，盖欲伺便以立尺寸功，报国家耳！今诸君责业避敌，尚敢自爱乎！"因指陈家谷口曰："诸君幸于此张步兵强弩以相援也。业转战当至此，可夹击之；不然，无遗类矣。"美遂与侁帅麾下阵于谷口。斜轸闻业且至，遣副部署萧挞览伏兵于路。业至，斜轸拥众为战势。业麾帜而进，斜轸佯败，伏兵四起，斜轸还兵前战，业大败，退趋狼牙村。侁自寅至巳不得业报，使人登托逻台望之，无所见，以为契丹败走，欲争其功，即领兵离谷口。美不能制，乃缘交河西南而进，行二十里，闻业败，即麾兵却走。贺怀浦败没。业且战且行，自午至暮，果至谷口，望见无人，抚膺大恸，再率麾下力战，身被数十创，士卒殆尽，犹手刃数十百人，马重伤不能进，匿深林中。耶律奚底望见袍影，射之，业堕马被擒，其子延玉死焉。业因太息曰："上遇我厚，期讨贼捍边以报，而反为奸臣所迫，致王师败绩，何面目求活耶！"乃不食三日，死。业既败，麾下尚百余人，业谓曰："汝等各有父母妻子，与我俱死，无益也，可走还报天子。”众感激，皆战死，无一生还者。于是云、应、朔州及诸城将吏闻业死，悉弃城走，斜轸复陷其地。事闻，帝深痛惜，诏赠业太尉，削美三任，除侁名。

初议兴兵，独与枢密院计，中书不预闻。及败，帝悔，谓枢使张齐贤等曰：“卿等共睹，朕自今复作如此事否！”

秋七月庚午，以曹彬等违诏失律，各贬官有差。初，米信军溃，独李继隆所部成列而还，田重进亦全军不败。诏以重进为马步军都虞候，继隆知定州。

丁亥，以张齐贤知代州。帝以杨业死，访近臣可知代州者，时齐贤以言事忤帝意，因请行，乃命与潘美同领缘边兵马。

十一月壬寅，契丹主隆绪及萧太后帅众南下，以耶律休哥为先锋都统。时刘廷让帅师数万，并海而北，与李敬源合兵，将趋燕。休哥闻之，以兵扼要害，逆战于君子馆。天方盛寒，士卒皆不能彀弓弩。会隆绪兵大至，围廷让数重。廷让先分精兵属李继隆为后援，继隆退保乐寿。廷让力不敌，一军尽没，以数骑脱走，李敬源、杨重进皆死之。先是，休哥谍给贺令图曰：“我获罪本国，旦夕愿归南朝。”令图信之，私遗重锦十两。及廷让败，休哥宣言：“愿见雄州贺使君。”令图意其来降，欲擅其功，即引数十骑逆之。既至帐下，休哥据胡床骂曰：“汝常好经度边事，今乃送死来耶！”令左右杀其从骑而执之。自是，河朔戍兵无复斗志。契丹乘胜长驱而南，遂陷深、邢、德三州，杀官吏，俘士民，辇金帛而去。魏博之北，民尤苦焉。帝闻之，下诏自悔，而释败溃将士之罪，且蠲河北逋租，给复三年。令图贪功生事，轻而无谋，初与其父怀浦首谋北伐，一岁中父子皆败，且贻中国之害。

壬子，契丹薄代州城，副部署卢汉赟畏懦，保壁自固，张齐贤选厢军二千出御之，誓众感慨，无不一当百，契丹少却。先是，齐贤遣使约潘美以并师来会战，使为契丹所执。俄而美使至，云："师出至柏井，得密诏云：'东路王师败衄，并之全军不许出战。'已还州矣。"时契丹兵塞川，齐贤曰："敌知美来而不知美退。"乃闭美使室中，夜发兵二百，人持一帜，负一束刍，距州西南三十里，列帜燃刍。契丹遥见火光中有旗帜，意谓并师至，骇而北走。齐贤先伏步卒二千于土镫砦，掩击大败之，杀其国舅详稳挞烈哥、宫使萧打里，斩首数百，获马二千，器械无算。

四年（丁亥、九八七）春正月丙戌，诏："行营将士战败溃散，并释不问；缘边城堡备御有劳者，具以名闻；录死事文武官子孙。蠲河北雍熙三年以前逋租，敌所蹂践者，给复三年；军所过，二年；余一年。"

二月，缮治河北诸州、军城隍。

帝将大发兵讨契丹，遣使募兵于河南、北四十余郡，凡八丁取一，以充义军。京东转运使李维清曰："若是，天下不耕矣！"三上疏争之。李昉等亦相率言："河南之民罔知战斗，或虑人情摇动，因而为盗，非计之得。"乃诏独选河北，而诸路悉罢。

端拱元年（戊子、九八八）冬十月，契丹主隆绪攻涿州，城破，遂进攻长城。士卒溃围南走，隆绪邀击之，杀获略尽。

十一月，契丹攻满城、祁州及新乐，皆陷之。己丑，郭守文破契丹于唐河。

时北鄙骚动，帝忧之，访群臣以边事，右拾遗王禹偁献“御戎十策”，大略假汉事以明之：“汉十二帝，言贤明者，文、景也；言昏乱者，哀、平也。然文、景之世，军臣单于最为强盛，候骑至雍，火照甘泉。哀、平之时，呼韩邪单于每岁来朝，委质称臣，边烽罢警。何耶？盖文、景当军臣强盛之时，而外任人，内修政，使不能为深患者，由乎德也。哀、平当呼韩衰弱之际，虽外无良将，内无贤臣，而致其来朝者，系于时也。今国家之广大不下汉，契丹即强盛，至如挠边侵塞，岂有候骑至雍、火照甘泉之事乎？亦在乎外任人，内修德耳！臣愚以为，外则合兵势而重将权，下诏感励边人，使知取幽、蓟旧疆，非贪其土地；内则省官以宽经费，抑文士以激武夫，信用大臣以资其谋，禁游惰以厚民力。”帝深嘉之。

二年（己丑、九八九）春正月，契丹陷易州，迁其民于燕。癸巳，诏议北伐。张洎言：“中国御戎，惟恃险阻。今自飞狐以东皆为契丹所有，既失地利，而河朔列壁皆具城自固，莫可出战，此又分兵之过也。请于沿边建三大镇，各统十万之众，鼎峙而守，仍命亲王出临魏府以控其要，则契丹虽有精兵，岂敢越而南侵！制敌之方尽于此矣。”宋琪言："国家取燕，于雄、霸直进，非我战地。如令大军于易州循孤山，涉涿水，抵桑乾河，出安祖寨，则东瞰燕城，才及一舍。此周德威取燕之路，下视孤垒，浃旬必克。山后八州，闻蓟门不守，必尽归降，势使然也。然兵，凶器，圣人不得已而用之。若选使通好，弭战息民，此亦策之得也。"李昉、王禹偁亦多以修好为言，帝纳之。

八月，尹继伦大破契丹兵于徐河。时朝廷闻契丹复至，遣李继隆发真、定兵万余，护送粮馈数千乘，趋威虏。耶律休哥闻之，帅精骑数万，邀诸途。北面都巡检使尹继伦适领兵徼巡路，遇之，休哥不顾而南。继伦曰："寇蔑视我耳。彼捷还，则乘胜而驱我北去；不捷，亦且泄怒于我，将无遗类矣！为今日计，当卷兵衔枚以蹑之，彼锐气前趋，不虞我之至。力战而胜，足以自树；纵死，犹不失为忠义，岂可泯然而死，为胡地鬼乎！"众皆愤激从命。继伦令秣马，伺夜，人持短兵，潜蹑其后。行数十里，至唐州徐河，天未明，休哥去大军四五里，会食讫，将战。继隆方阵于前以待，继伦从后急击，杀契丹一大将，众皆惊溃。休哥方食，失箸，为短兵中其臂，创甚，乘马先遁，余众引去。契丹为之夺气，自是不敢大入寇，每戒曰："当避黑面大王。"以继伦面黑，故云。

至道元年（乙未、九九五）二月，契丹大将韩德威率众万骑，诱党项、勒浪等族，自振武入寇，折御卿邀击，败之于子河汊。勒浪等乘乱反击德威，杀其将突厥合利等，德威仅以身免。

夏四月，契丹寇雄州。何承矩条子河汉之捷，谕州民，且揭于市。契丹谍知，愧忿，将袭取承矩以雪耻，夜引数千骑抵城下。承矩整兵出拒，迟明，与契丹酣战，契丹复走。帝闻，谓承矩轻佻生事，罢之。

十二月，契丹韩德威谍知折御卿有疾，遂帅众犯边，以报子河汉之役。御卿力疾御之，德威闻其至，不敢进。既而疾甚，母密召之归，御卿曰："世受国恩，边寇未灭，御卿罪也。今临敌，安可弃士卒自便！死于军中，乃其分也。为白太夫人，无念我，忠孝岂得两全！"言讫泣下。明日，卒于师，契丹兵亦退。

宋史纪事本末卷十四

西夏叛服 继迁、德明

太祖建隆元年（庚申、九六〇），定难节度使李彝兴入贡。李氏自思恭历唐末、五代，世有夏州。周显德中，封彝兴西平王。至是，加太尉。

乾德五年（丁卯、九六七），李彝兴卒，子克睿立。

太宗太平兴国三年（戊寅、九七八），李克睿卒，子继筠立。

四年（己卯、九七九），王师伐汉，继筠遣其将李光远、光宪率蕃、汉兵渡河，略太原境，以张军势。

五年（庚辰、九八〇），李继筠卒，弟继捧立。

七年（壬午、九八二）五月，李继捧入朝，献银、夏、绥、宥四州地。继捧自陈愿居京师，乃遣使夏州护缌麻以上亲赴阙，授继捧彰德军节度使，并官其昆弟克信等十二人有差。遂曲赦夏州管内，以曹光实为四州都巡检使。

六月，李继迁叛，走地斤泽。继迁，继捧族弟也，时为管内都知蕃落使，居银州。闻朝使至，遣赴阙，乃诈言乳母死，出葬，遂与其党数十人奔入地斤泽。

八年（癸未、九八三），知夏州尹宪、都巡检曹光实袭继迁，破之，斩首五百级，焚四百余帐，获其母与妻。继迁遁去。

雍熙二年（乙酉、九八五）二月，继迁陷银州。先是，继迁既败，转徙无常处，复连聚豪族，渐以强大，而西人以李氏世著恩德，往往多归之。继迁因语其豪右曰："李氏世有西土，今一日绝之，尔等不忘李氏，能从我兴复乎？"众曰："诺。"遂与弟继冲赴夏州诈降，诱杀曹光实于葭芦川。因袭据银州，复破会州，焚城郭而去。事闻，朝廷遣知秦州田仁朗等将兵讨之。

五月，征田仁朗还。副将王侁击继迁，走之。初，继迁既杀曹光实，遂围三族砦。砦将折遇乜杀监军使者，与继迁合。田仁朗行次绥州，请益兵，留月余俟报。时继迁乘胜进攻抚宁砦，仁朗闻之喜曰："戎人常乌合寇边，胜则进，败则走，不可穷其巢穴。今继迁啸聚数万，尽锐以攻孤垒，抚宁小而固，非浃旬所能破。我俟其困，以大兵临之，分遣强弩三百，邀其归路，虏成擒矣。"部署已定，仁朗欲示闲暇，纵酒摴蒱，侁等因媒孽之。帝闻三族已陷，大怒，征仁朗还，下御史狱，劾问请益兵及陷三族状。仁朗对曰："银、绥、夏三州兵皆以城守为词不遣，三族去绥州远，非元诏所救也。臣已定擒继迁策，会诏至，不果。”因言：“继迁得羌戎情，愿优诏怀来，或以厚利啖部落酋长令图之；不尔，他日大为边患。”帝愈怒，特贷死，窜商州。是月，侁等出银州北，破悉利诸砦，枭其党折罗遇。麟州诸蕃皆请纳马赎罪，助讨继迁，侁遂举所部〔兵〕（据续纲目、薛鉴补）入浊轮川，斩贼首五千级，继迁及遇乜遁去。时诏郭守文与侁同领边事，守文复与知夏州尹宪击盐城诸蕃，焚千余帐，由是银、麟、夏三州蕃百二十五族悉内附。

三年（丙戌、九八六），继迁请降于契丹，契丹册封为夏国王，以义成公主妻之。

〔四年〕（丁亥、九八七）（按：宋史卷四八五夏国传叙此事在雍熙四年，毕鉴在四年三月，今据补“四年”二字）夏四月，夏州安守忠以众三万与继迁战于王亭镇，败绩，继迁追至城门而还。

端拱元年（戊子、九八八）五月，复以李继捧为定难节度使，遣之镇。帝尝谓继捧曰：“汝在夏州，用何道以制诸部？”对曰：“羌人鸷悍，但羁縻而已，非能制也。”会有言继迁悉知朝廷事，疑继捧泄之，乃出继捧为崇信军节度。至是，继迁侵扰日甚，诸将用兵无功，帝从赵普计，复命继捧镇夏州，赐姓名赵保忠，厚赐而遣之，以招继迁。

淳化二年（辛卯、九九一）秋七月，李继迁请降，以为银州观察使，赐姓名赵保吉。先是，继捧至夏州数月，即言继迁悔过归款，诏授继迁银州刺史，然实无降心也。至是，与继捧战于安庆泽，继迁中流矢，遁去，转攻夏州。继捧乞济师，乃遣翟守素出兵援之。守素至，继迁纳款，奉表谢罪，遂有是命，且以其子德明为管内蕃落使行军司马。未几，继迁复叛。

五年（甲午、九九四）春正月，诏以李继隆为河西都部署，讨李继迁。先是，转运副使郑仁宝议禁盐池，用困继迁。继迁遂率边人四十二族寇掠环州，边将多为所败。久之，继迁欲徙绥州民于平夏，部将高文岯等因众不乐，反攻败之。继迁复围堡砦，掠居民，焚积聚，遂攻灵州，朝廷乃命继隆讨之。

三月乙亥，李继隆将兵入夏州。时继捧闻继隆且至，先挈其母、妻、子、女壁于野外，上言与继迁解怨，献马五十匹，乞罢兵。帝览奏，立遣中使督继隆进军。及师压境，继迁因袭继捧营，欲并其众。继捧方寝，闻难作，单骑走还城。指挥使赵光嗣闭之别室，开门迎继隆，继隆执之送汴。继迁遁去。继捧至京，赦之，封宥罪侯。

夏四月甲申，堕夏州城。帝以夏州深在沙漠，奸雄因以窃据，欲堕其城，宰相吕蒙正曰："自赫连筑城以来，每为关右之患，若遂废之，万世利也。"乃诏堕之，迁其民于银、绥。是年，继迁复遣使贡马谢罪。

至道元年（乙未、九九五）六月，李继迁遣押衙张浦以良马、橐驼来献，帝令卫士射于后圃，俾浦观之。士皆拓两石弓，有余力。帝笑问浦曰："羌人敢敌否？"对曰："羌部弓弱矢短，但见此长巨人则已遁矣，况敢敌乎！"帝留浦京师，遣使拜继迁鄜州节度使，继迁不受。

秋七月，李继迁寇清远军，守将张延击败之。

二年（丙申、九九六）夏四月，遣李继隆等分道讨李继迁。初，帝命白守荣等护刍粟四十万赴灵州，李继迁邀击于浦洛河，守荣众溃，运饷尽为所夺。帝怒，命继隆为环、庆等州都部署，将兵讨之。会曹（灿）〔璨〕（据宋史卷二五八本传及四八五夏国传改，下同）自河西还，言："继迁众万余方（图）〔围〕灵武（据宋史卷四八五夏国传改，下同），城中告急使为继迁所得，（则）〔遂〕顿兵不去矣。"吕端请发兵，由麟府、鄜延、环庆三道以捣平夏，袭其巢穴，则灵武之围自解。或云："盛夏涉旱海，水泉竭，粮运艰辛，不如静以待之。"帝不听，即部分诸将，命继隆出环，丁罕出庆，范廷召出延，王超出夏，张守恩出麟，五路进讨，直趋平夏。保安军奏获继迁母。帝用寇准议，且斩之，吕端言："昔项羽得太公，欲烹之，汉祖曰：'愿遗我一杯羹。'夫举大事者不顾其亲，况继迁胡夷悖逆之人哉！斩之徒树仇怨，益坚其叛，不若置延州，善养视之，以系继迁心。"帝从之。

八月，李继隆率诸将进军，期抵乌白池。继隆遣其弟继和驰奏，以环州道迂，欲自清冈峡直趋继迁巢穴，不及援灵武。上怒曰："汝兄必败吾事矣！"因手札切责，使未至而继隆已发兵与丁罕合，行十日不见虏，引军还。张守恩见虏不击，独范廷召与王超至乌白池，与贼遇。时贼锐甚，超持重不进。其子德用年十七，为先锋，请乘之，转战三日，虏遂却。德用曰："归师遇险必乱。"乃领兵先绝要害，下令曰："乱行者斩！"一军肃然。贼见其师整，不敢逼。廷召等大小数十战，互有胜负，而诸将失期，士卒困乏，终不能破贼。

三年（丁酉、九九七）〔十〕（据宋史卷六真宗纪、续纲目、薛鉴补）二月，李继迁遣使纳款，且求蕃任。会帝崩，太子初即位，方在谅阴，许之，授继迁充定难节度使，且割夏、绥、银、宥、静五州与之，张浦亦遣还。继迁寻遣弟瑗诣阙谢。未几，复抄边。

真宗咸平五年（壬寅、一〇〇二）三月，李继迁大合蕃部，攻陷灵州。继迁改灵州为西平府，居之。先是，帝以灵武事访李至，至言："河、湟之地，夷、夏杂居，是以先王置之度外。今灵州不可不弃，若移朔方军于环州，保固边境，亦一时之权也。"帝不决。时继迁抄掠益甚，帝以张齐贤为泾原诸路经略使，御之。齐贤亦言："灵武孤城，必难固守，徒使军民六、七万陷于危亡之地，无益。"通判永兴军何亮复上"安边书"，言："灵武地方千里，表里山河，舍之，则戎狄之利广且饶矣，一患也；自环庆至灵武凡千里，西域、戎狄，合而为一，二患也；冀北，马之所生，自匈奴猖獗，无匹马南来，惟资西域。西域既分为二，其右乃西戎之东偏，实为夏贼之境，其左乃西域之西偏，如舍灵武，复合为一。夏贼桀黠，俾诸戎不得货马，未知战马何从来，三患也。请筑溥乐、耀德二城，以通河西之粮道。灵武居绝域之外，不筑此二城为唇齿，与舍灵武无异。”帝览奏，复诏群臣议弃守之宜。杨亿上疏，引汉弃朱崖为喻，请弃灵武，守环庆，与李至前议合。辅臣复以灵州乃必争之地，苟失之则缘边诸郡皆不可保。帝惑之。李沆曰：“继迁不死，灵武终非朝廷有也。莫若遣使密召州将，使部分军民，空垒而归，如此则关右之民息肩矣。”帝不从，以王超为西面行营都部署，将步骑六万援灵州。会继迁寇清远军，都监段义叛降于继迁，继迁势益张，复攻定州、怀远。曹（灿）〔璨〕以蕃兵邀击之，稍稍斩获，而王超所将大军卒不能进，灵州遂陷，知州事裴济死之。帝得报，悔不用李沆之言。

六年（癸卯、一〇〇三）六月，李继迁围麟州，诏金明巡检李继周击之。知州事卫居宝出奇兵突战，继迁拔营遁去。

十月，李继迁转攻西蕃，取西凉府。都首领潘罗支伪降，集六谷蕃部合击继迁，继迁大败，中流矢死。子德明立。契丹封德明为西平王。时环庆边臣以德明初立，乞降诏慰抚之，帝乃诏德明，令审图去就。知镇戎军曹玮上言：“继迁擅河南地二十年，兵不解甲，使中国有西顾之忧。今其国危子弱，不即捕灭，后更强盛，不可制矣。愿假臣精兵，出其不意，擒德明送阙下，复河南为郡县，此其时也。”帝欲以恩致德明，不报。

景德三年（丙午、一〇〇六）九月，李德明奉表归款，复遣刘仁勗进誓表。十月，授德明充定难节度使，封西平王，赐赉甚厚，给奉如内地，因索子弟入质。德明谓非先世故事，不遣，惟献驼马谢恩而已。自是德明岁朝贡不绝。

大中祥符三年（庚戌、一〇一〇），夏州饥。德明上表，求粟百万，朝议不知所出。或言德明方纳款而敢渝誓，请降诏责之。王旦曰："第诏德明云，已敕有司具粟百万于京师，其遣众来取。"德明得诏，惭曰："朝廷有人！"遂止。

九年（丙辰、一〇一六），德明表，边臣罕守旧制，各务邀功，渐乖盟约。诏答之。

乾兴二年（癸亥、一〇二三），德明以兵攻麟州柔远砦，巡检杨承吉与战不利，命曹玮为环、庆、秦州缘边巡检安抚使备御之。是年，德明城怀远镇为兴州。

仁宗天圣九年（辛未、一〇三一）十月，德明死，子元昊立。事见后。

宋史纪事本末卷十五

交州之变

太祖开宝六年（癸酉、九七三）五月，交州丁琏入贡。梁末，交州土豪曲承美乘中国之乱，据有十二州之地。南汉遣将攻承美，执之，置交州节度。乾德初，节度使吴昌文死，其将吴处玶争立。驩州刺史丁部领击败处玶等，自领交州帅，号大胜王，署其子琏为节度使，寻逊琏位。汉既亡，琏入贡，授琏静海军节度〔使〕（据宋史卷四八八交阯传、续纲目、薛鉴补），封交阯郡王。

太宗太平兴国五年（庚辰、九八〇）秋七月，交州丁琏及其父部领相继死，琏弟璿权行军府事。璿年尚幼，大将黎桓幽璿别馆而代领其众。时知邕州侯仁宝，赵普女弟之夫也，卢多逊与普有隙，出仁宝于邕，九年不代。仁宝恐因循死岭外，乃上言："交州乱，可以偏师取之。愿乘传诣阙，面陈其状。”帝喜，将驿召仁宝，多逊遽奏曰：“交州内扰，此实天亡之秋，但先召仁宝，其谋必泄，蛮寇预为之备，未易取也。不如密令仁宝经度其事，发兵长驱，势必万全。”帝以为然，以仁宝为交州水陆转运使，孙全兴、张濬，崔亮、刘澄、贾湜、王僎并为部署，将兵讨之，全兴、濬、亮由邕州，澄、湜、僎由廉州进。桓闻之，乃遣使为丁璿上表求袭位，帝不许。

六年（辛巳、九八一）三月，交州行营破贼于白藤江口，获战舰二百，于是知邕州侯仁宝，率兵先进，孙全兴等顿兵花步。黎桓诈降以诱仁宝，遂为所害。会炎瘴，军士多死，转运使许仲宣以闻。诏班师，斩刘澄、贾湜于军，征全兴下狱，寻弃市。

八年（癸未、九八三）春，黎桓自称权交州三使留后，遣使来贡，并上丁璿让表。帝赐桓诏曰：“朕且欲璿为统帅之名，卿居副贰之任，若璿将材无取，童心如故。然奕世承袭，载绵星纪，一朝舍去节钺，降同士伍，理既非便，居亦靡安，宜遣璿母子尽室入朝，即降制授卿节旄。凡兹两途，尔当审处其一。”桓不听命。

雍熙三年（丙戌、九八六），以黎桓为静海军节度使。桓复上表，求正领节镇，朝廷惩孙全兴之败，不欲用兵，许之。丁氏由此遂灭。四年，复封桓为交阯郡王。

真宗景德三年（丙午、一〇〇六）五月，交州黎桓死，子龙廷杀其兄龙钺而自立。知广州凌策等言：“桓诸子争立，众心离叛，请发本道兵讨之。”帝以桓素修职贡，不欲伐丧，令缘海安抚使谕晓之。龙廷复入贡，后赐名至忠。

大中祥符三年（庚戌、一〇一〇）春，交州大校李公蕴弑其主至忠，自立为留后，遣使入贡。帝曰："黎桓不义而得，公蕴尤而效焉，甚可恶也。然蛮俗何足责哉！"遂用桓故事，封公蕴为交阯郡王。

交州自公蕴后，世修职贡不绝，然数盗边，至其王乾德遂大举入寇，神宗熙宁八年也。时朝廷方议开疆，知桂州沈起遣官入溪洞，点集土丁为保伍，又于融州强置城寨，杀人以千数。交人以为言，罢起，以知州刘彝代之。彝至，奏罢广南所屯北兵，而用枪杖手分戍。复听偏校言，以为安南可取，乃大治戈船，交人来互市，尽遏绝，表疏亦不得达。至是，遂分三道入寇，一自广府，一自钦州，一自昆仑关，连陷钦、廉二州，杀土丁八千人。事闻，起坐贬，安置郢州，除彝名。

神宗熙宁九年（丙辰、一〇七六）春正月，交人围邕州，知州苏缄悉力拒守，外援不至，城遂陷。缄义不死贼手，命其家三十六人皆先死，藏尸于坎，乃纵火自焚。城中人感缄之义，无一人从贼者。于是交人尽屠其民，凡五万八千余口。事闻，诏赠缄奉国节度使，谥忠勇。

二月，以郭逵为安南招讨使。时会得交人露布，言中国作青苗、助役之法，穷困生民，今出兵欲相拯济。时相怒，乃以天章阁待制赵卨为招讨使，将兵讨之。卨言逵老于边事，愿以为使而己副之，故有是命。

冬十〔二〕（据宋史卷一五神宗纪、续纲目、薛鉴补）月，郭逵败交阯兵于富良江。初，逵次长沙，先遣将复邕、廉，而自将西进，至富良江。蛮以精兵乘船逆战，官军不能济。赵卨分遣将吏伐木治攻具，机石如雨，蛮船皆坏，因设伏击之，斩首数千，杀其伪太子洪真。李乾德惧，遣使奉表，诣军门纳款。时官兵八万人，冒暑涉瘴地，死者过半。富良江去其国不远，逵不敢渡，得其广源州、门州、思浪州、苏茂州、桄榔县而还，群臣称贺。诏以广源为顺州，赦乾德罪，治沈起、刘彝开衅之罪，安置随、秀州。

宋史纪事本末卷十六

蜀盗之平

太宗淳化四年（癸巳、九九三）春，蜀青神民王小波作乱。初，蜀亡，其府库之积悉输汴京，后任事者竞喜功利，于常赋外更置博买务，禁商贾不得私市布帛。蜀地狭民稠，耕稼不足以给，由是小民贫困，兼并者益籴贱贩贵以规利。小波因聚众为乱，且曰："吾疾贫富不均，今为尔均之。"贫者争附。遂攻青神，掠彭山，杀县令齐元振，剖其腹，实之以钱，以其平日爱钱故也。贼党由是愈炽，旁邑响应。

十二月，西川都巡检使张玘与王小波战于江原。玘射中小波，已而为小波所杀，小波亦病创死。其党推小波妻弟李顺为帅，寇掠州县，陷邛州、永康军，众至数十万。

五年（甲午、九九四）春正月戊午，李顺攻陷汉州，复陷彭州，遂攻成都。转运使樊知古、知府郭载及官属出奔梓州。顺入城，据之，僭号大蜀王，遣其党四出，攻劫州县，两川大震。帝议遣大臣抚谕，赵昌言独请遣兵急讨，无致滋蔓。帝从之，遣宦者王继恩为两川招安使，分路进讨，以雷有终为（陕）〔峡〕路（据宋史卷二七八雷有终传改）转运使。

二月乙未，李顺分遣杨广数万众寇剑门。上官正为剑门都监，麾下有疲卒数百，因勉激以忠义，勇气百倍，力战以守。会成都监军宿翰兵至，正与之合，迎击贼众，斩馘几尽。余众三百奔还成都，顺怒其惊众，尽斩之，自此气沮。时朝廷闻蜀盗甚盛，深以栈道为忧。正以孤军力战破贼，于是阁道无壅，王师得以长驱而进。

李顺围梓州。初，知梓州张雍闻王小波起，即练士卒，募强勇，为城守计，辇绵州金帛以实帑藏，令官属治戎器，守械悉备。至是，顺遣其党帅众二十万围梓，城中兵才三千，雍悉智力御之，凡八十日。王继恩遣石智颙来援，贼乃溃去。

己亥，王继恩师至绵州，贼溃走，追杀其众，遂复绵州。遣曹习破贼于老溪，复阆、巴、蓬、剑等州。

五月，王师至成都，破贼十万众，斩首三万级，获李顺，遂复成都。其党张余复攻陷嘉、戎、泸、渝、涪、忠、万、开八州，开州监军秦（傅）〔传〕序（据宋史卷四四六忠义传改）死之。

辛未，降成都府为益州。

八月甲午，以王继恩为宣政使。初，中书以继恩讨蜀寇功，欲除宣徽使，帝曰："朕读前代史，不欲令宦官预政，宣徽，执政之渐也，止可授以他官。"宰相力言继恩有大功，非此不足以酬之。帝怒，深责相臣，乃命学士张洎、钱若水议，别立宣政使以授之。

辛丑，以张咏知益州。时王继恩、上官正、宿翰等总兵讨贼，渐有成功，顿师不进，专务饮博，其下恣横剽掠，余寇时复张大。咏至，勉正等亲行，临发，举酒属军校曰："尔曹蒙国厚恩，此行当荡平丑类；若老师旷日，即此地还为尔死所矣。"正由是决计深入，大致克捷。时寇掠之际，民多胁从，咏谕以恩信，使各归田里。且曰："前日李顺胁民为贼，今日吾化贼为民，不亦可乎！"时民间讹言，有白头翁午后食人儿女，一郡嚣然，至暮，路无行人。既而得造讹者，戮之，民遂帖息。咏曰："妖讹之兴，沴气乘之，妖则有形，讹则有声。止讹之术，在乎识断，不在乎厌胜也。"初，蜀士知向学而不乐仕宦，咏察郡人张及、李畋、张逵三人皆有学行，为乡里所称，遂敦勉就举，士由是知劝。民有谍诉者，咏酌量情法轻重，判数语以示之，蜀人刻为戒，民习风俗为之敦厚。先是城中屯兵尚三万人，无半月之食。咏知民间旧苦盐贵而廪有余积，乃下其估，听民以米易盐，未（余）〔逾〕（据续纲目、薛鉴改）月，得米数十万斛。咏度有二岁备，乃奏罢陕西粮运。帝闻之，喜曰："此人何事不了，吾无忧矣！"

癸卯，以参知政事赵昌言为川峡都部署。时王继恩在蜀，不能戢众，帝意颇厌兵，召昌言谓曰："西川本自一国，太祖平之，今三十年矣。”昌言知帝指，即前画攻取之策。帝喜，命昌言帅蜀，自继恩以下并受节制。既行，或奏昌言有反相，不宜握众兵。寻罢，知凤翔府。上官正复云安军。先是，张余贼众攻夔州，白继赟大败之于西津口，斩首二万，获舟千余艘。正复连破贼于广安、嘉陵、合州。贼进攻陵州，又为知州张旦所败。至是，正等大败张余于云安军，复其城。

至道元年（乙未、九九五）二月丙午，四川都监宿翰获张余于嘉州。先是，西川行营卫绍钦、杨琼屡破贼众，复蜀、邛等州。帝以蜀盗渐平，下诏罪己，略曰：“朕委任非当，烛理不明，致彼亲民之官，不以惠和为政，管榷之吏，惟用刻削为功，挠我烝民，起为狂寇。念兹失德，是务责躬，永鉴前非，庶无贰过。”闻者感悦。至是，余攻眉州，翰击败之。余走嘉州，为军士所获。

是年，召王继恩还，以上官正、雷有终为四川招安使。蜀寇悉平。后数年，复有王均之变。

真宗咸平三年（庚子、一〇〇〇）春正月甲午，益州戍卒作乱，推王均为首。初，神卫卒戍益州，以都虞候王均、董福分领之。福御众有法，所部皆优赡。均好饮博，军装悉以给费。至是，兵马钤辖符昭寿与知益州牛冕大阅于东郊，蜀人趋观之，二军衣服鲜敝不等，均众由是惭愤，而昭寿亦骄恣侵虐，军士素怨之。是月朔，戍卒赵延顺等八人为乱，遂杀昭寿。益州官吏方贺正旦，闻变，皆奔窜。知州牛冕与转运使张适缒城而去，惟都巡检使刘绍荣冒刃格斗，众寡不敌。叛卒尚未有主，欲奉绍荣，绍荣摄弓矢骂曰：“我本燕人，弃虏归朝，岂能与尔同逆耶！亟见杀，我终不负朝廷也。”监军王泽召王均谓曰：“汝所部为乱，盍往招安之。”叛卒见均，即拥之为主。绍荣自经死，均遂僭号大蜀，改元化顺，署置官称，以小校张锴为谋主。均帅众攻陷汉州。进攻绵州，不克。直趋剑州，为知州李士衡所败，还保益州。帝时幸河朔，将发大名，闻之，以户部使雷有终为川峡招安使，李惠、石普、李守伦并为巡检使，给步骑八千，往讨之，上官正、李继昌等皆隶焉。

时知蜀州杨怀忠闻乱，即调乡丁会诸州巡检兵讨之。怀忠入益州，焚城北门，至三井桥，与贼党战，数合，怀忠不利而退。复檄嘉、眉等七州，合兵再攻益州，败之。乘胜逐贼，至州南十五里，砦于鸡鸣原，以俟王师。均亦闭门自固。

二月癸亥，雷有终等至益州。时都巡检张思钧已克汉州，遂进壁升仙桥。贼出攻砦，有终击走之。

丁卯，王均开城门伪遁，雷有终等帅兵入城，号令不肃，官军竞剽掠。贼闭关发伏，布床榻于路口，官军不得出，因为所杀。有终等缘堞而坠，得免，李惠死之，官军退保汉州。益州城中民皆奔迸四出，复为贼党追杀，或囚縶之，支解族诛以恐众。又胁士民之少壮者为兵，先刺手背，次髡首，次黥面，给军装令乘城，与旧贼党相间。有终署榜招之，至则署其衣袂，释之，日数百人。

冬十月甲辰，雷有终复益州。初，贼由升仙桥分路袭王师，有终帅兵逆击，大败之。王均单骑走还城，遂撤桥塞门。有终与石普进屯于城北，分遣将校攻城三面，贼出战屡败。然王师每薄城，辄会雨，城滑不能上。有终命为洞屋以进，均亦对设敌楼以相拒。有终遣卒焚之，贼由是消沮，复筑月城以自固。有终令卒蒙毡、秉燧以入，悉焚其望橹机石。先遣东、西、南砦鼓噪攻之，有终、普分主洞屋而前，遂入城，大败之，均夜与其党二万人突围而遁。有终疑有伏，遣人纵火城中。明日，执尝受伪署者数百人，悉焚杀之，时谓冤酷。均既走，所过断桥塞路，焚仓库而去。己丑，有终遣杨怀忠追均，至富顺，及之，大败其众，遂入城。均缢死，怀忠取均首及僭伪法物，降其党六千人。诏进有终、怀忠等秩，流牛冕儋州，张适连州。

四年（辛丑、一〇〇一）十二月丁未，诏："蜀贼既平，除追捕亡命，余诖误之民，并释不问。讹言动众者，有司斩以闻。"

六年（癸卯、一〇〇三）冬十月，复以张咏知益州。民闻咏再至，皆鼓舞相庆。转运使黄观上其治状，下诏褒美。会遣谢涛巡抚西蜀，帝令传谕咏曰："得卿在蜀，朕无西顾之忧矣！"

是时，内地亦多寇盗，濮州贼夜入城，掠知州王守信、监军王昭度家。王禹偁时守黄州，上疏曰："伏以体国经野，王者保邦之制也。易曰：'王公设险，以守其国。'自五季乱离，各据城垒，豆分瓜剖，七十余年。太祖、太宗削平僭伪，天下一家，当时议者乃令江、淮诸郡毁城隍，收兵甲，撤武备者，二十余年。书生领州，大郡给二十人，小郡减五人，以充常从，号曰长吏，实同旅人；名为郡城，荡若平地。虽则尊京师而抑郡县，为强干弱枝之术，亦匪得其中道也。臣比在滁州，值发兵挽漕，关城无人守御，止以白直代主开闭。城池颓圮，铠仗不完。及徙维扬，称为重镇，乃与滁州无异。尝出铠甲三十副与巡警使臣，彀弩张弓，十损四五，盖不敢擅自修治，上下因循，遂至于此。今黄州城池器械复不及滁、扬，万一水旱为灾，盗贼窃发，虽思备御，何以支吾？盖太祖削诸侯跋扈之势，太宗杜僭伪觊望之心，不得不尔。其如设法维世，久则弊生。救弊之道，在乎从宜，疾若转规，固不可胶柱而鼓瑟也。今江、淮诸州大患有三：城池颓圮，一也；兵仗不完，二也；军不服习，三也。濮贼之兴，慢防可见。望陛下特（纡神）〔行宸〕（据长编改）断，许诸郡酌民户众寡，城池大小，并置守捉军士，多不过五百人，阅习弓剑，然后渐葺城壁，缮完甲胄，则郡国有御侮之备，长吏免剽略之虞矣。”〔原注：按禹偁此疏，深切时弊，故附见于此。〕

宋史纪事本末卷十七

太宗致治

太平兴国元年（丙子、九七六）十二月己未，诏群臣论列者，即时引对。

富弼曰：太宗求治之切，故诏群臣论事，欲面奏者，即时引对，此言路所以无壅也。自后臣僚非差遣合上殿者不得对，亦有朝臣乞上殿敷奏边事，逾月不得报。边事尚拘常例，况他事乎！

二年（丁丑、九七七）春正月戊辰，帝亲试礼部举人。初，太祖幸洛阳，张齐贤以布衣献策，条陈十事，内四说称旨，齐贤坚执其余策皆善，太祖怒，出之。及还，语帝曰："我幸西都，惟得一张齐贤耳！我不欲爵之以官，异时可使辅尔为相也。"至是，齐贤亦在选中，有司误寘下第，帝览之，故一榜尽赐进士及第。又诏礼部阅其十五举以上及诸科，并赐出身。召邢昺升殿，讲师、比二卦，又问以群经发题，帝嘉其精博，擢九经及第。又九经七人不中格，特赐同三传出身。帝谓侍臣曰："朕欲博求俊彦于科场中，非敢望拔十得五，止得一二，亦可为致治之具矣。"

辛未，诏曰："虞书考绩，爰及三年。汉官奏课，聿分九等。应诸道、州、府曹掾及县令、簿、尉，先是吏部南曹给印纸历子，俾州县长吏书其绩用、过（僭）〔愆〕（据宋史卷一六〇选举志改），秩满，有司详视而差其殿最，斯旧章也，执事者其申明之，毋或蔽欺以紊经制。"

三年（戊寅、九七八）二月丙辰，立崇文院，凡古今书籍尽贮之。

六月癸未，诏："职官赃罪，虽会赦不得叙，著为令。"

五年（庚辰、九八〇）二月，定差役法。初，太祖因前代之制，以衙前主官物，以里正、户长、乡书手课督赋税，以耆长、弓手、壮丁逐捕盗贼，以承符、人力、手〔力〕（据宋史卷一七七食货志补）、散从官给使令，后有贫富，随时升降。至是，从京西转运使程能请，定诸州户为九等，上四等充役，下五等免之。

六年（辛巳、九八一）二月，诏曰："朝廷申劝惩之道，立经久之规，应群臣掌事外州，悉给御前印纸，所贵善恶无隐，殿最必书，俾因秩满之时，用行考绩之典。迩闻官吏颇紊纲条，朋党比周，迭相容蔽，米盐细碎，妄有指言，蠹有巨而不章，劳虽微而必录。宜行戒谕，用儆因循。自今应出使臣僚在任日劳绩，非尤异者不得批书，曾有殿犯不得引匿，其余经常事不在批书之限。”

九月，左拾遗田锡上封事，言军国要机一，朝廷大体四。其一以议平汉之功，驾驭戎臣为要机。而大体之一，“乞修德以来远，宜罢交州兵”。其二言：“今谏官不闻廷争，给事中不闻封驳，左右史不闻升陛纪言动，御史不敢弹奏，中书舍人未尝访以政事，集贤院虽有书籍而无职官，秘书省虽有职官而无图籍。愿择才任人，使各司其局。”其三言：“尚书省诸曹苟简，非太平之制度，宜修省寺以列职官。”其四言：“按狱官〔令〕（据宋史卷二九三田锡传、续纲目、薛鉴补），狱具皆有定式，未闻以铁为枷也。昔唐太宗观明堂图，见五脏皆丽于背，遂禁鞭背，减徒刑。况隆平之时，将措刑不用，于法所无，去之可也。”帝览疏，优诏褒答。

置京朝官差遣院。旧制，京朝官属吏部，国初以来皆〔出〕（据续纲目补）中书。至是，诏京朝官奉使从政于外受代归者，并令中书舍人考校劳绩，品量材器，以中书所下（员）阙〔员〕（据宋史卷一五八选举志、续纲目、薛鉴改）引对而授之，谓之差遣院。

雍熙元年（甲申、九八四）六月，诏求直言。知睦州田锡上疏言：“时久升平，天下混一，故左取右奉，致陛下以功业自多。然临御九年，四方虽宁，而刑罚未甚措，水旱未甚调，陛下谓之太平，谁敢不谓之太平！陛下谓之至理，谁敢不谓之至理！”又言：“宰相不得用人而委员外差遣，近臣不专受责而求令录封章。”又言：“听用太广则条制必繁，条制既繁则依从者少。自今凡有奏陈，宜令大臣议而行之，毋使垂之空言，示之寡信。”又言：“宰相若贤，当信而用之；非贤，当择而任之。奈何置之为具臣而疑之若众人也！”帝韪其论。

帝尝语侍臣曰：“朕何如唐太宗？”参知政事李昉微诵白居易七德舞词曰：“怨女三千放出宫，死囚四百来归狱。”帝闻之遽起曰：“朕不及，朕不及，卿言警朕矣！”

二年（乙酉、九八五）秋七月，诏诸道转运使及长吏，乘丰储廪，以防水旱。

端拱元年（戊子、九八八）春正月乙亥，亲耕耤田。

五月辛酉，诏就崇文院中堂建秘阁，分三馆书籍置其中，以吏部侍郎李至兼秘书监。帝谓至曰：“人君当淡然无欲，勿使嗜好形见于外，则奸邪无自入。朕无他好，但喜读书，多见古今成败，善者从之，不善者改之，如斯而已。”至每与同官观书阁下，帝必遣使赐宴，且命三馆学士皆预焉。

虞部郎中张佖建议复置左右史之职，乃命梁周翰与李宗谔分领之。周翰兼起居郎，因上言：“自今御朝，皇帝宣谕之言，侍臣论列之事，依旧中书修为时政记。其枢密院事涉机密，亦令本院编纂，每月终，送史馆。自余封拜、除改、沿革、制置之事，悉条送，以备编录。仍令郎与舍人分直崇政殿，以记言动，别为起居注，进御后，降付史馆。”起居注进御自周翰始。

内侍侯莫陈利用以幻术得幸，骄恣不法，赵普按其罪，请诛之。帝曰："岂有万乘之主，不能庇一人乎！"普曰："陛下不诛则乱天下法，法可惜，此一竖子何足惜哉！"帝不得已，命诛之。

淳化元年（庚寅、九九〇）十二月，诏中外所上书疏及面奏制可者，并下中书、枢密、三司，申覆颁行。帝谓宰相曰："治国之道，宽猛得中，宽则政令不成，猛则民无所措手足。"吕蒙正进曰："老子称：'治大国若烹小鲜。'夫鱼扰之则乱。近日内外上封事求更制度者甚众，望陛下渐行清净之化。"上曰："朕不欲塞人言路。夫狂夫言而圣人择焉，亦古训也。"赵昌言曰："今朝廷无事，边境宁谧，正当行好事之时。"上喜曰："朕终日与卿等论此事，何忧天下不治！苟天下亲民之官皆存此心，则刑清讼息矣！"

二年（辛卯、九九一），帝以旱蝗，召近臣问以得失，众以天数对。寇准独曰："洪范天人之际，应若影响。大旱之证，盖刑有所不平也。"帝怒，起入禁中。顷之，复召准问不平状，准曰："愿召二府至，臣即言之。"二府入，准乃曰："顷者祖吉、王淮皆侮法受赇，吉赃少，乃伏诛；淮以参政沔之弟，盗主守财至千万，止杖之，仍复其官，非不平而何！"帝以问沔，沔顿首谢。于是切责沔，而以准可大用，遂自枢密直学士拜枢密副使。准尝奏事殿中，语不合，帝怒起，准辄引帝衣请复坐，事决乃退。帝嘉之曰："朕得寇准，犹文皇之得魏徵也。"

时王禹偁上言："请自今庶官候谒宰相，并须朝罢于政事堂枢密使预坐接见，将以杜私请。"诏从之。左正言谢泌疏驳曰："伏睹明诏，不许宰相、枢密使见宾客，是疑大臣以私也。书曰：'任贤勿贰，去邪勿疑。'张说谓姚元崇外则疏而接物，内则谨以事君，此真大臣之体。今天下至广，万机至烦，陛下以聪明寄辅臣，自非接下，何以悉知外事？若令都堂候见，则庶官请见咨事，略无解衣之暇。幸今世道清明，朝廷无巧言之士，方面寡姑息之臣，奈何疑执政为衰世之事乎！"帝览奏，即追还前诏，仍以泌所上章付史馆。

八月己卯，置审刑院。帝虑大理、刑部吏舞文深刻，乃置审刑院于禁中，置详议官六员。凡狱上奏，先达院印讫，付大理、刑部断覆以闻，乃下院详议，申覆裁决讫，以付中书省行之。其未允者，宰相复以闻，始命论决。

四年（癸巳、九九三）二月，置审官院。初，帝虑中外官吏，清浊混淆，命官考课，号磨勘院。至是，梁鼎上言曰："虞书三载考绩，三考黜陟幽明。三代以还，率繇此道。唐有考功之司，明考课之令，下自簿尉，上至宰臣，皆岁计功过，较定优劣，故人思激励，绩效著闻。五代兵革相继，名存实亡。且夫今之知州即古之刺史，治状显著者朝廷不知，方略蔑闻者任用如故，大失劝惩之体，浸成苟且之风。是致水旱荐臻，狱讼填溢，欲望天下承平，岂可得也！望陛下特诏有司，申明考绩之法，庶几官得其人，民受其赐。"于是改磨勘院为审官院，掌审京朝官。其幕职、州县官，别置考课院主之。

宋史纪事本末卷十八

营田之议

太宗端拱二年（己丑、九八九）春，以陈恕、樊知古为河北东、西路招置营田使，又诏知代州张齐贤制置河东诸州营田，寻皆罢。

沧州节度副使何承矩上疏曰："臣幼侍先臣关南征行，熟知北边道路、川源之势。若于顺安砦西开易河蒲口，导水东注于海，东西三百余里，南北五七十里，资其陂泽，筑堤贮水，为屯田，可以遏敌骑之奔轶。俟期岁间，关南诸泊悉壅阗，即播为稻田。其缘边州、军临塘水者，止留城守军士，不烦发兵广戍，收地利以实边，设险固以防塞。春夏课农，秋冬习武，休息民力，以助国经。如此数年，将见彼弱我强，彼劳我逸。此御边之要策也。其顺安军以西，抵西山百里许，无水田处，亦望选兵戍之，简其精锐，去其冗谬。夫兵不患寡，患骄慢而不精；将不患怯，患偏见而无谋。若兵精将贤，则四境可以高枕而无忧。”帝嘉纳之。属霖雨为灾，典者多议其非便，承矩引援汉、魏至唐屯田故事，以折众论，务在必行。又言宜因积潦，蓄为陂塘，大作稻田以足食。会沧州临津令闽人黄懋上书言：“闽地惟种水田，缘山导泉，倍费功力。今河北州军多陂塘，引水溉田，省功易就，三五年间，公私必大获其利。”诏承矩按视，还奏如懋言。遂以承矩为制置河北沿边屯田使，懋为大理寺丞，充判官，发诸州镇兵一万八千人给其役。凡雄、莫、霸州，平戎、顺安等军，兴堰六百里，置斗门，引淀水灌溉。初年种稻，值霜不成。懋以晚稻九月熟，河北霜早而地气迟，江东早稻七月既熟，取其种，课令种之。是岁八月，稻熟，承矩载稻穗数车，遣吏送阙下，议者乃息，而莞蒲蜃蛤之饶，民赖其利。

度支判官陈尧叟等亦言：“汉、魏、晋、唐于陈、许、邓、颍暨蔡、宿、亳至于寿春，用水利垦田，陈迹具在。请选官大开屯田，以通水利。发江、淮下军、散卒及募民充役，给官钱市牛，置耕具，导沟渎，筑防堰。每屯十人，人给一牛，治田五十亩；虽古制一夫百亩，今且垦其半，俟久而古制可复也。亩约收三斛，岁可收十五万斛。七州之间，置二十屯，可得三百万斛。因而益之，数年可使仓廪充实，省江、淮漕运。民田未辟，官为种植；公田未垦，募民垦之。岁登所取，并如民间主客之例。傅子曰：‘陆田命悬于天。’人力虽修，苟水旱不时，则一年之功弃矣。水田之制由人力，人力苟修则地利可尽，且虫灾之害亦少于陆田，水田既修，其利兼倍矣。”帝览奏嘉之，遣大理寺丞皇甫选、光禄寺丞何亮按视经度。然不果行。

至道二年（丙申、九九六），直史馆陈靖复上言：“先王之欲厚生民，莫先于积谷而务农，盐铁榷酤斯为末矣。按天下土田，除江淮、湖湘、两浙、陇蜀、河东诸路，地里夐远，虽加劝督，未遽获利。今京畿周环二十二州，幅员数千里，地之垦者十才二三，税之入者又十无五六。复有匿里舍而称逃亡，弃耕农而事游惰，赋额岁减，国用不充。诏书累下，许民复业，蠲其租调，宽以岁时，然乡县扰之，每一户归业，则刺报所由，朝耕尺寸之田，暮入差徭之籍，追胥责问，继踵而来。虽蒙蠲其常租，实无补于捐瘠。况民之流徙，始由贫困，或避私债，或逃公税。及既亡遁，则乡里检其资财，至于室庐什器，桑枣材木，咸计其直，或里胥用以输税，或债主取以偿逋。生计荡然，还无所诣，以兹浮荡，绝意归耕。如授以闲旷之田，广募游惰，诱之耕垦，未计赋租，许令别置版图，便宜从事，酌民力丰寡，农亩肥硗，均配督课，令其不倦。其逃民归业，丁口授田，烦碎之事，并取大司农裁决。耕桑之外，令益树杂木蔬果，孳畜羊犬鸡豚。给授桑土，潜拟井田，营造室居，使立保伍。养生送死之具，庆吊问遗之资，并立条制。候至三五年间，生计成立，即计户定征，量田输税。若民力不足，官借籴钱，或以市糇粮，或以营耕具。凡此给授，委于司农，比及秋成，乃令偿直，依时价折纳，以其成数关白户部。”帝览之喜，诏靖条奏以闻。靖又言：“逃民复业及浮客请佃者，委农官勘验，以给授田土，收附版籍，州县未得议其差役。乏粮种、耕牛者，令司农以官钱给借。其田制为三品，以膏沃而无水旱之患者为上品，虽沃壤而有水旱之患、埆瘠而无水旱之虑者为中品，既埆瘠复患于水旱者为下品。上田人授百亩，中田百五十亩，下田二百亩，并五年后收其租，亦只计百亩十收其三。一家有三丁者，请加受田如丁数；五丁者，从三丁之制；七丁者，给五丁；十丁给七丁；至二十、三十丁者，以十丁为限。若宽乡田多，即委农官裁度以赋之。其室庐、蔬韭及梨枣榆柳种艺之地，每户十丁者，给百五十亩；七丁者，百亩；五丁者，七十亩；三丁者，五十亩；不及三丁者，三十亩。除桑功五年后计其租，余悉蠲其税。”宰相吕端谓：“靖所立田制多改旧法，又大费资用。”以其状付有司，诏盐铁使陈恕等共议，请如靖奏。乃以靖为京西劝农使，按行陈、许、蔡、颍、襄、邓、唐、汝等州，劝民垦田，以大理寺丞皇甫选、光禄寺丞何亮副之。选、亮上言：“功难成，愿罢其事。”帝志在勉农，犹诏靖经度。未几，三司以费官钱数多，万一水旱，恐致散失，事遂寝。

宋史纪事本末卷十九

至道建储

太宗雍熙二年（乙酉、九八五）九月辛亥，废楚王元佐为庶人。元佐，帝长子，少聪警，貌类帝，帝钟爱之。廷美迁房州，元佐尝力救，及廷美死，遂发狂疾，至以小过操梃刃伤侍人。疾少间，帝为赦天下。会重九，召诸王宴射苑中，元佐以新瘥不预。及诸王宴归，暮过元佐，元佐恚曰："若等侍上宴，我独不预，是弃我也。"因发忿被酒，夜纵火焚其宫。帝大怒，废为庶人，均州安置。宋琪率百官三上表，请留之京师，帝许之。行至黄山，召还，居于南宫。

淳化五年（甲午、九九四）九月壬申，以襄王元侃为开封尹，进封寿王。帝在位久，储贰未立。初，冯拯等上疏言之，帝怒，斥之岭南，中外无敢复言者。至是，寇准自青州召为左谏议大夫，入见。帝曰："朕诸子孰可以付神器者？"准曰："陛下为天下择君，谋及妇人中官，不可也；谋及近臣，不可也。唯陛下择所以副天下望者。"帝俯首久之，屏左右曰："襄王可乎？"准曰："知子莫若父。圣意既以为可，愿即决定。"遂以元侃为开封尹，封寿王。元侃，帝第三子也。

吕中曰：东汉、李唐所以有女主、宦官、外戚之祸者，以立太子之权尽出其手，虽李固、杜乔、裴度、郑覃之徒不能正之。准之言真万世法也！

至道元年（乙未、九九五）八月壬辰，诏立寿王元侃为皇太子，更名恒，大赦。自唐天祐以来，中国多故，立储之礼，废及百年，至是，始举而行，中外胥悦。太子既立，庙见还宫，京师民拥道喜跃曰："少年天子也！"帝闻之不怿，召寇准谓曰："人心遽属太子，欲置我何地！"准再拜贺曰："此社稷之福也。"帝悟，入语后嫔，宫中皆前庆。帝喜，复出，延准饮，极醉而罢。以李至、李沆并兼太子宾客，诏太子以师傅礼事之。太子每见至、沆，必先拜，至等上表不敢当。诏答曰："朕旁稽古训，肇建承华，用选端良，资于辅导，借卿宿望，委以护调。盖将勖以谦冲，故乃异其礼数，勿饰当仁之让，副予知子之心。"至等相率谢。帝曰："太子贤明仁孝，国本固矣。卿等可尽心规诲者，动皆由礼，则宜赞助；事未有当，必须力言。至于礼、乐、诗、书，义有可裨益者，皆卿等素习，不假朕之言谕也。"

三年（丁酉、九九七）二月辛丑，帝不豫。宣政使王继恩忌太子英明，阴与参知政事李昌龄、知制诰胡旦等谋立楚王元佐。三月癸巳，帝崩，年五十九。时皇后令王继恩召吕端，端知有变，即绐继恩入书阁，锁闭之。亟入宫，后问曰："宫车已晏驾，立嗣以长，顺也。今将如何?"端曰："先帝立太子正为今日，岂容更有异议!"后默然，乃奉太子至福宁殿即位，垂帘引见群臣。端平立殿下，不拜，请卷帘，升殿审视，然后降阶率群臣拜焉。初，帝欲以端为相，或曰："端为人糊涂。"帝曰："端小事糊涂，大事不糊涂。"决意用之。时同列奏对多异议，惟端罕所建明。一日，内札戒谕："自今中书必经吕端参酌，乃得闻奏。"五月甲戌，讨谋立楚王之罪，贬李昌龄为忠武行军司马；降王继恩为右监门卫将军，均州安置；胡旦除名，长流浔州。

宋史纪事本末卷二十

咸平诸臣言时务

真宗咸平元年（戊戌、九九八）春正月，翰林学士王禹偁上疏言五事："一曰：谨边防，通盟好，使辇运之民有所休息。方今北有契丹，西有继迁，契丹虽不侵边，戍兵岂能减削？继迁既未归命，馈饷固难寝停，关辅之民倒悬尤甚。臣愚以为，宜敕封疆之吏，致书辽臣，俾达其主，请寻旧好。下诏赦继迁罪，复与夏台。彼必感恩内附，且使天下知陛下屈己而为民也。二曰：减冗兵，并冗吏，使山泽之饶稍流于下。当乾道、开宝之时，土地未广，财赋未丰，然而击河东，备北鄙，国用未足，兵威亦强，其义安在？由所畜之兵锐而不众，所用之将专而不疑故也。自后尽取东南数国，又平河东，土地、财赋可谓广且丰矣，而兵威不振，国用转急，其义安在？由所畜之兵冗而不尽锐，所用之将众而不自专故也。臣愚以为，宜经制兵赋如开宝中，则可高枕而治矣。且开宝中设官至少，臣本鲁人，占籍济上，未及第时，一州止有刺史一人、司户一人，当时未尝阙事。自后有团练推官一人。太平兴国中，增置通判、副使、判官、推官，而监酒榷税算又增四员，曹官之外更益司理。问其租税，减于曩日也；问其人民，逃于昔时也。一州既尔，天下可知。冗吏耗于上，冗兵耗于下，此所以尽取山泽之利而不能足也。夫山泽之利与民共之，自汉以来，取为国用，不可弃也，然亦不可尽也。只如茶法，从古无税，唐元和中，以用兵齐、蔡，始税茶，唐史称是岁得钱四十万贯，今则数百万矣，民何以堪！臣故曰：减冗兵，并冗吏，使山泽之饶稍流于下者，此也。三曰：艰难选举，使入官不滥。古者乡举里选，为官择人，士君子学行修于家，然后荐之朝廷。历代虽有沿革，未尝远去其道。隋、唐始设科试。太祖之世，每岁进士不过三十人，经学五十人，重以诸侯不得奏辟，士大夫罕有资荫，故有终身不获一第，没齿不获一官者。太宗毓德王藩，睹其如此，临御之后，不求备以取人，舍短用长，拔十得五，在位将逾二纪，登第殆近万人，虽有俊杰之才，亦有容易而得。臣愚以为，数百年之艰难，故先帝济之以泛取；二十载之需泽，陛下宜纠之以旧章。望以举场还有司如故事。至于吏部铨官，亦非帝王躬亲之事。自来五品以下，谓之旨授官，今幕职、州县而已，京官虽有选限，多不施行。臣愚以为，宜以吏部还有司，依格敕注拟可也。四曰：沙汰僧尼，使疲民无耗。夫古者惟有四民，兵不在其数，盖古者井田之法，农即兵也。自秦以来，战士不服农业，是四民之外，又生一民，故农益困，然执干戈卫社稷，理不可去。汉明之后，佛法流入中国，度人修寺，历代增加，不蚕而衣，不耕而食，是五民之外，又益一而为六矣。假使天下有万僧，日食米一升，岁用绢一匹，是至俭也，犹月费三千斛，岁用万缣，何况五七万辈哉！不曰民蠹，得乎？臣愚以为，国家度人众矣，造寺多矣，计其费耗，何啻亿万！先朝不豫，舍施又多，佛如有灵，岂不蒙福？事佛无效，断可知矣！愿陛下深鉴治本，亟行沙汰。如以嗣位之初，未欲惊骇此辈，且可以二十载不度人修寺，使自销铄，亦救弊之一端也。五曰：亲大臣，远小人，使忠良蹇谔之士知进而不疑，奸憸倾巧之徒知退而有惧。夫君为元首，臣为股肱，言同体也。得其人则勿疑，非其人则不用。凡议帝王之盛者，岂不曰尧舜之时，契作司徒，咎繇作士，伯夷典礼，后夔典乐，禹平水土，益作虞官，委任责成，而尧有知人任贤之德。虽然，尧之道远矣，臣请以近事言之。唐元和中，宪宗尝命裴（洎）〔垍〕铨品庶官，（洎）〔垍〕曰：'天子择宰相，宰相择诸司长官，长官自择僚属，则上下不疑而政成矣。'识者以（洎）〔垍〕（并据两唐书本传改）为知言。愿陛下远取帝尧，近鉴唐室，既得宰相，用而不疑，使宰相择诸司长官，长官自取僚属，则垂拱而治矣。古者刑人不在君侧。语曰：'放郑声，远佞人。'是以周文王左右无可结袜者，言皆贤也。夫小人巧言令色，先意希旨，事必害正，心惟忌贤，非圣明不能深察。旧制，南班三品尚书方得升殿，比来三班奉职或因遣使，亦许升殿，惑乱天听，无甚于此。愿陛下振举纲纪，尊严视听，在此时矣。臣愚又以为，今之所急在先议兵，使众寡得其宜，措置得其道；然后议吏，使清浊殊涂，品流不杂；然后艰选举以塞其源，禁僧尼以去其耗，自然国用足而王道行矣。”

冬十月，知代州柳开上言曰：“国家创业将四十年，陛下绍二圣之祚，精求至治，若守旧规，斯未尽善，能立新法，乃显神机。臣以益州稍静，望陛下选贤能以镇之，必须望重有威，即群小畏服。又西鄙今虽归朝，他日未可必保，苟有翻覆，须得人制御，若以契丹比议，为患更深。何者？契丹则君臣久定，蕃、汉久分，纵萌南顾之心，亦须自有思虑。西鄙积恨未泯，贪心不悛，其下猖狂，竞谋凶恶，侵渔未必知足，姑息未能感恩。望常预备之，以良将守其要害，以厚赐足其贪婪，以抚慰来其情，以宽假息其念，多命人使西入甘、凉，厚结其心，为我声援，如有动静，使其掩袭，令彼有后顾之忧，乃可制其轻动。今甲兵虽众，不及太祖之时人人练习，谋臣猛将则又悬殊，是以比年西北屡遭侵扰，养育则月费甚广，征战则军捷未闻。诚愿训练禁戢，使如往日，行伍必求于勇敢，指顾无纵于后先，失律者悉诛，获功者必赏，偏裨主将不威严者去之。听断之暇，亲临殿庭，更召貔虎，使其击刺驰骤，以彰神武之盛。臣又以宰相、枢密，朝廷大臣，委之必无疑，用之必至当，铨总僚属，评品职官，内则主管百司，外则分治四海。今京朝官则别置审官，供奉殿直则别立三班，刑部不令详断，别立审刑，宣徽一司全同散地。大臣不获亲信，小臣乃谓至公。至如银台一司，旧属枢密，近年改制，职掌甚多，加倍置人，事则依旧，别无利害，虚有变更。臣欲望停审官、三班，复委中书、枢密、宣徽院，银台司复归枢密，审刑院复归刑部，去其繁细，省其头目。又京府大都，万方轨则，望仍旧贯，选委亲贤。今皇族宗子悉多成长，但令优逸，无以试材，宜委之外藩，择文武忠直之士为左右赞弼之任。又天下州县，官吏不均，或冗长至多，或岁年久阙，欲望县四千户以上选朝官知，三千户以上选京官知，省去主簿，令县尉兼领其事，自余通判、监军、巡检、监临、使臣，并酌量省减，免虚费于利禄，仍均济于职官。又人情贪竞，时态轻浮，虽骨肉之至亲，临势利而多变，同僚之内多或不和，伺隙则致于倾危，患难则全无相救，仁义之风荡然不复。欲望明颁告谕，各使改更，庶厚化原，永敦政本。恭惟太祖神武，太宗圣文，光掩百王，威加万国，无贤不用，无事不知。望陛下开豁圣怀，如天如海，可断即断，合行即行，爱惜忠直之臣，体察奸谀之党。臣久尘著位，浸荷恩宠，辞狂理拙，唯圣明恕之！”

二年（己亥、九九九）春正月，举入阁故事，右司谏孙何上疏曰：“六卿分职，邦家之大柄也。有吏部辨考绩而育人材，有兵部简车徒而治戎备，有户部正版图而阜货财，有刑部谨纪律而诛暴强，有礼部祀神祇而选贤俊，有工部缮宫室而修堤防:六职举而天下之事备矣。故周之会府，汉之尚书，主庶政之根本，提百司之纲纪，令、仆率其属，丞、郎分其行，二十四司粲焉星拱，郎中、员外判其曹，主事、令史承其事，四海九州之大，若网在纲。唐之盛时，亦不闻分别利权，创使额，而军须取足。及玄宗侈心既萌，召发既广，租调不充，于是萧景、杨钊始以地官判度支，而宇文融为租调地税使，始开利孔以构祸阶。至于肃、代，则有司之职尽废，而言利之臣攘臂于其间矣。于是叛乱相仍，经费不充，迫于军期，切于国计，用救当时之急，卒以权宜裁之。五代短促，曾莫是思。今国家二圣相承，五兵不试，太平之业，垂统立制，在此时也。所宜三部使额还之六卿，慎择户部尚书一人，专掌盐铁使事，俾金部郎中、员外郎判之，又择本行侍郎二人，分掌度支、户部使事，各以本曹郎中、员外郎分判之，则三使洎判官虽省犹不省也。仍命左右司郎中、员外总知帐目，分勾稽违，职守有常。规程既定，则进无掊克之虑，退有详练之名，周官、唐式，可以复矣。兹事非艰，在陛下行之尔。”先是，何尝献五议：“其一，请择儒臣有方略者统兵；其二，请世禄之家肄业太学，寒俊之士州郡推荐，而禁投贽自媒者；其三，请复制举；其四，请行乡饮酒礼；其五，请以能授官，勿以恩庆例迁。”上览而嘉之。

三年（庚子、一〇〇〇）冬十月，知黄州王禹偁上疏曰：“臣际会昌辰，忝冒通籍，凡有见闻，皆合论奏，然而言关灾异，事涉机宜，苟非不讳之朝，即恐犯时之忌。今者不避逆耳，用明匪躬。臣本州去年十一月城南长圻村两虎夜斗，一虎死，食之殆半。当时即欲密奏，值銮驾北征，既非吉祥，难闻行在，臣但只堤防盗贼，抚恤军民而已。又今年八月十三日、十四日夜，群鸡忽鸣，至今时复夜鸣未止。又十月十三日，雷声自西北起，与盛夏无殊。臣伏读洪范五行传及春秋灾异、史记天官书、两汉五行、天文志，以此详校，虎者毛虫，属金，'金失其性则有毛虫之妖'。又云：'虎相食者，其岁当大饥。'鸡者，羽虫，属火，'火失其性则有羽虫之妖'。又云：'鸡夜鸣，主兵革。'昔人闻鸡夜舞是矣。雷者，震也，属木，'木失其性则有冬雷之妖'。又云：'发雷之地饥馑。'此皆得于儒学，不在禁书，然事有数年而后应者，亦有终不应者。要在臣下无隐，帝王尽知，或修德以答天心，或设备以防时难。故诗曰：'畏天之怒，不敢戏豫。'易曰：'观乎天文，以察时变。'只如咸平元年，彗星出，吕端等请臣作避位表，臣具言：'星见虚、危，齐分，请于青、齐间设备，以应天戒。'端等俱以为然，不知自后作何措置？臣缘不在司言之地，不敢侵官。去年胡虏犯边，果入齐地，是天以文象告人，人不自知备也。端虽物故，李沆以下皆见臣言。今黄州有此灾祥，不能依前寝默，虽妖不胜德，终无累于圣明，而遇事敢言，亦粗由于忠鲠。今年禾小稔，臣下无虞，然恐应在它时，即合先有制置。伏望陛下恕臣拙直，察臣愚衷，令淮甸之间，防饥荒之事，假令灾祥不验，犹胜临事无备矣。臣又念古之循吏，政感神灵，宋均猛虎渡江，臣则有虎相食啖；鲁恭雉驯桑下，臣则有群鸡夜鸣；百里嵩甘雨随车，臣则有冬雷暴作。此皆臣化人无状，布政失和，合寘常刑，亦当自劾。又虑他人陈奏，臣则有昧蔽之愆。”上为之怃然。

宋史纪事本末卷二十一

契丹盟好

真宗咸平二年（己亥、九九九）冬十月，契丹主隆绪大举入寇。时镇、定、高阳关都部署傅潜拥步骑八万余，畏懦，闭营自守，将校请战者则丑言詈之。朝廷间道遣使督潜出兵合击，潜不听。范廷召忿诟曰："公恇怯乃不如一妪！"钤辖张昭允又屡劝之，潜不得已，乃分骑八千付廷召，仍许出师为援。廷召复求援于都部署康保裔，保裔即领兵赴之。遇虏于瀛州，会暮，约明日合战，而廷召潜遁，保裔不之觉。迟明，虏围之数重。左右请易甲以遁，保裔曰："临难毋苟免，正吾效死之日也！"遂决战，数十合，杀伤甚众。兵尽矢绝而援不至，保裔死之。（按：毕鉴卷二一考异云，辽史卷一四圣宗纪及宋史卷四四一文苑传载路振祭战马文皆言康保裔被擒，非战殁。）契丹乘胜攻遂城，城小无备，众情危惧。守将杨延昭，业之子也，集众登陴固守，以俟援兵。会天大寒，汲水灌城上，倏忽为冰，坚滑不能登，契丹兵乃引去，掠祁、赵、邢、洺州，遂自德、棣济河，掠淄、齐。

诏听边民越拒马河塞北市易。知雄州何承矩上言曰："缘边战櫂司自淘河至泥姑海口，屈曲九百余里，此天险也。太宗置砦一十六，铺百二十五，廷臣十一人，戍卒三千余，部舟百艘，往来巡警，以屏奸诈，则缓急之备，大为要害。今听公私贸市，则人马交度，深非便宜。且砦、铺皆为虚设矣。"疏奏，即停前诏。

十二月，帝亲御契丹，以李沆为东京留守。甲寅，驾发京师，次陈桥。戊午，驻跸澶州。辛酉，宴从臣于行宫。以王超等督先锋，示以阵图，俾识部分。壬戌，赐近臣甲胄、弓剑，幸浮桥，登临河亭，赐澶州父老锦袍、茶帛。甲子，次大名。

钱若水上疏曰："孙武著书，以伐谋为主；汉高将将，以用法为先。伐谋者，以将帅能料敌制胜也；用法者，以朝廷能赏罚不私也。今傅潜领雄师数万，闭门不出，坐视边寇俘掠生民，上孤委注之恩，下挫锐师之气，盖潜辈不能制胜，朝廷未能用法使然也。军法，临阵不用命者斩。今若斩潜以徇，然后擢如杨延朗（按：即杨延昭，本书二名互用）、杨嗣者五七人，增其爵秩，分授兵柄，使将万人，间以强弩，分路讨除，孰敢不用命哉！敌人闻我将帅不用命，退则有死，岂独思遁，抑亦来岁不敢犯边矣！如此则可以坐清边塞，然后銮辂还京，天威慑于四海矣。臣尝读前史，周世宗即位之始，刘崇结契丹入寇，契丹遣其将杨衮领骑兵数万，随崇至高平。当时懦将樊爱能、何徽等临敌不战，世宗大陈宴会，斩爱能等，拔偏将十余人，分兵击太原。刘崇闻之，股栗不敢出，即日遁去。自是兵威大振，其后收淮甸，下秦、凤，平关南，特席卷尔。以陛下之神武，岂让世宗乎？此今日御敌之奇策也。若将来安边之术，请以近事言之。太祖朝制置最得其宜，止以郭进在邢州，李汉超在关南，何继筠在镇、定，贺惟忠在易州，李谦溥在隰州，姚内斌在庆州，董遵诲在通远军，王彦昇在原州，但授缘边巡检之名，不加行营部署之号，率皆十余年不易其任，立边功者，厚加赏赉，其位皆不至观察使。盖位不高则朝廷易制，任不易则边事尽知，然后授以圣谋，来则掩杀，去则勿追。所以十七年中，北边、西蕃不敢犯塞，以至屡使乞和。此皆陛下之所知也。苟能遵太祖故事，慎择名臣，分理边郡，罢部署之号，使不相统辖，置巡检之名，俾递相救应。如此则出必击寇，入则守城，不数年间，可致边烽罢警矣。”

孙何上疏曰：“陛下嗣位以来，训师择将，可谓至多。以高祖之大度，兼萧王之赤心，神武冠于百王，精兵倍于前代。分阃仗钺者固当以身先士卒为心，贼遗君父为耻，而列城相望，坚壁自全，手握强兵，坐违成算，遂使腥羶得计，蛇豕肆行，焚劫我郡县，系累我黎庶。陛下摅人神之忿怒，悯河朔之生灵，爰御六师，亲幸澶渊。天声一振，敌骑四逃，虽镇、定道路已通，而德、棣烽尘未息，此殆将帅或未得人，边奏或有壅阏，邻境不相救援，糗粮须俟转输之所致也。将帅者何？或恃勇无谋，或忌功玩寇，但全城堡，不恤人民。边奏者何？护塞之臣，固禄守位，城池焚劫，不以实闻，老幼杀伤，托言他盗。不救援者何？缘边州县，城垒参错，如辅车、唇齿之相依，若头目、手足之相卫，托称兵少不出，或待奏可乃行。俟辇输者何？敌骑往还，（猋）〔猋〕驰鸟逝，（赢）〔嬴〕（并据宋史卷三〇六孙何传改）粮景从，万两方行，迨乎我来，寇已遁去。此四者，当今急务：择将帅则莫若文武之内参用谋臣；防壅阏则莫若凡奏边防，陛见廷问；合救援则莫若督以军令，听其便宜；运糗粮则莫若轻赍疾驱，角彼趫捷。今大驾既驻邺下，契丹终不敢萌心南牧，所虑荐食者，惟东北无备之城，缮完周防，不可不慎。且蜂虿有毒，豺狼无厌，今契丹西畏大兵，北无归路，兽穷则搏，物不可轻，余孽尚或稽诛，奔突亦宜预备。大河津济，处处有之，亦望量屯禁兵，扼其要害，则请和之使，不日可待。”帝览而嘉之。及傅潜逗挠无功，何又请斩潜以徇。

丁卯，召见大名父老，劳赐之。闻康保裔死，优诏赙恤，赠侍中，录其二子、一孙。召傅潜还，流之房州。

三年（庚子、一〇〇〇）春正月己卯朔，驻跸大名府。契丹知帝亲征，乃纵掠而去。丁亥，范廷召等追契丹于莫州，斩首万余级，尽获所掠，余寇遁出境。庚子，帝至自大名。

帝时出手诏，询钱若水备御北虏之术，若水上疏曰：“臣读前史，论匈奴者多矣，若汉娄敬、樊哙、季布、贾谊、晁错、主父偃、徐乐、王恢、韩安国、朱买臣、董仲舒之所陈，特和亲、征伐之二议。唐李靖、魏徵、温彦博、郭正一、狄仁杰之所及，亦不过战守之两端。晋桑维翰不背约之言，出于微弱；故相赵普请回军之奏，姑冀息民，悉非远谋，臣所不取。严尤谓自古御戎无上策，臣窃笑之，‘守在四夷’，‘制胜以静’，非上策而何！臣闻唐魏博一镇尔，兵戎固不众于今日，而胡骑未尝南牧者，以幽、蓟为北门，扼其险阻故也。石晋割地之后，由定武达沧海，千里受敌，虽设二关，镇之以重兵，莫可以御。故晋末渡长河，汉初复扰边徼，以周世宗之英武，曾未能绝其寇中山，窥上党。今御札询备御翦灭之术，臣以为不得幽州，未可翦灭也。后唐庄宗在河北，命周德威取幽州，然后南向而争天下。盖先有万全之计，使不能胜，此善用兵者也。夫战守不同心，将不能料敌，重兵在外，轻兵在内，则今之所患也。臣愿陛下选智谋可以任边郡者，听召壮士以为部曲，而官为廪给之。又募民为招收军，厚其粮赐，蠲其租赋；彼供输两地，各有亲属，则敌之动息得以知之。如是同心，将能料敌，而在外者皆轻兵矣。然无以统众则不能用众，无以制胜则不能必胜，故必择大臣领近镇，提重兵，以专阃外之事，有警则督战，已事则班师，既无举兵之名，又得驭兵之要。三军同力，上下一心，备御之方，举在此矣。若乃患民力之困，则广边地之营田；患戍卒之骄，则严将帅之法令。古语有之曰：‘法不可移，令不可违。’又曰：‘功不劝谓之止善，罪不惩谓之纵恶。’昔太祖用郭进守西山，遣戍卒，必戒之曰：‘汝谨奉法。我犹赦汝，郭进杀汝矣。’其假借如此，故郭进所至，兵未尝小衄。臣愿陛下推太祖所以待进之心而待诸将，则法令不患不严，劝惩不患不至矣。”帝善其议。

知雄州何承矩上言曰：“契丹轻而不整，贪而不亲，胜不相让，败不相救，以驰骋为容仪，以弋猎为耕钓，栉风沐雨不以为劳，露宿草行不以为苦，复恃骑战之利，故频年犯塞。臣闻兵有三阵：日月风云，天阵也；山陵水泉，地阵也；兵车士卒，人阵也。今用地阵而设险，以水泉而作固，建设陂塘，绵亘沧海，纵有敌骑，安能折冲？昨者契丹犯边，高阳一路，东负海，西抵顺安，士庶安居，即屯田之利也。今顺安西至西山，地虽数军，路才百里，纵有丘陵冈阜，亦多川渎泉源，因而广之，制为塘埭，自可息边患矣。今缘边守将多非其才，不悦诗、书，不习礼、乐，不可守疆界，制御无方，动误国家，虽提貔虎之师，莫遏犬羊之众。臣按兵法，凡用兵之道，校之以计而索其情。谓将孰有能，天地孰得，法令孰行，兵众孰强，士卒孰练，赏罚孰明，此料敌制胜之道也。知此而用战者必胜，否则必败。夫惟无虑而易敌者，必擒于人也。伏望慎择良吏，出牧边民，厚之以俸禄使悦其心，借之以威权使严其令。然后深沟高垒，秣马厉兵，为战守之备；修仁立德，布政行惠，广安辑之道；训士卒，辟田畴，劝农耕，蓄刍粟，以备凶年；完长戟，修劲弩，谨烽燧，缮保戍，以防外患。来则御之，去则备之，如此则边城按堵矣。臣又闻，古之明王安集吏民，顺俗而教，简募良材以备不虞，齐桓、晋文皆募兵以服邻敌。故强国之君必料其民，有胆勇者聚为一卒，乐进战效力以显忠勇者聚为一卒，能逾高赴远轻足善斗者聚为一卒：此三者，兵之练锐，内出可以决围，外入可以屠城。况小大异形，强弱异势，险易异备。卑身以事强，小国之形也；以蛮夷伐蛮夷，中国之形也。故陈汤统西域而郅支灭，常惠用乌孙而边鄙宁。且聚胆勇、乐战、轻生之徒，古称良策，请试行之。且边鄙之人多负壮勇，识外邦之情伪，知山川之形胜。望于边郡置营召募，不须品度人才，止求少壮有武艺者万人，俟契丹有警，令智勇将统而用之，必显成功，乃中国之长算也。又如榷场之设，盖先朝从权立制，以惠契丹，纵其渝信犯盟，亦不之废，似全大体。今缘边榷场，因其犯塞，寻即停罢。去岁以臣上计，于雄州置场卖茶，虽赀货并行，而边氓未有所济。乞延访大臣，议其可否。或文武中有抗执独议，是必别有良谋，请委之边任，使施方略，责以成功。苟空陈浮议，上惑圣聪，只如灵州，足为证验，况兹契丹又非夏州之比也。”

四年（辛丑、一〇〇一）冬十月，契丹入寇，以王显为镇、定、〔高阳关〕（据宋史卷六真宗纪、续纲目、薛鉴补）三路都部署，御之。（按：王显为三路都部署事在七月，本书并叙在十月。）是月，显与契丹战于遂城，败之，戮二万余人。契丹进次满城而还。

六年（癸卯、一〇〇三）夏四月，契丹耶律奴（爪）〔瓜〕（据辽史卷八五本传、续纲目、薛鉴改。下同）、萧挞凛寇定州〔之望都〕（据续纲目、薛鉴补）。高阳关副都部署王继忠与大将王超、桑赞等帅兵赴之，至康村，与奴（爪）〔瓜〕战。继忠阵东偏，为敌所乘，断饷道。超、赞皆畏缩退师，继忠独与麾下跃马驰赴，服饰稍异，契丹识之，围数十重。士皆殊死战，且战且行，傍西山而北。至白城，力不能支，遂被执。帝闻之，谓其已死，优诏赠官。继忠见契丹主于炭山，萧太后知继忠才贤，授户部使。

景德元年（甲辰、一〇〇四）八月，以毕士安、寇准同平章事。初，士安既拜参知政事，入谢，帝曰："未也，行且相卿。"因问："谁可与卿同进者？"对曰："寇准兼资忠义，善断大事，臣所不如。"帝曰："闻其好刚使气。"对曰："准忘身殉国，秉道嫉邪，故不为流俗所喜。今中国之民虽蒙休德涵养，而北戎跳梁，为边境患，若准者正宜用。"帝曰："然。"故有是命。

九月，契丹大举入寇。时以虏寇深入，中外震骇，召群臣问方略。王钦若，临江人，请幸金陵。陈尧叟，阆州人，请幸成都。帝以问准，准曰："不知谁为陛下画此二策？"帝曰："卿姑断其可否，勿问其人也。"准曰："臣欲得献策之人，斩以衅鼓，然后北伐耳！陛下神武，将臣协和，若大驾亲征，敌当自遁；不然，出奇以挠其谋，坚守以老其师，劳佚之势，我得胜算矣。奈何弃庙社，欲幸楚、蜀，所在人心崩溃，敌乘胜深入，天下可复保耶！”帝意乃决，因问准曰：“今虏骑驰突，而天雄军实为重镇，万一陷没，则河朔皆虏境也。孰为可守？”准以王钦若荐，且曰：“宜速召面谕，授敕俾行。”钦若至，未及有言，准遽曰：“主上亲征，非臣子辞难之日，参政为国柄臣，当体此意。”钦若惊惧不敢辞。

闰月乙亥，以参知政事王钦若判天雄军兼都部署。契丹主隆绪同其母萧氏遣其统军顺国王萧挞览（按：此人即上文之萧挞凛）攻威虏、顺安军，三路都部署击败之，斩偏将，获其辎重。又攻北平砦及保州，复为州砦兵所败。挞览与契丹主及其母合众攻定州，宋兵拒于唐河，击其游骑。契丹遂驻兵阳城淀，号二十万，每纵游骑剽掠，小不利辄引去，徜徉无斗志。寇准闻之曰：“是狃我也。请练师命将，简骁锐，据要害，以备之。”是时，故将王继忠为契丹言和好之利，契丹以为然，遣李兴以继忠书及密表诣莫州部署石普议和，普以闻于朝，朝臣莫敢如何。毕士安请羁縻之，渐许其平。帝曰：“敌悍如此，恐不可保。”士安曰：“臣尝得契丹降人，言其虽深入，屡挫，不甚得志，阴欲引去，又耻无名。且彼宁不畏人乘虚覆其巢穴？此请殆不妄。继忠之奏，臣请入之。”于是诏谕继忠曰：“朕岂欲穷兵，惟思息战！如许通和，即当遣使。”己卯，高继（祖）〔勋〕（据宋史卷二八九本传、续纲目改）率兵击败契丹于岢岚军。李延渥又败之于瀛州。

冬十月，遣曹利用诣契丹军。时契丹数战不利，复令王继忠附奏议和，帝遣利用。利用至军，萧太后欲求关南地，利用力拒之。

〔十一月〕（据宋史卷七真宗纪、薛鉴补）庚午，帝亲征，车驾发京师，以李继隆、石保吉为驾前排阵使。是日，司天言："日抱珥，黄气充塞，宜不战而却。"癸酉，驻跸（常）〔韦〕城县（据宋史卷七真宗纪、薛鉴改）。甲戌，寒甚，左右进貂帽毳裘，却之，曰："臣下皆苦寒，朕安用此！"

壬申，契丹兵直犯前军而阵。未接战，萧挞览出按视地形，李继隆部将张（环）〔瓌〕（据宋史卷二八一寇准传、续纲目改）守床子弩射杀之。挞览有机勇，所领皆锐兵，既死，虏大挫衄。时王钦若在天雄军，闭门束手无策，但修斋诵经而已。惟魏能守安肃军，杨延朗守广信军，二军最切虏境，而攻围百战不能下。及贼退出境，而延朗追蹑转战，未尝败衄。故时人目二军为"铜梁门"、"铁遂（成）〔城〕（据魏泰东轩笔录一改），盖由二将善守也。

以王旦为东京留守。初，帝亲征，以雍王元份留守，旦等皆扈从。至是，元份以暴疾闻，命旦驰还代之。旦曰："愿宣寇准，臣有所陈。"准至，旦奏曰："十日不捷，何以处之？"帝默然良久，曰："立太子。"旦既至京，直入禁中，下令甚严，人无知者。

丙子，帝次澶州。又有以金陵之谋告者，帝意稍惑，召寇准问之。准曰："陛下惟可进尺，不可退寸。河北诸军日夜望銮舆至，士气百倍。若回辇数步，则万众瓦解，虏乘其后，金陵亦不可得至也。"准出，遇殿前都指挥使高琼，曰："太尉受国厚恩，今日有以报乎?"琼曰："愿效死。"准复入，琼立庭下。准曰："陛下不以臣言为然，盍试问琼。"琼即奏曰："寇准言是。"准又曰："机不可失，宜趣驾!"帝乃发，至澶州南城，望见契丹军势甚盛，众请驻跸。寇准固请曰："陛下不过河则人心益危，敌气未慑，非所以取威决胜也。且王超领劲兵屯中山以扼其吭，李继隆、石保吉分大阵以扼其左右肘，四方征镇赴援者日至，何疑而不进!"高琼亦固以请，即麾卫士进辇。帝遂渡河御北城门楼，召诸将抚慰。远近望见御盖，踊跃呼"万岁"，声闻数十里。会郓州得契丹谍者，缚至，斩之。契丹相视益怖骇。帝悉以军事付准，准承制专决，号令明肃，士卒畏悦。已而契丹数千骑来薄城下，诏士卒迎击，斩获大半，乃引去。帝还行宫，留准居北城上，徐使人视准何为，准方与知制诰杨亿饮博，歌谑欢呼。帝喜曰："准如是，吾复何忧!"

十二月庚辰，契丹使韩杞持书与曹利用俱来，请盟。利用言契丹欲得关南地。帝曰："所言归地事极无名，若必邀求，朕当决战!若欲货财，汉以玉帛赐单于，有故事，宜许之。"时准不欲赂以货财，且欲邀其称臣及献幽、蓟之地，因画策以进曰："如此则可保百年无事；不然，数十年后，戎且生心矣。"帝曰："数十年后，当有扞御之者。吾不忍生灵重困，姑听其和可也。"准尚未许，会有谮准幸兵以自取重者，准不得已，乃许其成。复遣曹利用如契丹军议岁币，帝曰："必不得已，虽百万亦可。"准闻之，召利用至幄，谓曰："虽有敕旨，汝所许过三十万，吾斩汝矣！"利用至契丹军，萧太后谓利用曰："晋畀我关南，周世宗取之，今宜见还也。"利用曰："晋、周事，我朝不知。若岁求金帛以佐军，尚不知帝意可否；割地之请，我不敢以闻。"契丹政事舍人高正始遽前曰："我引众以来，图复故地，若止得金帛而归，吾愧吾国人矣！"利用曰："子盍为契丹熟计？使契丹用子言，恐连兵结衅，非国利也。"契丹犹觊关南，遣其监门卫大将军姚东之持书复议，帝不许而去。利用竟以银十万两、绢二十万匹成约而还。

癸未，帝幸李继隆营，命从官将校饮犒，赐诸军有差。诏以将班师谕两京。

甲申，契丹使姚东之来献御衣、食物。

乙酉，帝御行营南楼观河，遂宴从官及契丹使。

丙戌，遣李继昌使契丹定和，戒诸将勿出兵邀其归路。

甲午，车驾发澶州。

乙未，契丹使丁振以誓书来，以兄礼事帝。

丁酉，契丹兵出塞。

戊戌，帝至自澶州。

辛丑，录契丹誓书，颁两河诸州。

二年（乙巳、一〇〇五）春正月庚戌朔，以契丹讲和，大赦天下。

壬子，放河北诸州强壮归农，罢诸路行营，合镇、定两路为一，省北面部署、钤辖、都监、使臣二百九十余员，河北戍兵十之五，缘边三之一。诏："缘边毋出境掠夺。得契丹马牛，悉纵还之。”通互市，葺城池，招流亡，广储蓄，由是河北民得安业，皆毕士安之谋也。士安又请按边要，选守将，以马知节知定州，杨延昭知保州，李允则知雄州，孙全照知镇州，他所择任，悉当其才。是时以契丹修好，有庆吊之使，乃置国信司专主之，领以宦者。

二月癸卯，遣太子中允孙仅如契丹，贺其太后生辰，致书自称南朝，以契丹为北朝。直史馆王曾上言：“春秋外夷狄，爵不过子，今从其国号，足矣，何用对称两朝！”不听。

秋七月，归币于契丹。自是岁以为常。

冬十月，遣职方郎中韩国华如契丹贺正旦。

十一月，契丹遣使来贺承天节。

十二月，契丹使来贺明年正旦。自是皆岁以为常。

大中祥符元年（戊申、一〇〇八）夏四月，契丹遣使，请岁币外别假钱币。帝以问宰相王旦，旦曰：“东封近，彼以此探朝廷意耳。”帝曰：“何以答之？”旦曰：“止当以微物轻之。”乃于岁给三十万物内各借三万，仍谕次年额内除之。契丹得之，大惭。

二年（己酉、一〇〇九）十二月甲辰，契丹太后萧氏卒。萧氏有机谋，善驭大臣，得其死力。每入寇，亲被甲督战，及通好，亦出其谋。然性残忍，多杀戮，与韩德让通，赐姓名耶律隆运，拜大丞相，封晋王。未几，德让亦死，陪葬陵旁。

三年（庚戌、一〇一〇）五月，契丹伐回鹘，破肃州。

六月，契丹饥，来市籴。诏雄州籴粟二万石赈之。

冬十月，契丹使耶律宁来告伐高丽。先是，高丽康肇弑其主诵，立诵兄询而相之。契丹主隆绪谓群臣曰：“康肇弑君诵而立询，因而相之，大逆也。宜发兵问其罪!”萧敌烈以年荒未可，隆绪不听。十一月，契丹军渡鸭绿江。肇战败，退保铜州。契丹进兵擒之，遂攻开京。询弃城，走平州。契丹焚开京宫室、府库而还。自是用兵连岁始罢。

乾兴元年（壬戌、一〇二二）二月，帝崩。契丹主隆绪集蕃、汉大臣举哀，遣耶律僧隐等来吊祭，置帝御灵，建资福道场，百日而罢。命诸州、军不得作乐，凡国中犯帝讳者，悉改之。

仁宗天圣二年（甲子、一〇二四）十二月，契丹大阅，声言猎幽州，朝廷患之。帝以问二府，众请练兵以备不虞。张知白曰：“契丹修好未远，今其举者，以上初政，试观朝廷耳，岂可自生衅耶！若终以为疑，莫如因今河决，发兵以防河为名，彼亦不虞也。”未几，契丹果罢去。

七年（己巳、一〇二九）八月，契丹详稳大延琳据辽阳反。初，辽东自神册附契丹，无榷酤盐（面）〔曲〕（据辽史卷一七圣宗纪改）之征，冯延休、韩绍勋相继为户部使，始以燕法绳之，民不堪命。会燕荐饥，户部副使王嘉献计造船，使其民漕粟以赈之，水路险艰，多至覆没，鞭扑榜掠，民怨思乱。东京舍利军详稳大延琳因之为变，遂囚留守萧孝先，杀韩绍勋、王嘉等，以快众情，僭号兴辽。契丹主闻乱，征诸道兵，命南京留守萧孝穆讨平之。

九年（辛未、一〇三一）夏六月，契丹主隆绪卒，子宗真立。宗真，宫人萧耨斤所生，齐天后萧氏无子，取而养之，爱同己出，至是立焉。耨斤自立为皇太后，听政。宗真改元景福，号隆绪曰圣宗。初，隆绪遭母丧，哀毁骨立，群臣请改元，隆绪曰："改元，吉礼也。居丧行吉礼，乃不孝子也。"群臣请以日易月，以法古制，曰："吾契丹帝也，宁违古制，不为不孝之人。"至是，疾革，属子宗真曰："皇后事我四十年，以其无子，命汝为嗣。我死，汝母子切勿杀之。"且曰："宋朝信誓，当守而无失。"及卒，左右希耨斤旨，诬齐天后弟谋逆，耨斤令鞫治，连及齐天后。宗真闻之，曰："皇后侍先帝四十年，抚育朕躬，当为太后。今不果，反罪之，可乎？"耨斤曰："此人若在，恐为后患。"宗真曰："皇后无子而老，虽在，无能为也。"耨斤不从，迁之上京，后竟弑之。

秋七月丙午朔，契丹来告哀，帝遣龙图阁待制孔道辅及王随等充贺册及吊祭等使。初，道辅使契丹，契丹燕使者，优人以文宣王为戏。道辅艴然径出，虏使主客者邀还坐，且令谢。道辅正色曰："中国与北朝通好，以礼文相接，今俳优之徒侮慢先圣而不之禁，北朝之过也，何谢为！"至是，益加礼重。

景祐元年（甲戌、一〇三四）五月，契丹太后萧耨斤阴召诸弟议，欲立少子重元，重元以其谋白于契丹主宗真。宗真遂收太后符玺，迁之庆州七括宫，始亲决国事，立重元为皇太弟。

庆历二年（壬午、一〇四二）三月己巳，契丹来求关南之地。时契丹主渐长，国内无事，户口蕃息，慨然有南侵之意。会元昊反，中国旰食，欲乘衅取瓦桥关以南十县地，乃集群臣议。南院枢密使萧惠曰："两国强弱，圣虑所悉，况宋人西征有年，师老民疲。陛下亲帅六军临之，其胜必矣！"北院枢密使萧孝穆曰："我先朝与宋和好，无罪伐之，其曲在我，况胜负未可逆料。愿熟察之！"契丹主从惠言，乃遣南院宣徽使萧特末、翰林学士刘六符来致书取故地，且问兴师伐夏及沿边疏浚水泽、增益兵戍之故。特末至，吕夷简奏富弼为接伴使，与中使迎劳之。特末托疾不拜，弼曰："吾尝使北，病卧车中，闻命辄起。今中使至而子不拜，何也？"特末等矍然起拜。弼开怀与语，特末感悦，亦不复隐其情，密以其主所欲得者告，且曰："可从，从之；不然，以一事塞之。"弼具以闻。帝惟许增岁币，或以宗室女嫁其子，且令夷简择报聘者。夷简不悦弼，因荐之。集贤校理欧阳修引颜真卿使李希烈事，请留之，不报。弼得命，即入对，叩头曰："主忧臣辱，臣不敢爱其死。"帝为动色，进弼枢密直学士，弼辞曰："国家有急，义不惮劳，奈何逆以官爵赂之！"

夏四月，富弼如契丹。

五月，契丹聚兵幽、蓟，声言南下，河北、京东皆为边备。朝议请城洛阳，吕夷简曰："此子囊城郢计也。使契丹得渡河，虽高城深池，何可恃耶！我闻契丹畏壮侮怯，景德之役，非乘舆济河则未易服也。宜建都大名，示将亲征，以伐其谋。”帝从之。戊午，建大名府为北京，即真宗驻跸之所。

六月，以王德用判定州，兼三路都部署。德用时教士卒习战，顷之，士勇皆可用。契丹遣人来觇，或请捕之，德用曰：“吾军整而和，使觇者得实以归，是屈人兵以不战也。”明日，大阅于郊，下令：“具糗粮，听吾鼓，视吾旗所向。”觇者归告虏中，谓汉兵将大至，虏中始惧。

富弼至契丹，见契丹主宗真，言曰：“两朝人主，父子继好垂四十年，一旦求割地，何也?”契丹主曰：“南朝违约，塞雁门，增塘水，治城隍，籍民兵，将以何为？群臣请举兵而南，吾谓不若遣使求地，求而不获，举兵未晚。”弼曰：“北朝忘章圣皇帝之大德乎？澶渊之役，苟从诸将言，北兵无得脱者。且北朝与中国通好，则人主专其利而臣下无所获；若用兵，则利归臣下而人主任其祸。故劝用兵者，皆为身谋尔。”契丹主惊曰：“何谓也?”弼曰：“晋高祖欺天叛君，末帝昏乱，土宇狭小，上下离叛，故契丹全师独克。然虏获金币充牣诸臣之家，而壮士、健马物故太半。今中国提封万里，精兵百万，法令修明，上下一心，北朝欲用兵，能保其必胜乎？就使其胜，所亡士马，群臣当之欤，抑人主当之欤？若通好不绝，岁币尽归人主，群臣何利焉！”契丹主大悟，首肯者久之。弼又曰：“塞雁门者，备元昊也。塘水始于何承矩，事在通好前。城隍皆修旧，民兵亦补阙，非违约也。”契丹主曰：“微卿言，吾不知其详。虽然，吾祖宗故地，当见还也。”弼曰：“晋以卢龙赂契丹，周世宗复取关南地，皆异代事。若各求地，岂北朝之利哉!”既退，刘六符曰：“吾主耻受金币，坚欲十县，何如?”弼曰：“本朝皇帝尝言：‘为祖宗守国，岂敢妄以土地与人！北朝所欲，不过租赋尔，朕不忍多杀两朝赤子，故屈己增币以代之。若必欲得地，是志在败盟，假此为辞尔。澶渊之盟，天地鬼神实临之。北朝首发兵端，过不在我，天地鬼神，其可欺乎！’”六符谓其介曰：“南朝皇帝存心如此，大善！当共奏，使两主意通。”明日，契丹主召弼同猎，引弼马自近，谓曰：“得地则欢好可久。”弼反覆陈其不可状，且言：“北朝既以得地为荣，南朝必以失地为辱。兄弟之国，岂可使一荣一辱哉!”猎罢，六符曰：“吾主闻公荣辱之言，意甚感悟，今惟有结婚可议尔。”弼曰：“结婚易生嫌隙，本朝长公主出降，赍送不过十万缗，岂若岁币无穷之利哉!”契丹主谕弼使还，曰：“俟卿再至，当择一事受之。卿其遂以誓书来。”弼还，具以白帝。

癸亥，帝复使弼持和亲、增币二议及誓书往契丹，且命受口传之词于政府。既行，次乐寿，谓副使张茂实曰：“吾为使而不见国书，脱书词与口传异，吾事败矣。”启视果不同，驰还都，以晡时入见，曰：“政府故为此以陷臣，臣死不足惜，如国事何!”帝以问晏殊，殊曰：“吕夷简决不为此，诚恐误尔。”弼曰：“晏殊奸邪，党夷简以欺陛下!”遂易书而行。

九月，富弼至契丹，不复议婚，专欲增币，且曰：“南朝既增我岁币，其遗我之辞当曰‘献’。”弼曰：“南朝为兄，岂有兄献于弟乎？”契丹主曰：“然则为‘纳’字。”弼曰：“亦不可。”契丹主曰：“南朝既以厚币遗我，是惧我矣，于一字何有？若我拥兵而南，得无悔乎！”弼曰：“本朝兼爱南北之民，故屈己增币，何名为惧？或不得已而用兵，则当以曲直为胜负，非使臣之所知也。”契丹主曰：“卿勿固执，古有之矣。”弼曰：“自古惟唐高祖借兵突厥，当时赠遗，或称献纳。其后颉利为太宗所擒，岂复有此礼哉！”声色俱厉。契丹主知不可夺，乃曰：“吾当自遣人议之。”乃留增币誓书，而使其北院枢密副使耶律仁先及刘六符持誓书与弼偕来，且议“献”、“纳”二字。弼至，入对曰：“二字，臣以死拒之，虏气折矣，可勿许也。”帝用晏殊议，竟以“纳”字许之。于是岁增银、绢各十万匹、两，送至白沟，仍遣知制诰梁适持誓书，与仁先如契丹报之。契丹亦遣使再致誓书，来报撤兵。自是通好如故。

李焘曰：时契丹实惜盟好，特为虚声以动中国。吕夷简等乃许与过厚，遂为无穷之害。

十一月，以富弼为翰林学士，辞不拜。弼始受命使契丹，闻一女卒，再往，闻一男生，皆不顾。得家书未尝发，辄焚之，曰：“徒乱人意。”于是帝复申枢密直学士之命，弼辞。又除翰林学士，弼恳辞曰：“增岁币，非臣本意，特以方讨元昊，未暇与角，故不敢以死争，敢受赏乎！”

四年（甲申、一〇四四）五月，契丹伐党项，夏人救之，契丹遂伐夏，遣使来告师期。

冬十月，契丹主宗真亲将骑兵十万出金肃城，遣弟重元将骑兵七千出南路，枢密使萧惠将骑兵六万出北路，三路济河，长驱入夏境四百里，不见敌，据德胜寺南壁以待。惠与元昊战于贺兰山北，败之。元昊见契丹兵盛，乃请和，退师十里，请收叛党以献，且进方物。契丹主遣枢密副使萧革迓之，而进军次于河曲。元昊亲率党项三部以待罪。契丹命革诘其纳叛背盟之故，赐之酒，许其自新。惠以为大军既集，宜加伐，不可许和，契丹主犹豫未决。元昊以未得成言，又退师三十里以候。凡三退，将百里，每退必赭其地。契丹马无所食，因许和。元昊乃迁延以老之，度其马饥士疲，因纵兵急攻惠营，败之。乘胜攻南壁，契丹主大败，从数骑走得免。元昊入枢密使萧孝友砦，执驸马萧胡睹以去。已而遣使归其先所俘获，契丹亦遣所留夏使还之。契丹主遂引兵还。

十一月，契丹以云州为西京，云州即云中也，契丹建为西京大同府。于是契丹境内凡五京，六〔府〕，州军城百五十六，县二百九，部族五（千）〔十〕（据辽史卷三七地理志补并改）二，属国六十，东至于海，西至金山，暨于流沙，北至胪朐河，南至白沟，幅员万里。

皇祐元年（己丑、一〇四九）三月己未，契丹遣使来告伐夏。

九月，契丹北院枢密使萧惠帅师自河南进以伐夏，战舰粮艘绵亘数百里。既入敌境，侦候不远，铠甲载于车，军士不得乘马。诸将请备不虞，惠曰："谅祚必自迎车驾，何暇及我！无故设备，徒自敝耳。”契丹主既还，惠师尚进，未立营栅。夏人奄至，惠与麾下不及甲而走，追者射之，惠几不得脱，士卒死伤者不可胜计。

冬十月，契丹复伐夏，获夏主谅祚之母于贺兰以归。

五年（癸巳、一〇五三）九月，契丹及夏平。

至和二年（乙未、一〇五五）夏四月己亥，契丹遣使贺乾元节，持本国三世画像来求御容。

八月，契丹主宗真卒，庙号兴宗。子洪基立，以太弟重元为太叔，遣使来告哀。宗真性佻侻，尝因夜宴自入乐队，又数变服入酒肆、寺观，尤重浮屠法，僧有正拜三公、三师兼政事令者。其臣马保忠尝劝以臣下无勋劳宜序进之，宗真怫然怒曰：“若尔，则是君不得专，岂社稷之福耶！”自是欲有迁除，必先厚赐近臣以绝其言。

遣知制诰刘敞使契丹吊祭。敞入境，契丹导之行，自古北至柳河，回〔屈〕（据宋史卷三一九刘敞传补）殆千里，欲夸示险远。敞质译人曰：“自松亭趋柳河甚径且易，不数日可抵中京，何为故道此？”译相顾骇愧，曰：“实然。但通好以来，置驿如是，不敢变也。”顺州山中有异兽如马而食虎豹，契丹不能识，问敞，敞曰：“此所谓驳也。”为说其声音、形状，且诵山海经、管子书晓之，契丹益叹服。

嘉祐二年（丁酉、一〇五七）九月，契丹来聘，遣翰林学士胡宿报之。初，契丹主宗真来求御容，会卒，乃已。至是，洪基复遣使来求，欲成先志。帝遣张（升）〔昪〕报聘，谕使更致新主像。契丹欲先得之，（升）〔昪〕（并据宋史卷一二仁宗纪、卷二一一宰相表，东都事略卷七一本传改）曰："昔文成弟也，弟先面兄，于礼为顺。况今南朝乃伯父之尊，当先致恭。"于是复使其臣萧扈以洪基像来，宿乃奉御容如契丹。契丹主具仪仗迎谒，及瞻视，惊肃再拜，谓左右曰："我若生中国，不过与之执鞭持盖，一都虞候耳！"

八年（癸卯、一〇六三）六月，契丹太叔重元反，兵败自杀。

英宗治平二年（乙巳、一〇六五）六月，诏遣官与契丹定疆界。

三年（丙午、一〇六六）春正月癸酉，契丹复改国号曰辽。

神宗熙宁七年（甲寅、一〇七四）三月，辽主以河东路沿边增修戍垒，起铺舍，侵入蔚、应、朔三州界内，使林牙萧禧来言，乞行毁撤，别立界至。禧归，帝面谕以"三州地界，俟遣官与北朝官即境上议之。"遂遣太常少卿刘忱等如辽。辽遣枢密副使萧素会忱于代州境上。诏下枢密院议，且手诏判相州韩琦、司空富弼、判河南府文彦博、判永兴军曾公亮条代北事宜以闻。琦奏言："臣观近年朝廷举事，似不以大敌为恤，彼见形生疑，必谓我有图复燕南之意，故引先发制人之说，造为衅端。所以致疑，其事有七：高丽臣属北方，久绝朝贡，乃因商舶诱之使来，契丹知之，必谓将以图我，一也；强取吐蕃之地以建熙河，契丹闻之，必谓行将及我，二也；遍植榆柳于西山，冀其成长以制蕃骑，三也；创团保甲，四也；河北诸州筑城凿池，五也；

置都作院，颁弓刀新式，大作战车，六也；置河北三十七将，七也。契丹素为敌国，因事起疑，不得不然。臣尝窃计，始为陛下谋者必曰：‘自祖宗以来，因循苟且。治国之本，当先聚财积谷，募兵于农，则可以鞭笞四夷，复唐故疆。’故散青苗钱，为免役法，置市易务，次第取钱。新制日下，更改无常，而监司督责，以刻为明。今农怨于畎亩，商叹于道路，长吏不安其职，陛下不尽知也。夫欲攘斥四夷以兴太平，而先使邦本困摇，众心离怨，此则为陛下始谋者大误也。臣今为陛下计，宜遣报使，具言向来兴作乃修备之常，岂有他意？疆土素定，悉如旧境，不可持此造端，以隳累世之好。可疑之形，如将官之类，因而罢去。益养民爱力，选贤任能，疏远奸谀，进用忠鲠，使天下悦服，边备日充。若其果自败盟，则可一振威武，恢复故疆，摅累朝之宿愤矣。”弼、彦博、公亮亦皆有言，大抵度上以虏为忧，故深指时事云。

八年（乙卯、一〇七五）三月，辽人复来议疆事，刘忱等与萧素会于大黄平，三议不能决。虏初指蔚、朔、应三州分水岭土垄为界，及忱与之行视，无土垄，乃但云：“以分水岭为界。”凡山皆有分水，虏意至时可以罔取也。相持久之，至是，辽主复遣萧禧来致图书，以忱等迁延为言，乃命韩缜代忱等与辽使议。缜与禧争辩，或至夜分，禧执分水岭之说不变，留馆不肯辞，曰：“必得请而后反。”帝不得已，遣知制诰沈括报聘。括诣枢密院阅故牍，得顷岁所议疆地书，指古长城为分界，今所争乃黄嵬山，相远三十余里，表论之。帝喜愕，谓括曰："两府不究本末，几误国事。"命以画图示禧，禧议始屈。乃赐括白金千两，使行。括至辽，辽相杨益戒与议不能屈，谩曰："数里之地不忍，而轻绝好乎！"括曰："师直为壮，曲为老。今北朝弃先君之大信，以威用其民，非我朝之不利也。"凡六会，竟不可夺，遂舍黄嵬而以天池请，括乃还。在道，图其山川险易迂直，风俗淳庞，人情向背，为使契丹图，上之。

帝问张方平以祖宗御戎之策孰长，方平曰："太祖不勤远略，如夏州李彝兴、灵武冯晖、河西折御卿，皆因其酋豪，许以世袭，故边圉无事。董遵诲捍环州，郭进守西山，李汉超保关南，皆十余年，优其禄赐，宽其文法，而少遣兵。诸将财力丰而威令行，间谍详审，吏士用命，贼所入辄先知，并力御之，战无不克。故以十五万人获百万之用，终太祖之世，边鄙不耸，天下安乐。及太宗平并，又欲远取燕、蓟，自是岁有契丹之虞，曹彬、刘廷让、傅潜等数十战，各亡士卒十余万。又内徙李彝兴、冯晖之族，致继迁之变。二边皆扰，而朝廷始旰食矣。真宗之初，赵得(用)〔明〕(据宋史卷四八五夏国传、薛鉴改）纳款，及澶渊之克，遂与契丹盟，至今人不识兵革，可谓盛德大业。祖宗之事大略如此，亦可以鉴矣！近岁边臣建开拓之议，皆行险徼幸之人，欲以天下安危试之一掷，事成则身蒙其利，不成则陛下任其患，不可听也。"时契丹遣泛使萧禧，上问虏意安在，方平曰："虏自与中国通好，安于豢养，吏士骄惰，实不用兵。昔萧英、刘六符来，仁宗命二府置酒殿庐，英颇泄其情，六符变色目之，英归，竟以此得罪。今禧黠，如故事令大臣与议，无屈帝尊与虏交。”上曰：“朕以庆历讲和之后，中国不为善后之备，欲修辑为应兵耳。”方平曰：“应兵，祸之已成者也；消变于未成，善之善者也。”

秋七月戊子，诏韩缜如河东，割地以畀辽。辽使争议疆事不决，帝问于王安石，安石劝帝曰：“将欲取之，必姑与之。”于是诏〔于〕（据续纲目补）分水岭为界，萧禧乃去。至是，遣天章阁待制韩缜如河东，割新疆与之，凡东西失地七百里，遂为异日兴兵之端。

十二月，辽主洪基杀其后萧氏。时北院枢密使耶律乙辛专政，势倾一国，而忌后明敏，诬后与伶官赵惟一私通，遂族诛惟一，而赐后自尽。

十年（丁巳、一〇七七）十一月，辽主洪基杀其太子濬。濬，萧后之子也。乙辛既谮杀萧后，谋构濬以罪，阴令护卫耶律查刺诬告都宫使耶律撒刺及忽古等谋废洪基而立濬。辽主信之，诛撒刺等，废濬为庶人，徙于上京。乙辛夜遣力士杀濬，以卒闻。

元丰三年（庚申、一〇八〇）春正月，辽出耶律乙辛于兴中府。乙辛又欲害太子濬之子延禧，因言宋（卫）〔魏〕王（据续纲目、薛鉴改）和鲁斡之子淳可为储嗣。群臣畏乙辛，莫敢言。北院宣徽使萧兀纳、夷离毕萧陶隗谏曰：“舍嫡不立，是以国与人也。”辽主犹豫不决。会猎于黑山，见扈从官属多随乙辛后，始恶其专，遂改乙辛知南院大王事。乙辛入谢，辽主即日出之兴中府，其党多黜，遂封延禧为梁王，设旗鼓拽剌六人以护卫之。时延禧生六年矣。

建中靖国元年（辛巳、一一〇一），辽主洪基卒，孙延禧立，是为天祚帝。事见后。

宋史纪事本末卷二十二

天书封祀

真宗景德三年（丙午、一〇〇六）二月，罢寇准平章事，出知陕州。准为相，用人不以次，同列颇不悦。他日除官，同列目吏持例簿以进，准曰："宰相所以进贤退不肖，若用例，一吏职耳。"自澶渊还，颇矜其功，帝待准甚厚，王钦若深嫉之。一日会朝，准先退，帝目送之，钦若因进曰："陛下敬准，为其有社稷功耶？"帝曰："然。"钦若曰："澶渊之役，陛下不以为耻，而谓准有社稷功，何也？"帝愕然曰："何故？"钦若曰："城下之盟，春秋耻之。澶渊之举，以万乘之贵而为城下之盟，何耻如之！"帝愀然不悦。钦若曰："陛下闻博乎？博者输钱欲尽，乃罄所有出之，谓之孤注。陛下，寇准之孤注也，斯亦危矣。"由是帝顾准浸衰，竟罢为刑部尚书，出知陕州。

初，张咏在成都，闻准入相，谓僚属曰："寇公奇材，惜学术不足尔。"及准知陕，咏适自成都还，准逆之郊，问曰："何以教准？"咏徐曰："霍光传不可不读也。"准莫谕其意，归取其传读之，至"不学无术"，笑曰："此张公谓我也。"未几，移准知天雄军。契丹使过大名，谓准曰："相公望重，何故不在中书？"准曰："主上以朝廷无事，北门锁钥，非准不可耳。"

大中祥符元年（戊申、一〇〇八）春正月乙丑，有天书见于承天门，大赦，改元。帝自闻王钦若言，深以澶渊之盟为辱，尝怏怏不乐。钦若度帝厌兵，因谬进曰："陛下以兵取幽、蓟，乃可涤此耻。"帝曰："河朔生灵，始免兵革，朕安忍为此？可思其次。"钦若曰："惟封禅可以镇服四海，夸示外国。然自古封禅，当得天瑞希世绝伦之事，乃可尔。"既而又曰："天瑞安可必得？前代盖有以人力为之者，惟人主深信而崇奉之，以明示天下，则与天瑞无异也。陛下谓河图、洛书果有耶？圣人以神道设教耳。"帝沉思久之，曰："王旦得无不可乎？"钦若曰："臣喻以圣意，宜无不可。"钦若乃乘间为旦言，旦黾勉从之。帝尚犹豫，会幸秘阁，骤问直学士杜镐曰："古所谓河出图，洛出书，果何事耶？"镐老儒，不测上旨，漫应之曰："此圣人以神道设教尔。"帝意遂决，遂召旦饮，欢甚，赐以尊酒，曰："归与妻孥共之。"既归，发封，则皆美珠也。旦悟帝旨，自是不敢有异议。至是，帝谓群臣曰："去冬十一月庚寅，夜将半，朕方就寝，忽室中光耀，见神人星冠绛衣，告曰：

'来月宜于正殿建黄箓道场一月，当降天书大中祥符三篇。'朕竦然起对，已复无见。自十二月朔即斋戒于朝元殿，建道场以伫神贶。至是，适皇城司奏有黄帛曳左承天门南鸱尾上，令中使视之，帛长二丈许，缄物如书卷，缠以青缕，封处隐隐有字，盖神人所谓天降之书也。"旦等皆再拜称贺。帝即步至承天门，瞻望，再拜，遣二内侍升屋，奉之下。旦跪进，帝再拜受之，亲置舆中，导至道场，授陈尧叟启封。帛上有文曰："赵受命，兴于宋，付于昚，居其器，守于正，世七百，九九定。"帝跪受，复命尧叟读之，有书黄字三幅，词类洪范、道德经，始言帝能以至孝至道绍世，次谕以清净简俭，终述世祚延永之意。读讫，帝复跪奉，韫以所缄帛，盛以金匮。群臣入贺于崇政殿，赐宴，帝与辅臣皆蔬食。遣官告天地、宗庙、社稷。大赦，改元，群臣加恩，赐京师酺五日。改左承天门为承天祥符。置天书仪卫扶侍使，有大礼，即命宰执近臣兼之。钦若之计既行，陈尧叟、陈彭年、丁谓、杜镐益以经义附和，而天下争言祥瑞矣。独龙图阁待制孙奭言于帝曰："以臣愚所闻，天何言哉！岂有书也？"帝默然。

三月，诏议封禅。宰相王旦等率文武百官、诸军将校、官吏、藩夷、僧道、耆寿二万四千三百余人，凡五上表，请帝封禅。帝意未决，召丁谓问以经费，谓对曰："大计有余。"议乃定。命翰林、太常详定仪注。先是，西北用兵，帝便殿延访，多至旰食，王旦叹曰："我辈安得坐致太平，优游无事耶！"宰相李沆曰："强敌外患，足为儆戒，他日四方宁谧，朝廷未必无事。”旦以为不然。沆又日取四方水旱、盗贼奏之，旦以为细事不足烦帝听。沆曰：“人主少年，当使知四方艰难，不然，血气方刚，不留意声色犬马，则土木、甲兵、祷祠之事作矣。”至是，其言果验。

夏四月乙未，以王钦若参知政事。丙申，以王旦为封禅大礼使，王钦若等为经度制置使，冯拯、陈尧叟为分掌礼仪使，丁谓等计度财用。谓时权三司使，遂著景德会计录以献，因条大礼经费，以备参校，优诏奖之。

六月乙未，王钦若至乾封，上言：“泰山醴泉出，锡山苍龙见。”未几，木工董祚于醴泉亭北见黄帛曳林木上，有字不能识，言于皇城使王居正。居正见其上有御名，驰告钦若。钦若奉至社首，跪授中使，驰捧诣阙。帝御崇政殿，趣召群臣曰：“朕五月丙子夜，复梦向者神人言：‘来月上旬，当赐天书于泰山。’即密谕钦若等，凡有祥异即上闻，今果与梦协。上天眷祐，惟惧不称。”王旦等再拜称贺，乃迎奉含芳园之正殿。帝斋戒，备法驾诣殿，拜受之，授陈尧叟启封。其文曰：“汝崇孝奉吾，育民广福。锡尔嘉瑞，黎庶咸知。秘守斯言，善解吾意。国祚延永，寿历遐岁。”读讫，复奉以升殿。于是群臣表上尊号曰崇文广武仪天尊道宝应章感圣明仁孝皇帝。未几，钦若献芝草八千本，赵安仁献五色金玉丹、紫芝八千七百余本，诸州上芝草、嘉禾、瑞木、三脊茅等，不可称纪。九月，令有司勿奏大辟案，以天书告于太庙。

乙酉，亲习封禅仪于崇德殿。

作玉清昭应宫，奉天书也。知制诰王曾、都虞候张旻皆上疏谏，不听。

冬十月辛卯，帝发京师，以玉辂载天书先道，凡十七日，至泰山。王钦若等献芝草三万八千余本。斋戒三日，登山，道经险峻，降辇步进，卤簿仪卫列于山下。享昊天上帝于圜台，陈天书于左，以太祖、太宗配。命群臣享五方帝及诸神于山下封祀坛。帝饮福酒，摄中书令王旦跪称曰："天赐皇帝太一神符，周而复始，永绥兆人。"三献毕，封金玉匮。王旦奉玉匮，置于石磩；摄太尉冯拯奉金匮以降，将作监领徒封磩。帝登圜台，阅视讫，还御幄。宰相率从官称贺。明旦，禅祭皇地祇于社首山，如封祀仪。礼毕，御寿昌殿，受群臣朝贺。大赦天下，文武并进秩。令开封府及所过州、军考送举人。赐天下酺三日。改乾封县为奉符县。大宴穆清殿，又宴泰山父老于殿门。

十一月戊午，帝过曲阜县，谒孔子庙，酌献再拜，近臣分奠七十二弟子，遂幸孔林。加谥孔子曰玄圣文宣王，祭以太牢，赐钱三十万，帛三百匹。又追谥齐太公望为昭烈武成王，周文公旦为文宪王。太公立庙青州，周公立庙曲阜。寻复追封孔子庙配享从祀者，颜回为兖国公，闵损、曾参及汉儒、左丘明以下为郡公、侯、伯。

丁丑，帝自泰山奉天书还宫，群臣争颂功德，惟进士孙籍献书言："封禅，帝王之盛事，愿陛下谨于盈成，不可遂自满假。"知制诰周起亦上言："天下之势，常患恬于逸安而忽于兢畏，愿毋以告成为恃。"

十二月辛卯，帝御朝元殿，受尊号。宰相王旦等各进秩有差。

二年（己酉、一〇〇九）二月，以方士王中正为左武卫将军。先是，汀州人王捷言："于南康遇道人，姓赵氏，授以丹术及小镮神剑，盖司命真君也，是为圣祖。"宦者刘承珪以闻，赐捷名中正，得对龙图阁。既东封，加圣祖号为司命天尊，授中正左武卫将军，恩遇甚厚。

十二月辛丑，权三司使丁谓上封禅祥瑞图，示百官于朝堂。自封禅之后，士大夫争奏符瑞，献赞颂，崔立独言："水发徐、兖，旱连江、淮，无为烈风，金陵大火，是天所以戒骄矜也。而中外多上云雾、草木之瑞，此何足为治道言哉！"不省。

三年（庚戌、一〇一〇）六月，河中府进士薛南及父老、僧道千二百人请祀后土于汾阴。

八月丁未，诏："明年春，有事于汾阴。"戊申，以知枢密院事陈尧叟为祀汾阴经度制置使，以王旦为大礼使，王钦若为礼仪使。

冬十月庚申，丁谓上大中祥符封禅记。

十二月，陕州言黄河清。集贤校理晏殊献河清颂。帝作奉天庇民述，示宰相。

四年（辛亥、一〇一一）春正月辛巳，以将祀汾阴，诏执事懈怠者罪勿原。是时大旱，京师近郡谷踊贵，龙图阁待制孙奭上疏曰："先王卜征五年，岁习其祥，祥习则行，不习则增修德而改卜。陛下始毕东封，更议西幸，殆非先王卜征五年慎重之意，其不可一也。夫汾阴后土，事不经见。昔汉武帝将封禅，故先封中岳，祀汾阴，始巡幸郡县，遂有事于泰山。今陛下既已登封，复欲幸汾阴，其不可二也。古者圆丘、方泽，所以郊祀天地，今南、北郊是也。汉初承秦，唯立五畤以祀天，而后土无祀，故武帝立祠于汾阴。自元、成以来，从公卿之议，遂徙汾阴后土于北郊，后之王者多不祀汾阴。今陛下已建北郊，乃舍之而远祀汾阴，其不可三也。西汉都雍，去汾阴至近。今陛下经重关，越险阻，轻弃京师根本，而慕西汉之虚名，其不可四也。河东，唐王业之所起也，唐又都雍，故明皇间幸河东，因祀后土。圣朝之兴，事与唐异，而陛下无故欲祀汾阴，其不可五也。昔者周宣王遇灾而惧，故诗人美其中兴，以为贤主。比年以来，水旱相继，陛下宜侧身修德，以答天谴。岂宜下徇奸回，远劳民庶，盘游不已，忘社稷之大计，其不可六也。夫雷以二月启蛰，八月收声，育养万物，失时则为异。今震雷在冬，为异尤甚。此天意丁宁，以戒陛下，而反未悟，殆失天意，其不可七也。夫民，神之主也，是以圣王先成民而后致力于神。今国家土木之功，累年未息，水旱洊沴，饥馑居多，乃欲劳民事神，神其享之乎！其不可八也。陛下必欲为此者，不过效汉武帝、唐明皇巡幸所至，刻石颂功，以崇虚名，夸示后世尔。陛下天资圣明，当慕二帝、三王，何为下袭汉、唐之虚名？其不可九也。唐明皇以嬖宠奸邪，内外交害，身播国危，兵交阙下，亡乱之迹如此，由狃于承平，肆行非义，稔致祸败。今议者引开元故事以为盛烈，乃欲倡导陛下而为之，臣切为陛下不取，其不可十也。臣言不逮意，陛下以臣言为可取，愿少赐清问，以毕臣说。”

帝遣内侍皇甫继明就问，又上疏曰：“陛下将幸汾阴，而京师民心弗宁，江、淮之众困于调发，理须镇安而矜存之。且土木之功未息，而夺攘之盗公行，外国治兵，不远边境，使者（杂）〔虽〕（据宋史卷四三一孙奭传改）至，宁可保其心乎！昔陈胜起于徭戍，黄巢出于凶饥，隋炀帝勤远略而唐高祖兴于晋阳，晋少主惑小人而耶律德光长驱中国。陛下俯从奸佞，远弃京师，涉仍岁洊饥之墟，修违经久废之祠，不念民疲，不恤边患，安知今日戍卒无陈胜，饥民无黄巢，英雄将无窥伺于肘腋，外敌将无观衅于边邮乎？先帝尝议封禅，寅畏天灾，寻诏停寝。今奸臣乃赞陛下力行东封，以为继成先志。先帝尝欲北平幽、朔，西取继迁，大勋未集，用付陛下，则群臣未尝献一谋，画一策，以佐陛下继先帝之志者，反务卑辞重币，求和于契丹，蹙国縻爵，姑息于继迁，曾不思主辱臣死为可戒，诬下罔上为可羞。撰造祥瑞，假托鬼神，才毕东封，便议西幸，轻劳车驾，虐害饥民，冀其无事往还，便谓成大勋绩。是陛下以祖宗艰难之业，为奸邪侥幸之资，臣所以长叹而痛哭也！夫天地神祇，聪明正直，作善降之百祥，作不善降之百殃。未闻专事笾豆簠簋，可邀福祥。春秋传曰：‘国之将兴，听于民；将亡，听于神。’愚臣非敢妄议，惟陛下终赐裁择！”时群臣争奏祥瑞，奭又上言：“方今野雕、山鹿，并形奏简，秋旱、冬雷，率皆称贺，退而腹非窃笑者，比比皆是。孰谓上天为可罔，下民为可愚，后世为可欺乎！人情如此，所损不细，惟陛下深鉴其妄！”帝知其忠而不能从。

乙酉，帝习祀后土仪。丙申，诏以六月六日天书再降日为天贶节。丁酉，奉天书发京师。

二月壬子，车驾出潼关，渡渭河，遣近臣祀西岳。癸丑，次河中府。丁巳，至宝鼎县。辛酉，祀后土地祇。壬戌，大赦，赐天下酺三日。作汾阴配飨铭、河渎四海赞。

召草泽李渎、刘巽。渎以足疾辞，再拜，遣使存问，渎自陈世本儒、墨习静避世之意。渎素嗜酒，人或勉之，答曰：“扶羸养疾，舍此莫可，从吾所好，以尽余年，不亦乐乎！”巽至，授大理评事。

乙巳，次华州，召见隐士郑隐、李宁，赐茶果、粟帛。辛未，次阌乡，召见道士柴又玄，问以无为之要。

三月甲戌，次陕州，遣陕令王希召草泽魏野，辞疾不至，上言：“麋鹿之性，顿缨则狂；望回过听，许令愚守。”诏长吏常加存抚，命工图其所居，观之。野居陕之东郊，架草堂，有水竹之胜，好弹琴作诗，以清苦闻于时。尝以诗讽寇准、王旦乞休，帝故不强其出。

己卯，次西京。丙申，谒诸陵。

夏四月甲辰朔，帝至自汾阴。宰相、亲王以下进秩有差。

九月辛卯，以向敏中等为五岳奉册使，加上五岳帝号。帝御朝元殿发册。

五年（壬子、一〇一二）八月，作会灵观，奉祀五岳。

戊子，以王钦若、陈尧叟并为枢密使，丁谓参知政事，马知节为枢密副使。时天下乂安，王钦若、丁谓导帝以封祀，眷遇日隆。钦若自以深达道教，多所建明，而谓附会之，与陈彭年、刘承珪等搜讲坠典，大修宫观。以林特有心计，使为三司使，以斡财利。五人交通，踪迹诡秘，时号“五鬼”。王旦欲谏，则业已同之；欲去，则上遇之厚。追思李沆之先识，叹曰：“李文靖真圣人也！”钦若状貌短小，项有附疣，时人目为“瘿相”，性倾巧，敢为矫诞，然智数过人，每朝廷有兴作，能委曲迁就，以中帝意。知节以众方竞言祥瑞，深不然之，每言于帝曰：“天下虽安，不可忘战去兵也。”

冬十月戊午，帝语辅臣曰：“朕梦神人传玉皇之命云：‘先令汝祖赵玄朗授汝天书，今令再见汝。’明日，复梦神人传圣祖言：‘吾座西，斜设六位以候。’是日，即于延恩殿设道场，五鼓一筹，先闻异香。顷之，黄光满殿，圣祖至，朕再拜殿下。俄有六人至，揖圣祖皆就坐。圣祖命朕前，曰：‘吾人皇九人中一人也，是赵之始祖；再降，乃轩辕黄帝；后唐时复降，主赵氏之族，今已百年。皇帝善为抚育苍生，无怠前志。’即离座乘云而去。”王旦等皆再拜称贺。诏天下避圣祖讳，玄为元，朗为明，凡载籍偏犯者，各缺其点画。寻以玄、元声相近，改玄为真，玄武为真武。己未，大赦。

闰十月己巳，上圣祖尊号曰圣祖上灵高道九天司命保生天尊大帝，圣母懿号曰元天大圣后，遂加太庙六室尊号。群臣上帝尊号曰崇文广武感天尊道应真佑德上圣钦明仁孝皇帝。戊寅，建景灵宫、太极观于寿丘，以奉圣祖、圣母，且诏天下天庆观并增建圣祖殿。辛巳，诏建康军铸玉皇、圣祖、太祖、太宗尊像。寻以丁谓为奉迎使，奉安于玉清昭应宫，帝率百官郊谒。又诏刻天书于宫，以王旦为刻玉使，王钦若与丁谓副之。戊子，御制配享乐章并二舞名，文曰发祥流庆，武曰隆真观德。

十一月丙申，帝亲祀玉皇于朝元殿。甲辰，加王旦门下侍郎，向敏中中书侍郎，内外官加恩。置玉清昭应宫使，以王旦为之。丁未，作汴水发愿文。

十二月戊辰，作景灵宫于京师，奉圣祖也。

六年（癸丑、一〇一三）春正月癸巳朔，司天监言五星同色。

六月，亳州官吏、父老三千三百人诣阙，请谒太清宫。

八月庚申，诏来春亲谒太清宫。庚午，加号太上老君混元上德皇帝。孙奭上疏曰："陛下封泰山，祀汾阴，躬谒陵寝，今又将祠于太清宫。外议籍籍，以谓陛下事事慕效唐明皇。且以明皇为令德之主耶？甚不然也。明皇祸败之迹，有足为深戒者，非独臣能知之，近臣不言者，此怀奸以事陛下也。明皇之无道，亦无敢言者，及奔至马嵬，军士已诛杨国忠，请矫诏之罪，乃始谕以识理不明，寄任失所。当时虽有罪己之言，觉寤已晚，何所及也！臣愿陛下早自觉寤，抑损虚华，斥远邪佞，罢兴土木，不袭危乱之迹，无为明皇不及之悔，此天下之幸，社稷之福也！”帝以为：“封泰山，祀汾阴，上陵，祀老子，非始于明皇；开元礼今世所循用，不可以天宝之乱举谓为非也。秦为无道甚矣，今官名、诏令、郡县犹袭秦旧，岂以人而废言乎！”作解疑论以示群臣。然知奭朴忠，虽其言切直，容之而弗斥。

七年（甲寅、一〇一四）春正月，帝将如亳州，谒老子，命王旦兼大礼使，丁谓兼奉祀经度制置使，陈彭年副之。

壬寅，奉天书发京师。丙午，次奉元宫，判亳州丁谓献白鹿一，芝九万五千本。戊申，王旦上混元上德皇帝册宝。己酉，谒老子于太清宫，升亳州为集庆军节度，减岁赋十之三。太史言含誉星见。庚戌，赐酺三日。

二月辛酉，帝至自亳州。壬申，祀天地，大赦。

十一月乙酉，玉清昭应宫成。初议营宫，料工须十五年，修宫使丁谓令以夜继昼，每绘一壁给二烛，故七年而成。凡二千六百一十楹，制度宏丽。屋宇少不中程式，虽金碧已具，刘承珪必令毁而更造，有司莫敢较其费。

八年（乙卯、一〇一五）春正月壬午朔，谒玉清昭应宫，奉安刻玉天书于宝符阁，以帝容立侍其侧。还，御崇德殿受贺，赦天下，非十恶、枉法、赃，咸除之。帝制誓文，刻石，置于宝符阁下。又制钦承宝训述，以示中外。

九月，知陈州张咏卒，遗表言：“不当造宫、观，竭天下之财，伤生民之命，此皆贼臣丁谓诳惑陛下。乞斩谓头置国门以谢天下，然后斩咏头置丁氏之门以谢谓。”帝叹其忠。

九年（丙辰、一〇一六）春正月丙辰，置会灵观使，以丁谓为之。

天禧元年（丁巳、一〇一七）春正月辛丑朔，改元，诣玉清昭应宫，荐献，上玉皇大天帝宝册、衮服。壬寅，上圣祖宝册。己酉，上太庙谥册。辛亥，谢天地于南郊，大赦。御天安殿，受册号。乙卯，作钦承宝训述，示群臣。

三月，以王曾兼会灵观使，曾辞不受。王钦若方挟符瑞以固宠位，阴排异己者。会有诏以曾为会灵观使，曾以推钦若，帝不悦，谓曾曰："大臣宜傅会国事，何遽自异耶？"曾顿首曰："君从谏谓明，臣尽忠谓义。陛下不知臣驽病，使待罪宰府，臣知义而已，不知异也。"

九月癸卯，王曾罢。曾既不受会灵观使，上意不怿，王钦若数谮之。会曾市贺皇后家旧第，其家未徙，而曾令人舁土置其门，贺氏诉于朝，遂罢曾政事。王旦在告，闻之，曰："王君介然，他日德望勋业甚大，顾予不得见尔。"或请其故，曰："王君昨让观使，虽佛上旨，而词直气和，了无所慴，且始被进用，已能若是。我自在政府二十年，每进对稍忤，即蹙蹜不能自容，以是知其伟度矣。"

己酉，王旦卒。旦自祥符以来，每有大礼，辄奉天书以行，常悒悒不乐。临终，语其子曰："我别无过，惟不谏天书一节，为过莫赎。我死之后，当削发披缁以敛。"诸子欲奉遗令，杨亿以为不可，乃止。议者谓旦得君，言听计从，而不能以正自终，或比之冯道云。

二年（戊午、一〇一八）夏，皇城司言："保圣营之西南，营卒有见龟蛇者，因就建真武祠。今泉涌祠侧，疫疠者饮之多愈。”诏即其地建祥源观。任布上疏，言：“不宜以神怪衒愚俗。”不报。

三年（己未、一〇一九）六月甲午，王钦若罢，判杭州，以寇准同平章事，丁谓参政知事。先是，巡检朱能挟内侍都知周怀政诈为天书降于乾祐山，时寇准判永兴军，婿王曙居中，与怀政善，劝准与能合，遂以上闻。诏迎入禁中，中外皆识其诈，帝独信之。谕德鲁宗道言：“奸臣诞妄，以惑圣听。”知河阳孙奭上疏曰：“朱能者，奸险小人，妄言祥瑞，而陛下崇信之，屈至尊以迎拜，归秘殿以奉安。上自朝廷，下及闾巷，靡不痛心疾首，反唇腹非，而无敢言者。昔汉文成将军以帛书饭牛，既而言牛腹中有奇书，杀视得书，天子识其手迹。又有五利将军妄言方，多不雠，二人皆坐诛。先帝时，有侯莫陈利用者，以方术暴得宠用，一旦发其奸，诛于郑州。汉武可谓雄材，先帝可谓英断。唐明皇得灵宝符、上清护国经、宝券等，皆王鉷、田同秀等所为，明皇不能显戮，怵于邪说，自谓德实动天，神必福我。夫老君，圣人也，傥实降语，固宜不妄。而唐自安、史乱离，乘舆播越，两都荡覆，四海沸腾，岂天下太平乎！明皇虽仅得归阙，复为李辅国劫迁，卒以忧终，岂圣寿无疆，长生久视乎！以明皇之英睿，而祸患猥至曾不知者，良由在位既久，骄亢成性，谓人莫己若，谓谏不足听，心玩居常之安，耳熟导谀之说，内惑宠嬖，外任奸回，曲奉鬼神，过崇妖妄，今日见老君于阁上，明日见老君于山中，大臣尸禄以将迎，端士畏威而缄默。既惑左道，即紊政经，民心用离，变起仓卒，当是之时，老君宁肯御兵，宝符安能排难邪！今朱能所为，或类于此。愿陛下思汉武之雄材，法先帝之英断，鉴明皇之召祸，庶几灾害不生，祸乱不作。”皆不听。寇准由是得召用矣。时钦若恩礼衰，商州捕得道士谯文易，蓄禁书，能以术使六丁六甲神，钦若坐与之出入，遂罢，以准代相。准之始召也，门生有劝准者曰：“公若至河阳，称疾坚求外补，此为上策；傥入见，即发乾祐天书之诈，斯为次也；最下则再入中书，大丧平生矣！”准不怿。

乾兴元年（壬戌、一〇二二）二月戊午，帝崩。

冬十月，葬永定陵，以天书殉。

史臣曰：真宗英悟之主，其初践位，相臣李沆虑其聪明，必多作为，数奏灾异，以杜其侈心，盖有所见也。及澶渊既盟，封禅事作，祥瑞沓臻，天书屡降，导迎奠安，一国君臣如病狂然，吁可怪也！他日修辽史，见契丹故俗，而后推求宋史之微言焉。宋自太宗幽州之败，恶言兵矣。契丹其主称天，其后称地，一岁祭天，不知其几，猎而手接飞雁，鸨自投地，皆称为天赐，祭告而夸耀之。意者宋之诸臣因知契丹之习，又见其君有厌兵之意，遂进神道设教之言，欲假是以动敌人之听闻，庶几足以潜消其窥觎之志欤？然不思修本以制敌，又效尤焉，计亦末矣！仁宗以天书殉葬山陵，呜呼贤哉！

仁宗天圣七年（己巳、一〇二九）六月，大雨震雷，玉清昭应宫灾。诏系守卫者于御史狱。太后泣对大臣曰："先帝尊天奉道，故竭力成此宫，今一夕延燎几尽，惟长生、崇寿二小殿存，何以称遗旨哉！"范雍抗言曰："不若悉燔之也！先朝以此竭天下之力，遽为灰烬，非出人意。如因其所存，又将葺之，则民不堪命，非所以祗天戒也。"王曾、吕夷简又助雍言。中丞王曙亦言："玉清昭应宫之建非应经义，天变来警，愿除其地，罢诸祷祀，以应天变。"右司谏范讽复言："此实天变，不当置狱。"太后与帝感悟，遂减守卫者罪，下诏不复修治，以二殿为万寿观，罢诸宫观使。

宋史纪事本末卷二十三

丁谓之奸

真宗天禧三年（己未、一〇一九）六月，以寇准同平章事，丁谓参知政事。先是，准与谓善，尝荐其才于李沆，沆不用，准问之，沆曰："谓诚才，顾其为人，可使之在人上乎！"准曰："如谓者，相公终能抑之使在人下乎！"沆笑曰："他日当思吾言。"准终不以为然。谓既因准称誉，渐致通显，虽同列而事准最谨。尝会食中书，羹污准须，谓徐起拂之，准笑曰："参政，国之大臣，乃为官长拂须耶！"谓大惭恨，遂成仇隙。

四年（庚申、一〇二〇）六月丙申，寇准罢。时帝得风疾，事多决于皇后，寇准、李迪以为忧。一日，准请间曰："皇太子，人所属望，愿陛下思宗庙之重，传以神器，择方正大臣羽翼之。丁谓、钱惟演，佞人也，不可以辅少主。”帝然之。准密令杨亿草表，请太子监国，且欲援亿辅政。已而准被酒漏言，谓闻之，曰：“即日上体平，朝廷何以处此？”李迪曰：“太子出则抚军，入则监国，古之制也，何不可之有？”谓力谮准，请罢其政事。帝不记与准有成言，竟罢为太子太傅。

七月丙寅，以李迪同平章事，冯拯为枢密使。

庚午，以丁谓、冯拯并同平章事。

癸酉，入内都知宦者周怀政伏诛。丁丑，贬寇准知相州。初，帝得疾，自疑不起，尝卧周怀政股，与之谋，欲命太子监国。怀政，东宫官也，出告寇准。已而事泄，准罢，丁谓等因疏斥之，使不得亲近。怀政忧惧不自安，阴谋奉帝为太上皇而传位太子，罢皇后预政，杀丁谓而复相准。客省使杨崇勋等以其谋告谓，谓即微服，夜乘犊车，挟崇勋诣曹利用议。明日，以闻。诏命曹玮讯之，怀政具服。帝怒甚，欲责及太子，群臣莫敢言，李迪从容奏曰：“陛下有几子，乃欲如是？”帝悟，乃止诛怀政。谓与皇后谋，并发朱能天书妖妄事，遂贬准为太常卿，知相州，而罢翰林学士盛度、枢密直学士王曙，朝士与准亲厚者，皆斥之。准之贬也，帝命与小州，谓辄云：“与远小州。”迪言：“向者圣旨无‘远’字。”二人忿争盖始此。

八月乙酉，以任中正、王曾并参知政事，钱惟演为枢密副使。

壬寅，贬寇准为道州司马。时遣使捕朱能，能杀中使，拥众叛，未几，众溃自杀。准坐是再贬道州。初，帝欲谪淮江、淮间，谓竟除道州，同僚莫敢言，王曾独以帝语质之，谓顾曰："居停主人勿复言。"盖指曾尝以第舍假准也。

九月，帝疾愈。丙辰，始御崇德殿视事，治朱能党，死、流者数十人。壬戌，给事朱巽、郎中梅询坐不察朱能奸，谪官。

十一月戊辰，李迪、丁谓罢。时丁谓擅权用事，至除吏不以闻，迪愤然，谓同列曰："迪起布衣至宰相，有以报国，死犹不恨，安能附权幸为自安计耶！"会议二府皆进秩兼东宫官，迪以为不可。谓又欲引林特为枢副，迪复沮之，谓积怒。既而谓加门下侍郎，兼太子太傅；迪加尚书左丞，仍兼太子少傅。故事，宰相无兼左丞者。及入对长春殿，内出制书，置榻前，帝谓辅臣曰："此卿等兼东宫官制也。"迪进曰："东宫官属不当增制，臣不敢受命。丁谓罔上弄权，私林特、钱惟演而嫉寇准，特子杀人，事寝不治，准无罪远谪，惟演以皇后姻家，使预朝政，曹利用、冯拯相为朋党。臣愿与谓俱罢，付御史台劾正。"帝怒，留制不下，左迁迪知郓州，谓知河南府。明日，谓入谢，帝诘所争状，谓对曰："非臣敢争，乃迪詈臣耳，愿复留。"遂自出传口诏，复入中书视事。时翰林学士刘筠已草迪、谓同罢制，既而谓复留，命草制，筠不奉诏，乃更召学士晏殊草之。筠自院出，遇殊于枢密院南门，殊惶愧，侧面不敢与揖。谓既复位，益擅权专恣。筠曰："奸人用事，安可一日居此！"力请补外，遂知庐州。

庚午，诏："自今军国大事仍旧亲决，余皆委皇太子同宰相、枢密等参议施行。"太子固让，不允，遂开资善堂亲政，皇后裁决于内，而丁谓用事，中外以为忧。王曾谓钱惟演曰："太子幼，非中宫不能立，中宫非倚太子则人心亦不附。后若加恩太子则太子安，太子安则刘氏安矣。"惟演乘间言之，后深纳焉。

陈邦瞻曰：当国家危疑之势，定社稷，安人主，此天下之所谓大忠也，然而非智不济。夫转户者系枢，智者于安危之际，亦能得其枢而转之耳。方宋真宗之寝疾也，事皆决于刘后，而太子非后出，丁谓以奸邪乱政，钱惟演复以后戚佐之，一有摇动则宋事去矣。当时寇准、李迪皆忠臣，其计皆在逐谓与演而后乃可制，后可制而太子乃可安也。夫此策而济，已非善处人母子之间，且虑无以善其后；此策而不济，则祸岂可测哉！周怀政之死，太子得不废者，特天幸也。夫当时不难逐谓，而难于安后之心，后心不安则吕、武之事且复见。奸人之欲为谓者，皆是也，可尽逐哉！后心安则去谓如孤豚腐鼠耳！善乎王曾之告惟演也，曰："太子幼，非中宫不能立，中宫非倚太子则人心亦不附。后若加恩太子则太子安，太子安则刘氏安矣。"夫后直惧刘氏之不安耳，非有则天改姓易命之志也。彼晓然知太子安而己安，岂忍复为邪谋也哉！盖自是而小人侥幸之计始不得入，则曾之一言有以深动其心也。然是言也，非由惟演进则后不信，是又曾之所以为智也。莱公号为能断大事，然于此不如沂公远矣！

以丁谓兼太子少师，冯拯兼少傅，曹利用兼少保。

五年（辛酉、一〇二一）十一月，丁谓加司空，冯拯加左仆射，曹利用加右仆射。时谓威权日盛，朝臣多附之，起居注李垂独不往谒。或问其故，垂曰："谓为宰相，不以公道副天下望，而恃权怙势，视若所为，必游朱崖。吾不欲在其党中。"谓闻而恶之，罢知亳州。

乾兴元年（壬戌、一〇二二）二月庚子，大赦。癸卯，群臣上尊号。甲辰，封丁谓为晋国公，冯拯为魏国公，曹利用为韩国公。

甲辰，帝不豫，增剧，问左右曰："吾目中何久不见寇准？"群臣畏谓威，莫敢言。

戊午，帝崩，遗诏太子受益柩前即位，更名祯。王曾奉遗诏入殿庐草制，命皇后权处分军国事，辅太子听政。丁谓欲去"权"字，曾曰："皇帝冲年，太后临朝，斯已国家否运，称权犹足示后。且增减制书有法，表则之地，先欲乱之邪？"谓遂止。太子即位，年十三矣，尊皇后为皇太后，淑妃杨氏为皇太妃。两府议太后临朝仪，曾请如东汉故事，太后与帝五日一御承明殿，太后坐帝右，垂帘听政。谓欲擅权，不欲同列与闻机政，潜结入内押班雷允恭，密请太后降手书云："帝朔望见群臣，大事则太后召对辅臣决之；非大事，则令允恭传奏禁中画可以下。"曾曰："两宫异处而柄归宦官，祸端兆矣！"于是允恭恃势专恣，而谓权倾中外，众莫敢抗，独曾正色立朝，时倚为重。

庚申，命丁谓为山陵使。

戊辰，贬寇准为雷州司户参军，李迪为衡州团练副使。先是，先帝临崩，惟言寇准、李迪可托，丁谓怨准，而太后憾迪尝谏立己，遂诬以朋党，贬之，连坐者甚众，曹玮亦谪知莱州。初议窜逐，王曾疑责太重，谓熟视曾曰："居停主人尚有言乎？恐亦未免耳！"曾遂不复争。学士呈制草，谓改曰："当丑徒干纪之际，属先帝违豫之初，罹此震惊，遂致沉剧。"且使人迫迪行。或语谓曰："迪若贬死，公如士论何？"谓曰："异日诸生记事，不过曰'天下惜之'而已！"谓必欲令二人死，遣中使赍敕，诣准就赐，以锦囊贮剑揭于马前，示将诛戮状。至道州，众皆惶恐不知所为，准方与郡官宴饮，神色自若，使人谓之曰："朝廷若赐准死，愿见敕书。"中使不得已，乃授敕。准拜于庭，升阶复宴，至暮乃罢。丁谓欲邀蔡齐附己，许以知制诰。齐退而叹曰："吾受先帝之知至此，岂宜为权臣所胁！得罪非吾惧也。"遂拒不往。

〔六月〕（据宋史卷九仁宗纪、薛鉴补）己酉，命参知政事王曾按视山陵。

（六月）庚申，内侍雷允恭伏诛。丁谓、任中正罢。时允恭为都监，判司天监邢中和言于允恭曰："今山陵上百步，法宜子孙，类汝州秦王坟，但恐下有石有水耳。"允恭曰："上无他子，若如秦王坟，何不可？"中和曰："山陵事重，踏行覆按，动经月日，恐不及七月之期耳。"允恭曰："第移就上穴，我走马入见太后言之。"允恭素贵横，人不敢违，即改穿上穴，乃入白。太后曰：“此大事，何轻易如此！”允恭曰：“使先帝宜子孙，何为不可？”太后意不然，曰：“出与山陵使议可否。”允恭出，与丁谓言，谓唯唯。允恭入奏：“山陵使亦无异议。”遂命夏守恩领工徒数万穿地，土石相半，继之以水。众议日喧，惧不能成功，中作而罢，奏请待命。丁谓庇允恭，依违不决。内侍毛昌达自陵下还，以其事闻。诏问谓，谓始请遣使按视。既而咸请复用旧地，乃诏冯拯、曹利用等就丁谓第议，遣王曾覆视。曾还，请独对，因言：“丁谓包藏祸心，令允恭移皇堂于绝地。”太后大惊，怒甚，欲并诛谓。冯拯进曰：“谓固有罪，然帝新即位，亟诛大臣，骇天下耳目。”后怒少解，遂止诛允恭等。二日，太后召宰相，谕曰：“丁谓为宰相，乃与宦者交通，谓前附允恭奏事，皆言已与卿等定议，故皆可之。且营奉先帝陵寝而擅有迁易，几误大事。”拯等对曰：“自先帝登遐，政事皆谓与允恭同议，称得旨禁中，臣等莫敢辨虚实。赖圣神察其奸，此宗社之福也。”任中正独进曰：“谓被先帝顾托，虽有罪，请如律议功。”曾曰“丁谓以不忠得罪宗庙，尚可议邪！”乃降授谓太子少保，分司西京，并罢中正，出知郓州。故事，黜宰相皆降制，时欲亟行，止召舍人草词，仍榜朝堂，宣谕天下。初，谓举进士，客许田，胡则厚遇之。及谓贵显，则骤进用。至是，谓罢，则亦出为西京转运使，改命冯拯为山陵使。

七月辛未，以王曾同平章事。

丙子，以钱惟演为枢密使。

辛卯，贬丁谓为崖州司户参军。初，女道士刘德妙尝以巫师出入丁谓家，谓败，逮系德妙。内侍鞫问之，德妙具言："丁谓尝教之曰：'汝所为不过巫事，不若托老君以言祸福，足以动人。'于是即谓家设神像，夜醮于园中，雷允恭数至请祷。及真宗崩，引入禁中。又因穿地得龟蛇，令德妙持入内，绐言出其家山洞中，仍教云：'上即问若所事何知为老君，第云相公非凡人，当知之。'丁谓又作颂，题曰'混元皇帝赐德妙'。"语涉妖诞，遂贬谓崖州。籍其家，得四方赂遗不可胜纪。谓赴崖州，道出雷州，寇准使人以一蒸羊逆诸境上。谓欲见准，准固辞之。准闻家僮谋欲报仇，乃杜门使纵博，毋得出，俟谓行远，乃已。

谓机敏有智谋，憸狡过人，及居崖州，专事浮屠因果之说。家寓西京，尝为书，自克责，叙国厚恩，戒家人毋辄怨望，遣人（至）〔致〕（据宋史卷二八三丁谓传、续纲目改）于洛守刘烨，祈付其家，戒使者，伺烨会众僚时达之。烨得书不敢私，即以上闻。太后与帝见之感恻，遂徙雷州。

十一月丁卯，钱惟演罢。初，惟演见丁谓当国，权势熏灼，因附之，与为婚姻。寇准之斥，惟演有力焉。及序枢密题名，独削去准姓氏，曰"逆准不书"。御史中丞蔡齐言于帝曰："寇准忠义闻天下，社稷之臣也，岂可为奸党所诬哉！"帝遽令磨去之。谓得罪，惟演虑将及己，因挤谓以自解。冯拯以是恶其为人，因言："惟演以妹妻刘美，乃太后姻家，不可与机政以废祖宗之法，请罢之。"乃以保大节度使知河阳府。逾年，入朝，意图执政，御史鞠咏上疏论之。太后遣内侍持奏示惟演，惟演犹顾望不行。咏语右司谏刘随曰："若相惟演，当取白麻廷毁之。"惟演始亟去。惟演出于勋贵，文辞清丽，名与杨亿、刘筠相上下，于书无所不读，尤喜奖励后进。尝曰："吾平生不足者，惟不得于黄纸上押字耳。"故切切求入中书，为时议所鄙。

宋史纪事本末卷二十四

明肃庄懿之事

真宗景德四年（丁未、一〇〇七）四月，皇后郭氏崩，谥曰庄穆。

大中祥符三年（庚戌、一〇一〇）四月甲戌，皇子受益生，后宫李氏所诞也。李氏，杭州人，初入宫，侍刘德妃，庄重寡言，帝命为司寝。既有娠，从帝临砌台，玉钗坠，帝私卜钗完当生男子，左右取钗以进，如故，已而果举子。刘德妃攘为己子，李不敢言，中外亦不知。

五年（壬子、一〇一二）十二月丁亥，立德妃刘氏为皇后。初，后父通为虎捷都指挥使，从征太原，道卒。后在襁褓而孤，鞠于外氏，善播鼗。蜀人龚美者，以锻银为业，携之至京师。年十五，入襄邸。帝即位，自美人进位德妃，专宠后宫。郭后崩，帝欲立之。翰林学士李迪言妃起于寒微，不可以母天下，帝不从，竟立为后。后既立，以无宗族，更以美为兄，改其姓为刘，闻李迪之谏，大恨之。后性警敏，晓书史，闻朝廷事，能记其本末。帝退朝，阅天下封奏多至中夜，后皆预闻。宫闱事有问，辄援引故实以对。帝深重之，由是渐干外政。

初，帝欲立刘后，使丁谓谕杨亿草制，亿难之，谓曰："勉为此，不忧不富贵。"亿曰："如此富贵，亦非所愿也。"乃命他学士草之。

乾兴元年（壬戌、一〇二二）二月戊午，帝崩，太子即位，尊皇后为皇太后，淑妃杨氏为皇太妃。

三月庚寅，帝初御崇德殿。太后设幄次于承明殿，垂帘以见辅臣。

八月乙巳，太后同帝御承明殿，垂帘听政。

仁宗天圣元年（癸亥、一〇二三）五月庚寅，议皇太后仪卫，制同乘舆。

三年（乙丑、一〇二五）春正月辛卯，长宁节，近臣及契丹使上太后寿于崇政殿。

五年（丁卯、一〇二七）春正月壬寅朔，帝率群臣朝太后于会庆殿。先是，帝白太后，欲元日先上太后寿乃受朝，太后不可。王曾奏曰："陛下以孝奉母仪，太后以谦全国体，请如太后令。"帝不从。

太后尝问参知政事鲁宗道曰："唐武后何如主？"对曰："唐之罪人也，几危社稷。"后默然。有小臣方仲弓请立刘氏七庙，后问诸辅臣，众不敢对，宗道独进曰："若立刘氏七庙，如嗣君何？”乃止。后尝与帝同幸慈孝寺，欲乘辇先行，宗道以夫死从子之义争之，后遽命辇后乘舆。自是后左右用事者多惮宗道，目为“鱼头参政”。

七年（己巳、一〇二九）十一月癸亥，冬至，帝率百官上皇太后寿于会庆殿，遂同御天安殿以受朝。秘阁校理范仲淹先期上疏曰：“天子奉亲于内，自有家人礼。今顾与百官同列北面而朝，亏君体，损主威，非所以垂法后世也。”疏入，不报。晏殊初荐仲淹为馆职，闻之大惧，召仲淹，诘以狂率邀名，且将累荐者。仲淹正色抗言曰：“仲淹谬辱公荐，每惧不称，为知己羞，不意今日反以忠直获罪门下！”殊不能答。既而又疏请太后还政，亦不报。遂乞补外，出为河中府通判。

八年（庚午、一〇三〇）二月，范仲淹疏请太后复辟，其略云：“陛下拥扶圣躬，听断大政，日月持久。今皇帝春秋已盛，睿哲明圣，握乾纲而归坤纽，非黄裳之吉象也。岂若保庆寿于长乐，卷收大权，还上真主，以享天下之养！”疏入，不报。

明道元年（壬申、一〇三二）二月丁卯，真宗宸妃李氏卒。李氏实生帝，太后既取帝为己子，与杨太妃保护之，李氏默然处先朝嫔御中，未尝自异。人畏太后，亦无敢言者，以是帝虽春秋长，不自知为李氏出也。至是，疾革，乃自顺容进位宸妃。及卒，太后欲以宫人礼治丧于外，吕夷简奏，礼宜从厚。太后遽引帝起，有顷，复独立帘下，召夷简问曰：“一宫人死，相公云云何也？”夷简对曰：

"臣待罪宰相，事无内外，皆当预也。"后怒曰："相公欲离间吾母子耶?"夷简对曰："太后不欲全刘氏乎？尚念刘氏则丧礼宜从厚。"司天希旨，言岁月未利。夷简秘其说，请发哀成服，且谓入内都知罗崇勋曰："宸妃诞育圣躬而丧不成礼，异日必有受其罪者，莫谓夷简今日不言也！当以后服殓，用水银实棺。"后悟，乃以一品礼殓之。时有诏欲凿宫城垣以出丧，夷简言："凿垣非丧礼，宜自西华门出。"太后从之，殡于洪福院。

二年（癸酉、一〇三三）二月乙巳，皇太后欲被服天子衮冕，以享太庙。薛奎力谏，且曰："必御此，若何为拜?"后不听，服仪天冠、衣衮初献，皇太妃亚献，皇后终献。礼毕，群臣上太后尊号。丁未，帝祀先农于东郊，躬耕藉田，命宰相张士逊撰谢太庙及躬耕藉田记。检讨宋（郊）〔祁〕（据宋史卷一〇仁宗纪、续纲目、薛鉴改）言："皇太后谒庙，非后世法。"乃止撰藉田记。

三月庚寅，以皇太后不豫，大赦，除常赦所不原者，乾兴以来贬死者复官，谪者内徙。

甲午，皇太后崩。〔后〕（据续纲目、薛鉴补）称制十一年，虽政出宫闱而号令严明，恩威加天下，左右近习少所假借，宫掖间未尝妄改作，内外赐予有节。赐族人御食，必易以扣器，曰："尚方器勿使入吾家也。"三司使程琳献武后临朝图，后掷于地，曰："吾不作此负祖宗事!"漕使刘绰还京西，言："在庾有出剩粮千余斛，乞付三司。"后问曰："卿识王曾、张知白、吕夷简、鲁宗道乎？此四人者岂因献羡余进哉！”晚年，稍进外家，而任宦者罗崇勋、江德明等访外事，崇勋由此势倾中外。至是，后崩，帝见左右泣曰：“太后疾，不能言，犹数引其衣，若有所属，何也？”薛奎曰：“其在衮冕也，服之岂可见先帝于地下？”帝悟，遂以后服殓，谥曰庄献明肃。旧制，后皆二谥，称制加四谥自此始。太后遗诏：“尊太妃为皇太后，与皇帝同议军国事。”阁门趣百僚贺，御史中丞蔡齐目台吏毋追班而入白执政曰：“上春秋长，习知天下情伪，今宜躬揽朝政，岂可使女后相踵称制乎？”殿中侍御史庞籍请下阁门，取垂帘仪制尽焚之。乃止尊太妃为皇太后，削去“同议军国事”之语。

夏四月壬寅，左右有为帝言：“陛下乃李宸妃所生，妃死以非命。”帝号恸累日，下诏自责，追尊为皇太后，谥庄懿。幸洪福院祭告，易梓宫，亲启视之。妃以水银故，玉色如生，冠服如皇后。帝叹曰：“人言岂可信哉！”待刘氏加厚。

壬子，帝始亲政，罢创修寺观，裁抑侥幸，召宋绶、范仲淹，而黜内侍罗崇勋等，中外大悦。以范仲淹为右司谏。仲淹闻遗诏以杨太妃为皇太后，参决国事，亟上疏言：“太后，母号也，未尝因保育而代立者。今一太后崩，又立一太后，天下且疑陛下不可一日无母后之助也。”时已删去“参决”等语，然太后之号讫不改，止罢其册命而已。

初，太后爱帝如己出，帝亦尽孝，始终无毫发间隙。至是，帝亲庶务，言者多追诋太后时事。范仲淹上言曰：

“太后受遗先帝，调护陛下者十余年，今宜掩其小故，以全大德。”帝曰：“此亦朕所不忍闻也。”遂下诏戒饬中外，毋得辄言皇太后垂帘日事。

冬十月丁酉，葬庄献明肃皇后、庄懿皇后于永定陵。诏定祔庙礼，翰林侍读学士宋绶援春秋考仲子之宫、唐坤仪庙故事，请别筑宫，遂作奉慈庙，以奉二神主。

宋史纪事本末卷二十五

郭后之废 温成事附

仁宗天圣二年（甲子、一〇二四）十一月乙巳，立皇后郭氏。后，平卢军节度使崇之孙女。时张美人有宠，帝欲立之，太后不可而止，故后虽立而颇见疏。

明道二年（癸酉、一〇三三）夏四月，吕夷简、张耆、夏竦、陈尧佐、范雍、赵稹、晏殊罢。先是，夷简手疏陈八事，曰正朝纲，塞邪径，禁贿赂，辨佞壬，绝女谒，疏近习，罢力役，节冗费，劝帝语甚切。帝因与夷简谋，以张耆等皆附太后，欲悉罢之，夷简以为然。帝退，语于皇后，后曰："夷简独不附太后邪？但多机巧，善应变耳。"由是夷简亦罢。制下，夷简方押班，闻唱名，大骇，不知其故，因令素所厚内侍都知阎文应诇之，乃知事由郭后也，由是深憾于后。

八月戊午，复以吕夷简同平章事。

十一月，美人张氏卒，追册为皇后。

十二月乙卯，废皇后郭氏。时尚美人、杨美人俱得幸，素与皇后忿争。一日，尚氏于帝前有侵后语，后不胜忿，批其颊，帝自起救之，误批帝颈。帝大怒，内侍阎文应因与帝谋废后，且劝以爪痕示执政。帝以示吕夷简，告之故，夷简以前憾，遂主废黜之议。帝犹疑之，夷简曰："光武，汉之明主也，郭后止以怨怼坐废。况伤陛下颈乎？"帝意遂决。夷简先敕有司不得受台谏章奏，乃诏称皇后愿入道，封净妃玉京冲妙仙师，居长宁宫。台谏章奏果不得入。于是中丞孔道辅率谏官范仲淹、孙祖德、宋庠、刘涣，御史蒋堂、郭劝、杨偕、马绛、段少连十人诣垂拱殿伏奏："皇后，天下之母，不当轻废。愿赐对，尽所言。"殿门阖，不为通。道辅扣镮大呼曰："皇后被废，奈何不听台臣言！"寻有诏，令夷简谕以皇后当废状。道辅等至中书，语夷简曰："大臣之于帝后，犹子事父母也。父母不和，可以谏止，奈何顺父出母乎？"夷简曰："废后有汉、唐故事。"道辅曰："人臣当道君以尧、舜，岂得引汉、唐失德为法邪！"夷简不能答，即奏言："伏阁请对，非太平美事。"遂出道辅知泰州，仲淹知睦州，祖德等罚金，仍诏台谏自今毋相率请对。明日，道辅等趣朝，欲留百官揖宰相廷争，至待漏院，闻诏乃退。道辅鲠挺特达，遇事弹劾无所避，天下皆以直道许之。签书河阳判官富弼言："朝廷一举而两失，纵不能复后，宜还仲淹等。"不听。

景祐元年（甲戌、一〇三四），诏：“净妃郭氏出居瑶华宫，美人尚氏入道，杨氏安置别宅。”

九月甲辰，诏立曹氏为皇后，彬之女孙也。初，郭后废，帝命宋绶作诏云：“当求德阀以称坤仪。”既而左右引富人陈氏女入宫，绶曰：“陛下乃欲以贱者正位中宫，不亦与前诏戾乎！”王曾入对，又论奏之，乃罢陈氏而立曹氏。御史里行孙沔请终庄献丧制而后行，秘书丞余靖亦以为言。不报。

二年（乙亥、一〇三五）十一月戊子，故后郭氏暴卒。后居瑶华，帝颇念之，遣使存问，赐以乐府，后和答之，词甚凄惋，帝益悔焉。尝密遣人召之，后辞曰：“若再见召，须百官立班受册方可。”阎文应以常谮后，惧其复立。属后小疾，帝遣文应挟医诊视，数日，言后暴崩，中外疑文应进毒，而不得其实。帝深悯之，以礼敛葬，而停谥册祔庙之礼。知开封府范仲淹劾奏文应之罪，窜之岭南，死于道。

三年（丙子、一〇三六）春正月壬辰，追复郭氏为皇后。丁酉，葬皇后郭氏。

庆历八年（戊子、一〇四八），帝以闰正月望夕，将〔复〕（据续纲目、薛鉴补）张灯，曹后谏止之。越三日，亲从官颜秀等四人谋为乱，夜入禁中，越屋叩寝殿。皇后方侍帝，闻变，遽起。帝欲出，后闭阁拥持，趣召都知王守忠使引卒入卫。贼伤宫嫔于殿下，声彻帝所。宦者以乳妪殴小女子绐奏，后叱之曰：“贼在近杀人，敢妄言耶！”阴遣人挈水踵贼后，贼果举炬焚帘，水随灭之。是夕所遣宦侍，后皆亲翦其发，曰：“以是征赏。”故争尽死力。守忠兵至，贼就擒灭。诏领皇城司者皆坐斥。事连副都知杨怀敏，夏竦与怀敏相结，欲曲庇之，乃请御史与宦官同鞫于禁中。丁度曰：“宿卫有变，事关社稷，请付外台穷治。”因争于帝前，帝从竦议，由是怀敏止降官，领内职如故。

十二月丁卯，册美人张氏为贵妃。初，卫士之变，帝以美人有扈跸功，夏竦建议欲尊之，同知谏院王贽因言：“贼本起皇后阁前，请究其事。”冀动摇中宫，阴为美人地。上以问御史何郯，郯曰：“此奸人之谋，不可不察。”上悟，事遂寝。然美人卒以功进贵妃。

皇祐二年（庚寅、一〇五〇）十一月己未，诏外戚毋得任二府。时张贵妃宠冠后庭，尧佐，其伯父也，骤除宣徽、节度、景灵、群牧四使。殿中侍御史唐介与知谏院包拯、吴奎等力争之，中丞王举正又留百官班廷论，故有是诏，且罢尧佐宣徽、景灵二使。

三年（辛卯、一〇五一）冬十月，复除张尧佐宣徽使，知河阳。侍御史唐介谓同列曰：“是欲与宣徽而假河阳为名耳。”同列依违，介独抗言之。帝谓曰：“除拟本出中书。”时文彦博为首相，介遂劾彦博：“知益州日，造间金奇锦，缘奄侍通宫掖，以得执政。今显用尧佐，益自固结。请罢之而相富弼。”语甚切直。帝怒，却其奏不视，且曰：“将远窜。”介徐读疏毕，曰：“臣忠愤所激，鼎镬不避，何辞于谪！”帝急召执政，示之曰：“介论事是其职，至以彦博由妃嫔致宰相，此何言也？进用冢司岂应得预，而乃荐弼！”时彦博在帝前，介责之曰：“彦博宜自省，即有之，不可隐。”彦博拜谢不已，帝怒益甚。梁适叱介使下殿，介犹力争，帝声色俱厉。修起居注蔡襄趋进救之，曰：“介诚狂直，然纳谏容言，人主之美德。乞赐宽贷！”遂贬介春州别驾；王举正言其太重，帝亦悟，明日，取其疏入，改英州。罢彦博知许州。帝虑介或道死，有杀直臣名，命中使护之。由是介直声闻天下，天下称真御史者，必曰唐子方云。

至和元年（甲午、一〇五四）春正月癸酉，贵妃张氏卒。贵妃巧慧多智数，善承迎，至赠其父尧封为郡王，伯父尧佐至太师，姻戚莫不显贵。然帝守法度，事无大小，悉付外廷议，凡宫禁干请，虽已赐可，或辄中却。贵妃虽专宠特异，终不得紊政。及卒，帝悼甚，至辍朝七日，禁京城举乐一月，追册为温成皇后，治丧皇仪殿。知制诰王洙阴与内使石全斌附会，务以非礼导帝，欲令孙沔读册，宰相护葬，帝从之。沔曰：“陛下若以臣沔读册则可，以枢密副使读册则不可。”因力求罢。时陈执中为首相，奉行温成丧事唯谨，且引王洙为翰林学士。士论由是争咎执中。

宋史纪事本末卷二十六

天圣灾议

仁宗天圣四年（丙寅、一〇二六）六月庚寅，大雨，京师平地水数尺，坏屋溺人。京东、西及河北、江淮以南，皆大水。

五年（丁卯、一〇二七）六月，京师大旱。通判常州谢绛上疏曰："去年京师大水，败民庐舍，河渠暴溢，几冒城郭；今年苦旱，百姓疫死，田谷焦槁，秋成绝望，此皆大异也。按洪范、京房易传，皆以为：'简祭祀，逆天时，则水不顺下；政令逆时，水失其性，则坏国邑，伤稼穑；颛事者如诛罚绝理，则大水杀人。欲德不用，兹谓张厥灾荒；上下皆蔽，兹谓隔其咎旱。'天道指类示戒，大要如此。陛下夙夜勤苦，思有以上塞时变，固宜策告殃咎，变更理化，下罪己之诏，修顺时之令，宣群言以导壅，斥近幸以损阴。

而圣心优柔，重在改作，号令所发，未闻有以当天心者。夫风雨、寒暑之于天时，为大信也。信不及于物，泽不究于下，则水旱为沴。近日制命，有信宿辄改，适行遽止，而欲风雨以时，其可得乎！天下之广，万几之众，不出房闼岂能尽知？而在廷之臣，未闻被数刻之召，吐片言之善；朝夕左右，非恩泽，即佞幸，上下皆蔽，其应不虚。昔两汉日食、地震、水旱之变，则策免三公以示戒惧。陛下进用丞弼，极一时之选，而政道未茂，天时未顺，岂大臣辅佐不明邪？陛下信任不笃邪？必若使之，宜推心责成，以极其效；谓之不然，则更选贤者。比来奸邪者易进，守道者数穷，政出多门，俗喜由径。圣心固欲尽得天下之贤能，分职受业，而宰相方考资进吏，无敢建白，'欲德不用'之应，又可验矣！今阳骄莫解，虫孽渐炽，河水妄行，循依违之迹，行寻常之政，臣恐不足回灵意，塞至戒。古者谷不登则亏膳，灾屡至则降服，凶年不涂塈。愿下诏引咎，损太官之膳，避路寝之朝，许士大夫斥讳上闻，讥切时病，罢不急之役，省无名之敛，勿崇私恩，更进直道，宣德流化，以休息天下。至诚动乎上，大惠洽于下，岂有时事之艰哉！"帝嘉纳之。

七年（己巳、一〇二九）六月丁未，夜，大雨震电，玉清昭应宫灾。中丞王曙上疏曰："昔鲁桓、僖宫灾，孔子以为桓、僖亲尽当毁。汉辽东高庙及高园陵便殿灾，董仲舒以为高庙不当居郡国，便殿不当居陵旁，故灾。魏崇华殿灾，高堂隆以为天以台榭宫室为戒，宜罢勿治。文帝不听，明年复灾。今玉清昭应宫之建，非应经义，灾变之来，若有警者。愿除其地，罢诸祷祠，以应天变。”荥阳县尉苏舜钦诣登闻鼓院上疏曰：“臣观今岁，自春徂夏，霖雨阴晦未尝少止，农田被灾者几于十九。臣以为任用失人，政令多过，赏罚弗中之所召也。天之降灾欲悟陛下，而大臣归咎于刑狱之滥。陛下听之，故肆赦天下以为禳救。如此则是杀人者不死，伤人者不抵罪，而欲以合天意也。古者断决滞讼以平水旱，不闻用赦。故赦下之后，阴霾及今。前志曰：‘积阴生阳，阳生火，灾见焉。’乘夏之气，发泄于玉清宫，雹雨杂下，烈焰四起，楼观万叠，数刻而尽，非慢于火备，乃天之垂戒也。陛下当降服，减膳，避正寝，责躬罪己，下哀痛之诏，罢非业之作，拯失职之民，察辅弼及左右无裨国体者罢之，窃弄权威者去之，念政刑之失，收刍荛之论，庶几可以变灾为祐。浃日之间，未闻为此，而将计工役以图修复。都下之人，闻者骇惑，聚首横议，咸谓非宜，皆曰：‘章圣皇帝勤俭十余年，天下富庶，帑府流衍，乃作斯宫，及其毕工，海内虚竭。陛下即位，未及十年，数遭水旱，虽征赋减入而百姓困乏。若大兴土木，则费用不知纪极，财力耗于内，百姓劳于下，内耗下劳，何以为国？况天灾之，己违之，是欲竞天，无省己之意。逆天不祥，安己难任，欲祈厚贶，其可得乎！’今为陛下计，莫若来吉士，去佞人，修德以勤至治，使百姓足给而征税宽减，则可以谢天意而安民情矣！夫贤君见变，修道除凶；乱世无象，天不谴告。今幸天见之变，是陛下修己之日，岂可忽哉！昔汉宣帝三年，茂陵白鹤馆灾，诏曰：‘乃者火灾降于孝武园馆，朕战栗恐惧。不烛变异，罪在朕躬，群有司又不肯极言朕过，以至于斯，将何寤焉！’夫茂陵不及上都，白鹤馆大不及此宫，彼尚降诏四方，以求己过，是知帝王忧危念治，汲汲如此。臣又按五行志：‘贤佞分别，官人有叙，率由旧章，礼重功勋，则火得其性。若信道不笃，或耀虚伪，谗夫昌，邪胜正，则火失其性。自上而降及滥炎妄起，燔宗庙，烧宫室，虽兴师徒而不能救。’鲁成公三年，新宫灾。刘向谓成公信三桓子孙之谗，逐父臣之应。襄公九年春，宋火。刘向谓宋公听谗，逐其大夫华弱奔鲁之应。今宫灾，岂亦有是乎？愿陛下拱默内省而追革之，罢再造之劳，述前世之法，天下之幸也！”

宋史纪事本末卷二十七

茶盐榷罢

仁宗天圣元年（癸亥、一〇二三）春正月癸未，命三司节浮费，遂立计置司，罢榷茶、盐，行贴射通商法。时承平既久，兵籍益广，吏员益众，佛老、夷狄，蠹耗中国，百姓纵侈，而上下困于财。三司使李谘请省浮费。盐铁判官俞献卿亦言："天下谷帛日耗，稻苗未生而和籴，桑叶未吐而和买。自天禧以来，日甚一日。宜与大臣议救正之。"上纳其言，乃立计置司，以张士逊、吕夷简、鲁宗道领之。初，陕西、河北商人入刍粮者，榷货务给券，以茶偿之，又益以东南缗钱及香药、犀象，为虚实三估，谓之三说。而塞下急于兵食，欲广储偫，不爱虚估，入中者以虚钱得实利，人竞趋焉。其后虚估日益高，茶日益贱，入实钱金帛日益寡，茶法大坏。至是，上命谘等校岁入登耗更定之。

谘等言："淮南十三场茶，岁课五十万缗，天禧五年才及二十三万缗。每券直钱十万，鬻之，售钱五万五千，总为实钱十三万缗，除九万缗为本钱，岁才得息钱三万余缗，而官吏廪给、杂费不与焉。是则虚数虽多，实利殊寡。请罢三说，以十三场本息并计其数，罢官给本钱，使商人与园户自相交易，一切定为中估而官收其息。如鬻舒州罗源场茶，斤售钱五十有六，〔其本钱二十有五〕（据宋史卷一八三食货志补），官不复给，但使商人输息钱三十有一而已。然必輦茶入官，随商人所指而与之，给券为验，以防私售，谓之贴射。若岁课贴射不尽，则官市之如旧。商人入刍粮塞下者，随所在实估，度地里远近，量增其直给券，至京，一切以缗钱偿之，谓之见钱法。"谘等又以盐之类有二，解池引水而成，曰颗盐；淮、浙、蜀、广鬻海或井或鹻而成，曰末盐，皆通商贸易。乾兴初，解盐计岁入二十三万缗，视天禧中数，损十四万，请罢之，专令两池入中并边刍粟。上皆从之。

三年（乙丑、一〇二五）十一月，复榷茶、盐。李谘以实钱入粟，实钱售茶，二者不得相为轻重。既行而商人失厚利，怨谤蜂起。上疑变法之弊，下诏责计置司，而遣官行视。谘具言新法便。会孙奭等论其烦扰，遂罢贴射法，官仍给本钱市茶，商人入钱售之，茶法复坏。解盐亦复榷之。

八年（庚午、一〇三〇）八月，复解盐通商法。上书者言，榷解盐，官得利微而民困于转输。诏翰林学士盛度、御史中丞王随议更其制，因画通商五利上之，曰："方禁商时，伐木造船，辇运民兵，不胜疲劳，今去其弊，一利也。陆运既差帖头，又役车户，贫人惧役，连岁逋逃，今悉罢之，二利也。船运有沉溺之患，纲吏侵盗，杂以泥沙、硝石，其味苦恶，疾生重膇，今皆得食真盐，三利也。钱币，国之货泉，欲使通流，富家多藏镪不出，民用益蹙，今岁得商人出缗钱六十余万助经费，四利也。岁减盐官、兵卒、畦夫、佣作之给，五利也。"遂罢三京、二十八州军榷法，听商人入钱若金银于京师榷货务，受盐两池，而民便之。自是虽商贾流行而〔岁〕（据续纲目、薛鉴补）课耗矣。

景祐三年（丙子、一〇三六）三月，罢榷茶，复行贴射法。自贴射茶法废，而河北入中虚估之弊益甚，李谘既居政府，请复行见钱法，皆如天圣元年之制。又命商持券径趋榷货务，验实立偿之钱，而三说之法废。县官自此省费矣。

庆历二年（壬午、一〇四二）春正月丁巳，复榷盐法。自元昊反，军兴，用度不足，因听并边入中刍粟，予券，趋京师榷货务，受钱若金银；入中他货，予券，偿以池盐。由是羽毛、筋角、胶漆、铁炭、瓦木之类，一切以盐易之。猾商贪吏，表里为奸，至入椽木二，估钱千，给盐二百二十斤。盐直益贱，贩者不行。至是，诏凡商人虚估受券及已受盐未鬻者，皆计直输亏官钱。内地州、军民间盐悉收市入官，官为置场，增价出之。复禁永兴等十一州、军商盐，官自辇运，以衙前主之。又禁商盐私入蜀，置（析）

〔折〕（据宋史卷一八一食货志改）博务于永兴、凤翔，听人入钱若蜀货，易盐趋蜀中以售。已而东南末盐悉复禁榷。

皇祐四年（壬辰、一〇五二）九月，以范祥为陕西转运使，制置解盐事。自复榷法，兵民辇运，不胜其苦；并边务诱人入中刍粟，皆为虚估，腾踊至数倍，大耗京师钱币。太常博士范祥，关中人也，熟其利害，尝谓两池之利甚博，而不能少助边计者，公私侵渔之害也。倘一变法，岁可省度支缗钱数十百万。乃画策以献，遂命制置其事，使推行之。论者争言其非是，遣户部使包拯驰视，还言其便。论者犹籍籍，驿召祥至，与三司杂议，皆是祥所建，诏从之。田况请久任祥以专其事，乃擢祥为转运使。于是旧禁盐地一切通商，听盐入蜀；罢九州、军入中刍粟，令入实钱，偿以盐，授以要券，即池验券，按数而出；尽弛兵民辇运之役，以商所入缗钱籴粟，输并边九州、军，而悉留榷货物钱币以实中都。由是黠商贪贾无所侥幸，关内之民得安其业，公私便之。

嘉祐四年（己亥、一〇五九）二月，罢榷茶。自茶为官榷，民私蓄、盗贩皆有禁，腊茶之禁尤严，岁报刑辟，不可胜计。园户困于征取，官司并缘侵扰，因陷罪戾，至破产逃匿者，岁比有之。又茶法屡变，岁课日削，官茶所在陈积，县官获利无几，论者皆谓宜弛其禁。帝曰："茶、盐，民所食，而强设法以禁之，致犯法者众，顾经费尚广，未能弛禁耳。"既而叶清臣请令通商收税，以免辇运之劳，弭刑辟之滥。又茶与盐均为人用，宜以口定赋。三司议以为不可行，于是著作佐郎何鬲、三班奉职王嘉麟皆上书，请罢给茶本钱，纵园户贸易，而官收租钱；与所在征算归榷货务，以偿边籴之费，可以疏利源，宽民力。富弼、韩琦、曾公亮然其策，请于帝行之。下三司议，三司言：“茶课给本收利，所获甚微，而烦扰为患。园户输纳，侵害日甚，小民趋利，犯法益繁。宜约岁入息钱之数，均赋茶民，恣其买卖，所在收算，而不给本钱。”遂下诏曰：“古者山泽之利与民共之，故民足于下而君裕于上，国家无事，刑罚以清。自唐建中时，始有茶禁，上下规利，垂二百年。如闻比来为患益甚，民被诛求之困，日惟咨嗟；官受滥恶之入，岁以陈积。私藏盗贩，犯者实繁，严刑峻诛，情所不忍，是于江湖间幅员数千里，为陷阱以害吾民也！朕心恻然念此久矣。间遣使者往就问之，而皆欢然愿弛其禁，岁入之课以时上官。一二近臣条析其状，朕犹若慊然。又于岁输裁减其数，使得饶阜以相为生，俾通商利。历世之弊，一旦以除，著为经常，弗复更制，损上益下，以休吾民。尚虑喜于立异之人，缘而为奸之党，妄陈奏议，以惑官司，必寘明刑，无或有贷。”凡岁输缗钱三十三万八千有奇，谓之租钱，与诸路本钱悉储以待边籴。自是惟腊茶禁如旧，余茶肆行天下。论者犹谓，朝廷志于恤人省刑，其意良善，然茶户先时受钱于官，而今也顾使纳钱于官，受纳之间，利害百倍。先时百姓冒法贩茶被罚耳，今悉均赋于民，赋不时入，刑亦及之，是良民代冒法受罪。先时商贾为国迁贸而州郡收其税，今商贾以利薄不行，致岁额不登，经费日蹙。翰林学士欧阳修、知制诰刘敞皆主是说，请除前令。帝不听。

神宗熙宁二年（己酉、一〇六九）（三）〔四〕（据续纲目、薛鉴改）月，以薛向为江、浙、荆、淮发运使。时范祥卒，以向继领其事。向请兼以盐易马，王安石时领群牧，主其说，请久任向。会淮南转运使张靖言向坏盐法，且有欺隐。帝召向与靖对，钱公辅、范纯仁皆言向罪。安石排群议，抵靖于法，以向代之。向请即永兴军置卖盐场，以边费钱十万缗储永兴，为盐钞官本，官自鬻之，而罢通商。从之。

七年（甲寅、一〇七四）夏四月，初榷蜀茶。时王韶建开河、湟之策，遣三司干当公事李杞入蜀，经画买茶，于秦、凤、熙、河博马，以著作佐郎蒲宗闵同领其事。初，蜀之茶园皆民两税地，不殖五谷，惟宜种茶，赋税一例折输，税额总三十万。杞乃即蜀诸州创设官场，更严私交易之令。知彭州吕陶言："市易司笼制百货，岁出息钱不过十之二。今茶场司尽榷民茶，取息十之三，茶户被害，不可胜穷。"诏止取息十之一，而陶亦以是得罪。未几，以李稷都大提举茶场。稷与宗闵务浚利刻急，一年之间，通课利及旧界息税七十六万七千余缗。稷又辟陆师闵干当公事以自辅。

八年（乙卯、一〇七五）十二月，更定解池盐钞法。自薛向立盐钞本，其后多虚钞，而盐益轻。至是，多言官卖不便，乞通商。王安石主提举张景温之言，至课民买官盐，随贫富作业为多少之差。买卖私盐，听人告，以犯人家财给之。买官盐食不尽留经宿者，同私盐法。于是民间骚怨，盐钞旧法，每席六缗，至是三缗有余，商不入粟，边储失备。

哲宗元祐元年（丙寅、一〇八六）秋七月，罢成都榷茶场。时刘挚、苏辙论陆师闵在成都增场榷茶，其害过于市易，遂贬师闵官而罢茶场。值上官均论集贤修撰黄廉往附蔡确，出为陕西都转运使。廉至陕，谓："茶政随事制宜，便于公者，不苟去以为名；害于民者，不苟存以为利。请榷熙、秦茶勿改，而罢成都茶场，许东路通商，禁南茶毋入陕西，以利蜀货。定博马岁额为万八千疋。"朝廷从之。岁余，人皆称便。初，陆师闵岁计茶息以一百二十万缗，掊克敛怨，无所不至。及廉尽除公私之病，比数年，亦得百二十万。

六年（辛未、一〇九一）秋七月，复制置解盐使，诏盐复许通商。

徽宗崇宁二年（癸未、一一〇三）夏四月，更盐钞法。蔡京欲囊括四方之钱实中都，以夸富强而固恩宠，俾商人先输钱于榷货务请钞，赴产盐州郡支盐，而旧钞悉不用。商人凡三输钱，始获一直之货。因无资更钞，已输钱悉干没，于是有赍数十万券一旦废弃者，朝为豪商，夕侪流丐，有赴水投缳而死者。商贾不通，边储失备。提点淮东刑狱章绎见而哀之，奏改法误民。京怒，夺绎官。

宋史纪事本末卷二十八

正雅乐

仁宗天圣（元）〔五〕（本卷校改各条，除文下注明者外，均以宋史卷一二六至卷一二八乐志为依据，并参考薛鉴）年（丁卯、一〇二七）冬十月，翰林侍讲学士孙奭言："郊、庙二舞失序，愿下有司考议。"于是学士承旨刘筠等议曰："周人奏清庙以祀文王，执竞以祀武王。汉高帝、文帝亦各有舞。至唐，有事太庙，每室乐歌异名。盖帝王功德既殊，舞亦随变。属者，有司不详旧制，奠献止登歌而乐舞不作，其失明甚。请如旧制，宗庙酌献，复用文舞；皇帝还版位，文舞退，武舞入；亚献酌醴已，武舞作，至三献已奠还位则止。盖庙室各颂功德，故文舞迎神后，各奏逐室之舞。郊祀则降神奏高安之曲，文舞已作，及皇帝酌献，惟登歌奏禧安之乐，而悬乐舞缀不作，亚献、终献，仍用武舞。"

诏从之。

景祐元年（甲戌、一〇三四）八月，判太常寺燕肃等上言："大乐制器岁久，金石不调，愿以周王朴所造律准，考按修治，并阅乐工，罢其不能者。"乃命直史馆宋祁、内侍李随同肃等典其事，又命集贤校理李照预焉。于是帝御观文殿，取律准阅视，亲篆之以属太常。

诏求知音者。范仲淹荐布衣胡瑗，召对崇政殿，与镇东军节度推官阮逸同较钟律，分造钟、磬各一虡。以一黍之广为分，以制尺律，径三分四厘六毫四丝，围十分三厘九毫三丝。又以大黍累尺，小黍实龠。丁度等以为非古制，罢之。授试秘书省校书郎。

二年（乙亥、一〇三五）二月，命集贤校理李照重定雅乐。时承平日久，帝留意礼乐之事。判太常寺燕肃等上考定乐器，并见工人。帝御延福宫临阅，奏郊庙五十一曲，因问李照乐音高，命详陈之。照言："王朴所造律准视古乐高五律，视教坊乐高二律。盖五代之乱，雅乐废坏，朴创意造准，不合古法，用之本朝，卒无福应。又编钟、镈、磬，无大小、轻重、厚薄、〔长短〕之差，铜锡不精，声韵失美。大者陵，小者抑，非中度之器也。昔轩辕氏命伶伦截竹为律，复令神瞽协其中声，然后声应凤鸣，而管之参差亦如凤翅，其乐传之，亘古不刊之法也。愿听臣依神瞽律法，试铸编钟一虡，可使度量权衡协和。"乃诏于锡庆院铸之。既成，奏御。照遂建议，请改制大乐，取京县秬黍累尺成律，铸钟，审之，其声犹高。更用太府布帛尺为法。

乃下太常制四律，别诏潞州取羊头山秬黍上送于官。照乃自为律管之法，以九十黍之量为四百二十星，率一星占九秒，一黍之量得四星六秒，九十黍得四百二十星，以为十二管定法。乃诏内侍邓保信监视群工，照并引集贤校理聂冠卿为检讨雅乐制度故实官，入内都知阎文应董其事，中书门下总领焉。凡所改制，皆关中书门下详定以闻。别诏翰林侍读学士冯元，（宋）〔同〕祁、冠卿、照讨论乐理，为一代之典。又诏天下有深达钟律者，在所亟以名闻。于是杭州郑向言阮逸，苏州范仲淹言胡瑗，皆通知古乐，诏遣诣阙。其他以乐书献者，悉上有司。时胡瑗所作钟声大变古法，徐复笑曰："圣人寓器以声，今不先求其声而更其器，其可用乎！"后瑗制作皆不效。

复字复之，建州人，初游京师，举进士不第，退而学易，通流衍卦气法。自筮无禄，遂无进取意。游学淮、浙间，数年，益通阴阳、天文、地理、遁甲、占射诸家之说。一日，听其乡人林鸿范说诗，且言诗之所以用于乐者，忽若有得，因以声器求之，遂悟七音十二律清浊次序，及钟磬侈弇匏竹高下制度皆洞达。寻召见，命为大理评事，固以疾辞。

五月，李照上〔言〕（据薛鉴补）："雅乐制度，既改制金、石，则丝、竹、匏、土、革、木亦当更制。"诏可。照乃铸铜为龠、合、升、斗四物，以兴钟镈声量之法，龠之率六百三十黍，为黄钟之容，合三倍于龠，升十二倍于合，斗十二倍于升，乃改造诸器以定其法。俄又以镈之容受差大，更增六龠为合，十合为升，十升为斗，铭曰乐斗。后数月，潞州上秬黍，照等择大黍纵累之，检考长短，尺成，与太府尺合，法乃定。先时，太常钟、磬每十六枚为虡，而四清声相承不击，照因上言："十二律声已备，余四清声乃郑、卫之乐，请于编县止留十二中声，去四清声，则哀思邪僻之声无由而起也。"冯元等驳之曰："前圣制乐，取法非一，故有十三管之和，十九管之巢，三十六簧之竽，二十五弦之瑟，十三弦之筝，九弦、七弦之琴，十六枚之钟、磬，各自取义，宁有一之于律吕，专为十二数者？且钟、磬，八音之首，丝、竹以下受之于均，故圣人尤所用心焉。春秋号乐，总言金奏，诗颂称美，实依磬声，此二器非可轻改。今照欲损为十二，不得其法，稽诸古制，臣等以为不可。且圣人既以十二律各配一钟，又设黄钟至夹钟四清声以附正声之次，原四清之意，盖为夷则至应钟四宫而设也。夫五音，宫为君，商为臣，角为民，徵为事，羽为物，不相凌谓之正，迭相凌谓之慢，百世所不易也。声，重浊者为尊，轻清者为卑，卑者不可加于尊，古今之所同也。故列声之尊卑者，事与物不与焉，何则？事为君治，物为君用，不能尊于君故也。惟君、臣、民三者，则自有上下之分，不得相越，故四清声之设，正谓臣、民相避以为尊卑也。今若止用十二钟旋相考击，至夷则以下四管为宫之时，臣、民相越，上下交戾，则凌犯之音作矣，此甚不可者也。其钟、磬十六，皆本周、汉诸儒之说及唐家典法所载，欲损为十二，惟照独见，臣以为且如旧制便。”帝令权用十二枚为一格，且诏曰：“俟有知者，能考四钟协调清浊，有司别议以闻。”

三年（丙子、一〇三六）二月，命官较阮逸、胡瑗等所定钟律。

秋七月，冯元等上新修景祐广乐记。诏翰林学士丁度、知制诰胥偃、直史馆高若讷、直集贤院韩琦取邓保信、阮逸、胡瑗等钟律，详定得失以闻。

九月，阮逸言：“臣等所造钟、磬，皆本于冯元、宋祁，其分方定律，又出于胡瑗算术，而臣独执周礼嘉量声中黄钟之法及国语钧钟，弦准之制皆抑而不用。臣前蒙召对，言王朴律高而李照钟下。窃睹御制乐髓新经历代度量衡篇，言隋书依汉志黍尺制管，或不容千二百，或不啻九寸之长。此则明班志以后，历代无有符合者，惟蔡邕铜龠，本得于周礼遗范，邕自知音，所以只传铜龠，积成嘉量，则是声中黄钟而律本定矣。谓管有大小长短者，盖嘉量既成，即以量声定尺明矣。今议者但争汉志黍尺无准之法，殊不知钟有钧石量衡之制。况周礼、国语，姬代圣经，翻谓无凭，孰为稽古？有唐张文收定乐，亦铸铜（甌）〔瓯〕，此足验周之嘉量以声定律明矣。臣所以独执周礼铸嘉量者，以其方尺、深尺，则度可见也；其容一鬴，则量可见也；其重均，则衡可见也；声中黄钟之宫，则律可见也。既律、度、量、衡如此符合，则制管歌声其中必矣。臣昧死，欲乞将臣见铸成铜（甌）〔瓯〕，再限半月内更铸嘉量，以其声中黄钟之宫，乃取李照新钟，就加修整，务合周制。钟量法度文字已编写次，未敢具进。”诏送度等并定以闻。

度等言：“据邓保信黍尺二，其一称用上党秬黍圆者，一黍之长，累百成尺，与蔡邕合。臣等检详前代造尺，皆以一黍之广为分，唯后魏公孙崇以一黍之长为寸法，太常刘芳以秬黍中者一黍之广即为一分，中尉元正以一黍之广度黍二缝以取一分。三家竟不能决，而蔡邕铜籥，〔本志中〕亦不明言用黍长广累尺。今将保信黄钟管内秬黍二百粒，以黍长为分，再累至尺二条，比保信元尺，一长五黍，一长七黍。又律管黄钟籥一枚，容秬黍千二百粒，以元尺比量，分寸略同，复将实籥秬黍再累者较之，即又不同。其籥、合、升、斗，亦皆类此。又阮逸、胡瑗钟律法黍尺，其一称用上党羊头山秬黍中者，累广求尺，制黄钟之声。臣等以其大黍百粒，累广成尺。复将管内二百粒，以黍广为分，再累至二尺，比逸等元尺，一短七黍，一短三黍。盖逸等元尺并用一等大黍，其实管之黍，大小不均，遂致差异。又其铜律管十二枚，臣等据楚衍等围九方分之法，与逸等元尺及所实籥秬黍再累成尺者较之，又各不同。又所制铜称二量，亦皆类此。臣等看详其钟、磬各一架，虽合典故，而黍尺一差，难以定夺。”又言：“太祖皇帝尝诏和岘等用景表尺典修金石，七十年间，荐之郊庙。稽合唐制，以示贻谋，则可且依景表旧尺。俟天下有妙达钟律之学者，俾考正之，以从周、汉之制。其阮逸、胡瑗、邓保信并李照所用太府寺等尺及阮逸状进周礼度量法，其说疏舛，不可依用。”

宝元元年（戊寅、一〇三八）五月，右司谏韩琦言："臣前奉诏详定钟律，尝览景祐广乐记，睹李照所造乐，不依古法，皆率己意，别为律度，朝廷因而施用，识者非之。今将亲祀南郊，不可重以违古之乐上荐天地、宗庙。窃闻太常旧乐见有存者，郊庙大礼，请复用之。"诏资政殿大学士宋绶、三司使晏殊同两制官详定以闻。既而绶等言："李照新乐比旧乐下三律，众论以为无所考据，愿如琦请，郊庙复用和岘所定旧乐。钟、磬不经镌磨者犹存三县奇七虡，郊庙殿庭，可以更用。"太常亦言："旧乐宫县，用龙凤散鼓四面，以应乐节，李照废而不用，止以晋鼓一面应节。旧乐建鼓四，并鞞应共十二面，备而不击，李照以四隅建鼓与镈钟相应击之。旧乐雷鼓两架，各八面，止用一人考击，李照别造雷鼓，每面各用一人推鼓，顺天左旋，三步一止，又令二人摇鞉以应之。又所造大竽、大笙、双凤管、两仪琴、十二弦琴并行。今既复用旧乐，未审照所作乐器制度合改与否？"诏："悉仍旧制，其李照所作，勿复施用。"

皇祐二年（庚寅、一〇五〇）五月丁亥朔，新作明堂礼神玉。礼仪使言："明堂所用乐，皆当随月用律。"

六月己未，内出御制明堂乐八曲，以君、臣、民、事、物配属五音，凡二十声为一曲。用宫变、徵变者，天、地、人四时为七音，凡三十声为一曲；以子母相生，凡二十八声为一曲；皆黄钟为均。又明堂月律五十七声为二曲，皆无射为均；又以二十声、二十八声、三十声为三曲，亦无射为均；皆自黄钟宫入无射。如合用四十八或五十七声，即依前谱，次第成曲，其徵声自同本律及御撰鼓吹警严曲、合宫歌，并肄于太常。

翰林学士承旨王尧臣等言："奉诏预参议阮逸所上编钟四清声谱法，请用之于明堂者。窃以自唐末世，乐文坠缺，考击之法久已不传，今若使匏、土、丝、竹诸器尽求清声，即未见其法。又据大乐诸工所陈，自磬、箫、琴、和、巢、笙五器，本有清声；埙、篪、竽、筑、瑟五器，本无清声；(三)〔五〕弦阮、九弦琴，则有太宗皇帝圣制谱法；至歌工引音极唱，止及黄钟清声。臣等参议，其清、正二声既有典据，理当施用。自今大乐奏夷则以下四均正律为宫之时，商、角依次并用清声，自余八均尽如常法。至于丝、竹等诸器旧有清声者，令随钟石教习；本无清声者，未可创意求法，且当如旧。惟歌者本用中声，故夏禹以声为律，明人皆可及，若强所不至，足累至和。请止以正声作歌，应合诸器，亦自是一音，别无差戾。其阮逸所上声谱，以清浊相应，先后互击，取音靡曼，近于郑声，不可用。"诏可。

秋七月，御制明堂无射宫乐曲谱三，皆五十七字，五音一曲，奉俎用之；二变七律一曲，饮福用之；七律相生一曲，退文舞、迎武舞及亚献、终献、彻豆用之。

闰十一月，诏曰："朕闻古者作乐，本以荐上帝，配祖考。三五之盛，不相沿袭，然必太平，始克明备。周武受命，至成王时，始大合乐。汉初亦沿旧乐，至武帝时，始定泰一后土乐诗。光武中兴，至明帝时，始改大予之名。唐高祖造邦，至太宗时，孝孙、文收始定钟律，明皇方成唐乐。是知经启善述，礼乐重事，须三四世，声文乃定。国初亦循用王朴、窦俨所定周乐，太祖患其声高，遂令和岘减一律。真宗始议随月转律之法，屡加按核，然念乐经久坠，学者罕专，历古研覃，亦未完绪。顷虽博加访求，终未有知声知经可信之人，尝为改更，未适兹意。中书门下，其集两制及太常礼乐官，以天地、五方、神州、日月、宗庙、社蜡、祭享所用登歌宫县，审定声律是非，按古合今，调谐中和，使经久可用，以发扬祖宗之功德。朕何惮改为，但审声验书，二学鲜并，互诋胸臆，无所援据，慨然希古，靡忘于怀！"于是中书门下集两制太常官，置局于秘阁，详定大乐。王尧臣等言，"天章阁待制赵师民，博通今古，愿同详定"，及乞借参政高若讷所校十五等古尺。并从之。

宋祁、田况荐益州乡贡进士房庶晓音律，祁上其所著乐书补亡三卷，召诣阙。庶自言："尝得古本汉志，云：'度起于黄钟之长，以子谷秬黍中者，一黍之起，积一千二百黍之广，度之九十分，黄钟之长，一为一分。'今文脱'之起积一千二百黍'八字，故自前世以来，累黍为尺以制律。是律生于尺，尺非起于黄钟也。且汉志'一为一分'者，盖九十分之一，后儒误以一黍为一分，其法非是。当以秬黍中者一千二百实管中，黍尽，得九十分，为黄钟之长，九寸加一以为尺，则律定矣。"直秘阁范镇是之。时胡瑗等制乐已定，故授庶校书郎而遣之。惟集贤校理司马光不以镇言为是，数与论难。然世鲜钟律之学，竟不能决。

三年（辛卯、一〇五一）春正月，诏徐、宿、泗、耀、江、郑、淮（扬）〔阳〕七州军采磬石，令诸路访民间有藏古尺律者上之。

秋七月丁巳，两制礼官王尧臣等言："太常天地、宗庙、四时之祀，乐章凡八十九曲，自景安而下七十五章率以'安'名曲，岂特本道德、政教嘉靖之美，亦缘神灵、祖考安乐之故。臣等谨上议，国朝乐宜名大安。"诏曰："朕惟古先格王随代之乐，亦既制作，必有称谓，缘名以讨义，由义以知德。盖名者，德之所载，而行远垂久之致焉。故韶以绍尧，夏以承舜，濩以救民，武以象伐，传之不朽，用此道也。国家举坠正失，典章交备，独斯体大，而有司莫敢易言之。朕悯然念兹，大惧列圣之休未能昭揭于天下之听，是用申敕执事，远求博讲，而考定其衷。今礼官学士迨三有事之臣，同寅一辞，以大安之议来复。且谓艺祖之戡暴乱也，安天下之未安，其功大；二宗之致太平也，安天下之既安，其德盛；洎朕之承圣烈也，安祖宗之安，其仁厚。祗览所议，熟复于怀。恭惟神德之造基，神功之戢武，章圣恢清净之治，冲人蒙成定之业，虽因世之迹各异，而靖民之道同归。以之播钟球，文羽籥，用诸郊庙，告于神明，曰大且安，诚得其正。"

四年（壬辰、一〇五二）五月，户部员外郎范镇上言："陛下制乐三年，有司纷然未决，盖由不议其本而争其末也。乐者，和气也。发和气者，声音也。声音生于无形，故古人以有形之物传其法，然后无形之声音得，而和气可通也。今有形之物皆相戾而不合，则无形之声音不可得而和也。必得真黍，然后可为耳。”镇自谓得古法，司马光终不以为是。

五年（癸巳、一〇五三）夏四月甲午，命刘沆、梁适监议大乐。知制诰王洙奏：“黄钟为宫最尊者，但音有尊卑耳，不必在其形体也。言钟、磬依律数为大小之制者，经典无正文，惟郑康成立意言之，亦自云假设之法。孔颖达作疏，因而述之，据历代史籍，亦无钟、磬依数大小之说。其康成、颖达等即非身曾制作乐器，至如言磬前长三律二尺七寸，后长二律一尺八寸，是磬有大小者，据此以黄钟为律。臣曾依此法造黄钟特磬者，止得林钟律声，若随律长短为钟大小之制，则黄钟长二尺二寸半，减至应钟，则形制大小比黄钟才四分之一。又九月、十月，以无射、应钟为宫，即黄钟、大吕反为商声，宫小而商大，是君弱臣强之象。今参酌其镈钟、特磬制度，欲且各依律数，算定长短、大小、容受之数，仍以皇祐中黍尺为法，铸大吕、应钟钟、磬各一，即见形制声韵所归。”奏可。

五月，王拱辰言：“奉诏详定大乐，比臣至局，钟磬已成。窃缘律有长短，磬有大小。黄钟九寸最长，其气阳，其象土，其正声为宫，为诸律之首，盖君德之象，不可并也。今十二钟、磬，一以黄钟为率，与古为异。臣等亦尝询逸、瑗等，皆言依律大小则声不能谐。故臣窃有疑，请下详定大乐所，更稽古义参定之。”是月，知谏院李兑言：“曩者，紫宸殿阅太常新乐，议者以钟之形制未中律度，遂斥而不用，复诏近臣详定。窃闻崇文院聚议，而王拱辰欲更前史之义，王洙不从，议论喧啧。夫乐之道，广大微妙，非知音入神，岂可轻议！西汉去圣尚近，有制氏世典大乐，但能纪其铿锵，而不能言其义。况今又千余年，而欲求三代之音，不亦难乎！且阮逸罪废之人，安能通圣明述作之义？务为异说，欲规恩赏。朝廷制乐数年，当国财匮乏之时，烦费甚广；器既成矣，又欲改为，虽命两府大臣监议，然未能裁定其当。请以新成钟、磬与祖宗旧乐参校其声，但取谐和近雅者合用之。”

六月乙亥，帝御紫宸殿，奏太常新定大安之乐，观宗庙祭器。

八月，诏：“南郊姑用旧乐，其新定大安之乐，常祀及朝会用之。”翰林学士胡宿上言：“自古无并用二乐之理。今旧乐高，新乐下，相去一律，难并用。且新乐未施郊庙，先用之朝会，非先王荐上帝、配祖考之意。”帝以为然。

至和二年（乙未、一〇五五）二月，潭州上浏阳县所得古钟，送太常。初，李照斥王朴乐音高，乃作新乐，下其声。太常歌工病其太浊，歌不成声，私赂铸工，使减铜齐，而声稍清，歌乃协，然照卒莫之辨。又朴所制编钟皆侧垂，照与胡瑗皆非之。及照将铸钟，给铜于铸泻务，得古编钟一，工人不敢毁，乃藏于太常。钟不知何代所作，其铭云：“粤朕皇祖宝和钟，粤斯万年，子子孙孙永宝用。”叩其声，与朴钟夷则清声合，而其形侧垂。瑗后改铸，正其钮使下垂。叩之，弇郁而不扬。其镈钟又长甬而震掉，声不和。著作佐郎刘羲叟谓人曰：“此与周景王无射钟无异，上将有眩惑之疾。”

嘉祐元年（丙申、一〇五六）春正月甲寅朔，帝御大庆殿受朝，暴感风眩，趣行礼而罢。人以刘羲叟之言为验。

七年（壬寅、一〇六二），翰林学士王珪言：“昔之作乐，以五声播于八音，调和谐合，而与治道通。先王用于天地、宗庙、社稷，事于山川、鬼神，使鸟兽尽感，况于人乎！然则乐虽盛而音亏，未知其所以为乐也。今郊庙升歌之乐有金、石、丝、竹、匏、土、革而无木音。夫所谓柷敔者，圣人用以著乐之始终，顾岂容有缺耶！且乐莫隆于韶，书曰：‘戛击’，是柷敔之用，既云‘下而击鼗’，知鸣球与柷敔之在堂。故传曰：‘堂上堂下，各有柷敔也。’今陛下躬祠明堂，宜诏有司考乐之失，而合八音之和。”于是下礼官议，而堂上始置柷敔。

神宗元丰三年（庚申、一〇八〇）六月，诏杨杰等议乐。帝自即位，于礼乐之事，未遑制作。至是，将有事于明堂，知礼院杨杰条上旧乐之失，遂召致仕秘书监刘几、侍郎范镇与杰参议。几言：“律主于人声，不以尺度求合。古今异时，声亦随变。儒者泥古，致详于形名度数间，而不知清浊、轻重之用，故求于器虽合，考于声则不谐。且古乐备四清声，沿五季乱离而废。请增之，一切下王朴乐二律，用仁宗时所制编钟，追考成周分乐之序，辨正二舞容节。”

范镇欲求一稃二米真黍，以律生尺，改修钟量，废四清声。诏悉从几、杰议。乐成，第加恩赉，镇谢曰："此刘几乐也，臣何预焉！"乃复上疏曰："太常镈、钟，皆有大小、轻重之法，非三代莫能为者。禁中又出李照、胡瑗所铸铜律及尺付太常。按照黄钟律合王朴太簇律，仲吕律合王朴黄钟律，比朴乐才下半律，外有损益而内无损益，钟声郁而不发，无足议者。照之律虽是，然与其乐校，三格自相违戾，且以太簇为黄钟，则是商为宫也。方刘几奏上时，臣初无所预。臣顷造律，内外有损益，其声和，又与古乐合。今若将臣所造尺律，依大小编次太常镈钟，可以成一代大典。又太常无雷鼓、灵鼓、路鼓，而以散鼓代之。开元中有以画图献者，一鼓而为八面、六面、四面，明皇用之。国朝郊庙，或考或不考，宫架中惟以散鼓，不应经义。又八音无匏、土二音，笙竽以木斗攒竹而以匏裹之，是无匏音也。埙器以木为之，是无土音也。八音不具，以为备乐，安可得哉！"不报。

四年（辛酉、一〇八一）冬十〔一〕月，详定所言："'搏拊琴瑟以咏'，则堂上之乐以象朝廷之治；'下管鼗鼓，合止柷敔，笙镛以间'，则堂下之乐以象万物之治。后世有司失〔其〕传，歌者在堂，兼设钟、磬，宫架在庭，兼设琴、瑟，堂下匏、竹，置之于床，并非其序。请亲（祀）〔祠〕宗庙及有司摄事，歌者在堂，不设钟、磬，宫架在庭，不设琴、瑟，堂下匏、竹，不置于床。其郊坛上下之乐，亦以此为正，而有司摄事如之。"又言："以小胥宫县推之，则天子钟、磬、镈十二簴为宫县明矣。故或以为配十二辰，或以为配十二次，则簴无过十二。先王之制废，学者不能考其数，隋、唐以来，有谓宫县当二十簴，甚者又以为三十六簴。方唐之盛日，有司摄事，乐并用宫县。至德后，太常声音之工散亡，凡郊庙有登歌而无宫县，后世因仍不改。请郊庙有司摄事，改用宫架十八簴。”太常以为：“用宫架十二簴则律吕均声不足，不能成均，请如礼宫架四面如辰位，设镈钟十二簴，而甲、丙、庚、壬设钟，乙、丁、辛、癸设磬，位各一簴，四隅植建鼓，以象二十四气。宗庙郊丘如之。”

哲宗元祐三年（戊辰、一〇八八）〔闰〕（据宋史卷一七哲宗纪补，下文“闰月甲辰”四字重，删去）十二月甲辰，范镇定钟律诸乐器以进，令礼官太常参定。赐镇诏曰：“朕惟春秋之后，礼、乐先亡，秦、汉以来，韶、武仅在，散乐工于河海之上，往而不还，聘先生于齐、鲁之间，有莫能致。魏、晋以下，曹、郐无讥，岂徒郑、卫之音，已杂华、戎之器！间有作者，犹存典刑，然铢、黍之一差，或宫、商之易位。惟我四朝之老，独知五降之非，审声知音，以律生尺，览诗、书之来上，阅簨簴之在廷，君臣同观，父老太息。方诏学士大夫论其法，工师有司考其声，上追先帝移风易俗之心，下慰老臣爱君忧国之志。究观所作，嘉叹不忘。”（闰月甲辰）诏百官观新乐。

范镇乐成，著为八论，自叙：“考周官、王制、司马迁书、班氏志，流通贯穿，一无抵牾。”乐下太常，杨杰上言："元丰中，诏范镇、刘几与臣详议，大乐既成，而奏称其和协。今镇新定乐法，与乐局所议不同，且乐经仁宗制作，神考睿断，奏之郊庙朝廷，盖已久矣，岂可用镇一说而遽改之！"遂著元祐乐议以破镇说。礼部、太常亦言："镇乐自系一家之学，难以参用。"仍诏乐如旧制。

元符二年（己卯、一〇九九）春正月，诏前信州司法参军吴良辅按协音律，改造琴瑟，教习登歌，以太常少卿张商英荐其知乐故也。初，良辅在元丰中，上乐书五卷。其书分为四类，以谓："天地兆分，气数爰定，律厥气数，通之以声，于是撰释律。律为经，声为纬，律以声为文，声以律为质，旋相为宫，七音运生，于是撰释声。声生于日，律生于辰，故经之以六律，纬之以五声，声律相协和而无乖，播之八音，八音以生，于是撰释音。四物兼采，八器以成，度数施设，象隐于形，考器论义，道德以明，于是撰释器。"类各有条，凡四十四篇，大抵考之经传，精以讲思，颇益于乐〔理〕。

徽宗崇宁元年（壬午、一一〇二），诏以"大乐之制，讹缪残阙，乐器敝坏，制度不齐。秦、汉之后，乐经散亡，筝、筑、阮，秦、晋之乐也，乃列于琴、瑟之间；熊罴按，梁、隋之制也，乃设于宫架之外。笙不用匏，舞不成象，曲不协谐，诸儒自相非议，不足取法，议乐之臣无所据依"，乃博求知音之士于天下。于是有魏汉津者，本蜀黥卒，自言师事唐仙人李良，授以鼎乐之法，皇祐中，与房庶俱以善乐荐，时阮逸方定黍律，不获用。汉津至是年九十余矣，蔡京复荐之，乃得召见，献乐议曰：“声有太有少，太者清声，阳也，天道也；少者浊声，阴也，地道也；中声在其间，人道也。合三才之道，备阴阳、奇耦，然后四序可得而调，万物可得而理。”当时以为迂怪，蔡京独神之。或言汉津本范镇之役，稍窥见其制作，而京托之于李良云。

二年（癸未、一一〇三）九月，礼部员外〔郎〕陈旸上所撰乐书二百卷，命吏部尚书何执中看详。谓：“旸欲考定音律，以正中声，愿送讲议司，令知音律者参验行之。”旸论曰：“魏汉津论乐，用京房二变四清。盖五声十二律，乐之正也，二变四清，乐之蠹也。二变以变宫为君，四清以黄钟清为君。事以时作，固可变也，而君不可变；太簇、大吕、夹钟或可分也，而黄钟不可分，岂古人所谓尊无二上之旨哉！”壬辰，诏曰：“朕惟隆礼作乐，实治内修外之先务，损益述作，其敢后乎！其令讲议司官详求历代礼乐沿革，酌古今之宜，修为典训，以贻永世，致安上治民之至德，著移风易俗之美化，乃称朕咨诹之意焉。”

三年（甲申、一一〇四）春正月甲辰，命魏汉津定乐，铸九鼎。时帝锐意制作，以文太平，蔡京复每为帝言：“方今泉币所积盈五千万，和足以广乐，富足以备礼。”帝惑其说，而制作、营筑之事兴矣。至是，京以门客刘昺为大司乐，命魏汉津定乐，铸九鼎。汉津上言曰：“臣闻黄帝以三寸之器，名为咸池，其乐曰大卷，三三而九，乃为黄钟之律。禹效黄帝之法，以声为律，以身为度，用左手中指三节三寸，谓之君指，裁为宫声之管；又用第四指三节三寸，谓之臣指，裁为商声之管；又用第五指三节三寸，谓之物指，裁为羽声之管；第二指为民、为角；大指为事、为徵。民与事，君臣治之，以物养之，故不用为裁管之法，得三指合之为九寸，即黄钟之律定矣。黄钟定，余律从而生焉。臣今欲请帝中指、第四指、第五指各三节，先铸九鼎，以备万物之象，次铸帝座大钟，次铸四韵清声钟，次铸二十四气钟，然后均弦裁管，为一代之乐制。”帝从之。汉津论乐，语多无稽之言，然晓阴阳术数，多奇中，尝语所知曰：“不三十年，天下乱矣！”

四年（乙酉、一一〇五）八月，九鼎成，奉安于九成宫。以蔡京为定鼎礼仪使。乙酉，帝幸宫，行酌献礼。鼎各一殿，周以垣墙，上施埤垷，墁如方色，外筑垣环之。中央曰帝鼎，北曰宝鼎，东曰牡鼎，东北曰苍鼎，东南曰冈鼎，南曰彤鼎，西南曰阜鼎，西曰皛鼎，西北曰魁鼎。又铸帝座大钟及二十四气钟。时制新乐亦成，大司乐刘昺言：“大朝会，宫架旧用十二熊罴按，金錞、箫、鼓、鞞篥等与大乐合奏。今所造大乐，远稽古制，不应杂以郑、卫。”诏罢之。又依昺改定二舞，各九成，每三成为一变，执籥秉翟，扬戈持盾，威仪之节，以象治功。庚寅，乐成，列于崇政殿。有旨，先奏旧乐三阕。曲未终，帝曰：“旧乐如泣声”，挥止之。既奏新乐，帝颜和悦，百僚称颂。

九月朔，以鼎乐成，帝御大庆殿受贺。是日，初用新乐，太尉率百僚奉觞称寿。有数鹤从东北来，飞度黄庭，回翔鸣唳。乃下诏曰："礼乐之兴，百年于此，然去圣愈远，遗声弗存。乃者，得隐逸之士于草茅之贱，获英茎之器于受命之邦。适时之宜，以身为度，铸鼎以起律，因律以制器，按协于庭，八音克谐。昔尧有大章，舜有大韶，三王之下亦各异名。今追千载而成一代之制，宜赐新乐之名曰大晟。朕将荐郊庙，享鬼神，和万邦，与天下共之。其旧乐勿用。"先是，端州上古铜器，有乐钟，验其款识，乃宋成公时。帝以端王继大统，故诏言受命之邦，而隐逸之士谓魏汉津也。朝廷旧以礼乐掌于太常，至是，专置大晟府，大司乐一员，典乐二员，并为长贰，大乐令一员，协律郎四员，又有制撰官，为制甚备。于是礼、乐始分为二。加魏汉津虚和冲显宝应先生。帝幸九成宫酌献，至北方宝鼎，鼎忽破，水流溢于外，或者以为北方致乱之兆。

大观元年（丁亥、一一〇七）五月甲子，诏颁新乐于天下。

二年（戊子、一一〇八）二月，刘诜上徵声。诏曰："自唐以来，正声全失，无徵、角之音，五声不备，岂足以道和而化俗哉！刘诜所上徵声，可令大晟府同教坊依谱按习，仍增徵、角二谱，候习熟来上。"初，进士彭几进乐书，论五音，言本朝以火德王而羽音不禁，徵调尚阙。礼部员外郎吴时善其说，建言乞召几至乐府，朝廷从之。至是，乃降是诏。

政和三年（癸巳、一一一三）五月，帝御崇政殿，亲按宴乐，召侍从以上侍立。诏曰："大晟之乐，已荐之郊庙，而未施于宴飨。比令有司，播之教坊，试于殿廷，无惉懘焦急之声。嘉与天下共之，可以所进新乐颁行，其旧乐悉禁。”

八月，大晟府奏：“以雅乐中声，播于宴乐，旧阙徵、角二调，及无土、石、匏三音，今乐并已增入。”诏颁降天下。

九月，诏大晟乐颁于太学辟廱，诸生习学。所服，冠以弁，袍以素纱皂缘，绅带佩玉，从刘昺制也。昺又上言曰：“五行之气，有生有克，四时之禁，不可不颁示天下。盛德在木，角声乃作，得羽而生，以徵为相；若用商则刑，用宫则战，故春禁宫、商。盛德在火，徵声乃作，得角而生，以宫为相；若用羽则刑，用商则战，故夏禁商、羽。盛德在土，宫声乃作，得徵而生，以商为相；若用角则刑，用羽则战，故季夏土王，宜禁角、羽。盛德在金，商声乃作，得宫而生，以羽为相；若用徵则刑，用角则战，故秋禁徵、角。盛德在水，羽声乃作，得商而生，以角为相；若用宫则刑，用徵则战，故冬禁宫、徵。此三代之所共行，月令所载，深切著明者也。作乐本以导和，用失其宜则反伤和气。夫淫哇淆杂，干犯四时之气久矣。陛下亲洒宸翰，发为诏旨，淫哇之声转为雅正，四时之禁亦有所颁，协气则粹美，绎如以成。”诏令大晟府置图颁降。

四年（甲午、一一一四）春正月，大晟府言：“宴乐诸宫调多不正，如以无射为黄钟宫，以夹钟为中吕宫，以夷则为仙吕宫之类。又加越调、双调、大食、小食，皆俚俗所传。今依月〔律〕改定。”诏可。

宋史纪事本末卷二十九

庆历党议

仁宗景祐元年（甲戌、一〇三四）冬十月，除范仲淹为礼部员外郎、天章阁待制，判国子监，寻权知开封府。仲淹先以谏废后事贬睦州，至是复召。时御史台辟石介为主簿，未至，即论事坐罢。馆阁校勘欧阳修贻书责中丞杜衍曰："主簿于台中非言事官，介足未履台门之阈，已用言事见罢，可谓正直刚明不畏避矣。度介之才，不止为主簿，直可为御史，今斥介而他举亦必择贤。夫贤者固好辩，及有言则又斥而他举乎，如此则必得愚阍懦默者而后止也！"衍不能用。

三年（丙子、一〇三六）五月，范仲淹以吕夷简执政，进用多出其门，上百官图，指其次第曰："如此为序迁，如此为不次，如此则公，如此则私，况进退近臣，凡超格者，不宜全委之宰相。”夷简不悦。他日论建都之事，仲淹进曰：“洛阳险固，而汴为四战之地。太平宜居汴，即有事必居洛阳。当渐广储蓄，缮宫室。”帝以问夷简，夷简对曰：“仲淹迂阔，务名无实。”仲淹闻之，乃为四论以献，一曰帝王好尚，二曰选贤任能，三曰近名，四曰推委，大抵讥切时弊。且曰：“汉成帝信张禹，不疑舅家，故有新莽之祸。臣恐今日亦有张禹，坏陛下家法。”夷简诉仲淹越职言事，离间君臣，引用朋党。仲淹对益切，由是落职，知饶州。集贤校理余靖上言：“仲淹以讥刺大臣，重加谴责。傥其言未合圣虑，在陛下听与不听耳，安可以为罪乎！汲黯在廷，以平津为多诈；张昭论将，以鲁肃为粗疏。汉皇、吴主熟闻訾毁，两用无猜，岂损令德？陛下自（新）〔亲〕（据宋史卷三二〇余靖传、续纲目、薛鉴改）政以来，屡逐言事者，恐钳天下口。请改前命。”疏入，坐落职，监筠州酒税。馆阁校勘尹洙上疏曰：“仲淹忠谅有素，臣与之谊兼师友，则是仲淹之党也。今仲淹以朋党被罪，臣不可苟免。”夷简怒，斥监郢州酒税，寻改唐州。馆阁校勘欧阳修贻书责司谏高若讷曰：“仲淹以无罪逐，君不能辨，犹以面目见士大夫，出入朝中，是不复知人间有羞耻事！”若讷怒，上其书，修坐贬夷陵令。时朝士畏宰相，无敢送仲淹〔者〕（据续纲目、薛鉴补），独龙图直学士李纮、集贤校理王质出郊饯之。或以诮质，质曰：“希文贤者，得为朋党，幸矣！”馆阁校勘蔡襄作四贤一不肖诗，以誉仲淹、靖、洙、修而讥若讷，都人士相传写，鬻书者市之得厚利。契丹使适至，买以归，张于幽州馆。

御史韩缜希夷简旨，请以仲淹朋党榜朝堂，戒百官越职言事者，从之。苏舜钦上书曰：“历观前代，神圣之君好闻谠议，盖以四海至远，民有隐慝，不可以（偏）〔遍〕（据宋史卷四四二苏舜钦传、薛鉴改）照，故无间愚贱之言而择用之，然后朝无遗政，物无遁情，虽有佞臣邪谋，莫得而进也。臣睹近日诏书，戒越职言事，播告四方，无不惊惑，往往窃议，恐非出陛下之意。盖陛下即位以来，屡诏群下，勤求直言，使百僚转对，置匦函，设直言极谏科。今诏书顿异前事，岂非大臣壅蔽陛下聪明，杜塞忠良之口？不惟亏损朝政，实亦自取覆亡之道。夫纳善进贤，宰相之事，蔽君自任，未或不亡。今谏官御史，悉出其门，但希指意，即获美官，多士盈廷，噤不得语，陛下拱默，何由尽闻天下之事乎！前孔道辅、范仲淹刚直不挠，致位台谏，虽改他官，不忘献纳。二臣者，非不知缄口数年，坐得卿辅，盖不敢负陛下委注之意，皆罹中伤，窜责而去。使正臣夺气，鲠士咋舌，目睹时弊，口不敢论。昔晋侯问叔向曰：‘国家之患孰为大？’对曰：‘大臣持禄而不极谏，小臣畏罪而不敢言，下情不能上通，此患之大者。’故汉文感女子之说而肉刑是除，武帝听三老之议而江充以族。肉刑，古法；江充，近臣；女子、三老，愚耄疏隔之至也。盖以义之所在，贱不可忽，二君从之，后世称圣。况国家班设爵位，列陈豪俊，固当责其公忠，安可教之循默？赏之使谏，尚恐不言，罪其敢言，孰肯献纳？物情蔽塞，主势孤危，轸念于兹，可为惊怛！望陛下发德音，寝前诏，勤于采纳，下及刍荛，可以常守隆平，保全近辅。”不报。

四年（丁丑、一〇三七）十二月，地震，直史馆叶清臣因上言：“顷范仲淹、余靖以言事被黜，天下之人咋舌，不敢议朝政者二年。愿陛下深自咎责，详延忠直敢言之士。”书奏数日，仲淹等皆得近徙。

宝元元年（戊寅、一〇三八）春正月，诏求直言，苏舜钦上疏曰：“臣闻河东地大震裂，涌水，坏屋庐城堞，杀民畜几十万，历旬不止。臣惟妖祥之兴，各以类告，未尝妄也。天人之应，古今之鉴，大可恐惧。所怪者，朝廷见此大异，不修阙政以厌天戒，安民心，默然如无事时；谏官御史不闻进牍，铺白灾害之端以启上心。然民情汹汹，聚首横议，咸有忧悸之色。臣欲言，又见范仲淹以刚直忤奸臣，言不用而身窜谪，降诏天下，不许越职言事。臣不避权右，但恐横罹中伤，无补于国，因自悲嗟，不知所措。既而孟春之初，雷霆暴作。臣以谓国家阙失，众莫敢为陛下言者，惟天丁宁以告陛下，果能沛发明诏，许群臣皆得献言，臣不胜幸甚！窃见陛下比年稍迩俳优贱人，燕乐逾节，赐予过度。燕乐逾节则荡，赐予过度则侈；荡则政事不亲，侈则用度不足。臣观国史，见祖宗日视朝，旰昃乃罢，犹坐于后苑门，有白事者，立得召对。真宗末年不豫，始间日视事。今陛下春秋鼎盛，实宵衣旰食求治之秋，而乃隔日御殿，此政事不亲也。又府库匮竭，民鲜盖藏，诛敛科索，殆无虚日，计度经费，二十倍于祖宗时，此用度不足也。政事不亲，用度不足，诚国大忧。臣望陛下修己以御人，洗心鉴物，勤听断，舍燕安，放弃优谐近习之纤人，以亲近刚明鲠直之良士，因此灾变以思永图，则天下幸甚！夫明主劳于求贤，而逸于任使。然盈庭之士，不须尽择，在择一二辅臣及御史谏官而已。近王随自吏部侍郎擢平章事，此乃非常之任，而随虚庸邪谄，非辅相器。石中立在朝行，以诙谐自任，物望甚轻，乃为执政。又张观为御史中丞，高若讷为司谏，二人者，皆温和软懦，无骨鲠敢言之气，斯皆辅臣引拔建置，欲其慎默，不敢举扬其私，时有所言则必暗相关说，旁人窥之，甚可笑也。故御史谏官之任，臣欲陛下亲择之，不令出执政门下。台谏官能得其人，则近臣不能文过，乃驭下之策也。”上颇纳用其言。

冬十月丙寅，诏戒百官朋党。范仲淹既徙润州，谗者恐仲淹复用，遽诬以事。语入，帝怒，亟命置之岭南。中外论荐仲淹者众，帝曰：“向贬仲淹，为其密请建立皇太弟，非但诋毁大臣也。今称荐者如是，似涉朋党，乃下诏戒之。”程琳为帝开说，帝意颇解。李若谷亦言：“近世俗薄，专以朋党污善良。盖君子小人各有类，今概以朋党名之，恐正人无以自立。”帝纳之。

二年（己卯、一〇三九）十一月，盛度、程琳罢。初，张士逊恶琳而疾孔道辅不附己，欲并去之。会开封府吏冯士元以赃败，知府郑戬穷治之，辞连度、琳及天章阁待制庞籍、直集贤院吕公绰、太常博士吕公弼等十余人。士逊谓道辅曰："上顾程公厚，今为小人所诬，盍见上辨之。"道辅不悟，入言琳罪薄，不足深治。帝怒道辅朋附，并出之。于是度坐令士元强取其邻所赁官舍，琳坐令士元给市张逊故第，籍与公绰、公弼坐令士元市女口，度罢知扬州，琳知颍州，籍等皆被黜罚，士元流海岛，而道辅亦出知郓州。道辅始知为士逊所卖，发愤而卒，然天下皆以直道许之。

康定元年（庚辰、一〇四〇）春正月丙辰朔，日食。富弼上言应天变莫若通下情，帝然之。于是尽除越职言事之禁，诏中外臣庶，极言朝政阙失。

庆历三年（癸未、一〇四三）三月，增置谏官，以欧阳修、王素、蔡襄知谏院，余靖为右正言。襄喜贤路开而虑正人难久立，因上言："任谏非难，听谏为难；听谏非难，用谏为难。修等三人忠诚刚正，必能尽言；臣恐邪人不利，必造为御之之说。其御之不过有三，曰好名、好进、彰君过耳。愿陛下察之，无使有好谏之名而无其实。"修每入对，帝必延问执政，咨所宜行，既多所张弛，修虑善人必不胜，数为帝分别言之。自范仲淹贬饶州，修及尹洙、余靖皆以直仲淹见逐，群邪目之曰党人，于是朋党之议遂起，修乃为朋党论以进。曰："臣闻朋党之说自古有之，惟幸人君辨其君子、小人而已。大凡君子与君子以同道为朋，小人与小人以同利为朋，此自然之理也。然臣谓小人无朋，惟君子则有之，其故何哉？小人所好者，禄利也，所贪者，财货也。当其同利之时，暂相党引以为朋者，伪也，及其见利而争先，或利尽而交疏，则反相贼害，虽其兄弟亲戚不能相保。故臣谓小人无朋，其暂为朋者，伪也。君子则不然，所守者道义，所行者忠信，所惜者名节，以之修身则同道而相益，以之事国则同心而共济，始终如一，此君子之朋也。故为人君者，但当退小人之伪朋，用君子之真朋，则天下治矣。尧之时，小人共工、欢兜等四人为一朋，君子八元、八凯十六人为一朋。舜佐尧，退四凶小人之朋，而进元、凯君子之朋，尧之天下大治。及舜自为天子，而皋、夔、稷、契等二十二人并列于朝，更相称美，更相推让，凡二十二人为一朋，而舜皆用之，天下亦大治。书曰：'纣有臣亿万，惟亿万心；予有臣三千，惟一心。'纣之时，亿万人各异心，可谓不为朋矣，然纣以亡国；周武王之臣三千人为一大朋，而周用以兴。后汉献帝时，尽取天下名士囚禁之，目为党人，及黄巾贼起，汉室大乱后方悔，尽解党人而释之，然已无救矣。唐之晚年，渐起朋党之论，及昭宗时，尽杀朝之名士，或投之黄河，曰'此辈清流，可投浊流'，而唐遂亡矣。夫前代之主能使人人异心不为朋，莫如纣；能禁绝善人为朋，莫如汉献帝；能诛戮清流之朋，莫如唐昭宗之世，皆乱亡其国。更相称美推让而不自疑，莫如舜之二十二臣，舜亦不疑而皆用之，然而后世不诮舜为二十二人朋党所欺，而称舜为聪明之圣者，以能辨君子与小人也。周武之世，举其国之臣三千人共为一朋，自古为朋之多且大莫如周，然周用此以兴者，善人虽多而不厌也。夫兴丧治乱之迹，为人君者可以鉴矣。"修论事切直，人视之如仇，帝独奖其敢言，顾侍臣曰："如欧阳修者，何处得来！"

夏四月，以夏竦为枢密使，韩琦、范仲淹为枢密副使。

时帝御天章阁，召公卿，出手诏，问当世急务。叶清臣闻之，极论时政，且曰："陛下欲息奔竞，此系中书。若宰相裁抑奔竞之流，则风俗惇厚，人知止足；宰相用险佞之士，则贪荣冒进，激成浑波。向有职在管库，日趋走时相之门，入则取街谈巷议以惑聪明，出则窃庙谟朝论以惊流辈，一旦皆擢职司，以酬所任。比日人士竞踵此风，出入权要之家，时有'三尸'、'五鬼'之号，或列馆职，或置省曹。且台谏官为天子耳目，今则不然，尽为宰相肘腋，宰相所恶则摭以微瑕，公行击搏；宰相所善则从而倡和，为之先容。中书政令不平，赏罚不当，则箝口结舌，未尝敢言；人主纤微过差，或宫闱小事，即极言过当，用为讦直。供职未逾岁时，迁擢已加常等。宋禧为御史，劝陛下宫中蓄犬设棘，以为守卫，削弱国体，取笑四夷，不加诃谴，擢为谏官。王达两为湖南、江西转运使，所至苛虐，诛剥百姓，徒配无辜，特以宰相故旧，不次拔擢，遂有河北之行。如此，是长奔竞也。"帝览而颔之。

乙巳，夏竦至京师，罢之，以杜衍为枢密使。初召竦，谏官欧阳修、蔡襄等交章论："竦在陕西，畏懦，不肯尽力，兼之挟诈任数，奸邪倾险。陛下孜孜政事，首用怀诈不忠之臣，何以求治？"中丞王拱辰亦言："竦经略西师，无功而归，今置诸二府，何以厉世？"因对，极论之。帝未省，遽起，拱辰前引裾毕其说，帝乃悟。会竦已至国门，言者论益切，乞毋令入见。右正言余靖言："竦累表引疾，及闻召命，即兼驿而驰。若不早决，竦必坚求面对，叙恩感泣，复有左右为之地者，则圣听惑矣！"章累上，即日诏竦归镇，拜杜衍为枢密使。竦亦自请还节钺，徙知亳州。竦至亳，上书万言自辨，乃徙判并州。蔡襄言于帝曰："陛下罢竦而用琦、仲淹，士大夫贺于朝，庶民歌于路，至饮酒叫号以为欢。且退一邪，进一贤，岂能关天下轻重哉！盖一邪退则其类退，一贤进则其类进，众邪并退，众贤并进，海内有不泰乎！虽然，臣窃忧之，天下之势譬犹病者，陛下既得良医矣，信任不疑，非徒愈病，而又寿民；医虽良，术不得尽用，则病且日深，虽有和、扁，难责效矣。"

国子监直讲石介，笃学尚志，乐善嫉恶，喜声名，遇事奋然敢为。会吕夷简罢相，章得象、晏殊、贾昌朝、韩琦、范仲淹、富弼同时执政，而欧阳修、蔡襄、王素、余靖并为谏官，夏竦既拜，复夺之，以衍代，因大喜曰："此盛事也，歌颂吾职，其可已乎！"作庆历圣德诗，曰："于惟庆历，三年三月，皇帝龙兴，徐出闱闼，晨坐太极，昼开阊阖，躬揽英贤，手锄奸枿。大声沨沨，震摇六合，如乾之动，如雷之发，昆虫蹢躅，怪妖藏灭，同明道初，天地嘉吉。初闻皇帝，蹙然言曰：'予祖予父，付予大业，予恐失坠，实赖辅弼。汝得象、殊，重慎微密，君相予久，予嘉君伐，君仍相予，笙镛斯协。昌朝儒者，学问该洽，与予论政，傅以经术，汝贰二相，庶绩咸秩。惟汝仲淹，汝诚予察，太后乘势，汤沸火热，汝时小臣，危言嶪嶪；为予司谏，正予门阑；为予京兆，堲予谗说；贼叛予夏，往予式遏，六月酷日，大冬积雪，汝寒汝暑，同予士卒，予闻辛酸，汝不告乏。予晚得弼，予心弼悦。弼每见予，无有私谒，以道辅予，弼言深切，予不尧、舜，弼自笞罚，谏官一年，疏奏满箧，侍从周岁，忠力亹竭。契丹忘义，梼杌饕餮，敢侮大国，其辞慢悖。弼将予命，不畏不怯，卒复旧好，民得食褐，沙碛万里，死生一节。视弼之肤，霜剥风裂，观弼之心，炼金锻铁，宠名大官，以酬劳渴，弼辞不受，其志莫夺。惟仲淹、弼，一夔、一契，天实赉予，予其敢忽，并来弼予，民无瘥札！曰衍汝来，汝予黄发，事予二纪，毛秃齿豁，心如一兮，率履弗越，遂长枢府，兵政无蹶。予早识琦，琦有奇骨，其器魁落，岂视店楔，其人浑朴，不施剞劂，可属大事，敦厚如勃。琦汝副衍，知人予哲。惟修惟靖，立朝巘巘，言论磥砢，忠诚特达，禄微身贱，其志不怯，尝诋大官，亟遭贬黜，万里归来，刚气不折，屡进直言，以补予阙。素相之后，含忠履洁，昔为御史，几叩予榻。襄虽小官，名闻予彻，亦尝献言，箴予之失，刚守粹悫，与修俦匹，并为谏官，正色在列，予过汝言，毋钳汝舌！’皇帝圣明，忠邪辨别，举擢俊良，扫除妖魃。众贤之进，如茅斯拔；大奸之去，如距斯脱。上倚辅弼，司予调燮；下赖谏诤，维予纪法。左右正人，无有邪孽，予望太平，日不逾浃。皇帝嗣位，二十二年，神武不杀，其默如渊，圣人不测，其动如天，赏罚在予，不失其权，恭己南面，退奸进贤。知贤不易，非明弗得；去邪惟艰，惟断乃克。明则不贰，断则不惑，既明且断，惟皇帝德！群臣踧踖，重足屏息，交相教语：‘曰惟正直，毋作侧僻，皇帝汝殛！’诸侯危栗，堕玉失舄，交相告语：‘皇帝神明，四时朝觐，谨修臣职。’四夷走马，坠镫遗策，交相告语：‘皇帝神武，解兵修贡，永为属国。’皇帝一举，群臣慑焉，诸侯畏焉，四夷服焉。臣愿皇帝，寿万千年！”诗所称多一时名臣，其言大奸，盖斥竦也。诗且出，孙复闻之曰：“介祸始于此矣。”范仲淹亦谓韩琦曰：“为此鬼怪辈坏事也。”

五月，吕夷简罢。陕西转运使孙沔上书言：“自夷简当国，黜忠言，废直道。及以使相出镇许昌，乃荐王随、陈尧叟代己，才庸负重，谋议不协，忿争中堂，取笑多士，政事浸废。又以张士逊冠台席，士逊本乏远识，致堕国事。盖夷简不进贤为社稷远图，但引不若己者，为自固之计，欲使陛下知辅相之位非己不可，冀复思己而召用也。陛下果召夷简，还自大名，入秉朝政，于兹三年，不更一事，以姑息为安，以避谤为智。西州将帅，累以败闻；契丹无厌，乘此求赂，兵歼货悖，天下空竭。刺史牧守，十不得一，法令变易，士民怨咨。隆盛之基，忽至于此！今夷简以病求退，陛下手和御药，亲写德音，乃谓‘恨不移卿之疾在于朕躬’。四方义士，传闻诏语，有泣下者。夷简在中书二十年，三冠辅相，所言无不听，所请无不行，有宋得君，一人而已，未知何以为陛下报！天下皆称贤而陛下不用者，左右毁之也；皆谓憸邪而陛下不知者，朋党蔽之也。比契丹复盟，西夏款塞，公卿忻忻，日望和平。若因此振纪纲，修废坠，选贤任能，节用养兵，则景德、祥符之风复见于今矣。若恬然不顾，遂以为安，臣恐土崩瓦解，不可复救。而夷简意谓四方已宁，百度已正，欲因病默默而去，无一言启沃上心，别白贤不肖。虽尽南山之竹，不足书其罪也。”书闻，帝不之罪，议者喜其謇切。夷简见书，谓人曰：“元规药石之言，但恨闻此迟十年耳！”至是，蔡襄复言：“夷简被病以来，两府大臣并笏受事于门，贪恋权势，病不知止。”乃命夷简不得同议军国大事。

秋七月丙子，王举正罢。欧阳修、余靖论举正懦默不任事，范仲淹有相才，请罢举正而用仲淹。帝然之，举正罢知许州。

八月丁未，以范仲淹参知政事，仲淹曰：“执政可由谏官而得乎?”固辞不拜，愿与韩琦出行边，命为陕西宣抚使；未行，复除参知政事。帝方锐意太平，数问当世事，仲淹语人曰：“上用我至矣。事有先后，久安之弊，非朝夕可革也。”帝再赐手诏，又为之开天章阁，召辅臣条对。仲淹退而上十事，曰:明黜陟，抑侥幸，精贡举，择长官，均公田，厚农桑，修武备，推恩信，重命令，减徭役。悉采用之，宜著令者，皆以诏书画一颁下。

复以富弼为枢密副使，弼犹固辞，帝使宰相谕之曰：“此朝廷特用，非以使辽故也。”时元昊使辞，帝至紫宸殿，俟弼缀枢密院班，乃坐。弼不得已，受命。帝以平治责成辅相，命弼主北事，仲淹主西事。弼上当世之务十余条及安边十三策，大略以进贤，退不肖，止侥幸，去宿弊，欲渐易监司之不才者，使澄汰所部吏，于是小人始不悦矣。

癸丑，以韩琦为陕西宣抚使。时二府合班奏事，琦必尽言，虽事属中书，亦指陈其实。同列或不悦，帝独识之，曰："韩琦性直。"琦尝条所宜先〔行〕（据宋史卷三一二韩琦传、续纲目补）者七事，曰：清政本，念边计，擢贤才，备河北，固河东，收民心，营洛邑。继又陈救弊八事，曰：选将帅，明按察，丰财利，遏侥幸，进能吏，退不才，谨入官，去冗食。谓："数者之举，谤必随之，愿委计辅臣，听其注措。"帝嘉纳之，遂命宣抚陕西。

九月戊辰，吕夷简以太尉致仕。

冬十月，以张昷之、王素等为都转运按察使。先是，知谏院欧阳修言："天下官吏既多，朝廷无由遍知其贤愚善恶，乞立按察之法。于内外朝官三丞郎官中选强干廉明者为之，使至州县，遍见官吏，其公廉无状，皆以朱书于名之下；其中材之人，以墨书之。岁具以闻。"诏从之。富弼、范仲淹复请诏中书、枢密，通选逐路转运按察使，即委使自择知州，知州择知县，不任事者皆罢之。于是昷之等首被兹选。昷之，河北；王素，淮南；沈邈，京东；施昌言，河东；李绚，京西。仲淹之选监司也，取班簿，视不才者一笔勾之。弼曰："一笔勾之甚易，焉知一家哭矣！"仲淹曰："一家哭何如一路哭耶！"遂悉罢之。

壬戌，诏曰："考课之法旧矣。祥符之际，治致升平，凡下诏条，全务宽大，考最则有限年之制，入官则有循资之格。及此事边，因缘多故，思得应务之才，无亏素餐之道，非赏劝，众志不激厉；非甄别，人情不愤悱。具申凡目，著于甲令。”因更定磨勘法。初，太祖〔以〕（据续纲目补）旧制文武常参官各以曹务闲剧为月限，考满即迁，非循名责实之道，乃罢之而置审官院，考课中外职事，受代京朝官引对磨勘，非有劳绩，不得进秩。其后立法，文臣五年，武臣七年，无赃私罪，始得迁秩；曾犯赃罪，则文臣七年，武臣十年，中书、枢密取旨。其七阶选人，则考第资历，无过犯或有劳绩者递迁，谓之循资。淳化四年，始置磨勘司，然每遇恩庆，百僚多得序进。真宗即位，始罢之，惟郊祀恩许加勋阶、爵邑。至是，范仲淹、富弼以官冗由磨勘亟，易至高位，故获荫者众，乃令待制以上，自迁官后六岁，无故则复迁之，有过，益展年，至谏议大夫止。京朝官四岁磨勘，至前行郎中止。少卿、监限七十员，有阙乃补。少卿以上，迁官听旨。其法始密于旧矣。

十一月丁亥，诏曰：“周大司乐掌学政，以六艺教国子，则官材盖本于世胄。而今之荫法，推恩太广，以致疏宗蒙泽，稚齿授官，未知立身之道，从政之方，而并阶仕进，非所以审爵重民也。其著为令。”于是更定荫子法。初，太祖定任子之法，台省六品，诸司五品，登朝常历两任，然后得请。太宗即位，诸州进奏者，授以试衔及三班职。寻特定选人七等，凡诞圣节及三年南郊，皆听奏一人，而特恩不预焉，由是奏荐之恩浸广。至是，范仲淹、富弼始裁损其制，凡选人遇郊赴铨试，不试者永不预选，且罢圣节奏荫恩。凡长子不限年，诸子孙必年过十五，弟侄年过二十，乃得荫。自是任子之恩杀矣。

四年（甲申、一〇四四）夏，帝与执政论及朋党事，范仲淹对曰："方以类聚，物以群分。自古以来，邪正在朝，各为一党，在主上鉴辨之耳。诚使君子相朋为善，其于国家何害？不可禁也。"

六月壬子，以范仲淹为陕西、河东宣抚使。时仲淹奏："防秋事近，愿罢臣参知政事，特赐知边郡，带安抚之名，足以照管边事。"遂有是命。始，仲淹以忤吕夷简放逐者数年，及陕西用兵，帝以其士望所属，拔用护边。及夷简罢，召还，倚以为治，中外想望其功业；仲淹亦以天下为己任，与富弼日夜谋虑，兴致太平。然更张无渐，规模阔大，论者籍籍，以为难行。及按察使出，多所举劾，众心不悦；任子之恩薄，磨勘之法密，侥幸者不便，由是谤毁浸盛，而朋党之论滋不可解。先是，石介奏记于弼，责以行伊、周之事。夏竦怨介斥己，又欲因以倾弼等，乃使女奴阴习介书，久之，习成，遂改伊、周曰伊、霍，且伪作介为弼撰废立诏草，飞语上闻。帝虽不信，而弼与仲淹恐惧，不自安于朝，皆请出按西北边，不许。适闻契丹伐夏，仲淹固请行，乃独允之。仲淹将赴陕，过郑州。时吕夷简已老，居郑，仲淹往见之，夷简问："何事遽出？"仲淹对以暂往经抚两路，事毕即还。夷简曰："君此行正蹈危机，岂复再入？若欲经制西事，莫如在朝廷为便。"仲淹愕然。仲淹既去朝，攻者果益急，帝心不能无疑矣。

罗从彦曰：小人之权幸，可畏也。以仁宗之英明，急于图治，而富、范等衄于谗间，不果其志，何耶？古者，人君立政立事，君臣相与，同心同谋，明足以照之，仁足以守之，勇足以断之，为之不暴而持之以久，故小人不得措其私，权幸不得摇其成。若庆历之事，锐之于始而不究其终，君臣之间，毋乃有未至邪！

八月，以富弼为河北宣抚使，从弼请也。弼及范仲淹既去，石介不自安，亦请外，得濮州通判。

九月甲申，以杜衍同平章事兼枢密使，贾昌朝为枢密使，陈执中参知政事。衍务裁侥幸，每有内降，率寝格不行，积诏旨至十数，辄纳帝前。帝尝语欧阳修曰："外人知杜衍封还内降邪？凡有求于朕，每以衍不可告之而止者，多于所封还也。"执中自知青州召还，谏官蔡襄、孙甫等争言："执中虽系陈恕之子，然刚愎不学，若任以政，天下之不幸也。"帝不听。谏官论不止，乃命中使赍敕告，即青州赐之。明日，谏官上殿，帝作色迎谓之曰："岂非论陈执中邪？朕已召之矣。"乃不敢言。

十一月，诏戒朋党相讦，并戒按察恣为苛刻及文人肆言行怪者。

五年（乙酉、一〇四五）春正月乙酉，杜衍、范仲淹、富弼罢。以贾昌朝同平章事兼枢密使，宋庠参知政事，王贻永为枢密使，吴育、庞籍为副使。仲淹、弼既出宣抚，攻者益众，二人在朝所为亦稍沮止，衍独左右之。衍好荐引贤士而抑侥幸，群小咸怨。衍婿苏舜钦，易简子也，能文章，论议稍侵权贵，时监进奏院。循例祠神，以伎乐娱宾，集贤校理王益柔，曙之子也，于席上戏作傲歌。御史中丞王拱辰闻之，以二人皆仲淹所荐，而舜钦又衍婿，欲因是倾衍及仲淹，乃讽御史鱼周询、刘元瑜举劾其事。拱辰及张方平列状请诛益柔，盖欲因益柔以累仲淹也。贾昌朝阴主拱辰等议。韩琦言于帝曰："益柔狂语，何足深计？方平等皆陛下近臣，同国休戚，今西陲用兵，大事何限，一不为陛下论列，而同状攻一王益柔，此其意可见矣！"帝感悟，乃止黜益柔监复州酒税，而除舜钦名，同席被斥者十余人，皆知名之士。拱辰喜曰："吾一网打尽矣！"舜钦既放废，寓于吴中，与高僧、逸士，吟啸自适。衍亦见不为人所容，数求去，不许。仲淹不自安，奏乞罢政事，帝欲听其请，章得象谓："仲淹素有虚名，今一请遽罢，恐天下谓陛下轻黜贤臣，不若且赐不允，若即有谢表，则是挟诈要君，乃可罢也。"上从之，仲淹果奉谢表，上愈信得象言。于是富弼自河北还，将及国门。右正言钱明逸希得象等意，遂论仲淹、弼更张纲纪，纷扰国经，凡所推荐，多挟朋党。陈执中复谮衍庇二人。帝不悦，遂并黜之，衍罢知兖州，仲淹知邠州，弼知郓州。仲淹引疾，求解边任，改知邓州。

二月辛卯，诏罢京朝官，用保任叙迁法。又罢磨勘、荫子新法。

三月辛酉，韩琦罢。时范仲淹、富弼罢去，琦乃上疏曰："陛下用杜衍为相，方及一百二十日而罢。范仲淹以夏人初附，自乞保边，固亦有名。至于富弼之出，则所损甚大。富弼大节难夺，天与忠义。昨契丹领大兵压境，命弼使虏，以正辩屈强虏，卒复和议，忘身立事，古人所难。近者李良臣自虏来归，盛言北方自虏主而下，皆称羡之。陛下两命弼为枢密副使，皆忘其有功，辞避不受，逮抑令赴上，则不顾毁誉，动思振缉纪纲，其志欲为陛下立万世之业尔。近日臣僚多务攻击忠良，取快私忿，非是国家之福。惟陛下久而察之。"疏入，不报。初，陕西四路总管郑戬遣静边砦主刘沪、著作佐郎董士廉城水洛，以通秦、渭援兵。知渭州尹洙曰："贼数犯塞，必并兵一道，五路帅之战兵常不满二万人，而当贼昊举国之众，吾兵所以屡为贼困者，正由城砦多而兵势分也。今无故夺诸羌之田二百里，列堡屯师，坐耗刍粮，则吾兵愈分而边用不给矣。"乃奏罢其役。会戬罢而沪等督役如故，洙不平，以张忠代之。沪不受代，洙乃谕裨将狄青往械沪及士廉下吏，而罢水洛之役。戬论奏不已，琦是洙，而朝议右戬。竟徙洙知庆州，又徙晋州，释沪等狱而复城水洛。琦因请外，遂出知扬州。河东转运使欧阳修上疏曰："杜衍、范仲淹、韩琦、富弼，天下皆知其有可用之贤，而不闻其有可罢之罪。自古小人谗害，其识不远，欲广陷良善则指为朋党，欲动摇大臣则诬以专权。盖去一善人而众善人尚在，则未为小人之利；欲尽去之，则善人少过，唯指为朋党，则可尽逐。自古大臣被主知，蒙信任，则难以他事动摇，唯有专权是上之所恶，方可倾之。夫正士在朝，群邪所忌，谋臣不用，敌国之福也。窃为陛下惜之。”群邪益忌修，因傅致修罪，左迁知滁州，迁洙知潞州。时谏官余靖、欧阳修辈既已相继罢去，而天下目之为贤者，执政指之为党，皆欲因事斥逐之。董士廉者，即诣阙上书，以水洛事讼洙。诏遣御史刘湜就鞫，不得他罪，而洙以部将孙用由军校补边，自京师贷息钱，到官无以偿，洙惜其才，尝假公使钱为偿之。迨按问，而钱已先输官矣，竟坐此贬监均州酒税。

六月，石介卒。介字守道，兖州奉符人，举进士，历官国子直讲，太子中允，直集贤院，通判濮州，鲁人称为徂徕先生。貌厚气完，学笃志大，虽在畎亩，不忘天下，是是非非，无所忌讳。以故小人嫉之，相与出力，必挤之死。介安然不惑不变，曰：“吾道固如是。”

十一月，罢京东安抚使富弼。时滁州狂人孔直温谋反伏诛，搜其家，得石介书，并所遗孙复诗。时介已死，宣徽南院使夏竦深怨石介讥己，常欲报之，因言介诈死，乃弼遣介结契丹起兵，期以一路兵马内应，请发介棺验之。诏下兖州，访介存亡。杜衍知兖州，以语官属，众不敢答。掌书记龚鼎臣愿以阖族保介必死，提刑吕居简亦言：“无故发棺，何以示后！”具状上之，始获免。遂罢弼安抚使，贬孙复监虔州税，介子孙羁管池州。

宋史纪事本末卷三十

夏元昊拒命

仁宗天圣六年（戊辰、一〇二八）五月，夏王德明使其子元昊袭回鹘甘州，取之。元昊，小字嵬理，性雄毅，多大略，善绘画，圆面高准，晓浮图学，通蕃、汉文字。德明虽臣事中国及契丹，然自帝其国。至是，以元昊袭破回鹘夺甘州，遂立为皇太子。

明道元年（壬申、一〇三二）十一月，夏王德明卒，遣使立其子元昊为西平王。初，元昊数谏其父勿臣宋，德明辄戒之曰："吾用兵久疲矣。吾族三十年衣锦绮，此宋恩也，不可负。"元昊曰："衣皮毛，事畜牧，蕃性所便。英雄之生，当帝王耳，何锦绮为！"既袭封，明号令，以兵法勒诸部。凡六日、九日则见官属，仿中国置文武班，立蕃、汉学，自中书令、宰相、枢密使以下，分命蕃、汉人为之，以衣冠采色别士庶贵贱。每举兵，必率部长与猎，有获则下马环坐而饮，割鲜而食，各问所见，择取其长。因避父讳，改明道为显道，称于国中。

景祐元年（甲戌、一〇三四）秋七月，庆州柔远砦蕃部巡检嵬通攻元昊后桥诸堡，破之。元昊遂寇庆州，缘边都巡检杨遵与战，败绩。环庆都监齐宗矩援之，次节义峰，伏发，被执；既而放还，下诏约束之。元昊虽常奉贡，然车服僭拟，改元开运，或言石晋败亡之号也，更曰广运。初，华州有二生张、吴者，俱困场屋，薄游不得志，闻元昊有意窥中国，遂叛往，以策干之，元昊大悦，日尊宠用事；凡夏人立国规模，入寇方略，多二人教之。

三年（丙子、一〇三六）冬，元昊攻回鹘瓜、沙、肃州，克之。元昊既悉有夏、银、绥、宥、静、灵、盐、会、胜、甘、凉，又取瓜、沙、肃州，而洪、定、威、龙皆即堡、镇号为州，仍居兴州，阻河依贺兰山为固，地方万里。改元大庆，设十六司以总庶务，置十二监军司，委酋豪分统其众。河北置七万人，以备契丹；河南盐州路五万人，以备环庆、镇戎、原州；左厢宥州路五万人，以备鄜延、麟府；右厢甘州路三万人，以备吐蕃、回纥；余兵驻贺兰、灵州、兴州，兴庆府为镇守，总（十）五〔十〕（据宋史卷四八五夏国传改）万人。选豪族善弓马五千人迭直，号“六班直”。分铁骑三千为十部。元昊自制蕃书，形体颇类八分，以教国人纪事。

宝元元年（戊寅、一〇三八）冬十月，元昊僭称帝，建国号曰大夏。先是，元昊遣使诣五台供佛，以窥河东道路。既还，与诸酋歃血，约先攻鄜延，欲自靖德、塞门砦、赤城路三道并入。其叔父山遇数劝元昊勿反，不听，山遇遂挈妻子来降。知延州郭劝执还元昊，元昊杀之，遂反。遣使奉表，略曰：“臣祖宗本出帝胄，当东晋之末运，创后魏之初基。远祖思恭，当唐季率兵拯难，受封赐姓。祖继迁心知兵要，手握乾符，大举义旗，悉降诸部，临河五郡不旋踵而归，沿边七州悉差肩而克。父德明嗣奉世基，勉从朝命。臣偶以狂斐，制小番文字，改大汉衣冠。衣冠既就，文字既行，礼乐既张，器用既备，吐蕃、塔塔、张掖、交河，莫不从服。称王则不喜，朝帝则是从。辐辏屡期，山呼齐举，伏愿一垓之疆土，建万乘之邦家。再让靡遑，群集又迫，事不得已，显而行之。遂以十月十一日，郊坛备礼，为世祖始文本武兴法建礼仁孝皇帝，国号大夏，建元天授。伏望许以西郊之地，册为南面之君。敢竭愚庸，常敦欢好。”

二年（己卯、一〇三九）六月，诏削元昊赐姓官爵。初，元昊表至，宰相张士逊即议绝和问罪，群臣皆曰：“元昊小丑也，请出师讨之，旋即诛灭矣。”谏官吴育独进曰：“元昊虽称藩臣，尺赋斗租不入县官，且叛服不常。请置之，示不足责。且彼已僭舆服，势必不能自削，宜援国初江南故事，稍易其名，可以顺附而收之。”又上言：“姑许其所求，彼将无词。然后阴敕边臣，密修战备。使年岁之间，战守之计立，则元昊虽欲妄作，不能为深害矣。”奏入，士逊笑之。至是，下诏削夺元昊官爵，绝互市，揭榜于边，募能擒元昊若斩首献者，即授定难节钺。已而元昊又遣贺永年赍嫚书，纳旌节及所授敕诰，置神明匣，留归娘族而去。

七月戊午，夏竦移知泾州，与范雍各加兼经略使、马步军都总管。又命天章阁待制庞籍体量陕西，诏籍就竦计事。竦上奏曰："继迁当太宗时，逋逃穷蹙，而累岁不能剿灭。先帝惟戒疆吏，谨烽候，严卒乘，来即逐之，去无追捕。然自灵武陷没，银、绥割弃以来，假朝廷威灵，其所役属者不过河外小羌耳。况德明、元昊相继猖獗，以继迁穷蹙比元昊富实，势可知也；以先朝累胜之士较当今关东之兵，勇怯可知也；以兴国习战之帅方今沿边未试之将，工拙可知也；继迁窜伏平夏，元昊窟穴河池，地势可知也。若分兵深入，糗粮不支，进则贼避其锋，退则敌蹑其后，老师费粮，深可虞也。若穷其巢穴，须涉大河，长舟巨舰，非仓卒可具。若浮囊挽绠，联络而进，我师半济，贼乘势掩击，未知何谋可以捍御！臣以为不较主客之利，不计攻守之便，而议追讨者，非良策也。"因条上十事：一，教习强弩以为奇兵；二，羁縻属羌以为藩篱；三，诏唃厮啰并力破贼；四，度地势险易远近，砦栅多少，而增减屯兵；五，诏诸路互相应援；六，募土人为兵，以代东兵；七，增置弓手、壮丁，以备城守；八，并并边小砦，以完兵力；九，听关中民入粟赎罪，以赡边计；十，损并边冗兵、冗官，以纾馈饷。朝廷多采用之。然是时边臣多议征讨，反以谏为怯。吴育又上言："天下久安，务因循而厌生事，政令纪纲，边防机要，置不复修，一有边警则仓皇莫知所为，逮稍安静则又无敢辄言者。若政令修，纪纲肃，财用富，恩信洽，赏罚明，将帅练习，士卒精锐，则四夷望风，自无他志。若一不备，则乘间而起矣。"又曰："汉通西域诸国，断匈奴右臂，诸戎内附，虽有桀黠，不敢独叛。唐太宗赏赐回鹘可汗并其相手书，纳其贡奉，厚以金帛。真宗命潘罗支攻杀李继迁，而德明乃降。元昊第见朝廷比年与西域诸戎不通朝贡，乃得以利啖邻境，固其巢穴，无肘腋之患，跳梁猖獗，彼得以肆而不顾矣。请募士谕唃厮啰及他蕃部，离散其党与，使并力以攻，而均其恩赐，此伐谋之要也。"因录上真宗时通西域诸蕃事迹。

十一月，夏人寇保安军，巡检指挥使狄青击败之。青初以善骑射为骑御散直，从西征，战安远诸砦，皆克捷。临敌被发，带铜面具，出入贼中，皆披靡莫敢当。至是，元昊寇保安军，钤辖卢守懃使青击走之，以功加秦州刺史。帝欲召见，问以方略，会贼寇渭州，命图形以进。

康定元年（庚辰、一〇四〇）春正月，元昊寇延州。延州当夏人出入之冲，地阔砦疏，土兵寡弱，又无宿将。知延州范雍闻元昊且至，惧甚。元昊诈遣人通款于雍，雍信之，不设备。既而元昊盛兵攻保安军，鄜延副总管刘平、石元孙屯庆州，雍以书召之，平与元孙趋土门。元昊既破金明砦，执都监李士彬父子，破安远、塞门、永平诸砦，乘胜至延州城下，雍闭门坚守。平、元孙闻之，督骑兵昼夜倍道而前，明日，至万安镇。平先发，步兵继进，夜至三川口西十里，止营，遣骑兵先趋延州争门。时鄜延都监黄德和、巡检万俟政、郭遵分屯外境，雍皆召还为援。平与之合步骑万余，结阵东行五里许，遇贼。平与贼皆为偃月阵，相向有顷，贼兵涉水为横阵，遵击退之。贼复蔽盾为阵，官军复击却之，夺盾，杀获及溺死者近千人。平中流矢。日暮，贼以轻兵薄战，官军小却。黄德和居阵后，望见军却，率麾下走保西南山，众从之，皆溃。平遣其子宜孙驰追德和，执辔语曰："当勒兵还，并力抗贼，奈何先奔！"德和不从，骤马遁赴甘泉。平遣军校杖剑遮留，得千余人，转斗三日，贼退还水东。平率余众保西南山，立七栅自固。夜四鼓，贼环营呼曰："如许残兵，不降何待！"平旦，贼酋举鞭麾骑，自山四出，合击，绝官军为二，平遂与元孙等皆没于贼。会大雪，贼解去，延州得不陷。诏殿中侍御史文彦博即河中置狱问状，黄德和坐腰斩，范雍贬知安州，赠平、元孙官。雍为治尚恕，好谋而少成，故及于败。

帝因刘平、石元孙之败，问所以御边，判太常礼院丁度奏曰："今士气伤沮，若复追穷巢穴，馈粮千里，轻用人命，以快一朝之意，非计之得也。唐都长安，天宝后，河湟覆没，泾州西门不开，京师距寇境不及五百里，屯重兵，严烽火，虽常有侵轶，然卒无事。太祖时，疆埸之任不用节将，但审择材器，丰其廪赐，信其赏罚，方陲辑宁几二十年。为今之策，莫若谨亭障，远斥堠，控扼要害，为制御之全计。”因条上十策，名曰备边要览。时西疆未宁，一府三司虽旬休不废务，度言：“苻坚以百万师寇晋，谢安命驾出游以安人心。请给假如故，无使外夷窥朝廷浅深。”从之。

二月丁亥，以夏守赟为陕西经略安抚招讨使，内侍王守忠为都钤辖。知谏院富弼言：“唐之衰，以内臣监军，取败非一。今守忠为钤辖，与监军无异。昨用夏守赟，已失人望。愿罢守忠勿遣。”不听。

时西事日扰，括畿内、京东西、淮南马。诏枢密同宰臣议边事，出内藏缗钱八十万于陕西籴军储，访知边事者，释寇所至州县罪。

命知制诰韩琦安抚陕西。初，琦使蜀归，论西师形势甚悉，即命安抚陕西。琦言：“范雍节制无状，宜召知越州范仲淹委任之。方陛下焦劳之际，臣岂敢避形迹不言！若涉朋比，误国家，当族。”帝从之，召仲淹知永兴军。

三月丙辰，诏大臣条陕西攻守策。

戊寅，王鬷、陈执中、张观罢。初，天圣中，鬷使河北，过真定，时曹玮为总管，鬷见之，玮谓曰：“君异日当柄用，愿留意边防。”鬷曰：“何以教之？”玮曰：“吾闻赵德明尝使人以马榷易汉物，不如意，欲杀之，其少子元昊年方十余，谏曰：‘我戎人，本从事鞍马，而以资邻国易不急之物，已为非策，又从而杀之，失众心矣！’德明从之。吾尝使人觇元昊，状貌异常，他日必为边患。”鬷未以为然。比再入枢密，元昊果反。帝数问边事，鬷不能对。及刘平败，议刺乡兵，久未决，帝怒，遂与执中、观同罢。䜣始叹玮之明识。

夏五月壬辰，张士逊罢，以吕夷简同平章事。时军兴，机务填委，士逊位首相，无所补，谏官以为言，遂罢士逊而用夷简。

戊寅，以夏竦为陕西经略安抚使，范仲淹为陕西都转运使。夏守赟庸怯，寡方略，召与王守忠俱还。范仲淹言："今边城之备十有五七，关中之备十无二三，若昊贼深入，乘关中之虚，东阻潼关，隔两川贡赋，则朝廷不得安枕矣。为今之计，宜严戒边城，使持久可守，实关内，使无虚可乘。若寇至边城，清野不与大战，关中稍实，岂敢深入？二三年间，彼自困弱，此上策也。今边城请五路入讨，臣恐承平岁久，无宿将精兵，一旦兴深入之谋，国之安危，未可知也。"是月，元昊陷塞门诸砦，执砦主高延德以去。又陷安远、承平砦。时著作佐郎张方平上平戎十策，其略以为："宜屯重兵河东，示以形势。贼入寇必自延、渭，而兴州巢穴之守必虚，我师自麟、府渡河，不十日可至。此所谓攻其所必救，形格势禁之道也。"宰相吕夷简见而韪之。

秋七月己卯，除范仲淹龙图阁直学士，与韩琦并为陕西经略安抚副使，同管勾都部署司事。初，范仲淹与吕夷简有隙，及议加职，夷简请超迁之。上悦，以夷简为长者。既而仲淹入谢，上谕使释前憾，仲淹顿首曰："臣向所论盖国事，于夷简何憾也！"

八月，诏范仲淹兼知延州。先是，诏分边兵总管领万人，钤辖领五千人，都监领三千人，寇至御之则官卑者先出。仲淹曰："将不择人，以官为序，取败之道也。"于是大阅州兵，得万八千人，分六将领之，日夜训练，量贼众寡，使更出御。敌人闻之，相戒曰："无以延州为意，今小范老子腹中自有数万甲兵，不比大范老子可欺也。"大范，盖指雍也。仲淹以民远输劳苦，请建鄜城为军，以河中府、同、华州中下户租税就输之，春夏徙兵就食，可省籴十之三，他所减不与。诏以为康定军。仲淹又修承平、永平等砦，稍招还流亡，定堡障，通斥堠，城十二砦，于是羌、汉之民相踵归业。

九月，元昊寇三川砦，都巡检杨保吉死之，连陷乾沟、乾福、赵福三堡。韩琦使环庆副总管任福等领兵七千，声言巡边，部分诸将，夜趋七十里，至白豹城，平明，克之，破四十一族，焚其积聚而还。

时塞门诸砦既陷，鄜州判官种世衡言："延安东北二百里有故宽州，请因废垒而兴之，以当寇冲，右可固延安之势，左可致河东之粟，北可图银、夏之旧。"朝廷从之。命世衡董其役。夏人屡来争，世衡且战且城。然处险无泉，议不可守。凿地百五十尺，遇石横亘，工徒曰："是不可井矣。"世衡曰："过石而下，将无泉邪？尔其屑而出之。"凡屑石一畚，定偿百钱，工乃致力，过石数重，泉果沛发。城成，赐名青涧，以世衡知城事。世衡开营田，募商贾，通货利，城遂富实。教民习射，以银为的，中者与之；或争徭役，亦使之射，中者优免；有过失者，亦使之射，中则释之。由是人人能射。

十二月癸未，出内藏绢一万，助籴边储。

戊申，铸当十钱，以助边费。

庆历元年（辛巳、一〇四一）春正月，帝以元昊势益猖獗，遣翰林学士晁宗悫即陕西问攻守之策，夏竦等具二说，令副使韩琦、判官尹洙诣阙奏之。帝取攻策，执政以为难，杜衍亦曰："徼幸成功，非万全计。"帝不听，诏鄜延、泾原会兵，期以正月进讨。范仲淹言："正月塞外大寒，我师暴露。不如俟春深，贼马瘦人饥，其势易制。且鄜延密迩灵、夏，西羌必由之地，第按兵不动，以观其衅，许臣稍以恩信招徕之。不然，情意阻绝，臣恐偃兵无期矣。乞留鄜延一路，以备招纳。或择利进城废砦，以牵制元昊。"帝从之。仍诏仲淹与琦等同谋，可以应机乘便，即仍出师。琦亦奏言："两路协力，尚惧未能大剉黠虏，若鄜延以牵制为名，则是委泾原孤军尝于贼手，非计之得。乞督令鄜延进兵同入。"帝以奏示仲淹，仲淹言："臣与琦等皆一心，非有怯弱。但战者危事，当自谨守以观其变，未可轻兵深入。"琦又令尹洙至延州议，仲淹坚执不可。洙叹曰："公于此不及韩公也！韩公曰：'大凡用兵，当置胜败于度外。'"琦复上奏曰："仲淹意在招纳，使朝廷强之，终非己谋，将佐闻之，必无锐志。臣以贼昊倾国入寇，不过四五万，老弱妇女，举族而行。吾逐路重兵自守，势分力弱，故遇敌不支。若大军并出，鼓行而前，乘贼骄惰，破之必矣！今中外不究此故，此乃待贼太过。屯二十万重兵，只守界壕，中夏之弱，自古未有！臣恐边障日虚，士气日丧，经费益蹙，师老思归，贼乘此有吞陕右之心。乞别命近臣以观贼隙，如何进讨，断在不疑。”朝廷终难之。

时元昊遣高延德还延州与范仲淹约和，仲淹自为书贻元昊，备陈利害。韩琦闻之曰：“无约而请和者，谋也。”命诸将戒严而自行边。

二月，韩琦行边至高平，元昊果遣众寇渭州，逼怀远城。琦乃趋镇戎军，尽出其兵，又募勇士万八千人，命环庆副总管任福将之，以耿傅参军事，泾原都监桑怿为先锋，朱观、武英、王珪各以所部从福。将行，琦令福并兵自怀远趋德胜砦，至羊牧隆城，出敌之后。诸砦相距才四十里，道近，粮饷便，度势未可战，即据险置伏，要其归路。戒之再三，且曰：“苟违节制，有功亦斩。”福引轻骑数千趋怀远捺龙川，遇镇戎西路巡检常鼎、刘肃，与敌战于张家堡南，斩首数百。敌弃马羊、橐驼，佯北，桑怿引骑趋之，福踵其后。谍传敌兵少，福等因易之。薄暮，与怿合军，屯好水川，观、英屯笼络川，相距五里，约明日会兵川口，必使夏人匹骑无还，然不知已陷其伏中矣。路既远，刍饷不继，士马乏食者三日。时元昊自将精兵十万，营于川口，候者言夏人有砦不多。明日，福与怿循好水川西行，出六盘山下，距羊牧隆城五里，与夏军遇。诸将方知堕敌计，势不可留，遂前格战。怿于道旁得数银泥合，封袭谨密，中有动跃声，疑莫敢发。福至，发之，乃悬哨家鸽百余，自中起，盘飞军上，于是夏兵四合。怿驰犯其锋，福阵未成列，贼纵铁骑突之，自辰至午，阵（众）动。〔众〕（据宋史卷三二五任福传、续纲目、薛鉴改）欲据胜地，忽夏人阵中树鲍老旗，怿等莫测。既而旗左麾，左伏兵起；右麾，右伏兵起，自山背下击，士卒多堕崖堑相覆压，怿、肃战死。敌分兵数千断官军后，福力战，身被十余矢。有小校刘进劝福自免，福曰："吾为大将，兵败，以死报国耳！"挥四刃铁简，挺身决斗，枪中左颊，绝其喉而死。子怀亮亦死之。敌乃并兵攻观、英。战既合，珪自羊牧隆城引屯兵四千五百阵于观军之西，渭川驻泊都监赵津将瓦亭骑兵二千继至。珪屡出略阵，阵坚不可破。英被重伤，不能视军。敌兵益至，官军大溃，英、津、珪、傅皆死，士卒死者万三百人。惟观以兵千余保民垣，四向纵射，会暮，敌引去，得还。关右大震。时元昊倾国入寇，福临敌受命，所统皆非素抚之兵，又分出趋利，故至甚败。琦还至半途，阵亡者之父兄妻子数千人号于马首，持故衣纸钱，招魂而哭曰："汝昔从招讨出征，今招讨归而汝死矣，汝之魂亦能从招讨以归乎！"哀恸之声震天地，琦掩泣驻马不能进。范仲淹闻之，叹曰："当是时难置胜负于度外也！"奏至，帝震悼，为之旰食。宋庠请修潼关以备冲突。夏竦使人收散兵，得琦檄于福衣带间，言罪不在琦。琦亦上章自劾，犹夺一官。当时言者又谓，福之败由参军耿傅督战太急。后得傅书，乃戒福使持重，毋轻进。经略判官尹洙以傅文吏，无军责而死于行阵，又为时所诬，为作悯忠、辨诬二篇。

三月，元昊答范仲淹书，语极悖慢，仲淹对来使焚之。吕夷简语宋庠曰："人臣无外交，希文乃擅与元昊书，得其书又焚不奏，他人敢尔邪!"时朝廷命仲淹陈对，仲淹奏曰："臣始闻虏有悔过之意，故以书诱谕之。会任福败，虏势益张，故复书悖慢。臣以为使朝廷见之而不能讨，则辱在朝廷，乃对官属焚之，使若朝廷初不知者，则辱专在臣矣，故不敢上闻。"奏下两府共议，宋庠遽曰："仲淹可斩!"杜衍曰："仲淹志在招叛，盖忠于朝廷也，何可深罪。"争之甚力。宋庠谓夷简必有言助己，而夷简默无一语。上顾问夷简何如，夷简曰："杜衍之言是也，止可薄责而已。"乃降仲淹知耀州。

夏四月，以陈执中同陕西安抚经略招讨使。时夏竦判永兴军，执中知军事，议多异同，故分命竦屯鄜州，执中屯泾州。竦雅意在朝廷，及任以西事，颇依违顾避。尝出巡边，置侍婢军中，几至兵变。元昊命募得竦首与钱三千，其见轻侮如此。

六月壬辰，诏陕西诸路总管司严边备，"毋辄入贼界，贼至则御之"。

秋七月，元昊寇麟、府州，折继闵败之。

八月，元昊寇金明砦，破宁远砦，砦主王世亶、兵马监押王显死之。进围丰州，孤城无援，遂陷，知州王余庆、兵马监押孙吉死之。

时元昊遣兵分屯要害，以绝麟州饷道。杨偕请弃河外，保合河津，帝不许。会管勾麟府军马事张亢击贼琉璃堡，破之。又战于柏子砦及兔毛川，皆败之。遂筑建宁等五堡十余栅，河外始固。

冬十月，夏竦、陈执中罢。时知谏院张方平言："竦为统帅，三岁于兹，师惟不出，出则丧败，寇惟不来，来则伤残，安用为统帅也！今将校被斥而帅不加罪，非刑赏之公。"乃改竦判河中，执中知陕州。

分秦凤、泾原、环庆、鄜延为四路，以韩琦知秦州，王沿知渭州，范仲淹知庆州，庞籍知延州，各兼经略安抚招讨使，诏分领之。张方平言："泾原最当贼冲，王沿未惬人望，不当与琦等同列。"不报。

琦上言："请于鄜、庆、渭三州各更益兵三万人，拔用有勇略将帅，统领训练，预分部曲，远斥候，于西贼举动之时，先据要害，来则命驻札之兵观利整阵，并力击之。又于西贼未集之时，出三州已整之兵，浅入大掠，或破其和市，招其种落，筑垒拓地，别立经制。朝廷节俭省费，倾内帑三分之一分助边用，使行间觇贼。如此则二三年间，贼力渐屈，平定有期矣。"

自元昊叛，延州城砦焚掠殆尽，籍至，稍葺治之。戍兵十万，无壁垒，皆散处城中，畏籍莫敢犯法。籍命部将狄青将万人，筑招安砦于桥子谷傍，以断寇出入之路。又使周美袭取承平砦，王信筑龙安砦，悉复所亡地，筑十一城，延民以安。

初，元昊阴诱属羌为助，而环庆酋长六百余人约为乡导。事寻露。仲淹以其反覆不常，至部，即奏行边，以诏书犒赏诸羌，阅其人马，为立条约，诸羌皆受命，自是为中国用，羌人亲爱之，呼为“龙图老子”。

仲淹以庆州西北马铺砦当后桥川口，在贼腹中，欲城之，度贼必争，密遣其子纯佑与蕃将赵明先据其地，引兵随之。诸将不知所向，行至柔远，版筑皆具，旬日城成，即大顺城也。贼觉，以三万骑来战，佯北，仲淹戒勿追，已而果有伏。大顺既城，而白豹、金汤皆不敢犯，环庆自此寇盗益少。

仲淹在边，纯佑年方冠，与将卒杂处，钩深摘隐，得其材否。由是仲淹任人无失，所向有功。

自西方用兵，帝为旰食，然元昊亦困弊，渐有自悔之意。知谏院张方平言曰：“陛下犹天地父母也，岂与犬豕豺狼较乎！愿因郊赦，引咎示信，开其自新之路。”帝喜曰：“是吾心也！”命方平以疏付中书，吕夷简读之，拱手曰：“公言及此，社稷之福也！”

二年（壬午、一〇四二）闰九月，知延州庞籍言：“夏境鼠食稼，且旱，元昊思纳款。”诏命知保安军刘拯谕元昊亲信野利刚浪（唆）〔崚〕（据宋史卷三三五种世衡传、续纲目、薛鉴改，下同）、遇乞兄弟，言：“公方持灵、夏兵，傥内附，当以西平茅土分册之。”刚浪（唆）〔崚〕令浪埋、赏乞、媚娘三人诣种世衡乞降；又使其教练使李文贵至青涧报世衡，言：“用兵以来，资用困乏，人情便于和。”世衡与籍咸疑其诈，乃屯兵青涧，留文贵不遣。已而元昊果大举入寇，攻镇戎军。王沿使副总管葛怀敏督诸砦兵御之，分诸将为四路，趋定（州）〔川〕砦。（据宋史卷二八九葛怀敏传、又卷三一四范仲淹传改）贼毁桥，断其归路，四面围之。怀敏突围走，由是大溃。怀敏驰至长城濠，路已断，遂及将校十四人死焉。余军九千四百，马六百，皆为敌所得。元昊乘胜直抵渭州，焚荡庐舍，屠掠民畜。自泾、邠以东，皆闭垒自守。范仲淹自将庆州蕃、汉兵援之，元昊乃还。议者欲以金缯啖契丹，使攻元昊。命御史中丞贾昌朝往使，昌朝力辞使命，且上疏曰："太祖收方镇之权，以为万世利。及太宗时，将帅率多旧人，犹能仗威灵，所向有功。近岁因西羌之叛，骤择将领，而士不练习，以屡易之将，驭不练之士，故战则必败，此削方镇太过之弊也。况今武臣多亲旧恩幸，出即为将，素不知兵，一旦付以千万人之命，是驱之死地矣，此用亲旧恩幸之弊也。请自今方镇守臣无数更易，刺史以上宜慎所授，以待有功。且命将之时，去疑贰，推恩惠，务责以大效，使一切便宜从事，庶得驭将之道。"帝嘉纳之。

冬十月戊午，发定州禁军二万二千人屯泾原。庚申，诏恤将校阵亡其妻女无依者，养之宫中。

十一月壬申，黑气贯北斗。辛巳，以韩琦、范仲淹、庞籍为陕西安抚经略招讨使，置司泾州。初，翰林学士王尧臣体量安抚陕西归，上疏论兵，因言韩琦、范仲淹皆忠义智勇，不当置之散地。及葛怀敏败死，中外震惧，帝思尧臣之言。会仲淹附王怀德入奏："乞与韩琦同经略泾原，并驻泾州，琦兼秦凤，臣兼环庆。泾原有警，臣与琦合，秦凤、环庆之兵掎角而进。若秦凤、环庆有警，亦可率泾原之师为援。臣当与琦练兵选将，渐复横山，以断贼臂，不数年间，可期平定。愿诏庞籍兼领环庆，以成首尾之势。秦州委文彦博，庆州用滕宗谅总之，渭州一武臣足矣。”帝采用其策，于是复置陕西路经略安抚招讨使，总四路之事，置府泾州，益屯兵三万，以琦、仲淹、籍分领之。复以尧臣为体量安抚使，徙彦博帅秦，宗谅帅庆，张亢帅渭州。尧臣复言：“琦等既为陕西四路招讨等使，则四路当禀节制，不当复带使名，各置司行事，使所禀不一。”于是诸路并罢经略使。琦与仲淹在兵间久，名重一时，人心归之，朝廷倚以为重。二人号令严明，爱抚士卒，诸羌来者，推诚抚接，咸感恩畏威，不敢辄犯边境。边人为之谣曰：“军中有一韩，西贼闻之心胆寒。军中有一范，西贼闻之惊破胆。”

三年（癸未、一〇四三）春正月，诏陕西沿边招讨使韩琦、范仲淹、庞籍，“凡军期申覆不及，皆便宜从事”。用安抚使王尧臣请也。

癸巳，元昊上书请和。时西鄙用兵日久，帝心厌之。会契丹使至，亦言元昊欲归款，乃密诏庞籍招纳之。籍遣李文贵还以通意。元昊闻之大喜，仍使文贵至延州议和，然犹倔强，不肯削僭号，且云：“如日方中，止可顺天西行，安可逆天东下。”籍以其言未服，乃令自请。诏籍复书许之。元昊知朝廷许和有绪，乃遣其六宅使贺从勖与文贵至延州上书，自称“男邦泥定国兀卒，上书父大宋皇帝。”更名曩霄而不称臣。兀卒即吾祖也，如可汗号。籍言：“名体未正，不敢以闻。”从勖曰：“子事父，犹臣事君也。若得至京师，天子不许，更归议之。”籍送使者阙下，因陈便宜，言：“羌久不通和市，国人愁怨。今辞理浸顺，必有改事中国之心，请遣使谕之。”

契丹使来，请勿纳元昊。朝廷未知所答，礼部郎中吴育因上疏曰：“契丹受恩，为日已久，不可纳一叛羌，失继世兄弟之欢。今二番自斗，斗久不解，可观形势，乘机立功。万一过计亟纳元昊，臣恐契丹窥兵赵、魏，朝廷不得元昊毫发之助，而太行东西且有烟尘之警矣。宜使人谕元昊曰：‘契丹，汝世姻，一旦自绝，力屈而归我，我所疑也。若无他者，当顺契丹如故，然后许汝归款。’告契丹曰：‘已诏元昊，如能投谢辕门，即听内附；若犹坚拒，当为讨之。’如此则彼皆不能归罪我矣。”于是诏两制，出契丹书，令两制同上对，不异育议。

范仲淹巡边，知环州属羌多密与元昊相通，以种世衡素得属羌心，而青涧城已完，乃奏徙世衡知环州以镇抚之。有牛奴讹素倔强，未尝出见州官，闻世衡至，乃来郊迎。世衡与约，明日当至其帐，慰劳部落。是夕，雪深三尺。左右曰：“奴讹凶诈难信，且道险不可行。”世衡曰：“吾方以信结诸胡，可失期邪！”遂冒雪而往。既至，奴讹大惊曰：“吾世居此山，汉官无敢至者。公了不我疑耶！”帅部落罗拜，皆感激心服。

夏四月癸卯，贺从勖至京师，帝用庞籍言，命著作佐郎邵良佐如夏州，许册封元昊为夏国主，岁赐绢十万匹，茶三万斤。富弼言：“元昊臣契丹而不臣我朝，则是谓契丹无敌于天下矣。须令称臣，乃可许和。”蔡襄亦言：“元昊自称兀卒，既又译为吾祖，特以侮慢朝廷。使朝廷赐之诏而亦曰吾祖，是何等语邪！不可许其请。”帝皆不听。良佐至夏州，元昊亦遣如定聿舍、张延寿等来议和及岁币。甲辰，朝廷以元昊请和，遂诏韩琦、范仲淹为枢密副使，命知永兴军郑戬代之。富弼言：“西羌未殄，亦须借材，若二人俱来，或恐阙事。愿召一人使处于内，一人就授副枢，且令在边，表里相济，事无不集。”不听。时元昊倚契丹，邀索无厌，晏殊等厌兵，将一切从之，琦力陈其不便，帝嘉纳之。

四年（甲申、一〇四四）五月，元昊复遣使上誓表，言：“两失和好，遂历七年，立誓自今，愿藏盟府。其前日所掠将校、民户，各不复还。自此有边人逃亡，亦毋得袭逐。臣近本国以城砦进纳朝廷，其栲栳、镰刀、南安、承平故地及他边境蕃、汉所居，乞画中为界，于内听筑城堡。凡岁赐银、绮、绢、茶二十五万五千，乞如常数。臣不复以他相干。乞颁誓诏，盖欲世世遵守，永以为好。傥君亲之义不存，或臣子之心渝变，当使宗祚不永，子孙罹殃！”帝遣使赐元昊诏，从之。

十二月，遣尚书员外郎张子奭充册礼使，册元昊为夏国主。仍赐对衣、黄金带、银鞍勒马、银二万两、绢二万匹、茶三万斤。册以漆书竹册，借以锦。金涂银印，文曰：“夏国主印。”约称臣，奉正朔，改所赐敕书为诏而不名。

许自置官属。使至京，就驿贸卖，宴坐朵殿。使至其国，相见用宾客礼。置榷场于保安军及高平砦，第不通青盐。命国子博士高良夫等会夏人画疆界。然朝廷使往，止留馆宥州，终不复至兴、灵，而元昊帝其国中自若也。

五年（乙酉、一〇四五）夏四月，夏人归石元孙。谏官御史奏元孙军败不死，为国辱，请斩于塞下，以示西人。贾昌朝曰："春秋，晋、楚战于邲，楚获晋知罃，晋获楚公子谷臣，既而晋归谷臣以求知罃，楚人许之，各全其生。请如故事赦之。"因入对，又袖出魏于禁传以奏曰："前代将臣覆没而还，多不加罪。"帝乃贷元孙，编管全州，子弟尝授阵亡恩泽者，并夺追之。

八年（戊子、一〇四八）春，元昊死，时年四十六。子谅祚方期岁，没藏氏所生也，养于母族讹庞，讹庞因与三大将分治国政。谥元昊曰武烈皇帝，庙号景宗，尊没藏氏为皇太后。

李焘曰：元昊初娶遇乞从女野利氏，生宁令哥，特爱之，以为太子。既而欲为宁令哥纳没移氏为妻，见其美，自取之。宁令哥愤，杀元昊，不死，劓其鼻而去，匿讹庞家，为讹庞所杀。元昊因鼻创死。

夏四月，册谅祚为夏国主。先是，夏遣使来告哀，朝廷及契丹皆遣使慰奠。议者请因谅祚幼弱，母族专国，以节钺啖其三大将，使各有所部分，以披其势，可以得志。陕西安抚使程琳曰："幸人之丧，非所以柔远人，不如因而抚之。"帝乃遣使册谅祚为夏国主。议者深惜朝廷之失机会。

宋史纪事本末卷三十一

侬智高

仁宗皇祐元年（己丑、一〇四九）九月乙巳，广源州蛮侬智高反，寇邕州。初，侬氏自唐初即雄于西原，世为广源州首领。唐末，交阯强盛，广源服属之。知傥犹州侬全福为交人所杀，其妻改适商人，生智高，冒姓侬氏。既壮，与其母据傥犹州，建国曰大历。交人攻而执之，释其罪，使知广源州。智高怨交阯，乃乘间袭据安德州，僭称南天国，改元景瑞。因招纳亡命，贡献中国，求内附，朝廷不许。复奉金函书以请，亦不报。智高怒，与广州进士黄师(密)〔宓〕（据宋史卷四九五侬智高传、续纲目、薛鉴改。下同）等谋据广南，乃数出敝衣易谷食，绐言洞中饥馑，部落离散。知邕州陈珙信之，不设备。智高一夕忽纵火焚其居，因绐众曰："平生积聚，今为天火所焚，生计穷矣。当取邕、广以自王，否则兵死。”众从之。遂率众五千，沿江东下，攻邕州横江寨，守臣张日新等战死。诏江南、福建等路发兵备之。

四年（壬辰、一〇五二）五月，智高陷邕、横诸州，遂围广州，诏钤辖陈曙等发兵讨之。智高攻陷邕州，执知州陈珙等，欲任司户孔宗旦以事，宗旦不屈，大骂而死。智高即州建大南国，自称仁惠皇帝，改元启历，置官属。时天下久安，广南州郡无备，智高所向，守臣辄弃城走，遂陷横、贵、藤、梧、康、端、龚、封八州。知封州曹觐、知康州赵师旦皆战死。智高进围广州，知州魏瓘力战御之。知英州苏缄搜募壮勇合数千人赴援，扼贼归路，得黄师（密）〔宓〕父，斩之以徇。而转运使王罕亦自外至，募民兵，益修守备，城得不陷。事闻，命陈曙讨之。又以余靖为广西安抚使，同提刑李枢及曙经制贼盗事。复以杨畋体量安抚广南，发广东钤辖兵赴之。

六月丁亥，以狄青为枢密副使。初，尹洙与青谈兵，善之，荐于韩琦、范仲淹，曰：“此良将材也。”二人待之甚厚。仲淹授以左氏春秋，且曰：“将不知古今，匹夫勇耳。”青由是折节读书，悉通秦、汉以来将帅兵法，累进马军副都指挥使。狄青起行伍，十余年而显贵，面涅犹存。帝尝敕青傅药除之，青指其面曰：“陛下以功擢臣，不问门地，臣所以有今日，由此涅耳。臣愿留以劝军中，不敢奉诏。”帝益重之。至是，自知延州召拜副使，台谏王（居）〔举〕正（据宋史卷二六六本传、续纲目、薛鉴改）等谏其不可，帝不听。

秋七月，依智高陷昭州。九月，以孙沔为广南安抚使。初，以沔知秦州，入见，帝以秦事勉之，对曰："秦州不足烦圣虑，陛下当以岭南为忧。臣观贼势方张，官军朝夕当有败奏。"既而昭州钤辖张忠以败闻，帝乃除沔湖南、江西安抚使。沔请发骑兵，求武库精甲。梁适折沔曰："毋张皇！"沔曰："前日惟亡备，故至此，（乃）今〔乃〕（据宋史卷二八八孙沔传、续纲目、薛鉴改）欲示镇静邪？夫实备不至而貌为镇静，危亡之道也！"乃与兵七百人。沔忧贼度岭而北，乃檄湖南、江西曰："大兵且至，其缮治营垒，多具燕犒。"贼疑，不敢北侵。行至鼎州，加广南安抚使。

智高寇扰日甚，岭外骚动，杨畋等久无功，帝以为忧。智高移书行营，求邕桂节度使。帝将受其降，梁适曰："若尔，则岭表非朝廷有矣！"会狄青上表请行，遂以为宣抚使，提举广南经制盗贼事。青入对，自言曰："臣起行伍，非战伐无以报国。愿得蕃落数百骑，益以禁兵，羁贼首致阙下。"帝壮其言。时命入内都知任守忠为青副，知谏院李兑言："唐失其政，以宦者观军容，致主将掣肘，是不足法。"遂罢守忠。谏官韩绛复言："青，武人，不宜专任。"帝以问庞籍，籍力赞青可用，且言："号令不专，不如不遣。"乃诏岭南诸军皆受青节度。

依智高陷宾州，复入于邕。时交阯请出兵助讨智高，余靖以便宜许之，请于朝。狄青奏曰："假兵于外以除内寇，非我利也。以一智高横践二广，力不能制，乃假蛮夷兵，蛮夷贪得忘义，因而启乱，何以御之！愿罢交阯助兵。”帝从之。

十二月，狄青勒兵宾州，陈曙兵败，青斩之以徇。青行军，立行伍，明约束，野宿皆成营栅。至广南，合孙沔、余靖之兵，进次宾州。戒诸将：“无得妄与贼斗，听吾所为。”广西钤辖陈曙乘青未至，辄以步兵八千击贼，溃于昆仑关，殿直袁用等皆遁。青曰：“令之不齐，所以致败。”晨会诸将堂上，揖曙起，并召用等三十二人，按以败亡状，驱出军门，斩之。沔、靖相顾愕眙，诸将股栗，莫敢仰视。

五年（癸巳、一〇五三）春正月，狄青夜度昆仑关，大败侬智高于邕州，智高走大理，广南平。青既诛陈曙，因按兵止营，令军休十日，众莫测。贼觇者还言，军未即进。青明日即整兵，自将前军，孙沔将次军，余靖为殿，夕次昆仑关。黎明，整大将旗鼓，诸将环立帐前，待令乃发，而青已微服与先锋度关，趣诸将会食关外。贼方觉，悉出逆战。右将孙节搏贼，死山下，贼气锐甚，沔等惧失色。青执白旗，麾蕃落骑兵，从左右翼击之，纵横开合，部伍不乱。贼不知所为，大败走，追奔五十里，斩首数千级。贼党黄师（密）〔宓〕、侬建中等及伪官属死者百五十七人，生擒贼五百余，死者万计。智高等夜纵火烧城，遁去，由合江口入大理。迟明，青按兵入城，获金帛钜万，招复老壮七千二百尝为贼所俘胁者，慰遣之。枭师（密）〔宓〕等于城下，敛尸，筑京观于城北隅。时贼尸有衣金龙衣者，众谓智高已死，欲以上闻，青曰：“安知其非诈邪！宁失智高，不敢诬朝廷以贪功也。”广南悉平。捷至，帝喜曰：“青破贼，庞籍之力也。”又曰：“向非梁适言，南方安危未可知也。”诏余靖经制广西，追捕智高，而召青、沔还。后二年，靖遣都监萧注入特磨道，生获智高母及其弟智光、子继宗、继封；又募死士使大理求智高，重译得至，会智高已死于大理，函首至京师，乃诛其母及其弟、子。

五月，以狄青为枢密使，孙沔为副使，赏平广南功也。庞籍及台谏朝士皆论青不可长省府，帝不听。

宋史纪事本末卷三十二

贝州卒乱 王则

仁宗庆历七年（丁亥、一〇四七）十一月，贝州卒王则据城反。以明镐为河北安抚使。则，涿州人，初以岁饥，流至贝州，自卖为人牧羊，后隶宣毅军为小校。贝、冀俗尚妖幻，相与习为五龙、滴泪等经及诸图谶书，言："释迦佛衰谢，弥勒佛当持世。"则之与母诀也，尝刺"福"字于背以为记。妖人因妄传则字隐起，争信事之。州吏张峦、卜吉主其谋，党与连德、齐诸州，约以明年正旦，断澶州浮梁，作乱。会其党以书（诣）〔谒〕（本卷校改各条，均以宋史卷二九二明镐传、续纲目、薛鉴为依据）北京留守贾昌朝，事觉被执，则故不待期，亟以冬至日反。时知州张得一方与官属谒天（灵）〔庆〕观，则率其徒劫库兵，执得一囚之；从通判董元亨索库钥，元亨厉声骂贼，贼遂杀之，又杀司理王奖等。兵马都监田斌以从卒巷战，不胜而出。城扉阖，提点刑狱田京等缒城出，保南关，入骁健营，抚士卒。凡有欲应贼者，京以计尽诛之，由是营兵在外者皆慑服，南关得不陷。则僭称东平王，〔建〕国曰安阳，年号曰德胜。旗帜号令皆以佛为称。城以一楼为一州，书州名，补其徒为知州，每面置一总管。然缒城下者日众，于是令民伍伍为保，一人缒，余悉斩。事闻，以知开封府明镐为体量安抚使，而诏贝州，"有能获贼者，授诸卫上将军"。镐至贝州，民汪文庆自城上系书射镐帐，约为内应，夜垂絙以引官军，入城者数百人。贼觉，率众拒战，官军不利，乃与文庆等复缒而出。镐以贝州城峻不可攻，乃为距闉，将成，为贼所焚。镐乃即南〔城〕为地道，日攻其北以牵制之。

八年（戊子、一〇四八）春正月，朝廷以则未下，命文彦博为河北宣抚使，镐为之副。夏竦恶镐，恐其成功，凡镐所奏，辄从中沮之。彦博既受命，请军事得专行，许之。彦博至贝，镐穿道适通，遂选壮士，夜半由地道入城。众登城，贼纵火牛。官军以枪中牛鼻，牛还，攻之，贼大溃，开东门遁。总管王信追则，擒之。余众保村舍者皆被焚死。竦复言所获恐非真盗，乃诏槛送则京师，磔于市。贼据城凡六十六日而败。改贝州为恩州。张得一以降贼伏诛。诏以彦博同平章事，加明镐端明殿学士，封贾昌朝为安国公。侍读学士杨偕言："贼发昌朝部中，至出大臣乃能平，昌朝为有罪，不当赏。"弗听。

夏四月，以明镐参知政事，文彦博推镐贝州之功，且荐其才可大用故也。

宋史纪事本末卷三十三

浚六塔二股河

仁宗天圣五年（丁卯、一〇二七）秋七月，诏发丁夫三万八千，卒二万一千，缗钱五十万，塞滑州决河。

六年（戊辰、一〇二八）八月，河决于澶州之王楚埽。

八年（庚午、一〇三〇），始诏河北转运〔司〕（本卷校改与增补各条，除文下注明者外，均以宋史卷九一至卷九三河渠志为依据），计塞河之备。良山令陈曜请疏郓、滑界糜丘河以分水势，遣使行视之。

庆历元年（辛巳、一〇四一）诏权停修决河。自此久不复塞，而开河分水之议起焉。

皇祐元年（己丑一〇四九）三月，河合永（清）〔济〕渠，注乾宁军。

二年（庚寅、一〇五〇）秋七月，河复决大名府馆陶县之郭固。

至和二年（乙未、一〇五五），遣使行度故道，且诣铜城镇海口，约古道高下之势。先是，朝廷既塞郭固，而河势犹壅，议者请开六塔以披其势，故有是命。翰林学士欧阳修上疏曰："朝廷欲俟秋兴大役，塞商胡，开横陇，回大河于古道。夫动大众必顺天时，量人力，谋于其始而审于其终，然后必行，计其所利者多，乃可无悔。比年以来，兴役动众，劳民（损）〔费〕财，不精谋虑于厥初，轻信利害之偏说，举事之始，既已仓皇，群议一摇，寻复悔罢。不敢远（指）〔引〕他事，且如河决商胡，是时执政之臣不慎计虑，遽谋修塞，凡科配梢芟一千八百万，骚动六路一百余军、州。官吏催驱，急若星火，民庶愁苦，盈于道途。或物已输官，或人方在路，未及兴役，寻已罢修，虚费民财，为国敛怨，举事轻脱，为害若斯。今又闻复有修河之役，聚三十万人之众，开一千余里之长河，计其所用物力，数倍往年。当此天灾岁旱，民困国贫之际，不量人力，不顺天时，知其有大不可者五：盖自去秋至春，半天下苦旱，京东尤甚，河北次之。国家常务安静振恤之，犹恐民起为盗，况于两路聚大众，兴大役乎！此其必不可者一也。河北自恩州用兵之后，继以凶年，人户流亡，十失八九。数年以来，人稍归复，然死亡之余，所存者几，疮痍未敛，物力未完。又京东自去冬无雨雪，麦不生苗，将逾暮春，粟未布种，农心焦劳，所向无望。若别路差夫，则远者难为赴役，就河便近，则两路力所不任，此其必不可者二也。

往年议塞滑州决河，时公私之力未若今日之贫虚，然犹储积物料，诱率民财，数年之间，始能兴役。今国用方乏，民力方疲，且合商胡塞大决之洪流，此一大役也；〔凿横陇，开久废之故道，又一大役也；〕自横陇至海千余里，埽岸久〔已〕废顿，须兴缉补，又一大役也。往年公私有力之时，兴一大役尚须数年，今猝兴三大役于灾旱贫虚之际，此其必不可者三也。就令商胡可塞，故道未必可开。鲧障洪水，九年无功。禹得洪范五行之书，知水润下之性，乃因水之流，疏而就下，水患乃息。然则以大禹之神功不能障塞，但能因势而疏决耳。今欲逆水之性，障而塞之，夺洪河之正流，使人力斡旋回注，是大禹之所不能，此其必不可者四也。横陇湮塞已二十年，商胡决又数年，故道已平而难凿，安流已久而难回，此其必不可者五也。臣伏思国家累岁灾谴甚多，其于京东变异尤大。地贵安静而有声，巨嵎山摧，海水摇荡，如此不止者仅十年。天地警戒，宜不虚发。臣谓变异所起之方，尤当过虑防惧。今乃欲于凶俭之年，聚三十万之大众于变异最大之方，臣恐灾祸自此而发也。况京（都）〔东〕赤地千里，饥馑之民正苦天灾，又闻河役将动，往往伐桑毁屋，无复生计。流亡盗贼之患，不可不虞。宜速止罢，用安人心。”

九月，诏：“自商胡之决，大河注食堤埽，为河北患，其故道又以河北、京东饥故未兴役。今河渠司李仲昌议，欲纳水入六塔河，使归横陇旧河，舒一时之急。其令两制至待制以上台谏官与河渠司同详定。”修又上疏曰：“伏见学士院集议修河，未有定论，盖由贾昌朝欲复故道，李仲昌请开六塔，互执一说，莫知孰是。臣愚皆谓不然。言故道者未详利害之原，述六塔者近乎欺罔之谬。今谓故道可复者，但见河北水患，而欲还之京东，然不思天禧以来河水屡决之因，所以未知故道有不可复之势，〔此〕（据长编、欧集奏议卷一三补）臣故谓未详利害之原也。若言六塔之利者，则不待攻而自破矣。今六塔既已开，而恩、冀之患何为尚告奔腾之急？此则减水未见其利也。又开六塔者云：'可以全回大河，使复横陇故道。'今六塔止是别河下流，已为滨、棣、德、博之患，若全回大河，顾其害如何？此臣故谓近乎欺罔之谬也。且河本泥沙，无不淤之理。淤常先下流，下流淤高，水行渐壅，乃决上流之低处，此势之常也。然避高就下，水之本性，故河流已弃之道，自古难复。臣不敢广述河源，且以今所欲复之故道，言天禧以来屡决之因。初，天禧中，河出京东，水行于今所谓故道者。水既淤涩，乃决天台埽，寻塞而复故道。未几，又决于滑州南铁狗庙今所谓龙门埽者，其后数年，又塞而复故道。已而又决王楚埽，所决差小，与故道分流，然而故道之水终以壅淤，故又于横陇大决。是则决河非不能力塞，故道非不能力复，所复不久终必决于上流者，由故道淤而水不能行故也。及横陇既决，水流就下，所以十余年间，河未为患。至庆历三、四年，横陇之水又自海口先淤，凡一百四十余里。其后游、金、赤三河相次又淤，下流既梗，乃决于上流之商胡口。然则京东、横陇两河故道，皆下流淤塞河水已弃之高地。京东故道，屡复屡决，理不可复，不待言而易知也。昨议者度京东故道工料，但云〔铜城已上地高，不知大抵东去皆高，而〕（据长编、欧集奏议卷一三补）铜城已上乃特高尔，其东比铜城已上则稍低，比商胡已上则实高也。若云铜城已东地势斗下，则当日水流宜决铜城已上，何缘而顿淤横陇之口？亦何缘而大决也？然则两河故道既皆不可为，则河北水患何为而可去！臣闻智者之于事，有所不能必则较其利害之轻重，择其害少者而为之，犹愈害多而利少，何况有害而无利？此三者可较而择也。又商胡初决之时，欲议修塞，计用梢芟一千八百万，科配六路一百余州、军。今欲塞者，乃往年之商胡，则必用往年之物数，至于开凿故道，张奎所计，工费甚大，其后李参减损，犹用三十万人。然欲以五十步之狭容大河之水，此可笑也。又欲增一夫所开三尺之方，倍为六尺，且阔厚三尺而长六尺，自一倍之功，在于人力，已为劳矣。且六尺之方，以开方法算之，乃八倍之功，此岂人力之所胜？是则前功既大而难兴，后功虽小而不实。大抵塞商胡，开故道，凡二大役，皆困国劳人。所举如此，而欲开难复屡决已验之故道，使其虚费，而商胡不可塞，故道不可复，此所谓有害而无利者也。就使幸而暂塞以纾目前之患，而终于上流必决如龙门、横陇之比，此所谓利少而害多也。若六塔者，于大河有（分）〔减〕水之名，而无减患之实。今下流所散，为患已多，若全回大河以注之，则滨、棣、德、博、河北所仰之州，不胜其患，而又故道淤涩，上流必有他决之虞，此直有害而无利耳。是皆智者之不为也。今若因水所在，增治堤防，疏其下流，浚以入海，则可无决溢散漫之虞。今河所历数州之地，诚为患矣；堤防岁用之夫，诚为劳矣。与其虚费天下之财，虚举大众之役，而不能成功，终不免为数州之患，劳岁用之夫，（此）则〔此〕所谓害少者，乃智者之所宜择也。大约今河之势，负三决之虞：复故道，上流必决；开六塔，上流亦决；河之下流若不浚使入海，则上流亦决。臣请选知水利之臣，就其下流，求入海路而浚之。不然，下流梗涩，则终虞上决，为患无涯。”帝不听，卒从仲昌议。

嘉祐元年（丙申、一〇五六）夏四月，六塔河复决。时殿中丞李仲昌等塞商胡，北流入六塔河，不能容，以致复决，溺兵夫，漂刍藁，不可胜计，河北被害者凡数千里。诏三司判官沈立往行视。内使刘恢遂奏：“六塔之役，水死者数千万人。穿土干犯禁忌，且河口乃赵征村，于国姓御名有嫌，而大兴锸斸，非便。”诏罢其役。令御史吴中复、内侍邓守恭置狱于澶，劾仲昌等违诏旨，不俟秋冬塞北流，以致决溃。于是流仲昌于英州，余各被谪有差。

五年（庚子、一〇六〇）春正月，议凿二股河。自李仲昌贬，河事久无议者。至是，都转运使韩贽言：“四界首古大河所经，即沟洫志所谓‘平原金堤，开通大河，入笃马河，至海五百余里’者也。自春以丁壮三千浚之，可一月而毕，支分河流入金、赤河，使其深六尺，为利可必。商胡决河自魏至于恩、冀、乾宁，入于海。今二股河自魏、恩东至于德、沧，入于海。分而为二，则上流不壅，可以无决溢之患。”乃上四界首二股河图。

英宗治平元年（甲辰、一〇六四），始命浚二股河，以纾恩、冀之患。未几，又并五股河浚之。

神宗熙宁元年（戊申、一〇六八）六月，河溢恩州，又决冀州枣强埽。七月，又溢瀛州乐寿埽。于是都水监丞李立之请于恩、冀、深、瀛等州创生堤三百六十七里以御河。宋昌言谓：“今二股河门变移，请迎河溇进约，签入河身，以纾四州水患。”都水监复奏：“庆历中，商胡北流于今二十余年，自澶州下至乾宁军，创堤千有余里，公私劳扰。近岁冀州而下，河道梗塞，致上下埽岸屡危，虽创新岸，终非久计。愿相六塔旧口，并二股河，导使东流，徐塞北流。”便诏翰林院学士司马光、入内副都知张茂则乘传相度四州生堤，回日兼视六塔、二股利害。

二年（己酉、一〇六九）正月，光入对，请如宋昌言策，于二股之西置上约，擗水令东。俟东流渐深，北流淤浅，即塞北流，放出御河、胡卢河，下纾恩、冀、深、瀛以西之患。初，商胡决河自魏之北至恩、冀、乾宁，入于海，是谓北流。嘉祐八年，河流派于魏之第六埽，遂为二股，自魏、恩东至于德、沧，入于海，是谓东流。时议者多不同，李立之力主生堤，帝不听，卒用昌言策，置上约。会北京留守韩琦言：“今岁兵夫数少，而（舍）〔金〕堤两埽修上下约甚急，深进马头，欲夺大河。缘二股及嫩滩旧阔千一百步，是以可容涨水，今截去八百步有余，则将束大河于二百余步之间。下流既壅，上流蹙遏湍怒，又无兵夫修护堤岸，其冲决必矣。况自德至沧，皆二股下流，既无堤防，必侵民田。设若河门束狭，不能容纳涨水，上下约随流而脱，则二股与北流为一，其患愈大。”帝因谓二府曰：“韩琦颇疑修二股。”赵抃曰：“人多以六塔为戒。”王安石曰：“异议者，皆不考其事实故也。”帝又问：“程昉、宋昌言同修二股何如？”安石以为可治。帝曰：“欲作签河甚善。”安石曰：“诚然！若及时作之，则往河可东，北流可闭。”帝然之。

七月，张巩等奏：“上约屡经泛涨，并下约各已无虞，东流势渐顺快，宜塞北流，除恩、冀、深、瀛等州水患。”司马光言：“巩等欲塞河北流，臣恐劳费未易。或幸而可塞，则东流浅狭，堤防未全，必致决溢，是移恩、冀、深、瀛之患于沧、德等州也。不若俟二三年间，东流益深阔，北流渐浅，塞之便。”帝曰：“今不俟东流顺快而塞北流，他日河势改移，奈何？且若河水常分二流，何时当有成功？”光曰：“若上约流失，其事不可知。上约存则东流必增，北流必减。借使分为二流，于巩等不见成功，于国家亦无所害，何则？西北之水并于山东则为害大，分则害小矣。巩等亟欲塞北流，皆为身谋，不顾国力与民害也。”帝卒从巩议。

四年（辛亥、一〇七一）秋七月，北京新堤第四、第五埽决，漂溺馆陶、永济、清阳以北。八月，河溢澶州曹村。十月，溢卫州王供。时新堤凡六埽，而决者（三）〔二〕，下属恩、冀，贯御河，奔冲为一，帝忧之。是时，人争言导河之利，张茂则等谓："二股河地最下，而旧防可因。今湮塞者才三十余里，若度河之湍，浚而逆之，又存清水镇河以析其势，则悍者可回，决者可塞。"帝然之。十二月，令河北转运使开修二股河上流，并塞〔第五埽〕决口。

五年（壬子、一〇七二）夏四月，二股河成。六月，河溢夏津。帝语执政："闻京东调夫修河有坏产者，河北调急夫（役犹）〔尤〕多。若河复决，奈何？且河决不过占一河之地，或西或东，若利害无所较，听其所趋，如何？"王安石曰："北流不塞，占公私田至多。又水散漫，久复淀塞。昨修二股，费至少，而公私田皆出，向之潟卤俱为沃壤，庸非利乎！况调夫已减于去岁。若（夫）〔复〕葺理堤防，则河北岁夫愈减矣。"

六年（癸丑、一〇七三）夏四月，置疏浚黄河司。先是，有选人李公义者，献铁龙爪扬泥车法以浚河。其法，用铁数斤，为爪形，以绳系舟尾而沉之水，篙工急擢，乘流相继而下，一再过，水已深数尺。宦官黄怀信以为可用，而患其太轻。王安石请令怀信、公义同议增损，乃别制浚川杷。其法，以巨木长八尺，齿长二尺，列于木下如杷状，以石压之，两旁系大绳，两端矴大船，相距八十步，各用滑车绞之，去来挠荡沙泥，已，又移船而浚。或谓水深则杷不能及底，虽数往来，无益；水浅则齿碍沙泥，曳之不动，卒乃反齿向上而曳之。人皆知不可用，惟安石善其法，使怀信先试之，以浚二股。又谋凿直河数里，以观其效。

且言于帝曰："开直河则水势分，其不可开者，以近河每开数尺即见水，不容施工尔。今第见水即以杷浚之，水当随杷改趋直河。苟置数千杷，则诸河浅淀，皆非所患，岁可省开浚之费几百千万。"帝曰："果尔，甚善。闻河北小军垒当起夫五千，计合境之丁，仅及此数，一夫至用钱八缗。故欧阳修尝谓：'开河如放火，不开如失火。'与其劳人，不如勿开。"安石曰："劳人以除害，所谓毒天下之民而从之者。"至是遂置司，将自卫州浚至海口，以虞部郎范子渊为都大提举，公义为之属。当是时，北流闭已数年，水或横决散漫，尝虞壅遏。外监丞王令图献议，于北京第四、第五埽等处开修直河，使大河还二股故道。从之。

十年（丁巳、一〇七七）秋七月，河决澶州。自开直河，水势渐涨，田庐益坏，至是，遂大决于澶州曹村。北流断绝，河道南徙，东汇于梁山张泽泺，分为二派，一合南清河入于淮，一合北清河入于海，凡灌郡县四十五，而濮、齐、郓、徐尤甚。遣使修闭。判大名府文彦博言："河势变移，四散漫流，两岸俱被水患，而都水止护东流北岸，希省费之赏，未尝增修堤岸。今者之决溢非天灾，实人力不至之咎。"

元丰元年（戊午、一〇七八）夏四月，决口塞。诏改曹村埽曰灵平。五月，新堤成，闭口断流，河复归北。初，河决澶州也，北外监丞陈（佑）〔祐〕甫谓："商胡决三十余年，所行河道，填淤渐高，堤防岁增，未免泛滥。今当修者有三，商胡一也，横陇二也，禹旧迹三也。然商胡、横陇故道，地势高平，土性疏恶，皆不可复，复亦不能持久。惟禹故渎尚存，在大伾、太行之间，地卑而势固，故秘阁校理李垂与今知深州孙民先皆有修复之议。望召民先同河北漕臣一员，自卫州王供埽按视，讫于海口。”从之。

四年（辛酉、一〇八一）夏四月，小吴埽复大决，自澶注入御河，恩州危甚。六月戊午，诏：“东流已填淤不可复，将来更不修闭小吴决口，候见大河归纳，应合修立堤防，令李立之经画以闻。”帝谓辅臣曰：“河之为患久矣，后世以事治水，故尝有碍。夫水之趋下，乃其性也，以道治水，则无违其性，可也。如能顺水所向，迁徙城邑以避之，复有何患？虽神禹复生，不过如此。”辅臣皆曰：“诚如圣谕。”已而立之言：“河流自乾宁军至劈地口入海，宜自北京至瀛州分立东、西堤五十九埽。”诏从之。立之在熙宁初已主立堤，今竟行其言。

大抵熙宁初，专主导东流，闭北流。元丰以后，因河决而北，议者始欲复禹故迹。帝爱惜民力，思顺水性，而水官难其人。王安石力主程昉、范子渊，故二人尤以河事自任，然糜费财力，卒无成功。

哲宗元祐元年（丙寅、一〇八六）三月，降范子渊知峡州，中丞吕陶劾其罪故也。中书舍人苏轼作制词，有曰：“汝以有限之财，兴必不可成之役，驱无辜之民，置之必死之地。”时以为至言。

九月，诏秘书监张问相度河北水事。时河流虽北，而孙村低下，夏秋霖雨涨水，往往东出，小吴之决既未塞，又决大名之小张口，河北诸郡皆被水灾。知澶州王令图建议浚迎阳埽旧河，又于孙村金堤置约，复故道。转运使范子奇仍请于大吴北岸修进锯牙，擗约河势。于是回河东流之议起。十一月，问复上言："臣至滑州决口，相视迎阳埽，至大、小吴，水势低下，旧河淤仰，故道难复。请于南乐大名埽开直河并签河，分引水势，入孙村口，以解北京向下水患。"令图亦以为然，于是减水河之议复起。既从之矣，会北京留守韩绛奏引河近府非是，诏问别相视。

二年（丁卯、一〇八七）二月，令图、问欲必行前说，朝廷又从之。三月，令图死，以王孝先代领都水，亦请如令图议。

三年（戊辰、一〇八八）十一月，遣吏部侍郎范百禄等行河。时王孝先请修减水河，王觌言其〔不〕（据薛鉴补）便，安焘深以东流为是，上疏言之，于是诏："黄河未复故道，终为河北之患，宜兴役回之。"范纯仁、王存言："使大河决可东回而北流遂断，何惜劳民费财以成经久之利？今孝先等未有必然之论，但侥幸万一，以冀成功耳。不可轻举也。"文彦博、吕大防、安焘等谓河不东则失中国之险，为契丹之利，力主其议。范纯仁又陈四不可之说，且曰："北流数年，未为大患，而议者恐失中国之利，先事回改。正如顷时西夏本不为边患，而好事者以为不取恐失机会，遂兴灵武之师也。"于是收回诏书，而遣百禄等行视。

户部侍郎苏辙上疏曰："黄河西流，议复故道，事之经岁，役兵二万，聚梢桩等物三千余万。方河朔灾伤困弊，而兴必不可成之功，吏民窃叹。今回河大议虽寝，然闻议者固执来岁开河分水之策。今小吴决口入地已深，而孙村所开丈尺有限，不独不能回河，亦必不能分水。况黄河之性，急则通流，缓则淤淀，既无东西皆急之势，安有两河并行之理？纵使两河并行，未免各立堤防，其费又倍矣。今建议者，其说有三，臣请折之：一曰御河湮灭，失馈运之利。昔大河在东，御河自怀、卫经北京，渐历边郡，馈运既便，商贾通行。自河西流，御河湮灭，失此大利，天实使然。今河自小吴北行，占压御河故地，虽使自北京以南折而东行，则御河湮灭已一二百里，何由复见？此御河之说不足听也。二曰恩、冀以北，涨水为害，公私损耗。臣闻河之所行，利害相半，盖水来虽有败田破税之害，其去亦有淤厚宿麦之利。况故道已退之地，桑麻千里，赋役全复，此涨水之说不足听也。三曰河徙无常，万一自契丹界入海，边防失备。按河昔在东，自河以西郡县与契丹接境，无山河之限，边臣建为塘水，以捍契丹之冲。今河既西，则西山一带，契丹可行之地无几，边防之利，不言可知。然议者尚恐河复北徙，则海口出契丹界中，造舟为梁，便于南牧。臣闻契丹之河，自北南注以入于海，盖地形北高，河无北徙之道，而海口深浚，势无徙移，此边防之说不足听也。臣又闻谢卿材到阙，昌言‘黄河自小吴决口，乘高注北，水势奔决，上流堤防，无复决怒之患。朝廷若以河事付臣，不役一夫，不费一金，十年保无河患’。大臣以其异己，罢归，而使王孝先、俞瑾、张景先三人重画回河之计。盖由元老大臣重于改过，故假契丹不测之忧，以取必于朝廷。虽已遣百禄等出按利害，然未敢保其不观望风旨也。愿亟收回买梢草指挥，来岁勿调开河役兵，使百禄等明知圣意无所偏系，不至阿附以误国计。”会百禄行视东、西二河，亦奏言东流高仰，北流顺下，决不可回。明年，使回入对，复言愿罢有害无利之役，未听。久之，乃罢回河及修减水河。

数月，尚书省复议回河。是时，吴安持、李伟力主东流，而谢卿材谓近（世）〔岁〕河流稍行地中，无可回之理，上河议一篇；召赴政事堂会议，大臣不以为然。会李伟复言：“今河已分流，若兴工可令全复故道。朝廷今日当极力必闭北流，乃为上策。若不明诏有司，即令回河，深恐上下迁延，议终不决，观望之间，遂失机会。乞复置修河司。”从之。

五年（庚午、一〇九〇）二月，诏开修减水河。寻以外路旱暵，权罢。

七年（壬申、一〇九二）冬十月，以大河东流，赐都水使者吴安持三品服，北都水监丞李伟再任。

八年（癸酉、一〇九三）二月，诏：“北流软堰并如都水监所奏。”门下侍郎苏辙言：“水官之意，欲以软堰为名，实作硬堰，阴为回河之计，不宜听。”赵偁亦上疏曰：“臣窃谓河事大利害有三，而言者互进其说。或见近忘远，徼幸盗功，或取此舍彼，诪张昧理，遂使大利不明，大害不去，上惑朝听，下滋民患，横役枉费，殆无穷已。臣窃痛之！所谓大利害者，北流全河，患水不能分也；东流分水，患水不能行也；宗城河决，患水不能闭也：是三者，去其患则为利，未能去则为害。今不谋此而议欲专闭北流，止知一日可闭之利，而不知异日既塞之患；止知北流伏槽之水易为力，而不知阚村方涨之势未可并以入东流也。夫欲合河以为利，而不恤上下壅溃之患，是皆见近忘远，徼幸盗功之事也。有司欲断北流，而不执其咎，乃引分水为说，姑为软堰，知河冲之不可以软堰御，则又为决堰之计，臣恐枉有工费而以河为戏也。请俟涨水伏槽，观大河之势，以治东流、北流。”不听。

十二月，监察御史郭知章言：“臣比缘使〔事至〕河北，自澶州入北京，渡孙村口，见水趋东者，河甚阔而深。又自北京往洺州，过杨家浅口复渡，见水之趋北者，才十二三，然后知大河宜闭北行东。乞下都水监相度。”于是吴安持复领都水，而吕大防力主其议，范纯仁、苏辙复争之，遂诏本路安抚、转〔运〕、提刑司详议，绍圣元年正月也。转运司赵偁议与纯仁、辙合，偁之言曰：“河自孟津初行平地，必须全流，乃成河道。禹之治水，自冀北抵沧、棣，始播为九河，以其近海无患也。今河自横陇、六塔、商胡、小吴，百年之间，皆从西决。盖河徙之常势，而有司置埽创约，横截河流，回河不成，因为分水。初决南宫，再决宗城，三决内黄，亦皆西决，则地势西下，较然可见。今欲弭息河患，而逆地势，戾水性，臣未见其能就功也。请开阚村河门，修平乡、钜鹿埽，焦家等堤，浚澶渊故道，以备涨水。”大名安抚使许将言：“度今之利，若舍故道，止从北流，则虑河下已湮而上流横溃，为害益广；若直闭北流，东徙故道，则复虑受水不尽而破堤为患。窃谓宜因梁村之口以行东，因内黄之口以行北，而尽闭诸口，以绝大名诸州之患，俟春夏水大至，乃观故道足以受之则内黄之口可塞，不足以受之则梁村之役可止。定其成议，则民心固，而河之顺复有时，可以保其无害。”郭知章又言：“河复故道，水之趋东已不可遏。近日遣使按视，〔逐司〕议论未一，臣谓水官朝夕从事河上，望专委之。”

十月，都水使者王宗望言：“大河自元丰溃决以来，东、北两流，利害极大。频年纷争，国论不决，水官无所适从。伏自奉诏凡九月，上禀成算，自阚村下至栲栳堤，七节河门并皆闭塞，筑金堤七十里，尽障北流，使全河〔东〕还故道。望付史官，纪绍圣以来圣明独断，致此成绩。”

元符二年（己卯、一〇九九）六月，河决内黄口，东流遂断绝。左司谏王祖道请正吴安持、郑佑、李仲、李伟之罪，投之远方，以明先帝北流之志。诏可。

宋史纪事本末卷三十四

英宗之立

仁宗景祐二年（乙亥、一〇三五）春二月，育宗室子宗实于宫中。宗实，太宗之曾孙，商王元份之孙，江宁节度使允让之子也。帝未有储嗣，取入宫，命皇后抚鞠之，生四年矣。

嘉祐元年（丙申、一〇五六）五月，罢知谏院范镇。先是，帝暴疾，宰相文彦博因请帝建储，帝许之，会疾瘳而止。至是，镇奋然曰："天下事尚有大于此者乎！"即上疏曰："置谏官者，为宗庙、社稷计也。谏官而不以宗庙、社稷计事陛下，是爱死嗜利之人，臣不为也。方陛下不豫，海内皇皇，莫知所为，陛下独以祖宗后裔为念，是为宗社之虑至深且明也。昔太祖舍其子而立太宗，天下之大公也。真宗以周王薨，养宗子于宫中，天下之大虑也。愿以太祖之心，行真宗故事，拔近属之尤贤者，优其礼秩，置之左右，而试以政事，以系亿兆人心。俟有圣嗣，复遣还邸。”章累上，不报。文彦博乃曰：“奈何效希名干进之人！”镇贻书曰：“比天象见变，当有急兵，镇义当死职，不可死乱兵之下。此乃镇择死之时，尚何顾希名干进之嫌哉！”又言：“陛下得臣疏，不以留中而付中书，是欲使大臣奉行也。臣两至中书，大臣皆设辞拒臣，是陛下欲为宗庙、社稷计，而大臣不欲也。臣窃原大臣畏避之意，恐行之而陛下中变耳。中变之祸，不过一死，国本不立，万一有如天象所告，急兵之变，死且有罪，其为计亦已疏矣。愿以臣章示大臣，使其自择死所。”闻者股栗。除兼侍御史知杂事，镇以言不从，固辞。彦博谕之曰：“今间言已入，为之甚难。”镇曰：“事当论其是非，不当问其难易。诸公谓今日难于前日，安知异日不难于今日乎！”凡见帝面陈者三，因泣下。帝亦泣，谓曰：“朕知卿忠，卿言是也。当更俟二三年。”镇前后章凡十九上，待命百余日，须发皆白，朝廷知不可夺，乃罢知谏院，改纠察在京刑狱。

时并州通判司马光亦言建储事，且劝镇以死争之。翰林学士欧阳修上言：“陛下临御三十余年，而储宫未建，此久缺之典也。汉文帝即位，群臣请立太子，群臣不自疑而敢请，文帝亦不疑臣有二心。后唐明宗尤恶人言太子事。然文帝立太子之后，享国长久，为汉太宗；明宗储嗣不早定，而秦王以窥觊陷于大祸，后唐遂乱。陛下何疑而久不定乎！”殿中侍御史包拯、吕景初、赵抃，知制诰吴奎、刘敞等皆上疏力请，于是宰辅文彦博、富弼、王尧臣等相继劝帝早定大计，皆不听。

三年（戊戌、一〇五八）六月，以韩琦同平章事。时群臣皆以建储为言，帝依违不决，琦既相，乘间进曰："皇嗣者，天下安危之所系，自昔祸乱之起，皆由策不早定。陛下何不择宗室之贤，以为宗庙、社稷计？"帝曰："后宫将有就馆者，姑待之。"已而又生女。琦怀汉书孔光传以进曰："成帝无嗣，立弟之子。彼中材之主，犹能如是，况陛下乎！愿以太祖之心为心，则无不可者。"帝不答。

以包拯为御史中丞，拯言："东宫虚位日久，天下以为忧。夫万物皆有根本，而太子者，天下之根本也，根本不立，祸孰大焉！"帝曰："卿欲谁立？"拯曰："臣非才备位，所以乞豫建太子者，为宗庙万世计尔。陛下问臣欲谁立，是疑臣也。臣年七十，且无子，非邀后福者。"帝喜曰："徐当议之。"

四年（己亥、一〇五九）十一月，汝南王允让卒，追封濮王。允让天资浑厚，内宽外庄，喜怒不见于色，知大宗正寺二十年。宗子有好学者，勉进之以善；若不率教则劝戒之，至不变，始正其罪，故皆畏服。及卒，谥安懿。以其子宗实育宫中，故恤典有加。

六年（辛丑、一〇六一）六月，以司马光知谏院，光入对，首言："臣昔通判并州，所言三章，愿陛下果断力行。"帝沉思久之，曰："得非欲选宗室为继嗣乎？此忠臣之言，但人不敢及耳。"光对曰："臣言此，自谓必死，不意陛下开纳。”帝曰：“此何害？自古皆有之。”

十月壬辰，起复宗实知宗正寺。初，帝既连失三王，自至和中得疾，不能御殿，中外惴恐，臣下争以立嗣固根本为言，包拯、范镇尤激切。积五六岁，依违未之行，言者亦稍怠。先年，韩琦初入相，尝乘间言之，及怀孔光传以进，帝不答；又与曾公亮、张（升）〔昪〕（据续纲目改。参看第二十一卷校记）、欧阳修极言之。至是，司马光上疏曰：“向者臣进豫建太子之说，意谓即行，今寂无所闻，此必有小人言：‘陛下春秋鼎盛，何遽为此不祥之事！’小人无远虑，特欲仓卒之际，援立其所厚善者耳。‘定策国老’、‘门生天子’之祸，可胜言哉！”帝大感动，曰：“送中书。”光见韩琦等曰：“诸公不及今定议，异日禁中夜半出寸纸，以某人为嗣，则天下莫敢违。”琦等拱手曰：“敢不尽力！”时知江州吕诲亦上疏言之。及琦入对，以光、诲二疏进读，帝遂曰：“朕有意久矣，谁可者？”琦皇恐对曰：“此非臣辈所可议，当出自圣裁。”帝曰：“宫中尝养二子，小者甚纯，近不慧；大者可也。”琦请其名，帝曰：“宗实。”琦等遂力赞之，议乃定。宗实天性笃孝，好读书，不为燕嬉亵慢，服御俭素如儒者，时居濮王丧，乃起复知宗正寺。琦曰：“事若行，不可中止，陛下断自不疑，乞内中批出。”帝意不欲宫人知，曰：“只中书行足矣。”命下，宗实固辞，乞终丧。帝复以问琦，琦对曰：“陛下既知其贤而选之，今不敢遽当，盖器识远大，所以为贤也。愿固起之。”帝曰：“然。”凡十八章而后许之。

七年（壬寅、一〇六二）八月己卯，立宗实为皇子，赐名曙。

九月乙巳朔，进封皇子曙钜鹿郡公。宗实既终丧，韩琦言："宗正之命初出，外人皆知必为皇子，不若遂正其名。"帝从之。琦至中书，召翰林学士王珪草诏，珪曰："此大事也，非面受旨不可。"明日请对，曰："海内望此举久矣，果出自圣意乎？"帝曰："朕意决矣。"珪再拜贺，始退而草诏。欧阳修闻之，叹曰："王珪真学士也！"诏下，宗实复称疾固辞，章十余上。记室周孟阳请其故，宗实曰："非敢徼福，以避祸也。"孟阳曰："今已有此迹，设固辞不受，中人别有所奉，遂得燕安无患乎！"宗实始悟。司马光言于帝曰："皇子辞不赀之富，至于旬月，其贤于人远矣。然父召无诺，君命召不俟驾，愿以臣子大义责之，宜必入。"帝从之，宗实始受命。将入宫，戒其舍人曰："谨守吾舍，上有適嗣，吾归矣。"因肩舆赴召，良贱不满三十人，行李萧然，唯书数厨而已。中外相贺。

八年（癸卯、一〇六三）春二月癸未，帝不豫。丙戌，中书、枢密奏事于福宁殿之西阁。

三月辛未，帝崩于福宁殿，年五十四。遗制皇子即皇帝位，山陵制度务从俭约。于是皇后悉敛诸门钥，寘于前，黎明，召皇子入嗣位。皇子惊，再言曰："曙不敢为！"因反走，韩琦等共掖留之。

夏四月壬申朔，皇子即位。欲亮阴三年，命韩琦摄冢宰，宰臣不可，乃止。

乙亥，帝有疾。丙子，尊皇后曰皇太后。己卯，诏请皇太后权同处分军国事。后乃御内东门小殿垂帘，宰臣日奏事。后性慈俭，颇涉经史，多援以决事。中外章奏日数十上，一一能记纲要，有疑未决者则曰："公辈更议之。"未尝出己意。曹氏及左右臣仆毫分不〔以〕（据宋史卷二四二后妃传、续纲目、薛鉴补）假借，宫省肃然。

庚子，立高氏为皇后。后，侍中琼之曾孙，母曹氏，太后姊也，故少育于宫中，与帝同年生，又俱抚鞠于太后。仁宗尝曰："异日必以为配。"既长，出宫，婚于濮邸，封京兆郡君，生三子。至是，册为皇后。

秋七月，帝疾瘳。初，帝疾甚，举措或改常度，遇宦者尤少恩，左右多不悦，乃共为谗间，两宫遂成隙，内外惴惧。知谏院吕诲上书两宫，开陈大义，词旨深切，多人所难言者，然两宫犹未释然。一日，韩琦、欧阳修奏事帘前，太后呜咽流涕，（且）〔具〕（据宋史卷三一二韩琦传、续纲目改）道所以。琦曰："此病故尔，疾已必不然。子疾，母可不容之乎！"后意不解。修进曰："太后事先帝数十年，仁德著于天下，昔温成之宠，太后处之裕如，今母子间反不能容耶！"后意稍和。修复曰："先帝在位久，德泽在人，故一日晏驾，天下奉戴嗣君，无敢异同者。今太后一妇人，臣等五六书生耳，非先帝遗意，天下谁肯听从！"后默然久之。琦进曰："臣等在外，圣躬若失调护，太后不得辞其责。"后惊曰："是何言，我心更切也！"同列闻者，莫不流汗。后数日，琦独见帝。帝曰："太后待我少恩。"琦对曰："自古圣帝明王不为少矣，独称舜为大孝，岂其余尽不孝哉！父母慈而子孝，此常事不足道，惟父母不慈而子不失孝，乃为可称。但恐陛下事之未至耳，父母岂有不慈者哉！"帝大感悟。

帝自六月不御殿，至是月壬子，初御紫宸殿，见百官。琦因请乘舆祷雨，具素服以出，人情大安。

冬十月甲午，葬仁宗于永昭陵。

十二月己巳，开经筵。翰林学士刘敞进读史记，至尧授舜以天下，拱而言曰："舜至侧微，尧禅之以位，天地享之，百姓戴之，非有他道，惟孝友之德光于上下耳。"帝悚然改容，太后闻之，亦大喜，两宫之疑渐释。

英宗治平元年（甲辰、一〇六四）夏五月，帝疾大瘳。韩琦欲太后撤帘还政，乃取十余事禀帝，帝裁决悉当。琦即诣太后覆奏，后每事称善，琦因白后求去，后曰："相公不可去，我当居深宫耳，却每日在此，甚非得已。"琦曰："前代之后，贤如马、邓，不免顾恋权势，今太后便能复辟，诚马、邓之所不及。未审决取何日撤帘？"太后遂起，琦即命撤帘，帘既落，犹于御屏后见太后衣也。帝亲政，加琦尚书右仆射。

吕中曰：当国家危疑之日，大臣以能任事者，一曰德望，二曰才智。有才智而无德望以镇之，则未足以服天下之心；有德望而无才智以充之，则未足以办天下之事。故曰："可以托六尺之孤，可以寄百里之命，临大节而不可夺。"韩魏公盖自庆历、嘉祐之时，可属大事，重厚如勃，其德望服人心久矣。至于处事应变，胸中才智又足以运用天下，此其所以正英宗之始欤。在真宗之初则有吕端，在仁宗之初则有王曾，此皆安国家定社稷之名臣也。

丙辰，上皇太后宫名曰慈寿。

秋八月，内侍都知任守忠窜蕲州。初，章献太后临朝，守忠与都知江德明等交通请谒，权宠过盛，累迁宣政使入内都知。仁宗以未有储嗣，属意于帝，守忠建议，欲援立昏弱以邀大利。及帝即位，又乘帝疾，交构两宫。知谏院司马光论守忠离间之罪，国之大贼，乞斩于都市，吕诲亦上疏论之，帝纳其言。明日，韩琦出空头敕一道，欧阳修已签，赵槩难之，修曰："第书之，韩公必自有说。"既而琦坐政事堂，召守忠立庭下，曰："汝罪当死。"遂责蕲州安置，取空头敕填与之，即日押行，琦意以为少缓则中变也。其党史昭锡等悉窜南方，中外快之。

二年（乙巳、一〇六五）春二月，罢三司使蔡襄。帝自濮邸立为皇子，闻近臣中有异议，人疑为襄。及即位，数问襄何如人，韩琦等为救解，帝意不释。襄请罢，出知杭州。

秋七月，富弼罢。嘉祐中，韩琦与弼同相，或中书有疑事，往往与枢密谋之。自弼为枢密使，非得旨合议者，琦未尝询弼，弼〔颇〕（据续纲目补）不怿。及太后还政，弼大惊曰："弼备位辅佐，他事固不可预闻，此事韩公独不能共之邪！"或以咎琦，琦曰："此事当时出太后意，安可显言于众。”弼愈不怿。帝亲政，加弼户部尚书，弼辞曰：“制词取嘉祐中尝议建储推恩，此特丝发之劳，何足加赏！仁宗、太后于陛下有天地之恩，尚未闻所以为报，可谓倒置。”再奏，不听，乃受。至是，以足疾力求解政，章二十余上，遂以使相郑国公判扬州。未几，徙判汝州。

以文彦博为枢密使。彦博自河南入觐，帝曰：“朕之立，卿之功也。”彦博悚然对曰：“陛下入继大统，乃先帝意，皇太后协赞之力，臣何功之有！且其时臣方在外，皆韩琦等承圣志，受顾命，臣无预焉。”因避谢不敢当。帝曰：“暂烦卿西行，即召还矣。”乃改判永兴军，寻有是召。

宋史纪事本末卷三十五

刺义勇

英宗治平元年（甲辰、一〇六四）十一月，刺陕西民为义勇军。时韩琦言："三代、汉、唐以来，皆籍民为兵，故其数虽多而赡养至薄，所以维制万寓而威服四夷，非近所蓄冗兵可及也。唐置府兵，最为近古，天宝以后，废不能复。因循至于五代，广募长征之兵，故困天下而不能给。今之义勇，河北几十五万，河东几八万，勇悍纯实，生于天性，而有物力、资产、父母、妻子之所系，若稍加简练，亦唐之府兵也。陕西当西事之初，亦尝三丁选一丁为弓手，其后刺为保捷正军。及夏国纳款，朝廷拣放，于今所存者无几。河东、河北、陕西三路当西北控御之地，事当一体。今若于陕西诸州亦点义勇，止刺手背，则人知不复刺面，可无惊骇。或令永兴、河中、凤翔三府先刺，观听既久，然后次及诸郡。一时不无少扰，而终成长利矣。”诏从之。乃命徐亿等往籍陕西主户三丁之一，刺之，凡十五万六千余人，人赐钱二千。民情惊扰而纪律疏略，不可用。

知谏院司马光上疏曰：“臣传闻朝廷差陕西提点刑狱陈安石于本路人户三丁之内刺一丁充义勇，不知虚实，若果如此，大为非便。臣窃意议者必以为河北、河东皆有义勇，而陕西独无，近因赵谅祚寇边，故欲广籍民兵，以备缓急，使之捍御也。臣伏见康定、庆历之际，赵元昊叛乱，王师屡败，死者动以万数，国家乏少正军，遂籍陕西之民，三丁之内选一丁以为乡弓手。寻又刺充保捷指挥，差于沿边戍守。当是之时，闾里之间，惶扰愁怨，不可胜言。耕桑之民，不习战斗，官中既费衣粮，私家又须供送，骨肉流离，田园荡尽。陕西之民比屋凋残，至今二十余年终不复旧者，皆以此也。其谋策之失亦足以为戒矣！是时，河北、河东边事稍缓，故朝廷但籍其民以充义勇，更不刺为军，虽比之陕西保捷为害差小，然国家何尝使之捍御戎狄，得其分毫之益乎！今议者但怪陕西独无义勇，不知陕西之民三丁之内已有一丁充保捷矣。自西事以来，陕西困于科调，比于景祐以前，民〔力〕（据司集章奏卷一六、长编本末卷五六补）减耗三分之二，加之近岁屡遭凶歉，今秋方获小稔，且望息肩，又值边鄙有警，众心已摇；若更闻此诏下，必大致惊扰，人人愁苦，一如康定、庆历之时。是贼寇未来，而先自困敝也。况即日陕西正军甚多，不至阙乏，何为遽作此有害无益之事，以循覆车之辙也！伏望朝廷审察利害，特罢此事，诚一方之大幸。”

连上六疏力言，不听，乃至中书与韩琦辩。琦曰：“兵贵先声，谅祚方桀骜，使骤闻益兵二十万，岂不震慑！”光曰：“兵贵先声，为其无实也，独可欺于一日之间耳！今吾虽益兵，实不可用，不过十日，彼将知其详，尚何惧？”琦曰：“君但见庆历间，乡兵刺为保捷，忧今复然。已降敕与民约，永不充军遣戍边矣。”光曰：“朝廷尝失信于民，未敢以为然。”琦曰：“吾在此，君无忧。”光曰：“公长在此地，可也。异日他人当位，用以运粮戍边，反掌间耳。”琦不从，竟为陕西之患。

初，琦尝曰：“养兵虽非古，然亦自有利处。议者但谓不如汉、唐调兵于民，独不见唐杜甫石壕吏一篇，调兵于民，其弊乃如此。后世既籍强悍无赖者以为兵，良民虽不免养兵之费，而免父子、兄弟、夫妇生离死别之苦，乃知养兵之制实万世之仁也。”至是，陕西义勇之制实出于琦，虽光六疏极言其不便，竟不为止。

宋史纪事本末卷三十六

濮议

英宗治平二年（乙巳、一〇六五）夏四月戊戌，诏议崇奉濮王典礼。初，知谏院司马光以帝必将追隆所生，尝因奏事言："汉宣帝为孝昭后，终不追尊卫太子、史皇孙。光武上继元帝，亦不追尊钜鹿南顿君。此万世法也。"既而韩琦等言："礼不忘本，濮安懿王德盛位隆，所宜尊礼，请下有司议。王及夫人王氏、韩氏、仙游县君任氏合行典礼，用宜称情。"帝令须大祥后议之。至是，诏礼官与待制以上议。翰林学士王珪等相视莫敢先发，司马光独奋笔立议，略云："为人后者为之子，不得顾私亲，若（亲）〔恭〕（据司集章奏卷一八、续纲目改）爱之心分于彼则不得专于此。秦、汉以来，帝王有自旁支入承大统者，或推尊其父母以为帝后，皆见非当时，取讥后世，臣等不敢引以为圣朝法。

况前代入继者，多宫车晏驾之后，援立之策或出母后，或出臣下，非如仁宗皇帝，年龄未衰，深惟宗庙之重，于宗室中简推圣明，授以大业。陛下亲为先帝之子，然后继体承祧，光有天下。濮安懿王虽于陛下有天性之亲，顾复之恩，然陛下所以负扆端冕，子孙万世相承，皆先帝德也。臣等窃以为濮王宜准先朝封赠期亲尊属故事，尊以高官大国，谯国、襄国、仙游并封太夫人，考之古今，实为宜称。”于是珪即命吏具以光手稿为案。议上，中书奏：“珪等所议，未见详定濮王当称何亲，名与不名。”珪等议濮王于仁宗为兄，于皇帝宜称皇伯而不名。欧阳修引丧服大记，以为：“为人后者，为其父母降服三年为期，而不没父母之名，以见服可降而名不可没也。若本生之亲，改称皇伯，历考前世，皆无典据。进封大国，则又礼无加爵之道。请下尚书，集三省、御史台（谏）〔详〕（据欧集濮议卷一改）议。”而太后手诏，诘责执政。帝乃诏曰：“如闻集议不一，权宜罢之，令有司博求典故以闻。”

三年（丙午、一〇六六）春正月，濮王崇奉之议久而未定，侍御史吕诲、范纯仁、监察御史吕大防引义固争，以为王珪议是，乞从之。章七上，不报，遂劾韩琦专权导谀罪，曰：“昭陵之土未干，遽欲追崇濮王，使陛下厚所生而薄所继，隆小宗而绝大宗。”又共劾：“欧阳修首开邪议，以枉道说人主，以近利负先帝，陷陛下于过举，而韩琦、曾公亮、赵槩附会不正。乞皆贬黜。”不报。时中书亦上言：“请明诏中外，以皇伯无稽，决不可称。今所欲定者，正名号耳，至于立庙京师，干纪乱统之事，皆非朝廷本意。”帝意不能不向中书，然未即下诏也。既而皇太后手诏中书，宜尊濮王为皇，夫人为后，皇帝称亲。帝下诏谦让，不受尊号，但称亲，即园立庙，以王子宗朴为濮国公，奉祠事。仍令臣民避王讳。时论以为太后之追崇及帝之谦让，皆中书之谋也。于是吕诲等以所论奏不见听用，缴纳御史敕诰，家居待罪。帝命阁门以诰还之。诲力辞台职，且言与辅臣势难两立。帝以问执政，琦、修等对曰：“御史以为理难并立，若臣等有罪，当留御史。”帝犹豫久之，命出御史，乃下迁诲知蕲州，纯仁通判安州，大防知休宁县。时赵鼎、赵瞻、傅尧俞使契丹还，以尝与吕诲言濮王事，即上疏乞同贬，乃出鼎通判淄州，瞻通判汾州。帝眷注尧俞，独进除侍御史，尧俞曰：“诲等已逐，臣义不当止。”帝不得已，命知和州。知制诰韩维及司马光皆上疏乞留诲等，不报；遂请与俱贬，亦不许。侍读吕公著言：“陛下即位以来，纳谏之风未彰，而屡绌言（官），何以风天下！”帝不听。公著乞补外，乃出知蔡州。诲等既出，濮议亦寝。

程颐曰：“言事之臣知称亲之非而不明尊崇之礼，使濮王与诸父等。若尊称为‘皇伯父濮国大王’，则在濮王极尊崇之道，于仁宗无嫌贰之生矣。”

欧阳修为后或问上篇曰：“‘为人后者不绝其所生之亲，可乎？’曰：‘可矣，古之人不绝也而降之。’‘何以知之？’曰：‘于经见之。’‘何谓降而不绝？’曰：‘降者所以不绝，若绝则不待降也。所谓降而不绝者，礼“为人后者降其所生父母三年之服以为期，而不改其父母之名”者是也。’问者曰：‘今之议者以谓，为人后者必使视其所生，若未尝生己者，一以所后父为尊卑疏戚，若于所后父为兄，则以为伯父；为弟，则以为叔父。如此，则如之何？’余曰：‘吾不知其何所稽也。苟如其说，没其父母之名，而一以所后父为尊卑疏戚，则宗从世数，各随其远近轻重自有服矣，圣人何必特为制降服乎！此余所谓若绝则不待降者也。稽之圣人则不然，昔者圣人之制礼也，为人后者于其父母，不以所后之父尊卑疏戚为别也，直自于其父子之间为降杀尔。亲不可降，降者降其外物尔，丧服是也。其必降者，示有所屈也，以其承大宗之重，尊祖而为之屈尔，屈于此以伸于彼也。生莫重于父母，而为之屈者，以见承大宗者亦重也，所以勉为人后者，知所承之重，以专任人之事也。此以义制者也。父子之道，天性也，临之以大义，有可以降其外物，而本之于至仁，则不可绝其天性。绝人道而灭天理，此不仁者之或不为也。故圣人之于制服也，为降三年以为期，而不没其父母之名，以著于六经曰：“为人后者为其父母报。”以见服可降而父母之名不可没也。此所谓降而不绝者，以仁存也。夫事有不能两得，势有不能两遂，为子于此，则不能为子于彼矣。此里巷之人所共知也，故其言曰：“为人后者为之子。”此一切之论，非圣人之言也，是汉儒之说也，乃众人之所能道也。质诸礼则不然，方子夏之传丧服也，苟如众人一切之论，则不待多言也，直为一言曰：“为人后者为之子。”则自然视其父母绝若未尝生己者矣，自然一以所后父为尊卑疏戚矣，奈何彼子夏者独不然也！其于传经也，委曲而详言之曰：“视所后之某亲，某亲则若子。”若子者，若所后父之真子以自处，而视其族亲一以所后父为尊卑疏戚也，故曰：“为所后者之祖父母妻，妻之父母昆弟，昆弟之子若子。”犹嫌其未备也，又曰：“为所后者之兄弟之子若子。”其言详矣，独于其所生父母不然，而别自为服曰：“为其父母报。”盖于其所生父母，不使若为所后者之真子者，以谓遂若所后者之真子以自处，则视其所生如未尝生己者矣，其绝之不已甚乎！此人情之所不忍者，圣人亦所不为也。今议者以其所生于所后为兄者，遂以为伯父，则是若所后者之真子以自处矣。为伯父则自有服，不得为齐衰期矣，亦不得云“为其父母报”矣。凡见于经而子夏之所区区分别者，皆不取，而又忍为人情之所不忍者，吾不知其何所稽也。此大义也，不用礼经而用无稽之说，可乎？不可也。’问者曰：‘古之人皆不绝其所生，而今人何以不然？’曰：‘是何言欤？今之人亦皆然也，而又有加于古焉。今开宝礼及五服图，乃国家之典礼也，皆曰“为人后者为其所生父母齐衰期”。服虽降矣，必为正服者，示父母之道在也。“为所后父斩衰三年。”服虽重矣，必为义服者，示以义制也。而律令之文亦同五服者，皆不改其父母之名，质于礼经，皆合无少异，而五服之图又加以心丧三年。以谓三年者，父母之丧也，虽以为人后之故，降其服于身，犹使行其父母之丧于其心，示于所生之恩，不得绝于心也。则今人之为礼，比于古人又有加焉，何谓今人之不然也！'"

下篇曰："'子不能绝其所生，见于经，见于通礼，见于五服之图，见于律，见于令，其文则明矣。其所以不绝之意，如之何？'曰：'圣人以人情而制礼者也。'问者曰：'事有不能两得，势有不能两遂，为子于此则不得为子于彼，此岂非人情乎？'曰：'是众人之论也，是不知仁义者也。圣人之于人情也，一本于仁义，故能两得而两遂，此所以异乎众人而为圣人也，所以贵乎圣人而为众人法也。父子之道，正也，所谓天性之至者，仁之道也。为人后者，权也，权而适宜者，义之制也。恩莫重于所生，义莫重于所后，仁与义，二者常相为用而未尝相害也，故人情莫厚于其亲。抑而降其外物者，迫于大义也，降而不绝于其心者，存乎至仁也。抑而降则仁不害乎义，降而不绝则义不害乎仁，此圣人能以仁义而相为用也。彼众人者不然也，其为言曰："不两得者，是仁则不义，义则不仁矣。"夫所谓仁义者，果若是乎！故曰，不知仁义者，众人也。呜呼！圣人之以人情而制礼也，顺适其性而为之节文尔，有所强焉不为也，有所拂焉不为也，况欲反而易之，其可得乎！今谓为人后者必绝其所生之爱，岂止强其所难而拂其欲也，是直欲反其天性而易之，曰："尔所厚者，为我绝之；易尔之厚于彼者，一以厚于此。"是岂可以强乎！夫父母犹天地，其大恩至爱无以加者，以其生我也。今苟以为人后之故，一旦反视若未尝生我者，其绝之固已甚矣。使其真绝之与？是非人情也；迫于义而绝之与？则是仁义者教人为伪也。是故圣人知其无一可也，以谓进承人之重而不害于仁，退得伸其恩而不害于义，又全其天性而使不陷于伪，惟降而不绝，则无一不可矣，可谓曲尽矣。夫惟仁义能曲尽人情，而善养人之天性以济于人事，无所不可也。故知义可以为人后，而不知仁不绝其亲者，众人之偏见也。知仁义相为用以曲尽人情，而善养人之天性使不入于伪，惟达于礼者可以得圣人之深意也。’问者曰：‘为人后而有天下者，不绝其所生，则将干乎大统，奈何？’曰：‘降则不能干矣。自汉以来，为人后而有天下者尊其所生，多矣，何尝干于大统？使汉宣、哀不立庙京师以乱昭穆，则其于大统亦何所干乎！’”

曾巩为人后议曰：“礼，‘大宗无子，则族人以支子为之后。为之后者，为所后服斩衰三年，而降其父母期’。礼之所以如此者，何也？以谓人之所知者近，则知亲爱其父母而已；所知者远，则知有严父之义。知有严父之义，则知尊祖；知尊祖，则知大宗者上以继祖，下以收族，不可以绝，故有以支子为之后者。为之后者，以受重于斯人，故不得不以尊服服之。以尊服服之而不为之降己亲之服，则犹恐未足以明所后者之重也。以尊服服之，又为之降己亲之服，然后以谓可以明所后者之重，而继祖之道尽，此圣人制礼之意也。夫所谓收族者，记称与族人合食，序以昭穆，别以礼义之类。是特诸侯别子之大宗，而严之如此，况如礼所称天子及其始祖之所自出者，此天子之大宗，是为天地、宗庙、百神祭祀之主，族人万世之所依归，而可以不明其至尊至重哉！故前世人主有以支子继立而崇其本亲，加以位号，立庙奉祀者，皆见非于古今，诚由所知者近，不能割弃私爱，节之以礼，故失所以奉承正统尊无二上之意也。若于所后者以尊服服之，又为之降己亲之服，而于己亲号位不敢以非礼有加也，庙祀不敢以非礼有奉也，则为至恩大义，固已备矣。而或谓又当易其父母之名，从所后者为属，是未知考于礼也。礼'为人后者，为所后者之祖父母、父母，妻之父母、昆弟，昆弟之子若子'者，此其服为所后者而非其为己也。'为其父母期，为其昆弟大功，为其姊妹适人者小功，皆降本服一等'者，此其服为己而非为所后者也。使于其父母服则为己名为所后者，是则名与实相违，服与恩相戾矣，圣人制礼不如是之舛也。且自古为人后者，不必皆亲昆弟之子，族人之同宗者皆可为之，则有以大功、小功昆弟之子而为之者矣。若当从所后者为属，则亦当从所后者为服，则于其父母，有宜为大功、为小功、为缌麻、为袒免、为无服者矣。而圣人制礼，皆为其父母期，使足以明所后者重而已，非遂谓当变其亲也。亲非变则名固不得而易矣。戴德、王肃丧记曰：'为人后者为其父母降一等，服齐衰期，其服之节、居倚庐、言语、饮食，与父在为母同，其异者不祥、不禫。虽除服，心丧三年。'故至于今，著于服令，未之有改也。岂有制服之重如此，而其名遂可以绝乎！又崔凯丧服驳曰：'本亲有自然之恩，降一等，则足以明所后者为重，无缘乃绝之矣。'夫未尝谓可以绝其亲，而辄谓可以绝其名，是亦惑矣。且支子所以后大宗者，为其推严父之心以尊祖也，顾以尊祖之故，而不父其父，岂本其恩之所由生，而先王教天下之意哉！又礼'适子不可为人后'者，以其传重也，'支子可以为人后'者，以非传重也。使传重者后己宗，非传重者后人宗，其意可谓即乎人心而使之两义俱安也。今若使为人后者以降其父母之服一等，而遂变革其名，不以为父母，则非使之两义俱安，而不即乎人心莫大乎如是也。夫人道之于大宗，至尊至重，不可以绝，尊尊也。人子之于父母，亦至尊至重，不可以绝，亲亲也。尊尊、亲亲，其义一也，未有可废其一者。故为人之后者，为降其父母之服，礼则有之矣；为之绝其父母之名，则礼未之有也。或以谓欲绝其名者，盖恶其为二，而使之为一，所以使为人后者之道尽也。夫迹其实，则有谓之所后，有谓之所生；制其服，则有为己而非为所后者，有为所后而非为己者。皆知不可以恶其为二而强使之为一也。至于名者，盖生于实也，乃不知其不可以恶其为二而欲强使之为一，是亦过矣。借使其名可以强使之为一，而迹其实之非一，制其服之非一者，终不可易，则恶在乎欲绝其名也。故古之圣人知不以恶其为二而强使之为一，而能使其属之疏者相与为重，亲之厚者相与为轻，则以礼义而已矣。何则？使为人后者，于其所后，非己亲也而为之服斩衰三年，为其祭主，是以义引之也。于其所生，实己亲矣而降服齐衰期，不得与其祭，是以礼厌之也。以义引之，则属之疏者相与为重；以礼厌之，则亲之厚者相与为轻，而为人后之道尽矣。然则欲为人后之道尽者，在以礼义明其内，而不在于恶其为二而强易其名于外也。故礼丧服齐衰不杖期章曰：'为人后者为其父母报。'此见于经为人后者于其本亲称父母之明文也。汉祭义以谓宣帝亲谥宜曰悼，魏相以谓宜称尊号曰皇考，立庙。后世议者皆以其称皇立庙为非，至于称亲、称考，则未尝有以为非者也。其后魏明帝尤恶为人后者厚其本亲，故非汉宣加悼考以皇号，又谓后嗣有由诸侯入继正统者，皆不得谓考为皇，称妣为后。盖亦但禁其猥加非正之号，而未尝废其考妣之称。此见于前世议论为人后者于其本亲称考妣之明文也。又晋王坦之丧服议曰：'罔极之重，非制教之所裁，昔日之名，非一朝之所去。此出后之身所以有服本亲也。'又曰：'情不可夺，名不可废，崇本叙恩，所以为降。'则知为人后者，未有去其所出父母之名，此古人之常理，故坦之引以为制服之证。此又见于前世议论为人后者于其本亲称父母之明文也。是则为人后者之亲，见于经，见于前世议论，谓之父母，谓之考妣者，其大义如此，明文如此。至见于他书及史官之记，亦谓之父母，谓之考妣，谓之私考妣，谓之本亲。谓之亲者则不可一二数，而以为世父、叔父者，则不特礼未之有，载籍以来固未之有也。今欲使从所后者为属，而革变其父母之名，此非常异义也。不从经文，于前世数千载之议论，亦非常异义也，而无所考据以持其说，将何以示天下乎！且中国之所以为贵者，以有父子之道，又有六经与前世数千载之议论以治之故也。今忽欲弃之而伸其无所考据之说，岂非误哉！或谓为人后者，于其本亲称父母，则为两统二父，其可乎？夫两统二父者，谓加考以皇号，立庙奉祠，是不一于正统，怀二于所后，所以著其非，而非谓不变革其父母之名也。然则加考以皇号与礼及立庙称皇考者有异乎？曰：皇考一名而为说有三：礼，曰考庙，曰王考庙，曰皇考庙，曰显考庙，曰祖考庙。是则以皇考为曾祖之庙号也。魏相谓汉宣帝父宜称尊号曰皇考，既非礼之曾祖之称，又有尊号之文，故魏明帝非其加悼考以皇号。至于光武亦于南顿君称皇考庙，义出于此，是以加皇号为事考之尊称也。屈原称：'朕皇考曰伯庸。'又晋司马机为燕王，告祢庙文称：'敢昭告于皇考清惠亭侯。'是又达于群下以皇考为父没之通称也。以为曾祖之庙号者，于古用之；以为事考之尊称者，于汉用之；以为父没之通称者，至今用之。然则称之亦有可有不可者乎？曰：以加皇号为事考之尊称者，施于为人后之义，是干正统，此求之于礼而不可者也；达于群下以皇考为父殁之通称者，施于为人后之义，非干正统，此求之于礼而可者也。然则以为父殁之通称者，其不可如何？曰：若汉哀帝之亲称尊号曰恭皇，安帝之亲称尊号曰孝德皇，是又求之于礼而不可者也。且礼，父为士，子为天子，祭以天子，其尸服以士服。子无爵父之义，尊父母也。前世失礼之君崇本亲以位号者，岂独失为人后奉祀正统尊无二上之意哉，是以子爵父，以卑命尊，亦非所以尊厚其亲也。前世崇饰非正之号者，其失如此，而后世又谓宜如期亲故事增官广国者，亦可谓皆不合于礼矣。夫考者，父没之称，然施于礼者，有朝廷典册之文，有宗庙祭祀之辞而已。若不加位号，则无典册之文；不立庙奉祀，则无祀祭之辞，则虽正其名，岂有施于事者？顾言之不可不顺而已！此前世未尝以为可疑者，以礼甚明也。今世议者纷纷，至于旷日累时，不知所决者，盖由不考于礼，而率其私见也。故采于经，列其旨意，庶得以商榷焉。”

宋史纪事本末卷三十七

王安石变法

仁宗嘉祐五年（庚子、一〇六〇）五月己酉，召王安石为三司度支判官。安石，临川人，好读书，善属文。曾巩携其所撰以示欧阳修，修为之延誉；擢进士上第，授淮南判官。故事，秩满，许献文求试馆职，安石独不求试，调知鄞县。起堤堰，决陂塘，为水陆之利。贷谷与民，出息以偿，俾新陈相易，邑人便之。寻通判舒州。文彦博荐安石恬退，乞不次进用，以激奔竞之风。召试馆职，不就。欧阳修荐为谏官，安石以祖母年高辞。修以其须禄养，复言于朝，用为群牧判官，又辞。恳求外补，知常州，移提点江（西）〔东〕（据宋史卷三二七王安石传改）刑狱。与周敦颐相遇，语连日夜，安石退而精思，至忘寝食。先是，馆阁之命屡下，安石辄辞不起，士大夫谓其无意于世，恨不识其面；朝廷每欲授之美官，唯患其不就也。及是，为度支判官，闻者莫不喜悦。安石果于自用，于是上“万言书”，大要以为：“今天下之财力日以困穷，风俗日以衰坏，患在不知法度，不法先王之政故也。法先王之政者，法其意而已。法其意，则吾所改易更革不至乎倾骇天下之耳目，嚣天下之口，而固已合先王之政矣。因天下之力以生天下之财，取天下之财以供天下之费。自古治世，未尝以财不足为患也，患在治财无其道耳。在位之人才既不足用，而闾巷草野之间亦少可用之才，社稷之托，封疆之守，陛下其能久以天幸为常，而无一旦之忧乎！愿监苟且因循之弊，明诏大臣，为之以渐，期合于当世之变。臣之所称，流俗之所不讲，而议者以为迂阔而熟烂者也。”上览而置之。

吕祖谦曰：安石变法之蕴，亦略见于此书。特其学不用于嘉祐，而尽用于熙宁，世道升降之机，盖有在也。

时有诏，舍人院无得申请改除文字，安石争之曰：“审如是，则舍人不得复行其职，而一听大臣所为。今大臣之弱者不敢为陛下守法，而强者则挟上旨以造令，谏官御史无敢逆其意者，臣实惧焉！”语皆侵执政，执政者不悦。会以母丧，遂去职。

英宗治平四年（丁未、一〇六七）闰三月癸卯，以王安石知江宁府。终英宗之世，安石被召未尝起，韩维、吕公著兄弟更称扬之。神宗在颍邸，维为记室，每讲说见称，辄曰：“此非维之说，维友王安石之说也。”维迁庶子，又荐安石自代，帝由是想见其人。及即位，召之，安石不至。

帝谓辅臣曰："安石历先帝朝，召不赴，或以为不恭，今又不至，果病邪？有所要邪？"曾公亮曰："安石真辅相材，必不欺罔。"吴奎曰："臣尝与安石同领群牧，见其护前自用，所为迂阔，万一用之，必紊纲纪。"帝不听，乃有江宁之命。众谓安石必辞，及诏至，即起视事。

九月，以王安石为翰林学士，时宰相韩琦执政三朝，或言其专，曾公亮因力荐王安石，觊以间琦。琦求去益力，帝不得已，从之，以司徒兼侍中，判相州。入对，帝泣曰："侍中必欲去，今日已降制矣。然卿去谁可属国者？王安石何如？"琦对曰："安石为翰林学士则有余，处辅弼之地则不可。"帝不答。

神宗熙宁元年（戊申、一〇六八）夏四月乙巳，王安石始至京师，时受翰林学士之命已七越月矣。诏安石越次入对。帝问为治所先，安石对曰："择术为先。"帝曰："唐太宗何如？"曰："陛下当法尧、舜，何以太宗为哉！尧、舜之道至简而不烦，至要而不迂，至易而不难，但末世学者不能通知，以为高不可及耳。"帝曰："卿可谓责难于君，朕自视眇躬，恐无以副卿此意。可悉意辅朕，庶同跻此道！"一日讲席，群臣退，帝留安石坐，曰："有欲与卿从容议论者。"因言："唐太宗必得魏徵，汉昭烈必得诸葛亮，然后可以有为，二子诚不世出之人也。"安石曰："陛下诚能为尧、舜，则必有皋、夔、稷、契；诚能为高宗，则必有傅说。彼二子皆有道者所羞，何足道哉！以天下之大，人民之众，百年承平，学者不为不多，然尝患无人可以助治者，以陛下择术未明，推诚未至，虽有皋、夔、稷、契、傅说之贤，亦将为小人所蔽，卷怀而去耳。”帝曰：“何世无小人，虽尧、舜之时，不能无四凶。”安石曰：“惟能辨四凶而诛之，此其所以为尧、舜也，若使四凶得肆其谗慝，则皋、夔、稷、契亦安肯苟食其禄以终身乎！”

冬十一月，郊。执政以河朔旱伤，国用不足，乞南郊勿赐金帛。诏学士议。司马光曰：“救灾节用，当自贵近始，可听也。”王安石曰：“常衮辞堂馔，时以为衮自知不能，当辞职，不当辞禄。且国用不足者，以未得善理财者故也。”光曰：“善理财者，不过头会箕敛耳。”安石曰：“不然，善理财者，不加赋而国用足。”光曰：“天下安有此理？天地所生财货百物，不在民，则在官，彼设法夺民，其害乃甚于加赋。此盖桑弘羊欺武帝之言，司马迁书之以见其不明耳。”争议不已。帝曰：“朕意与光同，然姑以不允答之。”会安石草制，引常衮事责两府，两府不敢复辞。

二年（己酉、一〇六九）春二月庚子，以王安石参知政事。初，帝欲用安石，曾公亮力荐之，唐介言安石难大任，帝曰：“文学不可任邪？经术不可任邪？吏事不可任邪？”介对曰：“安石好学而泥古，故议论迂阔，若使为政，必多所更变。”介退，谓曾公亮曰：“安石果大用，天下必困扰。诸公当自知之。”帝问侍读孙固曰：“安石可相否？”固对曰：“安石文行甚高，处侍从献纳之职可矣。宰相自有度，安石狷狭少容。必欲求贤相，吕公著、司马光、韩维其人也。”帝不以为然，竟以安石参知政事，谓之曰：“人皆不能知卿，以卿但知经术，不晓世务。”安石对曰：“经术正所以经世务。”帝曰：“卿所施设，以何为先？”安石对曰：“末世风俗，贤者不得行道，不肖者得行无道，贱者不得行礼，贵者得行无礼。变风俗，立法度，正方今之所急也。”帝深纳之。

甲子，议行新法，王安石言：“周置泉府之官，以榷制兼并，均济贫乏，变通天下之财，后世唯桑弘羊、刘晏粗合此意。学者不能推明先王法意，更以为人主不当与民争利。今欲理财，则当修泉府之法，以收利权。”帝纳其说。安石乃复言：“人才难得，亦难知。今使十人理财，其中容有一二败事，则异论乘之而起。尧与群臣共择一人治水，尚不能无败事，况所择而使非一人，岂能无失！要当计利害多少，不为异论所惑。”帝曰：“有一人败事而遂废所图，此所以少成事也。”乃立制置三司条例司，掌经画邦计，议变旧法，以通天下之利，命陈升之、王安石领其事。初，泉人吕惠卿，自真州推官秩满入都，与安石论经义多合，遂定交。因言于帝曰：“惠卿之贤，虽前世儒者未易比也。学先王之道而能用者，独惠卿而已。”遂以惠卿及苏辙并为检详文字，事无大小，安石必与惠卿谋之。凡所建请章奏，多惠卿笔也。又以章惇为三司条例官，曾布检正中书五房公事。凡有奏请，朝臣以为不便者，布必上疏条析，以坚帝意，使专任安石，以威胁众，俾毋敢言。由是安石信任布，亚于惠卿。而农田、水利、青苗、均输、保甲、免役、市易、保马、方田诸役，相继并兴，号为新法，颁行天下。

安石与刘恕友善，欲引寘三司条例，恕以不习金谷为辞，且曰："天子方属公以大政，宜恢张尧、舜之道以佐明主，不应以利为先。"安石曰："利以和义，善用之，尧、舜之道也。"时争新法，庙堂诸大臣议论多不协，安石曰："公辈坐不读书耳。"赵抃曰："君言失矣，皋、夔、稷、契之时，何书可读？"安石不应。

夏四月丁巳，从三司条例司之请，遣刘彝、谢卿材、侯叔献、程颢、卢秉、王汝翼、曾伉、王广廉八人行诸路，察农田、水利、赋役。苏辙言："役人之不可不用乡户，犹官吏之不可不用士人也。有田以为生，故无逃亡之忧，朴鲁而少诈，故无欺熳之患。今乃舍此不用，窃恐掌财者必有盗用之奸，捕盗者必有窜逸之弊。唐杨炎为两税，取大历十四年应当赋敛之数以定两税之额，则租调与庸既兼之矣。今两税如旧，奈何复取庸钱！且品官之家复役已久，盖古者国子俊造，将用其才者，皆复其身；胥史贱吏，既用于官者，皆复其家。圣人旧法，良有深意，奈何至于官户而又将役之耶！"不听。

六月丁巳，罢御史中丞吕诲。王安石既执政，士大夫多以为得人，吕诲独言其不通时事，大用之则非所宜。将入对，学士司马光亦将诣经筵，相遇并行。光密问今日所言何事，诲曰："袖中弹文，乃新参也。"光愕然曰："众喜得人，奈何论之？"诲曰："君实亦为是言邪！安石虽有时名，然好执偏见，轻信奸回，喜人佞己，听其言则美，施于用则疏，置诸宰辅，天下必受其祸。且上新即位，所与图治者，二三执政而已，苟非其人，将败国事。此乃心腹之疾，顾可缓耶！”上疏言：“大奸似忠，大诈似信。安石外示朴野，中藏巧诈，骄蹇慢上，阴贼害物。诚恐陛下悦其才辩，久而倚毗，大奸得路，群阴汇进，则贤者尽去，乱由是生。臣究安石之迹，固无远略，唯务改作，立异于人，徒文言而饰非，将罔上而欺下。臣窃忧之，误天下苍生，必斯人也。”疏奏，帝方眷注安石，还其章疏，诲遂求去，安石亦求去。帝谓曾公亮曰：“若出诲，恐安石不自安。”安石曰：“臣以身许国，陛下处之有义，臣何敢以形迹自嫌，苟为去就。”乃出诲，知邓州。诲既斥，安石益自用。光由是服诲之先见，自以为不及也。

秋七月辛巳，立淮、浙、江、湖六路均输法。条例司言：“诸路上供，岁有常数，年丰可以多致而不能赢余，年歉难于供亿而不敢不足，远方有倍蓰之输，中都有半价之鬻，徒使富商大贾乘公私之急，以擅轻重敛散之权。今江、浙、荆、淮发运使实总六路赋入，宜假以钱货，资其用度，凡上供之物，皆得徙贵就贱，因近易远，预知在京仓库所当办者，得以便宜蓄买，而制其有无。庶几国用可足，民财不匮。”诏以发运使薛向领均输平准，专行于六路，赐内藏钱五百万缗，上供米三百万石。时议者虑其为扰，多言非便，帝不听。薛向既董其事，乃请设置官属，从之。苏辙言：“今先设官置吏，簿书廪禄，为费已厚，非良不售，非贿不行，是官买之价，比民必贵，及其卖也，弊复如前。此钱一出，恐不可复。纵使其间薄有所获，而征商之额所损必多矣。”帝方惑于王安石，不纳其言。然均输法亦迄不能就。

八月，罢知谏院范纯仁。纯仁奏言：“王安石变祖宗法度，掊克财利，民心不宁。书曰：‘怨岂在明，不见是图。’愿陛下图不见之怨。”帝曰：“何谓不见之怨？”对曰：“杜牧所谓‘不敢言而敢怒’者是也。”帝曰：“卿善论事宜，为朕条陈古今治乱可为监戒者。”遂作尚书解以进，曰：“其言皆尧、舜、禹、汤、文、武之事也，治天下无以易此。愿深究而力行之！”帝切于求治，多延见疏逖小臣，咨访阙失。纯仁言：“小人之言，听之若可采，行之必有累。盖知小忘大，贪近昧远，愿加深察！”及薛向行均输法于六路，纯仁言：“臣尝亲奉德音，欲修先王补助之政，今乃效桑弘羊行均输之法，而使小人掊克生灵，敛怨基祸。安石以富国强兵之术启迪上心，欲求近功，忘其旧学，尚法令则称商鞅，言财利则背孟轲，鄙老成为因循，弃公论为流俗，异己者为不肖，合意者为贤人。刘琦、钱颉等一言，便蒙降黜。在廷之臣方大半趋附，陛下又从而驱之，其将何所不至！道远者理当驯致，事大者不可速成，人才不可急求，积弊不可顿革；傥欲事功急就，必为憸佞所乘。宜速还言者而退安石，答中外之望。”留章不下，纯仁力求去，不许。未几，罢谏职，改判国子监。纯仁去意愈确，安石使谕之曰：“毋轻去，已议除知制诰矣。”纯仁曰：“此言何为至于我哉！言不用，万钟非所顾也。”遂录所上章申中书。安石大怒，乞加重贬，帝曰：“彼无罪，姑与一善地。”命知河中府，寻徙成都转运使。以新法不便，戒州县未得遽行。安石怒其沮格，以事左迁，知和州。

壬戌，贬判刑部刘述等六人。初，知登州许遵上州狱，有妇谋杀夫，伤而未死，及按问，遂自承。法，因犯杀伤而自首者，得免所因之罪，请从减论。帝命司马光与王安石议。安石以遵言为是，光谓：“因他罪致杀伤者，他罪得首原，岂可以谋与杀分为两事，而谓谋为所因，得以首原乎？”帝方意向安石，而文彦博、富弼等多主光议，逾年不决。至是，诏从安石议，凡谋杀已伤，按问自首者，减罪二等，著为令。侍御史知杂事兼判刑部刘述封还其诏，执奏不已。安石白帝，诏开封府推官王克臣劾述罪。述遂率侍御史刘琦、钱顗共上疏曰：“安石执政以来，未逾数月，中外嚣然。陛下置安石政府，必欲致时如唐、虞，而反操管、商权诈之术，与陈升之合谋，侵三司利权，取为己功，开局设官，分行天下，惊骇物听。去年因许遵妄议按问自首之法，安石任偏见而立新议，陛下不察而从之，遂害天下大公。先朝所立制度，自宜世守勿失，乃事事更张，废而不用。奸诈专权之人，岂宜处之庙堂以乱国纪！愿罢逐以慰天下。曾公亮畏避安石，阴自结援以固宠；赵抃则括囊拱手，但务依违，皆宜斥免。”疏上，安石奏先贬琦监处州盐酒务，顗监衢州盐税。殿中侍御史孙昌龄始以附安石得进，顗将出台，骂昌龄而去，于是昌龄亦言王克臣阿奉当权，欺蔽聪明，遂黜昌龄通判蕲州。安石欲置述于狱，司马光、范纯仁争之，乃贬知江州。同判刑部丁讽、审刑院详议官王师元皆以附述忤安石，讽贬通判复州，师元贬监安州税。

罢条例司检详文字苏辙。辙与吕惠卿论多不合，会遣八使于四方求遗利，中外知其必迎合生事而不敢言，辙以书抵王安石力陈其不可。安石怒，将加之罪，陈升之止之，乃以辙为河南府推官。

九月丁卯，行青苗法。初，陕西转运使李参以部内多戍兵而粮储不足，令民自隐度麦粟之赢，先贷以钱，俟谷熟还官，号青苗钱。经数年，廪有余粮。至是，条例司请："以诸路常平、广惠仓钱谷，依陕西青苗钱例，民愿预借者给之，令出息二分，随夏、秋税输纳，愿输钱者从其便。如遇灾伤，许展至丰熟日纳。非惟足以待凶荒之患，民既受贷，则兼并之家不得乘新陈不接以邀倍息。又常平、广惠之物，收藏积滞，必待年俭物贵，然后出粜，所及者不过城市游手之人。今通一路有无，贵发贱敛，以广蓄积，平物价，使农人有以赴时趋事，而兼并不得乘其急。凡此皆以为民，而公家无所利其入，是亦先王散惠兴利，以为耕敛补助之意也。欲量诸路钱谷多寡，分遣官提举，每州选通判幕职官一员，典干转移出纳。仍先自河北、京东、淮南三路施行，俟有绪，推之诸路。"诏曰："可。"乃出内库缗钱百万，籴河北常平粟，而常平、广惠仓之法遂变为青苗矣。

初，王安石既与吕惠卿议定，出示苏辙等，曰："此青苗法也，有不便，以告勿疑。"辙曰："以钱贷民，本以救民，然出纳之际，吏缘为奸，虽有法不能禁。钱入民手，虽良民不免妄用；及其纳钱，虽富民不免逾限。如此则恐鞭笞必用，州县之事烦矣。唐刘晏掌国计，未尝有所假贷，而四方丰凶贵贱，知之未尝逾时。有贱必籴，有贵必粜，以此四方无甚贵甚贱之病。今此法见在，而患不修，公诚能有意于民，举而行之，则晏之功可立俟也。”安石曰：“君言诚有理，当徐思之。”由是逾月不言青苗。会京东转运使王广渊言：“春农事兴，而民苦乏，兼并之家得以乘急要利。乞留本道钱帛五十万，贷之贫民，岁可获息二十五万。”从之。其事与青苗法合，安石始以为可用，召广渊至京师，与之议，于是决意行焉。

壬辰，王安石荐吕惠卿为太子中允、崇政殿说书。司马光谏曰：“惠卿憸巧，非佳士。使王安石负谤于中外者，皆其所为也。”帝言：“安石不好官职，自奉甚薄，可谓贤者。”光曰：“安石诚贤，但性不晓事而愎，此其所短也。又不当信任吕惠卿，惠卿真奸邪，而为安石谋主，安石为之力行，故天下并指为奸邪也。近者进擢不次，大不厌众心。”帝曰：“惠卿进对明辨，亦似美才。”光对曰：“惠卿诚文学辨慧，然用心不正，愿陛下徐察之。江充、李训若无才，何以动人主？”帝默然。光又贻书安石曰：“谄谀之士于公今日诚有顺适之快；一旦失势，将必卖公自售矣！”安石不悦。

帝尝御迩英阁听讲，光讲曹参代萧何。帝曰：“汉常守萧何之法不变，可乎？”光对曰：“宁独汉也，使三代之君守禹、汤、文、武之法，虽至今存可也。汉武取高帝约束纷更之，盗贼半天下。元帝改孝宣之政，汉业遂衰。由此言之，祖宗之法不可变也。”惠卿言：“先王之法，有一年一变者，正月始和，布法象魏是也；有五年一变者，巡守考制度是也；有三十年一变者，刑罚世轻世重是也。光言非是，其意以风朝廷耳。”帝问光，光对曰：“布法象魏，布旧法也。诸侯变礼易乐者，王巡狩则诛之，不自变也。刑，新国用轻典，乱国用重典，是为世轻世重也，非变也。且治天下譬如居室，敝则修之，非大坏不更造也。公卿、侍从皆在此，愿陛下问之。三司使掌天下财，不才而黜之可也，不可使执政侵其事。今为制置三司条例司，何也？宰相以道德佐人主，安用例？苟用例，则胥吏矣。今为看详中书条例司，何也？”惠卿辞塞，乃以他语抵光。帝曰：“相与论是非耳，何至是！”光又言青苗之弊曰：“平民举钱出息，尚能蚕食下户至饥寒流离，况县官督责之威乎！”惠卿曰：“青苗法，愿则与，不愿不强也。”光曰：“愚民知取债之利，不知还债之害，非独县官不强，富民亦不强也。太宗平河东，立籴法，时斗米十钱，民乐与官为市。其后物贵而和籴不解，遂为河东世世患。臣恐异日之青苗，亦犹是也。”帝曰：“陕西行之久，民不为病。”光曰：“臣，陕西人也，见其病，不见其利。朝廷初不许，有司尚能以病民，况法许之乎！”

光又讲汉史至贾山上疏，因言从谏之美，拒谏之祸。上曰：“舜塈谗说殄行。若台谏欺罔为谗，安得不黜！”光曰：“进读及之尔，时事，臣不敢论也。”及退，上留光谓曰：“吕公著言藩镇欲兴晋阳之甲，岂非谗说殄行也？”光曰：“公著平居与侪辈言犹三思，何故上前轻发乃尔？外人多疑其不然。”上曰：“此所谓‘静言庸违’者也。”光曰：“公著诚有罪，不在今日。向者朝廷委公著专举台官，公著乃尽举条例司之人，与条例司互相表里，使炽张如此，乃始逼于公议，复言其非，此所可罪也。”帝曰：“今天下汹汹者，孙叔敖所谓‘国之有是，众之所恶’也。”光曰：“然。陛下当论其是非。今条例司所为，独王安石、韩绛、吕惠卿以为是，天下皆以为非也。陛下岂能独与此三人共为天下邪？”

冬十月丙申，富弼罢。时王安石用事，不与弼合，弼度不能争，多称疾求退，章数十上。帝曰：“卿即去，谁可代卿者？”弼荐文彦博，帝默然；良久，曰：“王安石何如？”弼亦默然。遂出判亳州。弼恭俭孝敬，好善疾恶，常言：“君子与小人并处，其势必不胜。君子不胜，则奉身而退，乐道无闷。小人不胜，则交结构扇，千歧万辙，必胜而后已；待其得志，遂肆毒于善良，求天下不乱，不可得也。”

以陈升之同平章事。升之既相，帝问司马光：“近相升之，外议云何？”对曰：“闽人狡险，楚人轻易，今二相皆闽人，二参政皆楚人，必将援引乡党之士，充塞朝廷，风俗何以更得淳厚？”帝曰：“升之有才智，晓民政。”光曰：“但不能临大节不可夺耳。凡才智之士，必得忠直之人从旁制之，此明主用人之法也。”帝又曰：“王安石何如？”对曰：“人言安石奸邪，则毁之太过；但不晓事，又执拗耳。”

十一月乙丑，命韩绛制置三司条例。初，陈升之欲傅会王安石以固其位。安石亦以议论盈庭，引升之为助。升之知其不可，而竭力为之用，安石德之，故先使正相位。升之既相，乃时为小异，阳若不与之同者，因言于帝曰：“宰相无所不统，所领职事岂可称司？请罢制置三司条例司。”安石曰：“古之六卿，即今执政，有司马、司徒、司寇、司空，各名一职，何害于理？”升之曰：“若制置百司条例则可，但令制置三司一官则不可。”安石曰：“今中书支百钱以上物及转补三司吏人，皆奏得旨乃行。至于制置三司条例，何为不可？”由是二人遂不合，安石乃荐绛共事。安石每奏事，绛必曰：“臣见安石所陈非一，皆至当可用，陛下宜省察。”安石恃以为助。

丙子，颁农田水利约束。自是进计者纷然，数年间，诸路凡得废田万七百九十三处，三十六万一千一百七十八顷有奇，而民给役劳扰。

置诸路提举官。条例司上言：“民间多愿借贷青苗钱，乞遍下诸路转运司施行。”仍诏诸路各置提举二员，管当一员，掌行青苗、免役、农田、水利，诸路凡四十一人。提举官既置，往往迎合王安石意，务以多散为功，富民不愿取，贫者乃欲得之，即令随户等高下品配，又令贫富相兼，十人为保首。王广渊在京东，一等户给十五千，等而下之，至五等，犹给一千，民间喧然，以为不便。广渊入奏，谓民皆欢呼感德。谏官李常、御史程颢论广渊抑配掊克，迎朝廷旨意，以困百姓。会河北转运使刘庠不散青苗钱奏适至，安石曰："广渊力主新法而遭劾，刘庠欲坏新法而不问。举事如此，安得人无向背？"由是常、颢之言皆不行。

闰月，遣官提举诸路常平、广惠仓，兼管勾农田水利、差役事。

三年（庚戌、一〇七〇）二月己酉，河北安抚使韩琦上疏曰："臣准散青苗诏书，'务在惠小民，不使兼并乘急以要倍息，而公家无所利其入。'今所立条约，乃自乡户一等而下皆立借钱贯数，三等以上更许增借。且乡户上等并坊郭有物业者，乃从来兼并之家。今令借钱一千，纳一千三百，是官自放钱取息，与初诏相违。又条约虽禁抑勒，然不抑散则上户必不愿请，下户虽或愿请，请时甚易，纳时甚难，将来必有督索同保均陪之患。陛下躬行节俭以化天下，自然国用不乏，何必使兴利之臣纷纷四出，以致远迩之疑哉！乞罢诸路提举官，第委提点刑狱依常平旧法施行。"帝袖其疏以示执政，曰："琦真忠臣，虽在外，不忘王室。朕始谓可以利民，不意乃害民如此。且坊郭安得青苗，而使者亦强与之。"王安石勃然进曰："苟从其所欲，虽坊郭何害！"因难琦奏曰："如桑弘羊笼天下货财，以奉人主私用，乃可谓兴利之臣。〔今陛下修常平法所以助民，至于收息，亦周公遗法，抑兼并，振贫弱，非所以佐私欲，安可谓兴利之臣〕（据薛鉴补）乎！"帝终以琦说为疑，安石遂称疾不出。帝谕执政罢青苗法，赵抃请俟安石出。安石求去，帝命司马光草答诏，有“士夫沸腾，黎民骚动”之语。安石抗章自辩，帝为巽辞谢之，且命吕惠卿谕旨。韩绛又劝帝留安石，安石入谢，因言：“中外大臣、从官、台谏朋比，欲败先王正道，以沮陛下，此所以纷纷也。”帝以为然。安石乃起视事，持新法益坚。诏以琦奏付制置条例司，令曾布疏驳刊石，颁之天下。琦申辩愈切，且论安石妄引周礼以惑上听，皆不报。时文彦博亦以青苗之害为言，帝曰：“吾遣二中使亲问民间，皆云甚便。”彦博曰：“韩琦三朝宰相，不信，而信二宦者乎！”先是，安石尝与入内副都知张若水、押班蓝元震交结，帝遣使潜察府界俵钱事，适命二人。二人使还，极言民情深愿，无抑配者，故帝信之不疑。

壬申，以司马光为枢密副使，固辞不拜。初，光素与王安石厚，及行新法，贻书开陈再三，又与吕惠卿辩论于经筵，安石不乐。帝欲大用光，访之安石，安石曰：“光，外托劘上之名，内怀附下之实，所言尽害政之事，所与尽害政之人，而欲寘之左右，使预国论，此消长之机也。光才岂能害政？但在高位，则异论之人倚以为重。韩信立汉赤帜，赵卒气夺。今用光，是与异论者立赤帜也。”及安石称疾不出，帝乃以光为枢密副使，光辞曰：“陛下所以用臣，盖察其狂直，庶有补于国家。若徒以禄位荣之，而不取其言，是以天官私非其人也。臣徒以禄位自荣，而不能救生民之患，是盗窃名器以私其身也。陛下诚能罢制置条例司，追还提举官，不行青苗、助役法，虽不用臣，臣受赐多矣。青苗之散，使者恐其逋负，必令贫富相保，贫者无可偿则散而之四方，富者不能去，必责使代偿。十年之外，贫者既尽，富者亦贫。常平又废，加之以师旅，因之以饥馑，民之羸者必委死沟壑，壮者必聚而为盗贼，此事之必至者也。”疏凡九上，帝使谓之曰：“枢密，兵事也，官各有职，不当以他事为辞。”光对曰：“臣未受命则犹侍从也，于事无不可言者。”会安石复起视事，乃下诏允光辞，收还敕诰。知通进银台司范镇封还诏旨者再，帝以诏直付光，不由门下。镇奏曰：“由臣不才，使陛下废法，乞解其职。”许之。

乙酉，韩琦以论青苗不见听，上疏请解河北安抚使，止领大名府路。王安石欲沮琦，即从之。

三月，贬知审官院孙觉知广德军。帝初即位，觉为右正言，以言事忤帝意，罢去。王安石早与觉善，将援以为助，自知通州召还，累改知审官院。时吕惠卿用事，帝问于觉，觉对曰：“惠卿辩而有才，过于人数等，特以为利之故，屈身安石。安石不悟，臣窃以为忧。”帝曰：“朕亦疑之。”青苗法行，首议者谓：“周官泉府，民之贷者至输息二十而五，国事之财用取具焉。”觉条奏其妄曰：“成周赊贷，特以备民之缓急，不可徒与也，故以国服为之息。然国服之息，说者不明，郑康成释经，乃引王莽计赢受息无过岁什一为据，不应周公取息重于莽时。况国用专取具于泉府，则冢宰九赋将安用邪？圣世宜讲求先王之法，不当取疑文虚说以图治。”安石览之怒，始有逐觉意。会曾公亮言："畿县散青苗钱，有追呼抑配之扰。"安石遣觉行视虚实，觉言："民实不愿与官相交，望赐寝罢。"遂坐奉诏反覆，贬知广德军。

程颢上疏曰："臣近累上言，乞罢预俵青苗钱利息及汰去提举官事，朝夕以觊，未蒙施行。臣窃谓明者见于未形，智者防于未乱，况今日事理，显白易知，若不因机亟决，持之愈坚，必贻后悔。悔而后改，则为害已多。盖安危之本在乎人情，治乱之机系乎事始，众心睽乖则有言不信，万邦协和则所为必成，固不可以威力取强，言语必胜，而近日所闻，尤为未便。伏见制置条例司疏驳大臣之奏，举劾不奉行之官，徒使中外物情愈致惊骇。是乃举一偏而尽沮公议，因小事而先失众心，权其轻重，未见其可。臣窃谓陛下固已烛见事体，究知是非，在圣心非吝改张，由柄臣尚持固必，是致舆情大郁，众论益欢，若欲遂行，必难终济。伏望陛下奋神明之威断，审成败之先机，与其遂一失而废百为，孰若沛大恩而新众志！外汰使人之扰，亟推去息之仁。况粜籴之法兼行，则储蓄之资自广，在朝廷未失于举措，使议论何名而沸腾？伏乞简会臣所上言，早赐施行，则天下幸甚！"

夏四月戊辰，贬御史中丞吕公著。时青苗法行，公著上疏曰："自古有为之君，未有失人心而能图治，亦未有胁之以威，胜之以辩，而能得人心者也。昔日之所谓贤者，今皆以此举为非，而主议者一切诋为流俗浮论，岂昔皆贤而今皆不肖乎！"王安石怒其深切。会帝使公著举吕惠卿为御史，公著曰：“惠卿固有才，然奸邪不可用。”帝以语安石，安石益怒，遂诬公著言“韩琦欲因人心，如赵鞅兴晋阳之甲，以逐君侧之恶”。于是贬公著知颍州，且命知制诰宋敏求草制，明著罪状。敏求不从，但言“敷陈失实”。安石怒，命陈升之改其语，行之。

己卯，赵抃罢。安石持新法益坚，抃大悔恨，上疏言：“制置条例司建使者四十余辈，骚动天下。安石强辩自用，诋公论为流俗，违众罔民，顺非文过。近者，台谏、侍从多以言不听而去，司马光除枢密不肯拜。且事有轻重，体有大小。财利于事为轻，而民心得失为重；青苗使者于体为小，而禁近耳目之臣用舍为大。今去重而取轻，失大而得小，惧非宗庙社稷之福也。”奏入，恳求去位，乃出知杭州。

以韩绛参知政事。侍御史陈襄言：“王安石参预大政，首为兴利之谋，先与知枢密院事陈升之同领条例司，未几升之用是为相，而绛继之，曾未数月，遂预政事，则是中书大臣皆以利进。乞罢绛新命，而求道德经术之贤以处之，庶不害于王政而足以全大臣之节矣。”不报。

癸未，以李定为监察御史里行，罢知制诰宋敏求、苏颂、李大临。定少受学于王安石，举进士，为秀州判官，孙觉荐之朝，召至京师。李常见之，问曰：“君从南方来，民谓青苗法如何？”定曰：“民便之，无不喜者。”常曰：“举朝方共争是事，君勿为此言。”定即往白安石，且曰：“定但知据实以言，不知京师乃不许。”安石大喜，立荐对。

帝问青苗事，定曰："民甚便之。"于是诸言新法不便者，帝皆不听。命定知谏院，宰相言前无选人除谏官之例，遂拜监察御史里行。知制诰宋敏求、苏颂、李大临言："定不由铨考擢授朝列，不缘御史荐寘宪台。虽朝廷急于用才，度越常格，然隳紊法制，所益者小，所损者大。"封还制书。诏谕数四，颂等执奏不已。并坐累格诏命，落知制诰，天下谓之"熙宁三舍人"。

壬午，罢监察御史里行程颢、张戬、右正言李常。时颢上疏言："臣闻天下之理，本诸简易而行之以顺道，则事无不成。故曰:智者若禹之行水，行其所无事也。舍之而于险阻，则不足以言智矣。盖自古兴治，虽有专任独决能就事功者，未闻辅弼大臣人各有心，睽戾不一，致国政异出，名分不正，中外人情交谓不可，而能有为者也。况于措置失宜，沮废公议，一二小臣实预大计，用贱陵贵，以邪妨正者乎！凡此皆天下之理不宜有成，而智者之所不行也。设令由此侥幸，事有小成，而兴利之臣日进，尚德之风浸衰，尤非朝廷之福。矧复天时未顺，地震连年，四方人心日益摇动。此皆陛下所当仰测天意，俯察人事者也。臣奉职不肖，议论无补，望早赐降责。"帝令颢诣中书议，王安石方怒言者，厉色待之。颢徐言曰："天下事非一家私议，愿平气以听之。"安石为之愧屈。戬与台官王子韶论新法不便，乞召还孙觉、吕公著。又上疏论："王安石乱法，曾公亮、陈升之依违不能救正，韩绛左右徇从，李定以邪谄窃台谏，吕惠卿刻薄辩给，假经术以文奸言，岂宜劝讲君侧！”又诣中书争之。安石举扇掩面而笑，戬曰：“戬之狂直，宜为公笑，然天下之笑公者不少矣！”陈升之从旁解之，戬曰：“公亦不得为无罪。”升之有愧色。常上言：“均输、青苗，敛散取息，傅会经义，何异王莽猥析周官，片言以流毒天下！”安石遣所亲密谕意，常不为止。又言：“州县散常平钱，实不出本，勒民出息。”帝诘安石，安石请令常具官吏主名，常以非谏官体，不奉诏。颢言既不行，恳求外补，而戬、常亦各乞罢。乃罢常通判滑州，戬知公安县，子韶知上元县。安石素善颢，及是虽不合，犹敬其忠信，但出为京西路提点刑狱。颢辞，乃改签书镇宁军节度判官。数日之间，台谏一空。安石以外议纷纷，请以姻家谢景温为侍御史知杂事，帝从之。

五月癸巳，诏并边州郡毋给青苗钱。

甲辰，诏罢制置三司条例，归中书，以吕惠卿兼判司农寺。先是，言者皆请罢条例司。帝问安石：“可并入中书否？”安石言：“修条例未毕，且臣与韩绛共领是司，每请间奏事，今绛在密院，未可并，请缓之。”至是，绛入中书，乃降诏以其事还中书。又以手札谕安石，凡修条例掾属，悉授以官，青苗、免役、农田水利等法，付司农寺，命吕惠卿掌之。

九月，以曾布为崇政殿说书、判司农寺。王安石常欲置其党一二人于经筵，以防察奏对者。吕惠卿遭父丧去职，安石遂荐布代之。布资序浅，人尤不服，寻罢。

山阴陆佃尝受经于安石，至是，应举入京师。安石问以新政，佃曰："法非不善，但推行不能如初意，还为扰民。"安石惊曰："何乃尔！吾与惠卿议之。"又访外议，佃曰："公乐闻善，古所未有，然外间颇以为拒谏。"安石笑曰："吾岂拒谏者，但邪说营营，顾无足听。"佃曰："是乃所以致人言也。"明日，召佃谓之曰："惠卿言：'私家取债，亦须一鸡半豚。已遣李承之使淮南质究矣。'"既而承之还，诡言民无不便，佃说遂不行。

以刘庠知开封府。庠不肯屈事王安石，安石欲见之，或以为言，庠曰："安石自执政，未尝一事合人情，往将何语邪！"卒不往，而上疏极言新法非是。帝曰："奈何不与大臣协心济治乎？"庠对曰："臣知事陛下而已，不敢附大臣也。"

庚子，曾公亮罢。公亮初嫉韩琦，故荐王安石以间之。及同辅政，知帝方向安石，凡更张庶事，一切阴助之，而外若不与同者。尝遣其子孝宽参其谋，至帝前，略无所异。由是帝益信任安石，安石深德之。公亮以老求去，遂拜司空、侍中、集禧观使。苏轼尝从容责其不能救正变更，公亮曰："上与介甫如一人，此乃天也。"然安石犹以公亮不尽阿附己，于是听其罢相。

乙巳，亲策贤良方正。太原判官吕陶对曰："陛下初即位，愿不惑理财之说，不间老成之谋，不兴疆场之事。陛下措意立法，自谓庶几尧、舜；然以陛下之心如此，天下之论如彼，独不反而思之乎？"及奏第，帝顾王安石取卷读，读未半，神色颇沮。帝觉之，使冯京竟读，称其言有理。会范镇所荐台州司户参军孔文仲对策，凡九千余言，力论安石所建理财、训兵之法非是，宋敏求第为异等。安石怒，启帝御批，罢文仲还故官。齐恢、孙固封还御批，韩维、陈荐、孙永皆力论文仲不当黜，帝不听。范镇上疏言："文仲草茅疏远，不识忌讳，且以直言求之而又罪之，恐为圣明之累。"亦不听。吕陶亦止授通判蜀州。

癸丑，罢司马光知永兴军。

冬十月，翰林学士范镇乞致仕，许之。镇上疏言："臣言不用，无颜复立于朝，请谢事。"复极论青苗之害，且曰："陛下有纳谏之资，大臣进拒谏之计。陛下有爱民之性，大臣用残民之术。"疏入，王安石大怒，自草制极诋之，遂以户部侍郎致仕。镇谢表略曰："愿陛下集群议为耳目，以除壅蔽之奸；任老成为腹心，以养中和之福。"天下闻而壮之。苏轼往贺曰："公虽退而名益重矣。"镇愀然曰："君子言听计从，使天下阴受其赐，无智名，无勇功，吾独不得为此。使天下受其害，而吾享其名，吾何心哉！"

十二月，改诸路更戍法。初，太祖惩五代之弊，用赵普策，收四方劲兵，列营京畿以备宿卫，分番屯戍以捍边圉。于时将帅之臣奉朝请，犷暴之民收隶尺籍，虽有桀骜恣肆，而无所施其间。为什长之法，阶级之辨，使之内外相维，上下相制，截然而不可犯。其后定兵制，天子之卫兵，以守京师、更番戍边者，曰禁军；诸州之镇兵以分给役使者，曰厢军；选于户籍或应募，使之团结，以为所在防守者，曰乡军；具籍塞下以为藩篱者，曰蕃军：大抵四者而已。至是，议者以更戍法虽无难制之患，而兵将不相识，缓急不可恃，乃部分诸路将兵总隶禁旅，使兵知其将，将练其兵，平居知有训厉而无番戍之劳。寻置京畿、河北、京东、西路三十七将，陕西五路四十二将。然禁旅尽属将官，饮食嬉游，养成骄惰。又将官遂与州郡长吏争衡，每将各有部队将、训练官等数十人，而诸州旧有总管、钤辖、都监、监押，设官重复，虚破廪禄，知兵者皆知其非，卒不能夺也。

乙丑，立保甲法。时王安石言："先王以农为兵，今欲公私财用不匮，为宗社长久计，当罢募兵，用民兵。"乃立保甲。其法:十家为保，有保长。五十家为大保，有大保长。十大保为都保，有都保正、副。主、客户两丁以上，选一人为保丁附保，两丁以上有余丁而壮勇者亦附之，内家资最厚、材勇过人者，亦充保丁。授之弓弩，教之战阵。每一大保，夜轮五人警盗。凡告捕所获，以赏格从事。同保犯强盗、杀人、强奸、略人、传习妖教、造蓄蛊毒，知而不告，依律伍保法。余事非干己又非敕律所听纠，皆无得告，虽知情亦不坐；若依法邻保合坐罪者，乃坐之。其居停强盗三人，经三日，保邻虽不知情，科失觉罪。逃移、死绝，同保不及五家，并他保。有自外入保者，收为同保，户数足则附之，俟及十家，则别为保。置牌以书其户数、姓名。

提点刑狱赵子幾迎安石意，请先行于畿甸，诏从之，遂推行于永兴、秦凤、河北东、西五路，以达于天下。于是诸州籍保甲聚民而教之，禁令苛急，往往去为盗，郡县不敢以闻。判大名府王拱辰抗言其害，曰："非止困其财力，夺其农时，是以法驱之使陷于罪罟也。浸淫为大盗，其兆已见。纵未能尽罢，愿裁损下户以纾之。"主者指拱辰为沮法，拱辰曰："此老臣所以报国也。"抗章不已。帝悟，由是下户得免。

丁卯，以韩绛、王安石同平章政事。

戊寅，行募役法。先是，诏条例司讲立役法，条例司言："使民出钱募人充役，即先王致民财以禄庶人在官者之意。"命吕惠卿、曾布相继草具条贯，逾年始成。计民之贫富，分五等输钱，名"免役钱"。若官户、女户、寺观、单丁、未成丁者，亦等第输钱，名"助役钱"。凡输钱，先视州若县应用雇直多少，随户等均取雇直。又增取二分，以备水旱欠阙，谓之"免役宽剩钱"。用其钱募人代役。既试用其法于开封府，遂推行于诸路。既而东明县民数百，纷然诣开封府诉。帝知之，以诘安石，安石力言："外间扇摇役法者，谓输多必有赢余，若群诉，必可免。彼既聚众侥幸，苟受其诉，与免输钱，当仍役之。"帝乃尽用其言。寻以台谏多论奏，因谓安石宜少裁之。安石对曰："朝廷制法，当断以义，岂须规规恤浅近之人议论邪！"司马光言："上等户自来更互充役，有时休息，今使岁出钱，是常无休息之期。下等户及单丁、女户，从来无役，今尽使之出钱，而鳏寡孤独之人俱不免役。夫力者，民之所生而有；谷帛者，民可耕桑而得；至于钱者，县官之所铸，民之所不得私为也。今有司立法，惟钱是求，岁丰则民贱粜其谷，岁凶则伐桑枣、杀牛、卖田，得钱以输，民何以为生乎！此法卒行，富者差得自宽，贫者困穷日甚矣。”帝不听。

庚辰，命王安石提举编修三司令式。时天下以新法骚然，邵雍屏居于洛，门人故旧仕宦中外者，皆欲投劾而归，以书问雍。雍曰：“正贤者所当尽力之时。新法固严，能宽一分则民受一分之赐矣，投劾何益邪！”

四年（辛亥、一〇七一）三月辛卯，诏察奉行新法不职者。陈留知县姜潜到官才数月，青苗令下，潜即榜于县门，又移之乡村，各三日。无人至，遂撤榜付吏，曰：“民不愿矣。”即移疾去。山阴知县陈舜俞上书，极论新法，谪监南康军盐酒税。至是，复上书言：“青苗法实便，初迷不知尔。”识者笑之。

夏四月癸酉，以司马光判西京留台。先是，光在永兴，以言不用，乞判西京留台，不报。又上疏曰：“臣之不才，最出群臣之下，先见不如吕诲，公直不如范纯仁、程颢，敢言不如苏轼、孔文仲，勇决不如范镇。今陛下唯安石是信，附之者谓之忠良，攻之者谓之谗慝。臣今日所言，陛下之所谓谗慝者也。若臣罪与范镇同，即乞依镇例致仕；若罪重于镇，或窜、或诛，所不敢逃。”久之，乃从其请。光既归洛，自是绝口不复论事。

出直史馆苏轼通判杭州。轼自直史馆议贡举与帝合，即日召见，问方今政令得失。轼对曰：“陛下天纵文武，不患不明，不患不勤，不患不断；但患求治太急，听言太广，进人太锐。愿镇以安静，待物之来，然后应之。”帝竦然曰：“卿三言，朕当熟思之。凡在馆阁，皆当为朕深思治乱，无有所隐。”轼退言于同列，王安石不悦，命轼权开封府推官，将困之以事。轼决断精敏，声闻益远。尝以新法不便，上疏极论，且曰：“臣之所言者，三言而已，愿陛下结人心，厚风俗，存纪纲。人主所恃者，人心也，自古及今，未有和易同众而不安，刚果自用而不危者。祖宗以来，治财用者，不过三司。今陛下又创制置三司条例司，使六七少年日夜讲求于内，使者四十余辈分行营干于外，以万乘之主而言利，以天子之宰而治财，君臣宵旰，几一年矣，而富国之功茫如捕风，徒闻内帑出数百万缗，祠部度五千人耳。以此为术，人皆知其难也。汴水浊流，自生民以来，不以种稻，今欲陂而清之，万顷之稻，必用千顷之陂，一岁一淤，三岁而满矣。陛下使相视地形，所在凿空，访寻水利，堤防一开，水失故道，虽食议者之肉，何补于民！自古役人必用乡户，今徒闻江、浙之间数郡雇役，而欲措之天下。自杨炎为两税，租调与庸既兼之矣，奈何复欲取庸！青苗放钱，自昔有禁，今陛下始立成法，每岁常行，虽云不许抑配，而数世之后，暴君污吏，陛下能保之乎？昔汉武以财力匮竭，用桑弘羊之说，买贱卖贵，谓之均输，于时商贾不行，盗贼滋炽，几至于乱。臣愿陛下结人心者此也。国家之所以存亡者，在道德之浅深，不在乎强与弱；历数之所以长短者，在风俗之厚薄，不在乎富与贫。臣愿陛下务崇道德而厚风俗，不愿陛下急于有功而贪富强。仁祖持法至宽，用人有序，务专掩覆过失，未尝轻改旧章。考其成功，则曰未至；言乎用兵，则十出而九败；言乎府库，则仅足而无余。徒以德泽在人，风俗知义，故升遐之日，天下归仁。议者见末年吏多因循，事不振举，乃欲矫之以苛察，济之以智能，招来新进勇锐之人，以图一切速成之效。未享其利，浇风已成，欲望风俗之厚，岂可得哉！臣愿陛下厚风俗者此也。祖宗委任台谏，未尝罪一言者，纵有薄责，旋即超升，许以风闻，而无官长，言及乘舆则天子改容，事关廊庙则宰相待罪。台谏固未必皆贤，所言亦未必皆是，然须养其锐气，而借之重权者，将以折奸臣之萌也。臣闻长老之谈，皆谓台谏所言，常随天下公议。今者物论沸腾，怨讟交至，公议所在，亦知之矣。臣恐自兹以往，习惯成风，尽为执政私人，以致人主孤立。纪纲一废，何事不生！臣愿陛下存纪纲者此也。”时王安石赞帝以独断专任，轼因试进士发策，以“晋武平吴，独断而克，苻坚伐晋，独断而亡；齐桓专任管仲而霸，燕哙专任子之而败，事同功异”为问。安石滋不悦，使侍御史谢景温论奏轼向丁忧归蜀，乘舟商贩。诏下六路捕逮篙工水师，穷治，无所得。轼遂请外，通判杭州。

以邓绾为侍御史，判司农寺。初，绾通判宁州，知王安石得君专政，乃条上时事数十，以为：“宋兴百年，习安玩治，当事更化。”且言：“陛下得伊、周之佐，作青苗、免役等法，民莫不歌舞圣泽。愿勿移于浮议而坚行之。”复贻安石书，极其佞谀，由是安石力荐于帝，遂驿召对。会夏人寇庆州，绾于帝前敷陈甚悉。帝问："识王安石、吕惠卿否？"绾对曰："不识也。"帝曰："安石今之古人；惠卿，贤人也。"退见安石，欣然如素交。属安石致斋，陈升之以绾练习边事，使复知宁州。绾闻之不乐，诵言："急召我来，乃使还邪！"或问："君今当作何官？"绾曰："不失为馆职，得无为谏官乎？"明日果除集贤校理、检正中书孔目房。乡人在都者皆笑且骂，绾曰："笑骂从他笑骂，好官还我为之。"寻同知谏院。时新法皆出司农，而吕惠卿居忧，曾布不能独任其事，安石欲借绾以威众，故有是命。

五月甲午，右谏议大夫吕诲卒。诲有疾，表乞致仕，曰："臣本无宿疾，偶值医者用术乖方，妄投药剂，浸成风痺，遂艰行步，非只惮跛戾之苦，又将虞心腹之变。势已及此，为之奈何？虽然，一身之微，固未足惜，其如九族之托，良以为忧！"盖以身疾喻朝政也。至是病亟，司马光往省之，至则目已瞑，闻光哭，张目强视，曰："天下事尚可为，君实勉之！"遂卒，年五十八。海内识与不识，咸痛惜之。

时保甲法行，帝闻乡民忧无钱买弓矢，加以传惑徙之戍边，父子聚泣，语王安石曰："保甲宜缓而密。"安石对曰："日力可惜。"韩维时知开封，上言："诸县团结保甲，乡民惊扰，至有截指断腕以避丁者。乞候农隙排定。"帝以问安石，安石对曰："此固未可知。就令有之，亦不足怪。"帝曰："民言合而听之则圣，亦不可不畏也。"安石对曰："为天下者，如止欲任民情所愿而已，则何必立君而为之张官置吏也！大抵保甲法不特除盗，固可渐习为兵，且省财费。惟陛下果断，不恤人言以行之。”帝遂变河东、北、陕西三路义勇如府畿保甲法。未几，维出知襄州。

甲戌，富弼移判汝州。弼在亳州，持青苗法不行，曰：“如是则财聚于上，人散于下。”提举官赵济劾弼沮格诏旨，邓绾乞付有司鞫治，乃落弼武宁节度使、同平章事，以左仆射移判汝州。王安石曰：“弼虽谪，犹不失富贵。昔鲧以方命殛，共工以象恭流，弼兼二罪，止夺使相，何由沮奸！”帝不答。弼行过应天，谓判府张方平曰：“人固难知也。”方平曰：“谓王安石乎？亦岂难知者！方平顷知皇祐贡举，或称安石文学，辟以考校，既至，院中之事，皆欲纷更。方平恶其为人，檄之使出，自是未尝与语。”弼有愧色，盖弼亦素喜安石也。

秋七月丁酉，御史中丞杨绘言：“提举常平张靓等科配助役钱，一户多者至三百千。乞少裁损，以安民心。”不听。时贤士多引去，以避王安石。杨绘又上疏言：“老成人不可不惜。当今旧臣多引疾求去，范镇年六十有三，吕诲年五十有八，欧阳修年六十有五而致仕，富弼年六十有八而引疾，司马光、王陶皆五十而求散地。陛下可不思其故乎！”安石闻而深恶之。

刘挚为安石所器，拜监察御史里行，入见帝，面赐褒谕，因问：“卿从学王安石邪？安石极称卿器识。”对曰：“臣东北人，少孤独学，不识安石也。”退而上疏曰：“君子、小人之分，在义利而已。小人希赏之志每在事先，奉公之心每在私后。陛下有劝农之意，今变而为烦扰；陛下有均役之意，今倚以为聚敛。天下有喜于敢为，有乐于无事，彼以此为流俗，此以彼为乱常，畏义者以进取为可耻，嗜利者以守道为无能，此风浸成，汉、唐党祸必起矣。”因陈率钱助役十害。会杨绘又论“提刑赵子幾怒知东明县贾蕃不禁遏县民，使讼助役事，摭以他故，下蕃于狱而自鞫之，是希安石意指”。又言“助役之难行者有五”。刘挚亦论“赵子几捃摭贾蕃，是欲钳天下之口，乞按其罪”。于是安石大怒，使知谏院张璪取绘、挚所论助役十害、五难行之事，作十难以诘之。璪辞不为，曾布请为之，既作十难，且劾杨绘、刘挚欺诞，怀向背。诏下其疏于绘、挚，使各言状。绘录前后四奏以自辩。挚奋然曰：“为人臣，岂可压于权势，使天子不知利害之实！”即条对所难，以伸其说曰：“助役敛钱之法，有大臣及御史主之于内，有大臣亲党为监司、提举官行之于诸路，其势甚易矣。然旷日弥年，终未有定论者，为不顺乎民心也。臣待罪言责，采士民之说以闻，职也。今乃遽令分析，交口相直，无乃辱陛下耳目之任哉！所谓向背，则臣所向者义，所背者利，所向者君父，所背者权臣。愿以臣章并司农奏宣示百官，考定当否。”不报。明日复上疏曰：“陛下夙夜励精，以亲庶政，天下未致于安且治者，谁致之邪？陛下注意以望太平，而自以太平为己任，得君专政者是也。二三年间，开阖摇动，举天地之内，无一民一物得安其所者。其议财，则市井屠贩之人皆召至政事堂；其征利，则下至历日而官自鬻之，推此以往，不可究言。轻用名器，淆混贤否。忠厚老成者摈之为无能，侠少儇辩者取之为可用，守道忧国者谓之为流俗，败常害民者谓之为通变。凡政府谋议经画，除用进退，独与一掾属曾布者论定，然后落笔，同列预闻，反在其后，故奔走乞丐之人，布门如市。今西夏之款未入，反侧之兵未安，三边疮痍，流溃未定，河北大旱，诸路大水，民劳财乏，县官减耗，圣上忧勤念治之时，而政事如此，皆大臣误陛下，而大臣所用者误大臣也。"疏奏，安石欲窜挚岭外，帝不许，诏贬绘知郑州，谪挚监衡州盐仓，璪亦落职。遣访察使遍行诸路，促成役书。

八月，以王雱为崇政殿说书。雱，安石子，为人慓悍阴刻，无所顾忌，性敏甚，未冠，已著书数十万言。邓绾、曾布力荐之，遂有是命。雱尝称："商鞅为豪杰之士。"且言："不诛异议者则法不行。"安石一日与程颢语，雱囚首跣足，携妇人冠以出，问父所言何事，曰："以新法为人所沮，故与程君议之。"雱大言曰："枭韩琦、富弼之首于市，则法行矣。"安石遽曰："儿误矣！"颢曰："方与参政论国事，子弟不可预，姑退。"雱不乐。

九月，鬻诸路坊场、河渡，募人承买收取净利，岁收六百九十八万六千缗，谷、帛九十七万六千六百石、匹有奇。既而司农并祠庙鬻之，听民为贾区其中。

冬十月，以鲜于侁为利州转运副使。初，诏监司各定所部助役钱数，利州路转运使李瑜欲定四十万，侁时为判官，争之曰："利州民贫地瘠，半此可矣。"瑜不从，遂各为奏。时诸路役书皆未就，帝是佚议，谕司农曾布，使颁以为式，因黜瑜而擢佚副使兼提举常平。初，王安石居金陵，有重名，士大夫期以为相，佚恶其沽激要君，尝语人曰："是人若用，必坏乱天下。"及安石用事，佚乃上书论时政曰："可为忧患者一，可为太息者二，其他逆治体而召民怨者，不可概举。"其意专指安石，安石怒，毁短之。帝称其有文学可用，安石曰："何以知之?"帝曰："有章奏在。"安石乃不敢言。既为副使，部民不请青苗钱，安石遣使诘之，佚曰："青苗之法，愿取则与，民自不愿，岂能强之哉!"苏轼称佚，上不害法，中不废亲，下不伤民，以为三难。

五年（壬子、一〇七二）春正月己亥，置京城逻卒，察谤时政者，收罪之。

三月，富弼致仕。弼至汝州两月，即上言："新法臣所不晓，不可以治郡，愿归洛养疾。"许之。遂请老，复授司空、武宁节度使，致仕。弼虽家居，朝廷有大利害，知无不言。帝虽不尽用，而眷礼不衰。尝因王安石有所建明，帝却之曰："富弼手疏称'老臣无所告诉，但仰屋窃叹'者，即当至矣。"其敬之如此。

丙午，行市易法，六市易司皆隶焉。

夏（四）〔五〕（据宋史卷一五神宗纪、续纲目、薛鉴改）月丙午，行保甲养马法，诏开封府界诸县保甲，愿牧马者听。仍令以陕西所市马选给之。诏曾布等上其条约，凡陕西五路义勇、保甲愿养马者，户一匹，物力高，愿养二匹者听。

皆以监牧见马给之，或官与其值，令自市。先行于开封府及陕西五路。府界无过三千匹，五路无过五千匹。袭逐盗贼外，乘越三百里者有禁。岁一阅其肥瘠，死病者补偿。在府界者，免体量草二百五十束，加给以钱布。在五路者，岁免折变、缘纳钱。三等以上十户为一保，四等以下十户为一社，以待病毙逋偿者。保户马死，保户独偿；社户马死，社户半偿之。其后遂遍行于诸路。

王安石求去位，帝不许。先是，枢密都承旨李评喜论事，帝多从其言。又尝极言助役不便，安石恶之。会评妄奏罢阁门官吏，安石言其作威福，必欲罪之。帝亦谓评有罪，然未始罪评也。明日，安石入见，乞东南一郡。帝曰："自古君臣如卿与朕相知极少。朕鄙钝，初未有知，自卿在翰林，始闻道德之说，心稍开悟。天下事方有绪，卿何得言去！"安石固请，帝曰："卿得非以李评事，谓朕有疑心？朕自知制诰知卿，属以天下事。如吕诲比卿少正卯、卢杞，朕不为惑，岂更有人能惑朕者！"未几，安石复自赍表入请，帝不视，以表授安石，固令就职。

八月甲辰，颁方田均税法。帝患田赋不均，诏司农重定方田及均税法，颁之天下。方田之法，以东西南北各千步，当四十一顷六十六亩一百六十步为一方。岁以九月，县委令佐分地计量，随陂、原、平、泽而定其地，因赤淤、黑垆而辨其色。方量毕，以地及色参定肥瘠，而分五等以定其税则。至明年三月毕，揭以示民；一季无讼，即书户帖，连庄帐付之，以为地符。均税之法，县各以其租额税数为限，旧尝收蹙奇零，如米不及十合而收为升，绢不满十分而收为寸之类，今不得用其数均摊增展，致溢旧额。凡越额增数，皆禁。若瘠卤、不毛及众所食利山林、陂塘、沟路、坟墓，皆不立税。凡田方之角，立土为峰，植其野之所宜木以封表之。有方帐，有庄帐，有甲帐，有户帖，其分烟析产，典卖割移，官给契，县置簿，皆以今所方之田为正。令既具，乃以钜野县尉王曼为指教官，先自京东路行之，诸路仿焉。

六年（癸丑、一〇七三）夏四月己亥，文彦博罢。彦博久居枢密，以王安石多变旧典，言于帝曰："朝廷行事，务合人心，宜兼采众论，以静重为先。陛下励精求治，而人心未安，盖更张之过也。祖宗法未必皆不可行，但有偏而不举之弊尔。"安石知为己而发，奋然排之曰："求去民害，何为不可！若万事隳脞，乃西晋之风，何益于治！"及市易司立，至果实亦官监卖，彦博以为损国体，敛民怨，致华岳山崩，为帝极言之。且曰："衣冠之家罔利于市，搢绅清议尚所不容，岂有堂堂大国，皇皇求利，而天意有不示警者乎！"安石曰："华山之变，殆天意为小人发。市易之起自为细民久困，以抑兼并尔，于官何利焉。"彦博求去益力，遂以司空、河东节度使，判河阳，徙大名府。

九月，收免行钱。先是，京师百物有行，官司所须，俱以责办，下逮贫民浮贩，类有陪折。吕嘉问请约诸行利入厚薄，令纳钱以赋吏禄与免行户祗应。而禁中卖买百货，并下杂买场务，仍置市司，估物低昂，凡内外官司欲占物价则取办焉。至是行之。

七年（甲寅、一〇七四）夏四月癸酉，权罢新法。自去岁秋七月不雨，以至于是月，帝忧形于色，嗟叹恳恻，欲尽罢法度之不善者。王安石曰："水旱常数，尧、汤所不免。陛下即位以来，累年丰稔，今旱暵虽久，但当修人事以应之。"帝曰："朕所以恐惧者，正为人事之未修尔。今取免行钱太重，人情咨怨，自近臣以至后族，无不言其害者。"冯京曰："臣亦闻之。"安石曰："士大夫不逞者以京为归，故京独闻此言，臣未之闻也。"初，光州司法参军郑侠为安石所奖拔，感其知己，思欲尽忠。及满秩入京，安石问以所闻，侠曰："青苗、免役、保甲、市易数事，与边鄙用兵，在侠心不能无区区也。"安石不答。至是，侠监安上门。会岁饥，征敛苛急，东北流民，每风沙霾曀，扶携塞道，羸疾愁苦，身无完衣，或茹木实草根，至身披锁械，而负瓦揭木，卖以偿官，累累不绝。乃绘所见为图，及疏言时政之失，诣阁门，不纳；遂假称（秘）〔密〕（据宋史卷三二一郑侠传、续纲目、薛鉴改）急，发马递上之。其略曰："陛下南征北伐，皆以胜捷之势作图来上，并无一人以天下忧苦、父母妻子不相保、迁移困顿、遑遑不给之状为图而献者。臣谨按安上门逐日所见，绘成一图，百不及一，但经圣览，亦可流涕，况于千万里之外哉！陛下观臣之图，行臣之言，十日不雨，即乞斩臣宣德门外，以正欺君之罪。"疏奏，帝反覆观图，长吁数四，袖以入内。是夕，寝不能寐。翌日，遂命开封体放免行钱，三司察市易，司农发常平仓，三（卫）〔衙〕（按：宋代以殿前司、侍卫亲军马军与步军三职统领禁军，称为“三衙”，见建炎以来朝野杂记甲集一八，毕鉴从之。今据改）具熙、河所用兵，诸路上民物流散之故，青苗、免役权息追呼，方田、保甲并罢，凡十有八事，民间欢呼相贺。是日，果大雨，远近沾洽。甲戌，辅臣入贺雨，帝出侠图及疏示辅臣，问王安石曰：“识侠否？”安石曰：“尝从臣学。”因上章求去，外间始知所行之由。群奸切齿，遂以侠付御史狱，治其擅发马递罪。吕惠卿、邓绾言于帝曰：“陛下数年忘寝与食，成此美政，天下方被其赐，一旦用狂夫之言，罢废殆尽，岂不惜哉！”相与环泣于帝前。于是新法一切如故，惟方田暂罢。

丙戌，王安石罢，以韩绛同平章事，吕惠卿参知政事。安石执政六年，更法度，开边疆，老成正士废黜殆尽，儇慧巧佞超进用事，天下怨之，而帝倚任益专。太皇太后尝乘间语帝曰：“祖宗法度，不宜轻改。吾闻民间甚苦青苗、助役，宜罢之。”帝曰：“此以利民，非苦之也。”后又曰：“安石诚有才学，然怨之者甚众。欲保全之，不若暂出之于外。”帝曰：“群臣惟安石为国家当事。”时帝弟岐王颢在侧，因进曰：“太后之言，不可不思。”帝怒曰：“是我败坏天下邪！汝自为之。”颢泣曰：“何至是邪！”皆不乐而罢。久之，太后流涕谓帝曰：“安石乱天下，奈何？”帝始疑之。及郑侠疏进，安石不自安，遂求去位。帝再四勉留，安石请益坚，乃以观文殿大学士知江宁府。吕惠卿使其党变姓名，日投匦留之。安石感其意，因乞韩绛代己而惠卿佐之，帝从其请。二人守其成规不少失，时号绛为“传法沙门”，惠卿为“护法善神”。惠卿惧中外有议新法者，乃作书遍遗监司郡守，使陈利害；又从容白帝下诏，言终不以吏违法之故为之废法。故安石所建，无所更复。

五月，三司使曾布、提举市易司吕嘉问罢。先是，吕嘉问提举市易，连以羡课受赏。帝闻其扰民，以语王安石，安石对曰：“嘉问奉法在公，以是媒怨。”帝曰：“免行钱所收细琐，市易鬻及果实、冰炭，大伤国体。”安石力辩，至讥帝为丛脞，不知帝王大略。帝曰：“即如是，士大夫何故以为不便?”安石请言者姓名，令嘉问条析。及帝以旱故，命韩维、孙永集市人问之，减坐贾钱千万，安石遂持嘉问条析奏曰：“朝廷所以许民输钱免行者，盖人情安于乐业，厌于追扰，若一切罢去，则无人祗承。又吏胥禄廪薄，势不得不求于民，非重法莫禁，以薄廪申重法，则法有时而屈。今取于民鲜，而吏知自重，此臣等推行之本意也。议者乃欲除去，是殆不然。民未尝不畏吏，方其以行役触罪，虽欲出钱亦不可得。今吏之禄可谓厚矣，然未及昔日取民所得之半也。”时市易隶三司，嘉问恃势陵使薛向出其上，及曾布代向，怀不能平。会帝出手札询布，布访于魏继宗，具上嘉问多收息干赏，挟官府而为兼并之事。帝将委布考之，安石言二人有私忿，于是诏布与吕惠卿同治。惠卿故憾布，胁继宗使诬布，继宗不从。布言惠卿不可共事，帝欲听之，安石不可。帝遂诏中书曰：“朝廷设市易，本为平准以便民，若周官泉府者。今顾使中人之家失业若此，吾民安得泰然也！宜厘定其制。”布见帝言曰：“臣每闻德音，欲以王道治天下。今市易之为虐，骎骎乎间架、除陌之事矣。如此之政，书于简牍，不独唐、虞、三代所无，历观秦、汉以来，衰乱之世恐未之有也。嘉问又请贩盐鬻帛，岂不贻笑四方！”帝颔之。事未决，安石去位，嘉问持之以泣。安石劳之曰：“吾已荐惠卿矣。”及惠卿执政，遂治前狱，劾布沮新法，出知饶州，〔嘉问亦出知常州〕（据宋史卷三五五吕嘉问传、续纲目补），以章惇为三司使。

秋七月，立手实法。时免役出钱或未均，吕惠卿用其弟曲阳县尉和卿计，创手实法。其法，官为定立物价，使民各以田亩、屋宅、资货、畜产随价自占。凡居钱五，当蕃息之钱一。非用器、食粟而辄隐落者许告，获实，以三分之一充赏。预具式示民，令依式为状，县受而籍之，以其价列定高下，分为五等。既该见一县之民物产钱数，乃参会通县役钱本额，而定所当输钱。诏从其言，于是民家尺椽寸土简括无遗，至于鸡豚亦遍抄之，民不聊生。初，惠卿制是法，然犹灾伤五分以上不预。荆湖访察使蒲宗孟上言：“此天下之良法，使民自供，初无所扰，何待丰岁？愿诏有司勿以丰凶弛张其法。”从之。民于是益困矣。

冬十月庚辰，置三司会计司。初，帝尝患增置官司费财，王安石谓：“增置官司，所以省费。”帝曰：“古者什一而税，今取财百端。”安石谓：“古非特什一而已。”安石又欲尽禄天下之吏，帝未之许，而三司上新增吏禄，岁至缗钱百十一万有奇。主新法者皆谓，吏禄既厚则人知自重，不敢冒法，可以省刑。然良吏实寡，赇取如故，往往陷大辟，议者不以为善。诏三司帐司会计是岁天下财用出入之数以闻，令宰相提举其事。至是，韩绛请选官置司，以天下户口、人丁、税赋、场务、坑冶、河渡、房园之类租额、年课及一路钱谷出入之数，去其重复，岁比较增亏、废置及羡余、横费，计赢阙之处，使有无相通，而以任职能否为黜陟，则国计大纲可以省察。三司使章惇亦以为言。乃诏置三司会计司，以绛提举。

八年（乙卯、一〇七五）春正月，郑侠上疏，论吕惠卿朋奸壅蔽，仍取唐魏徵姚崇宋璟、李林甫卢杞传为两轴，题曰“正直君子、邪曲小人事业图迹”。在位之臣，暗合林甫辈而反于崇、璟者，各以其类，复为书献之。且荐冯京可相，并言禁中有人被甲登殿诟骂等事。惠卿奏为谤讪，令中丞邓绾、知制诰邓润甫治之，遂编管侠于汀州。御史台吏杨忠信谒侠曰：“御史缄默不言，而君上书不已，是言责在监门而台中无人也。”取怀中名臣谏疏二帙授侠曰：“以此为正人助。”冯京与吕惠卿同在政府，议论多不合，而王安石弟安国素与侠善。侍御史张琥承惠卿旨，劾侠尝游京之门，交通有迹。邓绾、邓润甫言，王安国尝借侠奏稿观之，而有奖成之言，意在非毁其兄。于是放安国归田里，出京知亳州。时侠贬汀州已行，惠卿又令舒亶捕之道，搜其箧，得所录名臣谏疏，有言新法事及亲友书尺，悉按姓名治之。狱成，惠卿欲致侠以死，帝曰：“侠所言非为身也，忠诚亦可嘉，岂宜深罪！”但徙侠英州。

初，安国任西京国子教授，秩满至京师，帝以安石故，特召对。问曰："汉文帝何如主？"安国对曰："三代以来未有也。"帝曰："但恨其才不能立法更制耳！"安国对曰："文帝自代来，入未央宫，定变故于俄顷呼吸间，恐无才者不能。至用贾谊言，待群臣有节，专务以德化民，海内兴于礼义，几致刑措，则文帝加有才一等矣。"帝曰："王猛佐苻坚，以蕞尔国而令必行。今朕以天下之大，不能使人，何也？"曰："猛教坚以峻法杀人，致秦祚不传世。今刻薄小人必有以是误陛下者。愿专以尧、舜、三代为法，则下岂有不从者乎！"帝又问："卿兄秉政，外论谓何？"安国对曰："恨知人不明，聚敛太急尔。"帝不悦。由是止授崇文院校书，寻改秘阁校理。安国屡以新法之弊力谏安石，又尝以佞人目惠卿，故惠卿逐之。

二月癸酉，复以王安石同平章事。初，吕惠卿迎合安石，建立新法，安石故力援引，骤至执政。惠卿既得志，有射羿之意，忌安石复用，遂欲逆闭其途，凡可以害安石者，无所不用其智。一时朝士见惠卿得君，谓可倾安石以媚惠卿，遂更朋附之。而邓绾、邓润甫因李逢之狱，又挟李士宁以撼安石，安石闻而怨之。时韩绛颛处中书，事多稽留不决，且数与惠卿争论，度不能制，密请帝复用安石，帝从之。惠卿闻之不安，乃条列安石兄弟之失数事，面奏，意欲上意有二。上封惠卿所言以示安石，安石上表，有"忠不足以取信，故事事欲须自明；义不足以胜奸，故人人与之立敌"。盖谓是也。既而安石承召命，即倍道而进，七日至汴京。

初，蜀人李士宁者，得导气养生之术，自言时已三百岁矣，又能言人休咎。王安石与之有旧，每延于东府，迹甚熟。安石镇金陵，吕惠卿参大政，会山东告李逢、刘育之变，事连宗子赵世居，御史府、沂州各起狱推治之。劾者言士宁尝预此谋，敕天下捕之。狱具，世居赐死，李逢、刘育磔于市，士宁决杖流永州，连坐者甚众。惠卿始兴此狱，引士宁，意欲有所诬蔑，会安石再入秉政，谋遂不行。

冬十月庚寅，吕惠卿罢。御史蔡承禧论惠卿欺君玩法，立党肆奸，惠卿居家俟命。中丞邓绾亦欲弥缝前附惠卿之迹，以媚安石，安石子雱复深憾惠卿，遂讽绾发惠卿兄弟强借秀州华亭富民钱五百万与知华亭县张若济买田共为奸利事，置狱鞫之。惠卿竟罢，出知陈州。绾又论三司使章惇协济惠卿之奸，出知湖州。

乙未，彗出轸。帝以灾异数见，避殿减膳，诏求直言，赦天下，询政事之未协于民者。程颢应诏，论朝政极切，差知扶沟县事。王安石率同列上疏言："晋武帝五年，彗出轸，十年，又有孛，而其在位二十八年，与乙巳占所期不合。盖天道远，先王虽有官占，而所信者人事而已。裨灶言火而验，欲禳之，国侨不听，郑亦不火。有如裨灶，未免妄诞，况今星工哉！窃闻两宫以此为忧，望以臣等所言，力行开慰。"帝曰："闻民间殊苦新法。"安石对曰："祁寒暑雨，民犹怨咨，此无庸恤。"帝曰："岂若并祁寒暑雨之怨亦无邪！"安石不悦，退而属疾卧，帝慰勉起之。其党谋曰："今不取上素所不喜者暴进用之，则权轻，将有窥人间隙者。"安石是其策。帝喜其出，凡所进用，悉从之。邓绾言："凡民养生之具，日用而家有之，今欲尽令疏实，则家有告讦之忧，人怀隐匿之虑。商贾通殖货利，交易有无，或春有之而夏已荡析，或秋贮之而冬已散亡，公家簿书，何由拘录？其势安得不犯！徒使嚚讼者趋赏报怨，畏怯者守死忍困而已。"诏罢手实法。

九年（丙辰、一〇七六）秋七月，邓绾罢。吕惠卿既出守陈，而张若济之狱久不成，王雱令门下客吕嘉问、练亨甫共取邓绾所列惠卿事，杂他书下制狱，王安石不知也。省吏告惠卿于陈，惠卿以状闻，且上书讼安石："尽弃所学，隆尚纵横之末数。方命矫令，罔上要君，力行于年岁之间。虽失志倒行逆施者，殆不如此。"帝以状示安石，安石谢无有。归以问雱，雱言其情，安石咎之。雱愤恚，疽发背死。帝颇厌安石所为，绾虑安石去失势，乃上书言宜录安石子及婿，仍赐第京师。帝以语安石，安石曰："绾为国司直，而为宰臣乞恩泽，极伤国体，当黜之。"帝以绾操心颇僻，赋性奸回，论事荐人，不循分守，斥知虢州。

冬十月丙午，王安石罢。安石之再相也，屡谢病求去；及子雱死，尤悲伤不堪，力请解机务。帝益厌之，乃以使相判江宁府，寻改集禧观使。安石既退处金陵，往往写"福建子"三字，盖深悔为吕惠卿所误也。

以吴充、王珪同平章事。充子安持虽娶王安石女，而充心不善安石所为，数为帝言新法不便。帝察充中立无与。

及安石罢，遂相之。充欲有所变革，乞召还司马光、吕公著、韩维、苏颂，及荐孙觉、李常、程颢等数十人。光自洛贻书充曰："自新法之行，中外汹汹。民困于烦苛，迫于诛敛，愁怨流离，转死沟壑，日夜引领，冀朝廷觉悟，一变敝法。今日救天下之急，当罢青苗、免役、保甲、市易，而息征伐之谋。欲去此五者，必先别利害，开言路，以悟人主之心。今病虽已深，犹未至膏肓，失今不治，遂为痼疾矣。"充不能用。

以冯京知枢密院事。时吕惠卿告安石罪，发其私书，有"无使上知"及"勿令齐年知"之语。京与安石同年生，故云。帝以安石为欺而贤京，故召用之。

宋史纪事本末卷三十八

学校科举之制

仁宗庆历四年（甲申、一〇四四）三月乙亥，诏天下州县立学，行科举新法。时范仲淹意欲复古劝学，数言兴学校，本行实。诏近臣议，于是宋（郊）〔祁〕（本卷校改与增补各条，除文下注明者外，均以宋史卷一五五选举志为依据，并参照续纲目、薛鉴）等奏："教不本于学校，事不察于乡里，则不能核名实。有司束以声病，学者专于记诵，则不足尽人材。参考众说，择其便于今者，莫若使士皆土著而教之于学校，然后州县察其履行，则学者修饬矣；先策论，则文词者留心于治乱矣；简程式，则闳博者得以驰骋矣；问大义，则执经者不专于记诵矣。"帝从之。至是，乃诏曰："儒者通天地人之理，明古今治乱之原，可谓博矣。然学者不可骋其说，而有司务先声病章句以拘牵之，则夫豪隽奇伟之士，何以奋焉！士以纯明朴茂之美，而无教学养成之法，使与不肖并进，则夫懿德敏行，何以见焉！此取士之甚敝，而学者自以为患。夫遇人以薄者，不可责其厚也。今朕建学兴善以尊大夫之行，更制革敝以尽学者之才。有司其务严训导，精察举，以称朕意。学者其务进德修业，无失其时。其令州若县皆立学，本道使者选部属官为教授，员不足，取于乡里宿学有道业者。士须在学三百日，乃听预秋试。旧尝充试者，百日而止。试于州者，令相保任。有匿服、犯刑、亏行、冒名等禁。三场:先策，〔次〕论，次诗赋。通考为去取，而罢帖经、墨义。士通经术愿对大义者，试十道。”

夏四月壬子，判国子监王拱宸、田况、王洙、余靖等言：“汉太学二百四十房，千八百室，生徒三万人。唐学舍亦千二百间。今取才养士之法盛矣，而国子监才二百楹，制度狭小，不足以容。”诏以锡庆院为太学，置内舍生二百人。

五月壬申，帝至太学，谒孔子。故事止肃揖，帝特再拜。赐直讲孙复五品服。初海陵人胡瑗为湖州教授，训人有法，科条纤悉备具，以身率先，虽盛暑，必公服坐堂上，严师弟子之礼，视诸生如其子弟，诸生亦信爱如其父兄，从之游者常数百人。时方尚词赋，湖学独立经义治事斋，以敦实学。至是，兴太学，诏下湖州取其法，著为令式。瑗上书请兴武学，其略曰：“顷岁吴育已建议兴武学，但官非其人，不久而废。今国子监直讲内梅尧臣曾注孙子，大明深义。孙复而下，皆明经旨。臣曾任丹州军事推官，颇知武事。若使尧臣等兼莅武学，每日令讲论语，使知忠孝仁义之道；讲孙、吴，使知制胜御敌之术。于武臣子孙中，选有智略者二三百人教习之，则一二十年之间必有成效。臣已撰成武学规矩一卷，进呈。”时议难之。

五年（乙酉、一〇四五）三月，罢科举新法。范仲淹既去，执政以新定科举入学预试为不便，且言：“诗赋声病易考，而策论汗漫难知，祖宗以来，莫之有改，且得人尝多矣。”帝下其议，有司请如旧法，乃诏前所更令悉罢之。

神宗熙宁四年（辛亥、一〇七一）二月丁巳，更定科举法，从王安石议，罢诗赋及明经诸科，专以经义、论、策试士。王安石又谓：“孔子作春秋，实垂世立教之大典，当时游、夏不能赞一词。自经秦火，煨烬无存。汉求遗书，而一时儒者附会以邀厚赏。自今观之，一如断烂朝报，决非仲尼之笔也。仪礼亦然。请自今经筵毋以进讲，学校毋以设官，贡举毋以取士。”从之。时诏议贡举，咸谓宜变法便，苏轼独上议曰：“得人之道在于知人，知人之法在于责实。使君相有知人之名，朝廷有责实之政，则胥吏皂隶未尝无人，虽因今之法，臣以为有余。使君相不知人，朝廷不责实，则公卿侍从常患无人，况学校贡举乎！虽复古之制，臣以为不足。夫时有可否，物有兴废，使三代圣人复生于今，其选举亦必有道，何必由学乎！且庆历固尝立学矣，天下以太平可待，至于今惟空名仅存。今陛下必欲求德行道艺之士，责九年大成之业，则将变今之理，易今之俗。又当发民力以治宫室，敛民财以养游士，置学立师而又时简不帅教者，屏之远方，徒为纷纷，其与庆历之际何异！至于科举，或曰乡举德行而略文章；或曰专取策论而罢诗赋；或欲举唐故事，采誉望而罢弥（缝）〔封〕；或曰变经生帖墨而考大义：此数者皆非也。夫欲兴德行，在于君人者修身以裕物，审好恶以表俗，若欲设科立名以取之，则是教天下相率而为伪也。上以孝取人，则勇者割股，怯者庐墓；上以廉取人，则敝车羸马，恶衣菲食，凡可以中上意者，无所不至。自文章言之，则策论为有用，诗赋为无益；自政事言之，则诗赋、论策，均为无用。然自祖宗以来莫之废者，以为设法取士不过如此也。矧自唐至今，以诗赋为名臣者不可胜数，何负于天下而必欲废之！"帝喜曰："吾固疑此，得轼议，释然矣。"他日，王安石言于帝曰："今人材乏少，且其学术不一，异论纷然，不能一道德故也。欲一道德则当修学校，欲修学校则贡举法不可不变。若谓进士科诗赋亦多得人，自缘仕进别无他路，其间不容无贤。若谓科法已善，则未也。今以少壮之士，正当讲求天下正理，乃闭门学作诗赋，及其入官，世事皆所未习，此科法败坏人材，致不如古。"既而中书门下又言："古之取士皆本学校，道德一于上，习俗成于下，其人材皆足以有为于世。今欲追复古制则患于无渐，宜先除去声病、偶对之文，使学者得专意经术，以俟朝廷兴建学校，然后讲求三代所以教育、选举之法，施之天下，则庶几可以复古矣。"于是改法，罢诗赋、帖经、墨义，士各占治易、诗、书、周礼、礼记一经，兼论语、孟子。每试四场，初本经，次兼经，大义凡十道，次论一首，次策三道；礼部试即增二道。中书撰大义式颁行，试义者须通经有文采，乃为中格，不但如明经、墨义，粗解章句而已。其殿试则专以策，限千字以上，分五等：第一等、二等赐进士及第，第三等赐进士出身，第四等赐同进士出身，第五等赐同学究出身。旧制，进士入〔进〕谢恩银百两，至是亦罢之，仍赐钱三千为期集费。

三月庚寅，始命诸州置学官，率给田十顷赡士，并置小学教授。

冬十月戊辰，立太学生三舍法。宋初，国子生以京朝七品以上子孙应荫者为之，太学生以八品以下子孙及庶人子孙俊异者为之，试论、策、经义如进士法。及帝即位，垂意儒学，以天下郡县既皆有学，岁、时、月各有试，程其艺能，以次差升舍，其最优者为上舍，免发解及礼部试而特赐之第，遂专以此取士。又以庆历中尝置太学内舍生二百人，帝渐增至九百人。至是，因言者论太学假锡庆院西北廊甚湫隘，乃尽以锡庆院及朝集院西庑建讲学堂四。自主判官外，增置直讲为十员，率二员共讲一经，令中书遴选，或主判官奏举。厘生员为三等：始入太学为外舍，定额为七百人；外舍升内舍，员三百；内舍升上舍，员一百。各执一经，从所讲官受学，月考试其业，优等以次升舍，上舍免发解及礼部试，召试赐第。其正、录、学谕，以上舍生为之，经各二员。学行卓异者，主判、直讲复荐之于中书除官。其后增置八十斋，斋三十人，外舍生至二千人，岁一试，补内舍生；间岁一试，补上舍生，弥封、誊录如贡举法。

六年（癸丑、一〇七三）三月己未，置诸路学官，更新学制。有司立为约束，过于烦密，刘挚上疏曰："学校为育材首善之地，教化所从出，非行法之所。虽群居众聚，帅而齐之，不可无法，亦有礼义存焉。治天下者遇人以君子、长者之道，则下必以君子、长者之行而应乎上。若以小人、犬豕遇之，彼将以小人、犬豕自为，而况以此行于学校之间乎！愿罢其制。"

丁卯，诏进士、诸科并试明法注官。

乙亥，置律学。诏："士之莅官，以法从事，今所习非所学，宜置律学。设教授四员，命官、举人皆得入学习律令。"

九月辛亥，初策武举之士。先是，武举试义策于秘阁，武艺于殿前司；及殿试则又试骑射及策于廷。策、武艺俱优为右班殿直，武艺次优为三班奉职，又次借职，末等三班差役。初，枢密院修武举法，不能答策者，答兵书墨义。王安石曰："武举而试墨义，何异学究诵书不晓理者，无补于事。先王收勇力之士皆属于车右者，欲以备御侮之用，则记诵何所施！"帝从之。至是，始策武举之士。

八年（乙卯、一〇七五）六月己酉，王安石以所训释诗、书、周礼三经上进，帝谓之曰："今谈经者人人殊，何以一道德？卿所著经义，其颁行，使学者归一。"遂颁于学官，号曰三经新义。一时学者无不传习，有司纯用以取士。安石又为字说二十四卷，学者争传习之。自是先儒之传、注悉废矣。

九年（丙辰、一〇七六）三月甲戌，亲策进士，并试律义断案。

哲宗元祐元年（丙寅、一〇八六）夏四月辛亥，司马光请立经明行修科，“岁委升朝文臣各举所知，以勉励天下，使敦士行，以示不专取文学之意。若所举人违犯名教，必坐举主毋赦，则自不敢妄举，而士之居乡居家者，立身行己，惟惧玷缺。所谓不言之教，不肃而成，不待学官日训月察，立赏告讦，而士行自美矣。”于是诏：“自今凡遇科举，令升朝官各举经明行修之士一人，俟登第日，与升甲。罢谒禁之制。”

五月戊辰，命程颐等修定学制。太学自蔡确起大狱，连引朝士，有司缘此造为法禁，烦苛凝密，博士诸生，禁不相见，教谕无所施。御史中丞刘挚以为言。至是，命程颐、孙觉、顾临同太学长贰（考）〔看〕（据续纲目、薛鉴改）详修定条制。颐大概以为：“学校，礼义相先之地，而月使之争，殊非教养之道。请改试为课；有所未至，则学官召而教之，更不考定高下。置尊贤堂以延天下道德之士，镌解额以去利诱，省繁文以专任委，励行检以厚风教。”及置待宾吏师斋，立观光法，如是者亦数十条。

秋七月癸酉，立十科举士法。旧制，铨注有格，概拘以法，法可以制平而不可以择材，故令内外官皆得荐举。

其后被举者既多，除吏愈难。神宗即位，乃革去奏举，而概以定格，于是内外举官法皆罢，但令吏部审官院参议选格。及帝即位，左司谏王岩叟言："自罢辟举而用选格，可以见功名而不可以见人才，于是不得已而用其平日之所信，故有'踏逐'、'申差'之目。'踏逐'实荐举而不与同罪，且选才荐能而谓之'踏逐'，非雅名也，况委人以权而不容举其所知，岂为通术！"遂复内外举官法。司马光奏曰："为政得人则治，然人之才或长于此而短于彼，虽皋、夔、稷、契，各守一官，中人安可求备！故孔门以四科论士，汉室以数路得人。若指瑕掩善则朝无可用之人，苟随器指任则世无可弃之士。臣备位宰相，职当选官，而识短见狭，士有恬退滞淹，或孤寒遗逸，岂能周知？若专引知识则嫌于私，若止循资序，未必皆才。莫若使有位达官各举所知，然后克协至公，野无遗贤矣。欲乞朝廷设十科举士：一曰行义纯固可为师表科，有官无官人皆可举；二曰节操方正可备献纳科，举有官人；三曰智勇过人可备将帅科，举文武有官人；四曰公正聪明可备监司科，举知州以上资序；五曰经术精通可备讲读科，有官无官人皆可举；六曰学问该博可备顾问科，同经术举人；七曰文章典丽可备著述科，同经术举人；八曰善听狱讼尽公得实科，举有官人；九曰善治财赋公私俱便科，举有官人；十曰练习法令能断请谳科，举有官人。应职事官自尚书至给事中、中书舍人、谏议大夫，寄禄官自开府仪同三司至大中大夫，带职自观文殿大学士至待制，每岁须于十科内举三人，仍具状保任，中书置籍记之。异时有事须材，即执政按籍视其所尝被举科格，随事试之。有劳，又著之籍。内外官阙，取尝试有效者随科授职。所赐告命，仍具所举官姓名。其人任官无状，坐以谬举之罪。所贵人人重慎，所举得才。”光又言：“朝廷执政惟八九人，若非旧交，无以知其行能，不惟涉徇私之嫌，兼所取至狭，岂足以尽天下之贤才？若采访毁誉，则情伪万端，与其听游谈之言，曷若使之结罪保举。故臣奏设十科以举士，其公正聪明可备监司。诚知请嘱挟私，所不能无；但有不如所举，谴责无所宽宥，则不敢妄举矣。”诏从之。

二年（丁卯、一〇八七）春正月戊辰，诏毋以老子、列子命题试士。时科举罢词赋，专用王安石经义，且杂以释氏之说，凡士子自一语以上，非安石新义不得用。学者至不诵正经，唯窃安石之书以干进，精熟者辄上第，故科举益敝。吕公著当国，始请禁主司不得以老、庄书命题，举子不得以申、韩、佛书为学，经义参用古今诸儒说，毋得专取王氏。寻又禁毋得引用王氏字说。

夏四月丁未，吕公著请复制科。诏曰：“祖宗设六科之选，策三道之要，以网罗天下贤俊；先皇帝兴学校，崇经术，以作新人材，变天下之俗，故科目之设，有所未遑。今天下之士，多通于经术而知所学矣，宜复制策之科，以徕拔俗之才，裨于治道。盖乃帝王之道，损益趋时，不必尽同，同归于治而已。今复置贤良方正能直言极谏科，自今年为始。”

四年（戊辰、一〇八八）夏四月戊午，分经义、诗赋为两科试士，罢明法科。尚书省请复诗赋，与经义兼行，解经通用先儒传、注及己说。又言："旧明法最为下科，今中者即除司法，叙名反在及第进士上，非是。"乃诏立经义、诗赋两科，罢试律义。凡诗赋进士，于易、书、诗、周礼、礼记、春秋左传内，听习一经。初试本经义一道，论、孟义各一道，次试赋及律诗各一首，次试论一首，末试子史、时务策二道，凡四场。其经义进士，须习两经，以诗、礼记、周礼、春秋为大经，书、易、公羊、穀梁、仪礼为中经，愿习二大经者听，不得遍占两中经。初试本经义三道，论语义一道，孟子义一道，次试论、策，亦四场。两科通定高下，而取解额中分之，各占其半。专经者以经义定取舍，兼诗赋者以诗赋为去留，其名次高下，则于策、论参之。自复诗赋，士多乡习，而专经者十无二三矣。初，司马光言："取士之道，当先德行，后文学。就文学言之，经学又当先于词章。神宗专用经义、论、策取士，此乃复先王令典，百王不易之法。但王安石不当以一家私学欲盖先儒，令天下师生讲解。至于律令，皆当官所须，使为士者果能知道义，自与法律冥合，何必置明法一科，习为刻薄，非所以长育人材，敦厚风俗也。"至是，遂罢明法科。

六年（辛未、一〇九一）夏四月乙未，复置通礼科。先开宝中，改乡贡开元礼为通（德）〔礼〕。熙宁中，尝罢试科。至是，礼官以为言，乃复置以试士。

八年（癸酉、一〇九三）三月庚子，诏御试举人，复试诗、赋、论三题。中书请御试复用祖宗法，且言："士子多已改习诗赋，太学生员总三千一百余人，而不兼诗赋才八十二人耳。"遂下是诏。

绍圣元年（甲戌、一〇九四）闰四月，罢十科举士法。

五月甲辰，诏进士专习经义，罢习诗赋。三省上言："今进士纯用经术，如诏、诰、章、表等文，皆朝廷官守日用不可阙者，若悉不习试之，何以兼收文学博异之士？"于是改置宏词科，岁诏进士登科者请试。试者虽多，所取无过五人，词格超异者，特奏命官。

六月，申除引用王安石字说之禁。

二年（乙亥、一〇九五）夏四月丁亥，诏依元丰置律学博士。

五月乙巳，命蔡卞详定国子监三学及外州学制。

徽宗崇宁元年（壬午、一一〇二）八月甲戌，蔡京请兴学贡士，县学生选考，升诸州学，州学生每三年贡太学，考分三等，入上等补上舍，入中等补上舍下等，入下等补内舍，余居外舍。诸州、军解额各以三分之一充贡士。京又请建外学。乃诏即京城南门外营建，赐名辟雍，外圆内方，为屋千八百七十二楹。太学专处上舍、内舍生，而外学则处外舍生。士初贡至皆入外学，经试补入上舍、内舍，始得进处太学。太学外舍亦令出居外学。于是上舍至二百人，内舍六百人，外舍三千人。

三年（甲申、一一〇四）九月，罢科举法。时虽设辟雍太学以待士之升贡者，然州县犹以科举贡士。蔡京以为言，遂诏天下取士悉由学校升贡。其州郡发解，凡试礼部法皆罢，而每岁试上舍生，则差知举如礼部法云。

四年（乙酉、一一〇五）五月甲寅，立词学兼茂科。帝以宏词科不足以致文学之士，故改立是科。岁附贡士院试，中格则授馆职，岁不过五人。

行三舍法于天下。

宋史纪事本末卷三十九

元丰官制

神宗元丰三年（庚申、一〇八〇）六月丙午，诏中书详定官制。国初承唐制，三省无专职，台、省、寺、监亦无定员，类以他员主判。三省长官不预朝政，六曹不厘本务，给舍不领本职，谏议无言责，起居不记注，司谏正言，非特旨供职，亦不任谏诤。其官人授受之别，有官、有职、有差遣。凡仕者以登台阁、升禁从为显宦，而不以官之迟速为荣滞；以差遣要剧为贵途，而不以阶勋爵邑有无为轻重。议者多以正名为请，帝慨然欲更其制，乃置详定官制局于中书，命翰林学士张璪、枢密副（使）（据续纲目删）承旨张诚一领之。

九月乙亥，正官名，以开府仪同三司易中书令、侍中、同平章事，特进易左、右仆射。自是以下，易名有差。

详定官制所上寄禄格，下诏行之。凡领空名者，一切罢去而易之以阶，因以寄禄。议者又欲罢枢密院归兵部，帝曰：“祖宗不以兵柄归有司，故专命官以统之，互相维制，何可废也！”遂止。帝尝谓执政曰：“官制将行，欲新旧人两用。”指御史大夫曰：“非司马光不可。”王珪、蔡确相顾失色。珪忧甚，不知所出，确曰：“上久欲收灵武，公能任责则相位可保也。”珪喜谢之，因荐俞充帅庆，使上平西夏策。其意以为既用兵深入，必不召光；虽召，将不至。已而光果不召。

四年（辛酉、一〇八一）秋七月己酉，诏定选格。初，太祖设官分职，多袭五代之制，稍损益之。凡入仕，有贡举、奏荫、摄署、流外、从军五等。吏部铨惟注拟州县官幕职，两京诸司六品以下官皆无选。文臣少卿、监以上，中书主之，京朝官则审官院主之。武臣刺史、副率以上，内职枢密院主之，使臣则三班院主之。其后典选之职分为四：文选曰审官东院，曰流内铨；武选曰审官西院，曰三班院。帝自即位，欲更制度，建议之臣以为唐铨与今选殊异，杂用其制则有留碍烦紊之弊，乃诏内外官司举官悉罢，令大理卿崔台符同尚书吏部、审官东、西、三班院议选格。遂定铨注之法悉归铨部，以审官东院为尚书左选，流内铨为侍郎左选，审官西院为尚书右选，三班院为侍郎右选。于是吏部有四选之法：文臣寄禄官自朝议大夫，职事官自大理正以下，非中书省敕授者，归尚书左选；武臣升朝官自皇城使，职事官自金吾、阶卫、仗司以下，非枢密院宣受者，归尚书右选；自初仕至州县幕职官，归侍郎左选；自借差、监当至供奉官、军使，归侍郎右选。凡应注拟升移，叙复荫补，封赠酬赏，随所分隶，校勘合格，团甲以上尚书省。若中散大夫、阁门使以上，则列选叙之状，上中书省。枢密院得画旨，给告身。祖宗以来，中书有堂选，百司郡县有奏举，虽小大殊科，然皆不隶于有司。王安石言于帝曰："中书总庶务，今通判亦该堂除选，徒留滞，不能精择，宜归诸有司。"帝曰："唐陆贽谓'宰相当择百官之长，而百官之长择百官。'今之审官，苟得其人，安有不能择百官者哉！"欲罢堂选，曾公亮执不可而止。至是，既罢内外长吏举官法，堂除亦废。

五年（壬戌、一〇八二）二月癸丑，颁三省、枢密、六曹条制。

四月癸酉，以王珪为尚书左仆射兼门下侍郎，蔡确为尚书右仆射兼中书侍郎，章惇为门下侍郎，张璪为中书侍郎，蒲宗孟为尚书左丞，王安礼为尚书右丞。初议官制，盖仿唐六典，事无大小，并中书取旨，门下审覆，尚书受而行之，三省分班奏事，并归中书。确说珪曰："公久在相位，必得中书令。"珪信不疑。确乃言于帝曰："三省长官位高，不须置令，但令左、右仆射分兼两省侍郎足矣。"帝以为然。故确名为次相，实专大政，珪以左仆射兼门下，虽为首相，拱手而已。

宋史纪事本末卷四十

西夏用兵

英宗治平三年（丙午、一〇六六）夏四月，夏人寇边，经略使蔡挺击走之。先是，夏主谅祚遣吴宗来贺即位，宗语不逊，诏谅祚惩约宗。谅祚不奉诏，而出兵秦凤、泾原，抄熟户，扰边塞，杀掠人畜以万计，遂寇大顺城。环庆经略使蔡挺使蕃官赵明击之。谅祚衷银甲毡帽督战。挺先遣强弩列壕外，注矢下射，谅祚中流矢，遁去，徙寇柔远。挺又使副总管张玉以三千人夜出扰营，贼惊溃，退屯金汤，声言益发十万骑围大顺。会朝廷发岁赐银币，知延州陆诜曰："朝廷积习姑息，故虏敢狂悖。不稍加折诮，则国威不立。"因留止不与，移牒宥州问故。谅祚遂大沮，盘桓塞下，因遣使谢罪，言："边吏擅兴兵，行且诛之。"初，谅祚入寇，韩琦议停其岁赐，绝其和市，遣使问罪。文彦博难之，举宝元、康定时事。琦曰："谅祚，狂童也，非有元昊智计，而吾边备过当时远甚。亟诘之，必服。"会陆诜策与琦合，而谅祚果归款。帝顾琦曰："一如卿料也。"

四年（丁未、一〇六七）春，夏主谅祚遣使献方物谢罪。时神宗新即位，因赐诏曰："朕以夏国累年以来数兴兵甲，侵犯边陲，惊扰人民，诱迫熟户。去秋复直寇大顺，围迫城寨，焚烧村落，抗敌官军。边奏累闻，人情共愤。群臣皆谓夏国已违誓诏，请行拒绝。先皇帝务存含恕，且诘端由，庶观逆顺之情，以决众多之论。逮此逊章之禀命，已悲仙驭之上宾。朕纂极云初，包荒在念，仰循先志，俯谅乃诚，既自省于前辜，复愿坚于永好。苟奏封所叙，忠信无渝，则恩礼所加，岁时如旧。安民保福，不亦休哉！"

冬十月癸酉，青涧守将种谔袭虏夏监军嵬名山，遂复绥州。嵬名山部落在故绥州，名山弟夷山请降于种谔，谔使人因夷山以诱名山，赂以金盂。名山小吏李文喜受之，阴许归款，而名山未之知也。谔即以闻，且欲因取河南地。知延州陆诜言："以众来降，情伪未可知。"戒谔毋妄动，谔持之力。诏诜召谔问状，且与转运使薛向议抚纳。乃共画三策，令幕府张穆之入奏。穆之因受向指，诡言必可成。帝意诜不协力，徙之秦凤。谔不待命，悉起所部兵，长驱而进，围名山帐。名山不得已，举众从谔而南，得（首）〔酋〕（据宋史卷三三五种谔传改）领三百，户万五千，兵万人，遂城其地。夏人来争，谔击败之。诜初劾谔擅兴之罪，欲捕治之，未果而徙秦之命至。西方用兵自此始。

种谔既受嵬名山降，迨十一月，夏主谅祚乃诈为会议，诱知保安军杨定等，杀之，边衅复起。朝议以谔生事，欲弃绥诛谔，陕西宣抚主管机宜文字赵卨言："虏既杀王官，而又弃绥不守，示弱已甚。且名山举族来归，当何以处!"又移书执政，请"存绥以张兵势。规度大理河川建堡，画稼穑之地三十里以处降者"。不从。乃改命韩琦判永兴军，经略陕西。琦初言绥不当取，及杨定等被杀，复言绥不可弃，枢密以初议诘之，琦具论其故，卒存绥州。时言者交论种谔，乃下吏，贬谔四官，安置随州。（是）〔十二〕（据续纲目、薛鉴改）月，郭逵诇得杀杨定等首领姓名李崇贵、韩道（善）〔喜〕（据宋史卷二九〇郭逵传改），夏主谅祚乃锢崇贵等以献。

神宗熙宁元年（戊申、一〇六八）三月庚辰，夏主谅祚死，子秉常立，遣其臣薛宗道等来告哀。帝问杀杨定事，宗道言："杀人者已执送之矣。"及李崇贵等至，言："杨定奉使谅祚，尝拜称臣，且许以归沿边熟户。谅祚遗之宝剑、宝鉴及金银物。"初，定归时，上其剑、鉴而匿其金银，言谅祚可刺。帝喜，遂擢知保安军。既而夏人失绥州，以为定卖己，故杀之。至是事露，帝薄责崇贵等而削定官，没其田宅万计。遣刘航册秉常为夏国主。

三年（庚戌、一〇七〇）八月己卯，夏人寇环、庆州，以韩绛为陕西宣抚使。先是，夏人筑闹讹堡，知庆州李复圭合蕃、汉兵三千，遣裨将李信、刘甫御之，信等大败而还。复圭惧，欲自解，既执信等斩之，复出兵追夏人，杀其老幼二百，以功告捷。至是，夏人大举入环庆，攻大顺城、柔远砦、荔原堡，兵多者号二十万，少者不下一二万，屯于榆林，游骑至庆州城下，九日乃退。钤辖郭庆等数人死焉。韩绛请行边，王安石亦请，绛曰："朝廷方赖安石，臣宜行。"乃以绛为陕西宣抚使，授以空名告敕，得自除吏，寻命兼河东宣抚使。

四年（辛亥、一〇七一）春正月己丑，韩绛使种谔袭夏人，败之。绛素不习兵事，开幕府于延安，措置乖方。选蕃兵为七军，复以种谔为鄜延钤辖，知青涧城，信任之，命诸将皆受其节制，蕃兵皆怨望。绛与谔谋出兵取横山，安抚使郭逵曰："谔狂生耳，朝廷徒以种氏家世用之，必误大事。"绛奏逵沮军事，召还之。既，谔帅师袭败夏人于啰兀，因以众二万城焉。自是夏人日聚兵为报复计。吕公弼言谔稔边患不便，宜戒之，弗听。已而绛言谔入夏之功，乞加旌赏。诏从之。

三月丁亥，夏人陷抚宁诸城。初，种谔进筑永乐川、赏逋岭二砦，分遣都监赵璞、燕达筑抚宁故城，及分荒堆三泉、吐浑川、开光岭、葭芦川四砦与河东路修筑，各相去四十余里。已而夏人来攻顺宁砦，遂围抚宁。折继昌、高永能等拥兵驻细浮图，去抚宁咫尺，啰兀兵势尚完。谔在绥德节制诸军，闻夏人至，茫然失措，欲作书召燕达，战悸不能下笔，顾运判李南公，涕泗不已。由是新筑诸堡悉陷，将士没者千余人。诏弃啰兀城，治谔罪，责授汝州团练副使，潭州安置。绛坐兴师败衄，罢知邓州。果不出郭逵所料云。

元丰四年（辛酉、一〇八一）六月，夏人幽其主秉常。知庆州俞充知帝有用兵意，屡请伐夏，又言：“谍报云：‘夏将李清，本秦人，说秉常以河南地来归。秉常母梁氏知之，遂诛清，夺秉常政而幽之。’宜兴师问罪，此千载一时也。”帝然之。

秋七月庚寅，诏熙河经制李宪等会陕西、河东五路之师，大举伐夏，而召鄜延副总管种谔入对。谔至，大言曰：“夏国无人，秉常孺子，往持其臂而来尔！”帝壮之，乃决意西伐。方议出师，孙固谏曰：“举兵易，解祸难，不可。”帝曰：“夏有衅不取，则为辽人所有，不可失也。”固曰：“必不得已，请声其罪，薄伐之，分裂其地，使其酋长自守。”帝笑曰：“此真郦生之说尔。”时执政有言便当直渡河，不可留行，固曰：“然则孰为陛下任此者？”帝曰：“朕已属李宪。”固曰：“伐国大事，而使宦者为之，则士大夫孰肯为用！”帝不悦。他日，固又曰：“今五路进师，而无大帅，就使成功，兵必为乱。”帝谕以无其人。吕公著进曰：“问罪之师，当先择帅。既无其人，曷若已之。”固曰：“公著之言是也。”帝不听，竟命李宪出熙河，种谔出鄜延，高遵裕出环庆，刘昌祚出泾原，王中正出河东，分道并进。又诏吐蕃首领董毡集兵会伐。

八月丁丑，李宪总熙、秦七军及董毡兵三万，败夏人于西市新城。庚（申）〔辰〕（据宋史卷一六神宗纪、薛鉴改），又袭破之于女遮谷，斩获甚众。遂复古兰州，城之，请建为帅府。

〔九月〕（据宋史卷一六神宗纪、续纲目、薛鉴补）辛亥，鄜延经略副使种谔率鄜延兵出绥德城，以攻米脂。夏人八万来救，谔与战于无定川，败之，遂克米脂。

冬十月庚午，环庆经略使高遵裕将步骑八万七千出庆州，与夏人战，败之，复通远军。种谔遣曲珍率兵通黑水安定堡，与夏人遇，亦大败之。内使王中正率泾原兵，出麟州，渡无定河，循水北行。地皆沙湿，士马多陷没，糗粮不能继，又耻无功，遂入于宥州。时夏人弃城走河北，城中遗民百余家，中正遂屠之，掠其牛马以充食。

时刘昌祚率蕃、汉兵五万，受高遵裕节制，令两路合军伐夏。既入境，而庆州兵不至。昌祚次磨哆隘，遇夏众十万扼险，大破之，遂薄灵州城。兵几入门，遵裕嫉其功，驰使止之，昌祚按甲不敢进。遵裕至，围城十八日，不能下。夏人决黄河七级渠以灌营，复钞绝饷道，士卒冻溺死，遂溃而还，余军才万三千而已。夏人蹑之，复败。昌祚亦还泾原。种谔留千人守米脂，自率大众进攻银、石、夏州，遂破石堡城，进至夏州，驻军索家平。会大校刘归仁以众溃，而军食又乏，复值大雪，乃引还，死者不可胜计，入塞者仅三万人。王中正自宥州行至奈王井，粮尽，士卒死者二万人，乃引还。初，诏李宪帅五路兵直趋兴、灵。宪总师东上，营于天都山下，焚夏之南牟内殿，并其馆库。追袭其统军仁多唆丁，败之，次于葫芦河，遂班师。时五路兵皆至灵州，独宪不至。

五年（壬戌、一〇八二）春正月庚子，贬高遵裕等官。初，夏人闻朝廷大举，母梁氏问策于廷，诸将少者尽请战，一老将独曰："但坚壁清野，纵其深入，聚劲兵于灵、夏，而遣轻骑钞绝其馈运，可不战而困也。"梁氏从之，师卒无功而还。帝曰："朕始以孙固言为迂，今悔无及矣。"至是讨败师罪，高遵裕责受郢州团练副使，本州安置；种谔、王中正、刘昌祚并降官。李宪欲以开兰、会功赎罪，孙固曰："兵法，后期者斩；况诸路皆至，而宪独不行，不可赦。"帝以宪有功，但令诘其擅还之由。宪以馈饷不接为辞，释弗诛。宪复上再举之策，诏以为泾原经略安抚制置使，知兰州，李浩副之。

三月壬寅，鄜延路副总管曲珍败夏人于金汤。

夏四月，李宪乞再举伐夏。帝以访辅臣，王珪对曰："向所患者用不足，朝廷今捐钱钞五百万缗，以供军食有余矣。"王安礼曰："钞不可啖，必变而为钱，钱又变为刍粟，今距出征之期才两月，安能集事？"帝曰："李宪以为已有备，彼宦者能如是，卿等独无意乎？唐平淮蔡，唯裴度谋议与主同，今乃不出公卿而出于阉寺，朕甚耻之！"安礼曰："淮西，三州尔，有裴度之谋，李光颜、李愬之将，然犹引天下之兵力，历岁而后定。今夏氏之强非淮蔡比，宪才非度匹，诸将非有光颜、愬辈，臣惧无以副圣意也。"

六月辛亥，环庆经略司遣将与夏人战，破之。戊辰，曲珍等败夏人于明堂川。

〔八月〕（据续纲目、薛鉴补。按：沈括建议在五月，今概括叙述），知延州沈括议欲尽城横山，下瞰平夏，使虏不得绝碛为寇。种谔自以西讨无功，遂上其策于朝，且言兴功当自银州始。帝以为然，遣给事中徐禧及内使李舜举往鄜延议之。舜举退，诣执政，王珪迎谓曰：“朝廷以边事属押班及李留后，无西顾之忧矣。”舜举曰：“四郊多垒，卿大夫之辱也。相公当国，而以边事属二内臣，可乎？内臣止宜供禁廷洒扫之职，岂可当将帅之任邪！”珪无惭色，闻者耻之。徐禧至鄜延，种谔上言：“横山延袤千里，多马，宜稼，人物劲悍善战，且有盐铁之利，夏人恃以为生。其城垒皆控险，足以守御。今之兴功，当自银州始，其次迁宥州，又其次迁夏州。三郡鼎峙，则横山之地已囊括其中。又其次修盐州，则横山强兵战马，山泽之利，尽归中国。其势居高，俯视兴、灵，可以直覆巢穴。”徐禧上言：“银州虽据明堂川、无定河之会，而故城东南已为河水所吞，其西北又阻天堑，实不如永乐之形势险厄，请先城永乐。窃惟银、夏、宥三州陷没百年，一日兴复，实为俊伟。但建州之始，烦费不赀，若选择要会，建置堡砦，名虽非州，实有其地，旧来疆塞，乃自腹心。已与沈括议筑砦各六。”谔言：“若城永乐则西夏必力争，不可。”帝从禧议，诏禧护诸将往城永乐，命括移府并塞总兵为援，陕西转运判官李稷主馈饷。禧以谔跋扈，奏留谔守延州，而自率诸将往筑之。十四日而成，距故银州二十五里，赐名银川砦。禧、括及李舜举等退还米脂，以兵万人属曲珍守永乐。

九月丁亥，夏人陷永乐，徐禧等败死。禧等既城，去九日，夏人以千骑趋新城，曲珍使报禧，禧遂与李舜举、李稷往援之，留沈括守米脂。时夏人三十万已屯住泾原北，边人来告者十数。禧曰："彼若大来，是吾立功名取富贵之日也。"大将高永亨曰："城小人寡，又无水泉，恐不可守。"禧以为沮众，械送延州狱。禧抵永乐，夏人倾国而至。大将高永能曰："先至者皆精兵，及其未阵，急击之则骇散，后虽有至者亦不敢进，此常势也。"禧曰："尔何知！王师不鼓不成列。"执刀自率士卒拒战，夏人益众进薄城下。珍兵陈于水际，将士皆有惧色，珍白禧曰："今众心已摇，不可战，战必败，请收兵入城。"禧曰："君为大将，奈何遇敌先自退邪！"乃以七万人陈于城下。夏人纵铁骑渡河，珍曰："此铁鹞子军也，当其半济击之，乃可以逞，得地则其锋不可当也。"禧不从。铁骑既济，震荡冲突，大众继之。珍锐卒败，奔还，蹂后阵。夏人乘之，珍众大溃。珍收余众入城，夏人围之，厚数里，且据其水砦。珍士卒昼夜血战，城中乏水已数日，掘井不及泉，渴死者十六七，至绞马粪汁饮之。括与李宪援兵及馈饷皆为夏人所隔，不得前。种谔怨禧，不遣救师，城中大急。会夜半大雨，夏人环城急攻，城遂陷。禧、舜举、稷、永能皆为乱兵所害，惟珍裸跣走免。将校死者数百人，丧士卒役夫二十余万。夏人耀兵米脂城下而还。自熙宁以来用兵，得夏葭芦、吴堡、义合、米脂、浮图、塞门六堡，而灵州、永乐之役，官军、熟羌、义堡死者六十万人，钱谷银绢不可胜计。事闻，帝临朝痛悼，为之不食。自灵武之败，秦、晋困棘，天下企望息兵，而括、谔进攻取之策，禧素以边事自任，狂谋轻敌，遂致覆败。自是帝始知边臣不可倚信，深自悔咎，无意于西伐，而夏人亦困弊矣。初，帝之遣禧也，王安礼谏曰："禧志大才疏，必误国事。"帝不听。及败，帝曰："安礼每劝朕勿用兵，少置狱，盖为是也。"又每临朝叹曰："边民疲弊如此，独吕公著每为朕言之。"于是徙公著知扬州。

六年（癸亥、一〇八三）二月，夏人数十万围兰州，已据两关，李浩闭城拒守。钤辖王文郁请击之，浩曰："城中骑兵不满数百，安可战！"文郁曰："贼众我寡，正当折其锋以安众心，然后可守，此张辽所以破合肥也。"乃夜集死士七百余人，缒城而下，持短刃突之，贼众惊溃。时以文郁方尉迟敬德，擢知州事。未几，夏人复分道入寇，亦多为诸路所败。中丞刘挚言："熙河经略使李宪贪功生事，一出欺罔，避兴庆会师之期，顿兵以城兰州，遗患至今。"诏贬宪为熙河安抚经略都总管。

五月，夏人寇麟州神堂砦，知州訾虎躬督兵出战，败之。诏虎自今毋得轻易出入，遇有寇边，止令裨将出兵捍逐，恐失利损威，以张虏势。

闰六月，夏主秉常亦以困弊于兵，令西南都统昴星嵬名济移书示泾原刘昌祚，乞通好如初。昌祚以闻，帝谕昌祚答之。及入寇屡败，国用益竭，乃遣谟箇咩迷乞遇来贡，上表曰："臣自历世以来，贡奉朝廷，无所亏怠，至于近岁，犹甚欢和。不意检人诬间朝廷，特起大兵，侵夺疆土城砦，因兹构怨，岁致交兵。今乞朝廷示以大义，特还所侵。倘垂开纳，别效忠勤。”帝赐诏曰：“比以权强，敢行废辱，朕用震惊，令边臣往问，匿而不报。王师徂疆，盖讨有罪。今遣使造庭，辞礼恭顺，仍闻国政悉复故常，益用嘉纳。已戒边吏，毋辄出兵，尔亦慎守先盟。”复诏陕西、河东经略司，“其新复城砦，徼循毋出二三里。”夏之岁赐悉如其旧，惟乞还侵疆不许。

七年（甲子、一〇八四）春正月癸丑，夏人寇兰州。初，李宪以夏人数至兰州河外而翱翔不进，意必大举，乃增城守之备。至是，果大举入寇，步骑号八十万，围兰州，意在必取。督众急攻，矢如雨雹，云梯革洞，百道并进，凡十昼夜，不克，粮尽引去。寻复寇延州德顺军、定西城及熙河诸砦。

九月，夏人围定（州）〔西〕城（据宋史卷一六神宗纪、薛鉴改），熙河将秦贵败之。

哲宗元祐元年（丙寅、一〇八六）秋七月乙丑，夏国主秉常卒，子乾顺立。初，秉常遣讹啰聿求兰州、米脂等五砦，神宗不许。及帝即位，秉常复遣使来请，司马光言：“此乃边鄙安危之机，不可不察。灵、夏之役，本由我起，今既许其内附，若靳而不与，彼必以为恭顺无益，不若以武力取之。小则上书悖慢，大则攻陷新城，当此之时，不得已而与之，其为国〔家〕（据宋史卷四八六夏国传、续纲目、薛鉴补）耻，无乃甚于今日乎！群臣见小忘大，守近遗远，惜此无用之地，使兵连不解。愿决圣心，为兆民计。”文彦博与光合，太后将许之。光又欲并弃熙、河，安焘固争之曰："自灵武而东，皆中国故地。先帝有此武功，今无故弃之，岂不取轻于外夷邪！"邢恕亦言此非细事，当访之边人。光乃召礼部员外郎、前通判河州孙路问之。路挟舆地图示光曰："自通远至熙州，才通一径，熙之北已接夏境。今自北关濒大河，城兰州，然后可以扞蔽，若捐以予敌，一道危矣。"光乃止。会秉常卒，遣使来告哀，诏："自元丰四年用兵所得城砦，待归我永乐陷执民，当尽画以给还。"遂遣穆衍往吊祭。衍奏以为："兰弃则熙危，熙危则关中震。唐自失河湟西边，一有不顺，则警及京都。今二百余年，非先帝英武，孰能克复？若一旦委之，恐后患益前，悔将无及矣！"议遂止。寻遣使封乾顺为夏国主。

五年（庚午、一〇九〇）二月己亥，夏人来归永乐所掠吏士百四十九人，遂诏以米脂、葭芦、浮图、安疆四砦还之。夏得地，益骄。

秋七月，夏人来议分画疆界。

六年（辛未、一〇九一）九月，夏人寇麟州，又寇府州。

七年（壬申、一〇九二）冬十月，夏人寇环州。

绍圣三年（丙子、一〇九六）冬十月壬戌，夏人寇鄜延，陷金明砦。夏人自得四砦，连岁以画界未定，侵扰边境，且遣使欲以兰州一境易塞门二砦。朝廷不许，夏主乾顺乃奉其母率众五十万，大入鄜延。西自顺宁、招安砦，东自黑水、安定，中自塞门、龙安、金明以南，二百里间，相继不绝，至延州北（百）〔五〕（据宋史卷四八六夏国传、续纲目、薛鉴改）里。是月，自长城一日驰至金明，列营环城。乾顺子母亲督桴鼓，纵骑四掠，知麟州有备，复还金明，而后骑之精锐者留龙安。边将悉兵掩击，不退，金明遂陷。守兵二千八百，惟五人得脱，城中粮五万石，草千万束，皆尽，将官张舆战死。初，帝闻有夏寇，泰然笑曰："五十万众深入吾境，不过数日；即胜，不过一二砦，须去。"已而果破金明引退。

四年（丁丑、一〇九七）夏四月甲辰，知渭州章楶城平夏。楶以夏人猖獗，上言城葫芦河川，据形胜以偪夏，朝廷许之。遂合熙河、秦凤、环庆、鄜延四路之师，阳缮理他砦数十所以示怯，而阴具板筑守战之备，出葫芦河川，筑二砦于石门峡江口好水川之阴。夏人闻之，帅众来袭，楶迎击，败之。二旬又二日，城成，赐名曰平夏城、灵平砦。章惇因请绝夏人岁赐，而命沿边诸路相继筑城于要害，以进拓境土，凡五十余所。

八月，鄜延经略使吕惠卿复宥州。惠卿乞诸路出兵，乘便讨击，诏河东、环庆并听惠卿期约。惠卿遂遣将官王愍攻破宥州，寻又奏筑威戎、威羌二城。加惠卿银青光禄大夫。时章惇肆开边隙，故诸道兴役进筑，屡被爵赏。

元符元年（戊寅、一〇九八）冬十月己亥，夏人围平夏，章楶御之，获其勇将嵬名阿埋，西寿监军妹勒都逋，斩获甚众，夏人震骇。捷至，帝御紫宸殿受贺。楶在泾原日久，尝言："夏嗜利畏威，不有惩艾，边不得休息。宜稍取其土疆，如古削地之制，以固吾圉。然后诸路出兵，择要害，不一再举，势将自蹙矣。”章惇与楶同宗，言多见采。由是创州一，城砦九，屡败夏人，而诸路多建城砦以逼夏。及是，有平夏之捷，夏人不复振。

二年（己卯、一〇九九）三月丙辰，夏人求援于辽，辽主遣签书枢密院事萧德崇来为夏人议和，仍献玉带。诏郭知章报之，复书谓：“若果出至诚，深悔谢罪，当徐度所宜，开以自新之路。”

冬十月，许夏人通好。夏人屡败，遣其臣令能嵬名济等来谢罪，且进誓表。诏许其通好，岁赐如旧。自是西陲民少安。

徽宗崇宁三年（甲申、一一〇四）十二月，以陶节夫经制陕西、河东五路。初，蔡京任节夫帅鄜延，节夫诞妄特甚，每进筑一城寨，即奏云：“此西人要害必争之地。”未一年，自常调迁至枢密直学士，然未尝遣一骑一卒出塞。盖与虏战则有胜负，独进筑则无虞；又皆远灵武数百里之地，虏所不（至）〔争〕（据宋史卷四八六夏国传、续纲目、薛鉴改），故皆得就功论赏，而京方主之，故有是命。

四年（乙酉、一一〇五）三月，贬王厚于郢州。初，蔡京使王厚招夏卓罗右厢监军仁多保忠，厚言保忠虽有归意而下无附者。章数上，京责厚愈急，厚乃遣弟诣保忠，还，为夏逻者所获，遂追保忠赴牙帐。厚以保忠纵不为夏所杀，亦不能复领军政，使得之，一匹夫耳，何益于事。京怒，〔必〕（据宋史卷四八六夏国传、续纲目补）令以金帛招致之。夏乃点兵渭、延、庆三路，各数千骑，出没，声言假兵于辽。而朝廷用京计，又命西边能招致夏人者，毋论首从，赏同斩级，令陶节夫在延安大加招诱。夏主遣使巽请，皆拒之，又令杀其放牧者。夏人遂入镇戎，略数万口，与羌酋谿赊罗撒合兵，逼宣威城。知鄯州高永年出御之，行三十里，为羌人所执。多罗巴谓其下曰："此人夺我国，使吾宗族漂落无处所。"遂杀之，探其心肝食焉。已而羌众复焚大通河桥以叛，新疆大震。事闻，帝怒，亲书五路将帅刘仲武等十八人之名，敕御史侯蒙往秦州逮治。蒙至秦，仲武等囚服听命。蒙喻之曰："君辈皆侯伯，无庸辱狱吏，第以实对。"狱既具，蒙奏言："汉武帝杀王恢，不如秦穆公赦孟明。子玉缢而晋侯喜，孔明亡而蜀国轻。今羌杀吾一都护，而使十八将由之以死，是自戕其肢体也。欲身不病，得乎？"帝悟，释不治，惟王厚坐逗遛，贬为郢州防御使。

政和五年（乙未、一一一五）春正月，童贯遣熙河经略使刘法将步骑十五万，出湟州；秦凤经略使刘仲武将兵五万，出会州；贯以中军驻兰州，为两路声援。仲武至清水河，筑城屯守而还。法与夏右厢军战于古骨龙，大败之，斩首三千余。

二月，以童贯领六路边事。时永兴、鄜延、环庆、秦凤、泾原、熙河各置经略安抚司，以贯统领之，于是西（边）〔兵〕（据续纲目、薛鉴改）之柄皆属于贯。

九月，王厚、刘仲武合泾原、鄜延、环庆、秦凤之师攻夏臧底河城，败绩，死者十四五。童贯匿不以闻。未几，夏人大掠萧关而去。

六年（丙申、一一一六）春正月，童贯使刘法、刘仲武合熙、秦之师十万攻夏仁多泉城。城中力（孤）（据续纲目、薛鉴删）守，援不至，乃降。法受而屠之。渭州将种师道克夏臧底河城。师道，世衡之孙也。

宣和元年（己亥、一一一九）三月，童贯使熙河经略使刘法取朔方，法不欲行，强遣之。乃引兵二万出，至统安城，遇夏主弟察哥，率步骑为三阵以当法前军，而别遣精骑登山出其后。大战移七时，前军杨惟忠败入中军，后军焦安节败入左军，朱定国力战，自朝至暮，兵饥马渴，死者甚众。法乘夜遁，比明，走七十里，至盖朱峗。守兵追之，斩首而去。察哥见法首，恻然语其下曰："刘将军前败我于古骨龙、仁多泉，吾尝避其锋，谓天生神将，岂料今为一小卒枭首哉！其失在恃胜轻出，不可不戒。"遂乘胜围震武。震武在山峡中，熙、秦两路不能饷，自筑城三岁间，知军李明、孟清皆为夏所杀。至是，城又将陷，察哥曰："勿破此城，留作南朝病块。"乃自引去。时诸将所筑城砦皆不毛，夏所不争之地，而关辅为之萧条矣。刘法既败死，童贯乃以捷闻，受赏者数百人。

六月，夏人遣使纳款，诏童贯罢兵。

宋史纪事本末卷四十一

熙河之役

神宗熙宁三年（庚戌、一〇七〇）冬十月，贬秦凤经略使李师中知舒州。先是，建昌军司理王韶诣阙上平戎三策，以为“西夏可取。欲取西夏，当先复河湟；欲复河湟，当先以恩信招抚沿边诸种。自武威之南至于洮、河、兰、鄯，皆故汉郡，其地可以耕而食，其民可以役而使。幸今诸羌瓜分，莫相统一，此正可并合而兼抚之时也。且唃氏子孙，瞎征差盛，为诸戎所畏，若招抚之，使纠合宗党，制其部族，于汉有肘腋之助，且使夏人无所连结，策之上也”。帝异其言，召问方略。王安石以为奇，请以韶管干秦凤经略，司机宜文字。韶请筑渭、泾上下两城，屯兵，以抚纳洮、河诸部。下师中议，师中以为不便，诏师中罢帅事。韶又言：“渭源至秦州，良田不耕者万顷，愿置市易司，稍笼商贾之利，取其赢以治田，乞假官钱为本。”诏秦凤经略司以川交子易物货给之，命韶领市易事。师中言：“韶所指田，乃极边弓箭手地耳。又将移市易司于古渭，恐秦州自此益多事，所得不补所失。”安石主韶议，为削师中职，徙知舒州，而以窦舜卿知秦州，与内侍李若愚按闲田所在，仅得地一顷，地主有讼，又归之矣。舜卿、若愚奏其欺，安石又为谪舜卿而命韩缜；缜遂附会实其事，乃进韶太子中允。

四年（辛亥、一〇七一）八月，命王韶主洮河安抚司事。时议取河湟，自古渭砦接青唐、武胜军，应招纳蕃部市易、募人营田等事，并令王韶主之。韶至秦，会诸将，以蕃部俞龙珂在青唐最大，渭源羌与夏人皆欲羁縻之，议先致讨。韶因按边，引数骑直抵其帐，谕以成败，遂留宿。明旦，两种皆遣其豪随韶以东，龙珂率其属十二万口内附。龙珂既归朝，自言：“平生闻包中丞朝廷忠臣，乞赐姓包氏。”帝如其请，赐姓包名顺。

五年（壬子、一〇七二）五月，以古渭砦为通远军。帝志复河陇，会定州驻泊都监张守约请以古渭为军，根本陇右。帝从之，以王韶知军事，行教阅法。

八月，秦凤路沿边安抚王韶引兵击吐蕃乞神平，破蒙罗角、抹耳、水巴等族。初，诸羌各保险，诸将谋置阵平地，韶曰：“贼不舍险来斗，则我师必徒归。今已入险地，当使险为吾有。”乃径趋抹邦山，压敌军而阵，令曰：“敢言退者斩！”贼乘高下斗，师小却。韶躬擐甲胄，麾帐下兵逆击之，羌大溃，焚其庐帐而还，洮西大震。会木征渡河

宋史纪事本末

二

卷四一至卷七五

〔明〕陈邦瞻 撰

中華書局

来援，余党复集。韶戒别将由竹牛岭路张军声，而潜师越武胜，遇瞎征首领瞎药等，与战，破之，遂城武胜，建为镇洮军。韶言："措置洮、河，只用回易息钱，未尝辄费官本。"文彦博曰："工师造屋，初必小计，冀人易于动工。及既兴作，知不可已，乃方增多。"帝曰："屋坏岂可不修!"王安石曰："主者善计，自有忖度，岂为工师所欺也!"彦博不复敢言。由是韶进讨，敢肆欺诞，朝廷不与计财。

冬十月，置熙河路，领熙、河、洮、岷州、通远军，升镇洮军为熙州，以王韶为经略安抚使，兼知熙州。然河、洮、岷三州犹未能复也。

十一月，河州首领瞎药等来降，以为内殿崇班，赐姓名包约。

六年（癸丑、一〇七三）二月，王韶复河州，获木征妻子。

九月，岷州首领木令征以其城降。初，王韶既复河州，会降羌叛，韶回军击之。吐蕃木征遂据河州，韶进破诃诺木藏城，穿露骨山，南入洮州境。道狭隘，释马徒行，或日至六七。木征留其党守河州，自将尾官军。韶力战破走之，河州复平。木令征闻先声，遂以城降。韶入岷州，于是宕、洮、叠三州羌酋皆以城附。韶军行五十四日，涉千八百里，得州五，斩首数千级，获牛羊马以万计。捷书至，帝御紫宸殿受群臣贺，解所服玉带赐王安石，进韶左谏议大夫、端明殿学士。

七年（甲寅、一〇七四）二月，知河州景思立与吐蕃别将战于踏白城，败死。

三月壬寅，木征寇岷州。木征虽屡败，而董毡别将青宜结鬼章之众，复数扰河州属蕃。时王韶入朝，景思立既败死，木征势复炽，遂寇岷州。刺史高遵裕遣包顺击走之。

是月，遣使分行诸路，募武士，赴熙河。

夏四月，木征复寇河州，围之。时贼势方盛，王韶自京师还，至兴平，闻之，乃与李宪日夜驰至熙州。熙方城守，韶命撤之，选兵得二万人。诸将欲趋河州，韶曰："贼所以围城者，恃有外援也。攻其所恃，则围自解。"乃直趋定羌城，破西蕃结河川族，断夏国通路，进临宁河，分命偏将入南山。木征知援绝，拔栅去。韶还熙州，以兵循西山，绕踏白城后，焚贼八十帐，斩首七千余级。木征穷蹙，率酋长八十余人诣军门乞降。韶受之，送木征赴京师。初，景思立之覆师也，羌势复炽，朝议欲弃熙河，帝为之旰食，数下诏，戒韶持重勿出。及是，帝大喜，以木征为营州团练使，赐姓名赵思忠。

八年（乙卯、一〇七五）十二月，以王韶为枢密副使。

九年（丙辰、一〇七六）二月，吐蕃鬼章寇五牟谷，蕃将兰毡纳支大破之。

十二月，鬼章聚兵洮、岷，胁新附羌，多〔叛〕（本卷校改各条，除文下注明者外，均以续纲目、薛鉴为依据）归之。帝遣内侍押班李宪乘驿往秦凤、熙河措置边事，诏诸将皆受节制。御史彭（如）〔汝〕砺（据宋史卷三四六本传、又卷四六七李宪传、续纲目、薛鉴改）等极论其不可，且言："鬼章之患小，用宪之患大；宪功不成其患小，功成其患大。"章再上，不听。

十年（丁巳、一〇七七）二月，王韶罢。韶与王安石有隙，且以勤兵远略，归曲朝廷，帝亦不悦。数以母老乞归，乃出知洪州。

韶凿空开边，骤跻政地，然用兵有机略，临出师，召诸将授以指，不复更问，每战必捷。尝夜卧帐中，前部遇敌，矢石已及，呼声振山谷，侍者股栗，而韶鼻息自如，人服其量。

夏四月，赐熙河路兵特支钱，战死者赐帛。

十一月，以宗哥首领青宜结鬼章为廓州刺史，阿令骨为松州刺史。

哲宗元祐二年（丁卯、一〇八七）八月，岷州将种谊复洮州，执鬼章青宜结，槛送京师。初，董毡既死，养子阿里骨嗣为邈川首领，逼鬼章使率其众据洮、河、岷州。谊等帅师执之，遣居秦州听令，招其子结呃龊及部属以自赎。阿里骨惧，乃上表谢罪。

元符二年（己卯、一〇九九）秋七月，洮西安抚使王赡取吐蕃邈川、青唐，降其酋瞎征。初，阿里骨死，子瞎征嗣。瞎征性嗜杀，部曲睽贰。大酋心牟钦毡等有异志，以瞎征季父苏南党征雄武，谮杀之，其党皆死，独篯罗结得逃，奉董毡疏族溪巴温之子杓拶，据溪哥城。瞎征攻杀杓栘，钱罗结奔河州，说知州王赡以取青唐之策。赡言于朝，章惇许之。至是，赡引兵趋邈川，守者以城降，赡留屯之。瞎征自知其下多叛，乃脱身自青唐来降于赡。诏以胡宗回帅熙河以节制之。

八月，城会州。元丰中，虽加兰、会与熙河为一路，而会州实未复。至是，始城会州，以西安城北六砦隶之。

闰九月，吐蕃陇栘复据青唐，王赡击降之。诏以青唐为鄯州，邈川为湟州。初，瞎征既降于王赡，而赡与总管王愍争功，交讼于朝，于是青唐大酋心牟钦毡迎溪巴温入城，立木征之子陇栘为主，其势复张。瞎征大惧，自髡为僧以祈免。熙河帅胡宗回督赡进师，赡急攻陇栘及心牟钦毡等，皆出降，赡入据其城。〔诏〕以青唐为鄯州，赡知州事；邈川为湟州，王厚知州事。

三年（庚辰、一一〇〇）三月，诏弃鄯、湟州，以畀吐蕃。初，王赡留鄯州，纵所部剽掠，羌众携贰。心牟等结诸族帐谋反，赡击破之，悉捕斩城中羌，积级如山。赡又讽诸羌酋籍胜兵者，皆涅其臂，无应者。钱罗结请归帅本路为倡，赡听之去，遂啸聚数千人，围邈川，夏众十万助之，城中危甚。苗履、姚雄帅所部兵来援，围始解。赡因弃青唐而还。溪巴温与其子谿赊罗撒据之。群羌复合兵攻邈川，王厚亦不能支。朝论请并弃邈川，且谓陇栘乃木征之子，遂命知鄯州，赐姓名曰赵怀德；其弟邪辟勿丁呃曰怀义，同知湟州；加瞎征怀远军节度使。而贬赡于昌化军，厚于贺州，胡宗回夺职，知蕲州。赡至穰县，自缢死。

徽宗崇宁元年（壬午、一一〇二）十二月，蔡京论前宰执韩忠彦等议弃湟州失策，复荐高永年、王厚为帅，从之。

二年（癸未、一一〇三）夏四月，诏宦者童贯监洮西军。

六月，童贯复湟州。初，蔡京复开边，还王厚前职。会羌人多罗巴奉谿赊罗撒谋复国，赵怀德畏偪，奔河南种落，更挟之以令诸部。朝廷患众羌扇结，遂命王厚安抚洮西，合兵十万讨之。京又与内客省使童贯善，因言："贯尝使陕右，审悉五路事宜与诸将之能否，请以贯用李宪故事监其军。"帝从之。贯至湟州，适禁中太乙宫火，帝下手札，止贯毋西兵。贯发视，遽纳靴中，厚问故，贯曰："上趣成功耳。"遂行。多罗巴知王师且至，集众以拒。厚声言驻兵，而阴戒行，羌备益弛，乃与偏将高永年异道而进。多罗巴三子以数万人分据要害，厚击杀其二子，唯少子阿蒙中流矢去，道遇多罗巴，与俱遁。厚遂拔湟州。捷闻，进蔡京官三等，蔡卞以下二等。降德音于熙河兰会路。论弃湟州罪，贬韩忠彦为磁州团练副使，安焘为祁州团练副使，曾布为贺州别驾，范纯礼为静江军节度副使，夺蒋之琦三秩，凡预议者，贬黜有差。

三年（甲申、一一〇四）夏四月，王厚复鄯州、廓州。

五月，封蔡京为嘉国公，以王厚为武胜节度留后。初，厚率大军次于湟，命高永年将左军，别将张诫将右军，自将中军，期会宗哥川。羌置阵临宗水，倚北山，谿赊罗撒张黄屋，建大旆，乘高指呼，望中军旗鼓，争赴之。厚麾游骑登山，攻其北，亲帅强弩迎射，羌退走，右军济水击之。大风扬沙，翳羌目，不得视，遂大败。斩首四千三百余级，俘三千余人，罗撒以一骑驰去。其母龟兹公主与诸酋开城门以降。厚计罗撒必且走青唐，将夜追之，童贯以为不能及，遂止。师下青唐，知罗撒留一宿去，贯始悔之。厚将大军趋廓州，羌酋落施军令结以众降，遂入廓州。诏加京司空，封爵，而超拜厚武胜军节度观察留后。

史臣曰:吐蕃之裔，守护西塞，为不侵不叛之臣，固尝宣力王家，奋击夏虏。而王安石主王韶，章惇主王赡，蔡京主王厚，三用师于其国，唃氏子孙无罪而就覆亡，功虽讫成，边患不息。及金人得秦、陇，乃能求其后而续其血食，孰谓夷无人哉!

宋史纪事本末卷四十二

泸　夷

神宗熙宁六年（癸丑、一〇七三）五月，泸夷叛。诏遣中书检正官熊本为梓夔察访使，得以便宜措置诸夷事。

七年（甲寅、一〇七四）春正月，熊本平泸夷。本尝通判戎州，习夷中俗，及至部，以为彼能扰边者，介十二村豪为向导尔，乃以计致百余人，枭之泸川。其徒股栗，愿矢死自赎，独柯阴一酋不至。本合晏州十九姓之众，发黔南义军强弩，遣大将王宣等帅以进讨。贼悉力旅拒，宣败之黄葛下，追奔深入，柯阴窘迫乞降。本受之，尽籍丁口、土田及其重宝、善马，归之官。以其酋箇恕知归徕州，其子乞弟为蕃部巡检，于是淯井、长宁、乌蛮、罗氏鬼主诸夷皆愿世为汉官。本还，帝劳之曰："卿不伤财，不害民，一旦去百年之患。至于檄奏详明，近时鲜俪。"擢集贤殿修撰，赐三品服。西南用兵自此始。

八年（乙卯、一〇七五）十一月，熊本击渝州獠。渝州南川獠木斗叛，诏本安抚之。本进营铜佛坝，破其党。木斗举溱州地五百里来归，为四砦、九堡。建铜佛坝为南平军。召本还，知制诰。

元丰三年（庚申、一〇八〇）夏四月，诏忠州团练使韩存宝经制泸夷。先是，渝州獠寇南川，其酋阿讹奔箇恕，熊本重赏檄斩之。阿讹桀黠，习知边隙，箇恕匿不杀。会箇恕老，以兵属其子乞弟，遂与阿讹侵诸部。时罗苟夷叛，犯纳溪，提刑穆珦言："罗苟起端，不加诛则乌蛮观望，为害不细。"乃诏韩存宝击之。存宝召乞弟，掎角讨荡五十六村、十三囤，蛮乞降，承租赋，乃罢兵。至是，乞弟率步骑六千至江安城下，责平罗苟之赏，数日乃引去。知泸州乔叙遣梓夔都监王宣以兵二千守江安，而以贿招乞弟与盟于纳溪。蛮以为畏己，益悖慢，盟五日，遂率众围熟夷罗箇牟族。王宣救之，一军皆没，事遂张。驿召存宝授方略，统三将，兵万八千，趋东川。存宝怯懦不敢进，乞弟送款给降，存宝信之，遂休兵于绵、梓、遂、资间。

四年（辛酉、一〇八一）秋七月，韩存宝坐逗遛无功，诛于泸州，以步军都虞候林广代将。时乞弟复送款，帝以其反覆无降意，督广进兵，广遂败乞弟于纳江，破乐共城，斩首二千级，乞弟遁。广帅兵深入，自发纳江，即入丛箐，无日不雨雪，兵夫疾病、死亡不可胜计，往往取僵尸脔割食之。过鸦飞不到山，至归徕州，竟不得乞弟而还。时朝廷惩安南无功，方大举伐夏，故诛存宝以令诸将。

宋史纪事本末卷四十三

元祐更化

神宗元丰八年（乙丑、一〇八五）三月，帝崩。皇太子煦即位，时年十岁。太皇太后高氏临朝，同听政。太后既听政，即散遣修京城役夫，止造军器及禁廷工技，出近侍尤无状者，戒中外无苛敛，宽民间保户马。事由中旨，宰相王珪等弗与知也。

司马光闻先帝丧，入临。时光罢官居洛十五年矣，田夫、野老皆号为司马相公，妇人、孺子亦知有君实。至是入临，卫士见光，皆以手加额，民遮道呼曰："公无归洛，留相天子，活百姓。"所至，人聚观之。光惧，亟还。太后遣梁惟简劳光，问为政所当先。光疏曰："臣闻周易，天地交则为泰，不交则为否。君父，天也；臣民，地也。是故君降心以访问，臣竭诚以献替，则庶政修治，邦家乂安；

君恶逆耳之言，臣营便身之计，则下情壅蔽，众心离叛。自生民以来，治乱未有不由斯道者也。夫道犹歧路，近差跬步，远失千里。今陛下新临大宝，太皇太后同断万几，初发号令，斯乃治乱之歧涂，安危之所由分也。当以要切为先，以琐细为后。臣窃见近年以来，风俗颓弊，士大夫以偷合苟容为智，以危言正论为狂，是致下情蔽而不上通，上恩壅而不下达。闾阎愁苦，痛心疾首，而上不得知；明主忧勤，宵衣旰食，而下无所诉。皆罪在群臣，而愚民无知，往往怨归先帝。臣愚以为今日所宜先者，莫若明下诏书，广开言路，不以有官无官之人，应有知朝政阙失及民间疾苦者，并许进实封状，尽情极言。仍颁下诸路州、军，出榜晓示。在京则于鼓院投下，委主判官画时进入；在外则于州、军投下，委长吏即日附递奏闻。皆不得取责副本，强有抑退。群臣若有沮难者，其人必有奸恶，畏人指陈，专欲壅蔽聪明，此不可不察。”诏从之。

夏四月甲戌，诏曰：“先皇帝临御十有九年，建立政事以泽天下；而有司奉行失当，几于烦扰，或苟且文具，不能宣布实惠。其申谕中外，协心奉令，以称先帝惠安元元之意。”

五月丙申，诏百官言朝政阙失，榜于朝堂。时大臣有不悦者，设六事于诏语中以禁遏之曰：“若阴有所怀，犯非其分，或扇摇机事之重，或迎合已行之令，上以观望朝廷之意以侥幸希进，下以眩惑流俗之情以干取虚誉：若此者，必罚无赦。”太后复封诏草示司马光，光曰：“此非求谏，乃拒谏也。人臣惟不言，言则入六事矣。”太府少卿宋彭年、水部员外郎王谔皆应诏言事，有欲借此二人以惩天下言者，谓其非职而言，罚铜三十斤。光具论其情，改诏行之，于是上封事者千数。

丙辰，以蔡确、韩缜为尚书左、右仆射兼门下、中书侍郎，章惇知枢密院事。诏起司马光知陈州，光过阙入见，留为门下侍郎。是时，天下之民引领拭目以观新政，而议者犹谓三年无改于父之道。光曰：“先帝之法，其善者虽百世不可变也。若王安石、吕惠卿所建为天下害者，改之当如救焚拯溺。况太皇太后以母改子，非子改父也。”于是众议少止。

罗从彦曰：“孔子曰：‘三年无改于父之道。’”此孝子居丧，志存父在之道，不必主事而言也。况当易危为安，易乱为治之时，速则济，缓则不及，改之乃所以为孝也。天子之孝，在于保天下。光不即理言之，乃曰：“以母改子，非子改父。”以此遏众议则失之矣。其后至绍圣时，排陷忠良，以害于治，岂亦光有以召之耶！

召程颢为宗正寺丞。时朝政方新，贤德登进，颢虽小官，特为时望所属，故有是召。会颢以疾不行，寻卒。

丁亥，诏中外臣庶，许“直言朝政得失，民间疾苦”。

秋七月戊戌，以吕公著为尚书左丞。初，公著知扬州，被召侍读。太后遣使迎问所欲言，公著曰：“先帝本意以宽省民力为先，而建议者以变法侵民为务，与己异者一切斥去，故日久而弊愈深，法行而民愈困。诚得中正之士，讲求天下利病，协力而为之，宜不难矣。”因上十事曰：畏天、爱民、修身、讲学、任贤、纳谏、薄敛、省刑、去奢、无逸。既至，遂有是拜。公著既居政府，与司马光同心辅政，推本先帝之志，凡欲革而未暇与革而未尽者，一一举行之。又乞备置谏员以开言路。民欢呼鼓舞称便。

诏罢保甲法。初，保甲法行于京畿及河北、河东、陕西三路，凡置会校、都保三千二百六十六，正长、壮丁六十九万一千九百四十五人，岁省旧募兵钱六十六万一千四百八十三缗，而民间应调，不胜其苦。先是，司马光言于太后曰：“兵出民间，虽云古法，然古者八百家才出甲士三人、步卒七十二人，闲民甚多，三时务农，一时讲武，不妨稼穑。自两司马以上，皆选贤士大夫为之，无侵渔之患，故卒乘辑睦，动则有功。今籍乡村之民，二丁取一以为保甲，授以弓弩，教之战陈，是农民半为兵也。三四年来，又令三路置都教场，无问四时，每五日一教。特置使者比监司，专切提举，州县不得关预。每一丁教阅，一丁供送，虽云五日，而保、正长以泥堋、除草为名，聚之教场，得赂则纵，否则留之。是三路耕耘收获稼穑之事几尽废也。”至是，复力言其公私劳扰，有害无益。遂诏罢之。

十一月丙戌，罢方田。

以鲜于侁为京东转运使。熙宁末侁已尝为是官，至是，吴居厚贬，复用之。司马光语人曰：“今复以子骏为转运使，诚非所宜。然朝廷欲救东土之弊，非子骏不可。此一路福星也，安得百子骏布在天下乎！”

十二月壬戌，罢市易法。时言者交论市易之患被于天下。本钱无虑千二百万缗，率二分其息，十有五年之间，子本当数倍，今乃仅足本钱。盖买物入官，未转售而先计息取偿，至于物货苦恶，上下相蒙，亏折日多，空有虚名而已。监察御史韩川论市易，以为“虽曰平均物直，而其实不免货交取利。就使有获，尚不可为，况所获不如所亡。愿趣罢其法”。于是诏罢市易，而削前提举市易光禄卿吕嘉问三秩，贬知淮阳军。

罢保马法。

哲宗元祐元年（丙寅、一〇八六）闰二月庚寅，右司谏王觌上疏言：“国家安危治乱系于大臣。今执政八人而奸邪居半，使一二元老何以行其志哉！”因极论蔡确、章惇、韩缜、张璪朋邪害正，章数十上。会右谏议大夫孙觉、侍御史刘挚、右司谏苏辙、御史王岩叟、朱光庭、上官均等连章论蔡确罪，且言：“确在熙、丰时，冤狱苛政，首尾预其间。及至今日，稍语于人曰：‘当时确岂敢言此！’其意欲固窃名位，反归曲于先帝也。”司马光、吕公著进用，蠲除烦苛，确言皆其所建白，于是公论益不容。太后不忍斥之，但罢政，出知陈州。

以司马光为尚书左仆射兼门下侍郎。时光已得疾，而青苗、免役、将官之法犹在，西夏未降，光叹曰：“四害未除，吾死不瞑目矣！”与吕公著书曰：“光以身付医，以家事付子，惟国事未有所托，今以属公。”既而诏免朝参，乘肩舆三日一入省。光不敢当曰：“不见君，不可视事。”诏令子康扶入对。辽人闻之，敕其边吏曰："中国相司马矣，慎无生事开边隙。"

辛亥，章惇罢。言者论惇谗贼很戾，罔上蔽明，不忠之罪与蔡确等，惇不自安。及确罢，论者益力。会与司马光争辩役法于太后帘前，其语甚悖。太后怒，斥知汝州。

三月，司马光请悉罢免役钱，复差役法，诸色役人皆如旧制，其见在役钱，拨充州县常平本钱。于是诏修定役书，凡役钱惟元定额及额外宽剩二分以下，许著为准，余并除之。若宽剩元不及二分者，自如旧则。寻诏耆户长、壮丁仍旧募人供役，保正、甲头、承帖人并罢。

侍御史刘挚乞并用祖宗差法。监察御史王岩叟请立诸役相助法。中书舍人苏轼请行熙宁给田募役法，因列其五利。王岩叟言："五利难信，而有十弊。"轼议遂格。

司马光复言："免役之法，其害有五：上户旧充役，固有陪备而得番休，今出钱比旧费特多，年年无休息。下户旧不充役，今例使出钱。旧所差皆土著良民，今皆浮浪之人，恣为奸欺。又农民出钱难于出力，凶年则卖庄田、牛具，以钱纳官。又提举司惟务多敛役钱，积宽剩以为功。此五害也。今莫若直降敕命，委县令佐揭簿定差，其人不愿身自供役，许择可任者雇代。惟衙前一役最号重难，今仍行差法，陪备既少，当不至破家。若犹矜其力难独任，即乞如旧于官户、寺观、单丁、女户有屋产、庄田者，随贫富以差出助役钱。尚虑役人利害四方不能齐同，乞许监司、守令审其可否。可则亟行，如未究尽，县五日具措画上之州，州一月上转运司以闻。朝廷委执政审定，随一路、一州，各为之敕，务要曲尽。”初，章惇取光所奏疏略未尽者驳奏之，吕公著言：“惇专欲求胜，不顾命令大体，望选差近臣详定。”于是〔诏以〕（据宋史卷一七七食货志补）资正殿大学士韩维及范纯仁、吕大防、孙永等详定以闻。

苏轼言于光曰：“差役、免役，各有利害。免役之害，聚敛于上，而下有钱荒之患。差役之害，民常在官，不得专力于农，而吏胥缘以为奸。此二害轻重盖略等矣。”光曰：“于君何如？”轼曰：“法相因则事易成，事有渐则民不惊。三代之法，兵农为一，至秦始分为二。及唐中叶，尽变府兵为长征卒。自是以来，民不知兵，兵不知农。农出谷帛以养兵，兵出性命以卫农，天下便之，使圣人复起，不能易也。今免役之法实大类此，公欲骤罢免役而行差役，正如罢长征而复民兵，盖未易也。”光不以为然。初，差役行于祖宗之世，法久多弊，编户充役，不习官府，吏虐使之，多以破产，而狭乡之民或有不得休息者。免役使民以户高下出钱，而无执役之苦。但行法者不循上意，于雇役实费之外，取钱过多，民遂以病。若量入为出，毋多取于民，则善矣。光知免役之害而不知其利，欲一切以差役代之，轼独以实告而光不察。轼又陈于政事堂，光色忿然。轼曰：“昔韩魏公刺陕西义勇，公为谏官，争之甚力。韩公不乐，公亦不顾。轼昔闻公道其详，岂今日作相，不许轼尽言耶！”光谢之。自是役人悉用见数为额，惟衙前用坊场、河渡钱雇募，余悉定差，仍罢官户、寺观、单丁、女户。寻以衙前不皆有雇直，遂改雇募为招募。

范纯仁谓光曰：“治道去其太甚者可也。差役一事尤当熟讲而缓行，不然，滋为民病。愿公虚心以延众论，不必谋自己出，谋自己出则谄谀得乘间迎合矣。（设）〔役〕（据宋史卷三一四范纯仁传、续纲目改）议或难回，则可先行之一路，以观其究竟。”光不从，持之益坚。纯仁曰：“是使人不得言耳。若欲媚公以为容悦，何如少年合安石以速富贵哉！”又云：“熙宁按问自首之法，既已改之，有司立文太深，四方死者视旧数倍，殆非先王宁失不经之意。”纯仁素与光同志，及临事规正类如此。

初，差役之复，为期五日，同列病其太迫，知开封府蔡京独如约悉改畿县雇役，无一违者。诣政事堂白光，光喜曰：“使人人奉法如君，何不可行之有！”

光居政府，凡王安石、吕惠卿所建新法铲革略尽。或谓光曰：“熙、丰旧臣多憸巧小人，他日有以父子之义间上，则祸作矣。”光正色曰：“天若祚宋，必无此事。”于是天下释然。曰：“此先帝本意也。”卫尉丞毕仲游与光书曰：“昔安石以兴作之说动先帝，而患财不足也，故凡政之可得民财者无不用。盖散青苗、置市易、敛役钱、变盐法者事也，而欲兴作，患不足者，情也。苟未能杜其兴作之情，而徒欲禁其散敛变置之法，是以百说而百不行。今遂废青苗、罢市易、蠲役钱、去盐法，凡号为利而伤民者，一扫而更之，则向来用事于新法者必不喜矣。不喜之人必不但曰不可废罢蠲去，必操不足之情，言不足之事，以动上意。虽致石而使听之，犹将动也。如是，则废罢蠲去者皆可复行矣。可不预治哉！为今之策，当大举天下之计，深明出入之数，以诸路所积之钱粟一归地官，使经费可支二十年之用，数年之间又将十倍于今日。使天子晓然知天下之余于财也，则不足之论不得陈于前，然后所论新法者，始可永罢而不可复矣。昔安石之居位也，中外莫非其人，故其法能行。今欲救前日之弊，而左右侍从、职司使者，十有七八皆安石之徒，虽起二三旧臣，用六七君子，然累百之中存其十数，乌在其势之可为也。势未可为而欲为之，则青苗虽废将复散，况未废乎？市易虽罢且复置，况未罢乎？役钱、盐法，亦莫不然。以此救前日之敝，如人久病而少间，其父子、兄弟喜见颜色而未敢贺者，以其病之犹在也。”光得书耸然，亦竟不为之虑。

以刘挚为御史中丞。挚上疏曰：“上之所好，下必有甚。朝廷意在综核，下必有刻薄之行；朝廷务在宽大，下必有苟简之事。习俗怀利，迎意趋和，所为近似，而非上之意本然也。今因革之政本殊，而观望之俗固在。昨差役初行，监司已有迎合争先，不校利害，一概定差，一路为之骚动者。以是观之，大约类此。向来黜责数人者，皆以非法掊克，市进害民，然非欲使之漫不省事。昧者不达，矫枉过正，顾可不为之禁哉！”

壬寅，以吕公著为尚书右仆射兼中书侍郎。

诏起文彦博平章军国重事，班宰相上。

五月丁巳，以韩维为门下侍郎。神宗崩，维自提举嵩山崇福宫入临，太后手诏劳问，维对曰：“人情贫则思富，苦则思乐，困则思息，郁则思通，诚能常以利民为本则民富，常以忧民为心则民乐。赋役非人力所堪者，去之则劳困息；法禁非人情所便者，蠲之则郁塞通。推此而广之，尽诚而行之，则子孙观陛下之德，不待教而成矣。”未几，起知陈州，召为资政殿大学士兼侍读。及详定役法，四方多言差役便民，维曰：“是小人希意迎合者也，不可尽信。”司马光不能从。

六月甲辰，贬吕惠卿为建宁军节度副使，建州安置。中书舍人苏轼草其制曰：“惠卿以斗筲之才，穿窬之智，谄事宰辅，同升庙堂。乐祸贪功，好兵喜杀，以聚敛为仁义，以法律为诗书。首建青苗，次行助役，均输之政，自同商贾，手实之祸，下及鸡豚，苟可蠹国害民，率皆攘臂称首。先皇帝求贤如不及，从善若转圜，始以帝尧之仁，姑试伯鲧，终焉孔子之圣，不信宰予。尚宽两观之诛，薄示三苗之窜。”天下传诵称快焉。时惠卿、章惇、吕嘉问、邓绾、李定、蒲宗孟、范子渊等皆已斥外，言者论之不已。范纯仁言于太后曰：“录人之过，不宜太深。”后然之，乃诏前朝希合附会之人一无所问，言者勿复弹劾。惠卿党稍安。或谓吕公著曰：“今除恶不尽，将贻后患。”公著曰：“治道去太甚耳。文、景之世，网漏吞舟。且人材实难，宜使自新，岂宜使自弃耶！”

八月辛卯，诏复常平旧法，罢青苗钱。司马光以疾在告，范纯仁以国用不足，请再立常平钱谷给敛出息之法，限正月以散及一半为额，民间丝麦丰熟，随夏税先纳所输之半，愿半纳者，止出息一分。台谏刘挚、上官均、王觌、苏辙交章论其非，光谓："先朝散青苗，本为利民，并取情愿；后提举官速要见功，务求多散。今禁抑配，则无害也。"中书舍人苏轼录黄，奏曰："熙宁之法未尝不禁抑配，而其为害至此。民家量入为出，虽贫亦足；若令分外得钱，则费用自广。今若许人情愿，则未免设法罔民，使快一时非理之用，而不虑后日催纳之患，非良法也。"会台谏王岩叟、朱光庭、王觌等交章乞罢青苗，光大悟，力疾请对。太后从之，诏："常平钱谷止令州县依旧法趁时籴粜，青苗钱更不支俵，除旧欠二分之息，元支本钱，验见欠多少，分料次随二税输纳。"

九月丙辰朔，司马光卒。时两宫虚己以听光为政，光亦自见言行计从，欲以身殉社稷，躬亲庶务，不舍昼夜。宾客见其体羸，举诸葛亮食少事烦以为戒，光曰："死生命也。"为之益力。病革，谆谆如梦中语，皆朝廷天下事也。及卒，其家得遗表八纸，上之，皆当世要务。太后为之恸，与帝临其丧。赠太师、温国公，谥文正。

十一月，以吕大防为中书侍郎，刘挚为尚书右丞。

二年（丁卯、一〇八七）夏四月己丑，文彦博乞致仕，诏十日一至都堂议事。

三年（戊辰、一〇八八）夏四月辛巳，吕公著以老恳辞位，乃拜司空、同平章军国事。诏建第于东府之南，启北扉以便执政会议，凡三省、枢密院之职皆得总理，间日一朝，因至都堂。其出不以时，盖异礼也。

时熙、丰用事之臣虽去，其党分布中外，起私说以摇时政。鸿胪丞常安民贻公著书曰："善观天下之势，犹良医之视疾，方安宁无事之时，语人曰：'其后必将有大忧。'则众必骇笑，惟识微见几之士然后能逆知其渐。故不忧于可忧，而忧之于无足忧者，至忧也。今日天下之势可为大忧，虽登进忠良，而不能搜致海内之英才，使皆萃于朝以胜小人，恐端人正士未得高枕而卧也。故去小人为不难，而胜小人为难。陈蕃、窦武协心同力，选用名贤，天下想望太平，卒死曹节之手，遂成党锢之祸。张柬之、五王中兴唐室，以为庆流万世，及武三思一得志，至于窜（夷）〔移〕（据宋史卷三四六常安民传、续纲目、薛鉴改）沦没。凡此者，皆前世已然之祸也。今用贤如倚孤栋，拔士如转钜石，虽有奇特瑰卓之才，不得一行其志，甚可叹也。猛虎负嵎，莫之敢撄，而卒为人所胜者，人众而虎寡也。故以十人而制一虎，则人胜；以一人而制十虎，则虎胜。奈何以数十人而制千虎乎！今怨忿已积，一发其害必大，可不为大忧乎！"公著得书，默然。

以吕大防、范纯仁为尚书左、右仆射兼门下、中书侍郎。大防朴厚戆直，不植党与。纯仁务以博大开上意，忠厚革士风。二人同心戮力以相王室，太后亦倾心委之，故元祐之治，比隆嘉祐。

四年（己巳、一〇八九）二月甲辰，吕公著卒。太皇太后见辅臣，泣曰："邦国不幸，司马相公既亡，吕司空复逝。”痛悯久之。帝亦悲感，即诣其家临奠。赠太师、申国公，谥正献。

六月甲辰，范纯仁罢。

冬十月癸丑，帝御迩英殿，讲官进讲三朝宝训。时吕大防见帝年益壮，日以进学为急，请敕讲读官，取仁宗迩英御书解释上之，置于座右。又摭乾兴以来四十一事足为劝戒者，分上下篇，标曰仁祖圣学。至是，帝御迩英阁，召宰执、讲读官读三朝宝训。至汉武帝籍南山提封为上林苑，仁宗曰：“山泽之利，当与众共之，何用此也！”丁度进曰：“臣事陛下二十年，每奉德音，未始不及于忧勤，此盖祖宗家法耳。”大防因推祖宗家法以进曰：“自三代以后，惟本朝百二十年，中外无事，盖由祖宗所立家法最善。臣请举其略。”因数其事亲、事长、治内、待外戚、尚俭、勤身、尚礼、宽仁八法以进，且曰：“虚己纳谏，不好畋猎，不尚玩好，不用玉器，不贵异味，此皆祖宗家法所以致太平者。不须远法前代，但尽行家法，足以为天下。”帝深然之。

五年（庚午、一〇九〇）春正月庚戌，文彦博罢。

五月壬申，诏：“差役法有未备者，令具利害以闻。”初，苏轼言：“差役之法，天下皆云未便。昔日雇役，中户岁出几何？今日差役，中户岁费几何？更以几年一役较之，约见其数，则利害灼然。而况农民在官，吏百端蚕食，比之雇人，苦乐十倍。”李常亦言：“差法废久，版籍不明，重轻无准，乡宽户多者仅得更休，乡狭户窄者频年在役。望诏一二练事臣僚，使与赋臣取差、雇二法便者行之。”于是论差役未便者甚众。遂诏："差役法有未备者，令中书舍人王岩叟、枢密都承旨韩川、谏议大夫刘安世同看详，具利害以闻。"

以苏辙为御史中丞。时熙、丰旧臣争起邪说以撼在位，吕大防、刘挚患之，欲稍引用以平宿怨，谓之"调停"。太后疑不决，辙面斥其非，复上疏曰："亲君子，远小人，则主尊国安；疏君子，任小人，则主忧国殆，此理之必然。夫以小人在外，忧其不悦，而引于内，以自遗患也。且君子、小人，势同冰炭，同处必争，一争之后，小人必胜，君子必败。何者？小人贪利忍耻，击之则难去。君子洁身重义，沮之则引退。先帝聪明圣智，疾颓靡之俗，以纲纪四方，比隆三代。而臣下不能将顺，造作诸法，上逆天意，下失民心。二圣因民所愿，取而更之，上下忻慰。则前者用事之臣，今朝廷虽不加斥逐，其势亦不能复留矣。尚赖二圣纯仁，宥之于外，盖已厚矣。而议者惑于众说，乃欲招而纳之，与之共事，谓之'调停'。此辈若返，岂肯但已哉！必将戕害正人，渐复旧事，以快私忿。人臣被祸，盖不足言，臣所惜者，祖宗朝廷也。惟陛下断自圣心，勿为流言所惑，勿使小人一进，后有噬脐之悔，则天下幸甚！"疏入，太后曰："辙疑吾君臣兼用邪正，其言极有理。"诸臣从而和之，"调停"之说遂已。

六年（辛未、一〇九一）二月，以刘挚为尚书右仆射兼中书侍郎，王岩叟签书枢密院事。岩叟居言职五年，正谏无隐，及拜签枢密，谢，因进曰："太后听政以来，纳谏从善，务合人心，所以朝廷清明，天下安静，愿信之勿疑，守之勿失。”复进言于帝曰：“陛下今日圣学，当深辨邪正。正人在朝则朝廷安，邪人一进，便有不安之象。非谓一人能然，盖其类应之者众，上下蔽蒙，不觉养成祸胎尔。”又曰：“或闻有以君子、小人参用之说告陛下者，不知果有之否？此乃深误陛下也。自古君子、小人无参用之理，圣人但云：‘内君子而外小人则泰，内小人而外君子则否。’小人既进，君子必引类而去。若君子与小人竞进，则危亡之基也，不可不察。”

十一月乙酉，刘挚罢。

七年（壬申、一〇九二）夏四月丙午，王岩叟罢。

六月辛酉，以吕大防为右光禄大夫，苏颂为尚书右仆射兼中书侍郎，苏辙为门下侍郎，范百禄为中书侍郎，梁焘、郑雍为尚书左、右丞，韩忠彦知枢密院事，刘奉世签书枢密院事。

八年（癸酉、一〇九三）秋七月丙子，召范纯仁为尚书右仆射兼中书侍郎。纯仁入谢，太后谓曰：“或谓卿必引用王觌、彭汝砺，卿宜与吕大防一心。”对曰：“此二人实有士望，臣终不敢保位蔽贤，望陛下加察。”纯仁之将召也，殿中侍御史杨畏附苏辙，欲相之，因与来之邵上疏论纯仁暗猥，不可复相，不报。纯仁既视事，吕大防欲引畏为谏议大夫以自助，纯仁曰：“谏官当用正人，畏不可用。”大防曰：“岂以畏尝言相公耶？”辙即从旁诵其弹文，然纯仁初不知也。已而竟迁畏礼部侍郎。

宋史纪事本末卷四十四

宣仁之诬

神宗元丰八年（乙丑、一〇八五）春正月戊戌，帝不豫。

二月癸巳，帝疾甚，三省、枢密院入见，请立皇太子及请皇太后高氏权同听政。许之。三月甲午朔，立延安郡王佣为皇太子，赐名煦。先是，岐王颢、嘉王頵日问起居，高太后既垂帘，命二王毋辄入，且阴敕中人梁惟简妻制十岁儿一黄袍，怀以来，盖密为践祚仓卒备也。初，太子之未立也，职方员外郎邢恕与蔡确成谋，密语太后之侄高公绘、公纪曰："上疾不可讳，延安幼冲，宜早有定论。岐、嘉皆贤王也。"公绘惊曰："此何言？君欲祸吾家耶！"恕知计不行，反宣言太后属意岐王，而与王珪表里，导确约珪入问疾，阳钩致珪语，使知开封府蔡京伏剑士于外，须珪小持异，则执而诛之。既而珪言："上自有子。"定议立延安，恕益无所施。及太子已立，犹与确自谓有定策功，传播其语于朝。

庚子，尊皇太后曰太皇太后。

甲寅，群臣请帝同太皇太后听政。蔡确思求媚于太后以自固，太后从父高遵裕坐西征失律抵罪，因上言乞复遵裕官。后曰："遵裕灵武之役，涂炭百万，先帝中夜得报，起，环榻而行，彻旦不能寐，自是惊悸，驯致大故。祸由遵裕，得免刑诛，幸矣！先帝肉未冷，吾何敢顾私恩，而违天下公议乎！"确悚栗而退。

哲宗元祐元年（丙寅、一〇八六）春正月丙辰，立神宗原庙。太皇太后诏曰："原庙之立，所从来久矣。前日神宗皇帝初即祠宫，并建寝殿以崇严祖考，其孝可谓至矣。今神宗既已升祔，于故事当营馆御以奉神灵。而宫垣之东密接民里，欲加开展则惧成烦扰，欲采搢绅之议，皆合帝后为一殿，则虑无以称神宗钦奉祖考之意。闻治隆殿后有园池，以后殿推之，本留以待未亡人也，可即其地立神宗原庙。吾万岁之后，当从英宗皇帝于治隆，上以宁神明，中以成吾子之志，下以安民之心，不亦善乎！"

二年（丁卯、一〇八七）三月，神宗既祥，太皇太后诏曰："祥禫既终，典策告具，而有司遵用章献明肃皇后故事，谓予当受册于文德殿。虽皇帝尽孝养之意，务极尊崇，而朝廷有损益之文，各从宜称。仰惟章献明肃皇后辅佐真庙，拥佑仁宗，茂业丰功，宜见隆异。顾予凉薄，敢企徽音？稽用旧仪，实有惭德！将来受册，可止就崇政殿。"又谕执政曰："母后临朝，非国家盛事，文德殿天子正衙，岂女主所当御哉！"

三年（戊辰、一〇八八）八月，邢恕为太后侄公绘作书上太后，乞尊礼高氏。太后怒，罢恕。

〔闰〕（据薛鉴补）十二月甲寅，太皇太后诏曰："官冗之患，所从来尚矣。流弊之极，实萃于今，上有久闲失职之吏，则下有受害无告之民。故命大臣考求其本，苟非裁损入流之数，无以澄清取士之原。吾今自以渺身率先天下，永惟临御之始，尝敕有司，荫补私亲，旧无定限，自惟薄德，敢配前人！已诏家庭之恩，止从母后之比，今当又损，以示必行。夫以先帝顾托之深，天下责望之重，苟有利于社稷，吾无爱于发肤。矧此恩私，实同毫末，忠义之士，当识此诚，各忘内顾之恩，共成节约之制。今后每遇圣节、大礼、生辰，合得亲属恩泽，并四分减一。皇太后、皇太妃准此。"

四年（己巳、一〇八九）五月，安置蔡确于新州。确失势已久，遂怀怨望，在安州，尝游车盖亭，赋诗十章。知汉阳军吴处厚与确有隙，因解释其语以为谤讪，且论其用郝处俊上元间谏高宗欲传位武后事，指斥东朝，上之中书。于是台谏（上）〔言〕（据续纲目、薛鉴改）确怨谤，乞正其罪。诏确具析，确自辨甚悉。右正言刘安世等又言："确罪状著明，何待具析？此乃大臣曲为之地耳。"乃贬确光禄卿，分司南京。台谏论之不置，而谏议大夫范祖禹亦言："确之罪恶天下不容，尚以列卿分务留京，未厌众论。"执政议置确于法，范纯仁、王存以为不可，争之未决。文彦博欲贬确岭峤，纯仁闻之，谓吕大防曰："此路乾兴以来荆棘近七十年，吾辈开之，恐自不免。"大防乃不复言。越六日，再贬确英州别驾，新州安置。纯仁又言于太后曰："圣朝宜务宽厚，不可以语言文字之间，暧昧不明之过，窜诛大臣。今举动宜为将来法，此事甚不可开端也。且以重刑除恶如以猛药治病，其过也不能无损焉。"不听。时中丞李常、中书舍人彭汝砺、侍御史盛陶皆言："以诗罪确，非所以厚风俗。"常坐贬知邓州。中书舍人彭汝砺曰："此罗织之渐也。"封还词头。汝砺坐贬知徐州。侍御史盛陶言："不可长告讦之风。"亦坐贬知汝州。初，确之具析未上也，梁焘自（路）〔潞〕州（据宋史卷三四二梁焘传、续纲目改）召为谏议大夫，过河阳，邢恕极论确有策立勋。焘至，奏之。太后谕三省曰："帝是先帝长子，子继父业，其分当然，确有何策立勋耶？若使确他日复来，欺罔上下，岂不为朝廷害！恐帝年少，制御不得，故今因其自败，如此行遣，盖为社稷也。"

六月甲辰，范纯仁罢。吕大防言："蔡确党盛，不可不治。"纯仁言："朋党难辨，恐误及善人。"司谏吴安（时）〔诗〕（据宋史卷三一四范纯仁传、续纲目、薛鉴改）、正言刘安世、因论纯仁党确，纯仁亦力求罢政，乃出知颍昌府。傅尧俞言于太后曰："蔡确之党，其尤者固宜逐，余可一切置之。以陛下盛德，何所不容？确词纵涉谤讪，愿听之，如蚊虻过耳，无使有纤芥之忤，以奸太和之气。事至，以无心应之，圣人所以养至诚而御遐福也。”

六年（辛未、一〇九一）十一月乙酉，刘挚罢。挚与吕大防同位，国家大事多决于大防，惟进退士大夫实执其柄，然持心少恕，勇于去恶，竟为朋谗奇中，遂与大防有隙。先是，蔡确之贬，邢恕亦谪监永州酒税，以书抵挚。挚故与恕善，答其书，有“永州佳处，第往以俟休复”之语。排岸官茹东济，〔倾〕（据宋史卷三四〇刘挚传补）险人也，有求于挚不得，见其书，阴录以示中丞郑雍、殿中侍御史杨畏。二人方附吕大防，因笺释其语，上之，曰：“‘休复’者，语出周易。‘以俟休复’者，俟他日太皇太后复子明辟也。”又章惇诸子故与挚子游，挚亦间与之接。雍、畏谓挚延见接纳，为牢笼之计以觊后福，且论王岩叟、梁焘、刘安世、朱光庭等三十人皆其死友。太后于是面谕挚曰：“言者谓卿交通匪人，为异日地。卿当一心王室。若章惇者，虽以宰相处之，未必乐也。”挚惶恐退，上章自辨，而梁焘、王岩叟果上疏论救之。太后曰：“垂帘之初，挚斥排奸邪，实为忠直。但此二事，非所当为也。”遂罢知郓州。给事中朱光庭驳之曰：“挚忠义自奋，朝廷擢之大位，一旦以疑而罢，天下不见其过。”言者以光庭为党，亦罢知亳州。

八年（癸酉、一〇九三）九月戊寅，太皇太后高氏崩。初，太后不豫，吕大防、范纯仁等问疾，太后曰：“老身受神宗顾托，同官家御殿听断。卿等试言，九年间曾施恩高氏否？只为至公，一男、一女，病且死，皆不得见。”言讫泣下。又曰：“先帝追悔往事，至于泣下，此事官家宜深知之。老身没后，必多有调戏官家者，宜勿听。公等亦宜早退，令官家别用一番人。”乃呼左右赐社饭，曰：“明年社饭时，思量老身也。”太后听政，召用故老名臣，罢废新法苛政，于是宇内复安。辽主戒其臣下，勿生事于疆埸，曰：“南朝尽行仁宗之政矣。”临朝九年，朝廷清明，华夏绥定，力行故事，抑绝外家私恩，人以为女中尧、舜。

十二月乙巳，范纯仁乞罢政，不许。初，太皇太后寝疾，召纯仁曰：“卿父仲淹可谓忠臣，在明肃垂帘时，惟劝明肃尽母道。明肃上宾，惟劝仁宗尽子道。卿当似之。”纯仁泣曰：“敢不尽忠！”及帝亲政，纯仁乞避位，帝语吕大防曰：“纯仁有时望，不宜去，可为朕留之。”且趣入觐。帝问：“先朝行青苗法如何？”纯仁对曰：“先帝爱民之意本深，但王安石立法过甚，激以赏罚，故官吏急切，以致民害。”退而上疏其要，以为青苗非所当行，行之终不免扰民也。时群小力排太后时事，纯仁奏曰：“太皇保佑圣躬，功烈诚心，幽明共鉴。议者不恤国是，一何薄哉！”因以仁宗禁言明肃垂帘时事诏书上之，曰：“望陛下稽放而行，以戒薄俗。”韩忠彦亦言于帝曰：“昔仁宗始政，群臣亦多言章献之非，仁宗恶其持情近薄，下诏戒饬。陛下能法仁祖则善矣。”给事中吕陶复进曰：“太皇保佑九年，陛下尊而报之，惟恐不尽。万一有奸邪不正之人，谓某人宜复用，某事宜复行，此乃治乱安危之机，不可不察。”

哲宗绍圣元年（甲戌、一〇九四）三月乙亥，吕大防罢。大防，宣仁时恳乞避位，后曰：“上富于春秋，公未可即去，少须岁月，吾亦就东朝矣。”及后崩，大防为山陵使。殿中侍御史来之邵逆探时旨，首劾大防，而大防亦自求去，帝从之。

十一月壬子，特追复蔡确观文殿大学士。

四年（丁丑、一〇九七）冬十月，以邢恕为御史中丞，追贬王珪为万安军司户参军。初，恕久斥外，心怀愤恨，自河阳间道谒蔡确于邓州，将绪成太后、王珪废立事，以明确与己定策功。谋已定而无左验，会司马光子康赴阙过河阳，恕乃给康手书称确功。既而梁焘以谏议召，过河阳，恕复颂确功于焘，且出康书为证。既而恕帅中山，置酒诱高遵裕之子士京曰：“公知元祐间独不与先公推恩否？”士京曰：“不知。”又问：“有兄弟无？”曰：“有兄士充，已死。”恕曰：“此乃传王珪语言之人也。当时王珪为相，欲立岐王，遣士充传道语言于禁中。公知否？”士京曰：“不知。”恕因啖以官爵曰：“不可言不知，为公作此事，第勿以语人。”士京庸暗，从之。至是，章惇、蔡卞将甘心元祐诸人，引恕自助，遂召还，三迁为中丞。恕遂以北齐娄太后宫名宣训，尝废孙少帝立子演，设为司马光语。范祖禹曰：“方今主少国疑，宣训事尤可虑。”又令王棫为高士京作奏，言父遵裕临死，屏左右谓士京曰：“神宗弥留之际，王珪遣士充来问曰：‘不知皇太后欲立谁？’我叱士充去之，事遂已。”会给事中叶祖洽亦以王珪于册立时有异论，于是诏追贬珪，而赠遵裕奉国军节度使。

元符元年（戊寅、一〇九八）三月，下文及甫于同文馆狱。及甫，彦博之子也。初，刘挚尝论列及甫，又尝论其父彦博不可为三省长官，故止为平章事。彦博既致仕，及甫自权侍郎以修撰补外。父母丧将除，挚与吕大防犹当国，及甫恐不得京官，抵书邢恕曰："改月遂除，入朝之计未可必。当涂猜忌于鹰扬者益深，其徒实繁。司马昭之心，路人所知也，又济之以粉昆，朋类错立，必欲以眇躬为甘心快意之地，可为寒心。"其谓司马昭者，指吕大防独当国久。粉昆，世谓驸马都尉为粉侯，韩嘉彦尚主，其兄忠彦则粉昆也。恕以书示蔡确之弟硕。至是，恕令确子渭上书，讼挚等陷其父阴图不轨，谋危宗社，引及甫书为证。章惇、蔡卞因是欲杀挚及梁焘、王岩叟等，以为挚有废立意，遂置狱于同文馆，令蔡京、安惇杂治，逮问及甫。及甫诡言其父彦博称挚为司马昭，粉则以王岩叟面白，昆则梁焘字况之，况犹兄也。京、惇因组织万端，将陷诸人以族罪，奏刘挚等大逆不道，死有余责，不治无以示天下。帝曰："元祐人果如是乎？"京、惇对曰："诚有是心，特反形未具耳。"会刘挚、梁焘已贬死，京等奏上，不及考验，乃下诏禁锢挚、焘子孙于岭南，勒停王岩叟、朱光庭诸子官职。蔡京觊求执政，故治狱极意罗织元祐诸贤。既成，而曾布忌京，密言于上曰："蔡卞备位丞辖，京不可以同升。"遂止进承旨。京、布由是有隙。

章惇、蔡卞恐元祐诸臣一旦复起，日夜与邢恕等谋，且结内侍郝随为助，媒蘖宣仁尝欲危帝之事。既贬王珪，又起同文馆狱，又诬司马光、刘挚、梁焘、吕大防等结主宣仁阁内侍陈衍谋废立。时衍已先得罪，配朱崖。又以内侍张士良尝与衍同主后阁，自郴州召还，使蔡京、安惇杂治之，以实其说。京等列鼎、镬、刀、锯于前，谓之曰："言有，即还旧职；无则就刑。"士良仰天大哭曰："太皇太后不可诬，天地神祇不可欺，乞就戮。"京等锻炼无所得，乃奏："衍疏隔两宫，斥随龙内侍刘瑗等于外，以翦除人主腹心羽翼，为大逆不道，处死。"帝颇惑之。至是，惇、卞自作诏书，请废宣仁为庶人。皇太后方寝，闻之遽起，谓帝曰："吾日侍崇庆，天日在上，此语曷从出？且帝必如此，亦何有于我！"帝感悟，取惇、卞奏，就烛焚之。郝随觇知之，密语惇、卞。明日，惇、卞再具状，坚请施行。帝怒曰："卿等不欲朕入英宗庙乎！"抵其奏于地。事得寝。

宋史纪事本末卷四十五

洛蜀党议

哲宗元祐元年（丙寅、一〇八六）三月辛巳，以程颐为崇政殿说书。颐在治平、元丰间，大臣屡荐，皆不起。至是，司马光、吕公著共疏其行义曰："伏见河南处士程颐，力学好古，安贫守节，言必忠信，动遵礼度，年逾五十，不求仕进，真儒者之高蹈，圣世之逸民。望擢以不次，使士类有所矜式。"诏以为西京国子监教授。力辞，寻召为秘书省校书郎。及入对，改崇政殿说书。颐即上疏言："习与智长，化与心成。今夫民善教其子弟者，亦必延名德之士，使与之处，以薰陶成性。况陛下春秋方富，虽睿圣得于天资，而辅养之道不可不至。大率一日之中，接贤士大夫之时多，亲宦官、宫妾之时少，则气质变化，自然而成。愿选名儒入侍劝讲，讲罢，留之分直，以备访问。或有小失，随事献规。岁月积久，必能养成圣德。”颐每进讲，色甚庄，继以讽谏。闻帝在宫中盥而避蚁，问：“有是乎？”帝曰：“然，诚恐伤之耳。”颐曰：“推此心以及四海，帝王之要道也。”帝尝凭槛偶折柳枝，颐正色曰：“方春时和，万物发生，不当轻有所折，以伤天地之和。”帝颔之。

九月丁卯，以苏轼为翰林院学士。轼自登州召还，十月之间，三陟华要，寻兼侍读。每经筵进读，至治乱兴衰、邪正得失之际，未尝不反覆开道，觊有所启悟。常锁宿禁中，召见便殿，太后问曰：“卿前年为何官？”对曰：“常州团练副使。”曰：“今为何官？”对曰：“待罪翰林学士。”曰：“何以遽至此？”对曰：“遭遇太皇太后、皇帝陛下。”曰：“非也。”对曰：“岂大臣论荐乎？”曰：“亦非也。”轼惊曰：“臣虽无状，不敢自他途进。”曰：“此先帝意也。先帝每诵卿文章，必叹曰：‘奇才，奇才！’但未及进用卿耳。”轼不觉哭失声，太后与帝亦泣，左右皆感涕。已而命坐赐茶，撤御前金莲烛送归院。轼在翰林，颇以言语文章规切时政，毕仲游以书戒之，轼不能从。

二年（丁卯、一〇八七）三月，程颐请就崇政、延和殿讲读，上疏曰：“臣近言迩英渐热，只乞就崇政、延和殿。闻给事中顾临以延和讲读为不可，臣料临之意，不过谓讲官不可坐于殿上，以尊君为说尔。臣不暇远引，只以本朝故事言之，太祖召王昭素讲易，真宗令崔颐正讲尚书，邢昺讲春秋，皆在殿上，当时仍是坐讲。立讲之仪只始于明肃太后之意。此又祖宗尊儒重道之美盛，岂独子孙所当为，亦万世帝王所当法也。今世俗之人，能为尊君之言，而不知尊君之道。人君惟道德益高则益尊，若势位则崇高极矣，尊严至矣，不可复加也。”又曰：“天下重位惟宰相与经筵，天下治乱系宰相，君德成就责经筵。”

八月辛巳，罢崇政殿说书程颐。颐在经筵，多用古礼，苏轼谓其不近人情，深嫉之，每加玩侮。方司马光之卒也，百官方有庆礼，事毕欲往吊，颐不可，曰：“子于是日哭则不歌。”或曰：“不言歌则不哭。”轼曰：“此枉死市叔孙通制此礼也。”二人遂成嫌隙。轼尝发策试馆职，有曰：“今朝廷欲师仁宗之忠厚，惧百官有司不举其职而或至于偷；欲法神宗之励精，恐监司守令不识其意而流入于刻。”于是颐门人右司谏贾易、左正言朱光庭等劾轼策问谤讪，轼因乞补郡。殿中侍御史吕陶言：“台谏当徇至公，不可假借事权以报私隙。”右司谏王觌言：“轼命辞不过失轻重之体，若悉考同异，深究嫌疑，则两歧遂分，党论滋炽。夫学士命词失指，其事尚小，使士大夫有朋党之名，大患也。”太后然之，临朝，宣谕曰：“详览轼文意，是指今日百官、有司、监司、守令言之，非是讥讽祖宗。”范纯仁亦言轼无罪，遂置不问。会帝患疮疹不出，颐诣宰臣吕公著问：“上不御殿，知否？”且曰：“二圣临朝，上不御殿，太后不当独坐。且人主有疾而大臣不知，可乎？”明日，宰臣以颐言问疾，由是大臣亦多不悦。于是御史中丞胡宗愈、给事中顾临连章力诋颐不宜在经筵。谏议大夫孔文仲因奏：“颐污下憸巧，素无乡行，经筵陈说，僭横忘分，遍谒贵臣，历造台谏，腾口间乱，以偿恩仇，致市井目为‘五鬼’之魁。请放还田里，以示典刑。”乃罢颐出管勾西京国子监。

时吕公著独当国，群贤咸在朝，不能不以类相从，遂有洛党、蜀党、朔党之语。洛党以颐为首，而朱光庭、贾易为辅。蜀党以苏轼为首，而吕陶等为辅。朔党以刘挚、梁焘、王岩叟、刘安世为首，而辅之者尤众。是时熙、丰用事之臣退休散地，怨入骨髓，阴伺间隙。诸贤不悟，各为党比，以相訾议。惟吕大防秦人，戆直无党；范祖禹师司马光，不立党。既而帝闻之，以问胡宗愈，宗愈对曰：“君子指小人为奸，则小人指君子为党。陛下能择中立之士而用之，则党祸熄矣。”因具君子无党论以进。

冬十月，贬右司谏贾易。时程颐、苏轼交恶，其党互相攻讦。易因劾吕陶党轼兄弟，语侵文彦博、范纯仁。太后怒，欲峻责易。吕公著言：“易言亦直，惟诋大臣太甚耳。”乃罢知怀州。公著退语同列曰：“谏官所言，未论得失。顾主上春秋方盛，虑异时有道谀惑上心者，正赖左右争臣，不可豫使人主轻厌言者。”众皆叹服。

三年（戊辰、一〇八八）三月，孔文仲卒。吕公著曰：“文仲本以抗直称，然惷不晓事。为谏议时，乃为浮薄辈所使，以害善良，晚乃知为所绐，愤郁呕血，以致不起。”公著之言，盖指其劾程颐也。

以胡宗愈为尚书右丞。谏议大夫王觌以宗愈进君子无党论，恶之，因疏宗愈不可执政。太后大怒。纯仁与文彦博、吕公著辨于帘前，太后意未解。纯仁曰：“朝臣本无党，但善恶邪正各以类分。彦博、公著皆累朝旧人，岂容雷同罔上！昔先臣与韩琦、富弼在庆历时，同为执政，各举所知，当时飞语，指为朋党，三人相继补外。造谤者公相庆曰：‘一网打尽矣！’此事未远，愿陛下戒之。”因极言前世朋党之祸，并录欧阳修朋党论上之。然竟出觌知润州，而宗愈居位如故。

五年（庚午、一〇九〇）春正月，程颐以父忧守制去。台谏复论贾易谄事颐，再贬易知广德军。

六年（辛未、一〇九一）二月，以苏辙为尚书右丞。辙除（名）〔命〕（本卷校改各条，均以续纲目为依据，并参照薛鉴）既下，右司谏杨康国奏曰：“辙之兄弟，谓其无文学则非也，蹈道则未也。其学乃学为仪、秦者也，其文率务驰骋，好作为纵横（排）〔捭〕阖，无安静理。陛下若悦苏辙文学而用之不疑，是又用一王安石也。辙以文学自负而刚很好胜，则与安石无异。”不报。

〔六月〕，翰林院学士承旨苏轼罢。轼自杭州召还，未几，侍御史贾易复劾轼元丰末在扬州，闻先帝厌代作诗，及草吕惠卿制，皆“诽怨先帝，无人臣礼”。御史中丞赵君锡亦继言之。太后怒，罢易知宣州，君锡知郑州。吕大防请并轼两罢，乃出轼知颍州，寻改知扬州。

七年（壬申、一〇九二）三月，程颐服阕，三省拟除馆职，判检院苏辙进曰：“颐入朝，恐不肯静。”太后纳之。范祖禹言：“颐经术行义，天下共知，司马光、吕公著岂欺罔（上）〔者〕耶！但草茅之人，未习朝廷事体则有之，宁有他故，如言者所指哉！乞召劝讲，必有补于圣明。”除颐直秘阁，判西监，颐再上表辞。御史董敦逸摭其有怨望语，改授管勾崇福宫。

九月，召苏轼为兵部尚书兼侍读。轼自扬州召为兵部尚书兼侍读，寻又迁礼部，兼端明、侍读二学士。御史董敦逸、黄庆基言：“轼为中书舍人时，草吕惠卿制词，指斥先帝。其弟辙相为表里，以紊朝政。”吕大防奏曰：“先帝欲富强中国，鞭挞西夷，而一时群臣将顺太过，故事或失当。太皇太后与皇帝临御，因民所欲，随事救改，盖理之当然。比来言官用此以中伤士人，兼欲摇动朝廷，意极不善。”辙亦为其兄辩：“所撰惠卿谪词，其言及先帝者，有曰：‘始以帝尧之仁，姑试伯鲧，终焉孔子之圣，不信宰予。’初非谤讪先帝。”太后曰：“先帝追悔往事，至于泣下。”大防曰：“先帝一时过举，非其本意。”太后曰：“此事官家宜深知。”于是罢敦逸、庆基为湖北、福建路转运判官。

宋史纪事本末卷四十六

绍　述

哲宗元祐八年（癸酉、一〇九三）冬十月，帝始亲政。时太后既崩，中外汹汹，人怀顾望，在位者畏惧，莫敢发言。翰林学士范祖禹虑小人乘间害政，上疏曰："陛下方揽庶政，延见群臣，今日乃国家隆替之本，社稷安危之机，生民休戚之端，君子小人进退消长之际，天命人心去就离合之时也。可不畏哉！先后有大功于宗社，有大德于生灵，九年之间，始终如一。然群小怨恨，亦不为少，必将以改先帝之政，逐先帝之臣为言，以事离间，不可不察也。先后因天下人心变而更化，既改其法，则作法之人有罪当退，亦顺众言而逐之。是皆上负先帝，下负万民，天下之所仇疾而欲去之者也，岂有憎恶于其间哉！唯辨析是非，深拒邪说，有以奸言惑听者，付之典刑，痛惩一人以警群慝，则帖然无事矣。此等既误先帝，又欲误陛下，天下之事，岂堪小人再破坏耶！”时苏轼方具疏将谏，及见祖禹奏，曰：“经世之文也。”遂附名同进而毁己草。疏入，不报。会有旨召内侍刘瑗、乐士宣等十人复职，（苏辙）〔祖禹又〕（据宋史卷三三七范祖禹传、续纲目改）谏曰：“陛下（视）〔亲〕（据宋史卷三三七范祖禹传、续纲目、薛鉴改）政以来，未闻访一贤臣，而所召乃先内侍。四海必谓陛下私于近习，不可。”弗听。侍讲丰稷亦以为言，出知颍州。范祖禹复请对，曰：“熙宁之初，王安石、吕惠卿造立新法，悉变祖宗之政，多引小人以误国，勋旧之臣屏弃不用，忠正之士相继远引。又用兵开边，结怨外夷，天下愁苦，百姓流徙。赖先帝觉悟，罢逐两人，而所引群小已布满天下，不可复去。蔡确连起大狱，王韶创取熙河，章惇开五溪，沈起扰交管，沈括、徐禧、俞充、种谔兴造西事，兵民死伤者不下二十万。先帝临朝悼悔，谓朝廷不得不任其咎。以至吴居厚行铁冶之法于京东，王子京行茶法于福建，蹇周辅行盐法于江西，李稷、陆师闵行茶法、市易于西川，刘定教保甲于河北，民皆愁痛嗟怨，比屋思乱。赖陛下与先后起而救之，天下之民，如解倒悬。惟向来所斥逐之人，窥伺事变，妄意陛下不以修改法度为是，如得至左右，必进奸言。万一过听而复用之，臣恐国家自此陵迟不复振矣！”又言：“汉有天下四百年，唐有天下三百年，及其亡也，皆由宦官，同一轨辙，盖与乱同事，未有不亡者也。汉自元帝任用石显，委以政事，杀萧望之、周堪，废刘向等，汉之基业坏于元帝。唐自明皇使高力士省决章奏，宦官遂盛，李林甫、杨国忠皆自力士以进，唐亡之祸基于开元。熙宁、元丰间，李宪、王中正、宋用臣辈用事总兵，权势震灼。中正兼干四路，口敕募兵，州郡不敢违，师徒冻馁，死亡最多。宪陈再举之策，致永乐摧陷。用臣兴土木之工，无时休息，罔市井之微利，为国敛怨。此三人者，虽加诛戮，未足以谢百姓。宪虽已亡，而中正、用臣尚在，今召内臣十人，而宪、中正之子皆在其中。二人既入，则中正、用臣必将复用，臣所以敢极言之。”上曰：“所召内臣，朕岂有意任用，止欲各与差遣尔。”祖禹乃退。

十二月，端明殿侍读学士苏轼乞外补，出知定州。时国事将变，轼不得入辞。既行，上书言：“天下治乱，出于下情之通塞。至治之极，小民皆能自通，迨于大乱，虽近臣不能自达。陛下临御九年，除执政、台谏外，未尝与群臣接。今听政之初，当以通下情，除壅蔽为急务。臣日侍帷幄，方当戍边，顾不得一见而行；况疏远小臣，欲求自通，难矣。然臣不敢以不得对之故不效愚忠。古之圣人将有为也，必先处晦而观明，处静而观动，则万物之情毕陈于前。陛下圣智绝人，春秋鼎盛。臣愿虚心循理，一切未有所为，默观庶事之利害与群臣之邪正，以三年为期，俟得其实，然后应物而作。使既作之后，天下无限，陛下亦无悔。由此观之，陛下之有为，惟忧太早，不患稍迟，亦已明矣。臣恐急进好利之臣，辄劝陛下轻有改变，故进此说。敢望陛下留神社稷、宗庙之福，天下幸甚！”

吕大防为山陵使，甫出国门，杨畏首叛大防，上疏言："神宗更法立制以垂万世，乞赐讲求，以成继述之道。"帝即召对，询以先朝故臣孰可召用者，畏遂列上章惇、安焘、吕惠卿、邓润甫、（王安石）（据续纲目、薛鉴删）李清臣等行义，各加题品。且言神宗所以建立法度之意与王安石学术之美，乞召章惇为相。帝深纳之，遂复章惇为资政殿学士，吕惠卿为中大夫，王中正复遥授团练使。给事吴安诗不书惇录黄，中书舍人姚勔不草惠卿、中正诰词，皆不听。刘安世极谏章惇等不可用，贬出知成德军。

绍圣元年（甲戌、一〇九四）二月丁未，以李清臣为中书侍郎，邓润甫为尚书右丞。润甫首陈武王能广文王之声，成王能嗣文、武之道，以开绍述，故有是命。范纯仁以时用大臣皆从中出，侍从、台谏亦多不由进拟，乃言于帝曰："陛下亲政之初，四方拭目以观，天下治乱，实本于此。舜举皋陶，汤举伊尹，不仁者远。纵未能如古人，亦须极天下之选。"帝不纳。

三月，策进士于集英殿，李清臣发策曰："今复词赋之选而士不知劝，罢常平之官而农不加富，可差可募之说杂而役法病，或东或北之论异而河患滋，赐土以柔远也而羌夷之患未弭，弛利以便民也而商贾之路不通。夫可则因，否则革，惟当之为贵，圣人亦何有（心）〔必〕（据续纲目、薛鉴改）焉！"其意盖绌元祐之政也。苏辙谏曰："伏见策题力诋近岁行事，有绍复熙宁、元丰之意。臣谓先帝设施，盖有百世不可改者，元祐以来，上下奉行，未尝失坠。至于事或失当，何世无之？父作于前，子救于后，前后相济，此则圣人之孝也。汉武帝外事四夷，内兴宫室，财用匮竭，于是修盐铁、榷酤、均输之政，民不堪命，几至大乱。昭帝委任霍光，罢去烦苛，汉室乃定。光武、显宗以察为明，以谶决事，上下恐惧，人怀不安。章帝深鉴其失，代之宽厚恺悌之政，后世称焉。本朝真宗天书，章献临御，揽大臣之议，藏之梓宫。及仁宗听政，绝口不言。英宗濮议，朝廷汹汹者数年，先帝寝之，遂以安静。夫以汉昭、章之贤，与吾仁宗、神宗之圣，岂其薄于孝敬而轻事变易也哉！陛下若轻变九年已行之事，擢任累岁不用之人，怀私忿而以先帝为词，大事去矣！”帝览奏大怒，曰：“安得以汉武比先帝！”辙下殿待罪，众莫敢救。范纯仁从容言曰：“武帝雄才大略，史无贬词，辙以比先帝，非谤也。陛下亲事之始，进退大臣，不当如诃斥奴仆。”右丞邓润甫越次进曰：“先帝法度，为司马光、苏辙坏尽。”纯仁曰：“不然，法本无弊，弊则当改。”帝曰：“人谓秦皇、汉武。”纯仁曰：“辙所论，事与时也，非人也。”帝为之少霁。辙平日与纯仁多异，至是乃服，曰：“公佛地位中人也。”辙竟落职，知汝州。及进士对策，考官第主元祐者居上，礼部侍郎杨畏覆考，乃悉下之，而以主熙、丰者置前列。自是绍述之论大兴，国是遂变矣。

以曾布为翰林学士承旨。初，司马光谕布增损役法，布辞曰：“免役一事，法令纤悉皆出己手，遽自改易，义不可为。”遂以户部尚书出知太原府。至是，徙江宁，过京，留拜承旨。

夏四月，以张商英为右正言。帝初即位，稍更新法之不便于民者，商英时为开封推官，上书言："三年无改于父之道，可谓孝矣。今先帝陵土未干，即议变更，得为孝乎！"复屡诣执政求进，且为谀词贻苏轼，求入台。吕公著闻之不悦，出为河东提刑。至是，召为右正言。商英在外久，积憾元祐大臣不用己，因极力攻之，上疏言："神宗盛德大业，跨绝今古，而司马光、吕公著、刘挚、吕大防援引朋俦，敢行讥议。凡详定局之建明，中书之勘会，户部之行遣，言官之论列，词臣之诰命，无非指摘抉扬，鄙薄嗤笑，翦除陛下羽翼于内，击逐股肱于外，天下之势岌岌殆矣！今天日清明，诛赏未正。乞下禁省，检索前后章牍，付臣等看详签揭以上。望陛下与大臣斟酌可否。"商英又论司马光、文彦博奸邪负国，至比宣仁为吕、武。仝台御史赵挺之等复会劾苏轼草麻有"民亦劳止"之语，以为诽谤先帝，黜轼知英州。范纯仁谏曰："熙宁法度皆惠卿附会王安石建议，不副先帝爱民求治之意。至垂帘之际，始用言者，特行贬窜，今已八年矣。言者多当时御史，何故畏避不即纳忠，今乃有是奏，岂非观望耶?"帝不听。

癸丑，白虹贯日。曾布上疏，请复先帝政事，且乞改元以顺天意。帝从之，诏改元祐九年为绍圣元年。于是天下晓然知帝意所向矣。

罢翰林学士范祖禹。时帝欲相章惇，祖禹力言惇不可用，遂罢。

壬戌，以章惇为尚书左仆射、兼门下侍郎。时帝有绍复熙、丰之志，首起惇为相，于是专以绍述为国是，遂引其党蔡卞、林希、黄履、来之邵、张商英、周秩、翟思、上官均等居要地，任言责，协谋报复。惇之被召也，通判陈瓘从众道谒之。惇闻瓘名，邀与同舟，询当世之务。瓘因问惇曰："天子待公为政，敢问何先？"惇曰："司马光奸邪，所当先辨，势无急于此。"瓘曰："公误矣！果尔，将失天下之望。"惇厉声曰："光不务缵述〔先烈〕（据宋史卷三四五陈瓘传、续纲目补），而大改成绪，误国如此，非奸邪而何！"瓘曰："不察其心而疑其迹，则不为无罪。若指为奸邪，又复改作，则误国益甚矣。为今之计，惟消朋党，持中道，庶可以救弊。"又曰："譬如此舟，移置之左则左重，移置之右则右重，俱不可也。熙宁未必全是，元祐未必全非。"惇不悦。帝既相惇，范纯仁请去益力，乃以观文殿大学士出知颍昌府。

召蔡京为户部尚书。

以林希为中书舍人。章惇尝言："元祐初，司马光作相，用苏轼掌制，所以能鼓动四方，安得斯人而用之！"或曰："林希可。"会希赴成都，过阙，惇欲使典书诰，逞毒于元祐诸臣，且许以为执政。希久不得志，请甘心焉。凡元祐名臣贬黜之制，皆希为之，极其丑诋，至以"老奸擅国"之语阴斥宣仁，读者无不愤叹。一日，草制罢，掷笔于地曰："坏名节矣！"

丁卯，章惇请复行免役法。差、雇两法，置司讲议，久而不决。蔡京谓惇曰："取熙宁成法施行之耳，何以讲为！"惇然之，雇役遂定。初，司马光尽革熙、丰之政，而罢雇役复差役独于人情未协。至是，京、惇相倚，遂执以为词，复行免役法，识者愈见其奸。

戊辰，以蔡卞为国史修撰。元祐中，史官范祖禹等修神宗实录，尽书王安石之过以明先帝之圣。蔡卞，安石婿也，上疏言："先帝盛德大业，卓然出千古之上，而实录所纪，类多疑似不根。乞重行刊定。"诏从之。卞遂从安石从子防所求安石旧作日录，尽改正史。

闰月壬申，复以陆师闵等为诸路提举常平官。

五月，以黄履为御史中丞。元丰末，履为中丞，与蔡确、章惇、邢恕相交结，每惇、确有所嫌恶，则使恕道风旨于履，履即排击之，时谓之"四凶"，为刘安世所论而出。至是，惇复引用，俾报复仇怨，元祐旧臣无一得免者矣。

秋七月丁巳，追夺司马光、吕公著等赠谥，贬吕大防、刘挚、苏辙、梁焘等官，诏谕天下。时台谏黄履、周秩、张商英、上官均、来之邵、翟思、刘拯、井亮采等交章论司马光等变更先朝之法，畔道逆理，章惇、蔡卞请发光、公著冢，斫棺暴尸。帝问许将，将对曰："此非盛德事也。"帝乃止。于是追夺光、公著赠谥，仆所立碑，夺王岩叟赠官，贬大防为秘书监，挚为光禄卿，辙为少府监，并分司南京。初，李清臣冀为相，首倡绍述之说，以计去苏辙、范纯仁，亟复青苗、免役法。及章惇至，心甚不悦，复与为异。惇既贬司马光等，又籍文彦博以下三十人，将悉窜岭表。清臣进曰：“更先帝法度，不能无过，然皆累朝元老，若从惇言，必大骇物听。”帝乃下诏曰：“大臣朋党，司马光以下各以轻重议罚，其布告天下。”初，朋党论起，帝曰：“梁焘每起中正之论，其开陈排击，尽出公议，朕皆记之。”又曰：“苏颂知君臣之义，无轻议也。”由是颂获免，而焘止谪提举舒州灵仙观。挚语诸子曰：“上用章惇，吾且得罪。若惇顾国事，不迁怒百姓，但谪吾曹，死无所恨。正虑意在报复，奈天下何！”

八月，罢广惠仓，复免行钱。

冬十月，以吕惠卿知大名府。监察御史常安民言：“北都重镇而除惠卿。惠卿赋性深险，背王安石者，其事君可知。今将过阙，必言先帝而泣，感动陛下，希望留京矣。”帝纳之。及惠卿至京，请对，见帝，果言先帝事而泣。帝正色不答，计卒不施而去。时论快之。

十一月壬子，特追复蔡确观文殿大学士。

十二月，蔡卞进重修神宗实录，于是范祖禹及赵彦若、黄庭坚等坐诋诬降官，安置永、（丰）〔澧〕（据续纲目、薛鉴改）、黔州，迁卞为翰林学士。初，礼部侍郎陆佃预修实录，数与祖禹等争辨，大要言王安石多有是处，庭坚曰：“如公言，盖佞史也！”佃曰：“尽用君意，岂非谤书乎？”至是佃亦落职。言者又以吕大防监修神宗实录，徙安州居住。

二年（乙亥、一〇九五）冬十月，贬监察御史常安民。

时蔡京深结中官裴彦臣，安民因论之，谓："京奸足以惑众，辨足以饰非，巧足以移夺人主之视听，力足以颠倒天下之是非，内结中官，外连朝士，一不附己，则诬以党于元祐非先帝法，必挤之而后已。今在朝之臣，京党过半，陛下不可不早觉悟而逐之，他日羽翼成就，悔无及矣。"是时京之奸尚隐，人多未测，独安民首发之。又言："今大臣为绍述之说，皆借此名以报复私怨。朋附之流遂从而和之。张商英在元祐时，上吕公著诗求进，谀佞无耻，近乃乞毁司马光、吕公著神道碑。周秩为博士，亲定光谥为文正，近乃乞斫棺鞭尸。陛下察此辈之言，果出于公论乎！"章疏前后至数十百上，度终不能回，遂乞外，帝慰勉而已。至是，复论章惇颛国植党，乞收主柄而抑其权，反覆曲折，言之不置。惇遣所亲信语之曰："君本以文学闻于时，奈何以言语自任，与人为怨！少安静，当以左右相处。"安民正色斥之曰："尔乃为时相游说耶！"惇益怒。安民又言曾布之奸，于是惇、布比而排之，取所贻吕公著书白帝，以为比帝于汉灵。帝怒，安民不辨，赖安焘救，得免。至是，御史董敦逸论安民党于苏轼兄弟，遂出为滁州监酒税。

十一月，安焘罢。时章惇用白帖贬谪元祐臣僚，焘言于帝，帝疑之。郑雍谓惇曰："王安石作相，尝用白帖行事。"惇大喜，取其案牍怀之以白帝，焘言不行。惇怨焘，言焘与常安民表里，出知郑州。

时吕大防等窜居远州，会明堂赦，章惇豫言此数十人当终身勿徙。范纯仁闻之忧愤，欲斋戒上疏申理之。所亲劝其勿触怒，万一远斥，非高年所宜。纯仁曰：“事至于此，无一人敢言，若上心遂回，所系大矣。如其不然，死亦何憾！”因上言：“大防等所犯，亦因持心失恕，好恶任情，违老氏好还之戒，忽孟轲反尔之言。然牛、李之党祸数十年，沦胥不解，岂可尚遵前轨！即今大防等年老疾病，不习水土，炎荒非久处之地，又忧虞不测，何以自存！臣曾与大防等共事，多被排斥，陛下之所亲见，臣之激切，止是仰报圣德。向来章惇、吕惠卿虽为贬谪，不出里居。今赵彦若已死贬所。愿陛下断自渊衷，将大防等原放。”疏奏，章惇大怒，遂落观文殿大学士，徙知随州。

四年（丁丑、一〇九七）春正月，李清臣罢，知河南府。

史臣曰：哲宗亲政之初，见虑未定，范、吕诸贤在廷，左右弼谟，俾日迩忠说，〔疏〕（据宋史卷三二八论曰、续纲目、薛鉴补）绝回遹，以端其志向，元祐之治业，庶可守也。而清臣怙才躁进，阴觊柄用，首发绍述之说，以乱国是。群奸嗣之，衡决莫障，遂重为搢绅之祸。

二月己未，追贬司马光、吕公著等官。三省言：“司马光等倡为奸谋，诋毁先帝，变易法度，罪恶至深。当时凶党，虽已死及告老，亦宜薄示惩责。”遂追贬司马光为清远军节度副使，吕公著为建武军节度副使，王岩叟为雷州别驾，夺赵瞻、傅尧俞赠谥，追韩维到任及孙固、范（伯）〔百〕禄（据续纲目、薛鉴改）、胡宗愈等遗表恩。未几，复追贬光朱崖军司户，公著昌化军司户。

癸未，流吕大防、刘挚、苏辙、梁焘、范纯仁于岭南，贬韩维等三十人官。大防之徙安州也，其兄大忠自泾原入朝，帝访大防安否，且曰："执政欲迁诸岭南，朕独令处安陆。为朕寄声问之。大防朴直，为人所卖，二三年可复见也。"大忠泄其语于章惇，惇绳之益力。会侍御史来之邵言："司马光畔道逆理，典刑未正，鬼得而诛。独刘挚尚存，实天以遗陛下。"于是三省言："吕大防等为臣不忠，罪与司马光等不异。顷朝廷虽尝惩责，而罚不称愆，生死异罪，无以垂示万世。"遂贬大防舒州，挚鼎州团练副使，辙化州，焘雷州别驾，纯仁武安军节度副使，安置于循、新、雷、化、永五州；刘奉世光禄少卿，郴州居住，寻安置柳州；韩维落职致仕，再谪均州安置；王觌、韩川、孙升、吕陶、范纯礼、赵君锡、马默、顾临、范纯粹、孔武仲、王钦臣、吕希哲、吕希纯、吕希绩、姚（缅）〔勔〕（据陈均编年、长编本末卷一〇二改）、吴安诗、秦观十七人，通、随、峡、衡、蔡、亳、单、饶、均、池、信、和、金、光、衢、连、横等诸州居住；王攽落职致仕；孔平仲落职知衡州；张耒、晁补之、贾易并监当官；朱光庭、孙觉、赵卨、李之纯、杜纯、李周并追夺官秩；复追贬孔文仲、李周为别驾。中书舍人叶涛当制，文极丑诋，闻者切齿。先是，左司谏张商英上言："愿陛下无忘元祐时，章惇无忘汝州时，安焘无忘许昌时，李清臣、曾布无忘河阳时"，以激怒之。由此诸贤皆不免。

纯仁时因疾失明，闻命，怡然就道。或谓近名，纯仁曰："七十之年，两目俱丧，万里之行，岂其欲哉！但区区之爱君，有怀不尽，若避好名之嫌，则无为善之路矣。"时韩维谪均州，其子诉维执政日与司马光不合，得免行。纯仁之子欲以纯仁与光议役法不同为请，冀得免行，纯仁曰："吾用君实荐以致宰相，昔同朝论事不合，则可；汝辈以为今日之言，则不可也。有愧心而生，不若无愧心而死。"其子乃止。每戒子弟不可小有不平，闻诸子怨章惇，必怒止之。及在道，舟覆于江，纯仁衣尽湿，顾诸子曰："此岂章惇为之哉！"

甲申，贬太师致仕文彦博为太子少保。先是，左司谏张商英尝言彦博背国负恩，朋附司马光，故贬。

〔闰月〕（据宋史卷一八哲宗纪、薛鉴补）甲辰，苏轼谪授琼州别驾，移昌化军安置，范祖禹移宾州安置，刘安世移高州安置。

〔三月〕（据宋史卷一八哲宗纪、续纲目、薛鉴补），章惇议遣吕升卿、董必察访岭南，将尽杀流人。帝曰："朕遵祖宗遗制，未尝杀戮大臣，其释勿治。"惇志不快，于是中书舍人蹇序辰上疏言："朝廷前日正司马光等奸恶，明其罪罚，以告中外。唯变乱典刑，改废法度，讪讟宗庙，睥睨两宫，观事考言，实状章著。其章疏案牍散在有司，若不汇缉而藏之，岁久必致沦弃。愿悉讨奸臣所言所行，选官编类，人为一帙，置之二府，以示天下后世之大戒。"章惇、蔡卞请即命序辰及直学士院徐铎编类。凡司马光等一时施行文书，攟拾附著，纤悉不遗，凡一百四十三帙，上之。由是搢绅之士无得脱祸者矣。邹浩言："初旨但分两等，谓语及先帝并语言过差而已。而今所施行，混然莫辨，以其近似难分之迹，而典刑轻重随以上下，是乃陛下之威福操柄下移于近臣。愿加省察，以为来事之监。"卞党薛昂、林自又乞毁司马光资治通鉴板，太学博士陈瓘因策士引神宗所制序文以问，昂、自议沮。

〔四月〕（据宋史卷一八哲宗纪、薛鉴补）己亥，吕大防将赴舒州，卒于虔州之信丰。大防为相，用人各尽其能，不事边幅，而天下臻于富庶，竟以贬死，天下惜之。上闻之曰："大防何以至虔州？"及请归葬，即许之。一时议者谓痛贬元祐党人皆非上意也。

十一月癸酉，贬刘奉世于柳州安置，程颐于涪州〔编管〕（据宋史卷一八哲宗纪补）。颐时放归田里，帝一日与辅臣语及元祐政事，曰："程颐妄自尊大，在经筵多不逊。"于是言者论颐与司马光同恶相济，遂削籍窜涪州。颐在涪与门人讲学不辍，周易传亦在涪所著也。

复立市易务。

元符元年（戊寅、一〇九八）六月戊寅朔，改元。甲午，蔡京等上常平、免役法。

秋七月，再窜范祖禹于化州，安置刘安世于梅州。初，章惇怨范祖禹、刘安世尤深，必欲置诸死地，至是，讽蔡京并陷二人〔以罪〕（据续纲目补）。安世至贬所，惇阴令杀陈衍使者过梅，胁安世自裁，使者不忍而止。惇又擢土豪为转运判官，使杀之。判官承意疾驰且至，家人号泣不食，安世饮食起居如平时。至夜半，其人忽呕血而死，安世获免。祖禹寻卒。祖禹在经筵劝讲论谏常数十万言，开陈治道，辨释事宜，平易明白，洞见底蕴，虽贾谊、陆贽不能过也。

二年（己卯、一〇九九）八月癸酉，章惇等进新修敕令式。惇读于帝前，间有元丰所无而用元祐敕令修立者，帝曰："元祐亦有可取者乎？"惇等对曰："取其善者。"

九月癸卯，命御史点检三省、枢密院，并依元丰旧制。

闰月，置看详诉理局。安惇言："陛下未亲政时，奸臣置诉理所，凡得罪熙、丰之间者，咸为除雪，归怨先朝，收恩私室。乞取公案看详从初加罪之意，（得）〔复〕依〔元〕（据宋史卷二〇〇刑法志改并补）断施行。"蔡卞劝章惇置局，命中书舍人蹇序辰及安惇看详。由是重得罪者八百三十家，士大夫或千里会逮，天下怨疾，有"二蔡、二惇"之谣。

宋史纪事本末卷四十七

孟后废复

哲宗元祐七年（壬申、一〇九二）夏四月己未，立皇后孟氏。后，洺州人，马军都虞候元之孙。帝年益壮，太皇太后历选世家女百余人入宫。后年十六，太皇太后、皇太后皆爱之，教以女仪。至是，太皇太后谕执政曰："孟氏女能执妇道，宜正位中宫。"命学士草制。又以近世礼仪简略，诏翰林、台谏、给舍与礼官议册后六礼仪制以进，遂命吕大防兼六礼使，韩忠彦充奉迎使，苏颂、王岩叟充发册使，苏辙、皇叔祖宗景充告期使，皇伯祖宗晟、范百禄充纳征使，王存、刘奉世充纳吉使，梁焘、郑雍充纳采问名使。帝御文德殿，册为皇后。太皇太后语帝曰："得贤内助，非细事也。"既而叹曰："斯人贤淑，惜福薄耳！异日国有事变，必此人当之。"

绍圣三年（丙子、一〇九六）八月，窜范祖禹于贺州，刘安世于英州。时刘婕妤专宠内庭。前祖禹元祐中闻禁中觅乳媪，以帝年十四，非近女色之时，与安世上疏，劝进德爱身；又说太皇太后保护圣躬，言甚切至。太后谓曰："乳媪之说，外间虚传也。"祖禹对曰："外议虽虚，亦足为先事之戒。"太后深嘉之。至是，章惇、蔡卞摭谏乳媪事乃指婕妤也，于是坐二人构造诬谤之罪。

九月乙卯，废皇后孟氏。初，刘婕妤尝同后朝景灵宫，讫事，就坐，嫔御皆立侍，婕妤独背立帘下。后阁中陈迎儿诃之。婕妤不顾，阁中皆忿。会冬至，朝太后于隆祐宫，后坐朱髹金饰。婕妤亦欲得之，从者知其意，易座与后等。众弗能平，因传唱曰："皇太后出。"后起立，婕妤亦起，寻复坐。或已撤婕妤座，遂仆于地，怼，不复朝，泣诉于帝。内侍郝随谓婕妤曰："毋以此戚戚！愿为大家早生子，此座正当婕妤有也。"会后女福庆公主疾，后有姊，颇知医，尝已后危疾，以故出入宫掖。公主药弗效，持道家治病符水入治，后惊曰："姊宁知宫中禁严，与外间异耶？"令左右藏之。俟帝至，具言其故，帝曰："此人之常情耳。"后即爇符于帝前。宫中相传厌魅之端作矣。未几，后养母听宣夫人燕氏、尼法端为后祷祠。事闻，诏入内押班梁从政等即皇城司鞫之。捕逮宦者、宫妾三十人，榜掠备至，肢体毁折，至有断舌者。狱成，命御史董敦逸覆录，罪人过庭下，气息仅属，无一人能出声者。敦逸秉笔，疑未下。郝随等以言胁之，敦逸畏祸，乃以奏牍上。诏废后为华阳教主、玉清妙静仙师，法名冲真，出居瑶华宫。时章惇欲诬宣仁后有废立计，以后逮事宣仁，又阴附刘婕妤欲请建为后，遂与郝随构成是狱，天下冤之。逾两旬，敦逸奏："中宫之废，事有所因，情有可察。臣尝阅录其狱，恐得罪天下。"帝欲贬之，曾布曰："陛下以狱出于近习推治，故命敦逸录问，今乃贬之，何以取信中外！"乃止。

元符二年（己卯、一〇九九）九月丁未，立贤妃刘氏为皇后。后多材艺，被专宠。既构废孟后，章惇与内侍郝随、刘友端相结，请妃正位中宫。时帝未有储嗣，会妃生子茂，帝大喜，遂立焉。时邹浩方劾章惇不忠慢上之罪，未报而刘后立，浩上疏言："立后以配天子，安得不审！今为天下择母，而所立乃贤妃，一时公议莫不疑惑，诚以国家自有仁祖故事，不可不遵用之耳。盖郭后与尚美人争宠，仁祖既废后，并斥美人，所以示公也；及立后，则不选于妃嫔而卜其贵族，所以远嫌，所以为天下万世法也。陛下之废孟氏与郭后无以异，果与贤妃争宠而致罪乎？抑或不然也？二者必居一于此矣。孟氏罪废之初，天下孰不疑立贤妃为后！及读诏书有别选贤族之语。又陛下临朝，既叹以为国家不幸，至于宗景立妾，怒而罪之，于是天下始释然不疑。今竟立之，岂不上累圣德！臣观白麻所言，不过称其有子，及引永平、祥符事以为证。臣请论其所以然。若曰有子可以为后，则永平贵人未尝有子，所以立者以德冠后宫故也；祥符德妃亦未尝有子，所以立者以钟英甲族故也。又况贵人实马援之女，德妃无废后之嫌，迥与今日事体不同。顷年冬，妃从享景灵宫，是日雷变甚异：今宣制之后，霖雨飞雹，自奏告天地、宗庙以来，阴（霾）〔霪〕（据宋史卷三四五邹浩传、薛鉴改）不止，上天之意，岂不昭然！考之人事既如彼，求之天意又如此，望不以一时改命为难，而以万世公议为可畏，追停册礼，如初诏行之。”帝谓浩曰：“此亦祖宗故事，岂独朕耶！”盖指真宗立刘德妃也。对曰：“祖宗大德可法者多矣，陛下不之取而效其小疵，臣恐后世之责人无已者纷纷也。”帝变色，犹不怒，持其章踌躇四顾，凝然若有所思，因付于外。明日，章惇诋浩狂妄，除名勒停，羁管新州。尚书右丞黄履进曰：“浩以亲被拔擢之故，敢犯颜纳忠，陛下遽出之死地，人臣将视以为戒，谁复为陛下论得失乎！幸与善地。”不听。

初，阳翟田（画）〔昼〕，议论慷慨，与浩以气节相激厉。刘后立，（画）〔昼〕谓人曰：“志完不言，可以绝交矣！”浩既得罪，（画）〔昼〕迎诸途。浩出涕，（画）〔昼〕（并据宋史卷三四五本传、续纲目改）正色责之曰：“使志完隐默官京师，遇寒疾不汗，五日死矣，岂独岭海之外能死人哉！愿君毋以此举自满，士所当为者，未止此。”浩茫然自失，谢曰：“君赠我厚矣！”

浩之将论事也，以告其友宗正寺簿王回，回曰：“事有大于此者乎？子虽有亲，然移孝为忠，亦太夫人素志也。”及浩南迁，人莫敢顾，回敛交游钱与浩治装，往来经理，且慰安其母。逻者以闻，逮诣诏狱，众为之惧，回居之晏如。御史诘之，回曰：“实尝预谋，不敢欺也。”因诵浩所上章（凡）〔几〕（据宋史卷三四五王回传、续纲目、薛鉴改）二千言。狱上，除名停废，回即徒步出都门。行数十里，其子追及，问以家事，不答。

又有曾诞者，尝三以书劝浩论孟后事，浩不报。及浩废，诞作玉山主人对客问以讥浩不能力谏孟后之废，而俟朝廷过举乃言为不知几云。

闰月，子茂卒。

三年（庚辰、一一〇〇）春正月己卯，帝崩，无子，弟端王佶即位。

辛巳，尊皇后刘氏为元符皇后。

五月丙子，诏复哲宗废后孟氏为元祐皇后。初，哲宗尝悔废后事，叹曰："章惇坏我名节。"至是，太后将复后位，会布衣何（文）〔大〕正（据宋文鉴卷六一改）上书言之，遂降是诏，自瑶华宫还居禁中。

陈邦瞻曰：按陈瓘论废后事有曰："当时致此之因，盖生于元祐之说也。以继〔述〕（据宋文鉴卷六一补）神考为说，以仇毁宣仁为心者，其于元祐，譬如刈草，欲除其根。瑶华乃宣仁所厚，万一有预政之时，则元祐未必不复，是以任事之臣怀刈草之虑，则瑶华恶得而不废乎！知经术者独谋于心，宰政柄者独断于手，方其造意，自谓密矣，而已难逃于见微之士。"呜呼！小人之愚其君一至是哉！其可畏也。人情莫亲于父子，莫昵于夫妇，李林甫用而明皇不能有其子，蔡卞、章惇之计行而哲宗不能有其妻。哀哉！

徽宗崇宁元年（壬午、一一〇二）冬十月甲戌，复废元祐皇后孟氏。时元符皇后阁宦者郝随讽蔡京再废元祐皇后，京未得间。既而昌州判官冯澥上书，论复后为非。于是御史中丞钱遹、殿中侍御史石豫、左肤连章论："韩忠彦等乘一布衣何大正狂言，复瑶华之废后，掠流俗之虚美。当时物议固已汹汹，乃至疏逖小臣诣阙上书，忠义激切，则天下公议从可知矣。望询考大臣，断以大义，无牵于流俗非正之论，以累圣朝。"京与许将、温益、赵挺之、张商英皆主台臣之说，请如绍圣三年九月诏书。帝不得已，从之。诏罢元祐皇后之号，复出后于瑶华宫，且治元符末议复后号者，降宰臣韩忠彦、曾布官，追贬李清臣雷州司户参军，黄履祁州团练副使，安置翰林学士曾肇、御史中丞丰稷、谏臣陈瓘、龚夬等十七人于远州。

十二月，追谥哲宗子茂为献愍太子。初，邹浩召自新州入对，帝首及谏立后事，奖叹再三，询谏草安在，对曰："已焚之矣。"退告陈瓘，瓘曰："祸其在此乎？异时奸人妄出一缄，则不可辨矣。"蔡京用事，乃使其党伪为浩疏，有"刘后杀卓氏而夺其子以为己出，欺人可也，讵可以欺天乎"之语。帝诏暴其事，遂具册茂为太子，而窜浩于昭州。

二年（癸未、一一〇三）二月，尊元符皇后刘氏为皇太后，宫名崇恩。

政和三年（癸巳、一一一三）二月，太后刘氏自杀。帝以哲宗故，曲加恩礼于后，而后颇干预外事，且以不谨闻。

帝与辅臣议将废之，而后已为左右所逼，即帘钩自缢死。谥曰昭怀。

高宗建炎元年（丁未、一一二七）夏五月，尊哲宗废后孟氏为元祐太后。

七月，元祐太后避金兵，如扬州。

八月，更号元祐太后曰隆祐太后。尚书省言“元”字犯后祖讳，易以所居宫名，从之。

二年（戊申、一一二八）冬十月，隆祐太后如杭州。

三年（己酉、一一二九）秋七月，隆祐太后如洪州。冬十一月，复如虔州。

四年（庚戌、一一三〇）三月，遣使迎隆祐太后于虔州。帝谓辅臣曰：“朕初不识太后，自迎至南京，爱朕不啻己出。今在数千里外，兵马惊扰，当亟奉迎，以惬朕朝夕慕念之意。”遂遣卢益、辛企宗等奉迎于虔州。八月，太后至越州。

绍兴元年（辛亥、一一三一）夏四月，隆祐太后孟氏崩，谥曰昭慈献烈。诏权攒于会稽县之上皇村，俟事宁，归葬哲宗山陵。

宋史纪事本末卷四十八

建中初政

哲宗元符三年（庚辰、一一〇〇）春正月，帝崩。皇太后向氏哭谓宰臣曰："国家不幸，大行皇帝无嗣，事须早定。"章惇抗声曰："在礼、律，当立母弟简王似。"太后曰："老身无子，诸王皆神宗庶子，莫难如此分别。"惇复曰："以长则申王佖当立。"太后曰："申王有目疾，不可。于次则端王佶当立。"惇曰："端王轻佻，不可以君天下。"言未毕，曾布叱之曰："章惇未尝与臣商议，如皇太后圣谕极当。"蔡卞、许将相继曰："合依圣旨。"太后又曰："先帝尝言端王有福寿，且仁孝。"于是惇默然。乃召端王入，即位于柩前。群臣请太后权同处分军国事，后以长君辞。帝拜泣移时，乃许之。端王，神宗第十一子也。

三月辛卯，以四月朔日当食，诏求直言。筠州推官崔鷗上书曰："臣闻谏诤之道，不激切不足以起人主意，激切则近讪谤。夫为人臣而有讪谤之名，此谗邪之论所以易乘，而世主所以不悟，天下所以卷舌吞声，而以言为戒也。臣尝读史，见汉刘陶、曹鸾，唐李少良之事，未尝不掩卷兴嗟，矫然山林不返之意。比闻国家以日食之异询求直言，伏读诏书，至所谓'言之失中，朕不加罪'。盖陛下披至情，廓圣度，以来天下之言如此，而私秘所闻不敢一吐，是臣子负陛下也。方今政令烦苛，民不堪扰，风俗险薄，法不能胜，未暇一二陈之，而特以判左右之忠邪为本。臣生于草莱，不识朝廷之士，特怪左右之人有指元祐之臣为奸党者，必邪人也。使汉之党锢，唐之牛、李之祸将复见于今日，甚可骇也。夫毁誉者，朝廷之公议。故责授朱崖军司户司马光，左右以为奸，而天下皆曰忠。今宰相章惇，左右以为忠，而天下皆曰奸。此何理也？臣请略言奸人之迹。夫乘时抵巇以盗富贵，探微揣端以固权宠，谓之奸可也；苞苴满门，私谒踵路，阴交不逞，密结禁廷，谓之奸可也；以奇伎淫巧荡上心，以倡优女色败君德，独操赏罚，自报恩怨，谓之奸可也；蔽遮主听，排斥正人，微言者坐以刺讥，直谏者陷以指斥，以杜天下之言，掩滔天之罪，谓之奸可也：凡此数者，光有之乎？惇有之乎？夫有实者名随之，无其实而有其名，谁肯信之！传曰：'谓狐为狸，非特不知狐，又不知狸。'是故以佞为忠，必以忠为佞，于是乎有谬赏滥罚。赏谬罚滥，佞人徜徉，如此而国不乱，未之有也。光忠直信谅，闻于华、夷，虽古名臣未能过，而谓之奸，是欺天下也。至如惇，狙诈凶险，天下士大夫呼曰‘惇贼’。贵极宰相，人所具瞻，以名呼之，又指为贼，岂非以其孤负主恩，玩窃国柄，忠臣痛愤，义士不服，故贱而名之，指其实而号之以‘贼’邪！京师语曰：‘大惇、小惇，殃及子孙。’谓惇与其御史中丞安惇也。小人譬之蝮蝎，其凶忍害人，根乎天性，随遇必发。天下无事，不过贼陷忠良，破碎善类，至缓急危疑之际，必自反覆，蓄跋扈不臣之心。比年以来，谏官不论得失，御史不劾奸邪，门下不驳诏令，共持喑默，以为得计。昔李林甫窃相位十有九年，海内怨痛，而人主不知。顷邹浩以言事得罪，大臣拱而观之，同列无一语者，又从而挤之。夫以股肱耳目，治乱安危所系，而一切若此，陛下虽有尧、舜之聪明，将谁使言之，谁使行之！夫日，阳也，食之者，阴也。四月正阳之月，阳极盛阴极衰之时，而阴干阳，故其变为大。惟陛下畏天威，听明命，大运乾刚，大明邪正，毋违经义，毋郁民心，则天意解矣。若夫伐鼓用币，素服彻乐，而无修德善政之实，非所以应天也。”帝览而善之，以为相州教授。

召龚夬为殿中侍御史，陈瓘、邹浩为左、右正言，韩忠彦等荐之也。御史中丞安惇言：“邹浩复用，虑彰先帝之失。”帝曰：“立后，大事也，中丞不言，而浩独敢言，何为不可复用！”惇惧而退。陈瓘言：“陛下欲开正路，取浩既往之善。惇乃诳惑主听，规骋其私，若明示好恶，当自惇始。”遂出惇知潭州。

夏四月丁巳，复范纯仁等官。时纯仁在永州，帝遣中使赐以茶药，谕之曰："皇帝在藩邸，太皇太后在宫中，知公先朝言事忠直，今虚相位以待。不知目疾如何，用何人医之？"纯仁顿首谢。徙居邓州，在道，拜观文殿大学士、中太乙宫使。制词有曰："岂惟尊德尚齿，昭示宠优，庶几鲠论嘉谋，日闻忠告。"纯仁闻制，泣曰："上果用我矣，死有余责。"既又遣中使趣纯仁入〔觐〕（据宋史卷三一四范纯仁传、续纲目、薛鉴补），纯仁乞归养疾，帝不得已，许之。每见辅臣，问安否，且曰："范纯仁得一识面足矣！"时苏轼亦自昌化移廉，徙永，更三赦，复提举成都玉局观。

乙酉，蔡卞罢。卞专托绍述之说，上欺天子，下胁同列，凡中伤善类，皆密疏建白，然后请帝亲札付外行之。章惇虽巨奸，然犹在其术中。惇轻率不思，而卞深阻寡言，议论之际，惇毅然主持，卞或噤无一语。一时论者以为惇迹易明，卞心难见。至是，龚夬论惇、卞之恶，大略以为："昔日丁谓当国，号为恣睢，然不过陷一寇准而已。及惇，则故老、元辅、侍从、台省之臣，凡天下之所谓贤者，一日之间，布满岭海，自有宋以来，未之闻也。当是时，惇之威势震于海内，此陛下所亲见。盖其立造不根之语，文致悖逆之罪，是以人人危惧，莫能自保，俾忠臣义士朽骨衔冤于地下，子孙禁锢于炎荒，海内之人愤闷而不敢言，皆以归怨先帝。其罪如此，尚何俟而不正典刑哉！卞事上不忠，怀奸深阻，凡惇所为，皆卞发之，为力居多。望采公论，昭示显黜。"未报，台谏陈师锡、陈次升、陈瓘、任伯雨、张庭坚等极论卞罪浮于惇，乞正典刑，以谢天下。乃出知江宁。台谏论之不已，遂以秘书少监，分司池州。

己丑，追复文彦博、王珪、司马光、吕公著、吕大防、刘挚等三十三人官。韩忠彦言之，遂有是诏。

六月，陈瓘论邢恕矫诬定策之罪，安置均州。

九月辛未，章惇罢。惇为相，专国复怨，引蔡卞、林希、黄履、来之邵、张商英等居要地，任言责。由是正人无一得免，死者祸及其孥，屡兴大狱以陷忠良，天下嫉之。及兼山陵使，灵舆陷淖中，逾宿而行。台谏丰稷等劾其不恭，罢知越州。

冬十月丙申，安惇、蹇序辰除名，放章惇于潭州。惇既罢，陈瓘等以为责轻，复论："惇在绍圣中置看详元祐诉理局，凡于先朝言语不顺者，加以钉足、剥皮、斩颈、拔舌之刑，其惨刻如此。看详之官如安惇、蹇序辰等，受大臣讽谕，迎合绍述之意，傅致语言，指为谤讪，遂使朝廷纷纷不已。考之公论，宜正典刑。"于是二人并除名，放归田里，而贬惇武昌节度副使，居潭州。

蔡京、林希罢。时侍御史陈师锡上疏言："京、卞同恶，迷国误朝，而京好大喜功，日夜结交内侍、戚里，以觊大用。若果用之，天下治乱自是而分，祖宗基业自是而隳矣。"龚夬亦言："蔡京治文及甫狱，本以偿报私仇，始则上诬宣仁，终则归咎先帝，必将族灭无辜，以逞其欲。臣料当时必有案牍章疏，可以见其锻炼附会。愿考证其实，以正奸臣之罪。"皆未报。会中丞丰稷召自河南，初入对，与京遇，京谓之曰：“天子自外服召公中执法，今日必有高论。”稷正色曰：“行自知之。”是日论京奸状，帝犹未纳。台谏陈瓘、江公望等相继言之，帝亦不听。稷曰：“京在朝，吾属何面目居此！”复力论之，始出知永兴军。言者不已，乃夺职居杭州。右司谏陈祐复论林希绍圣初党附权要词命丑诋之罪，乃削端明殿学士，徙知扬州。

丁酉，以韩忠彦、曾布为尚书左、右仆射，兼门下、中书侍郎。布初附章惇，凡惇所为，多布所建白，及不得同省，始与乖异。元符中，惇以士心不附，欲荐引名士，且乞正所夺司马光、吕公著等赠谥。布以为无益，沮之，且奏：“人主操柄，不可倒持。今自丞弼以至言者，知畏宰相，不知畏陛下。”其意盖欲倾惇，会哲宗崩而止。及帝即位，锐意图治，延进忠鲠，布因力排绍圣之人而去之。既拜相，其弟翰林学士肇引嫌出知陈州，言于布曰：“兄方得君，当引用善人，翊正道，以杜惇、卞复起之萌。而数月以来，所谓端人吉士，继迹去朝，所进以为辅佐、侍从、台谏，往往皆前日事惇、卞者。一旦势异今日，必首引之以为固位计，思之可为恸哭。比来主意已移，小人道长，进则必论元祐人于帝前，退则尽排元祐人于要路。异时惇、卞纵未至，一蔡京足以兼二人，可不深虑乎！”布不能从。布之拜相也，御史中丞丰稷欲率台属论之，遂迁稷工部尚书。稷力乞补外，不允，谢表有“内侍已成于怨府，佞人方剡于奏章”之语，上问佞人为谁，曰：“曾布。陛下斥布则天下事定矣。”

己未，诏禁曲学偏见，妄意改作，以害国事者。

十一月庚午，诏改明年元，（年）〔时〕（据续纲目、薛鉴改）议以元祐、绍圣均有所失，欲以大公至正，消释朋党，遂改元为建中靖国。诏下，御史中丞王觌言："建中之名，虽取皇极，然重袭前代纪号，非是。宜以德宗为戒。"时任事者多乖异不同，觌言："尧、舜、禹相授一道，尧不去四凶而舜去之，尧不举元、凯而舜举之，事未必尽同。文王作邑于丰，而武王治镐；文王关市不征，泽梁无禁，周公征而禁之，不害其为善继善述。神宗作法于前，子孙当守于后，至于时异事殊，须损益者损益之，于理固未为有失也。"当国者忿其言，遂改为翰林学士。由是邪正杂进矣。初，曾布密陈绍述之说，帝不能决，以问给事中徐勣，勣对曰："圣意得非欲两存乎？天下之事有是与非，朝廷之人有忠与佞，若不考其实，姑务两存，臣未见其可也。"

徽宗建中靖国元年（辛巳、一一〇一）春正月壬戌朔，有流星光烛地，自西南入尾抵距星。是夕，有赤气起东北，至西南，中函白气，将散，复有黑祲在旁。右正言任伯雨言："正岁之始，建寅之月，其卦为泰，年当改元。时方孟春，而赤气起于暮夜之幽。以一日言之，日为阳，夜为阴；以四方言之，东南为阳，西北为阴；以五色推之，赤为阳，黑与白为阴；以从事推之，朝廷为阳，宫禁为阴，中国为阳，夷狄为阴，君子为阳，小人为阴。此宫禁阴谋，下干上之证也。渐冲正而西散为白，而白主兵，此夷狄窃发之证也。天心仁爱，以灾异为警戒。陛下进忠良，绌邪佞，正名分，击奸恶，使小人无得生犯上之心，则灾异可变为休祥矣。”又言：“比日内降浸多，或恐矫传制命。汉之鸿都卖爵，唐之墨敕斜封，此近监也。”

范纯仁卒，遗表言：“宣仁之诬谤未明，致保祐之忧勤不显。”又劝帝“清心寡欲，约己便民，绝朋党之论，察邪正之归”，凡八事。谥忠宣。

二月丁巳，贬章惇为雷州司户参军。初，任伯雨论章惇“久窃朝柄，迷国罔上，毒流搢绅，乘先帝变故仓卒，辄逞异志，睥睨万乘，不复有臣子之恭。向使其计得行，将置陛下与皇太后于何地！若贷而不诛，则天下大义不明，大法不立矣。臣闻北使言：‘去年辽主方食，闻中国黜惇，放箸而起，称善者再，谓南朝错用此人。’北使又问：‘何为只若是行遣？’以此观之，不独孟子所谓‘国人皆曰可杀’，虽蛮貊之邦，莫不以为可杀也”。章八上，未报。会台谏陈瓘、陈次升等复极论之，乃贬惇为雷州司户参军。初，苏辙谪雷州，不许占官舍，遂僦民屋。惇又以为强夺民居，下州追民究治，以僦券甚明，乃止。至是，惇问舍于民，民曰：“前苏公来，为章丞相几破我家，今不可也。”后徙睦州，死。

三月，罢权给事中任伯雨。伯雨初为右正言，半岁之间，凡上一百八疏。大臣畏其多言，俾权给事中，密谕以少默即为真，伯雨不听，抗论愈力。时曾布欲和调元祐、绍圣之人，伯雨言：“人才固不当分党与，然自古未有君子、小人杂然并进可以致治者。盖君子易退，小人难退，二者并用，终于君子尽去，小人独留。唐德宗坐此致播迁之祸，建中乃其纪号，不可以不戒。”既而欲劾布，布觉之，徙为度支员外郎。

六月戊午，尚书范纯礼罢。时韩忠彦虽首相，而曾布专政，渐进绍述之说，讽中丞赵挺之排击元祐诸臣。纯礼从容言于帝曰：“迩者朝廷命令，莫不是元丰而非元祐。以臣观之，神宗立法之意固善，吏推行之或有失当，以致病民。宣仁听断，一时小有润色。盖大臣识见异同，非必尽怀邪为私也。今议论之臣有不得志，故挟此以借口，以元丰为是则欲贤元丰之人，以元祐为非则欲斥元祐之士，其心岂恤国事？直欲快私忿以售其奸，不可不深察也。”纯礼沉毅刚正，曾布惮之，谓驸马都尉王诜曰：“上欲除君承旨，范右丞不可。”诜怒。会诜馆辽使，纯礼主宴，诜诬其辄斥御名，遂罢知颍昌府。

帝初政，虚心纳谏，海内想望，庶几庆历之治。曾布入相，遂右绍述。谏官陈祐六疏劾之，不从，赐罢，降敕以观望推引责之。左司谏江公望闻而求对，面请其故，上曰：“祐意在逐布引李清臣为相耳。”公望言：“臣不知其他，但近者易言官者三，逐谏官者七，非朝廷美事。”因袖疏力言丰、祐政事得失，且曰：“陛下若自分彼此，必且起祸乱之源。”上意感格，业从之矣，会前太学博士范致虚上书言：“太学取士法不当变。”且言：“臣读御制泰陵挽章曰：‘同绍裕陵。’此陛下孝弟之本心也。臣愿守此而已。”江公望又上疏言：“自先帝有绍述之意，辅政非其人，以媚于己为同，忠于君为异，借威柄以快私隙，使天下骚然，泰陵不得尽继述之美。元祐人才皆出于熙、丰培养之余，遭绍圣窜逐之后，存者无几矣。神考与元祐之臣，其先非有射钩、斩袪之隙也，先帝信仇人而黜之。陛下若立元祐为名，必有元丰、绍圣为之对，有对则争兴，争兴则党复立矣。陛下改元诏旨亦称：'思建皇极，端好恶以示人，本中和而立政。'皇天后土，实闻斯言。今若渝之，奈皇天后土何！"帝尝以示范纯礼，纯礼赞之，乞褒迁公望以劝来者。会蔡王府相告，有不逊语及于王，公望乞勿以无根之言加诸至亲，遂坐罢。

秋七月丙戌，安焘罢。时焘密奏："绍圣、元符以来用事者，假绍述之虚名以诳惑君父，上则欲固位而挟私仇，下则欲希进而肆朋附，并为一谈，牢不可破。彼自为谋则善矣，未尝有毫发为朝廷计也。当熙宁、元丰间，内外府库无不充衍，自绍圣、元符以来，倾府库，竭仓廪，以供开边之费。愿陛下罢无益之人，厚公私之积，早计而预图之，则天下幸甚。"又言："东京党祸已萌，愿戒履霜之渐。"语尤激切。上不悦，遂自枢密院出知河阳府。

八月，陈瓘上疏言："臣尝乞别修神宗实录以成一代之典，而不闻施行，盖绍圣史臣今为宰相故也。"不报。瓘议论持平，务存大体，不以细故借口，未尝及人暗昧之过，时兼权给事中。曾布专主绍述，取王安石熙宁间所记日录以为依据，欲引瓘附己，使人语瓘谓将去权即真。瓘语子正汇曰："吾与宰相议事多不合，今若此，是欲以官爵相饵也。”明日，遂投书于布，论其“尊私史而压宗庙，缘边费而坏先政，违神考之志，坏神考之事。即此二者，天下所共知，而圣主不得闻其说。蒙蔽之患，孰大于此！”布得书大怒。瓘复录所上布书及所尝著日录辨、国用须知以上三省，且乞敷奏早行窜黜，遂黜瓘知泰州。瓘始著合浦尊尧集，为十论，尽辨其所纪载，犹未证言王安石之非。及北归，又著四明尊尧集，为八门：曰圣训，曰论道，曰献替，曰理财，曰边机，曰论兵，曰处己，曰寓言，始条分而件析之，无婉词矣。

冬十月，召陆佃为礼部侍郎。佃上疏曰：“近时士大夫相倾竞进，以善求事为精神，以能讦人为风采，以忠厚为重迟，以静退为卑弱，相率成风，莫之或止，正而救之，实在今日。夫善变前人者，不必因所为，否者赓之，善者扬焉。元祐纷更，是知赓之而不知扬之之罪也；绍圣称颂，是知扬之而不知赓之之过也。愿咨谋仁贤，询考政事，惟其当之为贵，大中之期亦在今日也。”遂命修哲宗实录，迁吏部尚书，拜尚书右丞。

十一月庚辰，诏改明年为崇宁。

宋史纪事本末卷四十九

蔡京擅国

徽宗建中靖国元年（辛巳、一一〇一）十一月，复（诏）〔召〕（据续纲目、薛鉴改）蔡京为翰林学士承旨。初，供奉官童贯性巧媚，善测人主微旨，先事顺承，以故得幸。及诣三吴访书画奇巧，留杭累月。蔡京与之游，不舍昼夜，凡所画屏障扇带之属，贯日以达禁中，且附语言论奏于帝所，由是帝属意用京。左阶道录徐知常以符水出入元符皇后所，太学博士范致虚与之厚，因荐京才可相，知常入宫言之，由是宫妾、宦官众口一词誉京，遂起京知定州，改大名。会韩忠彦与曾布交恶，布谋引京自助，乃有是召。京首论二事：其一言“神宗一代之史，非绍圣无以察正元祐之诋谤，今复诏参修，是纷更也。愿令史官条具绍圣之所以掩蔽者示天下”。其二言“元祐置诉理所，以雪先朝得罪之人，绍圣命安惇、蹇序辰驳正，固当然耳，二人乃坐除名，如此则诉理为是矣。夫二臣之罪不除，则两朝之谤终在”。疏奏，上益向之。

初邓绾之子洵武为起居郎，恐不为清议所容，常图所以求知于上，因入对言：“陛下乃神宗子，今相忠彦乃琦之子。神宗行新法以利民，琦尝论其非。今忠彦更神宗之法，是忠彦为人臣尚能绍述其父之志，陛下为天子反不能绍述先帝也。必欲继志述事，非用蔡京不可。”又曰：“陛下方绍述先志，群臣无助者。”乃作爱莫助之图以献，其图如史记年表例，旁行七重，别为左右，左曰元丰，右曰元祐。自宰相、执政、侍从、台谏、郎官、馆阁、学校，各为一重。以能助绍述者序于左，执政中惟温益、蔡京一二人，余不过三四，若赵挺之、范致虚、王能甫、钱遹之属而已；其序于右者，则举朝辅相、公卿、百执事咸在，皆指为害政不欲绍述者。帝出以示曾布而揭去左方一姓名，布请之，帝曰：“蔡京也。洵武谓非相此人不可，以与卿不同，故去之。”布曰：“洵武既与臣见异，臣安敢与议。”明日改付温益，益欣然奉行，请相蔡京而籍异论者。于是善人皆不见容，而帝决意相京矣。乃进洵武中书舍人、给事中兼侍讲。

罢礼部尚书丰稷。稷初为谏官即论罢蔡京，又陈曾布之奸。至是，以积忤贵幸罢。

十二月，邢恕、吕嘉问、路昌衡、安惇、蹇序辰、蔡卞并复宫观，寻与郡。召张商英赴阙。

崇宁元年（壬午、一一〇二）五月庚申，韩忠彦罢。左司谏吴材等论忠彦变神考之法度，逐神考之人材，遂罢知大名府。

己卯，陆佃罢。佃每欲参用元祐人材，尤恶奔竞，尝曰："人才无大相远，当以资历叙进，少缓之则士知自重矣。"又曰："今天下势如人大病向愈，当以药饵辅养之，须其安平。苟为轻事改作，是使之骑射也。"会御史请更惩元祐余党，佃言于帝曰："不宜穷治。"乃下诏云："元祐诸臣，各已削秩，自今无所复问，言者亦勿辄言。"揭之朝堂。言者用是论佃名在党籍，不欲穷治，正恐自及耳，遂罢知亳州。

庚辰，以许将、温益为门下、中书侍郎，蔡京、赵挺之为尚书左、右丞。京素与屯田员外郎孙諤善，諤尝曰："蔡子，贵人也，然才不胜德，恐贻天下忧。"及是，京谓之曰："我若用于天子，愿助我。"諤曰："公诚能谨守祖宗之法，以正论辅人主，示节俭以先百吏，而绝口不言兵，天下幸甚。"京默然。

闰〔六〕（据宋史卷一九徽宗纪、续纲目、薛鉴补）月壬戌，曾布罢。布初用王安石荐，在神宗时，凡上前所言皆安石所欲建明也。又上书欲神宗专任安石，以刑罚胁制天下，使无敢言。哲宗亲政，宰相章惇托绍述以快私忿，布赞之甚力。惇兴大狱，无能救解，或阴挤之。惇逐而布总右揆，欲以元祐兼绍圣而行，故逐蔡京。至崇宁初，知上意所向，又力排韩忠彦而专其政，引京以自助。京怀旧恨，与布大异。会布拟陈祐甫为户部侍郎，祐甫之子迪，布之爱婿也，京言布以爵禄私其所亲。布忿辨久之，声色俱厉，温益叱之曰："曾布，上前安得失礼！"帝不悦。殿中侍御史钱遹论之，布请罢，遂出知润州。

秋七月戊子，以蔡京为尚书右仆射兼中书侍郎。制下之日，赐坐延和殿，命之曰："神宗创法立制，中道未究。先帝继之，两遭帘帷变更，国是未定。朕欲上述父兄之志，今特相卿，卿何以教之？"京顿首谢曰："敢不尽死！"

己丑，禁元祐法。

甲午，诏置讲议司于都省。蔡京起于逐臣，一旦得志，天下拭目所为，而京阴托绍述之柄，箝制天子。用熙宁条例司故事，即都省置讲议司，自为提举，讲议熙、丰已行法度及神宗欲为而未暇者。以其党吴居厚、王汉之等十余人为僚属，取政事之大者讲议之。凡所设施皆由是出，而法度屡变无常矣。

八月己卯，以赵挺之、张商英为尚书左、右丞。商英为中书舍人，谢表历诋元祐诸贤，及任翰林学士，草蔡京拜相制，极其褒美，故京引之。

复绍圣役法。

九月己亥，立党人碑于端礼门，籍元符末上书人，分邪、正等黜陟之。时元祐、元符末群贤贬窜死徙者略尽，蔡京犹未惬意，乃与其客强浚明、叶梦得，籍宰执司马光、文彦博、吕公著、吕公亮、吕大防、刘挚、范纯仁、韩忠彦、王珪、梁焘、王岩叟、王存、郑雍、傅尧俞、赵瞻、韩维、孙固、范百禄、胡宗愈、李清臣、苏辙、刘奉世、范纯礼、安焘、陆佃，曾任待制以上官苏轼、范祖禹、王钦臣、姚勔、顾临、赵君锡、马默、王蚡、孔文仲、孔武仲、朱光庭、孙觉、吴安持、钱勰、李之纯、赵彦若、赵卨、孙升、李周、刘安世、韩川、吕希纯、曾肇、王觌、范纯粹、王畏、吕陶、王古、陈次升、丰稷、谢文瓘、鲜于侁、贾易、邹浩、张舜民，余官程颐、谢良佐、吕希哲、吕希绩、晁补之、黄庭坚、毕仲游、常安民、孔平仲、司马康、吴安诗、张来、欧阳棐、陈瓘、郑侠、秦观、徐常、汤馘、杜纯、宋保国、刘唐老、黄隐、王巩、张保源、汪衍、余爽、常立、唐义问、余卞、李格非、商倚、张庭坚、李祉、陈佑、任伯雨、朱光裔、陈郛、苏嘉、龚夬、欧阳中立、吴俦、吕仲甫、刘当时、马琮、陈彦、刘昱、鲁君贶、韩跋，内臣张士良、鲁焘、赵约、谭扆、王偁、陈询、张琳、裴彦臣，武臣王献可、张巽、李备、胡〔田〕，（据陈均编年、长编本末卷一二一补）凡百二十人，等其罪状，谓之奸党，请御书刻石于端礼门。京等复请下诏，籍元符末日食求言章疏及熙宁、绍圣之政者，付中书定为正上、正中、正下三等，邪上、邪中、邪下三等。于是钟世美以下四十一人为正等，悉加旌擢；范柔中以下五百余人为邪等，降责有差。又诏降责人不得同州居住。

冬十月戊寅，蔡卞知枢密院事。

十二月丁丑，诏："邪说诐行，非先圣贤之书及元祐学术政事，并勿施用。"

二年（癸未、一一〇三）春正月乙酉，安置任伯雨等十二人于远州。蔡京、蔡卞怨元符末台谏之论己，悉陷以党事。同日贬窜任伯雨昌化军，陈瓘廉州，龚夬化州，陈次升循州，陈师锡郴州，陈祐澧州，李深复州，江公望南安军，常安民温州，张舜民商州，马涓吉州，丰稷台州。初，蔡京帅蜀，张庭坚在其幕府，及入相，欲引以自助，庭坚不从，京恨之。至是，亦编管于象州。

丁未，以蔡京为尚书左仆射兼门下侍郎。

三月乙酉，诏党人子弟毋得至阙下。寻又诏："元符末上书进士充三舍生者罢归。以元祐学术聚徒教授者，监司觉察，必罚无赦。元符上书邪等人亦无得至京师。"

丁亥，策进士于集英殿。时李阶举礼部第一。阶，深之子，陈瓘之甥也。安忱对策言："使党人之子阶魁南宫多士，无以示天下。"遂夺阶出身而赐忱第。又黄定等十八人皆上书邪等，上临轩谓之曰："若等攻朕短可也，神宗、哲宗何负于若！"亦并黜之。

夏四月丁卯，诏毁司马光、吕公著、吕大防、范纯仁、刘挚、范百禄、梁焘、郑雍、赵瞻、王岩叟十人景灵宫绘像。乙亥，诏毁范祖禹唐鉴及三苏、黄庭坚、秦观文集。

戊寅，以赵挺之为中书侍郎，张商英、吴居厚为尚书左、右丞，安惇同知枢密院事。

除故直秘阁程颐名。言者希蔡京意，论颐"学术颇僻，素行谲怪，专以诡异聋瞽愚俗。近以入山著书，妄及朝政"。诏："毁颐出身以来文字，其所著书，令监司严加觉察。”范致虚又言：“颐以邪说诐行惑乱众听，而尹焞、张绎为之羽翼。乞下河南，尽逐学徒。”颐于是迁居龙门之南，止四方学者曰：“尊所闻，行所知，可矣，不必及吾门也。”

八月戊申，张商英罢。商英在绍圣时，巧媚取容，共倡绍述，至是，与蔡京议论不合。执法石豫、御史朱绂、余深奉京风旨，将劾奏之而无以为说，乃取商英在元祐中尝著嘉禾颂，拟司马光于周公，且酹祭光文有褒颂功德语，因请正其罚。诏以“商英论议反覆，贪冒希求，元祐之初，诋訾先烈，台宪交章，岂容在列”。落职知亳州，名入元祐党籍。

时蔡京又自书奸党为大碑，颁于郡县，令监司长吏厅皆刻石。有长安石工安民当镌字，辞曰：“民，愚人，固不知立碑之意。但如司马相公者，海内称其正直，今谓之奸邪，民不忍刻也。”府官怒，欲加之罪。民泣曰：“被役不敢辞，乞免镌安民二字于石末，恐得罪后世。”闻者愧之。

三年（甲申、一一〇四）春正月，铸当十大钱。自太祖以来，诸路置监铸钱，有折二、折三、当五，随时立制，未尝铸当十钱。至是，蔡京将以利惑上，始请铸于诸路，与小平钱通行于时。

时四方承平，府库盈溢，京倡为“丰亨豫大”之说，视官爵如粪土，屡朝所储，大都扫地矣。

以蔡攸为秘书郎。攸，京长子也，有宠于上，至是，赐以进士出身，遂有是拜。

夏四月，罢讲议司。诏诸州见行新法文移许直达尚书省；其讲议司官属，依制置三司条例司例推恩，自张康国以下迁官者几四十人。尚书省复言："追复先朝法度以来，无虑千百数，尚惧讲求未尽，乞令诸路官司有未兴复者，各具以闻。"从之。

蔡京请置京西北路专切管干通行交子所，仿川峡路，立伪造法，通情转用并邻人不告者皆罪之，私造交子纸者罪以徒配。已而令诸路更用钱引，准新样印制，四川如旧法，惟闽、浙、湖、广不行钱引。赵挺之以为闽乃京乡里，故得免焉。

六月壬寅朔，图熙宁、元丰功臣于显谟阁。

癸酉，辟雍初成。诏："荆国公王安石，孟轲以来一人而已，其以配享孔子，位次孟轲。"吏部尚书何执中请开学殿，使都人纵观。

戊午，诏："重定元祐、元符党人及上书邪等者，合为一籍，通三百九人，刻石于朝堂。余并出籍，自今毋复弹奏。"户部尚书刘拯言："汉、唐失政，皆自朋党始。今日指前日之人为党，焉知后日不以今日为党乎！大抵人之过恶自有公论，何必悉拘于籍而禁锢之哉！"蔡京大不怿，风台臣劾之，出知蕲州。

秋七月辛卯，复行方田法。

八月，许将罢。将居政府十年，不能有所建明。中丞朱谔收将旧谢章表，析文句以为谤，且谓将在元祐则尽更元丰之所守，在绍圣则阴匿元祐之所为，遂罢知河南府。

谞，蔡京之党也。

九月乙亥，以赵挺之、吴居厚为门下、中书侍郎，张康国、邓洵武为尚书左、右丞。绍圣中，蔡京治役法，荐康国为属。及京当国，定党籍，议绍述，康国皆预密谋，故京引援之甚力；自福建转运判官，不三岁入翰林为承旨，遂拜（右）〔左〕（据宋史卷一九徽宗纪、又卷三五一张康国传、续纲目、薛鉴改）丞。

以胡师文为户部侍郎。初，东南六路粮斛自江、浙起纲，至于淮甸，以及真、扬、楚、泗，为仓七，以聚蓄军储；复自楚、泗置汴纲，搬运上京，以江淮发运使董之，故常有六百万石以供京师，而诸仓常有数年之积。州郡告歉则折收上价，谓之额斛；计本州岁额，以仓储代输京师，谓之代发；复于丰熟以中价收籴。谷贱则官籴，不至伤农；饥歉则令民纳钱，民以为便。本钱岁增，兵食有余，其法良善。及蔡京当国，始求羡财以供侈费，于是以其姻家胡师文为发运使，以籴本数百万缗充贡。入为户部侍郎。自是继者效尤，时有进献，而本钱竭矣。本竭则不能增籴，储积空而输搬之法坏矣。

四年（乙酉、一一〇五）春正月，蔡卞罢。卞居心倾邪，一意妇翁王安石所行为至当，以兄京晚达而位在上，致己不得相，故二府政事，时有不合。至是，京请以童贯为制置使，卞言不宜用宦者，必误边计。京于帝前诋卞，卞求去，遂出知河南府。

三月，以赵挺之为尚书右仆射兼中书侍郎。

窜知庆州曾孝序于岭南。初，孝序察访湖北，过阙。蔡京畏孝序见帝言舒亶事，密遣客以美官啖之，孝序不从。又与京论讲议司事，曰："天下之财贵于通流，取民膏血以聚京师，恐非太平法。"京衔之，遂出知庆州。至是，京行结籴、俵籴之法，尽括民财充数，孝序上疏曰："民力殚矣，一有逃移，谁与守邦！"京益怒，遣御史宋圣宠劾其私事，追逮其家人，锻炼无所得，但言约日出师，几误军期，除名，窜岭表。

六月戊子，赵挺之罢。初，帝以蔡京独相，谋置右辅，京力荐挺之，遂拜尚书右仆射。既相，与京争权，屡陈京奸恶，且请去位以避之，遂罢。

五年（丙戌、一一〇六）春正月戊戌，彗出西方，其长竟天。甲辰，以吴居厚为门下侍郎，刘逵为中书侍郎。乙巳，以星变避殿损膳，诏求直言。刘逵请碎元祐党人碑，宽上书邪籍之禁，帝从之。夜半遣黄门至朝堂毁石刻。明日，蔡京见之，厉声曰："石可毁，名不可灭也。"

丁未，太白昼见。赦除党人一切之禁，权罢方田之法及诸州岁贡供奉物。诏："崇宁以来左降者，无间存没，稍复其官，尽还诸徙者。"

二月丙寅，蔡京罢。京怀奸植党，威福在其手，托绍述之名，纷更法制，贬斥群贤，增修财利之政，务以侈靡惑人主，动以周官"惟王不会"为说，每及前朝惜财省费者，必以为陋，至于土木营造，率欲度前规而侈后观。时天下久平，吏员冗滥，节度使至八十余员，留后、观察下及遥郡刺史多至数千员，学士、待制中外百五十员，置应奉司，御前生活所，营缮所，苏、杭造作局，其名杂出，大率争以奇巧为功，而花石纲之害为尤甚。至是因彗星见，帝悟其奸，凡所建置，一切罢之，而免京为中太一宫使，留京师。言者论不已，中丞吴执中言于帝曰："进退大臣，当全体貌。"帝为京下诏戒饬，言者乃已。

以赵挺之为尚书右仆射兼中书侍郎。蔡京既罢，帝召见挺之曰："京所为一如卿言。"复拜右相。挺之与刘逵同心辅政，凡京所行悖理虐民之事，稍稍厘正之。然挺之知虑后患，每建白，务开其端而使逵毕其说。逵亦欲自以为功，直情不顾。初，蔡京兴边事，用兵累年。至是，帝临朝，语大臣曰："朝廷不可与四夷生隙，衅端一开，兵连祸结，生民肝脑涂地，岂人主爱民之意哉！"挺之退谓同列曰："上志在息兵，吾曹所宜将顺。"时执政皆京党，但微笑而已。

三月丙申，诏："星变已消，罢求直言。"寻复方田诸法及诸州岁贡供奉物。

己未，赐礼部进士及第出身六百七十人。时蔡（嶷）〔薿〕（据宋史卷三五四本传、续纲目——大观元年五月——薛鉴改。下同）揣蔡京且复用，其所对策曰："熙、丰之德业足以配天，不幸继之以元祐。绍圣之缵述足以永赖，不幸继之以靖国。陛下两下求言之诏，冀以闻至言，收实用也，而见于元符之末者，方且幸时变而肆奸言，乘间隙而投异意，诋诬先烈，不以为疑，动摇国是，不以为惮。愿逆处其未至而绝其原。”于是擢为第一，以所对策颁天下。

冬十二月己未，刘逵罢。时蔡京令其党进言于帝曰：“京之改法度，皆禀上旨，非私为之。今一切皆罢，恐非绍述之意。”帝惑其说，复有用京之意，然群臣未有觉者。郑居中往来郑妃父绅所，知之，即入见，言：“陛下所建立，皆学校、礼乐、居养、安济等法，乃厚下裕民，何所逆天而致威谴，乃更张邪！”帝悦。居中退，语礼部侍郎刘正夫，正夫因请对，语与居中合。帝遂疑逵擅政。于是京党御史余深、石公弼论逵专恣反覆，陵蔑同列，引用邪党，出逵知亳州。

大观元年（丁亥、一一〇七）春正月甲午，以蔡京为尚书左仆射兼门下侍郎。壬寅，吴居厚罢。壬子，以何执中为中书侍郎，邓洵武、梁子美为尚书左、右丞。子美初为河北〔都〕转运使，倾漕计以奉上，至（损）〔捐〕（据宋史卷二八五梁子美传补并改）缗钱三百万市北珠以进，由是诸路漕臣效尤，争进羡余矣。北珠出于女真，子美市于辽。辽嗜其利，虐女真，捕海东青以求珠，女真深怨之，而子美用是显。

二月己卯，复行方田。

三月丁酉，赵挺之罢。以何执中、邓洵武为门下、中书侍郎，梁子美、朱谔为尚书左、右丞。

以郑居中同知枢密院事。蔡京之再相也，居中有力焉，京荐之。初，居中直学士院，自言为郑贵妃从兄弟，妃家世微，亦倚以为重。及居中入枢府，妃时已贵重，于居中无所赖，乃用宦者黄经臣计，以亲嫌为请，改授中太一宫使，居中不怿。蔡京为言：“宥府本兵之地，非三省执政，用亲无嫌。”经臣沮之，于是居中疑京援己不力，怨之。

以蔡攸为龙图阁学士兼侍读。

以叶梦得为起居郎。时蔡京再相，向所立法度，已罢者复行。梦得上言：“周官，‘太宰以八柄诏王驭群臣’。所谓废置赏罚者，王之事也，太宰得以诏王而不得自专。夫事不过可不可二者而已，以为可而出于陛下，则今不可复。今徒以大臣进退为可否，无乃陛下有未了然于中者乎！”上喜曰：“迩来士多朋比媒进，卿言独无观望。”遂除起居郎。时用事者喜小有才，梦得言：“自古用人必先辨贤能，贤者有德之称，能者有才之称，故先王常使德胜才，不使才胜德。崇宁以来，在内惟取议论与朝廷同者为纯正，在外惟取推行法令速成者为干敏，未闻器业任重、识度经远者特有表异，恐用才太胜。愿继今用人，以有德为先。”上然之。

九月，贬侍御史沈畸监信州酒税，窜御史萧服于处州。时蔡京怨刘逵，会苏州盗铸钱狱起，京欲陷逵妇兄章綖兄弟，遣开封尹李孝寿鞫之，株连者千余人，强抑使承，死者甚众。京犹以为缓，遣侍御史沈畸、御史萧服往代。畸至苏，即日决释无左证者七百人，叹曰：“为天子耳目司，而可傅会权要，杀人以苟富贵乎！”遂阅实平反以闻。京大怒，贬畸监信州酒税，服羁管处州，而綖竟窜海岛。

闰十月，复以郑居中同知枢密院事。居中既怨蔡京，遂阴与张康国比而间京。都水使者赵霆得两首龟于黄河，献以为瑞。京曰："此齐小白所谓象罔，见之而霸者也。"居中言："首岂有二？人皆骇异而京独主之，殆不可测。"帝命弃龟金明池，谓居中爱己，故申前命。

流太庙斋郎方轸于岭南。时轸上书言："蔡京睥睨社稷，内怀不道，专以绍述熙、丰之说为自媒之计，内而执政、侍从，外而帅臣、监司，无非其门人、亲戚。京每有奏请，尽作御笔行，出语人曰：'此上意也。'明日不行，又语人曰：'京实启之也。'善则称己，过则称君，必欲陛下敛天下之怨而后已。自元符末，陛下嗣服，忠义之士投匦者，无日无之。京分为邪等，黥配编置，不齿仕籍，则谁肯为陛下言哉！京又使子攸日以花石、禽鸟为献，欲愚陛下，使不知天下治乱。臣以为京必反也，请诛京。"诏宣示京，京请下轸狱，竟流岭南。

十一月壬子朔，日食。蔡京以不及所当食分，率群臣称贺。

二年（戊子、一一〇八）春正月戊寅，加蔡京太师。

三年（己丑、一一〇九）三月壬申，张康国暴卒。康国始因附蔡京而进，及在枢府，浸为崖异。时帝恶京专愎，阴令康国阻其奸，且许以相。京忌康国，遂引吴执中为中丞。执中将论康国，康国先知之，且奏事，留白帝曰："执中今日入对，必为京论臣，臣愿避位。"既而执中对，果陈其事。帝怒，黜执中。至是，康国早朝，退趋殿庐，得疾，仰天吐舌，舁至待漏院，卒。或疑中毒云。

六月丁丑，蔡京罢。京专国日久，中丞石公弼、殿中侍御史张克公劾京罪恶，章数十上。上亦厌京，遂罢为太一宫使。初，上为端王时，大使局有郭天信者，言王当有天下。及即位，言验得宠。每奏天文，必指陈以撼京，密白日中有黑子，帝为之恐。后屡白不已，上始疑京，故罢。

辛巳，以何执中为尚书左仆射兼门下侍郎。执中一意谨事蔡京，遂代为首相。太学生陈朝老诣阙上书曰："陛下即位以来，五命相矣，若韩忠彦之庸懦，曾布之赃污，赵挺之之蠢愚，蔡京之跋扈，皆天下所不堪者。今陛下知蔡京之奸，解其相印，天下之人鼓舞有若更生。及相执中，中外黯然失望。执中虽不敢若京之蠹国害民，然碌碌常质，初无过人。天下败坏至此，如人一身脏腑受沴已深，岂庸庸之医所能起乎！执中夤缘攀附，致位二府，亦已大幸，遽俾之经体赞元，是犹以蚊负山，多见其不胜任也。"疏奏，不省。

十一月己巳，蔡京进楚国公，致仕，仍提举修哲宗实录，朝朔望。石公弼言："蔡京盘旋京师，无去志，余威震于群臣，愿持必断之决，以消后悔。"殿中侍御史洪彦昇言："蔡京再居元宰，假绍述之名，一切更张，败坏先朝法度，朋奸误国，公私困弊。既已上印，而偃蹇都城，上凭眷顾之恩，中怀跋扈之志。愿早赐英断，遣之出京。"殿中侍御史毛注言："京擅持威福，摇动中外，以翰林学士叶梦得为腹心，交植党与。"帝为逐梦得提举洞霄宫，而迁注侍御史。注复极论："京受孟翊妖奸之书，与逆人张怀素游处，引凶朋林摅置政府，用所亲宋乔年尹京，其门人播传，咸谓陛下恩眷不衰，行且复用。”太学生陈朝老亦疏京恶十四事，乞投畀远方，以御魑魅。皆不报。

四年（庚寅、一一一〇）二月己丑，以余深为门下侍郎，张商英为中书侍郎，侯蒙同知枢密院事。蔡京既免，商英自峡州起知杭州。过阙，赐对，因奏曰：“神宗修建法度，务以去大害，兴大利，今诚一一举行，则尽绍述之美。法若有弊，不可不变，但不失其意足矣。”遂留居政府。帝尝从容问蒙曰：“蔡京何如人也？”蒙对曰：“使京正其心术，虽古贤相何以加？”帝使密伺京所为，京闻而衔之。

五月丙辰，以彗星见，诏侍从官直言指陈阙失。石公弼等遂极论蔡京罪，张克公亦论：“蔡京辅政八年，权震海内。轻赐予以蠹国用，托爵禄以市私恩，役将作以葺居第，用漕船以运花石，名为祝圣而修塔以壮临平之山，托言灌田而决水以符兴化之谶。法名退送，门号朝京。方田扰安业之民，圜土聚徙郡之恶。”及不轨不忠之罪，凡数十事。毛注又论：“京罪积恶大，天人交谴，虽罢相致政，犹怙恩恃宠，偃居赐第，以致上天威怒。推原其咎，实在于京。考京之罪，盖不可以缕数。陛下去党碑以开自新之路，京疾其异己而别为禁防。陛下颁明诏以来天下之言，京恶其议己而重置于法。声焰所震，中外愤疾，宜早令去国，消弭天变。”

甲子，贬蔡京出居杭州。

六月乙亥，以张商英为尚书右仆射兼中书侍郎。初，蔡京久盗国柄，中外怨疾，见商英能立异同，更称为贤，帝因人望而相之。时久旱，彗星中天，商英受命，是夕，彗不见；明日，雨。帝喜，因大书“商霖”二字赐之。

十二月，张商英请编熙宁、元丰事，号皇宋政典，诏就尚书省置局。商英谓蔡京以绍述为名，但劫制人主，禁锢士大夫耳，故作政典以黜其妄。

政和元年（辛卯、一一一一）八月乙未，复以蔡京为太子太师。

丁巳，张商英罢。商英为政持平，改蔡京所铸当十大钱为当三，以平泉货；复转般仓，以罢直达；行盐钞法，以通商旅；蠲横敛，以宽民力。劝帝节华侈，息土木，抑侥幸。帝严惮之，尝葺升平楼，戒主者遇丞相道骑至，必匿匠楼下，时称商英忠直。然意广才疏，凡所当为，先于公座诵言，故不便者得预为计。初，何执中与蔡京同相，凡营立皆预议。至是，恶商英出己上，与郑居中日夜酝织其短。先使言者论其门下客唐庚，窜知惠州。时方技郭天信有宠于上，商英因与往来，事觉，居中因讽中丞张克公并论之。遂罢政，出知河南府。

冬十月，羁管陈瓘于台州。瓘以忤蔡京，窜郴州。瓘子正汇在杭，讼京有动摇东宫迹，杭守蔡（嶷）〔薿〕执正汇送京师，阴告京，俾为计。事下开封府，并逮治瓘，尹李孝寿逼使证其妄。瓘曰：“正汇闻京将不利社稷，传于道路，瓘岂得预知？以所不知，忘父子之恩而指其为妄，则情有所不忍；挟私情以符合其说，又义所不为。京之奸邪，必为国祸，瓘固尝论之于谏省，亦不待今日语言间也。”内侍黄经臣莅鞫，闻其辞，失声太息，谓曰：“主上正欲得实，但如言以对可也。”狱具，正汇犹以所言失实，流海上，瓘安置通州。帝命取瓘所著尊尧集。张商英先已取其集，将上而商英罢相。瓘遂表奏，乞进尊尧集于御前开拆，仍于奏牍寓意，言王安石不宜配享宣圣庙。帝谓其语言无绪，并系诋诬，羁管台州。

初，安石尝著日录八十卷，瓘谓安石此书诋讪宗庙。及瓘贬廉州，乃著合浦尊尧集，以日录诋诬之罪归于蔡卞。后又著四明尊尧集，痛绝王氏，以发扬熙宁用舍宰臣本末之绪，而自明改过之心。至是，贬台州。何执中奉行蔡京（意）〔风〕（据薛鉴改）旨，起迁人石悈知台州，欲置瓘以必死。悈至，执瓘至庭，大陈狱具，将胁以死。瓘揣知其意，大呼曰：“今日之事，岂被制旨耶！”悈失措，始告之曰：“朝廷令取尊尧集耳。”瓘曰：“然则何用如许！使君知尊尧所以立名乎？盖以神考为尧，主上为舜，尊尧何得为罪！时相学术短浅，为人所愚，君所得几何，乃亦不畏公议，干犯名分乎！况尊尧集已上进矣。”悈惭，揖瓘使退。所以窘辱之者百端，终不能害。执中怒，罢悈。瓘平生论京兄弟，皆披摘其处心，发露其情慝，最所忌恨，故得祸最酷。

二年（壬辰、一一一二）二月戊子，诏蔡京复以太师致仕，赐第京师。京自杭州召还，帝宴之于内苑太清楼。

夏四月，复行方田。

五月乙巳，诏蔡京三日一至都堂议事。京患言者议己，乃作御笔密进，而丐帝亲书以降，谓之御笔手诏，违者以违制坐之。事无巨细，必托以行，至有不类帝书者，群下亦莫敢言。由是贵戚近臣争相请求，致使中人杨球代书，号曰“书杨”。

吕中曰：自奸臣创御笔之令，凡私意所欲为者，皆谓御笔行之，违者有刑，于是给舍不得缴，台谏不得言，而纪纲坏矣。昔有劝仁宗揽权者，上曰：“措置天下事，正不欲从中出。”此言真为万世法。

八月，焚元祐制词。

九月，更定官名。蔡京率意自用，欲更置官名，以继元丰之政，乃首更开封守臣为尹、牧。由是府分六曹，县分六案，内侍省职，悉仿机庭之号，修六尚局，建三卫郎。遂诏：“太师、太傅、太保，古三公之官，今为三师，古无此称，合依三代为三公，为真相之任。司徒、司空，周六卿之官；太尉，秦主兵之官，皆非三公，并宜罢。仍立三孤为次相之任。更侍中为左辅，中书令为右弼；尚书左仆射为太宰兼门下侍郎，右仆射为少宰兼中书侍郎。罢尚书令及文武勋官，而以太尉冠武阶。”然是时员既冗滥，名且混杂，甚者走马承受升拥使华，黄冠道流亦滥朝品，元丰之制至此大坏。

三年（癸巳、一一一三）春正月癸酉，追封王安石为舒王，子雱为临川伯，从祀孔子庙廷。

五年（乙未、一一一五）秋七月，诏建明堂于寝庙之南，以蔡京为明堂使，开局兴工，日役万人。

八月，安置太子詹事陈邦光于池州。初，蔡京献太子以大食国琉璃酒器，罗列宫庭。太子怒曰："天子大臣，不闻以道义相训，乃持玩好之具，荡吾志耶！"命左右碎之。京闻邦光实激太子，讽言者击逐之。

六年（丙申、一一一六）夏四月庚寅，诏蔡京三日一朝，正公相位，总治三省事。

五月庚子，以郑居中为少保、太宰，刘正夫为少宰，邓洵武知枢密院事。时蔡京大兴工役，民不聊生，变乱法度，吏无所师。郑居中每为帝言，帝亦恶京专，乃拜居中太宰，使伺察之。又以正夫议论数与京异，拜为少宰。

七年（丁酉、一一一七）六月戊午朔，以明堂成，进封蔡京为鲁国公。京辞两国，不拜，诏官其亲属二人。

八月癸亥，郑居中罢。居中与蔡京不相能，至是，以母丧去位。京惧其起复，以居中，王珪婿也，乃使蔡确子懋重理定策事以沮。遂追封确清源郡王，御制文立石墓前，欲借撼居中，然卒不能害。

十二月，窜侍御史黄葆光于昭州。初，葆光为左司谏，始莅职，即言三省吏猥多，乞非元丰旧制者一切革去。帝命厘正之，一时士论翕然。蔡京怒其异己，密白帝降内批云："当'丰亨豫大'之时，为衰乱减省之计，徙为符宝郎。"明年，复拜侍御史。至是，大旱，帝以为念，葆光上疏言："蔡京强悍自专，侈大过制，无君臣之分。郑居中、余深依违畏避，不能任天下之责，故致灾异。"疏上，不报。京权势震赫，举朝结舌，葆光独出力攻之，京惧，中以他事，遂有是窜。

宣和元年（己亥、一一一九）九月，道德院生金芝，帝幸观之，遂幸蔡京第。时京子絛、攸、翛及攸子行皆为大学士，鞗尚帝女茂德帝姬，家人厮养亦居大官，媵妾封夫人。京每侍上，恒以君臣相悦为言。帝时乘轻车小辇，频幸其第，命坐传觞，略用家人礼。京谢表有云："主妇上寿，请酬而肯从；稚子牵衣，挽留而不却。"盖实事也。

加蔡攸开府仪同三司。攸有宠于帝，进见无时，与王黼得预宫中秘戏。或侍曲宴，则攸、黼著短衫窄袴，涂抹青红，杂倡优、侏儒中，多道市井淫媟谑浪语，以戏笑取悦。攸妻宋氏出入禁掖，攸子行领殿中监，宠信倾其父。攸尝言于帝曰："所谓人主，当以四海为家，太平为娱。岁月能几何，岂徒自劳苦！"帝深纳之。

冬十月甲戌，以绍述熙丰政事书布告天下。

十二月丙申，编管正字曹辅于郴州。帝自政和以来，多微行，始民间犹未知，及蔡京谢表有"轻车、小辇，七赐临幸"之语，自是邸报传之四方，而臣僚阿顺莫敢言。曹辅上疏谏曰："陛下厌居法宫，时乘小辇，出入廛陌郊垧，极游乐而后返。道路之言，始犹有忌，今乃谈以为常。臣不意陛下当宗社付托之重，玩安忽危，一至于此！夫君之与民，本以人合，合则为腹心，离则为楚、越，畔服之际，在于斯须，甚可畏也！昔者仁祖视民如子，悯然惟恐或伤，一旦宫闱少宽，卫士辄逾禁城，几触宝瑟。谚有之：

'盗憎主人。'主人何负于盗哉！况今蚩愚之民，见差科日增，岂能一一安分？万一乘舆不戒之初，一夫不逞，包藏祸心，虽神灵垂护，然亦损威伤重矣。又况有臣子不忍言者，可不戒哉！臣愿陛下深居高拱，临之以穹昊至高之势，行之以日月有常之度。及其出也，太史择日，有司除道，三卫百官，以前以后。若曰省烦约费，则临时降旨，稍为裁节，比诸微服，不犹愈乎！"帝得疏，出示宰臣，令付都堂审问，余深曰："辅小官，何敢论大事。"辅曰："大官不言，故小官言之。官有大小，爱君之心一也。"王黼阳顾张邦昌、王安中曰："有是事乎？"皆应以"不知"。辅曰："兹事虽里巷小民无不知，相公当国，独不知耶！曾此不知，焉用彼相！"黼怒，令吏从辅受词。辅操笔曰："区区之心，一无所求，爱君而已。"退待罪于家。黼奏："不重责辅，无以息浮言。"遂编管郴州。

初，辅将有言，知必获罪，召子绅来，付以家事，乃闭户草疏。夕有恶鸟鸣屋脊，声若纺轮，心知其有祸，弗恤也。及贬，怡然就道。

二年（庚子、一一二〇）六月戊寅，诏蔡京致仕。京专政日久，公论益不与，帝亦厌薄之。子攸权势既与父相轧，浮薄者复间焉，由是父子各立门户，遂为仇敌。攸别居赐第，一日，诣京，京正与客语，使避之。攸甫入，遽起握父手，为诊视状，曰："大人脉势舒缓，得无有不适乎？"京曰："无之。"攸曰："禁中方有公事。"即辞去。客窃窥见以问京，京曰："君固不解此邪？儿欲以为吾疾而罢我耳。”阅数日，果以太师、鲁国公致仕，仍朝朔望。

十一月，以王黼为少保太宰。初，京致仕，黼阳顺人心，悉反其所为，四方翕然称为贤相。及拜太宰，遂乘高为邪，多蓄子女、玉帛，自奉僭拟禁省，稍袭京迹。

六年（甲辰、一一二四）十一月，王黼罢。黼位元宰，每陪曲宴，亲为俳优鄙贱之役，以献笑取悦，太子闻而恶之。黼以郓王楷有宠，阴为画夺宗之计，未成。及帝幸其第观芝，而黼第与梁师成连墙，穿便门往来，帝始悟其与师成交结状。还宫，眷待顿衰。李邦彦素与黼不协，阴结蔡攸共毁之。会中丞何㮚论黼奸邪专横十五事，遂诏黼致仕，其党胡松年等皆罢。

十二月，诏蔡京复领三省事。王黼既致仕，朱勔力劝用京，帝从之。京至是四当国，目昏眊，不能治事，悉决于季子絛；凡京所判，皆絛为之，至代京入奏事。絛每造朝，侍从以下皆迎揖，呫嗫耳语，堂吏数十人抱案后从，由是恣为奸利，窃弄威柄。骤引其妇兄韩梠为户部侍郎，媒蘖密谋，斥逐朝士。创宣和库式贡司，四方之金帛与府藏之所储，尽拘括以实之，为天子私财。白时中、李邦彦等惟奉行文书而已。

七年（乙巳、一一二五）夏四月，勒蔡京致仕。蔡絛钟爱于京，擅权用事，其兄攸嫉之，数言于帝请杀絛，帝不许。白时中、李邦彦亦恶絛，乃与攸发絛奸私事。帝怒，欲窜之，京力丐免，乃止勒停侍养，因安置韩梠于黄州，褫絛侍读，毁赐出身敕，欲以撼京，而京犹未有去志。帝乃命童贯诣京，令上章谢事。贯至，京泣曰："上何不容京数年？当有相谗谮者。"贯曰："不知也。"京不得已，以章授贯。帝命词臣代京作三表求去，乃降诏从之。

史臣曰：京天资凶谲，舞智御人，在人主前，颛狙伺为固位计，始终一说，谓当越拘挛之俗，竭四海、九州之力以自奉。帝亦知其奸，屡罢屡起，且择与京不合者以柅之。京每闻将退免，辄入见祈哀，匐伏叩头，无复廉耻。燕山之役，京送攸以诗，阳寓不可之意，冀事不成得以自解。见利忘义，至于兄弟为参、商，父子如秦、越。暮年即家为府，营进之徒举集其门，输货僮隶以得美官，弃纪纲法度为虚器。患（得）〔失〕（据宋史卷四七二蔡京传、宋史全文改）之心无所不至，根株结盘，牢不可脱，卒致宗社之祸。

宋史纪事本末卷五十

花石纲之役

徽宗崇宁元年（壬午、一一〇二）春三月，命宦者童贯置局于苏、杭，造作器用。诸牙、角、犀、玉、金、银、竹、藤、装画、糊抹、雕刻、织绣之工，曲尽其巧。诸色匠日役数千，而材物所须，悉科于民，民力重困。

三年（甲申、一一〇四）二月，令天下坑冶金银悉输内藏。

四年（乙酉、一一〇五）十一月，以朱勔领苏、杭应奉局及花石纲于苏州。初，蔡京过苏州，欲建僧寺阁，会费钜万，僧言："必欲集此缘，非郡人朱冲不可。"京即召冲语之。居数日，冲请京诣寺度地，至则大木数千章积庭下，京器其能。逾年，京还朝，遂挟冲子勔偕来，窜其父子姓名于童贯军籍中，皆得官。帝时垂意花石，京讽冲密取浙中珍异以进。初致黄杨三本，帝嘉之。后岁岁召贡五六品，至是渐盛，舳舻相衔于淮、汴，号“花石纲”，置应奉局于苏州，命勔总其事。勔指取内帑如囊中物，每取以数十百万计。于是搜岩剔薮，幽隐不置。凡士庶之家，一石一木稍堪玩者，即领健卒直入其家，用黄封表识，指为御前之物，使护视之。微不谨，即被以大不恭罪。及发行，必撤屋抉墙以出。人不幸有一物小异，共指为不祥，惟恐芟夷之不速。民预是役者，中家破产，或鬻卖子女以供其须。斸山辇石，程督惨刻，虽在江湖不测之渊，百计取之，必得乃止。至截诸道粮饷纲，旁罗商船，揭所贡，暴其上。舟人倚势贪横，凌轹州县，道路以目。

勔势焰薰灼，衺人秽夫候门奴事，自直秘阁至殿学士，如欲可得，不附者旋踵罢去，时谓“东南小朝廷”。

大观四年（庚寅、一一一〇）闰八月，以张阁知杭州，兼领花石纲。

政和四年（甲午、一一一四）八月，新作延福宫，宫在大内北拱宸门外。初，蔡京欲以宫室媚帝，召内侍童贯、杨戬、贾详、何䜣、蓝从熙五人，讽以内中逼窄之状，五人乃请因延福旧名而新作之。五人分任工役，视力所致，争以侈丽高广相夸尚，各为制度，不务沿袭。及成，号“延福五位”。东西配大内，南北稍劣，其东直景龙门，西抵天波门，其间殿阁亭台相望。凿池为海，疏泉为湖。鹤庄、鹿砦、文禽、奇兽、孔翠诸栅，蹄尾动以千数。嘉花名木，类聚区别。怪石岩壑，幽胜宛若天成，不类尘境。

既成，帝自为文以记之。其后又为村居野店、酒肆青帘于其间。每岁冬至后，即放灯，自东华门以北，并不禁夜，徙市民行铺夹道以居，纵博群饮，至上元后乃罢，谓之“先赏”。寻又跨旧城修筑，号“延福第六位”。复跨城外浚濠，作二桥，桥下叠石为固，引舟相通，而桥上人物，外自通行，不觉也，名曰景龙江。夹江皆植奇花珍木，殿宇对峙焉。

七年（丁酉、一一一七）秋七月，置提举御前人船所。时东南监司、郡官、二广市舶率有应奉，又有不待旨但送物至都，计会宦者以献。大率灵壁、太湖、慈谿、武康诸石，二浙奇竹、异花、海错，福建荔枝、橄榄、龙眼，南海椰实，登、莱文石，湖、湘文竹，四川佳果木，皆越海渡江，毁桥梁，凿城郭而至，植之皆生；而异味珍苞，则以健步捷走，虽甚远，数日即达，色香未变也。至是，蔡京又言：“陛下无声色犬马之奉，所尚者山林间物，乃人之所弃。但有司奉行之过，因以致扰。”乃请作提举淮、浙人船所，命内侍邓文诰领之。诏自后有所需，即从御前降下，乃如数贡，余不许妄进。名为便民，而实扰害如故。

十二月，作万岁山。

宣和三年（辛丑、一一二一）春正月，童贯承诏罢苏、杭应奉局、花石纲。初，帝以东南之事付童贯，且曰：“如有急，即以御笔行之。”贯至吴，见民困花石之扰，贯遂命其僚董耘作手诏罪己，罢诸应奉造作局，又御前花石纲运并木石彩色等场务，而帝亦黜朱勔父、子、弟、侄之在职者。吴民大悦。

闰五月，复置应奉司。方腊既平，王黼言于帝曰："士大夫怀奸弗悛，抑损应奉，妄为讥谤。望特置应奉一司，臣专总领，庶杜奸谋。"从之。仍令梁师成总领于内，遂复诸应奉局，夺发运漕挽之卒为用，户部不敢诘。自是四方珍异之物充牣二人之家，而入尚方者才十一。

四年（壬寅、一一二二）十二月，万岁山成，更名曰艮岳。山周十余里，其最高一峰九十步，上有亭曰介。分东、南二岭，直接南山。山之东有萼绿华堂、书馆、八仙馆、紫石岩、楼真嶝、览秀轩、龙吟堂。山之南则寿山，两峰并峙，有雁池、噰噰亭。山之西有药寮、西庄、巢云亭、白龙沜、濯龙峡、蟠秀、练光、跨云亭、罗汉岩。又西有万松岭，半岭有楼曰倚翠。上下设两关。关下有平地，凿大沼，沼中作两洲，东为芦渚浮阳亭，西为梅渚雪浪亭。西流为凤池，东出为雁池。中分二馆，东曰流碧，西曰环山，有巢凤阁、三秀堂。东池后有挥雪厅。复由嶝道上至介亭。亭左复有极目亭、萧森亭，右复有丽云亭。半山北俯景龙江，引江之上流注山间。西行为漱琼轩。又行石间为炼丹凝观、圜山亭，下视江际，见高阳酒肆及清澌阁。北岸有胜筠庵、蹑云台、萧闲馆、飞岑亭。支流别为山庄，为回溪。又于南山之外为小山，横亘二里，曰芙蓉城，穷极巧妙。而景龙江外，则诸馆舍尤精。其北又因瑶华宫火，取其地作大池，名曰曲江池，中有堂曰蓬壶，东尽封丘门而止。其西则自天波门桥引水直西，殆半里，江乃折南，又折北。折南者过阊阖门，为复道，通茂德帝姬宅；折北者，四五里，属之龙德宫。既成，帝自为艮岳记，以为山在国之艮位故也。初，朱勔于太湖取石，高广数丈，载以大舟，挽以千夫，凿城断桥，毁（坘）〔堰〕（据宋史卷八五地理志、续纲目、薛鉴改）拆牐，数月乃至。会得燕地，因号昭功敷庆神运石，立于万岁山。又作绛霄楼，势极高峻，尽工艺之巧。其后群阉兴筑不已，于是山林岩壑，日益高深，亭台楼观，不可称纪。又以金芝产于万寿峰，更名寿岳。诸巨珰争出新意，谓土木既宏丽矣，独念四方所贡珍禽之在圃者不能尽驯。有市人薛翁，素以豢扰为优场戏，请于〔童〕贯（据薛鉴补），愿役其间，许之，乃日集舆卫鸣跸，张黄盖以游。至则以巨柈盛肉炙粱米，翁效禽鸣，以致其类。既乃饱饫翔集，听其去来。月余而圃禽四集，不假鸣而致，益狎玩，立鞭扇间不复畏。遂自命局曰来仪所，招四方笼畜者，置官司以总之。一日，上幸是山，闻清道声，望而群翔者数万。翁辄先以牙牌奏道左曰："万岁山瑞禽迎驾。"上顾罔测，大喜，命以官，赉予加厚。

宋史纪事本末卷五十一

道教之崇

徽宗崇宁四年（乙酉、一一〇五）五月，赐信州龙虎山道士张继元号虚靖先生。

大观二年（戊子、一一〇八）三月，颁金箓灵宝道场仪范于天下。

政和三年（癸巳、一一一三）夏四月，作玉清和阳宫于福宁殿东，奉安道像，帝所生之地也。

九月，赐方士王老志号洞微先生，王仔昔号通妙先生。老志，濮人，初为小吏，遇异人，授以丹，遂弃妻子，结草庐田间，为人言休咎多验。太仆卿王亶以名闻，时帝方向导术，乃召至京师，馆于蔡京第。尝缄书一封至帝所，启视，乃昔岁（中）秋〔中〕（本卷校改各条，除文下注明者外，均以宋史卷四六二方技传为依据，并参照续纲目、薛鉴）与乔、刘二妃燕好之语也。由是益信之，号为洞微先生。朝士多从求书，初若不可解者，卒应者什八九。其门如市，京虑太甚，渐以为戒，老志亦谨畏，乃奏禁绝之。逾年而死。仔昔，洪州人，初隐于嵩山，自言遇许逊，得大洞隐书、豁落七元之法，能道人未来事。京荐之，帝召见，赐号冲隐处士，篆符有验，进封通妙先生。由是道家之事日兴，而仔昔恩宠浸加。朝臣戚里，夤缘关通。中丞王安中上疏，请“自今招延山林道术之士，当责所属保任，宣召出入，必令察视其所经由。仍申严臣庶往还之禁”。并言蔡京欺君僭上，蠹国害民数事。帝欣然纳之。已而再疏京罪，帝曰：“本欲即行卿章，以近天宁节，俟过此，当为卿罢京。”京伺知之，大惧。其子攸日夕侍禁中，泣拜恳祈，帝为迁安中翰林学士。

十一月癸未，祀天于圜丘。帝执大圭，以道士百人执仪仗前道，蔡攸为执绥官。玉辂出南薰门，帝忽曰：“玉津园东若有楼台重复，是何处也？”攸即奏：“见云间楼台殿阁，隐隐数重，既而审视，皆去地数十丈。”顷之，帝又曰：“见人物否？”攸即奏：“有若道流童子，持幡幢节盖，相继而出云间，眉目历历可识。”遂以天神降，诏告在位，即其地建道宫，名曰迎真，作天真降灵示现记。由是益信神仙之事矣。

十二月癸丑，诏求道教仙经于天下。

四年（甲午、一一一四）春正月，戊寅朔，置道阶。时王老志、王仔昔、徐知常等得幸，遂赐号先生、处士等名，秩比中大夫至将仕郎，凡二十六级。后又置道官二十六等，有诸殿侍宸、校籍、授经，以拟待制、修撰、直阁之名。

六年（丙申、一一一六）春正月，赐方士林灵素号通真达灵先生。灵素，温州人，少从浮屠〔学〕，苦其师笞骂，去为道士。善妖幻，往来淮、泗间，丐食僧寺，僧寺苦之。及王老志死，王仔昔宠衰，帝访方士于左阶道箓徐知常，知常以灵素对，即召见。灵素大言曰："天有九霄，而神霄为最高，其治曰府。神霄玉清王者，上帝之长子，主南方，号称长生大帝君，陛下是也。（即）〔既〕下降于世，其弟号青华帝君者，主东方，摄领之。又有仙官八百余名，今蔡京即左元仙伯，王黼即文华使，郑居中、童贯等皆有名，而己即仙卿褚慧下降，佐帝君之治。"时刘贵妃方有宠，灵素以为九华玉真安妃。帝心独喜其事，甚加宠信，遂赐号，赏赉无算，为改温州为应道军。灵素本无所能，惟稍习五雷法，召呼风霆，间祷雨，有小验而已。

闰月丁未，从林灵素之言，立道学，自元士至志士，凡十三品，岁大比，许襕襆就试。又用蔡京言，集古今道教事为纪、志，赐名道史。

夏四月，会道士于上清宝箓宫。初，帝以未得嗣子为念，道士刘混康以法箓、符水出入禁中，建言京城西北隅地协堪舆形势，加以少高，当有多男之祥，始命为数仞冈阜。已而后宫生子渐多，帝益信道教。于是蔡攸谓有珠星、璧月、跨凤、乘龙、天书、云篆之符，以逢迎之。及闻林灵素之言，遂作上清宝箓宫，密连禁署，宫中山包平地，环以佳木清流，列诸馆舍台阁，多以美材为楹栋，不施五采，有自然之胜，上下立亭宇，不可胜计。帝时登皇城，下视之。由是开景龙门，城上作复道，通宝箓宫，以便斋醮之路。

九月辛卯朔，帝奉玉册、玉宝如玉清和阳宫，上玉帝尊号曰太上开天执符御历含真体道昊天玉皇上帝。诏天下洞天福地，修建宫观，塑造圣像。又上地祇徽号曰承天效法厚德光大后土皇地祇，上宝册，礼仪一如上帝。寻改宫名为玉清神霄宫。又铸神霄九鼎，安置于上清宝箓宫之神霄殿。

七年（丁酉、一一一七）春正月甲子，会道士二千余人于上清宝箓宫，诏林灵素谕以帝君降临事。乙亥，帝幸上清宝箓宫，命林灵素讲道经。时道士皆有俸，每一观给田亦不下数百千顷。凡设大斋，辄费缗钱数万。贫下之人，多买青布幅巾以赴，日得一饫餐，而衬施钱三百，谓之千道会。且令士庶入听灵素讲经，帝为设幄其侧。灵素据高座，使人于下再拜请问，然所言无殊绝者，时时杂以滑稽媟语，上下为大哄笑，莫有君臣之礼。复令吏民诣宫（授）〔受〕神霄秘箓，朝士嗜进者，亦靡然趋之。

夏四月庚申，道箓院上章，册帝为教主道君皇帝。初，帝讽道箓院曰："朕乃上帝元子，为神霄帝君，悯中华被金狄之教，遂恳上帝，愿为人主，令天下归于正道。卿等可上表章，册朕为教主道君皇帝。"于是道箓院上表册之，然止于道教章疏内用，而不施于政事。

十二月，方士王仔昔下狱死。仔昔倨傲而戆，帝待以客礼，故遇宦者若童奴，又欲群道士宗己。林灵素忌之，乃与宦者冯浩诬以言语怨望，下狱死。

戊辰，帝言天神降于坤宁殿，诏示百官，且刻石以纪之。初，帝惑于林灵素之言，建宫观遍天下，又造青华帝君正昼临坛及火龙神剑夜降内宫之事，托天神临降，造帝诰、天书、云篆，务以惑世欺众，其说妄诞，不可究质。宦者、道士有所不快，必托为帝诰，则莫不如志。寻加灵素号通真达灵元妙先生，张虚白通元冲妙先生，视中大夫，出入诃引，至与诸王争道，都人称曰“道家两府”。其徒美衣玉食者几二万人。

立元成节，以青华帝君八月九日生也。

重和元年（戊戌、一一一八）八月辛酉，诏颁御注道德经。

丙戌，诏太学、辟雍各置内经、道德经、庄子、列子博士二员。

冬十月，置道官二十六等，道职八等。

宣和元年（己亥、一一一九）春正月乙卯，诏更寺院为宫观。林灵素欲尽废释氏以逞前憾，请于帝，改佛号大觉金仙，余为仙人、大士。僧为德士，易服饰，称姓氏。寺为宫，院为观。改女冠为女道，尼为女德。寻诏德士并许入道学，依道士之法。

六月甲申，追封庄周为微妙元通真君，列御寇为致虚观妙真君，仍行册命，配享混元皇帝。

二年（庚子、一一二〇）春正月甲子，罢道学，放林灵素归田里。灵素初与道士王允诚共为神怪之事，后忌其相轧，毒杀允诚，〔遂〕（据续纲目、薛鉴补）专用事。及都城水，帝遣灵素厌胜，方步虚城上，役夫争举梃将击之，走而免，帝始厌之。然横恣愈不悛，道遇皇太子，弗敛避。太子入诉于帝，帝怒，以灵素为太虚大夫，斥还故里。命江端本通判温州，察之。端本廉得其居处过制罪，诏徙置楚州。命下而灵素已死，遗奏至，犹以侍从礼葬焉。

宋史纪事本末卷五十二

金灭辽

神宗熙宁七年（甲寅、一〇七四）十二月，辽女真部节度使乌古乃死，子劾里钵嗣。初，女真之先，盖古肃慎氏，世居混同江之东，长白山鸭绿水之源。南邻高丽，北接室韦，西界渤海、铁甸，东凭海。后汉谓之挹娄，元魏谓之勿吉，隋、唐谓之靺鞨。姓挐，又号完颜氏，于夷狄中最微。唐贞观中，靺鞨来朝，自是中国始闻其名。开元中，其酋来朝，拜为勃利州刺史，遂置黑水部，以部长为都督，朝廷为置长史监之。五代时，始称女真。其族分六部，有黑水部。其民在南者，系籍于辽，号熟女真；在北者不籍于辽，号生女真。已而避辽主宗真讳，改曰女直。又有曰黄头女真，其人戆朴勇鸷，谓之回霸。自东沫江之北，宁江之东，地方千余里，自推豪侠为酋长，僻处契丹东北隅。

宋太祖建隆二年，以马入贡，三年、四年，复遣使贡马，自是不绝。太宗淳化二年，首领野里鸡等上言，契丹怒其朝贡中国，置三栅于海岸，每栅置兵三千，绝其贡献之路，乞发兵共平三栅。太宗降诏抚谕而不为发兵。真宗大中祥符三年，契丹征高丽，道由女真，女真复与高丽合兵拒之。天禧三年，复遣使至。自天圣后没属契丹，不复入贡。至乌古乃，能役属诸部。会辽五国蒲聂部节度使拔乙门叛辽，辽将致讨。乌古乃恐辽兵深入，得其山川险易，或将图之，乃告辽曰："彼可计取也，若用兵，必将走险，非岁月可平也。"辽从之。乌古乃因袭而擒之，以献辽主。辽主召见，燕赐加等，授生女真部节度使，始有官属，纪纲渐立矣，然不肯受印系辽籍。其部内旧无铁，邻国有以甲胄往鬻者，必厚价售之。得铁既多，因以修弓矢，备器械，兵势稍振，前后愿附者众。至是，五国没撚部谢野勃堇复叛辽，乌古乃伐之，谢野败走。乌古乃将见辽边将自陈败谢野之功，道死，子劾里钵袭为节度使。

哲宗元祐七年（壬申、一〇九二）夏（四）〔五〕（据金史卷一世纪、续纲目、薛鉴改）月，辽女真部节度劾里钵死，弟颇剌淑嗣。劾里钵生十一子，长曰吴剌东，一名乌雅束，次曰阿骨打，曰吴乞买，曰撒也，曰干赛，曰干者，曰乌故乃，曰阇母，曰查剌，曰乌特。劾里钵疾笃，呼弟盈哥谓曰："乌雅束柔善，若办集契丹事，阿骨打能之。"遂卒。母弟颇剌淑袭为节度使。劾里钵严重多智，每战未尝被甲。袭位之初，内外溃叛，劾里钵乃因败为功，变弱为强，遂破桓赧、散达、乌春、窝谋罕，基业始大。〔初〕（据续纲目、薛鉴补）建官属，统诸部，其官之长皆称勃极烈。

绍圣三年（丙子、一〇九六）二月，生女真节度使颇剌淑死，弟盈哥嗣，以兄劾者子撒改为国相。时纥石烈部阿疏有异志，盈哥召之，阿疏与部人毛睹禄阻兵为难。盈哥自往伐之，至阿疏城。阿疏往诉于辽，辽遣使止盈哥勿攻，盈哥留劾者守阿疏城而还。

徽宗崇宁元年（壬午、一一〇二）冬十月，辽将萧海里叛辽，亡入女真阿典部，遣其族人斡达剌至〔生〕女真（据续纲目补），约同举兵，节度使盈哥执之。时辽主命盈哥讨海里，盈哥募兵得千余人。兄子阿骨打曰："有此甲兵，何事不可图也!"遂次混同江，盖先是女真甲兵未尝满千也。至是，辽兵追海里者数千人而不能克。盈哥谓辽〔将曰〕（据金史卷一世纪、续纲目补）："退尔军，我当独取海里。"遂使阿骨打与战，执而杀之，因大破其党，函海里首献于辽。辽主大喜，锡予加等。盈哥自是知辽兵之易与，益自肆矣。

二年（癸未、一一〇三）冬十月，生女真部节度使盈哥死，兄子乌雅束嗣。时高丽复与女真通好。女真虽旧属高丽，然不相通者且久，会高丽医者至女真，还，言于高丽王曰："女真居黑水部者，部族日强，兵益精悍。"其王乃通使于女真，自是来往不阻。

政和二年（壬辰、一一一二）二月，辽主如春州，至混同江（钓）〔钩〕（据辽史卷二七天祚纪、又卷一〇二萧奉先传改）鱼，界外生女真酋长在千里内者，以故事皆来朝。适遇头鱼宴，酒半酣，辽主命诸酋次第起舞。至阿骨打，辞不能，但端立直视。辽主谕之再三，阿骨打终不从。他日，辽主密谕北院枢密使萧奉先曰："阿骨打跋扈如此，可托以边事诛之，否则必遗后患。"奉先曰："彼粗人，不知礼义，且无大过而杀之，恐伤向化心。设有异志，蕞尔小国，亦何能为!"辽主乃止。阿骨打之弟吴乞买、粘罕、胡舍等尝从辽主猎，能呼鹿、刺虎、搏熊，辽主喜，加以官爵。

阿骨打归，疑辽主知其异志，且以辽主淫酗不恤国政，遂称兵，先并旁近部族。女真赵三、阿鹘产拒之，阿骨打虏其家属。二人走诉咸州详稳司，送北枢密院，萧奉先作常事以闻。辽主命送咸州诘责，欲使自新。后数召阿骨打，阿骨打不至。一日，率五百骑突入咸州，吏民大惊。翌日，赴详稳司，与赵三等面折庭下，阿骨打不屈。送所司问状，一夕遁去。遣人诉于辽主，言详稳司欲见杀，故不敢留。自是召不复至矣。

三年（癸巳、一一一三）十二月，生女真节度使乌雅束死，弟阿骨打自称都勃极烈。辽使阿息保往谓之曰："何故不告丧?"阿骨打曰："有丧不能吊，而乃以为罪乎?"

四年（甲午、一一一四）冬十月，女真阿骨打叛辽，取宁江州。先是，辽主好畋猎淫酗，怠于政事，每岁遣使市名鹰海东青于海上，道出生女真，使者贪纵，征索无艺，女真厌苦之。及阿疏奔辽，乌雅束屡以为请，辽主不遣阿疏，遂以为辞，稍稍拒市鹰使者。及阿骨打袭位，相继遣蒲家奴、习古乃等索阿疏，辽主终不许。习古乃归，具言辽主骄肆废弛之状。阿骨打乃召其所属，使备冲要，建城堡，修戎器。辽主使侍御阿息保往诘之，阿骨打曰："我小国也，事大国不敢废礼。大国德泽不施而逋逃是主，以此字小，能无望乎！若还阿疏，朝贡如故，不然，城未已也。"阿息保还，辽主遂发浑河北诸军，益东北路统军司。阿骨打闻之，谓其下曰："辽人知我将举兵，集诸路军备我。我必先发制之，无为人制。"乃与撒改子粘没喝等〔谋〕（据续纲目、薛鉴补），遂集所属诸部兵，以银术可、娄室、阇母等为将，而使婆卢火征移懒路迪古乃兵。九月，阿骨打率兵进次寥晦城，诸部兵皆会于来流水，得二千五百人。数辽之罪，告于天地曰："世事辽国，恪修职贡，定乌春、窝谋罕之乱，破萧海里之众，有功不省，而侵侮是加。罪人阿疏，屡请不遣。今将问辽之罪，天地其监佑之！"遂命诸将传梃而誓。至辽界，遇渤海军。耶律谢十坠马，阿骨打射杀之。阿骨打之子斡本与数骑陷辽围中，阿骨打救之，免胄战。或自旁射之，阿骨打顾见射者，一矢而毙。谓其下曰："尽敌而止！"众从之，勇气百倍。辽军大奔，蹂践死者十七八。撒改在别部，闻之，使粘没喝及谷神来贺，劝其称帝。阿骨打曰："一战而胜，遂称大号，何示人浅也！"进军宁江州，填堑攻城。宁江人自东门出，阿骨打邀击，尽殪之。辽统军司以闻，辽主射鹿于庆州，略不介意，惟遣海州刺史高仙寿应援而已。十月朔，宁江州陷。辽防御使大药师奴被获，阿骨打阴纵之，使招谕辽人，遂引兵还。

初，女真部民皆无徭役，壮者悉为兵，平居则渔畋射猎，有警则下令征之。凡步骑之仗糗，皆自备焉。其部长曰勃堇，行兵则称曰猛安、谋克，猛安犹千夫长，谋克犹百夫长也。凡以众降附者，率以猛安、谋克之名授之。

十一月，辽主闻宁江州陷，召群臣议。汉人行宫副部署萧陶苏斡曰："女真虽小，其人勇而善射。我兵久不练，若遇强敌，稍有不利，诸部离心，不可制矣。今莫若大发诸道兵，以威压之。"北院枢密使萧得里底曰："如陶苏斡之谋，徒示弱耳。但发滑水以北兵，足以拒之。"乃以司空萧嗣先为东北路都统，萧挞不野副之，发契丹、奚军三千及中京禁兵等七千，屯出（店）河〔店〕（据辽史卷二七天祚纪、金史卷二太祖纪改）。阿骨打率众来御，未至混同江，会夜，阿骨打方就枕，若有扶其首者三，寤而起曰："神明警我也！"即鸣鼓举燧而行。黎明，至混同江。辽兵方坏凌道，阿骨打选壮士十人击走之。因帅众继进，遂登岸，与辽兵遇。会大风起，尘埃蔽天，阿骨打乘风奋击，辽兵溃，将士多死，其获免者十有七人。枢密使萧奉先，嗣先兄也，惧嗣先得罪，辄奏："东征溃军，所至劫掠，若不肆赦，恐聚为患。"辽主从之，嗣先但免官而已。自是诸军相谓曰："战则有死无功，退则有生无罪。"故士无斗志，遇敌辄溃。阿骨打进袭辽萧敌里于斡邻泺东，杀获甚众。辽人尝言："女真兵满万则不可敌。"至是始满万云。

十二月，辽宾、祥、咸三州及铁骊部叛降女真；铁骊王奚回离保未几逃归。

五年（乙未、一一一五）春正月壬申朔，女真完颜阿骨打称帝，国号金。先是，阿骨打既屡胜辽，其弟吴乞买率将佐劝其称帝，阿骨打不许。阿离合懑、蒲家奴、粘罕等复以为言。至是，阿骨打始用铁州降人杨朴策，遂称皇帝，即位。且曰："辽以宾铁为号，取其坚也。宾铁虽坚，终亦变坏。惟金不变不坏。金之色白，完颜色尚白，况所居按出虎水之上。"于是国号大金，建元收国。更名旻。追尊祖奄福以下皆为帝。以吴乞买为谙班勃极烈，撒改、斜也为国论勃极烈。其国语谓金为"按出虎"，谓尊大为"谙班"，谓国相为"国论"。斜也亦阿骨打弟。撒改，乌古乃之孙也。粘罕又名没喝，亦其国语云。

辽主使僧家奴持书往金议和，使为属国。阿骨打遣赛剌复书云："若归叛人阿疏，迁黄龙府于别地，然后议之。"金主自将攻辽黄龙府，进薄益州，州人走保黄龙，金取其余民而去。辽遣都统斡里朵、左副统萧乙薛、右副统耶律张家奴、都监萧谢佛留将骑二十万、步卒七万，戍边且屯田，以为持久计。金主闻之，率众趋达鲁古城，登高望辽兵，若连云灌木状，顾谓左右曰："辽兵心二而情怯，虽多不足畏。"遂趋高阜为阵。谋良虎以右翼先驰辽左军，左军却。娄室、银术可冲辽中坚，陷阵力战，粘没喝以中军助之，辽兵遂败。金兵乘势追蹑，至其营，会日已暮，围之。黎明，辽兵溃围出，金人逐北至阿娄冈。辽步卒尽殪，耕具数千皆为金人所获。是役也，辽人本欲屯田，且战且守，故并其耕具皆失之。

三月，辽使张家奴等六人赍书使金，犹斥阿骨打名，冀其降。金主以为书辞慢侮，留五人，独遣张家奴还。报书亦斥辽主名，谕辽主降。

六月，辽复遣使如金，金主留其使萧辞剌不遣。

八月，辽主下诏亲征女真，率蕃、汉兵十余万，出长春路。命萧奉先为御营都统，耶律章奴副之，以精兵二万为先锋。余分五部，北出骆驼口，别以汉步骑三万南出宁江州。发数月粮，期必灭女真。

九月，金主攻辽黄龙府，次混同江，无舟以渡。金主使一人导前，乘赭白马径涉，曰："视吾鞭所指而行。"诸军随之以济，水及马腹。既济，使人测其渡处，深无涯涘。于是遂克黄龙府。遣萧辞剌还辽，曰："若归我叛人阿疏，即当班师。"

辽师渡混同江，副都统章奴与耶律淳妃弟萧谛里及其甥萧延留等诱将士亡归，谋迎立淳。淳，兴宗之孙也。初，昭怀太子得罪，道宗欲立淳为太子，群臣谏，乃止。辽主即位，宠待加厚，号其父和鲁斡为太叔，封淳越王，留守（京）东〔京〕（据辽史卷二七天祚纪改）。于是章奴遣谛里以其谋告淳，淳曰："此非细事，主上自有诸王当立，北南面诸大臣不来，而汝言及此，何也？"密令左右拘之。有顷，辽主使行宫小底乙信等持书至，备言章奴之谋，淳即斩谛里等，携其首，单骑诣广平淀待罪，辽主遇之如初。章奴知淳不见听，乃率麾下掠取上京府库财物，至祖州。帅其党告太祖庙，数辽主过恶，移檄州县。遂结渤海群盗，至数万。趋广平，犯行宫，不克。北趋降虏山。顺国女真阿鹘产以三百骑一战胜之，擒其贵族二百余人，并斩以徇。余得脱者，皆奔女真。章奴诈为使者，欲奔女真，为逻者所获，缚送辽主所，腰斩于市。

十二月，金主闻辽主亲征，乃聚众，以刀剺面，仰天恸哭曰："始与汝等起兵，盖苦契丹残忍，欲自立国。今天祚亲至，奈何？非人人死战，恐不能当也！不若杀我一族，汝等迎降，转祸为福。"诸军罗拜曰："事已至此，惟命是从！"金主遂帅师迎敌。辽主自将至驼门，驸马萧特末等将骑兵五万，步卒四十万，至斡邻泺。金主行次爻刺，与其臣谋曰："辽兵号七十万，其锋不可当。吾军远来，人马疲乏，宜驻于此，深沟高垒以待之。"会获辽督饷者，知辽主以章奴反，西还已二日矣。诸将请乘怠击之，遂追辽主，及于护步答冈。金主曰："彼众我寡，兵不可分。视其中军最坚，〔辽〕（据金史卷二太祖纪、续纲目补）主必在焉，败其中军，可以得志。"使右翼先战，左翼合而攻之。辽兵大溃，枕藉相属百余里。获舆辇、帟幄、兵械、军资，他宝物、马牛不可胜纪。萧特末焚营而遁，金主亦退。

六年（丙申、一一一六）春正月，辽东京留守萧保先严酷，渤海苦之。是月朔，夜半，有恶少年十余，乘酒执刀，逾垣入府，刺杀保先。户部使大公鼎闻乱，即摄留守事，与副留守高清明集奚、汉兵千人，尽捕其众斩之，抚定其民。裨将渤海高永昌时以兵三千屯八甔口，见辽政日衰，金兵方强，遂诱渤海并戍卒入辽阳，据之。旬日之间，远近响应，有兵八千人，因僭号，称隆基元年。辽主遣萧韩家奴、张琳讨之。

夏四月，金人攻高永昌，杀之，遂取辽东京州县。初，永昌使人求援于金，且曰："愿并力以取辽。"金主使胡沙补谓永昌曰："同力取辽固可，东京近地，汝辄据之，以僭大号，则不可。若能归款，当授王爵。"永昌不从。金主乃遣斡鲁帅诸军攻永昌，与辽将张琳等遇，战，败之，遂取沈州。永昌大惧，率众拒金，遇于活水。金师既济，永昌之军不战而却，(遂)〔逐〕(据金史卷七一斡鲁传、续纲目、薛鉴改)北至辽阳城下。明日，永昌尽率其众与金战，又大败，遂以五千骑奔长松。辽阳人挞不野执永昌以献，金主杀之。于是辽之东京州、县及南路系辽女真皆降于金。金主以斡鲁为南路都统，斡论知东京事。

六月，辽以耶律淳为元帅。

七年（丁酉、一一一七）八月癸亥，辽主自燕至阴凉河，募辽东人为兵，使报怨于女真，号曰"怨军"，凡八营，二万八千余人，屯卫州蒺藜山，以渤海铁州人郭药师等为帅。

十二月，辽耶律淳遗金咸州都统斡鲁古书，议和。斡鲁古告于金主，金主犹以归赛剌及阿疏为言。淳军至蒺藜山，斡鲁古及知东京事斡论等攻显州，袭破辽怨军帅郭药师，遂进与淳战。淳败走，斡鲁古追至（河）〔阿〕里真陂（据金史卷七一斡鲁古传改），拔显州。于是乾、懿、豪、（复）〔徽〕（据金史卷二太祖纪、续纲目改）、成、川、惠七州皆降金。

辽东铁州人杨朴言于金主曰："自古英雄开国，必先求大国封册。”金主从之，乃遣使求封册于辽。使至辽，时辽东诸州，盗贼蜂起，掠民以充食，枢密〔使〕（据续纲目、薛鉴补）萧奉先等劝辽主许之。

重和元年（戊戌、一一一八）十二月，辽大饥，人相食。

宣和元年（己亥、一一一九）三月，辽遣使册金阿骨打为东怀国皇帝，阿骨打不受。初，辽遣耶律奴哥如金议和，金主复书曰：“能以兄事朕，岁贡方物，归我中京、上京、兴中府三路州、县，以亲王、公主、驸马、大臣子孙为质，还我行人及元给信符，并宋、夏、高丽往复书、诏、表、牒则可。”既而奴哥复至，金使胡突衮与俱如辽，免取质子及上京、兴中府所属州、县，裁减岁币之数，且曰：“必以兄事我，册用汉仪。如不可，勿复遣使。”辽主从之。凡七遣使如金议册礼，金乃使乌林答赞谟如辽迎册。册至金，金主以无兄事之语，又不称大金，而东怀乃“小邦怀其德”之义，语涉轻侮。乃复使赞谟如辽，责其册乖体式，必如前书所定，然后可从。

八月，金制女真字。女真初无文字，及获契丹、汉人，始通契丹、汉字。金主遂命谷神依仿汉人楷字，因契丹字制度，合本国语，制女真字行之。后复制女真小字，谓谷神所制为大字云。

二年（庚子、一一二〇）三月，辽复遣使如金议册礼，金不许。先是，辽遣萧习泥烈持册稿如金，金遣乌林答赞谟持册副本报辽。辽以金所定大圣二字与先世称号同，遣习泥烈往议。金主怒，谓其臣曰：“辽人屡败，遣使求成，惟饰虚词以为缓师之计，当议进兵。”乃令咸州路统军司治军旅，修器械，将以四月进师，令斜葛留兵一千镇守，阇母以余兵来会于浑河，和议遂绝。

五月，金主自将攻辽上京，以辽使萧习泥烈、宋使赵良嗣从。遣降者马乙持诏谕城中，使速降。辽主方猎于胡土白山，闻金举兵，命耶律白斯不等选精兵三千以济师。金主进攻，且谓习泥烈、赵良嗣曰：“汝可观吾用兵，以卜去就。”遂临城督战。诸军鼓噪而进，自旦及巳，阇母等以麾下先登，克其外城，留守挞不野以城降。良嗣等奉觞为寿，皆称万岁，金主乃还。

三年（辛丑、一一二一）二月，辽都统耶律余睹叛降金。初，辽主四子，长赵王习泥烈，次晋王敖卢（斡）〔斡〕（据辽史卷七二本传、续纲目、薛鉴改。下同），次秦王定，次许王宁。晋王，文妃萧氏所生，积有人望。女真兴兵，境内郡、县所失几半，而辽主畋游不恤，忠臣多被疏斥。文妃作歌讽谏，辽主衔之。枢密使萧奉先，元妃之兄，而秦王、许王之舅也，以国人属意晋王，恐秦王不得立，因潜图之。文妃姊适耶律挞曷里，妹适耶律余睹。一日，其姊若妹俱会军前，奉先讽人诬文妃与驸马萧昱及余睹、挞曷里等谋立晋王，而尊辽主为太上皇。辽主遂诛萧昱、挞曷里等，而赐文妃死。余睹在军中，闻之大惧，即率千余骑叛降于金。辽主遣萧遐（卖）〔买〕等将兵追之，及诸闾山县。遐（卖）〔买〕（据辽史卷二九天祚纪、续纲目、薛鉴改，下同）等谋曰：“主上信萧奉先，奉先视吾辈蔑如也。余睹乃宗室豪俊，当不肯为奉先下。若擒余睹，他日吾党皆余睹也，不若纵之。”还即绐曰：“追不及。”余睹至金，金主见之，因诏咸州都统司曰：“自余睹来，灼见辽国事宜。已决议亲征，其治军以俟师期。”

十一月，金侵辽中京。初，耶律余睹奔金，金粘没喝言于金主曰：“辽主失德，中外离心，今乘其衅，可袭取中京。天时人事，不可失也。”金主然之。群臣言时方寒，金主不听，竟用粘没喝计，以斜也都统内外诸军，蒲家奴、粘没喝、斡本、斡离不、蒲卢虎等副之，耶律余睹为乡导，以趋辽中京大定府。

四年（壬寅、一一二二）春正月，金克辽中京，遂下泽州。辽主时猎于鸳鸯泺，余睹引娄室奄至，辽主忧甚。枢密使萧奉先曰：“余睹乃王子班之苗裔，此来欲立甥晋王敖卢（斡）〔斡〕耳。若为社稷计，不惜一子，明其罪诛之，可不战而余睹自退矣。”会耶律撒八等复谋立敖卢（斡）〔斡〕事觉，辽主召枢密使萧得里底等议曰：“反者必以此儿为名，若不除去，何以获安！”得里底唯唯，辽主乃遣人缢之。或劝敖卢（斡）〔斡〕亡，敖卢（斡）〔斡〕曰：“安忍为蕞尔之躯，而失臣子之节！”遂就死。辽主素服三日，耶律撒八等皆伏诛。敖卢（斡）〔斡〕素有人望，诸军闻其死，无不流涕，由是人心解体。余睹引金兵逼辽主行宫，辽主率卫士五千余骑，自鸳鸯泺走云中，遗传国玺于桑乾河。

三月，金粘没喝败辽奚王于北安州，拔其城。遣谷神略近地，获辽护卫习泥烈，知辽上下离心，使人报斜也曰：

“辽主穷迫，若失机会，事难图矣。”斜也意未决，斡本劝从之。斜也乃出青岭，粘没喝出瓢岭，期会于羊城泺。辽主在云中，以金兵为忧，萧奉先犹言：“女真虽能攻我上京，终不能远离巢穴。”及闻金师将出岭西，辽主遂趋白水泺。粘没喝以精兵六千袭之，将近行营，辽主计不知所出，遂乘轻骑入夹山。始悟奉先之不忠，怒曰：“汝父子误我至此，杀尔何益！恐军心忿怒，尔曹避敌苟安，祸必及我，其勿从行。”奉先下马，哭拜而去，行未数里，左右执其父子，缚送金军，金人斩其长子昂，以奉先及其次子昱械送金主。道遇辽军，夺以归，并赐死。萧得里底自知不免，亦绝食死。

丙子，辽人立秦晋国王耶律淳为帝。初，辽主走云中，留南府宰相张琳、参知政事李处温与耶律淳守燕京。处温闻辽主入夹山，命令不通，即与族弟处能及子奭，外假怨军，内结都统萧斡，谋立淳。处温邀张琳白其事，琳曰：“摄政则可，即真则不可。”处温曰：“今日之事，天意人心已定，岂可易耶！”琳不敢执，遂与诸大臣耶律大石、左企弓、虞仲文、曹（义）勇〔义〕（据金史卷七五本传改。下同）、康公弼集蕃、汉百官、诸军及父老数万人，诣淳府，引唐灵武故事劝进。淳不许，将出，李奭持赭袍被之，令百官拜舞山呼。淳惊骇，再三辞不获，从之。群臣上尊号曰天锡皇帝，建元天福，以妻萧氏为德妃。妃，普贤女也。加处温守太尉，张琳守太师，余与谋者授官有差；改怨军为常胜军，军旅之事悉委大石；遥降辽主为湘阴王；遂据有燕、云中及上京、辽西之地。辽主所有，沙漠以北、西南、西北路两都招讨府诸蕃族而已。淳遣使来报，免岁币结好；亦遣使奉表于金，乞为附庸，金人不报。耶律大石者，太祖八世孙，通辽、汉字，善骑射，登进士第，累擢翰林学士承旨。辽谓翰林为林牙，故称大石林牙。

金人攻辽西京大同府，辽耿守忠救之。粘没喝、谋良虎、斡本等继至，粘没喝率麾下自其中冲击，使余兵去马，从旁射之。守忠大败，其众歼焉。西京西路州、县、部族皆降金。

夏四月，金取辽东胜州，获阿疏至金，金主杖而释之。

六月，辽耶律淳寝疾。闻辽主传檄天德、云内、朔、武、应、蔚等州，合诸蕃精骑五万，约以八月入燕，并遣人问劳，索衣裘茗药，淳甚惊，命北、南面大臣议。李处温、萧幹等有迎秦王定拒湘阴王之说，惟南面行营都部署耶律宁曰："天祚果能以诸蕃兵大举夺燕，则是天数未尽，岂能拒之？否则，秦、湘父子也，安有迎子而拒其父者！"处温等以宁扇乱军心，欲杀之。淳曰："彼忠臣也，焉可杀！天祚果来，吾有死耳，复何面目相见耶！"

已而淳疾，自知不起，密授处温蕃、汉马步军都元帅，意将属以后事。及萧幹等召宰执入议，处温称疾不至，阴聚勇士为备，绐云："奉密旨防他变。"淳死，萧幹等乃立淳妻为皇太后，主军国事，奉遗命遥立秦王定为帝。萧后遂称制，改元德兴，谥淳为孝章皇帝，庙号宣宗，葬于燕西之香山。萧后听政，幹以后命召处温至，以时方多难，未即加诛，但追毁元帅札子。处温父子惧祸，南通童贯，欲挟萧后纳土；北通于金，欲为内应。事觉，后执处温问之，处温自陈有定策功。后曰："误秦、晋国王者，皆尔父子，何功之有！"并数其前罪恶数十，处温无以对，乃赐死，脔其子奭而磔之。籍其家，得钱七万缗，金玉宝器称是，皆为宰相数月间所取也。

夏主使李良辅将兵三万救辽，金将斡鲁、娄室败之于（宣）〔宜〕水（据金史卷七二娄室传、续纲目改）。追至野谷，涧水暴至，夏人漂没者不可胜计。

八月，金阿骨打袭辽延禧于石辇驿，延禧败走。时辽主既失西京及沙漠以南，遂奔于讹莎烈。金斜也使斡离不言于金主曰："今云中新定，诸路辽兵尚数万，新降之民，其心未固，诸将望幸军中。"金主从之。既而闻辽主在大渔泺，乃自将精兵万人袭之。蒲家奴、斡离不率兵四千为前锋，昼夜兼行，及辽主于石辇驿。军士至者才千人，辽兵二万五千，方治营垒。蒲家奴与诸将议，耶律余睹曰："我军未集，人马疲剧，未可战也。"斡离不曰："今追及辽主而不亟战，日入而遁，则无及矣。"遂战。短兵接，辽兵围之数重，副统军萧特烈谕军中以君臣之义，士皆殊死战。辽主谓斡离不兵少，必败，遂与妃嫔登高阜观战。余睹指辽主麾盖以示诸将，斡离不等遂以骑兵驰赴之。辽主望见，大惊，即遁去，辽兵遂溃。斡离不等还，金主曰："辽主去不远，盍亟追之！"斡离不追至乌里质驿，辽主弃辎重而遁，萧特烈被执。

十二月，金克辽燕京。时金主分三道进兵攻燕，辽萧后五上表于金，求立秦王定，金主不许，辽人遂以劲兵守居庸关。金兵至关，崖石自崩，戍卒多压死，辽人不战而溃。金兵度关而南，辽统军都监高六等送款于金。金主至燕京，遂自南门入，使银术可、娄室陈于城上。金主次城南，辽宰相左企弓、参政虞仲文、康公弼、枢密使曹（义）勇〔义〕、张彦忠、刘彦宗等奉表诣金营请罪；金主并释之，命守旧职，而遣左企弓等抚定燕京诸州、县。萧德妃与萧幹自古北口趋天德。于是辽五京悉为金有。

五年（癸卯、一一二三）春正月，辽知北院枢密事奚回离保即箭笴山自立为奚国皇帝，改元天复。（以）〔设〕（据辽史卷一一四奚回离保传、续纲目、薛鉴改）奚、汉、渤海三枢密院，改东、西节度使为二王分司。辽主命都统耶律马哥讨之。

二月，辽主奔四部族。萧德妃来见，辽主怒，杀之，追降淳为庶人，而赦其党。萧幹奔奚。

夏四月，金以斡鲁为都统，斡离不副之，使袭辽主于阴山。至居庸，获耶律大石。斡鲁使斡离不、银术可、娄室等以兵三千，分道袭辽主，将至青冢，遇泥泞不能进。斡离不以绳系大石，使为乡导，直趋辽主营，斡鲁等大军继至。时辽主往应州，其子秦王定、许王宁及诸妃女并从臣皆被执，尽失辎重万余乘，惟太保特母哥窃辽主次子梁王雅里及长女特里，乘军乱，出赴辽主军得免。斡鲁兵至埽里门，为书招辽主。辽主自金城来，闻金人以所获东去，乃率兵五千余邀战于白水泺。斡离不以兵千余败之，辽主遁去。金人获辽主长子赵王习泥烈，追奔二十余里，尽得其从马，别获辽牧马万四千匹，车八千乘。辽主使人持兔纽金印，伪请降于金，而西走云内。斡离不复以书招辽主，谕以石晋北迁事。辽主答书，乞为弟若子，量赐土地。斡离不不许。

五月，夏主李乾顺遣使请辽主临其国，辽主从之。中军都统萧特烈等切谏，不听，遂渡河，次于金肃军北，人情惶惧，不知所为。特烈阴谓耶律元直曰："事势如此，亿兆离心，正我辈效节之秋。不早为计，奈社稷何!"乃共劫辽主第二子梁王雅里走西北部，三日，遂立为帝，改元神历，以特烈为枢密使，特母哥副之。

奚回离保为其下所杀。

金遣使如夏。时斡离不趋天德，闻夏迎护辽主，辽主已渡河，乃遗书于夏，使执送辽主，且许割地。

八月，金主阿骨打去燕京，有疾，命粘没喝为都统，蒲家奴、斡鲁副之，驻兵云中以备边而还，至部堵泺，殂。国论勃极烈斜也等请阿骨打弟谙班勃极烈吴乞买即位，更名晟，改元天会。谥阿骨打曰大圣武元皇帝，庙号太祖。以斜也为谙班勃极烈，斡本为国论勃极烈，辅政。斡本，阿骨打庶长子也。

冬十月，辽雅里死，萧特烈等复立耶律术烈为帝。术烈，兴宗孙也。

十一月，辽术烈及萧特烈为乱兵所杀。

六年（甲辰、一一二四）春正月，夏遣把里公亮请以事辽之礼称藩于金，且受地。粘没喝承制割下寨以北，阴山以南，乙室邪剌部吐禄泺西之地与之。自是两国信使不绝。

秋七月，辽主延禧复渡河，居于突吕不部。耶律大石自金来归，辽主责之曰："我在，汝何敢立淳！"大石对曰："陛下以全国之势，不能一拒敌，弃国远遁，使黎民涂炭。即立十淳，皆太祖子孙，岂不胜乞命于他人耶？"辽主无以答，赐酒食而赦之。

金袭辽主营，辽主北走。有谟葛失者，迎辽主至其部，事之甚谨，辽主遂得至乌敌烈部。辽主得耶律大石及谟葛失之兵，自谓有天助，再谋出兵，收复燕、云。大石谏曰："向以全师，不谋战备，使举国皆为金有。国势至此而方求战，非计也。当养兵待时而动，不可轻举。"辽主不从，与金人战，败走山阴。

七年（乙巳、一一二五）春正月，辽主延禧谋奔夏，会党项小斛禄遣人请辽主临其地，辽主遂趋天德。过沙漠，金兵忽至，辽主徒步走出，乘从者马，得脱。途次绝粮，从者至啮冰雪以济饥。过天德，至夜，将宿民家，绐曰"侦骑"。其家知之，乃叩头，跪而大恸。潜宿其家，遂趋党项。以小斛禄为西南面招讨使，总知军事。

二月，辽主至应州新城东六十里，为金将娄室等所获以归。

八月，废延禧为海滨王，辽遂亡。

辽耶律大石称帝于起儿漫。先是，大石以谏辽主不从，遂杀北院枢密萧乙薛，自立为王，率众西走。至可敦城，驻于北庭都护府，会西鄙七州十八部，谕以兴复事，得精兵万余，置官吏，立排甲，具器械。又遗书假道于回鹘王毕勒哥。毕勒哥得书，即迎至邸，愿质子孙为附庸，送至境外。所过敌者胜之，降者安之，兵行万里，归者数国，获牛、羊、驼、马不可胜计。至寻思干，西域诸国举兵十万号忽儿珊，来拒战。大石分所部为三军，进击，大败之，僵尸数十里。驻兵寻思干凡九十日，回回国王来降，贡方物。又西行，至起儿漫。群臣共册立大石为帝，改元延庆，号曰天祐皇帝，妻萧氏为昭德皇后。是为西辽。

宋史纪事本末卷五十三

复燕云

徽宗政和元年（辛卯、一一一一）九月，遣端明殿学士郑允中及宦者童贯使辽。童贯既得志于西羌，遂谓辽亦可图，因请使辽以觇之，乃以郑允中充贺辽主生辰使，而以贯副之。或言："以宦官为上介，国无人乎？"帝曰："契丹闻贯破羌，故欲见之，因使觇其国，策之善者也。"遂行。

冬十月，童贯以辽李良嗣来，命为秘书丞，赐姓赵。燕人马植，本辽大族，仕至光禄卿，行污而内乱，不齿于人。童贯使辽，道卢沟，植夜见其侍史，自言有灭燕之策，因得见贯。贯与语，大奇之，载与俱归，易姓名曰李良嗣，荐诸朝。植即献策曰："女真恨辽人切骨，而天祚荒淫失道。本朝若自登、莱涉海，结好女真，与之相约攻辽，其国可图也。"议者谓："祖宗以来，虽有此道，以其地接诸蕃，禁商贾舟船不得行，百有余年矣，一旦启之，惧非中国之利。”不听。帝召问之，植对曰：“辽国必亡。陛下念旧民涂炭之苦，复中国往昔之疆，代天谴谪，以治伐乱，王师一出，必壶浆来迎。万一女真得志，事不侔矣。”帝嘉纳之，赐姓赵氏，以为秘书丞。图燕之议自此始。

重和元年（戊戌、一一一八）二月，遣武义大夫马政浮海使金，约夹攻辽。初，建隆中，女真尝自其国之苏州泛海至登州卖马，故道犹存。至是，有汉人高药师者，泛海来，言女真建国，屡破辽师。登州守臣王师中以闻。诏蔡京、童贯共议，命师中募人同药师等赍市马诏以往，不能达而还。帝乃复委童贯选人使之，遂使马政同药师由海道如金。政言于金主曰：“主上闻贵朝攻破契丹五十余城，欲与通好，共行吊伐。若允许，后当遣使来议。”自是始通金好。

宣和元年（己亥、一一一九）春正月，金主与粘没喝议，遣渤海人李善庆、女真散睹持国书并北珠、生金等物，同马政来修好。诏蔡京等谕以夹攻辽之意，善庆等唯唯。居十余日，遣政同赵有开赍诏及礼物，与善庆等渡海报聘。行至登州，有开死。会谍者言辽已封金主为帝，乃诏政勿行，止遣平海军校呼庆送善庆等归金。金主遣庆归，且语之曰：“吾已获辽数路。汝归见皇帝，果欲结好，早示国书。若仍用诏，决难从也。”初，高丽来求医，帝命二医往。至是，归，奏云：“高丽馆医甚勤，日夕引之视其用兵、布阵、御敌之方。曰：‘闻天子将与女真图契丹。苟存契丹，犹足为中国捍边；女真虎狼，不可交也。宜早为之备。'”帝闻之不乐。

安尧臣上言：“陛下临御之初，尝下诏求言，于是谔士效忠，而憸人乃误陛下，加以诋诬之罪，使陛下负拒谏之谤，故比年天下杜口，以言为讳。乃者宦寺交结权臣，共倡北伐，而宰执以下无一人肯为陛下言者。臣谓燕、云之役兴则边衅遂开，宦寺之权重则皇纲不振。昔秦始皇筑长城，汉武帝通西域，隋炀帝辽左之师，唐明皇幽、蓟之寇，其失如彼；周宣王伐猃狁，汉文帝备北边，元帝纳贾捐之议，光武斥臧宫、马武之谋，其得如此。艺祖拨乱反正，躬擐甲胄，当时将相大臣，皆所与取天下者，岂勇略智力不能下幽燕哉？盖以区区之地，契丹所必争，忍使吾民重困锋镝！章圣澶渊之役，与之战而胜，乃听其和，亦欲固本而息民也。今童贯深结蔡京，同纳赵良嗣以为谋主，故建平燕之议。臣恐异时唇亡齿寒，边境有可乘之衅，狼子蓄锐伺隙以逞其欲，此臣之所以日夜寒心。伏望思祖宗积累之艰难，鉴历代君臣之得失，杜塞边隙，务守旧好，无使外夷乘间窥中国，上以安宗庙，下以慰生灵。”帝然之，且以言路久壅，宜导以赏予，补承务郎，后竟为奸谋所夺。

二年（庚子、一一二〇）二月乙亥，遣赵良嗣使金。先是，呼庆自金还，具道金主言，并持其书来，请别遣使通好。时童贯密受旨图燕，因建议遣右文殿修撰赵良嗣往，仍以市马为名，其实约攻辽以取燕、云之地。

八月，金人来议攻辽及岁币，遣马政报之。初，赵良嗣谓金主曰："燕本汉地，欲夹攻辽，使金取中京大定府，宋取燕京析津府。"金主许之，遂议岁币。金主因以手札付良嗣，约金兵自平地松林趋古北口，宋兵自白沟夹攻；不然，不能从。因遣勃堇偕良嗣还，以致其言。帝使马政报聘，书曰："大宋皇帝致书于大金皇帝，远承信介，特示函书。致讨契丹，当如来约，已差童贯勒兵相应。彼此兵不得过关，岁币之数同于辽。"仍约毋听契丹讲和。

四年（壬寅、一一二二）三月，金人来约夹攻辽，命童贯为河北、河东路宣抚使，屯兵于边以应之。初熙河钤辖赵隆尝极言其不可，童贯曰："君能共此，当有殊拜。"隆曰："隆，武夫，岂敢干赏以败祖宗二百年之好！异时启衅，万死不足谢责。"贯不悦。郑居中亦力陈不可，谓蔡京曰："公为大臣，不能守两国盟约，辄造事端，诚非庙算。"京曰："上厌岁币五十万故尔。"居中曰："公独不思汉世和戎用兵之费乎？使百万生灵肝脑涂地，公实为之！"由是议寝。及金数败辽兵，童贯乃复乞举兵，居中又言："不宜幸灾而动，待其自毙可也。"时睦寇初平，帝亦悔于用兵。王黼独言曰："中国与辽，虽为兄弟之邦，然百余年间，彼之所以开边慢我者多矣。且兼弱攻昧，武之善经也。今而不取燕、云，女真即强，中原故地将不复为我有。"帝遂决意治兵。黼于三省置经抚房，专治边事，不关枢密。括天下丁夫，计口出算，得钱六千二百万缗以充用。黼又遗童贯书曰："太师若北行，愿尽死力。"会闻耶律淳自立，乃命贯勒兵十五万巡北边以应金，且招谕幽燕，蔡攸副之。

仍以三策付贯："如燕人悦而取之，因复旧疆土，上也；耶律淳纳款称藩，次也；燕人未服，按兵巡边，下也。"

中书舍人宇文虚中上书言："臣闻用兵之策，必先计强弱虚实，知彼知己，以图万全。今论财用之多寡，指宣抚司所置，便为财用有余，若沿边诸郡，帑藏空虚，廪食不继，则略而不问。论士卒之强弱，指宣抚司所驻，便言兵甲精锐，若沿边诸郡，士不练习，武备刓缺，则置而不讲。夫边圉无应敌之具，军府无数日之粮，虽孙、吴复生，亦未可举师，是在我者未有万全之策也。用兵之道，御攻者易，攻人者难，守城者易，攻城者难；守者在内而攻者在外，在内为主而常逸，在外为客而常劳，逸者必安，劳者必危。今宣抚司兵约有六万，边鄙可用不过数千。契丹九大王耶律淳者，智略辐凑，素得士心，国主委任，信而不疑。今欲亟进兵于燕城之下，使契丹自西山以轻兵绝吾粮道，又自营、平以重兵压我营垒；我之粮道不继，而耶律淳者，激励众心，坚城自守，则我亦危殆矣！是在彼者未有必胜之（道）〔兆〕（据薛鉴改）也。夫在我无万全之策，在彼亦未可必胜，兹事一举，乃安危存亡之所系，岂可轻议乎！且中国与契丹讲和，今逾百年，间有贪惏，不过欲得关南十县而止耳；间有傲慢，不过对中国使人稍亏礼节而止耳。自女真侵削以来，向慕本朝，一切恭顺。今舍恭顺之契丹，不封植拯救，为我藩篱，而远逾海外，引强悍之女真，以为邻国。彼既借百胜之势，虚喝骄矜，不可以礼义服也，不可以言说喻也。视中国与契丹拏兵不止，鏖战不解，胜负未决，强弱未分，持卞庄两斗之说，引兵逾古北口，抚有悖桀之众，系累契丹君臣，雄据朔漠，贪心不止，越逸疆圉，凭陵中夏。以百年怠惰之兵，而当新锐难敌之虏，以寡谋持重久安闲逸之将，而角逐于血肉之林，巧拙异谋，勇怯异势，臣恐中国之边患，未有宁息之期也。譬犹富人有万金之产，与寒士为邻，欲肆并吞以广其居，乃引强盗而谋曰：'彼之所处，汝居其半；彼之所畜，汝取其全。'强盗从之，寒士既亡，虽有万金之富，日为切邻强盗所窥，欲一夕高枕安卧，其可得乎！愚见窃以为确喻。望陛下思祖宗创业之艰难，念（邦）〔邻〕（据薛鉴改）域百年之盟好，下臣此章，使百寮廷议。傥臣言可采，乞降诏旨，罢将帅还朝，无滋边隙，俾中国衣冠礼义之俗，永睹升平，天下幸甚！"书下三省，黼读之大怒，捃摭他事，除集英殿修撰，督战益急，而北事始不可收拾矣。

五月乙亥，以蔡攸为河北、河东宣抚副使，与童贯共勒兵。攸，童骙不习事，谓功业可唾手致。陛辞，值二美嫔侍帝侧，攸指而请曰："臣成功归，乞以是赏。"帝笑而弗责。

庚辰，童贯至高阳关，用知雄州和诜计，降黄榜及旗，述吊民伐罪之意，且云："若有豪杰能以燕京来献者，即除节度使。"遂命都统制种师道护诸将进兵。师道谏曰："今日之举，譬如盗入邻家，不能救，又乘之而分其室焉，无乃不可乎！"贯不听，分兵为两道，师道总东路兵趋白沟，辛兴宗总西路兵趋范村。癸未，耶律淳闻之，遣耶律大石、萧斡御之。师道次白沟，辽人噪而前，击败师道前军统制杨可世于兰沟甸，士卒多伤。师道先令人持一大梃自防，赖以不大败。丁亥，辛兴宗亦败于范村。

六月己丑，种师道退保雄州，辽人追击至城下。帝闻兵败，惧甚，诏班师。辽使来言曰："女真之叛本朝，亦南朝之所恶也。今射一时之利，弃百年之好，结豺狼之邻，基他日之祸，谓为得计，可乎？救灾恤邻，古今通谊。惟大国图之！"贯不能对。种师道复请许之和，贯不（答）〔纳〕（据续纲目——在五月——薛鉴改），而密劾师道助贼。王黼怒，责授师道右卫将军，致仕。

秋七月，王黼闻耶律淳死，复命童贯、蔡攸治兵，以河阳三城节度使刘延庆为都统制。

九月戊午，除朝散郎宋昭名。昭上书极言："辽不可攻，金不可邻。异时金必败盟，为中国患。乞诛王黼、童贯、赵良嗣等。"且曰："两国之誓，败盟者祸及九族。陛下以孝理天下，其忍忘列圣之灵乎！陛下以仁覆天下，其忍置河北之民于涂炭之中，而使肝脑涂地乎！"王黼大恶之，故除昭名，勒停广南编管。

己未，金人闻童贯举兵，恐朝廷径取燕而岁币不可得，乃遣徒孤且乌歇等来议师期。帝遣赵良嗣报之，且言不负初约。

己卯，辽将郭药师以涿、易二州来降。时药师为辽常胜军帅，留守涿州，以萧后立，萧斡专政，国人多贰，谓所部曰："天祚失国，女政不纲。宋天子重兵压境，此男儿取金印时也。”遂拥所部八千人，奉二州来降。童贯受之，以闻。诏授恩州观察使，以兵隶刘延庆。

冬十月，改燕京为燕山府，涿、易八州并赐名。

癸巳，童贯遣刘延庆、郭药师将兵十万出雄州，以郭药师为乡导，渡白沟。延庆军无纪律，药师谏曰：“今大军拔队行而不设备，若敌人置伏邀击，首尾不相应，则望尘奔溃矣。”不听。至良乡，辽萧斡率众来拒，延庆与战而败，遂闭垒不出。药师曰：“斡兵不过万人，今悉力拒我，燕山必虚。愿得奇兵五千，倍道袭之，城可得也。”因请延庆子光世简师为后继。延庆许之，遣大将高世宣、杨可世与药师率兵六千，夜半渡卢沟，〔倍道〕（据宋史卷四七二郭药师传、续纲目、薛鉴补）而进。质明，常胜军帅甄五臣领五千骑夺迎春门以入，药师等继至，遣人谕萧后〔使趣降〕（据宋史卷四七二郭药师传、续纲目补）。后密报萧斡，斡举精甲三千还燕，巷战。光世渝约不至，药师失援而败，与可世弃马缒城而出，死伤过半，世宣死焉。延庆营于卢沟南，斡分兵断饷道，擒护粮将王渊，得汉军二人，蔽其目，留帐中。夜半，伪相语曰：“吾师三倍汉军，敌之有余，当分左右翼，以精兵冲其中，左右翼为应，举火为期，歼之无遗。”既言，乃阴逸一人归报。延庆闻而信之。明旦，见火起，以为敌至，即烧营遁，士卒蹂践死者百余里，斡因纵兵追至涿水而去。自熙、丰以来所储军实殆尽，退保雄州。燕人知宋之无能为，作赋及歌诗以诮之。药师还，犹进安远军承宣使。

十一月戊寅，金人来议燕地。

十二月戊子，遣赵良嗣复如金。初，朝廷与金约，但求石晋赂契丹故地，而不思平、营、滦三州非晋赂，乃刘仁恭献契丹以求援者。既而王黼悔，欲并得之，金主不肯。及赵良嗣往，金主使蒲家奴责良嗣以出兵失期。且云："今更不论元约，特与燕京蓟、景、檀、顺、涿、易六州。"良嗣言："元约山前、山后十七州，今乃如此，信义安在？"抗辨数四，金人不从。良嗣乃与其使李靖偕来，止许山前六州。帝复遣良嗣送之，且求营、平、滦三州。

庚寅，加郭药师武泰节度使。

辛卯，金克辽燕京。时童贯再举伐燕，不克成功，惧得罪，乃密遣王瓌如金，以求如约夹攻。金主分三道进兵，遂克燕，遣骑兵送赵良嗣还，且致辽俘。

五年（癸卯、一一二三）春正月戊午，金遣使来，赵良嗣复如金。初，良嗣至燕，与金主议燕京、西京之地，金主曰："若宋必欲平、滦等州，〔则〕（据续纲目补）并燕京不与。"因以答书先示良嗣，读至"燕京用本朝兵力攻下，其租税当输本朝"，良嗣因曰："租税随地，岂有与其地而不与其租税者？"粘没喝曰："燕京自我得之，则当归我。若不早见与，请速追涿、易之师，无留我疆。"乃遣李靖等与良嗣偕来。靖既入对，遂见王黼。黼谓靖曰："租税非约也，上意以交好之故，欲以银绢充之。"靖复请去年岁币，帝亦特许之，故仍命良嗣与靖偕使。

辛酉，以王安中知燕山府，郭药师同知府事。时朝廷以金人将归燕，谋帅臣守之。左丞王安中请行，王黼赞于帝，遂授安中庆远军节度使、河北河东燕山府路宣抚使、知燕山府，郭药师为检校少保、同知府事。诏药师入朝，礼遇甚厚，赐以甲第、姬妾，张水嬉使观之，命贵戚大臣更互设宴。又召对于后苑延春殿。药师拜庭下，泣言："臣在虏中，闻赵皇如在天上，不谓今日得望龙颜！"帝深褒称之，委以守燕，对曰："愿效死。"又令取天祚以绝燕人之望，药师变色言曰："天祚，故主也，国破出走，臣是以降。陛下使臣毕命他所，不敢辞，若使反故主，非所以事陛下，愿以付他人。"因涕泣如雨。帝以为忠，解所御珠袍及二金盆以赐。药师出，谕其下曰："此非吾功，汝辈力也。"即翦盆分给之。加检校少傅，归镇燕山府路。

三月己未，遣使如金。初，赵良嗣至燕，谓金主曰："本朝徇大国多矣，岂平、滦一事不能相从耶？"金主曰："平、滦欲作边镇，不可得也。"遂议租税。金主曰："燕租六百万，止取一百万。不然，还我涿、易旧疆及常胜军，我且提兵按边。"良嗣曰："本朝自以兵下涿、易，今乃云尔，岂无曲直耶！"且言御笔许十万至二十万，不敢擅增。乃令良嗣归报，金主谓之曰："过半月不至，吾提兵往矣。"时左企弓尝以诗献金主曰："君王莫听捐燕议，一寸山河一寸金。"故金人欲背初约，要求不已。良嗣既还，金闻辽主谋复故地，乃悉断卢沟北桥梁，焚次舍以防之。良嗣行至雄州，以金书递奏，其略言："贵朝兵不克夹攻，特用己力下燕，所以拘税。今据燕管内每年租六百万贯，良嗣等称御笔许二十万，以上不敢自专。其平、滦等州不在许限，傥务侵求，难终信义。仍速追过界之兵。”王黼欲功之速成，乃请复遣良嗣自雄州再往使，许辽人旧岁币四十万之外，每岁更加燕京代税钱一百万缗，及议画疆与遣使贺正旦、生辰，置榷场交易。金主大喜，遂使银术可等持誓书草来，许以燕京及六州来归，而山后诸州及西北一带接连山川，不在许与之限。帝曲意从之，遣卢益、赵良嗣等持誓书往。至涿州，金谷神等先索书观之，言其字画不谨，令易之。益言：“帝亲书，所以示尊崇于大国也。”金人不听。比至汴京，更易者数四。金人又言：“近有燕人赵温讯等逃出南朝，须先还，方可议交燕地。”良嗣谕宣抚司缚送温讯于金。既至，粘没喝释其缚而用之。金人又求粮，良嗣许以二十万石。

夏四月癸巳，金人使杨璞以誓书及燕京、六州来归，其平、营、滦三州终以非石晋所赂契丹之地，不预。庚子，命童贯、蔡攸入燕交割。时燕之职官、富民、金帛、子女皆为金人尽掠而去，惟存空城而已。粘没喝犹欲止割涿、易，金主曰：“海上之盟，不可忘也。我死，汝则为之。”乙巳，童贯等奏燕城老幼迎谒，焚香称寿。庚戌，帝曲赦两河、燕、云，命即日班师。

五月庚申，以王黼为太傅，郑居中为太保。癸亥，进封童贯为徐豫国公，蔡攸为少师。时王黼竭天下之财以北征，仅得七空城，至是率百官表贺。诏以收复燕、云故，宰执皆进位，而命王黼总治三省事，赐玉带。以赵良嗣为延康殿学士。郑居中自陈无功，不拜。

六月丙戌，辽张瑴以平州来归。初，辽主之走西山也，平州军乱，杀其节度使萧谛里，瑴抚安乱者，州民推瑴领州事。耶律淳死，瑴知辽必亡，乃籍壮丁五万人，马千匹，练兵为备。萧德妃遣时立爱知平州，瑴拒弗纳。金人入燕京，访瑴情状于康公弼，公弼曰："瑴狂妄寡谋，何能为！当示以不疑。"金人遂加瑴临海军节度，仍知平州。既而粘没喝又欲先下平州，擒张瑴，公弼曰："若加兵，是趣之叛也。"公弼请自往觇之。瑴曰："契丹八路，七路已降，今独平州存，敢有异志？所以未解甲者，防萧幹耳。"厚赂公弼，使还。公弼还，言于粘没喝曰："彼无足虑也。"乃升平州为南京，加瑴试中书平章事，判留守事。至是，金驱辽宰相左企弓、虞仲文、曹（义）勇〔义〕（据金史本传、宋史四七二张觉传改，下同）、康公弼同燕京大家富民，俱东徙。燕民流离道路，不胜其苦，过平州，遂入城言于瑴曰："左企弓不能守燕，致吾民流离至此。公今临巨镇，握强兵，尽忠于辽，使我复归乡土，人心亦惟公是望。"瑴遂召诸将议，皆曰："闻天祚兵势复振，出没漠南。公若仗义勤王，奉迎天祚，以图兴复，先责左企弓等叛降之罪而诛之，尽归燕民，使复其业，而以平州归宋，则宋无不接纳，平州遂为藩镇矣。即后日金人加兵，内用平州之众，外借宋人之援，又何惧焉！"瑴又访于翰林学士李石，亦以为然。瑴乃遣张谦率五百余骑，传留守令，召左企弓、虞仲文、曹（义）勇〔义〕、康公弼至滦河西岸，数企弓等十罪，皆缢杀之。瑴仍称保大三年，画天祚像，朝夕谒事，必告而后行，称辽官秩。榜谕燕人复业，恒产为常胜军所占者，悉还之。燕民既得归，大悦。李石更名安弼，偕故三司使高党至燕京，说王安中曰："平州形势之地，张瑴总练之才，足以御金人，安燕境，幸招致之，无令西迎天祚，北合萧幹也。"安中深纳之，令安弼至汴以闻。帝以手札付同知燕山府〔事〕（据续纲目、薛鉴补）詹度，第令羁縻之。而度促瑴内附，瑴乃遣张钧、张敦固持书来请降。王黼劝帝纳之，赵良嗣谏曰："国家新与金盟，如此必失其欢，后不可悔。"不听。良嗣坐削五阶。而诏安中及詹度厚加安抚，与免三年常赋。瑴闻之，自谓得计。

秋七月，童贯致仕，以内侍谭稹为两河燕山路宣抚使。时贯与蔡攸归自燕，颇失上意，王黼、梁师成共荐稹代贯交云中之地。稹至太原，招朔、应、蔚诸州降人为朔宁军。

八月，辽萧幹引兵破景、蓟州，遂攻燕。郭药师与战，破之，幹走死。初，金人既陷燕京，幹就奚王府自立为帝，国号大奚。时奚人饥，幹出卢龙岭，攻破景州，又败常胜军于石门镇，陷蓟州，寇掠燕城，其锋锐甚，有涉河犯京师之意。人情汹汹，颇有谋弃燕者。已而药师大破其众，乘胜穷追，过卢龙，杀伤大半。幹遁去，寻为其下所杀，传首京师。诏加药师太尉。

冬十月，诏建平州为太宁军，以张瑴为节度使。时金人闻瑴叛，遣阇母率三千骑攻瑴，瑴率兵拒之于营州。阇母以兵少，不交锋而退，瑴遂妄以大捷闻。朝廷拜瑴节度使，犒赏银、绢数万。

十一月，金斡离不攻平州，围之。金人以阇母无功而还，乃复使斡离不督阇母攻平州。会张觳闻朝廷犒赐将至，喜而远迎。斡离不乘其无备，袭之，与觳战于城东。觳败，宵奔燕山，王安中纳而匿之。平州都统张忠嗣及张敦固出降金。金遣使与敦固入谕城中，城中人杀其使者，立敦固为都统，闭门固守。

诏杀张觳，函首以畀金。时金人以纳叛来责，朝廷初不欲发遣，金人索之益急，王安中取貌类觳者，斩其首与之。金知非觳也，遂欲以兵攻燕。安中言："必不发遣，惧起兵端。"朝廷不得已，令安中缢杀之，函其首，并觳二子，送于金，于是燕降将及常胜军士皆泣下。郭药师曰："金人欲觳即与觳，若求药师，亦将与药师乎！"安中惧，因力求罢，诏以蔡靖知燕山府事。自是降将卒解体，而金卒用此为兵端云。

金人来归武、朔州。时朝廷以山后诸州请于金，金主吴乞买新立，将许之。粘没喝自云中至，言于金主曰："先帝初图宋协力攻辽，故许以燕地。宋人既盟之后，请加币以求山西诸镇，先帝辞其币而复与之盟曰：'无匿逋逃，无扰边民。'今宋数路招纳叛亡，累疏叛人姓名索之，童贯不遣。盟未期年已如是，万世守约，其可望乎！且西鄙未宁，割付山西诸郡，则诸军失屯据之所，将有经略，或难持久，请勿与之。"金主遂遣使止以武、朔二州来归。

六年（甲辰、一一二四）三月，金人遣使诣宣抚司，索赵良嗣所许粮二十万石，谭稹曰："二十万石，岂易致耶！良嗣口许，不足凭也。"遂不与。金人由此大怒。

六月，金人克平州，执张敦固，杀之。

诏以收复燕、云以来，京都、两河之民，困于调度，令京西、淮南、两浙、江南、荆湖、四川、闽广并纳免夫钱，每夫三十贯，委漕臣限督之，违者从军法。又诏宗室、戚里、宰执之家及宫观、寺院，一例均敷。于是遍（索）〔率〕（据续纲目、薛鉴改）天下，所得才二千万缗，而结怨四海矣。

八月，谭稹罢，复以童贯领枢密院事、两河燕山路宣抚使。初，金人以拓跋故地云中二千里遗夏，止以武、朔二州来归。至是，夏人举兵侵武、朔地界，谭稹遣兵御之，兵数交，夏师不即退。又金人以朝廷纳张彀，不给粮，遂攻应、蔚，逐守臣。朝廷罪稹措置乖方，诏致仕，以贯代之。时辽主延禧在夹山，帝欲诱致之，始遣一番僧赍御笔绢书通意。及延禧许归，遂易书为诏，许待以皇弟之礼，位燕、越二王上，筑第千间，女乐三百人，延禧大喜。贯之是行，名为代稹交割山后土地，其实已约延禧来降，自往迎之也。然延禧以中国不足恃，卒不至。

是月，以复燕、云，赦天下。

七年（乙巳、一一二五）六月，封童贯广阳郡王。帝援神宗遗训，能复全燕之境者，胙土，锡以王爵，封贯为王。

宋史纪事本末卷五十四

方腊之乱 宋江附

徽宗宣和二年（庚子、一一二〇）冬，睦州清溪民方腊作乱。方腊世居县堨村，托左道以惑众。初，唐永徽中，睦州女子陈硕真反，自称文佳皇帝，故其地相传有天子基，腊因得凭借以自信。县境梓桐、帮源诸洞，皆落山谷幽险处，民物繁夥，有漆楮杉材之饶，富商巨贾多往来。腊有漆园，造作局屡酷取之，腊怨而未敢发。时朱勔花石纲之扰，比屋致怨。腊因民弗忍，阴聚贫乏游手之徒，以诛勔为名，遂作乱。自号圣公，建元永乐，置官吏、将帅，以巾饰为别，自红〔巾〕（据宋史卷四六八童贯传、续纲目、薛鉴补）而上凡六等。无弓矢、甲胄，惟以鬼神诡秘事相扇試。焚室庐，掠金帛、子女，诱胁良民为兵。人安于太平，不识金革，闻金鼓声，即敛手听命。不旬日，聚兵数万，两浙都监蔡遵、颜坦击之，皆败死于息坑。

十二月，腊攻陷清溪，遂陷睦、歙州，东南将郭师中战死。北掠桐庐、富阳诸县，进逼杭州。郡守赵霆弃城走，州〔即〕（据宋史卷四六八童贯传、续纲目、薛鉴补）陷。杀制置使陈建、廉访使赵约，纵火六日，死者不可胜计。凡得官吏，必断脔支体，探其肺肠，或熬以膏油，丛镝乱射，备尽楚毒，以偿怨心。警奏至京师，时方聚兵以图北伐，王黼匿不以闻，于是凶焰日炽，附者益众，东南大震。淮南发运使陈遘上言："腊众强，东南兵弱，乞调京畿兵及鼎、澧枪牌手兼程以来，使不至滋蔓。"帝得疏，始大惊。乃罢北伐之议，诏以童贯为江、淮、荆、浙宣抚使，谭稹为两浙制置使，率禁旅及秦、晋蕃、汉兵十五万讨之。

三年（辛丑、一一二一）春正月，方腊陷婺州，又陷衢州。衢守彭汝方被执，骂贼而死。贼屠其城。

二月，方腊陷处州，又遣其将方七佛引众六万，寇秀州，统军王子武御之。会大军至，合击贼，斩首九千，贼还据杭州。

夏四月，童贯合兵击方腊，破之，执腊以归。童贯、谭稹前锋至（清）〔青〕河堰（据续纲目、薛鉴改），水陆并进，屡击破方腊。腊焚官舍、府库、民居，宵遁，还清溪帮源洞。诸将刘延庆、王禀、王涣、杨惟忠、辛兴宗、王渊等相继至，尽复所陷城。贯等合兵击腊于帮源洞。腊众尚二十万，与官军力战，深据岩屋为三窟，诸将莫知所入。王渊裨将韩世忠潜行溪谷，问野妇，得径，即挺身直前，渡险数里，捣其穴，格杀数十人，擒腊以出。辛兴宗领兵截洞口，掠为己功，并取腊妻子及伪相方肥等，其众遂溃。腊之乱，凡破六州、五十二县，戕平民二百万。所掠妇女，自贼洞逃出，裸而缢于林中者，相望百余里。

五月，安置御史中丞陈过庭于黄州。过庭以睦寇窃发，上言：“致寇者蔡京，养寇者王黼，窜二人则寇自平。”又言：“朱勔父子本刑余小人，交结权幸，窃取名器，罪恶盈积，宜正典刑，以谢天下。”三人闻而憾之，故贬。

八月，加童贯太师，封楚国公，赏平方腊功也。方腊伏诛，改睦州为严州，歙州为徽州。

宣和三年（辛丑、一一二一）二月，淮南盗宋江寇京东州郡，至海州，张叔夜败之，江乃降。宋江起为盗，以三十六人横行河朔，转掠十郡，官军莫敢撄其锋。知亳州侯蒙上书言：“江才必有过人者，不若赦之，使讨方腊以自赎。”帝命蒙知东平府，未赴而卒。又命张叔夜知海州。江将至海州，叔夜使间者觇所向，江径趋海滨，劫巨舟十余，载卤获。叔夜募死士得千人，设伏近城，而出轻兵距海，诱之战。先匿壮卒海旁，伺兵合，举火焚其舟。贼闻之，皆无斗志。伏兵乘之，擒其副贼，江乃降。

宋史纪事本末卷五十五

群奸之窜

徽宗宣和七年（乙巳、一一二五）十二月，上以金兵迫，禅位于太子桓。时天下皆知蔡京等误国，而用事者多受其荐引，莫肯为帝明言之，于是太学生陈东率诸生上书曰："今日之事，蔡京坏乱于前，梁师成阴贼于内，李彦结怨于西北，朱勔聚怨于东南，王黼、童贯又从而构衅于二虏，创开边隙，使天下之势危如丝发。此六贼者，异名同罪，愿陛下肆诸市朝，传首四方，以谢天下！"先是，太上皇起崔鹏通判宁化军，召为殿中侍御史，既至而帝即位，授右正言。鹏上疏曰："数十年来，王公卿相皆自蔡京出，要使一门生死则一门生用，一故吏逐则一故吏来，更持政柄，无一人害己者。此京之本谋也，安得实是之言闻于陛下哉！谏议大夫冯澥近上章曰：'士无异论，太学之盛也。'澥尚敢为此奸言乎！王安石除异己之人，著三经之说以取士，天下靡然雷同，陵夷至于大乱，此无异论之效也。京又以学校之法驭士人，如军法之驭卒伍，一有异论，累及学官。若苏轼、黄庭坚之文章，范镇、沈括之杂说，悉以严刑重赏禁其收藏，其苛锢多士亦已密矣，而澥犹以为太学之盛，欺罔不已甚乎！原京与澥之罪，乃天地否泰所系，国家治乱由之以分，不可忽也。仁宗、英宗选敦朴敢言之士以遗子孙，安石目为流俗，一切逐去，司马光复起而用之，元祐之治，天下安于泰山。及章惇、蔡京倡为绍述之论以欺人主，绍述一道德而天下一于谄佞，绍述同风俗而天下同于欺罔，绍述理财而公私竭，绍述造士而人才衰，绍述开边而塞尘犯阙矣。元符应诏上书者数千人，京遣腹心考定之，同己为正，异己为邪。澥与京同者也，故列于正。京之术破坏天下，于兹极矣，尚忍使其余蠹再破坏耶！京奸邪之计大类王莽，而朋党之众则又过之。愿斩之以谢天下！”累章极论，时议归重焉。

钦宗靖康元年（丙午、一一二六）春正月，王黼闻金兵至，不俟命，载其孥以东。诏贬为崇信军节度副使，永州安置。吴敏、李纲请诛黼。事下开封尹聂昌，昌遣武士蹑之，及于雍丘南，戕之民家，取其首以献。帝以初即位，难于诛大臣，托言为盗所杀。李彦赐死，并籍其家。朱勔放归田里。勔以花石取媚，流毒生民逾二十年，积官至宁远军节度使，居苏州，公肆掊克。其园池拟禁（御）〔籞〕（据宋史卷四七〇朱勔传、续纲目、薛鉴改），服饰器用上僭乘舆。又托挽舟，募兵数千人，拥以自卫。声焰薰灼，东南部刺史、郡守多出其门，邪人秽夫候门奴事，时谓“东南小朝廷”。上皇末年益亲任之，居中白事，传达上旨，大略如内侍，进见不避宫嫔，一门尽为显官，驺仆亦至金紫，天下为之扼腕。至是，凡由勔得官者皆罢。时二府多宣和旧人，秘书郎陈公辅言：“蔡京、王黼柄事二十余年，台谏皆缘以进，如唐重、师骥为太宰李邦彦引用，谢克家、孙觌为纂修蔡攸引用。令此四人者处台谏之任，臣知其决不能言宰相大臣之过。愿择群臣中朴茂纯直，安贫守节，不附权幸，慷慨论事者，列之台谏，则所任得人，礼义廉耻稍稍振起，敌国闻之，岂不畏服哉！”

乙未，贬梁师成为彰化节度副使。师成晚年，益通赂谢，士人入钱数百万，以献颂上书为名，令赴廷试。唱第之日，侍帝侧，嗫嚅升降之。其小吏储宏亦与（甲）科〔甲〕（据宋史卷四六八梁师成传、续纲目、薛鉴改），而执役如初。师成貌若不能言，然阴鸷，遇间即发。王黼尝为郓王楷阴画夺宗之计，师成力保护太子，得不动摇。及上皇东幸，嬖臣多从以避罪，师成自以旧恩留京师。太学生陈东既疏其罪恶，布衣张炳亦以为言，遂贬，令开封吏护送至贬所。行及八角镇，赐死。

二月甲寅，贬蔡京为秘书监，分司南京；童贯为左卫上将军，池州居住；蔡攸为太中大夫，提举亳州明道宫。时三人皆从上皇行，以陈东之言，故贬。癸丑，贬童贯安置柳州，令吏部考核滥赏。凡由杨戬、李彦之公田，王黼、朱勔之应奉，童贯、谭稹等西北之师，孟昌龄父子河防之役，夔、蜀、湖南之开疆，关陕、河东之改币，吴越、山东茶盐、陂田之利，宫观、池苑营缮之功，后苑、书艺局、文字库等之费，又若近习所引献颂可采、效用宣力、应奉有劳、特赴殿试之流，所得爵赏，悉夺之。

秋七月，乙丑朔，除元符上书邪等之禁。

乙亥，窜蔡京于儋州，攸雷州，童贯吉阳军，赵良嗣柳州。乙酉，诏蔡京子孙二十三人分窜远地，遇赦不许量移。是日，京死于潭州。京字元长，兴化仙游人，熙宁三年进士。天资凶谲，舞智御人，与童贯相结，因得骤进，在人主前，颛狙伺为固位计。帝亦知其奸，屡罢屡起。京每闻将退免，辄入见祈哀，匍伏叩头，无复廉耻。见利忘义，至于兄弟父子自为秦、越。暮年即家为府，营进之徒俱集其门，输货僮隶，皆得美官，弃纪纲法度为虚器。根株连结，牢不可破，卒致宗庙之祸。虽以谪死，天下犹以不正典刑为恨。

辛卯，遣监察御史张征诛童贯。贯少出李宪之门，善巧媚。自给事宫掖，即善策人主微指，先事顺承。贯状貌魁梧，瞻视壮伟，颐下生须十数，皮骨劲如铁，不类阉人。有度量，能疏财，后宫自妃嫔以下皆献馈，结纳左右妇寺，誉言日闻。宠媚翕赫，庭户杂遝成市，岳牧辅弼多出其门。握兵二十年，权倾一时，奔走期会，过于制敕。尝有论其过者，诏方劭往察。〔劭〕（据宋史卷四六八童贯传、续纲目补）一动一息，贯悉侦得之，先密以白，且陷以他事，劭反得罪逐死。穷奸稔祸，流毒四海，死不足以偿责。

遣广西转运副使李升之诛赵良嗣，函首赴阙，悬于市。

九月，蔡攸与弟翛及朱勔伏诛。先是，窜勔循州，籍其家，田至三十万亩，他物称是。言者又论攸兴燕山之役，祸及天下，罪不容死。于是遣使即三人窜所斩之。

宋史纪事本末卷五十六

金人入寇

徽宗宣和七年（乙巳、一一二五）冬十月，金将粘没喝、斡离不分道入寇。初，斡离不在平州，遣人来索叛亡户口，朝议弗遣，且闻童贯、郭药师治兵燕山，斡离不遂请于金主曰："苟不先举伐宋，恐为后患。"金主以为然，而未敢轻举。及使者往返既数，道路险易，朝廷治否，府库虚实，渐得要领，而耶律余睹、刘彦宗亦言南朝可图，师不必众，因粮就兵可也。及既获辽主，即决意南侵。以谙班勃极烈斜也领都元帅，居京师；粘没喝为（右）〔左〕（据金史卷七四宗翰传、续纲目、薛鉴改）副元帅，谷神为元帅右监军，耶律余睹为元帅右都监，自云中趋太原；挞懒为六部路都统，阇母为南京路都统，刘彦宗为汉军都统，斡离不监阇母、彦宗两军战事，自平州入燕山。

十二月乙巳，童贯自太原逃归。金粘没喝陷朔、代州，遂围太原。先是，金人遣使来许割蔚、应州及飞狐、灵丘县，帝信之，遣童贯往受地。至太原，闻粘没喝自云中南下，贯乃使马扩、辛兴宗往使，谕以交割地事。扩至军前，粘没喝严兵以待，趣扩等庭参如见金主之礼。既毕，首议山后事，粘没喝曰："尔尚欲此两州、两县耶？山前、山后皆我家地，尚复何论！汝家别削数城来，可赎罪也。汝辈可即去，我自遣人至宣抚司矣。"扩还，具言于贯。贯曰："金初立国边头，宁有几许军马，遽敢作如此事耶！"扩曰："彼既深恨本朝结（约）〔纳〕（据续纲目、薛鉴改）张觳，又为契丹旧臣所激，故谋报复。今宜速作备御。"贯不从。既而粘没喝遣王介儒、撒离拇持书至太原，责以渝盟、纳叛等事，词语甚倨。贯问之曰："如此大事，何不素告我？"撒离拇曰："兵已兴，何告为！宜速割河东、河北，以大河为界，庶存宋朝宗社。"贯闻之，气褫不知所为，即欲假赴阙禀议为名，遁还京师。知太原府张孝纯止之曰："金人渝盟，大王当会诸路将士，极力支吾。今大王去，人心必摇，是以河东与金也。河东既失，河北岂可保耶！愿少留，共图报国。兼太原地险城坚，人亦习战，金未必能便克也。"贯怒，叱之曰："贯受命宣抚，非守土也。必欲留贯，置帅臣何为！"遂行。孝纯叹曰："平生童太师作几许威望，及临事乃蓄缩畏慑，奉头鼠窜，何面目复见天子乎！"粘没喝引兵降朔州，克代州。都巡检使李翼力战，被执，骂贼死。粘没喝遂进围太原，孝纯悉力固守。

己酉，金斡离不入檀、蓟州。郭药师以燕山叛降金，金尽陷燕山州、县。初，郭药师与詹度同职，自以节钺欲居度上，度以御笔所书有序，药师不从。加以常胜军横暴，药师右之，度不能制。朝廷虑其交恶，命蔡靖代度。靖至，坦怀待之，药师亦重靖，稍为抑损。及安中被召，靖代知府事。药师每令部曲持良械精甲，贸易于他道，为奇巧之物以奉权贵宦侍，誉言日闻于帝。遂专制一路，增募兵至三十万，而不改契丹服饰，朝论颇以为疑。进拜太尉，召之入朝，药师辞不至。帝令童贯行边，阴察其去就，不然则挟之偕来。贯至，药师迎拜帐下，贯避之，曰："汝今为太尉，与我等耳，此礼何为?"药师曰："太师，父也，药师唯拜我父，焉知其他!"贯释然。遂邀贯视师，至于迴野，略无人迹。药师下马，当贯前掉旗一挥，俄顷四山铁骑耀日，莫测其数。贯众皆失色，归为帝言，药师必能抗虏。蔡攸亦从中力主之，谓其可倚。故内地不复防制，屡有告变及得其通金国书，朝廷辄不省。詹度又言："药师瞻视非常，趣向怀异，逆节已萌，凶横日甚。"始诏遣官究实，而金兵已南下矣。斡离不自平州破檀、蓟，至三河，蔡靖遣药师及张令徽、刘舜仁帅师四万五千，迎战于白河，兵败而还。药师遂帅所部兵劫靖及都转运使吕颐浩降金，斡离不执靖及颐浩置军中以行，于是燕山府所属州、县皆为金有。斡离不既得药师，益知宋虚实，因以为乡导，悬军深入矣。

金人围太原，太常少卿傅察使金，至境上，遇斡离不兵，胁之使拜且降。不拜，左右捽之伏地，愈直立。反覆论辨，不屈，遂遇害。察，尧俞从孙也，十八登进士。蔡京尝欲妻以女，拒弗答。平居恂恂然若无所可否，及仓卒徇义，闻者莫不壮之，后谥忠肃。

丙辰，金兵犯中山府。帝以金人南下，罢诸路花石纲及内外制造局，悉以禁旅付内侍威武军节度使梁方平，守黎阳。步军都虞候何灌谓白时中曰："金人倾国远至，其锋不可当。今方平拥精兵以北，在京皆疲弱也，万一方平不支，吾何以善吾后？盍留以卫根本。"不从。

戊午，以皇太子桓为开封牧。帝以金师日迫为忧。蔡攸探知帝意欲内禅，引给事中吴敏入对。宰执皆在，敏前奏事，且曰："金人渝盟，举兵犯顺，陛下何以待之？"帝蹙然曰："奈何？"时东幸计已定，命李棁先出守金陵。敏退，诣都堂言曰："朝廷便为弃京师计，何理也？此命果行，须死不奉诏！"宰执以为言，棁遂罢行，而以太子为开封牧。

己未，诏天下勤王。初，宇文虚中为童贯参议官，虚中以庙谟失策，主帅非人，将有纳侮自焚之祸，上书极言之，王黼大怒。又累建防边策议，皆不报。及金人南下，贯与虚中还朝。帝谓虚中曰："王黼不用卿言，今事势若此，奈何？"虚中对曰："今日宜先降诏罪己，更革弊端，俾人心天意回，则备御之事，将帅可以任之。"帝即命虚中草诏，略曰："朕以寡昧之质，借盈成之业。言路壅蔽，面谀日闻，恩幸持权，贪饕得志；搢绅贤能陷于党籍，政事兴废拘于纪年。赋敛竭生民之财，戍役困军旅之力；多作无益，侈靡成风。利源酤榷已尽，而牟利者尚肆诛求，诸军衣粮不时，而冗食者坐享富贵。灾异谪见而朕不寤，众庶怨怼而朕不知。追维己愆，悔之何及！思得奇策，庶解大纷。望四海勤王之师，宣二边御敌之略。永念累圣仁厚之德，涵养天下百年之余，岂无四方忠义之人，来徇国家一日之急！应天下方镇、郡县守令，各率众勤王，能立奇功者，并优加奖异。草泽异材，能为国家建大计，或出使疆外者，并不次任用。中外臣庶，并许直言极谏。"帝览之，曰："今日不吝改过，可便施行。"虚中又请出宫人，罢道官及大晟府、行幸局暨诸局务。

召熙河经略使姚古、秦凤经略使种师中将兵入援。时欲召古、师中，令以本路兵会郑、洛，外援河阳，内卫京城，帝命宇文虚中为河北、河东路宣谕使，护其军。虚中以檄召古、师中兵马，令直赴汴京应援。

庚申，以吴敏为门下侍郎。帝东幸之意益决，太常少卿李纲谓敏曰："建牧之议，岂非欲委太子以留守之任乎？今敌势猖獗，非传太子以位号不足以招徕天下豪杰。"敏曰："监国可乎？"纲曰："肃宗灵武之事，不建号不足以复邦，而建号之议不出于明皇，后世惜之。上聪明仁恕，公曷不为上言之。"翌日，敏入对，具以纲言白帝，帝即召纲入议。纲刺臂血上疏曰："皇太子监国，礼之常也。今大敌入攻，安危存亡在呼吸间，犹守常礼，可乎？名分不正而当大权，何以号召天下！若假皇子以位号，使为陛下守宗社，收将士心，以死捍敌，天下犹可保。”帝意遂决。

辛酉，宰臣奏事，帝留李邦彦，语敏、纲所言，书“传位东宫”四字以付蔡攸，因下诏禅位于太子桓，自称曰道君皇帝。太子入禁中，被服泣涕，固辞不许，遂即位。尊帝为教主道君太上皇帝，退居龙德宫，皇后为太上皇后。以李邦彦为龙德宫使，蔡攸、吴敏副之。

遣给事中李邺使金，告内禅，且请修好。邺至庆源府，斡离不欲还，郭药师曰：“南朝未必有备，不如姑行。”从之。

甲子，金将斡离不陷信德府。粘没喝围太原。诏京东、淮西、两浙募兵入卫。

钦宗靖康元年（丙午、一一二六）春正月丁卯朔，诏中外臣庶直言得失。自金人犯边，屡下求言之诏，事稍缓，则阴沮抑之。当时有“城门闭，言路开；城门开，言路闭”之语。

戊辰，金斡离不陷相、濬二州。威武军梁方平帅禁旅屯于黎阳河北岸，金将迪古补奄至，方平奔溃。河南守桥者，望见金兵旗帜，烧桥而遁。河北、河东路制置副使何灌帅兵二万保滑州，亦望风迎溃。官军在河南者，无一人御敌。金人遂取小舟以济，凡五日，骑兵方绝，步兵犹未渡也。旋渡旋行，无复队伍。金人笑曰：“南朝可谓无人。若以一二千人守河，我岂得渡哉！”遂陷滑州。

己巳，何灌奔还。帝闻金将斡离不渡河，即下诏亲征。诏曰：“朕以金国渝盟，药师叛命，侵轶边鄙，劫掠吏民，虽在缵承之初，敢忘付托之重！事非获已，兵出有名。已戒六师，躬行天讨。应亲征合行事件，令有司并依真宗皇帝幸澶渊故事。”以李纲为亲征行营使，吴敏副之，聂山参谋军事。

以蔡攸为太上皇帝行宫使，宇文粹中副之，奉上皇东行以避敌。

庚午，上皇如亳州，于是百官多潜遁。初，童贯在陕西，募长大少年，号胜捷军，几万人，以为亲军，环列第舍。及自太原还京，适上皇南幸，贯即以是军自随。上皇过浮桥，卫士攀望号恸。贯惟恐行不速，使亲军射之，中矢而踣者百余人，（时）（据宋史卷四六八童贯传、续纲目、薛鉴删）道路流涕。蔡京亦尽室南行，为自全计。

京师戒严。宰执议请帝出幸襄、邓以避敌锋。行（宫）〔营〕（据宋史卷三五八李纲传、续纲目、薛鉴改）参谋官李纲曰：“道君皇帝挈宗社以授陛下，委而去之，可乎？”帝默然。太宰白时中谓都城不可守，纲曰：“天下城池岂有如都城者！且宗庙、社稷、百官、万民所在，舍此欲何之？今日之计，当整饬军马，固结人心，相与坚守，以待勤王之师。”帝问：“谁可将者？”纲曰：“白时中、李邦彦等虽未必知兵，然藉其位号，抚将士以抗敌锋，乃其职也。”时中忿然曰：“李纲莫能将兵出战否？”纲曰：“陛下不以臣庸懦，傥使治兵，愿以死报。”乃以纲为尚书右丞、东京留守。纲为帝力陈不可去之意，且言：“明皇闻潼关失守，即时幸蜀，宗庙、朝廷，毁于贼手。今四方之兵不日云集，奈何轻举以蹈明皇之覆辙乎！”会内侍奏中宫已行，帝色变，仓卒降御榻曰：“朕不能留矣！卿等无执，朕将往陕西起兵，以复都城。”纲泣拜俯伏，以死邀之。会燕、越二王至，亦以固守为然。帝意稍定，顾纲曰：“朕今为卿留。治兵御敌之事，专责之卿，勿致疏虞。”纲仓皇受命。

是夜，宰臣犹请出幸不已，帝从之，欲诘旦决行。质明，纲趋朝，则禁卫擐甲，乘舆已驾矣。纲急呼禁卫曰：“尔等愿守宗社乎？愿从幸乎？”皆曰：“愿死守。”纲入见曰：“陛下已许臣留，复戒行，何也？今六军父母、妻子皆在都城，愿以死守。万一中道散归，陛下孰与为卫？且虏骑已迫，知乘舆未远，以健马疾追，何以御之？”帝感悟，乃召中宫还。禁卫六军闻之，皆拜伏呼万岁。

辛未，帝御宣德楼，宣谕六军，始定固守之议。命李纲为亲征行营使，以便宜从事，侍卫都指挥使曹曚副之。治都城四壁守具，以百步法分兵备御，令肄习之。战守之具粗毕，金人已抵城下矣。

壬申，遣使督诸道勤王兵入援。

癸酉，斡离不军抵都城西北，据牟驼冈天驷监，获马二万匹，刍豆如山。盖郭药师熟知其地，故导金兵先据之。帝召群臣议，李邦彦力请割地求和，李纲以为击之便。帝竟从邦彦，命虞部员外郎郑望之及高世则使其军；未至，遇金使吴孝民来，因与偕还。是夜，金人攻宣泽门，以(大)〔火〕(据靖康要录卷一、薛鉴改。下同)船数十，顺流而行。李纲临城，募敢死士二千人，列布拐子〔弩〕(据靖康传信录卷一补)，城下（大）〔火〕船至，投石碎之。及运蔡京家山石叠门，壮士缒城而下，斩酋长十余人，杀其众百余人。金人知有备，又闻道君已内禅，至旦乃退。

甲戌，金使吴孝民入见，问纳张毂事，令执送童贯、谭稹、詹度，且言曰："上皇朝〔事〕（据续纲目、薛鉴补）已往不必计，今少帝与金别立誓书结好，仍遣亲王、宰相诣军前可也。"帝因求大臣可使者，李纲请行，帝不许，而命李棁。纲曰："安危在此一举，臣恐李棁怯懦，误国事也。"不听，遂命棁使金军。棁至，斡离不盛兵南向坐，棁北面再拜，膝行而前，恐怖丧胆，失其所言。斡离不谓之曰："汝家京城破在顷刻，所以敛兵不攻者，徒以少帝之故，欲存赵氏宗社，我恩大矣。今若欲议和，当输金五百万两、银五千万两、牛马万头、表段百万匹，尊金帝为伯父，归燕、云之人在汉者，割中山、太原、河间三镇之地，而以宰相、亲王为质，送大军过河，乃退耳。"因出事目一纸付棁，遣还。棁等唯唯，不敢措一言，遂与金使萧三宝奴、耶律中、王汭等偕来。凡金人所邀求，皆郭药师教之也。

乙亥，金人攻天津、景阳等门。李纲亲督战，募壮士，缒城而下，自卯至酉，斩其酋长十余，杀其众数千人，何灌力战而死。

丙子，李棁至，李邦彦等力劝帝从金议。帝乃避殿减膳，括借都城金银及倡优家财，得金二十万两、银四百万两，而民间已空。李纲言："金人所需金币，竭天下且不足，况都城乎！三镇，国之屏蔽，割之何以立国？至于遣质，即宰相当往，亲王不当往。若遣辨士，姑与之议所以可不可者，宿留数日，大兵四集，彼孤军深入，虽不得所欲，亦将速归。此时与之盟，则不敢轻中国而和可久也。”李邦彦等言：“都城破在朝夕，尚何有三镇？而金币之数又不足较。”帝默然。纲不能夺，因求去，帝慰谕之曰：“卿第出治兵，此事当徐图之。”纲退，则誓书已成，称“伯大金皇帝”，“侄大宋皇帝”。金币、割地、遣质、更盟，一依其言。遣沈晦以誓书先往，并持三镇地图示之。

庚辰，以张邦昌为计议使，奉康王构往金军为质以求成。诏称金国加“大”字。初，邦昌与邦彦等力主和议，不意身自为质，及行，乃邀帝署御批无变割地议，帝不许。康王与邦昌乘筏渡壕，自午至夜，始达金营。康王，道君皇帝第九子，韦贤妃所生也。

辛巳，道君皇帝至镇江。

甲申，都统制马忠以京西募兵至，击金人于顺天门外，败之。金师暂敛，西路稍通，援兵得达。

乙酉，路允迪使粘没喝军于河东。

丁亥，种师道督泾原、秦凤兵入援。师道至洛，闻斡离不已屯京城下，或止师道，言：“贼势方锐，愿少驻汜水以谋万全。”师道曰：“吾兵少，若迟回不进，形见情露，只取辱焉。今鼓行而进，彼安能测我虚实？都人知吾来，士气自振，何忧贼哉！”揭榜沿道，言“种少保领西兵百万来”。遂抵京西，趋汴水南，径逼敌营。金人惧，徙砦稍北，敛游骑，但守牟驼冈，增垒自卫。时师道年高，天下称为老种。帝闻其至，甚喜，开安上门，命李纲迎劳。师道入见，帝问曰：“今日之事，卿意若何?”对曰：“臣以议和非也。女真不知兵，岂有孤军深入人境，而能善其归乎！臣在西土，不知京城。臣今观京师，周迴八十里，如何可围！城高数十丈，粟支数年，不可攻也。请于城内札营，而城上严兵拒守，以待勤王之师。不逾数月，虏自困矣。如其退，即与之战。三镇之地，不宜割与。”帝曰：“业已讲和。”对曰：“臣以军旅之事事陛下，余非所敢知也。”遂拜同知枢密院事，充京畿、河北、河东宣抚使。师道时被病，命毋拜，许肩舆入朝。金使王汭在廷，素颉颃，望见师道，拜跪稍如礼。帝顾笑曰：“彼为卿故也。”自虏渡河，京师诸门尽闭，市无薪菜。师道请启西南壁，听民出入，民始安之。又请缓给金币于金，俟彼惰归，扼而歼诸河，计之上也。帝命师道于政事堂共议。师道见李邦彦曰：“京城坚高，备御有余，当时相公何事便讲和?”邦彦曰：“以国家无兵故也。”师道曰：“不然，凡战与守，自是两事，战或不足，守则有余。京师百万众，尽皆兵也。”邦彦曰：“素不习武事，不知出此。”师道叹曰：“相公不习兵，岂不闻往古守城者乎!”又曰：“闻城外居民悉为贼杀掠，畜产甚多，亦为贼有。当时既闻贼来，何不悉令城外居民，撤去屋舍，移其所畜，尽入城中，乃遽闭门以遗贼资，何也?”邦彦曰：“仓卒之际，不暇及此。”师道笑曰：“亦大荒忙耳!”左右皆笑。时议人人异同，惟李纲与师道合，而邦彦不从。

时朝廷日输金币于金，而金人需求不已，日肆屠掠。四方勤王之师渐至，李纲言："金人贪婪无厌，凶悖日甚，其势非用师不可。且敌兵号六万，而吾勤王之师集城下者二十余万。彼以孤军入重地，犹虎豹自投陷阱中，当以计取之，不必与角一朝之力。若扼河津，绝饷道，分兵复畿北诸邑，而以重兵临敌营，坚壁勿战，如周亚夫所以困七国者。俟其食尽力疲，然后以〔一〕（据宋史卷三五八李纲传、续纲目、薛鉴补）檄取誓书，复三镇，纵其北归，半渡而击之，此必胜之计也。"帝深然之，约日举事。

种氏、姚氏素为山西巨室，姚平仲以父古方帅熙河兵入援，虑功名独归种氏，乃云："士不得速战，有怨言。"帝闻之，以语李纲，纲主其议，令城下兵缓急听平仲节度。帝日遣使趣师道战，师道欲俟其弟师中至，因奏言过春分乃可击。时相距才八日，帝以为缓，平仲请先期击之。

二月丁酉朔，姚平仲帅步骑万人，夜斫敌营，欲生擒斡离不及取康王以归。夜半，帝遣中使谕李纲曰："姚平仲已举事，卿速援之。"平仲方发，金候吏觉之。斡离不遣兵迎击，平仲兵败，惧诛亡去。李纲率诸将出救，遂与金人战于幕天坡，以神臂弓射却之。师道复言："劫寨已误，然兵家亦有出其不意者。今夕再遣兵分道攻之，亦一奇也。如犹不胜，然后每夕以数千人扰之，不十日，贼遁矣。"李邦彦等畏懦，皆不果用。

金斡离不召诸使者，诘责用兵违誓之故。张邦昌恐惧涕泣，康王不为动。金人异之，乃使王汭来致责，且请更以他王为质。汭至，李邦彦语之曰："用兵乃李纲、姚平仲耳，非朝廷意也。"

戊戌，罢李纲以谢金人，废亲征行营司。

时宇文虚中闻汴京急，驰归，收拾散卒，得东南兵二万人，以便宜起李邈领之，令驻于汴河。会姚平仲失利，援兵西来者皆溃，虚中缒而入京。帝欲遣人奉使辨劫营非朝廷意，大臣皆不欲行，虚中承命慨然而往。

庚子，太学诸生陈东等上书于宣德门，言："李纲奋勇不顾，以身任天下之重，所谓社稷之臣也。李邦彦、白时中、张邦昌、李棁之徒，庸谬不才，忌嫉贤能，动为身谋，不恤国计，所谓社稷之贼也。陛下拔纲，中外相庆，而邦昌等疾如仇雠，恐其成功，因缘沮败。且邦彦等必欲割地，曾不知无三关、四镇，是弃河北也。弃河北，朝廷能复都大梁乎！又不知邦昌等能保金人不复败盟否也？邦彦等不顾国家长久之计，徒欲沮李纲成谋以快私愤。李纲罢命一传，兵民骚动，至于流涕，咸谓不日为虏擒矣。罢纲非特堕邦彦等计中，又堕虏计中也。乞复用纲而斥邦彦等，且以阃外付种师道。宗社存亡，在此一举，不可不谨。"书奏，军民不期而集者数万人。会邦彦入朝，众数其罪而骂，且欲殴之，邦彦疾驱得免。吴敏传宣令退，众莫肯去，挝坏登闻鼓，喧呼动地。帝恐生变，乃令耿南仲号于众曰："已得旨宣纲矣。"内侍朱拱之宣纲后期，众脔而磔之，并杀内侍数十人。知开封府王时雍麾之不退，帝顾户部尚书聂昌，俾出谕旨，诸生始退。乃复纲右丞，充京城四壁防御使。既而都人又言愿见种师道。诏促师道入城弹压，师道乘车而至。众褰帘视之，曰："果我公也。"相麾声喏而散。明日，诏诛士民杀内侍为首者，禁伏阙上书。王时雍欲尽致太学诸生于狱，人人惴恐，会朝廷将用杨时为祭酒，复遣聂昌宣谕，然后定。

宇文虚中冒锋镝至金营，露坐风埃，自巳至申，金人注矢露刃，周帀围之，久乃得见康王。次日，侍王至金幕府，见斡离不。抵暮，遣王汭随虚中入城，要越王及李邦彦、吴敏、李纲并驸马曹晟等，与金、银、骡、马之（数）〔类〕（据宋史卷三七一宇文虚中传、续纲目、薛鉴改），且欲御笔书定三镇界，方退军。明日，帝命肃王往，代质。康王、张邦昌还。

诏割三镇地以界金。初，金人犯咸丰门，蔡懋号令将士，"金人近城，不得辄施矢石"。将士积愤。及李纲复用，下令"能杀敌者厚赏"。众无不奋跃，金人〔惧〕（据宋史卷三五八李纲传、续纲目补），稍稍引却。至是，宇文虚中复奉诏如金，许割三镇地。斡离不得诏，遂不俟金币数足，遣阁门使韩光裔来告辞，退师北去，肃王从之。京师解严。种师道请乘其半济击之，帝不许。李邦彦立大旗于河东、河北，"有擅（动）〔出〕（据宋史全文、薛鉴改）兵者，并依军法"。种师道曰："异日必为国患。"御史中丞吕好问进言于帝曰："金人得志，益轻中国，秋冬必倾国复来。御敌之备，当速讲求。"不听。

杨时上疏曰："河朔为朝廷重地，而三镇又河朔之要藩也。自周世宗迄我太祖、太宗，百战而后得之，一旦弃之北人，使敌骑疾驱，贯吾腹心，不数日可至京城。今闻三镇之民以死拒之，三镇拒其前，吾以重兵蹑其后，尚可为也。若种师道、刘光世皆一时名将，始至而未用，乞召问方略。”疏上，帝诏出师，而议者多持两端。时又抗疏曰：“闻金人驻磁、相，破大名，劫虏驱掠，无有纪极，誓墨未干，而背不旋踵，吾虽欲专守和议，不可得也。夫越数千里之远，犯人国都，危道也。彼见勤王之师四面而集，亦惧而归，非爱我而不攻。朝廷割三镇三十州之地与之，是欲助寇而自攻也。闻肃王初与之约及河而返，金挟之以往，此败盟之大者。臣窃谓朝廷宜以肃王为问，责以败盟，必得肃王而后已。”时太原围闭数月，而姚古逗留不进。时又上疏乞诛古以肃军政，拔偏裨之可将者代之。不报。

时姚古、种师道及府州帅折彦质等各以兵勤王，凡十余万人，至汴城下，而斡离不已退。李纲请诏古等追之，且戒俟其间可击则击，而三省乃令护送出境，勿轻动以启衅。时大臣政令矛盾，故迄无成功。

癸丑，种师道罢。中丞许翰言：“师道名将，沉毅有谋，不宜使解兵柄。”不听。

先是，粘没喝围太原，悉破诸县，独城中以张孝纯固守不下，乃于城外矢石不及之地，筑城防守，使内外不相通。及闻斡离不议和，亦遣人来求赂。宰臣以勤王兵大集，拘其使而不与。粘没喝怒，乃分兵南下，折可求、刘光世军皆为所败。平阳府叛卒导金兵入南、北关。粘没喝叹曰：

“关险如此，而我乃得越，南朝可谓无人矣。”既越关，知威胜军李植以城降。乙卯，攻隆德府，知府事张确、通判赵伯臻皆力战死之。未几，粘没喝还云中，留兵围太原。

壬午，诏：“金人叛盟深入，其元主和议李邦彦，奉使许地李棁、李邺、郑望之，悉行罢黜。”又诏：“金人要盟，终不可保。今粘没喝深入，南陷隆德，先败原约。朕夙夜追咎，已黜罢主和之臣。其太原、中山、河间三镇，保塞陵寝所在，誓当固守。”于是命种师道为河北、河东宣抚使，驻滑州。姚古为河北制置使，种师中副之，古总兵援太原，师中援中山、河间。师道无兵自随，乃请合山东、陕西关河卒，屯沧、卫、孟、滑，备金兵再至。朝廷以大敌甫退，不宜劳师示弱，格不用。师中渡河，上言：“粘没喝至泽州，臣欲由邢、相间捷出上党，捣其不意，当可以逞。”朝廷疑不用。斡离不行至中山、河间，两镇皆固守不下，师中因进兵以逼之，斡离不遂出境。

癸未，遣李纲迎太上皇于南京。

庚寅，姚古复隆德府。辛卯，复威胜军。

夏四月己亥，太上皇至京师。

五月丁丑，以太原围不解，诏种师中与姚古进军，相为掎角。师中进次平定军，乘胜复寿阳、榆次等县，留屯真定。时粘没喝避暑还云中，留兵分就畜牧。觇者以为将遁，告于朝。许翰信之，数遣使趣师中出战，责以逗挠。师中叹曰：“逗挠，兵家大戮也。吾结发从军，今老矣，忍受此为罪乎！”即日办严，约姚古及张灏俱进，而辎重赏犒之物，皆不以从行。师中抵寿阳之石坑，为金将完颜活女所袭，五战三胜；回趋榆次，至杀熊岭，去太原百里。姚古将兵至威胜，统制焦安节妄传粘没喝将至，故古与灏皆失期不至。师中兵饥甚，敌知之，悉众攻右军，右军溃而前军亦奔；师中独以麾下死战，自卯至巳，士卒发神臂弓射退金人，而赏赉不及，皆愤怨散去，所留才百人。师中身被四创，力疾斗死。师中老成持重，为时名将，既死，诸军无不夺气。金乘胜进兵，迎古遇于盘陀。古兵溃，退保隆德。事闻，李纲召安节，斩之，安置古于广州，赠师中少师。

京师自金兵退，遂置边事于不问。李纲独以为忧，数上备边御敌之策，辄为耿南仲等所沮。及姚古、种师中败，种师道以病乞归，乃以纲为两河宣抚使，刘韐副之，以代师道。又以解潜为制置副使，以代姚古。纲言："臣书生，实不知兵。在围城中，不得已为陛下料理兵事。今使为大帅，恐误国事。"因拜辞，不许。退而移疾，乞致仕，章十余上，亦不允。台谏言纲不可去朝廷，帝以其为大臣游说，斥之。或谓纲曰："公知所以遣行之意乎？此非为边事，欲缘此以去公，则都人无辞尔。公不起，上怒且不测，奈何？"许翰复书"杜邮"二字以遗纲，纲不得已，受命。帝手书裴度传以赐之。宣抚司兵仅万二千人。纲请银、绢、钱各百万，仅得二十万。庶事皆未集，纲乞展行期，上批以为迁延拒命，趣召数四。纲入对，帝曰："卿为朕巡边，便可还朝。"纲曰："臣之行，无复还理。臣以愚直不容于朝，使既行之后，无有沮难，则进而死敌，臣之愿也。万一朝廷执议不坚，臣自度不能有为，即当求去。陛下宜察臣孤忠，以全君臣之义。”上为感动。陛辞，又为上道唐恪、聂昌之奸，任之必误国，言甚激切。

秋七月，李纲赴两河，留河阳十余日，练士卒，修整器甲之属。进次怀州，造战车，期兵集大举；而朝廷降诏，罢所起兵。纲上疏言：“秋高马肥，敌必深入，宗社安危，殆未可知。防秋兵尽集，尚恐不足，今河北、河东日告危急，未有一人一骑以副其求，奈何甫集之兵，又皆散遣？且以军法勒诸路兵起，而以寸纸罢之，臣恐后时有所号召，无〔复〕（据宋史卷三五八李纲传、续纲目、薛鉴补）应者矣！”疏上，不报，趣赴太原。纲乃遣解潜屯威胜军，刘韐屯辽州，幕官王以宁与都统制折可求、张思正等屯汾州，范琼屯南、北关，皆去太原五驿，约三道并进。时诸将皆承受御画，事皆专达，进退自若，宣抚司徒有节制之名，多不遵命。纲尝具论之，虽降约束，而承受专达如故。于是刘韐兵先进，金人并力御之，韐兵溃。潜与敌遇于关南，亦大败。

八月丙申，复以种师道为两河宣抚使，召李纲还。

庚子，河东察访使张灏与金人战于文水，败绩。丁未，斡离不犯真定。戊申，都统制张思正等夜袭金人于文水，败之。己酉，复战，师溃，死者数万人，思正奔汾州。都统制折可求师溃于子夏山。于是威胜、隆德、汾、晋、泽、绛民皆渡河南奔，州县皆空。金人乘胜攻太原。李纲又上疏极论节制不专之弊，且言分路进兵，贼以全力制吾孤军，不若合大兵由一路进。及范世雄以湖南兵至，因荐为宣抚判官。方欲会合亲率击虏，会以议和，止纲进兵；纲亦求罢，遂代还。

金粘没喝、斡离不复分道入寇。先是，朝廷以肃王为彼所质，亦留其使臣萧仲恭以相当，逾月不遣。其副赵伦惧不得归，乃绐馆伴邢倞曰："金国有耶律余睹者，领契丹兵甚众，贰于金人，愿归大国，可结之以图斡离不及粘没喝。"执政以仲恭、余睹皆辽贵戚旧臣，而用事于金，当有亡国之戚，信之，乃以蜡书付伦，致之余睹，使为内应，仍赐伦银绢。伦还，见斡离不，即以蜡书献之，斡离不以闻于金主。又麟府帅折可求言辽梁王雅里在西夏之北，欲结宋以复怨于金。吴敏劝帝致书梁王，由河东之麟府，亦为粘没喝游兵所得，复以闻。于是金主甚怒，以粘没喝为左副元帅，斡离不为右副元帅，分道南侵。粘没喝发云中，斡离不发保州。

庚申，遣给事中王云使金军。先是，遣刘岑、李若水分使金军，以求缓师。岑等还，言斡离不止索归朝官及所欠金银，粘没喝则深讳金银，专论三镇。至是，乃遣云往，许以三镇赋税。

九月丙寅，金人陷太原。始，粘没喝久攻太原不下，乃于城下筑旧城居之，号元帅府。已而归云中，留（良）〔银〕朱大（酉）〔酋〕（据薛鉴改。按：此人即银术可，金史卷七二有传）攻围，凡二百六十日，城中军民饿死者十八九，固守不下。至是，粘没喝自云中复至，乘胜急攻，帅臣张孝纯力竭不能支，城遂陷。孝纯被执，既又释而用之。副都总管王禀负原庙中太宗御容赴汾水死。通判方笈、转运韩揆等三十六人皆被害。初，朔州守臣孙翊，河东名将也，领兵由宁化、宪州出天门关以援太原。翊离朔未几而朔已降虏，翊麾下多朔人，粘没喝驱朔之父老以示翊军，军遂叛翊，及战，乃为麾下所害。时府州守臣折可求亦统麟府之师二万，涉大河，由岢岚、宪州，将出天门关以援太原，为虏据关，不克。复越山取道松子岭，至于交城，遇粘没喝之众，大战移时，可求远来，劳不敌逸，亦败。

丙戌，以李回为大河守御使，折彦质为河北宣抚副使。从何㮚之请，分天下二十三路为四道，建三京及邓州为都总管府，分总四道兵，以知大名府赵野总北道，知河南府王襄总西道，知邓州张叔夜总南道，知应天府胡直（儒）〔孺〕（据宋史卷二三钦宗纪、薛鉴改）总东道。事得专决，财得专用，官得辟置，兵得诛赏，缓急则以羽檄召之，入卫京师。

冬十月丁酉，种师（闵）〔道〕（金史卷三太宗纪、又卷七四宗望传均称“破宋种师闵军于井陉”。按：宋将无种师闵之名，而师道时为两河宣抚使。毕鉴卷九七作“种师道及金宗望战于井陉，败绩”。今据改）及金斡离不战于井陉，败绩。斡离不遂入天威军，犯真定。先是，真定帅刘韐守御备具，总管王渊、钤辖李质训练士卒数千，皆可用，虏不敢犯。是时，真定在河朔最为坚垒。上以太原危急，命韐守辽州以据其险，又辟渊、质自随，乃以李邈代守真定。邈措置无策。至是，虏攻甚迫，钤辖刘竧（会编卷三二引靖康小雅、长编本末卷一四五、宋史卷四四七忠义传、薛鉴均作“刘翊”。靖康要录卷一〇、宋史全文卷一五、宋史卷二三钦宗纪、续纲目均同本书）率众昼夜搏战。久之，城陷，竧巷战，麾下稍稍散亡。竧顾其弟曰：“我，大将也，可受贼戮乎！”因挺刃欲夺门出，不果，自缢死。李邈被执北去。

戊戌，金人遣杨天吉、王汭等以书〔来〕责问契丹梁王及余睹蜡书并元（议）（据薛鉴补并删）割三镇，体貌甚倨，持其书于上前曰：“陛下既不割三镇之地，又安忍复欲立契丹之后？”上曰：“此乃奸人所为也。”卑词反覆，深明其非朝廷之罪。虏请必割三镇，且求金帛、车辂、仪物，及加其主徽号，仍索亲王诣彼军前陈谢。

罢御史中丞吕好问。时金人复至，大臣不知所出，遣使讲解，金人佯许而攻略自如。诸将以和议故，皆闭壁不出。好问乃请亟集沧、滑、邢、相之戍以遏奔冲，而列勤王之师于畿邑以卫京城。疏入，不省。金人陷真定，攻中山，上下震骇，廷臣狐疑相顾，犹以和议为辞。好问率台属劾大臣畏懦误国，坐贬知袁州。帝悯其忠，下迁吏部侍郎。

庚子，金人陷汾州，知州张克戬毕力扞御，城破，犹巷战。不克，乃衣朝服，焚香南向拜舞，自引决，一家死者八人。

辛丑，上闻河（南）〔东〕（据薛鉴改）已失太原，河北已失真定，大以为忧，下哀痛诏，征兵于四方，命河北、河东诸路帅臣传檄所部，得便宜行事。

丙午，诏种师道还。先是，师道驻兵河阳，虏使王汭来，礼甚倨，知虏必大举，即上疏请幸长安以避其锋，以守御事付将帅。朝廷谓其怯，召还。

十一月，诏止援兵。时南道总管张叔夜、陕西制置使钱盖各统兵赴阙，会唐恪、耿南仲专主和议，语同知聂昌曰："今百姓困匮，养数十万兵于城下，何以给之？"乃止两道兵勿前。

己巳，诏集从官于尚书省，议割三镇。百官多请割与，会李若水使归，亦恸哭于庭，请与之以纾国祸。何㮚曰："三镇，国之根本，奈何一旦弃之？且金人无信，割亦来，不割亦来。"梅执礼、吕好问、洪刍、秦桧等皆主㮚议，而唐恪、耿南仲等力主割地。㮚论辨不已，因曰："河北之民皆吾赤子，弃地则并其民弃之。为民父母而弃其子，可乎？"帝悟，乃止。㮚退，谓恪曰："割三镇则伤河外之情，不割则太原、真定已失，不若任其所之。"恪唯唯。遂诏河北、河东、京畿清野，令流民得占官舍、寺观以居。禁京师民以浮言相动者。

时粘没喝自太原趋汴，所至破降。平阳府、威胜、隆德军、泽州皆陷，官吏弃城走者远近相望。壬申，粘没喝至河外，宣抚副使折彦质以兵十二万拒之，夹河而军。时李回以万骑防河，亦至河上。粘没喝曰："南军亦众，与之战，胜负未可知，不若加以虚声。"遂取战鼓击之达旦，彦质之众皆溃，李回亦奔还京师。甲戌，金活女帅众先渡孟津，粘没喝从之，于是知河阳燕瑛、河南留守西道都总管王襄皆弃城走，永安军、郑州悉降于金。粘没喝既渡河，不复言三镇，直遣人来言欲尽得两河地，请画河为界。于是京师戒严，遣冯澥、李若水往使。行至中牟，守河兵相惊以为金兵至，左右谋取间道去。澥问："何如?"若水曰："戍兵畏敌而溃，奈何效之？今止有死尔，敢言退者斩!"众乃定。既行，始知和议必不可谐，屡附奏言之，乞申饬守备。

丁丑，以郭京为成忠郎，选六甲兵以御金。先是，孙傅因读丘濬感事诗，有"郭京、杨适、刘无忌"之语，于市人中访得无忌，于龙卫中得京。好事者言京能施六甲法，可以生擒金二将而扫荡无余，其法用七千七百七十七人。朝廷深信不疑，命以官，赐金帛数万，使自募兵，无问伎艺能否，但择年命合六甲者，所得皆市井游惰，旬日而足。虏攻益急，京谈笑自如，云择日出兵三百，可致太平，直袭击至阴山乃止。傅与何㮚尤尊信之。或谓傅曰："自古未闻以此成功者。正或听之，姑少付以兵，俟有尺寸功，乃稍进任。今委之太过，惧必为国家羞。"傅怒曰："京殆为时而生，虏中琐微，无不知者。幸君与傅言，若告他人，将坐沮师之罪。"揖使出。又有刘孝竭等募众，或称六丁力士，或称北斗神兵，或称天阙大将，大率效京所为，识者危之。京尝曰："非至危急，吾师不出。"

斡离不亦遣使来议割两河地，帝许之。命耿南仲往报，南仲以老辞；改命聂昌，昌以亲辞。陈过庭曰："主忧臣辱，愿效死！"帝为挥涕太息，而怒南仲及昌，乃即命南仲如河北斡离不军，昌如河东粘没喝军。昌言："两河之人忠勇，万一为所执，死不瞑目矣。"行至绛，绛人果坚壁拒之。昌持诏抵城下，缒而登。钤辖赵子清麾众杀昌，抉其目而脔之。初，南仲为东宫官十年，自谓首当柄用，而吴敏、李纲越次进，位在己上，心不能平，故每事异议，力沮战守，与吴幵坚请割地，以成和好。故朝廷战守之备皆罢，致金师日逼。至是，与金使王汭偕行，至卫州，卫乡兵欲杀汭，汭脱去，南仲遂走相州。

甲申，金人入怀州，知州事霍安国被围，扞御不遗余力，鼎澧兵亦至，相与共守，拜徽猷阁待制。城竟陷，粘没喝引安国以下问不降者为谁，安国曰："守臣安国也！"问余人，通判林渊，钤辖张彭年，都监赵士詝、张谌、于潜，鼎澧将沈敦、张行中及队将五人同辞对曰："渊等与知州一体，皆不肯降！"粘没喝令引于东北乡望拜〔降〕（据宋史卷四四七忠义传补），皆不屈，乃解衣面缚，杀十三人而释其余。安国一门无噍类。

乙酉，金斡离不自真定趋汴，仅二十日，至城下，屯于刘家寺。粘没喝自河阳来会，屯于青城，使刘晏来，要帝出盟。时西、南两道援兵为唐恪、耿南仲遣还，于是四方无一人至者。城中唯卫士及弓箭手七万人。乃以万人分作五军，备缓急救护，命姚友仲、辛永宗分领之；以五万七千人分四壁守御。遣使以蜡书间行出关召兵，又约康王及河北守将来援，多为逻兵所获。唐恪计无所出，密言于帝曰："唐自天宝而后，屡失而复兴者，以天子在外，可以号召四方也。今宜举景德故事，留太子居守而（幸）西〔幸〕（据东都事略卷一〇八及宋史卷三五二唐恪传改）洛，连据秦雍，领天下兵亲征，以图兴复。"帝将从之，开封尹何㮚入见，引苏轼所论，谓周之失计未有如东迁之甚者。帝翻然而改，以足顿地曰："今当以死守社稷！"

己丑，南道都总管张叔夜闻召，即日自将中军，令子伯奋将前军，仲熊将后军，合三万余人，至尉氏，遇金游兵，转战而前，至都下。帝御南薰门见之，军容甚整。入对，言："贼锋甚锐，愿如唐明皇之避禄山，暂诣襄阳，以图幸雍。"帝颔之，加延康殿学士。时东道都总管胡直孺亦将兵入卫，与金人遇于拱州，兵败被执。金人示于城下，都人大惧。

闰月癸巳，粘没喝军至城下。甲午，雨雪交作，帝被甲登城，以御膳赐士卒，易火饭以进，人皆感涕。金人攻通津门，数百人缒城御之，焚其炮架五、鹅车二。驿召李纲为资政殿大学士。

乙未，金人入青城，攻朝阳门。丙申，帝幸宣化门，乘马行泥淖中，民皆感泣。戊戌，殿前副都指挥〔使〕（据宋史卷二三钦宗纪、续纲目补）王宗濋与金人战于城下，统制高师旦死之。癸卯，金人攻南壁，张叔夜与之大战，斩其金环贵将二人，遥见金兵奔还，自相蹈藉，溺隍死者以千数。甲辰，大雨雪，金人陷亳州。乙巳，大寒。士卒噤战，不能执兵，有僵仆者。帝徒跣祈晴。召诸道勤王兵，兵无至者。城中惟卫士三万可用，然亦十失五六，因时〔令〕（据续纲目、薛鉴补）挑战，以示敢敌。

金人遣萧庆复来言，不须上出城，只须仆射何㮚议事。又请上皇、皇太子、越王、郓王为质。上曰："朕为人子，岂可以父为质！"诏越王往。将行，而粘没喝以兵来迓，越王乃止。于是金人宣言失信，再遣使来趣亲王出盟。己酉，诏遣冯澥、曹辅与宗室仲温、士諵如金军以请和。既至，粘没喝即遣之归，不与交一语，已而攻城愈急。殿中侍御史胡唐老请拜康王为大元帅，俾率天下兵入援，帝从之。

壬子，金人攻通津、宣化门，范琼以千人出战。渡河，冰裂，没者五百人，自是士气益挫。

何㮚数趣郭京出师，京徙期再三。丙辰，郭京尽令守御人下城，毋得窃窥，因大启宣化门，出攻金师。京与张叔夜坐城楼上，金兵分四翼鼓噪而前，京兵败，退走，堕死于护龙河，填尸皆满，城门急闭。京白叔夜曰："须自下作法。"因下城，引余兵南遁。金兵遂登城，兵皆披靡，四壁兵皆溃。金人焚南薰诸门，统制姚友仲死于乱兵；宦者黄经国赴火死；统制官何庆言、陈克礼，中书舍人高振力战，与其家人皆被杀；秦元领（果）〔保甲〕（据宋史卷二三钦宗纪、薛鉴改）斩关遁；四壁守御使刘延庆夺门出奔，为追骑所杀，京城遂陷。张叔夜被创，犹父子力战。

帝闻城陷，恸哭曰："不用种师道言，以至于此！"卫士入都亭驿，执金使刘晏杀之。军民数万斧左掖门，求见天子，帝御楼谕遣之。卫士长蒋宣率其众数百，欲邀乘舆犯围而出，左右奔窜，独孙傅、梅执礼、吕好问侍。宣抗声曰："国事至此，皆宰相信任奸臣，不用直言所致。"孙傅诃之，宣以语侵傅。好问譬晓之曰："若属忘家族，欲冒重围，卫上以出，诚为忠义。然乘舆将驾，必甲乘无缺而后动，讵可轻耶！"宣诎服，曰："尚书真知军情。"麾其徒退。

史臣曰：初，斡离不之北还也，以粘没喝在太原，其势未合，恐勤王之师有以乘之。既退之后，为宋计者宜为远谋，而乃忽李纲、种师道之言，上下相庆，以为无虞，曾不数月，再致金师，太原、真定，咽喉已塞，而犹议三镇弃守之利害。故金人尝语宋使曰："待汝家议论定时，我已渡河矣！"盖当是时，庙堂之相，方镇之将，皆出于童、蔡、王、梁之门，无可以系天下之望，惟以割地请和为言，未闻有能出一计与之抗者，是以金人之来如破竹然。及围城逾月，外援不至，竟以妖术取败。吁，可怪哉！

吕中曰：自女真叛盟以来，朝廷乍和乍战，人才乍贤乍否，何其汹汹多变之甚也！寇至之初，始谋避狄，以李纲所言，而更为城守之计。既以坚守，又以李邦彦一言，为卑辞之请。师道既至，又以师道一言，为不和之谋。师道方请坚守不战以困虏，未几，以姚平仲一言，为急击之举。姚平仲既贬，又以李纲、种师道为误国。诸生伏阙，又以李纲、种师道为可用而复之。及其后也，又以台谏之言而逐之。李纲方议备边，师道亦请防秋，朝廷之议略定。曾未再阅月，而吴敏、耿南仲、谢克家、孙觌又以三边为可割，和议复行矣。吴敏本主和议，未几，复留虏使，阴结辽人，又以为女真借口之资矣。二酋已分道入寇，朝廷尚集议者，问以三镇存弃之便不便。金人之至，则下清野之令。未几，传言寇犹未至，则又令清野更不施行。战者不决于战，和者不一于和，至于城已破，祸已至，而议犹不一，心犹不决，终始一岁之中，多变若此。大抵上下之心，稍急则恐惧而无谋，稍缓则迟迟而又变其谋，靖康之祸，盖坐此也！庆历、元祐专任君子而去小人，绍圣、崇宁以来专任小人而仇君子，靖康之际君子、小人杂用焉。呜呼，可不戒哉！

宋史纪事本末卷五十七

二帝北狩

钦宗靖康元年（丙午、一一二六）十一月辛酉，帝如青城粘没喝军。先是，京城既陷，何㮚欲亲率都民巷战，金人宣言议和退师，乃止。帝闻金人欲和而退，命何㮚及济王栩使其军以请成，粘没喝、斡离不曰："自古有南即有北，不可相无也。今之所议，期在割地而已。"戊午，何㮚还，言金人欲邀上皇出郊。帝曰："上皇惊忧而疾，必欲之出，朕当亲往。"自乙卯雪不止，是日霁，夜有白气出太微，彗星见。庚申，日出如血，无光。辛酉，帝如青城，何㮚、陈过庭、孙傅等从，奉表请降。以金遣二酋还报云："其主欲立贤君，宜族中别立一人以为宋国主，仍去帝号。"帝默然。

十二月壬戌朔，帝留青城。粘没喝遣萧庆入城，居尚书省，检视府库帑藏，凡朝廷之事，必先关白。

癸亥，帝至自金营，士庶及太学士迎谒，帝掩面大哭曰："宰相误我父子！"观者无不流涕。

帝诣延福宫朝太上皇，奏曰："金人以别立贤君为言，可且以弟康王为主，以延祖宗社稷。"时康王母韦妃在侧，言曰："金人必不止于立贤，祸有不可胜言者。"时金遣使来索金一千万锭，银二千万锭，帛一千万匹，于是大括金银。定京师米价，劝粜以赈民，纵民伐紫筠馆花木以为薪。

丙寅，金人索京城骡马，御马而下七（十）〔千〕（据薛鉴改）匹悉归之。又索少女一千五百人，充后宫祗应，宫嫔不肯出宫，赴池水死者甚众。

遣刘韐、陈过庭、折彦质等为割地使，如河东、北，割地以畀金。又分遣欧阳珣等二十人持诏往。珣至深州城下，痛哭谓城上人曰："朝廷为奸臣所误至此，吾已办死来矣！汝等宜勉为忠义报国！"金人怒，执送燕，焚杀之。

时范致虚会陕西兵十万人入援，至颍昌，闻汴京破，西道总管王襄南遁，致虚独与西道副总管孙昭远、环庆帅王似、熙河帅王倚帅步骑号二十万，赴汴。出武关，至邓州千秋镇，金将娄室以精骑冲之，皆不战而溃。王似、王倚、孙昭远等留陕府，致虚收余兵入潼关。

二年（丁未、一一二七）春正月辛卯朔，帝朝太上皇于（崇）〔延〕福宫（据靖康要录卷一五及本书上文改）。粘没喝遣其子真珠同虏使八人入贺，帝命济王栩如金（宫）〔营〕

（据宋史卷二四六宗室传、薛鉴改）报谢。

壬辰，遣聂昌、耿南仲出割两河地降金。民坚守，不奉诏。

庚子，金人索金帛急，且再邀帝至营。帝有难色，何㮚、李若水以为无虞，劝帝行。帝乃命孙傅、谢克家辅太子监国，而与㮚、若水等复如青城。阁门宣赞舍人吴革白㮚曰："天文帝座甚倾，车驾若出，必堕虏计。"㮚不听。帝出城，百姓数万人挽车驾曰："陛下不可出。"号泣不与行，帝亦泣下。范琼曰："皇帝旦出，暮即返矣。"百姓投瓦砾击之，琼遂以刃断挽者之手。车驾至郊，张叔夜犹叩马而谏，帝曰："朕为生灵之故，不得不亲往。"叔夜号恸再拜，众皆哭。帝回首以字呼之曰："嵇仲努力！"

丙午，割地使刘韐至金营，金人使仆射韩正馆之僧舍，谓韐曰："国相知君，今用君矣。"韐曰："偷生以事二姓，有死不为也。"正曰："军中议立异姓，欲以君为正代。与其徒死，不若北去取富贵。"韐仰天大呼曰："有是乎！"乃手书片纸曰："忠臣不事二君，必死矣！"使亲信持归，报其子子羽等，即沐浴更衣，酌卮酒而缢。燕人叹其忠，瘗之寺西冈〔上〕（据宋史卷四四六忠义传、续纲目补）。

帝自如青城，都人日出迎驾，粘没喝、斡离不留不遣。太学生徐揆诣南薰门，以书抵二酋，请车驾还阙，其略曰："昔楚庄王入陈，欲以为县，申叔时谏，复封之。后世君子莫不多叔时之善谏，楚子之从谏，千百载之下，犹想其风采。本朝失信大国，背盟致讨，元帅之职也；都城失守，社稷几亡而存，元帅之德也；兵不血刃，市不易肆，生灵几死而活，元帅之仁也，虽楚子存陈之功，未能有过。我皇帝亲屈万乘，两造辕门，越在草莽，国中喁喁，跂望属车之尘者屡矣。道路之言，乃谓以金银未足，故天子未返，揆窃惑之。今国家帑藏既空，编民一妾妇之饰，一器用之微，无不输之公上，商贾绝迹不来，京邑区区，岂足以偿需索之数。有存社稷之德，活生灵之仁，而以金帛之故，质留君父，是犹爱人之子弟，而辱其父祖，与不爱无择，元帅必不为也。愿推恻隐之心，存始终之惠，反其君父，班师振旅，缓以时日，使求之四方，然后遣使人奉献，则楚封之功不足道也。"二酋见书，使以马载揆至军诘难，揆厉声抗论，为其所杀。

金主吴乞买得帝降表，遂废帝及太上皇帝为庶人。知枢密院事刘彦宗请复立赵氏，不许。

时金人根括津搬，络绎道路。上遣使归云："朕拘留在此，候金银数足，方可还。"于是再增侍从郎中二十四员，再行根括，又分遣搜掘戚里、宗室、内侍、僧道、伎术之家，凡八日，得金三十万八千两、银六百万两、（衣）〔表〕（据靖康纪闻、靖康要录卷一五、系年要录卷二改，下同）段一百万，诏令权贮纳。时根括已申了绝，二月军前取过。教坊人及内侍蓝（折）〔忻〕（据同上书改）等言："各有窖藏金银，乞搜出。"二酋怒甚。于是开封府复立赏限，大行根括，凡十八日，城内复得金七万、银一百十四万，并（衣）〔表〕段四万，纳军前。二酋以金银不足，杀提举官梅执礼等四人，余各杖数百。乃下令曰："根括已正典刑，金银尚或未足，当纵兵。"于是再括。

丁巳，金人索郊天仪制及图籍。

戊午，金索大成乐器、太常礼制器用以至戏玩图画等物，尽置金营，凡四日，乃止。

二月辛酉朔，帝在青城。

丙寅，金人堑南薰门路。

丁卯，金人邀上皇出城，诣军前。上皇将行，张叔夜谏曰："皇帝一出不复归，陛下不可再出。臣当率励精兵，护驾突围而出，庶几侥幸于万一。天不祚宋，死于封疆，不犹胜生陷夷狄乎！"上皇迟疑未行，欲饮药，为范琼所夺。琼遂逼上皇与太后御犊车出宫。郓王楷及诸妃、公主、驸马、六宫有位号者皆行，独元祐皇后孟氏以废居私第获免。初，金人以内侍邓述所具诸王、皇孙、妃、主名，檄开封尹徐秉哲尽取之。秉哲令坊巷五家为保，毋得藏匿，前后凡得三千余人，秉哲率令衣袂相联属而往。

金人逼帝及上皇易服，李若水抱帝哭，诋金人为狗辈。金人曳若水出，击之，败面，气结仆地。粘没喝令铁骑十余守视之，曰："必使李侍郎无恙。"若水绝不食，或勉之曰："事无不可为者，公今日顺从，明日富贵矣。"若水叹曰："天无二日，若水宁有二主哉！"其仆亦慰解之曰："公父母春秋高，若少屈，冀得一归觐。"若水叱之曰："吾不当复顾家矣！"

金人又逼上皇召皇后、太子，孙傅留太子不遣。统制吴革欲以所募士微服卫太子溃围而出，傅不从，而密谋匿之民间，别求状类太子者及宦者二人杀之，并斩十数死囚，持首送之，绐金人曰："宦者欲窃太子出，都人争斗杀伤，误中太子，因率兵讨定，斩其为乱者以献。"苟不已，则以死继之。越五日，无肯承其事者。吴幵、莫俦督胁甚急，范琼以危言詟卫士，遂拥皇后、太子共车而出。傅曰："吾为太子傅，当同死生。"遂以留守事付王时雍，从太子出。百官军吏奔随太子号哭，太子亦呼云："百姓救我！"哭声震天。至南薰门，范琼力止傅，金守门者曰："所欲得太子，留守何预？"傅曰："我，宋之大臣，且太子傅也，当死。"遂宿门下以待命。

若水在金营旬日，粘没喝召问立异姓状，若水骂之。粘没喝令拥去，若水反顾，骂益甚。监军挝破其唇，噀血复骂，至以刃裂颈断舌而死。金人相与言曰："辽国之亡，死义者十数，南朝惟李侍郎一人。"

三月辛卯朔，帝在青城。

夏四月庚申朔，金人以二帝及太妃、太子、宗戚三千人北去。斡离不胁上皇、太后与亲王、皇孙、驸马、公主、妃嫔及康王母韦贤妃、康王夫人邢氏等由滑州去，粘没喝以帝、后、太子、妃嫔、宗室及何㮚、孙傅、张叔夜、陈过庭、司马朴、秦桧等由郑州去，而归冯澥、曹辅、路允迪、孙觌、张（征）〔澂〕（据薛鉴改）（许）〔谭〕世勣（据十朝纲要、宋史全文改。其事迹见宋史卷三五七本传及卷四五三孙逢传）、汪藻、康执权、元当可、沈晦、黄夏卿、邓肃、郭仲荀等于张邦昌。百官遥辞二帝于南薰门，众痛哭，有仆绝者。凡法驾、卤簿，皇后以下车辂、卤簿、冠服，礼器、法物、大乐、教坊乐器、祭器、八宝、九鼎、圭璧、浑天仪、铜人、刻漏、古器，景灵宫供器，太清楼、秘阁、三馆书，天下府、州、县图及官吏、内人、内侍、伎艺工匠、倡优，府库畜积，为之一空。

上皇离青城，金人以牛车数百乘载诸王、后宫，皆胡人牵驾，不通华言。至邢、赵间，斡离不遣郭药师迎谢，上皇曰："天时如此，非公之罪。"药师惭而退。

帝自离青城，顶青毡笠，乘马，后有监军随之。自郑门而北，每过一城，辄掩面号泣。至代，工部员外郎滕茂实号泣迎谒，茂实盖尝副路允迪出使者。粘没喝逼茂实胡服，茂实力拒之。茂实请侍旧主俱行，粘没喝不许。帝遂由代渡太和岭至云中。

初，张叔夜闻金人议立异姓，谓孙傅曰："今日之事，有死而已。"移书二酋，请立太子以从民望。二酋怒，追赴军中，被掳北去。叔夜在道中，惟时饮水。度白沟，御者曰："过界河矣。"叔夜乃矍然起，仰天大呼，遂不复语，扼吭而死。何㮚、孙傅至燕山，亦相继死。

金人以太上皇及帝以素服见阿骨打庙，遂见金主于乾元殿。金主封太上皇为昏德公，帝为重昏侯。未几，徙之韩州。令下之后，尽空其城，命晋康郡王孝骞等九百余人至韩州同处，给田十五顷，令种莳以自给。惟秦桧不与徙，依挞懒以居，挞懒亦厚待之。

宋史纪事本末卷五十八

张邦昌僭逆

钦宗靖康二年（丁未、一一二七）二月丁卯，金人令翰林承旨吴幵、吏部尚书莫俦入城，令推立异姓堪为人主者。

癸未，吴幵、莫俦复召百官议，众莫敢出声，相视久之，计无所出。王时雍问于幵、俦，二人微言虏意在邦昌，时雍未以为然，适尚书员外郎宋齐愈至自金营，众问金人意所主，齐愈取片纸书“张邦昌”三字示之。时雍乃决，遂以邦昌姓名入议状。张叔夜不肯署状，金人执叔夜置军中。太常寺簿张浚，开封士曹赵鼎，司门员外郎胡寅皆逃入太学，不书名。唐恪书名，仰药而死。

是日，王时雍复集百官诣秘书省，至，即闭省门，以兵环之，俾范琼喻众以立邦昌意。众唯唯，御史马伸独奋曰：“吾曹职为诤臣，岂容坐视！”乃与御史吴给约中丞秦桧共为议状，愿复嗣君，以安四方，且论邦昌当上皇时蠹国乱政，以致社稷倾危。金人怒，执桧去。三月辛卯朔，金人遣张邦昌入城，居尚书省，令百官班迎劝进。阁门宣赞舍人吴革谋先诛范琼辈，劫迁二帝以讨邦昌，期以三月八日举事，与谋者吕好问、马伸、张所、吴伦等数人。又有内亲事官数百人，皆以不忍屈节立异姓，杀妻孥，焚所居，同谋举义。前期二日，有班直甲士数百人排闼入，言邦昌以七日受册，请急起兵。革乃被甲上马，至咸丰门，四面皆琼党，绐革入帐，即执之，胁以从逆。革骂之极口，引颈受刃，颜色不变，其麾下百人皆死。

丁酉，金人奉册宝至，遂立邦昌为帝，国号大楚。邦昌北向拜舞，受册即位。遂升文德殿，设位御床西受贺，遣阁门传令勿拜。王时雍率百官遽拜，邦昌但东面拱立。是日风霾，日晕无光，百官皆惨怛，邦昌亦变色，惟王时雍、吴幵、莫俦、范琼等欣然以为有佐命功。邦昌心不安，拜百官皆加“权”字，以王时雍〔权〕（据宋史卷四七五张邦昌传、续纲目、薛鉴补）知枢密院事，领尚书省，吴幵权同知枢密院事，莫俦权佥书院事，吕好问权领门下省，徐秉哲权领中书省。邦昌见百官称予，手诏曰手书。虽不改元，而百官文移必去年号。惟吕好问所行文书称靖康二年。百官犹未以帝礼事邦昌，惟王时雍每言事称“臣启陛下”；又劝邦昌坐紫宸、垂拱殿以见金使，好问争之，乃止。时雍复议肆赦，好问曰：“四壁之外皆非我有，将谁赦耶?”乃止赦城中，而选郎官为四方密谕使。及金人将还，邦昌诣营祖之，服赭袍，张红盖，所过设香案起居，时雍、秉哲、幵、俦皆从。士庶观者，无不感怆，都人目时雍为卖国牙郎。时上皇在军中，闻邦昌僭位，叹曰："邦昌若以节死，则社稷增重，今既尸君之位，则吾事决矣！"因泣下沾襟。

时金人议留兵以卫邦昌，吕好问曰："南北异宜，恐北兵不习风土，必不相安。"金人曰："留一孛堇统之可也。"好问曰："孛堇贵人，有如触发致疾，则负罪益深。"金人乃不留兵而去。于是好问谓邦昌曰："相公欲真立耶，抑姑塞虏意而徐为之图也？"邦昌曰："是何言也？"好问曰："相公知中国人情所向乎？特畏女真兵威耳。女真既去，能保如今日乎？大元帅在外，元祐皇后在内，此殆天意，盍亟还政，可转祸为福。且省中非人臣所处，宜寓直殿庐，无令卫士夹陛。虏所遗袍带，非戎人在，勿服。下文书不得称圣旨。为今计者，当迎元祐皇后，请康王早正大位，庶获保全。"

监察御史马伸具书言于邦昌曰："伏见逆胡犯顺，且逼立相公以定国事。相公所以忍死就尊位者，自信虏退必能复辟也。忠臣义士不即就死，城中之人不即生变，亦以相公能定赵孤也。今虏退多日，吾君之子亦已知所在。相公尚处禁中，不反初服，未就臣列，以为外挟强虏之威，使人游说康王，且令南遁，然后为久假不归之计，一旦喧哄，孤负初心。望速行改正，易服归省，庶事取太后命而行，仍速迎奉康王归京。日下开门抚劳勤王之师，以示无间，一应内外赦书、施恩惠、收人心等事，权行拘取，俟立赵氏日，然后施行，庶几中外释疑，转祸为福。不然，伸有死而已，必不敢辅相公以为叛臣也。”自邦昌僭立，凡言事者皆用君臣之礼，至伸始贻书称太宰相公。书入，邦昌气沮。

甲子，邦昌尊元祐皇后为宋太后，迎居延福宫，遣人至济州访康王。其策太后语有曰：“尚念宋氏之初，首崇西宫之礼。”盖用太祖即位，迎周太后入西宫故事。识者皆觇邦昌之意非真为赵氏也。

时宗室子崧知淮宁府，闻二帝北迁，与江淮经制使翁彦国等誓众，登坛歃血，同奖王室，移书诃斥邦昌，责其反正，并谕王时雍等，辞旨激切。邦昌乃复遣谢克家往奉迎康王。王时雍曰：“骑虎者势不能下，所宜熟虑，他日噬脐，悔无及矣。”徐秉哲复从旁赞之。邦昌知人心不顺，遂不听时雍言。克家至济州劝进，康王不许。

邦昌又遣蒋师愈等持书诣济州，自陈所以勉循金人推立者，欲权宜一时以纾国难耳，非敢有他也。康王复书与之，而谕宗泽等，以为邦昌受伪命之人，义当诛讨，然虑事出权宜，未可轻动。合移师近都，按甲观变。泽复书谓：“邦昌僭乱，踪迹已无可疑。大王宜亟行天讨，兴复社稷，不可不断。”康王遂自济州如应天府。邦昌来见，伏地恸哭请死，康王慰抚之。

王既即位，问宰执何以处邦昌，黄潜善等曰：“邦昌罪在不贷，然为金人所胁。今已自归，惟陛下所处。”帝曰：“朕欲驭以王爵，异时金人有词，使邦昌以天下不忘本朝而归宝避位之意告之。”遂以邦昌为太保，封同安郡王。寻诏邦昌宜如文彦博故事，一月两赴都堂，参决大事。

宋史纪事本末卷五十九

高宗嗣统

钦宗靖康元年（丙午、一一二六）冬十月戊辰，诏冯澥副康王使金斡离不军。先是，王云至真定斡离不军，遣从吏先还，言金人须康王至军，乃议和。会金使王汭等亦来，帝乃命澥副康王往。会云还，复诏云以资政殿学士副王。王由滑、濬至磁州，守臣宗泽迎谒曰：“肃王一去不返，今虏又诡辞以致大王，其兵已迫，复去何益！愿勿行。”王出谒嘉应神祠，云在后，民遮道谏王勿北去，厉声指云曰：“真奸贼也！”因执云杀之。时斡离不济河，游兵日至磁城下，迹王所在。知相州汪伯彦亟以帛书请王如相，服櫜鞬，部兵以迎于河（北）〔上〕（据宋史卷四七三汪伯彦传、续纲目、薛鉴改）。王至相，劳伯彦曰：“他日见上，当首以京兆荐公。”伯彦由此受知。相人岳飞亦因刘（韐）〔浩〕（据宋史卷三六五岳飞传、续纲目改）见王，王令招贼吉倩，倩降，以飞为承信郎。议者谓，是役王云不死，王必至金，无还理。

闰月，殿中侍御史胡唐老言："康王奉使至磁，为士民所留，乃天意也。乞就拜为大元帅，〔俾〕（据宋史卷四五三忠义传、续纲目、薛鉴补）率天下兵入援。"何㮚亦以为然，密草诏稿上之。帝令募死士，得秦仔等四人，遣持蜡诏如相州，拜王为兵马大元帅，知中山府陈遘为元帅，汪伯彦、宗泽为副元帅，使尽起河北兵，速入卫。仔至相州，于顶发中出诏，王读之哽咽，军民感动。

十二月，康王开大元帅府于相州，有兵万人，分为五军而进，次于大名。宗泽以二千人与金人力战，破其三十余砦，履冰渡河见王曰："京城受围日久，入援不可缓。"王纳之。既而知信德府梁扬祖以三千人至，张俊、苗傅、杨沂中皆在麾下，兵威稍振。会帝遣曹辅赍蜡诏至，云："金人登城不下，方议和好，可屯兵近甸，毋动。"汪伯彦等皆信之。宗泽独曰："金人狡谲，是欲款我师尔。君父之望入援，何啻饥渴！宜急引军直趋澶渊，次第进垒，以解京城之围。万一敌有异谋，则吾兵已在城下。"伯彦难之，劝王遣泽先行，王乃命泽趋澶渊。自是泽不得预帅府事矣。耿南仲及伯彦请移军东平，从之。

二年（丁未、一一二七）春正月，宗泽自大名至开德，与金人十三战，皆捷，遂以书劝康王移诸道兵会京城。又移书北道总管赵野，河东、北路宣抚范讷，知兴仁府曾（懋）〔楙〕（据宋史卷三六〇宗泽传、续纲目、薛鉴改）合兵入援，三人皆以泽为狂，不答。泽遂以孤军进，至卫南，先驱云前有贼营。泽挥众直前与战，败之，转战而东。敌益生兵至，泽将王孝忠战死，前后皆敌垒，泽令曰："今日进退皆死，不可不死中求生。"士卒知必死，无不一当百，斩首数千，金人大败，退却数十里。泽计敌众，势必复来，乃暮徙其营。金人夜至，得空营，大惊，自是惮泽不敢出。泽出其不意，遣兵过大河袭击破之。

二月庚辰，康王至济州。时王有众八万，分屯济、濮诸州，高阳关路安抚使黄潜善、总管杨惟忠亦以部兵数千至东平，王遣真定总管王渊以三千人入援。金人闻之，遣甲士及中书舍人张澂赍帝蜡诏自汴京至，命王以兵付副帅而还京。王问计于左右，后军统制张俊曰："此金人诈谋尔。今大王居外，此天授，岂可徒往！"因请进兵，王遂如济州。既而金人谋以五千骑取康王，吕好问闻之，遣人以书白王曰："大王之兵，度能击则邀击之，不能即宜远避。"

夏四月，金人以二帝北去。宗泽在卫闻之，即提军趋滑，走黎阳，至大名，欲径渡河，据金人归路邀还二帝，而勤王之兵卒无至者，遂不果。

时张邦昌请元祐皇后孟氏入居禁中，垂帘听政。后以冯澥为奉迎使，与谢克家及康王舅忠州防御使韦渊奉"大宋受命宝"诣济州劝进。既至，王恸哭受宝命，遣克家还京，办即位仪物。

后手书告中外曰："比以敌国兴师，都城失守。祲缠宫阙，既二帝之蒙尘，诬及宗祊，谓三灵之改卜。众恐中原之无主，姑令旧弼以临朝。虽义形于色而以死为辞，然事迫于危而非权莫济，内以拯黔首将亡之命，外以纾邻国见逼之威，遂成九庙之安，坐免一城之酷。乃以衰癃之质，起于闲废之中，迎置宫闱，进加位号，举钦圣已还之典，成靖康欲复之心。永言运数之屯，坐视邦家之覆，抚躬独在，流涕何从！缅惟艺祖之开基，实自高穹之眷命，历年二百，人不知兵，传序九君，世无失德。虽举族有北辕之衅，而敷天同左祖之心。乃眷贤王，越居近服，已徇群情之请，俾膺神器之归，繇康邸之旧藩，嗣宋朝之大统。汉家之厄十世，宜光武之中兴；献公之子九人，唯重耳之尚在。兹惟天意，夫岂人谋！尚期中外之协心，同定安危之至计，庶臻小愒，渐底丕平。用敷告于多方，其深明于吾意。”济州父老诣军门言：“四旁望见城中火光属天，请王即皇帝位。”会宗泽及权应天府朱胜非来言：“南京，艺祖兴王之地，取四方中，漕运尤易。”王遂决意趋应天府。既发滑州，鄜延副总管刘光世、西道都总管王襄、宣抚司统制官韩世忠皆以师来会。王至应天，命筑坛于府门之左，期以五月庚寅朔即位，改靖康二年为建炎元年。

高宗建炎元年（丁未、一一二七）五月庚寅朔，帝登坛受命毕，恸哭，遥谢二帝，遂即位于应天府治。大赦，张邦昌及应于供奉金国之人，一切不问，惟蔡京、童贯、朱勔、李彦、孟昌龄、梁师成、谭稹子孙更不收叙。是日，元祐皇后于东京撤帘。

辛卯，遥上靖康帝尊号曰孝慈渊圣皇帝。

以黄潜善为中书侍郎，汪伯彦同知枢密院事。

尊元祐皇后为元祐太后。

遥尊生母韦氏为宣和皇后，遥立夫人邢氏为皇后。

乙未，以吕好问为尚书右丞。初，元祐太后遣好问奉手书诣应天，帝劳之曰：“宗庙获全，卿之力也。”遂有是命。

时王渊、杨惟忠以河北兵，刘光世以陕西兵，张俊、苗傅以帅府及降盗兵，皆在行朝，不相统一，乃置御营司主行幸，总齐军政。命黄潜善兼御营使，汪伯彦副之，而以王渊为都统制，刘光世提举一行事务，韩世忠为左军统制，张俊为前军统制，杨惟忠主管殿前公事。

宋史纪事本末卷六十

李纲辅政

高宗建炎元年（丁未、一一二七）五月甲午，召李纲为尚书右仆射兼中书侍郎。初，纲再贬宁江，金兵复至，渊圣悟和议之非，召纲为开封尹。行次长沙，被命，即帅湖南勤王师入援，未至而京城失守。至是，召拜右相，趣赴行在所。中丞颜岐奏曰："张邦昌为金人所喜，虽已封为三公郡王，宜更加同平章事，增重其礼。李纲为金人所恶，虽已命相，宜及其未至，罢之。"章五上，帝曰："如朕之立，恐亦非金人所喜！"岐语塞而退。岐又遣人封其章示纲，觊沮其来。右谏议大夫范宗尹论纲名浮于实，有震主之威，帝亦不听。汪伯彦、黄潜善自谓有攀附之劳，拟必为相，及召李纲于外，二人不悦，遂与纲忤。纲行至太平，上疏曰："兴衰拨乱之主，非英哲不足以当之。英则用心刚，足以莅大事，而不为小故之所摇；哲则见善明，足以任君子，而不为小人之所间。愿陛下以汉之高、光，唐之太宗，国朝之艺祖、太宗为法。”

六月己未朔，李纲至行在，入见，涕泗交集，帝为动容。因奏曰：“金人不道，专以诈谋取胜，中国不悟，一切堕其计中。赖天命未改，陛下总师于外，为天下臣民所推戴，内修外攘，还二圣，抚万邦，责在陛下与宰相。臣自视缺然，不足以副委任。且臣在道，颜岐尝封示论臣章，谓臣为金人所恶，不当为相。”因力辞，帝命岐奉祠，并出范宗尹。纲犹力辞，帝曰：“朕知卿忠义智略久矣，欲使敌国畏服，四方安宁，非相卿不可，卿其勿辞！”纲顿首泣谢，且言：“昔唐明皇欲相姚崇，崇以十事要说，皆中一时之病。今臣亦以十事仰干天听，陛下度其可行者，赐之施行，臣乃敢受命。”一曰议国是，谓：“中国之御四夷，能守而后可战，能战而后可和，而靖康之末皆失之。今欲战则不足，欲和则不可，莫若先自治，专以守为策。俟吾政事修，士气振，然后可议大举。”二曰议巡幸，谓：“车驾不可不一至京师，见宗庙，以慰都人之心。度未可居，则为巡幸之计。以天下形势而观，长安为上，襄阳次之，建康又次之，皆当诏有司预为之备。”三曰议赦令，谓：“祖宗登极，赦令皆有常式。前日赦书，乃以张邦昌伪赦为法，如赦恶逆，及罪废官尽复官职，皆泛滥不可行，宜悉改正。”四曰议僭逆，谓：“张邦昌为国大臣，不能临难死节，而挟金人之势，易姓改号。宜正典刑，垂戒万世。”五曰议伪命，谓：“国家更大变，鲜有仗节死义之士，而受伪官以屈膝于其庭者不可胜数。昔肃宗平贼，污伪命者以六等定罪，宜仿之以厉士风。”六曰议战，谓：“军政久废，士气怯惰，宜一新纪律，信赏必罚，以作其气。”七曰议守，谓：“敌情狡狯，势必复来，宜于沿河、江、淮，措置控御，以扼其冲。”八曰议本政，谓：“政出多门，纲纪紊乱，宜一归之中书，则朝廷尊。”九曰议久任，谓：“靖康间，进退大臣太速，功效蔑著，宜慎择而久任之，以责成功。”十曰议修德，谓：“上始膺天命，宜益修孝弟恭俭，以副四海之望而致中兴。”翼日，班纲议于朝，惟僭逆、伪命二事留中不出。

李纲以二事留中，言于帝曰：“二事乃今日刑政之大者。邦昌当道君朝在政府者十年，渊圣即位，首擢为相。方国家祸难，金人为易姓之谋，邦昌如能以死守节，推明天下戴宋之义，以感动其心，虏人未必不悔祸而存赵氏。而邦昌方自以为得计，偃然正位号，处宫禁，擅降伪诏，以止四方勤王之师。及知天下之不与，乃不得已，请元祐太后垂帘听政而议奉迎。邦昌僭逆始末如此，而议者不同，臣请以春秋之法断之。夫春秋之法，人臣无将，将而必诛。赵盾不讨贼，〔则〕（据宋史卷三五八李纲传、续纲目、薛鉴补，下同）书以弑君。今邦昌已僭位号，敌退而止勤王之师，非特将与不讨贼而已。刘盆子以汉宗室，为赤眉所立，其后以十万众降，光武但待之以不死。邦昌以臣易君，罪大于盆子，不得已而自归，朝廷既不正其罪，又尊崇之，此何理也？陛下欲建中兴之业，而尊僭逆之臣以示四方，其谁不解体！又伪命臣僚，一切置而不问，何以励天下士大夫之节！”时执政中有异议不同者，帝召黄潜善等语之，潜善主邦昌甚力。帝顾吕好问曰：“卿〔昨〕在围城中，知其故，以为何如？”好问附潜善，持两端。纲言：“邦昌僭逆，岂可留之朝廷，使道路指目曰：‘此亦一天子哉！’”因泣拜曰：“臣不可与邦昌同列，当以笏击之。陛下必欲用邦昌，第罢臣。”帝颇感动。汪伯彦曰：“李纲气直，臣等所不及。”帝乃出纲奏，责授邦昌（保）〔昭〕化军〔节度〕（据宋史卷二四高宗纪、续纲目、薛鉴改并补）副使，潭州安置，〔并安置〕（据续纲目、薛鉴补）王时雍、徐秉哲、吴幵、莫俦、李擢、孙觌于高、梅、永、全、柳、归州，而颜博文、王绍以下，论罪有差。邦昌后至潭州，伏诛。

赠李若水、霍安国、刘韐官。李纲言：“近世士大夫寡廉鲜耻，不知君臣之义。靖康之祸，仗节死义者，在内惟李若水，在外惟霍安国，愿加赠恤。”帝从其请，遂赠若水观文殿学士，谥忠愍；安国延康殿学士；韐资政殿学士。仍诏：“有死节者，诸路询访以闻。”

甲子，以李纲兼御营使。纲入对，言曰：“今国势不逮靖康间远甚，然而可为者，陛下英断于上，群臣辑睦于下，庶几中兴可图。然非有规模而知先后缓急之序，则不能以成功。夫外御强敌，内销盗贼，修军政，变士风，裕邦财，宽民力，改弊法，省冗官，诚号令以感人心，信赏罚以作士气，择帅臣以任方面，选监司郡守以奉行新政。俟吾所以自治者，政事已修，然后可以问罪金人，迎还二圣，此所谓规模也。至于所当急而先者，则在于料理河北、河东，盖河北、河东，国之屏蔽也，料理稍就，然后中原可保，而东南可安。今河东所失者，恒、代、太原、泽、潞，汾、晋，余郡犹存也，河北所失者，不过真定、怀、卫、濬四州而已，其余三十余郡皆为朝廷守。两路士民兵将所以戴宋者，其心甚坚，皆推豪杰以为首领，多者数万，少者亦不下万人。朝廷不因此时置司遣使以大慰抚之，分兵以援其危急，臣恐粮尽力疲，坐受金人之困，虽怀忠义之心，援兵不至，危迫无告，必且愤怨朝廷，金人因得抚而用之，皆精兵也。莫若于河北置招抚司，河东置经制司，择有才略者为之，使宣谕天子恩德，所以不忍弃两河于敌国之意。有能全一州、复一郡者，以为节度、防御、团练使，如唐方镇之制，使自为守。非惟绝其从敌之心，又可资其御敌之力，使朝廷永无北顾之忧，最今日之先务也。"帝善其言，问谁可任者，纲荐张所、傅亮。纲又立军法，五人为伍，伍长以牌书同伍四人姓名；二十五人为甲，甲正以牌书伍长五人姓名；百人为队，队将以牌书甲正四人姓名；五百人为部，部将以牌书队将正副十人姓名；二千五百人为军，统制官以牌书部长正副十人姓名。命招置新军及御营司兵，并以此法团结。及诏陕西、山东诸路帅臣，并依此法，互相应援，有所呼召，使令按牌以遣。

辛未，子旉生，大赦。李纲言："陛下登极，旷荡之恩，独遗河北、河东，而不及勤王之师。夫两河为朝廷坚守而赦令不及，人皆谓已弃之，何以慰忠臣义士之心！勤王之师在道路半年，擐甲荷戈，冒犯霜露，虽未效用，亦已劳矣，加以疾病死亡，恩恤不及，后有急难，何以使人？愿因今赦，广示德义。”帝从之，于是人情翕然，间有〔以〕（据宋史卷三五八李纲传、续纲目补）破敌捷书至者，金人围守诸郡之兵，往往引去。

丁亥，诏诸路募兵买马，劝民出财，用李纲之言也。纲上三议：一曰募兵，二曰买马，三曰募民出财助军费。且言：“熙、丰间，内外禁旅五十九万，今禁旅单弱，何以捍强敌而镇四方？莫若取财于东南，募兵于西北，若得数十万，付诸将，以时练之，不久皆成精兵，此最为急务。”于是诏陕西、河北、京东、西路募兵十万，更番入卫；河北西路括买官民马，劝民出财助国。纲又言：“步不足以胜骑，骑不足以胜车，请以战车之制颁于京东、西路，使制造而教习之。”

（丁亥）以张所为河北招抚使。初，靖康中，所以蜡书冒围，募河北兵士。民得书，喜曰：“朝廷弃我，犹有一张察院能拔而用之。”应募者十七万人，由是所声振河北。帝即位，遣所按视陵寝。所还，上言曰：“河东、河北，天下之根本，昨者误用奸臣之谋，始割三镇，继割两河，其民怨入骨髓，至今无不扼腕。若因而用之，则可藉以守，否则两河兵民无所系望，陛下之事去矣！”且请帝亟还京师，因言其有五利：“奉宗庙，保陵寝，一也；慰安人心，二也；系四海之望，三也；释河北割地之疑，四也；早有定处而一意于边防，五也。夫国之安危，在乎兵之强弱与将相之贤不肖，而不在乎都之迁与不迁也。诚使兵弱而将士不肖，虽渡江而南，安能自保！”又言黄潜善奸邪，恐害新政。帝方信任潜善，贬所江州。至是，以李纲荐，用为河北招抚使，赐内府钱百万缗，给空名告身千余道，以京西卒三千自卫，将佐官属，许自辟置，一切以便宜从事。所入对，条上利害，且乞置司北京，俟措置有绪，乃渡河。

河北转运副使张益谦附黄潜善意，奏招抚（使）〔司〕（据宋史卷三五八李纲传、续纲目、薛鉴改）之扰，且言，自置司河北，盗贼愈炽。李纲言：“张所尚留京师，益谦何以知其扰？河北民无所归，聚而为盗，岂由置司！益谦非理沮抑如此，必有使之者。”上乃命益谦分析，命下枢密院，汪伯彦犹用其奏诘责招抚司。李纲与伯彦力争，伯彦语塞。

所招来豪杰，擢王彦为〔都〕（据宋史卷三六八王彦传、续纲目补）统制。时岳飞上书言：“陛下已登大宝，社稷有主，已足伐敌之谋，而勤王之师日集。彼方谓吾素弱，宜乘其怠而击之。黄潜善、汪伯彦不能承圣意恢复，日谋南幸，恐不足系中原之望。愿陛下乘敌穴未固，亲率六军北渡，则将士作气，中原可复。”坐飞越职言事，夺官。归河北，诣所。所以飞为中军统领，问之曰：“尔能敌几何？”飞曰：“勇不足恃，用兵在先定谋。栾枝曳柴以败荆，莫敖采樵以致绞，皆谋定也。”所矍然曰：“君殆非行伍中人。”飞因说所曰：“国家都汴，恃河北以为固，苟凭据要冲，峙列重镇，一城受围，则诸城或挠或救，金人不能窥河南，而京师根本之地固矣。招抚诚能提兵压境，飞惟命是从。”所大喜，借补飞武经郎。

秋七月己丑朔，以王瓔为河东经制司，傅亮副之。又以钱盖为陕西经制使。

甲辰，右谏议大夫宋齐愈弃市。初，齐愈论李纲募兵、买马、括财三事之非，不报。时方论僭逆、伪命之罪，齐愈实书邦昌姓名以示众，于是逮齐愈于狱。齐愈引伏，遂命戮于东市。

时帝手诏择日巡幸东南，纲言：“车驾巡幸之所，关中为上，襄阳次之，建康为下。陛下纵未能行上策，犹当且适襄、邓，示不忘故都，以系天下之心。不然，中原非复我有，车驾还阙无期矣。”帝乃谕两京以还都之意，读者感泣。已而帝意复变，纲又极言其不可，且曰：“自古中兴之主，起于西北则足以据中原而有东南，起于东南则不能复中原而有西北，盖天下精兵健马皆在西北。若委中原而弃之，岂惟金人将乘间以扰内地，盗贼亦将蜂起为乱，跨州连邑，陛下虽欲还阙，不可得矣，况欲治兵胜敌，以归二圣哉！夫南阳，光武之所兴，有高山峻岭可以控扼，有宽城平野可以屯兵，西邻关、陕可以召将士，东达江、淮可以运谷粟，南通荆湖、巴蜀可以取财货，北距三都可以遣救援。暂议驻跸，乃还汴都，策无出于此者。今乘舟顺流而适东南，固甚安便，第恐一失中原，则东南不能必其无事，虽欲退保一隅，不可得也。况尝降诏，许留中原，人心悦服，奈何诏墨未干，遽失大信！”帝然之。丙午，诏定议巡幸南阳，以范致虚知邓州，修城池，缮宫室，输钱谷以实之。而汪伯彦、黄潜善阴主扬州之议，或谓纲曰："外论汹汹，咸谓东幸已决。"纲曰："国之存亡，于是焉分，吾当以去就争之！"

八月壬戌，以李纲、黄潜善为尚书左、右仆射兼门下、中书侍郎。纲尝侍帝，论及靖康时事，帝曰："渊圣勤于政事，省览章奏至终夜不寐，然卒至播迁，何也？"纲对曰："人主之职在知人，进君子，退小人，则大功可成，否则衡石程书无益也。"因勉帝以明恕尽人言，恭俭足国用，英果断大事。帝嘉纳之。纲所论谏，其言切直，帝初无不容纳，至是，惑于黄潜善、汪伯彦之言，常留中不报。

> 吕中曰：自纲之入相也，以英哲全德勉人主，以修政攘夷为己任，抗忠数疏，中时膏肓，和守之议决而国是明，僭逆之罪正而士气作，幸都之谋定而人心安。他如修军政，变士（气）〔风〕（据续纲目、薛鉴改），定经制，改弊法，招兵买马，分布要害，遣张所招抚河北，王𤫉经制河东，宗泽留守京城，西顾关、陕，南葺襄、邓，且将益据形便，以为必守中原之计。朱子谓"李纲入来，方成朝廷"者，正为此也。

乙亥，召河东经制副使傅亮还行在，李纲罢。时傅亮军行十余日，黄潜善等以为逗遛，令东京留守节制亮军，即日渡河。亮言："措置未就而渡河，恐误国事。"李纲为之请，潜善等不以为然。纲言："招抚、经制二司，臣所建明，而张所、傅亮又臣所荐用。今黄潜善、汪伯彦沮所、亮，所以沮臣。臣每鉴靖康大臣不和之失事，未尝不与潜善、伯彦议而后行，而二人设心如此，愿陛下虚心观之。”既而召亮赴行在，纲言：“圣意必欲罢亮，乞付黄潜善施行，臣得乞身归田里。”纲退而亮竟罢，纲乃再疏求去，帝曰：“卿所争细事，胡乃尔?”纲言：“方今人才，将帅为急，恐非小事。臣昨议迁幸，与潜善、伯彦异，宜为所嫉。然臣东南人，岂不愿陛下东幸为安便哉！顾一去中原，后患有不可胜言者。愿陛下以宗社为心，以生灵为意，以二圣未还为念，勿以臣去而改其议。臣虽去左右，不敢一日忘陛下。”泣辞而退。或曰：“公决于进退，于义得矣，如谗者何?”纲曰：“吾知尽事君之道，不可则全进退之节，祸患非所恤也。”会侍御史张浚劾纲以私意杀宋齐愈，且论其招军买马之（非）〔罪〕（据宋史卷三五八李纲传、续纲目、薛鉴改），潜善、伯彦等复力排纲，请帝去之，遂罢纲为观文殿大学士。浚论纲不已，乃落职提举洞霄宫。凡在相位七十七日（系年要录、中兴两朝编年纲目、宋史全文等均作“七十五日”，毕鉴从之。按：要录注引日历云：“纲免相在八月二十日”，又引纲行状云：“八月十八日告廷”，二日之差，当以此故）。纲罢而招抚经制司废，车驾遂东幸，两河郡县相继沦陷。凡纲所规画军民之政，一切废罢。金兵益炽，关辅残毁，而中原盗贼蜂起矣。

壬午，杀太学生陈东、布衣欧阳澈。东自丹阳召至，未得对，会李纲罢，乃上书，乞留纲而罢黄潜善、汪伯彦，不报。又上疏，请帝亲征以还二圣，治诸将不进兵之罪以作士气，车驾宜还京师，勿幸金陵，又不报。会抚州布衣欧阳澈徒步诣行在，伏阙上书，极诋用事大臣。潜善遽以语激帝怒，言："若不亟诛，将复鼓众伏阙。"书独下潜善所。府尹孟庾召东议事，东请食而行，手书区处家事，字画如平时。已，乃授其从者曰："我死，尔归，致此于吾亲。"食已，如厕，吏有难色，东笑曰："我，陈东也，畏死即不敢言，已言肯逃死乎！"吏曰："吾亦知公，安敢相迫！"顷之，东具冠带〔出〕（据宋史卷四五五陈东传、续纲目、薛鉴补），别同邸，乃与澈同斩于市。四明李猷赎尸瘗之。东初未识纲，特以国故为之死，识与不识，皆为流涕。

乙酉，许翰罢。翰言："李纲忠义英发，舍之无以佐中兴。今罢纲，臣留无益。"力求去，帝不许。及陈东见杀，翰曰："吾与东皆争李纲者，东戮于市，吾在庙堂，可乎？"凡八上章求罢，遂以资政殿大学士提举洞霄宫。

宋史纪事本末卷六十一

宗泽守汴

高宗建炎元年（丁未、一一二七）五月庚戌，以宗泽知襄阳府。泽见帝应天，陈兴复大计，帝欲留泽，黄潜善等沮之，故出。

六月乙酉，以宗泽为东京留守。泽在襄阳，闻黄潜善复倡和议，上疏曰："自金人再至，朝廷未尝命一将，出一师，但闻奸邪之臣，朝进一言以告和，暮入一说以乞盟，终至二圣北迁，宗社蒙耻。臣意陛下赫然震怒，大明黜陟，以再造王室。今即位四十日矣，未闻有大号令，但见刑部指挥云，不得誊播赦文于河之东、西，陕之蒲、解，是褫天下忠义之气，而自绝其民也。臣虽驽怯，当躬冒矢石，为诸将先，得捐躯报国恩，足矣。"帝览其言而壮之。及开封尹阙，李纲言："绥复旧都，非泽不可。"乃以为东京留守，知开封府。时敌骑留屯河上，金鼓之声日夕相闻，而京城楼橹尽废，兵民杂居，盗贼纵横，人情汹汹。泽威望素著，既至，首捕诛舍贼者数人，下令曰："为盗者，赃无轻重，悉从军法。"由是盗贼屏息。因抚循军民，修治楼橹，屡出师以挫敌，上疏请帝还京师。俄有诏，荆、襄、江、淮悉备巡幸，泽又疏言："开封物价市肆渐同平时，将士、农民、商旅、士大夫之怀忠义者，莫不愿陛下亟归京师，以慰人心。其倡为异议者，不过如张邦昌辈，阴与金人为地尔。"既而金人遣使以使伪楚为名至开封，泽拘其人，乞斩之。有诏延置别馆，泽奏曰："金人假使伪楚来觇虚实，臣愚乞斩之以破其奸，而陛下惑于人言，优加礼遇，愚不敢奉诏，以彰国弱。"帝乃手札谕泽，竟纵遣之。

真定、怀、卫间，虏兵甚盛，方密修战具，为入攻之计。宗泽以为忧，乃渡河，约诸将共议事宜，以图收复。而于京城四壁各置使，以领招集之兵；造战车千二百乘。又据形胜，立坚壁二十四所于城外，沿河鳞次为连珠砦，连结河东、河北山水砦忠义民兵，于是陕西、京东、西诸路人马咸愿听泽节制。泽又开五丈河以通西北商旅。守御之具既备，累表请帝还京，而帝用黄潜善计，决意幸东南，不报。

秉义郎岳飞犯法将刑，宗泽一见奇之，曰："将材也。"会金人攻汜水，以五百骑授飞，使立功赎罪，飞大败金人而还。升飞为统制而谓之曰："尔智勇材艺，古良将不能过，然好野战，非万全计。"因授飞阵图。飞曰："阵而后战，兵法之常；运用之妙，存乎一心。”泽是其言。飞由此知名。

秋七月，宗泽复上表曰：“今逆虏尚炽，群盗方兴。比闻远近之惊传，已有东南之巡幸。恐增四海之疑心，谓置两河于度外，因成解体，未谕圣怀。”不报。又上疏曰：“陛下回銮汴京，是人心之所欲，妄议巡幸，是人心之所恶。”又不报。泽又抗疏极言：“祖宗二百年基业，陛下奈何弃之以遗狂虏？今陛下一归，王室再造，中兴之业复成。如以臣为狂率，愿延左右之将士，试一谕之，不独谋之一二大臣，天下幸甚!”时泽每疏奏，上以付中书省，潜善、伯彦以为狂，张悫独曰：“如泽之忠义，若得数人，天下定矣。”二人语塞。

冬十月，帝如扬州。宗泽上疏谏曰：“京师，天下腹心，不可弃也。昔景德间，契丹寇澶渊，王钦若江南人，劝幸金陵；陈尧叟阆中人，劝幸成都；惟寇准毅然请亲征，卒用成功。”因条上五事，极言黄潜善、汪伯彦赞南幸之非。时两河虽多陷于金，而其民怀朝廷旧恩，所在结为红巾，出攻城邑，皆用建炎年号，金人稍稍引去。及闻帝南幸，无不解体。泽复上疏言：“欲遣闾勍、王彦，各统大军，尽平城垒，望陛下早还京阙，臣之此举可保万全。或奸谋蔽欺，未即还阙，愿陛下从臣措画，勿使奸臣沮抑，以误社稷大计。陈师鞠旅，尽扫胡尘，然后奉迎銮舆还京，以塞奸臣之口，以快天下之心。”帝优诏答之。

十二月，宗泽闻金人将谋侵汴，遣刘衍趋滑州，刘达趋郑州，以分其势；戒诸将保护河梁，以俟大兵之集。兀术乃不敢向汴，夜断河梁而去。

二年（戊申、一一二八）春正月，金兀术自郑抵白沙，去汴京密迩，都人震恐。僚属入问计，宗泽曰："何事张皇？刘衍等在外，必能御敌。"乃选精锐数千，使绕出敌后，伏其归路。金人方与衍战，伏兵起，前后夹击之，金人果败。粘没喝据西京，与泽相持。泽遣部将阎中立、郭俊民、李景良等帅兵趋郑，（出）〔遇〕（据宋史卷三六〇宗泽传、续纲目、薛鉴改）敌，大战，兵败，中立死之，俊民降，景良遁去。泽捕景良，斩之。既而俊民与金将持书来招泽，泽皆斩之。刘衍还，金人复入滑，泽部将张抟往救之。抟至滑，众寡不敌，或请少避之，抟曰："避而偷生，何面目见宗公！"力战而死。泽闻抟急，遣王宣往援，已不及，因与金人大战，破走之。泽以宣知滑州，金自是不复犯东京。

泽得金将辽臣王策于河上，解其缚，问金人虚实，得其详，遂决大举之计。召诸将曰："汝等有忠义心，当协谋剿敌，期还二圣，以立大功！"言讫泣下，诸将皆奋。泽复上疏，请帝还京。曰："臣为陛下保护京城，自去年秋至今春，又三月矣。陛下不早还，则天下之民何依戴！"不报。泽威声日著，敌闻其名，畏惮，对南人言，必称"宗爷爷"。

二月乙丑，河北盗杨进等降于宗泽。杨进聚众三十万，与丁进、王再兴、李贵、王大郎等，拥众各数万，往来京西、淮南、河南、北侵掠。泽遣人谕以祸福，悉招降之。

有王善者，河东巨寇也，拥众七十万，车万乘，欲据京城。泽单骑驰至善营，泣谓之曰："朝廷危难之时，使有如公一二辈，岂复有敌患乎！今日乃汝立功之秋，不可失也。"善感泣曰："敢不效力！"遂解甲降。

〔五月〕（据续纲目、薛鉴补），时泽招抚群盗聚城下，又募兵储粮，召诸将约日渡河，诸将皆掩泣听命。泽乃上疏，大约言："祖宗基业可惜；陛下父母兄弟蒙尘沙漠，日望救兵。西京陵寝为贼所占，今年寒食节未有祭享之地。而两河、二京、陕右、淮甸，百万生灵陷于涂炭，乃欲南幸湖外，盖奸邪之臣，一为贼虏方便之计，二为亲属皆已津置在南故也。今京城已增固，兵械已足备，士气已勇锐，望陛下毋沮万民敌忾之气，而循东晋既覆之辙。"奏至，帝乃降诏，择日还京。既而不果。

宗泽召王彦兵还汴，使屯滑州。先是，彦率岳飞等十一将部七千人，渡河至新乡；金兵盛，彦不敢进。飞独引所部鏖战，夺其纛而舞，诸军争奋，遂复新乡。明日，战于侯兆川，飞身被十余创，士皆死战，又败之。会食尽，诣彦壁乞粮，彦不许，飞乃引兵益北，与金人战于太行山，擒其将拓拔耶乌。居数日，又与敌遇，飞单骑持丈八铁枪，刺杀其将黑风大王，金人退走。飞知彦不悦己，遂率所部复归宗泽，泽复以为留守司统制。彦以屡胜，因传檄州郡，金人以为大军至，率骑数万薄彦垒，围之数帀。彦以众寡不敌，溃围出走；诸将败去，彦独保共城西山，遣腹心结两河豪杰，图再举。金人购求彦急，彦虑变，夜寝屡迁。

其部曲觉之，相率刺面作“赤心报国誓杀金贼”八字，以示无他意。彦益感励，抚爱士卒，与同甘苦。未几，两河响应，忠义民兵首领傅选、孟德、刘泽、焦文通等皆附之，众十余万，绵亘数百里，皆受彦约束。金人患之，召其首领，俾以大兵破彦垒，首领跪而泣曰：“王都统砦坚如铁石，未易图也！”金人乃间遣骑兵挠彦粮道，彦勒兵待之，斩获甚众。至是，泽恐彦孤军不可独进，召彦计事。彦悉召诸寨，指授方略，以俟会合，乃以万余人先发，金人以重兵蹑其后而不敢击。既至汴，泽令宿兵近甸，以卫根本，彦遂屯滑州之沙店。泽上疏曰：“臣欲乘此暑月，遣彦等自滑州渡河，取怀、卫，濬、相等州，王再兴等自郑州直护西京陵寝，马扩等自大名取洺、（相）〔赵〕（据系年要录卷一五改）、真定，杨进、王善、丁进等各以所领兵分路并进，计渡河则山寨忠义之民相应者不啻百万。愿陛下早还京师，臣当躬冒矢石，为诸将先，中兴之业，必可立致。”奏入，黄潜善等忌泽成功，从中沮之。

秋七月，宗泽卒。泽既招集群盗，聚兵储粮，结中路义兵，连燕、赵豪杰，自谓渡河克复可指日计，前后请帝还京二十余奏，皆为黄潜善、汪伯彦所抑。潜善、伯彦又疑泽为变，以郭仲荀为副留守以察之。泽忧愤成疾，疽发于背。诸将入问疾，泽矍然曰：“吾以二帝蒙尘，愤愤至此，汝等能歼敌，则我死无恨！”众皆流涕，曰：“敢不尽力！”诸将出，泽叹曰：“出师未捷身先死，长使英雄泪满襟！”无一语及家事，但连呼“过河”者三而卒，年七十。

都人号恸。讣闻，赠观文殿学士，谥忠简。泽子颖，居戎幕，素得士心，都人请以颖继父任。时已命杜充代泽，不许。充酷而无谋，至汴，悉反泽所为，于是豪杰离心，降盗聚城下者，复去剽掠矣。

史臣曰：方二帝北行，宗社失主，〔宗〕泽（据宋史卷三六〇宗泽传、续纲目、薛鉴补）一呼而河北义旅数十万众若响之应声，实泽之忠义有以风动之也。使当时无或龃龉牵制之，则反二帝，复旧都，一指顾间耳。黄潜善、汪伯彦嫉能忌功，而高宗惑于憸邪之口，善善而不能用，使泽不得信其志，发愤而卒，悲哉！

泽卒后，王彦以所部兵马付东京留守司，而率亲兵趋行在，见黄潜善、汪伯彦，力陈两河忠义延颈以望王师，愿因人心大举北伐，言辞愤激。二人大怒，遂请降旨免对，差充御营平寇统领，彦遂称疾致仕。

宋史纪事本末卷六十二

两河中原之陷

高宗建炎元年（丁未、一一二七）五月，金人陷河中府。先是，粘没喝等既北去，留万户银术可屯太原，副统韶合屯真定，娄室围河中，蒙哥进据磁、相，渤海大挞不也围河间。帝命马忠及忻州观察使张换将所部，合万人，自恩、冀趋河间以袭之。已而黄潜善等复主和议，遂诏追袭兵屯大河之南，应机进止。至是，娄室以重兵压河中，守臣席益遁去。权府事郝仲连力战，外援不至，度不能守，先自杀其家人，已而城陷，与其子致厚皆不屈而死。

十二月，金人分道南侵，粘没喝自云中下太行，由河阳渡河，攻河南，分遣银术可等攻汉上；讹里朵、兀术自燕山由沧州渡河，攻山东，分阿里蒲卢浑军，趋淮南；娄室与撒离喝、黑锋自同州渡河，攻陕西。

粘没喝至汜水关，留守孙昭远走死。

娄室至河中，官军扼河西岸，不得渡，乃自韩城履冰过。陷同州、华州，安抚使郑骧死之。金兵遂破潼关，王瓔弃陕州，走入蜀，中原大震。

二年（戊申、一一二八）春正月戊子，金人陷邓州。粘没喝谍知邓州将为行在所，令银术可急攻之，知州范致虚遁去。安抚使刘汲分兵守要害，自以牙兵四百登陴死斗，城陷死之。初，议南阳备巡幸，储峙甚多，悉为金有。

乙未，金娄室既陷同、华诸州，遂围永兴军。时京兆兵皆为经制使钱盖调赴行在，经略使唐重与守臣誓死守。已而经制副使傅亮以兵夺门出降，重死之。

金人陷均州，又陷房州。

辛丑，金人陷郑州，通判赵伯振死之。

癸卯，金帅窝里嗢陷潍州，知州韩浩与通（州）〔判〕（据宋史卷四四八忠义传、续纲目、薛鉴改）朱廷杰皆力战死之。金人又陷青州。

二月丙子，金人陷淮宁府，守臣向子韶死之。

金娄室既陷永兴，鼓行而西，秦州帅臣李积降，虏势益张，引兵犯熙河，经略使张深遣都监刘惟辅以精骑二千人御之。夜趋新店，金人恃胜不虞，黎明，军进，惟辅舞矟刺其帅黑锋，洞胸，堕马死，虏为夺气。深更檄〔陇〕右（据宋史卷二五高宗纪、又卷四五二忠义传、续纲目补）都护张严往追之。严追娄室及凤翔境上，锐意击贼；至五里坡，娄室伏兵坡下，严与曲端期不至，径前，遇伏而败，死之。

丁酉，粘没喝闻张严东出，自河南西入关以援娄室，尽焚西京庐舍，掳其民而北。时韩世忠以所部万人赴西京，捉杀盗贼，粘没喝复留兀术河阳以待之。

金人陷中山府。中山受围三年，城中粮绝，知府陈遘欲尽括城中人为兵力战，部将沙振潜害遘，城遂陷。

庚子，河南统制官翟进复西京。

夏四月乙丑，翟进以兵袭金兀术于河南，兵败，其子亮死之。进又率韩世忠等兵战于文家寺，又败，世忠南归。兀术复入西京，寻弃去。

五月，金娄室大掠而东，遂陷绛州。初，宗泽承制，以王庶为陕西制置使，曲端为河东经制使。未几，钱盖闻虏陷长安，檄庶兼节制（怀）〔环〕庆（据续纲目改）、泾原兵。既而金人东还，庶以金人重载，可袭取胜，移文两路，协力更战，而环庆帅王似、泾原帅席贡，不欲受庶节度，遂具文以报，而实不出兵。金人至清溪，为吴玠所扼。至咸阳，望渭南义兵满野，不得渡，遂循渭而东。其支军入鄜、延，攻康定。庶急遣兵断河桥，又令刘延亮屯神水峡，断其归路，虏遂去。曲端乘虏退，复下秦州。端雅不欲属庶，会延亮自凤翔归，端斩之。庶犹以书约似、贡，欲逼余虏渡河，复限大河自守，二人竟不应。时绛州犹为国拒守，娄室还军陷之。

六月，以王庶节制陕西六路军马，曲端为都统制。时陕西抚谕使谢亮持诏赐夏国，庶移书曰：“大夫出疆，有可以安社稷利国家，专之可也。今虏人占据同、华，畏暑休兵，秋高必大举。盍仗节督诸路协同义举，争先并进，驱逐渡河，徐图恢复。”亮不从。

八月癸巳，金人陷冀州，将官李政死之。

甲午，金人再犯永兴军。辛丑，陕西节制司贺师范及金人战于八公原，死之。

九月，金将讹里朵袭破信王榛于五马山。初，和州防御使马扩聚兵于真定五马山，得上皇子信王榛于民间，奉之以总制诸砦，两河遗民闻风响应。王遣扩赴行在奏事，还至大名，讹里朵恐扩以援兵至，急发兵攻五马山诸砦，诸砦皆陷。时诏韩世忠以所部自彭城至东平，张俊自东京至开德，马扩为河北应援使，以备金。讹里朵既破五马山，探知扩兵南来，使人驰报粘没喝。粘没喝将历怀、卫而东，闻讹里朵已败扩军于清平，遂由黎阳渡河，会兵以攻澶、濮。榛亡走，不知所终。

十一月，金人陷延安府，通判魏彦明死之。先是，王庶至京兆，曲端不欲属庶，凡有命多托辞不行，庶无如之何，复还端泾原。时金娄室渡河，谍知庶、端不协，乃并兵攻鄜延。庶调兵自沿河至冯翊，据险以守。金人先已乘冰渡河，犯晋宁，侵丹州；又渡清水河，破潼关，秦、陇皆震。庶传檄诸路，会兵御之。时端尽统泾原精兵驻淳化，庶日移文趣端进，端不听，而遣其副将吴玠复华州，自引兵迁延迂道，自邠之三水，与玠会于襄乐。金攻延安急，庶自坊州收散亡往援，知兴元府王𤫩亦将所部赴之。比庶至甘泉，延安已陷，庶无所归，以兵付𤫩，自将百骑与官属驰赴襄乐劳军。端见庶，问延安失守状，欲杀之，不果，乃夺其节制使印。庶自劾，得诏，罢守京兆，乃去。

乙未，金粘没喝、讹里朵合兵围濮州，以濮州小，易之。知州杨粹中固守，命将姚端夜捣其营。粘没喝跣足走，仅以身免。遂攻城益急，凡三十三日而陷，粹中被执，不屈而死。金人又陷开德府，守臣王棣死之。

庚子，金人陷相州，守臣赵不试死之。不试，太宗六世孙也。

甲辰，金人陷德州，兵马都监赵叔（昄）〔晈〕（据宋史卷四五二忠义传改）死之。

金人寇晋宁军，知军事徐徽言拒却之。知府州折可求叛，降金。先是，徽言阴结汾、晋土豪，约以复故地，则奏官为守长，听其世袭。会朝论与虏结和，抑其所请。虏忌徽言，欲速拔晋宁以除其患，既破延安，遂自绥德渡河，围之三月，徽言屡破却之。至是，徽言约可求出兵夹攻金。娄室闻之，执可求之子彦文，使为书招可求，遂以所属麟、府、丰三州降金。可求与徽言连（兵）〔姻〕（据续纲目、薛鉴改），金人使招徽言于城下徽言引弓射之，可求走。徽言引兵击虏，大破之，斩娄室之子。

十二月庚申，金人陷东平府，又陷济南府。

甲子，金讹里朵攻大名府，守臣张益谦欲遁，提点刑狱郭永曰："北门所以遮梁、宋，虏得志则朝廷危矣！"因自率兵昼夜乘城，且缒死士告急于行在。会大雾四塞，城遂陷。益谦与转运判官迎降，讹里朵问曰："城破乃降，何也？”二人以永不从为辞。讹里朵遣骑召永，谓曰：“沮降者谁？”永曰：“不降者我。”讹里朵以富贵啖之，永骂曰：“犬豕，恨不醢尔以报国，何说降乎！”讹里朵怒，并其家属皆杀之。

己巳，金粘没喝陷袭庆府。军士有欲发孔子墓者，粘没喝问其通事高庆裔曰：“孔子何人？”曰：“古之大圣人。”粘没喝曰：“大圣人墓安可发！”遂杀军士。

三年（己酉、一一二九）二月，金娄室破晋宁军，徐徽言据子城拒战，因溃围走，被擒。使之拜，不拜；临之以兵，不动；命折可求谕使降，徽言大骂。娄室并其子冈杀之。统制孙昂及士卒皆不屈死。事闻，赠徽言晋州观察使，谥忠壮。徽言父翊，宣和末救太原，死之，世著忠义。

秋七月，留守杜充弃东京，归行在。充将发汴，岳飞谏曰：“中原地尺寸不可弃，今一举足，此地非我有，他日取之，非数十万众不可。”充不听，遂与俱归。朝廷命郭仲荀、程昌寓相继代充，然留守司亦名存而已。

四年（庚戌、一一三〇）二月，金人入东京，权留守上官悟出奔，为盗所杀。自是，四京皆没于金。

宋史纪事本末卷六十三

南迁定都

高宗建炎元年（丁未、一一二七）秋七月，帝以京师未可往，手诏巡幸东南。

丁未，元祐太后如扬州。帝从汪伯彦、黄潜善言，决意幸扬州避敌，诏副都指挥使郭仲荀奉太后先行，六宫及卫士家属皆从。遣使诣汴京，奉太庙神主赴行在。

九月壬辰，以金人犯河阳、汜水，诏择日巡幸淮甸。命淮、浙沿海诸州，增修城堡，招训民兵。

冬十月丁巳朔，帝如扬州。时金兵日迫，许景衡亦言建康天险可据，帝从之，命扬州守臣吕颐浩缮修城池。至是，谍者言金人欲犯江、浙，乃诏暂驻淮甸，捍御稍定，即还京阙，有敢妄议惑众沮巡幸者，许告而罪之，不告者斩。

二年（戊申、一一二八）春正月丙戌朔，帝在扬州。

以叶梦得为户部尚书。梦得陈："待敌之计有三，曰形、曰势、曰气而已。形以地里山川为本，势以城池、刍粟、器械为重，气以将帅、士卒为急。形固则可恃以守，势强则可资以立，气振则可作以用。如是，则敌皆在吾度内矣。"因请"上南巡，阻江为险，以备不虞"。又请"命重臣为宣抚总使，一居泗上，总两淮及东方之师以待敌；一居金陵，总江、浙之路，以备退保"。疏入，不报。

冬十月甲子，侍御史张浚请先定六宫所居地。诏孟忠厚奉太后及六宫皇子如杭州，以苗傅、刘正彦为扈从都、副统制。

十一月庚子，（朔）〔朝〕（据宋史卷二五高宗纪、薛鉴改）享祖宗神主于寿宁寺。壬寅，郊祀天，配祖。敕东京起奉大乐、登歌法物等赴行在所，就扬州江都筑坛行事。凡卤簿、乐舞之类率多未备，严更警场，就取军中金鼓，权一时之用。是日，大赦。

十二月乙卯，太后至杭州，扈从统制苗傅以其军八千人驻奉国寺。

己巳，以黄潜善、汪伯彦为尚书左右仆射兼门下中书侍郎。入谢，帝曰："潜善作左相，伯彦作右相，朕何患国事不济。"时金兵横行山东，群盗蜂起，潜善、伯彦既无谋略，专权自恣，东京委之御史，南京委之留台，泗州委之郡守，言事者不纳其说，请兵者不以上闻。金兵日南，而潜善等以为李成余党，无足虑者。

戊寅，以张浚参赞御营事。浚极言金人必来，请预为备。黄潜善、汪伯彦以为过计而笑之。

三年（己酉、一一二九）春正月，帝在扬州。

丙午，金粘没喝陷徐州，知州王复死之。时韩世忠屯淮扬，会山东兵以援濮州。粘没喝闻之，分兵万人趋扬州，自率大军迎战，世忠以众寡不敌，夜引还。粘没喝蹑之，至沭阳，世忠弃军走盐城，众遂溃。粘没喝入淮阳，以骑兵三千取彭城，间道（取）〔趋〕（据宋史卷二五高宗纪、续纲目、薛鉴改）淮东，入泗州。

二月庚戌，诏听士民从便避兵。刘正彦部兵卫皇子、六宫如杭州。

壬子，金粘没喝至楚州，守臣朱琳降，遂乘胜而南，陷天长军。内侍邝询报金兵至，帝即被甲乘骑，驰至瓜洲步，得小舟渡江，惟护圣军卒数人及王渊、张浚、内侍康履等从行。日暮，至镇江府。汪伯彦、黄潜善方率同列听浮图说法，罢，会食，堂吏大呼曰："驾已行矣。"二人相顾仓皇，乃戎服策马南驰，居民争门而出，死者相枕藉，无不怨愤。司农卿黄（谔）〔锷〕（据宋史卷四七三黄潜善传、续纲目、薛鉴改）至江上，军士以为黄潜善，骂之曰："误国误民，皆尔之罪！"锷方辩其非是，而首已断矣。金将马五率五百骑先驰至扬州城下，闻帝已南行，乃追至杨子桥。时事起仓卒，朝廷仪物皆弃，太常少卿季陵亟取九庙神主以行，出城未数里，城中已烟焰烛天矣。陵为金人所追，亡太祖神主于道。

帝至镇江，宿于府治。翼日，召从臣问去留，吕颐浩乞留跸，以为江北声援。群臣皆以为然，王渊独言："镇江止可捍一面，若金人自通州渡江以据姑苏，将若之何？不如钱塘有重江之险。"帝意遂决。张邵上疏曰："有中原之形势，有东南之形势，今纵未能遽争中原，宜进都金陵，因江、淮、蜀、汉、闽、广之资，以图恢复。"不报。

是夕，帝发镇江。越四日，次平江。命朱胜非节制平江、秀州军马，张浚副之。又命胜非兼御营副使，留王渊守平江。又二日，次崇德。时吕颐浩从行，即拜同签书枢密院事、江淮两浙制置使，以兵二千还屯京口。又命张俊以兵八千守吴江。

用朱胜非计，诏录用张邦昌亲属，遣阁门祇候刘俊民使金军，仍命俊民持邦昌贻金人"约和书稿"以行。

壬戌，帝驻跸杭州，即州治为行宫。下诏罪己，求言，赦死罪以下，放还士大夫被窜斥者。惟李纲不赦，更不放还，盖用黄潜善计，罪纲以谢金也。

和州防御使马扩应诏上书，言："前日之事，其误有四，其失有六。今愿陛下西幸巴蜀，用陕右之兵，留重臣使镇江南，抚淮甸，破金贼之计，回天下之心，是为上策。都守武昌，襟带荆湖，控引川、广，招集义兵，屯布上流，扼据形势，密约河南诸路豪杰，许以得地世守，是为中策。驻跸金陵，备御江口，通达漕运，精习水军，厚激将士，以幸一胜，观敌事势，预备迁徙，是为下策。若倚长江为可恃，幸金贼之不来，犹豫迁延，候至秋冬，金贼再举，驱虏舟楫，江、淮千里，数道并进，方当此时，然后又悔，是谓无策。”扩累数千言，皆中事机。

戊辰，金人焚扬州而去。吕颐浩遣陈彦渡江，袭金余兵，复扬州。

己巳，黄潜善、汪伯彦罢。中丞张澂论二人大罪二十，致陛下蒙尘，天下怨怼，乞加罪斥。乃罢潜善知江宁府，伯彦知洪州。潜善猥持国柄，嫉害忠良，逐李纲，沮宗泽，台谏、内侍言者，随陷以奇祸，中外为之切齿，而帝不悟。

夏四月丁卯，帝发杭州，留郑瑴卫太后。

五月戊寅朔，帝次常州。

辛巳，帝次镇江。

乙酉，帝至江宁府，改府名建康。

六月戊午，命江、淮引塘泺，开畎浍，以阻金兵。

庚申，皇太后至建康府。

乙亥，谕中外："以迫近防秋，请太后率宗室迎奉神主如江表，百司庶府非军旅之事者，并令从行。朕与辅臣宿将，备御寇敌。士民家属南迁者，有司毋禁。"

八月己未，太后发建康。

帝闻金兵迫，求可使缓师者，乃遣京东转运判官杜时亮及修武郎宋汝为使金军以请和，致书于粘没喝曰："古之有国家而迫于危亡者，不过守与奔而已。今以守则无人，以奔则无地，所以諰諰然惟冀阁下之见哀而（已）〔赦已〕（据续宋编年通鉴、续纲目补正）。故前者连奉书，愿削去旧号，是天地之间皆大金之国，而尊无二上，亦何必劳师远涉而后为快哉。”

闰月庚寅，起居郎胡寅上疏曰：“陛下以亲王介弟，受渊圣皇帝之命，出师河北。二帝既迁，则当纠合义师，北向迎请，而乃亟居尊位，建立太子，不复归觐宫阙，展省陵寝，偷安岁月，略无捍御。及虏骑乘虚，匹马南渡，一向畏缩，惟务远逃，军民怨咨，恐非自全之计也。”因进七策:一，罢和议而修战略；二，置行台以区别缓急之务；三，务实效，去虚文；四，大起天下之兵以自强；五，都荆襄以定根本；六，选宗室之贤才，封建任使之；七，存纪纲以立国体。书凡数千言，吕颐浩恶其切直，罢之。

辛卯，帝召诸将议驻跸之地，张俊、辛企宗请自鄂、岳幸长沙。韩世忠曰：“国家已失河北、山东，若又弃江、淮，更有何地?”吕颐浩曰：“金人之谋，以陛下所至为边面。今当且战且避，奉陛下于万全之地。臣愿留常、润死守。”帝曰:“朕左右不可无相。”乃命杜充守建康，韩世忠守镇江，刘光世守太平、池州。

丁酉，太后至洪州。

壬寅，帝发建康，将如临安。考功员外郎娄炤上疏，言:“今日之计，当思古人量力之言，察兵家知己之计。力可以保淮南，则以淮南为屏蔽，权都建康，渐图恢复。力未可以保淮南，则因长江为险阻，权都吴会，以养国力。”于是帝一意还临安，不复防淮矣。

九月辛亥，帝次平江府。

冬十月癸未，帝至临安，遂如越州。

〔十一月〕（据宋史卷二五高宗纪、薛鉴补）丁卯，诏曰："国家近遭金人侵逼，无岁无兵。朕纂承以来，深轸念虑，谓父兄在难，而吾民未抚，不欲使之陷于锋镝，故包羞忍耻，为退避之谋，冀其逞志而归，稍得休息。自南京移淮甸，自淮甸移建康，而会稽播迁之远，极于海隅。卑词厚礼，使介相望，以至愿去尊称，甘心贬屈，请用正朔，比于藩臣，遣使哀祈，无不曲尽。假使金石无情，亦当少动，累年卑屈，卒未见从，生民嗷嗷，何时宁息？今诸路之兵聚于江、浙之间，朕不惮亲行，据其要害。如金人尚容朕为汝兵民之主，则朕于事大之体，敢有不恭？或必用兵，窥我行在，倾我宗室，涂炭生灵，竭取东南金帛子女，则朕亦何爱一身，不临阵以践前言，以保群生！朕已取十一月二十五日移跸，前去浙西，为迎敌计。惟我将士人民，念国家涵养之恩，二圣拘縻之辱，（惮）〔悼〕（据薛鉴改）杀戮残焚之祸，与其束手待毙，曷若并计合谋，同心戮力，奋励而行，以存国家！"是日，金人陷吉州，又陷六安军。己巳，帝发越州，次钱清镇，将如浙西，迎敌亲征。百司有至曹娥江者，有至钱清镇者。侍御史赵鼎力谏，以为众寡不敌，不若为避狄之计。庚午，遂复召百司回越州。

十二月丙子，帝至明州。

壬午，定议航海避兵。

庚子，帝移温、台。

四年（庚戌、一一三〇）春正月甲辰朔，帝舟居于海。

三月，帝发温州。

夏四月癸未，帝还越州。初金人退，帝自温将西还，召群臣议驻跸之所。吕颐浩曰："将来宜驻浙右，徐图入蜀。"范宗尹曰："若便入蜀，恐两失之。据江表而图关陕，则两得之。"帝曰："善。"至是，遂驻越，寻升越州为绍兴府。

八月，隆祐太后至越州。

十一月壬子，日南至，帝率百官遥拜二帝。自渡江至是，始有此礼，其后正旦亦然。

绍兴元年（辛亥、一一三一）春正月己亥朔，帝在越州。

夏四月，隆祐太后崩。

九月辛亥，合祭天地于明堂，太祖、太宗并配。时初驻会稽，而渡江旧乐复皆毁散，太常奏权用望祭礼。

二年（壬子、一一三二）春正月丙午，帝自绍兴如临安，从吕颐浩之请也。

三年（癸丑、一一三三）春正月丁巳朔，帝在临安。

四年（甲寅、一一三四）春正月辛亥朔，帝在临安。

九月辛酉，合祭天地于明堂，用国子丞王普议，正乐舞。先是，帝尝以时难备物，礼有从宜，敕戒有司，参酌损益，务崇简俭。仍权依元年例，令登歌通作宫架，其押乐举麾官及乐工器服等蠲省甚多。既而国步渐安，始以保境息民为务，而礼乐之事浸以兴矣。

冬十月，帝以刘豫入寇，诏亲征。戊戌，发临安。壬寅，次于平江。

五年（乙卯、一一三五）春正月乙巳朔，帝在平江府。

二月壬午，帝还临安。

己丑，建太庙于临安。时太庙神主寓温州，岁时委守臣荐享。司封郎中林待聘言："神主礼宜在都，今新邑未奠，请考古师行载主之义，迁之行阙，以彰圣孝。"于是始就临安建太庙，遣太常少卿张铢迎神主奉安，帝行款谒礼。侍御史张致远言："创建太庙，甚失兴复大计。"殿中侍御史张绚亦言："去年建明堂，今年立太庙，是将以临安为久居之地，不复有意中原。"不报。

六年（丙辰、一一三六）七月，建行营于建康府。时张浚奏："东南形胜莫重于建康，实为中兴根本，且使人主居此，北望中原，常怀愤惕，不敢暇逸。而临安僻在一隅，内则易生玩肆，外则不足以号召远近，系中原之心。请临建康，抚三军，以图恢复。"帝从之。诏以秦桧为行营留守，孟庾副之。

九月丙寅，帝发临安，以刘豫将入寇故也。

癸酉，帝次于平江。

七年（丁巳、一一三七）春正月癸亥朔，帝在平江，诏移跸建康。

八年（戊午、一一三八）春正月戊子朔，帝在建康。车驾将幸平江，李纲以为平江去建康不远，徒有退避之名，不宜轻动。具奏曰："臣闻自昔用兵以成大业者，必先固人心，作士气，据地利而不肯先退，尽人事而不肯先屈。是以楚、汉相距于荥阳、成皋间，高祖虽屡败，不退尺寸之地；既割鸿沟，羽引而东，遂有垓下之变。曹操、袁绍战于官渡，操虽兵弱粮乏，荀彧止其退避；既焚绍辎重，绍引而归，遂丧河北。由是观之，今日之事，岂可因一叛将之故，望风怯敌，遽自退屈？果出此谋，六飞回驭之后，人情动摇，莫有固志，士气销缩，莫有斗心。我退彼进，使敌马南渡，得一邑则守一邑，得一州则守一州，得一路则守一路，乱臣贼子，黠吏奸氓，从而附之，虎踞鸱张，虽欲如前日返驾还辕，复立朝廷于荆棘瓦砾之中，不可得也。借使敌骑冲突，不得已而权宜避之，犹为有说。今疆场未有警急之报，兵将初无不利之失，朝廷正可惩往事，修军政，审号令，明赏罚，益务固守，而遽为此扰扰，弃前功，蹈后患，以自趋于祸败，岂不重可惜哉！"

戊戌，帝议还临安，张守言："建康自六朝为帝王都，气象雄伟，且据都会以经理中原，依险阻以捍御强敌。陛下席未及暖，今又巡幸，百司六军有勤动之苦，民力邦用有烦费之忧。愿少安于此，以系中原民心。"

癸亥，帝发建康。

戊寅，帝至临安。自是始定都矣。

宋史纪事本末卷六十四

金人渡江南侵

高宗建炎三年（己酉、一一二九）六月，金兀术请大起燕、云、河朔兵南侵，金主吴乞买从之。是月，遂陷磁州。

九月，谍报金人治舟师，将由海道窥浙，遣韩世忠控守圌山、福山。

冬十月，金兀术分兵南寇，一自滁、和入江东，一自蕲、黄入江西。遂取寿春，掠光州，复陷黄州，守臣赵令峸死之。令峸，燕懿王玄孙也。

金人陷江州。时刘光世在江州，日置酒高会，金兵渡江凡三日，尚未之知。及薄城下，遂引兵遁，趋南康。知江州韩相弃城走。金人入城杀掠，遂由大冶趋洪州。

十一月乙巳朔，金人犯庐州，守臣李会以城降。

戊申，金兀术犯和州，守臣李俦以城降。

己酉，兀术陷无为军，守臣李知几弃城走。

丁巳，金人犯临江。

戊午，陷临江，抚、袁二州守臣俱降。

庚申，金人陷真州。

壬戌，金人陷溧水，县尉潘振死之。

癸亥，金人陷太平州。

甲子，杜充遣统制陈淬等及金人战于马家渡，王瓊先遁，淬独与战，死之。

金兵至庐陵，太守杨渊弃城走。时胡铨为举子，居芗城，团结丁壮以保庐井，乃自领民兵，入城固守，卒完其城。

辛未，兀术渡江，入建康，杜充叛，降金。时江、浙倚重于充，充日事诛杀，且无制敌之方。及兀术与李成合兵攻乌江，充闭门不出。统制岳飞泣谏，请视师，充不从。兀术遂乘充无备，由马家渡渡江，陷太平，长驱至建康。充渡江遁真州。诸将怨充严刻，欲乘其败害之，充闻，不敢入营，居长芦寺。兀术遣人说之曰："若降，当封以中原，如张邦昌故事。"充遂还建康，与守臣陈邦（之）〔光〕（据宋史卷二五高宗纪、续纲目、薛鉴改）、户部尚书李棁率官属迎金师，拜兀术于马首。通判杨邦乂独不肯屈膝，以血大书衣裾曰："宁作赵氏鬼，不为他邦臣。"兀术使人诱以官，终不屈，大骂求死，遂杀之。事闻，赠直秘阁，谥忠襄。

癸酉，帝闻杜充败，谓吕颐浩曰："事迫矣，若何？"颐浩遂进航海之策，其言曰："敌兵多骑，必不能乘舟袭我。江、浙地热，必不〔能〕（据续纲目、薛鉴补）久留，俟其退去，复还二浙。彼出我入，彼入我出，此兵家之奇也。”帝然之，遂如明州。

甲戌，韩世忠自镇江退守江阴。是月，知徐州赵立闻诏诸路以兵勤王，乃将兵三万趋行在。金人邀立于淮阴，立麾下劝立不如还保徐州，立奋怒，嚼其齿曰：“回顾者斩！”于是率众径进，与金人遇，转战四十里，至楚州城下。立中箭贯两颊，口不能言，以手指麾诸军，憩歇定方拔箭出之。议者谓自燕山之役，南兵未有如此之鏖战者。

十二月丙子，帝至明州。

辛巳，金人攻常州，守臣周杞遣赤心队官刘晏击之；迎岳飞移屯宜兴。盗郭吉闻飞来，遁入湖，飞遣王贵等追破之，尽降其众。时兀术将趋杭州，遂进攻广德军。飞闻之，邀击至广德境中，六战皆捷，擒其将王权。驻军钟村，将士无粮，忍饥不敢扰民。会金复遣兵攻常州，飞复追至，四战皆捷。于是广德无援，金人杀守臣张烈。

乙酉，兀术自广德过独松关，见无戍者，谓其下曰：“南朝若以羸兵数百守此，吾岂能遽度哉！”遂犯临安，守臣康允之弃城走。钱塘县令朱跸率弓手土军，前路拒战，两中流矢，犹奋勇而进，力竭死之。

兀术闻帝在明州，遣阿里蒲卢浑帅精骑渡浙来追。己丑，帝乘楼船，次定海县，留范宗尹、赵鼎于明州，以待金使。又谓张俊曰：“若能扞敌成功，当加王爵。”吕颐浩奏令从官以下各从便去。帝曰：“士大夫当知义理，岂可不扈从！若然，则朕所至乃同寇盗耳。”于是郎官以下多从卫。

癸巳，帝舟次昌国县。

戊戌，金人犯越州，安抚使李邺以城降，金人琶八守之。卫士唐琦袖石伏道旁，伺其出击之，不中，被执。琶八诘之，琦曰：“欲碎尔首，我即死，为赵氏鬼耳！”琶八曰：“使人〔人〕（据宋史卷四四八忠义传、薛鉴补）如此，赵氏岂至是哉！”又问：“李邺为帅，尚以城降，汝何人，敢尔？”琦曰：“邺为臣不忠，恨不得手刃之，尚言及斯人耶！”仍顾邺曰：“我月给石米，不肯悖其主，汝享国厚恩，乃至此，岂人类哉！”诟骂不少屈，琶八趣杀之，至死不绝口。

四年（庚戌、一一三〇）春正月乙巳，金人犯明州，张俊及守臣刘洪道击却之。

庚戌，金人再犯明州，张俊引兵遁去。

己未，金人陷明州。夜，大雨，震电，乘胜破定海、昌国，以舟师来袭御舟，追三百余里，弗及。提领海舟张公裕引大舶击却之，金人引还。辛酉，帝发章安。甲子，泊温州港口。

〔二月〕（据宋史卷二六高宗纪、续纲目、薛鉴补），时金人既破江西诸郡，乃引兵犯湖南，遂陷潭州。将吏王暕、刘玠、赵聿之战死，向子諲率兵夺门而出，金兵遂大掠，屠其城而去。

丙子，金兀术引兵北还，至临安，纵火焚掠；以辎重不能遵陆，取道秀州而北。

庚寅，帝次温州。时诸将无功，翰林学士汪藻上言："敌人之来，诸将拥兵相望，曾不能为陛下施矢镞之劳，独张俊守明州，仅能少抗。若更坚守数日，待虏再来，乘其机会，极力（分战）〔剿除〕（据薛鉴改），虏若失利，终身惩创，不敢复南。奈何敌未退数里间，遽狼狈引去！方其行也，三尺童子知其不可，以为虏性强愎，不婴其锋犹惧屠戮，况以致怨而去。不增兵益戍，反旋军空城以挑之，是前日之小捷，乃莫大之祸也。未几，果残明州，无噍类。是杀明州一城生灵，而陛下再有馆头之行者，张俊使之也。臣复痛念自秋以来，陛下为宗社大计，惧敌人之侵逼，宵旰劳焦，未尝顷刻少安。以建康、京口、九江皆要害之地，当宿重兵，故以杜充守建康，韩世忠守京口，刘光世守九江，而以王瓔隶杜充，其措置非不尽善也。若虏骑渡江，充、世忠、瓔并力扼其前，光世掩其后，可使奔北之不暇。而世忠八九月间已扫镇江所储之资，尽装海舶，焚其城郭，为逃遁之计。及杜充危急，王瓔、刘光世亦偃然坐视，不出一兵，竟至陷没。臣窃观今日诸将，在古法当诛，然不可尽诛也，惟王瓔本隶杜充，充败于前而瓔不救，此不可赦。当先斩瓔以令天下，其他以次重行贬降，使以功赎过，庶几国威少振，敌人知忌。"不报。

辛卯，金人陷秀州。

金游骑至平江，周望奔太湖，守臣汤东野弃城遁。兀术入城，纵火焚掠，死者五十万人。

三月壬子，金人入常州，守臣周杞弃城走。

丁巳，金人至镇江。初，韩世忠以前军驻青龙镇，中军驻江湾，后军驻海口，欲俟兀术师还击之。及兀术由秀州趋平江，世忠事不就，遂移师镇江以待之，先以八千人屯焦山寺。兀术欲济江，乃遣使通问，且约战期。世忠许之，因谓诸将曰："是间形势无如金山龙王庙者，敌必登之以觇我虚实。"乃遣苏德将百人伏庙中，〔百人伏庙下〕（据续纲目、薛鉴补）岸侧，戒之曰："闻江中鼓声，则岸兵先入，庙兵继出，以合击之。"及敌至，果有五骑趋庙，庙兵先鼓而出，获其两骑，其三骑振策以驰。一人红袍玉带，既坠，复跳而免，诘诸获者，则兀术也。既而接战江中，凡数十合，世忠力战，妻梁氏亲执桴鼓，敌终不得济，俘获甚众，擒兀术之婿龙虎大王。兀术惧，请尽归所掠以假道，世忠不许；复益以名马，又不许；遂自镇江泝流西上。兀术循南岸，世忠循北岸，且战且行，世忠艨艟大舰出金师前后数里，击柝之声达旦。将至黄天荡，兀术窘甚，或曰："老鹳河故道今虽湮塞，若凿之可通秦淮。"兀术从之，一夕渠成，凡五十里，遂趋建康。岳飞设伏牛头山待之，夜令百人黑衣混金营中扰之，金兵惊，自相攻击。兀术次龙湾，飞以骑兵三百、步兵三千，邀击于新城，大破之，兀术奔窜。会挞懒自潍州遣孛堇太一引兵来援，兀术乃复引还，欲北渡。世忠与之相持于黄天荡，太一军江北，兀术军江南。世忠以海舰进泊金山下，预以铁绠贯大钩，授健者。明旦，敌舟噪而前，世忠分海舟为两道，出其背，每緭一绠，则曳一舟沉之。兀术穷蹙，求会语，祈请甚哀。世忠曰："还我两宫，复我疆土，则可以相全。"又数日，求再会而言不逊，世忠引弓欲射之，兀术亟驰去。见海舟乘风使篷，往来如飞，谓其下曰："南军使船如使马，奈何？"乃募人献破舟之策，于是闽人王姓者，教其舟中载土，以平板铺之，穴船板以櫂桨，俟风息则出；海舟无风不能动也，且以火箭射其篛篷，则不攻自破矣。兀术然之，刑白马以祭天。及天霁风止，兀术以小舟出江，世忠绝流击之。海舟无风不能动，兀术令善射者乘轻舟，以火箭射之，烟焰蔽天，师遂大溃，焚溺死者不可胜数，世忠仅以身免，奔还镇江。兀术遂济江，屯于六合县。是役也，世忠以八千人拒兀术十万之众，凡四十八日而败，然金人自是亦不敢复渡江矣。

夏四月，金人犯江西者闻兀术北还，亦自荆门引去。统制牛皋潜军邀击，败之于宝丰之宋村。

金挞懒围楚州急，赵立命撤废屋，城下然火池，壮士持长矛以待，金人登城，钩取投火中。金人选死士突入，又搏杀之，乃稍引退。至是，兀术将北归，以辎重假道于楚，立斩其使。兀术怒，乃设南北两屯，绝楚饷道。

九月，金人攻楚州，赵立遣人告急。朝廷欲遣张俊救之，俊辞不行，乃命刘光世督淮南诸镇救楚。海州李彦(光)〔先〕(据宋史卷四四八忠义传、续纲目、薛鉴改) 首以兵至淮河，扼不得进，光世诸将王德、郦琼多不用命，惟岳飞仅能为援，而众寡不敌。帝览立奏，以书趣光世会者五，光世迄不行。金人知外援绝，进攻东城，立登磴道以观，飞炮中其首，左右驰救之，立曰："我终不能为国殄贼矣！"言讫而绝。金人疑立诈死，不敢动，越旬余城始陷。岳飞亦自泰州引还。

宋史纪事本末卷六十五

苗刘之变

建炎三年（己酉、一一二九）三月庚辰，以朱胜非为尚书右仆射兼中书侍郎。〔命〕（据续纲目、薛鉴补）张浚驻平江。辛巳，叶梦得罢，以王渊同佥书枢密院事，吕颐浩为江东安抚制置使。先是帝渡江，刘光世见帝，泣曰："王渊专管江上海船，每言缓急不误，今臣所部数万、骑二千余不能济。"渊忿其言，斩江北都巡检使皇甫佐以自解。朱胜非驰见渊，督之，渊始经画，已无所及，遂失诸将心。至是，佥枢制下，诸将口语藉藉。

壬午，诏王渊免进呈书押。扈从统制苗傅自负世将，以王渊骤得君，迁显职，心忿不平。刘正彦以招降剧盗，功大赏薄，怀怨，二人因相结。时内侍康履、蓝珪恃恩用事，履尤妄作威福，凌忽诸将，诸将嫉之。会内侍临浙观潮，供帐遮道，傅等怒曰："汝辈使天子颠沛至此，犹敢尔耶！"中大夫王世修亦嫉内侍恣横，言于正彦，正彦曰："会当共除之！"及王渊入枢府，傅等疑其由内侍以进，遂与世修谋先斩渊，然后杀宦者。议既定，明日癸未，值刘光世进殿前都指挥使，百官入听宣制。傅、正彦令世修伏兵城北桥下，俟渊退朝，即捽下马，诬以结宦者谋反。正彦手斩渊，即与傅拥兵至行宫门外，枭渊首于行阙，分捕内侍百余，皆杀之。履驰入宫白帝，帝大惊。朱胜非急趋楼上，诘傅等擅杀之故。中军统制吴湛排门引傅党入内奏曰："傅等不负国家，（正）〔止〕（据宋史卷四七五苗傅传、续纲目改）为天下除害耳。"知杭州康允之见事急，请帝御楼抚谕之。日将午，帝登楼，苗傅等望见黄盖，犹山呼而拜。帝凭栏呼傅等问故，傅厉声对曰："陛下信任中官，赏罚不公，军士有功者不赏，内侍所主者得官。黄潜善、汪伯彦误国至此，犹未远窜。王渊遇贼不战，首先渡江，因交康履，乃除枢密。臣自陛下即位以来，功多赏薄。臣已将王渊斩首，中官在外者皆诛讫，更乞康履、曾择诛之，以谢三军！"帝曰："潜善、伯彦已降黜，履、择当重与降责，卿等可归营。"傅曰："天下生灵无辜，肝脑涂地，止缘中官擅权，若不斩履、择，臣不还营。"帝犹未许。逾时，傅兵不退，帝不得已，命湛执履与之。傅即于楼下腰斩履，脔其肉，枭首，与渊首相望。帝遂以傅为庆远军承宣御营使都统制，正彦渭州观察使副都统制，谕傅等归营。傅等进曰："陛下不当即大位，将来渊圣皇帝来归，未知何以处之?”帝命朱胜非缒楼下，委曲谕之。傅请隆祐太后同听政，及遣人使金议和。帝许之，即下诏请隆祐太后垂帘。傅等闻诏不拜，曰：“自有皇太子可立，况道君皇帝已有故事。”胜非还白帝，帝曰：“朕当退避，但须太后手诏也。”乃遣颜岐入内，请太后御楼。太后至，帝立楹侧，从官请帝坐，帝曰：“不当坐此矣。”太后因乘肩舆下楼出门，见傅等，谕之曰：“自道君皇帝任蔡京、王黼，更祖宗法度，童贯起边事，所以招致金人，养成今日之祸，岂关今上皇帝事！况皇帝初无失德，止为黄潜善、汪伯彦所误，今已窜逐，统制岂不知之?”傅等对曰：“臣等必欲太后为天下主，奉皇子为帝。”后曰：“今强敌在前，吾以一妇人抱三岁儿决事，何以令天下！敌国闻之，岂不转加轻侮。”傅等不从。后顾胜非曰：“今日正须大臣果决，相公何无一言?”胜非还白帝曰：“傅等腹心有王钧甫者，适语臣云，‘二将忠有余而学不足’，此语可为后图之绪。”帝即坐上作诏：“禅位于皇子，请太后同听政。”宣诏毕，傅等麾其军退，于是皇子旉即位，太后垂帘决事。是夕，帝移御显（宁）〔忠〕寺（按宋史卷二五高宗纪作“显宁寺”，又卷四七五苗傅传及系年要录作“显忠寺”，毕鉴考异引王庭秀阅世录，取“显忠寺”，今从之。下同）。

甲申，尊帝为睿圣仁孝皇帝，以显（宁）〔忠〕寺为睿圣宫。大赦。以张澂兼中书侍郎，韩世忠为御营使司提举一行事务，张俊为秦凤副总管，分其众隶诸军。丁亥，分窜内侍蓝珪、曾择等于岭南诸州，傅追还杀之。

戊子，以王孝迪为中书侍郎，卢益为尚书左丞。加傅为武当军节度使，正彦为武成军节度使。以吴湛主管步军司，王孝迪、卢益为大金国信使。朱胜非奏母后垂帘，须二人同对，此承平故事，今日事机须密奏者，乞许臣僚独对，而日引傅党二人上殿以弭其疑。太后语帝曰："赖相此人，若汪、黄在位，事已狼籍矣。"傅等欲挟帝幸徽、越，胜非谕之以祸福，乃止。

己丑，改元明受。赦书至平江，张浚命守臣汤东野秘不宣。既而得苗傅等所传檄，浚恸哭，召东野及提刑赵哲，谋起兵讨之。时傅令张俊以三百人赴秦凤，而以余兵属他将。俊知其伪，拒不受。军士汹汹，俊谕之曰："当诣张侍郎决之。"即引所部八千人至平江。浚见俊，语故，相持而泣，且谕俊以决策起兵问罪。俊泣拜曰："此须侍郎济以机术，毋惊动乘舆也。"赦至江宁，吕颐浩曰："是必有兵变。"其子抗曰："主上春秋鼎盛，二帝蒙尘沙漠，日望拯救，其肯遽逊位于幼冲乎？灼知兵变无疑也。"即遣人寓书于浚。会谏议大夫（张）〔郑〕瑴（据宋史卷三九九本传改）〔遣〕（据宋史卷三九九郑瑴传、薛鉴补）所亲谢向变姓名，微服为贾人，徒步如平江见浚等，具言城中事。以为严设兵备，大张声势，持重缓进，使贼自遁，无惊动三宫，此上策也。浚以颐浩有威望，能断大事，乃答书约共起兵，且告刘光世于镇江，令以兵来会。颐浩得书，因上书请睿圣复辟。

癸巳，张浚命节制司参议官辛道宗措置海船。又念傅等居中，欲得辩士往说之，遣布衣冯𬘭持书说傅、正彦。𬘭至杭，〔见傅等，折以正义，令早反正。刘正彦遣𬘭约浚至杭〕（据续纲目、薛鉴补）。浚命张俊分兵扼吴江，上疏请睿圣复辟。苗傅等谋除浚礼部尚书，命将所部诣行在。浚以大兵未集，未敢诵言讨贼，乃托云张俊骤回，人情震詟，不可不少留以抚其军。

甲午，吕颐浩率勤王兵万人发江宁。

乙未，刘光世部兵会吕颐浩于丹阳。

丙申，韩世忠自盐城收散卒，由海道将赴行在，至常熟，张俊闻之，曰："世忠来，事济矣。"因白浚以书招之。世忠得书，以酒酹地曰："誓不与此贼共戴天！"至平江见浚，恸哭曰："今日之事，世忠愿与张俊任之，公无忧也。"浚因大犒俊、世忠将士，众皆感愤。于是令世忠帅兵赴阙，戒曰："投鼠忌器，事不可急，急恐有他变。宜趋秀州，据粮道，以俟大军之至。"世忠发平江，至秀州，称病不行，而大修战具。傅等闻之始惧，欲拘世忠妻子以为质。朱胜非绐傅曰："不若遣之使迓世忠而慰抚之，则平江诸人益安矣。"傅从之，乃白太后，封世忠妻梁氏为安国夫人，俾迓世忠。梁氏疾驱出城，一日夜会世忠于秀州。胜非喜曰："二凶真无能为也。"张浚复遣冯𬘭往杭，因报书于正彦曰："自古言涉不顺谓之指斥乘舆，事涉不逊谓之震惊宫阙，废立之事谓之大逆不道，大逆不道者族。今建炎皇帝不闻失德，一旦逊位，岂所宜闻？"傅等得书而恐。

辛丑，苗傅等以韩世忠为定国军节度使，张俊为武宁军节度使、知凤翔府，而诬张浚欲谋危社稷，谪黄州团练副使，郴州安置，俊等皆不受。傅遣苗瑀、马柔吉将重兵扼临平，拒勤王兵。

壬寅，吕颐浩将至平江，张浚乘轻舟迓之，咨以大计。颐浩曰："曩谏开边，几死宦臣之手；承乏漕挽，几陷腥羶之域；今事不谐，不过赤族，为社稷死，岂不快乎！"浚壮其言。既而刘光世兵亦至。

癸卯，吕颐浩、张浚传檄中外，声苗傅、刘正彦之罪。以韩世忠为前军，张俊翼之，刘光世为游击，颐浩、浚总中军，光世分兵殿后，讨之。

乙巳，太后降旨，睿圣皇帝处分兵马重事。

丙午，以张浚同知枢密院事，李邴、郑瑴并同佥书院事。张浚、吕颐浩发平江，丁未，次吴江。上疏乞建炎皇帝还即〔尊〕（据宋史卷二五高宗纪、续纲目、薛鉴补）位。傅、正彦等闻之，忧恐不知所为。朱胜非谓之曰："勤王之师未进者，使是间自反正耳；不然，下诏率百官六军，请帝还宫，公等置身何地乎？"即召李邴、张守作百官章及太后手诏，赐傅、正彦铁券。傅等遂率百官朝于睿圣宫，帝慰劳之。傅、正彦以手加额曰："圣天子度量如是也！"傅党张逵曰："赵氏安，苗氏危矣。"

夏四月，太后下诏还政，帝复位，与太后御前殿垂帘。诏尊太后为隆祐皇太后。己酉，以苗傅为淮西制置使，刘正彦副之。庚戌，复纪年建炎。张浚知枢密院事，苗傅、刘正彦并检校少保。

吕颐浩、张浚军次秀州。颐浩谕诸将曰："今虽反正，而贼犹握兵居内，事若不济，必反以恶名加我。翟义、徐敬业可监也。"进次临平，苗翊、马柔吉负山阻〔水〕（据续纲目、薛鉴补）为阵，中流植鹿角以梗行舟。韩世忠舍舟力战，张俊、刘光世继之，翊众少却。世忠复舍马操戈而前，令将士曰："今日当以死报国，面不被数矢者皆斩！"于是士卒争用命。翊引神臂弩持满以待，世忠嗔目大呼，挺刃突前，翊众辟易，矢不及发，遂败走。勤王兵入北关，傅、正彦急趣都堂，取铁券，拥精兵二千，遂开涌金门夜遁；犯富阳、新城，将南趋闽中，统制王德、乔仲福追之。辛亥，皇太后撤帘。颐浩、浚等入城，世忠手执王世修以属吏。浚等见帝，伏地涕泣待罪，帝慰劳再三，谓浚曰："曩在睿圣，两宫隔绝，一日啜羹，忽闻贬卿，不觉覆手，念卿被谪，此事谁任！"解所服玉带赐之。帝握世忠手恸哭，曰："中军统制吴湛佐逆为最，尚留朕肘腋，能先诛乎？"世忠即谒湛，握手与语，折其中指，与王世修俱斩于市。逆党王元、左言、马瑗、范仲熊、时希孟皆贬。

癸丑，右相朱胜非及执政颜岐、王孝迪、张澂、路允迪、卢益罢。初，朱胜非见帝曰："臣昔遇变，义当即死，偷生至此，欲图今日之事耳。"因乞罢政。帝问谁可代者？对曰："吕颐浩、张浚。"帝问孰优？对曰："颐浩练事而暴，浚喜事而疏。"帝曰："浚太年少。"对曰："臣向被召，军旅、钱谷悉付浚，此举浚实主之。"中丞张守论胜非不能预防，致贼猖獗，宜罢之。不报。至是，与颜岐等俱罢。

初，张浚在秀州，议举勤王之师，一夕独坐，从者皆寝，忽一人持刃立烛后。浚知为刺客，徐问曰："岂非苗傅、刘正彦遣汝来杀我乎？"曰："然。"浚曰："若是，则取吾首以去可也。"曰："我亦知书，宁肯为贼用，况公忠义如此，岂忍害公！恐公防闲不严，有继至者，故来相告尔。"浚问："欲金帛乎？"笑曰："杀公何患无财。""然则留事我乎？"曰："我有老母在河北，未可留也。"问其姓名，俯而不答，摄衣跃而登屋，屋瓦无声，时方月明，去如飞。明日，浚命取死囚斩之，曰："夜来获奸细。"浚后尝于河北物色之，不可得。

以吕颐浩为尚书右仆射兼中书侍郎，李邴为尚书右丞，郑瑴佥书枢密院事。甲寅，以刘光世为御营副使，韩世忠、张浚为御前左、右军都统制。凡勤王僚属将佐，各进官有差。

五月，韩世忠言："苗傅、刘正彦拥精兵，距瓯、闽甚迩，傥成巢穴，卒未可灭。"帝诏世忠与刘光世追讨之。世忠自衢、信进，至浦城之鱼梁驿，与贼遇，世忠步走，挺戈而前，贼望见，咋曰："此韩将军也！"皆惊溃，遂擒正彦及傅弟翊。王德亦执苗瑀，斩马柔吉。傅亡入建阳，县人詹剽执之，献于世忠，悉械送行在。帝手书"忠勇"二字，揭旗以赐世忠。

秋七月辛巳，苗傅、刘正彦伏诛。

甲申，诏以苗、刘之变，当轴大臣不能身卫社稷，朱胜非、颜岐并落职，张澂衡州居住。丁亥，皇太子旉卒。太子从幸建康，属疾，宫人蹴地上金炉有声，惊悸，疾转剧，遂不起。初，张浚以旉尝奸帝位，议去之。至是，竟连其保母置死。

壬辰，范琼伏诛。初，汴京破，二帝及宗室北迁，多琼之谋；又乘时剽掠，左右张邦昌，为之从卫。至是，自洪州入朝，悖慢无礼，且乞贷苗、刘等死。帝畏其威，以为御营司提举一行事务。张浚将赴川、陕，与枢密检详文字刘子羽密谋诛之。一日，命张俊以千兵渡江，若备他盗者，使皆甲而来。因召琼、俊及刘光世赴都堂议事，为设食，食已，诸公相顾未发。子羽诣庑下，恐琼觉，取黄纸趋前，举以麾琼曰："琼下，有敕，可诣大理寺置对。"琼愕，不知所为。子羽顾左右，拥至舆中，卫以俊兵，送狱。光世出，抚其众，数琼在围城中附金迫二帝北狩之罪，且曰："诛止琼尔，汝等固天子自将之军也。"众皆投刃曰："诺。"有旨分隶御营五军。琼下狱，具伏，赐死，子弟皆流岭南。

宋史纪事本末卷六十六

平群盗

高宗建炎元年（丁未、一一二七）秋七月，命都统制王渊、刘光世、韩世忠、张浚分讨江、淮群盗。自宣和末，群盗蜂起。至是，祝靖、薛广、党忠、阎仅、王存之徒，皆招安赴行在。李纲言："今日正当因其力而用之，如铜马、绿林、黄巾之比。然不移其部曲则易叛，而徙之则生疑，正当以术制之，使由而不知。"乃命御营司分拣，凡溃兵愿归营与良农愿归业者，皆听，所发至数万；其他以新法团结，分隶诸将，由是无叛去者。独淮宁之杜用，山东之李昱，河北之丁顺，皆拥兵数万；而拱州之黎驿，单州之鱼台，皆有溃卒数千为乱。纲以招安则彼无畏惮，势难遽平，乃白遣渊等分讨之。既而光世遣部将击李昱，斩之，渊杀杜用，丁顺赴河北招讨司自效，盗自是少衰。

八月戊午，胜捷军校陈通作乱于杭州，执帅臣叶梦得，杀转运判官吴昉等。寻诏王渊兼领杭州制置盗贼使以讨之。

冬十月丙戌，王渊诱贼赵万，诛之。

十一月，军贼张遇陷池州。遇本真定军校，聚众为盗，自淮西渡江，水陆并进。至是，犯池州，入城纵掠，驱强壮以益其军。守臣滕（祐）〔祐〕（据宋史卷二四高宗纪、薛鉴改）弃城遁。

军贼丁进围寿春府，守臣康允之拒却之。

十二月，王渊讨杭州乱卒陈通等，诛之。

丙寅，张遇犯江州。

辛巳，丁进诣宗泽降。

二年（戊申、一一二八）春正月，东平军校孔彦舟闻金兵将至山东，遂帅所部劫杀居民，烧庐舍，掠财物；南渡淮，犯黄州，守臣赵令㳚拒之。

丁未，诏谕流兵溃兵之为盗贼者，释其罪。

辛亥，王渊招降张遇，以所部万人隶韩世忠。

五月己酉，秀州卒徐明等作乱，执守臣朱芾，迎前守赵叔近复领州事。诏命御营中军张俊讨之。

六月癸亥，建州卒叶浓等作乱，寇福州。

乙丑，张俊至秀州，杀赵叔近，执徐明，斩之。

甲戌，叶浓陷福州。

秋七月甲申，叶浓入宁德县，复还建州。命张俊同两浙提〔点〕（据宋史卷二五高宗纪、薛鉴补）刑狱赵哲率兵讨之。

八月，河北京东捉杀使李成叛，犯宿州。诏江淮制置使刘光世讨之。光世至光州，大破成众，招降二万余人，成遁去。

九月，丁进叛，复寇淮西。

冬十月，杨进复叛，众至数万，剽掠汝、洛间。翟进患之，与其兄兴谋击之，未果。杨进遣骑数百，绝洛水，犯进营。进乘半渡击之，追奔数十里，至鸣皋山，破贼四砦；马惊坠堑，为贼所杀，贼乘胜大败官军。诏以兴为京西北路安抚招讨使。刘正彦击丁进，降之。

十一月，滨州贼盖进陷棣州，守臣姜纲之死之。

建州贼叶浓降，复谋为变，张俊擒斩之。

吴玠袭史斌，斩之。史斌围兴元，不克，引兵趋关中。义兵统领张宗诱斌还长安，欲徐图之。曲端怒宗，遣玠袭斩斌，而自袭宗，杀之。

三年（己酉、一一二九）春正月庚子，盗张用、王善复叛，寇淮宁。用、善驻京西，连亘数州，自京西至光、寿，据千里之地，兵马接迹不断，掳掠粮食，所至一空。

二月，帝出手诏，以弭盗保民之要访于直学士胡交修。交修疏言："昔人谓甑有麦饭，床有故絮，虽仪、秦说之不能使为盗。惟其冻馁无聊，日与死迫，然后忍以其身弃之于盗贼。陛下下宽大之诏，开其自新之路，禁苛刻之暴，丰其衣食之源，则悔悟者更相告语，欢呼而归。其不变者党与携落，亦为吏士所捕获，而盗可弭，盗弭则可以保民矣。沃野千里，残为盗区，皆吾秔稻之地。操弓矢，带刀剑，椎牛发冢，白昼为盗，皆吾南亩之民。陛下抚而纳之，反其田里，无急征暴敛，启其不肖之心，耕桑以时，各安其业，谷帛不可胜用而财可丰，财丰则可以裕国矣。日者，翟兴连西路董平，据南楚，什伍其人，为农为兵，不数年，积粟充牣，雄视一方。盗贼犹能尔，况以中兴二百郡地，欲强兵以御寇，不能为翟兴辈之所为乎！”世以为名言。

三月，盗邵青掠泗州。青本五丈河舟人，去为盗，聚兵劫楚、泗州。

夏四月，盗薛庆据高邮，有众数万。张浚恐其滋蔓，请往招之。入庆垒，谕以朝廷恩意，庆感服，遂降。浚留抚其众。

秋七月，山东盗郭仲威掠淮扬军。仲威本李成之党，成先在泗上，仲威乃引兵围淮扬，凡四月，城陷。仲威入城大掠，取强壮以充军。

冬十月，郭仲威降于平江守臣周望。李成掠淮北，陷泗州，杀知州耿坚，据其城，帝降诏抚谕之，命成知泗州。成复陷滁州，守臣向子伋及诸官属皆被杀。

十一月，淮盗刘忠初聚兵于东京，自蕲转入湖南，遂陷舒州，通判孙知微死之。

京西制置使程千秋军襄阳，招降剧盗曹端、桑仲。未几，疑仲有异，命端图之。端及千秋所部俱为仲所败，千秋弃城，自金州入蜀，仲遂据襄阳。京西列城，皆为仲有。

十二月，孔彦舟犯荆南，诏谕降之，以为湖北捉杀使。

四年（庚戌、一一三〇）二月，金人去潭州，群盗大起。

鼎州人钟相尝以左道惑众，因结集忠义，以捍贼为名，自称楚王，改元天载；寇澧州，陷之。

李成入舒州。

三月，孔彦舟获盗钟相及其子子昂，槛送行在，诛之。其党杨太复聚众于龙阳。

己巳，盗戚方陷广德军。初，韩世忠退保江阴，溃卒戚方等遂趋镇江，劫知府胡唐老部众以行。唐老怒骂不从，遇害。

五月，以翟兴等为京湖、淮南诸路镇抚使，分地处之。时京东、西、荆湖南、北、淮南诸路盗贼蜂起，大者数万人，据有州郡，朝廷不能制。范宗尹言于帝曰："群盗皆乌合之众，急之则并死力以拒官军，莫若析地以处之，盗有所归，则可以渐制。"帝善之，乃以翟兴等并为镇抚使，分地畀焉：翟兴，河南府、孟、汝、唐州；赵立，楚、泗州、涟水军；刘位，滁、濠州；赵霖，和州、无为军；李成，舒、蕲州；吴翊，光、黄州；李彦先，海州、淮阳军；薛庆，高邮、天长军。未几，又授：陈规，德安府、复州、汉阳军；解潜，荆南府、归、（陕）〔峡〕州（据续纲目改）、荆门、公安军；程昌（寓）〔寓〕（据宋史卷二六高宗纪、薛鉴改。下同），鼎、澧州；陈求道，襄阳府、邓、随、郢州；范之才，金、均、房州；冯长宁，顺昌府、蔡州。军（翟）（据宋史卷三六二范宗尹传、续纲目删）兴，听便宜从事，俾立显功，许以世袭。然李成、薛庆辈起于群盗，翟兴、刘位土豪，李彦先等皆溃将，既无统属，有急又不遣援，故诸镇鲜能自守。未几，求道与刘忠战，败没。又命孔彦舟为辰、沅、靖州，郭仲威为真（阳）〔扬〕（据宋史卷二六高宗纪、续纲目改）镇抚使。

六月甲申，岳飞破戚方于广德。

丙戌，戚方降于张（浚）〔俊〕（据宋史卷二六高宗纪、续纲目、薛鉴改）。

秋七月，建州民范汝为作乱。时方艰食，民从者甚众。州遣兵出战，为所败，贼势滋盛。统制李捧捕之，军大溃而遁。诏福建安抚使程迈会兵进讨。时汝为已破建阳，乃移命神武副军统制辛企宗讨之。

冬十月，江东贼张琪犯建康府。虔州贼李敦仁及弟世雄破石城县。钟相、王善余党杨〔华〕（据宋史卷二六高宗纪、薛鉴补）、祝友复作乱。

十一月，以王彦为金、均、房州镇抚使。时所在盗起，加以饥馑，无所资食，惟蜀富饶，巨盗往往窥觎。桑仲既陷均、房，遂乘势直捣金州白土关，众号三十万。仲，彦旧部曲也，以申牍请于彦曰："仲于公无敢犯，愿假道入蜀就食耳。"彦遣统领闵立为先锋击之。贼锐甚，立战死，将士失色。或请避之，彦叱曰："枢相张公方有事关、陕，若仲越金而至梁、洋，则腹背受敌，大事去矣。敢言避者斩！"即勒兵趋长沙平，阻水据山，设伏以待。仲见官军少，蚁附搏战，彦执帜一麾，士殊死斗，仲败走。彦休士进击，追奔至白碛，遂复房州。

绍兴元年（辛亥、一一三一）春正月，孔彦舟据武陵；

张用据襄、汉；李成据江、淮、湖、湘十余郡，连兵数万，有席卷东南之意，多造符谶，幻惑中外，久围江州。朝廷患之，以张俊为招讨使，岳飞副之。

李成陷江州，未几，复陷筠州。

三月，张俊闻李成将马进在筠州，以豫章介江、（湖）〔筠〕（据宋史卷三六九张俊传、续纲目、薛鉴改）之间，遂急趋之。既入城，喜曰："我已得洪，破贼决矣。"及进犯洪州，连营西山，俊敛兵若无人者。居月余，进以大书牒索战，俊以细书状报之，进以俊为怯。〔俊谍知贼怠，乃议战。〕（据宋史卷三六九张俊传、续纲目补）岳飞曰："贼贪而不虑后，若以骑兵自上流绝生米渡，出其不意，破之必矣。"因请自为先锋。俊大喜，乃令杨沂中绝生米渡，飞重铠跃马，潜出贼右，突其阵，所部从之，进大败，走筠州。飞抵东城，进出城布阵，飞设伏，以红罗为帜，上刺"岳"字，选骑二百，随帜而前。贼易其少，薄之，伏发，进大败走。飞使人呼曰："不从贼者坐，吾不汝杀！"坐而降者八万人。俊与沂中复前后夹击，贼大溃，进以余卒奔南康。飞夜引兵至朱家山，又斩其将赵万（成）（据宋史卷三六五岳飞传、续纲目、薛鉴删）。成闻进败，自引兵十余万来，飞遇于楼子庄，大破之，追斩进，遂复筠州。成复以十万众与俊夹河而营。沂中夜衔枚渡河，与俊夹攻，成又大败，俊乘胜追至江州。成势迫，绝江而去，走蕲州，降于伪齐。已而兴国军等处群盗皆遁。

五月，刘光世使都统制王德袭扬州，擒郭仲威，送行在，斩之。时仲威谋据淮南以通刘豫故也。

辛亥，水军统制邵青叛，围太平州，刘光世招降之。

张俊引兵渡江，追李成至蕲州黄梅县，大败之，其众数万皆溃。成北走，降刘豫。

张用复寇江西。岳飞与用俱相人，以书谕之曰："吾与汝同里，欲战则出，不战则降。"用得书，遂帅众降。江、淮悉平，张俊奏飞功第一。诏进飞右军都统制。屯洪州，弹压盗贼。

六月，邵青复叛，犯江阴之福山。遣海州镇抚使李彦进、中军统制耿进率舟师，会刘光世讨之。

冬十月，邵青聚其党于崇明沙，将犯江阴，刘光世令王德讨之。德执旗麾兵，拔栅以入，青众大溃。翼日，余党复索战。谍言贼将用火牛，德笑曰："此古法也，可一不可再。"命合军持满，阵始交，万矢齐发，牛皆返奔，贼众歼焉。青自缚请命，德献诸行在，余党悉平。十二月，盗曹成陷道州。成初陷汉阳、鄂州，屯攸县，湖东安抚向子諲招之，成听命。子諲遣兵扼衡阳，欲图之，而援兵不至。成忿子諲扼己，即拥众而南，官军悉溃，成大掠，执子諲而去。

二年（壬子、一一三二）春正月辛丑，韩世忠闻范汝为入建州，曰："建居闽岭上流，贼沿流而下，七郡皆血肉矣！"亟率步卒三万，水陆并进，直抵凤凰山。五日破之，汝为自焚死，斩其二弟岳、吉以徇，擒其谋主谢向、施逵及裨将陆必强等五百余人。世忠初欲尽诛建民，李纲自福州驰见世忠，曰："建民多无辜。"世忠乃令军士驻城上，听民自〔相〕（据宋史卷三六四韩世忠传、续纲目、薛鉴补）别，农给牛谷，商贾弛征禁，胁从者汰遣，独取附贼者诛之。民感更生，家为立祠。捷闻，帝曰："虽古名将何以加！"世忠因进讨江西、湖广诸盗。

二月庚午，以李纲为湖广宣抚使，仍命岳飞等共讨曹成。

丁丑，分降盗崔增、李捧、邵青、赵延寿、李振、单德忠、徐文所部兵为七，赐名"御前忠锐军"，隶步军司，非枢密奉旨，不许调遣。

闰四月，曹成拥众十余万，由江西历湖、湘，据道、贺二州。命岳飞权知潭州，兼权荆湖东路安抚都总管，付金字牌、黄旗招成。成闻飞至，惊曰："岳家军来矣！"即遁。飞追至贺州，力战，大破之。成乃自桂岭置砦，至北藏岭，连控隘道，以众十余万守蓬头岭。丙午，岳飞八千人登桂岭，破曹成，成奔连州。飞谓部将张宪、徐庆、王贵曰："成党散去，追而杀之则胁从者可悯，纵之则复聚为盗。今遣若等诛其酋而抚其众，慎勿妄杀，累上保民之仁。"于是宪自贺、连，庆自邵、道，贵自郴、桂，招降者二万，与飞会连州，进兵追成。成走入邵州。

五月，韩世忠招曹成，降之。世忠既平范汝为，旋师永嘉，若将休息者，忽由处、信径至豫章，连营江边数十里。群贼不虞其至，大惊。世忠因使董（攸）〔旼〕（据宋史卷二七高宗纪改）招成，成方为岳飞所追，乃率众降，得战士八万，遣诣行在。

六月，孔彦舟叛，降刘豫。彦舟暴横不法，朝廷将以兵执之，遂以所部叛去。

九月，韩世忠大败刘忠于蕲阳。世忠自豫章移师长沙。刘忠有众数万，据白面山，营栅相望。世忠至，与贼对垒，奕棋张饮，坚壁不动，众莫能测。一夕，与苏格联骑穿贼营，候者诃问，世忠先得贼军号，随声应之，周览以出。喜曰："此天赐也。"夜伏精兵二千于山下，与诸将拔营而进。贼方迎战，伏兵已驰入中军，夺望楼，植旗盖，传呼如雷。贼回顾，惊溃，世忠麾将士夹击，大破之。忠走，降刘豫。

十一月甲戌，命李纲、刘洪道、程昌（寓）〔寓〕、解潜会兵讨湖寇。纲至潭州，湖南流民溃卒群聚为盗者数万人，纲悉平之。

王彦守金州，数立奇功以捍蜀。桑仲既死，剧盗王辟、董贵、祁守忠等悉阻兵窥蜀，彦皆击平之。

三年（癸丑、一一三三）夏四月，诏统制王瓔会兵讨杨太。时太众日盛，自号大圣天王。立钟相少〔子〕（据续纲目、薛鉴补）子仪为太子，太以下皆臣事之。太又名幺，盖楚人谓年少者为幺云。

六月己酉，岳飞自虔州班师。时虔、吉盗连兵寇掠循、梅、广、惠、英、韶、南雄、南安、建昌、邵武、汀诸州，帝专命飞平之。飞至虔，固石洞贼彭友悉众至雩都迎战，跃马驰突，飞挥兵即马上擒之，余党退保固石洞。洞高峻环水，止一径可入。飞列骑山下，令皆持满，黎明，遣死士疾驰登山。贼众乱，弃山而下，骑兵围之，贼呼丐命。飞令勿杀，受其降。因授徐庆〔等〕（据宋史卷三六五岳飞传、续纲目、薛鉴补）方略，捕诸郡余贼，皆破降之。初，帝以隆祐太后震惊之故，密令飞屠虔城，飞请诛首恶而赦胁从，帝许焉。虔人感其德，绘像祠之。及入见，帝手书“精忠岳飞”字，制旗以赐之。

冬十月，李成寇襄、邓，李横奔荆南，成遂陷京西六郡。

四年（甲寅、一一三四）五月庚戌朔，以岳飞兼荆南制置使。时杨太与刘豫通，欲顺流而下；李成既据襄阳，又欲自江西陆行趋浙与太会，帝命飞为之备。朱胜非言：“襄阳，国之上流，不可不急取。”飞亦奏：“襄阳等六郡为恢复中原基本，今当先取六郡以除心膂之病。李成远遁，然后加兵湖、湘，以殄群盗。”帝以语赵鼎，鼎曰：“知上流利害无如飞者。”遂有是除。飞渡江，中流顾幕属曰：“飞不擒贼，不涉此江！”

秋七月，飞复襄阳等六郡。先是，飞至郢，伪齐将京超号“万人敌”，乘城拒飞，飞鼓众而登，超投崖死。飞复郢州，遂趋襄阳。李成迎战，左临襄江。飞笑曰：“步兵利险阻，骑兵利平旷，成左列骑江岸，右列步平地，虽众十万，何能为！”举鞭指王贵曰：“尔以长枪步卒击其骑兵。”指牛皋曰：“尔以骑兵击其步卒。”合战，〔马〕（据宋史卷三六五岳飞传、续纲目、薛鉴补）应枪而毙，后骑皆拥入江，步卒死者无数。成夜遁，飞遂复襄阳。伪齐收成余众，益兵屯新野。飞与别将王万夹击，大败之。又使牛皋复随州，王贵、张宪复唐、邓州、信阳军。襄、汉悉平，飞移屯德安，军声大振。捷闻，帝喜曰："朕素闻飞行军有纪律，未知其能破敌如此！"飞因奏："金兵所爱惟子女玉帛，志已骄惰；刘豫僭伪，人心终不忘宋。如以精兵二十万直捣中原，恢复故疆，诚易为力。襄阳、随、郢，地皆膏腴，苟行营田，其利甚厚。臣俟粮足，即过江北剿敌。"时方重深入之举，而营田之议自是兴矣。

八月，王璎遣忠锐统制崔增等讨杨太于鼎江，师败皆没。太乘大水出兵，攻破鼎州社木寨，守将许筌战没，官军死者甚众。于是授岳飞清远军节度使，代璎讨太。飞时年三十二，中兴诸将建节未有如飞之年少者。

五年（乙卯、一一三五）六月，岳飞大破杨太于洞庭。初，飞奉命讨太，而所部皆西北人，不习水战。飞曰："兵何常，顾用之何如耳。"乃先遣使招谕之。贼党黄佐曰："岳节使号令如山，若与之战，万无生理，不如往降，节使诚信，必善遇我。"遂降。飞表授佐武义大夫，单骑按其部，拊佐背曰："子知逆顺者，果能立功，封侯岂足道。欲复遣子归湖中，视其可胜者擒之，可劝者招之，如何？"佐感泣，誓以死报。时张浚以都督军事至潭州，参政席益疑飞玩寇，欲以闻。浚曰："岳侯，忠孝人也。兵有深机，胡可易言。"益惭而止。黄佐袭周伦砦，杀伦。飞上其功，迁武功大夫。

统制任士安不禀王瓒令，军以此无功。飞鞭士安，使弭贼，曰："三日贼不平，斩尔！"士安出，宣言："岳太尉兵二十万至矣！"贼见止士安军，并力攻之。飞设伏，士安战急，伏四起击贼，贼走。会朝旨召张浚还防秋，飞袖小图示浚，浚欲俟来年议之。飞曰："已有定画，都督能少留，不八日可破贼。"浚曰："何言之易？"飞曰："王四厢以王师攻水寇则难，飞以水寇攻水寇则易。水战我短彼长，以所短攻所长，是以难。若因敌将用敌兵，夺其手足之助，离其腹心之托，使孤立，而后以王师乘之，八日之内，当俘诸酋。"浚许之，飞遂如鼎州。

黄佐招杨钦来降，飞喜曰："杨钦骁悍，既降，贼腹心溃矣。"表授钦武义大夫，礼遇甚厚，乃复遣归湖中。两日，钦说全琮、刘诜来降，飞诡骂钦曰："贼不尽降，何来也！"杖之，复令入湖。是夜，掩贼营，降其众数万。太负固不服，方浮舟湖中，以轮击水，其行如飞，旁置撞竿，官舟迎之辄碎。飞伐君山木为巨筏，塞诸港汊，又以腐木乱草浮上流而下。择水浅处，遣善骂者挑之，且行且骂，贼怒来追，则草木壅积，舟轮碍不行。飞急击之，贼奔港中，为筏所拒，官军乘筏，张牛革以蔽矢石，举巨木撞其舟尽坏。太投水，牛皋擒斩之。飞入贼垒，余酋惊曰："何神也！"俱请降，众凡二十余万。飞亲行诸砦慰抚之，纵老弱归田，籍少壮为军。果八日而捷书至潭，浚叹曰："岳侯神算也。"黄诚取杨太首，挟钟子仪（周伦）（据系年要录删）诣浚降。湖、湘悉平。

初，太据洞庭，恃其险，陆耕水战，楼船十余丈，官军仰视不得近。飞谋益造大舟，薛弼为湖南运判，谓飞曰："若是则未可以岁月胜矣。且彼之所长，可避而不可斗也。今大旱，湖水落洪，若重购舟首，勿与战，连筏断江路，稿其上流，使彼之长坐废，而精骑直捣其垒，则破坏在目前矣。"飞曰："善。"遂用其策，决胜于八日之间。先是，太自以陆攻则入湖，水攻则登岸，尝曰："欲犯我者，除是飞来。"至是，人以其言为谶云。

宋史纪事本末卷六十七

金人立刘豫

高宗建炎二年（戊申、一一二八）春正月，以刘豫知济南府。豫，景州人，为河北提刑。金人南侵，豫弃官奔真州，张悫荐之，起知济南。时盗起山东，豫不愿行，请易东南一郡，执政不许，豫忿而去。

十二月庚申，金人陷东平府，又攻济南府。刘豫遣子麟出战，敌纵兵围之数重，郡倅张东益兵来援，却之。挞懒遣人啖豫以利，豫遂杀济南骁将关胜，率百姓降金；百姓不从，豫缒城归于挞懒。

三年（己酉、一一二九）三月，金人陷京东诸郡，以刘豫知东平府，金界旧河以南，俾豫统之。又以豫子麟知济南府。

四年（庚戌、一一三〇）九月戊申，金立刘豫为齐帝。

初，金主闻帝如东南，遣粘没喝南伐，谕之曰："俟宋平，当援立藩辅如张邦昌者。"及兀术北还，众议折可求、刘豫皆可立。豫以重宝赂挞懒，请立己。挞懒许之，乃言于粘没喝，未之许。高庆裔说之曰："吾家举兵，只欲取两河，故汴京既得则立张邦昌。今河南州郡官制不易者，岂非欲循邦昌故事耶？元帅曷不早建议，而使恩归他人也。"粘没喝从之，乃遣使即豫所部，咨军民所宜立者。众未及对，豫乡人张浃请立豫，议遂定。挞懒以闻，于是金乃遣庆裔及知制诰韩昉，备玺绶宝册，立豫为"大齐皇帝"，世修子礼，奉金正朔，置丞相以下官。豫即位，都大名府，以张孝纯为丞相，李孝扬为左丞，张东为右丞，郑亿年为工部侍郎，李俦为监察御史，王琼为汴京留守，子麟为提领诸路兵马兼知济南府，弟益为北京留守。册其母翟氏为皇太后，妾钱氏为皇后，改明年为阜昌元年。朝廷闻之，凡伪仕于豫而其家属之在东南者，悉厚加抚恤。博州判官刘长孺以书劝豫反正，豫囚之。

绍兴元年（辛亥、一一三一）六月，刘豫置招（讨）〔受〕（据宋史卷四七五刘豫传、续纲目、薛鉴改）司于宿州，诱宋逋逃。

十二月，金以陕西地界刘豫，于是中原尽属于豫。

二年（壬子、一一三二）夏四月庚寅，刘豫徙居汴。豫至汴，尊其祖考为帝，置于宋太庙。是日，暴风卷旂，屋瓦皆振，士民大惧。时河南、山东、陕西皆屯金军，刘麟籍乡兵十余万为皇太子府军。分置河南、汴京淘沙官，两京冢墓，发掘殆尽。赋敛烦苛，民不聊生。

先是，襄阳镇抚使桑仲上疏，请正刘豫罪。朝廷寻命仲兼节制应援京城军马，量度事势，复豫所陷州郡。仍命河南翟兴，荆南解潜，金、房王彦，德安陈规，蕲、黄孔彦舟，（卢）〔庐〕（据续纲目改）、寿王亨，相为应援。未几，仲为其下所杀，翟兴进屯伊阳山。豫患之，使人招兴，许以王爵，兴焚伪诏，并戮其使。豫乃阴结兴麾下杨伟图之，伟杀兴，持兴首降豫。

十二月，李横败刘豫兵于阳石，乘胜趋汝州，伪守彭玘以城降。

三年（癸丑、一一三三）春正月庚申，李横破颍顺军，伪守兰和降。壬戌，败伪兵于长葛。甲子，李横引兵至颍昌府，伪安抚赵弼固守。横急攻下之，弼遁，复颍昌。

二月，统制李吉败刘豫将梁进于伊阳台，殪之。

三月，刘豫闻李横入颍昌，求援于金，金遣兀术赴之；豫亦遣将李成率兵二万，逆战于京城西北之牟驼冈。横败绩，复陷颍昌。

夏四月，刘豫陷虢州，获统制官谢皋。皋指腹示贼曰："此吾赤心也！"自剖心以死。

水军都统制徐文以众叛，降刘豫。文勇力过人，挥刀重五十斤，所向无前，众呼为徐大刀，以功为淮东、浙西沿海水军都统制。诸将忌之，谮其将叛，朝廷遣兵袭之。文遂以所部海舟六十艘，官军四千余，自明州浮海抵盐城，降于豫。且曰："沿海无备，二浙可袭也。"豫大喜，以文知莱州，令帅其众寇通、泰州。

五月，朝廷遣韩肖胄、胡松年使伪齐。刘豫欲以臣礼见，肖胄无以应，松年曰："均为宋臣。"遂长揖不拜。豫不能屈，因问帝意所向，松年曰："必欲复故疆耳。"豫大沮。

诏李横等班师还镇，禁边兵侵齐，以与金议和也。

十一月，金人遣李永寿、王翊来。永寿等骄倨，请还豫俘及西北士民之流寓者，复要画江以益豫。翰林学士綦宗礼言："豫父子倚重金人，且永寿等从豫所来，画江之请必出于豫。观其奸谋在窥吾境土，恐既通使，人情必懈弛，宜戒将帅，严为之备。"

四年（甲寅、一一三四）夏四月，熙河路总管关师古与刘豫兵战于左要岭，败绩，遂降贼，洮、岷之地尽归豫。

九月，刘豫使其子麟以金兵入寇。先是，金主晟与粘没喝议南侵，会兀术还，力言不可，曰："江南卑湿，今士马困惫，粮储未丰足，恐无成功。"粘没喝曰："都监务偷安耳！"金主以议不合，乃止。至是，豫闻岳飞复襄、邓，惧，遂乞师于金，晟乃命讹里朵、挞懒调渤海、汉军五万以应豫，谓兀术知地险易，使将前军。豫遣其子麟、侄猊各将兵分道南侵，骑兵自泗攻滁，步兵自楚攻承州。

冬十月丙子，诏韩世忠屯扬州。初，金兵渡淮，世忠自承州退保镇江。至是，奉诏感泣，曰："主忧如此，臣子何以生为！"遂济师，进屯扬州。

时张浚在福州，虑金、齐必并力窥东南，而朝廷已议讲解，因上疏极言其状。及兵至，帝思其言，会赵鼎劝帝亲征，帝从之。喻樗谓鼎曰："六龙临江，兵气百倍。然公自度此举果出万全乎，或姑试一掷也?"鼎曰："中国累年退避不振，敌情益骄，义不可更屈，故赞上行耳。若事之济否，则非鼎所能逆知也。"樗曰："然则当思归路耳。张德远有重望，若使宣抚江、淮、荆、浙、福建，俾以诸道兵赴阙，则其来路即朝廷归路也。"鼎然之，入言于帝，遂召浚还。

戊子，韩世忠至扬州，使统制解元守承州，候金步卒。亲提骑兵至大仪，以当敌骑，伐木为栅，自断归路。会魏良臣使金过之，世忠撤炊爨，给良臣有诏移屯守江，良臣疾驰去。

世忠度良臣已出境，即上马，令军中曰："视吾鞭所向!"于是移军复向大仪，勒五阵，设伏二十余所，约闻鼓即起击。良臣至金军中，金前将军聂儿孛堇问官军动息，具以所见对。孛堇大喜，即引兵至江口，距大仪五里，别将挞不野拥铁骑过五阵东。世忠传小麾鸣鼓，伏兵四起，旗色与金人杂出，金军乱，官军迭进。世忠令背嵬军各持长斧，上揕人胸，下斫马足。敌被甲陷泥淖，世忠麾劲骑四面蹂躏，人马俱毙，遂擒挞不野等二百余人。而世忠所遣董（攸）〔旼〕（据宋史卷三六四韩世忠传、续纲目、薛鉴改），亦击败金人于天长之鸦口桥。己丑，金人攻承州，解元遇敌于州之北门，设水军夹河阵，一日十三战，相拒未决。世忠遣成闵将骑士往援，复大战，俘获甚多。世忠复亲追至淮，金人惊溃，相蹈藉溺死者甚众。捷闻，群臣入贺。帝曰：“世忠忠勇，朕知其必能成功。”沈与求曰：“自建炎以来，将士未尝与金人迎敌。今世忠连捷，厥功不细。”论者以此举为中兴武功第一。

金、齐之兵日迫，群臣复劝帝他幸，散百司以避之。张俊曰：“避将安之？惟进御乃可耳。”赵鼎曰：“战而不捷，去未晚也。”帝因曰：“朕为二圣在远，屈己请和，而彼复肆侵陵，朕当总六师，临江决战。”沈与求复力赞之。鼎喜曰：“累年退怯，敌志益骄。今圣断亲征，将士必奋，成功可必。臣愿效区区，以图报国。”于是以孟庾为行宫留守，命百司不预军旅之务者，从便避兵。以张俊为浙西、江东宣抚使，王瓔为江西沿江制置使，胡松年诣江上，会诸将〔议〕（据宋史卷二七高宗纪、续纲目、薛鉴补）进兵，刘光世移军建康。后宫自温州泛海如泉州。光世遣人讽鼎曰：“相公自入蜀，何事为他人任患。”韩世忠亦曰：“赵丞相真敢为者。”鼎闻之，恐帝意中变，乘间言：“陛下养军十年，用之正在今日。若少加退沮，即人心涣散，长江之险不可复恃矣！”帝遂发临安，刘锡、杨沂中以禁兵扈从。次平江，帝欲渡江决战。鼎曰：“贼远来，利在速战，遽与争锋，非策也。且豫尚不自来，陛下岂可与逆雏决胜负哉！”乃止。

十一月壬子，下诏暴刘豫罪逆于六师。自豫僭逆，朝廷以金故，至名为“大齐”。至是，始声其罪以励六师。

己未，以张浚知枢密院，视师江上。初，浚以召命至，见鼎，执其手曰：“此行举措皆合人心。”鼎笑曰：“喻子才之功也。”复命浚知枢密院事。浚既受命，即日赴江上视师。时挞懒、兀术拥兵十万，约日渡江决战。浚长驱临江，召刘光世、韩世忠、张俊议事。将士见浚，勇气十倍。浚既部分诸将，身留镇江以节制之。

十二月壬辰，金、齐合兵围庐州，守臣仇悆婴城固守，求援于岳飞，飞遣牛皋、徐庆援之。皋至，遥语金将曰：“牛皋在此，尔辈胡为见犯！”众愕然，不战而溃。飞谓皋曰：“必追之！去而复来，无益也。”皋乃追击三十余里，金人相践及杀死者，不可胜计。

金兵自淮引还。挞懒屯泗州，兀术屯竹塾镇，为韩世忠所扼，以书币约战。世忠遣麾下王愈及两伶人以橘茗报之，且言张枢密已在镇江。兀术曰：“张枢密贬岭南，何乃在此？”愈出浚所下文书示之，兀术色变，遂有归意。会雨雪，馈道不通，野无所掠，杀马而食，蕃、汉军皆怨；又闻金主晟病笃，乃夜引还。兀术等既去，刘麟、刘猊亦弃辎重而遁。

六年（丙辰、一一三六）春正月，韩世忠闻刘豫聚兵淮阳，即引军渡淮，傍符离而北，至其城下，为贼所围，奋戈溃围而出，不遗一镞。呼延通与金将牙合孛堇搏战，扼其吭而擒之。乘锐掩击，金人败去，遂进兵围淮阳。贼约受围一日则举一烽，至六烽具举，兀术与刘猊皆引兵至。世忠求援于张俊，俊以世忠有见吞意，不从。世忠勒阵向敌，遣人语之曰：“锦衣骢马立阵前者，韩相公也。”或危之，世忠曰："不如是，不足以致敌。"敌果至，杀其导骑二人，遂引去。世忠复还楚州，淮阳之民从而归者以万计。

夏四月，刘豫陷唐州。

九月，岳飞遣将败刘豫兵于唐州。

冬十月丁酉，刘麟、刘猊分道寇淮西。先是，刘豫闻张浚会诸将于江上，榜其罪逆，将进兵讨之，告急于金，请先出师南侵，而乞师救援。金主亶召诸将相议之，蒲卢虎曰："先帝所以立豫者，欲以开疆保境，我得安民息兵也。今豫进不能取，又不能守，兵连祸结，愈无休期。从其请，胜则豫收其利，败则我受其弊。况前年因豫出师，尝不利于江上矣，奈何许之！"金主遂不许豫，而遣兀术提兵黎阳以观衅。于是豫佥乡兵三十万，分三道入寇：麟率中路兵，由寿春以犯合肥；猊率东路兵，由紫荆山出涡口，以犯定远；孔彦舟率西路兵，由光州以犯六安。时张俊、刘光世、杨沂中、韩世忠、岳飞分屯诸州，而沿江上下无兵，赵鼎深以为忧，移书张浚，欲令俊与沂中同保合肥。浚以为然，乃遣沂中、张宗颜等分道御之；且令沂中趋濠州，以与张俊合。因谓沂中曰："上待统制厚，宜及时立功。"会边报日急，张俊欲弃盱眙，刘光世欲舍庐州，皆张大贼势以闻。浚以书戒二将曰："贼豫之兵，以逆犯顺，若不剿除，何以立国，平日亦安用养兵为哉！今日之事，有进战，无退保。"及刘麟进逼合肥，赵鼎曰："今贼渡淮，当急遣张俊，合光世之军，尽扫淮南之寇，然后议去留。"帝善之，然虑俊、光世不足任，因命岳飞尽以兵东下，而手札付浚，令俊，光世、沂中等还保江。浚上言：“诸将渡江则无淮南，而长江之险与贼共有，淮南之屯正所以屏蔽大江。使贼得淮南，因粮就运，以为家计，江南其可保乎？今正当合兵掩击，可保必胜。一有退意，则大事去矣！且岳飞一动，襄、汉有警，何所恃乎？愿朝廷勿专制于中，使诸将有所观望也。”帝手书报浚曰：“非卿识高虑远，何以及此！”由是异议乃息。沂中兵至濠，光世已舍庐州，将趋采石，淮西大震。浚闻之，令吕祉驰往光世军，谕之曰：“有一人渡江，即斩以徇！”光世不得已，复还庐州，与沂中、俊等相应。刘猊军至淮东，为韩世忠所阻，乃引趋定远。刘麟从淮西系三浮桥而渡，次于濠、寿之间，张俊以兵拒之。猊率众犯定远，欲趋宣化，以寇建康，沂中以兵二千进御，与猊前锋遇于越家坊，败之。猊恐孤军深入，为王师所袭，乃欲趋合肥，与麟合而后进。至藕塘，沂中复遇之，猊据山列阵，矢石如雨。沂中急击之，使统制吴锡率劲卒五十突入其军，猊众溃乱。沂中纵大军乘之，而自以精骑冲其胁，大呼曰：“贼破矣！”贼众错愕骇视。张宗颜自泗来，乘背击之，张俊大军复与战于李家湾，贼众大败，横尸满野。猊以首抵谋主李愕曰：“适见髯将军，锐不可当，果杨殿前也。”即与数骑遁去。沂中跃马叱之，余众皆怖而降。麟在顺昌，闻猊败，亦拔砦去。沂中及王德乘势追麟，至南寿春而还。孔彦舟亦解光州〔围〕（据宋史卷二八高宗纪、续纲目补）而去。时岳飞自破曹成，平杨幺，凡六年，皆盛夏行师，以致目疾，至是逾甚，及一闻召命，即日起行。未至，麟败。帝语赵鼎曰："刘麟败北不足喜，诸将知尊朝廷为可喜。"赐飞札，言："敌兵已去淮，卿不须进发。"飞乃还军。

金人闻刘豫败，来诘其状，始有废豫之意。

七年（丁巳、一一三七）闰十月，金人袭汴，执刘豫废之。初，豫由粘没喝、高庆裔得立，故奉二人特厚，兀术及诸将多憾之。豫兵败藕塘，金人欲废豫。及粘没喝死，岳飞因遣间赍蜡书与豫，约同诛兀术。兀术得书，大惊，驰白金主，于是废豫之意益决。会豫请立麟为太子，金主亶曰："徐当咨访河南百姓。"豫虽意沮，而犹日遣使乞师南侵。金乃建元帅府于太原，令豫兵悉听节制，而以束拔为左都监，屯太原；挞不野为右都监，屯河间；复分戍陈、蔡、汝、亳、颍、许诸郡。至是，尚书省奏豫治国无状，金主遂令挞懒、兀术伪称南侵以袭之。将至汴，遣人召刘麟渡河议事，麟以二百骑至武城，兀术麾骑翼而擒之，遂驰入汴。豫方射讲武殿，兀术从三骑，突入东华门，下马，逼豫出见；因执其手，偕至宣德门，强乘以羸马，露刃夹之，囚于金明池。翌日，集百官，宣诏，责豫而废之。其诏有曰："建尔一邦，逮兹八稔，尚勤兵戍，安用国为！"乃以铁骑数千围宫（因）〔门〕，遣小校巡闾巷间，宣言〔曰〕（据宋史卷四七五刘豫传、续纲目改并补）："自今不佥尔为军，不取尔免行钱，为汝敲杀貌事人，请汝旧主少帝来。"由是人心稍安，遂置行台尚书省于汴，以张孝纯权行台左丞相，胡沙虎为汴京留守，李俦副之，诸军悉令归农。

豫求哀于二帅，挞懒谓之曰："昔赵氏少帝出京，百姓燃顶炼臂号泣。今汝废，无一人怜者，汝何不自责也!"豫语塞。与家属徙临潢。

岳飞奏："乘废刘豫之际，捣其不备，长驱以取中原。"韩世忠亦上疏言："机不可失，请全师北讨。"皆不报。

宋史纪事本末卷六十八

张浚经略关陕

高宗建炎三年（己酉、一一二九）五月，以张浚为川陕宣抚处置使。帝问浚大计，浚谓中兴当自关、陕始，虑金人或先入陕窥蜀，则东南不可保，请身任陕、蜀之事，置幕府于秦州；别遣大臣与韩世忠镇淮东；令吕颐浩扈跸来武昌，为趋陕之计；复以张俊、刘光世与秦州相首尾。帝然之，遂以浚为宣抚处置使，听便宜黜陟。与沿江、襄、汉守臣议储蓄，以待临幸。初，浚宣抚之议未决，监登闻检院汪若海曰："天下者，常山蛇势也。秦、蜀为首，东南为尾，中原为脊，今以东南为首，安能起天下之脊哉！将图恢复，必在川、陕。"浚大悦，遂决行。季陵论任浚太专，忤旨，落职与祠。

秋七月庚子，张浚发建康。

冬十月壬辰，张浚治兵于兴元，以图中原。浚上疏言：“汉中实形势之地，前控六路之师，后据两川之粟，左通荆、襄之财，右出秦、陇之马，号令中原，必基于此。谨积粟，以待巡幸。”

辛丑，张浚以赵开为随军转运使，专总四川财赋。开见浚曰：“蜀之民力尽矣，锱铢不可加，独榷货尚存赢余，而贪猾认为己有，共相隐匿。惟不恤怨詈，断而敢行，庶可救一时之急。”浚锐意兴复，委任不疑。于是大变酒法，即旧扑买坊场所，置隔酿，设官主之。曲与酿具，官悉自买，听酿户各以米赴官场自酿，斛输钱三十，头子钱二十二；其酿之多寡，惟钱是视，不限数也。又于秦州置钱引务，兴州鼓铸铜钱，官卖银绢，听民以钱引或铜钱买之。凡民钱当入官者，并听用引折纳，官支出亦如之，民以为便。时浚荷重寄，旬犒月赏，期得士死力，费用不赀，尽取办于开。开悉智虑于食货，算无遗策，虽支赏不可计，而资财常有余。

十二月甲申，张浚承制拜曲端为威武大将军、宣抚处置司都统制。初，曲端欲斩王庶，朝廷疑其叛，浚以百口保之，且与敌屡角，欲仗其威声，遂有是拜，军士悦服。浚又辟刘子羽参议军事。子羽荐泾原都监吴玠及弟璘之才勇，浚以玠为统制，璘掌帐前亲兵。

四年（庚戌、一一三〇）夏四月，金娄室既陷陕州，遂长驱入潼关。曲端遣吴玠拒之于彭原，而自拥兵邠州为援。金人来攻，玠击败之，撒离喝惧而泣。娄室整军复战，玠军败绩，部将杨晟死之，端退屯泾原，金乘胜焚邠州。玠怨端不为援，大诟之，由是二人有隙。娄室以端全军退去，且入夏，遂复还河东。

六月癸酉，张浚罢其都统制曲端。浚虽重用端，然以人言浸润，不能无疑，乃使张彬诣渭州察之。彬至，谓端曰："今兵合财备，娄室以孤军深入吾境，我合诸路攻之，不难。"端曰："彼将士精锐，且因粮于我，我今反为客，未可胜也。若按兵据险，时出偏师以扰其耕获，彼不得耕获，必取粮河东，则我为主矣。如此一二年，彼必困敝，乃可图也。万一轻举，后忧方大。"彬还白浚，浚不以为然。及闻兀术留江、淮，议出师挠之。端曰："平原广野，敌便于冲突，而我军未尝习水战，金人新造之势，难与争锋。宜训兵秣马，保疆而已。后十年乃可。"浚积前疑，遂以彭原之败，罢端兵柄，再贬海州团练副使，万安军安置。

秋七月，金兀术引兵趋陕西。时张浚以金兵萃淮上，惧其复扰东南，谋牵制之，欲出兵分道由同州、鄜、延以捣其虚。兀术闻之，遂自六合引兵趋陕西。金主亦以娄室专攻陕西，所下城邑，旋复拒守，因其请益兵，命讹里朵往监其军。

张浚遣兵复陕西军、州，赵哲复鄜州，吴玠复永兴军，其余州县多迎降。

九月癸亥，张浚闻兀术将至，檄召熙河刘锡、秦凤孙偓、泾原刘锜、环庆赵哲四经略及吴玠之兵，合四十万人，马七万匹，以锡为统帅，迎敌决战。王彦谏曰："陕西兵将，上下之情未通，若不利则五路俱失。不若且屯利、阆、兴、洋，以固根本，敌入境则檄五路之兵来援，万一不捷，未大失也。”浚不从。刘子羽亦力言未可，浚曰：“吾宁不知此，顾东南事方急，不得不为是尔。”吴玠、郭浩皆曰：“敌锋方锐，宜各守要害，须其敝而乘之。”亦不从。遂行，次于富平县。刘锡会诸将议战，玠曰：“兵以利动，今地势不利，未见其可。宜择高阜据之，使不可胜。”诸将皆曰：“我众彼寡，又前阻苇泽，敌有骑不得施，何用他徙？”已而娄室引兵骤至，舆柴囊土，藉淖平行，进薄诸营。锡等与之力战，刘锜身率将士薄敌阵，杀获颇多，胜负未分。而敌铁骑直击赵哲军，他将不及援，哲〔因〕（本卷校改各条，均以续纲目、薛鉴为依据）离所部，将校望见尘起，遂惊遁，诸将皆溃。敌乘胜而进，关、陕大震。浚时驻邠州督战，既败，退保秦州；召赵哲斩之，而安置刘锡于合州，令诸将各还本路，上书待罪。自是关、陕不可复，论者咎浚之轻师失律。

十一月，金人入德顺军，张浚退保兴州。时辎重焚弃，将士散亡，惟亲兵千余自随，人情大沮。或请徙治夔州，参军事刘子羽叱之曰：“孺子可斩也！四川全盛，敌欲入寇久矣，直以川口有铁山栈道之险，未敢遽窥耳。今不坚守，纵使深入，而吾僻处夔、峡，遂与关中声援不相闻，进退失据，悔将何及！今幸敌方肆掠，未逼近郡，宣司但当留驻兴州，外系关中之望，内安全蜀之心；急遣官属出关，呼召诸将，收集散亡，分布隘险，坚壁固垒，观衅而动，庶几可以补前愆耳。”浚然其言，而诸参佐无敢行者。子羽即请奉命，乃单骑至秦州，召诸亡将。时诸将不知宣司所在，及闻命，大喜，悉以其众来会，凡十余万人，军势复振。子羽因请遣吴玠聚兵扼险于凤翔大散关东之和尚原，以断敌来路；关师古等聚熙河兵于岷州大潭；孙偓、贾世方等聚泾原、凤翔兵于阶、成、凤三州，以固蜀口。金人知有备，遂引去。

绍兴元年（辛亥、一一三一）三月，金人破福津，（躁）〔蹂〕同谷，以迫兴州。浚遂退保阆州，而以张深为四川制置使，与刘子羽趋益昌。王庶为利夔制置使，节制陕西诸路，知兴元府。

六月，张浚以吴玠为陕西诸路都统制。时关、陇六路尽陷于金，止余阶、成、岷、凤、洮五郡，及凤翔之和尚原，陇州之方山原而已。

八月丁卯，张浚杀前威武大将军曲端。浚既败于富平，乃思端言，召之还，稍复其官，徙阆州，将复用之。吴玠憾端，因言“端再起必不利于公”，王庶又从而间之。玠复书“曲端谋反”四字于手以示浚，庶又言端尝作诗题柱曰：“不向关中兴帝业，却来江上泛渔舟。”谓其指斥乘舆。浚乃送端于恭州狱。有武臣康随者，尝以事忤端，端鞭其背，随憾端入骨，浚以随提点夔路刑狱。端闻之，曰：“吾其死矣！”呼天者数声。端有马名“铁象”，日驰四百里。至是，连呼“铁象可惜”者数声，乃赴逮。既至，随令狱吏絷维之，糊其口，胁之以火。端干喝求饮，与之酒，九窍流血而死。陕西士大夫莫不痛惜之，军士怅恨，有叛去者。未几，金人再战于富平，浚师诈张端旗以惧敌。金娄室知端已死，抚掌笑曰："何给我也。"师复败。

二年（壬子、一一三二）五月，张浚以刘子羽知兴元府。

九月丙戌，以王似为川陕宣抚处置副使。张浚在关、陕三年，训新集之兵，当方张之敌，以刘子羽为上宾，任赵开为转运，擢吴玠为大将。子羽慷慨有才略，开善理财，而玠每战辄胜，西北遗民归附者众。故关、陕虽失，而全蜀安堵；且以形势牵制东南，江、淮亦赖以安。朝廷疑浚杀赵哲、曲端为无辜，任子羽、开、玠为非是，乃以似为副使，浚始不安。

十二月甲辰，召张浚知枢密院事。浚闻王似来，上疏求解兵柄，且论似不可任。吕颐浩不悦，朱胜非又以宿憾日短浚，故召之，而以卢法原为川陕宣抚副使，与王似同治司事。

四年（甲寅、一一三四）三月乙丑，张浚至临安。浚虽被召，以刘子羽等军败，秘其事未行。王似、卢法原亦未赴阗。已而诏押似、法原赴镇，〔浚〕及子羽、王庶、刘锡等俱赴行在。初，辛炳知潭州，浚在陕以檄发兵，炳不遣，浚奏劾之。至是，炳为御史中丞，率殿中侍御史常同等劾浚丧师失地，跋扈不臣，遂落职奉祠，福州居住。安置刘子羽于白州。诏以王似为川陕宣抚使，卢法原、吴玠副之。会兀术攻关，为吴玠所败，法原素与玠不睦，玠因奏功，讼法原不济师。上手诏诘问，法原忧恚而卒。

八月戊子，改命赵鼎都督川、陕、荆、襄诸军事。鼎辞以非才，帝曰："四川全盛，半天下之地尽以付卿，黜陟专之可也。"鼎条奏便宜，复为朱胜非所抑。乃上疏言："顷者，陛下遣张浚出使川、陕，国势百倍于今，浚有补天浴日之功，陛下有'砺山带河'之誓，君臣相信，古今无二，而终致物议，以被窜逐。夫丧师失地，浚则有之，然未至如言者之甚也。大抵专黜陟之典，受不御之权，则小人不安其分，谓爵赏可以苟求，一不如意，便生觖望。是时蜀士至于醵金募人诣阙讼之。以无为有，何以自明？故有志之士为国立事者，每以浚为戒。今臣无浚之功，当此重责，去朝廷远，恐好恶是非，行复纷纷于聪明之下矣！望悯臣孤忠，使得展布四体，少宽陛下西顾之忧。"又言："臣所请兵，不满数千，半皆老弱。所赍金帛至微。荐举之人，除命甫下，弹墨已行。臣日侍扆衷，所陈已艰难，况在万里之外乎！"鼎旋以入相，不果行。

宋史纪事本末卷六十九

吴玠兄弟保蜀

高宗绍兴元年（辛亥、一一三一）冬十（一）（据宋史卷二六高宗纪、薛鉴删）月癸酉，金兀术寇和尚原，吴玠及其弟璘大败之。玠自富平之败，收散卒，保和尚原，积粟缮兵，列栅为死守计。或谓玠宜退保汉中，扼蜀口，以安人心。玠曰："我保此，敌决不敢越我而进，是所以保蜀也。"玠在原上，凤翔民感其遗惠，相与夜输刍粟助玠；玠偿以银帛，民益喜，输者益多。金人怒，伏兵渭河邀杀之，且令保伍连坐，民冒禁如故。金将没立自凤翔，乌鲁折合自阶、成，出散关，约日会和尚原。乌鲁折合先期至，阵北山，索战。玠命诸将坚阵待之，更战迭休，金人大败，遁去。没立方攻箭筈关，玠复遣将击败之，两军终不得合。金人自起海角，狃于常胜，及与玠战辄败，愤甚，谋必取玠。

于是兀术会诸帅兵十余万，造浮梁跨渭，自宝鸡结连珠营，垒石为城，夹涧与官军相拒，进薄和尚原。玠与弟璘选劲弩，命诸将分番迭射，号“驻队矢”，连发不绝，繁如雨注。敌稍却，则以奇兵旁击，绝其粮道。度其困且走，设伏于神坌以待之，敌至伏发，遂大乱。玠因进兵夜击，大败之。兀术中二流矢，仅以身免，亟剃其须髯而遁。初，金人之至也，玠与璘以散卒数千驻原上，朝问隔绝，人无固志，有谋劫玠之兄弟北降者。玠知之，召诸将歃血盟，勉以忠义，皆感泣，愿尽死力，故能成功。

三年（癸丑、一一三三）春正月乙丑，金人陷金州。时金人久窥蜀，以吴璘驻兵和尚原扼其冲，不得逞，将出奇取之。乃以叛将李彦琪驻秦州，睨仙人关，以缀吴玠河池之师；复游骑出熙河，以缀关师古。撒离喝自商於直捣上津，攻金州，王彦以三千人迎敌而败，焚积聚，退保石泉，撒离喝遂乘胜而进。

二月辛卯，王彦引兵会吴玠于饶风关。金人长驱趋洋、汉，刘子羽闻王彦败，亟命田晟守饶风关，而遣人召吴玠入援。玠自河池，日夜驰三百里，至饶风。以黄柑遗敌，曰：“大军远来，聊用止喝。”撒离喝大惊，以杖击地曰：“尔来何速耶！”遂悉力仰攻。一人先登，二人拥后，先者既死，后者代攻。玠军弓弩乱发，大石摧压，如是者六昼夜，死者山积。敌乃更募死士，由间道自祖溪关入，绕出玠后，乘高以瞰饶风，诸军不支，遂溃。敌入洋州，玠邀子羽去，子羽不可，而留玠固守定军山。玠难之，遂退保兴元之西县。子羽亦焚兴元，退保大安之三泉县。己亥，撒离喝遂入兴元，至金牛镇，四川大震。子羽从兵不满三百，与士卒取草芽木甲食之，遗玠书诀别。玠得书，未有行意。其爱将杨政大呼军门曰："节使不可负刘待制，不然，政辈亦舍节使去矣！"玠乃间道会子羽。子羽留玠等守三泉，玠曰："关外，蜀之门户，不可轻弃。"复往守仙人关。子羽以潭毒山形斗拔，其上宽平有水，乃筑壁垒。方成，而金人已至，距营十数里。子羽据胡床坐垒口，诸将泣告曰："此非待制坐处。"子羽曰："子羽今日死于此！"敌寻亦引去。时张浚亦欲移守潼川，子羽遗书言："己在此，金人必不南。"浚乃止。金兵由斜谷北去，子羽谋邀之于武休，不及。撒离喝既回凤翔，遣十人持书招子羽，子羽皆斩之，而纵其一还，曰："为我语贼，欲来即来，吾有死尔，何可招也！"初，子羽闻有金兵，预徙梁、洋之积。及金人深入，馈饷不继，杀马及两河所佥军士以食，而子羽、玠复腹背要击之，死伤十五、六，疫疠且作，乃引众还。子羽、玠因出师掩其后，金人堕溪〔涧〕（据宋史卷三七〇刘子羽传、续纲目补）死者不可胜计，尽弃辎重而走，余兵不能自拔者悉降，子羽遂还兴元。金人始谋，本谓玠在西边，故涉险东来，不虞玠驰至，虽入三州，而得不偿失。

五月丙子，王彦复金州，金人遂弃均、房。己卯，论金牛之功，以吴玠为利州路阶、成、凤州制置使，刘子羽为宝文阁直学士，王彦为保大军承宣使，诸将佐第赏有差。

十一月乙亥，金兀术陷和尚原。于是宣抚司分陕西之地，自秦、凤至洋州，吴玠主之，屯仙人关；金、房至巴、达，王彦主之，屯通（州）〔川〕（据宋史卷八九地理志改）；文、龙至威、茂，刘锜主之，屯巴西；洮、岷至阶、成，关师古主之，屯武都。

四年（甲寅、一一三四）三月辛亥，吴玠、吴璘与金兀术战于仙人关，败之。先是，璘守和尚原，馈饷不继，玠虑金人必复深入，且其地去蜀远，乃命璘别营垒于仙人关右之地，名曰杀金平，移兵守之。至是，兀术、撒离喝、刘夔帅步骑十万，破和尚原，进攻仙人关，自铁山凿崖开道，循岭东下。玠以万人守杀金平，以当其冲。璘自武阶路入援，先以书抵玠，谓杀金平之地阔远，前阵散漫，后阵阻隘，宜益修第二隘，示必死战，然后可以必胜。玠从之，急治第二隘。璘冒围转战七昼夜，始得与玠会于仙人关。敌首攻玠营，玠击走之。又以云梯攻垒壁，杨政以撞竿碎其梯，以长矛刺之。诸将有请别择地以守者，璘拔刀画地以示诸将曰："死则死此，退者斩！"金军分为二，兀术阵于东，韩常阵于西。璘率锐卒介其间，左绕右萦。随急而后战。战久，璘军少惫，急屯第二隘。金生兵踵至，人被重铠，铁钩相连，鱼贯而上，璘以驻队矢叠射，矢下如雨，死者层积，敌践而登。撒离喝驻马四视，曰："吾得之矣。"翌日，命攻西北楼，姚仲登楼酣战。楼倾，以帛为绳挽之复正。金人用火攻楼，仲以酒缶扑灭之。玠急遣统领田晟以长刀大斧左右击，明炬四山，震鼓动地。明日大出兵，统领王喜、王武率锐士分紫、白旗入金营，金阵乱，奋击，射韩常中左目，金人始宵遁。玠遣统制〔官〕（据宋史卷三六六吴玠传、续纲目、薛鉴补）张彦劫横山砦，王俊伏河池，扼其归路，又败之。是役也，兀术以下皆携妻孥来，刘夔乃刘豫腹心，本谓蜀可图，既不得逞，度玠终不可犯，乃还屯凤翔，授甲士田，为久留计，自是不敢妄动矣。

五年（乙卯、一一三五）春正月，吴玠复秦州。玠闻虏犯淮南，遣吴璘、杨政乘机牵制。璘等出奇兵，自天水至秦，拔其城。撒离喝闻秦被围，集诸道兵来援，政复击败之。

六年（丙辰、一一三六）八月癸卯，四川都转运使赵开罢。时吴玠为宣抚副使，专治战守，于财计不问盈虚，一切以军期趣办于开，数以馈饷不继诉于朝；开亦自劾老惫，求去。朝廷为之交解，乃以席益为制置大使，位宣抚副使上，州、军兵马并隶大使司，边防重事仍令宣抚司处置。益至四川，颇侵用军期钱，开复诉于朝，又数增钱引，而军计犹不给。朝廷以开、益不协，乃召开赴行在，而以李迨代之。自金人犯陕、蜀，开职馈饷，军用无乏。其后计臣屡易，于开经画无敢变更，然茶盐榷酤、奇零绢帛之征遂为蜀常赋，则开所作俑也。益寻以母丧亦去。帝问胡交修："孰可守蜀者？"交修以从子世将对，遂以世将为四川安抚制置使。

九年（己未、一一三九）春正月己亥，以吴玠为四川宣抚使。玠与金人对垒且十年，常苦远饷劳民，屡汰冗员，节浮费，益治屯田。帝以玠功高，因和议成，授玠开府仪同三司、四川宣抚使，陕西、阶、成等州皆听节制。

六月己巳，吴玠卒。玠用兵本孙、吴，务远略，不求近小利，故能保必胜。御下严而有恩，虽身为大将，卒伍最下者得以情达，故士乐为之死。选用将佐，视劳能为高下先后，不以亲故权贵挠之。自富平之败，金人专意图蜀，微玠身当其冲，无蜀久矣，故西人思之，立祠以祀。

秋七月乙巳，以胡世将为四川宣抚副使。世将至，谓诸将曰："世将不习骑射，不习虏情，朝廷所以遣来者，袭国家故事，以文臣为制将耳。军事一无改吴宣抚之规，各推诚心，共济国事可也。"诸将皆服。

十年（庚申、一一四〇）五月，诏吴璘同节制陕西诸军。时金人复渝盟，撒离喝入同州，趋永兴军，陕西州县所至迎降，遂进据凤翔。初，关、陕新复，朝廷分军屯熙、秦、鄜延诸路。撒离喝既至凤翔，陕右诸军皆隔在虏后，远近大震。

六月，吴璘败金人于扶风。初，胡世将在河池，仓卒召诸将议。时吴璘、孙渥已在，杨政、田晟继至。诸将请少避清野，以挫其锋。渥言河池不可守。璘厉声折之曰："懦语沮军，可斩也！璘请以百口保破敌。"世将壮之，指所居帐曰："世将誓死于此！"遂遣诸将分据渭南。寻有诏世将移屯蜀口。会金人犯石壁砦，璘遣姚仲等破走之。既而撒离喝使鹘眼郎君以三千骑冲璘军，璘使统制李师颜以骁骑击败之。虏先于扶风筑城，既败，入城拒守。官军攻拔其城，获三将及女真百（七）（据宋史卷三七〇胡世将传、续纲目删）十七人。撒离喝怒甚，自战百通坊，仲力战破之，撒离喝还凤翔。由是金人不敢度陇，分屯之军得全师而还。

闰月，撒离喝与吴璘、杨政夹渭河而阵，璘驻兵大虫岭。撒离喝觇之，曰：“善战者立于不败之地，此难与争。”乃引去，趋邠州。田晟遣将拒之于青溪岭，胡世将又遣王彦、杨从仪分道而出，屡战败之。撒离喝还屯凤翔，既而复出，攻泾州。田晟据山为阵，乘虏壁未定，奋兵击败之，夺其兵马甚众。撒离喝走还凤翔。

十一年（辛酉、一一四一）九月丙申，吴璘及金人战于（刘）〔剡〕家湾（据宋史卷三六六吴璘传、续纲目改。下同），大败之。癸亥，受诏班师。初，吴璘进兵拔秦州，金统军胡盏与习不祝合兵五万，屯刘家圈。璘请于胡世将击之，世将问策安出。璘曰：“有新立叠阵法，每战以长枪居前，坐不得起；次最强弓，次强弩，跪膝以俟；次神臂弓。约贼相搏，至百步内，则神臂先发；七十步，强弓并发。次阵如之。凡阵以拒马为限，铁钩相连，俟其伤则更代，代则以鼓为节。骑两翼以蔽于前，阵成而骑退。谓之叠阵。”世将善之。诸将窃议曰：“吾军其歼于此乎？”璘曰：“此古束伍令也，军法有之，诸军不识耳，得车战遗意，无出于此。战士心定则能持满，敌虽锐不能当也。”遂进次（刘）〔剡〕家湾。时胡盏、习不祝据险自固，前临峻岭，后控腊家城，谓璘必不敢轻犯。先一日，璘会诸将，问所以攻。姚仲曰：“战于山上则胜。”璘然之，乃请战，敌皆笑。夜半，璘遣姚仲、王彦衔枚渡河，涉峻岭，截坡上，约二将上岭而后发火。二将至岭，寂无人声，军已毕列，万炬齐发。敌骇愕曰："吾事败矣!"习不祝善谋，胡盏善战，二酋异议。璘先以兵挑之，胡盏果出鏖战。璘以叠阵法更迭战，轻裘驻马，亟麾之，士殊死斗。金人大败，降者万人，胡盏走保腊家城。〔璘〕（据宋史卷三六六吴璘传、续纲目、薛鉴补）围而攻之，城垂破，朝廷方主和议，以驿书诏班师。时璘拔秦州，其势方张，陕西、河东（守）〔首〕（据续纲目、薛鉴改）领争来附；而杨政拔陇州，及破岐下诸屯；郭浩复华州，入陕州矣。诏至，璘即〔自〕（据宋史卷二九高宗纪、续纲目、薛鉴补）腊家城引兵还河池，浩还延安，政还巩，世将惟浩叹而已。

三十一年（辛巳、一一六一）五月乙未，以吴璘为四川宣抚使，王刚中同处置军事。时闻金主亮将败盟，故命璘为之备。

八月，金西道行营徒单合喜将兵扼大散关，游骑攻黄牛堡，守将李彦坚告急，人情汹汹。制置使王刚中跨一马，驰二百里至吴璘营，起璘于帐中，责之曰："大将与国，谊同休戚，临敌安得高枕而卧!"璘大惊，即驰至杀金平，驻军青野原，益调内郡兵，分道而进，授以方略，以援黄牛。刚中又以蜡书抵张正彦济师，西师大集。李彦坚以神臂弓射金师，却之。璘遣别将彭青至宝鸡渭河，夜劫桥头寨，破之。又遣刘海复秦州，彭青复陇州。金师既退，刚中倍道驰还，谓其属李焘曰："将帅之力，吾何有焉。"

冬十月，诏吴璘出兵汉中，璘遂复商、虢州。

三十二年（壬午、一一六二）二月，金人犯虢州，吴璘遣将杨从仪等攻之，分兵守和尚原。金人走宝鸡，璘遣兵复河源州及积石、镇戎军，遂复大散关。

时璘遣姚仲攻德顺，逾四旬不克，璘以李师颜代之，遣子挺节制军马。挺与敌战于瓦亭，大败之，擒其将耶律九斤等百三十七人。金人悉兵趋德顺，璘自将往督师，先壁于险，且治夹河战地，按行诸屯，斩不用命者。先以数百骑尝敌，敌一鸣鼓，锐师空壁跃出突璘军。璘军得先治地，无不一当百。至暮，璘忽传呼某将战不力，人益奋搏敌，敌大败，遁入壁。黎明，师再出，敌坚壁不动。会大风雪，金人拔营去，凡八日而克。璘入城，市不改肆。又遣严忠取环州，遂还河池。姚仲等又复兰、会、熙、巩等州及永安军。

十二月丙寅，诏吴璘班师。时金以重兵扼凤翔，争吴璘新复十三州、三军，璘亟驰德顺以备之。已而金蒲察世杰率师十万来攻，璘力战拒之。会史浩上言："官军西讨，东不可过宝鸡，北不可过德顺。若兵宿于外，去川口远，则敌必袭之。"朝廷遂欲弃三路。虞允文时为川陕宣谕使，疏言："恢复莫先于陕西，陕西五路新复州郡，又系于德顺之存亡，一旦弃之，则窥蜀之路愈多，西和、阶、成利害至重，不可不虑。"疏上，罢允文知夔州，遂诏璘班师。金人乘其后，璘军亡失者三万三千，部将数十人，连营痛哭，声振原野。于是秦凤、熙河、永兴三路新复十三州，皆复为金取。

宋史纪事本末卷七十

岳飞规复中原 秦桧害飞附

高宗绍兴六年（丙辰、一一三六）六月，岳飞进屯襄阳。时张浚视师江上，会诸大帅，独称韩世忠与飞可倚大事。命飞屯襄阳以窥中原，曰："此君素志也。"飞遂移军京西，除宣抚副使，置司襄阳，命往武昌调军。

秋八月，岳飞遣王贵等攻虢州，下之，获粮十五万石，降者数万人。张浚曰："飞措画甚大，今已至伊、洛，则太行一带山砦必有应者。"已而忠义社梁兴等果归之。飞遣杨再兴进兵，至长水，及伪齐李成、孔彦舟连战皆捷；至蔡州，克其城。

时伪齐屯唐州，岳飞遣王贵、董先等攻破之。飞因奏进取中原，不许，飞召贵等还。

七年（丁巳、一一三七）夏四月，岳飞乞终丧，遂还庐山，张浚使张宗元监其军。先是，飞自鄂入见，拜太尉，继除宣抚使，以王德、郦琼兵隶之。帝诏德、琼曰："听飞号令，如朕亲行。"飞见帝数论恢复之略，疏言："金人所以立刘豫于河南，盖欲荼毒中原，以中国攻中国，彼得以休兵观衅耳。臣愿陛下假臣月日，提兵趋京、洛，据河阳、陕府、潼关，以号召五路叛将。叛将既还，遣王师先进，豫必弃汴而走，河北、京畿、陕右可以尽复，然后分兵濬、滑，经略两河。如此则逆豫成擒，金人可灭，社稷长久之计，实在此举。"帝曰："有臣如此，朕复何忧！进止之机，朕不中制。"复召至寝阁，命之曰："中兴之事，一以委卿。"飞方图大举，会秦桧主和议，忌之，遂不以德、琼军隶飞，诏飞诣张浚议事。时浚奏罢刘光世兵柄，以其军隶都督府，因分为六军，谋置帅，谓飞曰："王德，淮西军所服，浚欲以为都统，而命吕祉以督府参谋领之。"飞曰："德与郦琼素不相下，一旦握之在上，则必争；吕尚书不习军旅，恐不足服众。"浚曰："张俊、杨沂中何如？"飞曰："张宣抚，飞之旧帅也，其人暴而寡谋，尤琼所不服。沂中视德等耳，亦岂能御此军哉。"浚艴然曰："固知非太尉不可。"飞曰："都督以正问飞，飞不敢不尽其愚，岂以得军为念哉！"飞既与浚忤，即日上章，乞解兵柄终丧服，以张宪摄军事，步归庐山。浚怒，奏言飞积虑专在并兵，遂命张宗元权宣抚判官，监其军。

六月，岳飞入朝，复还镇。帝累诏趣飞还职，飞不得已，趋朝待罪，帝慰遣之。及张宗元还，言将和士锐，人怀忠孝，皆飞训养所致，帝大悦。飞至镇，奏言：“比者寝阁之命，咸谓圣断已坚，何至今尚未决？臣愿提兵进讨，顺天道，因人心，以曲直为老壮，以逆顺为强弱，万全之效可必。钱塘僻在海隅，非用武地，愿（速）〔建〕（本卷校改各条，除文下注明者外，均以宋史卷三六五岳飞传为依据，并参照续纲目、薛鉴）都上游，用汉光武故事，亲率六军，往来督战，庶将士知圣意所向，人人用命。”不报。

八月，以王德为淮西都统制，郦琼副之。琼与德素等夷，不相下，吕祉还朝，德、琼列状交诉于都督府及御史台。乃诏德还建康，仍命吕祉往庐州节制之。祉至庐州，琼又讼德。祉谕曰：“若以君等为是，则大相诳，然张丞相喜人向前，倘能立功，虽大过亦阔略，况小嫌耶。当为诸公辨之，保无他虞。”琼等感泣。事少定，祉乃密奏，乞罢琼及统制靳赛兵权。书吏漏语于琼，琼令人遮祉所遣邮置，尽得祉所言，大怨怒。会闻朝廷命杨沂中为淮西制置使，刘锜为副，召琼赴行在。琼大惧，遂谋叛。诸将晨谒祉，琼袖出文书，示中军统制张璟曰：“诸兵官有何罪，张统制乃以如许事闻之朝廷耶！”祉大惊，欲走不及，为琼所执，璟及兵马钤辖乔仲福，统制刘永衡皆死。琼遂率全军四万人，渡淮降刘豫，拥祉北去。距淮三十里，祉下马立，谓琼曰：“刘豫逆贼，我岂可见之！”众逼祉上马，祉骂曰：“死则死于此！”又谕其众曰：“刘豫逆臣尔，军中岂无英雄，乃随郦琼去乎！”众颇感动，凡千余人环立不行。琼恐摇众心，急策马先渡，祉遂遇害。事闻，张浚始悔不用岳飞之言。飞乞进讨琼，不许，诏驻师江州，为淮、浙援。

八年（戊午、一一三八）二月，岳飞乞增兵。不许。

九年（己未、一一三九）春正月，岳飞在鄂州，闻金将归河南地，上言："金人不可信，和好不可恃，相臣谋国不臧，恐贻后世讥。"秦桧衔之。及赦书至鄂，飞表谢，寓和议不便之意，有"愿定谋于全胜，期收地于两河，唾手燕、云，终欲复仇而报国，矢心天地，尚令稽首以称藩"之语。桧益怒，遂成仇隙。和议成，例加爵赏，飞加开府仪同三司，力辞，言："今日之事，可危而不可安，可忧而不可贺，可训兵饬士谨备不虞，而不可论功行赏取笑敌人。"三诏不受，帝温言奖谕之，飞乃受命。会遣士㒟谒诸陵，飞请以轻骑从洒扫，实欲观衅以伐谋。又奏："金人无事请和，此必有肘腋之虞，名以地归我，实寄之也。"桧白帝，止其行。

十年（庚申、一一四〇）六月，岳飞败金人于京西。时金人攻拱亳，刘锜告急，命飞驰援。飞遣张宪、姚政赴之。帝赐札曰："设施之方，一以委卿，朕不遥度。"飞乃遣王贵、牛皋、董先、杨再兴，孟邦杰、李宝等分布经略西京、汝、郑、颍昌、陈、曹、光、蔡诸郡；又命梁兴渡河，纠合忠义社，取河东、北州县；又遣兵东援刘锜，西援郭浩，自以其军长驱以阚中原。将发，密奏言："先正国本，以安人心，然后不常厥居，以示无忘复仇之意。"帝得奏，大褒其忠，授少保、河南府路陕西河〔东〕北路招讨使，寻改河南、北诸路招讨使。未几，所遣诸将李宝、牛皋等相继败金人于京西。

闰月，岳飞遣统制张宪击金韩常于颍昌，又复淮宁府，郝晸复郑州，张应、韩清复西京，杨遇复南城军，乔握坚复赵州，他将所至皆捷，中原大震。河南兵马钤辖李兴聚兵应飞，收复伊阳等八县及汝州。金河南尹李成弃城遁走，诏兴知河南府。飞又使张应会兴复永安军。

秋七月，岳飞大军在颍昌，〔命〕（据续纲目、薛鉴补）诸将分道出战，自以轻骑驻郾城，兵势甚锐。兀术大惧，会龙虎大王议，以为诸帅易与，独飞不可当，欲诱致其师，并力一战。中外闻之皆惧，诏飞审处自固。飞曰："金人技穷矣。"乃日出挑战，且骂之。兀术怒，合龙虎大王、盖天大王及韩常之兵，逼郾城，飞遣子云领骑兵直贯其阵，戒之曰："不胜，先斩汝！"鏖战数十合，贼尸布野。初，兀术有劲军，皆重铠，贯以韦索，三人为联，号"拐子马"，官军不敢当。是役也，以万五千骑来，飞戒步卒以麻扎刀入阵，勿仰视，第砍马足。拐子马相连，一马仆，二马不能行。官军奋击，遂大破之。兀术大恸，曰："自海上起兵，皆以此胜，今已矣！"因复益兵而前，飞自以四十骑突战，败之。兀术愤甚，合师十二万，次于临颍。杨再兴以三百骑遇之于小商桥，骤与之战，杀二千人及万户撒八、千户百人；再兴死，获其尸，〔焚之〕（据宋史卷三六八杨再兴传、薛鉴补），得箭镞二升，飞痛惜之。张宪继至，复战，兀术夜遁，追奔十五里。飞谓子云曰："贼屡败，必还攻颍昌，汝宜速援王贵。"既而兀术果至，贵将游骑，云将背嵬，战于城西。云以轻骑八百挺前决战，步兵张左右翼继之，杀兀术婿夏金吾，副统军粘罕索孛堇，兀术遁去。

梁兴以飞命，会太行忠义及两河豪杰，败金人于垣曲，又败之于沁水，遂复怀、卫州，断金人山东、河北之道，金人大恐。飞奏：“兴等过河，人心愿归朝廷。金兵屡败，兀术等皆令老少北去，正中兴之机。”飞进军朱仙镇，距汴京四十五里，与兀术对垒而阵，遣骁将以背嵬五百奋击，大破之，兀术遁还汴京。飞檄陵台，令行视诸陵，葺治之。

先是，飞遣梁兴等布德意，招结两河豪杰，山砦韦铨、孙谋等敛兵固堡，以待王师，李通、胡清、李宝、李兴、张恩、孙琪等举众来归。金人动息，山川险要，一时皆得其实。尽磁、相、开、德、泽、潞、晋、绛、汾、隰之境，皆期日兴兵与官军会，其所揭旗，以“岳”为号，父老百姓争挽车牵牛，载糗粮以馈义军，顶盆焚香迎候者充满道路。自燕以南金号令不行，兀术欲签军以抗飞，河北无一人从者，乃叹曰：“自我起北方以来，未有如今日之挫衄！”金帅乌陵思谋素号桀黠，亦不能制其下，但谕之曰：“毋轻动，俟岳家军来即降。”金统制王镇、统领崔庆、将官李觊、崔虎、（叶）〔华〕旺（本卷以下校改各条，均以宋史卷三六五岳飞传为依据，并参照续纲目、薛鉴）等皆率所部降，以至禁卫龙虎大王下忔查千户高勇之属，皆密受飞旗榜，自北方来降。金将军韩常欲以五万骑内附。飞大喜，谓其下曰：“直抵黄龙府，与诸公痛饮耳！”方指日渡河，而秦桧方欲画淮以北弃之，讽台臣请班师。飞奏：“金人锐气沮丧，尽弃辎重，疾走渡河，而我豪杰向风，士卒用命。时不再来，机难轻失。”桧知飞志锐不可回，乃先请张俊、杨沂中等归，而后言：“飞孤军不可久留，乞令班师。”一日奉十二金字牌，飞愤惋泣下，东向再拜，曰：“十年之力，废于一旦！”飞班师，民遮马恸哭，诉曰：“我等戴香盆，运粮草，以迎官军，金人悉知之。相公去，我辈无噍类矣！”飞亦悲泣，取诏示之，曰：“吾不得擅留。”哭声震野。飞留五日，以待其徙，从而南者如市，亟奏以汉上六郡闲田处之。

方兀术败于朱仙，欲弃汴去，有书生叩马曰：“太子毋走，岳少保且退矣。”兀术曰：“岳少保以五百骑破吾十万，京城日夜望其来，何谓可守？”书生曰：“自古未有权臣在内而大将能立功于外者。岳少保且不免，况欲成功乎！”兀术悟，遂留。飞既归，所得州县旋复失之。飞力请解兵柄，不许。既而自庐入觐，帝问之，飞拜谢而已。

十一年（辛酉、一一四一）三月，金兀术、韩常与龙虎大王合兵逼庐州，帝趣岳飞应援，凡十七札。飞奏：“金人倾国南来，巢穴必虚，若长驱京、洛以捣之，彼必奔命，可坐而毙。”时飞方苦寒嗽，力疾而行，又恐帝急于退敌，乃奏：“臣如捣虚，势必得利，若以敌方在迩，未暇远图，欲乞亲至蕲、黄，以议攻却。”帝大喜。师至庐州，金兵望风而遁。飞还兵于舒以俟命。兀术破濠州，张俊驻军黄连镇，不敢进。杨沂中遇伏而败，帝命飞救之，金人闻飞至，又遁。

时和议已决，秦桧患飞异己，乃密奏召三大将，论功行赏。韩世忠、张俊既至，飞独后。桧又用参政王次翁计，俟之六七日，既至，授枢密副使。飞固请还兵柄。诏同俊往楚州措置边防，总韩世忠军还驻镇江。初，飞在诸将中年最少，以列校拔起，屡立显功，世忠、俊不能平，飞屈己下之，而俊益忌飞。淮西之役，俊以前途粮乏訹飞，飞不为止。帝赐札褒谕，有曰："转饷艰阻，卿不复顾。"俊疑飞漏言，还朝，反倡言飞逗遛不进，以乏饷为辞。至视世忠军，俊知世忠忤桧，欲与飞分其背嵬军，飞义不肯，俊大不悦。及同行楚州城，俊欲修城为备，飞曰："当戮力以图恢复，岂可为退保计！"俊变色。会世忠军吏景著言："二枢密若分世忠军，恐至生事。"桧捕著，下大理狱，将以扇摇诬世忠，飞驰书告以桧意，世忠见帝自明。俊于是大憾飞，倡言飞议弃山阳，且密以飞报世忠事告桧，桧大怒。初，桧逐赵鼎，飞每对客叹息；又以恢复为己任，不肯附和议，读桧奏至"德无常师，主善为师"之语，恶其欺罔，恚曰："君臣大伦，根于天性，大臣而忍面谩其主耶！"兀术遗桧书曰："尔朝夕以和请，而岳飞方为河北图。必杀飞，始可和。"桧亦以飞不死终梗和议，己必及祸，力谋杀之。以谏议大夫万俟卨与飞有怨，讽卨劾飞；又讽中丞何铸、侍御史罗汝楫交章弹论，大率谓："今春金人攻淮西，飞暂至舒、蕲而不进，比与俊按兵淮上，又欲弃山阳而不守。"飞累请罢枢柄，寻还两镇节，充万寿观使，奉朝请。

桧志未伸，又谕张俊令劫王贵，诱王俊诬告张宪谋还飞兵柄。桧遣人捕飞父子证张宪事，使者至，飞笑曰：“皇天后土，可表此心！”初命何铸鞫之，飞裂裳，以背示铸，有“尽忠报国”四大字，深入肤理。既而阅实，无左验，铸明其无辜。既命万俟卨，卨诬飞与宪书，令虚申探报，以动朝廷；云与宪书，令措置使飞还军，言其书已焚。飞坐系两月，无可证者。或教卨以台章所指淮西事为言，卨喜白桧，簿录飞家，取当时御札藏之以灭迹，取行军时日杂定之，傅会其狱。岁暮，狱不成，桧手书小纸付狱，即报飞死，时年三十九。云弃市。籍家资，徙家岭南。幕属于鹏等，从坐者六人。

初，飞在狱，大理寺丞李若朴、何彦猷、大理卿薛仁辅并言飞无罪，卨俱劾去。宗正卿士㒟请以百口保飞，卨亦劾之，窜死建州。布衣刘允升上书讼飞冤，下棘寺以死。凡傅成其狱者皆迁转有差。狱之将上也，韩世忠不平，诣桧诘其实，桧曰：“飞子云与张宪书莫须有。”世忠曰：“‘莫须有’三字，何以服天下！”时洪皓在金国中，蜡书驰奏，以为“金人所畏服惟飞，至以父呼之。诸酋闻其死，酌酒相贺”。

飞事母至孝，母卒，水浆不入口者三日。家无姬侍，吴玠素服飞，饰名姝遗之。飞曰：“主上宵旰，岂大将安乐时耶！”却不受。少豪饮，帝戒之曰：“卿异时到河朔乃可饮。”遂绝不饮。帝初为飞营第，飞辞曰：“敌未灭，何以家为！”或问：“天下何时太平？”飞曰：“文臣不爱钱，武臣不惜死，天下太平矣。”师每休舍，课将士，注坡，跳壕，皆重铠习之。子云尝注坡马踬，怒而鞭之，曰："前临大敌，亦如是耶！"卒有取民麻一缕以束刍者，立斩以徇。卒夜宿，民间开门愿纳，无敢入者。军号"冻死不拆屋，饥死不卤掠"。卒有疾，躬为调药。诸将远戍，遣妻问劳其家。死事者哭之，而育其孤，或以子婚其女。凡有犒赏，均给军吏，秋毫不私。善以少击众，欲有所举，尽召诸统制与谋，谋定而后战，故有胜无败。猝遇敌，不动，故敌为之语曰："撼山易，撼岳家军难。"张俊问用兵之术，曰："智、仁、信、勇、严，阙一不可。"调军食，必蹙额，曰："东南民力竭矣！"好贤礼士，览经史，雅歌投壶，恂恂如书生，然忠愤激烈，议论持正，不挫于人，卒以此得祸。

史臣曰：西汉而下，若韩、彭、绛、灌之为将，代不乏人，求其文武全器，仁智并施，如宋岳飞者，一代岂多见哉！史称关云长通春秋左氏学，然未尝见其文章。飞北伐，军于汴梁之朱仙镇，自为表答诏，忠义之言流出肺腑，真有诸葛孔明之风，而卒死于秦桧之手。盖飞与桧势不两立，使飞得志，则金仇可复，宋耻可雪；桧得志，则飞有死而已。昔刘宋杀檀道济，〔道济〕下狱，嗔目曰："自坏尔万里长城！"高宗忍自弃其中原，故忍杀飞。呜呼，冤哉！

宋史纪事本末卷七十一

顺昌柘皋之捷

高宗绍兴十年（庚申、一一四〇）二月，以刘锜为东京副留守。

五月，刘锜大败金人于顺昌。初，锜赴东京，率所部王彦八字军三万七千及殿司卒三千，自临安泝江绝淮，至涡口。方食，忽暴风拔坐帐。锜曰："此贼兆也，主暴兵。"即下令兼程而进。闻金人败盟南下，锜与将佐舍舟陆行，先趋三百里，至顺昌城中。谍报东京已降，知府陈规见锜问计，锜曰："城中有粮，则能与君共守。"规曰："有米数万斛。"锜曰："可矣。"乃与规议敛兵入城为守御计。时八字军以将驻于汴，皆携孥以行。至是，锜召诸将问计，诸将皆曰："金兵不可敌也，请以精锐为殿，步骑遮老稚，顺流还江南。"锜曰："吾本赴官留司，今东京虽失，幸全军至此，有城可守，奈何弃之？吾志已决，敢言去者斩！”惟部将许清号“夜叉”者，奋曰：“太尉奉命副守汴京，军士扶携老幼而来，今避而走，易耳，然欲弃父母妻子则不忍，欲与偕行则敌翼而攻，何所逃之？不如相与努力一战，于死中求生也！”议与锜合。锜大喜，凿舟沉之，示无去意。寘家寺中，积薪于门，戒守者曰：“脱有不利，即焚吾家，无辱敌手也。”分命诸将守诸门，明斥堠，募土人为间探。于是军士皆奋，男子备战守，妇人砺刀剑，争呼跃曰：“平时人欺我八字军，今日当为国家破贼立功！”

时守备一无可恃，锜于城上躬自督厉，取伪齐所造癡车，以轮辕埋城上，又撤民户扉，周匝蔽之；城外有民居数千家，悉焚之。凡六日，粗毕，而游骑已涉颍河至城下，遂围城。锜预于城下设伏，擒敌将二人。诘之，云：“韩将军营白沙涡，距城三十里。”锜夜遣千余人击之，连战，杀虏颇众。已而金三路都统葛王乌禄以兵三万，与龙虎大王合兵，薄城下。锜令开诸门，金人疑，不敢近。初，锜傅城筑羊马垣，穴垣为门。至是，与许清等蔽垣为阵，金人纵矢，皆自垣端轶著于城，或止中垣上。锜用破敌弓，翼以神臂强弩，自城上或垣门射敌，无不中者。敌稍却，复以步兵邀击，溺河死者不可胜计，破其铁骑数千。

时顺昌受围已四日，金兵益盛，乃移砦于李村，距城二十里。锜遣骁将阎充募壮士五百，夜斫其营。是夕，天欲雨，电光四起，见辫发者辄歼之，金兵退十五里。锜复募百人往，或请衔枚，锜笑曰：“无以枚也。”命折竹为䍐，如市井儿以为戏者，人持一以为号，直犯金营。电所烛则皆奋击，电止则匿不动，敌众大乱。百人者闻吹詉声即聚，金人益不能测，终夜自战，积尸盈野，退军老婆湾。兀术在汴闻之，即趣骑急行，率十万众来援。

锜会诸将问计，或言："今已屡捷，宜乘此势，具舟全军而归。"锜曰："朝廷养兵十五年，正为缓急之用，况已挫敌锋，军声方振，纵众寡不侔，当有进无退。且敌营甚迩，而兀术又来，吾军一动，彼蹑其后，则前功俱废。使敌侵轶两淮，震惊江、浙，则平生报国之志反成误国之罪。"众皆感动思奋，曰："惟太尉命！"锜募得曹成等二人，谕之曰："遣汝作间，事成重赏。第如我言，敌必不杀汝。今置汝绰路骑中，遇敌则佯坠马，为敌所得。敌帅问我何如人，则曰：'太平边帅子，喜声伎，朝廷以两国讲和，使守东京，图逸乐耳。'"已而二人果遇敌被执，兀术问之，对如前。兀术喜曰："此城易破耳。"即置鹅车炮具不用。明日，锜登城，望见二人来，缒而上之，乃敌械系成等归，以文书一卷系于械。锜惧惑军心，立焚之。兀术至城下，责诸将丧师。皆曰："南朝用兵，非昔之比，元帅临城自见。"

锜遣耿训以书约战。兀术怒曰："刘锜何敢与我战！以吾力破汝城，直用靴尖趯倒耳。"训曰："太尉非但请与太子战，且谓太子必不敢济河，请献浮桥五所，济而大战。"兀术曰："诺。"乃下令明日府治会食。迟明，锜果为五浮桥于颍河上，且毒颍上流及草中，戒军士虽渴死无饮于河。

敌用“长胜军”严阵以待，诸酋各居一部。众请先击韩将军，锜曰：“击韩虽退，兀术精兵尚不可当。法当先击兀术，术一动则余无能为矣。”时天大暑，敌远来疲惫，昼夜不解甲，人马饥渴，食水草者辄病，往往困乏。锜士气闲暇，军皆番休，方晨气清凉，按兵不动。逮未、申时，敌力疲气索，忽遣数百人出西门接战，俄遣数千人出南门，戒令勿喊，但以锐斧犯之。统制官赵樽，韩直身中数矢，战不肯已，士殊死斗，入其阵，刀斧乱下，敌大败。是夕大雨，平地水深尺余。明日，兀术拔营去，锜遣兵追之，死者数万。

方大战时，兀术被白袍乘甲马，以牙兵三千督战。兵皆重铠甲，号“铁浮图”，戴铁兜牟，周匝缀长簷，三人为伍，贯以韦索，每进一步，即用拒马拥之，人进一步，拒马亦进，退不可却。官军以枪摽去其兜牟，大斧断其臂，碎其首。敌又以铁骑分左右翼，号“拐子马”，皆女真为之，号“长胜军”，专以攻坚，战酣然后用之，自用兵以来，所向无前，至是，亦为锜军所杀。自辰至申，敌败。锜以拒马木障之，少休，城上鼓声不绝，乃出饭羹，坐饷战士如平时，敌披靡不敢近。食已，撤拒马木，深入斫敌，又大破之。弃尸、毙马血肉枕藉，车旗、器甲积如山阜，兀术平日所恃以为强者十损七八。至陈州，数诸将之罪，韩常以下皆鞭之，遂还汴。既而洪皓自金密奏，顺昌之捷，金人震恐丧魄，燕之重宝珍器悉徙而北，意欲捐燕以南弃之。故议者谓是时诸将协心，分路追讨，则兀术可擒，汴京可复，而王师亟还，自失机会，良可惜也。

十一年（辛酉、一一四一）春正月乙卯，金兀术犯寿春。初，兀术自败后，留屯京、亳，出入许、郑之间，签两河军与旧部凡十余万，以谋再举。及闻秦桧召诸军还，遂举兵攻陷寿春，复渡淮，陷庐州。

二月癸酉，诏张俊、杨沂中赴淮西。时兀术自合肥趋历阳，游骑至江。张俊遣王德渡江，德曰："淮者江之蔽也，弃淮不守，是谓'唇亡齿寒'。虏数千里远来，饷道决不继，及其未济击之，可以夺气；若迟之使少安，则淮非吾有。"即渡采石，俊督军继之，宿江中。时淮已失守矣，德曰："明旦当会食历阳！"已而夜拔和州，晨迎俊入。兀术退屯昭关。

乙亥，金人复来争和州，张俊败之。丙子，王德败金人于含山。癸未，王德、田师中得含山及昭关。甲申，崔皋败金人于舒城。

丁亥，杨沂中、刘锜大败兀术军于柘皋。初，刘锜自太平渡江，与张俊、杨沂中会，而庐州已陷，锜乃与关师古据东关之险以遏敌，引兵出清溪，两战皆捷。兀术以柘皋地坦平，利于用骑，因驻师。锜进兵，与兀术夹石梁河而阵。河通巢湖，广二丈，锜命曳薪叠桥，须臾而成，遣甲士数队，逾桥卧枪而坐。遣人会合张俊、杨沂中之师。翌日，沂中及王德、田师中、张子盖诸军俱至，惟俊后期。锜与诸将分军为三，并进，渡河以击之。师中欲俟俊至，德曰："事当机会，复何待！"即与锜上马先迎敌，沂中继之。兀术以铁骑十余万，分为两隅，夹道而阵。德曰："贼右阵坚，我当先击之！"麾军渡河，首犯其锋。一酋被甲跃马而出，德引弓一发毙之。乘胜大呼驰击，诸军鼓噪从之。金人以拐子马两翼而进，德率众鏖战。沂中曰："虏恃弓矢，吾有以屈之。"使万人持长斧如墙而进，虏遂大败。德与锜等追之，又败之于东山。虏望见，惊曰："此顺昌旗帜也！"即走保紫金山。是役也，失将士九百人，金人死者以万计。既而兀术复亲帅兵逆战于店步，沂中等又败之，乘胜逐北，遂复庐州。

三月乙巳，张俊、杨沂中、刘锜奉诏班师。行才数里，谍报金人攻濠州甚急，俊乃复邀沂中、锜还，会于黄连埠，同往援。距濠六十里，而濠南城已陷。俊召诸将谋之，沂中欲战，锜曰："本来救濠，今濠已失，不若退师据险，徐为后图。"诸将皆曰："善！"三帅鼎足而营。或言敌兵已去，锜谓俊曰："敌得城遽退，必有谋也，宜严兵备之。"俊不听，且欲自以为功，命锜无往，而令沂中与王德将神勇步骑六万，直趋濠州。列阵未定，烟起城中，金人伏骑万余分两翼出。沂中顾德曰："何如？"德曰："德小将，安敢议事。"沂中以策麾军曰："那回！"诸军以为令其走也，遂溃而南，无复纪律。金人追之，死者甚众。韩世忠率师至城下，亦不利而退。沂中遂入滁州，俊军入宣化，锜军入藕塘。方食，俊遽至，曰："敌兵已近，奈何？"锜曰："杨宣抚兵安在？"俊曰："已失利还矣。"锜谓俊："无恐，请以步兵御之，宣抚试观焉。"锜麾下皆曰："两大帅军已渡，我军何苦独战?”锜曰：“顺昌孤城，旁无赤子之助，吾提兵不满二万，犹足取胜。况今得地利，又有锐兵耶!”遂设三伏以待。俄而俊谓锜曰：“谍者妄也，戚方殿后之军耳。”乃皆还镇，俊归建康，锜归太平，沂中归临安。兀术亦渡淮北去。盖自是王师不复出矣。

宋史纪事本末卷七十二

秦桧主和 桧死附

高宗建炎元年（丁未、一一二七）六月，遣宣义郎傅雱使金军，通问二帝。初，黄潜善白遣雱为祈请使，又遣太常少卿周望为通问使，俱未行。李纲上言："尧、舜之道，孝弟而已。今日之事，正当枕戈尝胆，内修外攘，使刑政修而中国强，则二帝不俟迎请而自归。不然，虽冠盖相望，卑词厚礼，亦无益。今所遣使，但当奉表通问二帝，致思慕之意可也。"帝从之，遂命纲草表，付雱以往，且致书于粘没喝。

秋七月丙辰，阁门宣赞舍人曹勋以上皇手书至自金。时上皇在燕山，谓勋曰："我梦四日并出，此中原争立之象，不知中原之民尚肯推戴康王否？"因出御衣绢半臂，亲书其领中曰："便可即真，来救父母。"又谕勋曰："如见康王，第言有清中原之策，悉举行之，毋以我为念！”又言：“艺祖有誓约，藏之太庙，不杀大臣及言事官，违者不祥。”康王夫人邢氏闻勋南还，亦脱所御金环，使内侍持付勋曰：“幸为我白大王，愿如此环，得早相见也！”勋遂间行至南京，以御衣进。帝泣，以示辅臣。勋因建议，募死士入海，至金东境，奉上皇由海道归。黄潜善等难之，出勋于外。

冬十〔一〕（据宋史卷二四高宗纪、续纲目、薛鉴补）月壬辰，以王伦为朝奉郎，假刑部侍郎，充大金通问使，阁门舍人朱弁副之。伦等至金，见金左副元帅宗维（即粘没喝，亦作粘罕，又名宗翰，金史卷七四有传，参廿二史考异卷八五）议事。时金方大举南下，留伦等不遣。

二年（戊申、一一二八）五月，以宇文虚中充金国祈请使。虚中时窜韶州，会诏求使绝域者，虚中应诏，乃复资政殿大学士，充祈请使，称臣奉表于金。时金人方起兵南侵，已留王伦、朱弁矣。虚中至，金人遣虚中、杨可辅、刘海、王贶并归，虚中曰：“奉命北来，祈请二帝，二帝未还，虚中不可归。”遂独留。金国初建，制度草创，爱虚中有才艺，每加官爵。虚中即受之，遂与韩昉俱掌制，因是知东北之士皆愤恨陷北，密以信义结纳，金人不之觉。

三年（己酉、一一二九）夏（四）〔五〕（据宋史卷二五高宗纪、续纲目、薛鉴改）月，起复朝散郎洪皓为金国通问使。时粘没喝自东平还云中，讹里朵自滨州还燕山，帝遣皓移粘没喝书，愿去尊号，用金正朔，比于藩臣。时所在盗梗，皓艰难百端，得达太原。留一年，遣至云中。粘没喝迫使仕刘豫，皓曰："万里衔命，不得奉两宫南归，力不能磔逆豫，忍事之耶！留亦死，不即豫亦死，不〔愿〕（据宋史卷三七三洪皓传、续纲目、薛鉴补）偷生狗鼠间，愿就鼎镬，无悔。"粘没喝怒，将杀之，旁〔一〕（据续纲目、薛鉴补。宋史卷三七三洪皓传作"一酋"）校曰："此真忠臣也！"目止剑士，且为皓请，得流递冷山。

九月，遣直龙图阁张邵使金，武臣杨宪副之。邵至潍州，接伴使置酒张乐。邵曰："二帝北迁，邵为臣子，所不忍听。请止乐！"至于三四，闻者泣下。见左监军挞懒，命邵拜。邵曰："监军与邵为南北朝从臣，无相拜礼。"且以书抵之曰："兵不在强弱，在曲直。宣和以来，我非无兵也，帅臣初开边隙，谋臣复起兵端，是以大国能胜之。厥后伪楚僭立，群盗蜂起，曾几何时，电扫无余，是天意人心未厌宋也。今大国复裂地以封刘豫，穷兵不已，曲有在矣！"挞懒怒，取国书去，执邵送密州，囚于柞山砦。

金人又迫朱弁仕刘豫，且試之曰："此南归之渐。"弁曰："豫乃国贼，吾尝恨不食其肉，又忍北面臣之乎？吾有死耳！"金人怒，绝其饩遗以困之。弁固拒驿门，忍饥待尽，誓不为屈。金人亦感动，致礼如初。久之，复欲易其官。弁曰："自古兵交使在其间。言可从，从之；不可从，则囚之杀之，何必易其官？吾官受之本朝，有死而已，誓不易以辱吾君也！"

〔四年〕（庚戌、一一三〇）（据宋史卷二六高宗纪、又卷四七三秦桧传、续纲目补）冬十月辛未，秦桧自金归。初，桧从二帝至燕，金主以桧赐挞懒，为其任用。挞懒信之，及南侵，以为参谋军事，又以为随军转运使。挞懒攻楚州，桧与妻王氏自军中趋涟水军。自言杀金人监己者，夺舟而来，欲赴行在，遂航海至越州。帝命先见宰执，桧首言："如欲天下无事，须是南自南，北自北。"朝士多疑其与何㮚、孙傅等同被拘执，而桧独还，又自燕至楚二千八百里，逾河越海，岂无讥诃之者，安得杀监而南？就令从军挞懒，金人纵之，必质妻属，安得与王氏偕？惟范宗尹及李回二人素与桧善，尽破群疑，力荐其忠。桧入对，首奏所草"与挞懒求和书"。帝谓辅臣曰："桧朴忠过人，朕得之喜而不寐。既闻二帝、母后消息，又得一佳士也。"先是，朝廷虽数遣使于金，但且守且和，而专意与敌解仇息兵则自桧始。

绍兴元年（辛亥、一一三一）八月丁亥，以秦桧为尚书右仆射同平章事兼知枢密院事。时范宗尹罢相，桧欲得其位，因扬言曰："我有二策，可耸动天下。"或问："何不言？"桧曰："今无相，不可行也。"帝闻，乃有是命。

二年（壬子、一一三二）六月，秦桧罢。时吕颐浩为左相，桧为右相，会桑仲上疏："愿以所部收复京师，乞朝廷举兵为声援。"颐浩信之，屡请出师。桧时已有倾颐浩之意，因讽人言："周宣王内修外攘，故能中兴，今二相宜分任内外。"于是帝谕颐浩及桧曰："颐浩治军旅，桧理庶务，如种、蠡分职可也。"乃命颐浩都督江、淮、荆、浙诸军事，开府镇江。帝谓给事中程瑀曰："颐浩熟于军事，在外总诸将，桧在朝廷，庶几内外相应，然桧诚实，但太执耳。”瑀对曰：“如求机警能顺旨者极不难得，但不诚实则终不可倚。”帝然之。颐浩至常州，桑仲已为霍明所杀，前军将赵延寿复叛，遂称疾不进，寻召还行在。初，胡安国尝闻游酢论桧人才可方荀文若，故力言桧贤于张浚诸人。桧入相，安国时为给事中。吕颐浩既还，憾桧倾己，欲去之，问计于席益。益曰：“目为党可也。今党魁胡安国在琐闼，宜先去之。”会颐浩荐朱胜非代己都督，命下，安国奏：“胜非正位冢司，值苗、刘肆逆，贪生苟容，辱逮君父。今强敌凭陵，叛臣不忌，用人得失，系国安危，深恐胜非上误大计。”帝为罢都督之命，改兼侍读。安国复持录黄不下，颐浩特命检正黄龟年书行，安国争之，遂落职，提举仙都观。侍御史江跻、左司谏吴表臣论胜非不可用，安国不当责，于是与张焘、程瑀、胡世将、刘一止、林待聘、楼炤等二十余人，皆坐桧党落职，桧亦自求去。先是，起居郎王居正与桧善，桧与居正论天下事甚锐，既相，所言皆不酬。居正疾其诡，言于帝曰：“秦桧尝语臣，中国之人惟当著衣啖饭，共图中兴，臣时心服其言。又自谓为相数月，必耸动天下。今为相设施止是，愿陛下以臣所言，问桧所行。”及桧求去，吕颐浩讽侍御史黄龟年上书劾罢桧，遂以观文殿大学士提举江州太平观。龟年又奏论桧徇私欺君，合正典刑，投诸裔土，以御魑魅。章凡三上，乃褫桧职，仍榜其罪于朝堂，示不复用。初，桧所陈二策，欲以河北人还金，中原人还刘豫。帝曰：“桧言南人归南，北人归北。朕北人，将安归?”桧语乃塞。至是，帝乃召直学士院綦崇礼，语以是事及居正所言，崇礼即以帝意载于制词，略曰：“自桧得权而举事，谓当耸动于四方，逮兹居位以陈谋，乃首建明于二策，罔烛厥理，殊乖素期。”播告中外，人始知桧之奸。

九月壬戌，王伦还自金。伦既被留，久之，有商人陈忠密告伦二帝所在，伦遂与朱弁及洪皓以金遗忠，潜通伦意。由是两宫始知帝已即位。先是，渊圣自云中徙燕山，始与太上皇相见，居于愍忠寺，至是，并迁于霫郡。霫古奚国也，在燕山北千里。既至，居于相府院。嗣濮王仲理等千八百人尚在燕，金人计口给食，死者甚众。金粘没喝使乌陵思谋即驿见伦，语及契丹时事。伦曰：“海上之盟，两国约为兄弟，万世无变。云中之役，我实馈师，赞（厥）成〔厥〕（据宋史卷三七一王伦传、续纲目、薛鉴改）功。上国之臣尝欲称兵南来，先大圣惠顾盟好，不许。厥后举兵以祸吾国，果先大圣意乎？况亘古自分南北，盍思久远之谋，归我二帝、太母，复我土疆，使南北赤子无致涂炭，亦足以慰先大圣之灵。”思谋沉思曰：“君言是也，归当尽达之。”已而粘没喝至，曰：“比使来，问其意指，多不能对。思谋传侍郎语欲议和，决非江南情实，特侍郎自为此言耳。”伦曰：“使事有指，不然，来何为哉？人定者胜天，天定亦能胜人。惟元帅察之!”粘没喝不答。及是，粘没喝忽至馆中，与伦议和，纵之归报。伦至，入对，言金人情伪甚悉，帝优奖之。时方议讨刘豫，和议中格。久之，复以潘致尧为通问使如金，附茶药、金币进两宫。

三年（癸丑、一一三三）十二月，韩肖胄偕金使来。帝自即位，屡遣使如金，多见拘留，而金未尝遣一介报聘。至是，粘没喝使李永寿、王翊来，请还刘豫之俘及西北士民之在南者，且欲画江以益刘豫，与秦桧前议脗合，识者益知桧与金人共谋矣。殿中侍御史常同言："先振国威，则和战常在我。若一意议和，则和战常在彼。靖康以来，分为两事，可以鉴戒。"帝因语及武备，曰："今养兵已二十万有奇。"同曰："未闻二十万兵而畏人者也！"帝不听。复遣枢密都承旨章谊为金国通问使，请还两宫及河南地。

五年（乙卯、一一三五）夏四月甲子，上皇崩于金五国城，遗言欲归葬内地，金主亶不许。时兵部侍郎司马朴与奉使朱弁在燕山，闻之，共议制服。弁欲先请，朴曰："为臣子，闻君父之丧当致其哀，尚何请！设请而不许，奈何?"遂服斩衰，朝夕哭，金人义之而不责。洪皓在冷山，闻之，北向泣血，遣同使沈珍往燕山，建道场于开泰寺，作功德疏，词旨悲痛，金人亦不之罪。

五月，辛巳，遣忠训郎何藓使金，罢中书舍人胡寅。寅上疏言："女真惊动陵寝，戕毁宗庙，劫质二帝，涂炭生民，乃陛下之大仇也。自建炎丁未至绍兴甲寅，卑辞厚礼，以问安迎请为名而遣使者，不知几人矣。知二帝所在，见二帝之面，得女真之要领，因讲和而能息兵者谁欤？但见通和之使归未息肩，而黄河、长淮、大江相继失险矣。夫女真知中国所重在二帝，所恨在劫质，所畏在用兵，则常示欲和之端，增吾所重，平吾所恨，匿吾所畏，而中国坐受此饵，既久而后悟也。天下其谓自是改图矣，何为复出此谬计耶！苟曰姑为是，岂有修书称臣，厚费金帛，而成就一姑息之事耶！苟曰以二帝之故不得不然，则前效可考矣。况岁月益久，虏情益闷，必无可通之理也。适观何藓之事，恐和议复行，国论倾危，士气沮丧，所系不细。”疏入，诏褒谕之。会张浚奏言：“使事兵家机权，后将辟地复土，终归于和，未可遽绝。”乃遣藓行。寅因乞外，知邵州。

六年（丙辰、一一三六）八月丁未，以秦桧为建康行营留守，参决尚书省、枢密院事。桧自被斥，会与金议和，稍复其官，知温州、绍兴府。又以张浚荐，授醴泉观使兼侍读。至是渐用事。

七年（丁巳、一一三七）春正月丁亥，何藓还自金，始知道君皇帝及宁德皇后郑氏相继崩。帝成服。百官七上表，请遵以日易月之制。知严州胡寅上疏：“请服丧三年，衣墨临戎，以化天下。”帝欲遂终服。张浚言：“天子之孝不与士庶同，必思所以奉宗庙社稷。今梓宫未返，天下涂炭，愿陛下挥泪而起，敛发而趋，一怒以安天下之民。”帝乃命浚草诏，告谕群臣：“外朝勉从所请，宫中仍行三年之丧。命诸大将率三军发哀成服，俾中外感动。”从之。

是月，以秦桧为枢密使。

三月己卯，遥尊宣和皇后韦氏为皇太后。帝尝谓辅臣曰：“宣和皇后春秋高，朕朝夕思之，不遑宁处。屈己讲和，正为此耳。”至是，从翰林学士朱震之请，遥尊为皇太后。

十二月癸未，王伦还自金。初，伦再使将还，金人新废刘豫，挞懒送伦曰：“好报江南，自今道途无壅，和议可成。”伦至，入对，言：“金人许还梓宫及太后，且许归河南地。”帝喜曰：“若金人能从朕所求，其余一切，非所较也。”丁亥，复遣伦奉迎梓宫于金。

八年（戊午、一一三八）三月壬辰，复以秦桧为尚书右仆射同平章事兼枢密使。初，张浚尝与赵鼎论人才，浚极称桧善。鼎曰：“此人得志，吾辈无所措足矣。”及鼎再相，桧在枢密，一惟鼎言是从，鼎由是深信之，言桧可大任于帝，而不知为桧所卖也。桧既相，制下，朝士相贺，独吏部侍郎晏敦复有忧色，曰：“奸人相矣！”闻者皆以其言为过。

五月丁未，王伦偕金使来。初，伦至会宁，见金主，首谢废刘豫，次致使指。会挞懒自河南还，言于金主，请以废齐旧地与宋。金主命群臣议，斡本力言不可。东京留守讹鲁观曰：“我以地与宋，宋必德我。”阿懒曰：“我俘宋人父兄，怨非一日，若复资以土地，是助仇也，何德之有？勿与便。”蒲卢虎位在斡本上，挞懒、讹鲁观附之，由是蒲卢虎执议，以河南、陕西地与宋，遂遣伦及其太原少尹乌陵思谋、太常少卿石庆来议事。将至，帝命吏部侍郎魏矼馆伴之。矼以为御史时，尝言和议之非，不可奉诏，因备论敌情之不可信。秦桧曰：“公以智料敌，桧以诚待敌。”矼曰：“第恐敌不以诚待相公耳！”桧乃改命吴表臣。思谋等至临安，入见。帝谓辅臣曰：“先帝梓宫果有还期，虽待二三年，尚庶几；惟皇太后春秋高，朕旦夕思念，欲早相见，此所以不惮屈己，冀和议之速成也。”朝臣多言其不可，帝怒，赵鼎曰：“陛下于金人有不共戴天之仇，今屈己请和，不惮为之者，以梓宫及母后耳。群臣愤懑之词出于爱君，不可以为罪，陛下宜谕之曰：‘讲和非吾意，以亲故，不得已为之。但得梓宫及母后还，敌虽渝盟，吾无憾。’”帝从其言，众议遂息。乌陵思谋等称朱弁忠节，诏附黄金三十两赐之。

秋七月乙酉，秦桧复请遣王伦如金定和议，及申问讳日。左正言辛次膺言：“宣和海上之约，靖康城下之盟，口血未干，兵随其后。今日之事，当识其诈。国耻未雪，义难讲好。”凡七上疏力谏，不报。

冬十月丁巳，罢参知政事刘大中。大中与赵鼎不主和议，秦桧忌之，荐萧振为侍御史。振入台，即劾大中，罢之。鼎曰：“振意不在大中也。”振亦曰：“赵丞相不待论，当自为去就矣。”

甲戌，赵鼎罢。帝意不乐鼎，给事中勾涛因诋鼎结台谏及诸将，帝闻，益疑。鼎乃引疾求罢，遂出知绍兴府。入辞，言于帝曰：“臣去后，必有以孝弟之说胁制陛下者。”将行，秦桧率执政饯之，鼎不为礼，一揖而去，桧益憾之。

以勾龙如渊为御史中丞。先是，宰执入见，秦桧独留身，言：“臣僚畏首畏尾，多持两端，此不足与论大事。若陛下决欲讲和，乞专与臣议，勿许群臣预。”帝曰：“朕独委卿。”桧曰：“臣恐未便，望陛下更思。”三日，桧复留身奏事，帝意欲和甚坚，桧犹以为未也，复进前说。又三日，桧复留身奏事如初，知帝意不移，乃始出文字，乞决和议，然犹以群臣为患。中书舍人勾龙如渊为桧谋曰：“相公为天下大计，而邪说横起，盍不择人为台谏，使尽击去，则事定矣。”桧大喜，即擢如渊为中丞，劾异议者，卒成桧志。

丁丑，金以张通古、萧哲为江南诏谕使，与王伦偕来。通古至泗州，要所过州郡迎以臣礼。知平江府向子諲不肯拜，且上言和议之非，遂乞致仕。

十一月戊戌，王伦入见。辛丑，诏曰：“金国遣使入境，欲朕屈己就和。命侍从、台谏，详思条奏。”于是直学士院曾开当草国书，辨视体制非是，论之不听，遂请罢，改兼侍讲。秦桧以温言慰之曰：“主上虚执政以待。”开曰：“儒者所争在义，苟为非义，高爵厚禄弗顾也。愿闻所以事敌之礼？”桧曰：“若高丽之于本朝耳。”开曰：“主上以盛德登大位，公当强兵富国，尊主庇民，奈何自卑辱至此！非开所闻也。”复引古谊折之。桧大怒，曰：“侍郎知故事，桧独不知也！”开又诣都堂，问：“计果安出？”桧曰：“圣意已定，又何言！公自取大名而去，如桧但欲济国事耳。”开乃与从官张焘、晏敦复、魏矼、李弥逊、尹焞、梁汝嘉、楼炤、苏符、薛徽言、御史方廷实、馆职胡珵、朱松、张扩、凌景夏、常明、范如圭、冯时中、赵雍皆极言不可和。

吏部员外郎许忻上疏曰："金人始入寇也，固尝云讲和矣。靖康之初，约肃王至大河而返，已而挟之北行。河朔千里，焚掠无遗。及再举深入，遂陷都城。惧我百万之众必以死争也，止我诸道勤王之师，则又曰讲和矣。乃邀二圣出郊，追取宗族，系累大臣，然后伪立张邦昌而去。则是金人所谓讲和者，果可信乎？此已然之祸，陛下所亲见。今徒以王伦缪悠之说，遂诱致金人责我以必不可行之礼，而陛下遂已屈己从之。夫彼以'诏谕江南'而来，是飞尺书而下本朝，岂讲和之谓哉！我躬受之，真为臣妾矣。陛下方寝苫枕块，其忍下穹庐之拜乎？臣窃料陛下必不忍为也。万一奉其诏令，则将变置吾之大臣，分部吾之诸将，邀求无厌，靡有穷极。当此之时，陛下欲从之则无以立国，不从之则复责我以违令，其何以自处乎？况犬羊之群，惊动我陵寝，戕毁我宗庙，劫质我二帝，据守我祖宗之地，涂炭我祖宗之民，而又徽宗皇帝、显肃皇后銮舆不反，遂致万国痛心，是谓不共戴天之仇。彼谓我之必复此仇也，未尝顷刻而忘图我，岂一王伦能平哉！陛下包羞忍耻，受其诏谕，而彼之许我者不复如约，则徒受莫大之辱，贻万世之讥。纵使如约，则是我今日所有土地，先拱手而奉夷狄矣，岂不痛哉！自金使入境以来，中外惶惑，陛下必以王伦之言为不妄，金人之诏为可从，臣恐不惟堕夷狄之奸计，而意外之虞将有不可胜言者。此众所共晓，陛下亦尝虑及于此乎？国家今虽未能克复中原，而大江之南亦足支吾，军声粗振，国势粗定。故金人因王伦之往，复遣使来，尝试朝廷，其谋叵测。今虏使虽已就馆，谓当别议区处之宜，更与二三大臣熟议其便，无遗后时之悔。”不报。

甲辰，王庶罢。庶论虏不可和者七，见帝言者六。秦桧方挟虏自重以为功，绌其说。庶语桧曰：“公不思东都抗节存赵时而忘此虏耶！”桧大恨，出庶知潭州。

辛亥，枢密院编修胡铨抗疏言曰：“臣谨按王伦本一狎邪小人，市井无赖，顷缘宰臣无识，举以使虏，专务诈诞，欺罔天听，骤得美官，天下之人切齿唾骂。今者无故诱致虏使，以‘诏谕江南’为名，是欲刘豫我也。刘豫臣事丑虏，南面称王，自以为子孙帝王万世不拔之业，一旦豺狼改虑，捽而缚之，父子为虏。商鉴不远，而伦又欲陛下效之。夫天下者，祖宗之天下也，陛下所居之位，祖宗之位也。奈何以祖宗之天下为金虏之天下，以祖宗之位为金虏藩臣之位？陛下一屈膝，则祖宗庙社之灵尽污夷狄，祖宗数百年之赤子尽为左衽，朝廷宰执尽为陪臣，天下士大夫皆当裂冠毁冕变为胡服，异时豺狼无厌之求，安知不加我以无礼如刘豫也哉！夫三尺童子，至无识也，指犬豕而使之拜，则怫然怒。今丑虏则犬豕也，堂堂大国，相率而拜犬豕，曾童孺之所羞，而陛下忍为之耶！伦之议乃曰：‘我一屈膝，则梓宫可还，太后可复，渊圣可归，中原可得。’呜呼，自变故以来，主和议者，谁不以此说啖陛下哉！然而卒无一验，则虏之情伪已可知矣。而陛下尚不觉悟，竭民膏血而不恤，忘国大仇而不报，含垢忍耻，举天下而臣之甘心焉。就令虏决可和，尽如伦议，天下后世谓陛下何如主？况丑虏变诈百出，而伦又以奸邪济之！梓宫决不可还，太后决不可复，渊圣决不可归，中原决不可得。而此膝一屈不可复伸，国势陵夷不可复振，可为痛哭流涕长太息矣！向者陛下间关海道，危如累卵，当时尚不忍北面臣虏；况今国势稍张，诸将尽锐，士卒思奋！只如顷者丑虏陆梁，伪豫入寇，固尝败之于襄阳，败之于淮上，败之于涡口，败之于淮阴，较之往时蹈海之危，固已万万。傥不得已而至于用兵，则我岂遽出虏人下哉！今无故而反臣之，欲屈万乘之尊，下穹庐之拜，三军之士不战而气已索，此鲁仲连所以义不帝秦，非惜夫帝秦之虚名，惜天下大势有所不可也。今内而百官，外而军民，万口一谈，皆欲食伦之肉。谤议汹汹，陛下不闻，正恐一旦变作，祸且不测。臣窃谓不斩王伦，国之存亡未可知也。虽然，伦不足道也，秦桧以腹心大臣而亦为之。陛下有尧、舜之资，桧不能致君如唐、虞，而欲导陛下为石晋。近者，礼部侍郎曾开等引古谊以折之，桧乃厉声责曰：'侍郎知故事，我独不知！'则桧之遂非愎谏，已自可见。而乃建白，令台谏、侍臣佥议可否，是盖畏天下议己，而令台谏、侍臣共分谤耳。有识之士皆以为朝廷无人。吁，可惜哉！孔子曰：'微管仲，吾其被发左衽矣！'夫管仲，伯者之佐耳，尚能变左衽之区而为衣裳之会。秦桧，大国之相也，反驱衣冠之俗而为左衽之乡，则桧也不唯陛下之罪人，实管仲之罪人矣。孙近傅会桧议，遂得参知政事。天下望治有如饥渴，而近伴食中书，漫不敢可否事，桧曰'虏可和'，近亦曰'可和'；

桧曰‘天子当拜’，近亦曰‘当拜’。臣尝至政事堂，三发问而近不答，但曰：‘已令台谏、侍从议矣。’呜呼，参赞大政，徒取充位如此，有如虏骑长驱，尚能折冲御侮耶！臣窃谓秦桧、孙近亦可斩也。臣备员枢属，义不与桧等共戴天，区区之心，愿断三人头，竿之稿街，然后羁留虏使，责以无礼，徐兴问罪之师，则三军之士不战而气自倍。不然，臣有赴东海而死尔，宁能处小朝廷求活耶！”书既上，桧以铨狂妄凶悖，鼓众劫持。诏除名，编管昭州，仍降诏，播告中外。给、舍、台、谏及朝臣多救之者，桧迫于公论，乃以铨监广州盐仓。明年，改签书威武军判官。十二年，谏官罗汝楫劾铨饰非横议，诏除名，编管新州。

铨之初上书也，宜兴进士吴师古锓木传之，金人募其书千金。其谪广州也，朝士陈刚中以启事为贺。其谪新州也，同郡王廷珪以诗赠行。皆为人所讦，师古流袁州，廷珪流辰州，刚中谪知虔州安远县，遂死焉。晏敦复谓人曰：“顷言桧奸，诸君不以为然。今方专国便敢尔，他日何所不至耶！”

十二月己未，以李光参知政事。秦桧既定和议，将揭榜，以吏部尚书李光有人望，欲藉之同押榜以息浮议，乃请于帝而用之。光既受命，遂于尚书省榜谕：“金国使来，尽割河南、陕西故地，通好于我，许还梓宫及母、兄、亲族，余无需索。”时桧以未见国书，疑封册，白帝。帝曰：“朕嗣守祖宗基业，岂受金人封册？”于是杨沂中、解潜、韩世良见桧曰：“朝议籍籍，军民汹汹，若之何？”退又白之台谏。中丞勾龙如渊谓桧曰："但取金书纳之禁中，则礼不行而事定。"给事中楼炤亦举谅阴三年事以告桧，遂以桧摄冢宰，诣馆受书；而王伦亦以计说张通古，通古从之。桧至馆，见通古，受其书。通古欲百官备礼，桧使省吏朝服道从，以书纳于禁中。

丙子，张通古入见，言："先归河南、陕西地，徐议余事。"权礼部侍郎尹焞上疏曰："本朝金狄之祸，亘古未闻。中国无人，致其猾乱。昨者城下之盟，诡诈百出，二帝北狩，皇族播迁，宗社之危，已绝而续。陛下即位以来十有二年，虽中原未复，仇敌未殄，然而赖祖宗德泽之厚，陛下勤苦之至，亿兆之心无有离异。前年徽宗皇帝、宁德皇后崩问遽来，莫究不豫之状，天下之人痛心疾首，而陛下方且屈意降志，以奉迎梓宫、请问讳日为事。今又为此议，则人心日去，祖宗积累之业，陛下十二年勤抚之功，当决于此矣！不识陛下亦尝深谋而熟虑乎，抑在廷之臣不以告也？礼曰：'父母之仇不共戴天，兄弟之仇不反兵。'今陛下信仇敌之谲诈，而觊其肯和以纾目前之急，岂不失不共戴天、不反兵之义乎！或以金国内乱，惧我袭己，故为甘言，以缓王师。傥或果然，尤当鼓士卒之心，雪社稷之耻，尚何和之足为！"不报。

李纲时知洪州，上疏曰："臣窃见朝廷（使）〔遣〕王伦〔使金国〕（据宋史卷三五九李纲传、薛鉴补正），奉迎梓宫。今伦之归与金使偕来，乃以'诏谕江南'为名。不著国号而曰'江南'，不云通问而曰'诏谕'，此何礼也？臣请试为陛下言之。金人毁宗社，逼二圣，而陛下应天顺人，光复旧业，自我视彼，则仇雠也，自彼视我，则腹心之疾也，岂复有可和之理？然而朝廷遣使通问，冠盖相望于道，卑辞厚礼无所爱惜者，以二圣在其域中，为亲屈己，不得已而然，犹有说也。至去年春，两宫凶问既至，遣使以迎梓宫，承往遄返，初不得其要领。今伦使事初以奉迎梓宫为指，而金使之来乃以'诏谕江南'为名，循名责实，已自乖戾，则其所以罔朝廷而生后患者，不待诘而可知。臣在远方，虽不足以知曲折，然以愚意料之，金以此名遣使，其邀求大略有五：必降诏书，欲陛下屈体降礼以听受，一也；必有赦文，与朝廷宣布颁示郡县，二也；必立约束，欲陛下奉藩称臣，禀其号令，三也；必求岁赂，广其数目，使我坐困，四也；必求割地，以江为界，淮南、荆、襄、四川尽欲得之，五也。此五者，朝廷从其一，则大事去矣。金人变诈不测，贪婪无厌，纵使听其诏令，奉藩称臣，其志犹未已也，必继有号令，或使亲迎梓宫，或使单车入觐，或使移易将相，或改革政事，或竭取租赋，或朘削土宇。从之则无有纪极，一不从则前功尽废，反为兵端。以为权时之宜，听其邀求，可以无后悔者，非愚则诬也。使国家之势单弱，果不足以自振，不得已而为此，固犹不可，况土宇之广犹半天下，臣民之心戴宋不忘，与有识者谋之尚足以有为，岂可忘祖宗之业，生灵之属望，弗虑弗图，遽自屈服，冀延旦暮之命哉！臣愿陛下特留圣意，且勿轻许，深诏群臣，讲明利害，可以久长之策，择其善而从之。"帝不纳。

先是，伦使金从赵鼎受使指。鼎言："问礼数则君臣之分已定，问地界则答以大河为界。二事使者之大指，或不从则已。"伦受命而行。至是，伦还，有"诏谕江南"之名，帝叹息曰："使五日前得此报，赵鼎岂可去耶！"

初，桧主和议，命韩世忠移屯镇江。世忠言金人诡诈，恐以计缓我师，乞留此军遮蔽江、淮。因力论和议之非，愿效死节，率先迎敌，若不胜，从之未晚。章数上，皆慷慨激切，且请单骑诣阙面陈，帝不许。及张通古来，以"诏谕"为名，世忠四上疏，言："不可从。愿举兵决战，兵势最重处，臣请当之。"且言："金人欲以刘豫相待，举国士大夫尽为陪臣，恐人心离散，士气凋沮。"不报。及通古还，世忠伏兵洪泽镇，将邀杀之以坏和议，不克而罢。

时刘豫既废，传言金人欲立渊圣于南京，以和定而止。

九年（己未、一一三九）春正月丙戌，以金人通和，大赦河南新复州、军。直学士院楼炤草赦文，略曰："上穹开悔祸之期，大金报许和之约，割河南之境土归我舆图，戢宇内之干戈用全民命。"张浚在永州上疏，言："燕、云之举，其鉴不远。虏自宣和以来，挟诈反覆，倾我国家，盖非可结以恩信者。借令虏中有故，上下纷杂，天属尽归，河南遂复，我必德其厚赐，谨守信誓，数年之后，人情益懈，士气渐消。彼或内变既平，指瑕造衅，肆无厌之欲，发难从之请，其将何辞以对？顾事理可忧又有甚于此者，陛下积意兵政，将士渐孚，一旦北面事虏，听其号令，小大将帅孰不解体！盖自尧、舜以来，人主奄有天下，非兵无以立国，未闻委质可以削平祸难者也。”前后凡五上疏，皆不报。

戊子，遣判大宗正事士㒟、兵部侍郎张焘诣河南修奉陵寝，从史馆校勘范如圭之请也。

戊戌，赐王伦同进士出身、端明殿学士、佥书枢密院事。既，又以伦为东京留守，与金人交割地界。

二月癸丑，以周聿为陕西宣谕使，方（庭）〔廷〕实（据宋史卷二九高宗纪改）为三京宣谕使。庭实至西京，见先朝陵寝，自永昌而下，皆遇发掘，而泰陵至暴露。归以白帝，秦桧怒之。

三月丙申，王伦至汴，见金兀术，交割地界，得东、西、南三京，寿春府、宿、亳、曹、单州及陕西、京西诸州之地。兀术遂自祁州渡河而去，移行台于大名府。

五月，士㒟、张焘自河南还。焘上疏曰：“金人之祸，上及山陵，虽殄灭之，未足以雪此耻，复此仇也。必不可恃和盟，而忘复仇之大事！”帝问：“诸陵寝何如？”焘不对，惟言：“万世不可忘此贼！”帝默然。秦桧恶之，出焘知成都府。

时金人厚有所邀，议久不决，将再遣使。权刑部侍郎陈橐上言：“金每挟讲和以售其奸谋，论者因其废刘豫，又还河南地，谓其有意于和，臣以为不然。且金之立豫，盖欲自为捍蔽，使之南窥。豫每犯顺，卒皆败北，金知不足恃，从而废之，岂为我哉！河南之地，欲付之他人则必以豫为戒，故捐以归我。往岁金书尝谓，岁币多寡听〔我所〕（据宋史卷三八八陈橐传、薛鉴补）裁，曾未淹岁，反覆如此。且割地通和，则彼此各守封疆可也，而同州之桥至今存焉。盖金非可以义交而信结，恐其假和好之说，骋缪悠之词，包藏祸心，变出不测。愿深鉴前辙，益严战守之备，使人人激厉，常若寇至。苟彼通和，则吾之振饬武备不害为立国之常。如其不然，决意恢复之图，勿循私曲之说，天意允协，人心响应，一举以成大勋，则梓宫、太后可还，祖宗境土可复矣。"秦桧憾之，罢橐官。

丁亥，王伦如金议事。金兀术时言于金主曰："挞懒、蒲卢虎主割河南地与宋，必有阴谋。今宋使在汴，勿令逾境！"伦闻之，即遣介具言于朝。会孟庾至汴，伦即解留钥，将使指赴金国议事。行至中山，会挞懒等谋反，金人执之，蒲卢虎、讹鲁观皆诛。伦见金主于御子林，致使指。金主不答，而令翰林待制耶律绍文为宣勘官，问伦："知挞懒罪否?"伦对不知。又问，无一言及岁币，反求割地，"汝但知有元帅，岂知有上国耶!"伦曰："比萧哲以国书许归梓宫、太母及河南地，天下皆知。上国寻海上之盟，与民休息，使人奉使，通好两国耳。"绍文复曰："卿留云中，已无还期，及贷之还，曾无以报，反间贰我君臣耶!"乃遣副使蓝公佐还，议岁贡、正朔、誓命等事及索河东、北士民之在南者，而徙伦拘于河间，以待报命之至。时皇后邢氏崩，金人秘之。

十二月，李光罢。光初谓可因和为自治之计，故署榜不辞。及秦桧议撤淮南守备，夺诸将兵权，光始极言："戎狄狼子野心，和不可恃，备不可撤。"桧恶之。光复折桧于帝前曰："观桧之意，是欲壅蔽陛下耳目，盗弄国权，怀奸误国，不可不察。"桧大怒，光遂求去。

十年（庚申、一一四〇）春正月丙戌，遣工部侍郎莫将等使金，充迎护梓宫奉迎两宫使。

五月己卯，金兀术、撒离喝分道入寇。兀术以归河南、陕西地为非计；而张通古又言宋置戍河南，请及其部置未定，当议收复，斡本然之。及诛挞懒，遂大阅国中兵于祁州。命兀术自黎阳趋河南，撒离喝出河中趋陕西。兀术率孔彦舟等入汴，遣乌禄取归德，李成取河南，分兵下诸郡。于是东京留守〔孟庾、南京留守〕（据续纲目补）路允迪等皆以城降，西京留守李利用弃城走，河南州县皆降。撒离喝入同州，趋永兴军，权知军事郝远开门纳之，陕西州郡所至迎降，遂进据凤翔。

秦桧闻金人叛盟，以其言不仇，甚惧，谓给事中冯檝曰："金人背盟，我之去就未可卜。前此大臣皆不足虑，独君乡衮，未测上意，君其为我探之！"檝入见曰："金人长驱犯顺，势必兴师，如张浚者，且须以戎机付之。"帝正色曰："宁至覆国，不用此人！"桧闻之，意遂安。

秋七月丙午，以王次翁参知政事。秦桧荐次翁为中丞，故凡可以为桧地者，无不力为之。及金人败盟，帝下诏罪状兀术，次翁惧桧得罪，因奏曰："前日国是初无主议，事有小变，更用他相，后来者未必贤，而排黜异党，纷纷（屡）〔累〕（据宋史卷四七三秦桧传、续纲目、薛鉴改）月不能定。愿陛下以为至戒。”帝深然之。桧德其言，遂引与同列。由是桧益安据其位，公论不能摇夺矣。

八月，贬秘阁修撰张九成等官。九成等皆言和议非计，秦桧恶之，乃贬九成知邵州，喻樗知怀宁县，陈刚中知安远县，凌景夏知辰州，樊光远阆州学教授，毛叔度嘉州司户参军。

九月，罢诸大帅军，俱还镇。

十一年（辛酉、一一四一）三月，金兀术渡淮北去。

时秦桧力主和议，恐诸将难制，欲尽收其兵权。给事中范同献计于桧，请除韩世忠、张俊、岳飞枢府，则兵柄自解。桧喜，密奏：“召三大将赴行在，论功行赏。”于是世忠、俊皆入朝，飞亦后至，遂拜世忠、俊枢密使，飞为副使，并宣押至枢府治事。俊知桧欲罢兵，首请以所部〔兵〕（据宋史卷二九高宗纪、薛鉴补）隶御前，且力赞和议。桧大喜，遂罢三宣抚司，以其兵隶御前，遇出师，取旨。

九月，莫将还自金。兀术欲讲和，莫将久留于金，乃纵之归以道意。秦桧遂奏遣刘光远为通问使。

冬十月壬午，以魏良臣为金国禀议使。时兀术遣刘光远还，欲得官尊望著者为使，秦桧乃奏遣良臣。

十一月辛丑，金兀术以萧毅、邢具瞻为审议使，与魏良臣偕来。壬子，萧毅等入见，议以淮水为界，求割唐、邓二州及陕西余地，岁币银、绢各二十五万，仍许归梓宫、太后。帝悉从其请，定议和盟誓。乙卯，以何铸佥书枢密院事，充金国报谢进誓表使。庚申，命宰执及议誓官告祭天地、〔宗庙〕（据宋史卷二九高宗纪、续纲目、薛鉴补）、社稷，何铸奉誓表往。表略曰："臣构言：今来画疆，以淮水中流为界，西有唐、邓州，割属上国。自邓州西四十里，并南四十里为界，属邓；四十里外并西南，尽属光化军，为敝邑沿边州城。既蒙恩造，许备藩方，世世子孙，谨守臣节，每年皇帝生辰并正旦，遣使称贺不绝。岁贡银、绢二十五万两、匹，自壬戌年为首，每春季搬送至泗州交纳。有渝此盟，明神是殛，坠命亡氏，踣其国家！臣今既进誓表，伏望上国早降誓诏，庶使敝邑永为凭焉。"毅辞，帝谕曰："若今岁太后果还，自当谨守誓约，如今岁未也，则誓文为虚设。"

十二月乙亥，何铸至汴，见兀术；遂如会宁，见金主，且趣割地。寻复遣使来求商州及和尚、方山二原。遂命周聿、郑刚中等分画京西唐、邓二州，陕西商、秦之半以畀金，止存上津、丰阳、天水三县及陇西、成纪余地，弃和尚、方山二原，以大散关为界。于是宋仅有两浙、两淮、江东、西、湖南、北、（西）〔四〕蜀（据续纲目、薛鉴改）、福建、广东、西十五路，而京西南路止有襄阳一府，陕西路止有阶、成、和、凤四州，凡有府、州、军、监一百八十五，县七百三。金既画界，建五京，置十四总管府，凡十九路，其间散府九，节镇三十六，守御郡二十二，刺史郡七十三，军十有六，县六百三十二。

初，邵隆在商州十年，披荆榛瓦砾以为治，招徕流散，屡败金人。值和议成，割商与金，隆甚怏怏，徙知金州。尝以兵出虏境，秦桧恨之，徙知叙州。桧阴使人鸩杀之。

十二年（壬戌、一一四二）二月癸巳，何铸还自金。初，萧毅至临安，帝曰："朕有天下而养不及亲。徽宗无及矣，今立信誓，明言归我太后，朕不耻和；不然，朕不惮用兵！"及何铸、曹勋往，召至内殿，谕之曰："朕北望庭闱，无泪可挥。卿见金主当曰：'慈亲之在上国，一老人耳，在本国则所系甚重。'以至诚说之，庶彼有感！"铸至金，首以太后为请，金主曰："先朝业已如此，岂可辄改？"曹勋再三恳请，金主乃许之，遂遣铸还，许归徽宗及郑后、邢后之丧与帝母韦氏。

夏四月，金遣左宣徽使刘筈，以衮冕、圭册，册帝为大宋皇帝。

秋七月壬午，皇太后韦氏至自金。后有智虑，初闻金人许还三梓宫，后恐其反覆，呼役者毕集，然后起攒宫。时方暑，金人惮行，后虑有他变，乃阳称疾，须秋凉进发。已而称贷于金使，得黄金三千两，以犒其众，由是途中无虞。后将南旋，渊圣卧车前，泣曰："归语九哥与丞相，我得太乙宫使，足矣，他不敢望也。"后许之，且与誓而别。及归，帝至临平奉迎，见后，喜极而泣。后至临安，入居慈宁宫，始知朝议，遂不敢述渊圣车前之语。己丑，帝易缌服，奉迎徽宗及显肃、懿节二后梓宫，奉安于龙德别宫。

九月乙巳，以和好成，加秦桧太师，封魏国公。先三年通和，赦河南新复州、军，兀术读赦文，谓不归德其国，遂指为衅以起兵。至是，桧惧当制者不能悦金，遂属其党程克俊为文曰："上穹悔祸，副生灵愿治之心，大国行仁，遂子道事亲之孝。可谓非常之盛事，敢忘莫报之深恩。而况申遣使轺，许敦盟好，来存没者万余里，慰契阔者十六年。礼备送终，天启固陵之吉壤；志伸就养，日承长乐之慈颜。"于是邮传至四方，遗黎读之，有泣下者。

甲寅，遣使如金，沈昭远贺生辰，杨愿贺正旦，贺礼俱用金茶器千两，银酒器万两，锦绮千匹。金循契丹例，不欲两接使人，故并遣使，岁如之。

冬十月，以皇太后回銮，进封秦桧为秦、魏两国公。桧以封两国与蔡京同，辞不拜。

十三年（癸亥、一一四三）秋七月，行人洪皓、张邵、朱弁还自金。自建炎以来，奉使如金被拘囚者三十余人，多已物故，惟三人以和议成，许归。已而金人遣七骑追之，及淮，而皓等已在舟中矣。

皓居冷山，去会宁二百里，地苦寒，穴居百余家，陈王悟室聚落也。悟室敬皓，使教其子。或二年不给衣食，盛夏衣粗布。常大雪薪尽，以马矢然火，煨面食之。或献取蜀策，悟室持以问皓，皓力折之。悟室锐意南侵，曰："孰谓海大，我力可干，但不能使天地相拍耳。"皓曰："兵，犹火也，弗戢，将自焚。自古无四十年用兵不止者。"又数为言："所以来为两国事。既不受使，乃令深入，教小儿，非古者待使臣之礼也。"悟室怒曰："汝作和事官，而口硬如此，谓不能杀汝耶！”皓曰：“自分当死，顾大国无受杀行人之名，愿投之于水，以坠渊为辞可也。”悟室义之而止。皓屡因谍者密奏敌情，且力言和议非计，乞兴师进击。尝求韦太后书，遣李微持归，帝大喜，曰：“朕不知太后宁否几二十年，虽遣使百辈，不如此一书。”每遇贵族名家子流落于金者，尽力拯救之。留金十五年而还，入对内殿，求郡养母。帝曰：“卿忠贯日月，志不忘君，虽苏武不能过，岂可舍朕去耶？”皓退，见秦桧，语连日不止。曰：“张（魏）〔和〕公（据宋史卷三七三洪皓传、续纲目、薛鉴改），金人所惮，乃不得用。钱塘暂居，为景灵宫、太庙，皆极土木之华，岂非示无中原意乎？”桧不怿，遂除徽猷阁直学士，提举万寿观。复以论事忤桧，出知饶州。

邵初被囚柞山，逾年，送刘豫使用之。邵见豫，长揖而已。又呼豫为殿院，责以君臣大义，词气俱厉。豫怒，械于狱，久之，复送于金，拘之燕山僧寺，从者皆莫知所在。邵又以书言于金曰：“刘豫挟大国之势，日夜南侵，不胜则首鼠两端，胜则如养鹰，饱则扬去，终非大国之利。”金人徙之会宁。及还，入见，除秘书修撰，主管佑神观。司谏詹大方论其使事无成，改台州崇道观。

弁初副王伦使金，既就馆，守之以兵。久之，金将议和，当遣一人受书还报，〔欲〕（据宋史卷三七三朱弁传、续纲目、薛鉴改）弁与伦探策决去留。弁曰：“吾来固自分必死，岂应今日觊幸先归？愿正使受书，归报天子，成两国之好，蚤申四海之养于两宫，则吾虽暴骨外国，犹生之年也。”伦将归，弁谓曰："古之使者有节以为信，今无节有印，印即信也，愿留之，使弁得抱以死，死不腐矣。"伦解以授弁，弁受而怀之，卧起与俱。金人迫弁仕豫，且訹之，复欲易其官。弁皆誓不为屈，语在四年九月（按："四年九月"之文原出薛鉴，于本书无所取义，其事已载于本篇前面，可参看）。又以书诀洪皓曰："金杀行人，非细事。吾曹遭之，命也。要当舍生以全义耳！"乃具酒，召被掠士夫饮，半酣，语之曰："已得近郊某寺地，一旦毕命报国，诸公幸瘗我其处，题其上曰'有宋通问副使朱公之墓'，于我幸矣！"众皆泣下，莫能仰视。弁谈笑自若，曰："此臣子之常，诸君何悲也。"及粘没喝死，弁密疏金国虚实，曰："此不可失之时也。"遣李发间行归报。王伦还，以弁奉送徽宗大行之文为献，其辞有曰："叹马角之未生，魂消雪窖。扳龙髯而莫逮，泪洒冰天。"帝读之感泣，官其亲属五人，谓丞相张浚曰："弁归日，当以禁林处之。"及还，入见便殿，弁谢，且曰："人之所难得者时，而时之运无已；事之不可失者几，而几之藏无形。惟无已也，故来迟而难遇；惟无形也，故动微而难见。陛下与金人讲和，上返梓宫，次迎太母，又其次则怜赤子之无辜，此皆〔知时〕知几之明〔验〕（并据宋史卷三七三朱弁传补）。然时运而往，或难固执，几动有变，宜鉴未兆。盟可守而诡诈之心宜嘿以待之，兵可息而销弭之术宜详以讲之。金人以黩武为至德，以苟安为太平，虐民而不恤民，广地而不广德，此皆天助中兴之势。若时与几，陛下既知于始，愿图厥终。"帝曰："善！"纳其言，赐赉甚厚。秦桧恶其言敌情，奏以初补官易宣教郎直秘阁而卒。

十二月，金遣完颜晔等来贺明年正旦，以金酒器六事，绫罗纱縠三百端，马六匹为礼。自是岁如之。

十四年（甲子、一一四四）秋七月，王伦为金所杀。金拘伦河间六载，欲授以平湾三路都转运使。伦曰："奉命而来，非降也。"金人益胁以威，伦自缢死。后数年，宇文虚中亦以反诛。

朱熹戊午谠议序曰：君臣、父子之大伦，天之经，地之义，所谓民彝也。故臣之于君，子之于父，生则敬养之，没则哀送之，所以致其忠孝之诚者，无所不用其极，而非虚加之也，以为不如是则无以尽乎吾心云尔。然则其有君父不幸而罹于横逆之故，则夫为臣子者所以痛愤怨疾而求为之必报其仇者，其志岂有穷哉！故记礼者曰："君、父之仇，不与共戴天，寝苫枕块，不与共天下也。"而为之说者曰："复仇者可尽五世。"则又以明夫虽不当其臣子之身，而苟未及五世之外，则犹在乎必报之域也。虽然，此特庶民之事耳，若夫有天下者，承累世无疆之统，则亦有万世必报之仇，非若庶民五世，则自高祖以至玄孙，亲尽服穷而遂已也。国家靖康之祸，二帝北狩而不还，臣子之所痛愤怨疾，虽万世而必报其仇者，盖有在矣。绍兴之初，贤才并用，纲纪复张，诸将之兵屡以捷告，恢复之势盖已十八九成矣。虏人于是始露和亲之议，以沮吾计，而宰相秦桧归自虏庭，力主其事。当此之时，人伦尚明，人心尚正，天下之人，无贤愚，无贵贱，交口合辞以为不可，独士大夫之顽钝嗜利无耻者数辈起而和之。清议不容，诟詈唾斥，欲食其肉而寝处其皮，则其于桧可知矣。而桧乃独以梓宫、长乐藉口，攘却众谋，荧惑主听，然后所谓和议者翕然以定而不可破。自是以来二十余年，国家忘仇敌之（患）〔虏〕（据朱子大全卷七五改）而偷宴安之乐，桧亦因是藉外权以专宠利，窃主柄以遂奸谋。而向者冒犯清议希意迎合之人，无不夤缘骤至通显，或乃踵桧用事，而君臣、父子之大〔伦〕（据同上书），天之经，地之义，所谓民彝者，不复闻于搢绅之间矣。士大夫狃于积衰之俗，徒见当时国家无事，而桧与其徒皆享成功，无后患，顾以忘仇忍辱为事理之当然。主议者慕为桧，游谈者慕其徒，一雄唱之，百雌和之。癸未之议，发言盈廷，其曰虏世仇不可和者，尚书张公阐、左史胡公铨而止耳。自余盖亦有谓不可和者，而其所以为说，不出乎利害之间。又其余则虽平时号为贤士大夫，慨然有六千里为仇人役之叹者，一日进而立乎庙堂之上，顾乃惘然如醉如幻，而忘其畴昔之言。厥或告之，则曰："此处士之大言耳。"呜呼！秦桧之罪所以上通于天，万死而不足以赎者，正以其始则倡邪谋以误国，（终）〔中〕（据朱子大全卷七五、续纲目——二五年十月——改）则挟虏势以要君，使人伦不明，人心不正，而末流之弊，遗君后亲，至于如此之极也。

二十五年（乙亥、一一五五）冬十月丙申，秦桧死。桧自和议之成，擅国柄者十五年，偷安江左，专为粉饰太平计，劝帝立太学，耕耤田，修举弥文，殆无虚日。帝之视学也，命其子礼部侍郎熺执经，司业高（闳）〔闶〕（据宋史卷四三三本传改）讲易泰卦。知（度）〔虔〕州（据宋史卷四七三秦桧传改）薛弼承桧意，言州民朽柱中有文曰“天下太平年”。桧大喜，乞宣付史馆。自是四方祥瑞之奏日上，举朝晏然不复知有兵事矣。殿前军士施全，候桧入朝，挟刃刺之于道，不中，捕送大理狱。桧亲鞫之，全对曰：“举天下皆欲杀虏人，汝独不肯，故我欲杀汝也！”遂磔全于市。桧惧，每出，列五十兵，持长梃以自卫。晚年尤衔恨旧臣不已，书赵鼎、李光、胡铨三人姓名于一德格天阁，必欲杀之。鼎时安置吉阳军，桧令本军月具存亡申省。鼎遣人语其子汾曰：“秦桧必欲杀我。我死，汝曹无患，不尔，祸及一家矣！”因不食而死，桧憾未释也。江西运判张常先笺注前帅张宗元与张浚诗，言于朝，其词连逮者数十家，将诬以不轨而尽去之。会汪召锡告宗室知泉州令衿，观桧家庙记，口诵：“君子之泽，五世而斩。”谪居汀州。至是，桧乃讽殿中侍御史徐嘉论赵汾与令衿饮别厚贶，必有奸谋。诏送汾、令衿大理鞫问，使汾自诬与张浚、李光、胡寅、胡铨等五十三人谋大逆。狱成，而桧病不能书矣。帝幸桧第，问其疾。桧惟流涕，无一语。子熺奏请代居相位者为谁，帝曰：“此事卿不当预。”遂命直学士院沈虚中草桧父子致仕制，命下而桧死。

桧两据相位，倡和误国，忘仇斁伦，包藏祸心，劫制君父，阴结内侍及医师王继先，伺上微旨，动静必具知之。郡国事惟申省，无至上前者。性阴险深阻，如崖阱不可测。同列论事上前，未尝力辨，但以一二语倾挤之，俾帝自怒。一时忠臣良将，诛锄略尽。其顽钝无耻者，率为桧用事，以诬陷善类为功。凡无罪可状者，则曰立党沽名，曰讪谤，曰指斥，曰怨望，甚则曰有无君心。凡论人章疏，皆桧自操以授言官，识之者曰："此老秦笔也。"自知恶极，为众论所嫉，置逻卒，布满京城，闻有议之者，即捕治，中以深文，道路以目。开门受赂，富敌于国，外国珍宝，死犹及门。桧每事与帝争胜，曹筠言水涨，诏逐之，桧陞为从官。周葵欲言梁汝嘉，桧不待帝言，即改除之。由是张扶请桧乘金根车，吕愿中献秦城王气诗，其势渐不可制。桧既死，帝谓杨存中曰："朕今日始免靴中置刀矣！"其畏之如此。

宋史纪事本末卷七十三

金亮之恶

高宗绍兴十八年（戊辰、一一四八）六月，金以完颜亮为平章政事。亮本名迪古乃，金太祖子斡本之子。为人慓急猜忌，残忍任数，自以己与金主同为太祖孙，常怀觊望。及为中京留守，专立威以惧众。结萧裕为腹心，每与论天下事。裕倾险，揣知其意，因曰："留守先太师，太祖长子，德望如此，人心天意，宜有所属。诚有志举大事，愿竭力以从。"亮喜，遂与谋弑逆事。至是，引裕为兵部侍郎。

十二月，金以完颜亮为右丞相。亮生日，金主遣近侍以司马光画像、玉吐鹘、厩马赐之。金主后裴满氏亦附赐礼物。金主闻之，怒杖近侍，夺回赐物。亮本怀不轨，疑畏益甚。

十九年（己巳、一一四九）三月，金主以完颜亮为太保，领三省事。

五月，金以天变肆赦，命翰林学士张钧草诏。参知政事萧肄摘其语以为诽谤。金主杀钧，且问："谁使为之？"左丞相宗贤曰："迪古乃实使之。"金主不悦，出亮于行台。亮过中原，与留守萧裕定约而去。亮至良乡，召还，莫测其故，大恐。及至，复拜平章，谋逆益甚。

冬十月，金主亶杀其弟胙王常胜，遂杀其后裴满氏。初，金宰臣议迁辽阳渤海之民于燕南，近侍高寿星等当迁，诉于裴满后。后白金主致怒，遂杖平章政事秉德、右丞唐括辨，而杀左司郎中三合，寿星等竟不迁。秉德、辨二人怨望，遂与大理卿乌带谋废立，乌带以告完颜亮。一日，亮与辨语，因问曰："若举大事，谁可立者？"辨曰："胙王常胜乎。"问其次曰："邓王子阿楞。"亮曰："阿楞属疏，安得立！"辨曰："公岂有意耶？"亮曰："果不得已，舍我其谁！"于是旦夕相与密谋。护卫将军特思疑之，以告裴满后。后白金主，金主怒，召辨曰："尔与亮谋何事？将如我何？"杖之。亮因此忌常胜、阿楞，恶特思。会河南兵士孙进作乱，自称皇弟按察大王，而金主之弟止有常胜、查剌，亮乘此构常胜、查剌、阿楞、达楞、特思皆杀之。金主积怒于后，遂亦杀之，而召胙王妃撒卯入宫继之。又杀德妃乌古论氏及夹谷氏、张氏等。

十二月，金完颜亮弑其主亶而自立。时护卫十人长仆散忽土旧受斡本恩，徒单阿里出虎与亮姻家，亮皆使为内应。大兴国尝以李老僧属亮，得为尚书省令史，亮度兴国被杖怨望，又使老僧结兴国内应。兴国给事寝殿，夜尝取符钥归家。是月丁巳，乘忽土、阿里出虎内直，作变。夜二鼓，兴国以符钥启门，亮与妹婿徒单贞及平章政事秉德、左丞唐括辨、大理卿乌带、李老僧等，以刀藏衣下，入宫。门者以辨乃国婿，亮又至亲，不疑而纳之。及殿门，卫士始觉有变，亮等抽刀劫之，莫敢动，遂入寝殿。金主尝置佩刀于榻，是夜，兴国先取刀，投榻下，金主求刀不得。阿里出虎先进刃，忽土次之，金主顿仆。亮前手刃之，血溅满其面与衣。金主既殂，秉德等未有所属，忽土曰："始(有)〔者〕(据金史卷五海陵王纪、卷一三二仆散忽土传、续纲目改)议立平章，今复何疑。"秉德遂与群臣奉亮即位。诈以金主欲议立后，召大臣，因杀曹国王宗敏、左丞相宗贤。以秉德为左丞相，唐括辨为右丞相，乌带为平章政事。谥裴满后为悼平皇后。废亶为东昏王。大赦，改元。

二十年(庚午、一一五〇)春正月，金主尊其嫡母徒单氏及母大氏，皆为太后。徒单氏与大氏相得至欢，及金主弑亶，徒单氏曰："帝虽失道，人臣岂可至此！"金主衔之。至是，追尊斡本为帝，庙号德宗，二母俱尊为皇太后。徒单氏居东宫，号永寿宫；大氏居西宫，号永宁宫。后徒单后生日，酒酣，大氏起为寿，徒单后方与诸公主、宗妇语，大氏跪者久之，金主怒而出。明日，召与徒单后语者，皆杖之。大氏以为不可，金主曰："今日之事，岂能尚如前日耶！"

夏四月，金主亮大杀其宗室。初，亮在熙宗世，见太宗诸子盛强，忌之，及即位，遂与萧裕谋杀之。又以前左丞相秉德首谋废立而不即劝进，衔之，将尽诛焉。于是裕教尚书省令史萧玉上变，遂召领三省事阿鲁、右丞相唐括辨、判大宗正事胡里甲（系鞠）〔击鞠〕（据金史卷七六宗本传、续纲目改），至则杀之。因遣使如东京，杀留守阿邻，北京杀留守斛禄补，南京杀领行台事秉德，并诛其亲属。复杀太宗子孙七十余人，粘没喝子孙三十余人，诸宗室五十余人，太宗、粘没喝后皆绝，而乌带、萧裕、萧玉等皆受重赏。亮又令玉子尚主，曰："朕无以报卿，使朕女为卿男妇，代朕事卿也。"

冬十月，金主亮杀其左副元帅撒离喝等，夷其族。亮复忌斜也诸子盛强，及宗室勋旧大臣，欲尽除之。乃讽都元帅府令史遥设诬饰上变，遂杀撒离喝，及景祖孙谋里野，斜也子孛吉，及其族百数十人。以魏王斡带孙活里甲好修饰，亦族之。

二十一年（辛未、一一五一）五月，金主亮纳其叔母阿懒及宗妇于宫。阿懒，亮叔曹王阿鲁补妻也，亮杀阿鲁补而纳之，封为昭妃。又命徒单贞语宰相曰："朕嗣续未广，前所诛党人诸妇多朕中表亲，宜选纳焉！"宰相乃奏请行之，遂纳阿鲁子莎鲁啜、胡鲁子胡里剌、胡失打、秉德弟纠里四人之妻于宫，寻封纠里妻高氏为修仪。崇义节度使乌带妻唐括定哥旧尝与亮私，及为帝，定哥使侍婢来朝，亮讽使杀乌带，许以为后。定哥初不忍，亮訹之曰："不杀汝夫，将族灭汝家！”定哥大恐，缢杀乌带，即纳之宫中，封贵妃，大爱幸。后与旧家奴奸，赐死。又使秘书监完颜文出其妻唐括石哥而以为丽妃，使乙剌补出其妻蒲察乂察而纳之。乂察、亮姊之女也。

二十二年（壬申、一一五二）十二月，金主亮闻济南尹葛王乌禄妻乌林答氏仪容整肃，召之。乌林答氏谓乌禄曰：“我不行，上必杀王。我当自勉，不以相累也！”遂召王府臣仆曰：“为我祷东岳，使皇天后土明鉴我心！”行至良乡，得间自杀。

二十三年（癸酉、一一五三）夏四月，金太后大氏卒。金主迁都于燕，亲属皆从，独留徒单太后于会宁。徒单后常忧惧，每中使至，必易衣以俟命。大氏在燕，常思念徒单后，及病笃，以不得一见徒单后为恨。将死，谓金主曰：“汝以我之故不令永寿宫偕来，我死，必迎致之，事之当如事我。”

二十四年（甲戌、一一五四）十一月，金主纳其诸从姊妹于宫。寿宁县主什古，斡离不之女也，静乐县主蒲剌及习撚，兀术之女也，师古儿，讹鲁观之女也，混同县君莎里古贞及其妹余都，阿鲁之女也，皆亮之从姊妹；郧国夫人重节，蒲卢虎之女孙，亮之侄也；张定安妻奈剌忽，太后大氏之兄嫂也；蒲鲁胡只，石哥之妹也，皆有夫。亮无所忌耻，皆召与之私，分属诸妃位下。莎里古贞最得幸，每召，必亲候廊下，立久则坐于师古膝上。凡宫人在外有夫者，初犹分番出入，后乃尽遣其夫往会宁，不听出外。

每幸妇人，必奏乐撤帏，或妃嫔列坐，辄率意淫乱，使共观之。常于卧内遍设地衣，裸逐为戏。

二十五年（乙亥、一一五五）冬十月，金主亮命以大房山云峰寺为山陵，遣右丞相仆散思恭等如会宁，奉迁太祖、太宗梓宫，及迎徒单后至燕。后及沙流河，亮亲迎之，命左右持杖二束，跪后前曰："亮不孝，久缺温凊，愿笞之！"后掖之曰："今庶民有克家子，尚且爱之，不忍笞之。我有子如是，宁忍笞乎！"叱杖者退。既至，居寿康宫。亮事之，外极恭顺，后起则自扶之，尝从舆辇徒行，后所御物，或自执之。见者以为至孝，虽太后亦信其诚。

三十一年（辛巳、一一六一）八月，金主亮弑其太后徒单氏。初，徒单后闻亮欲南侵，数以言谏之。亮不悦，每谒见还宫，必忿怒，人不知其故。及至汴，后居宁德宫，使侍婢高福娘问亮起居。亮幸之，因使伺后动静，凡后所为，事无大小，福娘夫特末哥教福娘增饰其言以闻。及契丹反，枢密使仆散忽土往讨，辞谒后。后谓曰："国家世居上京，既徙中都，今又至汴，复将兴兵涉江、淮伐宋，疲敝中国。我尝谏止之，不见听也。契丹事复如此，奈何？"福娘以告亮。亮意谓后尝养郑王充为己子，充四子皆成立，恐忽土将兵在外，或有异图，乃召点检大怀忠等使弑后，且指后左右数人名，皆令杀之。后方樗蒱，怀忠等至，令后跪受诏。后愕然，方下跪，尚衣局使虎特末从后击之，仆而复起者再，高福娘等缢杀之，并杀其左右数人。亮命焚后于宫中，弃骨于水。并杀郑王充之子檀奴、阿里白等

(三)〔二〕(据金史卷七六完颜充传改)人，遂召忽土等，皆杀之。封高福娘为郧国夫人，以特末哥为泽州刺史。

宋史纪事本末卷七十四

金亮南侵　金人杀亮立雍附

高宗绍兴二十年（庚午、一一五〇）三月，遣参知政事余尧弼如金贺即位。及还，金主亮以上皇玉带附遗于帝。其秘书郎张仲轲曰："此希世之宝也。"亮曰："江南之地他日当为我有，此置之外府耳。"仲轲由是知金主有南侵之意，遂每事先意逢之。

二十一年（辛未、一一五一）二月，以巫伋为金国祈请使。伋至金，首请迎靖康帝归国，金主曰："不知归后何处顿放。"伋唯唯而退。

二十三年（癸酉、一一五三）三月，金主亮自上京如燕，遂改燕京为中都大兴府，汴京为南京，削上京之名，止称会宁府。又改中京大定府为北京，而东京辽阳府、西京大同府如旧。遣完颜长宁为南京留守，经画之，以为南侵之渐。既而汴京大火，宫室尽焚，金主大怒，杖杀长宁。

二十六年（丙子、一一五六）三月，东平进士梁勋上书，言：“金人必举兵，宜为之备。”帝怒，编管勋于千里外州军，因下诏曰：“讲和之策，断自朕志，秦桧特能赞朕而已，岂以其存亡而渝定议耶！近者无知之辈，鼓倡浮言，以惑众听，至有伪撰诏命，召用旧臣，抗章公车，妄议边事，朕甚骇之。自今有此，当重置宪典！”

二十七年（丁丑、一一五七）二月，金主亮御武德殿，召其臣吏部尚书李通、刑部尚书胡厉、翰林直学士萧廉，赐坐而语之曰：“朕自即位，视阅章奏，治宫中事，常至丙夜，始御内寝。畴昔之夜，方就榻，恍惚如亲觌，有二青衣持幢节自天降，授朕以幅纸若牒，谓上帝有宣命。朕再拜受，遂佩弓矢，具鍪铠，将从之前，而朕常所御小骏号‘小将军’者，倏已鞚勒待墀下，青衣揖就骑。既行，但觉云雾勃起，起马蹶闲，下如海涛汹涌。方觉心悸，望一门正开，金碧焜燿，青衣指之曰：‘天门也。’朕随入焉。又里许，至钧天之宫，严邃宏丽，光明夺目，朕意欲驰。二金甲人谓朕曰：‘此非人间，可下马步入。’及殿下，垂帘若有所待。须臾，有朱衣出，赞拜，髣髴闻殿上语如婴儿，使青衣传宣畀朕曰：‘天策上将，令征宋国。’朕伏而谢，使复就马。见兵如鬼者，左右前后，杳无边际。发一矢射之，万鬼齐喏，声如震雷，惊而寤，喏犹不绝于耳。朕立遣内侍至厩视‘小将军’，喘汗雨浃；取箭箙数之，亦亡其一矢。昭应如此，岂天假手于我，令混江南之车书耶！”众皆称贺，于是南侵之议益决。

二十八年（戊寅、一一五八）五月，金主亮召李通及翰林学士承旨翟永固、宣徽使敬嗣晖、翰林直学士韩汝嘉，入见薰风殿，问曰："朕欲迁都于汴，遂以伐宋，使海内一统，卿意如何？"通以天时、人事不可失机为对，亮大悦。永固却立楹间，亮顾见之，问之故，徐进曰："臣有愚虑，请殚一得。本朝自海上造邦，民未见德，而黩兵是闻。古称兵犹火，不戢，将自焚也。故虽如梁王之武毅，犹以和为上策。今宋室偏安，天命未改，金缯缔好，岁事无阙。遽欲出无名之师，以事远征，臣窃以为未便。兼中都始成，未及数载，帑藏虚乏，丁壮疲瘁，营汴而居，是欲竭根本富庶之力，以缮争战丘墟之地，尤为非宜。臣事陛下，不敢不以正对。"因伏地请死。亮以问晖、汝嘉，晖是通，汝嘉是永固。亮大怒，拂袖起，传宣二臣，殿侧听旨。继而召翰林待制綦戬讲汉史及陆贾新语事，亮怒稍霁，乃赦之。明日，以〔通〕（据薛鉴补）为右丞，嗣晖为参知政事。永固遂请老。

秋七月，金以李通参知政事。初，金主亮召其幸臣秘书少监张仲轲、左谏议大夫马钦、校书郎田与信等，便殿侍坐。金主谓仲轲曰："汉之封疆不过七八千里，今吾国幅员万里，可谓大矣。"仲轲曰："本朝疆土虽大，而天下有四主，若能一之，乃为大矣。"金主曰："彼且何罪而伐之？"仲轲曰："臣闻宋人买马修器械，招纳山东叛亡，岂得谓无罪！"金主喜曰："向者梁珫尝为朕言，宋有刘贵妃者，资质美豔。今一举而两得之，俗所谓因行掉臂也。江南闻我举兵，必远窜耳。”钦、与信皆对曰：“海岛蛮越，臣等皆知道路，彼将安往？”金主曰：“然则天与我也。朕举兵灭宋，远不过二三年，然后讨平高丽、夏国。一统之后，论功迁秩，分赏将士，彼必忘劳矣。”时金主恃其累世强盛，欲大肆征伐，以一天下。尝曰：“天下一家，方可以为正统。”及拜李通参知政事，通承金主意，遂与仲轲、钦及近习群小辈，盛言江南富庶子女玉帛之多逢其欲。金主以通为谋主，遂议举兵南侵。

冬十月，金主亮遣其左丞相张浩、参政敬嗣晖如汴京，营建宫室。国子司业黄中使还，上言：“金人治汴京，必欲徙居以迫我，不可不早为之备。若彼果至汴，则壮士健马不数日可及境矣！”宰相汤思退大怒，贬中官。

二十九年（己卯、一一五九）春正月，金主亮命其左丞相张浩及敬嗣晖、内侍梁汉臣与中国叛臣孔彦舟，造战船于通州。遣使籍诸路猛安部族及契丹、奚人，不限丁数，悉佥之，凡二十四万。又佥中都、南都、中原、渤海丁壮，年二十以上五十以下者，皆籍之，凡二十七万；虽亲老、丁多，求一子留侍，亦不听。又遣使分诣诸道总管府，督造兵器。命诸路旧贮兵器，并致于燕。又建汴宫，修燕城，民不能堪。箭翎一尺至千钱，村落间往往椎牛以供筋革，至于乌、鹊、狗、彘无不被害者。

五月，礼部侍郎孙道夫使金还，金主亮谓之曰：“归白尔帝，事我上国，多有不诚，今略举二事：尔民有逃入我境者，边吏皆即发还。我民有叛入尔境者，有司索之，往往托词不发，一也。尔于沿边盗买鞍马，备战阵，二也。”盖欲南侵，故〔先〕（据金史卷一二九张仲轲传、续纲目、薛鉴补）设此二端为词。道夫还，具奏之。帝曰：“朝廷待之甚厚，彼以何名为兵端？”道夫曰：“彼身弑其君而夺之位，兴兵岂问有名！”汤思退、沈该不以为然。道夫每对帝辄言武事，该疑其引用张浚，忌之，贬知绵州。

六月，帝闻金主亮有南侵意，疑之，使王纶往觇。纶还，入对，言：“邻国恭顺和好无他，皆陛下威德所至。”汤思退等皆贺。帝曰：“中外之论，皆欲沿边屯戍军马，移易将帅，为进取之计。万一轻举，兵连祸结，何时而已。”

三十年（庚辰、一一六〇）春正月，金遣施宜生来贺正旦。宜生，闽人也，上命吏部尚书张焘馆之都亭。时谍者传金亮造舟调兵之事，上不深信。馆者以首丘讽宜生，微问其的，宜生为隐语曰：“今日北风甚劲。”又取几间笔扣之，曰：“笔来，笔来。”宜生归，为介所告，金主烹之。

八月，贺允中使金还，言：“金人必叛盟，宜为之备。”不听，命允中致仕。

三十一年（辛巳、一一六一）三月，诏廷臣议边事。先是，陈康伯以金人必败盟，请早为之备。及闻金人南侵已决，乃召杨存中及三衙帅至都堂，议举兵。又诏侍从、台谏集议。康伯传上旨曰：“今日更不论和与守，直问战当如何！”时上意雅欲视师，内侍省都知张去伪阴沮用兵，且陈退避策，中外妄传幸闽、蜀，人情汹汹。朱倬无一语。

康伯奏曰："金狄败盟，天人共愤！今日之事，有进无退，圣意坚决，则将士之意自倍。愿分三衙禁旅助襄、汉，待其先发应之。"乃以利州西路都统制吴拱知襄阳，部兵三千戍之，退守荆南以视缓急。

五月，金人来求淮、汉之地。初，金主亮闻人言行在景物繁丽，尝密隐画工于奉使中，俾写临安湖山以归，为屏而图己之像，策马于吴山绝顶，题诗其上，有"立马吴山第一峰"之句。至是，遣其签书枢密院事高景山、右司员外郎王全以贺天中节为名。亮谓全曰："汝见宋主，即面数其焚南京宫室，沿边买马，招致叛亡之罪，当令大臣来此，朕将亲诘之，且索淮、汉之地。如不从，则厉声诋责之，彼必不敢害汝。"盖欲激怒以为南侵之名也。又谓景山曰："回日，以全所言奏闻。"全至临安，一如金主之言以诋帝。帝谓全曰："闻公北方名家，何乃如是？"全复曰："赵桓今已死矣。"帝始闻渊圣崩，（遂）〔遽〕（据金史卷一二九李通传、续纲目改）起举哀。诏以王全语谕诸路统制、帅守、监司，随宜应变，无失机会。

六月，金主亮迁都于汴。

秋七月，金大括马于诸路。初，金调马诸路，以户口为差，计五六十万匹，仍令户自养以俟。至是，又大括骡马，官至七品听留一匹，并旧籍民马。其在东者给西军，在西者给东军，交相往来，昼夜络绎不绝，死者狼藉于道。其亡失多者，官吏惧罪，或自杀。所过蹂践民田，调发牵马夫役。诏河南州县，所储粮米，以备大军，不得他用。

骡马所至，当给刍粟而无可给，有司以为请，金主亮曰：“北方比岁民间储蓄尚多，今禾稼满野，自可就牧田中，借令再岁不获，亦何伤乎？”于是国内骚然，盗贼蜂起，大者连城邑，小者保山泽。有以盗贼事闻者，亮辄杖而黜其官。太医使祈宰上疏谏南伐，亮杀之，由是群臣不敢言。

金主亮大杀宋、辽宗室之在国者，凡百三十余人。

遣徐嘉如金贺迁都。嘉至盱眙，金主亮使韩汝嘉就境上止之，曰：“朕始至此，比闻北方小警，欲复归中都，无庸来贺也。”嘉乃还。

八月辛丑，宿迁人魏胜起兵复海州，总管李宝承制以胜知州事。胜多智勇，初应募为弓箭手，居山阳。及金人籍诸路民为兵，胜跃曰：“此其时也！”聚义士三百，北渡淮，取涟水军，宣布朝廷德意，不杀一人，经画布置课酒榷盐。士卒有自北来归者，胜与之同卧起，共饮食，示以不疑，周其贫窭，使之感激，自是河北、山东归附者日众。金知海州事高文富遣兵捕胜，胜迎击走之，追至城下，文富闭门固守。胜令城外多张旗帜，举烟火为疑兵，又使人向诸城门，谕以金人弃信背盟，无名兴兵，及本朝宽大之意。城中人闻即开门，独文富与其子安仁率牙兵拒之。胜杀安仁及州兵千余，擒文富，民皆安堵如故。胜遣人谕朐山、怀仁、沭阳、东海诸县，皆定之。乃蠲租税，释罪囚，发仓库，犒战士，分忠义士为五军，纪律明肃，部分如宿将。胜益募忠义，以图收复，远近闻之响应，旬日得兵数千。胜将董成率所部千余人，直入沂州，杀金守将及军士三千，余众悉降，得器甲数万。金遣蒙恬镇国以兵万余取海州，抵州北二十里新桥。胜率兵出迎之，设伏于隘障以待。众殊死战，伏发，贼大败，杀镇国，馘千人，降三百人。军声益振，山东之民咸欲来附，胜传檄招谕，结集以待王师之至。

沂民壁苍山者数十万，金人围之，久不下，砦首滕彔告急于胜。胜提兵往救之，陈于山下。金人多伏兵，胜兵遇伏，皆赴砦。金人袭之，胜单骑而殿，以大刀奋击。金人望见胜，知其为将也，以五百骑围之数重。胜驰突四击，金阵开复合，战移时，身被数十枪，冒刃出围。金兵追之，马中矢踣，步而入砦，无敢当者。金人又急攻，绝其水，砦中食干糒，杀牛马饮血，胜默祷而雨骤作。金人攻益急，周山为营。胜度其必复攻海州，因间出砦，趋城中。金人果解苍山围，自新桥抵城下。胜出战，皆捷。金兵分四面攻之，胜募（兵）〔士〕（据宋史卷三六八魏胜传、续纲目、薛鉴改）登城以御，矢石如雨者七日，金兵死伤多，遁去。

乙卯，刘锜引兵屯扬州，遣统制王刚中以兵五千屯宝应。

己巳，起复成闵为京湖制置使，节制两路军马。

九月，金主亮大举入寇。亮分诸道兵为三十二军，置左、右大都督及三道都统制府以总之。以奔睹为左大都督，李通副之；纥石烈良弼为右大都督，乌延蒲卢浑副之。苏保衡为浙东道水军都统制，完颜郑家副之，由海道径趋临安；刘萼为汉南道行营兵马都统制，进自蔡州，以瞰荆、襄；徒单合喜为西蜀道行营兵马都统制，由凤翔趋大散关，驻军以俟后命。左监军徒单贞别将兵二万入淮阴。金主亮召诸将授方略，赐宴于尚书省。命皇后徒单氏与太子光英居守，张浩、萧玉、敬嗣晖留治省事。亮戎服乘马，具装启行，妃嫔皆从，众六十万，号百万，毡帐相望，钲鼓之声不绝。李通造浮梁于淮水之上，将自清河口入淮东，远近大震。

庚辰，诏刘锜、王权、李显忠、戚方备清河、颍河、涡河口。

丁亥，高平人王友直起兵复大名，遣使入朝。友直幼从父佐游，志复中原。闻金主亮渝盟，乃结豪杰，谓之曰："权所以济事，权归于正，何害于理。"即矫制自称河北等路安抚制置使，以其徒王任为副使，遍谕州县勤王。未几，得众数万，制为十三军，置统制等官以统之。进攻大名，一鼓而克，抚定众庶，谕以绍兴年号，遣人入朝〔奏事〕（据续纲目、薛鉴补）。未几，自寿春来归，诏以为忠义都统制。

冬十月，金主亮渡淮，虑魏胜睨其后，分军数万围海州。会李宝帅舟师由海道将拒敌于胶西，胜遣人邀之，宝溯风至东海，慷慨厉士卒赴援，与胜同击金兵于新桥，败之。胜还守北关，金兵逼关。胜登关门，张乐饮酒，犒军士，令固守，勿出战。逾时，乃少遣士出，凭险隘击之。金人知不可攻，率军转而渡河袭关后，胜敛兵入城。金人欲过砂堰，圜城为营，胜先已据堰拒之。寻以单骑逐虏于东门外，大声叱之，金骑五百皆望风退，胜又追十数里，金兵骇散。明旦，乘昏雾，四面薄城急攻。胜竭力捍御，城上镕金液，投火牛。金兵不能前，多死伤，乃拔砦走。

辛丑，刘锜以兵驻清河口，扼金师。金人以毡裹船，载粮而来，锜使善没者凿沉其舟。金人自涡口渡淮，锜次于淮阴，列兵运河岸以扼之。

丁未，金人立曹国公乌禄为帝于辽阳，更名雍。金主亮自发汴京，将士在道多亡归者。曷苏馆猛安福寿、高忠建、卢万家，婆娑路总管谋衍，东京谋克金住等，始授甲于大名，即举部亡归，从者至二万余，皆公言于路曰："我辈今往东京，立新天子矣！"时东京留守乌禄，许王讹里朵之子，太祖之孙也，性仁孝，沉静明达，众心归之。亮尝使谋良虎图淮北诸王，乌禄闻而忧惧。会故吏六斤自汴还，具言金主弑母等事，且曰："将遣使害宗室兄弟矣。"乌禄益惧，谋于其舅兴元少尹李石。石劝乌禄先杀副留守高存福，乌禄遂执存福，将杀之，适福寿等以军入东京，乃共杀存福等。乌禄遂御宣政殿即位，大赦，改元大定。下诏暴扬亮罪恶数十事，追尊讹里朵为帝。

戊申，刘锜遣都统王权措置淮西，权不从锜节制，闻金兵大至，即弃庐州，退屯昭关，兵皆溃。锜闻之，遂自淮阴退还扬州。金主亮入庐州，权自昭关退保和州。

吴拱、成闵遣兵复唐、邓诸州。

丁巳，帝闻王权败，召杨存中至内殿，议御敌之策，因命存中就陈康伯议，欲航海避敌。康伯延之入，解衣置酒；帝闻之，已自宽。明日，康伯入奏曰：“闻有劝陛下幸越趋闽者，审尔大事去矣！盍静以待之。”一日，帝忽降手诏曰：“如敌未退，散百官。”康伯焚诏而后奏曰：“百官散，主势孤矣！”帝意既坚，康伯乃请下诏亲征。帝从之，诏旨有云：“惟天惟祖宗，既共昌于基运。有民有社稷，敢自逸于燕安。”又云：“岁星临于吴分，定成淝水之勋；斗士倍于晋师，可决韩原之胜。”帝次平江，以叶义问督视江、淮军马，中书舍人虞允文参赞军事。寻以杨存中为御营宿卫使。

金人陷真州，统制邵宏渊逆战，败走。

庚申，王权退屯采石。金主亮入和州，以梁山泺水涸，先所造战船不得进，命李通复造船，督责苛急，将士日夜不得休息，坏城中民居以为材木，煮死人膏为油，用之。

乙丑，金人陷扬州，刘锜以舟渡真、扬之民于江南，留屯瓜洲。金人来争，锜命步将吴超、员琦、王佐等拒之于皂角林。锜陷重围，下马死战。佐以步卒设伏林中，金人既入，张弩俄发，金人以运河岸狭，非骑兵之利，稍稍引去。追击，大破之，斩其统军高景山。

丙寅，李宝大破金人于陈家岛，杀其将完颜郑家奴（按：即上文之郑家。金史卷六五本传、卷五海陵王纪、卷八九苏保衡传、卷一〇一承晖传均作“郑家”，续宋编年通鉴、十朝纲要、宋史卷三二高宗纪、卷三七〇李宝传均作“郑家奴”）。宝既解海州之围，遂与其子公佐引舟师至胶西石臼岛。敌舟已出海口，泊陈家岛，相距仅一山。时北风盛，宝祷于石臼神，风自柂楼中来如钟铎声，众咸奋，引舟握刃待战。敌操舟者皆中原遗民，遥见宝船，绐敌兵入舟〔中〕，使不知。王师猝至，风驶舟疾，过山薄敌，鼓声震荡，海波腾跃。敌大惊，掣矴举帆，帆皆油缬，绵亘数里，风浪卷聚一隅，〔窘束〕（以上二条并据宋史卷三七〇李宝传、续纲目、薛鉴补）无复行次。宝命火箭射之，烟焰随发，延烧数百艘。火所不及者，犹欲前拒，宝叱壮士跃登其舟，以短兵击杀之。降其众三千余人，斩其帅完颜郑家奴等六人，擒倪询等，上于朝；获其统军符印与文书、器甲、粮斛以万计，余物众不能举者，悉焚之，火四昼夜不灭。

十一月壬申，召张浚判建康府。先是，秦桧既主和，晏然不复以边事为意。浚欲力论时事，以其母计氏年高，言之必被祸。计氏知之，诵其父咸绍圣初制策曰："臣宁言而死于斧钺，不忍不言而负陛下。"浚意遂决，上疏言："当今事势如养大疽于头目心腹之间，不决不止，迟则祸大而难治，疾则祸轻而易治。惟陛下谋之于心，断之于独，谨察情伪，预备仓卒，庶几社稷安全。不然，后将噬脐。"事下三省，桧大怒，贬浚连州居住。及桧死，朝廷复以和为可恃如桧时。浚方居丧，会星变求言。浚虑虏数年间必求衅用兵，而吾方溺于宴安，莫为之备，沈该、万俟卨居相位，尤不厌天下望，自以大臣，义同休戚，不敢以丧为嫌，复上疏极言。台谏论浚名在罪籍，倡异议以动国是，复贬永州居住。至是，殿中侍御史陈俊卿上疏，极言浚忠荩。帝悟，乃有是命。

召王权赴行在，以李显忠代将其军。

金人犯瓜洲。时刘锜病甚，求解兵柄，留其侄中军统制刘汜以千五百人塞瓜洲，李横以八千人固守。诏锜还镇江，专防江，于是尽失两淮之地。金人攻围益急，汜以克敌弓射却之。叶义问至镇江，见锜病剧，以李横权锜军，遂督兵渡江。众以为不可，义问强之。汜请出战，锜不从，汜拜家庙而行。金人铁骑奄至江上，汜先退，李横以孤军不能当，亦却，失其都统制印。横左军统制魏俊、右军统制王方死之，横、汜仅以身免。义问闻之，乃陆走趋建康。

乙亥，金主亮临江筑台，自被金甲登台，杀黑马以祭天，以一羊一豕投于江中，召奔睹等谓之曰："舟楫已具，可以济江矣！"蒲卢浑曰："臣观宋舟甚大，我舟小而行迟，恐不可济。"亮怒曰："尔昔从梁王追赵构入海岛，岂皆大舟耶？誓明日渡江！晨炊玉麟堂，先济者与黄金一两。"亮置黄旗、红旗于岸上，以号令进止。

时叶义问命虞允文往芜湖迎李显忠，交王权军，且犒师。允文至采石，权已去，显忠未来，敌骑充斥，官军三五星散，解鞍束甲坐道傍，皆权败兵也。允文谓坐待显忠则误国事，遂立召诸将，勉以忠义，曰："金帛、告命皆在此，以待有功！"众曰："今既有主，请死战！"或谓允文曰："公受命犒师，不受命督战，他人坏之，公受其咎耶？"允文叱之曰："危及社稷，吾将安避！"乃命诸将列大阵不动，分戈船为五，其二并东、西岸，其一驻中流，藏精兵待战，其二藏小港，备不测。部分甫毕，敌已大呼，亮操小红旗，麾数百船，绝江而来，瞬息之间，抵南岸者七十艘，直薄官军。军小却，允文入阵中，抚统制时俊之背曰："汝胆略闻四方，立阵后则儿女子尔！"俊即挥双刀出，士殊死战。中流官军以海鳅船冲敌舟，皆平沉。敌半死半战，日暮未退。会有溃卒自光州至，允文授以旗鼓，从山后转出，敌疑援兵至，始遁。允文又命劲弩尾击追射，大败之。金兵还和州，凡不死于江者，亮悉敲杀之。会报曹国公已即位于东京，改元大定，亮拊髀叹曰："朕本欲平江南，改元大定，此非天乎！"因出其素所书，取"一戎衣天下大定"改元事，以示群臣。遂召诸将帅，谋北还，且分兵渡江。李通曰："陛下亲征，深入异境，无功而还，若众散于前，敌乘于后，非万全计；若留兵渡江，车驾北还，诸将亦将解体。今燕北诸军近辽阳者，恐有异志，宜先发兵渡江，敛舟焚之，绝其归望，然后陛下北还，南北皆指日而定矣。"亮然之。

允文知亮败明当复来，夜半，部分诸将，分海舟缒上流，别遣盛新以舟师截金人于杨林河口。明旦，敌果至，因夹击之，复大败，焚其舟三百。敌遣伪诏来谕王权，似有宿约者。允文曰："此反间也。"乃复书言："权因退师，已置宪典，新将李显忠也，愿快战以决雌雄。"亮得书大怒，遂焚其龙凤舟，斩梁汉臣及造舟者二人，率其军趋扬州。使符宝郎耶律没答护神果军扼淮渡，凡自军中还至淮上，无都督府文字，皆杀之。

丁亥，刘锜以疾罢。李显忠至采石，虞允文语之曰：

"敌入扬州，必与瓜洲兵合。京口无备，我当往，公能分兵相助乎？"显忠分万六千与之，允文遂还京口。时敌屯重兵滁河，造三牐，储水深数尺，塞瓜洲口。杨存中、成闵、邵宏渊诸军皆集京口，凡二十余万。允文以战舰数少不足用，聚材改治之。命张深守滁河口，扼大河江之冲，以苗定驻下蜀为援，且谒刘锜问疾。锜执允文手曰："疾何必问。朝廷养兵三十年，一技不施，而大功乃出一儒生，我辈愧死矣！"以疾笃召还，提举万寿观。诏以成闵等为招讨使，闵，淮东；李显忠，淮西；吴拱，湖北、京西。

乙未，金主亮至瓜洲，居于龟山寺。虞允文与杨存中临江按试，命战士踏车船中流上下，三周金山，回转如飞。敌持满以待，相顾骇愕。亮笑曰："纸船耳！"有一将跪奏："南军有备，不可轻。愿驻扬州，徐图进取。"亮怒，杖之五十。召诸将，约以三日济江，否则尽杀之。骁骑高僧欲诱其党以亡，事觉，亮命众刃剉之。乃下令："军士亡者，杀其蒲里衍；蒲里衍亡者，杀其谋克；谋克亡者，杀其猛安；猛安亡者，杀其总管。"由是军士益危惧。亮又令军中运鸦鹘船于瓜洲，期以明日渡江，"敢后者死！"

众欲亡归，乃决计于浙西都统制耶律元宜及猛安唐括乌野，且曰："前阻淮渡，皆成擒矣！比闻辽阳新天子即位，不若共行大事，然后举军北还。"元宜然之，期诘旦卫军番代即行事。黎明，元宜等帅诸将，以众薄亮营。亮闻乱，意宋兵奄至，揽衣遽起，箭入帐中，亮取视之，愕然曰："乃我兵也！"近侍大庆山曰："事急矣，当出避之。"

亮曰："走将安往？"方取弓，已中箭仆地。延安少尹纳合干鲁补先刃之，手足犹动，遂缢杀之。军士攘取行营服用皆尽，乃取骁骑指挥使大磐衣巾，裹其尸而焚之。收其妃嫔，及李通、郭安国、徒单永年、梁琉、大庆山等皆杀之。元宜自为左领军副大都督，使人杀太子光英于汴。退军三十里，遣人持檄诣镇江军议和。未几，金军在荆、襄、两淮者，皆拔栅北还。

初，金人之犯边也，郑樵言岁星分在宋，金主将自毙。至是，果然。

金主雍知亮被杀，趋入燕京。

十二月，成闵、李显忠收复两淮州郡。

张浚至建康。先是，浚被召至岳阳，买舟冒风雪而行。时金兵充斥，浚遇东来者，云："敌兵方盛，焚采石，烟焰涨天，慎毋轻进。"浚曰："吾赴君父之急，知直前求乘舆所在而已。"时长江无一舟敢行北岸者，浚乘小舟径进。过池阳，闻金亮败，余众犹二万屯和州，李显忠兵在沙上，浚往犒之。一军见浚，以为从天而下。浚犒军毕，即趋建康。先牒通判刘子昂办行宫仪物，至是，遂请车驾临幸，帝从之。

戊申，帝如建康。张浚迎拜道左，卫士见浚，无不以手加额。浚起废复用，风采隐然，军民皆倚以为重。

三十二年（壬午、一一六二）春正月，山东人耿京起兵复东平。时金主亮既死，中原豪杰并起。京据东平，自称东平节度使，以历城人辛弃疾掌书记。弃疾劝京来归，京遣弃疾奉表诣行在。帝大喜，厚赉之，以京知东平府。

金主雍下令散南征之众，以高忠建为报谕宋国使，且告即位。

二月癸卯，帝发建康。濒行，谓张浚曰："卿在此，朕无北顾忧矣！"御史吴芾言："建康可以控带襄、汉，经略淮甸，大驾宜留，以系中原之望。若还临安，则西北之势不能相从矣。"不从。

闰月，辛弃疾至山东。值耿京将张安国已杀京降金，弃疾还至海州，与众谋曰："我缘主帅来归朝，不期事变，何以复命！"乃约李宝统制王世隆、忠义人马全福等径趋金营，即帐中缚安国，献于临安，斩之。诏授弃疾江淮判官。

夏四月戊子，金高忠建至临安。议遣使报聘，且贺即位。工部侍郎张阐请："严遣使之命，正敌国之礼，彼或不从，则有战耳！如此，则中国之威可以复振。"帝然之，遂遣洪迈充贺登极使。帝谓执政曰："向日讲和，本为梓宫、太后，虽屈己卑辞，有所不惮。今两国之盟已绝，宜正名画境，朝仪、岁币，当先定之。"迈乃奏接伴礼仪十有四事。既而忠建责事以臣礼，及取新复州郡，陈康伯以义折之，乃止。迈行，书用敌国礼。帝手札赐迈曰："祖宗陵寝，隔阔三十年，不得以时洒扫祭祀，心实痛之！若彼能以河南〔地〕（据宋史卷三七三洪迈传、续纲目、薛鉴补）见归，必欲居尊如故，正复屈己，亦何所惜。"迈奏言："山东之兵未解，则两国之好不成。"至燕，金阁门见国书不如式，即令于表中改"陪臣"二字，朝见之仪必欲用旧礼。迈执不可，金锁使馆三日，水浆不通。及见金人，语不逊，欲留迈，张浩不可，乃遣还。

金人复攻海州，镇江都统张子盖及魏胜败之。金人复遣五斤太师发诸路兵二十余万攻海州，先遣一军自州西南断胜军饷道。胜择劲悍三千余骑，拒于石闼堰，金军不能进，逮夜始还。留千人备险隘，金兵十万来夺，胜率众鏖战，杀数千人，余皆遁去，胜还入城。无何，金兵环城围数重，胜与郭蔚分兵备御，或独出扰之，使不得休息。又间夜发兵劫其营，或焚其攻具。既而金人并力急攻，胜告急于李宝，宝以闻。命张子盖赴援，进次石湫堰。金人陈万骑于河东，子盖率精锐数千骑击之。统制张汜略陈，中流矢死。子盖曰："事急矣！"奋臂大呼驰入阵，胜等继之，殊死战。贼大败，拥溺石湫河死者半，围遂解。

六月，罢三招讨司，以金人议和故也。

初，李显忠阴结金都统萧琦为内应，请出师，欲自宿、亳趋汴，由汴京以通关、陕；关、陕既通，则鄜延一路，熟知显忠威名，必皆响应。且欲起其旧部曲数万以取河东。会诏罢兵，乃止。

显忠初名世辅，绥德青涧人，世为苏尾九族都巡检使，年十七，随父永奇出入行阵，以勇捷知名。先是，金人陷延安，授永奇父子官。永奇聚泣曰："我宋臣也，世受国恩，乃为彼用耶！"会刘豫令世辅帅马军赴东京，永奇密戒之曰："汝若行，乘机即归本朝，无以我故贰其志，事成我亦不朽矣！"世辅至东京，从兀术以万骑猎淮上。世辅令吴俊往探淮水可渡马处，欲执兀术归朝。俊还，世辅驰问之，为竹刺伤马而止。兀术授世辅知同州。世辅至鄜省父，永奇曰："同州入南山，乃金人往来驿路。汝可于此擒其酋，渡雒、渭，由商、虢归朝，第报我知，我当以兵取延安而归。"金撒离喝至同州，世辅以计执之。驰出城，至雒河，舟后期，不得渡，与追骑屡战皆捷。世辅憩高原，望追骑益多，撒离喝搏颊求哀，世辅乃与折箭为誓，不得杀同州人及害我骨肉，撒离喝许之，遂推之下，追兵争救，得免。世辅携老幼长驱而北，至鄜城，急遣人告永奇。永奇即挈家出城，至马翅谷，为金人所及，家属三百口皆遇害，世辅仅以二十六人奔夏。既至，夏人问其故，世辅泣，具言父母妻子之亡，切齿疾首，恨不即死，愿得二十万众，生擒撒离喝，取陕西五路归于夏。夏主以世辅为延安经略使，与其臣王枢、哆讹同出师，时绍兴九年五月也。世辅至延安，总管赵惟清大呼曰："鄜延今复归朝，已有赦书。"世辅取赦文观之，因与官属列拜大哭，乃以旧部八百余骑往见王枢、哆讹，谕之曰："世辅已得延安府，见讲和赦书，招抚可以本部军归国。"哆讹不从，曰："初经略乞兵来取陕西，既到此，乃令我归耶！"世辅知势不可，乃出刀斫哆讹，不及，擒王枢，缚之。夏人以铁鹞子军来，世辅以所部拒之，驰挥双刀，所向披靡，夏兵大溃。世辅揭榜招兵，得骁勇万人，乃擒害其父母弟侄者，斩于东市。行至鄜州，有马步军四万余，遂见吴玠于河池。寻之行在，帝抚劳再三，赐名显忠。

宋史纪事本末卷七十五

建炎绍兴诸政 朝臣言事附

高宗建炎二年（戊申、一一二八）五月，定诗赋、经义试士法。初，元祐中，科举以经义、诗赋兼取，绍圣以来，罢试诗赋。至是，命参酌元祐科举条制，定试士法。中书省请习诗赋举人不兼经义，习经义人止习一经，解试、省试并计数各取，通定高下，殿试仍对策三道。故事廷试上十名，内侍先以卷奏定高下。帝曰："取士当务至公，岂容以己意升降？自今勿先进卷。"

三年（己酉、一一二九）夏四月，禁内侍干预朝政，不得与主兵官交通及馈遗假贷、借役禁军，外官非亲戚亦不得往还，违者处以军法。

重正三省官名。自元丰肇建三省，凡军国事，中书揆而议之，门下审复之，尚书承行之。三省皆不置官长，以左、右仆射兼两省侍郎。二相既分班进呈，首相遂不复与朝廷议论。元祐初，司马光乃请令三省合班奏事，分省治事。至是，从吕颐浩之言，诏左、右仆射并同中书门下平章事，改中书、门下侍郎为参知政事，省尚书左、右丞，三省始合为一。

六月，以久雨恒阴，诏郎官以上言阙政。司勋员外郎赵鼎上疏曰："自熙宁间王安石用事，变祖宗之法，而民始病，假辟国之谋造生边患，兴理财之政穷困民力，设虚无之学败坏人材。至崇宁初，蔡京托绍述之名，尽祖安石之政。凡今日之患，始于安石，成于蔡京。今安石犹配享神宗，而京之党未除，时政之缺，莫大于此！"帝从之，遂罢安石配享。寻下诏以四失罪己，一曰昧经邦之大略，二曰昧戡难之远图，三曰无绥人之德，四曰失驭臣之柄。仍榜朝堂，遍谕天下，"使知朕悔过之意。"中丞张守上疏曰："陛下处宫室之安则思二帝、母后穹庐毳幕之居，享膳羞之奉则思二帝、母后羶肉酪浆之味，服细煖之衣则思二帝、母后穷边绝塞之寒，操予夺之柄则思二帝、母后语言动作受制于人，享嫔御之适则思二帝、母后谁为使令，对臣下之朝则思二帝、母后谁为尊礼。思之又思，兢兢业业，圣心不倦，而天不为之助顺者，万无是理也。今罪己之诏数下，而天未悔祸，实有所未至耳。"

七月，广州教授林勋上本政书十三篇，言："国朝兵农之政，率因唐末之故。今农贫而多失职，兵骄而不可用，是以饥民窜卒类为盗贼。宜仿古井田之制，使民一夫占田五十亩。其有羡田之家，毋得市田，其无田与游惰末作者，皆驱之使为隶农，以耕田之羡者，而杂纽钱谷以为什一之税。宋二税之数，视唐增至七倍。今本政之制，每十六夫为一井，提封百里，为三千四百井，率税米五万一千斛，钱万二千缗。每井赋二兵，马一匹，率为兵六千八百人，马三千四百匹。岁取五之一，以为上番之额，以给征役。无事则又分为四番，以直官府，以给守卫，是民凡三十五年而役使一遍也。悉上则岁食米万九千余斛，钱三千六百余缗，无事则减四分之三，皆以一同之租税供之。匹妇之贡，绢三尺，绵一两。百里之县，岁收绢四千余匹，绵三千四百斤。非蚕乡则布六尺，麻二两，所收视绢、绵率倍之。行之十年，则民之日算，官之酒酤，与凡茶、盐、香、矾之榷，皆可弛以予民。"其说甚备。书奏，以勋为桂州节度使掌书记。其后勋又献比较书二篇，大略谓："桂州地东西六百里，以古尺计之，为方百里之国四十，当垦田二百二十五万二千八百顷，有田夫二百四万八千，出米二十四万八千斛，禄卿大夫以下四千人，禄兵三十万人。今桂州垦田约万四十二顷，丁二十一万六千六百一十五，税钱万五千余缗，苗米五万二百斛有奇，州县官不满百员，官兵五千一百人。盖土地荒芜，而游手末作之人众，是以地利多遗，财用不足，皆本政不修之故。"当世论者皆韪其言。

绍兴元年（辛亥、一一三一）九月，知（潮）〔湖〕州（据宋史卷四四五汪藻传、薛鉴改）汪藻上言："本朝实录，自艰难以来，金匮石室之藏，无复存者。伏睹列圣自哲宗皇帝而上，皆有成书，流传人间，颇有真本，朝廷已收而藏之御府矣。若太上皇帝、渊圣皇帝及陛下建炎改元，至今三十余年，并无日历。臣窃惟自古无国无史，史未尝一日无书。晋谓之乘，楚谓之梼杌，鲁谓之春秋，以此见无国无史也。春秋以事系日，以日系月，以月系时，以时系年，必四时具谓之编年，以此见史未尝一日无书也。汉法，太史公位丞相上，天下计书先上太史公，副上丞相。唐及本朝，宰相皆兼史官，其重如此。故书榻前议论之辞则有时政记，录柱下见闻之实则有起居注，类而次之谓之日历，修而成之谓之实录，所以广记备言，成一代之典也。若旷三十年之久，漫无一字之传，将何以示来世乎？此其不可不纂述一也。韩宣子适鲁，见易象与春秋，曰：'周礼尽在鲁矣！吾今乃知周公之德与周之所以王。'则国家守文者不可无史。萧何入秦，先收丞相、御史律令图书藏之。沛公具知天下阸塞、户口多少、强弱处、民所疾苦，以何得秦图书也，则国家创业者不可无史。今陛下躬受天命，虽名中兴，实兼创业、守成之事，乃一代典章，残阙如此，恐于理未安。此其不可不纂述二也。恭惟太上皇帝、渊圣皇帝，缘奸臣误朝，驯至遐狩。今若无书记实，恐千载之后，徒见一朝陵迟之祸亟，不知二圣积累之功深。兹事非细，群臣当任其责。此其不可不纂述三也。自古史官无所不录，况三十年之间，朝廷之设施，豪杰之谋谟，政事之兴废，人材之进退，礼文之因革，法度之罢行，岁事之丰凶，羌戎之服叛，有本有末，有源有流。一法弛而不书则一法熄，一事略而不载则一事隳。且当时群臣间有在者，以为忠贤耶，不著其素行，安知其可嘉？以为邪佞耶，不条其宿奸，安知其可弃？苟因散逸，遂废其书，岂孔子史阙文之义哉！此其不可不纂述四也。公羊传曰：‘所见异词，所闻异词，所传闻异词。’孔子作春秋，于定、哀则其事详，于隐、庄则其事略。圣人犹尔，况其他乎？中原失守，三见闰矣，及今耳目所接，尚可追求，更数年间，事将湮没，虽有良史，莫知所凭。况比年风俗之衰，公论不立，士大夫取予皆出爱憎，因一事为一人而著书行事者多矣。若不乘时订正，则数世之后，信以传信，疑以传疑，是非混淆，白赤颠倒，则小人之说行而君子受其诬矣，可不惧哉！此其不可不纂述五也。臣政和中为著作佐郎，修太上皇帝日历，东观凡例，臣得预闻。今所领州，又幸经兵火之余，独不残毁，视诸故府，案牍具存，如御笔手诏、赏功罚罪之文，尚班班可考。失今不辑，臣实惜之！古之有国家者，虽在颠沛中，史官不废。伏望许臣郡政之余，将本州所有文字，截自元符庚辰，至建炎己酉，三十年间，分年编类，缮写进呈，以备修日历官采择。”帝从之，即以命藻。后因綦崇礼言，专以其事付史官。

三年（癸丑、一一三三）二月，召知柳州常同还。同首论朋党之祸：“自元丰新法之行始分党与，邪正相攻五十余年，章惇倡于绍圣之初，蔡京和于崇宁之后，元祐臣僚窜逐贬死，上下蔽蒙，养成夷虏之祸。今国步艰难，而分朋缔交，背公死党者，固自若也。恩归私门，不知朝廷之尊，重报私怨，宁复公议之顾？臣以为欲破朋党，先明是非；欲明是非，先辨邪正，则公道开而奸邪息矣！”上曰：“朋党亦难破。”同对曰：“朋党之结，盖缘邪正不分。君子、小人皆有党，而所以为党则异，君子之党协心济国，小人之党挟私害公。且如元祐臣僚，中遭谗谤，窜殛流死，而后祸乱成。今在朝之士犹谓元祐之政不可行，元祐子孙不可用。”上曰：“闻有此论。”同对曰：“祸乱未成，元祐臣僚固不能以自明，今则是非定矣，尚犹如此！缘今日士大夫犹宗京、黼等倾邪不正之论。朋党如此，公论何自而出？愿陛下始终主张善类，勿为小人所惑！”

四年（甲寅、一一三四）夏四月，以范冲直史馆，重修神宗、哲宗实录。冲，祖禹之子也。先是，隆祐太后生辰，置酒宫中，从容谓帝曰：“宣仁太后之贤，古今母后未有其比。昔奸臣肆为谤诬，虽尝下诏明辨，而国史尚未删定，岂足传信？吾意在天之灵不无望于帝也。”帝悚然。至是召冲直史馆，重修神宗、哲宗实录。冲乃为神宗考异，明示去取；旧文以墨书，删去者以黄书，新修者以朱书，世号“朱墨史”。又为哲宗辨诬录。由是二史得其正，而奸臣情状益著。

既又除常同为起居郎、中书舍人、史馆修撰，且谕之曰：“是除以卿家世传闻多得事实故也。”一日奏事，上愀然曰：“向昭慈尝言宣仁有保佑大功，哲宗自能言之，止为宫中有不得志于宣仁者，因生诬谤。欲辨白其事，须重修实录，具以保立劳效，昭示来世。此朕选卿意也。”同乞以所得圣语，宣付史馆，仍记于实录卷末。

十（一）〔二〕（据续纲目、薛纲改）月，以金、齐兵退，诏前宰执议攻战备御措置绥怀之方。李纲上疏曰："陛下勿以敌退为喜，而以仇敌未报为可愤；勿以东南为安，而以中原未复为可耻；勿以诸将屡捷为可贺，而以军政未修士气未振为可虞。议者或以敌马既退，当遂用兵为大举之计。臣窃以生理未固，而欲浪战以侥幸，非制胜之术也。汉高祖先保关中，故能东向与项籍争。光武先保河内，故能降赤眉、铜马之属。唐肃宗保灵武，故能破安、史而复两京。今朝廷以东南为根本，苟不大修守备，先为自固之计，何以能万全而制敌？议者又谓敌人既退，当且保据一隅，以苟目前之安。臣又以为不然，秦师三伐晋，以报殽之师；诸葛亮佐蜀，连年出师，以图中原，不如是不足以立国。高祖在汉中，谓萧何曰：'吾亦欲东。'光武破隗嚣，既平陇，复望蜀。此皆以天下为度，不如是不足以混一区宇，戡定祸乱。况祖宗境土，岂可坐视沦陷，不思恢复！若今岁不征，明年不战，使敌势益张，而吾之所纠合精锐士马，日以耗散，何以图敌？唯宜于防守既固，军政既修之后，即议攻讨，乃为得计。其守备之宜，则当料理淮甸、荆、襄，以为东南屏蔽。夫六朝之所以能保有江左者，以强兵巨镇尽在淮南、荆、襄间，故以魏武之雄，苻坚、石勒之众，宇文、拓跋之盛，卒不能窥江表。后唐李氏有淮南，则可以都金陵。其后淮南为世宗所取，遂以削弱。近年以来，大将拥重兵于江南，官吏守空城于江北，虽有天险，而无战舰水军之制，故敌人得以侵扰窥伺。今当于淮之东、西及荆、襄置三大帅，屯重兵以临之，分遣偏师进守支郡，加以战舰水军，上连下接，自为防守，则藩篱之势成，守备之宜莫大于是。然后可议攻战之利，分责诸路大帅，因利乘便，收复京畿，以及故都。断以必为之志而勿失机会，则以弱为强，取威定乱，逆臣可诛，强敌可灭，攻战之利莫大于是。若夫万乘所居，必择形胜以为驻跸之所，臣昔举天下形势而言，谓关中为上，今以东南形势而言，则当以建康为便。今者，旧都未复，莫若权于建康驻跸，治城池，修宫阙，立官府，创营壁，使粗成规模，以待巡幸，此措置之所当先也。至于西北之民，皆陛下赤子，荷祖宗涵养之深，其心未尝忘宋，特制于强敌，不能自归。天威震惊，必有愿为内应者。宜优加抚循，使陷溺之民知所依怙，益坚戴宋之心，此绥怀之所当先也。臣窃观陛下临御九年，国不辟而日蹙，事不立而日坏，将骄而难御，卒惰而未练，国用匮而无赢余之蓄，民力困而无休息之期，使陛下忧勤虽至，而中兴之效邈乎无闻，则群臣误陛下之故也。陛下观近年以来，所用之臣慨然敢以天下之重自任者几人？平居无事，小廉曲谨，似可无过，忽有扰攘，则错愕无所措手足，不过奉身以退，天下安危之重，委之陛下而已。有臣如此，何补于国，而陛下亦安取此！大概近年闲暇则以和议为得计，而以治兵为失策，仓卒则以退避为爱君，而以进御为误国。上下偷安，不为长久之计，国势益弱，职此之由。今天启宸衷，悟前日和议退避之失，亲临大敌，天威所加，使北军数十万之众震怖不敢南渡，潜师宵奔。则和议之与治兵，退避之与进御，其效概可见矣。然敌兵虽退，未大惩创，安知其秋高马肥，不再来扰我疆埸，使疲于奔命哉！臣夙夜为陛下思所以为善后之策，惟自昔创业中兴之主，必躬冒矢石，履行阵而不避。故高祖既得天下，击韩王信、陈豨、黥布，未尝不亲行。光武自即位至平公孙述，十三年间无一岁不亲征。本朝太祖、太宗，定维扬，平泽潞，下河东，皆躬御戎辂；真宗亦有澶渊之行，措天下于大安。此谓始忧勤而终逸乐也。若夫退避之策，可暂而不可常，可一而不可再，退一步则失一步，退一尺则失一尺。往时自南都退至维扬，则河北、河东、关陕失矣。自维扬退至江、浙，则京东、西失矣。万一敌骑南牧，将复退避，不知何所适而可乎？航海之策，万乘冒风涛不测之险，此又不可之尤者也。惟当于国家闲暇之时，明政刑，治军旅，选将帅，修车马，备器械，峙糗粮，积金帛，敌来则御，俟时而奋，以光复祖宗之大业，此最上策也。臣愿陛下自今以往，勿复为退避之计！臣又观古者敌国善邻则有和亲，仇雠之邦鲜复遣使，岂不以衅隙既深，终无讲好修睦之理故邪！东晋渡江，石勒遣使于晋，元帝命焚其币而却其使。彼遣使来，且犹却之，此何可往？金人造衅之深，知我必报，其措意为何如，而我方且卑辞厚币，屈体以求之，其不推诚以见信，决矣！器币礼物，所费不赀，使轺往来，坐索士气，而又邀我以必不可从之事，制我以必不敢为之谋，是和卒不成，而徒为此扰扰也。

况于吾自治自强之计，动辄相妨。臣愿自今以往，勿复遣和议之使。二者既定，择所当为者，一切以至诚为之。俟吾之政事修，仓廪实，府库充，器用备，士气振，力可有为，乃议大举，则兵虽未交，而胜负之势决矣！惟陛下正心以正朝廷百官，使君子、小人各得其分，则是非明，赏罚当，自然藩方协力，将士用命，虽强敌不足畏，逆臣不足忧，此特在陛下方寸间耳！臣昧死上条六事：一曰信任辅弼，二曰公选人材，三曰变革士风，四曰爱惜日力，五曰务尽人事，六曰寅畏天威。何谓信任辅弼？夫兴衰拨乱之主，必有同心同德之臣，相与有为，如元首股肱之于一身，父子兄弟之于一家，乃能协济。今陛下选于众以图任，遂能捍御大敌，可谓得人矣。然臣愿陛下待以至诚，无事形迹，久任以责成功，勿使小人得以间之，则君臣之美垂于无穷矣。何谓公选人材？夫治天下者必资于人才，而创业中兴之主所资尤多。何则？继体守文，率由旧章，得中庸之才亦足以共治。至于艰难之际，非得卓荦瑰玮之才，则未易有济。是以大有为之主，必有不世出之才，参赞翊佐，以成大业。然自昔抱不群之才者，多为小人之所忌嫉，或中之以黯暗，或指之为党与，或诬之以大恶，或摘之以细故。而以道事君者不可则止，难于自进，耻于自明，虽负重谤，遭深谴，安于义命，不复自辨。苟非至明之主，深察人之情伪，安能（辩）〔辨〕其非辜哉！陛下临御以来，用人多矣，世之所许以为端人正士者，往往闲废于无用之地，而陛下寤寐侧席，有乏才之叹，盍少留意而致察焉。

何谓变革士风？夫用兵之与士风，似不相及，而实相为表里。士风厚则议论正而是非明，朝廷赏罚当功罪而人心服，考之本朝嘉祐、治平以前可知已。数十年来，奔竞日进，论议徇私，邪说利口，足以惑人主之听。元祐之臣，持正论如司马光之流，皆社稷之臣也。而群枉嫉之，指为奸党，颠倒是非，政事大坏，驯致靖康之变，非偶然也。窃观近年士风尤薄，随时好恶，以取世资，滃訿成风，岂朝廷之福哉！大抵朝廷设耳目及献纳论思之官，固许之以风闻，至于大故，必须核实而后言。使其无实，则诬人之罪，（伏）〔服〕（据宋史卷三五九李纲传改）谗搜慝，得以中害善良，皆非所以修政也。何谓爱惜日力？夫创业中兴，如建大廈，堂室奥序，其规模可一日而成，鸠工聚材，则积累非一日所致。陛下临御，九年于兹，境土未复，僭逆未诛，仇敌未报，尚稽中兴之业者，诚以始不为之规模，而后不为之积累故也。边事粗定之时，朝廷所推行者，不过簿书期会不切之细务，至于攻讨防守之策，国之大计，皆未尝留意。夫天下无不可为之事，亦无不可为之时，惟失其时，则事之小者日益大，事之易者日益难矣！何谓务尽人事？夫天人之道，其实一致，人之所为即天之所为也。人事尽于前，则天理应于后，此自然之符也。故创业中兴之主，尽其在我而已，其成功归之于天。今未尝尽人事，敌至先自退屈，而欲责成于天，其可乎！臣愿陛下诏二三大臣，协心同力，尽人事以听天命，则恢复土宇，翦屠鲸鲵，迎还两宫，必有日矣。何谓寅畏天威？夫天之于王者，犹父母之于子，爱之至则所以为之戒者亦至，故人主之于天戒，必恐惧修省，所以致其寅畏之诚。比年以来，荧惑失次，太白昼见，地震水溢，或久阴不雨，或久雨不霁，或当暑而寒，乃正月之朔，日有食之，此皆天意眷佑陛下，丁宁反覆，以致告戒。惟陛下推至诚之意，正厥事以应之，则变灾而为祥矣。凡此六者，皆中兴之业所关，而陛下所当先务者。今朝廷人才不乏，将士足用，财用有余，足为中兴之资。陛下春秋鼎盛，欲大有为，何施不可？要在改前日之辙，断而行之耳！昔唐太宗谓魏徵为敢言，征谢曰：'陛下导臣使言，不然，其敢批逆鳞哉！'今臣无魏徵之敢言，然展尽底蕴，亦思虑之极也。惟陛下赦其愚直，而取其惓惓之忠。"疏奏，上为赐诏褒谕，然不能用。

五年（乙卯、一一三五）闰二月，置总制司。先是，帝在扬州，四方贡赋不以期至，吕颐浩、叶梦得等言："政和间陈亨伯为陕西转运使，创经制钱，大率添酒价，增税额，官卖契纸，与凡公家出纳，每千收头子钱二十三文。其后行之东南及京东、西、河北，岁入数百万缗，所补不细。今边事未宁，费用日广，请复行之诸路，一岁无虑数百万计，贤于缓急暴敛多矣。"帝从之。至是，又因经制之额增，析为总制钱，岁收至七百八十余万缗。户部侍郎张致远言："陛下欲富国强兵，大有为于天下，愿诏大臣力务省节，明禁奢侈，自朝廷始。员额可减者减之，司属可并者并之，使州县无妄用，归其余于监司。监司无妄用，归其余于朝廷。朝廷无枉费，日积月聚，惟军需是虑，中兴之业可致。”帝善其言。

十四年（甲子、一一四四）三月，太学孔子庙成。司业高（闳）〔闶〕（据宋史卷四三三高闶传改。下同）表请临视，帝从之，遂视太学。止辇于圣殿门外，步趋升降，退御敦化堂，命礼部侍郎秦熺执经，高（闳）〔闶〕讲易泰卦。胡宏移书责（闳）〔闶〕曰：“太学，明人伦之所在也。太上皇帝劫制于强敌，生往死归，此臣子痛心切骨，卧薪尝胆，宜思所以必报之大仇也。太母，天下之母，其纵释乃在金人，此中华之大辱，臣子所不忍言也。而柄臣乃敢欺天罔人，以大仇大辱为大恩！师儒之臣，既不能建大论，明天人之理以正君心，乃阿谀柄臣，希合风旨，求举太平之典，又从而为之词，欺罔孰甚焉！”

十六年（丙寅、一一四六）春正月，帝亲飨先农于东郊，行耤田礼。诏曰：“朕惟兵兴以来，田亩多荒，故不惮卑躬，与民休息。今疆场罢警，流徙复业，朕亲耕耤田，以先黎庶，三推复进，劳赐耆老，嘉与世跻于富厚。昔汉文帝频年下诏，首推农事之本，至于上下给足，减免田租，光于史册。朕心庶几焉！”

十八年（戊辰、一一四八）秋七月，宽诸郡杂税。帝曰：“人知取之为取，而不知予之为取。若稍与展免，俟家给人足，税敛自然易办。”于是蠲庐、光二州上供钱米，汀、漳二州秋税，处州三县被水民家细绢，鄂州旧额绢各一年。又蠲四川积贷常平钱十三万缗，京西路请佃田租及州县场务税钱。

二十四年（甲戌、一一五四）八月，禁百官避轮对。自秦桧擅政以来，屏塞人言，蔽上耳目，一时献言者，非诵桧功德，则讦人语言以中伤善类，欲有言者，恐触忌讳，仅论销金铺翠、乞禁鹿胎冠子之类，以塞责而已，故皆避免轮对。至是，上乃谕执政曰："百官轮对，正欲闻所未闻。近轮对者多谒告避免，可令检举约束。"

二十五年（乙亥、一一五五）十二月，诏曰："台谏风宪之地，比用非其人，党于大臣，济其喜怒，殊非耳目之寄。朕今亲除公正之士，以革前弊。继此者宜尽心乃职，毋合党缔交，败乱成法，当谨兹戒，毋自贻咎！"

陈邦瞻曰：建炎、绍兴之间，其时事可谓亟矣，然君臣之所欲有为者，概可睹也。李纲曰："边事粗定之时，朝廷所推行，不过簿书期会不切之细务，至于攻讨防守之策，国之大计，皆未尝措意。"呜呼，若是而犹欲望其戡大难、成大功，岂不难哉！讲和之后，人主耳目壅蔽，虽欲自达无由，试读其约束轮对、戒谕台谏二诏，亦可悲矣。

宋史纪事本末

三

卷七六至卷一〇九

〔明〕陈邦瞻 撰

中華書局

宋史纪事本末卷七十六

孝宗之立

高宗绍兴二年（壬子、一一三二）夏五月辛未，育太祖后子偁之子伯琮于宫中。元懿太子卒，帝未有嗣，范宗尹尝造膝请建太子，帝曰："太祖以神武定天下，子孙不得享之，遭时多艰，零落可悯。朕若不法仁宗为天下计，何以慰在天之灵！"于是诏知南外宗正事，令广选太祖后，将育宫中。会上虞县丞娄寅亮上书曰："先正有言，太祖舍其子而立其弟，此天下之大公。周王薨，章圣取宗室子育宫中，此天下之大虑。仁宗感悟其说，召英宗入继大统。文子文孙，宜君宜王，遭罹变故，不断如带，今有天下者，陛下一人而已。属者，椒寝未繁，前星不耀，孤立无助，有识寒心。天其或者深戒陛下，追念祖宗公心长虑之所及乎！崇宁以来，谀臣进说，独推濮王子孙以为近属，余皆谓之同姓。遂使昌陵之后，寂寥无闻，仅同民庶，艺祖在上，莫肯顾歆，此金人所以未悔祸也。望陛下于伯字行内，选太祖诸孙有贤德者，视秩亲王，俾牧九州，以待皇嗣之生，退处藩服。庶几上慰在天之灵，下系人心之望！”书奏，帝读之，大感叹。至是，选秦王德芳五世孙左朝奉大夫子偁之子伯琮入宫，命张婕妤鞠之，生六年矣。其后吴才人亦请于帝，乃复取秉义郎子彦之子伯玖，命吴才人鞠之，皆太祖后也。寻以伯琮为和州防御使，赐名瑗。

五年（乙卯、一一三五）夏五月，封和州防御使瑗为建国公，就学资善堂。赵鼎请以行宫新作书院为资善堂，命建国公听读，且荐徽猷阁待制范冲兼翊善，起居郎朱震兼赞读。朝论二人极天下之选。帝命瑗见之，皆设拜。寻以伯玖为和州防御使，赐名璩。时岳飞诣资善堂见瑗，退而喜曰：“社稷得人矣，中兴基业，其在是乎！”飞前此亦疏请建储云。

陈邦瞻曰：余观岳少保请高宗建储事，未尝不悲其忠而惜其智也！夫造膝密谋，为宗社计虑根本，此诚忠臣事，然惟腹心大臣得为之，非将帅任也。智名勇略盖一世，挟震主之威，而居不赏之功，斯已危矣，犹欲与人父子间事乎？矧苗、刘之变，实立明受，帝庸主也，岂能遽忘诸将？而飞乃触其深忌，安知谗人不以此为中伤地也！史称赵鼎请正建国皇子之号，秦桧曰：“鼎欲立太子，是谓陛下终无子也。”鼎由此获罪。然则飞之不免，盖可见矣。

九年（己未、一一三九）三月，封和州防御使璩为崇国公，听读于资善堂。

十二年（壬戌、一一四二）春正月，进封建国公瑗为普安郡王，崇国公璩为恩平郡王。

十三年（癸亥、一一四三）九月，宗室左朝奉大夫子偁卒，诏普安郡王解官持服。

三十年（庚辰、一一六〇）二月甲戌，以普安郡王瑗为皇子，更名玮。初，帝知玮之贤，欲立为嗣，恐太后意所不欲，迟回久之。及后崩，帝问吏部尚书张焘以方今大计，对曰："储嗣者，国之本也，天下大计无逾于此。今两邸名分宜早定！"帝喜曰："朕怀此久矣，开春当议典礼。"焘顿首谢。至是，利州提点刑狱范如圭掇至和嘉祐间名臣奏章凡三十六篇，合为一书，囊封以献，请断以至公勿疑。帝意遂决。制授玮宁国军节度使、开府仪同三司，进封建王。

〔三月〕（据宋史卷三一高宗纪补）丙午，加恩平郡王璩开府仪同三司、判大宗正事，称皇侄。三十二年（壬午、一一六二）五月甲子，立建王玮为皇太子。初，金亮南侵，两淮失守，朝臣多劝帝退避，建王不胜其愤。及帝下诏亲征，玮请率师为前驱。直讲史浩闻之，入言于玮曰："皇子不宜将兵！"因为草奏请扈跸，以供子职。帝亦欲玮遍识诸将，遂命从幸金陵。及还临安，帝欲逊位。陈康伯密赞大议，乞先正名，俾天下咸知圣意，遂草立太子诏以进，帝从之。玮既立，更名昚。

六月庚午，诏集议子偁封爵，户部侍郎汪应辰定其称曰"太子本生之亲"。议入，内降曰："皇太子所生父，可封秀王，谥安僖。母张氏为王夫人。"

乙亥，帝降手札："皇太子可即皇帝位，朕称太上皇帝，后称太上皇后，退居德寿宫。"太子固让，不许。

丙子，遣中使召太子入禁中，面谕之。太子固辞，即趋侧殿门，欲还东宫，帝勉谕再三，乃止。于是百官拜禅诏。毕，宰相率百僚固请，太子遂即帝位。班退，上皇即驾之德寿宫。帝〔服〕（据宋史卷三三孝宗纪、续纲目补）袍履，步出祥曦门，冒雨掖辇以行，及宫门，弗止。上皇麾谢再三，且令左右扶掖以还，顾谓群臣曰："付托得人，吾无憾矣！"

史臣曰：高宗恭俭仁厚，以之继体守文则有余，拨乱反正则不足。当其初立，因四方勤王之师，内相李纲，外任宗泽，天下之事宜无不可为者。顾乃播迁穷僻，坐失事机，始惑于汪、黄，终制于秦桧，偷安忍耻，匿怨忘亲，以贻来世之讥，悲夫！

丁丑，帝朝太上皇帝于德寿宫。戊寅，大赦，其文有曰："凡今者发政施仁之目，皆得之问安视膳之余。"天下诵之。

庚辰，帝五日一朝德寿宫，太上皇不许，自是，月四朝。

宋史纪事本末卷七十七

隆兴和议

高宗绍兴三十二年（壬午、一一六二）六月，帝传位于太子，太子即位。

七月，帝手书召张浚入见。浚至，帝改容曰："久闻公名，今朝廷所恃惟公！"因赐之坐。浚从容言："人主之学，以心为本。一心合天，何事不济！所谓天者，天下之公理而已。必兢业自持，使清明在躬，则赏罚举错，无有不当，人心自归，敌仇可复。"帝悚然曰："当不忘公言！"加浚少傅、魏国公，宣抚江淮。

浚见帝英武，力陈和议之非，劝帝坚意以图恢复。欲遣舟师自海道捣山东，命诸将出师掎角以向中原。翰林学士史浩以潜邸旧臣，时预枢密议，欲城采石、瓜洲。浚言不守两淮而守江干，是示敌以削弱，怠战守之气，不若先城泗州。浩不悦，遂与有隙，凡浚所规画，浩多沮之。

十一月，金以仆散忠义为都元帅，纥石烈志宁副之。时金主以朝廷欲正敌国礼，乃诏忠义总戎事，居南京，节制诸军，复令志宁驻军淮阳。忠义将行，金主谕之曰："宋若归侵疆，贡礼如故，则可罢兵。"忠义至汴，简阅士卒，分屯要害。

孝宗隆兴元年（癸未、一一六三）春正月庚子，以张浚为枢密使，都督江淮东、西路军马，开府建康。浚荐陈俊卿为江淮宣抚判官。先是，帝召俊卿及浚子栻赴行在。浚附奏，请帝临幸建康以动中原之心，用师淮壖以为吴璘声援。帝见俊卿，问浚动静饮食颜貌，曰："朕倚魏公如长城，不容浮言摇夺！"浚开府江淮，参佐皆一时之选。栻以少年内赞密谋，外参庶务，其所综画，幕府诸人皆自以为不及。及入奏事，因进言曰："陛下上念祖宗之仇耻，下悯中原之涂炭，惕然于中，思有以振之。臣谓此心之发，即天理之所存也。愿益加省察，而稽古亲贤以自辅，无使少息，则今日之功可以立成！"帝嘉纳之。

三月壬辰，金帅纥石烈志宁以书来求海、泗、唐、邓、商州之地及岁币。先是，金人十万众屯河南，声言规取两淮，朝廷震恐。张浚请以大兵屯盱眙、泗、濠、庐备之。至是，志宁乃以书抵浚，欲凡事一依皇统以来故约，不然，请会兵相见。且遣蒲察徒穆、大周仁屯虹县，萧琦屯灵壁，积粮修城，将为南攻计。

夏四月戊辰，张浚被命入见。帝锐意恢复，浚乞即日降诏幸建康。帝以问史浩，浩对曰：“先为备守，是谓良规，议战议和，在彼不在此。傥听浅谋之士，时兴不教之师，寇退则论赏以邀功，寇至则敛兵而遁迹，取快一时，含冤万世。”及退，诘浚曰：“帝王之兵，当出万全，岂可尝试以图侥幸！”复辩论于殿上。浚因内引奏浩意不可回，恐失机会。且谓金人至秋必为边患，当及其未发攻之。帝然其言，乃议出师渡淮，三省、枢密院不预闻。会李显忠、邵宏渊亦献捣虹县、灵壁之策，帝命先图二城。浚乃遣显忠出濠州，趋灵壁；宏渊出泗州，趋虹县。

五月甲辰，李显忠及邵宏渊败金人于宿州。

乙巳，史浩罢。省中忽见邵宏渊出兵状，始知不由三省，径檄诸将。浩语陈康伯曰：“吾属俱兼右府，而出兵不预闻，焉用相哉？不去何待！”入对，因奏：“陈康伯欲纳归正人，臣恐他日必为子孙忧。张浚锐意用兵，若一失之后，恐陛下不得复望中原。”因力乞罢。侍御史王十朋论浩八罪，曰：“怀奸误国，植党盗权，忌言蔽贤，欺君讪上。”帝为出浩知绍兴府。十朋再疏论之，予祠。

李显忠自濠梁渡淮，至陡沟。金右翼都统萧琦用拐子马来拒，显忠力战败之，遂复灵壁。显忠入城，宣布德意，不戮一人，于是中原归附者接踵。宏渊围虹，久不下。显忠遣灵壁降卒，开谕祸福，金守将蒲察徒穆、大周仁皆出降。宏渊耻功不自己出，会有降千户诉宏渊之卒夺其佩刀，显忠立斩之，由是二将不协。未几，萧琦复降于显忠。

丙午，李显忠兵傅宿州城，金人来拒，显忠大败其众，追奔二十余里。邵宏渊至，谓显忠曰：“招抚真关西将军也！”显忠闭营休士，为攻城计，宏渊等不从。显忠引麾下杨椿上城，开北门，不逾时，拔其城。宏渊等殿后趣之，始渡濠登城。城中巷战，又斩首虏数千人，擒八千余人。遂复宿州，中原震动。捷闻，帝手书劳张浚曰：“近日边报，中外鼓舞，十年来无此克捷！”既而宏渊欲发仓库犒卒，显忠不可，移军出城，止以见钱犒士，士皆不悦。诏以显忠为淮南、京东、河北招讨使，宏渊副之。

癸丑，金纥石烈志宁自睢阳引兵攻宿州，李显忠击却之。金孛撒复自汴率步骑十万来攻宿州，晨薄城下，列大阵。显忠谓宏渊并力夹击，宏渊按兵不动，显忠独以所部力战。俄而敌大至，显忠用克敌弓射却之。宏渊顾众曰：“当此盛夏，摇扇清凉且不堪，况烈日被甲苦战乎！”人心遂摇，无复斗志。至夜，中军统制周宏鸣鼓大噪，阳为敌兵至，与邵世雍、刘侁各以所部兵遁。继而统制左师渊、统领李彦孚亦遁。显忠移军入城，统制张训通、张师颜、荔泽、张渊等以显忠、宏渊不协，各遁去。金人乘虚复来攻城，显忠竭力捍御，斩首二千余级，积尸与牛马墙平。城东北角敌兵二十余人已上百余步，显忠取军所执斧斫之，敌始退却。显忠叹曰：“若使诸军相与犄角，自城外掩击，则敌兵可尽，敌帅可擒，河南之地指日可复矣！”宏渊又言：“金添生兵二十万来，傥我兵不返，恐不测生变。”显忠知宏渊无固志，势不可孤立，叹曰：“天未欲平中原耶？何沮挠如此！”遂夜引还。甲寅，至符离，师大溃。是举所丧军资器械略尽，幸而金不复南。时张浚在盱眙，显忠往见浚，纳印待罪。浚以刘宝为镇江诸军都统制，乃渡淮，入泗州，抚将士，遂还扬州，上疏自劾。

乙卯，下诏亲征。

癸亥，张浚乞致仕。初，宿师之还，士大夫主和者皆议浚之非。帝赐浚书曰："今日边事，倚卿为重，卿不可畏人言而怀犹豫。前日举事之初，朕与卿任之，今日亦须与卿终之。"浚乃以魏胜守海州，陈敏守泗州，戚方守濠州，郭振守六合。治高邮、巢县两城为大势，修滁州关山以扼敌冲，聚水军淮阴，马军寿春，大饬两淮守备。帝召浚子栻入奏事，浚附奏曰："自古有为之君，心腹之臣相与协谋同志，以成治功。今臣以孤踪，动辄掣肘，陛下将安用之？"因乞骸骨。帝览奏，谓栻曰："朕待魏公有加，虽乞去之章日上，朕必不许。"帝对近臣言，必曰魏公，未尝斥其名。每遣使至督府，必令视浚饮食多少，肥瘠如何。至是，帝以符离师溃，乃议讲和。召汤思退为醴泉观使，奉朝请。癸酉，下诏罪己。于是尹穑附汤思退劾张浚，遂降授浚江淮东、西路宣抚使，邵宏渊降官阶，仍前建康都统制。

王十朋上疏言："臣素不识浚，闻其誓不与敌俱生，心实慕之。前因轮对，言金必败盟，乞用浚。陛下嗣位，命督师江淮。今浚遣将取二县，一月三捷，皆服陛下任浚之难。及王师一不利，横议蜂起。臣谓今日之师，为祖宗陵寝，为二帝复仇，为二百年境土，为中原吊民伐罪，非前代好大生事者比，益当内修，俟时而动。陛下恢复志立，固不以一衄为群议所摇，然异论纷纷，浚既待罪，臣岂可尚居风宪之职？乞赐窜殛！”因言：“臣闻近日欲遣龙大渊抚谕淮南，信否？”上曰：“无之。”又言：“闻欲以杨存中为御营使。”上默然。改除十朋吏部侍郎，复出知饶州。

己卯，贬李显忠官，筠州安置。

八月丙寅，陈俊卿以张浚降秩徙治，上疏曰：“若浚不用，宜别属贤将，如欲责其后效，降官示罚可也。今削都督重权，置扬州死地，如有奏请，台谏沮之，人情解体，尚何后效之图？议者但知恶浚而欲杀之，不复为宗社计。愿下诏戒中外协济，使浚自效！”疏入，帝悟，即复浚都督江淮军马。浚遂以刘宝为淮东招抚使。

戊寅，金纥石烈志宁复以书贻三省、枢密院，求海、泗、唐、邓四州地，及岁币，称臣，还中原归正人，即止兵，不然，当俟农隙往战。帝以付张浚，浚言：“金强则来，弱则止，不在和与不和。”汤思退，秦桧党也，急于求和，陈康伯、周葵等皆上疏，谓：“敌意欲和，则我军民得以休息，为自治之计，以待中原之变而图之，是万全之计也。”工部侍郎张阐独曰：“彼欲和，畏我耶？爱我耶？直款我耳！”力陈六害，不可许。帝曰：“朕意亦然，姑随宜应之。”丙戌，遣卢仲贤持报书如金师，云：“海、泗、唐、邓等州，乃正隆渝盟之后，本朝未遣使之前得之。至于岁币，固非所较，第两淮凋瘵之余，恐未如数。”仲贤陛辞，帝戒以勿许四郡，而思退等命许之。张浚奏：“仲贤小人多妄，不可委信。”不听。

冬十月戊午，命廷臣议金帅所言四事，其说不一。帝曰：“四州地、岁币可许，名分、归正人不可从。”

十一月乙丑，卢仲贤至宿州，仆散忠义惧之以威。仲贤惶恐，言归当禀命，遂以忠义贻三省、密院书来，上其画定四事：一，欲通书称叔侄；二，欲得唐、邓、海、泗四州；三，欲岁币银绢之数如旧；四，欲归彼叛臣及归正人。仲贤还，帝大悔。

庚子，汤思退奏以王之望充金国通问使，龙大渊副之，许割弃四州，求减岁币之半。初，之望为都督府参赞军事，奏言：“人主论兵，与臣下不同，惟奉承天意而已。窃观天意，南北之形已成，未易相兼，我之不可绝淮而北，犹敌之不可越江而南也。不若移攻战之力以自守，自守既固，然后随机制变，择利而应之。”思退悦其言，故奏遣之。会右正言陈良翰言：“前遣使已辱命，大臣不悔前失而复遣王之望，是金不折一兵而坐收四千里要害之地，决不可许四郡。若岁币则俟得陵寝然后与，庶为有名。今议未决而之望遽行，恐其辱国不止于仲贤。愿先驰一介往，俟议决然后行，未晚。”帝然之。

癸丑，以胡昉、杨由义为金国通问所审议官。张浚力言金未可和，请帝幸建康，以图进兵。帝乃手诏王之望等，并一行礼物并回，待命境上，而令胡昉等先往，谕金以四州不可割之意。

诏以和戎遣使大询于廷，侍从、台谏与议者凡十有四人，主和者半，可否者半。胡铨独上议曰："京师失守，自汪伯彦、黄潜善主和。完颜亮之变，自秦桧主和。议者乃曰，外虽和内不忘战，此向来权臣误国之言也，一溺于和，不能自振，尚能战乎！"

陈康伯等言："金人来通和，朝廷遣卢仲贤报之，其所论最大者三事：我所欲者，削去旧礼，彼亦肯从；彼所欲者，岁币如数，我不深较；其未决者，彼欲得四州，而我以祖宗陵寝、钦宗梓宫为言，未之与也。乞召张浚归国，特垂咨访，仍命侍从、台谏集议。"帝从之。群臣多欲从金人所请，张浚及虞允文、胡铨、阎安中上疏力争，以为不可与和。汤思退曰："此皆以利害不切于己，大言误国，以邀美名。宗社大事，岂同戏剧！"帝意遂定。浚在道，闻王之望行，上疏力辨其失，曰："自秦桧主和，阴怀他志，卒成逆亮之祸。桧之大罪未正于朝，致使其党复出为恶。臣闻立大事者以人心为本，今内外之议未决，而遣使之诏已下，失中原将士四海倾慕之心，他日谁复为陛下用命哉！人心既失，如水之覆，难以复收，而况于天则不顺，于义则不安，窃为陛下忧之！"不听。

二年（甲申、一一六四）春正月丙午，金帅仆散忠义复以书来议和。

二月，胡昉自宿州还。初，昉至金，金人以失信执之。帝闻昉被执，谓张浚曰："和议不成，天也，自此事当归一矣！"诏王之望以币还。既而仆散忠义以书进，金主览之，曰："行人何罪？"即遣还，边事令元帅府从宜措画。

三月丙戌，诏张浚视师江淮，金军退。初，汤思退恐和议不成，奏请以宗社大计，奏禀上皇而后从事。帝批示三省曰："金无礼如此，卿犹欲议和。今日事势非秦桧时比，卿议论，秦桧不若！"思退大骇，阴谋去浚，遂令王之望等驿奏："兵少粮乏，楼橹器械未备。"又言："委四万众以守泗州，非计。"帝惑之。会户部侍郎钱端礼言："兵者凶器，愿以符离之溃为戒，早决国是，为社稷之计。"乃诏浚行视江淮。时浚所招徕山东、淮北忠义之士以实建康、镇江两军，凡万二千人；万弩营所招淮南壮士及江西群盗，又万余人，陈敏统之，以守泗州。凡要害之地，皆筑城堡，其可因水为险者，皆积水为柜，增置江、淮战舰，诸军弓矢器械悉备。金人方屯重兵，为虚声胁和，有"克日决战"之语。及闻浚复视师，亟撤兵归。于是淮北之来归者日不绝，山东豪杰悉愿受节度。浚以萧琦契丹望族，沉勇有谋，欲令尽领降众，且以檄谕契丹，约为应援。金人益惧。

丁亥，贬卢仲贤，械送郴州编管。张浚遣子栻入奏仲贤辱国无状。帝怒，遂下大理，问其擅许四州之罪，夺三官；寻除名，窜郴州。

夏四月丁丑，罢张浚，判福州。汤思退讽右正言尹穑论浚跋扈，且费国不赀，奏令张深守泗不受赵廓之代为拒命。复论督府参议官冯方，罢之。浚乃请解督府。诏以钱端礼、王之望宣谕两淮，而召浚还。端礼入奏，言："两淮名曰备守，守未必备；名曰治兵，兵未必精。"盖诋浚也。

浚留平江，凡八上疏，乞致仕。帝察浚之忠，欲全其去，乃命以少师、保信节度使判福州。（右）〔左〕（据宋史卷三八七陈良翰传、续纲目、薛鉴改）司谏陈良翰、侍御史周操言浚忠勤，人望所属，不当使去国，皆坐罢。

秋七月己巳，命撤两淮边备。汤思退急欲和好之成，自撤边备，罢筑寿春城，散万弩营兵，辍修海船，毁拆水柜，不推军功赏典，及撤海、泗、唐、邓之戍。

八月，胡铨上疏，言："自靖康迄今，凡四十年，三遭大变，皆在和议，则丑虏之不可与和彰彰矣。肉食鄙夫，万口一谈，牢不可破，非不知和议之害而争言为和者，是有三说焉：曰偷懦，曰苟安，曰附会。偷懦则不知立国，苟安则不戒鸩毒，附会则觊得美官。小大之情状具于此矣！今日之议若成，则有可吊者十，若不成，则有可贺者亦十，请为陛下极言之：何谓可吊者十？真宗皇帝时，宰相李沆谓王旦曰：'我死，公必为相，切勿与虏讲和。吾闻出则无敌国外患，如是者国常亡。若与虏和，自此中国必多事矣！'旦殊不以为然，既而遂和，海内虚耗，旦始悔不用文靖之言。此可吊者一也。中原讴吟思归之人，日夜引领望陛下拯溺救焚，不啻赤子之望慈父母。一与虏和，则中原绝望，后悔何及？此可吊者二也。海、泗，今日之藩篱、咽喉也。彼得海、泗，且决吾藩篱以瞰吾室，扼吾咽喉以制吾命，则两淮决不可保，两淮不保则大江决不可守，大江不守则江、浙决不可安。此可吊者三也。绍兴戊午，和议既成，桧建议，遣二三大臣如路允迪等分往南京等州，交割归地。

一旦叛盟，劫执允迪等，下亲征之诏，虏复请和。其反覆变诈如此，桧犹不悟，奉之如初，事之愈谨，赂之愈厚，卒有逆亮之变，惊动辇毂，太上谋欲入海，行朝居民一空。覆辙不远，忽而不戒，臣恐后车又将覆也。此可吊者四也。绍兴之和，首议决不与归正人。口血未干，尽变前议，凡归正之人一切遣还，如（陈思远）〔程师回〕（据宋史卷三七四胡铨传、薛鉴改）、赵良嗣等，聚族数百，几为萧墙忧。今必尽索归正之人，与之则反侧生变，不与则虏决不肯但已。夫反侧则肘腋之变深，虏决不肯但已则必别起衅端，猝有逆亮之谋，不知何以待之？此可吊者五也。自桧当国二十年间，竭民膏血以饵犬羊，迄今府库无旬月之储，千村万落，生理萧然，重以蝗虫、水潦。自此复和，蠹国害民，殆有甚焉者矣！此可吊者六也。今日之患，兵费已广，养兵之外，又增岁币，且少以十年计之，其费无虑数千亿。而岁币之外，又有私觌之费；私觌之外，又有贺正、生辰之使；贺正、生辰之外，又有泛使。一使未去，一使复来，生民疲于奔命，帑廪涸于将迎。瘠中国以肥虏，陛下何惮而为之？此其可吊者七也。侧闻虏人嫚书，欲书御名，欲去国号'大'字，欲用'再拜'。议者以为繁文小节不必计较，臣窃以为议者可斩也。夫四郊多垒，卿大夫之辱；楚子问鼎，义士之所深耻；'献'、'纳'二字，富弼以死争之。今丑虏横行，与多垒孰辱？国号大、小，与鼎轻、重孰多？'献'、'纳'二字，与'再拜'孰重？臣子欲君父屈己以从之，则是多垒不足辱，问鼎不必耻，'献'、

'纳'不必争。此其可吊者八也。臣恐再拜不已，必至称臣；称臣不已，必至请降；请降不已，必至纳土；纳土不已，必至衔璧；衔璧不已，必至舆榇；舆榇不已，必至如晋帝青衣行酒，然后为快！此其可吊者九也。事至于此，求为匹夫，尚可得乎！此其可吊者十也。窃观今日之势，和决不成，傥能独断，追回使者魏杞、康湑等，绝请和之议以鼓战士，下哀痛之诏以收民心，天下庶乎其可为矣。如此，则有可贺者亦十:省数千亿之岁币，一也。专意武备，足兵食，二也。无书名之耻，三也。无去大之辱，四也。无再拜之屈，五也。无称臣之忿，六也。无请降之祸，七也。无纳土之悲，八也。无衔璧、舆榇之酷，九也。无青衣行酒之惨，十也。去十吊而就十贺，利害较然，虽三尺童稚亦知之，而陛下不悟！春秋左氏谓无勇者为妇人，今日举朝之士皆妇人也。如以臣言为不然，乞赐流放窜殛，以为臣子出位犯分之戒。"

壬午，遣宗正少卿魏杞如金议和，书称"侄大宋皇帝某再拜奉于叔大金皇帝"，岁币二十万。帝面谕杞曰："今遣使一正名，二退师，三减岁币，四不发归附人。"杞条陈十七事拟问对，帝随事画可。陛辞，奏曰："臣将旨出疆，岂敢不勉，万一无厌，愿速加兵。"帝善之。钱端礼又请遣国信所大通事王抃如金师，持周葵书，致于仆散忠义及纥石烈志宁。

九月癸卯，命汤思退都督江淮军马，不果行。初，思退急于求和，讽侍御史尹穑言，乞置狱，取不肯撤备及弃地者二十余人论罪，因擢穑谏议大夫。至是，命思退都督江淮，固辞不行。乙巳，复命杨存中为同都督。

冬十月辛巳，金兵复渡淮。初，汤思退以帝悔悟，恐事不成，阴遣孙造谕敌以重兵胁和，金仆散忠义等遂议渡淮。始，魏杞行次盱眙，忠义遣赵房长问杞所以来之意，求观国书。杞曰："书，御封也，见主，当廷授。"房长驰白忠义，疑国书不如式；又求割商、秦之地及归正人，且欲岁币二十万。杞以闻，帝命尽依初式，许割四州，岁币亦如其数，再易国书，忠义犹以未如所欲。至是，与纥石烈志宁分兵自清河口以犯楚州，都统制刘宝弃城遁。时知楚州魏胜奉诏专一措置清河口。金人乘间以舟载器甲糗粮，自清河出，欲侵边。胜觇知之，帅忠义士拒于河口。金兵诈称欲运粮往泗州，由清河口入淮。胜欲御之，刘宝戒以方议和，不可。

十一月乙酉，金兵轶境，魏胜帅诸军拒于淮阳，自卯至申，胜负未决。金徒单克宁帅生兵至，胜与力战，矢尽，依土阜为阵，谓士卒曰："我当死此，得脱者归报天子！"乃令步卒居前，骑兵为殿，至淮阴东十八里，中矢，坠马死，楚州遂陷。金人入濠、滁州，都统制王彦弃昭关走。

庚寅，以杨存中都督江淮军马。时诸军各守分地，不相统一，存中集诸将调护之，于是始更相为援。朝议欲舍淮保江，存中持不可，乃已。

辛卯，汤思退罢，落职永州居住。太学生张观等七十二人上书，谓："思退及王之望、尹穑奸邪误国，钩致敌人之罪，乞斩三人，以谢天下。并窜其党洪适、晁公武，而用陈康伯、胡铨、陈良翰、王十朋、金安节、虞允文、王大宝、陈俊卿、黄中、龚茂良、张栻，以济大计。”思退行至信州，闻之，忧悸而死。戊戌，复以陈康伯为尚书左仆射同平章事兼枢密使。时金兵犯淮，人情惊骇。张浚已卒，皆望康伯复相，故有是命。

癸卯，遣王之望劳师江上。

丙辰，王（汴）〔抃〕（据宋史卷四七〇本传、续纲目、薛鉴改。下同）见金二帅，得报书以归。

乙亥，王之望罢。先是，金人至扬州，或请击之，杨存中不敢渡江，独临江固垒以自守。之望与汤思退表里，专以割地啖敌为得计。帝诏督府择利害击金军，之望下令诸将，不得妄进。言者论之，遂罢。

丙子，王（忭）〔抃〕使金，持陈康伯报书以行。

十二月丙申，以金人议和，下诏曰：“比遣王（忭）〔抃〕，远抵颍滨，得其要约。寻澶渊盟誓之信，仿大辽书题之仪，正皇帝之称，为叔侄之国。岁币减十万之数，地界如绍兴之时。怜彼此之无辜，约叛亡之不遣，可使归正之士，咸起宁居之心。重念数州之民，罹此一时之难，老稚有荡析之灾，丁壮有系累之苦，宜推荡涤之宥，少慰凋残之情。应沿边被兵州军，除逃遁官吏不赦外，余并放遣。”洪适所草也。论者谓前日之所贬损，四方盖未闻知，今著之赦文，失国体矣。

乾道元年（乙酉、一一六五）三月，魏杞还自金。初，杞至燕山，金馆伴张恭愈以国书称“大宋”，胁杞去“大”字。杞拒之，具言：“天子神圣，才杰奋起，人人有敌忾意。北朝用兵，能保必胜乎？”金君臣环听拱竦。金主许损岁币，不发归正人，命元帅府罢兵分戍。杞卒正敌国礼而还，帝慰藉甚厚。

夏四月庚子，金报问使完颜仲等入见。

十一月，诏收两淮流散忠义人。

三年（丁亥、一一六七）五月乙亥，金遣使来取被俘人。诏：“实俘在民间者还之，军中人及叛亡者不与。”

六年（庚寅、一一七〇）闰五月，以起居郎范成大为金国祈请使，求陵寝地及更定受书礼，盖泛使也。初，绍兴要盟之日，金先约毋得擅易大臣，秦桧益思媚金，礼文多可议者，而受书之仪特甚。凡金使者至，捧书升殿，北面立榻前跪进，帝降榻受书，以授内侍。金主初立，使者至，陈康伯令伴使取书以进。及汤思退当国，复循绍兴故事。帝尝悔恨，每欲遣泛使直之，陈俊卿既屡谏不听，罢去。至是，乃令成大使金。临行，帝谓之曰：“朕以卿气宇不群，亲加选择。闻外议汹汹，官属皆惮行，有诸？”成大对曰：“无故遣泛使，近于起衅，不执则戮。臣已立后，为不还计！”帝愀然曰：“朕不败盟发兵，何至害卿？啮雪餐毡或有之！”成大奏乞国书并载受书（札）〔礼〕（据薛鉴改）一节，弗许，遂行。

辛卯，吏部尚书陈良祐论奏：“陛下恢复之志未尝忘怀，然词莫贵于佥同，不可不察，博访归于独断，不可不审，固有以用众而兴，亦有以用众而亡，固有以独断而成，亦有以独断而败。今遣使乃启衅之端，万一敌骑犯边，则民力困于供输，州郡疲于调发，兵连祸结，未有息期。将帅庸鄙，类乏远谋，对君父则言效死，临战阵则各求生，有如符离之役，不战自溃，瓜洲之遇，望敌惊奔，孰可仗者？此臣所以未敢保其万全。且（金）〔今〕之求地，欲得河南，曩岁尝归版图，不旋踵而又失。如其不许，徒费往来，若其许我，必邀重币，经理未定，根本内虚，又将随而取之矣。向之四郡，得之亦难，尚不能有，今又无故而求侵地，陛下度可以虚声下之乎？况止求陵寝，地在其中，曩亦议此，观其答书，几于相戏。凡此二端，皆是启衅，必须遣使，则祈取钦宗梓宫，犹为有辞。内（事）〔视〕（以上二条并据宋史卷三八八陈良祐传改）不足，何暇事外？迩者未怀，岂能绥远？”奏入，忤旨，贬瑞州居住，寻移信州。

起居郎张栻入对，帝曰：“卿知敌国事乎？”栻对曰：“不知也。”帝曰：“金国饥馑连年，盗贼四起。”栻曰：“金人之事，臣虽未知，境内之事，则知之矣。”帝曰：“何也？”栻曰：“臣窃见比年诸道多水旱，民贫日甚，而国家兵弱财匮，官吏诞谩，不足倚赖。正使彼实可图，臣惧我之未足以图彼也。”帝默然久之，栻复奏曰：“臣窃谓陵寝隔绝，诚臣子不忍言之至痛。然今日未能奉辞以讨之，又不能正名以绝之，乃欲卑辞厚礼以求于彼，则于大义已为未尽，而或犹以为忧者，盖见我未有必胜之形故也。夫必胜之形当在于蚤正素定之时，而不在于两阵决机之日。

今日但当下哀痛之诏，明复仇之义，显绝金人，不与通使。然后修德立政，用贤养民，选将练兵，以内修外攘，进战退守，通为一事，必治其实而不为虚文，则必胜之形隐然可见，虽有浅陋畏怯之人，亦且奋跃而争先矣。”帝深纳之。

九月壬辰，范成大至自金。初，成大至金，密草奏具言受书式，并求陵寝地，怀之入。初进国书，辞气慷慨，金君臣方倾听，成大忽奏曰：“两国既为叔侄，而受书礼未称，臣有疏。”搢笏出之。金主大骇，曰：“此岂献书处耶？”左右以笏摽起之，成大屹不动，必欲书达。既而归馆所，金庭纷然，其太子允恭欲杀成大，或劝止之。其复书略云：“和好再成，界河山而如旧，缄音遽至，指巩、洛以为言。既云废祀，欲伸追远之怀，止可奉迁，即俟克期之报。至若未归之旅榇，亦当并发于行涂。抑闻附请之辞，欲变受书之礼，于尊卑之分何如，顾信誓之诚安在？”于是二事皆无成功。

宋史纪事本末卷七十八

孝宗朝廷议

孝宗隆兴元年（癸未、一一六三）冬十月辛巳，召朱熹入对垂拱殿。

先是，帝即位，诏中外臣庶陈时政阙失。熹时监南岳庙，上封事，首言："帝王之学，必先格物致知，以极夫事物之变，使义理所存，纤悉毕照，则自然意诚、心正，而可以应天下之务。"次言："修攘之计不时定者，讲和之说误之也。夫金虏于我有不共戴天之仇，则其不可和也，义理明矣。而或者犹为是说者，其意必曰，今根本未固，形势未成，进未有可以恢复中原之策，退未有可以备御冲突之方，故不得已而出于此，因得以其间，从容兴补而大为之备。以臣策之，则议者所谓根本未固，形势未成，进不能攻，退不能守，何为而然哉？正以有讲和之说故也。此说不罢，则天下事无一可成之理。何哉？进无生死一决之计，而退有迁延中已之资，则人之情虽欲勉强自力于进为，而其气固已涣然离沮而莫之应，气为势所分，志为气所夺也。故今日讲和之说不罢，则陛下之励志必浅，大臣之任责必轻，将士之赴功必缓，官人百吏之奉承必不能悉其心力以听上之所欲为。然则根本终欲何时而固，形势终欲何时而成，恢复又何时而可图，守备又何时而可恃哉！其不可冀明矣。臣愿陛下断以义理之公，参以利害之实，罢黜和议，追还使人，自今以往，闭门绝约，任贤使能，立纪纲，厉风俗，使吾修政事、攘夷狄之外，了然无一毫可恃以为迁延中已之资，而不敢怀顷刻自安之意。然后将相军民，远近中外，无不晓然知陛下之志必于复仇启土，而无玩岁愒日之心，更相激励，以图事功。数年之外，志定气饱，国富兵强，于是视吾力之强弱，观彼衅之浅深，徐起而图之，中原故地，不为吾有而将焉往！”次言：“四海利病系斯民之休戚，斯民之休戚系守令之贤否。监司者守令之纲，朝廷者监司之本，欲斯民之得其所，本原之地亦在朝廷而已。今之监司奸赃狼藉肆虐以病民者，莫非宰执、台谏之亲旧宾客，顾陛下无自而知之耳！”上异其言。

至是，召熹入对。熹复陈三札，一言：“大学之道，本于格物。格物者穷理之谓也。谓之理则无形而难知，谓之物则有迹而易睹。必因物求理，使了然无毫发之差，则应事自然无毫发之谬。是以意诚、心正而身修，家齐、国治而天下平。今劝讲之臣所以闻于陛下者，不过记诵词章之习，而陛下又不过求之老子、释氏之书。是以虽有生知之性，高世之行，而未能随事以观理，故天下之理，多所未察。未能即理以应事，故天下之事，多所未明。是以举措之间，动涉疑贰，听纳之人，未免蔽欺，由不讲乎大学之道，而溺心于浅近虚无之过也。愿博访真儒知此道者，讲而明之，则今日之务，所当为者不得不为，所不当为者不得不止。”次言：“今之论国计者有三，曰战，曰守，曰和。此三说者，是非相攻，可否相夺。谈者各饰其私，听者不胜其眩，由不折衷于义理之根本，而驰骛于利害之末流故也。君父之仇不共戴天者，乃天之所覆，地之所载，凡有君臣、父子之性者，发于至痛不能自已之同情，而非专于一己之私也。国家之与北虏，其不可与共戴天，明矣。今日所当为者，非战无以复仇，非守无以制胜。此皆天理之自然，非人欲之私忿也。”三言：“先王制驭夷狄之道，其本不在威强而在乎德业，其备不在边境而在乎朝廷，其具不在兵食而在乎纪纲。愿开纳谏诤，黜远邪佞，杜塞幸门，安固邦本。四者为急先之务，庶几形势自强，而恢复可冀矣。”时朝廷遣王之望使虏约和未还，宰臣汤思退等皆主和议，而近习曾觌、龙大渊招权，故奏及之。三札所陈，不出封事之意而加剀切焉。熹初读第一札，上为动容听纳，至第二札论复仇之义，上遂默然。

淳熙四年（丁酉、一一七七）三月己酉，吕祖谦入对，上言曰：“夫治道体统，上下内外不相侵夺而后安。向者陛下以大臣不胜任而兼行其事，大臣亦皆亲细务而行有司之事，外至监司守令职任，率为其上所侵，而不能令其下。故豪猾玩官府，郡县忽省部，掾属凌长吏，贱人轻柄臣。平居未见其患，一（日）〔旦〕（据宋史卷四三四吕祖谦传、薛鉴改）有急，谁指麾而伸缩之耶！如曰臣下权任大重，惧其不能无私，则有给舍以出纳焉，有台谏以纠正焉，有侍从以询访焉，傥得端方不倚之人分处之，且无专恣之虑，何必屈至尊以代其劳哉！人之关鬲脉络少有壅滞，久则生疾。陛下于左右虽不劳操制，苟玩而弗虑，则声势浸长，趋附浸多，过咎浸积，内则惧为陛下所谴而益思壅蔽，外则惧为公论所疾而益肆诋排。愿陛下虚心以求天下之士，执要以总万事之机，勿以图任或误而谓人多可疑，勿以聪明独高而谓智足遍察，勿详于小而忘远大之计，勿忽于近而忘壅蔽之萌。”又言：“国朝治体，有远过前代者，有视前代为未备者。夫以宽大忠厚建立规模，以礼逊节义成就风俗，此所谓远过前代者也。故于俶扰艰危之后，驻跸东南逾五十年，无纤毫之虞，则根本之深可知矣。然文治可观，而武绩未振，名胜相望，而干略未优。故虽昌炽盛大之时，此病已见，是以元昊之难，范、韩皆极一时之选，而莫能平殄，则事功之不競从可知矣。臣谓今日事体，视前代未备者，固当激励而振起，视前代远过者，尤当爱护而扶持。”帝善之。

六年（己亥、一一七九）夏，旱，诏求直言。知南康军朱熹上疏，略曰：“天下之务莫大于恤民，而恤民之本在人君正心术以立纪纲。盖纪纲不能以自立，必人主之心术公平正大，无偏党反侧之私，然后有所系而立。君心不能以自正，必亲贤臣，远小人，讲明义理，闭塞私邪，然后可得而正。今宰相、台省、师傅、宾友、谏诤之臣皆失其职，而陛下所与亲密谋议者不过二三近习之臣。上以蛊惑陛下之心志，使陛下不信先王之大道，而悦于功利之卑说，不乐庄士之谠言，而安于私暬之鄙态；下则招集士大夫之嗜利无耻者，文武汇分，各入其门，所喜则阴为引援，擢置清显，所恶则密行訾毁，公肆挤排。交通货赂，所盗者皆陛下之财；命卿置将，所窃者皆陛下之柄。陛下所谓宰相、师傅、宾友、谏诤之臣，或反出其门墙，承望其风旨，其幸能自立者，亦不过龊龊自守，而未尝敢一言以斥之。其甚畏公论者，乃能略警逐其徒党之一二，既不能深有所伤，而终亦不敢正言以捣其囊橐窟穴之所在。势成威立，中外靡然向之，使陛下之号令黜陟不复出于朝廷，而出于一二人之门，名为陛下独断，而实此一二人者阴执其柄。盖其所（怀）〔坏〕（据中兴两朝编年纲目、历代名臣奏议卷五三改），非独坏陛下之纪纲而已，并与陛下所以立纪纲者而坏之。使天下之忠臣贤士，深忧永叹，不乐其生，而贪利无耻敢于为恶之人，四面纷然，攘袂而起，以求逞其所欲。然则民又安得而恤，财又安得而理，军政何自而修，土宇何自而复，宗社之仇耻又何自而雪耶？”帝读之大怒，曰：“是以我为亡也！”熹以疾请祠，不报。谕赵雄令分析。雄言于帝曰：“士之好名者，陛下疾之愈甚，则人之誉之者愈众，无乃适所以高之？不若因其长而用之，彼渐当事任，能否自见矣。”帝以为然，熹任职如故。

八年（辛丑、一一八一）十一月己亥，朱熹奏事延和殿。熹去国二十年，复得见上，极陈灾异之由，与夫修德任人之说，凡两札。大略谓：“陛下临御二十年间，水旱、盗贼，略无宁岁。意者，德之崇未至于天欤？业之广未及于地欤？政之大者有未举，而小者无所系欤？刑之远者或不当，而近者或幸免欤？君子有未用，而小人有未去欤？大臣失其职，而贱者窃其柄欤？直谅之言罕闻，而谄谀者众欤？德义之风未著，而污贱者骋欤？货赂或上流，而恩泽不下究欤？责人或已详，而反躬有未至欤？夫必有是数者，而后足以召灾而致异，而陛下未悟也。”又言：“陛下即政之初，盖尝选建豪英，任以政事。不幸其间不能尽得其人，是以不复广求贤哲，而姑取软熟易制之人以充其位。于是左右私亵，使令之贱，始得以奉燕闲，备驱使，而宰相之权日轻。又虑其势有所偏，而因重以壅己也，则时听外庭之论，以阴察此辈之负犯而操切之。陛下既未能循天理公圣心以正朝廷之大体，则固已失其本矣，而又欲兼听士大夫之公言，以为驾驭之术。则士大夫之进见有时，而近习之从容无间，士大夫之礼貌既庄而难亲，其议论又苦而难入，近习便嬖侧媚之态既足以蛊心志，其胥吏狡狯之术又足以眩聪明，此其生熟甘苦既有所分，恐陛下未及施其驾驭之术而已堕其计中矣。是以虽欲微抑此辈，而此辈之势日重，虽欲兼采公论，而士大夫之势日轻。重者既挟其重以窃陛下之权，轻者又借力于所重以为窃位固宠之计。中外相应，更济其私，日往月来，浸淫耗蚀，使陛下之德业日隳，纪纲日坏，邪佞充塞，货赂公行，兵愁民怨，盗贼间作，灾异数见，饥馑荐臻。群小相挺，人人皆得满其所欲，惟有陛下了无所得，而国家顾乃独受其弊!”上为动容竦听。熹因条陈救荒之策，画为七事以进，上皆纳之。又下熹“社仓法”于诸路。

“社仓法”者，先是乾道中，熹里居，值饥民艰食，请于府，得常平米六百石，赈贷，夏受粟于仓，冬则加息计米以偿。自后随年敛散，歉蠲其息之半，大饥则尽蠲之。凡十有四年，以元数六百石还官，见储米三千一百石以为社仓，不复收息，每石止收耗米三升。以故一乡四五十里间，虽遇歉年，民不缺食。其法以十家为甲，甲推一人为首，五十家则推一人通晓者为社首。其逃军及无行之士与有税粮衣食不缺者，并不得入甲。其应入甲者，又问其愿与不愿，愿者开具一家大小口若干，大口一石，小口五斗，五岁以下者不预，置籍以贷之。其以湿恶不实还者有罚。

十一年（甲辰、一一八四）〔三月〕（据薛鉴补），删定官陆九渊上殿轮对，进五札。其一曰：“臣读典、谟大训，见其君臣之间，都、俞、吁、咈，相与论辨，各极其意，了无忌讳嫌疑，于是知事君之义当无所不用其情。唐太宗即位之初，魏徵为尚书右丞，或毁征以阿党亲戚者。太宗使温彦博按讯，非是。彦博言征为人臣，不能著形迹，远嫌疑，心虽无私，亦有可责。太宗使彦博责征，且曰：‘自今宜存形迹。’征入见曰：‘臣闻君臣同德，是谓一体，宜相与尽诚。若上下但存形迹，则邦之兴衰未可知也！’太宗瞿然曰：‘吾已悔之。’数年之间，蛮夷君长，带刀宿卫，外户不闭，商旅野宿，非偶然也。唐太宗固未足为陛下道，然其君臣之间，一能如此，即之著成效。陛下天锡勇智，隆宽尽下，远追尧、舜，宜不为难，而临御二十余年，未有太宗数年之效，版图未归，仇耻未复，生聚教训之实，可谓寒心！执事者方雍雍于于，以簿书期会之隙，与造请乞怜之人，俯仰酬酢而不倦，道雨旸时若，有咏诵太平之意。臣窃惑之！臣诚恐因循玩习之久，薰蒸渐渍之深，虽陛下刚健，亦不能不销蚀也，凤凰之所以能高飞者在六翮。臣以陛下无以今日所进为如是足矣，而博求天下之俊硕，相与讲论道经邦之职，将见无愧于唐、虞之治朝，而唐太宗诚不足为陛下道。”其二曰：“臣少读汉武帝策贤良诏，至所谓‘任大而守重’，尝窃叹曰：‘汉武帝亦安知所谓任大而守重者！’自秦而降，言治者称汉、唐，汉、唐之治，虽其贤君，亦不过因陋就简，无卓然志于道者。因陋就简，何大何重之有？今陛下卓然有志于道，真所谓任大而守重。道在天下，固不可磨灭，然人能弘道，非道弘人。今陛下羽翼未成，则臣恐陛下此志亦不能自遂。陛下此志不遂，则宜其治功之不立，日月逾迈，而骎骎然反出汉、唐贤君之下也。神龙弃沧海，释风云，而与鲵鳅较技于尺泽，理必不如。臣愿陛下益致尊德乐道之诚，以遂初志，则岂惟今天下之幸，千古有光矣！”其三曰：“臣尝谓事之至难莫如知人。人主诚能知人，则天下无余事矣。管仲尝〔三〕

（据薛鉴补）战三北，三仕三见逐于君，鲍叔何所见而遂使小白置弯弓之怨，释拘囚而相之？韩信家贫无行，不得推择为吏，不能自业，见弃于人，寄食出胯，萧相国何所见而必使汉王拔于亡卒之中，斋戒设坛而拜之？陆逊，吴中年少书生耳，吕蒙何所见而必使孙仲谋度越诸老将而用之？诸葛孔明耕隆中，徐庶何所见而必欲屈先主枉驾顾之？此四人者，自其已成之效观之，童子知其非常士也，当其穷困未遇之时，臣谓常人之识必无能知之理。人之知识若登梯然，进一级所见逾广，上者能兼下之所见，下者必不能如上所见。陛下诚能坐进此道，使古今人品了然于心目，则四子之事又岂足为陛下道哉！若犹屈凤翼于鸡鹜之群，日与琐者共事，信其俗耳庸目，以是非古今，臧否人物，则非臣之所敢知也。”其四曰：“臣尝谓天下之事，有可立致者，有当驯致者。旨趣之差，议论之失，是惟不悟，悟者则可以立致。至如救宿弊之风俗，正久隳之法度，虽大舜、周公复生，亦不能一旦尽如其意。惟其趋向既定，规模既立，徐图渐治，磨以岁月，乃可望其丕变，此则所谓当驯致者。日至之时，阳气即应，此立致之验也。大冬不能一日而为大夏，此驯致之验也。凡事不合天理不当人心者，必害天下，效见之著，无智愚皆知其非。然或者明不烛理，量不容物，一旦不胜其忿，骤为变更，其祸败往往甚于前日。后人惩之，乃谓无可变更之理，真所谓惩羹吹齑，因噎废食者也。自秦、汉以来，治道庞杂，而甘心怀愧于前古者，病正坐此。岁在壬辰，臣省试对策，首篇大抵言，古事是非初不难论，但论于今日多类空言，事体辽绝，形势隔塞，无可施行。末章有云：‘然则三代之政，其终不可复哉，顾当为之以渐，而不可骤耳。有包荒之量，有冯河之勇，有不遐遗之明，有朋亡之公，于复三代乎何有！’臣乃今日复请为陛下诵之。”其五曰：“臣闻人主不亲细事，故皋陶赓歌致丛脞之戒，周公作立政，称文王罔攸兼于庶言、庶狱、庶事。唐德宗亲择吏宰畿邑，柳浑曰：‘陛下当择臣辈以辅圣德，臣当选京兆尹以承大化，尹当求令长以亲细事。代尹择令，非陛下所宜。’此言诚得皋陶、周公之旨。今陛下米盐靡密之务，往往皆上累宸听。臣谓陛下虽得皋陶、周公，亦何暇与之论道经邦哉！荀卿子曰：‘主好要，则百事详；主好详，则百事荒。’臣观今日之事，有宜责之令者，令则曰：‘我不得自行其事。’有宜责之守者，守亦曰：‘我不得自行其事。’推而上之，莫不皆然。文移往复，互相牵制，其说曰所以防私，而行私者方藉是以藏奸伏慝，使人不可致诘焉。尽忠竭力之人欲举其职，则苦于隔绝而不得遂其志。以陛下之英明，焦劳于上，而事势之在天下者，皆不能如陛下之志，则岂非好详之过耶？此臣所谓旨趣之差，议论之失，而可以立变者也。臣谓必深惩此失，然后能遂求道之志，致知人之明，陛下虽垂拱无为而百事治矣！”上反覆赞叹。

十二年（乙巳、一一八五）五月庚寅，地震。尚书左郎官杨万里应诏上书曰：“臣闻言有事于无事之时，不害其为忠，言无事于有事之时，其为奸大矣。南北和好逾二十年，一旦绝使，敌情不测，而或者曰：‘彼有五单于争立之祸。’又曰：‘彼有匈奴困于东胡之祸。’既而皆不验。道途相传，缮汴京城池，开海州漕渠，又于河南、北佥民兵，增驿骑，制马枥，籍井泉，而吾之间谍不得以入，此何为者耶？臣所谓言有事于无事之时者一也。或谓金主北归，可为中国之贺，臣以中国之忧正在乎此。此人北归，盖惩创于逆亮之空国而南侵也，将欲南之，必固北之，或者以身镇抚其北，而以其子与婿经营其南也。臣所谓言有事于无事之时者二也。臣窃闻论者或谓，缓急淮不可守则弃淮而守江。是不然。昔者吴与魏力争而得合肥，然后吴始安。李煜失滁、扬二州，自此南唐始蹙。今日弃淮而保江，既无淮矣，江可得而保乎？臣所谓言有事于无事之时者三也。今淮东、西凡十五郡，所谓守帅，不知陛下使宰相择之乎？使枢廷择之乎？使宰相择之，宰相未必为枢廷虑也；使枢廷择之，则除授不自宰相也。一则不为之虑，一则不自己出，缓急败事，则皆曰非我也。陛下将责之谁乎！臣所谓言有事于无事之时者四也。且南北各有长技，若骑若射，北之长技也；若舟若步，南之长技也。今为北之计者，日缮治其海舟，而南之海舟则不闻缮治焉。或曰吾舟素具也，或曰舟虽未具而惮于扰也。绍兴辛巳之战，山东、采石之功，不以骑也，不以射也，不以步也，惟舟而已。当时之舟，今可复用乎？且夫斯民一日之扰，与社稷百世之安危，孰轻孰重？事固有大于扰者也。臣所谓言有事于无事之时者五也。陛下以今日为何等时耶？金人日逼，疆场日扰，而未闻防金人者何策，保疆埸者何道，但闻某日修某礼文也，某日进某书史也。是以乡饮理军，以干羽解围也。臣所谓言有事于无事之时者六也。臣闻古者人君，人不能悟之，则天地能悟之。今也国家之事，敌情不测如此，而君臣上下处之如太平无事之时，是人不能悟之矣，故上天见灾异，异时荧惑犯南斗，迩日镇星犯端门，荧惑守羽林。臣书生，不晓天文，未敢以为必然也，至于春正月，日青无光，若有两日相摩者，兹不曰大异乎？然天犹恐陛下不信也，至于春日载阳，复有雨雪杀物，兹不曰大异乎？然天犹恐陛下又不信也，乃五月庚寅，又有地震，兹又不曰大异乎？且夫天变在远，臣子不敢奏也，不信可也；地震在外，州郡不敢闻也，不信可也。今也，天变频仍，地震辇毂，而君臣不闻警惧，朝廷不闻咨访。人不能悟之，则天地能悟之。臣不知陛下于此悟乎？否乎？臣所谓言有事于无事之时者七也。自频年以来，两浙最近则先旱，江、淮则又旱，湖广则又旱。流徙相续，道殣相枕，而常平之积，名存而实亡，入粟之令，上行而下慢。静而无事，未知所以赈救之，动而有事，将何所仰以为资耶？臣所谓言有事于无事之时者八也。古者足国裕民，惟食与货。今之所谓钱者，富商巨贾，阉宦权贵，皆盈室以藏之，至于百姓、三军之用，惟破楮券尔。万一如唐泾原之师，因怒粝食，蹴而覆之，出不逊语，遂起朱泚之乱，可不为寒心哉！臣所谓言有事于无事之时者九也。古者立国必有可畏，非畏其国也，畏其人也。故苻坚欲图晋，而王猛以为不可，谓谢安、桓冲，江左之望，是存晋者二人而已。异时名相如赵鼎、张浚，名将如岳飞、韩世忠，此金人所惮也。近时刘珙可用则早死，张栻可用则沮死，万一有缓急，不知可以督诸军者何人？可以当一面者何人？而金人之所素畏者又何人也？或者谓人之有才，用而后见。臣闻之记曰：'苟有车，必见其式。苟有言，必闻其声。'今曰有其人而未闻其可将可相，是有车而无式，有言而无声也。且夫用而后见，非临之以大安危，试之以大胜负，则莫见其用也。平居无以知其人，必待大安危、大胜负而后见焉，成事幸矣，万一败事，悔何及耶？昔者谢玄之北御苻坚，而郄超知其必胜；桓温之西伐李势，而刘惔知其必取。盖玄履屐之间无不当其任，温于蒱博，不必得则不为，二子于平居无事之日，盖必有以察其小而后信其大也，岂必大用而后见哉！臣所谓言有事于无事之时者十也。愿陛下超然远见，昭然早寤：勿恃圣德之崇高，而增其所未能；勿恃中国之生聚，而严其所未备；勿以天地之变异为适然，而法宣王之惧灾；勿以臣下之苦言为逆耳，而体太宗之导谏；勿以女谒近习之害政为细故，而监汉、唐季世致乱之由；勿以仇雠之包藏为无他，而惩宣、政晚年受祸之酷，责大臣以通知边事军务，如富弼之请；勿以东、西二府异其心，委大臣以荐进谋将，如萧何所奇；勿以文、武两途而殊其辙；勿使赂宦者而得旄节，如唐大历之弊；勿使货近幸而得招讨，如梁段凝之败；以董蜀之心而董荆、襄，使东西形势之相接；以保江之心而保两淮，使表里唇齿之相依；勿以海道为无虞，勿以大江为可恃，增屯聚粮，治舰扼险；君臣之所咨访，朝夕之所讲求，姑置不急之务，唯专备敌之策，庶几上可消于天变，下可不堕于敌奸。然天下之事，有本根，有枝叶。臣前所陈，枝叶而已，所谓本根，则人主不可以自用。人主自用则人臣不任责，然犹未害也，至于军事，而犹曰：'谁当忧此，吾当自为。'今日之事，将无类此。传曰：'水木有本原。'圣学高明，愿留心于所以为本原者焉！"

十五年（戊申、一一八八）十二月，朱熹上封事，言大本、急务。"大本者陛下之心；急务则辅翼太子，选任大臣，振举纪纲，变化风俗，爱养民力，修明军政，六者是也。臣辄以陛下之心为天下之大本者，何也？天下事千变万化，其端无穷，而无一不本于人主之心者，此自然之理也。人主之心既正，则视明听聪，周旋中礼，而身无不正。是以所行无过不及，而惟执其中，虽以天下之大，而无一人不归吾之人者。然邪正之验著于外者，莫先于家人，而次及于左右，然后有以达于朝廷而及于天下。若宫闱之内，端庄斋肃，后妃有关雎之德，后宫无盛色之讥，贯鱼顺序，而无一人敢恃恩私以乱典常，纳贿赂而行请谒，此则家之正也。贵戚近臣，携仆奄尹，陪侍左右，各恭其职，而上惮不恶之严，下谨覆盆之戒，无一人敢通内外，窃威福，招权市宠，以紊朝政，此则左右之正也。内自禁省，外彻朝廷，二者之间，洞然无有毫发私邪之间，然后发号施令，群听不疑，进贤退奸，众志咸服，纪纲得以振而无侵挠之患，政事得以修而无阿私之失，此朝廷、百官、六军、万民无敢不出于正，而治道毕也。心一不正，则是数者固无从而得其正，是数者一有不正而曰心正，则亦安有是理哉！宫省事禁，臣固有不得而知者，然不见其形而视其影，则爵赏之滥，货赂之流，闾巷窃言，久已不胜其籍籍矣。臣窃以是窥之，则陛下所以修之家者，恐未有以及古之圣王也。至于左右便嬖之私，恩遇过当，往者渊、觌、说、抃之徒，势焰熏灼，倾动一时，今已无可言矣，独有前日臣所面奏者，虽蒙陛下委曲开譬，然臣之愚终窃以为，此辈但当使之守门传令，供扫除之役，不当假借崇长，使得逞邪媚、作淫巧于内，以荡上心，立门庭、招权势于外，以累圣政。而其有才无才，有罪无罪，自不当论，况其有才适所以为奸，有罪而不可复用乎！臣之痛心，始者惟在于此，比至都城，则又知此曹之用事者，非独此人，而侍从之臣盖已有出其门者矣。至其纳财之途，则又不于士大夫而专于将帅。陛下竭生灵之膏血以养军士，本非得已，而为将帅者，巧立名色，头会箕敛，阴夺其粮赐，而行货赂于近习，以图进用。此既厌足矣，然后时以薄少号为羡余，阴奉燕私之费，以嫁士卒怨怒之毒于陛下。而陛下不悟，反宠昵之，以是为我之私人，至使宰相不得议其制置之得失，给谏不得论其除授之是非。以此而观，则陛下所以正其左右，未及古帝王又明矣。且私之得名，何为也哉，据己分之所独有，而不得以通乎其外之称也。匹夫以一家为私，诸侯以一国为私，至于天子，则穷覆极载，莫非己分之所有，而无外之不通矣，又何以私为哉！今以不能胜其一念之邪而至于有私心，以不能正其家人近习之故而至于有私人，以私心用私人则不能无私费；于是内损经费之入，外纳羡余之献，而至于有私财。陛下上为皇天之所子，全付所覆，使其无有私而不公之处，其所以与我者，亦不细矣，乃不能充其大，而自为割裂以狭小之，使天下万事之弊莫不由此而出，是岂不可惜也哉！若以时势之利害言之，则天下之势，合则强，分则弱，故诸葛亮之告其君曰：'宫中、府中，俱为一体，陟罚臧否，不宜异同。若有作奸犯科，及为忠善者，宜付有司，论其刑赏，以昭陛下平明之理。不宜偏私，使内外异法也。'当是之时，昭烈父子以区区之蜀，抗衡天下十分之九，规取中原，以兴汉室。以亮忠智，为之深谋，而其策不过如此。夫以蜀之小，而于其中又以公私自分彼此，如两国然，则是将以梁、益之半，图吴、魏之全。又且内小人而外君子，废法令而保奸回，则是此两国者，又自相攻，而其内之私者常胜，外之公者常负也。外有邻敌之虞，内有阴邪之寇，日夜夹攻而不置，为国家者亦已危矣。夫以义理言之既如彼，以利害言之又如此，则今日之事如不早正，臣恐陛下之心虽劳于求贤，而贤人终不得用，所用者皆庸谬憸巧之人，虽勤于立政，而善政必不得立，所行者皆阿私苟且之政，日往月来，养成祸本，臣窃寒心，不知陛下何以善其后也！然则臣之所谓天下大本惟在陛下之一心者，可不汲汲皇皇而求有以正之哉！至于辅翼太子之说，则臣窃怪陛下所以调护东宫者，何其疏略之甚也。夫立太子而不置师傅、宾客，则无以发其隆师、亲友、尊德、乐义之心，独使春坊使臣得侍左右，则无以防其戏慢媟狎、奇衺杂进之害。至于皇孙，德性未定，又非皇太子之比。谓宜深诏大臣，讨论前代典故，东宫别置师傅、宾客之官，使与朝夕游处，罢去春坊使臣，而使詹事、庶子各复其职。又置赞善大夫，拟谏官以箴阙失。王府则稍仿六典亲王之制，置傅友谘议，以司训道；置长史司马，以总众职。妙选耆德，不杂他材，皆置正员，不为兼职，明其职掌，以责功效。此今日急务之一也。至于选任大臣之说，则以陛下之聪明，岂不知天下事必得刚明公正之人而后可任也哉，其所以常不得如此之人而反容鄙夫之窃位者，非有他也，直以一念间未能撤其私邪之蔽，而燕私之好，便嬖之流，不能尽由于法度。若用刚明公正之人以为辅相，则恐其有以妨吾之事，害吾之人，而不得肆。是以选抡之际，常先排摈此等，置之度外，而后取凡疲懦软熟，平日不敢直言正色之人而揣摩之；又于其中得其至庸极陋，决可保其不至于有所妨者，然后举而加之位。是以除书未出，而物色先定，姓名未显，而中外已逆知其决非天下第一流矣。夫其所以取之者如此，故任之不得而重，而彼之自任亦轻。以至庸之材当至轻之任，则虽名为大臣，而其实不过供给唯诺，奉行文书，如吏卒之为而已，求其有以辅圣德、修朝政而振纪纲，不待智者而知其不能也。陛下试反是心以求之，不求其可喜，而求其可畏，不求其能适吾意，而求其能辅吾德，不忧其自任之不重，而常恐吾所以任之者未尽，不为燕私近习一时之计，而为宗社生灵万世无穷之计，若是而犹曰不得其人，岂理也哉！至于振肃纪纲，变化风俗之说，则以陛下一念既未能去其私邪之蔽，而宫省之间，禁密之地，凡为不公不正者，得以盘据窟穴于其间；至其败露，则又未能深割私爱，付诸外庭之议，论以有司之法，是以纪纲不容，无所挠败，而所以施诸外者，亦因是而不欲深切究治。纪纲既坏于上，风俗颓弊于下，盖其为患之日久矣，而浙中为尤甚。大率习为软美之态，依阿之言，而以不务是非，不辨曲直为得计。下之事上，固不敢少忤其意，上之御下，亦不肯稍拂其情，惟其私意之所在，则千涂万辙，经营计较，惟得之求，无复廉耻。父诏其子，兄勉其弟，一用此术，而不复知有忠义名节之可贵。一有刚毅正直、守道循理之士出乎其间，则群议众排，指为道学之人，而加以矫激之罪。盖自朝廷以及闾巷，十数年间，以此二字禁锢天下之贤人君子，复如崇、宣间所谓元祐学术者。呜呼，此岂盛世之事，而尚复忍言之哉！又其甚者，乃敢诵言于众，以为陛下尝谓今日幸无变故，虽有仗节死义之士，亦何所用？夫仗节死义之士，当平居无事，诚若无所用者，然古之人君所以必汲汲以求之者，盖以如此之人，临患难而能外死生，则其在平世必能轻爵禄，临患难而能尽忠节，则其在平世必能不诡随。平居无事时，得而用之，则君心正于上，风俗美于下，足以逆折奸萌，潜消祸本，自然不至真有仗节死义之事，非谓必知后日当有变故，而预蓄此人以拟之也。

惟其平日自恃安宁，便谓此等人材必无所用，而专取一种无道理、无学识、重爵禄、轻名义之人，以为不务矫激而尊宠之，是以纪纲日坏，风俗日偷，非常之祸伏于冥冥而发于一朝，平日所用之人，交臂降叛而无一人可同患难，然后前日摈弃流落之士，始复不幸而著其忠义。如唐天宝之乱，其将相贵戚皆已顿颡贼庭，而起兵讨贼，至于杀身灭族而不悔，如巡、远、杲卿之流，则远方下邑，人主不识其面目之人也。使明皇早得巡等而用之，岂不能销患于未萌；巡等早见用于明皇，又岂至真为仗节死义之举哉！商鉴不远，此识者所以深恨于或者之言也。至于爱养民力、修明军政之说，则民力之未裕，生于私心之未克，而宰相、台谏失职；军政之未修，生于私心之未克，而近习得以谋帅臣，皆已极陈于前矣。凡此六事，皆不可缓，而其本皆在于陛下之一心。一心正则六事无不正，一有人心私欲以介乎其间，则虽欲惫精竭力以求正夫六事者，亦将徒为文具，而愈至于不可为。故所谓天下之大本者，又急务之最急，而尤不可以少缓者，惟陛下深留圣意而亟图之！”疏入，漏下七刻，帝已就寝，亟起，秉烛读之终篇，然竟不能用。

宋史纪事本末卷七十九

陈亮恢复之议

孝宗隆兴元年（癸未、一一六三）十二月，婺州人陈亮上中兴论。时金人约和，中外忻然，幸得苏息，独亮以为不可。发解至京师，因上言曰："臣窃惟海内涂炭四十余载矣。赤子嗷嗷无告不可以不拯，国家凭陵之耻不可以不雪，陵寝不可以不还，舆地不可以不复，此三尺童子之所共知，曩独畏其强耳。韩信有言：'能反其道，其强易弱。'况今虏酋庸懦，政令日弛，舍戎狄鞍马之长而从事中州浮靡之习，君臣之间日趋怠惰。自古夷狄之强，未有四五十年而无变者，稽之天时，揆之人事，当不远矣。不于此时早为之计，纵有他变，何以乘之？万一虏人惩创，更立令主；不然，豪杰并起，业归他姓，则南北之患方始。又况南渡已久，中原父老日以殂谢，生长于戎，岂知有我？昔宋文帝欲取河南故地，魏太武以为'我自生发未燥，即知河南是我境土，安得为南朝故地'！故文帝既得而复失之。河北诸镇，终唐之世，以奉职为忠义，狃于其习，而时被其恩，力与上国为敌，而不自知其为逆。过此以往而不能恢复，则中原之民乌知我之为谁？纵有倍力，功未必半。以俚俗谕之，父祖质产于人，子孙不能继赎，更数十年，时事一变，皆自陈于官，认为故产，吾安得言质而复取之。则今日之事可得而更缓乎！陛下以神武之资，忧勤侧席，慨然有平一天下之志，固已不惑于群议矣。然犹患人心之不同，天时之未顺，贤者私忧，而奸者窃笑，是何也？不思所以反其道故也。诚反其道，则政化行，政化行则人心同，人心同则天时顺。天不违人，人不自反耳。今宜清中书之务以立大计，重六卿之权以总大纲，任贤使能以清官曹，尊老慈幼以厚风俗。减进士以列选能之科，革任子以崇荐举之实，多置台谏以肃朝纲，精择监司以清郡邑。简法重令以澄其源，崇礼立制以齐其习。立纲目以节浮费，示先务以斥虚文，严政条以核名实，惩吏奸以明赏罚。时简外郡之卒以充禁旅之数，调度总司之赢以佐军旅之储。择守令以滋户口，户口繁则财自阜，拣将材以立军政，军政明则兵自强，置大帅以总边陲，委之专则边陲之利自兴，任文武以分边郡，付之久则边郡之守自固。右武事以振国家之势，慰敢言以作天下之气，精间谍以得虏人之情，据形势以动中原之心。不出数月，纪纲自定。比及两稔，内外自实，人心自同，天时自顺。有所不往，一往而民自归。

何者？耳同听而心同服。有所不动，一动而敌自斗。何者？形同趋而势同利。中兴之功，可跻足而须也。夫攻守之道必有奇变，形之而敌必从，冲之而敌莫救，禁之而敌不敢动，乖之而敌不知所往，故我常专而敌常分，敌有穷而我常无穷也。夫奇变之道，虽本乎人谋，而常因乎地形，一纵一横，或长或短，缓急之相形，盈虚之相倾，此人谋之所措，而奇变之所寓也。今东西弥亘，绵数千里，如长蛇之横道，地形适等，无所参错，攻守之道，无他奇变。今朝廷鉴守江之弊，大城两淮，虑非不深也，能保吾城之卒守乎？故不若为术以乖其所之。至论进取之道，必先东举齐，西举秦，则大江以南，长淮以北，固吾腹中物。齐、秦，诚天下之两臂也，奈虏人以为天设之险而固守之乎？故必有'批亢捣虚，形格势禁'之道。窃尝观天下之大势矣，襄、汉者，敌人之所缓，今日之所当有事也，控引京、洛，侧睨淮、蔡，包括荆、楚，襟带吴、蜀，沃野千里，可耕可守，地形四通，可左可右。今诚命一重臣，德望素著谋谟明审者，镇抚荆、襄，辑和军民，开布大信，不争小利，谨择守宰，省刑薄敛，进城要险，大建屯田。荆楚奇才剑客，自昔称雄，徐行召募，以实军籍。民俗剽悍，听于农隙时讲武艺。襄阳既为重镇，而安、随、信阳及光、黄，一切用艺祖委任边将之法，给以州兵而更使自募，与以州赋而纵其自用；使养士足以得死力，用间足以得敌情，兵虽少而众建其助，官虽轻而重假其权，列城相援，比邻相和，养锐以伺，触机而发。一旦狂虏玩故习常，来犯江、淮，则荆、襄之师，率诸军进讨，袭有唐、邓诸州，屯兵于颍、蔡之间，示必截其后。因命诸州转城进筑，如三受降城法。依吴军故城为蔡州，使唐、邓相拒各二百里，并桐柏山以为固，扬兵捣垒，增陂深堑，招集土豪，千家一堡，兴杂耕之利，为久驻之基。敌来则婴城固守，出奇制变，敌去则列城相应，首尾如一。精间谍，明斥堠，诸军进屯光、黄、安、随、襄、郢之间，前为诸州之援，后依屯田之利。朝廷徙都建业，筑行宫于武昌，大驾时一巡幸。虏知吾意在京、洛，则京、洛、陈、许、汝、郑之备当日增，而东西之势分，则齐、秦之间可乘矣。四川之帅亲率大军以待凤翔之虏，则命骁将出祁山以截陇右，偏将由子午以窥长安，金、房、开、达之师入武关以镇三辅，则秦地可谋矣。命山东之归正者，往说豪杰，阴为内应，舟师由海道以捣其脊，彼方枝梧奔走，而大军两道并进，以揕其胸，则齐地可谋矣。吾虽示形于唐、邓、上蔡，而不再谋进，坐为东西形援，势如猿臂，彼将愈疑吾之有意京、洛，特持重以示不进，则京、洛之备愈专，而吾必得志于齐、秦矣。抚定齐、秦，则京、洛将安往哉！此所谓'批亢捣虚，形格势禁'之道也。就使吾未为东西之师，彼必不敢离京、洛而轻犯江、淮，亦可谓乖其所之也。又使其合力以压唐、蔡，则淮西之师起而禁其东，金、房、开、达之师起而禁其西，变化形势，多方牵制，而权始在我矣。然荆、襄之帅，必得纯意于国家，无贪功生事之心，而后付之。平居无事，则欲开布诚信，以攻敌心。一日进取，则欲见便择利而止，以禁敌势。东西之师有功，则欲制驭诸将，持重不进，以分敌形。此非陆抗、羊祜之徒，孰能为之？夫伐国，大事也，昔人以为譬拔小儿之齿，必以渐摇撼之，一拔得齿，必且损儿。今欲竭东南之力成大举之势，臣恐进取未必得志，得地未必能守，邂逅不如意，则吾之根本撼矣。此岂谋国万全之道？臣故曰，攻守之间必有奇变。臣迂人也，何足以明天下之大计，姑就愚虑之略，曰中兴论，惟陛下裁之！”不报。亮退居永康，力学著书。亮尝环视钱塘，喟然叹曰：“城可灌也！”盖以地下于西湖，故云。

淳熙五年（戊戌、一一七八）春正月丁巳，陈亮诣阙上书曰：“臣惟中国，天地之正气也，天命所钟也，人心所会也，衣冠礼乐所萃也，百代帝王之所相承也。挈中国衣冠礼乐而寓之偏方，虽天命人心犹有所系，然岂以是为可久安而无事也？天地之正气郁遏而久不得骋，必将有所发泄，而天命人心固非偏方所可久系也。国家二百年太平之基，三代之所无也，二圣北狩之痛，汉、唐之所未有也。方南渡之初，君臣上下，痛心疾首，誓不与之俱生，卒能以奔败之余而胜百战之敌。及秦桧倡邪议力沮之，忠臣义士斥死南方，而天下之气惰矣。三十年之余，虽西北流寓皆抱孙长息于东南，而君父之大仇，一切不复关念，自非逆亮送死淮南，亦不知兵戈为何事也，况望其愤故国之耻，而相率以发一矢哉！丙午、丁未之变，距今尚以为远，而海陵之祸，盖陛下即位之前一年也，独陛下奋不自顾，志在灭虏，而天下之人安〔然〕（本卷校改各条，均以宋史卷四三六陈亮传为依据，并参照薛鉴）如无事。时方口议腹诽，以陛下为喜功名而不恤后患，虽陛下亦不能以崇高之势胜之，隐忍以至于今，又十有七年矣。昔春秋时君臣、父子相戕杀之祸，举一世皆安之，而孔子独以为三纲既绝，则人道遂为禽兽，皇皇奔走，义不能以一朝安，然卒于无所遇，而发其志于春秋之书，犹能以惧乱臣贼子。今举一世而忘君父之大仇，此岂人道所可安乎！使学者知学孔子之道，当导陛下以有为，决不沮陛下以苟安。南师之不出于今几年矣，岂无一豪杰之能自奋哉，其势必有时而发泄矣！苟国家不能起而承之，必将有承之者矣！不可恃衣冠礼乐之旧，祖宗积累之深，以为天命人心可以安坐而久系也。春秋之末，齐、晋、秦、楚皆衰，吴、越起于小邦，遂霸诸侯。黄池之会，孔子所甚痛也，可以明中国之无人矣。王通有言：'夷狄之德，黎民怀之，三才其舍诸！'此今世儒者之未讲也。金源之植根既久，不可一举而遂灭，国家之大势未张，不可一朝而大举，而人情皆便于通和。臣以为通和者，所以成上下之苟安，而为妄庸两售之地，宜其为人情之所便也。自和好之成，盖已有年，凡今日之指画方略者，他日将用之以坐筹也；今日之击球射雕者，他日将用之以决胜也；府库充满，无非财也；介胄鲜明，无非兵也；使兵端一开，则其迹败矣。何者？人才以用而见其能否，安坐而能者不足恃也。兵食以用而见其盈虚，安坐而盈者不足恃也。朝廷方幸一旦之无事，庸愚龌龊之人皆得以守格令、行文书以奉陛下之命令，而陛下亦幸其易制而无他也，徒使度外之士摈弃而不得骋，日月蹉跎，而老将至矣。臣故曰：通和者所以成上下之苟安，而为妄庸两售之地也。东晋百年之间，南北未尝通和也，故其臣东西驰骋，多可用之才。今和好一不通，朝野之论常如敌兵之在境，惟恐其不得和也，虽陛下亦不得不和矣。昔者金人草居野处，往来无常，能使人不知所备，而兵无日不可出也。今城郭宫室，政教号令，一切不异于中国，点兵聚粮，文移往返，动涉岁月，一方有警，三边骚动，此岂能岁出师以扰我乎？然使朝野常如敌兵之在境，乃国家之福，而英雄所用以争天下之机也，执事者胡为速和以惰其心乎！晋、楚之战于邲也，栾书以为楚自克庸以来，其君无日不讨国人而训之于民生之不易，祸至之无日，戒惧之不可以怠；在军无日不讨军实而申儆之于胜之不可保，纣之百克而卒无后。晋、楚之弭兵于宋也，子罕以为兵所以威不轨而昭文德也，圣人以兴，乱人以废，废兴存亡，昏明之术，皆兵之由也，而求去之，是以诬道蔽诸侯也。夫人心之不可惰，兵威之不可废，故虽成、康太平，犹有所谓四征不庭，张皇六师者，此李沆所以深不愿真宗皇帝之与辽和亲也。况南北角立之时，而废兵以惰人心，使之安于忘君父之大仇而置中国于度外，徒以便（辟）妄庸之人，则执事者之失策亦甚矣！陛下何不明大义而慨然与金绝也！贬损乘舆，却御正殿，痛自克责，誓必复仇，以励群臣，以振天下之气，以动中原之心。虽未出兵，而人心不敢惰矣；东西驰骋，而人才出矣；盈虚相补，而兵食见矣；狂妄之辞，不攻而自息，懦庸之夫，不却而日退缩矣；当有度外之士起，而惟陛下之所欲用矣。是云合响应之势，而非可安坐所致也。臣请为陛下陈国家立国之本末，而开今日大有为之略，论天下形势之消长，而来今日大有为之机，惟陛下幸听之！唐自肃、代以后，上失其柄，藩镇自相雄长，擅其土地人民，用其甲兵财赋，官爵惟其所命，而人才亦各尽心于其所事，卒以成君弱臣强正统数易之祸。艺祖皇帝一兴，而四方次第平定，藩镇拱手以趋约束，使列郡各得自达于京师。以京官权知，三年一易，财归于漕司，而兵各归于郡。朝廷以一纸下郡国，如臂之使指，无有留难，自管库微职必命于朝廷，而天下之势一矣。故京师常宿重兵，而郡国亦各有禁军，无非天子所以自守其地也。兵皆天子之兵，财皆天子之财，官皆天子之官，民皆天子之民，纪纲总摄，法令明备，郡县不得以一事自专也。士以尺度而取，官以资格而进，不求度外之奇才，不慕绝世之儁功。天子早夜忧勤于其上，以义理廉耻撄士大夫之心，以仁义公恕厚斯民之生，举天下皆由于规矩准绳之中，而二百年太平之基从此而立。然契丹遂得以猖狂恣睢，与中国抗衡，俨然为南北两朝，而头目手足混然无别，微澶渊一战，则中国之势浸微，根本虽厚而不可立矣。故庆历增币之事，富弼以为朝廷之大耻而终身不敢自论其劳。盖契丹征令，是主上之操也，天子供贡，是臣下之礼也。契丹之所以卒胜中国者，其积有渐也，立国之初，其势固必至此。故我祖宗尝严庙堂而尊大臣，宽郡县而重守令；于文法之内未尝折困天下之富商巨室，于格律之外有以容奖天下之英伟奇杰，皆所以助立国之势而为不虞之备也。庆历诸臣亦尝愤中国之势不振矣，而其大要则使群臣争进其说。更法易令，而庙堂轻矣；严按察之权，邀功生事，而郡县又轻矣；岂惟于立国之势无所助，又从而朘削之，虽微章得象、陈执中以排沮其事，亦安得而不自沮哉！独其破去旧例，以不次用人，而劝农桑，务宽大，为有合于因革之宜，而其大要已非矣。此所以不能洗契丹卑视中国之耻，而卒发神宗皇帝之大愤也。王安石以正法度之说首合圣意，而其实则欲籍天下之兵，尽统于朝廷，别行教阅以为强也。括郡县之财，尽入于朝廷，别行封桩以为富也。青苗之政，惟恐富民之不困也。均输之法，惟恐商贾之不折也。罪无大小，动辄兴狱，而士大夫缄口畏罪矣。西、北两边，至使内臣经画，而豪杰耻于为役矣。徒使神宗皇帝见兵财之数既多，锐然南征北伐，卒乖圣意，而天下之势实未尝振也。彼盖不知本朝立国之势，正患文为之太密，事权之太分，郡县太轻于下而委琐不足恃，兵财太关于上而重迟不易举，祖宗惟用前四者以助其势，而安石竭之不遗余力。不知立国之本末者，真不足以谋国也！元祐、绍圣，一反一覆，而卒为金人侵侮之资，尚何望其振中国以威四裔哉！南渡以来，大抵遵祖宗之旧，虽微有因革增损，不足为重轻有无。如赵鼎诸臣，固已不究变通之理，况秦桧尽取而沮毁之，忍耻事仇，饰太平于一隅以为欺，可胜诛哉！陛下愤王业之屈于一隅，励志复仇，不免籍天下之兵以为强，括郡县之利以为富，加惠百姓而富人无五年之积，不重征税而大商无巨万之藏，国势日以困竭，臣恐尺籍之兵，府库之财，不足以支一日之用也。陛下早朝晏罢，冀中兴日月之功，而以绳墨取人，以文法莅事，圣断裁制中外而大臣充位，胥吏坐行条令而百司逃责，人才日以阘茸，臣恐程文之士，资格之官，不足当度外之用也。艺祖经营天下之大略，太宗已不能尽用，今其遗意，岂无望于陛下也？陛下苟推原其意而行之，可以开社稷数百年之基，而况于复故物乎！不然，维持之具既穷，臣恐祖宗之积累亦不足恃也。陛下（诚）〔试〕令臣毕陈于前，则今日大有为之略，必知所处矣。夫吴、蜀，天地之偏气；钱塘，三吴之一隅。当唐之衰，钱镠以闾巷之雄，起王其地，自（此）〔以〕不能独立，常朝事中国以为重。及我宋受命，俶以全家入京师而自献其土。故钱塘终始五代，被兵最少，而二百年之间，人物日以蕃盛，遂甲于东南。及建炎、绍兴间，为六飞所驻之地，当时论者固已疑其不足张形势而事恢复矣。秦桧又从而备百司庶府，以讲礼乐于其中，其风俗固已华靡，士大夫又从而治园囿台榭，以乐其生于干戈之余，上下晏安，而钱塘为乐国矣。一隙之地，本不足以容万乘，而镇压且五十年，山川之气盖亦发泄而无余矣。故谷粟桑麻丝枲之利，岁耗于一岁，禽兽鱼鳖草木之生，日微于一日，而上下不以为异也。公卿将相，大抵皆江、浙、闽、蜀之人，而人才日以凡下，场屋之士以十万数，而文墨小异已足以称雄于其间矣。陛下据钱塘已耗之气，用闽、浙日衰之士，而欲鼓东南习安脆弱之众，北向以争中原，臣是以知其难也。荆、襄之地，在春秋时，楚用以虎视齐、晋，而齐、晋不能屈也。及战国之际，独能与秦争帝。其后三百余年而光武起于南阳，同时共事，往往多南阳故人。又二百余年遂为三国交据之地，诸葛亮由此起辅先主，荆、楚之士从之如云，而汉氏赖以复存于蜀。周瑜、鲁肃、吕蒙、陆逊、陆抗、邓艾、羊祜，皆以其地显名。又百余年而晋氏南渡，荆、襄常雄于东南，往往倚以为强，梁竟以此代齐。及其气发泄无余，而隋、唐以来，遂为偏方下州。五代之际，高氏独常臣事诸国。本朝二百年间，降为荒落之邦，北连许、汝，民居稀少，土产卑薄，人才之能通姓名于上国者，如晨星相望。至于建炎、绍兴之际，群盗出没于其间，而被祸尤极。以迄于今，虽南北分画交据，往往又置于不足用，民食无所从出，而兵不可由此而进。议者或以为忧，而不知其势之足用也。其地虽要为偏方，然未有偏方之气五六百年而不发泄者，况其东通吴、会，西连巴、蜀，南极湖、湘，北控关、洛，左右伸缩，皆足为进取之机。今诚能开拓其地，洗濯其人，以发泄其气而用之，使足以接关、洛之气，则可以争衡于中国矣，是亦形势消长之常数也。陛下慨然移都建业，百司庶府皆从草创，军国之仪皆从简略，又作行宫于武昌，以示不敢宁居之意。常以江、淮之师为金人侵轶之备，而精择士人之沉鸷有谋开豁无他者，委以荆、襄之任，宽其文法，听其废置，抚摩振励于三数年之间，则国家之势成矣。石晋失卢龙一道，以成开运之祸，盖丙午、丁未岁也。明年，艺祖皇帝始从郭太祖征伐，卒以平定天下。其后契丹以甲辰败于澶渊，而丁未、戊申之间，真宗皇帝东封西祀以告太平，盖本朝极盛之时也。又六十年，而神宗皇帝实以丁未岁即位，国家之事于此一变矣。又六十年，丙午、丁未，遂为靖康之祸，天独启陛下于是年，而又启陛下以北向复仇之志。今者，去丙午、丁未近在十年间矣，天道六十年一变，陛下可不有以应其变乎？此诚今日大有为之机，不可苟安以玩岁月也！臣不佞，自少有驱驰四方之志，尝数至行都，人物如林，其论皆不足以起人意，臣是以知陛下大有为之志孤矣。辛卯、壬辰之间，始退而穷天地造化之初，考古今沿革之变，以推极皇帝王霸之道，而得汉、魏、晋、唐长短之由，天人之际，昭昭然可考而知也。始悟今世之儒士，自以为得正心、诚意之学者，皆风痺不知痛痒之人也。举一世安于君父之仇，而方低头拱手以谈性命，不知何者谓之性命乎？陛下接之而不任以事，臣于是服陛下之仁。又悟今世之才臣，自以为得富国强兵之术者，皆狂惑以肆叫呼之人也。不以暇时讲究立国之本末，而方扬眉伸气以论富强，不知何者谓之富强乎？陛下察之而不敢尽用，臣于是服陛下之明。陛下励志复仇足以对天命，笃于仁爱足以结民心，而又明足以照临群臣一偏之论，此百代之英主也。今乃委任庸人，笼络小儒，以迁延大有为之岁月，臣不胜愤悱，是以忘其贱而献其愚。陛下诚令臣毕陈于前，岂惟臣区区之愿，将天地之神，祖宗之灵，实与闻之！”

书奏，帝赫然震动，欲榜朝堂以励群臣，用种放故事，召令上殿，将擢用之。左右大臣莫知所为，惟曾觌知之，将见亮，亮耻为觌所知，逾垣而逃。觌以其不诣己而不悦，大臣尤恶其直言无讳，交沮之，乃有都堂审察之命。宰相临以上旨，问所欲言，皆落落不少贬，又不合。待命十日，再诣阙上书曰：“恭惟皇帝陛下，励志复仇，不肯即安于一隅，是有大功于社稷也。然坐钱塘浮侈之隅以图中原则非其地，用东南习安之众以行进取则非其人，财止于府库则不足以通天下之有无，兵止于尺籍则不足以兼天下之勇怯，是以迁延之计遂行，而陛下大有为之志怯矣。此臣所以不胜忠愤，斋沐裁书，献之阙下，愿得望见颜色，陈国家立国之本末而开大有为之略，论天下形势之消长而决大有为之机，务合于艺祖经画天下之本旨。然待命八日，未有闻焉，臣恐天下豪杰有以测陛下之意向，而云合响应之举不得而成矣！”又上书曰：“臣妄意国家维持之具至今日而穷，而艺祖皇帝经画天下之大指犹可恃以长久，苟推原其意而变通之，则恢复不足为矣。然而变通之道有三，有可以迁延数十年之策，有可以为百五六十年之计，有可以复开数百年之基。事势昭然，而效见殊绝，非陛下聪明度越百代，决不能一一以听之。臣不敢泄之大臣之前，而大臣拱手称旨以问，臣亦姑取其大体之可言者三事以答之。其一曰，二圣北狩之痛，盖国家之大耻，而天下之公愤也。五十年之余，虽天下之气销铄颓堕，不复知仇耻之当念，正在主上与二三大臣振作其气以泄其愤，使人人如报私仇，此春秋书卫人杀州吁之意也。其二曰，国家之规模，使天下奉规矩准绳以从事，群臣救过之不给，而何暇展布四体以求济度外之功哉。其三曰，艺祖皇帝用天下之士人以易武臣之任事者，故本朝以儒立国，而儒道之振独优于前代。今天下之士熟烂委靡，诚可厌恶，正在主上与二三大臣反其道以教之，作其气而养之，使临事不至乏才，随才皆足有用；则立国之规模，不至戾艺祖之本旨，而东西驰骋以定祸乱，不必专在武臣也。臣所以为大臣论者，其略如此。”

书既上，帝欲官之。亮笑曰：“吾欲为社稷开数百年之基，宁用以博一官乎！”亟渡江而归。日落魄醉酒，与邑之狂士饮，醉中戏为大言，言涉犯上。一士欲中亮，以其事首刑部。侍郎何淡尝为考试官，黜亮，亮不平，语数侵淡，淡闻而嗛之，即缴状以闻。事下大理，笞〔掠〕亮无完肤，诬服为不轨。事闻，帝知为亮，尝阴遣左右廉知其事。及奏入取旨，帝曰：“秀才醉后妄言，何罪之有？”划其牍于地，亮遂得免。居无何，亮家僮杀人于境。适被杀者尝辱亮父，其家疑事由亮，闻于官，笞榜僮，死而复苏者数，不服。又囚亮父子于州狱，而属台官论亮情重，下大理。时丞相王淮知帝欲生亮，而辛弃疾、罗点〔素〕高亮才，援之尤力，复得不死。

亮自以豪侠，屡遭大狱，归家，益励志读书，所学益博。其学自孟子后惟推王通。尝曰：“研穷义理之精微，辨析古今之同异，原心于杪忽，较理于分寸，以积累为工，以涵养为正，睟面盎背，则于诸儒诚有愧焉。至于堂堂之陈，正正之旗，风雨云雷交发而并至，龙蛇虎豹变现而出没，推倒一世之智勇，开拓万（世）〔古〕之心胸，自谓差有一日之长。”亮意盖指朱熹、吕祖谦等云。

十五年（戊申、一一八八）夏四月，陈亮上疏曰：“有非常之人，然后可以建非常之功。求非常之功，而用常才、出常计、举常事以应之者，不待知者而后知其不济也。秦桧以和误国二十余年，而天下之气索然无余矣。陛下慨然有削平宇内之志又二十余年，天下之士始知所向，其有功于宗庙社稷者，非臣区区所能诵说其万一也。高宗皇帝春秋既高，陛下不欲大举惊动慈颜，抑心俯首，以致色养，圣孝之盛，书册之所未有也。今者，高宗既已祔庙，天下之英雄豪杰皆仰首以观陛下之举动，陛下其忍使二十年间所以作天下之气者，一旦而复索然乎！天下不可以坐取也，兵不可以常胜也，驱驰运动又非年高德尊者之所宜也。东宫居曰监国，行曰抚军，陛下何以不于此时而命东宫〔为〕抚军大将军，岁巡建业，使之兼统诸司，尽护诸将，置长史、司马以专其劳。而陛下于宅忧之余，运用人才，均调天下以应无穷之变，此肃宗所以命广平王之故事也。兵虽未出，而圣意振动，天下之英雄豪杰靡然知所向，则吾之驰驱运动亦有所凭藉矣。臣请为陛下论天下之形势，而后知江南之不必忧，和议之不必守，虏人之不足畏，而书生之论不足凭也。臣闻吴会者，晋人以为不可都，而钱镠据之以抗四邻，盖自毗陵而外不能有也。其地南有浙江，西有崇山峻岭，东北则有重湖沮洳，而松江、震泽横亘其前，虽有戎马百万，何所用之？此钱镠所恃以为安，而国家六十年都之而无外忧者也。独海道可以径达吴会，而海道之险，吴儿习舟楫者之所畏，虏人能以轻师而径至乎？破人家国，而止可用其轻师乎？书生以为江南不易保者，是真儿女子之论也！臣尝疑书册不足凭，故尝一到京口、建业，登高四望，深识天地设险之意，而古今之论为未尽也。京口连崩三面，而大江横陈，江旁极目千里，其势大略如虎之出穴，而非居穴之藏虎也。昔人以为京口酒可饮、兵可用，而北府之兵为天下雄，盖其地势当然，而人善用之耳。臣虽不到采石，其地与京口股肱建业，必有据险临前之势，而非止于仅仅自守者也。天岂使南方日限于一江之表，而不使与中国而为一哉！江旁极目千里，固将使谋夫勇士得以展布四体，以与中国争衡者也。韩世忠顿兵八万于山阳，如老罴之当道，而淮东赖以安寝，此守淮东之要法也。天下有变，则长驱而用之耳。若一一欲堑而守之，分兵而据之，出奇设险，如兔之护窟，势分力弱，反以成戎马长驱之势耳。是以二十年间，纷纷献策，以劳圣虑，而卒无一成，虽成亦不足恃者，不知所以用淮东之势者也。而书生便以为长淮不易守者，是亦问道于盲之类耳。自晋之永嘉以迄于隋之开皇，在南方则定建业为都，更六姓，而天下分裂者三百余年。南师之谋北者，不知其几，北师之谋南者，盖亦凡有数耳，南北通和之时，则绝无而仅有。未闻有如今日之岌岌然以北方为可畏，以南方为可忧，一日不和，则君臣上下朝不能以谋夕也。罪在于书生之不识形势，并与夫逆顺曲直而忘之耳！高宗皇帝于金有父兄之仇，生不能以报之，则死必有望于子孙，何忍以升遐之哀告之仇哉！遗留报谢，三使继遣，金帛宝货，千两连发，而金人仅以一使，如临小邦。闻诸道路，哀祭之辞寂聊简慢，义士仁人痛切心骨，岂以陛下之圣明智勇而能忍之乎！意者执事之臣，忧畏万端，有以误陛下也。南方之女红，积尺寸之功于机杼，岁以输虏人，固已不胜其痛矣。金宝之出于山泽者有限，而输诸虏人者无穷，十数年后，岂不就尽哉！陛下何不翻然思首足之倒置，寻即位之初心，大泄而一用之，而与天下更始乎？未闻以数千里之地而畏人者也。刘渊、石勒、石虎、苻坚皆夷虏之雄，曾不能以终其世。而阿骨打之兴，于今仅八十年，中原涂炭，又六十年矣，父子相夷之祸，具在眼中，而方畏其南方之患，岂不误哉！陛下倘以大义为当正，抚军之言为可行，则当先经理建业而后使临之。今之建业非昔之建业也。臣尝登石头、钟阜而望，今也，直在沙觜之傍耳。钟阜之支陇，隐隐而下，今行宫据其平处，以临城市之前，则逼山而斗绝焉。此必后世之读山经而相宅者之所定，江南李氏之所为，非有据高临下以乘正气而用之之意也。本朝以至仁平天下，不恃险以为固，而与天下共守之，故因而不废耳。臣尝问之钟阜之僧，亦能言台城在钟阜之侧，大司马门适当在今马军新营之旁耳。其地据高临下，东环平冈以为固，西城石头以为重，带玄武以为险，拥秦淮、清溪以为阻，是以王气可乘，而运动如意。若如今城，则费侯景数日之力耳。曹彬之登长干，兀术之上雨花台，皆俯瞰城市，虽一飞鸟不能逃也。臣又尝问之守臣，以为今城不必改作，若上有北方之志，则此直寄路焉耳。臣疑其言虽大而实未切也，据其地而命将出师，以谋守国，不使之乘正气而有为，虽省目前经营之劳，乌知其异日不垂得而复失哉。纵今岁未为北举之谋，而为经理建康之计，以震动天下而与虏绝，陛下即位之初志，亦庶几于少伸矣！第非常之事，非可与常人谋也。陛下即位之初，喜怒哀乐，是非好恶，皦然如日月之在天，雷动风行，天下方如草之偃；惟其或失之太怯，故书生得拘文执法以议其后，而其真有志者，私自奋励，以求称圣意之所在，则陛下或未之知也。陛下见天下之士皆不足以望清光，而书生拘文执法之说往往有验，而圣意亦少衰矣。故大事必集议，除授必资格，才者以跅弛而弃，不才者以平稳而用，正言以迂阔而废，巽言以软美而入，奇论目为横议，庸论谓有典则。陛下以雄心英略，委曲上下于其间，迟回莫前，而不敢有翻然之喜，隐忍事仇，而不敢奋赫斯之怒。朝得一才士，而暮以当路不便而逐，心知为庸人，而外以人言不至而留。泯其喜怒、哀乐，杂其是非、好恶，而用依违以为仁，戒谕以为义，牢笼以为礼，关防以为智。陛下聪明自天，英武盖世，而何事出此哉！天下非有豪猾不可制之奸，虏人非有方兴未艾之势，而何必用此哉！夫喜、怒、哀、乐、爱、恶，人主之所以鼓动天下而用之之具也，而重极之所谓无作者，不使加意于其间耳。岂欲如老、庄所谓槁木死灰，与天下为婴儿而后为至治之极哉！陛下二十七年之间，遵养时晦，示天下以乐而有亲，而天下归其孝。行三年之丧，一诚不变，示天下以哀而从礼，而天下服其义。陛下以一身之哀、乐，而鼓天下以从之，其验如影响矣。乙巳、丙午之间，虏人非无变故，而陛下不独不形诸喜，而亦不泄诸机密之臣。近者非常之变，虏人略于奉慰，而陛下不独不形诸怒，而亦不密其简慢之文。陛下不以喜、怒示天下，天下恶知仇敌之不可安？弃其喜、怒以动天下之机，而欲事功之自成，是闭目而欲行也。小臣之得对，陛下有卓然知其才者，外臣之奉公，陛下有隐然念其忠者，而已用者旋去，既去者无路以自进，是陛下不得而示天下以爱也。大臣之弄权，陛下既知其有塞路者，议人之多私，陛下既知其有罔我者，而去之惟恐伤其意，发之惟恐其怅恨而不满，是陛下不得而示天下以恶也。陛下翻然思即位之初心，岂知其今日至此乎！臣犹为陛下怅念于既往，而天生英雄，岂使其终老于不济乎！长江、大河，一泻千里，苟得非常之人以共之，则电扫六合，非难致之事也。本朝以儒道治天下，以格律守天下，而天下之人，知经义之为常制，科举之为正路，法不得自议其私，人不得自用其智，而二百年之太平由此而出也。至于艰难变故之际，书生之智，知议论之当正，而不知事功之为何物，知节义之当守，而不知形势之为何用，宛转于文法之中，而无一人能自拔者。陛下虽欲得非常之人以共斯世，而天下其谁肯信乎？臣于戊戌之春正月丁巳，尝极论宗庙社稷大计，陛下亦慨然有感于其言，而卒不得一望清光以布露其区区之诚，非廷臣之尽皆见恶，亦其势然耳。臣今者非以其言之小验而再冒万死以自陈，实以宗庙社稷之大计不得不决于斯时也。陛下用其喜、怒、哀、乐、爱、恶之权，以鼓动天下，使如臣者得借方寸之地，以终前书之所言，而附寸名于竹帛之间，不使邓禹笑人寂寂，而陛下得以发其雄心英略，以与四海才臣智士共之。天生英雄，殆不偶然，而帝王自有真，非区区小智所可附会也。"大略欲激帝恢复，而是时帝将内禅，不报。由是在廷交怒，以亮为狂怪。

宋史纪事本末卷八十

道学崇诎

高宗绍兴元年（辛亥、一一三一）秋七月丁亥，诏赠程颐直龙图阁。制词略曰："周衰，圣人之道不得其传。世之学者，其欲闻仁义道德之说，孰从而求之？亦孰从而听之？尔颐潜心大业，高明自得之学，可信不疑。而浮伪之徒，自知学问文采不足表见于世，乃窃借名以自售，外示恬默，中实奔竞。使天下之士闻其风而疾之，是重不幸焉。朕所以振耀褒显之者，以明上之所与在此而不在彼也。"

六年（丙辰、一一三六）十二月，左司谏陈公辅请禁程氏学，从之。先是，崇宁以来，禁锢元祐学术。帝渡江，复遵尚程颐之学。至是，公辅上疏，言："今世取程颐之说，谓之伊川之学，相率从之，倡为大言，谓：'尧、舜、文、武之道传之仲尼，仲尼传之孟轲，孟轲传之颐，颐死遂无传焉。'狂言怪语，淫说鄙论，曰：'此伊川之文也。'幅巾大袖，高视阔步，曰：'此伊川之行也。''师伊川之文，行伊川之行，则为贤士大夫，舍此者非也。'诚恐士习从此大坏，乞禁止之！"遂诏："士大夫之学，一以孔、孟为师，庶几言行相称，可济时用。臣僚所奏，可布中外，使知朕意。"时方召尹焞，焞，颐门人也，公辅之意盖有所指云。

七年（丁巳、一一三七）五月，张浚荐胡安国，帝召之。安国闻陈公辅请禁程颐之学，乃上疏曰："孔、孟之道不传久矣，自颐兄弟始发明之，然后知其可学而至。今使学者师孔、孟而禁从颐学，是入室而不由户也。夫颐于易，因理以明象，而知体用之一原；于春秋，见于行事，而知圣人之大用；诸经、语、孟，皆发其微旨，而知其入德之方，则狂言怪语，岂其文哉！孝弟显于家，忠诚动于乡，非其道义，一介不以取予，则高视阔步，岂其行哉！自嘉祐以来，西都有邵雍、程颢及其弟颐，关中有张载，皆以道德名世，著书立言，公卿大夫所钦慕而师尊之。及王安石、蔡京等曲加排抑，故其道不行。愿下礼官，讨论故事，加之封爵，载在祀典。仍诏馆阁，裒其遗书，羽翼六经，使邪说者不得作，而道术定矣。"疏入，公辅与中丞周秘、侍御史石公揆交章论安国学术颇僻，安国遂辞召命。

孝宗淳熙五年（戊戌、一一七八）春正月，侍御史谢廓然乞戒有司，毋以程颐、王安石之说取士。未几，秘书郎赵彦中复疏言："科举之文，成式具在，今乃祖性理之说，以游言浮词相高。士之信道自守，以六经圣贤为师可矣，而别为洛学，饰怪惊愚，士风日弊，人才日偷。望诏执事，使明知圣朝好恶所在，以变士风。”从之。

十年（癸卯、一一八三）六月，监察御史陈贾请禁道学。先是，朱熹为浙东提刑，行部至台州，知州事唐仲友为其民所讼，熹劾治之。仲友与宰相王淮同里，且为姻家，淮由此怨熹，欲沮之，风吏部尚书郑丙上疏言：“近世士大夫有所谓道学者，欺世盗名，不宜信用。”帝已惑其说。淮又以太府丞陈贾为御史，贾因面对，首论曰：“臣窃谓天下之士所学于圣人之道未尝不同，既同矣，而谓己之学独异于人，是必假其名以济其伪者也。邪正之辨，诚与伪而已矣。表里相副，是之谓诚；言行相违，是之谓伪。臣伏见近世士大夫有所谓道学者，其说以谨独为能，以践履为高，以正心诚意、克己复礼为事。若此之类，皆学者所共学也，而其徒乃谓己独能之。夷考其所为，则又大不然，不几于假其名以济其伪者耶！臣愿陛下明诏中外，痛革此习，每于听纳除授之间，考察其人，摈斥勿用，以示好恶之所在。庶几多士靡然向风，言行表里一出于正，无或肆为诡异，以干治体，实宗社无疆之福！”盖指熹也，帝从之。由是道学之名，贻祸于世。后直学士院尤袤，以程氏之学为贾所攻，言于帝曰：“道学者，尧、舜所以帝，禹、汤、文、武所以王，周公、孔、孟所以设教。近立此名，诋訾士君子，故临财不苟得，所谓廉介；安贫守道，所谓恬退；择言顾行，所谓践履；行己有耻，所谓名节：皆目之为道学。此名一立，贤人君子欲自见于世，一举足且入其中，俱无所免，此岂盛世所宜有？愿循名责实，听言观行，人情庶不坏于疑似。”帝曰：“道学岂不美之名，正恐假托为奸，真伪相乱耳。”

十五年（戊申、一一八八）六月，除朱熹为兵部郎官。先是，熹以周必大荐为江西提刑，入奏事，或要于路曰：“正心、诚意之论，上所厌闻，慎勿复言。”熹曰：“吾平生所学，惟此四字，岂可隐默以欺吾君乎！”及入对，上迎谓之曰：“久不见卿，卿亦老矣！浙东之事，朕自知之。今当处卿以清要，不复以州县烦卿。”奖论甚渥，遂除兵部郎官。熹以足疾乞祠。兵部侍郎林栗与熹论易、西铭不合，遂论：“熹本无学术，徒窃张载、程颐之绪余，为浮诞宗主，谓之道学，妄自推尊。所至辄携门人数十人，习为春秋、战国之态，妄希孔、孟历聘之风。绳以治世之法，则乱人之首也。今采其虚名，俾之入奏，将置朝列，以次收用。而熹闻命之初，迁延道途，邀索高价，门徒迭为游说，政府许以风闻，然后入门。既经陛对，得旨除郎，而辄怀不满，傲睨累日，不肯供职。是岂程颐、张载之学教之然也？望将熹停罢，以为事君无礼者之戒！”帝谓栗言过当，而大臣畏栗之强，莫敢深论，乃命熹依旧江西提刑。周必大言熹上殿之日，足疾未瘳，勉强登对。帝曰：“朕亦见其跛曳。”太常博士叶适上疏曰：“考栗劾熹之辞，始末参验，无一实者，特发其私意，而遂忘其欺耳。至于其中‘谓之道学’一语，利害所系，不独于熹。盖自昔小人残害忠良，率有指名，或以为好名，或以为立异，或以为植党。近又创为道学之目，郑丙倡之，陈贾和之，居要津者密相付授，见士大夫有稍慕洁修者，辄以道学之名归之，以为善为玷缺，以好学为己愆，相与指目，使不得进。于是贤士惴栗，中材解体，销声灭影，秽德垢行，以避此名。往日王淮表里台谏，阴废正人，盖用此术。栗为侍从，无以达陛下之德意志虑，而更袭用郑丙、陈贾密相付授之说，以道学为大罪，文致语言，逐去一熹，固未甚害，第恐自此游词无实，谗言横生，良善受祸，何所不有！伏望陛下正纪纲之所在，绝欺罔于既形，摧折暴横以扶善类，奋发刚断以慰公言。”疏入，不报。诏熹仍赴江西，熹力辞不赴。

光宗绍熙元年（庚戌、一一九〇）二月，殿中侍御史刘光祖入对，言：“近世是非不明则邪正互攻，公论不立则私情交起，此固道之消长，时之否泰，而实国家之祸福，社稷之存亡系焉，甚可畏也。本朝士大夫学术最为近古，初非有强国之术，而国势尊安，根本深厚。咸平、景德之间，道臻皇极，治保太和，至于庆历、嘉祐，盛矣！不幸而坏于熙、丰之邪说，疏弃正士，招徕小人。幸而元祐君子起而救之，末流大分，事故反覆。绍圣、元符之际，群凶得志，绝灭纲常，其论既胜，其势既成，崇、观而下，尚复何言！臣始至时，闻有讥贬道学之说，而实未睹朋党之分。中更外艰，去国六载，已忧两议之各甚，而恐一旦之交攻也。逮臣复来，其事果见，因恶道学乃生朋党，因生朋党乃罪忠谏。夫以忠谏为罪，其去绍圣几何！陛下即位之初，凡所进退，率用人言，初无好恶之私，岂以偏党为主？而一岁之内，斥逐纷纷，往往纳忠之言谓为沽名之举。事势至此，循默乃已。循默成风，国家安赖！臣欲息将来之祸，故不惮反覆以陈，伏冀圣心豁然，永为皇极之主，使是非由此而定，邪正由此而别，公论由此而明，私意由此而息，道学之讥由此而消，朋党之迹由此而泯，则生灵之幸，社稷之福也。不然，相激相胜，展转反覆，为祸无穷，臣实未知税驾之所。”帝下其章，读者至于流涕。

宁宗庆元元年（乙卯、一一九五）六月，右正言刘德秀请考核道学真伪，从之。先是，上在嘉府，黄裳为嘉王府翊善，光宗谕之曰：“嘉王进学，皆卿之功。”裳谢曰：“若欲进德修业，追迹古先哲王，则须寻天下第一等人。”光宗问为谁，裳以朱熹对。直讲彭龟年因讲鲁庄公不能制其母，云：“母不可制，当制其侍御、仆从。”上问此谁之说，对曰：“朱熹说也。”自后每讲，必问熹说如何。及上即位，宰相赵汝愚首荐熹，遂自潭州召为焕章阁待制兼侍讲。熹在道，闻近习已有用事者，即具奏，言：“幸门一开，其弊将不可复塞。”及至，每进讲，务积诚意以感动上心，上亦稍稍嘉纳焉。熹复奏疏，极言：“陛下即位未能旬月，而进退宰臣，移易台谏，皆出陛下之独断，中外咸谓左右或窃其柄，臣恐主威下移，求治反乱矣。”时韩侂胄方用事，熹意盖指侂胄也。侂胄由此大恨，使优人峨冠阔袖象大儒，戏于上前，因乘间言熹迂阔不可用。遂出内批，罢熹经筵，除宫观。熹去，侂胄益无忌惮矣。其党复为言，凡相与异者，皆道学之人也，阴疏姓名授之，俾以次斥逐。或又为言，以道学目之则有何罪，当名曰伪学，由是有伪学之目，善类皆不自安。至是，德秀上言曰："邪正之辨无过于真与伪而已，彼口道先王之言而行如市人所不为，在兴王之所必斥也。昔孝宗锐意恢复，首务核实，凡言行相违者，未尝不深知其奸。臣愿陛下以孝宗为法，考核真伪以辨邪正。"诏下其章，于是博士孙元卿、袁燮，国子正陈武皆罢。司业汪逵入札子辩之，德秀以逵为狂言，亦被斥。

秋七月，御史中丞何淡上疏，言："绍兴间，谏臣陈公辅尝言程颐、王安石之学，皆有尚同之弊，高宗皇帝亲洒宸翰，有曰：'学者当以孔、孟为师。'臣愿陛下以高宗之言风励天下，使天下皆师孔、孟。有志于学者不必自相标榜，使众人得而指目，亦不必以同门之故更相庇护，是者从其为是，非者从其为非。朝廷亦惟是之从，惟善之取，而无彼此异同之别。听言而观行，因名而察实，录其真而去其伪，则人知勉励，无敢饰诈以求售。士风纯而国是定，将必由此。"上是之，诏榜于朝堂。既而吏部郎官糜师旦复请考核真伪，被迁左司员外郎。又有张贵模者，指论太极图，亦被赏擢。何淡复上疏，言："在朝之臣，大臣既熟知其邪迹，然亦不敢白发以招报复之祸。望明诏大臣，去其所当去者。"

二年（丙辰、一一九六）二月，以端明殿学士叶翥知贡举。翥与刘德秀奏言："伪学之魁，以匹夫窃人主之柄，鼓动天下，故文风未能丕变。乞将语录之类，尽行除毁。"故是科取士，稍涉义理者悉皆黜落，六经、语、孟、中庸、大学之书，为世大禁。淮西总领张釜上言："迩者伪学盛行，赖陛下圣明斥罢，天下皆洗心涤虑，不敢〔复〕（据续纲目补）为前日之习。愿明诏在位之臣，上下坚守勿变，毋使伪言伪行乘间而入，以坏既定之规模。"乃除釜尚书左司郎官。

八月，申严道学之禁。时中书舍人汪义端引唐李林甫故事，以伪学之党皆名士，欲尽除之。帝颇知其非，乃诏台谏、给舍："论奏不必更及旧事，务在平正，以副朕建中之意。"诏下，韩侂胄及其党皆怒，刘德秀遂与御史张伯垓、姚愈等上疏，言："自今旧奸宿恶，或滋长不悛。臣等不言，恐悮陛下之用人，且俟其败坏国事如前日而后言，则徒有噬脐之悔。愿下此章，播告中外，令旧奸知朝廷纲纪尚在，不致放肆。"从之。自是侂胄与其党攻治之志愈急矣。太常少卿胡纮上言："比年以来，伪学猖獗，图为不轨，动摇上皇，诋诬圣德，几至大乱。赖二三大臣台谏，出死力而排之，故元恶殒命，群邪屏迹。自御笔有救偏建中之说，或者误认天意，急于奉承，倡为调停之议，取前日伪学之奸党次第用之，以冀幸其他日不相报复。往者建中靖国之事，可以为戒。"遂诏伪学之党，宰执权住进拟。大理司直邵褒然言："三十年来，伪学显行，场屋之权，尽归其党。乞诏大臣审察其所学。"诏："伪学之党，勿除在内差遣。"已而言者又论伪学之祸，乞鉴元祐调停之说，杜其根原。遂有诏："监、司、帅、守荐举改官，并于奏牍前声说‘非伪学之人’。”会乡试，漕司前期取家状，必令书“（以）〔委〕不是伪学”〔五〕（据两朝纲目备要、庆元党禁改）字。抚州推官柴中行独申漕司云：“自幼习易，读程氏易传，未审是与不是伪学。如以为伪，不愿考校。”士论壮之。

十二月，削秘阁修撰朱熹官。熹家居，自以蒙累朝知遇之恩，且尚带从臣职名，义不容默，乃草封事数万言，陈奸邪蔽主之祸。子弟诸生更迭进谏，以为必且贾祸，熹不听。蔡元定请以蓍决之，遇遁之同人。熹默然，取稿焚之，遂六奏力辞职名，诏仍充秘阁修撰。时台谏皆韩侂胄所引，汹汹争欲以熹为奇货，然无敢先发者。胡纮未达时，尝谒熹于建安，熹待学子惟脱粟饭，遇纮不能异也。纮不悦，语人曰：“此非人情，只鸡斗酒，山中未为乏也。”及是为监察御史，乃锐然以击熹自任。物色无所得，经年酝酿，章疏乃成。会改太常少卿，不果。有沈继祖者，为小官时，尝采摭熹语、孟之语以自售，至是以追论程颐，得为御史。纮以疏草授之，继祖谓可立致富贵，遂论：“熹剽窃张载、程颐之绪余，寓以吃菜事魔之妖术，簧鼓后进，张浮驾诞，私立品题，收召四方无行义之徒以益其党伍，潜形匿迹，如鬼如魅。乞加少正卯之诛，以为欺君罔世、污行盗名者之戒。其徒蔡元定，佐熹为妖，乞编管别州。”诏熹落职，罢祠，窜元定于道州。已而选人余嚞上书，乞斩熹以绝伪学。谢深甫抵其书于地，获免。

三年（丁巳、一一九七）十（一）〔二〕（据宋史卷三七宁宗纪、续纲目、薛鉴改）月，知绵州王沇上疏："乞置伪学之籍，仍自今曾受伪学举荐关陞及刑法廉吏自代之人，并令省部籍记姓名，与闲慢差遣。"从之。于是伪学逆党得罪著籍者，宰执则有赵汝愚、留正、周必大、王蔺等四人，待制以上则有朱熹、徐谊、彭龟年、陈傅良、薛叔似、章颖、郑湜、楼钥、林大中、黄由、黄黼、何异、孙逢吉等十三人，余官则有刘光祖、吕祖俭、叶适、杨芳、项安世、李𡌴、沈有开、曾三聘、游仲鸿、吴猎、李祥、杨简、赵汝谠、赵汝谈、陈岘、范仲黼、汪逵、孙元卿、袁燮、陈武、田澹、黄度、张体仁、蔡幼学、黄灏、周南、吴柔胜、王厚之、孟浩、赵巩、白炎震等三十一人，武臣则有皇甫斌、（危仲任）〔范仲壬〕（庆元党籍，各书所列者或有出入。宋人所著之两朝纲目备要、续宋编年通鉴、建炎以来朝野杂记——甲集六——均作"张体仁"，而庆元党禁作"詹体仁"。按：张名见于宋史卷三六光宗纪，詹本传在宋史卷三九三。又备要、杂记、党禁均作"范仲壬"，而续宋作"危仲壬"。按：备要、续宋、杂记——乙集九——叙宁宗即位事均有"中郎将范仲壬"，宋史卷二四七赵彦逾传作"范任"，危名有误，今据改）、张致远等三人，士人则有杨宏中、周端朝、张道、林仲麟、蒋傅、徐范、蔡元定、吕祖泰等八人，共五十九人。

四年（戊午、一一九八）五月，右谏议大夫姚愈复上言："近世行险徼幸之徒，倡为道学之名，聋瞽愚俗，权臣力主其说，结为死党。陛下取其罪魁之显然者，止从窜免，余悉不问，所以存全之意，可谓至矣。奈何习之深者，怙恶不悛，日怀怨望，反以元祐党籍自比。臣愿特降明诏，播告天下，使中外晓然知邪正之实，庶奸伪之徒，不至假借疑似，以盗名欺世。”帝从之，为下诏戒饬。

六年（庚申、一二〇〇）三月，朱熹卒。将葬，右正言施康年言：“四方伪徒，聚于信上，欲送伪师之葬。会聚之间，非妄谈时人短长，则谬议时政得失。乞下守臣约束。”从之。

嘉泰二年（壬戌、一二〇二）二月，弛伪学党禁。时韩侂胄已厌前事，张孝伯谓之曰：“不弛党禁，恐后不免报复之祸。”侂胄然之，故有此令。

嘉定四年（辛未、一二一一）十二月，著作郎李道传上奏，言：“孔、孟既没，正学不明，汉、唐非无儒者，然于圣门大学之道，或语之而未近，或近之而未真，理未能尽穷，义未能尽精，施之于事，未能尽得其当。故千数百年之间，虽有随时以就功名之臣，不能极其天资力分之所止而已。治不如古，职此之由。至于本朝，河、洛之间，大儒并出，于是孔、孟之学复明于世，用虽未究，功则已多。近世儒者又得其说而推明之，择益精，语益详，凡学者修己接物，事君临民之道，本末精粗，殆无余蕴。诚使此学益行，则人才众多，朝廷正而天下治矣。往者权臣顾以此学为禁，十数年间，士气日衰，士论日卑，士风日坏，识者忧之。今其禁虽除，而独未尝明示天下以除之之说，臣窃谓当世先务，莫要于此。今有人焉，入则顺于亲，出则信于友，上则不欺其君，下则不欺其民，义不可进不肯苟进以易其终身之操，义不可生不忍苟生以害其本心之德。

诚得此等人，布满中外，平居可任，缓急可恃，岂非陛下所愿哉！如此等人，岂皆天资？知而行之，非学不可。然则学术成人才，非今日最要之务乎！臣愿陛下特出明诏，崇尚此学，指言前日所禁之误，使天下晓然知圣意所在，君臣上下同此一心，感应之机捷于影响。此诏一下，必有振厉激昂以副陛下作成之意者。臣闻学莫急于致知，致知莫大于读书，书之当读者莫出于圣人之经，经之当先者莫要于大学、论语、孟子、中庸之篇。故侍讲朱熹有论语孟子集注，大学中庸章句、或问，学者传之，所谓择之精而语之详者，于是乎在。臣愿陛下诏有司取是四书，颁之太学，使诸生以次诵习，俟其通贯浃洽，然后次第以及诸经，务求所以教育天下人才，为国家用。臣闻绍兴中，从臣胡安国尝欲有请于朝，乞以邵雍、程颢、程颐、张载四人，春秋从祀孔子之庙。淳熙中，学官魏掞之亦言宜罢王安石父子勿祀，而祀颢、颐兄弟。厥后虽诏罢安石之子雱，而他未及行。儒者相与论说，谓宜推而上之，以及二程之师周敦颐。臣愿陛下诏有司，考安国、掞之所尝言者，议而行之，上以彰圣朝崇儒正学之意，下以示学者所宗，其所益甚大，其所关甚重，非特以补祀典之缺而已。陛下不以臣言为迂，诚能下除禁之诏，颁四者之书，定诸儒之祀，三事既行，人心兴起，当见天下之才日盛一日，天下之治岁加一岁。其或不然，臣请伏妄言之罪。”会西府中有不喜道学者，未及施行。

九年（丙子、一二一六）春正月，潼川府路提点刑狱魏了翁状奏："臣窃见故虞部郎中周敦颐尝为合州佥书判官，州事不经其手，吏不敢决；苟下之，民不肯从。蜀之贤人君子莫不喜称之，其流风所渐，迄今未泯，士競讲学，民知向风，春秋奉尝，有永无替。臣始到官，尝遣吏即其祠而用币焉。退复惟念，是特敦颐所以施诸一方，见诸行事之一二耳。盖自周衰，孔、孟氏没，更秦、汉、魏、晋、隋、唐，学者无所宗主，支离泮涣，莫适其归。醇质者滞于呫哔训诂，俊爽者溺于记览词章，言理则清虚寂灭之归，论事则功利智术之尚，诬民惑世，至于沦浃肌髓，不可救药。敦颐独奋乎百世之下，穷探造化之赜，建图著书，阐幽抉秘，即斯人日用常行之际，示学者穷理尽性之归，使诵其遗言者始得以晓然于洙、泗之正传，而知世之所谓学，非滞其俗师，则沦于异端，盖有不足学者。于是河南程颢、程颐亲得其传，而圣学益以大振。虽三人于时皆不及大用，而其嗣往圣，开来哲，发天理，正人心，使孔、孟绝学独盛于本朝而超出乎百代，功用所系，治理所关，诚为不小。臣愚欲望圣慈先将敦颐特赐美谥，其于表章风厉，盖非小补。"诏下太常定议。

十三年（庚辰、一二二〇），追谥周敦颐曰元，程颢曰纯，程颐曰正，张载曰明，从魏了翁、任希夷之请也。

理宗宝庆三年（丁亥，一二二七）春正月，诏曰："朕观朱熹集注大学、论语、孟子、中庸，发挥圣贤蕴奥，有补治道。朕方励志讲学，缅怀典刑，深用叹慕。可特赠熹太师，追封信国公。"

三月，朱熹子工部侍郎朱在入对，言人主学问之要。帝曰："先卿中庸序言之甚详，朕读之不释手，恨不与之同时也。"

绍定二年（己丑、一二二九）九月，改封朱熹徽国公，用邹、兖例也。

淳祐元年（辛丑、一二四一）春正月甲辰，诏曰："朕惟孔子之道，自孟轲后不得其传，至我朝周敦颐、张载、程颢、程颐，真见实践，深探圣域，千载绝学，始有指归。中兴以来，又得朱熹，精思明辨，折衷融会，使大学、论、孟、中庸之旨本末洞彻，孔子之道益以大明于世。朕每观五臣论著，启沃良多。今视学有日，其令学官列诸从祀，以副朕崇奖儒先之意。"寻以"王安石谓'天变不足畏，祖宗不足法，人言不足恤'，为万世罪人，岂宜从祀孔子？其黜之！"

丙午，封周敦颐为汝南伯，张载郿伯，程颢河南伯，程颐伊阳伯。

戊申，视太学，谒孔子，遂御崇化堂，命祭酒曹觱讲礼记大学篇，诸生推恩锡帛有差。制道统十三赞，就赐国子监，宣示诸生。复亲书朱熹白鹿洞学规，赐焉。〔原注：按宋世道学之传，自周敦颐始。敦颐授之程颢及其弟颐，而其学始盛。同时张载、邵雍与颢兄弟实相师友，虽立言各成一家，至泽于仁义道德，不求同而自不能异。程氏之门人，则谢良佐、游酢、杨时、尹焞最著。时传之罗从彦，从彦传之李侗，朱熹受学于侗，熹出而程氏所传之学始发明无遗蕴。其与熹同时而志同道合者为张栻、吕祖谦，持论异者为陆九龄兄弟。今自敦颐而下，略采师友渊源所自，

以见一代道脉之大较云。〕

周敦颐，字茂叔，道州营道人。自少信古好义，以名节自砥砺，奉己甚约，饘粥或不给，而亦旷然不以为意。黄庭坚称其人品甚高，胸中洒落，如光风霁月，廉于取名而锐于求志，薄于徼福而厚于得民，菲于奉身而燕及茕嫠，陋于希世而尚友千古。好读书，雅意林壑，不为人事窘束，世故拘牵。不由师传，默契道体。尝著太极图说，明天理之根原，究万物之终始。其说曰："无极而太极。太极动而生阳，动极而静；静而生阴，静极复动。一动一静，互为其根。分阴分阳，两仪立焉。阳变阴合，而生水、火、木、金、土，五气顺布，四时行焉。五行，一阴阳也。阴阳，一太极也。太极，本无极也。五行之生也，各一其性。无极之真，二五之精，妙合而凝，乾道成男，坤道成女；二气交感，化生万物，万物生生，而变化无穷焉。惟人也得其秀而最灵。形既生矣，神发知矣，五性感动，而善恶分，万事出矣。圣人定之以中正仁义而主静，立人极焉。故圣人与天地合其德，日月合其明，四时合其序，鬼神合其吉凶。君子修之，吉；小人悖之，凶。故曰：'立天之道，曰阴与阳；立地之道，曰柔与刚；立人之道，曰仁与义。'又曰：'原始反终，故知死生之说。'大哉易也，斯其至矣！"又著通书四十篇，发明太极之蕴。序者谓其言约而道大，文质而义精，得孔、孟之本源，大有功于学者。程颢、程颐受业，每令寻孔、颜乐处所乐何事。颢尝曰："自再见周茂叔后，吟风弄月以归，有'吾与点也'之意。"侯师圣学于程颐，未悟，因见敦颐，敦颐留与对榻夜谈。越三日，乃还。程颐惊异之，曰："非从周茂叔来耶！"其善开发人类此。学者称为濂溪先生。

程颢，字伯淳，河南人。颢资禀既异，而充养有道，纯粹如精金，温润如良玉，宽而有制，和而不流，胸怀洞然，彻视无间，极其德美，非形容所可及。自十五六时，闻周茂叔论道，遂厌科举之学，慨然有求道之志。未知其要，泛滥于诸家，出入于老、释者几十年，返求之六经而后得之。知尽性至命必本于孝弟，穷神知化由通于礼乐，辨异端似是之非，开百代未明之惑，秦、汉而下，未有臻斯理也。谓孟子没而圣学不传，以兴起斯文为己任。其言曰："道之不明，异端害之也。昔之害近而易知，今之害深而难见。昔之惑人也乘其迷暗，今之惑人也因其高明。自谓之穷神知化，而不足以开物成务。言为无不周遍，实则外于伦理。穷深极微，而不可以入尧、舜之道。天下之学，非浅陋固滞则必入于此。是皆正路之蓁芜，圣门之蔽塞，辟之而后可以入道。"其卒也，文彦博题其墓曰明道先生。弟颐序之曰："周公没，圣人之道不行。孟轲死，圣人之道不传。道不行，百世无善治；道不传，千载无真儒。无善治，士犹得以明夫善治之道，以淑诸人，以传诸后。无真儒，则天下贸贸焉莫知所之，人欲肆而天理灭矣。先生生乎千百年之后，得不传之道于遗经，以兴起斯文为己任，辨异端，辟邪说，使圣人之道焕然复明于世。盖自孟子之后，一人而已。然学者于道不知所向，则孰知斯人之为功，不知所至，则孰知斯名之称情也哉！”

程颐，字正叔。自幼非礼不动，其为学之要曰：“涵养须用敬，进学则在致知。”尝作颜子好学论，曰：“圣人之门，其徒三千，独称颜子为好学。夫诗、书、六艺，三千子非不习而通也，然则颜子所好者何学也？学以至圣人之道也。圣人可学而至欤？曰：然。学之道如何？曰：天地储精，得五行之秀者为人。其本也贞而静，其未发也五性具焉，曰仁、义、礼、智、信。形既生矣，外物触其形而动于中矣，其中动而七情出焉，曰喜、怒、哀、乐、爱、恶、欲。情既炽而益荡，其性凿矣。是故觉者约其情，使合于中，正其心，养其性，故曰性其情。愚者则不知制之，纵其情而至于邪僻，梏其性而亡之，故曰情其性。凡学之道，正其心、养其性而已，中正而诚，则圣矣。君子之学，必先明诸心，知所养，然后力行以求其至，所谓‘自明而诚’也。故学必尽其心，尽其心则知其性，知其性，反而诚之，圣人也。故洪范曰：‘思曰睿，睿作圣。’诚之之道，在乎信道笃。信道笃则行之果，行之果则守之固。仁义忠信不离乎心，造次必于是，颠沛必于是，出处语默必于是，久而弗失，则居之安，动容周旋中礼，而邪僻之心无自生矣。故颜子所事，则曰：‘非礼勿视，非礼勿听，非礼勿言，非礼勿动。’仲尼称之，则曰：‘得一善，则拳拳服膺而弗失之矣！’又曰：‘不迁怒，不贰过。’‘有不善未尝不知，知之未尝复行也。’此其好之之笃，学之之道也。视、听、言、动皆礼矣，所异于圣人者，盖圣人则不思而得，不勉而中，从容中道，颜子则必思而后得，必勉而后中，故曰：颜子之与圣人，相去一息。孟子曰：‘充实而有光辉之谓大，大而化之之谓圣，圣而不可知之谓神。’颜子之德，可谓充实而有光辉矣，所未至者，守之也，非化之也。以其好学之心，假之以年，则不日而化矣，故仲尼曰：‘不幸短命死矣！’盖伤其不得至于圣人也。所谓化之者，入于神而自然，不思而得，不勉而中之谓也。孔子曰‘七十而从心所欲，不逾矩’是也。或曰：圣人生而知者也，今谓可学而至，岂有稽乎？曰：然。孟子曰：‘尧、舜，性之也。汤、武，反之也。’性之者，生而知之者也。反之者，学而知之者也。后人不达，以为圣本生知，非学可至，而为学之道遂失。不求诸己，而求诸外，以博闻强记巧文丽词为工，荣华其言，鲜有至于道者，则今之学与颜子所学异矣。”颐所著，惟易传为成书。尹焞谓颐践履皆易，作传只是因而写成。其自序曰：“易，变易也，随时变易以从道也。其为书也，广大悉备，将以顺性命之理，通幽明之故，尽事物之情，而示开物成务之道也。圣人之忧患后世，可谓至矣！去古虽远，遗经尚存，然而前儒识意以传言，后学诵言而忘味，自秦而下，盖无传矣。予生千余载之后，悼斯文之湮晦，将俾后人沿流而求源，此传所以作也。易有圣人之道四焉：以言者尚其辞，以动者尚其变，以制器者尚其象，以卜筮者尚其占。吉凶消长之理，进退存亡之道，备于辞；推词考卦，可以知变，象与占在其中矣。君子居则观其象而玩其辞，动则观其变而玩其占，得于辞不达其意者有矣，未有不得于辞而能通其意者也。至微者，理也；至著者，象也。体用一原，显微无间，观会通以行其典礼，则辞无所不备。故善学者，求言必自近，易于近者非知言者也。予所传者辞也，由辞以得意，则在乎人焉。”游酢、杨时从颐学。一日，颐坐而瞑目，久之，觉曰：“二子犹在此乎？日暮矣，姑就舍。”二子出，门外雪深尺余。其师道尊严如此。

张载，字子厚，凤翔人。少孤，无所不学，喜谈兵。当康定用兵时，慨然以功名自许。上书谒范仲淹。仲淹一见，知其远器，欲成就之，告之曰：“儒者自有名教，何事于兵！”因劝读中庸。载读其书，虽爱之，犹以为未足也。又访之释、老之书，反求之六经。嘉祐初，见二程于京师，共语道学，涣然自信，曰：“吾道自足，何事旁求！”乃尽弃异学，淳如也。熙宁中被召，以事辞归。筑室南山下，敝衣蔬食，专精治学。以知人而不知天，求为贤人而不求为圣人，自秦、汉以来学者之大弊也。故终日危坐一室，左右简编，俯而读，仰而思，有得则识之。或中夜起坐，取烛以书，其志道精思，未始须臾息也。尝以定性之学问于程颢，颢答书曰：“承谕定性未能不动，犹累于外物。所谓定者，动亦定，静亦定，无将迎，无内外。苟以外物为外，牵己而从之，是以己性为有内外也。且以性为随物于外，则当其在外时，何者为在内？是有意于绝外诱，而不知性之无内外也。既以内外为二本，则又乌可遽语定哉！夫天地之常，以其心普万物而无心；圣人之常，以其情顺万事而无情。故君子之学，莫若廓然而大公，物来而顺应。易曰：‘贞吉悔亡，憧憧往来，朋从尔思。’苟规规于外诱之除，将见灭于东而生于西也，非惟日之不足，顾其端无穷，不可得而除也。人之情各有所蔽，故不能适道，大率患在于自私而用智。自私则不能以有为为应迹，用智则不能以明觉为自然。今以恶外物之心，而求照无物之地，是反鉴而索照也。易曰：‘艮其背，不获其身；行其庭，不见其人。’孟氏亦曰：‘所恶于智者，为其凿也。’与其非外而是内，不若内外之两忘也，两忘则澄然无事矣。无事则定，定则明，明则尚何应物之为累哉！圣人之喜，以物之当喜，圣人之怒，以物之当怒。是圣人之喜怒，不系于心而系于物也。是则圣人岂不应于物哉！乌得以从外者为非，而更求在内者为是也。今以自私用智之喜怒，而视圣人喜怒之正，为何如哉！夫人之情易发而难制者，惟怒为甚。第能于怒时遽忘其怒而观理之是非，亦可见外诱之不足恶，而于道亦思过半矣。”载得之，大悦。载所著有西铭、正蒙，而西铭最为一时儒者所服。其言曰：“乾称父，坤称母，予兹藐焉，乃混然中处。故天地之塞吾其体，天地之帅吾其性。民，吾同胞；物，吾与也。大君者，吾父母宗子，其大臣，宗子之家相也。尊高年，所以长其长，慈孤弱，所以幼其幼。圣其合德，贤其秀也。凡天下疲癃残疾，茕独鳏寡，吾兄弟颠连而无告者也。于时保之，子之翼也，乐且不忧，纯乎孝者也。违曰悖德，害仁曰贼，济恶者不才，其践形惟肖者也。知化则善述其事，穷神则善继其志。

不愧屋漏为无忝，存心养性为匪懈。恶旨酒，崇伯子之顾养；育英才，颍封人之锡类。不弛劳而底豫，舜其功也；无所逃而待烹，申生其恭也。体其受而归全者参乎；勇于从而顺令者伯奇也。富贵福泽，将以厚吾之生也；贫贱忧戚，庸玉汝于成也。存，吾顺事；没，吾宁也。”杨时尝问程颐曰：“西铭言体而不及用，恐其流遂至于兼爱。”颐答曰：“西铭推理以存义，扩前圣所未发，与性善养气之论同功，岂墨氏之比哉！西铭明理一而分殊，墨氏则二本而无分。二本之弊，私间而失仁，无分之弊，兼爱而无义。分立则推理一，以止私胜之流，仁之方也。无别而迷兼爱，以至无父之极，义之贼也。子比而同之，过矣！且欲使人推而行之，本为用也，反谓不及，不亦异乎。”

邵雍，字尧夫，范阳人。雍少笃学，坚苦刻厉，冬不炉，夏不扇，卧不就枕席者数年。尝以为学者之患，在于好恶先成乎心，而挟其私智以求，于道则蔽于所好而不得其真。故其求之，至于四方万里之远，天地阴阳屈伸消长之变，无所不通，而必折衷于圣人，虽深于象数，先见默识，未尝以自名也。其学纯一而不杂，居之而安，行之而成，平易浑大，不见圭角，其自得深矣。程颢初侍其父，识雍，议论终日，退而叹曰：“尧夫内圣外王之学也！”雍自著无名公传，曰：“无名公生于冀方，老于豫方。年十岁，求学于里人，遂尽里人之情，己之滓十去其二三矣。年二十，求学于乡人，遂尽乡人之情，己之滓十去其三四矣。年三十，求学于国人，遂尽国人之情，己之滓十去其五六矣。年四十，求学于古今，遂尽古今之情，已之滓十去其八九矣。五十求学于天地，遂尽天地之情，欲求己之滓，无得而去矣。始则里人疑其僻，问于乡人，曰：‘斯人善与人群，安得谓之僻？’既而乡人疑其泛，问于国人，曰：‘斯人不妄与人交，安得谓之泛？’既而国人疑其陋，问于四方之人，曰：‘斯人不器，安得谓之陋？’既而四方之人又疑之，质之于古今之人，终始无可与同者；又考之于天地，天地不对。当是时也，四方之人，迷乱不复得知，因号为无名公。无名者，不可得而名也。凡物有形则可器，可器斯可名。然则斯人无体乎？曰:有体，有体而无迹者也。斯人无用乎？曰:有用，有用而无心者也。夫有迹有心者，斯可得而知也，无迹无心者，虽鬼神亦不可得而知，不可得而名，而况于人乎！故其诗曰：‘思虑未起，鬼神莫知，不由乎我，更由乎谁？’能造万物者天地也，能造天地者太极也，太极者其可得而知乎？故强名之曰太极。太极者，其无名之谓乎！”

谢良佐，字显道，上蔡人。初见程颢，受学甚笃，后又事程颐。颐尝指良佐谓朱公掞曰：“此人为切问近思之学。”或问良佐：“太虚无尽，心有止，安得合一？”曰：“心有止，只为用，若不用，则何止？”问：“子莫不用否？”曰：“是圣人便不用。当初曾发此语，被伊川一语坏却二十年。曾往见伊川，伊川曰：‘近日事如何？’对曰：‘天下何思何虑。’伊川曰：‘是则是有此理，发得太早。’”再问：“当初发此语时如何？”曰：“见得是事，经时无他念，接物亦应得去。”问：“如此却何故被一语坏却？”曰：“当了须有不透处，当初若不得他一语救拔，便入禅家去矣！伊川直是善锻炼人，既说又却道恰好着工夫也。”

游酢，字定夫，建阳人。初以文学知名于时，程颐一见，谓其资可适道。时程颢知扶沟县，兄弟方以倡明道学为己任，设庠序，聚邑人子弟教之，召酢识学事。酢欣然往从之，得其微言，于是尽弃其学学焉。吕居仁曰：“定夫后更学禅，居仁尝以书问之，答曰：‘佛书所说，世儒亦未深考。往年尝见伊川云，吾之所攻者迹也，然迹安从出哉？要之，此事须亲至此地，方能辨其同异，不然，难以口舌争也。’”

尹焞，字彦明，洛阳人。从程颐学，颐教人专以敬以直内为本，焞独能力行之。尝言：“伊川教人，只是专令用敬以直内，若用此理，则百事不敢轻为，不敢妄作，不愧屋漏矣，习之既久，自然有所得也。往年先生自涪陵归，日往候之。一日，读易至‘敬以直内处’，因问：‘不习无不利时，则更无堵当、更无计较也耶？’先生深以为然，且曰：‘不易见得如此，且更涵养，不可轻说。’”

杨时，字中立，将乐人。初举进士得官，闻二程之学，即往从之。程颢见时甚喜，每言曰：“杨君最会得容易。”及归，送之出门，谓坐客曰：“吾道南矣！”时归，闲居累年，沉浸经书，推广师说，穷探力索，务极其趣，涵蓄广大，而不敢轻自肆也。学者称为龟山先生。

罗从彦，字仲素，南剑人。初为博罗主簿，闻杨时得程氏之学，慨然慕之。及时为萧山令，从彦徒步往学。见时三日，即惊汗浃背，曰："不至是，几虚过一生矣！"即卒业，归，筑室山中，绝意仕进。学者称为豫章先生。从彦尝与人论士行，曰："周、孔之心使人明道，学者果能明道，则周、孔之心深自得之。三代人才，得周、孔之心而明道者多，故视死生去就，如寒暑昼夜之移，而忠义行之者易。至汉、唐徒以经术古文相尚，而失周、孔之心，明道者寡，故视死生去就如万钧九鼎之重，而忠义行之者难。"又曰："士之立朝，要以正直、忠厚为本。正直则朝廷无过失，忠厚则天下无嗟怨。"其议论醇正类此。

李侗，字愿中，剑浦人。初受学于罗从彦，从彦令于静中看喜、怒、哀、乐未发前气象，而求所谓中者。久之，于天下之理，该摄洞贯，以次融释，各有条序。退居山中，谢绝世故，凡四十年。其接后学，答问不倦。尝云："学问之道不在多言，但默坐，澄心体认，天理自见。"学者称为延平先生。

朱熹，字元晦，新安人。父松，与籍溪胡宪、白水刘勉之、屏山刘子翚三人者善。松疾革，命熹父事此三人，且禀学焉。子翚常告熹曰："吾于易得入德之门，所谓'不远复'者，吾三字符也。"既而熹复受学于李侗，侗亦父友也。熹言自见李先生，为学始就平实，乃知向者从事释、老之说皆非。侗与人书曰："元晦初从谦开善处下工夫来，故皆就里面体认，今既论难，见儒者路脉，极能指其差误之处。自见罗先生来，未有如此者。且别无他事，一味潜心于此。初讲学时，颇为道理所缚，今渐能融释，于日用处一意下工夫，若于此渐熟，则体用合矣。此道理全在日用处熟，若静处有而动处无，即非矣。”熹生平于书无所不读，于义理无所不究极，而其纲领枢要，则在中庸“未发”一语，先后与张栻论之最详。其言曰：“人之一身，知觉运动，莫非心之所为，则心者固所以主于身，而无动静语默之间者也。然方其静也，事物未至，思虑未萌，而一性浑然，道义全具，其所谓中，是乃心之所以为体，而寂然不动者也。及其动也，事物交至，思虑萌焉，则七情迭用，各有攸主，其所谓和，是乃心之所以为用，感而遂通者也。然性之静也，而不能不动，情之动也，而必有节焉，是则心之所以寂然感通，周流贯彻，而体用未始相离者也。然人有是心而或不仁，则无以著此心之妙；人虽欲仁而或不敬，则无以致求仁之功。盖心主乎一身，而无动静语默之间，是以君子之于敬，亦无动静语默而不用其力焉。未发之前，是敬也固已主乎存养之实。已发之际，是敬也又常行于省察之间。方其存也，思虑未萌，而知觉不昧，是则静中之动，复之所以见天地之心也。及其发也，事物纷纠，而品节不差，是则动中之静，艮之所以‘不获其身，不见其人’也。有以主乎静中之动，是以寂而未尝不感；有以察乎动中之静，是以感而未尝不寂。寂而常感，感而常寂，此心之所以周流贯彻，而无一息之不仁也。然则君子之所以致中和而天地位、万物育者，在此而已。盖主于身而无动静语默之间者，心也，仁则心之道，而敬则心之真也。

此彻上彻下之道，圣贤之本统。明乎此，则性情之中，中和之妙，可一言而尽矣。”熹门人黄榦状熹行曰：“道之正统，待人而后传。自周以来，任传道之责，得统之正者，不过数人，而能使斯道章章较著者，一二人而止耳。由孔子而后，曾子、子思继其微，至孟子而始著。由孟子而后，周、程、张子继其绝，至先生而始著。盖千有余年之间，孔、孟之徒所以推明是道者，既已煨烬残阙，离析穿凿，蠹坏之后，扶持植立，厥功伟然。未及百年，踳驳尤甚。先生出而自周以来圣贤相传之道，一旦豁然，如日中天，昭晰呈露。起斯文于将坠，觉来裔于无穷，虽与天壤俱敝可也。”

张栻，字敬夫，广汉人。栻颖悟夙成，父浚爱之，自幼学所教，莫非仁义忠孝之实。长从胡宏仁仲问程氏学，宏一见，知其大器，即以孔门论仁亲切之指告之。栻退而思，若有得焉，以书质之宏。宏喜曰：“圣门有人矣！”栻益自奋励，以古圣贤自期，作希颜录一篇，蚤夜观省，以自警策。为人表里洞然，勇于从义，无毫发滞吝。朱熹每言，己之学乃铢积寸累而成，如敬夫则大本卓然先有见者也。栻尝有言曰：“学莫先于义利之辨，义者本心之所当为而不能自已，非有所为而为之者也。一有所为而为，则皆人欲，非天理矣。”学者称为南轩先生。

吕祖谦，字伯恭，婺州人。其学本之家庭，有中原文献之传。长从汪应辰、林之奇、胡宪游，而友张栻、朱熹。学以关、洛为宗，旁稽载籍，心平气和，不立崖异。少下急，一日，诵孔子“躬自厚而薄责于人”之言，忽觉平时忿懥，涣然冰释。朱熹尝言，学如伯恭，方是能变化气质。其所讲画，将以开物成务。既卧病，而任重道远之志不衰，居家之政皆可为后世法。祖谦尝与朱熹书曰：“学者须是专心致志，绝利之原，凝聚停蓄，方始收拾得上。”又与张栻书曰：“从前病痛，良以嗜欲粗薄，故欠却克治经历之功；思虑稍少，故欠却操存澄定之力；积蓄未厚而发用太遽，涵泳不足而谈说有余。”其自克治如此。学者称为东莱先生。

陆九渊，字子静，金溪人。少有异禀，三四岁时，侍父贺行，遇事物，必致问。一日，忽问天地何所穷际，父笑而不答，遂深思至忘寝食。尝读古书至“宇宙”二字，忽大省曰：“宇宙内事，即己分内事；己分内事，即宇宙内事。”又曰：“宇宙便是吾心，吾心即是宇宙。千万世之前，有圣人出焉，同此心，同此理也。千万世之后，有圣人出焉，同此心，同此理也。东海有圣人出焉，同此心，同此理也。西、南、北海有圣人出焉，同此心，同此理也。”初，九渊之兄九韶，尝有书与朱熹论太极图说非正，曲加扶掖，终为病根，意谓不当于太极上更加“无极”二字。熹答云：“不言无极，则太极同于一物，而不足以为万化根本。不言太极，则无极沦于空寂，而不能为万化根本。”又曰：“无极只是无形，太极只是有理。”九韶不以为然，诋濂溪不已。九渊乃复与熹书，为申其辨，略曰：“易之大传曰：‘形而上者谓之道。’又曰：‘一阴一阳之谓道。’一阴一阳已是形而上者，况太极乎？极者中也，言无极则是言无中也，岂宜以无极字加太极之上？无极二字，出于老子，圣人之书无有也。”熹答曰：“大传既曰‘形而上者谓之道’矣，而又曰‘一阴一阳之谓道’，此岂真以阴阳为形而上者哉，正所以见一阴一阳虽属形器，然其所以一阴而一阳者，是乃道体之所为也。故谓道体之至极则谓之太极，谓太极之流行则谓之道。虽名二物，实无两体。周子所以谓之无极者，正以其无方所，无形状；以为在无物之前，而未尝不立于有物之后；以为在阴阳之外，而未尝不行乎阴阳之中；以为通贯全体，无乎不在，则又初无声臭影响之可言也。今乃深诋无极之不然，则是直以太极为有形状、有方所矣；直以阴阳为形而上者，则又昧于道器之分矣；又于‘形而上者’之上，复有‘况太极乎’之语，则是又以道上别有一物为太极矣。如老子‘复归于无极’，乃无穷之义，非若周子所言之意也。”九渊终不以熹言为是，再书辨之，词加愤厉。熹答以为：“凡辨论亦须平心和气，反覆精详，务求实是，乃有归着。如不能然，但于匆遽急迫之中，肆支蔓躁率之词，以逞其忿怼不平之气，则岂有君子长者之意乎！如曰未然，我日斯迈，而月斯征，各尊所闻，各行所知，无复可望于必同也。”熹又尝言：“子静兄弟气象甚好，其病却是尽废讲学，而专务践履，却于践履之中，要人提撕省察，悟得本心，此为病之大者。要其操持谨质，表里不二，实有以过人者。惜乎其自信太过，规模窄狭，不复取人之善，将流于异学而不自知耳！”

蔡元定，字季通，建阳人。生而颖悟。父发，博览群书，以程氏语录、邵氏经世、张氏正蒙授元定曰："此孔、孟正脉也。"元定涵泳其义。既长，辨析益精。登西山绝顶，于书无所不读，于事无所不究，义理洞见大原，图书、礼乐、制度，无不精妙。著洪范解、大衍详说、律吕新书，行于世。其论经世书曰："元、会、运、世之数，大而不可见，分、厘、丝、毫之数，小而不可察，所可得而数者，即岁、月、日、辰而知之也。一世有三十岁，一月有三十日，故岁与日之数三十。一岁有十二月，一日有十二辰，故日与辰之数十二。自岁、月、日、辰之数，推而上之，得元、会、运、世之数；推而下之，得分、厘、丝、毫之数。三十与十二反覆相乘为三百六十，故元、会、运、世、岁、月、日、辰八者之数皆三百六十。以三百六十乘三百六十为十二万九千六百，故元有十二万九千六百岁，会有十二万九千六百月，运有十二万九千六百日，世有十二万九千六百辰，岁有十二万九千六百分，月有十二万九千六百厘，日有十二万九千六百毫，辰有十二万九千六百丝，皆天地之自然，非假智营力索，而天地之运，日月之行，气朔之盈虚，五星之伏见，朓朒屈伸交食浅深之数，莫不由此。由汉以来，以历数名家者，惟太初、大衍耳。太初以四千六百六十七岁为元，以八十一为分。大衍之历，乃以一百六十三亿七千四百五十九万五千二百为元，三千四十为分，皆附会牵合，以此求天地之数，安得无差乎！"其窜道州也，郡县逮捕甚急。元定色不为动，与季子沈徒步就道。熹与从游者百余人饯别萧寺中，坐客兴叹，有泣下者。熹微视元定，不异平时，因喟然曰："友朋相爱之情，季通不挫之志，可谓两得之矣！"众谓宜缓行，元定曰："获罪于天，天可逃乎！"杖屦同其子沈行三千里，脚为流血，无几微见于言面。至舂陵，远近来学者日众，州士莫不趋席下以听讲说。爱元定者，谓宜谢生徒，元定曰："彼以学来，何忍拒之？若有祸患，亦非闭门塞窦所能避也。"贻书训诸子曰："独行不愧影，独寝不愧衾，勿以吾得罪故，遂懈其志。"在道逾年卒。

宋史纪事本末卷八十一

两朝内禅 孝宗、光宗、宁宗、庙议、陵议附

孝宗淳熙十四年（丁未、一一八七）九月癸卯，太上皇有疾。

冬十月辛未，帝罢朝，侍疾。赦。

乙亥，太上皇崩于德寿殿，遗诏太上皇后改称皇太后。帝号痛擗踊，谓宰臣王淮等曰："晋孝武、魏孝文实行三年丧服，何妨听政！司马光通鉴所载甚详。"淮对曰："晋武虽有此意，后来在宫中止用深衣练冠。"帝曰："当时群臣不能将顺其美，光所以议之。自我作古，何害！"辛巳，诏曰："太上皇帝奄弃至养，朕当衰服三年，群臣自遵易月之令。可令有司讨论仪制以闻。"尤袤典礼，定大行皇帝庙号"高宗"，翰林学士洪迈独请号"世祖"。袤率礼官颜师鲁等奏曰："宗庙之制，祖有功，宗有德。艺祖规创大业，为

宋太祖。太宗混一区夏，为宋太宗。自真宗至钦宗，圣圣相传，庙制一定，万世不易。在礼，子为父屈，示有尊也。太上亲为徽宗子，子为祖，父为宗，失昭穆之序。议者不过以汉光武为比，光武以长沙王后，布衣崛起，不与哀、平相继，其称无嫌。太上中兴，虽同光武，然实继徽宗正统。以子继父，非光武比。将来祔庙在徽宗下而称祖，恐在天之灵有所不安。”诏群臣集议，袤上议如初，迈论遂屈。诏从礼官议，众论纷然。会礼部、太常寺亦同主“高宗”，谓本朝创业中兴，皆在商丘，取商高宗实为有证，遂从初议。乙酉，百官五上表，请帝还内，不许。戊子，帝衰绖，御素辇还内。

十一月己亥，帝始以白布巾、袍视事于延和殿，朔望诣德寿宫则衰绖而杖如初，因诏太子参决庶务于议事堂。左谕德尤袤言于太子曰：“大权所在，天下之所争趋，甚可惧也。愿殿下事无大小，一取上旨而后行，情无厚薄，一付众议而后定。”又曰：“储副之位，止于侍膳、问安，不交外事，抚军、监国，自汉至今，多出权宜，事权不一，动有触碍。乞俟祔庙之后，便行恳辞，以彰殿下令德。”庚子，皇太子三辞参决，不许。辛丑，帝诣德寿宫禫祭，百官释服。甲辰，群臣三上表请御殿听政，诏俟过祔庙。

十五年（戊申、一一八八）春正月丁酉朔，诣德寿宫几筵行礼。

三月庚子，上大行太上皇谥曰圣神武文宪孝皇帝，庙号高宗。用翰林学士洪迈议，以吕颐浩、赵鼎、韩世忠、张俊配享高宗庙廷。秘书少监杨万里以张浚有社稷功，请用浚配享，不听。

丙寅，权攒高宗于永思陵。

夏四月壬申，帝亲行奉迎虞主之礼。自是七虞、八虞、九虞、卒哭、奉辞皆如之。丙戌，祔高宗主于太庙，诏曰："朕比下令，欲衰绖三年，群臣屡请御殿易服，故以布素视事内殿。虽有俟过祔庙勉从所请之诏，然稽诸典礼，心实未安，行之终制，乃为近古。宜体至意，勿复有请。"

十六年（己酉、一一八九）春正月丙申，以周必大、留正为左、右丞相。帝自高宗崩，即欲传位太子，尝谕必大曰："礼莫重于（祀）〔事〕（据宋史卷三九一周必大传、续纲目、薛鉴改）宗庙，而孟享多以病分诣，孝莫大于执丧，而不得日至德寿宫。朕将退休矣！"因密赐"绍兴传位亲札"于必大，命预草诏，专以奉几筵，以毕高宗三年之制，而进必大为首相。

乙巳，皇太后移御慈福宫，更德寿宫为重华宫。

二月壬戌，下诏传位于皇太子。太子即位，帝素服退居于重华宫。辛未，尊帝为寿皇圣帝，皇后为寿成皇后，皇太后为寿圣皇太后。大赦。

立皇后李氏。后，安阳人，庆远节度使道之女也。道帅湖北，闻道士皇甫坦善相人，出诸女拜之。坦见后，惊，不敢受拜，曰："此女当母天下。"坦言于高宗，遂聘为恭王妃。性悍妒，尝诉帝左右于高宗及寿皇。高宗不怿，谓吴后曰："是妇将种，吾为皇甫坦所误。"寿皇亦屡训敕，令“以皇太后为法，不然，行当废汝”。后疑其说出于太后，憾之。至是立为后。三月己亥，子扩进封嘉王，李后所生也。

光宗绍熙元年（庚戌、一一九〇）春正月丙辰，帝朝寿皇于重华宫。

二年（辛亥、一一九一）十一月辛未，帝有事于太庙，后杀贵妃黄氏。初，帝欲诛宦者，近习惧，遂谋离间三宫。帝疑之，不能自解。会帝得心疾，寿皇购得良药，欲因帝至宫授之。宦者遂诉于皇后曰：“太上合药一丸，俟宫车过，即投药。万一不虞，奈宗社何？”李后觇药实有，心衔之。顷之，内宴，后请立嘉王扩为太子，寿皇不许，后曰：“妾，六礼所聘；嘉王，妾亲生也，何为不可？”寿皇大怒。后退，持嘉王泣诉于帝，谓寿皇有废立意。帝惑之，遂不朝寿皇。一日，帝浣手宫中，睹宫人手白，悦之。他日，后遣人送食盒于帝，启之，则宫人两手也。至是，以黄贵妃有宠，因帝祭太庙，宿斋宫，后杀贵妃，以暴卒闻。壬申，冬至，郊合祭天地，风雨大作，黄坛烛尽灭，不能成礼而罢。帝既闻贵妃卒，又值此变，震惧增疾，不视朝，政事多决于后，后益骄恣。寿皇闻帝疾，亟往南内视之，且责后，后怨益深。

三年（壬子、一一九二）春正月乙巳朔，帝有疾，不视朝。

三月辛巳，帝疾稍愈，始御延和殿听政，以子涛为安定郡王。帝自有疾，重华温凊之礼，以及诞辰节序，屡以寿皇传旨而免。至是，宰辅、百官下至韦布之士，以过宫为请者甚众，至有扣头引裾号泣而谏者，帝为开悟，有翻然夙驾之意。既而不果行，都人始以为忧。夏四月戊午，帝始朝重华宫。

五月，帝有疾，不视朝。

十一月丙戌，日南至，丞相留正帅百官诣重华宫称贺。兵部尚书罗点、给事中尤袤、中书舍人黄裳、御史黄度、郎官叶适等上疏，请帝朝重华宫，不从。秘书郎彭龟年复上言："寿皇之事高宗，备极子道，此陛下所亲睹也。况寿皇今日止有陛下一人，圣心拳拳，不言可知。特遇过宫日分，陛下或迟其行，则寿皇不容不降免到宫之旨，盖为陛下辞责于人，使人不得以窃议陛下，其心非不愿陛下之来。自古人君处骨肉之间，多不与外臣谋，而与小人谋之，所以交斗日深，疑隙日大。今日两宫万万无此，然臣所忧者，外无韩琦、富弼、吕诲、司马光之臣，而小人之中已有任守中者在焉。惟陛下裁察！"又言："使陛下亏过宫定省之礼，皆左右小人间谍之罪，宰执、侍从但能推父子之爱，调停重华，台谏但能仗父子之义，责望人主，至于疑间之根，盘固不去，曾无一语及之。今内侍间谍两宫者固非一人，独陈源在寿皇朝得罪至重，近复进用，外人皆谓离间之机必自源始。宜亟发威断，首逐陈源，然后肃命銮舆，负罪引慝，以谢寿皇。使父子欢然，宗社有永，不亦幸欤！"龟年又以书诮赵汝愚。汝愚入对，往复规谏，帝意乃悟。汝愚更属嗣秀王伯圭调护，于是两宫之情始通。辛卯，帝朝重华宫，皇后继至，从容竟日而还，都人大悦。

是月，皇后归谒家庙，推恩使臣邓从训等一百八十人。

四年（癸丑、一一九三）春正月己巳朔，帝朝重华宫。

三月辛巳，以赵汝愚同知枢密院事。御史汪义端与汝愚有隙，上言："高宗圣训，不用宗室为宰执，汝愚楚王元佐七世孙，不宜用之。"汝愚亦力辞，不许，命当制学士申谕上意，而黜义端，汝愚乃拜命。

五月己巳，亲策礼部进士，问礼乐刑政之要。陈亮以君道、师道对，且曰："臣窃叹陛下于寿皇莅政二十有八年之间，宁有一政一事之不在圣怀；而问安视寝之余，所以察词而观色，因此而得彼者，其端甚众，亦既得其机要而见诸施行矣，岂徒一月四朝，为京师之美观也哉！"上得之，大喜，以为善处人父子之间，擢为第一。

秋七月壬午，以赵汝愚知枢密院事。

九月庚午，重阳节，百官上寿，请帝朝重华宫，不听；而召内侍陈源为押班。中书舍人陈傅良不草词，且上疏曰："陛下之不过重华宫者，特误有所疑，而积忧成疾，以至此尔。臣尝即陛下之心反覆论之，窃自谓深切，陛下亦既许之矣。未几中变，以误为实，而开无端之衅，以疑为真，而成不疗之疾，是陛下自贻祸也。"给事中谢深甫言："父子至亲，天理昭然，太上之爱陛下，亦犹陛下之爱嘉王。太上春秋高，千秋万岁后，陛下何以见天下？"帝感悟，趋命驾往朝，百官班立以俟。帝出至御屏，后挽留帝入，曰："天寒，官家且饮酒。"百僚、侍卫相顾莫敢言。傅良趋进，引帝裾，请毋入，因至屏后。后叱曰："此何地，秀才欲斫头耶！"傅良痛哭于庭。后使人问曰："此何理也？"傅良曰："子谏父不听，则号泣而随之。"后益怒。遂传旨："罢，还内。"傅良下殿径行，诏改秘阁修撰，不受。于是著作郎沈有开、秘书郎彭龟年、礼部侍郎倪思、国子录王介等，皆上疏请朝，不从。会上召嘉王，倪思言："寿皇欲见陛下，亦犹陛下之于嘉王也。"上为动容。时李后浸预政，思进讲姜氏会齐侯于泺，因奏言："人主治国，必自齐家始，家之不能齐者，不能防其渐也。始于亵狎，终于恣横，至于阴阳易位，内外无别，甚则离间父子。汉之吕氏，唐之武、韦，几至乱亡，不但鲁庄公也。"帝悚然。赵汝愚同侍经筵，退，语人曰："谠直如此，吾党不逮也！"上怒思，出知绍兴府。

冬十月，工部尚书赵彦逾等上书重华宫，乞会庆节勿降旨免朝。寿皇曰："朕自秋凉以来，思与皇帝相见，卿等奏疏，已令进御前矣。"及会庆节，帝复称疾不朝，丞相以下皆上疏自劾，乞罢黜。嘉王府翊善黄裳请诛内侍杨舜卿。彭龟年奏言："臣所居之官，以记注人君言动为职。'车驾不过宫问安'，如此书者，殆数十矣，恐非所以示后。"又言："陛下误以臣充嘉王府讲读官，正欲臣等教以君臣、父子之道。臣闻有身教，有言教，陛下以身教，臣以言教者也。言岂若身之切哉！"是时太学生汪安仁等二百一十八人亦上书请朝重华宫，皆不报。

十一月，赵彦逾复力请帝朝重华宫，帝始往朝。尚书左选郎官叶适奏："自今宜于过宫之日，令宰执、侍从先诣起居，异时两宫圣意有难言者，自可因此传致，则责任有归。不可复使近习小人，增损语言，以生疑惑。"不听。

五年（甲寅、一一九四）春正月癸酉，寿皇不豫。

夏四月，寿皇疾浸革，群臣数请帝问疾重华宫，皆不报。帝与皇后幸玉津园，兵部尚书罗点请先过重华宫。且曰："陛下为寿皇子，四十余年无一间言；止缘初郊违豫，寿皇尝至南内督过，左右之人自此谗间，遂生忧疑。以臣观之，寿皇与天下相忘久矣。今大臣同心辅政，百执事奉法循理，宗室、戚里、三军、百姓，皆无贰志，设有间离，诛之不疑。乃若深居不出，久亏子道，众口谤讟，祸患将作，不可以不虑。"帝曰："卿等可为朕调护之。"侍讲黄裳对曰："父子之亲，何俟调护！"点曰："陛下一出，即当释然。"帝犹未许，点乃率讲官言之。帝曰："朕心未尝不思寿皇。"点曰："陛下久阙定省，虽有此心，何以自白？"起居舍人彭龟年连〔三〕（据宋史卷三九三彭龟年传、续纲目、薛鉴补）疏请对，不报。属帝视朝，龟年不离班位，伏地扣额，血流渍甃。帝曰："素知卿忠直，欲何言？"龟年奏："今日事何大于过宫！"余端礼因曰："扣额龙墀，曲致忠恳，臣子至此，岂得已耶！"帝曰："知之。"然犹不往。群臣上疏请者相继，帝将以癸丑日朝。至期，丞相以下入宫门俟，日昃，帝复辞以疾。于是群臣请斥罢者百余人，诏不许。秘书少监孙逢吉等再上疏以请。陈傅良请以亲王执政一人充重华宫使。台谏交章劾内侍陈源、杨舜卿、林亿年离间之罪，请逐之。不报。

五月，寿皇疾大渐，欲一见帝，数顾视左右。陈傅良以帝不往重华宫，乃缴上告敕，出城待罪。丞相留正等率宰执进谏，帝拂衣起，正引帝裾谏。罗点进曰："寿皇疾势已危，不及今一见，后悔何及！"群臣随帝入，至福宁殿，内侍阖门，痛哭而出。越二日，正等又请入对，帝令知阁门事韩侂胄传旨云："宰执并出。"正等俱出，至浙江亭待罪，寿皇闻之，忧甚。侂胄奏曰："昨传旨宰执出殿门，今乃出都门，请自往宣押入城。"于是正及赵汝愚等复还第。明日，帝召罗点入对，点言："前日迫切献忠，举措失礼，陛下赦而不诛，然引裾亦故事也。"帝曰："引裾可也，何得辄入宫禁乎？"点引辛毗事以谢，且曰："寿皇止有一子，既付神器，惟恐见之不速耳。"从官及彭龟年、黄裳、沈有开奏，乞令嘉王诣重华宫问疾，许之。王至宫，寿皇为之感动。

六月戊戌，夜，寿皇崩，年六十八。是夕，重华宫内侍讣于宰执私第，赵汝愚恐帝疑惑，不出视朝，持其札不上。次日，帝视朝，汝愚以闻，因请诣重华宫成礼。帝许之，至日昃不出。大宗正丞李大性上疏言："今日之事，颠倒舛逆，况金使祭奠，当引见于北宫素帷，不知是时犹可以不出乎？檀弓曰：'成人有兄死不为衰者，闻子皋将为成宰，遂为衰。成人曰："兄则死而子皋为之衰。"'盖言成人畏子皋之来，方为制服，乃子皋为之，非为兄也。若陛下必待使来，然后执丧，则恐贻讥中外，岂特如成人而已哉！”宰相乃率百官诣重华宫发丧。将成服，留正与汝愚议，介少傅吴琚，请寿圣太后垂帘，暂主丧事，太后不许。正等附奏云：“臣等连日造南内请对不获，累上疏不得报。今当率百僚恭请，若皇帝不出，百官相与痛哭于宫门，恐人情骚动，为社稷忧。乞太后降旨，以皇帝有疾，暂就宫中成服。然丧不可以无主，祝文称孝子嗣皇帝，宰臣不敢代行。太后，寿皇之母也，请摄行祭礼。”太后许之。

史臣曰：高宗以公天下之心，择太祖之后而立之，乃得孝宗之贤，聪明英毅，卓然为南渡诸帝称首。即位之初，锐志恢复，重违高宗之命，不轻出师，又值金国平治，无隙可乘。然易表为书，正敌国礼，减去岁币，以定邻好。金人易宋之心，至是亦浸异于平日。故世宗每戒群臣积钱谷，谨边备，盖忌帝之将有为也。惜帝用兵之志弗遂而终。自古人君，起自外藩，入继大统，而能尽宫庭之孝，未有若帝者，终丧三年，又能却群臣之请而力行之，庙号孝宗，其无愧矣！

己巳，尊寿圣皇太后为太皇太后，寿成皇后为皇太后。丁未，叶适言于留正曰：“帝疾而不执丧，将何辞以谢天下！今嘉王长，若预建参决，则疑谤释矣。”正从之，率宰执入奏云：“皇子嘉王，仁孝夙成，宜早正储位，以安人心。”不报。越六日又请，帝批云：“甚好。”明日，宰执同拟旨以进，乞帝亲批付学士院降诏。是夕，御札付丞相，云：“历事岁久，念欲退闲。”正得之，大惧。

秋七月辛酉，留正因朝，佯仆于庭，即出国门，上表请老。且云："愿陛下速回渊鉴，追悟前非，渐收人心，庶保国祚。"初，正始议帝以疾未克主丧，宜立皇太子监国。若未倦勤，当复明辟。设议内禅，太子可即位。而赵汝愚请以太皇太后旨禅位嘉王，正谓建储诏未下，遽及此，他日必难处，与汝愚异，遂以肩舆五鼓遁去。

甲子，太皇太后诏嘉王扩成服，即位，尊帝为太上皇帝，皇后为太上皇后。时留正既去，人心益摇。会帝临朝，忽仆于地，赵汝愚忧危不知所出。徐谊以书诮汝愚曰："自古人臣，为忠则忠，为奸则奸，忠奸杂而能济者，未之有也。公内虽心惕，外欲坐观，非杂之谓欤！国家安危，在此一举。"汝愚问策安出，谊曰："此大事，非寿圣太后命，不可。知阁门事韩侂胄，琦五世孙，寿圣女弟之子也，同里蔡必胜与侂胄同在阁门，可因必胜招之。"侂胄至，汝愚以内禅议遣侂胄请于太后。侂胄因所善内侍张宗尹以奏太后，不获命。明日往，又不获命，逡巡将退。内侍关礼见而问之，侂胄具述汝愚意。礼令少俟，入见太后而泣。太后问故，礼对曰："圣人读书万卷，亦尝见有如此时而保无乱者乎？"太后曰："此非汝所知。"礼曰："此事人人知之，今丞相已出，所赖者赵知院，旦夕亦去矣！"言与泪俱下。太后惊曰："知院同姓，事体与他人异，乃亦去乎！"礼曰："知院未去，非但以同姓故，以太皇太后为可恃耳！今定大计而不获命，势不得不去。去将如天下何？"太后因问："侂胄安在？"礼曰："臣已留其俟命。"太后曰："事顺则可，令谕好为之。"礼报侂胄，且云："来早太后于寿皇梓宫前垂帘，引执政。”侂胄复命，日已向夕。汝愚始以其事语陈骙、余端礼，亟命殿帅郭杲等夜以兵分卫南、北内，关礼使傅昌朝密制黄袍。是日，嘉王谒告，不入临。时将禫祭，汝愚曰：“禫祭重事，王不可不出。”翌日，甲子，群臣入，王亦入。汝愚率百官诣梓宫前，太后垂帘，汝愚率同列再拜，奏：“皇帝疾，未能执丧。臣等乞立皇子嘉王为太子以系人心，皇帝批出有‘甚好’二字，继有‘念欲退闲’之旨，取太皇太后处分。”太后曰：“既有御笔，相公当奉行。”汝愚曰：“兹事重大，播之天下，书之史册，须议一指挥。”太后允诺。汝愚袖出所拟太后指挥以进，云：“皇帝以疾，至今未能执丧，曾有御笔，欲自退闲。皇子嘉王扩可即皇帝位，尊皇帝为太上皇帝，皇后为太上皇后。”太后览毕，曰：“甚善。”汝愚奏：“自今臣等有合奏事，当取嗣君处分，然恐两宫父子间有难处者，须烦太后主张。”又奏：“上皇疾未平，骤闻此事，不无惊疑。乞令都知杨舜卿提举本宫，任其责。”遂召舜卿至帘前面谕之，太后乃命汝愚以旨谕皇子即位。皇子固辞，曰：“恐负不孝名。”汝愚奏：“天子当以安社稷、定国家为孝，今中外人人忧乱，万一变生，置太上皇何地？”众扶皇子入素帷，被黄袍，方却立未坐，汝愚率同列再拜。皇子诣几筵，奠哭尽哀。须臾，立仗讫，催百官班，皇子衰服出，就重华殿东庑素帷立，内侍扶掖登御座，百官起居讫，行禫祭礼。命舜卿往南内请八宝，初犹靳与，舜卿传奏皇子即位，乃得宝出。汝愚即丧次召还留正。寻诏：“即以寝殿为泰安宫，以奉上皇。”民心悦怿，中外晏然，汝愚力也。

乙亥，侍御史章颖等劾内侍林亿年、陈源、杨舜卿，诏夺舜卿官，亿年常州居住，源抚州居住。

冬十月庚寅，更号泰安宫为寿康宫。

闰月庚申，诏议祧庙。时以孝宗祔庙，议宗庙迭毁之制。孙逢吉、（曹）〔曾〕三复（皆）〔首〕请并祧〔僖、宣二祖，奉太祖居第一室，祫祭则正东向之位。有旨集议〕（据宋史卷四二九朱熹传、续纲目改并补），僖、顺、翼、宣四祖祧主宜有所归。自太祖首尊四祖之庙，治平间以世数浸远，请迁僖祖于夹室。后王安石等奏，僖祖有庙，与稷、契无异，请复其旧。至是，赵汝愚雅不以复祀僖祖为然，侍从多从其说。吏部尚书郑侨欲且祧宣祖而祔孝宗。侍讲朱熹以为藏之夹室，则是以祖宗之主下藏于子孙之夹室。又拟为庙制，以为物岂有无本而生者。庙堂不以闻，乃毁撤僖、宣庙室，更创别庙以奉四祖。

十一月辛亥，诏行孝宗皇帝三年丧。先是，有司请于易月之外用漆纱浅黄之制。时朱熹在讲筵，奏言：“自汉文短丧，历代因之，天子遂无三年之丧。为父且然，则嫡孙承重可知。人纪废坏，三纲不明，千有余年，莫能厘正。寿皇圣帝至性，以日易月之外，犹执通丧，朝衣、朝冠，皆用大布。所宜著在方策，为万世法程。陛下以世嫡承大统，承重之服，著在礼律，宜遵寿皇已行之法。一时仓卒，不及详拟，遂用漆纱浅黄之服，使寿皇已行之礼，举而复坠，臣窃痛之！然既往之事，不及追改，启殡发引，礼当复用初丧之服。”至是，诏遵用三年之制，中外百官，皆以凉衫视事，盖用熹言也。

乙卯，攒孝宗于永阜陵。先是，赵彦逾按视孝宗山陵，以为土肉浅薄，下有水石。孙逢吉覆按，乞别求吉兆。诏集议。朱熹上议状，言：“寿皇圣德，衣冠之藏当博求名山，不宜偏信台史，委之水泉沙砾之中。”不报。

宁宗庆元六年（庚申、一二〇〇）六月乙酉，太上皇后李氏崩，谥曰慈懿。

八月辛未，太上皇帝崩，庙号光宗。

> 史臣曰：光宗幼有令闻，向用儒雅。即位之初，总权纲，屏嬖佞，薄赋宽刑，有可观者。及夫宫闱悍妒，阉寺交构，惊忧致疾，孝养日怠，孝宗之业衰矣。

宋史纪事本末卷八十二

韩侂胄专政

光宗绍熙五年（甲寅、一一九四）秋七月甲子，皇子扩即位。

乙丑，立皇后韩氏。后，琦六世孙，父曰同卿，侂胄则其季父也。被选入宫，能顺适两宫意，遂归嘉王邸。至是，立为后。

己巳，以赵汝愚兼权参知政事。汝愚首裁抑侥幸，收召四方知名之士，中外引领望治。

己亥，复召留正赴都堂治事。赵汝愚乞免兼参知政事，乃拜右丞相。汝愚辞曰："同姓之卿，不幸处君臣之变，敢言功乎！"

戊寅，加殿前都指挥使郭杲为武（宁）〔康〕军（据宋史卷三七宁宗纪、续纲目、薛鉴改）节度使。辛巳，以赵汝愚为枢密使。壬午，以韩侂胄为汝州防御使。初，侂胄欲推定策功，意望节钺。汝愚曰："吾宗臣，汝外戚也，岂可言功？惟爪牙之臣则当推赏。"乃加杲节钺，但迁侂胄防御使。侂胄大失望，然以传达诏旨，浸见亲幸，时时乘间窃弄威福。知临安府徐谊告汝愚曰："侂胄异时必为国患，宜饱其欲而远之。"不听。汝愚欲推叶适之功，适辞曰："国危效忠，职也。适何功之有！"及闻侂胄觖望，与知阁刘弼言于汝愚曰："侂胄所望不过节钺，宜与之。"不从。适叹曰："祸自此始矣！"遂力求补外。

八月丙辰，内批罢左丞相留正。时韩侂胄浸谋预政，数诣都堂，正使省吏谕之曰："此非知阁日往来之地。"侂胄怒而退。会正与汝愚议山陵不合，侂胄因间之于帝，遂以手诏罢正，出知建康府。

以赵汝愚为右丞相。汝愚本倚留正共事，怒韩侂胄不以告，及来谒，因不见之，侂胄惭愤。罗点曰："公误矣。"汝愚悟，乃见之，侂胄终不怿。

九月壬申，以京镗签书枢密院事。初，帝欲除镗帅蜀，赵汝愚谓人曰："镗望轻资浅，岂可当此方面！"镗闻而憾之，由是韩侂胄引以自助。镗时已变素守，群憸附和，视正士如仇雠。衣冠之祸自此始。

冬十月，内批以谢深甫为御史中丞，刘德秀为监察御史，罢右正言黄度。时韩侂胄日夜谋去赵汝愚，知阁门事刘弼亦以不得与内禅，心怀不平，因谓侂胄曰："赵相欲专大功，君岂惟不得节钺，将恐不免岭海之行。"侂胄愕然问计，曰：“惟有用台谏耳。”侂胄问若何而可，弢曰：“御笔批出是也。”侂胄然之，遂以内批拜给事中谢深甫为中丞。会汝愚请令近臣荐御史，侂胄密以其党刘德秀属深甫，遂以内批用之。由是刘三杰、李沐等牵连以进，言路皆侂胄之人，排斥正士。侍讲朱熹忧其害政，每因进对，为帝切言之。又约吏部侍郎彭龟年同劾侂胄，会龟年出护使客，不果。熹复贻书汝愚，当以厚赏酬侂胄之劳，勿使预政。汝愚为人疏，谓其易制，不以为虑。黄度将上疏论侂胄之奸，侂胄觉之，以御笔除度知平江府。度言：“蔡京擅权，天下所由以乱。今侂胄假御笔逐谏臣，使俯首去，不得效一言，非国之利也。”固辞，奉祠归养。未几，复内批罢侍讲朱熹。〔原注：熹事见道学纪〕游仲鸿上疏曰：“陛下宅忧之时，御批数出，不由中书。前日宰相留正之去，去之不以礼。谏官黄度之去，去之不以正。近日讲官朱熹之去，复去之不以道。自古未有舍宰相、谏官、讲官，而能自为聪明者也。愿亟还熹，毋使小人得志，以养成祸乱。”王介上疏言：“陛下即位未三月，策免宰相，迁易台谏，悉出内批，非盛世事也。崇宁、大观间，事出御批，遂成北狩之祸。杜衍为相，常积内降十数封还。今宰相不敢封纳，台谏不敢弹奏，此岂可久之道！”皆不报。

十一月庚戌，以韩侂胄兼枢密都承旨。初，诏侂胄可特迁二官。侂胄意不满，力辞，乃止迁一官，为宜州观察使，怨赵汝愚益深。至是，特迁都承旨。

十二月乙丑，吏部侍郎兼侍讲彭龟年见韩侂胄用事，权势重于宰相，上疏条奏其奸，谓："进退大臣，更易言官，皆初政最关大体。若大臣或不能知，而侂胄知之，假托声势，窃弄威福，不去必为后患。"上览奏，骇曰："侂胄，朕托以肺腑，信而不疑，不谓如此！"龟年又言："陛下逐朱熹太暴，故欲陛下亦亟去此小人，毋使天下人谓陛下去君子易，去小人难。"于是龟年、侂胄俱请祠。帝欲两罢其职，陈骙进曰："以阁门去经筵，何以示天下！"既而内批："龟年与郡，侂胄进一官，与在京宫观。"给事中林大中、同中书舍人楼钥缴奏曰："陛下眷礼旧僚，一朝龙飞，延问无虚日，不三数月间，或死或斥，赖龟年一人尚留。今又去之，四方谓其以尽言得罪，恐伤政体。且一去一留，恩意不侔。去者（不）〔日〕远，（则）〔不〕（并据宋史卷三九三林大中传、薛鉴改）复侍左右；留者纳祠，则召见无时。请留龟年经筵，而命侂胄以外任，则事体适平，人无可言者。"上批："龟年已为优异，侂胄本无过尤，可并书行。"大中与钥同奏："龟年除职与郡以为优异，则侂胄之转承宣使，非优异乎？若谓侂胄本无过尤，则龟年论事，实出于爱君之忱，岂得为过？龟年既已决去，侂胄难于独留，宜畀外任或外祠，以慰公议。"不听。由是侂胄愈横。御史中丞谢深甫劾陈傅良，罢之。

己巳，陈骙罢，以余端礼知枢密院事，京镗参知政事，郑侨同知枢密院事。陈骙与赵汝愚素不协，未尝同堂语。及争彭龟年事，韩侂胄语人曰："彭侍郎不贪好官，固也；元枢亦欲为好人耶？"故罢之，而引京镗居政府，以间汝愚。汝愚孤立于朝，天子亦无所倚信。

以赵彦逾为四川制置使。时彦逾为工部尚书，自以有功于帝室，冀赵汝愚引居政府，及除蜀帅，大怒，遂与韩侂胄合。因陛辞，疏廷臣姓名于帝，指为汝愚之党，且曰："老奴今去，不惜为陛下言之。"由是帝亦疑汝愚矣。

宁宗庆元元年（乙卯、一一九五）二月戊寅，罢右丞相赵汝愚。初，韩侂胄欲逐汝愚而难其名，谋于京镗，镗曰："彼宗姓也，诬以谋危社稷，则一网打尽矣。"侂胄然之，以秘书监李沐尝有怨于汝愚，引为右正言，使奏汝愚以同姓居相位，将不利于社稷，乞罢其政，以奠安天位，杜塞奸源。是日，汝愚出浙江亭待罪，遂以观文殿大学士出知福州。甲申，谢深甫等论汝愚冒居相位，今既罢免，不当加以书殿隆名，帅藩重寄，乞令奉祠思咎。命提举洞霄宫。直学士院郑湜草制词，有曰："顷我家之多难，赖硕辅之精忠。持危定倾，安社稷以为悦，任公竭节，利国家无不为。"坐无贬词，亦免官。

兵部侍郎章颖侍经帏，帝曰："谏官有言赵汝愚者，卿等谓何？"颖奏言："天地变迁，人情危疑，加以敌人嫚侮，国势未安，未可轻退大臣。愿降诏宣谕汝愚，无听其去。"国子祭酒李祥言："去岁寿皇崩，两宫隔绝，中外汹汹，留正弃宰相而去，官僚几欲解散，君丧无主，国命如发。汝愚不畏灭族，决策立陛下，风尘不摇，天下复安，社稷之臣也。奈何无念功至意，忽礼貌常典，使精忠直节，拂郁黯闇，何以示后世！"知临安府徐谊素为汝愚所器，凡有政务，多咨访之，谊随事裨助，不避形迹。又尝劝汝愚早退，及预防侂胄之奸，侂胄尤怨之。及是，与国子博士杨简亦抗论留汝愚。李沐劾为党，皆斥之。

夏四月丁巳，大府寺丞吕祖俭奏言赵汝愚之忠，韩侂胄怒曰："吕寺丞乃预我事耶！"祖俭乃上封事曰："陛下初政清明，登用忠良。然曾未逾时，朱熹老儒也，彭龟年旧学也，有所论列，则亟许之去。至于李祥老成笃实，非有偏比，盖众听所共孚者，今又终于斥逐。臣恐自是天下有当言之事，必将相视以为戒，钳口结舌之风一成而未易反，是岂国家之利耶！"又曰："今之能言之士，其所难非在于得罪君父，而在忤意权势。姑以臣所知者言之，难莫难于论灾异，然言之而不讳者，以其事不关于权势也。若乃御笔之降，庙堂不敢重违，台谏不敢深论，给舍不敢固执，盖以其事关贵近，深虑乘间激发而重得罪也。故凡劝道人主事从中出者，盖欲假人主之声势以渐窃威权耳。比者闻之道路，左右朁御，于黜陟废置之际间得闻者，车马辐辏，其门如市，恃权怙宠，摇撼外庭。臣恐事势浸淫，政归幸门，不在公室，凡所荐进皆其所私，凡所倾陷皆其所恶，岂但侧目惮畏，莫敢指言，而阿比顺从，内外表里之患，必将形见。臣因李祥获罪而深及此者，是岂矫激自取罪戾哉？实以士气颓靡之中，稍忤权臣，则去不旋踵，私忧过计，深忧陛下之势孤，而相与维持宗社者浸寡也。"疏上。有旨，祖俭朋比罔上，送韶州安置。中书舍人邓(驿)〔驲〕(据宋史卷四五五吕祖俭传、续纲目、薛鉴改)缴奏，祖俭不当贬。中降旨：“祖俭意在无君，罪当诛窜，逐已从宽。”会楼钥进读吕公著元祐初所上十事，因进曰：“如公著社稷臣，犹将十世宥之，祖俭乃其孙也，今投岭外，万一即死，陛下有杀谏臣名，臣窃惜之。”帝问：“祖俭所言何事?”人（皆）〔始〕（据薛鉴改）知韶州之贬不出上意。寻改吉州。

庚申，太学生杨宏中、周端朝、张道、林仲麟、蒋傅、徐范六人，伏阙上书曰：“自古国家祸乱之由，初非一端，惟小人中伤君子，其祸尤惨。党锢敝汉，朋党乱唐，大率由此。元祐以来，邪正交攻，卒成靖康之变，臣子所不忍言，陛下所不忍闻也。近者，谏官李沐论罢赵汝愚，中外咨愤，而李沐以为父老欢呼。蒙蔽天听，一至于此！陛下犹不念去岁之事乎？人情惊疑，变在朝夕，是时假非汝愚出死力，定大议，虽百李沐，罔知攸济。当国家多难，汝愚位枢府，本兵柄，指挥操纵，何向不可？不以此时为利，今上下安妥，乃有异意乎！章颖、李祥、杨简发于中激，力辨其非，即遭斥逐。六馆之士，拂膺愤惋。李沐自知邪正不两立，思欲尽覆正人以便其私，必托朋党以罔陛下之听。臣恐君子、小人消长之机，于此一判，则靖康已然之验，何堪再见于今日耶！伏愿陛下念汝愚之忠勤，察祥、简之非党，灼李沐之回邪，窜沐以谢天下，还祥、简以收士心。”疏上，诏宏中等罔乱上书，扇摇国是，悉送五百里外编管。中书舍人邓驲缴奏留之，不听。是日，有旨，李沐除右谏议大夫，刘德秀除左正言。知临安府钱象祖捕诸生押送贬所。未几，出驲知泉州。时天下号宏中等为六君子。

秋七月癸酉，加韩侂胄保宁节度使。

十一月丙午，窜故相赵汝愚于永州。初，韩侂胄忌汝愚，必欲置之死，以息人言。至是，用何澹疏，落汝愚观文殿大学士及宫观，监察御史胡纮遂上言："汝愚倡引伪徒，谋为不轨，乘龙授鼎，假梦为符。"因条奏其十不逊，且及徐谊。诏谪汝愚宁远军节度副使，永州安置；谊惠州团练副使，南安军安置。时汪义端当制，遂用汉诛刘屈氂、唐戮李林甫事，示欲杀之之意。赵师古亦上书乞斩汝愚，帝不从。

二年（丙辰、一一九六）春正月壬午，赵汝愚卒于衡州。初，汝愚之贬，谓诸子曰："观侂胄之意，必欲杀我。我死，汝曹尚可免也。"行至衡州，病作。衡守钱鍪承侂胄风旨，窘辱备至，汝愚暴卒，天下闻而冤之。讣闻，上命追复原官，许归葬。中书舍人吴宗旦缴还复官之命。汝愚尝梦孝宗授以汤鼎，背负白龙升天，后翼嘉王以素服即位，盖其验也，谗者遂以为罪云。

秋七月，量徙流人吕祖俭等于内郡。祖俭移高安，寻卒。祖俭尝曰："因世变有所摧折失其素履者，固不足言矣；因世变而意气有所加者，亦私心也。"

四年（戊午、一一九八）五月己亥，加韩侂胄少傅，赐玉带。

八月丙子，以谢深甫知枢密院事，许及之同知院事。

及之为吏部尚书，谄事韩侂胄，无所不至。居二年不迁，见侂胄，流涕叙其知遇之意，衰迟之状，不觉屈膝。侂胄恻然怜之，故有是命。侂胄尝值生辰，朝臣毕集，及之适后至，阍人掩关拒之，及之大窘，会闸未及闭，遂俯偻而入。当时有“由窦尚书”、“屈膝执政”之语，传以为笑。

是月，以赵师罿为工部侍郎。师罿附韩侂胄，得知临安府。侂胄生日，百官争贡珍异，师罿最后至，出小合，曰：“愿献少果核侑觞。”启之，乃粟金蒲桃小架，上缀大珠百余颗，众惭沮。侂胄有爱妾张、谭、王、陈四人，皆封郡夫人，其次有名位者又十人。或献北珠冠四枚于韩侂胄，侂胄以遗四夫人，其十人亦欲之，未有以应也。师罿闻之，亟市北珠，制十冠以献。十人者喜，为求迁官，拜工部侍郎。侂胄尝与众客饮南园，过山庄，顾竹篱草舍，曰：“此真田舍间气象，但欠犬吠鸡鸣耳。”俄闻犬嗥丛薄，视之，乃师罿也，侂胄大笑。

五年（己未、一一九九）春正月庚子，夺前起居舍人彭龟年等官。初，赵汝愚定策时，枢密院直省官蔡琏从旁窃听，因而漏言，汝愚窜之。既而逃还临安，韩侂胄闻之，乃使琏诬告汝愚定策时有异谋，具列宾僚所言，凡七十余纸。诏下大理捕鞫彭龟年、曾三聘、沈有开、叶适、项安世等以实其事。中书舍人范仲艺谓侂胄曰：“章惇、蔡确之权不为不盛，然而至今得罪于清议者，以同文狱故耳。相公胡为蹈之！”侂胄曰：“某初无此心，以诸公见迫，不容已，但莫问其人。”乃知京镗、刘德秀实主其议。侂胄取录黄藏之，事遂格。张釜、刘三杰、张岩、程松等论之不已，诏累经赦宥，宜免。然犹夺龟年、三聘官，而擢琏进义副尉。

六年（庚申、一二〇〇）秋七月，以陈自强签书枢密院事。自强尝为韩侂胄童子师，及侂胄当国，自强入都待铨，欲见之，无以自通，僦居主人出入侂胄家，为入言之。一日，侂胄召自强，比至，则从官毕集。侂胄设褥于堂，延自强升坐，再拜，次召从官同坐，从官踧踖，莫敢居上者。侂胄徐曰："陈先生老儒，汩没可念。"坐客唯唯。明日，交章荐其才，即除太学录。未逾岁，三迁为秘书郎。既入馆，即改右正言。月余，拜谏议大夫、御史中丞。旬日，遂秉政。

九月甲子，婺州布衣吕祖泰上书请诛侂胄。祖泰，祖俭从弟也，性疏达，尚气谊，论世事无忌讳。先是，祖俭以言事贬，祖泰语其友曰："自吾兄之贬，诸人箝口。我虽无位，义必以言报国，当少须之，然亦未敢以累吾兄也。"至是，祖俭卒，祖泰乃击登闻鼓上书，论韩侂胄有无君之心，请诛之，以防祸乱。其略曰："道学，自古所恃以为国者也；丞相赵汝愚，今之有〔大〕（据宋史卷四五五吕祖泰传、续纲目、薛鉴补）勋劳者也。立伪学之禁，逐汝愚之党，是将空陛下之国，而陛下不知悟耶？陈自强何人也，徒以韩侂胄童稚之师，躐致宰辅，陛下旧学之臣，若彭龟年等，今安在哉！苏师旦，平江之吏胥，周筠，韩氏之厮役，人共知之。今师旦乃以潜邸随龙，筠以皇后亲属，俱得大官。

不知陛下在潜邸时，果识所谓苏师旦者乎？椒房之亲，果有厮役之周筠者乎？侂胄徒自尊大，而卑陵朝廷一至于此！愿亟诛侂胄、师旦、筠，而逐罢自强之徒。故大臣在者，独周必大可用，宜以代之。不然，事将不测。”书下三省，朝论杂起。御史施康年以为必大实使之，遂露章奏劾，且谓：“淳熙之季，王淮为首相，必大尝挤而夺之位，倡伪徒，植党与。今屏居田野，不自循省，而诱致狂生，扣阍自荐，以觊召用。”林采言：“伪学之成，造端自周必大，乞加贬削。”遂贬必大一官，为少保。降诏：“吕祖泰挟私上书，语言狂妄，拘管连州。”右谏议大夫程松与祖泰狎友，惧曰：“人知我素与游，其谓我与闻乎！”乃独奏，言：“祖泰有当诛之罪，且其上书必有教之者，今纵不杀，犹当杖脊黥面，窜之远方。”殿中侍御史陈谠亦以为言。遂杖祖泰一百，配钦州牢城收管。

冬十月，加韩侂胄太傅。

十一月己未，皇后韩氏崩。

嘉泰元年（辛酉、一二〇一）八月，以张岩参知政事，程松同知枢密院事。岩、松皆附韩侂胄，松谄侂胄尤甚，自知钱塘县，不二年，为谏议大夫。满岁未迁，殊怏怏，乃市一妾献之，名曰松寿。侂胄曰：“奈何与大谏同名？”答曰：“欲使贱名常达钧听耳。”侂胄怜之，遂得同知枢密院。

二年（壬戌、一二〇二）春正月，以苏师旦兼枢密都承旨。初，韩侂胄为平江府兵马钤辖时，师旦以笔吏事之，侂胄爱其辨慧。帝登极，窜姓名于藩邸吏士内，遂以随龙恩得官。至是，权势日盛。

十二月甲申，立贵妃杨氏为皇后。自韩后崩，中宫未有所属，后为贵妃，与曹美人俱有宠。韩侂胄以后颇涉书史，知古今，性警敏，任权术，而曹美人柔顺，劝帝立曹氏。帝不从，竟立后，由是后与侂胄有怨矣。

加韩侂胄太师，封平原郡王。先是，监惠民局夏允中上书，请依文彦博故事，以侂胄平章军国重事。侂胄谬为辞谢，诏不许，而罢允中。至是，进位太师。侂胄欲以势利蛊士大夫之心，薛叔似、辛弃疾、陈谦等皆起废显用，当时困于久斥者，往往损晚节以规荣进。政府、枢密、台谏、侍从，皆出侂胄之门，而苏师旦、周筠，又侂胄厮役，亦得预闻国政，群小满朝，势焰薰灼。

三年（癸亥、一二〇三）五月，以陈自强为右丞相。时韩侂胄专权，凡所欲为，宰执惕息，不敢为异。自强至印空名敕札授之，惟所欲为，宰执不与知也。言路厄塞，每月按举小吏一二人，谓之月课。又有泛论君德、时事，皆取其陈熟缓慢，略无撄拂者言之。或问之，则愧谢曰："聊以塞责耳。"加以苞苴盛行，自强尤贪鄙，四方致书馈，必题其缄云"某物若干并献"，凡书题无"并"字则不开。纵子弟亲戚关通货贿，仕进干请，必谐价而后予。尝语人曰："自强惟一死以报师王。"每称侂胄为恩王、恩父，苏师旦为叔，堂吏史达祖为兄。侂胄奸宄专国，自强表里之功为多。

开禧元年（乙丑、一二〇五）秋七月庚申，诏韩侂胄平章军国事，立班丞相上，三日一朝，赴都堂治事。论者谓侂胄系衔，比吕夷简省“同”字，则其体尤尊，比文彦博省“重”字，则其所与者广，于是三省印并纳其第。侂胄置机速房于私第，甚者，假作御笔升黜将帅，事关机要未尝奏禀，人莫敢言。

时侂胄专政既久，党与遍内外，天子孤立于上，威行公省，权震宇内。尝凿山为沼，下瞰太庙。出入宫闱无度。孝宗畴昔思政之所，偃然居之，老宫人见之，往往流涕。颜棫草制，以为“得圣之清”；易祓撰答诏，以“元圣”褒之。四方投献者，谓伊、霍、旦、奭不足以拟其勋。余嘉请加九锡，赵师睪乞置平原府官属，侂胄皆当之不辞。其嬖妾皆封郡国夫人，每内宴，与妃嫔杂坐，恃势骄倨，掖庭皆恶之。后伏诛，籍其家，多乘舆服御之饰，其僭紊极矣。

宋史纪事本末卷八十三

北伐更盟

宁宗嘉泰四年（甲子、一二〇四）春正月，韩侂胄定议伐金。时金为北鄙鞑靼等部所扰，无岁不兴师讨伐，兵连祸结，士卒涂炭，府库空匮，国势日弱，群盗蜂起，民不堪命。有劝韩侂胄立盖世功名以自固者，侂胄然之，恢复之议遂起。聚财募卒，出封桩库黄金万两，以待赏功，命吴曦练兵西蜀。既而安丰守臣厉仲方言："淮北流民咸愿归附。"浙东安抚使辛弃疾入见，言："金国必亡，愿属大臣备兵，为仓卒应变之计。"侂胄大喜。会邓友龙使金还，言："金有赂驿使夜半求见者，具言金国困弱，王师若来，势如拉朽。"侂胄闻之，用师之意益决矣。

五月癸未，追封岳飞为鄂王。飞先已赐谥武穆，至是，韩侂胄欲风励诸将，故追封之。

开禧元年（乙丑、一二〇五）夏四月，武学生华岳上书，谏朝廷未宜用兵启边衅，且乞斩韩侂胄、苏师旦、周筠以谢天下。侂胄大怒，下岳大理，编管建宁。

五月，金主璟闻朝廷将用兵，召诸大臣问之。皆曰："宋败衄之余，自救不暇，恐不敢叛盟。"完颜匡独曰："彼置忠义保捷军，取先世开宝、天禧纪元，岂忘中国者哉！"〔璟然之〕（据续纲目、薛鉴补），乃命平章仆散揆，会兵于汴以备之。

六月，诏内外诸军，密为行军之计。

八月，金罢河南宣抚司。初，仆散揆至汴，移文来责败盟。三省、枢密院答言："边臣生事，已行贬黜，所置兵亦已抽去。"揆信之。会殿前副都指挥使郭倪、濠州守将田俊迈诱虹县民苏贵等为间，言于揆曰："宋之增戍，本虞他盗，及闻行台之建，益畏詟不敢去备。且兵皆白丁，自裹粮糒，穷蹙饥疾，死者甚众。"揆益弛备，以其言白于金主璟。时金群臣皆劝先举，璟曰："南北和好四十余年，民不知兵，不可。"及闻揆言，遂命罢宣抚司及新置兵。

丁亥，命湖北安抚司增招神劲军。乙巳，以郭倪为镇江都统，兼知扬州。

九月丁未，韩侂胄欲审敌虚实，遣陈景俊使金贺正旦。景俊还，金主璟谕之曰："大定初，世宗许宋世为侄国，朕遵守至今。岂意尔国屡犯我边，以此遣大臣宣抚河南。及得尔国公移，朕即罢司，而尔国侵扰益甚。朕惟和好岁久，委曲含容，恐侄宋皇帝或未详知。卿归国，当具言之！"景俊还，以告，陈自强戒勿言，由是用兵益决。

以丘崈为江淮宣抚使，崈辞不拜。初，韩侂胄以北伐之议示崈，崈曰："中原沦陷且百年，在我固不可一日而忘，然兵凶战危，若首倡非常之举，兵交胜负未可知，则首事之祸，其谁任之？必有夸诞贪进之人，攘臂以侥幸万一，宜亟斥绝；不然，必误国矣！"侂胄不纳。至是，命崈宣抚江淮，崈手书力论金人未必有意败盟，中国当示大体，宜申儆军实，使吾常有胜势。若衅自彼作，我有词矣。因力辞不拜。侂胄不悦。

十二月戊寅，金使太常卿赵之杰来贺正旦，入见。韩侂胄故使赞者犯金主父嫌名以挑之，之杰遂倨慢。侂胄请帝还内。著作郎朱质乞斩虏使，不报。诏使人更以正旦朝见。

二年（丙寅、一二〇六）夏四月庚午，追论秦桧主和误国之罪，削夺王爵，改谥缪丑。

金闻皇甫斌分兵规取唐、邓，复命仆散揆领行省于汴，河南皆听节制，尽征诸道籍兵，分守要害。命彰德守臣护韩琦坟，凡宋宗族所居，有司提控之。

镇江都统制陈孝庆复泗州，江州统制许进复新息县，光州忠义人孙成复褒信县。

五月辛巳，陈孝先复虹县。

丁亥，韩侂胄闻已得泗州及新息、褒信、颍上、虹县，乃命直学士院李（璧）〔壁〕（据宋史卷三九八本传改。下同）草诏，下伐金诏。略曰："天道好还，中国有必伸之理，人心效顺，匹夫无不报之仇。蠢兹丑虏，犹托要盟，朘生灵之资，奉溪壑之欲，此非出于得已，彼乃谓之当然。军入塞而公肆创残，使来庭而敢为桀骜，洎行李之继遣，复嫚词之见加。含垢纳污，在人情而已极！声罪致讨，属胡运之将倾。兵出有名，师直为壮。言乎远，言乎近，孰无忠义之心？为人子，为人臣，当念祖宗之愤！”初，兵部侍郎叶适轮对，尝言：“甘弱而幸安者衰，改弱而就强者兴。”侂胄闻而喜之，以为直学士院，欲借其草诏以动中外，而适以疾辞职，乃改命（璧）〔壁〕云。

甲午，郭倪遣郭倬、李汝翼会兵攻宿州，败。还至蕲，金人追而围之，倬执马军司统制田俊迈以与金人，乃得免。时建康都统李爽攻寿州，亦败。

皇甫斌败绩于唐州。时江州都统王大节攻蔡州，亦不克而溃。

六月甲寅，邓友龙罢，以丘崈为两淮宣抚使。韩侂胄以师出无功，罢友龙而以崈代之，驻扬州。崈至镇，部署诸将，悉以三衙江上军分守江、淮要害。侂胄遣人来议招收溃卒，且求自解之计。崈谓宜明苏师旦、周筠等偾师之奸，正李汝翼、郭倬等丧师之罪。崈欲全淮东兵力，为两淮声援，奏：“泗州孤立，淮北所屯精兵几二万，万一金人南出清河口，及犯天长等城，则首尾中断，堕敌计矣。莫若弃之，还军盱眙。”从之。于是王大节、李汝翼、皇甫斌、李爽等皆坐贬，斩郭倬于镇江。

秋七月，韩侂胄既丧师，始觉为苏师旦所误。召李

（璧）〔壁〕饮，酒酣，语及师旦始谋事。（璧）〔壁〕微摘其过以觇之，因极言："师旦怙势招权，使明公负谤，非窜谪此人，不足以谢天下。"侂胄然之，翌日罢师旦，籍其家。寻除名，韶州安置。

（八）〔十〕（据金史卷一二章宗纪、续纲目、薛鉴改）月丙子，金仆散揆分兵为九道，南下：揆兵三万，出颍、寿；完颜匡兵二万五千，出唐、邓；纥石烈子仁兵三万，出涡口；纥石烈胡沙虎兵二万，出清河口；完颜充兵一万，出陈仓；蒲察贞兵一万，出成纪；完颜纲兵一万，出临潭；石抹仲〔温〕兵五千，出盐（州）〔川〕；完颜（嶙）〔璘〕（据金史卷一二章宗纪补并改。仲温，金史一〇三有传）兵五千，出来远。

胡沙虎自清河口渡淮，遂围楚州。

十一月甲申，以丘崈佥书枢密院事，督视江、淮军马。金人攻淮南日急，诏郭杲将兵驻真州以援之，又以崈督视江、淮军马。或劝崈弃庐、和州，为守江计。崈曰："弃淮则与敌共长江之险，吾当与淮南俱存亡。"乃益增兵防守。

金完颜匡陷光化、枣阳、江陵，副都统魏友谅突围奔襄阳。招抚使赵淳焚樊城，金人遂破信阳、襄阳、随州，进围德安府。

金仆散揆引兵至淮，遣人密测淮水，惟八叠滩可涉，即遣奥屯骧扬兵下蔡，声言欲渡。守将何汝励、姚公佐以为诚然，悉众屯花靥以备之。揆乃遣赛不等潜师渡八叠，驻于南岸。官军不虞其至，遂皆溃走，自相蹂践，死者不可胜计。揆遂夺颍口，下安丰军及霍（江）〔丘〕县（据金史卷一二章宗纪、宋史八八地理志改）。进围和州，屯于瓦梁河，以控真、扬诸州之冲，乃整军列骑，张旗帜于沿江上下。江表大震。

十二月，金纥石烈子仁陷滁州，遂入真州。州之士民奔逃渡江者十余万，知镇江府宇文绍节亟具舟以济，又廪食之。自是淮西县镇皆没于金。

时金仆散揆欲通和罢兵，有韩元靓者，自谓琦五世孙，揆遣之渡淮。丘崈获之，诘所以来之故，元靓言："两国交兵，北朝皆谓韩太师意。今相州坟墓、宗族皆不可保，故来依太师耳。"崈使毕其说，始露讲解之意。崈密使人护送北归，俾扣其实。元靓既回，崈得金行省文字，以闻于朝。韩侂胄方以师出屡败，悔其前谋，输家财二十万以助军，而谕崈募人持书币赴敌营议和。崈乃遣陈璧充小使，持书于揆，愿讲和息兵。揆曰："称臣、割地、献首祸之臣，乃可。"崈复遣王文往，言："用兵乃苏师旦、邓友龙、皇甫斌所为，非朝廷意。"且言："今三人皆已贬黜。"揆曰："侂胄若无意用兵，师旦等岂肯擅专！"文还，崈复遣使相继以往，因许还其淮北流移人及今年岁币。揆始许之，自和州退屯下蔡，独濠州尚使一统军守之。

以毕再遇权山东、京东招抚司。时诸将用兵皆败，惟再遇数有功。金人常以水柜取胜。再遇夜缚藁人数千，衣以甲胄，持旗帜戈矛，俨立成行，昧爽，鸣鼓；金人惊视，亟放水柜，后知其非兵也，甚沮。乃出兵攻之，金人大败。又尝引金人与战，且前且却，至于数四，视日已晚，乃以香料煮豆布地上，复前搏战，佯为败走。金人乘胜追逐，马饥，闻豆香，皆就食，鞭之不前；反攻之，金人马死者不可胜计。又尝与金人对垒，度金兵至者日众，难与争锋，一夕拔营去。留旗帜于营，并缚生羊置其前二足于鼓上，击鼓有声；金人不觉为空营，复相持数日。及觉，欲追之，则已远矣。

三年（丁卯、一二〇七）春正月丁丑，丘崈罢，命张岩督视江、淮军马。时金已有和意，崈上疏乞移书金帅，以成和议；且言金人既指韩侂胄为首谋，若移书，宜暂免系衔。侂胄大怒，罢崈。

二月，以知建康府叶适兼江淮制置使。适上言："三国孙氏，尝以江北守江，自南唐以来始失之。乞兼节制江北诸州。"诏从之。时羽檄旁午，而适治事如平时，军需皆从官给，民以不扰，其防守皆尽法度。

是月，金仆散揆卒于下蔡。揆有疾，金主命左丞相完颜宗浩行省事于汴，至是，揆卒。

夏四月，以方信孺为国信所参议官，如金军。时韩侂胄募可以报使金帅府者，近臣荐信孺可使，自萧山丞召赴都，命以使事。信孺曰："开衅自我，金人设问首谋，当以何辞答之?"侂胄矍然。信孺遂持张岩书以行。

九月，贬方信孺官。初，信孺至濠州，纥石烈子仁止之于狱，露刃环守，绝其薪水，要以五事。信孺曰："反俘、归币可也；缚送首谋，自古无之。称藩、割地，则非臣子所敢言。"子仁怒曰："若不望生还耶!"信孺曰："吾将命出国门时，已置死生度外矣！”子仁遣至汴，见完颜宗浩，出就传舍。宗浩遣将命者来，坚持五说，信孺辨对不少屈。宗浩不能诘，授以报书，曰：“和与战，俟再至决之。”信孺还，朝廷以林拱辰为通谢使，与信孺持国书誓草，及许通谢百万缗。信孺至汴，宗浩怒信孺不曲折建白，遽以誓书来，有诛戮、禁锢之语，信孺不为动。将命者曰：“此非犒军可了。”别出事目以示之。信孺曰：“岁币不可再增，故代以通谢钱。今得此求彼，吾有陨首而已。”会蜀中遣师复大散关，宗浩益疑之，乃遣信孺还，复书于张岩曰：“若能称臣，即以江、淮之间取中为界；欲世为子国，即尽割大江为界，且斩元谋奸臣函首以献，及添岁币五万〔两〕（据金史卷九三完颜宗浩传、续纲目、薛鉴补）匹，犒师银一千万两，方可议和好。”信孺还致其书。韩侂胄问之，信孺言敌所欲者五事：一割两淮，二增岁币，三索归正人，四犒师银，五不敢言。侂胄固问之，信孺徐曰：“欲得太师头耳。”侂胄大怒，夺信孺三官，临江军居住。信孺三使金师，以口舌折强虏，敌人计屈情见，虽未即和，然已有成说。及贬，欲再遣使，顾在廷无可者，近臣以王柟荐，乃命柟假右司郎中持书北行。柟，王伦之孙也。

辛卯，以赵淳为江淮制置使。乙未，张岩罢。韩侂胄怒金人欲罪首谋，和议遂辍，复锐意用兵，乃以淳镇江淮而罢岩。岩开督府九月，费耗县官钱三百七十万缗而无寸功。

十一月乙亥，礼部侍郎史弥远奏：“自兵兴以来，蜀口、汉、淮之民死于兵戈者，不可胜计，公私之力大屈，而韩侂胄意犹未已，中外忧惧。”因力陈危迫之势，请诛侂胄。皇后杨氏素怨侂胄，因使皇子荣王曮具疏言：“侂胄再启兵端，将不利于社稷。”帝不答。后从旁力赞之，帝犹未许。后请命其兄次山，择群臣可任者，与共图之，帝始诺。次山遂语弥远。弥远得密旨，以钱象祖尝谏用兵，忤侂胄，乃先白象祖。象祖许之，以告李（璧）〔壁〕。（璧）〔壁〕谓事缓恐泄，乃命主管殿前司公事夏震统兵三百，候侂胄入朝，至太庙前，即呵止之，拥至玉津园侧，杀之。弥远、象祖以闻，帝犹未信，既乃知之，遂下诏暴扬侂胄罪恶于中外。盖其谋始于弥远，而成于杨后及后兄次山，帝初无意也。侂胄既死，钱象祖探怀中堂帖授陈自强曰：“有旨，丞相罢政！”自强即上马去。丁丑，贬自强永州居住。己卯，斩苏师旦。

嘉定元年（戊辰、一二〇八）春正月戊寅，右谏议大夫叶时请枭韩侂胄于两淮，不报。

三月癸酉，复秦桧王爵赠谥。

己丑，王柟自金军还。初，柟至金，请依靖康故事，世为伯侄之国，增岁币为三十万，犒军钱三百万贯，苏师旦等，俟和议定后，当函首以献。完颜匡具以柟言奏于金主璟，璟命匡索韩侂胄首以赎淮南地，改犒军钱为银三百万两。会钱象祖移书金帅府，喻以诛韩侂胄事，柟未之知也。一日，匡问柟曰：“韩侂胄贵显几年矣。”柟曰：“已十余年，平章国事才二年尔。”匡曰：“南朝欲去此人，可乎？”柟曰：“主上英断，去之何难！”匡顾之而笑，和议始决，因遣柟还索侂胄首。诏百官集议，倪思谓有伤国体。吏部尚书楼钥曰：“和议重事，待此而决，奸宄已毙之首，又何足惜！”遂命临安府斫棺取首，枭之两淮，仍谕诸路以函首畀金之事，遂以侂胄及苏师旦首付王柟送金师，以易淮、陕侵地。

六月，王柟以韩侂胄、苏师旦首至金。金主璟御应天门，备黄麾立仗受之，百官上表称贺。悬二首并画像于通衢，令百姓纵观，然后漆其首，藏于军器库。遂命完颜匡等罢兵，更元帅府为枢密院，遣使来归大散关及濠州。

八月，置安边所，凡韩侂胄与其他权幸没入之田及围田、湖田之在官者皆隶焉，凡所输钱租，籍以给行人金缯之费。迨后与北方绝好，军需、边用，每于此取之。

九月辛丑，金遣完颜侃、乔宇来，诏以金国和议成谕天下。

宋史纪事本末卷八十四

吴曦之叛

光宗绍熙三年（壬子、一一九二）夏四月，以丘崈为四川安抚制置使。初，留正帅蜀，虑吴氏世将，谋去之，不果。至是，议更蜀帅，正言，西边三将，惟吴氏世袭兵柄，号为“吴家军”，不知有朝廷，遂以户部侍郎丘崈往。崈陛辞，奏曰：“臣入蜀后，吴挺脱至死亡，兵权不可复付其子，臣请得以便宜抚定诸军。”许之。

四年（癸丑、一一九三）五月，利州安抚使吴挺卒，丘崈使总领财赋杨辅权安抚使，统制官李世广权总其军。知枢密院赵汝愚亦言：“吴氏世掌西兵，非国家之利，宜别置帅。”遂以兴州都统制张诏代挺，以挺子曦带御器械。

宁宗嘉泰元年（辛酉、一二〇一）秋七月，以吴曦为兴州都统制。曦时为殿前副都指挥使，郁郁不得志，乃以贿赂宰辅，规求还蜀。陈自强为言于韩侂胄，侂胄许之，遂有是命。曦至兴州，因谮副〔都〕（据宋史卷四七五吴曦传、续纲目、薛鉴补）统制王大节，罢其官，由是兵权悉归于曦，异志遂成矣。

开禧二年（丙寅、一二〇六）三月，以程松为四川宣抚使，吴曦副之。松移司兴元东，以军三万属之；曦进屯河池西，以军六万属之，仍听节制财赋，按劾计司。曦由是益得自专，松无所关预。松始至，欲以执政礼见曦，责庭参，曦闻之，及境而还。松用东、西军一千八百自卫，曦抽摘以去，松不悟。寻诏曦兼陕西、河东招抚使，知大安军安丙陈十可忧于松。既而松开府汉中，夜延丙议，丙为松言，曦必误国，松亦不省。

夏四月丁丑，吴曦叛。曦既得志，与其从弟晛及徐景望、赵富、米修之、董镇共为反谋，阴遣其客姚淮源献关外阶、成、和、凤四州于金，求封蜀王。

十二月，吴曦既遣姚淮源如金，因持重按兵河池。韩侂胄日夜望其进兵，使者相继。曦恐谋泄，乃遣兵度秦、陇，与金人战，以坚侂胄之心。金人闻曦叛求封，大喜，与曦诏曰："卿家专制蜀汉，积有岁年，猜嫌既萌，进退维谷。且卿自视，翼赞之功孰与岳飞？飞之威名战功暴于南北，一朝见忌，遂被诛夷之惨，可不畏哉！智者顺时而动，明者因机而决。今大军临江，若能按兵闭境，不为异同，使我师东下，无西顾忧，则全蜀之地，卿所素有，当加封册，一依康王故事。更能顺流东下，助为掎角，则旌麾所指，尽以相付。”因命完颜纲经略之。纲进兵水洛，访得曦族人吴端，署为水洛城巡检使，遣人报曦。曦得报，心喜，以程松在兴元，未敢发，诈称杖杀端，而阴遣使送款于纲。及金将蒲察贞破和尚原，犯西和州，曦将王喜等方力战，曦忽传令退保黑谷，军遂溃。贞入成州，曦因焚河池，退保青野原。金人无复顾虑。

时兴州都统制毋思以重兵守关。吴曦闻金兵至，因撤蓦关之戍，金人由板闸谷绕出关后，思孤军不能支，遂陷。曦退屯置口，完颜纲遣张仔会之，且索曦告身为信。曦尽出以付仔，纲乃以金主璟命，遣马良显持诏书、金印，立曦为蜀王。曦密受之，遂还兴州。是夜，天赤如血，光烛地如昼。翌日，曦召幕属谕意，谓东南失守，车驾幸四明，今宜从权济事。王翼、杨骙之抗言曰：“如此，则相公忠孝八十年门户，一朝扫地矣！”曦曰：“吾意已决。”即遣任辛奉表，献蜀地图及吴氏谱牒于金。

金完颜抄合攻凤州。程松犹未知吴曦之叛，遣人求援于曦。曦给言当发三千骑往，松信不疑。及曦受金诏，宣言金使者欲得阶、成、和、凤四州以和，驰书讽松使去，松不知所为。会报金兵至，百姓奔走相蹂躏。松急趋米仓山而遁，自阆州顺流至重庆，以书抵曦丐赆，称曦为蜀王。曦以匣封致馈，松望见大恐，疑为剑，亟逃奔，使者追予之，乃金宝也。松受而兼程出峡，西向掩泪曰：“吾今始获保头颅矣！”

三年（丁卯、一二〇七）春正月辛卯，吴曦自称蜀王，遣将利吉引金兵入凤州，以四郡付之，表铁山为界。曦即兴州为行宫，改元，置百官。遣董镇至成都，治宫殿，欲徙居之。议行削发、左衽之令，称臣于金。分其所部兵十万为统帅，遣禄祁等戍万州，泛舟下嘉陵江，声言约金人夹攻襄阳。下黄榜于成都、潼川、利州、夔州四路。以兴州为兴德府。召随军转运使安丙为丞相长史，权行都省事。先是，从事郎钱巩之从曦在河池，尝梦曦祷神祠，以银杯为珓，掷之，神起立谓曦曰："公何疑，公何疑，后政事已分付安子文矣！"曦未省，神又曰："安子文有才，足能办此。"巩之觉，心异其事，具以语曦，曦遂召丙用事。又召权大安军杨震仲，震仲不屈，饮药而死。吴晛为曦谋，宜收用蜀名士，以保民心。于是陈咸自髡其发，史次秦自瞽其目，李道传、邓性甫、杨泰之悉弃官去。

二月己未，以杨辅为四川制置使，吴曦逐之。初，辅知成都，尝言吴曦必反，帝意辅能诛曦，乃密诏授辅制置使，许以便宜从事。青城山道人安世通献书于辅曰："世通在山中，忽闻关外之变，不觉大恸。世通虽方外人，而大人先生亦尝发以入道之门。窃以为公初得曦檄，即当还书，诵其家世，激以忠义，聚官属军民，素服号恸，因而散金发粟，鼓集忠义，闭剑门，檄夔、梓，兴仗义之师，以顺讨逆，谁不愿从？而士大夫皆酒缸饭囊，不明大义，尚云少屈以保生灵，何其不知轻重如此！夫君乃父也，民乃子也，岂有弃父而救子之理！此非曦一人之叛，乃举蜀士大夫之叛也。闻古有叛民，无叛官，今曦叛而士大夫皆缩手以听命，是驱民而为叛也。且曦叛虽逆，犹有所忌，未敢建正朔，士大夫尚以虚文见招，亦以公论之与否，卜民之从违也。今悠悠不决，徒为妇人女子之悲，所谓停囚长智，吾恐朝廷之失望也。凡举大事者，成败死生，皆当付之度外。区区行年五十二矣，古人言：'可以生而生，福也；可以死而死，亦福也。'决不忍污面戴天，同为叛民也。"辅有重名，蜀中士大夫多劝以举义者，而世通之言尤切。辅自以不习兵事，且内郡无兵可用，迁延不发。曦移辅知遂宁府，辅遂以印授通判韩植，弃成都而去。

乙亥，监兴州合江仓杨巨源谋讨吴曦，乃阴与曦将张林、朱邦宁及忠义士朱福等深相结。眉州人程梦锡知之，以告转运使安丙，丙时称疾未视事，乃属梦锡以书致巨源，延之卧所。巨源曰："先生而为逆贼丞相长史耶?"丙号哭曰："目前兵将，我所知，不能奋起；必得豪杰，乃灭此贼。"巨源曰："非先生不足以主此事，非巨源不足以了此事。"会兴州中军正将李好义亦结军士李贵、进士杨君玉、李坤辰、李彪等数十人谋诛曦。好义曰："此事誓死报国，救西蜀生灵。但曦死后，若无威望者镇抚，恐一变未息，一变复生。"欲奉安丙主事，使坤辰来邀巨源与会。巨源往与约，还报丙，丙始出视事。君玉与白子申共草密诏，略曰："惟干戈省厥躬，既昧圣贤之戒；虽犬马识其主，乃甘夷虏之臣。邦有常刑，罪在不赦。"乙亥未明，好义帅其徒七十四人入伪宫。时伪宫门洞开，好义大呼而入，曰："奉朝廷密诏，以安长史为宣抚，令我诛反贼，敢抗者，夷其族!”曦兵千余，闻有诏，皆弃梃而走。巨源持诏乘马，自称奉使，入内户。曦启户欲逸，李贵即前执之。刃中曦颊，曦反扑贵仆于地。好义亟呼王换斧其腰，曦始纵贵，贵遂斫其首，驰告丙。宣诏，军民拜舞，声动天地。持曦首，抚定城中，市不易肆。尽收曦党，杀之。众推丙权四川宣抚使，巨源权参赞军事。丙陈曦所以反，及矫制平贼、便宜赏功状，上疏自劾，待罪，函曦首及违制法物，与曦所受金人诏印，送朝廷。曦僭位凡四十一日。金遣术虎高琪奉册于曦，未至而曦已诛矣。

先是，韩侂胄闻曦反，大惧，与曦书，许以茅土之封，且召知镇江府宇文绍节问计。绍节云：“安丙似非附逆者，或能讨贼。”侂胄乃密以帛书谕丙云：“若能图曦报国，以明本心，即当不次推赏。”书未达，而诛曦露布已闻，朝廷大喜。曦首至临安，献于庙社，枭之市三日。诏诛曦妻子，家属徙岭南，夺曦父挺官爵，迁曦祖璘子孙出蜀，存璘庙祀，玠子孙免连坐。

初，曦未叛时，尝较猎塞上，一日夜归，笳鼓竞奏，辚载杂袭。曦方垂鞭四视，时盛秋，天宇澄霁，仰见月中有一人骑而垂鞭，与己惟肖。问左右，所见皆符，殊以为骇。默自念曰：“我当贵，月中人其我也。”扬鞭而揖之，其人亦扬鞭。乃大喜，异谋由是而决。盖其妄心一萌，遂夺其魄，举目形似，已兆覆亡之祸矣。

三月丁丑，斩伪四川都转运使徐景望于利州。庚子，以杨辅为四川宣抚使，安丙副之，许奕为宣谕使。

壬寅，连贬程松，澧州安置。

杨巨源、李好义谓安丙曰："曦死，贼破胆矣。关外西和、成、阶、凤四州，为蜀要害，盍乘势复取之！不然，必为后患。"丙从之，于是分遣好义复西和州，张林、李简复成州，刘昌国复（和）〔阶〕州（据宋史卷四〇二杨巨源传改），张翼复凤州，孙忠锐复大散关。好义进兵，次于独头岭，会忠义及民兵，夹击金人，死者蔽路。七日至西和，人人乐死，前无留敌，金将完颜钦遁去。好义整众而入，军民欢呼迎拜，好义籍府库以归于官。欲乘胜径取秦、陇，以牵制淮寇，宣抚司杨辅、安丙不许，士气皆沮，孙忠锐因而失守散关。丙素恶忠锐，檄其还，欲废之，先命杨巨源偕朱邦宁以（朽）〔沔〕（据宋史卷四〇二杨巨源传、薛鉴改）兵二千策应；巨源至凤州，因忠锐出迎，伏壮士于幕后，突出杀之，并其子揆。丙遂以忠锐附伪，表闻于朝。

丁卯，杨辅还，以吴猎为四川制置使。时朝廷察安丙与辅异，召辅赴阙。著作佐郎杨简言，辅尝弃成都，不当召。遂命辅知建康。

李好义以中军统制知西和州，吴曦故将王喜遣其死党刘昌国听节制。好义与之酬酢，欢饮达旦，好义心腹暴痛死，而昌国遁矣。既殓，口、鼻、爪、指皆青黑，居民莫不冤之，号痛如私亲。朝廷虑喜为变，授节度使，移荆鄂都统制。既而昌国白日见好义持刀刺之，惊怖仆地，疽发而死。

六月，安丙杀杨巨源。初，吴曦之诛，实杨巨源、李好义为首倡，功最大。既，安丙以讨贼事闻于朝，诈言以巨源、好义为首，实则独后二人。及奖谕诏书至沔州，巨源曰："诏命一字不及巨源，疑有蔽其功者。"俄报王喜授节度使，而巨源仅与通判，心益不平，乃为启以谢丙曰："飞矢以下聊城，深慕鲁仲连之高节；解印而去彭泽，庶几陶靖节之清风。"既又愬功于朝。或谓安丙曰："巨源谋乱。"丙令王喜鞫其党，皆抵罪。时巨源方与金人战于凤州之长桥，丙密使兴元都统制彭辂收巨源，械送阆州狱。至大安龙尾滩，丙使将校樊世显拔刀取其头，不绝者逾寸，遂以巨源自殪闻。忠义之士莫不扼腕流涕，剑外士人张伯威为文以吊，其词尤悲切。丙以人情汹汹，上章求免。杨辅亦谓，丙杀巨源必召变，请以刘甲代之。

嘉定二年（己巳、一二〇九）八月，以安丙为四川制置大使，罢宣抚司。

宋史纪事本末卷八十五

蒙古侵金

宁宗开禧二年（丙寅、一二〇六）十二月，蒙古奇握温铁木真称帝于斡难河。铁木真之先，有曰孛端叉儿，母曰阿兰果火，生二子而寡居，夜寝，屡有光明照其腹，又生三子，孛端叉儿其季也。其后子孙蕃衍，各自为部，居于乌桓之北，与畏罗、乃蛮、九姓回鹘故城和林接壤，世奉贡于辽、金，而总隶于鞑靼。至也速该，并吞诸部，势愈盛大。攻塔塔儿部，获其部长铁木真。还，次于跌里温盘陀山而生子，因以“铁木真”名之。也速该死，铁木真年幼，其部众多归于族人泰赤乌部。泰赤乌合七部人凡三万，攻之。铁木真与其母月伦率部人为十三翼，大战，泰赤乌等败，因得少安。时泰赤乌部地广民众而无纪律，其下谋曰：“铁木真衣人以己衣，乘人以己马，真吾主也！”因悉归之，泰赤乌部遂微。未几，塔塔儿部叛金，铁木真自斡难河帅众会金师同灭之，以功封铁木真为“察兀秃鲁”，犹中国之招讨使也。铁木真以乃蛮部强盛，事之甚谨，乃蛮反侵掠之，铁木真乃大会属部于帖麦垓川，议伐乃蛮。乃蛮太阳罕营于沆海山，与蔑里乞诸部合，兵势颇盛。铁木真与之大战，擒杀太阳罕，诸部悉溃，铁木真益以盛强。明年，遂攻西夏，破力吉里寨，经落思城，大掠而还。至是，大会诸部长于斡难河之源，即位，建九斿白旗，诸王群臣共上尊号，曰成吉思皇帝。先是，绍兴中，金人屡击蒙古不能克，遂与之和。金主尝遣卫王允济往靖州受铁木真之贡，允济奇其状貌，归言于金主，请以事除之，金主不许。铁木真闻而憾之。

铁木真既即位，遂发兵复征乃蛮，灭之，执杯禄可汗以归。

嘉定元年（戊辰、一二〇八）冬，蒙古征脱脱及屈出律罕。时斡亦剌等部遇蒙古前锋，不战而降，因用为乡导，讨蔑里乞部，灭之。脱脱中流矢死，屈出律奔契丹。是年，金主璟卒，卫王允济立。

二年（己巳、一二〇九）三月，畏吾儿国降于蒙古，畏吾儿即唐之高昌也。

五月，蒙古兵入灵州，夏主安全纳女请降于蒙古。夏自是益衰。

三年（庚午、一二一〇）十二月，蒙古侵金。先是，金主允济嗣位，有诏至蒙古，传言当拜受。蒙古主谓金使曰：

"新天子为谁?"曰:"卫王也。"蒙古主遽南面唾曰:"我谓中原皇帝是天上人做,此等庸懦亦为之耶?何以拜为!"即乘马北去。金使还言,允济怒,欲俟蒙古入贡就害之。蒙古主知之,遂与金绝,益严兵为备,数侵掠金西北之境,其势渐盛。金人皇皇,禁百姓传说边事。

四年(辛未、一二一一)夏四月,金使人求和于蒙古,蒙古不许。初,金纳哈买住守北鄙,知蒙古将侵边,奔告于金主。金主曰:"彼于我无衅,汝何言此?"买住曰:"近见其邻部附从,西夏献女,而造箭制楯不休;凡行营则令男子乘车,盖欲惜马力也,非图我而何?"金主以其擅生边隙,囚之。及蒙古侵扰云中、九原,连岁不休,遂破大水泺以进。金主始恐,乃释买住之囚,遣西北路招讨使粘合合打求和,蒙古主不许。金主乃命平章政事独吉千家奴、参知政事完颜胡沙行省事于抚州,西京留守纥石烈胡沙虎行枢密院事,以备边。

八月,金独吉千家奴、完颜胡沙至乌沙堡,未及设备,蒙古兵奄至,拔乌沙堡及乌月营,破白登城,遂攻西京,凡七日。胡沙虎等惧,以麾下弃城突围遁去。蒙古主以精骑三千驰之,金兵大败,追至翠屏山,遂取西京及桓、抚州。蒙古主复遣其子术赤、察合台、窝阔台三人,帅兵分取云内、东胜、武、朔、丰、靖等州。由是金德兴、弘州、昌平、怀来、缙山、丰润、密云、抚宁、集宁,东过平、(栾)〔滦〕(据金史卷一三卫绍王纪、续纲目改),南至清、沧,由临潢过辽河,西南至忻、代,皆降于蒙古。

闰九月，蒙古主既破抚州，休士牧马，将遂南向。金主复命招讨使完颜九斤、监军完颜万奴等率兵号四十万，驻野狐岭以备，胡沙率重兵为后继。或谓九斤曰："蒙古新破抚州，方以所获赐其下，马牧于野，当乘其不虞，掩击之。"九斤曰："此危道也，不若马步俱进，为计万全。"蒙古主闻之，进兵于貛儿觜。九斤遣麾下明安问蒙古举兵之故，明安反降于蒙古，以虚实告之。蒙古主遂与九斤等战，金兵大败，人马蹂躏，死者不可胜计。蒙古乘锐而前，胡沙畏其锋，不敢拒战，引兵南行。蒙古兵踵击之，至会河堡，金兵又大败，胡沙仅以身免，走入宣平。蒙古兵乘胜薄宣平，遂克晋安县，游兵至居庸关，守将完颜福寿弃关遁，蒙古兵克之。金中都戒严，禁男子不得辄出城。蒙古游兵至都城下，金主欲南奔汴。会卫卒誓死迎战，蒙古兵多所损折，遂袭金群牧监，驱其马而去，金主乃止。命秦州刺史术虎高琪屯通玄门外，寻降胡沙为咸平路兵马总管。将士以其罚轻，由是益不用命。

十一月，金徒单镒初为上京留守，蒙古兵日攻西北，曰："事急矣！"乃选兵二万，遣同知乌古孙兀屯将之入卫。金主嘉之，征拜右丞相。镒上言曰："自国家与鞑靼交兵以来，彼聚而行，我散而守，以聚攻散，其败必然，不若入保大城，并力备御。昌、桓、抚三州素号富贵，人皆健勇，可内徙之以益兵势，人畜财货不至亡失。"参政梁瑭曰："如此是自蹙境土也。"金主从瑭谋。镒复奏曰："辽东，国家根本，距中都数千里，万一受兵，州府顾望，必须报可，误事多矣。可遣大臣行省以镇之。”金主不悦，曰：“无故置行省，徒摇人心耳。”不从。及失三州，又闻东京不守，金主乃大悔曰：“从丞相之言，当不至此。我见丞相，耻哉！”

胡沙虎之弃西京而还也，至蔚州，擅取官库银五千两及衣币诸物，夺官民马与从行人；入紫荆关，杀来水令。至中都，金〔主〕（据续纲目、薛鉴补）皆不问，以为右副元帅。胡沙虎益无所忌惮，自请兵二万，北屯宣（平）〔德〕（据金史卷一三卫绍王纪、又卷一三二纥石烈执中传改）。金主与之三千，令屯妫川，胡沙虎不悦。

五年（壬申、一二一二）三月，金胡沙虎欲移屯南口，移文尚书省曰：“鞑靼兵来，必不能支。一身不足惜，三千兵为可忧，十二关、建春、万宁宫（俱）〔且〕（据金史卷一三二纥石烈执中传、续纲目、薛鉴改）不保。”金主恶其言，下有司按问。诏数其十五罪，罢归田里。

蒙古主既克宣（平）〔德〕（据元史卷一太祖纪、又卷一一九木华黎传、续纲目——三月——改），遂攻德兴府，坎墉而登。金人御之，蒙古兵不利。蒙古主第四子拖雷与赤驹驸马复拥楯先登而射之，金兵引却，蒙古遂尽拔德兴境内诸城堡而去。金人复守之。

六年（癸酉、一二一三）五月，金主允济复以纥石烈胡沙虎为右副元帅。

八月，金主复用胡沙虎，使将兵屯燕城北，徒单镒切谏，不听。胡沙虎与其党完颜丑奴、蒲察六斤、乌古论夺刺等谋作乱。金主以蒙古兵在居庸关，而胡沙虎日务驰猎，不恤军事，遣使责之。使者至，胡沙虎怒，遂妄称知大兴府徒单南平谋反，奉诏入讨。分其军为三，由章义门入，自将一军，由通玄门入。恐城中兵出拒，先遣一骑驰抵东华门，大呼曰："鞑靼至（此）〔北〕关，已（绝）〔接〕战矣！"既又遣一骑往，亦如之。乃使其党徒单金寿召徒单南平。南平不知，行至广阳门，胡沙虎遇之，于马上手刃杀之。完颜石古乃闻乱，召兵五百，迎战不胜，皆（杀）〔死〕（并据金史卷一三二纥石烈执中传、续纲目、薛鉴改）之。胡沙虎至东华门，护卫斜烈乞儿等纳之。胡沙虎入宫，尽以其党易宿卫，自称监国都元帅，居大兴府，陈兵自卫，召声伎与亲党会饮。明日，以兵逼金主出居卫邸，遣武卫兵二百锢守之。胡沙虎欲除拜其党，令黄门入宫收玺。尚宫左夫人郑氏掌宝玺，拒之，曰："玺，天子所用。胡沙虎人臣，取将何为？"黄门曰："今天时大变，主上且不保，况玺乎！御侍当思自脱计。"郑氏厉声骂曰："若辈，宫中近侍，恩遇尤隆，君难不以死报，反为逆竖夺玺耶！我死可必，玺必不与！"遂瞑目不语，黄门乃还。胡沙虎复遣人夺取宣命之宝，除拜其党数十人。丞相徒单镒时以坠马伤足，在告，闻难作，命驾将入省。或告之曰："省府皆以军士守之，不可入矣。"少顷，军士索人于闾巷，镒乃还第。胡沙虎欲僭位，犹豫不决，以镒人望，乃诣访之。镒从容谓曰："昇王，章宗之兄，显宗长子，众望所属。元帅决策立之，万世之功也。"胡沙虎默然，乃遣宦者李思中弑金主于邸。时完颜纲将兵十万行省事于缙山，胡沙虎诱而杀之。因尽撤沿边诸军赴中都、平州，骑兵屯蓟州，以自重。遣徒单铭等迎昇王珣于彰德。九月，至燕，即位。立子守忠为太子，追废允济为东海郡侯；后追复卫王，谥曰绍。

蒙古兵至怀来，金元帅右监军术虎高琪拒之，败绩，僵尸四十余里。蒙古乘胜至古北口，金兵保居庸，不能入。蒙古主乃留可忒薄察等顿兵拒守，而自以众趋紫荆关，败金兵于五回岭，拔涿、易二州。分命遮别将兵，反自南口攻居庸关，破之，出北口，与可忒薄察军合。既而又选诸部精兵五千骑，合怯台、哈台二将，围守中都。方蒙古兵至皂河，欲渡高桥，胡沙虎病足，乘车督战，蒙古兵大败。翌日再战，胡沙虎创甚，不能出，期高琪以糺军五千拒之。高琪失期不至，胡沙虎欲斩之，金主以其有功，谕令免死。胡沙虎乃益其兵，令出战，戒之曰："胜则赎罪，不胜斩汝！"高琪出战，自夕至晓，北风大作，吹石扬沙，不能举目，金兵大溃。高琪自度必为胡沙虎所杀，乃以糺军入中都，围胡沙虎之第。胡沙虎闻难作，登后垣欲走，衣绊坠而伤股，军士就斩之。高琪取其首，诣阙请罪。金主赦之，因诏暴胡沙虎之罪，夺其官爵，以高琪为左副元帅，一行将士，论功行赏。

时蒙古木华黎统兵侵金，所向残破。永清人史秉直聚族谋曰："方今国家丧乱，吾家百口何以自保？"既而知降者皆得免，乃率里中数千人，诣涿州军门降。木华黎欲用秉直，秉直辞，乃以其子天倪为万户，领降人家属屯霸州。

十二月，蒙古主留怯台及哈台屯燕城北，分降人杨伯遇、刘材汉军四十六都统，并鞑靼兵为三道：命其子术赤、察合台、窝阔台三人为右军，循太行而南，破保州、中山、邢、洺、磁、相、卫辉、怀、孟诸郡，径抵黄河，大掠平阳、太原之间；别将薄察等遵海而东，破滦、蓟，大掠于辽西之地；蒙古主自将，与子拖雷由中道，破雄、漠、清、沧、景、献、河间、滨、（隶）〔棣〕（据元史卷一太祖纪改）、济南等郡，引兵复自大口以逼中都。时中原诸路之兵皆佥往山后防遏，悉佥乡民为兵，上城守御。蒙古尽驱其家属来攻，父子兄弟往往遥呼相认，由是人无固志，故所至郡邑皆下，凡破金九十余郡。两河、山东数千里，人民杀戮几尽，金帛子女、牛马羊畜，皆席卷而去，屋庐焚毁，城郭丘墟。惟大名、真定、青、郓、邳、海、沃、顺、通州，有兵坚守，未能破。

七年（甲戌、一二一四）三月，蒙古主还自山东，屯燕城北。诸将请乘胜破城，蒙古主不从，遣使谕金主曰："汝〔山东〕（据元史卷一太祖纪、续纲目、薛鉴改）、河北、（河东）郡县，悉为我有，汝所守惟燕京耳。天既弱汝，我复迫汝于险，天其谓我何！我今还军，汝不能犒师以弭我诸将之怒耶？"丞相高琪言于金主曰："鞑靼人马疲病，当决一战。"完颜承晖曰："不可。我军身在都城，家属各居诸路，其心向背未可知，战败，必散；苟胜，亦思妻子而去。社稷安危，在此一举。莫如遣使议和，待彼还军，更为之计。"金主然之，遣承晖议和。蒙古主欲得其公主，金主乃以其故主允济之女，及金帛、童男女各五百、马三千与之。

夏四月，金及蒙古平。蒙古主引归，出居庸关。金主以蒙古既和，大赦其国内。

五月，金主珣以国蹙兵弱，财用匮乏，不能守中都，乃议迁于汴。左丞相徒单镒谏曰："銮舆一动，北路皆不守矣！今已讲和，聚兵积粟，固守京师，策之上也。南京四面受兵，辽东根本之地，依山负海，其险足恃，备御一面，以为后图，策之次也。"金主不从，遂命平章政事都元帅完颜承晖、左丞抹撚尽忠奉太子守忠，留守中都，遂与六宫启行。蒙古主闻之，怒曰："既和而迁，是有疑心而不释憾，特以解和为款我之计耳。"复图南侵。金主至良乡，命扈卫乣军元给铠马悉复还官。乣军怨之，遂作乱，杀其主帅素温，而推斫答、比涉儿、札剌儿三人为帅，北还。完颜承晖闻变，以兵阻卢沟。斫答击败之，遣使乞降于蒙古。蒙古主遂遣明安援斫答，合其兵围燕京。金主闻之，遣人召太子。应奉翰林文字完颜素兰以为不可，平章术虎高琪曰："主上居此，太子宜从。且汝能保都城必完乎？"素兰曰："完固不敢必，但太子在彼则声势俱重，边隘有守则都城无虞。昔唐明皇幸蜀，太子实在灵武，盖将以系天下之心也。"不从，竟召太子。太子既行，中都益惧。

九月，蒙古将木华黎进兵，攻金北京。守将银青帅众二十万御于花道，败还，婴城自守。其裨将完颜昔烈、高德玉等杀银青，推寅答虎为帅。木华黎命史天祥等趣兵进攻，寅答虎遂举城降。木华黎怒其降缓，欲坑之，萧也先曰："北京为辽西重镇，既降而坑之，后岂有降者乎？"木华黎从之。奏寅答虎权北京留守，以吾也儿权兵马帅府事。于是金顺、成、懿、通州相继降于蒙古。

八年（乙亥、一二一五）二月，金中都被围既久，完颜承晖以抹撚尽忠久在军旅，悉以兵付之，而自总持大纲，又遣人以矾写奏告急。金主命左监军永锡将中山、真定军，左都监乌古论庆寿将大名军万八千、西南路步骑万一千、河北军一万，御史中丞李英运粮大名，行省孛术鲁调遣继发，以救中都。英至大名，得兵数万，然驭众素无纪律。三月，英被酒，与蒙古遇于霸州北，大败，尽失所运粮，英死，士卒歼焉。庆寿、永锡军闻之，皆溃归。自是中都援绝，内外不通。

承晖与尽忠会议，期同死社稷，尽忠不从，承晖怒，即起还第。然兵柄既属尽忠，承晖无如之何，乃辞家庙，召左右司郎中赵思文谓之曰："事势至此，惟有一死以报国家耳！"五月一日，承晖作遗表，付尚书省令史师安石书之，皆论国家大计，及平章政事高琪奸状，且谢不能终保都城之罪。从容若平日，尽出财物，召家人分给之。举家号泣，承晖神色泰然，方与安石举白引满，谓之曰："承晖于五经皆经师授，谨守而力行之，不为虚文。"既被酒，取笔与安石诀，最后倒写二字，投笔曰："遽尔缪误，得非神志乱耶？"谓安石曰："子行矣！"安石出门，闻哭声，复还问之，则已仰药死矣。家人匆匆瘗庭中。

是日暮，凡在中都妃嫔闻尽忠将南奔，皆束装至通玄门。尽忠绐之曰："我当先出，与诸妃启途。"诸妃信之，尽忠乃与爱妾及所亲者先出城，不复反顾。蒙古兵遂入中都，吏民死者甚众，宫室为乱兵所焚，火月余不灭。时蒙古主在桓州，闻燕陷，遣使劳明安等，而辇其府库之实北去。于是金祖宗神御及诸妃嫔皆〔沦〕（据续纲目、薛鉴补）没焉。尽忠行至中山，谓所亲曰："若与诸妃偕来，我辈岂得至此。"

安石奉承晖遗表至汴，赠尚书令。尽忠至，金主释不问，仍以为平章政事。

宋史纪事本末卷八十六

金好之绝

宁宗嘉定四年（辛未、一二一一）六月，遣金崍贺金主生辰。时金有蒙古之难，不暇延使者，至涿州而还。

冬十月，以金国有难，命江淮、京湖、四川制置司谨饬边备。

七年（甲戌、一二一四）三月，金主珣遣使来督岁币。

五月，金主珣迁都于汴，遣使来告。

秋七月，起居舍人真德秀上疏，请罢金岁币。其略曰："女真以鞑靼侵陵，徙巢于汴，此吾国之至忧也。盖鞑靼之图灭女真，犹猎师之志在得鹿，鹿之所走，猎必从之。既能越三关之阻以攻燕，岂不能绝黄河一带之水以趋汴？使鞑靼遂能如刘聪、石勒之盗有中原，则疆场相望，便为邻国，固非我之利也。或如耶律德光之不能即安中土，则奸雄必将投隙而取之，尤非我之福也。今当乘虏之将亡，亟图自立之策，不可幸虏之未亡，姑为自安之计也。夫用忠贤，修政事，屈群策，收众心者，自立之本。训兵戎，择将帅，缮城池，饬戍守者，自立之具。以忍耻和戎为福，以息兵忘战为常，积安边之金缯，饰行人之玉帛，女真尚存，则用之女真，强敌更生，则施之强敌，此苟安之计也。陛下（不）以自立为规模，〔则国势日张，人心日奋，虽强敌骤兴，不能为我患；以苟安为志向〕（据续纲目、薛鉴补正），则国势日削，人心日偷，虽弱虏仅存，不能无外忧。盖安危存亡，皆所自取。若夫当事变方兴之日，而示之以可侮之形，是堂上召兵，户内延敌也。微臣区区，窃所深虑！"反覆数千言，帝纳之，遂罢金岁币。

八月癸卯，金国复来督岁币。

八年（乙亥、一二一五）十一月，复遣使如金贺正旦。刑部侍郎刘钥等及太学诸生言其不可，不报。真德秀复上疏曰："金自南迁，其势日蹙。鞑靼、西夏，东出潼关，深入许、郑，攻围都邑，游骑布满山东，而金以河南数州之地，抗西北方张之师，加以群盗纵横，叛者四起，危急如此，不亡何待！臣谨按国史，女真叛辽在政和甲午，其灭辽也在宣和己巳，而犯中原即于是年之冬。今日天下之势，何以异政、宣之时？陛下亦宜以政、宣为监。夫以皇皇钜宋，八叶重光，至于政、宣，燕安湛溺之余，纪纲荡然，无一足恃。本根既拨，枝叶从之，于是女真得以逞其凶残，攻陷我都城，倾覆我社稷，劫迁我二圣，荼毒我烝民。自开辟以来，夷狄之祸，未有若是之酷也。臣尝论政、宣致祸之由，其失有十：自蔡京倡‘丰亨、豫大’之说，王黼开应奉享上之门，专以淫侈蛊上心，奢靡蠹国用，土木之功穷极盛丽，花石之贡毒遍江南；甚至内庭曲宴，出女乐以娱群臣，大臣入侍，饰朱粉以供戏笑，于是荒嬉无度，而朝政大坏矣。其失一也。自童贯、高俅迭主兵柄，教阅训练之事尽废，上下阶级之法不行，溃败者不诛而招以金帛，死敌者不恤而诬以逃亡，于是赏罚无章，而军政大坏矣。其失二也。政、宣之失，灾异数见，大星如月，徐徐南行，日黯无光，汹汹欲动，赤氛犯斗，水冒都城。当时群臣恬不知警，方且以怪孽为嘉祥，变异为休证。此上不畏天戒，其失三也。政、宣之际，以言为讳。张根论征敛之烦，散官安置；李纲论大水之变，远谪监征，于是荐绅不敢言矣。邓肃以进诗讽谏，屏出太学；朱梦说以昌言宦寺，窜斥偏州，于是布衣不敢言矣。钤结成风，驯致祸败。此下不恤人言，其失四也。政、宣用事之臣，专以毁忠忌贤为事，凡累朝老成之望，当代鸿硕之材，不以奸党废，则以邪等斥，不以曲学贬，则以异论逐。排沮挫揠之余，举国无君子矣，虽欲久安，得乎？其失五也。‘开国承家，小人勿用’。‘而难壬人，蛮夷率服’。政、宣之世，京、黼继尸宰柄，卞、攸滥厕枢庭，其翱翔台省，布列馆殿，非歌颂书生，即膏粱子弟，非奴事阉尹，即翼附权臣。更引迭援，在廷皆小人矣，虽欲勿危，得乎？其失六也。记曰：‘四方有败，必先知之，此之谓民之父母。’政、宣小人，颛为蒙蔽，以欺上听。刘法败死西陲，而童贯乃以捷闻；方腊破东南六郡，而王黼匿不以告；郭药师反形已露，而边臣掩覆于外；女真克期入寇，而大臣讳晦于中。上下相蒙，稔成大患，至虏兵济河，而朝廷犹未之觉。其失七也。书曰：‘民惟邦本，本固邦宁。’政、宣小人，专务聚敛，以摇根本。朱勔以贡奉扰浙右，李彦以括田困京东，蔡京改盐钞法而比屋叹息，王黼创免夫钱而诸路骚动。人不聊生，散为盗贼，虽微夷狄，亦必有萧墙之忧。其失八也。诗曰：‘无競维人，四方其训之。’古者以一士寝敌谋，片言折外侮。政和初遣使觇国而童贯实行，辽之君臣相顾窃笑，已有南朝无人之讥。北事既兴，遂付戎律。以仆隶之材，当元戎之任，节制不明，诸将无所禀畏，庸懦不武，敌师得以凭陵。未几，副之以蔡攸，易之以谭稹，其为驽怯又益甚焉。于是女真知中国之无人，而异志兴矣。此授任非材，其失九也。昔子产以蕞尔之郑，崎岖强国间，区区一环，宜无爱于晋，而子产则曰：‘大国之人令于小国，而皆获其求，将何以给之？一共一否，为罪滋大。大国之求，无礼以斥之，何餍之有！’卒不与。秦求地于赵，赵欲与之，虞卿曰：‘王之地有尽，而秦之求无已，以有尽之地而给无已之求，其势必无赵矣！’赵用其计而秦不能加。盖有国者，不幸与强敌为邻，当有以服其心而不当徇其欲。方女真绝辽国交，虽能每战辄克，然视吾中国之尊，如高山大海，未易测其雄深，何敢遽有他志？不幸奸臣庸夫，希功寡谋，惟恐无以顺适其意。彼方邀吾岁币，则与以契丹旧数而不辞；邀吾燕地税赋，则予以银绢百万而不靳；至于索犒师则许以犒师，欲贷粮则许以贷粮，一事方酬而一事已生，前请未塞而后请复起，一切顺承，无敢或戾，而南牧之师已侵寻于境上矣。盖犬豕豺狼本无餍足，徒知徇其欲而无以服其心，其祸固应尔也。或者惟以纳张瑴、结余睹为造衅之由，而不知召侮取轻，其渐非一，虽微结纳之事，其能保盟约之不寒乎！此处置失宜，其失十也。今一人忧勤恭俭，无愧仁祖之风，而群臣盘乐怠傲，乃有宣和之习。东南民力耗于军饷者十八，而士卒穷悴，尝有不饱之嗟。灾异频仍，修省之实未睹，言路壅塞，谠直之士弗容。君子非不参用而正论未尝获伸，小人非不欲远而谗谄犹或得志，蒙蔽之风日炽，聚敛之政日滋，此失未除，臣恐后之视今，犹今之视昔也。虽然，臣外有司也，其于内事，不敢尽言，独请为陛下深陈所以待夷狄者。臣观鞑靼之在今日，无异昔者女真方兴之时，一旦与吾为邻，亦以祖述女真已行之故智。盖女真尝以燕城归我矣，今独不能还吾河南之地以观吾之所处乎？受之则享虚名而召实祸，不受则彼得以陵寝为辞，仗大义以见攻。女真尝与吾通好矣，今独不能卑词遣使以观吾之所启乎？从之则要索无厌，岂能满其溪壑之欲！不从则彼得借口以开衅端。黠虏之情必出于此，不可不预图以应之也。昔五胡之乱，江左粗安者，以群丑并争，莫能相一，故吾得以偷旦夕之安。及苻坚既灭慕容，旋启吞晋之谋；元魏已并诸胡，遂萌饮江之志。今新虏鸱张，尽有河朔，扬、豫群盗，人皆服从，臣恐五胡角立之势，殊未可为江左苟安之计也。昔孙氏以区区之吴能当强大之魏者，其君臣能相与策励也。今国家幅员万里，带甲百万，江、汉为池，岂下于吴？陛下任九庙之托，固不可付安危于度外，养成深患也。”因以五不可为献：一曰宗社之耻不可忘。言：“国家之于金虏，盖万世必报之仇。高宗、孝宗，值其方强，不得已以太王自处，而以勾践望后人。今天亡此胡，近在朝夕。诚能以待敌之礼而遇天下之豪杰，以遗虏之费而厉天下之甲兵，人心奋张，士气自倍，何惮于此虏而犹事之哉！且重于绝虏者，畏召怨而启衅也，然能不召怨于亡虏，而不能不启衅于新敌。权其利害，孰重孰轻？臣愿陛下勉勾践之良图，惩谢玄之失策，则王业兴隆可冀也。”二曰比邻之盗不可轻。言：“鞑靼及山东之盗，苟得志而邻于吾，莫大之忧也。愿朝廷毋轻二贼，日夜讲求攻守之策，以逆杜窥觊之心。”三曰幸安之谋不可恃。言：“今之议者，大抵以金虏之存亡，为我欣戚。闻危蹙之报则冀其非实，得安静之耗则幸其必然，是犹以朽壤为垣，而望其能障盗贼也。愿陛下励自强之志，恢立武之经，毋以虏存为喜，虏亡为畏，则大势举矣。”四曰导谀之言不可听。言：“今边事方殷，正君臣戒惧之日，而搢绅大夫工为谀说，或以五福足恃为言。夫乾象告愆，迩日尤甚，其可恃谶纬不经之说，而忽昭昭之儆戒乎！惟陛下监天人之相因，察谀佞之有害，益修其本，以格天休，宗社之庆也。”五曰至公之论不可忽。言：“公论，国之元气也。元气痞鬲，不可以为人；公论湮郁，不可以为国。

深惟今日实公论屈伸之机，朝廷之上若以言者为爱君，为报国，无猜忌之意而有听用之诚，则公论自此愈伸。若以言者为沮事，为徼名，无听用之诚而有猜忌之意，则公论自此复屈。夫公论伸屈乃治乱存亡之所由分，故臣于篇终反覆极言，惟陛下亮臣愚忠也。”不报。

十年（丁丑、一二一七）二月，陈伯震还自金。金主谓之曰：“闻息州南境有盗，此乃彼界饥民沿淮为乱耳，宋人何故攻我？”盖欲以为用兵之端也。

夏四月，金人分道入寇。初，金有王世安者，献取盱眙、楚州之策，金主以为淮南招抚使，遂有南侵之谋。术虎高琪复劝金主侵宋以广疆土，金主始犹不然，至是，命乌古论庆寿、完颜赛不帅师南侵，遂渡淮，犯光州中渡镇，执榷场官盛允升，杀之。庆寿分兵犯樊城，围枣阳、光化军，别遣完颜阿邻入大散关，以攻西和、阶、成州。朝廷闻之，诏京湖、江淮、四川制置使赵方、李珏、董居谊俱便宜行事以御之。先是，金右司谏许古上疏，请遣使与宋议和，则鞑靼闻之亦将敛迹，不宜用兵以益敌。金主即命古草议和牒文，既成，示参政高汝砺。汝砺言有哀祈之意，徒示微弱，无足取者，议遂寝。平章政事胥鼎亦切谏南侵有六不可，高琪不从。金主以南北用兵，西夏复扰，财匮兵弱为忧，集百官议守御之策。高琪心忌之，有所言，皆不用。

五月，金人犯襄阳、枣阳。赵方语其子范、葵曰：“朝廷和战未定，观此益乱人意。吾策决矣，惟有提兵临边，决战以报国耳！”遂抗疏主战，因亲往襄阳，檄扈再兴、陈祥、钤辖孟宗政等御之，仍增戍光化、信阳、均州，以联声势。金人来自团山，势如风雨，再兴等分三阵，设伏以待。既至，再兴佯却，金人逐之，宗政与祥合左右两翼掩击之。金人三面受敌，大败，血肉枕藉山谷间。寻报枣阳围急，宗政午发岘首，迟明抵枣阳，驰突如神。金人大骇，宵遁。方闻捷大喜，以宗政权知枣阳军。未几，京湖将王辛、刘世兴亦败金兵于光山、随州，金人乃去。

六月，赵方请以伐金诏天下，乃下诏。略曰：“朕励精更化，一意息民。犬羊跨我中原，天厌久矣。狐兔失其故穴，人競逐之。岂不知机会可乘，仇耻未复？念甫申于信誓，实重起于兵端。若能立非常之勋，则亦有不次之赏。”遂传檄诏谕中原官吏军民。

十二月，金完颜赟以步骑万人犯四川，破天水军，守臣黄炎孙遁。金人攻白环堡，破之。统制刘雄弃大散关，遁。

十一年（戊寅、一二一八）二月甲辰，金人焚大散关，复破皂郊堡，死者五万人。

戊申，金人围随州、枣阳军。孟宗政权枣阳，初视事，一爱仆犯新令，立斩之，军民股栗。于是筑堤积水，修治城堞，简阅军士。完颜赛不拥步骑围城，宗政与扈再兴合兵角敌，历三月，大小七十余战，宗政身先士卒。金人战辄败，忿甚，周城开濠，控兵列濠外，飞锋镝，以绚铃自警，铃响则犬吠。宗政厚募壮士，乘间突击，金人不能支，盛兵薄城，宗政随方力拒。随州守许国援师至白水，鼓声相闻，宗政帅诸将出战，金人奔溃。

三月，利州统制王逸帅官军及忠义人十万，复大散关及皂郊堡，追斩金统军完颜赟。进攻秦州，至赤谷口，沔州都统刘昌祖命退师，且放散忠义人，军遂大溃。

夏四月，金兵合长安、凤翔之众，复攻皂郊堡，遂趋西和州，刘昌祖焚城遁还。时西和守臣杨克家、成州守臣罗仲甲、阶州守臣侯颐以昌祖遁，〔皆〕（据续纲目补）弃城走。金兵遂入诸州，前后获粮九万斛，钱数千万，军实不可胜计。复犯大散关，守将王立亦遁。又犯黄牛堡，兴元都统吴政拒却之。政至大散关，执立，斩之以徇。事闻，政进三官，昌祖夺官，窜韶州，克家等并窜远州。

十二月，金主欲乘胜来议和，以开封府治中吕子羽为详问使，至淮中流，不纳，乃去，由是和好遂绝。金主以仆散安贞为左副元帅，辅太子守绪，会师南侵。

十二年（己卯、一二一九）春正月辛卯，金复寇西和州。守将赵彦呐设伏待之，歼其众，乃还。

乙未，兴元都统吴政及金人战于黄牛堡，死之。

二月癸卯，金人乘胜攻武休关，都统李贵遁还。

丁未，金人破兴元府，权府赵希（旨）〔昔〕（据宋史卷四〇宁宗纪、续纲目改）弃城走。

辛亥，金人破大安军，连破洋州。

壬子，四川制置使董居谊遁。都统张威使石宣邀击金人于大安军，大破之，歼其精兵三千人，俘其将巴士鲁安，金人乃遁去。

金完颜讹可复大举围枣阳，堑其外，绕以土城。赵方计其空巢穴而来，若捣其虚，则枣阳之围自解，乃命知随州许国及扈再兴引兵三万余，分二道出攻唐、邓二州，又命其子范监军，葵为后殿。

闰三月癸亥，金人围安丰军及滁、濠、光三州。江淮制置使李珏命池州都统制武师道、忠义军都统制陈孝忠救之，皆不克进。金人遂分兵，自光州犯黄州之麻城，自濠州犯和州之石碛，自盱眙犯滁州之全椒、来安，及扬州之天长，真州之六合。淮南流民渡江避乱，诸城悉闭。金游骑数百至采石杨林渡，建康大震。时贾涉以淮东提刑知楚州，节制京东忠义，虑忠义人兵为金所用，乃遣陈孝忠向滁州，石珪、夏全、时青向濠州，季先、葛平、杨德广趋滁、濠，李全、李福要其归路。李全进至涡口，与金左都监纥石烈牙吾答、驸马阿海连战于化湖陂，杀金将数人，得其金牌，金人乃解诸州之围而去。全追击之，复败之于曹家庄而还。金人自是不敢窥淮东。初，贾涉募能杀金太子者赏节度使，杀亲王者赏承宣使，杀驸马者赏观察使。李全因致所得金牌于涉，云杀驸马阿海所获者。涉请于朝，乞如约授赏，遂授全广州观察使，而阿海实不死也。

秋七月，孟宗政、扈再兴合击金人于枣阳。时金帅完颜讹可拥步骑傅城。宗政囊糠盛沙以覆楼栅，列甕潴水以堤火，募炮手击之，一炮辄杀数人。金人选精骑二千，号弩手，拥云梯、天桥先登；又募凿银矿石工，昼夜攻城；

运茆苇，直抵圜楼下，欲焚楼。宗政先毁楼，掘深坑防地道，创战棚防城损，穿阱才透，即施毒烟烈火，鼓鞴以薰之。金人窒以湿毡，析路以刳土，城颓，楼陷。宗政撤楼益薪，架火山以绝其路，列勇士，以长枪劲弩备其冲，距楼陷所数丈，筑偃月城，翼傅正城。金人摘强兵，披厚铠、毡衫、铁面而前，又湿毡濡革，蒙火山，拥云梯，径抵西北圜楼，登城。城中军以长戈舂其喉，杀之。敢勇军自下夹击，金兵坠死燎焰。金人连不得志，会扈再兴、许国两道并进，掠唐、邓境，焚其城栅粮储。金顿兵枣阳城下八十余日，赵方知其气已竭，乃召国、再兴还，并东师隶于再兴，克期合战。再兴败金人于瀼河，又败之城南。宗政自城〔中〕（据宋史卷四〇三赵方传、续纲目、薛鉴补）出击，内外合势，士气大振，贾勇入金营，自晡至三更，杀其众三万，金人大溃，讹可单骑遁。获其赀粮器甲，不可胜计。追金人至马磴寨，焚其城，入邓州而还。金人自是不敢窥襄、汉、枣阳。中原遗民来归以万数，宗政发廪赡之，给田创屋与居，籍其勇壮，号忠顺军，俾出没唐、邓间。宗政由是威振境外，金人呼为“孟爷爷”。

冬十月己丑，京湖制置使赵方以金人屡败，必将同时并攻，当先发以制之，乃遣扈再兴、许国、孟宗政帅师六万，分三道伐金，戒之曰：“毋深入，毋攻城，第溃其保甲，毁其城砦，空其赀粮而已。”

十三年（庚辰、一二二〇）春正月丁酉，扈再兴攻邓州，许国攻唐州，皆不克而还。金人追之，遂攻樊城，赵方督诸州拒退之。孟宗政复败金人于湖阳。

八月，安丙遗夏人书，定议夹攻金人，以夏兵野战，我师攻城。遂命利州统制王仕信帅师赴熙、秦、巩、凤翔，委丁焴节制，且传檄招谕陕西五路官吏军民。初，夏人与金连和八十余年，未尝交兵。及为蒙古所攻，求救于金，金人不能出兵，夏人怨之，和好遂绝。

九月辛卯，夏人遣其枢密使宁子宁帅众二十万围巩州，且来趣兵。王仕信帅师发宕昌。是月，安丙命诸将分道进兵，统制质俊、李实发下城，都统制张威出天水，程信出长道，陈立出大散关，田冒出子午谷，陈昱出上津。庚子，质俊等克来远镇，败金人于定边城。辛丑，王仕信克盐川镇。乙巳，会夏人于巩州城下，攻城不克，遂趋秦州。丙辰，夏人自安远砦退师。

冬十月丁巳，程信复邀夏人共攻秦州，夏人不从，遂自伏羌城引兵还，诸将皆罢兵。安丙命信斩王仕信于西和，罢张威官。

十四年（辛巳、一二二一）二月戊辰，金人围光州。己巳，金人犯五关。壬申，金人围黄州，又遣将围汉阳军。

三月丙戌，鄂州副都统扈再兴引兵攻唐州。

金人围黄州急，诏冯榯援蕲、黄，榯迁延不进。黄州守何大节取郡印佩之，誓以死守。一夕，舆兵忽奔告曰："城陷矣！"拥之登车。才出门，而虏兵已集，大节竟自沉于江而死。金人复陷蕲州，知州事李诚之自杀，家属皆赴水死。

癸丑，金兵退，扈再兴邀击于天长，败之。

夏四月戊辰，金人渡淮北去。李全遣兵邀击，又大败之。

冬十月，夏人复乞会师伐金。

十五年（壬午、一二二二）夏四月，金主以朝廷绝岁币，国用以困，乃命元帅左监军讹可行元帅府事，节制三路军马，同佥书枢密院事时全副之，由颍、寿进，渡淮，败官军于高塘市，攻固始县，破庐州将焦思忠兵。既而获生口，言时全之侄青受宋诏，与全兵相拒，全匿其事。五月，讹可引还。距淮二十里，诸军将渡，全矫称密诏，诸军且留，收淮南麦。遂下令，人获三石以给军。众惑之，留三日。讹可谓全曰："今淮水浅狭，可以速济。若值暴涨，宋乘其后，将不得完归矣！"全力拒之。是夕，大雨，明日，淮水暴涨，乃为桥渡军。官军袭之，全兵大败。桥坏，全以轻舟先济，士卒皆覆没，金之兵财由是大竭。金主诏数全罪而诛之。

十七年（甲申、一二二四）三月，金主遣尚书令史李唐英至滁州通好。既而复遣枢密判官移剌蒲阿率兵至光州，榜谕军民，更不南侵。

宋史纪事本末卷八十七

李全之乱

宁宗嘉定四年（辛未、一二一一）十一月，金益都杨安儿兵起。初，益都人杨安国少无赖，以鬻鞍材为业，市人呼为杨鞍儿，遂自名杨安儿。金泰和中南侵，山东无赖往往相聚剽掠，命州县招捕之。安儿时为群盗，亦请降，隶名军中，累官至防御使。及蒙古兵薄中都，金人招铁亢敢战军，得千余人，以唐括合打为都统，安儿副之，以戍边。安儿至鸡鸣山，不进，亡归山东，与张汝楫聚党攻劫州县，杀掠官吏，山东大扰。

七年（甲戌、一二一四）十二月，金潍州李全兵起。全，潍州北海农家子，锐头蜂目，权谲，善下人，弓马趫捷，能运铁枪，人号李铁枪。开禧中，戚拱尝结之以复涟水。金主迁汴，赋敛益横。河北、山东遗民，保砦阻险，群聚为盗，寇掠州郡，皆衣红袖袄以相识，时目为“红袄贼”。全与仲兄福亦聚众数千，钞掠山东，刘庆福、国安用、郑衍德、田四、于洋、于潭等皆附之。

八年（乙亥、一二一五）二月，金仆散安贞败杨安儿于益都。安儿奔登州，刺史耿格纳之。安儿遂僭号，置官属，改元天顺，众数十万。安贞复与山东行省完颜霆、经历黄国等将花帽军，讨败之，歼其众。安儿乘舟入海，走岠嵎山。舟人曲成等击之，安儿坠水死。无子，其妹四娘子狡悍，善骑射，刘全收余党奉之，称曰“姑姑”，众尚万余。掠食至磨旗山，李全以其众附之，杨氏因与私通，遂以为夫。安贞复遣夹谷石里哥破刘二祖，斩之。余党推霍仪为帅，彭义斌、石珪、夏全、时青、裴渊、葛平、杨德广、王显忠附焉。

十年（丁丑、一二一七）秋七月，知楚州应纯之以山东群盗来归，置忠义军。时李全等出没岛屿，宝货山积而不得食，相率食人。会镇江武锋卒沈铎亡命山阳，诱致米商，获利数十倍。应纯之偿以玉货，北人至者辄舍之。铎因说纯之以归铜钱为名，弛渡淮之禁，由是来者莫可遏。初，杨安儿之未败，有意归朝。定远民季先者，大侠刘佑家厮养也，常随佑部纲客山阳，杨安儿见而悦之，处以军职。安儿死，先至山阳，夤缘铎，得见纯之，道山东豪杰愿归正之意。纯之命先为机察，谕意群豪，以铎为武锋副将，与高忠皎各集忠义民兵，分二道伐金。先遂以兵五千人附忠皎，忠皎与合兵攻海州；粮援不继，退屯东海。纯之见北军屡捷，密闻于朝，谓中原可复。时频岁小稔，朝野无事，丞相史弥远鉴开禧之事，不明招纳，密敕纯之慰接之，号忠义军，就听节制，给忠义粮。于是东海马良、高林、宋德珍等万人辐辏涟水，李全等生羡心焉。

十一月，李全及其兄福袭金青、莒州，取之。

十一年（戊寅、一二一八）春正月壬午，李全率众来归，诏以全为京东路总管。

五月，金石州贼冯天羽败死，其党国安用来降，诏以安用同知孟州事。

十二年（己卯、一二一九）九月，以贾涉主管淮东制置司，节制京东、河北军马。初，山东来归者日众，而石珪以计杀沈铎于涟水，应纯之亦罢去，权楚州梁丙无以赡之。季先乞预借两月粮，然后率所部五千，并马良等万人，往密州就食，丙不许。先请速遣李全代领其众，丙亦不从，而以石珪权军务。珪乃夺运粮之舟，渡淮大掠，至楚州南渡门，焚毁几尽，丙遣人谕之，不止。时涉知盱眙军，上书言："忠义之人源源而来，不立定额，自为一军，处之北岸，则安能以有限之财应无穷之需！饥则噬人，饱则用命，其势然也。"朝廷因命涉节制忠义人兵。涉受命，即遣傅翼谕石珪、杨德广以逆顺祸福，珪等乃谢罪。涉虑其人众思乱，因滁、濠之役，分石珪、陈孝忠、夏全为两屯，李全为五砦。又用陕西义勇法涅其手，合诸军汰者三万有奇，涅者不满六万人。正军尝屯七万，使主胜客。朝廷岁省费十三四。至是，分江淮为三司，乃命涉管淮东。

是月，金张林以山东诸郡附李全来归。初，蒙古克益都，不守而去。益都府卒张林与其党复立府归金，以功为治中，凶险不逞。知府田琢在山东，征求过当，失众心。林率其党逐之，琢战败，乃还汴。林遂据益都，山东诸郡皆附之。林欲归附以自固而未决，会李全自齐州还，揣知林意，乃薄兵青州城下，遣人陈说国家威德，劝林早附。林恐全诱己，犹豫未纳。全挺身入城，惟数人从，林乃开门纳之。相见甚欢，谓得所托，置酒结为兄弟。全既得林要领，附表奉青、莒、密、登、莱、潍、淄、滨、棣、宁、海、济南十二郡版籍来归，表辞有云："举七十城之全齐，归三百年之旧主。"诏授林武翼大夫安抚使，兼京东总管。

十二月，李全袭泗州，不克而还。时大雨雪，淮冰合，请于贾涉曰："每恨泗州阻水，今如平地矣，请取东、西城自效！"涉许之。全以长枪三千人从，夜半渡淮，潜向泗之东城，将踏濠冰傅城下，掩金人不备。俄城上获炬数百齐举，遥谓全曰："贼李三，汝欲偷城耶！天黑，故特烛之。"全知有备，乃引兵还。

十三年（庚辰、一二二〇）六月壬午，贾涉诱杀涟水忠义军副都统季先，其下推石珪为帅以拒涉。初，李全自化湖陂之捷，有轻诸将心，以季先威望出己上，阴结贾涉所任吏（吴觊）〔莫凯〕（本卷校改各条，除文下注明者外，均以宋史卷四七六至卷四七七李全传、续纲目为依据，并参照薛鉴），使谮先欲反。涉信之，乃以计命先赴枢密院议事，于道杀之，而遣统制陈选总先众于涟水。先部曲裴渊、宋德珍、孙武正、王义深、张山、张友六人，拒选不纳，而潜迎石珪于盱眙，奉为统帅。珪道楚城，涉不之觉，遂入涟水。选还，涉耻之，谋分珪军为六，请于朝，出修武京东路钤辖印诰各六，授渊等，以分统先众。渊等阳从命，而实不奉涉教令，涉恐甚。诏以珪为涟水忠义军钤辖。

八月，金长清县令严实为主将所疑，挈家壁于（清）〔青〕崖崓（据元史卷一四八严实传、续纲目改。下同），依益都张林以避之。会赵拱以朝命谕京东，过（清）〔青〕崖，实因求内附，贾涉以闻。实亦分兵四出，所至州县皆下，于是太行之东，皆受实节制，实乃举魏、博、恩、德、怀、卫、开、相等郡来归。涉因再遣拱往谕，配以兵二千。李全亦请往，涉不能止，乃帅楚州及盱眙忠义万人以行。拱说全曰："将军提兵渡河，不用而归，非示武也。今乘胜取东平，可乎？"全乃合张林军，得数万，袭东平之城南。金行省蒙古纲帅师固守，全与林夹汶水而砦。明日，金监军王庭玉以骑兵三百奄至。全欣然上马，帅帐前所有骑赴之，杀数人，夺其马，逐北抵山谷；遇金将斡不答盛兵出，旁有绣旗女将，驰枪突斗，全几不免。会诸将赴救，拔全以出，乃退保长清，精锐丧失大半。全恐所携镇江军五百人怀愤，乃使拱先将之以归，而自以余众道沧州，假盐利慰赡之。寻还楚州。

张林攻金沧州，王福以城降。

冬十月，金以时青为济州宣抚使。初，青与叔父全俱为红袄贼，及杨安儿、刘二祖败，青承赦为济州义军万户，后附李全来归，处之龟山，有众数万。至是，金帅府遣人招之，青以书乞假邳州，以屯老幼，当袭取盱眙，尽定淮南，以赎罪，金主乃有是命。未几，青复自金来附，以为京东钤辖。

十二月，涟水忠义军统辖石珪自以入涟水非贾涉本意，心怀不安。李全复请讨珪于涉，涉遂以全所统众列于楚州之南渡门，而移淮阴战舰于淮安，以示珪有备。因命一将招珪军，来者增钱粮，不至者罢支给，众心遂散。珪技穷，乃杀裴渊，而挟孙武正、宋德珍降于蒙古。珪既去，涟水之众未有所属，李全求并将之，涉不能却，遂以付全。

十四年（辛巳、一二二一）春正月，以李全还自山东，赐缗钱六万。时青入泗州西城。二月，金人来救，青败，乃还。

十一月，京（都）〔东〕（据宋史卷四〇宁宗纪、薛鉴改）安抚张林叛降于蒙古。先是，李全既并将涟水忠义，益骄悍轻朝廷。及游金山，作佛事以荐国殇，知镇江府乔行简方舟逆全，大合乐以享之。全归，语其徒曰："江南佳丽无比，须与若等一到。"始造舢艖舟，谋争舟楫之利。胶西当登、宁、海之冲，百货辐辏，全使其兄福守之，为窟宅计。时互市始通，北人犹重南货，价增十倍。全诱商人至山阳，以舟浮其货而中分之，自淮转海，达于胶西，福又具车辇之，而税其半，乃听往诸郡贸易。车夫皆督办于张林，林不能堪。林财计仰六盐场，福恃弟有恩于林，欲分其半，林许福恣取盐而不分场。福怒曰："若悖恩耶？待与都统提军取若头耳！”林惧，其党李马儿说林归蒙古，林遂以京东诸郡降于蒙古将木华黎。福狼狈走还楚州。林犹贻贾涉书，言非己叛，实由李福也。

十五年（壬午、一二二二）二月，李全复泗州。

夏四月，知济南府种赟讨张林，林败走，李全入青州，据之。

十二月，以李全为保宁军节度使、京东路镇抚副使。初，全有战功，史弥远欲加全官，贾涉止之。及加节钺，涉叹曰：“朝廷但知官爵可以得其心，宁知骄则将至于不可劝耶！”

十六年（癸未、一二二三）六月，淮东制置使贾涉以李全骄暴难制，力求还朝，在道卒。初，涉欲制忠义兵，乃以翟朝宗统镇江副司八千人，屯楚州城中；又分帐前忠义万人，命赵邦永、高友统五千屯城西，王晖、于潭统五千屯淮阴。李全轻镇江兵，而忌帐前忠义，乃数称高友等勇，遇出军，必请以自随，涉不许。全每宴麾下，并召涉帐前将校，于是帐前亦愿隶全，然未能合也。及涉卒，丘寿迈摄帅事，全请曰：“忠义乌合，尺籍卤莽，莫若别置新籍，一纳诸朝，一申制阃，一留全所，庶功过有考，请给无弊。”寿迈从之。全乃合帐前忠义与己军尽籍之，而并统其军，寿迈不悟。

八月，李全攻邳州，不克，复还青州。

十二月，以许国为淮东制置使。初，国为淮西都统，奉祠家居，欲倾贾涉而代之，数言李全必反。涉卒，会召国入对，国疏全奸谋益深，反状已著，非有豪杰不能消弭，盖自鬻也。遂易国文阶为淮东安抚制置使，兼知楚州。命下，闻者惊愕。淮东参幕徐晞稷雅意开阃，及闻国用，乃注释国疏以寄全，全不乐。

理宗宝庆元年（乙酉、一二二五）二月，楚州军作乱。初，许国至镇，李全妻杨氏郊迓，国辞不见，杨氏惭而归。国既视事，痛抑北军，有与南军競者，无曲直，偏坐之，犒赏十损八九。全自青州致书于国，国夸于众曰："全仰我养育，我略示威，即奔走不暇矣！"全故留青州，国不能致，乃数致厚馈，邀全还。刘庆福亦使人觇国意向，国左右语觇者曰："制置无害汝等意。"庆福以报全。全集将校曰："我不参制阃，则曲在我。今不计生死，必往。"遂还楚州。上谒，宾赞戒全曰："节使当庭参，制使必免礼。"及庭趋，国端坐纳全拜，不为止。全退，怒曰："全归本朝，拜人多矣，但恨汝非文臣，本与我等。汝向以淮西都统谒贾制帅，亦免汝拜。汝有何勋业，一朝位我上，便不相假借耶？全赤心报朝廷，不反也！"国继设盛会宴全，遗劳加厚，全终不乐。庆福谒国之幕客章梦先，梦先令隔幕貌喏，庆福亦怒。既而全欲往青州，恐国苛留，自计曰："彼所争者拜耳，拜而得志，吾何爱焉。"更折节为礼。因会集间，出札白事，国见其细故，判从之，全即席再拜谢。自是动息必请，得请必拜。国大喜，语家人曰："吾折服此虏矣！"全往青州，国集两淮马步军十三万，大阅楚城外，以挫北人之心。杨氏及军校留者，惧其谋己，内自为备。

后全遣庆福还楚为乱，适湖州潘壬事败，全党益不安。或教杨氏蓄一妄男子，指谓人曰：“此宗室也。”且语僚佐曰：“会令汝为朝士。”潜约盱眙四将为应，盱眙四将不从。于是庆福谋中辍，止欲快意于国。计议官苟梦玉知之，以告国。国曰：“但使反，反即杀我，我岂文儒不知兵者耶！”梦玉惧祸及，求檄往盱眙，复告庆福曰：“制使欲图汝。”两为自结之计。及是，国晨起视事，忽露刃充庭，客骇走。国厉声曰：“不得无礼！”矢已及额，流血被面而走。乱兵悉害其家人，纵火焚官寺，两司积蓄，尽为贼有。亲兵数十人翼国登城楼，缒城走，伏道堂中，宿焉。贼拥通判姚翀入城，犒两军，使归营。是日，庆福首杀梦先以报其辱。明日，国缢于途。事闻，史弥远惧激他变，欲事含忍，徐晞稷尝倅楚守海，得全欢心，乃授晞稷为制置使，令屈意抚全。全〔闻国死〕（并据续纲目、薛鉴补），自青州还楚，佯责庆福不能弹压，致忠义之哄，斩数人，上表待罪。朝廷不问。知扬州赵范得制置〔使〕印于溃卒中，以授晞稷。晞稷至楚，全及门下马，拜庭下，晞稷降等止之，贼众乃悦。晞稷至以“恩府”称全，“恩堂”称杨氏，而手足倒置矣。

五月，李全牒彭义斌于山东，曰：“许国谋反，已伏诛矣。尔军并听我节制！”义斌大骂曰：“逆贼！背国厚恩，擅杀制使，我必报此仇！”乃斩赍牒人，南向告天誓众，见者愤激。于是全自青州攻东平，不克，乃攻恩州。义斌出兵与战，全败走，获其马二千。刘庆福引兵救全，又败。全退保山峒，抽山阳忠义以北。杨氏及刘全皆欲亲赴难，会全遣人求徐晞稷书与义斌连和，乃止。义斌致书沿江制置使赵善湘曰："不诛逆全，恢复不成。但能遣兵扼淮，进据涟、海以蹙之，断其南路，此贼必擒。贼平之后，复一京三府，然后义斌战河北，盱眙诸将、襄阳骑士战河南，神州可复也。"盱眙四总管亦各遣使致书，乞助讨贼。知扬州赵范亦以为言。史弥远令谕范，毋出位专兵，各享安靖之福。范复以书力论之，曰："今上自一人，下（自一人）（据宋史卷四一七赵范传、薛鉴删）至公卿百执事，又下至士民军吏，莫不知祸贼之必反，虽先生之心亦自知其必反也。众人知之则言之，先生知而独不言。不言诚是也，内无卧薪尝胆之志，外无战胜攻取之备，先生隐忍不言而徐思所以制之，此庙谟所以为高也。然以抚定责之晞稷，而以镇守责之范。责晞稷者，函人之事也；责范者，矢人之事也。既责范以惟恐不伤人之事，又禁其为伤人之痛，恶其为伤人之言，何哉？贼见范为备，则必忌而不得以肆其奸，他日必将指范为首祸激变之人，劫朝廷以去范。先生始未之信，左右曰'可'，卿大夫曰'可'，先生必将曰：'是何惜一赵范而不以纾祸哉！'必将缚范以授贼，而范遂为宋晁错。虽然，使以范授贼而果足以纾国祸，范死何害哉！谚曰：'护家之狗，盗贼所恶。'故盗贼见有护家之狗，必将指斥于主人，使先去之，然后肆穿窬之奸而无所忌。然则杀犬固无益于弭盗也。欲望矜怜，别与闲慢差遣。"弥远不听。

六月，彭义斌既克山东，复纳李全降兵，兵势大振，遂围东平。严实潜约蒙古将孛里海，合兵攻之。兵久不至，城中食尽，乃与义斌连和。义斌亦欲借实取河朔而后图之，遂以兄礼事实。时实众尚数千，义斌不之夺，而留所掠实青崖之家属不遣。

秋七月，彭义斌下真定，道西山，与孛里海等军相望。义斌分严实〔以〕（据元史卷一四八严实传、续纲目、薛鉴补）帐下兵，阳助而阴伺之。实知势迫，即赴孛里海军，与之合，遂及义斌战于内黄之五马山，义斌兵溃。史天泽以锐卒略其后，遂擒义斌。说之降，义斌厉声曰："我大宋臣，义岂为他臣属耶！"遂死之。于是京东州县复为实有。

二年（丙戌、一二二六）六月，蒙古围李全于青州。全北剽山东，南仰钱粮，且挟朝廷以疑蒙古。蒙古攻之，全大小百战，终不利，婴城自守。蒙古筑长围，夜布狗砦。全粮援路绝，与兄福谋，福曰："二人俱死，无益也。汝身系南北轻重，我当死守孤城，汝间道南归，提兵赴援，可寻生路。"全曰："数十万勍敌，未易支也。全朝出，城夕陷，〔不如兄归〕。"于是全留青，福还楚。

九月，徐晞稷罢，以刘琸为淮东制置使。朝廷闻李全为蒙古所围，稍欲图之，以晞稷畏懦，谋易帅。刘琸雅意建阃，使镇江副都统彭忯延誉；忯亦垂涎代琸，从臾尤力，故以琸代晞稷，忯代琸知盱眙。

十一月，刘琸至楚州，心知不能制驭盱眙四总管，惟以镇江兵三万自随。夏全请从，琸素畏其狡，不许。彭忯自以资望视琸更浅，曰："琸止夏全，是欲遗患盱眙。琸犹惮夏全，我何能用！”乃激夏全曰：“楚城贼党，不满三千，健将又在山东，刘制使图之，收功在旦夕，太尉何不往赴事会？”夏全忻然，帅兵径入楚城。时青亦自淮阴入屯城内。琸骇惧，势不容却，复就二人谋焉。时传李全已死，李福欲分兵赴青州，琸令夏全盛陈兵楚城，李全之党震恐。李全妻杨氏使人行成于夏全曰：“将军非山东归附耶？狐死兔悲，李氏灭，夏氏宁独存？愿将军垂盼！”全诺。杨氏盛饰出迎，与按行营垒，曰：“人传三哥死，吾一妇人，安能自立！便当事太尉为夫，子女玉帛，干戈仓廪，皆太尉有。望即领此，无多言也。”夏全心动，乃置酒欢甚，饮酣，就寝如归，转仇为好，反与福谋逐琸。遂围楚州治，焚官民舍，杀守藏吏，取货物。时琸精兵尚万人，窘束不能发一令，太息而已。夜半，琸缒城，仅以身免。镇江军与贼战，死者大半，将校多死，器甲钱粟，悉为贼有。琸步至扬州，借兵自卫。夏全既逐琸，暮归李全营，杨氏拒之。全恐杨氏图己，因大掠，趋盱眙，欲为乱。盱眙将张惠、范成进闭城门，夏全不得入，狼狈降金。朝廷闻之，大恐。琸自劾，未几，死。

三年（丁亥、一二二七）春正月，以姚翀为淮东制置使。朝廷以翀尝与李全交欢，故命之。翀朝辞，帝谓曰：“南北皆吾赤子，何分彼此？卿其为朕抚定之！”翀至楚城东，舣舟以治事。间入城，见李全妻杨氏，用徐晞稷故事而礼过之。杨氏许翀入城，翀乃入，寄治僧寺中，极意娱之。

三月，赵范上书史弥远曰：“淮东之事，日异月新。然有淮则有江，无淮则长江以北港汊芦苇之处，敌人皆可潜师以济，江面数千里，何从而防哉！今或谓巽辞厚惠可以啖贼，而不知陷彼款兵之计，或谓敛兵退屯可以缓贼，而不知成彼深入之谋。或欲行清野以婴城，或欲聚乌合而浪战，或以贼辞之乍顺乍逆而为喜惧，或以贼兵之乍进乍退而为宽紧，皆失策也。失策则失淮，失淮则失江，而其失有不胜悔者矣！夫有遏寇之兵，有游击之兵，有讨贼之兵。今宝应之逼山阳，天长之逼盱眙，须各增戍兵万人，遣良将统之，贼来则坚壁以挫其锋，不来则耀武以压其境，而又观衅伺隙，时遣偏师，掩其不备，以示敢战，使虽欲深入而畏吾之捣其虚，此遏寇之兵也。盱眙之寇素无储蓄，金人亦无以养之，不过分兵虏掠而食。当量出精兵，授以勇校，募土豪，出奇设伏以剿杀之，此游击之兵也。维扬、金陵、合肥各聚二三万人，人物必精，将校必勇，器械必利，教阅必熟，纪律必严，赏罚必公，其心术念虑，必人人思亲其上而死其长。信能行此，半年而可以强国，一年而可以讨贼矣。贼既不能深入，虏掠复无所获，而又怀见讨之恐，则必反而求赡于金，金无余力及此，则必怨之怒之，吾于是可以嫁祸于金人矣。或谓扬州不可屯重兵，恐速贼祸。是不然，扬州者，国之北门，一以统淮，一以蔽江，一以守运河，岂可无备哉！善守者，敌不知所攻。今若设宝应、天长二屯以扼其冲，复重二三帅阃以张军势，贼将不知所攻，而敢犯我扬州哉！设使贼不知兵势而犯扬州，是送死矣。”朝廷乃召范禀议，复令知池州。

五月，李全以青州降蒙古。全被围一年，食牛马及人且尽，将自食其军。全欲降，惧众异议，乃焚香南向再拜，欲自经，而使其党郑衍德、田四救己，曰："譬如为衣，有身愁无袖耶！今北归未必非福。"全乃降蒙古。

刘庆福在山阳，自知己为厉阶，怀不自安，欲图李福以赎罪于朝。李福知之，亦谋杀庆福，于是二人互相猜忌，不复相见。一日，李福伪称疾不出，旬余，庆福往候之，李福乃跃起，拔刀伤庆福，庆福走，左右杀之。李福以庆福首纳于姚翀，翀大喜。幕客杜（来）〔耒〕曰："庆福首祸，一世奸雄，今头落措大手耶。"时楚州自夏全之乱，储积无余，纲运不续，贼党籍籍，谓福所致。福畏众口，数见翀促之，翀谢以朝廷拨降未下。六月，福乘众怒，与李全妻杨氏谋，召翀饮。翀至而杨氏不出，就坐宾次，左右散去。福以〔翀〕命召诸幕客，以杨氏命召翀二妾。诸幕客知有变，不得已而往。杜（来）〔耒〕至八字桥，福兵腰斩之。福兵欲害翀，郑衍德救之，得免，去须鬓，缒城夜走，归明州，死。朝廷以淮乱相仍，遣帅必毙，姑欲轻淮而重江，楚州不复建阃，就以其帅杨绍云兼制置，改楚州为淮安军，命通判张国明权守，视之若羁縻州然。

秋七月，张林等归淮安，讨李福，斩之。初，李全之党以赡军钱粮不继，屡有怨言。全将国安用、阎通叹曰："我曹米外日受铜钱二百，楚州物贱，可以乐生。而刘庆福为不善，怨仇相寻，使我曹无所衣食。"时张林、邢德亦在楚，自谓尝受朝廷恩，中遭全间贰，今归于此，岂可不与朝廷立事。王义深尝为全所辱，且谓我本贾帅帐前人，与彭义斌举义不成而归。五人相谓曰："朝廷不降钱粮，为有反者未除耳。"乃共议杀李福及全妻杨氏以献，遂帅众趋杨氏家。福走出，邢德手刃之，相屠者数百人。有郭统制者，杀全次子通及全妾刘氏，妄称杨氏，函其首并福首献于杨绍云。〔绍〕云驰送临安，倾朝皆喜。

八月，檄知盱眙军彭忙及总管张惠、范成进、时青并兵往楚州，使便宜尽戮李全余党。忙轻儇，不为惠等所服，得檄，不敢自决，请制府及朝廷处之。朝议以时青望重，檄青区画。青恐祸及，密遣人报全于青州，迁延不决。惠、成进以朝檄专委青而不及己，乃归盱眙，设宴邀忙，乘其醉缚之，渡淮，以盱眙降于金。

李全得时青报，恸哭，力告蒙古大将求南还。不许，全因断一指以示之，誓还南必叛。蒙古大将乃承制授全山东淮南行省，得专制山东，岁献金币。全遂与蒙古张宣差及通事数人还楚州，服蒙古衣冠，文移纪甲子而无年号。杨绍云闻其至，遂留扬州不还。王义深奔金，国安用杀张林、邢德以自赎，郭统制亦为全所杀。

十二月，金封李全为淮南王，全不受。时全败完颜讹可于龟山故也。

李全诱杀时青，并其众。

绍定三年（庚寅、一二三〇）二月，起复赵范、赵葵，节制镇江、滁州军马。

五月，以李全为彰化保康节度使、京东镇抚使，全不受命。初，全自还楚，即广募人为兵，不限南北。天长民保聚为十六砦，比岁失业，官赈不继，壮者亦皆就募。射阳湖浮居者数万家，家有兵仗，侵掠难制，其豪周安民、谷汝砺、王十五长之，亦蜂结水寨，以观成败。全知东南利舟楫，谋习水战，米商至，悉并舟粜之，留其舵工，以一教十。又遣人泛江湖市桐油黏筏，募南匠，大治舭艍船，自淮口及海相望，时时试舟于射阳湖及海洋。复以粮少为辞，遣海舟自苏州洋入平江、嘉兴〔告籴〕，实欲习海道以觇畿甸。然以山东经理未定，而岁贡蒙古者不可缺，故外恭顺朝廷以就钱粮，因以贸货输蒙古。朝廷亦以全往来山东，得以少宽北顾之忧，遣饷不绝。全因纵游说于朝，复请建阃山阳；又遣使入金；且欲销朝廷兵备，乃遣军士穆椿潜入京师皇城纵火，焚御前军器库，于是先朝兵甲尽丧。全欲先据扬州以渡江，分兵徇通、泰以趋海。其下皆曰："通、泰，盐场在焉，莫若先取为家计，且使朝廷失盐利。"全欲朝廷不为备，且虽反而不敢遽绝其给，乃挟蒙古李宣差、宋宣差以恫疑虚喝，而蒙古实未尝资全兵，其李宣差则青州卖药人也。朝廷虽知其奸，姑事苟安，不之诘。及全籴麦舟过盐城，知扬州翟朝宗嗾尉兵夺之。全怒，以捕盗为名，水陆数万，径捣盐城。戍将陈益、楼强、知县陈遇皆遁，全入城据之。朝（廷）〔宗〕仓皇遣干官王节恳全退师，全不许，留郑祥、董友守盐城，而自提兵还楚州，以状白于朝曰："遣兵捕盗过盐城，县令自弃城遁去。虑军民惊扰，不免入城安众。"朝廷乃授全节钺，令释兵，命制置司干官往谕之。全曰："朝廷待我如小儿，啼则与果。"不受制命。朝廷为罢朝宗，命通判赵（敬）〔璥〕夫摄州事。先是，士大夫无贤愚皆策李全必反而不敢言，国子监丞度正独上疏极言之，且献毙全之策有三。其言骾亮激切，时不能用。至是，赵范、赵葵深以全必反为虑，累疏力言之，史弥远不纳。

冬十月，以赵善湘为江淮制置使。时李全造舟益急，至发冢取粘板，炼铁钱为钉，熬囚脂，捣油灰，列炬继晷，招沿海亡命为水手。又绐赵（敬）〔璥〕夫以蒙古为辞，邀增五千人钱粮，求誓书、铁券。朝廷犹遣饷不绝，全得米，即自转输淮海入盐城，以赡其众。他军士见者曰："朝廷惟恐贼不饱，我曹何力杀贼！"射阳湖人皆怨，至有"养北贼，戕淮民"之语，闻者太息。全又遣人以金牌诱胁周安民等，造浮桥于喻口，以便盐城往来。时史弥远多在告，诸执政又不以为意，独郑清之深忧之，力劝帝讨全。帝乃以赵善湘制置江淮，许便宜从事，然犹有内图进讨，外用调停之说，惟赵范、赵葵兄弟力请进兵讨之。

十二月庚申，李全突至扬州湾头，扬州副都统丁胜拒之，全乃攻城南门。赵（敬）〔璥〕夫得史弥远书，许增万五千名粮，劝全归楚州，即遣刘易就全垒示之。全笑曰："史丞相劝我归，丁都统与我战，非相绐耶！"掷书不受。（敬）〔璥〕夫恐，亟迎赵范于镇江，范亦刻日约葵，葵帅雄胜、宁淮、武定、强勇四军万四千赴之。时全引兵攻泰州，知州宋济迎降。全入坐郡治，尽收其子女货币。将趋扬，闻范、葵已入扬城，乃鞭郑衍德曰："我计先取扬州渡江，尔曹劝我取通、泰，今二赵已入扬州矣，江其可渡耶！"既而曰："今惟有径捣扬州耳。"遂分兵守泰，而悉众攻扬州。至湾头，立砦，据运河之冲，使胡义将先锋（至）〔驻〕平山堂，以俟三城机便。全攻东门，葵亲搏战。全将张友呼城门请葵出，葵出，与全隔濠立马相劳苦，问全来何为。全曰："朝廷动见猜疑，今复绝我粮饷。我非背叛，索钱粮耳。"葵曰："朝廷待汝以忠臣孝子，汝乃反戈，攻陷城邑，朝廷安得不绝汝粮饷！汝云非叛，欺人乎？欺天乎？"全无以对，弯弓抽矢，向葵而去。自是屡战，全兵多败。全每云："我不要淮上州县，渡江浮海，径至苏、杭，孰能当我！"然全志吞扬州三城，而兵每不得傅城下。宗雄武献策曰："城中素无薪，且储蓄为总领所支借殆尽，若筑长围，三城自困。"全乃悉众及驱乡农凡数十万，列砦围三城，制司、总所粮援俱绝。范、葵命三城诸门，各出兵劫砦，举火为期，夜半，纵兵冲击，歼贼甚众。自是全一意长围，以持久困官军，不复薄城。全张盖奏乐于平山堂，布置筑围。范令诸门以轻兵牵制，亲帅将士出堡砦西，攻之。全分兵诸门鏖战，自辰至未，杀伤相当。兵官王青力战，死之。明日，范出师大战，获全粮数十艘。葵亦力战败之。

四年（辛卯、一二三一）春正月壬寅，赵范、赵葵大败李全于扬州。时全浚围城堑，范、葵遣诸将出扬州东门掩击；全走土城，官军蹑之，蹂溺甚众。范陈于西门，贼闭垒不出，葵曰："贼俟我收兵而出耳。"乃伏骑破垣间，收步卒诱之。贼兵数千果趋濠侧，李虎力战，城上矢石如雨注，贼退。有顷，贼别队自东北驰至，范、葵挥步骑夹浮桥、吊桥并出，为三迭阵以待之。自巳至未，与贼大战，别遣虎等以马步五百出贼背，而葵率轻兵横冲之，三道夹击，贼败走。

始，全反谋已成，然多顾忌，且惧其党不顺，而边陲喜事者欲挟全为重，遂赞成之，故全决计反。及赵善湘、赵范、赵葵用事，声罪致讨，罢支钱粮，攻城不得，欲战不利，全始大悔，忽忽不乐。或令左右抱其臂，曰："是我手否?"人皆怪之。

范、葵夜议诘朝所向，葵曰："出东门。"范曰："西出（常）〔尝〕不利，贼必见易，因其所易而图之，必胜。不如出堡塞西门。"全置酒高会于平山堂，有堡塞候卒识全枪垂双拂为号，以告范。范喜，谓葵曰："此贼勇而轻，若果出，必成擒矣!"乃悉精锐数千而西，取官军素为贼所易者，张其旗帜以易之。全望见，喜，谓李、宋二宣差曰："看我扫南军!"官军见贼突斗而前，亦不知其为全也。范麾兵并进，葵亲搏战，诸军争奋，贼始疑非前日军，欲走入土城，李虎军已塞其瓮门。全窘，从数十骑北走。葵率诸将，以制勇、宁淮二军蹙之。全趋新塘，〔新塘〕自决水后，淖深数尺，会久晴，浮战尘如燥壤，全骑过之，皆陷淖中，不能自拔。制勇军追及，奋长枪三十余乱刺之。全呼曰："无杀我，我乃头目。"群卒碎其尸，而分其鞍马、器甲，并杀三十余人，皆将校也。全死，余党欲溃，国安用不从，议推一人为首，莫肯相下，欲还淮安奉全妻杨氏。范、葵追击，大破之，乃散去。范还扬州，捷闻，加赵善湘江淮制置大使，范淮东安抚使，葵淮东提刑。善湘季子汝楳，史弥远婿也，奏请无阻，而善湘亦以范、葵进取有方，慰藉殷勤，故能成功。

五月，赵范、赵葵复帅步骑十万攻盐城，屡败贼众。遂薄淮安城，杀贼万计，焚二千余家，城中哭声震天。淮安五城俱破，斩首数千，烧砦栅万余家。淮北贼归赴援，舟师又剿击，焚其水栅，夷五城余址，贼始惧。王旻、赵必胜、全子才等移砦西门，与贼大战，又破之。全妻杨氏谓郑衍德曰："二十年梨花枪，天下无敌手，今事势已去，撑拄不行。汝等未降者，以我在故尔。"遂绝淮而去。其党即遣冯垍等纳款军门，赵范许之，淮安平。

宋史纪事本末卷八十八

史弥远废立

宁宗庆元四年（戊午、一一九八）八月，京镗等以帝未有嗣，请择宗室子育之。诏育太祖后燕懿王德昭九世孙与愿于宫中，年六岁矣。寻以为福州观察使，赐名曮，封卫国公。

开禧元年（乙丑、一二〇五）五月乙亥，诏立卫国公曮为皇子，进封荣王。

二年（丙寅、一二〇六）五月，诏以宗室子均为沂靖惠王柄嗣，赐名贵和。柄，孝宗孙，魏惠献王恺之子。均之父曰希瞿，太祖九世孙也。

三年（丁卯、一二〇七）十一月丁亥，诏立荣王曮为皇太子，更名帱，又更名询。

嘉定十三年（庚辰、一二二〇）八月癸亥，皇太子询卒，谥曰景献。

十四年（辛巳、一二二一）六月，立沂王嗣子贵和为皇子，更名竑，寻以宗室子贵诚为秉义郎。贵诚初名与莒，燕懿王德昭之后希瓐之子也。母全氏，家于绍兴之山阴。初，庆元余天锡为史弥远府童子师，性谨愿，弥远器重之。弥远在相位久，以帝未有储嗣，而沂王于帝为近属，亦未有后，欲借沂王置后为名，〔阴〕（据续纲目、薛鉴补）择宗室中可立者，以备皇子之选。会天锡告还乡秋试，弥远密语之曰："今沂王无后，宗室子贤厚者，幸具以来。"天锡渡浙，舟抵越西门，会天大雨。过全保长家避雨，保长知其为丞相客，具鸡黍甚肃。须臾有二子侍立，天锡异而问之，保长曰："此吾外甥也，日者尝言二儿后极贵。"问其姓，长曰赵与莒，次曰与芮。天锡因忆弥远言，及还临安，以告之。弥远命召二子来，保长大喜，鬻田治衣冠，集姻党送之，且诧其遇。及见，弥远善相，大奇之，恐事泄不便，遽使复归。保长大惭，其乡人亦窃笑之。逾年，弥远忽谓天锡曰："二子可复来乎？"天锡召之，保长辞谢不遣。弥远乃使天锡密谕保长曰："二子长者最贵，宜还抚于其父家。"遂载至临安。及贵和立为皇子，乃补与莒秉义郎，赐名贵诚，年十七矣。

十五年（壬午、一二二二）夏四月丁巳，进封子竑为济国公，以贵诚为邵州防御使。竑好鼓琴，史弥远买美人善鼓琴者纳诸竑，而厚抚其家，使瞷竑动息。美人知书，慧黠，竑嬖之。时杨皇后专国政，弥远用事久，宰执、侍从、台谏、藩阃皆所引荐，莫敢谁何，权势熏灼。竑心不能平，尝书杨后及弥远之事于几上，曰："弥远当决配八千里。"又尝指宫壁舆地图琼、崖，曰："吾他日得志，置史弥远于此。"又尝呼弥远为"新恩"，以他日非新州则恩州也。弥远闻之，大惧，思以处竑，而竑不知。真德秀时兼宫教，谏竑曰："皇子若能孝于慈母而敬大臣，则天命归之矣，否则深可虑也。"竑不听。一日，弥远为其父浩饭僧净慈寺，与国子学录郑清之登慧日阁，屏人语曰："皇子不堪负荷，闻后沂邸者甚贤，今欲择讲官，君其善训导之。事成，弥远之座即君座也。然言出于弥远之口，入于君之耳，若一语泄，吾与君皆族矣！"清之曰："不敢。"乃以清之兼魏惠宪王府学教授。清之日教贵诚为文，又购高宗御书，俾习焉。清之见弥远，即示以贵诚诗文翰墨，誉之不容口。弥远尝问清之曰："吾闻皇侄之贤已熟，大要究竟何如？"清之曰："其人之贤，更仆不能数，然一言以断之曰，不凡。"弥远颔之再三，策立之意益坚，乃日媒孽竑之失，言于帝，觊帝废竑立贵诚，而帝不悟其意。真德秀闻其事，力辞宫教，去位。

十七年（甲申、一二二四）八月丙戌，帝不豫。史弥远遣郑清之往沂王府，告贵诚以将立之意，贵诚默不应。清之曰："丞相以清之从游久，故使布腹心，今不答一语，则清之将何以答丞相？"贵诚始拱手徐言曰："绍兴老母在。"清之以告弥远，益相与叹其不凡。

壬辰，帝疾笃。弥远称诏以贵诚为皇子，改赐名昀，授武泰军节度使，封成国公。

闰月丁酉，帝崩。弥远遣皇后兄子谷、石，以废立事白后。后不可，曰："皇子竑先帝所立，岂敢擅变！"谷等一夜七往返，后终不许。谷等乃拜泣曰："内外军民皆已归心，苟不立之，祸变必生，则杨氏无噍类矣！"后默然良久，曰："其人安在？"弥远即于禁中遣快行宣昀，令之曰："今所宣是沂（清）〔靖〕惠王（据宋史卷二四六宗室传、续纲目、薛鉴改）府皇子，非万岁巷皇子。苟误，则汝皆处斩！"皇子竑时闻帝崩，跂足以需宣召，久而不至，乃属目墙壁间，见快行过其府而不入，疑焉，已而拥一人径过，天暝不知为谁，甚惑之。昀入宫见后，后拊其背，曰："汝今为吾子矣。"弥远引昀至柩前，举哀毕，然后召竑。竑闻命即赴，至则每过宫门，禁卫拒其从者，弥远亦引竑至柩前，举哀毕，引出帷，殿帅夏震守之。遂召百官立班，听遗制，则引竑至旧班。竑愕然曰："今日之事，我岂当仍在此班？"震绐之曰："未宣制前当在，宣制后乃即位。"竑以为然，已而遥见殿上烛影中有人在御座，则昀已即位矣。宣制毕，阁门宣赞呼百官拜贺，竑不肯拜，震捽其首下拜。遂称遗诏，以竑为开府仪同三司，封济阳郡王，判宁国府。尊杨皇后曰皇太后，垂帘同听政。诏遵孝宗故事，宫中自服三年丧。寻进封竑为济王，出居湖州。

史臣曰：宁宗恭俭守文，初年以旧学辅导之功，召用宿儒，引拔善类，其政可观。中更韩侂胄〔内〕（据宋史卷四〇宁宗纪、续纲目改）蓄（养）群奸，指正为伪，外挑强邻，流毒淮甸，函首求成，国体亏矣。及史弥远擅权，幸帝耄荒，窃弄威福，至于皇储国统，亦得乘机伺间，遂其废立之私，他可知也。

九月，帝追封所生父希瓐为荣王，生母全氏为国夫人，而以弟与芮嗣之。

理宗宝庆元年（乙酉、一二二五）春正月庚午，湖州人潘壬与其从兄甫、弟丙，以史弥远废立，不平，乃遣甫密告谋立济王意于李全。全欲坐致成败，阳与之期日进兵应接，而实无意也。壬等信之，遂部分其众以待。及期，全兵不至，壬等惧事泄，乃以其党杂贩盐盗千人，结束如全军状，扬言自山东来，夜入州城，求济王。王闻变，匿水窦中。壬寻得之，拥至州治，以黄袍加王身。王号泣不从，壬等强之，王不得已，乃与约曰："汝能勿伤太后、官家乎?"众许诺，遂发军资库金帛、会子犒军。知州谢周卿率官属入贺。壬子，伪为李全榜，揭于门，数史弥远废立罪，且曰："今领精兵二十万，水陆并进。"人皆耸动。比明视之，则皆太湖渔人及巡尉兵卒耳。王知事不成，乃遣王元春告于朝，而帅州兵讨壬。壬变姓名走楚州，甫、丙皆死。元春至行在，史弥远惧甚，急召殿司将彭任帅师赴之，至则事平矣。壬至楚，将渡淮，为小校明亮所获，送临安，斩之。弥远忌竑，诈言竑有疾，令（余）〔秦〕天锡（据宋史卷四一理宗纪、又卷二四六宗室传改）召医入湖州视之。天锡至，谕旨，逼竑缢于州治，以疾薨闻。寻诏追贬为巴陵郡公，又降为县公。改湖州为安吉州。

起居郎魏了翁、考功员外郎洪咨夔相继言竑之冤。及礼部侍郎、直学士院真德秀入见，奏曰："三纲五常，扶持宇宙之栋干，奠安生民之柱石。晋废三纲而刘、石之变兴，唐废三纲而安禄山之难作。我朝立国，根本仁义，先正名分。陛下初膺大宝，不幸处人伦之变，有所未尽，流闻四方，所损非浅。霅川之变非济王本志，前有避匿之迹，后闻捕讨之谋，情状本末，灼然可考。愿诏有司讨论雍熙追封秦邸舍罪恤孤故事，斟酌行之。虽济王未有子息，兴灭继绝，在陛下耳！"帝曰："朝廷待济王亦至矣。"德秀曰："若论此事处置甚善，臣未敢以为然。观舜所以处象，则陛下不及舜明甚。人主但当以二帝、三王为师，秦、汉而下，人君举动不皆合理，难以为法。"帝曰："亦是一时仓卒耳。"德秀曰："此已往之咎。惟陛下知有此失，益讲学进德，以赎前愆，以收人心。"

五月，邓若水上封事曰："行大义然后可以弭大谤，收大权然后可以固大位，除大奸然后可以息大难。宁宗皇帝晏驾，济王当继大位者也，废黜不闻于先帝，过失不闻于天下。史弥远不利济王之立，夜矫先帝之命，弃逐济王，并杀皇孙，而奉迎陛下；曾未半年，济王竟不幸死于湖州。揆以春秋之法，非弑乎？非篡乎？非攘夺乎？当悖逆之初，天下皆归罪弥远，而不敢归过于陛下者，何也？天下皆知仓卒之间，非陛下所得知，亦谅陛下必无是心也，亦料陛下必能扫清妖氛，以雪先帝、济王父子终天之愤。今逾年矣，而乾纲不决，威断不行，无以大慰天下之望。昔之信陛下之必无者，今或疑其有；昔之信陛下之不知者，今或疑其知。陛下何忍以青白天日，而以此身受此污辱也？盍亦求明是心于天下，而俾有辞于千古乎！为陛下之计，莫若遵泰伯之至德，伯夷之清名，季子之高节，而后陛下之本心明于天下。此臣所谓行大义以弭大谤，策之上也。当其废立之间，威动天下，既立则眇视人主。是故强臣挟恩以陵上，小人恃强以无上，久则内外相为一体，为上者喑默以听其所为，日朘月削，殆有人臣之所不忍言者。威权一去，人主虽欲固其位，保其身，有不可得。宣缯，弥远之肺腑也；王愈，其耳目也；盛章、李知孝，其鹰犬也；冯榯，其牙爪也。弥远之欲行某事，害某人，则此数人者，相与谋之，曷尝有陛下之意行乎其间哉！臣以为不除此数凶，陛下非惟不足以弭谤，亦未可以必安其位。然则陛下何惮久而不为哉！此臣所以谓收大权以定大位，策之次也。次而不行，又有一焉，曰除大奸然后可以息大难。李全，一流民耳，寓食于我，兵非加多，土地非加广，势非特盛也。贾涉为帅，庸人耳，全不敢妄动，何也？名正而言顺也。自陛下即位，乃敢倔强，何也？彼有辞以用其众也。其意必曰，济王，先皇帝之子也，而弥远放弑之。皇孙，先皇帝之孙也，而弥远戕害之。其辞直，其气壮，是以沿淮数十万之师，而不敢睥睨其锋。虽曰今暂无事，未能必知其不一日羽檄飞驰，以济王为辞，以清君侧之恶为名。弥远之徒死有余罪，不可复惜，宗社生灵何辜焉！陛下今日而诛弥远之徒，则全无辞以用其众矣。上而不得，则思其次；次而不得，则思其下。悲夫！”奏上，弥远以笔横抹之。

秋七月，罢工部尚书陈德刚、金部员外郎洪咨夔，以论济王之冤，忤史弥远故也。

窜大理评事胡梦昱于象州。梦昱上言，济王不当废，引晋太子申生、汉戾太子及秦王廷美之事为证，言甚切直。史弥远讽御史李知孝劾之，故窜。

二年（丙戌、一二二六）八月，追降巴陵郡公竑为县公，从李知孝之请也。

端平元年（甲午、一二三四），诏复故济王竑官爵。太常少卿徐侨尝侍讲，开陈友爱大义。帝悟，乃命复竑官爵，有司检视墓域，以时致祭。时竑妻吴氏自请为尼，特赐号慧静法空大师，绍兴府月给衣资缗钱。

宋史纪事本末卷八十九

金河北山东之没

宁宗嘉定八年（乙亥、一二一五）冬十月，蒙古主驻军鱼儿泺，遣三哥拔都帅万骑，自西夏趋京兆。以攻金潼关不能下，乃由嵩山小路趋汝州，遇山涧，辄以铁枪相锁连接为桥以渡，遂赴汴京。金主急召花帽军于山东。蒙古兵至杏花营，距汴京二十里，花帽军击败之。蒙古兵还至陕州，适河冰合，遂渡而北，金人专守关辅。时蒙古兵所向皆下，金主遣使求和，蒙古〔主〕（据续纲目、薛鉴补）欲许之，谓撒没喝曰："譬如围场中獐鹿，吾已取之矣，独余一兔，盍遂舍之。"撒没喝耻于无功，不从，遣人谓金主曰："若欲议和，以河北、山东未下诸城来献，及去帝号称臣，当封汝为王。"议遂不成。

十二月，蒙古以张鲸总北京十提控兵，从夺忽兰撒里必南征。鲸怀反侧，木华黎觉之，令萧阿先监其军。至平州，鲸称疾逗遛不进，阿先执而杀之。鲸弟致愤其兄被害，乃杀长史，复据锦州，自称瀛王，改元兴隆，掠平、滦、瑞、利、义、懿、广宁等州，下之。木华黎率先锋蒙古不花、权（师）〔帅〕吾也儿等军讨之，州郡皆〔复〕（据续纲目改并补）降蒙古。

是年，蒙古取金城邑，凡八百六十有二。

九年（丙子、一二一六）夏四月，金知平阳府胥鼎闻蒙古兵渡潼关，〔即〕遣必兰阿鲁带、徒单百家帅兵万五千，由便道济河，以趋关、陕，自以精兵援汴京。又遣仆散扫吾出帅兵，会诸将以拒蒙古兵之自关而东者。金主以其忠，拜鼎尚书左丞，〔遣〕（并据续纲目、薛鉴补）还平阳。

冬十月，蒙古兵次嵩、汝间。金御史台言："敌兵逾潼关、崤、渑，深入重地，近抵西郊。彼知京师屯宿重兵，不复叩城索战，但以游骑遮绝道路，而别兵攻击州县，是亦困京师之渐也。若专以城守为事，中都之危又将见于今日，况公私蓄积视中都百不及一，此臣等所以寒心也。愿陛下命陕西兵扼距潼关，与阿里不孙为犄角之势，选在京勇敢之将十数，各付精兵，随宜伺察，且战且守。复谕河北，亦以此待之。"金主以奏付尚书省，平章术虎高琪曰："台官素不习兵，备御方略非所知也。"遂止。高琪以蒙古兵日逼，欲以重兵屯驻汴京以自固，州郡残破不复恤。金主惑之，国势益衰。

十一月，蒙古木华黎以张致兵精，且依险为阻，欲设奇取之，乃遣吾也儿等别攻溜石山堡，且谕之曰：“汝等急攻溜石，贼必遣兵往援，我出其不意，断其归路，可一战擒也。”又令蒙古不花别屯永德县西十里以伺之。致闻溜石被围，以兵救之。蒙古不花遣骑扼其归路，且驰报。木黎华夜半引军疾驰，比曙抵神水，与致遇，而蒙古不花兵亦会，前后夹击，大破之，致遂奔溃，进围锦州。致屡战不利，乃闭门拒守。月余，其监军高益缚致出降，木华黎杀之。

金胥鼎虑蒙古兵扼河，乃檄绛、解、隰、吉、孟五州经略司，相与会师，为夹攻之势。及蒙古自三门、析津北渡，至平阳，鼎遣兵拒战，蒙古兵败去。金人复潼关。

金以苗道润为中都经略使。道润有勇略，敢战斗，前后抚定五十余城，署保定张柔为元帅左监军。

十年（丁丑、一二一七）三月，金主征山东兵接应苗道润，共复中都，而石海方据真定叛，虑为所梗，乃集粘割贞、郭文振及威州刺史武仙所部精锐，与东平为犄角之势，图之。武仙遂率兵斩石海及其党二百余人。金以武仙同知真定府事。

十二月，蒙古主以木华黎有佐命功，拜太师国王，承制行事，赐誓券、金印，分弘吉剌等十军及蕃、汉诸军，并隶麾下，建行省于燕、云，且谓之曰：“太行之北，朕自经略，太行之南，卿其勉之！”木华黎乃自中都南攻遂城及蠡州，皆下之。初，蠡州拒守，力屈乃降，木华黎怒，将屠其城。时州人赵瑨从木华黎为署百户，泣曰：“母与兄在城中，乞以一身赎一城之命！”哀恳切至，木华黎义而许之。遂东击齐，定益都、临淄、登、莱、潍、密等州而去。

十一年（戊寅、一二一八）五月，金将苗道润为其副贾瑀所杀，张柔檄召道润部曲，共讨瑀。会蒙古兵出自紫荆关，柔遇之，遂战于狼牙岭。柔马跌，为蒙古所执，至军前，见主帅明安，立而不跪。左右强之，柔叱曰：“彼帅，我亦帅也。大丈夫死即死，终不偷生为他人屈！”明安壮而释之。蒙古以柔为河北都元帅。

八月，蒙古木华黎围太原，环之数匝，金元帅乌古论德升力拒之。城西北隅坏，德升联车塞之，三却三登，矢石如雨，守陴者不能立。城破，德升至府署，谓其姑及妻曰：“吾守此数年，不幸力穷。”乃自缢而死。行省参政李革守平阳，兵少援绝，城陷。或谓革宜上马突围出，革叹曰：“吾不能保此，何面目见天子，汝辈可去矣！”遂自杀。节度使完颜讹出虎守汾州，元帅右监军纳合蒲剌都守潞州，城破，皆力战而死。

十二年（己卯、一二一九）五月，金筑汴京里城。初，术虎高琪请修南京里城，金主曰：“此役一兴，民滋病矣，〔城〕（据金史卷一〇六术虎高琪传、续纲目补）虽完固，能独安乎？”高琪固请筑之。既而金主虑扰于民，募人能致甓五十万者迁一官，百万升一等。于是平阳判官完颜阿剌、左厢讥察霍定和发蔡京故居，得甓二百万有奇，准格迁赏。金主忽问曰：“人言此役恐不能就。”高琪曰：“苟防城有法，正使兵来，臣等愈得效力。”金主曰：“与其临城，曷若不令至此为善。”高琪无以对。及城成，高琪受金鼎之赏，建碑书功于会朝门。

蒙古使张柔率兵南下，遂克雄、易、保、安诸州，杀贾瑀，进兵次满城。金将武仙会镇、定、深、冀兵数万，攻之。柔全军适出，帐下才数百人。柔命老弱妇女乘城，自率壮士，突出仙军后，毁其攻具，策马杖槊，大呼入围，仙兵皆披靡。柔缘山多张旗帜，声言救至，曳柴扬尘，鼓噪以进，仙兵大溃。柔追击之，尸陈数十里，乘胜攻下完州。复败仙〔将〕（据元史卷一四七张柔传、续纲目、薛鉴补）葛铁枪于新乐，遂南掠深泽、宁晋诸县。由是深、冀以北，镇、定以东，三十余城，望风降附，柔威名震于河朔。

十二月，金杀右丞相术虎高琪。高琪自执政，专固权宠，擅作威福，与平章政事高汝砺相倡和，高琪主机务，汝砺掌利权，附己者用，不附者斥。凡言事忤意，及负才力或与己颉颃者，对金主阳称其才，使干当于河北，阴置之死地。又以己为相不得兼枢密、元帅以揽兵柄，乃与汝砺力劝金主南侵，置河北于意外，凡精兵皆集河南，苟且岁月，不肯辄出一卒以应方面之急。至是，使奴赛不杀其妻，因归罪于赛不而杀之以灭口。事觉，金主久知其奸，遂下高琪于狱，杀之。初，金主将趋汴，欲置乣军于平州，高琪难之。及发中都，金主戒象多厚抚乣军，而象多辄杀〔数〕（据金史卷一〇一抹撚尽忠传、续纲目、薛鉴补）人，且劝金主取其元给器用，故有斫答之难，而中都以亡。金主尝叹曰：“坏天下者，高琪、象多二人也！”

十三年（庚辰、一二二〇）夏四月，金封经略使王福等九人为郡公，分河北、山东地以隶之。初，太原为蒙古所有，河北州县不能自立，金主诏百官议所以为长久之计。徒单镐等言："制兵有三：曰战，曰和，曰守。今欲战则兵力不足，欲和则彼不肯，惟有守耳。河朔州郡既残毁，不可一概守之，宜取愿就迁徙者，屯于河南、陕西；不愿者，许自推其长，保聚险阻。"宣徽使移剌光祖等谓："当募土人威望服众者，假以方面重权，能复一道，即授以本道总管，能捍州郡，即授以长佐，必能各保一方。"宰臣欲置公府，金主意未决。中丞完颜伯嘉曰："宋人以虚名致李全，遂有山东。苟能统众守土，万钟、三公何惜！"金主曰："他日事定，公府无乃多乎？"伯嘉曰："若事定，以三公就节镇，何不可。"金主从之。同时九府，惟武仙号富强。

秋七月，金使乌古论仲端如蒙古求和，呼蒙古主为兄，蒙古主不允。

八月，蒙古木华黎至满城，使蒙古不花将轻骑三千，出倒马关。适金恒山公武仙遣葛铁枪〔攻台州，蒙古不花与之遇，葛铁枪〕（据续纲目、薛鉴补）战败，仙遂举城降。史天倪说木华黎曰："今中原已渐定，而大兵所过，犹纵钞掠，非王者吊民伐罪之意。且王为天下除暴，岂可效他军所为乎！"木华黎善之，即下令禁剽掠，遣所俘老幼，军中肃然。

冬十月，蒙古主遣塔忽报金，谓乌古论仲端曰："向欲汝主授我河朔地，彼此罢兵，汝主不从。今念汝远来，河朔既为我有，关西数城未下者，其割付我，令汝主为河南王，勿复违也。”

十一月，蒙古木华黎入济南，金严实挈所部（三）〔二〕（元史卷一太祖纪、又卷一四八严实传载，严实降元时所有者为彰德、大名二府，毕鉴“作二府六州”。今据改）府六州，户三十万，诣军门降，木华黎承制拜实行尚书省事。实将李信乘实出，杀其家（屡）〔属〕（据元史卷一四八严实传、续纲目、薛鉴改），谋归朝。实攻信，杀之，复取青崖崓，以魏、博等郡归蒙古。时金兵二十万屯黄陵冈，遣步卒二万袭木华黎于济南。木华黎迎战，败之，遂薄黄陵冈。金兵阵河南岸，木华黎令骑下马，短兵接战，金兵大败，溺死者甚众。木华黎遂进陷楚丘，由单州趋东平，围之。

十二月，蒙古木华黎因金兵固守东平不下，乃谓严实曰：“东平粮尽，必弃城去。若然，汝即入城安辑之，勿苦郡县以败事也。”乃留唆鲁忽秃以蒙古兵屯守之，以严实权行省。谓千户撒儿塔曰：“东平破，可命严实、石珪分城内南北以守之。”遂北还。

金易水公靖安民出兵至矾山，取担车寨。会蒙古兵围安民所居山寨，守寨者以安民妻子及老弱出降。安民军中闻之骇乱，众议欲降以保妻子，安民不从，遂为其下所杀。

十四年（辛巳、一二二一）夏四月，金东莒公燕宁与蒙古兵战，败死。

五月，蒙古兵围东平日久，饷道复绝，行省蒙古纲、监军王庭玉不能守，率众南趋邳州。蒙古唆鲁忽秃邀击，斩首七千级，严实遂入城，建行省于府第。撒儿塔以木华黎命，中分其城，以严实抚安东平以北恩、博等州，石珪移治曹州。

冬十月，蒙古木华黎由东胜州涉河，引兵而西；会西夏兵五万，复引而东，入葭州，金将王公佐遁。木华黎以石天应守葭，自将兵攻绥德。

十一月，蒙古木华黎攻延安，金元帅合达与纳合买住御之。合达以兵三万阵于城东，蒙古将蒙古不花以骑士三千趋之。约夜半伏发，木华黎乃命军士衔枚潜进，伏于城东两谷间。明日，蒙古不花望见金兵，佯弃旗鼓走。金兵追之，木华黎出伏乘其后，鼓鼙震天，金兵大乱，木华黎追杀七千余人。合达走入延安城，坚壁不出。木华黎以城坚难猝拔，乃留军围之，而自将兵南侵鄜、坊等州。

十五年（壬午、一二二二）秋七月，金平阳公胡天作降于蒙古。时木华黎徇青龙堡，天作遂降。

冬十月，蒙古木华黎取金河中，所过州县皆下。时金于牛心寨侨治吉州事，木华黎自隰州攻之。知州杨贞令妻孥先坠崖，己从之，皆死。木华黎入寨，留兵守之，且使蒙古不花引游骑出秦、陇，以为声援，及视山川夷险，而自将兵下孟州、晋阳、霍邑等寨。以石天应权行台，平阳、太原、吉、隰等帅并受节制。木华黎遂趋长安，使兀胡乃太不花屯守之。遣安赤将兵断潼关。

是年，蒙古主入西域诸国，进次于忻都国铁门关。侍卫见一兽，鹿形，马尾，绿色而独角，能为人言，谓之曰：

“汝君宜早回!”蒙古主怪之，以问耶律楚材。对曰：“此兽名角端，解四夷语，是恶杀之象。今大军征西已四年，盖上天恶杀，遣之告陛下。愿承天心，宥此数国人命，实无疆之福。”蒙古主遂大掠忻都而还。

十六年（癸未、一二二三）春正月，蒙古木华黎攻凤翔府，昼夜苦战，四十余日不下，将由河中北还。金元帅右都监侯小叔袭河中，破之，杀石天应，焚浮桥而退。木华黎以天应子（幹）〔斡〕可（据续纲目、薛鉴改）代领其众。初，金主命元帅都监阿鲁带守河中，阿鲁带恇怯不能军，竭民膏血，为浚筑之计。及绛州破，阿鲁带惧，驰奏河中孤城不可守。上谓果不可守则弃之，无至资敌。阿鲁带遂弃河中，烧民居、官舍，一二日而尽。寻有言：“河中重镇，国家基本所在，设为敌人所据，则大河之险，我不得专恃矣!”金主命有司复修葺之，终不能成，故随守随陷。

三月，蒙古木华黎自河中帅师还，至解州闻喜县，疾笃，谓弟带孙曰：“我为国家助成大业，干戈垂四十年，无复遗恨，所恨者，汴京未下耳。汝等勉之!”言讫而卒。

是年，金主珣殂，太子守绪立。

宋史纪事本末卷九十

蒙古取汴

理宗宝庆三年（丁亥、一二二七）五月，蒙古遣使责岁币于金。

六月，金使请和于蒙古。

是月，蒙古主灭夏，以夏主晛归。

十二月，蒙古入京兆，关中大震，复以兵破关外诸隘。时金人尽弃河北、山东、关陕，惟并力守河南，保潼关。自洛阳、三门、析津东至邳州之源雀镇，东西二千余里，立四行省，帅精兵二十万以守御之。

蒙古主铁木真殂于六盘山，（按：铁木真卒于是年七月，本文为追叙。）临卒，谓左右曰："金精兵在潼关，南据连山，北限大河，难以遽破。若假道于宋，宋、金世仇，必能许我，则下兵唐、邓，直捣大梁。金急，必征兵潼关。然以数万之众，千里赴援，人马疲弊，虽至弗能战，破之必矣！”言讫而卒。

绍定元年（戊子、一二二八）三月，蒙古兵入大昌原，金平章政事完颜合达以忠孝军提控完颜陈和尚为前锋。陈和尚擐甲上马，以四百骑大败蒙古八千之众，士气皆倍。盖自有蒙古之难，二十年间始有此捷，奏功第一，名震国中，授定远大将军、世袭谋克。忠孝一军，皆回鹘、乃蛮、羌浑及中原被俘避罪来归者，鸷很难制，陈和尚驭之有方，坐作进退，皆中程式，所过州邑，秋毫无犯，每战则先登陷阵，诸军倚以为重。

二年（己丑、一二二九）冬十月，蒙古兵围金庆阳。

三年（庚寅、一二三〇）春正月，蒙古兵入金大昌原，金将移剌蒲阿败之，庆阳围解。

八月，蒙古史天泽攻金武仙于汲。先是，武仙既降蒙古，复杀蒙古将史天倪以叛。天倪弟天泽屡击败之，复真定。仙归金，金复封为恒山公，置府卫州。史天泽合诸军围之，金将完颜合达率众来援，蒙古兵皆北，天泽独以千人绕出仙后，仙走屯胡岭关。

冬十月，蒙古窝阔台帅众入陕西。初，蒙古使斡骨栾至陕西议和，金行省移剌蒲阿、纥石烈牙吾答等惧其泄事机，留之。及蒲阿既解庆阳之围，志意骄满，乃遣斡骨栾还，谓之曰：“我已准备军马，能战则来！”斡骨栾还见蒙古主，白之。蒙古主怒，即与其弟拖雷率众入陕西，翱翔京兆、同、华之间，破诸山砦栅六十余所，遂趋凤翔。金以平章政事完颜合达及移剌蒲阿行省事于阌乡，以备潼关。

四年（辛卯、一二三一）夏四月，蒙古围凤翔府，金行省合达、蒲阿逗遛不进。金主遣枢密判官白华往谕之，合达、蒲阿言："北兵势盛，不可轻进。"白华还，金主复遣谕以凤翔围久，恐守者不能支，可领军出关，略与渭北军人交手，计北军闻之，必当奔赴，少纾凤翔之急。合达、蒲阿乃始出关。行至华阴界，与渭北军交战，比晚，收军入关，不复顾凤翔矣，蒙古遂取凤翔。合达、蒲阿迁京兆民于河南，使完颜庆山奴戍之。

金完颜陈和尚败蒙古将速不台于倒回谷。

五月，金降人李昌国言于蒙古拖雷曰："金迁汴将二十年，其所恃以安者，潼关、黄河耳。若出宝鸡以侵汉中，不一月可达唐、邓，大事集矣。"拖雷然之，白于蒙古主。蒙古主乃会诸将，期以明年正月，合南、北军攻汴。遣拖雷先趋宝鸡；速不罕来假道淮东，以趋河南，且请以兵会之。

秋七月，速不罕至沔州青野原，统制张宣杀之。拖雷闻速不罕死，曰："宋自食言，背弃盟好。今日之事，曲直有归矣！"

八月，蒙古拖雷分骑兵三万入大散关，攻破凤州，径趋华阳，屠洋州，攻武休，开生山，截焦崖，出武休东南，遂围兴元。军民散走，死于沙窝者数十万。分军而西，西军由别路入沔州，取大安军路，开鱼鳖山，撤屋为筏，渡嘉陵江，入关堡，并江趋葭萌，略地至西水县，破城寨百四十而还。东军屯于兴元、洋州之间，以趋饶风关。

九月，蒙古主将兵围河中，急，金完颜庆山奴弃京兆东还。佥枢草火讹可、元帅板子讹可惧军力不足，截故城之半以守。蒙古筑松楼，高二百尺，下瞰城中，土山、地穴，百道并进。昼夜力战，楼橹俱尽，白战又半月，力竭城陷。草火讹可犹亲搏战数十合，始被擒就死。板子讹可以败卒三千夺船走阌乡。初，板子讹可在凤翔，为监战奉御六儿所制，有隙。及改河中总帅，同赴召，六儿遂谮讹可奉旨防秋，畏怯违避，金主信之。至是，怒其不能死节，因杖杀之。两讹可皆内族，一得贼好以草火烧之，一尝误呼宫中牙牌为板子，故时人因以别之。

十一月，蒙古拖雷攻饶风关，入之，由金州而东，将趋汴京，民皆入保城壁险阻以避之。金主召宰执台谏入议，皆曰："北军冒万里之险，历二年之久，方入武休，其劳苦已极。为吾计者，以兵屯睢、郑、昌、武、归德及京畿诸县，以大将守洛阳、潼关、怀、孟等处，严兵备之，京师积粮数百万斛，令河南州郡坚壁清野。彼欲攻不能，欲战不得，师老食尽，不击自归矣。"金主太息曰："南渡二十年，所在之民，破田宅，鬻妻子，以养军士。今敌至不能迎战，徒以自保，京城虽存，何以为国！天下其谓我何？朕思之熟矣，存亡有天命，惟不负吾民可也。"乃诏诸将屯襄、邓。

十二月，合达、蒲阿率诸军入邓州，杨沃衍、陈和尚、武仙兵皆会之，遂出屯顺阳。拖雷将兵渡汉江，合达、蒲阿召诸将议："由光化截江与战，及放之渡而后战，孰是？"张惠、按得木皆曰："截江便。纵之渡则我腹内空虚，必为所溃。"蒲阿曰："使彼在沙碛，且当往求之，况自来乎！"未几，蒙古兵毕渡，合达、蒲阿始进，至禹山，分据地势，列步卒于山前，列骑士于山后。蒙古兵观之，竟不前，阵散如雁翅，转山麓，出金骑兵之后，分三队而来。合达曰："今日之势，未可战也。"俄而蒙古骑兵突前，金兵不得不战。短兵接，三合，蒙古兵少却。其在西者，望蒲阿亲军，环绕甲骑后而突之。金蒲察定住力战，始退。合达曰："彼众号三万，而辎重居其一。今相持二三日，彼不得食，若乘其却而拥之，必胜矣。"蒲阿曰："江路已绝，黄河不冰，彼入重地，将安归乎！何以速为？"遂不逐。明日，蒙古兵忽不见。逻骑还，始知在光化对岸枣林中，昼作食，夜不下马，已而四日，林外不闻音响。合达、蒲阿议入邓州就粮，辰、巳间到林后，蒙古兵忽至，合达、蒲阿迎战。交接之际，蒙古以百骑邀两行省辎重而去。金兵几不成列，逮夜二鼓，合达、蒲阿乃入邓州城；惧军士迷路，鸣钟招之。合达、蒲阿隐其败，以大捷闻，百官表贺，诸相置酒。省中左丞李蹊且喜且泣曰："非今日之捷，生灵之祸，其可胜言哉！"盖以为实然也。于是民保城堡者皆散还乡社，不数日，蒙古游骑突至，多被俘获。

五年（壬辰、一二三二）春正月，金主闻蒙古兵趋汴，召群臣议。尚书令史杨居仁请乘其远至击之。平章白撒不从，而遣麻斤出等部民丁壮万人，开短堤，决河水，以卫京城。命夹谷撒合将步骑三万，巡河渡。起近京诸色军家属五十万口，入京城。蒙古主用西夏人恤可计，自河中由河清县白坡渡河，遣人驰报拖雷，以师来会。夹谷撒合行至封丘而还。蒙古兵奄至，麻斤出等皆死，丁壮得免者仅三百。蒙古主入郑州，遣速不台攻汴。金主召群臣，议所守。有言术虎高琪所筑里城决不可守，外城决不可弃。于是决计守外城，命修楼橹、器具。时京城诸军不满四万，而城周百二十里，不能遍守，故议以迁避之民充军。又召在京军官于上清宫，平日防城得功者，截长补短，假借而用，得百余人。又集京东、西沿河旧屯两都尉，及卫州义军，凡四万，并丁壮二万，分置四面，每面选千名飞虎军，以专救应，然亦不能军矣。金主命翰林学士赵秉文为赦文，改元，布宣悔悟哀痛之意，指事陈义，词情俱尽，闻者莫不感动，洛阳人至于痛哭。

蒙古兵自禹山之战，散漫而北，所过州县，无不降破，遂自唐州以趋汴京。金完颜合达、移剌蒲阿自邓州率步骑十五万赴援，蒙古以骑三千尾之。合达等谋曰："敌兵三千，而我不战，是弱也！"金军至钧州沙河，蒙古兵不战而退。金军方盘营，蒙古兵复来袭。金军不得休息、食饮，且行且战，至黄榆店，距钧州二十五里，雨雪不能进。忽有旨云："两省军（急）〔悉〕（据金史卷一一二移剌蒲阿传、续纲目、薛鉴改并补）赴京师！"合达等遂发。蒙古兵自北渡者毕集，前后以大树塞道，金将杨沃衍夺路得之，金军遂进，次于三峰山，军士有不食至三日者。蒙古兵与河北兵合，四面围之，炽薪燔肉，更迭休息，乘金困惫，乃开钧州路，纵之走，而以生兵〔夹〕（据同上书补）击之。金军遂溃，声如崩山。武仙率三十骑入竹林中，遂走密县。杨沃衍、樊泽、张惠步持大枪，奋战而死。合达知大事已去，欲下马战，而蒲阿已失所在，合达遂与陈和尚等以数百骑走入钧州。蒙古主在郑州，闻拖雷与金相持，遣口温不花、赤马温等赴之，至则金军已溃，于是乃合攻钧州，堑其城〔外〕（据金史卷一一二完颜合达传、续纲目、薛鉴补）。合达匿窟室中，城破，〔蒙古兵〕（据续纲目、薛鉴补）发而杀之，因扬言曰："汝家所恃，惟黄河与合达耳。今合达为我杀，黄河为我有，不降何待！"陈和尚趋避隐处，杀掠稍定乃出，自言曰："我金国大将，欲见白事。"蒙古兵士以数骑夹之，诣拖雷。问其姓名，曰："我忠孝军总领陈和尚也，大昌原、卫州、倒回谷之胜，皆我也。我死乱军中，人将谓我负国家。今日明白死，天下必有知我者！"蒙古兵欲其降，不肯。乃斫足胫，折之，划口吻至耳，噀血而呼，至死不屈。蒙古将有义之者，以马湩酹而祝曰："好男子，他日再生，当令我得之！"蒲阿走，蒙古兵追蹑擒之，械至官山。拖雷欲降之，不从，曰："我金国大臣，惟当金国境内死耳！"遂杀之。金之健将锐卒自是俱尽，不复可为矣。

二月，金闻蒙古入饶风关，遣徒单兀典行省阌乡，以备潼关；徒单百家为关陕总帅，便宜行事。百（官）〔家〕（据金史卷一一六徒单兀典传、续纲目改）驰入陕，榜县镇，迁入大城，粮斛辎重，聚之陕州，近山者入山寨避兵。会阿里合传旨，召兀典援汴，兀典遂与潼关总帅纳合合闰、秦蓝总帅完颜重喜等帅军十一万，骑五千，尽撤秦、蓝诸关之备，从虢入陕，同、华、阌乡一带，军粮数十万斛，备关船二百余艘，皆顺流东下。俄闻蒙古兵近，粮皆不及载，船悉空下，复尽起州民运灵宝、硖石仓粟。会蒙古游骑至，杀掠不可胜计。金守将李平以潼关降于蒙古，蒙古兵遂长驱至陕。兀典发阌乡军士，各以老幼自随，由西南径入大山冰雪中，部将多叛去。蒙古闻之，自卢氏以数百骑追及之。山路积雪，昼日冻释，泥淖及胫，随军妇女弃掷老幼，哀号盈路。行至铁岭，欲战而饥惫，于是重喜先降，蒙古斩之于马前，金兵遂大溃。兀典、合闰从数十骑走山谷间，追骑擒之，皆被杀。

蒙古取金睢州，围归德府。金行省石盏女鲁欢命经历冀禹锡守御，禹锡竭其才智，故得不陷。

金复以完颜赛不为左丞相。赛不先请致仕，至是，蒙古攻汴日急，财匮援绝，金主大惧，平章政事白撒以为势必讲和，和议定则首相当往为质，乃力请金主起复赛不。且括汴京民军二十万，分隶诸帅。

三月，蒙古立炮攻洛阳，洛阳城中惟三峰溃卒三四千及忠孝军百余守御而已。留守撒合辇疽发于背，不能军，遂投濠水死。已而元帅任守贞复立府事。及守贞援汴，河南人共推强伸为府佥事，领所有军二千五百人，甫三日，蒙古军围其三面。伸括衣帛为帜，立之城上，率士卒赤身而战。以壮士数百，往来救应大呼，以“憨子军”为号，其声势与万众无异。兵器已尽，以钱为镞，得蒙古兵一箭，截而为四，以筒鞭发之。又创遏敌炮（按：金史卷一一一强伸传、续纲目、薛鉴及原刻本、张刻本均作“遏炮”），用不过数人，能发大石于百步外，所击无不中。伸奔走四应，所至必捷。蒙古益兵力攻，凡三月余不能拔，乃退。

蒙古主将北还，遣使自郑州至汴，谕金主降，且索翰林学士赵秉文、衍圣公孔元措等二十七家及归顺人家属、移剌蒲阿妻子并绣女、鹰人等。金主乃封荆王守纯子讹可为曹王，命尚书左丞李蹊送之蒙古为质以请和，谏议大夫裴满阿虎带为讲和使。未行，蒙古速不台闻之，曰：“我受命攻城，不知其他也。”乃立攻具，沿濠列木栅，驱汉俘及妇女老弱，负薪草填壕，顷刻平十余步。平章白撒以议和不敢与战，城中喧哄。金主闻之，从六七骑，出端门，至舟桥。时新雨淖，车驾忽出，都人惊愕失措，但跪于道旁，老幼遮拥，至有误触金主衣者。少顷，宰相、从官皆至。进笠，不受，曰：“军中暴露，我何用此！”西南军士五六十辈进曰：“北兵填壕过半，平章传令勿放一镞，恐坏和事，岂有此计耶？”金主曰：“朕以生灵之故，称臣进奉，无不顺从，止有一子，养未长成，今往作质子矣！汝等略忍，待曹王出，鞑靼不退，汝等死战未晚。”是日，曹王行，蒙古兵并力进攻。

金龙德宫造炮石，取艮岳太湖、灵璧假山为之，大小各有斤重，其圆如灯毬之状。蒙古兵用炮则不然，破大硙或碌碡为二三，皆用之，攒竹炮，有至十三（稍）〔梢〕

（金史卷一一三赤盏合喜传、续纲目、薛鉴均作“稍”，应为“梢”字之讹，毕鉴作“梢”，今据改）者，余炮称是。每城一角，置炮百余枚，更迭上下，昼夜不息，数日，石几与里城平。而城上楼橹，皆故宫及芳华、玉溪所（折）〔拆〕（据金史卷一一三赤盏合喜传改）大木为之，合抱之木，随击而碎，以马粪、麦秸布其上，纲索、旃褥固护之，其悬风板之外，皆以牛皮为障。蒙古兵以火炮击之，随即延爇，不可扑救。父老所传周世宗筑京城，取虎牢土为之，坚密如铁，受炮所击，惟凹而已。蒙古兵濠外筑城，围百五十里，城有乳口楼橹，濠深丈许，阔亦如之，约三四十步置一铺，铺置百许人守之。初，白撒命筑门外短墙，委曲狭隘，容二三人得过，以防蒙古兵夺门。及被攻，诸将请乘夜斫营，军乃不能猝出，比出，（又）〔已〕（据金史卷一一三赤盏合喜传、续纲目、薛鉴改）为蒙古所觉。后又募死士千人，穴城，由濠径渡，烧其炮座，城上悬红纸灯为应，约灯起渡濠，又为蒙古所觉。又放纸鸢，置文书其上，至蒙古营则断之，以诱被俘者。识者谓宰相欲以纸鸢、纸灯退敌，难矣。时有火炮名“震天雷”者，用铁罐盛药，以火点之，炮起火发，其声如雷，闻百里外，所爇围半亩以上，火点著铁甲皆透。蒙古又为牛皮洞，直至城下，掘城为龛，间可容人，则城上不可奈何矣。人有献策者，以铁绳悬“震天雷”，顺城而下，至掘处，火发，人与牛皮皆破迸无迹。又有“飞火枪”，注药，以火发之，辄前烧十余步，人亦不敢近。蒙古惟畏此二物。

蒙古攻城十六昼夜，内外死者以百万计。于是金主母明惠皇后陵被发。速不台知不可取，乃为好语曰：“两国已讲和，更相攻耶?”金人因就应之，乃遣户部侍郎杨居仁出宜秋门，以酒炙犒蒙古兵，且以金帛珍异赂之。速不台乃许退兵，散屯河、洛之间。

参政赤盏合喜以守城为己功，欲率百官入贺。参政内族思烈曰：“城下之盟，春秋以为耻，况以罢攻为可贺耶!”合喜怒曰：“社稷不亡，君后免难，汝等不以为喜耶!”乃命赵秉文为表，秉文曰：“春秋新宫灾，三日哭。今园陵如此，酌之以礼，当慰不当贺。”乃已。

金主御端门，肆赦，改元天兴。诏内外官民能完复州郡者，功赏有差。出金帛酒炙，犒饫军士。减御膳，罢冗员，放宫女，上书不得称圣，改圣旨为制旨。释卫绍王族禁锢。汴京解严，步兵始出封丘门外采蔬薪。

五月，金汴京大疫，凡五十日，诸门出柩九十余万，贫不能葬者不在是数。寻以疫后园户、僧道、医师、鬻棺者擅厚利，命有司倍征之以助国用。

秋七月，金飞虎卒申福等杀蒙古行人唐庆等三十余人于馆，金主不问，和议遂绝。

金恒山〔公〕（据续纲目、薛鉴补）武仙等会兵救汴。初，三峰之败，仙走南阳，收溃军得十万人，屯留山。汴京被围，金主诏仙与邓州行省完颜思烈、巩昌总帅完颜忽斜虎合兵入援。仙至密县东，遇蒙古兵，即按军眉山店，报思烈曰：“阻涧结营，待仙至，俱进。”思烈急欲至汴，不听。

金主又命枢密使赤盏合喜帅兵应仙，思烈等至京水，蒙古乘之，不战而溃，仙众亦散走，还留山。合喜屯中牟三日，闻思烈军溃，即夜弃辎重驰还。

八月，金主以和议既绝，惧兵再至，乃复签民兵为守御备，遂括汴京粟，以完颜珠颗等主之，置局，以推举为名。珠颗谕民曰："汝等当从实推举，果如一旦粮尽，令汝妻子作军食，复能吝否！"既而罢括粟，复以进奉取之，且卖官，及令民买进士第。前御史大夫内族合周复觊进用，建言京城括粟尚可得百万石，金主乃命合周为参知政事，与左丞李蹊复括之。合周先令各家自实，壮者存石有三斗，幼者半之，仍书其数门首，敢有匿者，以升斗论罪。京城三十六坊，各选深刻者主之。完颜久住尤酷暴，有寡妇二口，实豆六斗，内有蓬子约三升，久住笑曰："吾得之矣。"执寡妇以令众。妇泣诉曰："妾夫死于兵，姑老不能为养，故杂蓬粃以自食耳，非敢以为军储也。且三升，六斗之余也。"久住不听，竟杖死。闻者股栗，尽弃其余于粪溷中。或白于李蹊，蹊颦蹙曰："白之参政。"及白合周，合周曰："花不损，何由成蜜！且京城危急，今欲存社稷耶？存百姓耶？"众莫敢言。所括不能三万斛，而满城萧然，死者相枕，贫富束手待毙而已，遂至人相食。金主闻之，出太仓米作粥，以食饿者。翰林直学士斜卯爱实叹曰："与其食之，宁如勿夺！"为奉御把奴所告，金主怒，送爱实有司，近侍李大节救免。

十二月，金汴京粮尽援绝，势益危急，召诸臣入议。

或言归德四面皆水，可以自保，或言宜沿西山入邓，或言设欲入邓，蒙古速不台在汝州，不如取陈、蔡路转往邓下。金主未决，乃起判院白华为右司郎中，问之。华言：“归德城虽坚，久而食尽，坐以待毙，决不可往。既汝州有速不台，则邓下亦不可往。计今事势，当直赴汝州，与之一决。汝州战不如半途战，半途战不如出城战，盖我军食力犹在也。若出京益远，军食益减，马食野草，事益难矣。若我军便得战，存亡决此一举，外则可激三军之气，内则可慰都人之心。或止为避迁之计，人心顾恋家业，未必毅然从行。请详审之！”金主不从，而集军士于大庆殿，谕以京城食尽，今拟亲出。诸将佐合辞奏曰：“圣主不可亲出，止可命将。”金主以蒲察官奴为马军帅，高显为步军帅，刘益副之。三人者欲奉命，参政内族讹出曰：“汝辈把锄，不知高下，国家大事，敢易承耶！”众默然。官奴曰：“若将相可了，何至使我辈？”事亦中止。遂以右丞相赛不、平章白撒、右副元帅讹出、左丞相李蹊、元帅左监军徒单百家等帅诸军扈从，参政奴申、枢副兼知开封习捏阿不、里城四面都总领珠颗、外城元帅东面把撒合、南面术甲咬住、西面崔立、北面孛术鲁买奴等留汴。乃发府库及内府器皿、宫人衣物赐将士。民间哄传：“车驾往归德，军士家属留汴，目今食尽，坐视城中俱饿死矣。纵能至归德，军马所费，支吾复得几许日！”金主使赛不宣言曰：“前日巡狩之议，为白华改，今往汝州索战矣。”

金主发汴京，与太后、皇后、妃、主别，大恸。至开阳门，诏谕留守兵士曰："社稷、宗庙在此，汝等壮士，毋以不与进发之数，便谓无功。〔若保守无虞〕（据金史卷一八哀宗纪、续纲目、薛鉴补），将来功赏，岂在战士下！"闻者皆洒泣。是日，巩昌元帅忽斜虎援兵至，言于金主曰："京西三百里之间无井灶，不可往，不如幸秦、巩。"金主决意东行，进次黄陵冈。白撒击蒙古，降其两寨，得河朔降将，金主赦之，授以印符。群臣固请以河朔诸将前导，鼓行入开州，取大名、东平，豪杰当有响应者。温敦昌孙曰："太后、中宫皆在南京，北行万一不如意，圣主孤身，欲何所为？不如先取卫州，还京为便。"白撒曰："京师且不能守，就得卫州，欲何为耶？"金主惑之，遂一意向河朔。蒙古速不台闻金主弃汴，复进围之。

六年（癸巳、一二三三）春正月，金主遣使征粮于归德，总帅石盏女鲁欢送粮千五百石至蒲城东。六军给粮尽，因留船二百，张布为幄，金主遂乘以济河。会大风，后军不克济。蒙古回古乃追击于南岸，金元帅贺都喜力战而死，金兵溺者近千人。金主次于北岸，望之震惧。次于沤麻冈，遣白撒帅师攻卫州，至城下，以御旗招之，城中不应。蒙古闻之，自河南渡河，白撒遂退师。蒙古史天泽以骑兵踵其后，战于白公庙，金师败绩，白撒弃军东遁，元帅刘益、上党公张开皆为民家所杀。金主进次魏楼村，犹欲俟蒙古兵至决战。少顷，白撒至，仓皇言："军已溃，北兵近在堤外，请幸归德。"金主遂与副元帅合里合等六七人夜登舟，潜渡河，走归德。翌日，诸军始闻金主弃师，遂大溃。金主人归德，遣奉御术甲塔失不往汴京，奉迎太后及后妃。诸军怨愤，金主乃暴白撒罪，杀之。初，濒河居民闻金主北渡，筑垣塞户，潜伏洞穴，见蒲察官奴一军号令明肃，所过无丝毫犯，老幼妇女无复畏避。及白撒往卫州，纵军四掠，哭声满野，所过丘墟，一饭之费至数十金，公私皇皇，人始思叛。故卫州坚守，而蒙古之追无来援者，以至于败。

初，汴人以金主亲出师，日听捷报，及闻军败，始大惧。时速不台攻城日急，内外不通，米升至银二两，殍死相望，搢绅士女多行乞于市，至有自食妻子者，诸皮器物皆煮充饥，贵家第宅、市楼肆馆皆撤以爨。及金主遣使至汴奉迎两宫，人情益不安。西面元帅崔立，性淫狡，因民汹汹，潜谋作乱。左司都事元好问谓习捏阿不曰："自车驾出京，今二十日许，又遣使迎两宫，民间皆谓国家欲弃京城，相公何以处之?"习捏阿不曰："吾二人惟有一死耳!"好问曰："死不难，诚能安社稷，救生灵，死可也。不然，徒欲以一身饱五十红衲军，亦谓之死耶?"习捏阿不不答。时两宫已出，至陈留，见城外二三处火起，疑有兵，复驰还汴京。明日，崔立拔剑指完颜奴申及习捏阿不曰："京城危困已极，二公坐视，何也?"二相曰："有事当好议之，何遽如是!"立麾其党，先杀习捏阿不，次杀奴申，及左司郎中纳合德辉等十余人。即谕百姓曰："吾为二相闭门无谋，今杀之，为汝一城生灵请命。"众皆称快。立遂勒兵入宫，集百官，议所立。立曰："卫绍王太子从恪，其妹公主在北兵中，可立之。”乃遣其党韩铎以太后命往召从恪，至，以太后诰命为梁王，监国。百官拜舞。立自为太师、都元帅、尚书令、郑王，弟倚为平章政事，侃为殿前都点检，其党皆拜官。元好问亦为左右司员外郎。遂送款诣速不台军。速不台至青城，立服御衣仪卫往见之。速不台喜，饮之酒，立以父事之。还城，悉烧楼橹，速不台益喜，始信其实降也。立托以军前索随驾官吏家属、军民子女，聚之省中，亲阅之，日乱数人；犹以为不足，乃禁民间嫁娶，有以一女之故至数人死者。未几，迁梁王及宗族近属于宫中，以腹心守之，限其出入。以荆王府为己私第，取内府珍玩充实之。群小附和，请建功德碑，翟奕以尚书省命翰林〔直〕（据续纲目、薛鉴补）学士王若虚为文。若虚私谓好问曰：“今召我作碑，不从则死，作之则名节扫地，不若死之为愈。然我姑以理谕之。”乃谓奕曰：“丞相功德碑当指何事为言？”奕曰：“丞相以京城降，活生灵百万，非功德乎？”若虚曰：“学士代王言，功德碑谓之代王言可乎？且丞相既以城降，则朝官皆出其门，自古岂有门下人为主帅诵功德，而可取信于后世者乎？”奕虽残虐，闻之，不能对而去，事遂得已。

史臣曰：崔立乘时僭窃，大肆淫虐，其为罪不容诛矣！金俘人之主，帝人之臣，百年之后，适启崔立之狂谋，以成青城之烈祸。曾子曰：“戒之！戒之！出乎尔者，反乎尔者也。”岂不信哉！

四月，金崔立以天子衮冕、后服进于速不台，又括在城金银，搜索熏灌，讯掠惨酷。贵族富人不堪其毒，窃相语曰："攻城之后七八日中，诸门出葬者凡百万人。恨不早预其数，而值此也！"立时与其妻入宫，两宫赐之，不可胜计。立因讽太后作书，陈天时人事，遣金主乳母入归德招降。立遂以太后王氏、皇后徒单氏、梁王及荆王守纯诸妃嫔，凡车三十七辆，宗室男女五百余人，衍圣公孔元措，名儒梁陟及三教、医流、工匠、绣女赴青城。速不台杀二王及宗属，而送后妃等于和林，在道艰楚万状，尤甚于徽、钦之时。速不台入汴城，立时在城外，兵先入其家，取其妻妾宝玉以出，立归，大恸而已。

初，蒙古之制，凡攻城不降，矢石一发，则屠之。汴京既陷，速不台遣使言于蒙古主曰："此城相抗日久，士卒多伤，请屠其城！"耶律楚材闻之，驰见蒙古主曰："将士暴露数十年，所争者土地人民耳。得地无民，将焉用之！"蒙古主未许，楚材又曰："凡弓矢、甲仗、金玉等匠及官民富贵之家，皆聚此城，杀之则一无所得，是徒劳也。"乃诏除完颜氏一族外，余皆原免。时避兵在汴者，尚百四十万户，皆得保全。遂为定制。

宋史纪事本末卷九十一

会蒙古兵灭金

理宗绍定五年（壬辰、一二三二）十二月，蒙古遣王檝来京湖，议夹攻金，史嵩之以闻。朝臣皆以为可遂复仇之举，独赵范不喜，曰："宣和海上之盟，厥初甚坚，迄以取祸，不可不鉴。"帝不从，命嵩之报使许之。嵩之乃遣邹伸之往报，蒙古〔许〕（据续纲目、薛鉴补）俟成功，以河南地来归。

六年（癸巳、一二三三）三月，金主在归德，随驾亲军及河北溃军渐集。石盏女鲁欢惧不能给，白于金主，乞遣出城，及就粮于徐、陈、宿三州。金主不得已从之，止留元帅蒲察官奴忠孝马军四百五十人，马用军七百人于城中。诸军既出城，金主召官奴，谓曰："女鲁欢尽散卫兵，卿当小心。"官奴以马用本归德小校，一旦拔起，心常轻之，又以金主时独召用计事而不及己，因谋图用。时蒙古忒木解围亳州，且日遣兵薄归德，民心摇摇。官奴请北渡河，再图恢复，女鲁欢沮之；官奴不悦，乃私与完颜用安谋邀金主幸海州，金主不从。官奴积忿，异志益定。李蹊以闻，金主深忧之，乃谕马军总领纥石烈阿里合、内族习显阴察其动静，阿里合反以金主意告官奴。金主复惧官奴、马用相图，因以为乱，命宰执置酒和解之。马用即撤备。官奴乘隙率众攻用，杀之，遂以卒五十人守行宫，劫朝官，聚于都水毛花辇宅，以兵监之。驱女鲁欢至其家，悉出所有金贝，然后杀之。乃遣都尉马实被甲持刃，劫直长把奴申于金主前。金主掷所握剑于地，谓实曰："为我言于元帅，我左右止有此人，且留侍我!"实乃退。官奴因大杀朝臣李蹊以下凡三百人，军士死者三千人。薄暮，官奴提兵入见，言："女鲁欢反，臣杀之矣。"金主不得已，暴女鲁欢罪，而以官奴权参知政事。

夏四月，金唐、邓行省武仙次于顺阳，与唐州守将武天锡、邓州守将移剌（琼）〔瑗〕（据宋史卷四一二孟珙传、金史卷一一八武仙传、续纲目、薛鉴改。下同）相犄角，谋迎金主入蜀，遂犯光化，其锋甚锐。孟珙逼天锡垒，一鼓拔之，壮士张子良斩天锡首以献，俘将士四百余人。又败金人于吕堰，俘获不可胜计，遂攻顺阳。武仙败走马蹬山，县令李英及申州安抚张林皆以城降。移剌（琼）〔瑗〕孤立而惧，遣使（谋）〔请〕（据续纲目、薛鉴改）降，珙纳之，为易衣冠，以宾礼见，于是降者相继。珙言于史嵩之曰："归附之人，宜因其乡土而使之耕，因其人民而立之长，少壮籍为军，俾自耕自守，才能者分以土地，任以职事，各招其徒，以杀其势。”嵩之从之。

五月，金蒲察官奴袭败蒙古军于亳州。初，卫州白公庙之溃，官奴母为蒙古所获，金主命官奴因其母以计请和。官奴乃密与忒木觮言，欲劫金主以降。忒木觮信之，还其母，因定和计，官奴乃日往来讲议，或乘舟中流会饮。金主又密令官奴以金银牌与来使而拘之，遂定斫营之策。端午日，祭天，军中阴备火枪战具。官奴率忠孝军四百五十人，自南门登舟，由东而北，夜杀守堤逻卒，径至王家寺忒木觮之营。金主御北门，系舟待之，虑不胜则走徐州。四更接战，忠孝军却而复进，官奴以小船分军五七十，出栅外，腹背攻之，持火枪突入蒙古军中。忒木觮不能支，遂大溃，溺死三千五百人。官奴尽焚其栅而还，遂真拜左副元帅、参知政事，命习显总军以守亳州。

金蒲察官奴既败忒木觮，势益暴横，居金主于照碧堂，禁近无一人敢奏对者。金主惟（益）〔日〕（据金史卷一一六蒲察官奴传、续纲目、薛鉴改）悲泣，语近侍云：“自古无不亡之国，不死之君，但恨我不知人，为此奴所困耳！”于是内侍局令宋珪、奉御女奚烈完出、吾古孙爱实等密讨官奴。且闻蔡州城坚池深，兵众粮广，咸劝幸之，以救饥窘。会蔡、息、陈、颍等州便宜总帅乌古论镐运米四百斛至归德，且请临幸，金主意遂决。及官奴自亳州还，金主谕以幸蔡，官奴力陈不可，至于扼腕顿足，意趣叵测，因出号于众曰：

“敢言南迁者斩!”众以官奴为无君，讽金主早为计。金主遂与珪等谋，召宰相议事，而令完出伏于照碧堂门间。官奴进见，完出从后刺其肋，金主亦拔剑（斩）〔斫〕（据同上书改）之，官奴中创，投城下以走，完出、爱实追杀之。忠孝军闻变，皆擐甲，完出请金主亲抚慰之。于是金主御双门，赦忠孝军以安反侧。先是，金主以强伸守中京有功，降诏褒谕，授中京留守。又以参政内族思烈自南山领军十余万入洛，行省事。伸建一堂于洛川驿东，名曰报恩，刻诏文于石，愿以死自效。已而蒙古自汴驱思烈之子于金昌府东门下，诱思烈降，思烈命左右射之。闻崔立之变，病不能语而死。总帅乌林答胡（士）〔土〕（据金史卷一一一本传、续纲目改。下同）代行省事，伸行总帅府事，月余粮尽，军民稍散。蒙古兵复至，陈于洛南，伸陈于水北。蒙古韩元帅匹马立水滨招降，伸跃而射之，韩奔还阵，率步卒数百夺桥。伸旗手一卒独出拒之，杀数人，伸即手解都统银牌与之佩，士卒气复振。初，城四隅至五门内外皆有屏，谓之迷魂墙。蒙古以五百骑迫之，伸率卒二百鼓噪而出，蒙古退走。（朝士）〔胡土〕（据金史卷一一一乌林答胡土传、续纲目改）以蒙古兵强，（多）〔即〕（据续纲目、薛鉴改）以轻骑携妻子出奔蔡州，于是鹰扬都尉献西门以降。伸知城不能守，率死士数十突东门出，转战至偃师，力尽就执。见蒙古帅，语不逊，左右持使北面，伸拗项南（面）〔向〕（据金史卷一一一强伸传、续纲目、薛鉴改），遂杀之。

金主守绪留元帅王璧守归德，遂如蔡州。时久雨，朝士扈从者徒行泥水中，掇青枣为粮，足胫尽肿。明日，至亳州。金主黄衣皂笠、金兔鹘带，以青、黄旗二导前，黄伞拥后，从者二三百人，马五十匹而已。行次城中，父老拜伏道左。金主遣近侍谕以“国家涵养汝等百有余年，今朕无德，令汝涂炭。朕亦无足言者，汝辈无忘祖宗之德可也！”皆呼万岁，泣下。留一日，进次亳南六十里。避雨双沟寺中，蒿艾满目，无一人迹。金主太息曰：“生灵尽矣！”为之一恸。及入蔡，父老罗拜于道，见金主仪卫萧条，莫不感泣，金主亦歔欷。遂以完颜忽斜虎为尚书右丞，总领省院事。乌古论镐为御史大夫，总帅如故。张天纲权参知政事，（孛术鲁）〔完颜〕中娄室（据金史卷一一九本传改。下同。按：大、中、小三娄室，金史本传标目作“完颜娄室”，文内称“三人皆内族也”。卷一八哀宗纪之“孛术鲁娄室”，见汝南遗事三，实为另一人。今各本于中、小娄室均冠以“孛术鲁”，当由此混称而来）佥书枢密院事。忽斜虎有文武才，事无巨细，率亲为之，选士括马，缮治甲兵，未尝一日忘奉金主幸秦、巩之志。近侍久困睢阳，幸即汝阳之安，皆娶妻营业，不愿迁徙，日夕进言西幸不便，金主信之。忽斜虎惟深居燕坐，瞑目太息而已。时蒙古兵去蔡差远，商贩渐集，金主安之，命选室女备后宫，及修建山亭为游息之所。忽斜虎切谏，乃止。忽斜虎定进马迁赏格，得马千余匹。又遣使分诣诸道，选兵诣蔡，得精锐万余，兵威稍振。忠孝军提控李德率十余人，乘马入省大呼，以月粮不优，几于骂詈。忽斜虎缚德，杖之。金主曰：“此军得力，方以倚用，卿何不容忍，责罚乃尔?”对曰：“时方多故，录功隐过自陛下之德，至于将帅之职则不然，小犯则决，大犯则诛，其强兵悍卒，不可使一日不在纪律。〔盖〕（据金史卷一一九完颜仲德传、续纲目、薛鉴补）小人之情，纵则骄，骄则难制。睢阳之祸，岂独官奴之罪，亦有司纵之太过耳。今欲易前辙，不宜爱克厥威。赏必由中，罚则臣任其责。”军士闻之，自无（有）复〔敢〕（据续纲目、薛鉴改）犯法者。是时，从官、近侍皆穷乏，悉取给于乌古论镐，镐不能继，日夕交谮于金主，至以尚食阙供为言，金主遂疏镐。镐忧愤成疾，多不视事。

秋七月，孟珙大败金武仙于马磴山。武仙爱将刘仪诣珙降。珙问仙虚实，仪言：“仙所据九砦，其大砦石穴山，以马磴、沙窝、岵山三砦蔽其前，三砦不破，石穴未可图也。若破离金砦，则岵山、沙窝孤立矣。”珙乃遣兵攻离金，掩杀几尽。是夕，复令壮士捣王子山砦，斩金将首而出，遂围马磴，杀戮山积。还至沙窝西，遇金人，大捷。未几，丁顺复破默侯里砦，于是仙之九砦，六日破其七。珙召仪曰：“此砦既破，板桥、石穴必震，汝能为我招之乎?”仪选妇人三百，伪逃归，怀招安榜以往。珙料仙势穷蹙，必上岵山绝顶窥伺，乃令樊文彬驻军其下。已而仙众果登山，及半，文彬麾旗，伏兵四起，仙众失措，枕藉崖谷，山为之赭，杀其将兀沙惹，擒七百三十人，弃铠甲如山。薄暮，珙进军至小木河。仪言仙谋往商州，依险以守，然老稚不愿北去。珙曰：“进兵不可缓!”夜，漏下十刻，召文彬等授方略，明日攻石穴。丙夜，蓐食启行，晨至石穴。时积雨未霁，文彬患之，珙曰："此雪夜擒吴元济之时。"策马直至石穴，分兵进攻，自寅至巳，遂破石穴。仙走，追及于鲇鱼砦。仙望见，易服而遁。复战于银葫芦山，又败之。仙与五六骑奔，追之，隐不见。降其众七万，珙还襄阳。

八月，蒙古都元帅塔察儿使王（机）〔檝〕（据续纲目、薛鉴改）至襄阳，约攻蔡州。史嵩之先以兵会伐唐州，金将乌古论黑汉战死，城遂降。官军驻于息州之南，降者日众。息州刺史乌古论忽鲁惧，请益兵为备，金主以参知政事抹撚兀典、佥书枢密院（孛术鲁）〔完颜〕中娄室帅忠孝军五百往。将行，金主谕之曰："北兵所以常取胜者，恃北方之马力，就中国之技巧耳，我实难与之敌。至于宋人，何足道哉！朕得甲士三千，纵横江、淮间，有余力矣。"以忽鲁畏缩，命夹谷九住代之。塔察儿，博尔忽之从孙也。

九月，金使完颜阿虎带来乞粮。将行，金主谕之曰："宋人负朕深矣！朕自即位以来，戒饬边将，无犯南界，边臣有请征讨者，未尝不切责之。向得宋一州，随即付与。近淮阴来归，彼多以金币为赎，朕若受财，是货之也，付之全城，秋毫无犯。清口临阵，生获数千人，悉以资粮遣之。今乘我疲敝，据我寿州，诱我邓州，又攻我唐州，彼为谋亦浅矣。蒙古灭国四十，以及西夏；夏亡，及于我；我亡，必及于宋。唇亡齿寒，自然之理。若与我连和，所以为我者，亦为彼也。卿其以此意晓之！"阿虎带至，朝廷不许。

金主拜天于节度使厅，群臣陪从成礼。金主戒谕之，因赐卮酒。酒未竟，逻骑驰奏，敌兵数百突至城下。将士踊跃，咸请一战，金主许之。是日，分兵防守四面及子城。众既出接战，蒙古兵奔溃。塔察儿以数百骑复驻城东，金主遣兵接战，又败之。自是蒙古不复薄城，分筑长垒，围之。

冬十月，史嵩之命孟珙、江海帅师二万，运米三十万石，赴蒙古之约。塔察儿大喜，益修攻具，斫木之声闻于城中，城中益恐，往往窃议投降。金忽斜虎日以国家恩泽、君臣分义循抚其民，且营画御备，未尝入私室，军民感奋，始有固志。南、北两军以攻具薄城，金尽籍民丁防守，民丁不足，复括妇人壮健者，假男子衣冠，运木石，金主亲出抚谕之。金人自东门出战，孟珙遮其归路，得降人，言蔡城中饥，珙曰："已窘矣，当尽死守之，以防突围。"珙与塔察儿约南、北军毋相犯。塔察儿遣张柔帅精兵五千薄城，金人钩二卒以去。柔中流矢如蝟，珙麾先锋救之，挟柔以出。明旦，珙殊死战，进逼柴潭，立栅潭上，命诸将夺柴潭楼。金人来争，诸军鱼贯而上，遂拔柴潭楼。蔡州恃潭为固，外即汝河，潭高于河五六丈，城上金字号楼伏巨弩，相传下有龙，人不敢近。将士疑畏，珙召麾下饮酒，再行，谓曰："柴潭楼非天造地设，伏弩能射远而不能射近。彼所恃，此水耳，决而注之，涸可立待。"遂凿堤，潭果决入汝水。珙命实以薪苇，蒙古亦决练江，于是两军皆济。攻其外城，破之，进逼土门。金人驱其老稚熬为油，号“人油炮”，人不堪其楚；珙遣道士说止之。金总帅孛术鲁（中）娄室（据大金国志卷二六、金史卷一八哀宗纪删）帅精锐五百，夜出西门，人荷束藁，沃油其上，将烧两军寨及炮具。蒙古兵先觉之，伏于隐处，挽强弩百余，火发矢亦发，金兵却走，伤者甚众，娄室仅以身免。两军合攻西城，克之，因堕其城。先是，忽斜虎命筑寨浚濠为备，及西城堕，两军皆未能入，但于城上立栅自蔽。忽斜虎摘三面精锐，日夕战御。

金主谓侍臣曰：“我为金紫十年，太子十年，人主十年，自知无大过恶，死无所恨。所恨者，祖宗传祚百年，至我而绝，与古荒淫暴乱之君，等为亡国，独为此介介耳！”又曰：“亡国之君往往为人囚絷，或为俘献，或辱于阶庭，或闭之空谷。朕必不至于此，卿等观之，朕志决矣！”以御用器皿赏战士。已而微服率兵，夜出东门，谋遁去。及栅，遇敌兵，战而还。杀厩马以犒将士，然其势不可为也。

时金徐州节度使郭野驴约源州叛将麻琮袭破徐州，徐州将士以蔡州被围，又迫于蒙古兵，议出降。完颜赛不弗从，恐被执，乃投河求死，军士援出之，卒自缢〔死〕（据续纲目、薛鉴补）。麻琮遂以州降蒙古。

端平元年（甲午、一二三四）春正月戊申，孟珙同蒙古兵围蔡州。会饮，歌吹声相接，城中饥窘，叹息而已。孟珙见黑气压城上，日无光。降者言城中绝粮已三月，鞍靴败鼓皆縻煮，且听以老弱互食，诸军日以人畜骨和芹泥食之，又往往斩败军全队，拘其肉以食，故欲降者众。珙乃下令，诸军衔枚，分运云梯布城下以议攻。金自被围以来，战没将帅甚多，至是，禁近以及舍人牌印、省部掾属亦皆供役，分守四城。蒙古兵凿西城为五门，整军以入，督军鏖战，及暮乃退，声言来日复集。是夕，金主守绪集百官，传位于东面元帅承麟。承麟者，世祖劾里钵之后，白撒之弟也，拜泣不敢受。金主曰："朕所以付卿者，岂得已哉！以朕肌体肥重，不便鞍马驰突。卿平日趫捷，有将略，万一得免，祚胤不绝，此朕志也！"承麟起，受玺。己酉，承麟即位。时孟珙之师向南门，至金字楼，列云梯，令诸军闻鼓则进。马义先登，赵荣继之，万众竞进，大战城上。乌古论镐及其将帅二百人皆降。金百官称贺礼毕，亟出捍敌，而南城之陴已立宋旗帜。俄顷，四面鼓噪夹攻，声震天地，南门守者弃门走。门洞开，孟珙招江海、塔察儿之师以入。忽斜虎帅精兵一千巷战，不能御。金主守绪知事急，即取宝玉置于幽兰轩，环之以草，命近侍曰："死，便火我！"遂自经死。忽斜虎闻之，谓将士曰："吾君已崩，吾何以战为！吾不能死于乱军之手，吾赴汝水，从吾君矣！诸君其善为计。"言讫，赴水死。将士皆曰："相公能死，吾辈独不能耶！"于是参政孛术鲁（小）娄室、（兀）〔乌〕林答胡土（据金史卷一八哀宗纪、又卷一一九完颜仲德传删）、总帅元志、元帅玉山儿、纥石烈柏寿、乌古论桓端及军士五百余人皆从死焉。承麟退保子城，闻守绪死，帅群臣入哭，因谓众曰："先帝在位十年，勤俭宽仁，图复旧业，有志未就，可哀也已，宜谥曰哀宗。"奠未毕，城已陷。诸将禁近共举火焚之，奉御绛山收其骨，将瘗之汝水上。江海入宫，执参政张天纲，孟珙问金主所在，天纲曰："城危时自经矣。"珙乃与塔察儿分金主骨及宝玉、法物。是日，承麟亦为乱兵所杀。金亡。

金自宣宗之世，为宰相、枢密者往往临事推让，低言缓语，以为养相体。每有四方兵革、灾异，辄以圣主心困，或俟再议，因循苟且，以度时日。及出兵则以近侍监战，临事多所牵制。故师出无功，国乱不闻，以底于亡。

戊辰，史嵩之露布告金亡。以陈、蔡西北地分属蒙古，蒙古以刘福为河南道总管。史嵩之遣郭春按循故壤，诣奉先县，泛扫祖宗诸陵。孟珙还师屯襄阳，江海还师屯信阳，王旻戍随州，王安国守枣阳，蒋成守光化，杨恢守均州，并益兵饬备，经理屯田于唐、邓州。

夏四月，诏遣朱复之诣八陵，相度修奉，荆襄以兵五十护之。未至，西京谍报，敌骑且至，兵不敢进。使者潜偕数骑，星驰而往，行礼而还，其诸陵之无恙与否，皆不可究诘也。

史嵩之遣使以孟珙所获金主完颜守绪遗骨及宝玉、法物，并俘囚张天纲、完颜好海等献于临安。时相方侈大其事，监察御史洪咨夔上言曰："此朽骨耳，函之以葬大理寺可也。第当以金亡告九庙，归诸祖宗德泽。况与大敌为邻，抱虎枕蛟，事变叵测，顾可侈因人之获，使边臣论功，朝臣颂德？且陛下知〔慕〕（据宋史卷四〇六洪咨夔传、薛鉴补）崇政受俘之元祐，独不鉴端门受降之崇宁乎！”上虽颔之，不悉从也。

丙戌，备礼告于太庙，藏金主完颜守绪骨于大理寺狱库，加孟珙带御器械，江海以下论功行赏有差。

知临安府薛琼问张天纲曰：“有何面目到此？”天纲曰：“国之兴亡，何代无之！我金之亡，比汝二帝何如？”琼叱之。明日，奏其语。帝召天纲，问曰：“汝真不畏死耶？”天纲对曰：“大丈夫患死之不中节耳，何畏之有！”因祈死不已，帝不听。初，有司令天纲供状，必欲书金主为虏主。天纲曰：“杀即杀，焉用状为！”有司不能屈，听其所供，天纲但书故主而已，闻者怜之。后莫知其所终。

宋史纪事本末卷九十二

三京之复

理宗端平元年（甲午、一二三四）六月，诏出师收复三京。时赵范、赵葵欲乘时抚定中原，建守河、据关、收复三京之议，朝臣多以为未可，独郑清之力主其说。乃命赵范移（师）〔司〕（据续纲目、薛鉴改）黄州，刻日进兵。范参议官丘岳曰："方兴之敌，新盟而退，气盛锋锐，宁肯捐所得以与人耶！我师若往，彼必突至，非惟进退失据，开衅致兵，必自此始。且千里长驱，以争空城，得之，当勤馈饷，后必悔之！"范不听。史嵩之亦言荆襄方尔饥馑，未可兴师。杜杲复陈守境之利，出师之害。乔行简时在告，上疏曰："八陵有可朝之路，中原有可复之机，以大有为之资，当大有为之会，则事之有成，固可坐而策也。臣不忧师出之无功，而忧事力之不可继，有功而至于不可继，则其忧始深矣。夫自古英君必先治内而后治外。陛下视今日之内治，其已举乎，其未举乎？向未揽权之前，其弊凡几？今既亲政之后，其已更新者凡几？欲用君子则其志未尽伸，欲去小人则其心未尽革。上有厉精更始之意，而士大夫仍苟且不务任责。朝廷有禁苞苴、（禁）〔戒〕贪墨之令而州县仍黩货不知盈厌，欲（加）〔行〕（并据宋史卷四一七乔行简传改）楮令则外郡之新券虽低价而莫售，欲平物价则京师之百货视旧直而不殊，纪纲法度多颓弛而未张，赏刑号令皆玩视而不肃：此皆陛下国内之臣子，犹令之而未从，作之而不用，乃欲阖辟乾坤，混一区宇，制奸雄而折戎狄，其能尽如吾意乎！此臣之所忧者一也。自古帝王欲用其民者，必先得其心以为根本。数十年来，上下皆怀利以相接，而不知有所谓义。民方憾于守令，缓急岂有效死勿去之人？卒不爱其将校，临陈岂有奋勇直前之士？蓄怨含愤，积于平日，见难则避，遇敌则奔，惟利是顾，遑恤其他！人心如此，陛下曾未有以转移固结之，遽欲驱之北向，从事于锋镝，忠义之心，何由而发？况乎境内之民，困于州县之贪刻，厄于势家之兼并，饥寒之氓尝欲乘时而报怨，茶盐之寇尝欲伺间而窃发，萧墙之忧，懔未可保。万一兵兴于外，缀于强敌而不得休，潢池赤子复有如江、闽、东浙之事，其将奈何！夫民至愚而不可忽。内郡武备单弱，民之所素易也。往时江、闽、东浙之寇，皆借边兵以制之。今此曹犹多窜伏山谷，窥伺田里，彼知朝廷方有事于北方，其势不能以相及，宁不动其奸心？此臣之所忧者二也。自古英君规恢进取，必须选将练兵，丰财足食，然后举事。今边面辽阔，出师非止一途，陛下之将足当一面者几人？〔勇而能斗者几人？知而善谋者几人？〕（据宋史卷四一七乔行简传补）非屈指得二三十辈，恐不足以备驱驰。陛下之兵能战者几万？分道而趋京、洛者几万？留屯而守淮、襄者几万？非按籍得二三十万众，恐不足以事进取。借曰帅臣威望素著，以意气招徕，以功赏激劝，推择行伍，即可为将，接纳降附，即可为兵，臣实未知钱粮之所从出也。兴师十万，日费千金；千里馈饷，士有饥色。今之馈运，累日不已，至于累月；累月不已，至于累岁；不知累几千金而后可以供其费也。今百姓多垂罄之室，州县多赤立之帑。大军一动，厥费多端，其将何以给之？今陛下不爱金帛，以应边臣之求，可一而不可再，可再而不可三。再三之后，兵事未已，欲中辍则弃前功，欲勉强则无多力。国既不足，民亦不堪，臣恐北方未可图而南方已骚动矣！中原蹂践之余，所在空旷，纵使东南有米可运，然道里辽远，宁免乏绝？由淮而进，纵有河渠可通，宁无盗贼邀取之患？由襄而进，必须负载，三十钟而致一石，亦恐未必能达。若使顿师千里之外，粮道不继，当是之时，孙、吴为谋主，韩、彭为兵帅，亦恐无以为策！他日粮运不继，进退不能，必劳圣虑。此臣之所忧者三也。愿坚持圣意，定为国论，以绝纷纷之说！”皆不听。

淮西总领吴潜又告执政，论用兵复河南，不可轻易。“金人既灭，与北为邻，法当以和为形，以守为实，以战为应。自荆襄首纳空城，合兵攻蔡，兵事一开，调度浸广，百姓狼狈，死者枕藉，使生灵肝脑涂地，得城不过荆榛之区，获俘不过暧昧之骨，而吾之内地荼毒如此，边臣误国之罪，不待言矣。间有进恢复之画者，其算可谓俊伟。然取之若易，守之实难，征行之具，何所取资？民穷不堪，激而为变，率为盗贼矣。今日之事，岂容轻议！”执政不能从。

诏知庐州全子才合淮西兵万人赴汴。时汴京都尉李伯渊、李琦、李贱奴等为崔立所侮，谋杀之。及闻子才军至，伯渊等以书约降，而阳与立谋备御之策。伯渊烧封丘门以警动立，立殊不安，乃来约立视火。立从苑秀、折希颜等数骑往。既还，伯渊亲送之，仓卒中就马上抱立，立顾曰：“汝欲杀我耶？”伯渊曰：“杀汝何伤！”即出匕首横刺之，立坠马死。伏兵起，元帅三合杀苑秀。折希颜后至，见立坠马，谓与人斗，欲前解之，随为军所杀。伯渊系立尸马尾，至内前，号于众曰：“立杀害劫夺，烝淫暴虐，大逆不道，古今无有，当杀之否？”万口齐应曰：“寸斩之未称也！”乃枭立首，望承天门祭哀宗，军民皆恸，或剖其心啖之。以三尸挂阙前槐树上。

全子才次于汴，赵葵自滁州以淮西兵五万取泗州，由泗趋汴以会之。葵谓子才曰：“我辈始谋据关、守河，今已抵汴半月，不急攻洛阳、潼关，何待耶？”子才以粮饷未集对，葵督促益急，乃檄钤辖范用吉、樊辛、李先、胡显等提兵万三千，命淮西制置司机宜文字徐敏子为监军，先令西上；又命杨谊以庐州强弩军万（三）〔五〕（据续纲目、薛鉴改）千继之，各给五日粮。

秋七月，徐敏子启行，遣和州宁淮军正将张迪以二百人趋洛阳。迪至城下，城中寂然无应者。至晚，有民庶三百余家登城投降，迪与敏子遂帅众入城。蒙古闻之，复引兵南下。

徐敏子入洛之明日，军食已竭，乃采蒿和面作饼而食之。杨谊至洛东三十里，方散坐蓐食，忽数里外有立红黄凉伞者，众方骇异，而蒙古伏兵突起深蒿中。杨谊仓卒无备，师遂大溃，为蒙古拥入洛水者无数，谊仅以身免。是夜，有溃卒奔告于洛曰："杨谊一军已为蒙古大阵冲散，今蒙古兵已据北岸矣！"于是在洛之师皆夺气。

八月，蒙古兵至洛阳城下〔立寨〕（据续纲目、薛鉴补），徐敏子与战，胜负相当。士卒乏粮，因杀马而食，敏子等不能留，乃班师。赵葵、全子才在汴京，以史嵩之不致馈，粮用不继；所复州县，率皆空城，无兵食可因；蒙古兵又决黄河寸金淀之水以灌官军，官军多溺死，遂皆引师南还。

九月壬寅，赵范以入洛之师败绩，上表劾赵葵、全子才轻遣偏师复西京，赵楷、刘子澄参赞失计，师退无律，致后阵丧败。诏："赵葵削一秩，措置河南、京东营田边备；全子才削一秩，措置唐、邓、息州营田边备；刘子澄、赵楷并削秩放罢。"又言杨谊一军之败，皆由徐敏子、范用吉怠于赴援，致不能支。诏："范用吉降武翼郎；徐敏子削秩放罢；杨谊削秩，勒停自效。"

十二月己卯，蒙古遣王檝来责败盟。辛卯，遣邹伸之等报谢。自是河、淮之间无宁日矣。

宋史纪事本末卷九十三

蒙古连兵

理宗端平二年（乙未、一二三五）春正月丙辰，诏孟珙屯黄州。珙留襄阳，招中原精锐之士万五千余，分屯漅北、樊城、新野、唐、邓间，以备蒙古，名镇北军，遂以为襄阳都统制。

六月，蒙古主命子阔端将塔海等侵蜀，忒木斛、张柔等侵汉，口温不花及察罕等侵江、淮。

秋七月，蒙古将口温不花寇唐州。全子才等弃师走，赵范率兵败蒙古于上闸而还。

冬十月，蒙古阔端入蜀，次巩昌，金总帅汪世显降。时金亡，郡县皆降，独世显坚守不下。阔端至，世显率其众，持牛酒迎谒。阔端谓之曰："吾征讨有年，所至皆下，汝独固守，何也？"世显曰："有君在上，卖国市恩之人，谅所不取。”阔端大悦，戒其下秋毫勿犯，俾世显仍旧职，即日令率所部从征。世显遂截嘉陵，进趋大安。

十二月，蒙古阔端入沔州，杀知州事高稼。稼在沔，葺理创残，招集流散，皆襁负归之。及数与蒙古力战，奇功甚多。至是，阔端自凤州入西川，东路之师多败，遂捣〔河池，至〕（据宋史卷四四九忠义传补）西池谷，距沔九十里。吏民议退保大安，稼言于制置使赵彦呐曰：“今日之事，有进无退。若能进据险地，以身捍蜀，敌有后顾，必不深入。若仓皇召兵，退守内地，敌长驱而前，蜀事去矣！”彦呐曰：“吾志也。”已而竟行，留稼守沔。蒙古自白水关入六股株，距沔六十里。沔无城，依山为阻，稼升高鼓噪，盛旗鼓为疑兵。彦呐至（蜀）〔罝〕口（据宋史卷四四九忠义传改），辍帐前总管和彦威以军还沔，召小校杨俊、何璘以兵会，又选精兵千人，命王宣帅以助之。已而蒙古大至，何璘遁，沔州遂陷。众拥稼出户，稼叱之，不能止，敌围杀之。彦呐闻稼死，沔州破，乃进屯青野原，蒙古围之。曹友闻曰：“青野为蜀咽喉，不可缓也！”即往救之，半夜截战，遂解其围。既而蒙古先锋汪世显捣大安，友闻又救之。指麾甫毕，蒙古大军数万突至，友闻迎战，又败之，敌乃退。友闻遂引兵扼仙人关。

三年（丙申、一二三六）春正月，蒙古兵攻洪山，张顺、翁成大等以兵捍御。蒙古将忒木䚟寇江陵，统制李复明奋战死之。

三月，襄阳北军主将王旻等作乱。时制置使赵范在襄阳，以王旻、李伯渊、樊文彬、黄国弼等为腹心，朝夕酣狎，了无上下之序，民讼、边防，一切废弛。既而南、北军交争，范失于抚驭，于是旻、伯渊焚襄阳城郭仓库，相继降于蒙古。时城中官民尚四万七千有奇，财粟在仓库者无虑三（千）〔十〕（据宋史卷四一七赵范传、续纲目、薛鉴改）万，军器二十四库，皆为蒙古所有，金银盐钞不预焉。南军将李虎乘胜劫掠，城中为之一空。襄阳自岳飞收复以来，百三十年，生聚繁庶，城高池深，甲于西陲，一旦灰烬。诏以赵范失于抚御，削三官，仍旧职任。

〔四月〕（据宋史卷四二理宗纪、续纲目、薛鉴补），时师屡为蒙古所败，襄、汉、淮、蜀日急，帝悔前事，命学士吴泳草诏罪己。监察御史王万谓泳曰："兵固失矣，言之甚恐亦不可。今边民生意如发，宜以振厉奋发，兴感人心！"因为条具沿（革）〔边〕（据续纲目、薛鉴改）事宜。泳从其言，草诏进。略曰："数年之间，多难已甚，属仇金之浸灭，而蒙古之与邻。逮合谋成破蔡之功，恐假道有灭虞之势。心之忧矣，脐可噬乎！"又曰："兵民之死战斗，户口之困流离，室庐靡存，骼胔相望。是皆朕明不能烛，德有未孚，上无以格天心，下无以定民志。今方施令发政，以为绥辑之图，补卒搜乘，以严守御之备。想疮痍之溢目，如疾病之在身。"

是月，蒙古陷随、郢州、荆门军。

八月，蒙古陷枣阳军、德安府。

九月壬午，御前诸军统制曹友闻与蒙古战于大安军阳平关，败绩，死之。初，友闻帅师扼仙人关，谍报蒙古合蕃、汉军五十余万〔将〕（据续纲目、薛鉴补）至。友闻谓弟万曰："国家安危，在此一举，众寡不敌，岂容浪战！惟当乘高据险，出奇设伏以待之。"蒙古攻武休关，败都统李显忠军，遂入兴元，欲冲大安军。制置使赵彦呐檄友闻，控制大安以保蜀口。友闻以为不可，彦呐不从。友闻乃遣弟万及友谅引兵上鸡冠隘，多张旗帜，示敌坚守。友闻选精锐万人，夜渡江，密往流溪设伏，约曰："敌至，内以鸣鼓举火为应，外呼杀声。"蒙古兵果至，万出逆战。蒙古八都鲁及达海帅步骑万余人，往来搏战，矢石如雨，万身被〔数〕（据宋史卷四四九忠义传、续纲目、薛鉴补）创，令诸军举烽。友闻分所部为三以御敌，亲帅精兵三千人，疾驰至隘下。先遣统领刘虎，帅敢死士五百冲敌前锋，不动。友闻乃伏三百骑道旁，而令虎衔枚突阵。会大风雨，诸将请曰："雨不止，淖泞深没足，宜候少霁。"友闻叱曰："敌知我伏兵在此，缓必失机。"遂拥兵齐进。西军素以绵裘代铁甲，经雨濡湿，不利步斗。黎明，蒙古以铁骑四面围绕。友闻叹曰："此殆天乎？吾有死而已！"于是血战愈厉，与万俱死，军尽没。蒙古兵遂长驱入蜀，一月之间，成都、利州、潼（州）〔川〕三路俱陷没。（西）〔四〕蜀（并据续纲目、薛鉴改）所存，惟夔州一路及潼川顺庆府而已。

冬十月壬寅，蒙古兵陷固始县。

丙午，蒙古阔端兵离成都，入文州。知州刘锐、通判赵汝曏乘城固守，昼夜搏战。逾月，援兵不至，锐度不免，集其家人，尽饮以药，皆死，乃聚其尸及公私金帛、告命，焚之。家素有礼法，幼子才六岁，饮药时犹下拜受之，左右感动。城破，锐及其二子自刎死。汝鼐被执，脔杀之。军民同死者数万人。

十一月，蒙古口温不花入淮西蕲、舒、光州，守臣皆遁。口温不花合三州人马粮械，趋黄州，游骑自信阳趋合肥。诏淮西史嵩之援光，淮东赵葵援合肥，沿江陈韡过和州，为淮西声援。

蒙古忒木斛攻江陵，史嵩之遣孟珙救之。珙遣张顺先渡，而自以全师（救）〔继〕（据宋史卷四一二孟珙传、续纲目、薛鉴改）之，变易旌旗服色，循环往来，夜则列炬照江，数十里相接。珙又遣赵武等与战，珙亲往节度，遂破蒙古二十四砦，还民二万而归。

蒙古将察罕攻真州，知州丘岳部分严明，守具周悉，蒙古兵薄城辄败。岳乘胜出战于胥浦桥，以强弩射其致师者一人，死之，敌兵少却。岳曰："敌众十倍于我，不可以力胜也。"乃为三伏，设炮石，待之于西城。敌至，伏起，炮发，杀其骁将，敌众大扰。岳选勇士袭敌营，焚其庐帐。越二日，皆引去。

嘉熙元年（丁酉、一二三七）冬十月，蒙古口温不花攻黄州，孟珙率师救却之。遂攻安丰，杜杲缮完守御。蒙古以火炮焚楼橹，杲随陷随补完。蒙古令"拔都鲁"斫牌杈木。"拔都鲁"者，皆死囚为之，攻城以自赎。杲募善射者，用小箭射其目，"拔都鲁"多伤而退。蒙古填壕为二十七坝，杲分兵扼坝。蒙古乘风纵火，俄而风雪骤作，杲募壮士夺坝路，士皆奋跃死战。会池州都统制吕文德突围入城，合力捍御，蒙古引去，淮右以安。文德，安丰人，魁梧勇悍。尝鬻薪城中，赵葵见其遗履长尺有咫，异而访之，值文德出猎，暮负虎、鹿各一而归。召置帐下，遂累功劳，超擢军职。

二年（戊戌、一二三八）春正月己未，诏史嵩之、赵葵，"援黄州、安丰，其立功将士等第，亟具名以闻"。

二月，蒙古再遣王檝来求岁币银、绢各二十万。佥书枢密李宗勉言："轻诺者多后患，当守元约可也。然比之开禧时，物价腾踊，奚啻倍蓰矣。"史嵩之开督府，力主和议。宗勉言："使者可疑者三。嵩之职在督战，如收复襄、光，控扼施、澧，招集山砦，保固江流，皆今所当为。若所主在和，则凡有机会可乘，不无退缩之意，必至虚捐岁月，坐失事功。"

三月己丑，命将作监周次说为蒙古通好使。

九月，蒙古察罕帅兵号八十万，围庐州，期破庐后，造舟巢湖，以窥江左。于壕外筑土城六十里，穿两濠，攻具皆数倍于攻安丰时。杜杲极力守御。蒙古筑坝高于城楼，杲以油灌草，即坝下焚之，皆为煨烬。又于串楼内立雁翅七层，俄炮中坝上，众惊。杲乘胜出战，蒙古败走，杲追蹑数十里。又练舟师，扼淮河，遣其子庶监吕文德、聂斌，伏精锐于要害。蒙古不能进，遂引而北归。诏加杲淮西制置使。

冬十月，以孟珙为（荆）〔京〕湖（据续纲目、薛鉴改）制置使。诏珙收复京、襄。珙谓必得郢，然后可以通馈饷；得荆门，然后可以出奇兵。及至岳州，檄江陵节制司捣襄、郢，召诸将指授方略，发兵深入，遂复郢州、荆门军。

三年（己亥、一二三九）三月，孟珙遣兵及蒙古战，三战皆捷，遂复信阳、光化军、樊城、襄阳，因上疏曰："取襄不难，而守为难。非将士不勇也，非车马器械不精也，实在乎事力之不给耳。襄阳为朝廷根本，今百战而得之，当加经理，如护元气，非甲兵十万，不足分守。与其抽兵于敌来之后，孰若保此全胜！上兵伐谋，此不争之争也。"乃以蔡、息降人置忠卫军，襄、郢降人置先锋军。

八月，蒙古塔海将兵入蜀，制置使丁黼闻之，先遣妻子南归，自誓死守。至是，塔海自新井入，诈竖宋将旗。黼以为溃卒，以旗榜招之，既审知其非，领兵夜出城南迎战而死。蒙古遂取汉、邛、简、眉、蓬州、遂宁、重庆、顺庆府，寻引还。黼帅蜀，为政宽大，蜀人思之。

十二月，孟珙谍知蒙古塔海等帅众号八十万南侵，策其必道施、黔以透湖、湘，乃请粟十万石以给军饷，以三千人屯峡州，千人屯归州，命弟瑛以精兵五千驻松滋，为夔声援，增兵守归州隘口万户谷。及蒙古至，珙密遣将御之，又以千人屯施州。蒙古既入蜀，珙增置营砦，分布战舰，遣兵间道抵均州防遏，且设策备御。未几，蒙古渡万州湖滩，施、夔震动。珙兄璟时知峡州，帅兵迎拒于归州大垭砦，得捷于巴东，遂复夔州。

四年（庚子、一二四〇）春正月，蒙古张柔等分道入寇。

二月癸丑，以孟珙为四川宣抚使，珙遂兴屯田，条具上流事宜。会谍知蒙古于襄、樊、信阳、随州招集军民布种，积船材于邓之顺阳，乃分兵挠其势，潜兵烧所积船材。又度其必因粮于蔡，遣兵火其积聚。遂拜四川安抚使，知夔州，节制归、峡、鼎、澧军马。珙至镇，招集散民为宁武军，以降人回鹘爱里八都鲁为飞鹘军。厘蜀政之弊，为条，班诸郡县。且曰："不择险要立砦栅则难责兵以卫民，不集流离安耕种则难责民以养兵。"乃立赏罚以课殿最，俾诸司奉行之。寻兼夔州路制置屯田，调夫筑堰，募农给种，首秭归，尾汉口，为屯二十，为顷十八万八千二百八十。以李庭芝权施州建始县，庭芝训农治兵，选壮士杂官军教之。期年，民皆知战守，善驰逐，无事则植戈而耕，敌至则悉出而战。珙下其法于所部，行之。

夏四月，蒙古复使王檝来。檝前后凡五至，以和议未决，隐忧致疾卒。遣使归其柩于蒙古。

淳祐元年（辛丑、一二四一）十一月，蒙古塔海部汪世显等复入蜀，进围成都。制置使陈隆之固守弥月，誓与城存亡。部将田世显潜送款于蒙古，乘夜开门，北兵突入，隆之举家数百口皆死。槛送隆之至汉州，命谕守臣王夔降，隆之大呼曰："大丈夫死尔，勿降也！"遂见杀。汉州兵三千出战，城闭，尽为蒙古所屠。

十二月，蒙古月里麻思来议和，从行者七十余人。月里麻思曰："吾与汝等奉命南下，楚人多诈，当誓死，毋辱吾君！”已而驰抵淮上，守将以兵胁之曰：“尔命在我，生死顷刻间耳！若能降，官爵可立致。不然，必不尔贷！”月里麻思曰：“吾持节南来，以通国好，反诱我以不义，有死而已！”守将知其不可逼，乃囚之长沙飞虎寨。

二年（壬寅、一二四二）二月，蒙古也可那颜、耶律朱哥自京兆取道商、房，以趋三川，遂攻泸州。孟珙遣一军屯江陵及郢州，一军屯沙市，一军自江陵出襄，与诸军会，又遣一军屯涪州，且下令应出戍主兵官不许失弃寸土。权开州梁栋以乏粮还司，珙曰：“是弃城也！”斩以徇。由是诸将禀命惟谨。

冬十月，蒙古陷通州，屠其民，守将杜霆弃城遁。

十二月，蒙古兵攻叙州，都统杨大全战死。

三年（癸卯、一二四三）春正月，蒙古张柔分兵屯田于襄城。

秋七月，蒙古兵破大安军，忠义副总管杨世安守鱼孔隘，力战却之。诏以世安就知大安军。

四年（甲辰、一二四四）五月，蒙古兵围寿春，吕文德率诸军御之。

六月，以吕文德为淮西招抚使。未几，文德败蒙古兵于五河，复其城。

十二月，以孟珙兼知江陵府。珙至江陵，登城，叹曰：“江陵所恃三海，不知沮洳有变为桑田者，敌一鸣鞭，即至城外！”盖自城以东，古岭、先锋直至三汊，无有限隔。乃修复内隘十有一，别作十隘于外，有距城数十里者。沮、漳之水，旧自城西入江，因障而东之，俾绕城北，入于汉，而三海遂通为一。随其高下，为匽畜泄，三百里间，渺然巨浸。土木之工百（千）〔七十〕（据宋史卷四一二孟珙传、续纲目、薛鉴改）万，民不知役。因绘图上之。

五年（乙巳、一二四五）五月，诏沿江、湖南、江西、湖广、两浙制帅、漕司，共造轻捷战船，置游击军壮士，分备捍御。

七月，蒙古察罕会张柔掠淮西，至扬州而去。

六年（丙午、一二四六）十一月，蒙古兵寇荆湖、江淮之境，攻拔虎头关，遂至黄州。

宋史纪事本末卷九十四

余玠守蜀

理宗淳祐三年（癸卯、一二四三）二月，以余玠为兵部侍郎四川制置使。玠，家贫，落魄无行，喜功名，好大言。尝作长短句，谒淮东制置使赵葵。葵壮之，留置幕府，俾帅舟师，泝淮，入河，抵汴，所向有功，累推淮东制置副使。入对，言："方今世胄之彦，场屋之士，田里之豪，一或即戎，即指之为粗人，斥之为（侩）〔哙〕（据宋史卷四一六余玠传、续纲目改）伍。愿陛下视文、武之士为一，勿令偏有所重。偏则必至于激，文、武交激，非国之福。"帝曰："卿人物议论，皆不寻常，可独当一面。"乃授四川宣谕使。至是，加制置使，知重庆府。

蜀中财赋，入户部、三司者五百余万缗，入四总领所者二千五百余万缗，金银绫锦之类不预焉。自宝庆三年失关外，端平二年蜀地残破，所存州郡无几，国用益窘。至是十六年间，凡授宣抚使者三人，制置使者九人，副使四人，或老或暂，或庸或贪，或惨或缪，或遥领而不至，或开隙而各谋，终无成绩。于是两川无复纪律，监司、戎帅各专号令，擅辟守宰，荡无纪纲。玠至，筑招贤馆于府左，供张一如帅所居。下令曰："集众思，广忠益，诸葛孔明所以用蜀也。士欲有谋以告我者，近则径诣公府，远则自言于所在州郡，以礼遣之，高爵重赏，朝廷不吝以报功。豪杰之士，趋期立事，今其时矣！"士之至者，玠不厌礼接，咸得其欢心。言有可用，随才而任；苟不可用，亦厚遗谢之。播州冉（琏）〔琎〕（据宋史卷四一六余玠传、续纲目、薛鉴改。下同）冉璞兄弟，有文武才，隐居蛮中，前后阃帅辟召，皆不至。闻玠贤，兄弟相率诣谒。玠宾礼之，馆谷加厚。居数月，无所言，玠乃更辟别馆以处之，且常使人窥其所为。兄弟终日不言，惟对踞，以垩画地为山川、城池之形，起则漫去。如是又旬余，请见玠，屏人曰："为今日西蜀之计，其在徙合州城乎！"玠不觉跃起曰："此玠志也，但未得其所耳！"曰："蜀口形胜之地莫若钓鱼山，请徙诸此。若任得其人，积粟以守之，胜于十万师远矣，巴、蜀不足守也！"玠大喜，遂不谋于众，密以其谋闻于朝，请不次官之。诏以（琏）〔琎〕为承事郎，权发遣合州，璞为承务郎，权通判州事，徙城之事，悉以任之。命下，一府皆喧然同辞以为不可。玠怒曰："城成则蜀赖以安；不成，玠独坐之，诸君无预也。"卒筑青居、大获、钓鱼、云顶、天生……凡十余城，皆因山为垒，棋布星分，为诸郡治所。又移金戎于大获，以护蜀口；移沔戎于青居；兴戎先驻合州旧城，移守钓鱼，共守内水；移利戎于云顶，以备外水。于是如臂使指，气势联络，屯兵聚粮，为必守计，民始有安土之心。

十年（庚戌、一二五〇）冬十月，余玠出师捣兴元，不克。玠慷慨自许，有“挈故地，还天子”之语，数年之间，建城堡，筑关隘，增屯堡，边警稍息。于是一意出师，率诸将巡边，直捣兴元，遇蒙古将汪德臣、郑鼎，大战而还。

十二年（壬子、一二五二）二月，蒙古将汪德臣城沔州。未几，又城利州。自是蒙古且耕且战，蜀土遂不可复。

冬十月，蒙古汪德臣将兵掠成都，薄嘉定，四川大震。余玠率诸将俞兴、元用等，夜开关力战，始解去。

宝祐元年（癸丑、一二五三）五月甲午，召余玠还。

六月庚申，以余晦为四川宣谕使，代余玠。初，利州都统王夔素残悍，号“王夜叉”，恃功骄恣，桀骜不受节度，所至劫掠，蜀人苦之。初，玠帅蜀，至嘉定，夔率所部迎谒，才羸弱二百人。玠曰：“久闻都统兵精，今疲弊若此，殊不称所望。”夔对曰：“夔兵非不精，所以不敢即见者，恐惊从人耳。”顷之，班声如雷，江水为沸，旗帜精明，舟中皆战掉失色，而玠自若也，徐命吏班赏有差。夔退，谓人曰：“儒者中乃有此人！”玠久欲诛夔，独患其握重兵居外，恐轻动危蜀，谋于亲将杨成，成曰：“今纵弗诛，养成其势，后一举足，西蜀危矣。夔在蜀虽久，有威名，孰与吴氏？吴氏当中兴危难之时，能百战以保蜀，传之四世，恩威益张。一日曦为叛逆，诸将诛之，如取孤豚。况夔无吴氏之功，而有曦之逆心，恃豨突之勇，敢慢法度，纵兵残民，奴视同列，非有吴氏得人之固也。今诛之，一夫力耳。待其发而取之，难矣！”玠意遂决。夜召夔计事，潜以成代领其众。夔才离营，而新将已单骑入矣。将士皆错愕相顾，不知所为，成以帅指譬晓之，遂相率下拜。夔至，玠斩之，乃荐成为文州刺史。会戎州帅欲举统制姚世安为代，玠素欲革军中举代之弊，以三千骑至云顶山下，遣将代世安，世安闭关不纳。而世安素结丞相谢方叔子侄，至是，求援于方叔。方叔遂倡言，玠失利戎之心，非我调停，且朝夕有变。又阴嗾世安密求玠之短，陈于帝前。帝惑之，于是世安乃与玠抗，玠郁郁不乐。玠专制四蜀，凡有奏疏，词气不谨，帝不能平。会徐清叟入对，语及玠，因言：“玠不知事君之礼，陛下何不出其不意而召之？”帝不答。清叟曰：“陛下岂以玠握大兵，召之或不至邪？臣度玠素失士心，必不敢。”帝然之，乃以资政殿学士召，而以知鄂州余晦代之。

秋七月，余玠卒。玠之治蜀也，任都统张实治军旅，安抚王惟忠治财赋，监簿朱文炳接宾客，皆有常度。至于修学养士，轻徭以宽民力，薄征以通商贾，蜀既富实，乃罢京湖之饷，边关无警，又撤东南之戍，自宝庆以来，蜀阃未有能及之者。然久假便宜之权，不顾嫌疑，昧于勇退，遂来谗贼之口。又置机捕官，虽足以廉得士情，然寄耳目于群小，故人多怀疑惧。至是，闻召不自安，一夕暴卒。或谓仰药死，蜀人莫不悲之。

薛应旂曰：宋之不競，若天有以限之者，才得一人，谗忌即入，自其盛世，固已有之。熙、丰以后，类不相容，迄于南渡，日甚一日。迨嘉、宝间，残金虽亡，蒙古方炽，余玠治蜀，措置有方，犹足以为一木之支，而谢方叔、徐清叟之徒，必为疑间以致之死。呜乎！玠死之后，不特蜀非宋有，而国祚亦从可知矣。寻又籍玠家财以犒师，若非忠义之士，有不解体者哉！

二年（甲寅、一二五四）八月，下利州西路安抚王惟忠大理狱。余晦帅蜀，〔诬〕（据续纲目、薛鉴补）奏惟忠潜通北国，遂下狱，竟斩于市。

（九）〔十〕月〔丁酉〕，追削余玠官秩，夺（其子）〔余〕晦告身（按：玠、晦二人并非父子，钱大昕二十二史考异卷六七已指出其误，宋史全文卷三五记事详确，可以为证。宋史卷四四理宗纪记事已误而月日不误。今据以改正）。先是，侍御史吴燧等论玠聚敛罔利七罪，玠死，其子如孙尽窃帑庾之积以归。诏簿录玠家财，以犒师赈边。如孙遂认钱三千万，征之累年，始足。

宋史纪事本末卷九十五

真魏诸贤用罢

理宗宝庆元年（乙酉、一二二五）八月，罢直学士院真德秀。先是，嘉定中德秀为起居舍人兼东宫讲官，言事不避权贵。知宰相史弥远欲以爵禄縻天下士，慨然谓刘钥曰："吾徒须急引去，使庙堂知世有不肯为从官者。"遂力请外。帝初即位，自知潭州召为礼部侍郎，直学士院。入对，劝帝以容受直言，召用贤臣，固结人心为本。帝颇纳之。时又召魏了翁为起居郎。了翁，开禧初以武学博士对策谏开边事出知嘉定府。寻筑室白鹤山下，以所闻于辅广、李燔者，开门授徒，士争负笈从之，蜀人尽知义理之学。及是，与德秀同召，而洪咨夔亦入为考功员外郎。咨夔言事尤剀切，因论台谏失职，有云："月课将临，笔不敢下，称量议论之异同，揣摩情分之厚薄，可否未决，吞吐不能。其相率勇往而不顾者，恭请圣驾款谒景灵宫而已。”台臣深衔之。会上书言济王事者甚众，弥远以为患。有梁成大者，以知县秩满待迁，谄事弥远家干万昕。昕一日言真德秀当逐，成大曰：“某若入台，必能办此事。”昕为达其语，遂擢监察御史。成大因与莫泽、李知孝等，论德秀所主济王赠典非是。遂命德秀提举玉隆宫，咨夔亦镌二秩去。成大、泽、知孝三人共为弥远鹰犬，凡忤弥远意者，三人必相继击之，于是名人、贤士排斥殆尽。人目为“三凶”，又目成大为“成犬”。

冬十月，贬魏了翁官，罢真德秀祠禄。初，胡梦昱以论济王事逐，了翁出关饯之，李知孝遂指了翁首唱（议）〔异〕（据宋史卷四三七魏了翁传、续纲目、薛鉴改）论，将击之。弥远犹畏公议，外示优礼，改权工部侍郎。了翁力以疾辞，乃出知常德府。谏议大夫朱端常劾了翁欺世盗名，朋邪谤国，德秀奏札诋诬。诏了翁落职，夺三秩，靖州居住；德秀落焕章阁待制，罢祠。李知孝上书，乞追削流窜德秀，以正典刑。梁成大亦奏言：“大佞似忠，大辨若讷，或好名以自鬻，或立异以自诡，或假高尚之节以要名，或饰矫伪之学以欺世，言若忠鲠，心实回邪：一不察焉，薰莸同器，泾、渭杂流矣。言不达变，谋不中机，或强辩以为能，或诡讦以市直，或设奇险之说以骇众听，或肆诡诞之论以惑士心，所行非所言，所守非所学：一不辨焉，枘凿不侔，矛盾相激矣。魏了翁虽从追窜，人犹以为罪大罚轻。真德秀狂僭悖缪，不减了翁，相羊家食，宜削秩贬窜，一等施行。”弥远劝帝下其章，帝曰：“仲尼不为已甚。”乃止。成大贻书所亲曰：“真德秀乃真小人，魏了翁乃伪君子，此举大快公论。”识者笑之。了翁至靖，湖、湘、江、浙之士，不远千里，负书从学，乃著九经要义一百卷，订定精密，先儒所未有也。德秀既归蒲城，修读书记，语门人曰：“此人君为治之门，如有用我者，执此以往。”

绍定六年（癸巳、一二三三）十一月，召魏了翁为文华阁待制。了翁应诏上章，论十弊，乞复旧典，以彰新化：一曰复三省之典，以重六卿；二曰复二府之典，以集众议；三曰复都堂之典，以重省府；四曰复侍从之典，以来忠告；五曰复经筵之典，以熙圣学；六曰复台谏之典，以公黜陟；七曰复制诰之典，以谨命令；八曰复听言之典，以通下情；九曰复三衙之典，以强主威；十曰复制阃之典，以黜私意。疏列万言，先引故实，次陈时弊，分别利害，灿若白黑。上读之，为感动。

戊辰，礼部郎中洪咨夔进对，帝问以今日急务。咨夔言：“进君子，退小人。开诚心，布公道。”因乞召用崔与之、真德秀、魏了翁。帝纳之，命咨夔与王遂并拜御史。咨夔谓遂曰：“朝无台谏久矣，要当极本原而先论之。”乃上疏曰：“臣历考往古治乱之原，权归人主，政出中书，天下未有不治。权不归人主，则廉陛一夷，纲常且不立，奚政之问！政不出中书，则腹心无寄，必转而他属，奚权之揽！此八政驭群臣，所以独归之王，而诏之者必天官冢宰也。陛下亲政以来，威福操柄，收还掌握，扬廷出令，震撼海宇，天下始知有吾君；元首既明，股肱不容于自惰，撤副封，罢先行，坐政事堂以治事，天下始知有朝廷，此其大权大政亦略举矣。然中书之弊端，其大者有四：一曰自用，二曰自专，三曰自私，四曰自固。愿陛下于从容论道之顷，宣示臣言，俾大臣充初志而加定力，惩往辙而图方来，以仰称励精更始之意。”

时枢密院编修官陈埙亦上言：“天下之安危在宰相，南渡以来，屡失机会。秦桧死，所任不过万俟卨、沈该耳；韩侂胄死，所任不过史弥远耳。此今日所当谨也！”次言：“内庭当严宦官之禁，外庭当严台谏之选。”于是宦者陈洵益阴中之。监察御史王定劾埙，出知常州。埙，史弥远之甥，绍定初，尝言：“乞去君侧之蛊媚，以正主德。从天下之公论，以新庶政。”盖指贾妃及弥远也。弥远谓埙曰：“吾甥殆好名耶？”埙曰：“好名，孟子所取也。夫求士于三代之上，惟恐其好名，求士于三代之下，惟恐其不好名耳！”遂力辞职，直声动一时。

端平元年（甲午、一二三四）春正月，秘书郎蒋重珍上五事，且曰：“隐蔽君德，昔咎故相，故臣得以专诋权臣。昭明君德，今在陛下，故臣得以责难君父。乞召真德秀、魏了翁用之。”帝谓之曰：“人主之职无他，惟辨君子、小人。”重珍对曰：“君子指小人为小人，小人亦指君子为小人，此为难辨。人主当精择人望，处之要津，正论日闻，则必知君子姓名、小人情状矣。”重珍每草奏，必斋心盛服，有密启，手书削稿，帝嘉其忠实。

冬十月，召真德秀为翰林学士，魏了翁直学士院。时江淮帅阃有进取中原之议，德秀上封事，言："移江淮兵甲以守无用之空城，运江淮金谷以治不耕之废壤。富庶之效未期，根本之弊立见，惟陛下审之重之！"进德秀为户部尚书。入见，帝谓曰："卿去国十年，每切思贤。"德秀以大学衍义进，因言于帝曰："天之所助者顺，人之所助者信。陛下欲祈天永命，惟存乎敬而已。敬者德之聚。仪狄之酒，南威之色，盘游、弋射之娱，禽兽、狗马之玩，有一于此，皆足害敬。今天厌夷德久矣，陛下傥能敬德以迓续休命，中原终为吾有。若徒以力求之，而不反其本，天意难测，臣实忧之。"了翁入对，首乞明君子、小人之辨，以为进退人才之本，以杜奸邪窥伺之端。次论故相十失犹存，次及修身、齐家、选宗贤、建内小学等，皆切于上躬者。又言和议不可信，北军不可保，军实财用不可详，凡十余端。复口奏利害，漏下四十刻而退。帝皆嘉纳之。

时又召徐侨为太常少卿，趣入觐，手疏数千言，皆感愤剀切，帝慰谕之。顾见侨衣履垢弊，愀然谓曰："卿可谓清贫。"侨对曰："臣不贫，陛下乃贫耳！"帝曰："朕何为贫？"侨曰："陛下国本未建，疆宇日蹙，权幸用事，将帅非才，旱蝗相仍，盗贼并起，经用无艺，帑藏空虚，民困于横敛，军怨于掊克，群臣养交而天子孤立，国势阽危而陛下不悟。臣不贫，陛下乃贫耳！"又言："今女谒、阉宦相为囊橐，诞为二竖，以膄国膏肓，而执政大臣又无和缓之术。陛下不此之虑，而耽乐是从，世有扁鹊，将望见而却走矣！”时贵妃阎氏方有宠，而内侍董宋臣表里用事，故侨及之。帝为之感动。明日，手诏罢边帅之尤无状者，申警群臣，以朋党为之戒，命有司裁节中外浮费，而赐侨金帛甚厚。侨固辞不受。

二年（乙未、一二三五）三月，以真德秀参知政事，以疾辞，除资政殿大学士，提举万寿宫。德秀奏言息民讲武，上嘉纳之。

五月，真德秀卒。德秀立朝不满十年，奏疏将数十万言，皆切当世要务，直声震朝廷，四方人士诵其文，想见其风采。及宦游所至，惠政深洽，不愧其言，由是中外皆颂。都城人时惊传，澒洞奔拥出关，曰："真直院至矣！"果至，则又填塞聚观不置。史弥远以是忌之，辄摈不用，而声闻愈彰，且慨然以斯文自任，不因学禁之余而少有疑沮，后学宗之。晚年帝始有意向用，而德秀遽殒，天下以为恨。

十一月，以魏了翁同佥书枢密院事。

十二月，以魏了翁往江淮、京湖督视军马。了翁在朝凡六月，前后二十余疏，皆当世急务。帝将引与共政，而忌者相与合谋排摈之，且言了翁知兵体，乃命出视师，赐便宜诏书如张浚故事。陛辞，御书唐严武诗及"鹤山书院"四大字赐之。了翁开幕府于江州，以吴潜为参谋官，赵善瀚、马光祖为参议官。

三年（丙申、一二三六）二月，召魏了翁还。时廷臣多忌了翁，故谋假出督以外之，再二旬，复以建督为非，召之还，而帝不悟。于是了翁固辞求去。

夏四月，魏了翁罢。了翁乞归田里，不允，以资政殿学士知潭州。殿中侍御史李韶上疏曰："了翁刻志学问，几四十年，忠言谠论，载在国史。比者枢庭之诏，未几改镇，未久，有旨予祠。不知国家人材，烨然有称如了翁者几人？愿亟召还，处以台辅。"不报。

帝时又召崔与之以为参知政事，不至。与之自成都乞归广州，每有除命，皆力辞不起。及拜广东安抚，会摧锋军士作乱，纵火惠阳郡，长驱至广州城，声言欲得连帅幕属甘心焉。与之肩舆登城，叛兵望之，俯伏听命而散，因即家治事。帝注想弥切，召参大政，与之力辞。帝乃遣使趣之，且访以政事之当行罢者，人材之当用舍者。与之上疏曰："天生人材，自足以供一代之用，惟辨其君子、小人而已。忠实而有才者，上也；才虽不高，而忠实有守者，次也。用人之道，无愈于此。盖忠实之才，谓之有德而有才者也。若以君子为无才，必欲求有才者用之，意向或差，名实无别，则君子、小人消长之势，基于此矣。陛下励精更始，擢用老成，然以正人为迂阔，而疑其难以集事，以忠言为矫激，而疑其近于好名，任之不专，信之不笃。或谓世教将衰，则人才先以凋谢，如真德秀、洪咨夔、魏了翁，方进柄用，相继而去，天意固不可晓。至于敢谏之臣，忠于为国，言未脱口，斥逐随之，一去而不可复留。人才岂易得，而轻弃如此！陛下悟已往而图方来，昨以直言去位者亟加峻擢，补外者蚤与召还，使天下明知陛下非疏远正人，非厌恶忠言，一转移力耳。陛下收揽大权，悉归独断，谓之独断者，必是非利害胸中卓然有定见，而后独断以行之。比闻独断以来，朝廷之事体愈轻，宰相进拟多沮格不行。或除命中出而宰相不与知，立政造命之原失其要矣。大抵独断当以兼听为先，傥不兼听而独断，其势必至于偏听，实为乱阶，威令虽行于上，而权柄潜移于下矣。”又曰：“边臣主和，朝廷虽知，而未尝明有施行。忧边之士，剀切献言，一鸣辄斥，得非朝廷亦阴主之乎！假使和而可保，亦当议而行之可也。”又曰：“比年以来，变故层出，盗贼跳梁，雷雹震惊，星辰乖异，皆非细故。京城之灾，七年而两见，岂数万户生灵皆获罪于天者？‘百姓有过，在予一人。’此陛下所当懔懔，惟有求直言，可以裨助君德，感格天心。”又曰：“戚畹旧寮，凡有丝发夤缘者，孰不乘间俟隙，以求其所大欲！近习之臣，朝夕在侧，易于亲昵，而难于防闲。司马光谓内臣不可令其采访外事及问以群臣能否，盖干预之门自此始也。若谓其所问出于无心，岂知爱恶之私因此而入，其于圣德，能无玷乎！”帝览奏嘉叹，趣召愈力，与之控辞至于十三疏，不许。

三年（丙申、一二三六）九月，郑清之、乔行简罢。召崔与之为右丞相兼枢密使，复辞不至。十一月，以魏了翁知绍兴兼浙东安抚使。未几，了翁卒。

宋史纪事本末卷九十六

史嵩之起复

理宗绍定五年（壬辰、一二三二）春正月，以史嵩之为京湖安抚制置使，知襄阳府。

端平元年（甲午、一二三四）六月，以入蔡功加史嵩之兵部尚书。

九月，京湖制置使史嵩之罢。

三年（丙申、一二三六）二月，以史嵩之为淮西制置使。

嘉熙二年（戊戌、一二三八）二月，诏史嵩之以参知政事督视京西、荆湖南、北路、江西军马，置司鄂州。

三年（己亥、一二三九）春正月，以史嵩之为右丞相兼枢密使，督视两淮、四川、京湖军马。嵩之既相，一时正人如杜范、游侣、刘应起、李韶、赵汝腾等，皆以不合逐去。王万首上疏论嵩之，谓其“事体迫遽，气象倾摇。太学生欲趣其归，则贿赂之迹已形。或谓有族人发其私事，肆为丑诋者。以相国大臣而若此，非书之所谓大臣矣”！时嵩之与乔行简、李宗勉并相当国，论者谓乔失之泛，李失之狭，史失之专。

淳祐四年（甲辰、一二四四）六月，礼部进士徐霖以宰相史嵩之挟边功要君，植党颛国，上疏历言其奸深之状，以为：“其先也夺陛下之心，其次夺士大夫之心，而其甚也夺豪杰之心。今日之士大夫，嵩之皆变化其心而收摄之矣！且其变化之术甚深，非彰彰然号于人使之为小人也，尝于善类择其质柔气弱易以夺之者，亲任一二，其或稍有异己，则潜弃而摈远之以风其余。彼柔弱者，始虽欲为君子，终以名节之尊不足易富贵之愿，而义利之辨亦终暗于妻妾宫室之私，则亦从之而已。此嵩之变化士大夫之术，举朝皆受其聋瞽，鲜有不为其所欺也。于凡善则归己，过则归君。入以告于陛下者，惟窥测上情，承顺风旨。出以语于人，则曰某事吾所调停也，某人吾所斡旋也。是嵩之要誉于下，而陛下丛怨于上也，古人所谓‘斯谋斯猷，惟我后之德’者，嵩之曷尝有哉！”不报。

九月癸卯，史嵩之以父病谒告，许之。甲辰，史弥忠卒。诏史嵩之起复右丞相兼枢密使，中外莫敢言。于是太学生黄恺伯、金九万、孙翼凤等百四十四人叩阍上书曰：“臣等窃谓君亲等天地，忠孝无古今。事亲孝，故忠可移于君，自古求忠臣必于孝子之门，未有不孝而可望其忠也。宰我问三年之丧于夫子，而曰‘期可已矣’。夫子曰：‘予之不仁也，子生三年然后免于父母之怀。夫三年之丧，天下之通丧也，予也有三年之爱于其父母乎！’夫宰予期年之请，夫子犹以不仁斥之，未闻有闻父母（欲）〔垂〕（据薛鉴改）亡之病而不之问，闻父母已亡之讣而不之奔，有人心天理者，固如是乎！是不特无三年之爱于其父母，且无一日之爱于其父母矣！宰予得罪于圣人，而嵩之者则又宰予之罪人也。此天地所不覆载，日月所不照临，鬼神之所共殛，天下万世公论之所共诛，其去夷狄禽兽不远矣。且起复之说，圣经所无，而权宜变化，衰世始有之。我朝大臣，若富弼一身佩社稷安危，进退系天下轻重，所谓国家重臣不可一日无者也。起复之诏，凡五遣使，弼以金革变礼不可用于平世，卒不从命，天下至今称焉。至若郑居中、王黼辈，顽忍无耻，固持禄位，甘心起复，绝灭天理，卒以酿成靖康之祸，往事可鉴也。彼嵩之何人哉？心术回邪，踪迹诡秘。曩者开督府，以和议惰将士心，以厚赀窃宰相位，罗天下之小人为之私党，夺天下之利权归之私室，蓄谋积虑，险不可测，在朝廷一日则贻一日之祸，在朝廷一岁则贻一岁之忧，万口一辞，惟恐其去之不速也。嵩之亡父，以速嵩之之去，中外方以为快，而陛下起复之命已下矣。陛下姑曰，大臣之去，不可不留也。嵩之不天，闻讣不行，乃徘徊牵引，弥缝贵戚，买嘱貂当，转移上心，夤缘御笔，必得起复之（札）〔礼〕（据续纲目、薛鉴改），然后徐徐引去。大臣佐天子以孝治天下，孝不行于大臣，是率天下而为无父之国矣。鼎铛尚有耳，嵩之岂不闻富弼不受起复之事乎？而乃忍为郑居中、王黼辈之所为邪！礼，子闻父母之丧，见星而行，见星而舍。今嵩之视父死如路人，方经营内引，摇尾乞怜，暨奸谋已遂，乃始就道，初不见其有忧戚之容。夫以无父之嵩之，而陛下必欲起复之者，为其有折冲万里之才欤？嵩之本无捍卫封疆之能，徒有劫制朝廷之术。彼国内乱，骨肉相残，天使之也。嵩之贪天之功以欺陛下，其意以为三边云扰，非我不足以制彼也。殊不知敌情叵测，非嵩之之所能制，嵩之徒欲以制敌之名以制陛下耳！陛下所以起复嵩之者，谓其有经理财用之才欤？嵩之本无足国裕民之能，徒有私自丰殖之计。且国之财源，盐策为重，今钞法屡更，利之归于国者十无一二，而聚之于私帑者已无遗算。国家之土壤日削，而嵩之之田宅益广；国家之帑藏日虚，而嵩之之囊橐日厚。陛下眷留嵩之，将以利吾国也，殊不知适以贻无穷之害尔！嵩之敢于无忌惮，而经营起复，为有弥远故智可以效尤。然弥远所丧者庶母也，嵩之所丧者父也。弥远奔丧而后起复，嵩之起复之后而后奔丧。以弥远贪黩固位，犹有顾藉，丁艰于嘉定改元十一月之戊午，起复于次年五月之丙申，未有如嵩之匿丧罔上，殄灭天常，如此其惨也。且嵩之之为计亦奸矣，自入相以来，固知二亲耄矣，必有不测，旦夕以思，无一事不为起复张本，当其父未死之前，已预为必死之地。近畿总饷，本不乏人，而起复未卒哭之马光祖。京口守臣，岂无胜任，而起复未（经）〔终〕（据宋季三朝政要卷二改）丧之许堪。故里巷为十七字之谣也，曰：‘光祖作总领，许堪为节制，丞相要起复，援例。’夫以里巷之小民犹知其奸，陛下独不知之乎？台谏不敢言，台谏，嵩之牙爪也；给舍不敢言，给舍，嵩之腹心也；侍从不敢言，侍从，嵩之肘腋也；执政不敢言，执政，嵩之羽翼也。嵩之当五内分裂之时，方且擢奸臣以司喉舌，谓其必无阳城毁麻之事也。植私党以据要津，谓其必无惠卿反噬之虞也。自古大臣不出忠孝之门，席宠怙势至于三代，未有不亡人之国者，汉之王氏、魏之司马氏是也。史氏秉钧，今三世矣。军旅将校惟知有史氏，天下士大夫惟知有史氏，而陛下之左右前后亦惟知有史氏，陛下之势孤立于上，甚可惧也！天欲去之，而陛下留之，堂堂中国，岂无君子？独信一小人而不悟，是陛下欲艺祖三百年之天下，坏于史氏之手而后已。臣方涕泣裁书，适观麻制有曰：‘赵普当乾德开创之初，胜非在绍兴艰难之际，皆从变礼，迄定武功。’夫拟人必于其伦，曾于奸深之嵩之，而可与赵普诸贤同日语邪？赵普、胜非在相位也，忠肝贯日，一德享天，生灵倚之以为命，宗社赖之以为安。我太祖、高宗夺其孝思，俾之勉陈王事，所以为生灵宗社计也。嵩之自视器局何如？胜非且不能企其万一，况可匹休赵普耶！臣愚所谓擢奸臣以司喉舌者，此其验也。臣又读麻制有曰：‘谍谂愤兵之聚，边传哨骑之驰，况秋高而马肥，近冬寒而地凛。’方嵩之虎踞相位之时，讳言边事，通川失守至逾月而后闻，寿春有警至危急而后告。今图起复，乃密谕词臣，昌言边警，张皇事势，以恐陛下，盖欲行其劫制之谋也。臣愚所谓擢奸臣以司喉舌者，又其验也。窃观嵩之自谓宰相动欲守法，至于身乃跌荡于礼法之外。五刑之属三千，其罪莫大于不孝，若以法绳之，虽置之𫓧钺，犹不足谢天下，况复置诸具瞻之位，其何以训天下后世耶！臣等于嵩之本无宿怨私忿，所以争趋阙下，为陛下言者，亦欲揭纲常于日月，重名教于丘山，使天下〔后世〕（据薛鉴补）为人臣、为人子者，死忠、死孝，以全立身之大节而已。孟轲有言：'学则三代共之，皆所以明人伦也。'臣等久被化育，此而不言，则人伦扫地，将与嵩之胥为夷矣。惟陛下裁之！"不报。

武学生翁日善等六十七人，京学生刘时举、王元野、黄道等九十四人，上书，略曰："天下有一日不可废之人伦，人心有一日不可泯之公论。人伦之尽废固不足为乱臣贼子羞，公论之不泯所以为宗庙、社稷虑。先儒谓事亲之情可夺，则事君之情亦可夺，正以不忠实原于不孝，无父后至于无君，此理之必然也。陛下拳拳于嵩之之不忍释者，岂以秋风向迩，冬寒又迫，非嵩之素谙敌情，熟识边事，莫能当此寄耶？然臣等不忧敌国之势盛，而忧陛下之势孤。昔者金人之盛，十倍鞑靼，吾国之专政者秦桧尔。桧死而逆亮南牧，兵号百万，孰不束手无策！时宰臣陈康伯以静定运庙谟，词臣虞允文以忠义鼓士气，竟能致采石之捷，成诛亮之功。桧之死而有陈康伯、虞允文，孰谓嵩之之去而无如康伯、允文者耶？惟是陛下所进，今不知其亡，凡当世杰特之士，皆销落于嵩之排摈之余。如王万、谢方叔以争不胜最先去，游侣以大政不使闻而激之去，刘应起以转对直言去，张蟠以转对触讳去，刘汉弼以台论攻嵩之之党去，赵与欢以才名轧己而嗾逐斥去，李韶以侍从数嵩之之专柄去，王伯大以意向不合去，赵汝腾以麻词无佞语阴摘其小疵而遣去，徐荣叟、赵葵皆堕其机阱去。别之杰号为长厚，又以每事必问本末，假托而挤之去。杜范尤为简圣眷，负人望，上前敢论诤，遇事有分决，则又用李鸣复而速其去。窃闻其时太学九士扣阍上疏，乞罢鸣复而留范，九士囊封未彻于宸旒之听，而亲管之门生已入台端矣。庸邪小人奉承惟谨，即今同寮交章论范，陛下所藉以为耳目心腹者，皆尽空于嵩之之一网。陛下虽居九重，身处佚愉，傍无可谋之人，外无入告之益，是以独善之清躬，游于史氏之党局。君父至此，天下谓何！”宗学生与寰等三十四人上书，略曰：“肃读麻制，私窃有疑。陛下谓其修法度，能制夷狄，能运掉三边，能发踪百将，又谓嵩之可以慰中外之望。凡此数者，必非陛下之意，乃嵩之之腹心小人之无忌惮者为陛下之喉舌也。嵩之不孝，上彻于天，吊者在门，贺者在闾，即欲舍苫块而坐庙堂，脱衰绖而被公衮，是可忍也，孰不可忍也！纵使陛下属念史氏，则公主旄节，鱼鳞杂袭，陛下之恩亦至矣，而嵩之今乃一日不肯释相位者，其意将安底止耶？惟陛下决去大奸，则社稷幸甚！”建昌军学教授卢钺皆上书切谏，亦不报。诸生乃榜于太学斋廊，云：“丞相朝入，诸生夕出。诸生夕出，丞相朝入。”时范钟、刘伯正暂领相事，恶京学生言事，谓皆游士鼓倡之，讽京尹赵与（筹）〔䈆〕（据宋史卷四二三本传、薛鉴改）逐游士。诸生闻之，作卷堂文，辞先圣以出，曰："天之将丧斯文，实系兴衰之运，士亦何负于国，遽罹斥逐之辜。静言思之，良可丑也。慨祖宗之立国，广学校以储才，非惟衍丰芑以遗后人，抑亦隆汉都而尊国士。肆惟皇上，克广前猷，炳炳宸奎，厘为四学，戋戋束帛，例及诸生。蒙教育以如天，恨补报之无地，但思粉骨，宁畏触鳞？尽言安石之奸，共惜元城之去，实惟公议，不利小人。始阴讽其三缄，终尽打于一网，不任其咎，咎归于君，是诚何心，空人之国！昔郑侨且谓毁校不可，而李斯尚知逐客为非，彼既便已行之，吾亦何颜居此？厄哉吾道，告尔同盟，无见义而不为，当行己而有耻。苟为饱煖忍贪周粟之羞，相与携持毋蹈秦坑之惨。斯言既出，明日遂行。"京尹遂尽削游士籍。

时将作监徐元杰适轮对，言："臣前日进侍经筵，亲承圣问以大臣史嵩之起复。臣奏陛下出命太轻，人言不可沮抑。陛下自尽陛下之礼，大臣自尽大臣之礼，玉音赐谕，臣又何所容喙？今观学校之书，使人感叹。且大臣读圣贤书，畏天命，畏人言。家庭之变，哀戚终事，礼制有常，臣窃料其何至于忽送死之大事，轻出以犯清议哉！前日朝廷出命之易，士论所以凛凛者，实以陛下为四海纲常之主，大臣身任道揆，扶翊纲常者也。自闻大臣有起复之命，虽未知其避就若何，凡有父母之心者，莫不失声涕零，是果何为而然，人心天理，谁实无之？兴言及此，非可使闻于邻国也，陛下乌得而不悔悟，大臣乌得而不坚忍！臣恳恳纳忠，何敢诋讦，特为陛下爱惜民彝，为大臣爱惜名节而已。”疏出，朝野传颂，帝亦察其忠亮。

冬十月，以刘汉弼为左司谏。时史嵩之久擅国柄，帝亦患苦之，乃夜降御笔黜四不才台谏，于是谏议大夫刘晋之、侍御史王瓒、监察御史龚基先、胡清献皆罢之，故汉弼乃有是命。汉弼首赞帝曰：“拔去阴邪，庶可转危为安，否则是非不两立，邪正不并进，陛下虽欲收召善类，不可得矣！”帝嘉纳之。

十一月，徐元杰复上疏论：“史嵩之起复，士论纷然，乞许其举执政自代。”帝曰：“学校虽是正论，但言之太甚。”元杰对曰：“正论乃国家元气，今正论犹在学校，要当保养一线之脉。”因乞引去。左司谏刘汉弼亦上言：“愿听嵩之终丧，亟选贤臣，蚤定相位。”又论：“马光祖夺情，总赋淮东，乃嵩之预为引例之地，乞勒令追服，以补名教。”会嵩之亦自知不为众论所容，上疏乞终制，帝乃许之。

五年（乙巳、一二四五）六月，工部侍郎徐元杰暴卒。先是，史嵩之既去，元老旧德，次第收召。及杜范入相，复延元杰议政，多所裨益。是月朔日，元杰当侍立。先一日，谒范钟归，是夕，热大作，夜四鼓，指爪忽裂。三学诸生相继伏阙上言：“昔小人倾君子者，不过使之死于蛮烟瘴雨之乡。今蛮烟瘴雨不在岭外而在朝廷。”诏付临安府鞫治尝所给使之人，狱迄无成。刘汉弼亦每以奸邪未尽屏汰为虑，未几，以肿疾暴死。太学生蔡德润等百七十有三人复叩阙上书讼冤，诏给元杰、汉弼官田五百亩，缗钱五千，恤其家。时杜范入相八十日，卒，元杰、汉弼相继暴死，时谓诸公皆中毒，堂食无敢下箸者。〔初〕，嵩之从子璟卿尝上书谏嵩之曰："自开督府，东南民力困于供需，州县仓卒（困）〔匮〕（据宋史卷四一四史嵩之传、续纲目、薛鉴补并改）于应办，辇金帛，挽刍粟，络绎道路，一则曰督府，二则曰督府，不知所干者何事？所成者何功？近闻蜀川不守，议者多归退师于鄂之失。何者？分戍列屯，备边御戎，首尾相援，如常山之蛇，维扬则有赵葵，庐江则有杜伯虎，金陵则有别之杰，为督府者，宜据鄂渚形胜之地，西可以援蜀，东可以援淮，北可以镇荆湖。不此之图，尽捐藩篱，深入堂奥，坐使饥民叛将，乘虚捣危，侵轶于沅、湘，摇荡于鼎、澧，恐江陵之势既孤，则武昌之势未易守，荆湖之路稍警，则江、浙诸郡焉得高枕而卧？况杀降失信，则前日彻疆之计不可复用矣；内地失护，则前日清野之策不可复施矣。此隙一开，东南生灵直几上肉耳，宋室南渡之疆土，安能保其金瓯之无阙也！为今日计，莫若尽去在幕之群小，悉召在野之君子，相与改弦易辙，戮力王事，庶几失之东隅，收之桑榆。不然，见失而不知救，视非而不知革，天下大势，骎骎日趋于危亡之域矣！"无何，璟卿暴卒，相传嵩之致毒云。

六年（丙午、一二四六）十二月，史嵩之服除，有进用之意，殿中侍御史章琰、正言李（昂）〔昴〕英（据宋史卷四二四黄师雍传、续纲目、薛鉴改）、监察御史黄师雍、翰林学士李韶抗疏论之，乃命嵩之致仕，诏不复用。

宋史纪事本末卷九十七

董宋臣丁大全之奸

理宗宝祐三年（乙卯、一二五五）五月，以宦者董宋臣干办佑圣观。宋臣逢迎上意，起梅堂、芙蓉阁、香兰亭，强夺民田，引倡优入宫，招权纳贿，无所不至，人以“董阎罗”目之。监察御史洪天锡上疏言：“天下之患三，曰宦官、外戚、小人。”盖指宋臣及谢堂、厉文翁也。帝俾天锡易疏，欲自戒饬之。天锡又言：“自古奸人虽凭怙，其心未尝不畏人主之知。若知之而止于戒饬，则凭怙愈张，不若未知之〔为〕（据宋史卷四二四洪天锡传、续纲目、薛鉴补）愈也。”不报。

六月，以丁大全为右司谏。大全，镇江人，面蓝色，为戚里婢婿，夤缘阎妃及内侍卢允升、董宋臣，遂得宠于帝，自萧山尉累拜右司谏。时正言陈大方、侍御史胡大昌与大全同除，人目为“三不吠犬”。

戊子，罢监察御史洪天锡。时雨土，天锡以其异为蒙，力言阴阳、君子小人之辨。又言：“蜀中地震，闽、浙大水，上下穷空，远近嗟怨，独贵戚、巨阉享富贵耳。举天下穷且怨，陛下能独与数十人者共天下乎！”会吴民列愬宦官董宋臣夺其田，天锡下其事有司，而御前提举所谓田属御庄，不当白台，仪鸾司亦牒常平。天锡谓：“御史所以雪冤，常平所以均役，若中贵人得以控之，则内外台可废，犹谓国有纪纲乎！”乃申劾宋臣并卢允升，及言：“修内司止于供（膳羞）〔缮修〕（据宋史卷四二四洪天锡传、续纲目、薛鉴改），比年动曰御前，奸赃之老吏，逋逃之渠凶，一窜名其间，则有司不得举手。校者献谋，暴者助虐，其展转受害者，皆良民也。愿无使史臣书之曰，‘内司之横自今始’。”疏六七上，悉留中不报，天锡遂去。宗正寺丞赵崇嶓移书责丞相谢方叔不能救正，而谗者又曰：“天锡之论，方叔意也。”于是监察御史朱应元劾谢方叔及参知政事徐清叟，罢之。董宋臣、卢允升犹以为未快，厚赂人上书，力诋洪天锡、谢方叔，且乞诛之，使天下明知宰相、台谏之去出自独断，于内侍无预。遂出方叔提举洞霄宫。

四年（丙辰、一二五六）六月，丁大全逐右丞相董槐。槐自以为人主所振拔，可以利安国家者无不为，尝言于帝：“有害（吏）〔政〕（据宋史卷四一四董槐传、续纲目改）者三：一戚里不奉法，二执法大吏久于其官而擅威福，三皇城司不检士。将帅不检下故士卒横，士卒横则变生于无时。执法擅威福，故贤、不肖混淆，贤、不肖混淆则奸邪肆，贤人伏而不出。亲戚不奉法故法令轻，法令轻故朝廷卑。三者不去，政且日废。愿自上除之！”于是嫉之者滋甚。时帝年浸高，操柄独断，群臣无当意者，渐喜狎佞人。丁大全方谄事内嬖，窃弄威权，帝弗觉悟。大全尝遣客私于槐，槐曰：“吾闻人臣无私交，吾惟事上，不敢结私约。幸为谢丁君。”大全度槐终不容己，乃日夜刻求槐短。槐入对，极言大全邪佞不可近。帝曰：“大全未尝短卿，卿勿疑。”槐曰：“臣与大全何怨？顾陛下拔臣至此，臣知大全奸邪而噤不言，是负陛下也。且陛下谓大全忠，而臣以为奸，不可与（共）〔俱〕（据宋史卷四一四董槐传、续纲目、薛鉴改）事陛下矣！”上书乞骸骨，不报。大全益怨之，乃上章劾槐。章未下，大全夜半以台檄调隅兵百余人，露刃围槐第，驱迫之出，绐令舆槐至大理寺，欲以此胁之。须臾，出北关，弃槐，嚣呼而散。槐徐步入接待寺，罢相之制始下，物论殊骇。三学生屡上书言之，乃诏槐以观文殿大学士提举洞霄宫。

大全既逐槐，益恣横，道路以目。太学生陈宜中、黄镛、林则祖、曾唯、刘黻、陈宗六人上书攻之。大全怒，使御史吴衍劾之，削其籍，编管远州，立碑三学，戒诸生勿得妄议国政。士论翕然称宜中等号为“六君子”。左司郎中陈宗礼见大全擅柄，以言为讳，叹曰：“此可一日居乎！”陛对，言：“愿为宗社大计，毋但为仓廪府库之小计；愿得天下四海之心，毋但得左右便嬖戚畹之心；愿寄腹心于忠良，（无）〔毋〕（据宋史卷四二一陈宗礼传、薛鉴改）但寄耳目于卑近；愿四通八达以来正人，毋但旁蹊曲迳，类引贪浊。”不纳。

十一月，以丁大全佥书枢密院事，马天骥同佥书院事。时阎妃怙宠，大全、天骥用事，有“无名子”书八字于朝门曰：“阎、马、丁当，国势将亡。”

十二月，罢知严州吴槩。帝以御宝黄册催内藏坊场钱，槩奏言：“内库理财太急，督促太峻。龙章凤篆，施于帑藏之催科；宝册泥封，下同官吏之文檄。居万乘之崇高，而商财贿之有无，事虽至微，关系甚大！”董宋臣讽台谏劾罢之。

六年（戊午、一二五八）夏四月，以丁大全为右丞相兼枢密使。

开庆元年（己未、一二五九）春正月，国子监主簿徐宗仁伏阙上书曰：“赏罚者军国之纲纪，赏罚不明则纲纪不立。今天下如器之欹而未坠于地，存亡之机，固不容发。兵虚将惰而力匮财殚，环视四境，类不足恃，而所恃以维持人心，奔走豪杰者，惟陛下赏罚之微权在耳。权在陛下，而陛下不知所以用之，则未坠者安保其终不坠乎？臣窃为此惧久矣！陛下当危急之时，出金币，赐土田，授节钺，分爵秩，尺寸之功在所必赏，故当悉心效力，图报万分。而自出兵越江逾广以来，未闻有死封疆战阵者，岂赏罚不足以劝惩之耶？今通国之所谓佚罚者，乃丁大全、袁玠、沈翥、张镇、吴衍、翁应弼、石正则、王立爱、高铸之徒，而首恶则董宋臣也。是以廷绅抗疏，学校叩阍，至有欲借上方剑为陛下除恶，而陛下乃释而不问，岂真欲爱护此数人而重拂千万人之心哉！今天下之事势急矣，朝廷之纪纲坏矣，若误国之罪不诛，则用兵之士不勇，东南一隅已半坏于此数人之手，而罚不损其毫毛。彼方拥厚赀，挟声色，高卧华屋，而使陛下与二三大臣焦心劳思，可乎！三军之在行者，岂不愤然不平曰：'稔祸者谁欤，而使我捐躯兵革之间！'百姓之罹难者，岂不群然胥怨曰：'召乱者谁欤，而使我流血锋镝之下！'陛下亦尝念及此乎？"不报。宗仁又极论："宋臣盘固日久，蒙蔽日深，不诛，且误国。"竟不报。

冬十月，丁大全罢。时蒙古侵轶日甚，大全当国，匿不以闻，至是罢相，以观文殿大学士判镇江府。中书舍人洪芹缴奏，言："大全鬼蜮之资，穿窬之行，引用凶恶，陷害忠良，遏塞言路，浊乱朝纲。乞追官远窜，以伸国法。"御史朱貔孙等相继论："大全奸回险狡，很害贪残，假陛下之刑威，以箝天下之口；挟陛下之爵禄，以笼天下之财。"饶虎臣又论其"绝言路，坏人才，竭民力，误边防"四罪。诏致仕。

景定元年（庚申、一二六〇）夏四月，出内侍董宋臣于安吉州。

三年（壬戌、一二六二）十一月，窜丁大全于新州，道死。

宋史纪事本末卷九十八

公田之置

理宗淳祐六年（丙午、一二四六）十一月，殿中侍御史谢方叔言："豪强兼并之患，至今日而极，非限民名田，有所不可，是亦救世道之微权也。国朝驻跸钱塘，百有二十余年矣，外之境土日荒，内之生齿日繁，权势之家日盛，兼并之习日滋，百姓日贫，经制日坏，上下煎迫，若有不可为之势。所谓富贵操柄者，若非人主之所得专，识者惧焉！夫百万生灵资生养之具皆本于菽粟，而菽粟之产皆出于田。今百姓膏腴皆归贵势之家，租米有及百万石者。小民百亩之田，频年差充保役，官吏诛求百端，不得已则献其产于巨室以规免役。小民田日减而保役不休，大官田日增而保役不及，以此弱之肉强之食，兼并浸盛，民无以遂其生。于斯时也，可不严立经制以为之防乎！去年谏官尝以限田为说，朝廷付之悠悠，不知今日国用边饷，皆仰和籴，然权势多田之家，和籴不容以加之，保役不容以及之。敌人睥睨于外，盗贼窥伺于内，居此之时，与其多田厚赀，不可长保，曷若捐金助国，共纾目前？在转移而开道之耳！乞谕二三大臣，摭臣僚论奏而行之，使经制以定，兼并以塞，于以尊朝廷，裕国计。陛下勿牵贵近之言以摇初意，大臣勿避仇怨之多而废良策。”帝从之。〔原注：按方叔此疏，盖置公田之渐，故载于此。〕

景定四年（癸亥、一二六三）二月，贾似道当国，以国计困于造楮，富民困于和籴，思有以变法，而未得其说。知临安府刘良贵、浙西转运使吴势卿献买公田之策。似道乃命殿中侍御史陈尧道、右正言曹孝庆、监察御史虞虙、张希颜上疏言：“三边屯列，非食不饱；诸路和籴，非楮不行。既未免于廪兵，则和籴所宜广图；既不免于和籴，则楮币未容缩造。为今日计，欲便国便民，而办军食重楮价者，莫若行祖宗限田之制。以官品计顷，以品格计数，下两浙、江东、西，和籴去处，先行归并诡析，后将官户田产逾限之数，抽三分之一回买以充公田。但得一千万亩之田，则每岁可收六七百万之米，其于军饷，沛然有余；可免和籴，可以饷军，可以住造楮币，可平物价，可安富室，一事行而五利兴矣。”帝从之。诏：“买公田，置官田所，以刘良贵提领，通判陈訔为检阅，副之。”良贵请下都省，严立赏罚，究归并之弊。独徐经孙条具其害，似道讽御史舒有开劾之，罢归。浙西安抚魏克愚言：“取四路民田，立限回买，所以免和籴而益邦储，议者非不自以为公且忠也，然未见其利，而适见其害。近给事中徐经孙奏言江西买田之弊甚详，若浙西之弊，则尤有甚于经孙所言者。”因历述为害者八事。疏奏，不省。未几，帝手诏曰：“永免和籴，无如买逾限之田为良法。然东作方兴，权俟秋成，续议施行。”似道愤然上疏求去，复讽何梦然、陈尧道、曹孝庆抗章留之，且劝帝下诏慰勉。帝乃趣似道出视事，且曰：“当始于浙西诸路，视之为则。”似道具陈其制，帝悉从之，二省奉行惟谨。似道首以己田在浙西者万亩为公田倡，荣王与芮继之，赵立奎自陈投卖，由是朝野无敢言者。

六月庚申，诏平江、江阴、安吉、嘉兴、常州、镇江六郡已买公田三百五十余万亩，今秋成在迩，其荆湖、江西诸道，仍旧和籴。丙寅，诏：“公田竣事，进刘良贵等官。”初买官田犹有抑强嫉富之意，继而敷派，除二百亩以下者免，余各买三分之一，其后虽百亩之家亦不免。立价，以租一石偿十八界会子四十〔楮〕，而浙西之田，石租有值千缗者，亦就此价。价钱稍多，则给银、绢各半；又多，则给以度牒告身准直，登仕郎诰准三（十）〔千〕（据宋季三朝政要卷三、咸淳遗事上补并改）楮，将仕郎诰准千楮，许赴漕试，校尉诰准万楮，承信郎诰准万五千楮，承节郎诰准二万楮，安人诰准四千楮，孺人诰准二千楮。民失实产而得虚诰，吏又恣为操切，浙中大扰，民之破家失业者甚众。官吏有奉行不至者，刘良贵辄劾之，追毁出身，永不收叙，由是有司争以多买为功。似道又以陈訔往秀、湖，廖邦杰往常、润催督。其六郡买田有专官，平江则包恢、成公策，嘉兴则潘墀、李补、焦焕炎，安吉则谢奕、赵与訔、王唐珪、马元演，常州则洪穮、刘子庚，镇江则章坰、郭梦熊，江阴则杨班、黄伸。恢在平江，至以肉刑从事。邦杰在常州，害民特甚，至有本无田而以归并抑买自经者。朝廷惟以买公田为功，诏进良贵官两转，余进秩有差。

五年（甲子、一二六四）三月，贾似道言："公田已成，若复以州县总之，恐害不除而利不可久，请以江阴、平江公田隶浙西宪司，安吉、嘉兴公田隶两浙运司，〔常州〕（据续纲目、薛鉴补）、镇江公田隶总所，每岁租输之官仓，特与减饶二分，或水旱则别议放数，仍立四分司，以主管公田。每乡置官庄一所，民为官耕者曰官佃，为官督者曰庄官，以富饶者充应，两岁一更。"初买时，上下迎合，惟欲买数之多，凡六七斗皆作一石，及租收有亏，则以其额取足于田主，遂为无穷之害。

秋七月甲戌，彗星见。诏许中外直言，台谏士庶多上书，以为公田不便，民间愁怨所致。于是贾似道上书力辩，乞避位。帝曰："言事易，任事难，自古然也。使公田之说不可〔行〕（据宋史卷四七四贾似道传、续纲目补），则卿建议之始，朕已沮之矣。惟其公私兼济，所以举意行之。今业已成矣，一岁之军饷，仰给于此，若遽因人言罢之，虽可快一时之异议，如国计何！卿既任事，亦当任怨，礼义不愆，何恤人言。"知临安府刘良贵亦以人言藉藉，自陈括田之劳，乞从罢免。不允。由是公论顿沮。九月，贾似道请行经界推排法于诸路。由是江南之地，尺寸皆有税，民力益困。

度宗咸淳三年（丁卯、一二六七）十二月，司农卿（李）〔季〕镛（据宋史卷一七三食货志改）言："经界尝议修明矣，而修明卒不行，尝令自实矣，而自实卒不竟。岂非上之任事者每欲避理财之名，下之害成者又每倡为扰民之说，故宁坐视邑政之坏，而不敢诘猾吏奸民之欺，宁忍取下户之苛，而不敢受豪家大姓之怨！盖经界之法，必多差官吏，必悉集都保，必遍走阡陌，必尽量步亩，必审定等色，必（细）〔纽〕（据宋史卷一七三食货志改）折计等，奸弊转生，久不迄事。乃若推排之法，不过以县统都，以都统保，选任财富公平者，订田亩税色，载之图册，使民有定产，产有定税，税有定籍而已。臣守吴门，已尝见之施行，今闻绍兴亦渐就绪，湖南漕臣亦以一路告成。窃谓东南诸郡皆奉行惟谨，其或田亩未实，则令乡局厘正之；图册未备，则令县局程督之。又必郡守察县之稽（迟）〔违〕（据宋史卷一七三食货志、薛鉴改），监司察郡之怠弛，严其号令，信其赏罚，期之秋冬以竟其事，责之年岁以课其成，如周官日成、月要、岁会以综核之。"于是诏诸路漕帅施行焉。

大抵南渡后，水田之利，富于中原，故水利大兴。而诸籍没田募民耕者，皆仍私租旧额，每失之重。输纳之际，公私事例迥殊，私租额重而纳轻，〔承佃犹可〕（据宋史卷一七三食货志、薛鉴补），公租额重而纳亦重，则佃者不堪命，州县胥吏与仓库执事人，皆得为侵渔之计。〔季世〕（据同上书补），金人乍和乍战，战则军须浩繁，和则岁币重大，国用常苦不继。于是因民苦官租之重，下有司括买官田以给用，其初弛其力役以诱之，其终不免于抑配，此官田之弊也。嘉定以后，又有所谓安边所田，收其租以助岁币。后又限民名田，买其限外所有，谓之公田。初议欲省和籴以（输）〔纾〕（据宋史卷一七三食货志、薛鉴补并改）民力，而其弊极多，其租尤重。迄于宋亡，遗患犹不息云。

宋史纪事本末卷九十九

蒙古诸帝之立 太宗、定宗、宪宗、世祖

理宗宝庆三年（丁亥、一二二七）（十二）〔七〕月，蒙古主铁木真卒于六盘山，在位二十（六）〔二〕（并据元史卷一太祖纪改）年，庙号太祖。凡六子：长曰术赤，性卞急而善战，早死；二曰察合台；三曰窝阔台；四曰拖雷。至是，拖雷监国。（按：成吉思汗六子，除本书列举者外，其余二人见于元史卷一〇七宗室世系表，即五曰兀鲁赤，无嗣；六曰阔列坚太子。）

绍定二年（己丑、一二二九）八月，蒙古主窝阔台立。窝阔台闻太祖之丧，自霍博之地来会。耶律楚材以遗诏召诸王毕至，请立窝阔台，时拖雷监国，诸王意犹豫未决。楚材言于监国曰："此社稷大计，若不早定，恐生他变。"监国乃与诸王奉窝阔台即位于和林东库铁乌阿剌里之地。时庶事草创，礼仪简率，楚材始定册立礼，俾皇族诸王尊

长皆就班列以拜。又中原新定，未有号令，长吏皆得自专生杀，稍有忤意者，刀锯随之，至有全家被祸者。楚材以为言，命禁绝之。

淳祐元年（辛丑、一二四一）十一月，蒙古主窝阔台卒，庙号太宗。阔台性嗜酒，晚年尤甚，耶律楚材数谏不听，乃持酒槽铁口以献，曰："此铁为酒所蚀，尚致如此，况人之五脏耶！"蒙古主乃少减。是年二月，疾笃，脉绝。第六皇后乃马〔真〕（据元史卷一一四后妃传、薛鉴补）氏不知所为，召楚材问之。楚材对曰："今任使非人，卖官鬻狱，囚系非辜者多。宜赦天下！"后亟欲行之，楚材曰："非君命不可。"顷之，蒙古主少苏，后以为言，乃首肯之，赦发而脉复生。至十一月，疾愈，楚材以太一数推之，不宜田猎。左右皆曰："不骑射，何以为乐？"出田五日，还，至铫铁鎛胡兰，奥都剌合蛮进酒，欢饮极夜，乃罢。翊日，卒。阔台量时度力，举无过事，华夏富庶，羊马成群，时称治平。

初，蒙古主有旨，以孙失烈门为嗣。失烈门，蒙古主第四子曲出之子也。至是，后召楚材问之，楚材曰："此非外姓臣所敢知，自有先帝遗诏，幸遵行之！"后不从，遂称制于和林。

（三）〔四〕年（甲辰、一二四四）（三）〔五〕（据元史卷二太宗纪、又卷一四六耶律楚材传改正）月，蒙古中书令耶律楚材以忧卒。时蒙古后乃马真氏称制，奥都剌合蛮专政用事，权倾中外，后至以御宝空纸使自书填。楚材曰："天下者，先帝之天下。朝廷自有宪章，今欲紊之，臣不敢奉诏。”又有旨，凡奥都剌合蛮所建白，令史不为书者，断其手。楚材曰：“国之典故，先帝悉委老臣，令史何与焉。事若合理，自当奉行；如不可行，死且不避，况断手乎！”后不悦，楚材愤悒成疾而卒。或谮之曰：“楚材为相二十年，天下贡赋，半入其家。”后命近臣覆视之，惟琴阮十余，古今书画、金石、遗文数千卷。楚材为相，正色立朝，不为势屈，每陈国家利病，生民休戚，辞色恳切。太宗尝曰：“汝又欲为百姓哭耶?”楚材每言：“兴一利不若除一害，生一事不若减一事。”人以为名言。

宋子贞曰：元承大乱之后，天纲人理几乎泯绝，加以南北之政每每相戾，出入用事之臣又皆诸番降附，言语不通，趋向不同。楚材以一书生，孤立其间，欲行其所学，可谓难矣。然见于设施者，十不二三。向使无楚材，人类不知其何如耳！

时蒙古诸王拖雷第四子忽必烈，思大有为于天下，延藩府旧臣及四方文学之士，问以治道。初，邢台人刘秉忠英爽不羁，年十七，为邢台节度使府令史以养其亲。居尝郁郁不乐，一日，投笔叹曰：“吾家累世衣冠，乃汩没为刀笔吏乎！丈夫不遇于世，当隐居以求志耳。”即弃去，隐武安山中久之，为僧，往来云中。会忽必烈召他僧，遂邀秉忠〔与〕（据元史卷一五七刘秉忠传、薛鉴补）俱行。既入见，应对称旨。秉忠于书无所不读，尤邃于天文、律历、三式、六壬、遁甲之属，论天下事如指诸掌，忽必烈大爱之。秉忠复荐张文谦，召为掌书记。

六年（丙午、一二四六）秋七月，蒙古主贵由立。贵由，太宗长子。母六皇后临朝四年，至是，会诸王百官议立贵由，乃即位于汪吉宿灭秃里之地，朝政犹出于后。

八年（戊申、一二四八）三月，蒙古主贵由卒于横相乙儿之地，庙号定宗。时国内大旱，河水尽涸，野草自焚，牛马死者十八九，人不聊生。诸王及各部又遣使于诸郡征求货财，或于西域、回鹘索取珠玑，或于海东取鹰鹘，驿骑络绎，昼夜不绝，民力益困。皇后斡兀立海迷失抱曲出子失烈门听政，诸王大臣多不服。

十一年（辛亥、一二五一）六月，蒙古主蒙哥立。初，定宗卒，久未立君，中外汹汹。至是，诸王木哥及大将兀良合台等咸会，议所立。时定宗后所遣使者在坐，曰："昔太宗命以皇孙失烈门为嗣，诸王百官皆与闻之。今失烈门固在，而议欲他属，将置之何地耶?"兀良合台等不听，共推蒙哥即位于阔帖兀阿兰之地，追尊其考拖雷为帝，庙号睿宗。失烈门及诸弟心不能平，蒙哥因察诸王有异同者并羁縻之，取主谋者诛之。遂颁便宜事于国中，罢不急之役，凡诸王大臣滥发牌印、诏旨、宣命，尽收之，政始归一。

秋七月，蒙古主命其弟忽必烈总治（汉）〔漠〕南，诏凡军民在（汉）〔漠〕（并据续纲目改）南者，听忽必烈总之，遂开府于金莲川。时姚枢隐居苏门，忽必烈遣赵璧召之。枢至，待以宾礼。枢乃为书数千言，上之，首陈帝王之道，次及救时之务，为条三十。忽必烈奇其才，动必召问。枢因言于忽必烈曰："今土地、人民、财赋，皆在汉地，王若尽有之，则天子何为？后必有间之者矣。不若但持兵权，凡事付之有司，则势顺理安。"忽必烈从之。枢又说忽必烈置经略司于汴，分兵屯田，西起襄、邓，东连清口、桃源，皆列障守之。

十二年（壬子、一二五二）二月，蒙古主以诸王尝欲立失烈门，及徙太宗后于扩端所居地之西，分迁诸王于各边。定宗后及失烈门母以厌胜并赐死，禁锢失烈门于没脱赤之地。

六月，蒙古主以中州封同姓，命弟忽必烈于汴京、关中，自择其一。姚枢曰："南京，河徙无常，土薄水浅，潟卤生之，不若关中，厥田上上，古名天府陆海。"忽必烈遂请于蒙古主。蒙古主曰："关中户寡，河南、怀、孟地狭民夥，可取自益。"繇是尽有关中、河南之地。忽必烈与姚枢夜燕，枢因陈宋太祖遣曹彬取南唐，不杀一人，市不易肆事。忽必烈喜曰："吾能为之！"枢贺曰："王能如此，生民之幸，有国之福也。"

开庆元年（己未、一二五九）秋七月，蒙古主蒙哥卒于合州城下。蒙哥沉断寡言，不乐燕饮，自谓遵祖宗之法。然性喜畋猎，信巫觋卜筮之术，凡行事必卟之，殆无虚日。庙号宪宗。

景定元年（庚申、一二六〇）三月辛卯，蒙古主忽必烈立。初，忽必烈自南伐北还，廉希宪闻阿里不哥命刘太平及大将霍鲁怀行尚书省事于关右，恐结诸将以动秦、蜀，请遣赵良弼往觇之。良弼具得实，还报。时诸王合（册）〔丹〕（据元史四世祖纪、续纲目，薛鉴改）、莫哥、塔察儿俱会于开平，旭烈亦自西域遣使劝进，惟阿里不哥不至。希宪等力言：“先发制人，后发人制。逆顺安危，间不容发，宜早定大计。”忽必烈三让，诸王大臣固请，遂即位。诏曰：“朕惟祖宗，肇造区宇，奄有四方，武功迭兴，文治多缺，五十余年于此矣。盖时有先后，事有缓急，天下大业，非一圣一朝所能兼备也。先皇帝即位之初，风飞雷厉，将大有为，忧国爱民之心虽切于己，尊贤使能之道未得其人。方董夔门之师，遽遗鼎湖之泣，岂期遗恨，竟勿克终！肆予冲人，渡江之后，盖将深入焉，乃闻国中重以佥军之扰，黎民惊骇，若不能一朝居者。予为此惧，驿骑驰归。目前之急虽纾，境外之兵未戢，乃会群议，以辑良规。不意宗盟辄先推戴，左右万里，名王巨臣，不召而至，不谋而同。咸谓：‘国家之大统不可久旷，神人之重寄不可暂虚。’求之今日，太祖嫡孙之中，先皇母弟之列，以贤以长，止予一人。‘虽在征伐之间，每存仁爱之念，博施济众，实可为天下主。天道助顺，人谋（予）〔与〕（据元史卷四世祖纪、薛鉴改）能，祖训传国大典于是乎在，孰敢不从！’朕峻辞固让，至于再三，祈恳益坚，誓以死请，于是俯徇舆情，勉登大宝。自惟寡昧，属时多艰，若涉渊水，罔知攸济。爰当临御之始，宜新弘远之规，祖述变通，正在今日，务施实德，不尚虚文。虽承平未易遽臻，而饥渴所当先务。呜呼！历数攸归，钦应上天之命，勋亲斯托，敢忘烈祖之规。

体极建元，与民更始，朕所不逮，更赖我远近宗族，中外文武，同心协力，献可替否之助。诞告多方，体予至意！”

夏四月，蒙古阿里不哥闻忽必烈即位，命阿蓝答儿发兵于漠北诸部，分遣心腹，易置将佐，散金帛，赉士卒，又命刘太平、霍鲁怀拘收关中钱谷。时浑都海自先朝将兵屯六盘，太平等阴相结纳。浑都海复分遣人约成都密里霍者、青居乞台不花同举事。阿里不哥遂自称帝于和林。

五月，蒙古刘太平、霍鲁怀闻廉希宪将至，乘传急入京兆，谋为变。秦人前被阿蓝答儿、太平等威虐，闻其来，皆破胆。越二日，希宪亦至，宣示诏旨，遣人驰往六盘宣谕安抚。未几，城门候引一急使（去）（据续纲目删）至，云来自六盘。希宪讯之，尽得太平、鲁怀与浑都海、密里霍者、乞台不花要结状。希宪集僚佐，谓曰：“主上命我辈，正为今日！”遂分遣人掩捕太平、鲁怀等，仍遣刘里马诛密里霍者于成都，汪惟正诛乞台不花于青居。又命总帅汪良臣帅秦、巩诸军，进讨浑都海。良臣以未得旨为辞，希宪即解所佩虎符银印，授之曰：“此皆身承密旨，君但办吾事，制符已飞奏矣！”良臣遂行。又摘蜀卒四千，命蒙古将八春帅之，为良臣声援。会有诏赦至，希宪命杀太平等于狱，尸于通衢，方出迎诏。浑都海知京兆有备，西渡河趋甘州，阿蓝答儿自和林帅兵适至，遂与浑都海合军而南。时诸王合丹亦率骑兵，与八春、汪良臣兵合，分三道以拒之。既阵，大风吹沙，良臣令军士下马，以短兵突其左，绕出阵后，溃其右而出。八春直捣其前，合丹勒精骑邀其归路，大战于甘州东，杀浑都海、阿蓝答儿，关、陇悉平。希宪乃遣使自劾停赦行刑、征调诸军、擅以良臣为帅诸罪，蒙古主曰："委卿方面之寄，正欲从宜，〔若〕（据续纲目、薛鉴补）拘常制，岂不坐失事机！"诏赐希宪金虎符，进平章政事，行省秦、蜀。商挺参知省事。

二年（辛酉、一二六一）冬十月，蒙古主忽必烈以阿里不哥违命，自将讨之，与战于昔木土之地。诸王合丹等杀其兵三千人，塔察儿分道奋击，大破之，追北五十里。忽必烈率诸军蹑其后，合三路蹙之，其部将多降。阿里不哥北遁，忽必烈引还。

五年（甲子、一二六四）秋七月，蒙古阿里不哥自昔木土之败，不复能军。至是，与诸王玉龙答失、阿速带、昔里给，及其谋臣不鲁花、阿里察、脱忽思等，自归于上都。蒙古主以诸王皆太祖之裔，并释不问，其谋臣不鲁花等伏诛。

宋史纪事本末卷一百

蒙古立国之制

宁宗嘉定十五年（壬午、一二二二）五月，蒙古主铁木真会诸将于可温寨。以西域渐定，始置达鲁花赤于各城监治之。达鲁花赤，犹华言掌印官也。

理宗绍定二年（己丑、一二二九）十二月，蒙古始定算赋：中原以户，西域以丁，蒙古以马牛羊。

三年（庚寅、一二三〇）二月，蒙古立十路课税所。初，蒙古太祖征西域，仓库无斗粟尺帛之储，于是群臣咸言，虽得汉人，亦无所用，不若尽杀之，使草木畅茂，以为牧地。耶律楚材曰："夫以天下之广，四海之富，何求而不得？但弗为耳。诚均定中原地税、商税、酒醋盐铁、山泽之利，周岁可得银五十万两，绢八万匹，粟四十余万石。何为无用哉！"太祖曰："诚如卿言，则国用有余矣。卿试为之！”至是，楚材奏立十路课税所，设使副二员，悉用士人，如陈时可、赵昉、刘中等，皆在选中。楚材因间进说周、孔之教，且谓：“天下虽得之马上，不可以马上治。”蒙古主深然之，繇是文臣渐进用矣。

四年（辛卯、一二三一）八月，蒙古主以耶律楚材为中书令。楚材奏请：“诸路州县长吏专理民事，万户府专总军政，课税所专掌钱谷，各不相统摄，著为令。”又举镇海、粘合与之同事，权贵不得志。燕京路长官石抹咸得卜激怒宗室斡真，使奏楚材用南朝旧人，恐有异志，不宜重用，因诬构百端，必欲置于死地。镇海、粘合重山等惧，让楚材曰：“何为强更张，必有今日事！”楚材曰：“立朝廷以来，每事皆我自为，诸公何与焉。若果获罪，我自当之！”蒙古主察斡真之诬，逐其使者。已而咸得卜为人所诉，蒙古主命楚材鞫治。楚材曰：“此人倨傲，故易招谤。今方有事南方，他日治之，未晚也。”蒙古主私谓近侍曰：“楚材不校旧恶，真长者，汝辈当效之！”蒙古主至云中，诸路所贡课额银币及仓廪物料文簿，具陈于前，悉符楚材元奏之数。笑曰：“卿何使钱币流入如此。”即日授以中书省印，俾领其事，事无大小，悉以委之。

端平三年（丙申、一二三六）夏四月，蒙古初括中原民户，定赋税。初，蒙古唯事进取，所降之户，因以与将士，自一社之民，各有所主，不相统摄。至是，诏括户口，以大臣忽都虎领之，民始隶州县。时群臣共欲以丁为户，耶律楚材以为不可。众皆曰：“我朝及西域诸国，莫不以丁为户。岂可舍大朝之法，而从亡国之政耶?”楚材曰：“自古有中原者，未尝以丁为户。若果行之，可输一年之赋，随即逃散矣!”蒙古主从楚材之议。及忽都虎以所括户一百四万上蒙古主，议割裂诸州郡，分赐诸王、贵族为汤沐邑。楚材奏曰：“尾大不掉，易以生隙，不如多与金帛，足以为恩。”蒙古主曰：“业已许之矣。”楚材曰：“若置官吏，必自朝命，除恒赋外，不令擅自征敛，差可久也。”蒙古主从之。楚材又定赋税，每二户出丝一斤，以供官用；五户出丝一斤，以与受赐贵戚、功臣之家。上田每亩税三升半，中田三升，下田二升半，水田亩五升，商税三十分之一，盐每银一两四十斤，已上以为永额。朝臣皆谓太轻，楚材曰：“将来必有以利进者，则以为重矣。”

嘉熙元年（丁酉、一二三七）二月，蒙古始给官府符印，定驿令。初，诸路官府，自为符印，僭越无度。耶律楚材请中书省依式铸给，名器始重。时诸王、贵戚皆得自起驿马，道路骚扰，所至需索百端。楚材复请给牌札，定分例，其弊始革。

八月，蒙古耶律楚材奏：“制器者必用良工，守成者必用儒臣。儒臣之事业，非积数十年，殆未易成。”蒙古主曰：“果尔，可官其人。”〔楚材请校试之〕（据续纲目、薛鉴补），乃命税课使刘中、杨奂随郡考试，以经义、词赋、论，分为三科，儒人被俘为奴者，亦令就试，其主匿弗遣者，死。得士凡四千三十人，免为奴者四之一。楚材又请立衡量，立钞法，定均输，庶政略备，民少苏息。

三年（己亥、一二三九）十二月，蒙古以奥都剌合蛮提领诸路课税。初，耶律楚材定课税银额，每岁五十万两。及河南降，户口滋息，增至一百一十万两。至是，回回奥都剌合蛮请以二百二十万两扑买之，楚材持不可，曰：“虽取五百万亦可得，不过严设法禁，阴夺民利耳。”反覆争论，声色俱厉。蒙古主曰：“尔欲搏斗耶？”楚材力不能夺，乃太息曰：“民之困穷，将自此始矣！”

景定元年（庚申、一二六〇）夏四月，蒙古初定官制。蒙古自铁木真以来，诸事草创，设官甚简，以断事官为至重之任，位三公上。丞相谓之大必阇赤，掌兵柄则左右万户而已。后稍仿金制，置行省及元帅、宣抚等官。至是，蒙古主忽必烈大新制作，遂命刘秉忠、许衡酌古今之宜，定内外官制。其总政务者曰中书省，秉兵柄者曰枢密院，司黜陟者曰御史台。其次，内则有寺、监、院、司、卫、府，外则有行省、行台、宣慰、廉访，其牧民则有路、府、州、县。官有常职，位有常员，食有常禄，其长则蒙古人为之，而汉人、南人贰焉。于是故老、旧臣、山林遗逸之士，咸见录用，一代之制始备。

秋七月，蒙古行交钞法。王文统立十〔路〕宣抚司，示以条格，欲差发办而民不扰，盐课不失常额，交钞无致阻滞；遂行中书省造中统元宝交钞，立互市于颍州、涟水、光化军。交钞法自十文至二贯文凡十等，不限年月，诸路通行，赋税并听收受。仍〔申〕严私盐酒（有）醋曲货〔等〕（并据元史卷二〇六王文统传、续纲目补正）禁。

二年（辛酉、一二六一）夏四月，蒙古主命宣抚司官劝农桑，抑游惰，礼高年，问民疾苦，举文学才识可以从政及茂才异等，列名上闻擢用。其职官污滥及民不孝弟者，量轻重议罚。

秋七月，蒙古初立翰林国史院。

十二月，蒙古初立宫殿府，秩正四品，专职营缮。立尚食局，尚药局。

四年（癸亥、一二六三）三月，蒙古始建太庙。蒙古国俗，祭享之礼，割牲，奠马湩，以巫祝致辞。蒙古主初立，始设位于中书省，用登歌乐，命制祭器、法服。至是，建太庙于燕京，定烈祖、太祖、太宗、术赤、察合带、睿宗、定宗、宪宗为八室，又命僧荐佛事七昼夜，岁以为常。

度宗咸淳元年（乙丑、一二六五）春正月，蒙古并六部为四，吏礼为一部，兵刑为一部，户、工仍各为一部。

二年（丙寅、一二六六）春正月，蒙古立制国用使。

三年（丁卯、一二六七）三月，蒙古安童言："今丞相五人，素无此例。臣等拟议设二丞相，蒙古、汉人参用。"从之。

夏四月，蒙古敕上都重建孔子庙。

五年（己巳、一二六九）二月，蒙古行新字。诏曰："国家肇基朔方，制用文字，皆取汉楷及畏吾字，以达本朝之言。考诸辽、金及遐方诸国，例各有字。今文治浸兴，字书方缺，特命国师八思巴创蒙古新字，颁行诸路，译写一切文字，期于顺言达事而已。"字凡千余，大要以谐声为宗。

六年（庚午、一二七〇）春正月，蒙古主命许衡与太常卿徐世隆定朝仪，衡与刘秉忠、张文谦定官制。又诏尚文与诸儒采唐开元礼及近代礼仪之可行于今者，斟酌损益，凡文武仪仗、服色差等，皆令掌之。

七年（辛未、一二七一）十一月，蒙古改国号曰大元。诏曰："诞膺景命，奄四海以宅尊，必有美名，绍百王而纪统，肇从隆古，匪独我家。且唐之为言荡也，尧以之而著称。虞之为言乐也，舜因之而作号。驯至禹兴而汤造，互名夏大以殷中。世降以还，事殊非古，虽乘时而有国，不以善而制称。为秦为汉者，但从初起之地名，曰隋曰唐者，仅即所封之爵邑。是皆徇百姓见闻之狃习，要一时经制之权宜，概以至公，不无少贬。我太祖握乾符而起朔土，以神武而膺帝图，肆振天声，大恢土宇，舆图之广，历古所无。顷者，耆宿诣庭，奏章申请，谓既成于大业，宜早定于鸿名。在古制以当然，于朕心乎何有？可建国号曰大元。盖取易经'乾元'之义。兹大冶流行于庶品，孰名资始之功；予一人底宁于万邦，尤切体仁之要。事从因革，道协天人，嘉与敷天，共隆大号。"

宋史纪事本末卷一百一

北方诸儒之学

理宗嘉熙二年（戊戌、一二三八）冬十月，蒙古姚枢建太极书院于燕京。初，蒙古破许州，得金军资库使姚枢，时北庭无汉人士大夫，太祖见之甚喜，特加重焉。及阔端南侵，俾枢从杨惟中即军中求儒、释、道、医、卜之人，枢招致稍众。及拔德安，得赵复。复以儒学见重于世，其徒称为江汉先生。既被获，不欲北行，力求死所。枢止与共宿，譬说百端，曰："徒死无益，随吾而北，可保无他也。"复从之，枢于是获睹周、程性理之书。至是，惟中与枢谋建太极书院及周子祠，以二程、张、杨、游、朱六子配食，请赵复为师，选俊秀有识度者为道学生。繇是河朔始知道学。

淳祐二年（壬寅、一二四二）夏四月，蒙古姚枢辞官，隐辉县之苏门山。作家庙，别为室，奉孔子及宋儒周、程、张、邵、司马六君子像。刻小学、四书并诸经传注，行于国中。

宝祐三年（乙卯、一二五五）二月，蒙古忽必烈征许衡为京兆提学。衡，怀庆河内人。幼有异质，七岁入学，授章句，问其师曰："读书何为？"师曰："取科第耳。"曰："如此而已乎？"师大奇之，谓衡父〔母〕（据元史卷一五八许衡传、续纲目、薛鉴补）曰："儿颖悟非常，他日必有过人者，吾非其师也。"遂辞去。稍长，嗜学如饥渴，然遭世乱，且贫无书。尝从日者家得书疏义，避乱徂徕山，得易王弼说，夜思昼诵，身体而力践之，〔言〕（据同上书补）动必揆诸义而后发。尝暑中过河阳，渴甚，道有梨，众争取啖之，衡独危坐树下自若。或问之，曰："非其有而取之，不可也。"人曰："世乱，此无主。"曰："梨无主，我心独无主乎！"既而往来河、洛间，从柳城姚枢得程、朱氏书，益大有得。寻居苏门，与枢及窦默相讲习，慨然以道自任。尝语人曰："纲常不可一日亡于天下，苟在上者无以任之，则在下之任也。"凡丧祭嫁娶，必征于礼，以倡其乡人。学者浸盛，衡尝语之曰："进学之序，必当弃前日章句之习，从事于小学。"因悉取向来简帙焚之，使无大小，皆自小学入。是时，秦人新脱于兵，欲学无师，闻衡来，人人莫不喜幸，于是郡县皆建学，民大化之。

景定元年（庚申、一二六〇）夏四月，蒙古主召窦默、许衡至开平。默，肥乡人。金末，避乱转徙，隐于大名。

与姚枢、许衡相讲习，至忘寝食。蒙古主在潜邸，尝召之，默变姓名以自晦。使者俾其友人往见之，微服踵其后，默不得已，乃拜命。既至，问以治道，默首以纲常为对。且曰："失此则无以自立于世矣！"又言："帝王之道，在诚意正心，心既正，则朝廷远近，莫敢不一于正。"蒙古主敬待加礼。久之，南还。至是，复与衡同召。

二年（辛酉、一二六一）五月，蒙古以姚枢为太子太师，窦默为太子太傅，许衡为太子太保。皆辞，不拜。时平章政事王文统以言利进，为平章政事。衡、枢辈入侍，言治乱休戚必以义为本，文统患之。窦默复于蒙古主前，力言文统学术不正，必祸天下。蒙古主曰："然则谁可相者？"默曰："以臣观之，无如许衡。"蒙古主不悦而罢。文统疑衡与默为表里，乃奏授枢等东宫三师，阳为尊用之，实不使数侍蒙古主也。默以屡攻文统不中，欲因东宫以避祸，与枢拜命，将入谢，衡曰："此不安于义也。且礼，师傅与太子位东西向，师傅坐，太子乃坐，公等度能复此乎？不能，则师道自我废也。"因相与怀制，言太子未立，岂宜虚设官称。乃改授枢大司农，默仍侍讲学士，衡国子祭酒。未几，衡称疾，还怀、孟。

度宗咸淳七年（辛未、一二七一）六月，元主复召许衡，拜集贤大学士兼国子祭酒，即燕京南城旧枢密院设学。衡闻命喜曰："此吾事也！"因请征其弟子王梓、耶律有尚、姚燧等十二人为斋长。时所选弟子皆幼稚，衡待之如成人，爱之如子，出入进退，其严如君臣。其为教，因觉以明善，因善以开蔽，相其动息以为张弛，课诵少暇即习礼，或习书算。少者则令习拜跪、揖让、进退、应对，或射，或投壶，负者罚读书若干遍。久之，诸生人人自得，尊师敬业，下至童子，亦知三纲、五常之道。

九年（癸酉、一二七三）秋七月，元许衡请还怀、孟。元主以问翰林学士王磐，磐对曰："衡教人有法，诸生行可从政，此国之大事，宜勿听其去。"元主复命诸大臣议其去留，窦默为衡恳请，乃听衡还。刘秉忠、姚枢及磐、默等复请以赞善王恂摄学事，衡弟子耶律有尚、苏郁、白栋为助教，庶几衡之规矩不至废坠。从之。

宋史纪事本末卷一百二

蒙古南侵

理宗宝祐四年（丙辰、一二五六）（八）〔六〕（据元史三宪宗纪改）月，蒙古诸王亦孙哥、驸马也速儿等请伐宋。蒙古主命诸王阿里不哥居守和林，阿蓝答儿辅之，自将南侵，繇西蜀以入。先命张柔从忽必烈攻鄂，趋杭州，塔察儿攻荆山。又诏兀良合台自交、广引兵会鄂，李全子璮进攻海州、涟水军等处。蒙古主进次六盘，军四万，号十万，分三道而入。蒙古主繇陇州趋散关，诸王莫哥繇洋州趋米仓，万户孛里叉繇潼关趋沔州。

六年（戊午、一二五八）二月，蒙古纽璘将前军，欲会都元帅阿答胡于成都。蒲择之遣安抚刘整等据遂宁江箭滩渡，以断东路。纽璘军至，不能渡。自旦至暮，大战，整等军败，纽璘遂长驱至成都。择之命杨大渊等守剑门及灵泉山，自将兵（救）〔取〕成都。会阿答胡死，纽璘率诸将大破大渊等于灵泉山，进围云顶山城，〔扼其归路〕。择之军溃。城中食尽，〔亦〕（据元史卷一二九纽璘传、续纲目、薛鉴改并补）杀主将以降。成都、彭、汉、怀、绵等州，威、茂诸蕃，悉降蒙古。

十月，蒙古主渡嘉陵江至白水，命总帅汪德臣造浮梁以济，进次剑门。至苦竹隘，守将张实死之。

十一月，蒙古进兵围长宁山，守将王佐、徐昕战败。蒙古进攻鹅顶堡，城降，佐死之。繇是清居、大良、运山、石泉、龙州，俱降于蒙古。

十二月，蒙古兵渡马湖入蜀。诏马光祖移（师）〔司〕（据宋史卷四四理宗纪、续纲目、薛鉴改。下同）峡州，向士璧移（师）〔司〕绍庆府，以便策应。光祖、士璧以兵迎蒙古师，战于房州，败之。

蒙古主取隆、雅州，又取阆州，杨大渊以城降。

开庆元年（己未、一二五九）春正月己酉，蒙古兵攻忠、涪州，渐薄夔境。诏："蒲择之、马光祖，战守调遣，便宜行事。"

丁卯，以贾似道为京西、湖南、北、四川宣抚大使，移马光祖为沿江制置使，似道寻兼督江西、二广军马。

蒙古军破利州、隆庆、顺庆诸郡。

蒙古兀良合台率四王兵三千，蛮、僰万人，破横山，徇内地，乘胜破宾州，入静江府，连破辰、沅。官军断其归路，兀良合台潜出官军后，命其子阿术横击于前，官军退走，遂壁潭州城下。

二月，蒙古主遣降人晋国宝招谕合州，守将王坚杀之。蒙古主遂命大将浑都海以兵二万守六盘，乞台不花守青居山，又命纽璘造浮梁于涪州之蔺市以杜援兵。蒙古主自鸡爪滩渡，直抵合州城，俘男女万余。坚力战以守，蒙古会师围之。

六月，四川制置副使吕文德帅兵攻涪浮梁，力战，得入重庆，遂率艨艟千余，泝嘉陵江而上。蒙古史天泽分军为两翼，顺流纵击，文德败绩。

秋七月，蒙古兵围合州，自二月至于是月，守将王坚固守力战，蒙古主屡督诸军攻之，不克。前锋将汪德臣选兵夜登外城，坚率兵逆战。迟明，德臣单骑大呼曰："王坚，我来活汝一城军民，宜早降！"语未既，几为飞石所中，因得疾死。会天大雨，攻城梯折，后军不克进，俱退。蒙古主蒙哥卒于合州城下，或传中飞矢死。诸王大臣用二驴，蒙以缯椟，负之北行。合州围解。捷闻，加坚宁远军节度使。

八月，蒙古忽必烈遣王惟中、郝经宣抚荆湖、江、淮，将归德军先至江上。经言于忽必烈曰："经闻图天下之事于未然则易，救天下之事于已然则难，已然之中复有未然者，使往者不失，而来者得遂，是尤难也。国家奋起朔漠，灭金源，并西夏，取荆、襄，克成都，平大理，躏跞诸夷，奄征四海，垂五十年而一之以兵，遗黎残姓，游气惊魂，虔刘劘荡，殆欲歼尽，自古用兵未有若是之久且多也。且括兵率赋，朝下令，夕出师，阖国大举，以之伐宋而图混一，以志则锐，以力则强，而术则未尽也。苟于诸国既平之后，创法立制，敷布条纲，任将相，选贤能，平赋足用，屯农足食，内治既举，外御亦备。今西师之出，久未即功，兵连祸结，底安于危。王宜遣人禀命行在，宜喻宋令降名进币，割地纳质，偃兵息民，以全吾力而图后举。禀命不从，然后传檄，示以大信，使知王仁而不杀之意。一军出襄、邓，一军出寿春，一军出维扬，三道并进，东西连衡，王处一军，为之节制，使我兵力常有余裕。如是，则未来之变或可弭，已然之失或可救也。议者必曰，三道并进则兵分势弱，不若并力一向则莫我当也。曾不知取国之术与争地异，并力一向，争地之术也；诸道并进，取国之术也，昔之混一者皆若是矣。晋取吴则六道进，隋取陈则九道进，宋之于南唐则三面皆进，未闻有一旅之众而能克国者。或者有之，侥幸之举也。昔秦王问王翦以伐荆，翦曰：'非六十万不可。'秦王曰：'将军老矣。'命李信将二十万往，不克，卒以兵六十万畀翦，而后举楚。盖众有所必用，事势有不可悬料而幸取者，故王者之举必万全，其幸举者，崛起无赖之人也。若直前振迅，锐而图功，一举而下金陵，入临安，则可也。如兵力耗潵，役成迁延，进退不可，反为敌人所乘，悔可及乎！固宜重慎详审图之。"乃会兵渡淮，忽必烈繇大胜关，张柔繇虎头关，分道并进，官军皆遁。时忽必烈得沿江制置司榜，有云："今夏谍者闻北兵会议，取黄陂民船系筏繇阳逻堡以渡，会于鄂州。"忽必烈曰："此事前所未有，愿如其言。"及至黄陂，渔人献舟，且为乡导。

九月，宗王莫哥自合州遣人以蒙古主凶讣告忽必烈，请北还以系人望。忽必烈曰："吾奉命南来，岂可无功遽还？"自登香炉山，俯瞰大江。大江之北曰武湖，武湖之东曰阳逻堡，其南岸即浒黄州，官军以大舟扼江渡，军容甚盛。董文炳言于忽必烈曰："长江天险，宋所恃以为国，势必死守，不夺其气不可。臣请尝之！"乃帅死士数十百人当其前，令其弟文用、文忠载艨艟，鼓棹疾趋，叫呼毕奋。锋既交，文炳麾众趣岸搏战，官军大败。明日，遂帅诸军渡江，进围鄂州，中外大震。

蒙古兵至临江。时制置使徐敏子在隆兴，顿兵不进。知军事陈元桂力疾登城，坐督战，力不能敌。有欲抱而走者，元桂曰："死不可去！"左右俱遁。兵至，元桂瞠目叱骂，遂死之，悬其首于敌楼。蒙古兵遂入瑞州，知府陈昌世治郡有善政，百姓拥之以逃。

诏诸路出师以御蒙古，大出内府银币犒师，前后出缗钱七千七百万，银、帛各一百六万两、匹。

冬十月，以贾似道为右丞相兼枢密使，军汉阳以援鄂。

时边报日急，临安团结义勇，招募新兵，增筑平江、绍兴、庆元城壁，朝野震恐。内侍董宋臣请帝迁都四明，以避敌锋。军器（太）〔大〕（据续纲目改）监何子举言于吴潜曰："若上行幸，则京师百万生灵，何所依赖？"御史朱貔孙亦言："銮舆一动，则三边之将士瓦解，而四方之盗贼蜂起。必不可！”会皇后亦请留跸以安民心，帝遂止。宁海节度判官文天祥乞斩宋臣，不报。

十一月，蒙古围鄂州，都统张胜权州事，以城危在旦夕，登城谕之曰：“城已为汝家有，但子女玉帛皆在将台，可从彼取。”蒙古信之，遂焚城外民居，将退。会高达等引兵至，贾似道亦驻汉阳为援，蒙古乃复进攻。遣苫彻拔都儿领兵同降人谕鄂州使降，抵城下，胜杀使者，以军出袭苫彻拔都儿，战败死。达恃其武勇，殊易似道，每见其督战，即戏之曰：“巍巾者何能为哉！”将战，必须似道亲劳始出，否即使兵士哗于其门。吕文德谄事似道，使人诃曰：“宣抚在此，何敢尔耶！”曹世雄、向士璧皆从在军，事未尝关白。似道繇是衔三人而亲文德。

时诸路重兵咸聚于鄂。蒙古兵繇永、全至潭州，江西大震。吴潜用御史饶应子言，移贾似道于黄州，〔黄〕（据续纲目、薛鉴补）虽下流，实当兵冲。孙虎臣以精骑七百送之，至蘱草坪，候骑言前有北兵，似道大惧，谓左右曰：“奈何？”虎臣匿似道，出战。似道叹曰：“死矣，惜不光明俊伟尔！”及北兵至，乃老弱部所掠金帛子女而去者，江西降将储再兴骑牛先之。虎臣出擒再兴，似道遂入黄州。

十二月己亥，贾似道私与蒙古议和。时蒙古攻城益急，城中死伤者至万三千人，贾似道大惧，乃密遣宋京诣蒙古营，请称臣纳币，忽必烈不许。会合州守臣王坚使阮思聪踔急流走鄂，以蒙古主讣闻，似道再遣京往。忽必烈亦闻阿蓝答儿等谋立阿里不哥，遣脱忽思括民兵，因召群臣议事。郝经曰："易言'知进退存亡而不失其正者，其惟圣人乎！'国家自平金以来，惟务进取，老师费财，三十年矣。今国内空虚，塔察、旭烈诸王观望所立，莫不觊觎神器，一有狡焉，或启戎心，先人举事，腹背受敌，大事去矣！且阿里不哥已令脱里察行尚书省，据燕都，按图籍，号令诸道，行皇帝事矣。虽大王素有人望，且握重兵，独不见金世宗、海陵之事乎？若彼果称遗诏，便正位号，下诏中原，行赦江上，欲归得乎？愿大王以社稷为念，与宋议和，割淮南、汉上、梓、夔两路，定疆界、岁币，置辎重，率轻骑而归，直造燕都，则彼之奸谋，冰释瓦解。遣一军逆大行灵舆，收皇帝玺；遣使召旭烈、阿里不哥、莫哥诸王会丧和林；差官于诸路，抚慰安辑；命王子真金镇守燕都，示以形势，则大宝有归而社稷安矣。"忽必烈以为然。会宋京至，请称臣，割江南为界，岁奉银绢匹两各二十万。忽必烈许之，遂拔砦而去，留张杰、阎旺，以偏师候湖南兀良合台之兵。贾似道奏鄂州围解，诏论功行赏。

蒙古兀良合台攻潭州甚急。向士璧帅潭，极力守御，既置飞江军，又募斗弩社，朝夕亲自登城抚劳。闻蒙古后军且至，遣王辅佑帅五百众觇之。遇于南岳市，大战，蒙古少却，会忽必烈遣迈铁赤将兵来迎，兀良合台遂解围，引兵趋湖北。

景定元年（庚申、一二六〇）二月，蒙古张杰、阎旺作浮桥于新生矶，兀良合台引兵至，杰等济师北还。贾似道用刘整计，命夏贵以舟师攻断浮桥，进至白鹿矶，杀〔殿〕

（据续纲目、薛鉴补）卒百七十人。辛酉，蒙古遣偏师取道大理，繇广南抵衡州。向士璧合刘雄飞兵逆战于道，败之，获还俘民甚众。

三月，贾似道匿议和称臣纳币之事，以所杀获俘卒殿兵，上表言："诸路大捷，鄂围始解，江、汉肃清。宗社危而复安，实万世无疆之休！"帝以似道有再造功，诏入朝。

夏四月，进贾似道少师，封卫国公。帝手诏曰："贾似道为吾股肱之臣，任此旬宣之（计）〔寄〕（据宋史全文卷三六改），隐然殄敌，奋不顾身，吾民赖之而更生，王室有同于再造。"及似道至，又诏百官郊劳，如文彦博故事，奖眷甚至。诸将士悉进官：吕文德检校少傅，高达宁江军承宣使，刘整知泸州兼潼川安抚副使，夏贵知淮安州兼京东招抚使，孙虎臣和州防御使，范文虎黄州、武定诸军都统制，向士璧、曹世雄各加转有差。初，似道恶高达在军中常侮己，言于帝，欲杀之，帝知其有功，不从，故论功以吕文德为第一，而达居其次。

似道既相，引荐奔競之士，受纳贿赂，置诸通显，又引外戚子弟为监司郡守。进倡优傀儡，奉帝为游燕，台臣有谏者，宣谕使裁去，谓之节帖。权倾中外，进用群小，变更法制矣。

宋史纪事本末卷一百三

郝经之留

理宗景定元年（庚申、一二六〇）夏四月，蒙古以郝经为国信使，来告即位，且征前日讲和之议。蒙古王文统素忌郝经有重名，既请遣经，复阴属李璮潜师侵宋，欲假手害经。或谓经曰："文统叵测，盍以疾辞。"经曰："自南北构难，江、淮遗黎，弱者被俘略，壮者死原野，兵连祸结，斯亦久矣。主上一视同仁，务通两国之好，虽以微躯蹈不测之险，苟能弭兵靖乱，活百万生灵于锋镝之下，吾学为有用矣！"遂行。

秋七月，贾似道拘蒙古使者郝经于真州。先是，贾似道还朝，使其客廖莹中辈撰福华编，称颂鄂功，通国皆不知所谓和也。经至宿州，遣其副使何源、刘人杰请入国日期，不报。经数遗书于三省、枢密院及两淮制置使李庭芝，贾似道恐经至谋泄，拘经于真州之忠勇军营。

经上表有言曰：“愿附鲁连之义，排难解纷；岂如唐俭之徒，款兵误国。”又数上书于帝，略曰：“贵朝自太祖受命，建极启运，创立规模，一本诸理，校其武功有不逮汉、唐之初，而革弊政，弭兵凶，弱藩镇，强京国，意虑深远，贻厥孙谋，有盛于汉、唐之后者。尝以为汉似乎夏，唐似乎商，而贵朝则似乎周，可以为后三代。夫有天下者，孰不欲九州四海奄有混一，端委垂衣，而天下晏然穆清也哉！理有所不能，势有所难必，亦安夫所遇之理而已。贵朝祖宗深见夫此，持勒控约，不肯少易，是以太祖开建大业，太宗丕承基统，仁宗治效浃洽，神宗大有作为，高宗坐弭强敌，皆有其势而弗乘，安于理而不妄者也。今乃或者欲于迁徙战伐之极，三百余年之后，不为扶持安全之计，欲断生民之余命，弃祖宗之良法，不以理以势，不以守以战，欲收奇功，取幸胜，为诡遇之举，不亦误乎！伏惟陛下之与本朝，初欲复前代故事，遣使纳交，越国万里，天地人神，皆知陛下之仁，计安生民之意。而气数未合，小人交乱，虽行李往来，徒费道路，迄无成命，非两朝之不幸，生民之不幸也。有继好之使而无止戈之君，有讲信之名而无修睦之实，有报聘之命而无输平之约，是以籍籍纷纷，不足以明信，而适足以长乱。至渝、合、交、广之役，而祸乱极矣。主上即位之初，过意相与，惟恐不及，不知贵朝何故接纳其使，拘于边郡，蔽羃蒙覆，不使进退，一室之内，颠连宛转，不睹天日，绵历数年。主上何罪，经等亦何罪，而寖逼至是耶？或者必以为本朝兵乱，有隙可乘，必有范山语楚子言，以为晋君不在诸侯，而北方可图。夫以贵朝积累之盛，畜养生聚，三百余年，恢复故疆，固所当为。然而大河南北，秦、陇东西，海、岱表里，名城数百，纵使本朝有故，委而不问，诸镇侯伯亦未易取。中间或有魏太武敛戍之计，纵使入境，一日抄骑，百千为群，虽得一城，取一寨，未能偿数世之所失，而徒弃二国之明信。或者之论足以病国，而不足以有成，明矣。请以贵朝之事质之:熙、丰之间，有意于强国矣，而卒莫能强；宣、政之间，有意于恢复矣，百年之力，漫费于燕山之空府，而因以致变；开禧之间，又有意于进取矣，而随得随失，反致淮南之师；端平之间，再事夫收复矣，而徒敝师徒，漫不收摄，遂失蜀汉。是皆贵朝之事，且陛下所亲见者，旁薄横溃，至于今日。而议者不规夫古之理，惟徇夫今之势，不惧夫远祸，惟嗜夫近利。此经所以昧死强僭，必言之而不靳也。苟惟徇天下之势，不规天下之理，则又必谓辽、金、夏人，吾见其灭，彼今有故，气数可测，委如贵朝兵乱异闻等事，一皆不妄，岂宜遽以为玩？本朝立国，根据绵络，包括海宇，未易摇荡。太祖皇帝倡义漠北，一举而取燕、辽，再举而取河朔，又再举而灭西夏，遂乃掇拾秦、雍，倾覆汴、蔡，穿彻巴、蜀，绕出大理，东、西、北皆际海，而南际江、淮，自周、汉以来，未有大且强若是者。而其风俗淳厚，禁网疏阔，号令简肃，是以夷、夏之人皆尽死力，岂得一遭变故，便至沦弃者乎？且委如所传，非直本朝之不幸，抑亦贵朝之不幸也。主上万安，必能弭兵，使南北之人免杀戮之祸。不然，则战争方始，而贵朝可忧矣。事至今日，贵朝宜汲汲皇皇，以应主上美意，讲信修睦，计安元元，而乃仍自置而不问，实有所未解者。抑天未厌乱，将繇是以缔造兵端耶？抑别有所韫蓄耶？皆不可得而知也。窃尝思之，本朝用兵四十余年，亦休息之时也。贵朝受兵三十余年，亦厌苦之时也。夫天下之势，始于北而终于南，一气之运，建于子而屈于午，动本于静，阳本于阴，日北至而阳生，南至而阴生，故凡立国者莫不自北而南也。是以周自戎狄迁豳，国岐而都丰、镐，至于成周则极矣。平王东迁，于是不能复古，盖自西北而入于东南也。秦人自汧、渭霸关中，并六国，最后灭楚，亦自西北而始也。汉自关中取韩、魏、梁、赵，蹙项氏于彭城，亦自西北而至于东南也。至世祖都洛，而汉氏极矣。昭烈入蜀，辅以孔明之英贤，关、张之忠勇，仗义复汉，攻樊城，震许都，屡出祁山，久驻渭滨，终不能有关、洛一郡。孙氏立国江东，据三州以虎视天下，有陆逊之沉鸷，吕蒙之谋画，出濡须，下皖城，攻合肥，以战为守，终不能得淮北一民。观此则南北之理，天下之势，灼然见矣。伏惟贵朝，肇基王迹则自燕、赵之交，一时将相皆幽、蓟、常山之豪杰，二祖功德则著于淮南，受命启土则始于汴宋，是亦自北而南也。既正皇极，平唐、蜀，灭楚、汉，自江南至于岭南，则又自北而南也。江、淮之间，至于闽、越，户口滋殖，十百诸夏，文物学校，盛于上国，亦气数使然，应夫万物相见，南方之卦所以开后王而有今日也，是亦自北而南也。夫邦交之事，非独贵朝，然至贵朝而始盛。自国初启运，铲平僭伪，有沛然混一之势；乃置燕、云而不取，与契丹再定盟誓，好聘往来，甲兵不试，安天下者百余年。至于宣、政，盟约遂坏，靖康之末，因弃都邑。高宗南幸，堕仇崇好，遂与金源再定盟誓，好聘往来，甲兵不试，安天下者又百余年。繇是观之，以交邻为国，而能计安天下者，莫盛于贵朝也。故曰以和议邦交为国者，贵朝之事也。天子之所持守，大臣之所辅相，百僚之所论议，以为社稷之大经者，惟此而已。至于本朝适与陛下相当，而陛下使命不一，卒无有成。盖本朝极兵威，奄征方国，而天未厌乱，每为差池，是以陛下之圣意不能达，祖宗之成规不能合，生民之命莫与救药，太和之气将遂殄绝。天地设位，必有对待，陛下有此意，则主上启此心，盖其气数亦当然也。主上即位之初，先遣信使，输平继好，弭兵息民，而贵朝置之舍馆，绵历数岁，置而不问。是殆必有横议之人，将以弊贵朝误陛下者。就令贵朝所举皆中，图维皆获，返旧京，奄山东，取河朔，铲白沟之界，上卢龙之塞，而本朝亦不失故物。若为之而不成，图之而不获，复欲洗兵江水，挂甲淮壖，而遂无事，殆恐不能。一有所失，则不既大矣乎！且贵朝光有天下三百有余年矣，举祖宗三百年之成烈，再为博者之一掷，遂以干戈易玉帛，杀戮易民命，战争易礼乐，窃为陛下不取。或稽留使人不为无故，或别有盖藏之迹，亦宜明白指陈，不宜摈而弗问，陈说不答，表请不报，默默而已，殆非贵朝之长策也。”不报。驿吏棘垣钥户，昼夜守逻，欲以动经。经不屈，但语其下曰：“向受命不进，我之罪也。一入宋境，死生进退，听其在彼，屈身辱命，我终不能。汝等不幸，同在患难，宜忍以待之。揆之天时人事，宋祚殆不远矣！”

帝闻有北使，谓宰执曰：“北朝使来，事体当议。”似道奏：“和出彼谋，岂宜一切轻徇！傥以交邻国之道〔来〕（据宋史卷四五理宗纪、续纲目、薛鉴补），当令入见。”蒙古遣详问官崔明道、李全义诣淮东制置司，访问经等所在。淮东制置李庭芝奏蒙古使者久留真州，亦为似道所格。

宋史纪事本末卷一百四

李璮之纳

理宗景定三年（壬戌、一二六二）二月，蒙古江淮大都督李璮以京东来归。璮李全子，既降蒙古，为山东行省，葺旧海城，将窥海道。已而陷海州、涟水军，拔四城，杀官军几尽，淮扬大震。自蒙古主蒙哥卒，忽必烈立，璮始萌南归之志，前后所奏凡数十事，皆恫疑虚喝以动蒙古，而自为完缮益兵计。至是，召其子彦简〔于〕（据续纲目、薛鉴补）开平，修筑济南、益都等城壁，遂歼蒙古戍兵，以涟、海三城来归，献京东州县请赎父过，仍遣总管李毅等传檄列郡。诏授璮保信、宁武军节度使，督视京东、河北路军马，封齐郡王，复其父全官爵。改涟水为安东州。

夏四月，李璮引兵还攻益都，入之，遂入淄州。

五月，蒙古主命诸王哈必赤总诸道兵击李璮。璮兵势甚张，复命丞相史天泽往，仍诏诸将皆受天泽节制。天泽至济南，谓哈必赤曰："璮多谲而兵精，不宜力角，当以岁月弊之。"乃深沟高垒，遏其侵轶。初，行军总管张弘范临发，父柔谓之曰："汝围城勿避险地，险则己无懈心，兵必致死。主者虑其险，必赴救，可因以立功。"至是，弘范营城西，璮出兵突诸将，独不向弘范。弘范曰："我营险地，璮乃示弱于我，必以奇兵来袭，谓我弗悟也。"遂筑长垒，内伏甲而外为濠，开东门以待，夜浚濠加深广，璮不知也。明日，璮果拥飞桥来攻，未及岸，军陷濠中；得升濠者，突入垒门，遇伏皆死。

六月，朝廷闻李璮受围，给银五万两，下益都府犒军，遣青阳梦炎帅师援之。梦炎至山东，不敢进而还。

八月，蒙古主命史枢、阿术各将兵赴济南。李璮帅众出掠辎重，将及城，北兵邀击，大败之，璮退保城。史天泽命筑环围，璮自是不复得出。董文炳知其势蹙，抵城下，呼璮爱将田都帅者曰："反者璮耳，余来即吾人，毋自取死也！"田缒城降。璮犹日夜拒守，分军就食民家，发其盖藏以继；不足，则家赋之盐，令以人为食。璮知城且破，乃手刃妻妾，乘舟入大明湖，自投水中，水浅不得死，为蒙古所获。史天泽杀之，解其体以徇。明日，引军东行，未至益都，城中人已开门迎降。三齐复为蒙古所有。事闻，赠璮检校太师，赐庙额曰显忠。初，璮兵有沂、涟两军二万余人，勇而善战，哈必赤配蒙古诸军，使阴杀之。文炳当杀二千人，言于哈必赤曰："彼为璮所胁耳，向天子南伐，或妄杀人，虽大将亦罪之，是不宜杀也。”哈必赤从之，然他杀之者已众，皆大悔。时山东尚未靖，蒙古主以文炳为经略使。文炳至益都，从数骑，便服而入，至府，不设警卫，召璮故将吏，抚谕于庭下。所部大悦，山东以安。初，天泽征璮，蒙古主临轩授诏，责以专征，天泽至军，未尝以诏示人。既还，蒙古主慰劳之。时言者谓璮之变繇大藩子弟尽专兵民之权，天泽奏行之，请自臣家始。于是史氏及张柔、严忠济子弟皆还私第。

宋史纪事本末卷一百五

贾似道要君

度宗咸淳元年（乙丑、一二六五）夏四月，加贾似道太师，封魏国公。初，理宗在位久，储宫尚虚，帝时在忠邸，欲立为嗣，以问宰相吴潜，潜密奏云："臣无弥远之才，忠王无陛下之福。"理宗怒。似道闻之，因陈建储之策，意在倾潜。潜去而似道独相，帝遂立为太子。既即位，以似道有定策功，每朝必答拜，称之曰"师臣"而不名。朝臣皆称为"周公"。理宗山陵事竣，径弃官还越，而密令吕文德诈报蒙古兵攻下沱急，朝中大骇。帝与太后手诏起之，似道乃至。欲以经筵拜太师，而典故须建节，乃授镇东军节度使。似道怒曰："节度使，粗人之极致耳！"遂命出节。都人聚观，节〔已〕（据宋史卷四七四贾似道传、续纲目、薛鉴补）出，复曰："时日不利。"亟命返之。旧制，节出，撤关坏屋，无倒节理，以示不屈。至是，人皆骇异。

二年（丙寅、一二六六）春正月，江万里罢。时贾似道以去要君，帝至拜留之，万里以身掖帝云："自古无此君臣礼，陛下不可拜，似道不可复言去。"似道不知所为，下殿，因举笏谢万里曰："微公，似道几为千古罪人！"然以此益忌之。帝在经筵，每问经史疑义及古人姓名，似道不能对，万里尝从旁代对。王夫人稍知书，帝语夫人以为笑。似道积惭怒，谋逐万里，万里亦四上疏求退，乃以资政殿大学士奉祠。

三年（丁卯、一二六七）二月，贾似道上疏乞归养，帝命大臣侍从传旨固留，日四五至，中使加赐，日十数至，夜即交卧第外以守之。特授平章军国重事，一月三赴经筵，三日一朝，治事都堂，赐第西湖之葛岭，使迎养其中。似道于是五日一乘湖船入朝，不赴都堂治事，吏抱文书就第呈署，大小朝政，一决于馆客廖莹中、堂吏翁应龙，宰执充位而已。似道虽深居简出，凡台谏弹劾，诸司荐辟，及京尹畿漕一切事，不关白不敢行。正人端士，斥罢殆尽。吏争纳赂求美职，图为帅阃、监司、郡守者，贡献不可胜计，一时贪风大肆。兵丧于外，匿不以闻，民怨于下，诛责无艺，莫敢言者。太府寺主簿陈蒙尝入对，极言似道为相，国政阙失。后为淮东总领，似道诬以贪污，安置于建昌军，籍没其家。

六年（庚午、一二七〇）八月癸巳，贾似道屡称疾求去，帝至涕泣留之，不从。诏六日一朝，一月两赴经筵。寻又诏入朝不拜。朝退，帝必起避席，目送之出殿廷，始坐。继复诏十日一朝。时蒙古攻围襄、樊甚急，似道日坐葛岭，起楼阁亭榭，作半闲堂，延羽流，塑己像其中，取宫人叶氏及倡尼有美色者为妾，日肆淫乐，与故博徒纵博。人无敢窥其第者。有妾兄来，立府门若将入状，似道见之，缚投火中。尝与群妾踞地斗蟋蟀，所狎客戏之曰："此军国重事耶?"酷嗜宝玩，建多宝阁，一日一登玩。闻余玠有玉带，求之，已殉葬矣，发其冢取之。人有物，求不与辄得罪。自是或累月不朝，虽朝享景灵宫，亦不从驾。有言边事者，辄加贬斥。一日，帝问曰："襄阳已围三年矣，奈何?"似道对曰："北兵已退。陛下何从得此言?"帝曰："适有女嫔言之。"似道诘其人，诬以他事，赐死。繇是边事虽日急，无敢言者。

时贾似道欲制东南士心，乃令御史陈伯大请置士籍，开具乡里、姓名、年甲、三代、妻室，令乡邻结勘，于科举条制无碍，方许纳卷。又严后省覆试法，比校中省元卷字踪稍异者，黜之。覆试之日，露索怀挟。有李钫孙者，少时戏雕股间，索者视之，骇曰："此文身者!"事闻，被黜。时边事危急，束手无策，而以科举累士人，其悖谬至此!

八年（壬申、一二七二）九月辛未，有事于明堂，以贾似道为大礼使。礼成，幸景灵宫。将还，遇大雨，似道期帝雨止升辂，胡贵嫔之兄显祖为带御器械，请如开禧故事，却辂，乘逍遥辇还宫。帝曰："平章得无不可?"显祖绐曰：

“平章已允。”帝遂归。似道大怒曰：“臣为大礼使，陛下举动不得预闻，乞罢政。”即日出嘉会门。帝固留之不得，乃罢显祖，涕泣出贵嫔为尼，似道始还。似道专恣日甚，畏人议己，务以权术驾驭上下，以官爵牢笼一时名士，以故言路断绝，威福肆行，相视以目。

十年（甲戌、一二七四）春正月，贾似道母胡氏死，似道归越治丧。诏以天子卤簿葬之，起坟拟山陵。百官奉襄事，立大雨中，终日无敢易位者。既葬，诏似道起复，遂还朝。

宋史纪事本末卷一百六

蒙古陷襄阳

度宗咸淳三年（丁卯、一二六七）十一月，蒙古主征诸路兵，命阿术经略襄阳。先是，景定二年，蒙古主以朝廷拘囚郝经，屡遣使详问，不报。乃谕将士举兵攻宋，且下诏曰：“朕即位之后，深以戢兵为念，故前年遣使于宋，以通和好。宋人不务远图，伺我小隙，反启边衅，东摽西掠，曾无宁日。朕今春还宫，诸大臣皆以举兵南伐为请。朕重以两国生灵之故，犹待信使还归，庶有悛心，以成和议。留而不至者，今又半载矣。往来之礼遽绝，侵扰之暴不已，彼尝以衣冠礼乐之国自居，理当如是乎？曲直之分，灼然可见。今遣王道贞往谕，卿等约会诸将，秋高马肥，水陆并道而进，以为问罪之举！”时贾似道方论鄂功，专务欺蔽朝廷，不以闻。似道又忌诸将，欲污蔑置之罪，乃行打算法于诸路，以军兴时支取官物为赃私。于是赵葵、史岩之、杜庶皆坐侵盗掩匿罢，而向士璧、曹世雄下狱死。刘整时为潼川安抚使，亦以边费为蜀帅俞兴所持。整素与兴有隙，自遣使诉于朝，不得达，心益疑惧，遂籍泸州十五郡，户三十万，降于蒙古。整，骁将也。蒙古既得整，繇是尽知国事虚实，南伐之谋益决，而似道自若，不以为虞。时吕文德守鄂，有威名。整言于蒙古主曰："南人惟恃吕文德耳，然可以利诱也。请遣使赂以玉带，求置榷场于襄阳城外以图之。"至鄂，请于文德，文德果许之。遂开榷场于樊城，筑土墙于鹿门山，外通互市，内筑堡壁。繇是敌有所守，以遏南北之援，时出兵哨掠襄、樊城外，兵势益炽。文德知为所卖，然已无及矣。至是，整又言于蒙古主曰："攻宋方略，宜先从事襄阳。襄阳吾故物，繇弃弗戍，使宋得窃筑为强藩。如得襄阳，浮汉入江，则宋可平也。"蒙古主从之，遂征诸路兵，命阿术与整经略取襄阳。阿术驻马虎头山，顾汉东白河口，曰："若筑垒于此，以断宋饷道，襄阳可图也。"遂城其地。吕文焕大惧，遣人以蜡书告吕文德。文德怒且骂曰："汝勿妄言邀功赏！设有之，亦假城耳。襄、樊城池坚深，兵储支十年，令吕六坚守，果整妄作，春水至，吾往取之。比至，恐遁去耳！"识者窃笑之。

四年（戊辰、一二六八）九月，蒙古刘整与阿术计曰："我精兵突骑，所当者破，惟水战不如宋耳。夺彼所长，造战舰，习水军，则事济矣。"乃造船五千艘，日练水军，虽雨不能出，亦画地为船而习之。练卒七万，遂筑白河城，以逼襄阳。

五年（己巳、一二六九）三月己卯，蒙古军围樊，遂城鹿门。

己未，诏浙西六郡屯田设官督租有差。

辛酉，京湖都统张世杰将兵拒蒙古围樊之军，战于赤滩圃，败绩。

秋七月，夏贵袭蒙古阿术于新郢，败绩。初，贵以沿江制置副使援襄、樊，乘春水涨，轻兵部粮至襄阳城下，惧蒙古军掩袭，仅能与吕文焕交语而还。及秋，大霖雨，汉水溢，贵分遣舟师，出没东岸林谷间。阿术谓诸将曰："此虚形，不可与战，宜整舟师以备新城。"明日，贵舟果趋新城，至虎尾洲，为阿术所败，士卒溺汉水死者甚众。范文虎复以舟师援贵，至灌子滩，亦为阿术所败，文虎以轻舟遁。

十二月癸酉，吕文德卒。文德以许蒙古置榷场为恨，每曰："误国家者我也！"因疽发背，乞致仕。诏授少师，封卫国公。至是，卒。

六年（庚午、一二七〇）春正月，以李庭芝为京湖制置大使，督师援襄、樊。时夏贵、范文虎相继大败，及闻庭芝至，文虎贻书贾似道曰："吾将兵数万入襄阳，一战可平，但愿无使听命于京阃，事成则功归恩相矣。"似道即命文虎之兵从中制之。庭芝屡欲进兵，文虎但与妓妾嬖幸击鞠饮宴为乐，以取旨未至为辞。

十二月己亥，蒙古张弘范言于史天泽曰："今规取襄阳，周于围而缓于攻者，计待其自毙也。然夏贵乘江涨送衣粮入城，我无御之者，而江陵、归、峡，行旅休卒，道出襄阳南者相继也，宁有自毙之时乎？若筑万山以断其西，立栅灌子滩以绝其东，则庶几毙之之道也。”天泽从之，遂城万山，徙弘范军于鹿门。自是襄、樊道绝，而粮援不继。

七年（辛未、一二七一）夏五月，蒙古诏东道兵围襄阳，各道宜进兵以牵制之。于是秦蜀行省平章政事赛典赤瞻思丁率诸将水陆并进，郑鼎出嘉定，汪良臣出重庆，（北）〔札〕剌不花（据元史卷七世祖纪、续纲目改）出泸州。所至顺流纵筏，断浮桥，获将卒、战舰甚众。

六月，范文虎将卫卒及两淮舟师十万，进至鹿门。时汉水溢，阿术夹江东西为阵，别令一军趋会丹滩，犯其前锋，诸将顺流鼓噪。文虎军逆战不利，弃旗鼓、铠仗，乘夜遁去。蒙古俘其军，获战船、甲仗，不可胜计。

八年（壬申、一二七二）夏五月己巳，李庭芝将兵救襄阳。时襄阳被围五年，援兵不至，吕文焕竭力拒守，幸城中稍有积粟，所乏者盐薪布帛耳。张汉英守樊城，募善泅者，置蜡书于髻，藏积草下，浮水而出，谓鹿门既筑，势须自荆、郢救援。至隘口，元守卒见积草多，钩致欲为焚爨之用，泅者遂被获，于是郢、邓之路亦绝。至是，诏李庭芝移屯郢州，将帅悉驻新郢及均州河口，以守要津。庭芝闯（宋史卷四五〇忠义传、续纲目、薛鉴、原刻本、毕鉴均作“闯”，惟江西本改作“侦”，未详所据。按：“闯”疑为“窥”字因形近而讹。宋史全文卷二二及中兴两朝编年纲目卷一一有“闯微旨”

之文，系年要录卷一六九作“窥微旨”，宋史卷四七三秦桧传作“伺上动静”，可以为证）知襄阳西北一水曰清泥河，源于均、房，即其地造轻舟百艘，以三舟联为一舫，（有）中一〔舟〕（据宋史卷四五〇忠义传、续纲目、薛鉴补改）装载，左右舟则虚其底而掩覆之。出重赏募死士，得襄、郢山西民兵之骁悍善战者三千人，求将，得民兵部辖张顺、张贵，俱智勇，素为诸将所服，俾为都统，号贵曰矮张，顺曰竹园张。出令曰：“此行有死而已，汝辈或非本心，宜亟去，毋败吾事！”人人感奋。汉水方生，乘顺流，发舟百艘，稍进团山下，又进高头港口，结方阵，各船置火枪、火炮、炽炭、巨斧、劲弩。夜漏下三刻，起矴出江，以红灯为号，贵先登，顺殿之，乘风（而）（据同上书删）破浪，径犯重围。至磨洪滩以上，元兵布舟蔽江，无隙可入，顺等乘锐断铁絙，攒（筏）〔杙〕数百，转战百二十里，元兵皆披靡以避其锋。黎明，抵襄阳城下。城中久绝援，闻顺等至，踊跃过望，勇气百倍。及收军，独失顺。越数日，有浮尸溯流而上，被甲胄，执弓矢，直抵浮梁，视之则顺也。身中四（创）〔枪〕（并据宋史四五〇忠义传改）六箭，怒气勃勃如生。诸军惊以为神，结冢敛葬之。

贵入襄阳，文焕固留共守，贵恃其骁勇，欲还郢。乃募二士，能伏水中数日不食，持蜡书，赴范文虎于郢求援。元兵增守益密，水路连锁数十里，列撒星桩，虽鱼虾不能度。二人遇桩即锯断之，竟达郢。还报，〔许〕（据宋史卷四五〇忠义传、续纲目、薛鉴补）发兵五千，驻龙尾洲以助夹击。

刻日既定，乃别文焕东下，点视所部军，洎登舟，帐前一人亡去，乃有过被挞者。贵惊曰："吾事泄矣！亟行，彼或未及知。"复不能衔枚隐迹，乃举炮鼓噪发舟，乘夜顺流，断絚破围冒进，元兵皆辟易。既出险地，夜半天黑，至小新河，阿术、刘整分舣战舰邀击，以死拒战。沿岸束荻列炬，火光烛天如白昼。至勾林滩，渐近龙尾洲，遥望军船，旗帜纷披。贵兵以为郢兵来会，喜跃而进，举流星火示之。军船见火即前迎，及势近欲合，则来舟皆元军也。盖郢兵前二日以风水惊疑，退屯三十里，而元兵得逃卒之报，先据龙尾洲，以逸待劳。贵与战而困，且出于不意，所部杀伤殆尽，身被数十创，力不能支，遂被执。见阿术于柜门关，阿术欲降之，贵誓不屈，乃见杀。元令降卒四人舁贵尸，至襄阳城下，曰："识矮张都统乎？此是也。"守陴皆哭，城中丧气。文焕斩四卒，以贵祔葬顺冢，立双庙祀之。

时朝廷患刘整为元用，荆湖制置李庭芝请以整为卢龙军节度使，封燕郡王。朝廷从之，遣永宁僧赍告身、金印、牙符及庭芝书，期致之。僧既入元，事觉，元主敕张易、姚枢杂问。整自军中入见元主曰："此宋患臣用兵襄阳，欲以此杀臣耳！臣实不知。"元主赏整，使还，诛僧，且令整移书来责执政。

九年（癸酉、一二七三）春正月乙丑，樊城陷。樊被围四年，范天顺、牛富力战，不为衄。富又数射书襄阳城（下）〔中〕（据宋史卷四五〇忠义传、续纲目、薛鉴改），期吕文焕相与固守为唇齿。未几，阿里海涯得西域人所献新炮法，乃进攻樊，破外郛。张弘范为流矢中其肘，束创见阿术曰："襄在江南，樊在江北，我陆攻樊，则襄出舟师来救，终不可取。若截江道，断援兵，水陆夹攻，则樊破而襄亦下矣。"阿术从之。初襄、樊（西）〔两〕（据元史卷一二八阿术传、续纲目改）城，汉水出其间。文焕植一木江中，锁以铁絙，上造浮桥以通援兵，樊亦恃此以为固。至是，阿术以机锯断木，以斧断絙，燔其桥，襄兵不能救。乃以兵截江，而出锐师薄樊城，城遂破。天顺仰天叹曰："生为宋臣，死为宋鬼！"即所守地缢死。富率死士百人巷战，元兵死伤者不可计，渴饮血水，转战而进，遇民居烧绝街道，富身被重伤，以头触柱，赴火死。裨将王福见富死，叹曰："将军死国事，吾岂宜独生！"亦赴火死。

二月庚戌，吕文焕以襄阳叛，降元。襄阳久困，援绝，撤屋为薪，缉关、会为衣。文焕每一巡城，南望恸哭而后下，告急于朝。贾似道累上书请行边，而阴使台谏上章留己。樊城既陷，复申请之，事下公卿杂议。监察御史陈坚等以为师臣出，顾襄未必能及淮，顾淮未必能及襄，不若居中以运天下，帝从之。时群臣多言高达可援襄阳者，御史李旺入言于似道，似道曰："吾用达，如吕氏何？"旺出叹曰："吕氏安则赵氏危矣！"文焕闻达且至，亦不乐，以语其客。客曰："易耳！"今朝廷以襄急，故遣达，吾以捷闻，则达必不成遣矣。"文焕以为然，会获元哨骑数人，文焕即缪以大捷奏，然不知朝中实无援襄事也。未几，阿里海涯帅总管唆都等移（兵）（据续纲目、薛鉴删）破樊攻具以向襄阳，一炮中其谯楼，声如震雷，城中汹汹，诸将多逾城降者。初，刘整尝跃马独前，与文焕语，为文焕伏弩所中，幸甲坚不入。至是，欲立碎其城，执文焕以快意。阿里海涯不可，乃身至城下，宣元主所降招谕文焕诏，曰："尔等拒守孤城，于今五年，宣力于主，固其宜也，然势穷援绝，如数万生灵何！若能纳款，悉赦勿治，且加迁擢。"文焕狐疑未决，因折矢与之誓。文焕乃出降，先纳管钥，次献城邑，且陈攻郢之策，请己为先锋。阿术入襄阳，阿里海涯遂偕文焕朝燕。元主以文焕降，命如诏迁擢。事闻，似道言于帝曰："臣始屡请行边，陛下不之许，向使早听臣出，当不至此。"文焕兄文福、文德，文福知庐州，文德子师夔知静江府，俱上表待罪。似道庇之，诏皆不问。

三月，诏建机速房于中书。襄城既失，贾似道复上书言："事势如此，非臣上下驰驱，联络气势，将有大可虑者。"帝曰："师相岂可一日离左右！"似道乃建机速房，以革枢密院漏泄兵事、稽迟边报之弊。

夏（四）〔六〕（据宋史卷四六度宗纪改）月，宣抚司参议官张梦发陈危急三策：曰锁汉〔江〕口岸；曰城荆门军当阳界之玉泉山；曰峡州宜都而下，联署堡砦，以保聚流民，且守且耕。并图上（筑）城〔筑〕（据宋史卷四六度宗纪、续纲目、薛鉴补并改）形势。似道不以上闻，下（荆）〔京〕湖（据宋史卷四六度宗纪、续纲目改）制司审度可否，事竟不行。

（六月）己丑，给事中陈宜中言："襄、樊之失，皆繇范文虎怯懦逃遁，乞斩之。"贾似道不许，止降一官。监察御史陈文龙言："文虎失襄阳，犹使知安庆府，是当罚而赏也。赵溍乳臭小子，何足以当大阃之寄！请皆罢之。"似道大怒，黜文龙知抚州，旋又使台官李可劾退之。汪立信言："臣奉命分阃，延见吏民，皆痛哭流涕，言襄、樊之祸皆繇范文虎及俞兴父子。文虎以三衙长，闻难怯战，仅从薄罚；犹子天顺，守节不屈，犹可少赎其愆。兴奴隶庸材，务复私怨，激叛刘整，流毒至今；其子大忠，挟多资为父行贿，且自希进，虽寸斩未足以快天下之忿！乞置重典，则人心兴起，事功可图。"诏除大忠名，循州拘管。

时国势危甚，陈仲微上封事，其略曰："误襄者老将也，失襄之罪，不专在于庸阃、（裨）〔疲〕（据宋史卷四二二陈仲微传、薛鉴改）将、孩兵也，君相当分受其责，以谢先皇帝在天之灵。天子若曰罪在朕躬，大臣宜言咎在臣等，宣布十年养安之往缪，深惩六年玩寇之昨非，救过未形固已无及，追悔既往尚愈于迷。或谓覆护之意多，刻责之辞少，谓陛下乏哭师之誓，师相饰分过之言，甚非所以慰恤死义，祈天悔祸之道也。往往代言乏知体之士，翘馆鲜有识之人，吮脂茹柔，积习成痼，君道相业，两有所亏。方今何时，而在廷无谋国之臣，在边无折冲之帅。监之先朝，宣和未乱之前，靖康既败之后，凡前日之日近冕旒，朱轮华毂，俯首吐心，奴颜婢膝，即今日奉贼称臣之人也。强力敏事，捷疾快意，即今日叛君卖国之人也。为国者亦何便于若人哉！迷国者进慆忧之欺以逢其君，误国者护耻败之局而莫敢议，当国者昧安危之机而莫之悔。臣尝思之，今之所少，不止于兵，阃外之事，将军制之，而一级半阶，率从中出，斗粟尺布，退有后忧，平素无权，缓急有责。或请建督，或请行边，或请筑城，创闻骇听。因诸阃有辞于缓急之时，故庙堂不得不掩恶于败阙之后，有谋莫展，有败无诛，上下包羞，噤无敢议。是以下至器仗甲马，衰飒厖凉，不足以肃军容；壁垒堡栅，折樊驾漏，不足以当冲突之骑。号为帅阃，名存实亡也。城而无兵，以城与敌。兵不知战，以将与敌。将不知兵，以国与敌。光景蹙近目睫矣，惟君相（憣）〔幡〕（据宋史卷四二二陈仲微传、薛鉴改）然改悟，天下事尚可为也。转败为成，在君一念间耳！”似道大怒，乃出仲微江东提点刑狱。

（度宗咸淳）十年（甲戌、一二七四）春正月，元阿里海涯言：“荆、襄自古用武之地，汉水上流已为我有，顺流下驱，宋必可平。”阿术又言：“臣略地江、淮，备见宋兵之弱，今不取之，时不能再。”元主趣召史天泽同议，天泽对曰：“此国家大事，可命重臣一如安童、伯颜，都督诸军，则四海混同，可计日而待矣。臣老矣，如副将者犹足为之。”元主曰：“伯颜可以任吾此事矣。”阿里海涯因言：“我师南征，必分为三，旧军不足，非益兵十万不可。”遂诏中书省佥军十万人。

六月，元主谕诸将率兵南伐，且数贾似道违约执郝经之罪。诏曰：“爰自太祖皇帝以来，与宋使介交通。宪宗之世，朕以藩职，奉命南伐，彼贾似道复遣宋京诣我，请罢兵息民。朕即位之后，追忆是言，命郝经等奉书往聘，盖为生灵计也，而乃执之，以致师出连年，死伤相藉，系累相属，皆彼宋自祸其民也。襄阳既降之后，冀宋悔祸，或起令图，而乃执迷，罔有悛心，所以问罪之师有不能已者。今遣汝等水陆并进，布告遐迩，使咸知之，无辜之民初无与焉，将士毋得妄加杀掠。有去逆效顺，别立奇功者，验等第迁赏。其或固拒不从，及逆敌者，俘戮何疑！”

秋七月，罢京湖制置使汪立信。立信移书贾似道，谓：“今天下之势，十去八九，诚上下交修，以迓续天命之几，重惜分阴，以趋事赴功之日也。而乃酣歌深宫，(笑)〔啸〕傲湖山，玩岁愒月，缓急倒施，卿士师师非度，百姓郁怨。欲上以求当天心，俯遂民物，拱揖指挥而折冲万里者，不亦难乎！为今之计者，其策有三：夫内(都)〔郡〕何事乎多兵？宜尽出之江干，以实外御。算兵帐，见兵可七十余万人，〔老弱柔脆，十分汰二，为选兵五十余万人〕，而沿江之守则不过七千里。若距百里而屯，屯有守将，十屯为府，府有总督，其尤要害处，辄三倍其兵。无事则(屯)〔泛〕舟长淮，往来游徼，有事则东西齐奋，战守并用，刁斗相闻，馈饷不绝，互相应援，以为联络之固。选宗室大臣忠良有干用者，立为统制，分东西二府以莅，任得其人，率然之势，此上策也。久拘聘使，无益于我，徒使敌得以为辞，请礼而归之，许输岁(帑)〔币〕以缓师期。不二三年，边(储)〔遽〕(据宋史卷四一六汪立信传、续纲目、薛鉴补并改)稍休，藩垣稍固，生兵日增，可战可守，此中策也。二策果不得行，则天败我也，衔璧舆榇之礼，请备以俟。”似道得书，大怒，抵之地，诟曰："瞎贼，狂言敢尔！"盖立信一目微眇云。寻中以危法，废斥之。

是月，元伯颜南攻，陛辞。元主谕之曰："古之善取江南者，惟曹彬一人。汝不嗜杀，是吾曹彬也。"

九月，元吕文焕以伯颜趋郢州，刘整以博罗欢趋淮西。伯颜分大军为两道：自与阿术繇襄阳入汉济江，以吕文焕将舟师为前锋；博罗欢繇东道取扬州，监淮东兵，以刘整将骑兵先行。伯颜一军，自分三道：唆都将一军，繇枣阳，哨司空山；翟招讨将一军，繇老鸦山徇荆南；而自与阿术帅阿剌罕、张弘范诸军，水陆趋郢。旌旗延袤，前后数百里。

丁（巳）〔亥〕（据宋季三朝政要、平宋录上改），元伯颜至溧水，前部将武显（按：元史卷一二七伯颜传作"武秀"，毕鉴从之）言："水溢，不可渡。"伯颜曰："此小水不敢渡，敢渡大江耶！"使一骑前导，麾诸军毕济，遂薄郢州，军于城西。时张世杰将兵屯郢，郢在汉北，以石为城，新郢在汉南，横铁絙，锁战舰，密植桩木水中，夹以炮弩，凡要津皆施（筏）〔杙〕（据宋史卷四五一忠义传、续纲目、薛鉴改），设攻具。元军袭城，世杰力战，元军不能前，遣人招世杰，不听。阿术获俘民言："沿江九郡，精锐皆萃于二郢，若舟师出其间，骑兵不得护岸，此危道也。不若取黄家湾堡，东有河口，繇中拖船入藤湖，转而下江，仅三里。"吕文焕亦以为便。诸将曰："郢城，我之喉嗾，不取恐为归路患。"伯颜不从，遣总管李廷、刘国杰攻黄家湾堡，拔之。诸军破竹席地，荡舟繇藤湖入汉，伯颜、阿术殿后，不满百骑。

郢州副都统赵文义帅精骑二千追之，至泉子湖，力战而败，伯颜手杀之，郢卒皆溃。元兵进至沙洋，遣俘持黄榜檄文入城，守将王虎臣、王大用斩俘焚榜。文焕复至城下招之，亦不应。日暮，风大起，伯颜命顺风掣金汁炮，焚其庐舍，烟焰涨天，城遂破，生擒虎臣、大用，余悉屠之。进薄新城，文焕列沙洋所馘于城下，缚大用等至壁，使招降都统边居谊，不答。明日，又至，曰："吾欲与吕参政语耳。"文焕以为降已，驰马至。伏弩发，中文焕右臂并马，〔马〕（据宋史卷四五〇忠义传、续纲目补）仆，几钩得之，众挟文焕，以他马奔走。会其总制黄顺、副将任宁俱出降，其部曲多欲缒城出者，居谊悉驱入，当门斩之。文焕乃麾兵攻城，居谊以火具却之。旋蚁附而上，居谊度力不支，拔剑自杀，不殊，赴火死。所部三千人犹力战，悉死焉。伯颜壮其勇，购其尸观之，遂进攻渠复州。居谊随人，初事李庭芝，积战功至都统制，至是死节。事闻，立庙死所。

十二月，元伯颜至蔡店，大会诸将，刻期渡江，遣人观汉口形势。时夏贵以汉、鄂舟师分据要害，弥亘三十余里，王达守阳逻堡，朱禩孙以游击军扼中流，兵不得进。军将马福言："沦河穿湖中，可从阳逻堡西沙芜口入江。"伯颜使觇沙芜口，夏贵亦以精兵守之。伯颜乃进围汉阳，声言取汉口渡江，贵果移兵援汉阳。伯颜乘间遣阿剌罕将奇兵，倍道袭沙芜口，夺之；因自汉口开坝，引船入沦河，转沙芜口以达江。战舰万计，相踵而至，以数千艘泊沦河湾口，屯布蒙古、汉军数十万骑于江北。遣人招谕阳逻堡，不应，因以白鹞子千艘攻之，三日不克。伯颜因密谋于阿术曰："彼谓我必拔此堡方能渡江，此堡甚坚，攻之徒劳。尔今夜以铁骑三千，泛舟直趋上流，为捣虚之计，明日渡江袭南岸，已过则急遣人报我。"阿术亦曰："攻城，下策也。若分军船之半，循岸西上，泊青山矶下，伺隙而动，可以如志。"伯颜遂遣阿里海涯进薄阳逻堡，贵率众来援。阿术即以昏时率四翼军，溯流二十里，至青山矶。是夜，雪大作。黎明，阿术遥见南岸多露沙洲，即登舟指〔示〕（据元史卷一二七伯颜传、续纲目、薛鉴补）诸将令径渡，载马后随。万户史格一军先渡，为荆鄂都统程鹏飞所败。阿术引兵继之，大战中流，鹏飞军却，阿术遂登沙洲，扳岸步斗，散而复合者数四，出马急击，追至鄂东门。鹏飞被重创走，阿术获其船千余艘。阿术遣人还报，伯颜大喜，挥诸将急攻阳逻堡。夏贵闻阿术飞渡，大惊，引麾下三百艘先遁，沿流东下，纵火焚西南岸，大掠还庐州。都统制王达领所部八千人，及定海水军统制刘成，俱战死。元诸将请追贵，伯颜曰："阳逻之捷，吾将遣使前告宋人。今贵走，是代吾使也。"遂渡江与阿术会，议师所向。或欲先取蕲、黄，阿术曰："若赴下流，退无所据。上取鄂、汉，虽迟旬日，可以万全。"伯颜遂趋鄂州。

己未，知汉阳军王仪以城叛降元。

朱禩孙闻元兵趋鄂，帅师援之，道闻阳逻堡之败，乃夜奔，还江陵府。

时鄂州恃汉阳为蔽，及京湖之援，朱禩孙既遁，汉阳复失，鄂势遂孤。吕文焕列兵城下，曰："汝国恃者，江、淮而已。今大军渡江、淮，如蹈平地，汝辈不降何待！"会元军焚艨艟三千艘，火照城中，权守张晏然与都统程鹏飞度不能守，遂以州军降。幕僚张山翁独不屈，元诸将请杀之，伯颜曰："义士也。"释之。因檄下信阳诸郡，以鹏飞为荆湖宣抚使，撤宋兵分隶诸将，取寿昌粮四十万斛以充军饷。命阿里海涯及贾居贞以四万人守鄂，规取荆湖，而自率大众，与阿术东下，趋临安。

癸亥，诏贾似道都督诸路军马。时鄂州既破，朝廷大惧，群臣上疏以为非师相亲出不可。似道不得已，始开都督府于临安，以孙虎臣总统诸军，以黄万石等参赞军事，所辟官属，皆先命后奏，仍于封桩库拨金十万两，银五十万两，关子一千万贯，充都督府公用。

诏天下勤王。

庚午，元伯颜遣程鹏飞至黄州，招谕陈奕，以沿江大都督许之。奕喜，遂以城降。仍以书招知蕲州管景模，景模亦降。时沿江诸郡皆吕氏旧部曲，望风款附。奕又以书诱其子岩以安东州降元。

是时，李庭芝遣兵入援。

帝㬎德祐元年（乙亥、一二七五）春正月壬午，元兵入蕲州。

己酉，吕师夔以江州降元。初，师夔提举江州兴国宫，请募兵以御元，诏与知州钱真孙同募。至是，贾似道承制召为都督参赞，任中流调遣。师夔不受命，与真孙遣人请于蕲州，以江州降元。伯颜以师夔知江州。

丙戌，元兵徇江州，知安东州陈岩夜遁。时知寿昌军胡梦麟寓治江州，自杀。知南康军叶阊、知德安府来兴国、知六安军曹明，俱迎降于江州。师夔设宴庾公楼，选宗室女二人，盛饰以献伯颜。伯颜怒曰："吾奉天子命，兴义师问罪于宋，岂以女色移吾志乎！"斥遣之。

初，元人南侵，吕文焕与刘整为向导，寻别命整出淮南。整锐欲渡江，曰："大军自襄、樊东下，宋悉力西拒，东方虚弱，径造临安，可一鼓而捷也。"伯颜不可，曰："吾受诏特缀东兵使无西耳，济江非所闻。"至是，整率骑兵攻无为军，久而不克，闻吕文焕入鄂捷至，失声曰："主帅束我，使我成功后于人！善作者不必善成，果然。"遂发愤死于无为城下。

知安庆府范文虎以城降于伯颜，通判夏琦仰药死。

是月，贾似道出师江上，夏贵以兵来会。初，似道欲出师，畏刘整不敢行，及闻整死，〔喜〕（据续纲目、薛鉴补）曰："吾得天助也！"乃上表出师，抽诸路精兵十三万以行，金帛辎重之舟，舳舻相衔百有余里。命宰执小事专决，大事则关白于督府，不得擅行。又以所亲信韩震为殿帅，总禁兵。至安吉州，似道所乘舟胶于堰中，刘师勇以千人入水拽之不能动，乃易他舟而出。遂繇新安池口以进，次于芜湖，遣人通吕师夔以议和。未几，夏贵引兵来会，袖中出一编书，示似道曰："宋历三百二十年。"似道俯首而已。

二月，以汪立信为江淮招讨使，募兵江、淮，以援江上州郡。立信受诏，即日上道，以妻子托爱将金明，执其手曰："我不负国家，尔亦必不负我。"遂行。与贾似道遇于芜湖，似道拊立信背，哭曰："不用公言，以至于此！"立信曰："平章，平章，瞎贼今日更说一句不得！"似道因问立信何向，立信曰："今江南无一寸干净地，吾去寻一片赵家地上死，第要死得分明耳！"既至建康，守兵悉溃，而四面皆北军。立信知事不成，叹曰："吾生为宋臣，死为宋鬼，终为国一死，但徒死无益耳！"率所部数千人至高邮，欲控引淮、汉，以为后图。

贾似道自芜湖遣还元俘曾安抚，且以荔子、黄柑遗伯颜，复使宋京如元军，请称臣、奉岁币，如开庆约。阿术谓伯颜曰："宋人无信，〔惟〕（据续纲目、薛鉴补）当进兵。若避似道不击，恐已降州郡，今夏难守。"伯颜乃令囊加歹来答书曰："未渡江时，议和入贡则可。今沿江州郡皆已内属，欲和则当来面议也。"似道不答。囊加歹归报，京亦还。

庚戌，元兵犯池州，知州事王起宗遁去，通判赵卯发摄州事，缮壁聚粮，为固守计。元游骑至李阳河，都统张林屡讽之降，卯发愤气填膺，瞠目视林，林不敢复言。已而林帅兵巡江，阴遣人纳款，而阳助卯发为守，〔守〕（据宋史卷四五〇忠义传、续纲目、薛鉴补）兵皆归于林。卯发知事不济，乃置酒会诸友，与诀。谓妻雍氏曰："城将破，我守臣不当去，汝先出走。"雍曰："君为忠臣，我独不能为忠臣妇乎！"卯发笑曰："此岂妇人女子所能也。"雍曰："吾请先君死！”卯发笑止之。明日，乃散其家赀与弟侄，仆婢悉遣之。元兵薄城，卯发晨起书几上曰：“国不可背，城不可降。夫妇同死，节义成双。”遂与雍氏同缢死于从容堂。林开门降。伯颜入城，问太守何在，左右以死对，深叹息之，命具棺衾，合葬于池上，祭其墓而去。

贾似道以精锐七万余人尽属孙虎臣，军于池州下流之丁家洲；夏贵以战舰二千五百艘，横亘江中；似道自将后军，军鲁港。贵尝失利于鄂，恐督府成功，无所逃罪，又（恐）〔忌〕（据续纲目改）虎臣新进出己上，殊无斗志。会伯颜令军中作大筏数十，采薪刍置其上，阳言欲焚舟，诸军但昼夜严备，而战心少懈。伯颜分步骑夹岸而进，麾战舰合势冲虎臣军。时阿术与虎臣对阵，伯颜令举巨炮击虎臣中坚，虎臣军动。阿术以划船数千艘乘风直进，呼声动天地。虎臣前锋将姜才方接战，虎臣遽过其妾所乘舟，众见之，谨曰：“步（师）〔帅〕（据宋史卷四五一忠义传、续纲目、薛鉴改）遁矣！”军遂乱。夏贵不战而走，以扁舟掠似道船，呼曰：“彼众我寡，势不支矣！”似道闻之，错愕失措，遽鸣钲收军，舳舻簸荡，乍分乍合。阿术以小旗麾将校，帅轻锐横击深入，诸军回棹前走。伯颜以步骑左右掎之，杀溺死者不可胜计，水为之赤，军资器械，尽为元所获。似道夜驻珠金沙，召贵计事。顷之，虎臣至，抚膺哭曰：“吾兵无一人用命者！”贵微笑曰：“吾尝血战当之矣！”似道曰：“计将安出？”贵曰：“诸军已胆落，吾何以战！师相惟有入扬州，招溃兵，迎驾海上。吾当以死守淮西耳。”遂解舟去。似道乃与虎臣单舸奔还扬州。明日，溃兵蔽江而下，似道使人登岸，扬旗招之，皆莫应，有为恶语嫚骂之者。江、汉守臣皆弃城遁，太平、和州、无为俱相继降元。

壬戌，元兵略饶州，知州唐震发州民城守。时元遣使来取降款，通判万道同阴使所部敛白金牛酒，备降礼，微讽震降，震叱之曰：“我忍偷生负国耶！”城中少年感震言，杀元使者。已而元军登陴，众皆散。震入坐府中，元军执牍使署降，震掷笔于地，不屈，遂死之。郴州守赵崇榞寓居城中，亦死之。万道同以城降。初，江万里闻襄、樊破，凿池芝山后圃，扁其亭曰止水，人莫喻其意。及闻警，执门人陈伟器手曰：“大势不可支，余虽不在位，当与国为存亡！”至是，元军执其弟知南剑州江万顷，索金银不得，支解之。万里赴止水死，左右及子镐相继投池中，积尸如叠。翌日，万里尸独浮出水上，从者敛葬之。

乙丑，贾似道至扬州，檄列郡如海上迎驾，上书请迁都。太皇太后不许，诏下公卿杂议。左丞相王爚请坚跸，未决，以己不能与大计，乞罢政，不待报径去。已而宗学生上言：“陛下移跸，不于庆元，则于平江，事势危急，则航海幸闽。不思我能往彼亦能往，徒惊扰，无益。”乃止。

时方危急，征诸将勤王，多不至，惟郢州守将张世杰率兵入卫，复饶州。陈宜中疑世杰归自元，易其所部军。

丙寅，以文天祥为江西安抚副使，知赣州。勤王诏至赣，天祥捧之涕泣，发郡中豪杰，并结溪峒山蛮，有众万人，遂入卫。其友止之曰："今元兵三道鼓行，破郊畿，薄内地，君以乌合万余赴之，是何异驱群羊而搏猛虎？"天祥曰："吾亦知其然也，第国家养育臣庶三百余年，一旦有急，征天下兵，无一人一骑入关者。吾深恨于此，故不自量力，而以身徇之，庶天下忠臣义士，将有闻风而起。义胜者谋立，人众者功济，如此，则社稷犹可保也！"天祥性豪华，平生自奉甚厚，声妓满前。至是，痛自抑损，尽以家资为军费。每与宾客僚佐语及时事，辄抚几曰："乐人之乐者忧人之忧，食人之食者死人之事！"闻者为之感动。

戊辰，湖南提刑李芾以兵勤王。芾性刚直，忤贾似道，贬官家居者久之。至是，提刑湖南，发壮士三千人，使将将之勤王。

时元行人郝经尚留仪真，元主复使礼部尚书中都海牙及经弟行枢密院都事郝庸等来问执行人之罪。贾似道震恐，乃遣总管段佑以礼送经归。经道病，元主敕枢密院及尚医近侍迎劳，所过父老望经流涕。

江淮招讨使汪立信卒于军。立信闻贾似道师溃，江、汉守臣望风降遁，叹曰："吾今日犹得死于宋土也！"乃置酒，召宾僚与诀。手自为表，起居三宫。与从子书，属以家事。夜分，起步庭中，慷慨悲歌，握拳抚按者三，以是失声三日，扼吭而卒。后元军至建康，金明以其家人免。或以立信二策及死告伯颜，请戮其孥。伯颜叹息久之，曰："宋有是人，有是言哉！使果用之，我安得至此！"命求其家，厚恤之，曰："忠臣之家也。"

元博罗欢军下邳，取清河、涟、海，守臣俱以城降。

三月癸酉，元伯颜入建康，居之。时江东大疫，居民乏食，伯颜开仓赈之，且遣医治疾，民大悦。会元主有诏，以时方暑，不利行师，俟秋再举。伯颜上言曰："百年逋敌，已扼其吭，少尔迟回，奔播海岛，后悔无及。"元主从之，诏伯颜以行中书省驻建康，阿术分兵驻扬州，与博罗欢、塔出绝宋淮南之援。伯颜分兵四出，镇江统制石祖忠请降。

朝廷以元兵渐迫临安，命浙江提刑刘经戍吴江；两浙转运罗林、浙西安抚张濡戍独松关；山阴县丞徐垓、正将郁天兴戍（西）〔四〕安镇（据宋史卷四七瀛国公纪、薛鉴改）；起赵淮为寺丞，戍银树东坝。

甲戌，元兵犯无锡县，知县阮应得出战，一军皆没，应得赴水死。

乙亥，元兵入常州，知常州赵与鉴遁，州人钱訔以城降。

甲申，元兵至西海州，安抚丁顺降。

丙戌，知广德军令狐概以城降元。张世杰遣其将阎顺、李存进军广德，谢洪永进军平江，李山进军常州，顺遂复广德军。

庚寅，元兵既近，临安戒严。同知枢密院曾渊子、左司谏潘文卿、右正言季可、两浙转运副使许自、浙东安抚王霖龙、侍从陈坚、何梦桂、曾希颜等数十人皆遁，朝中为之萧然。签书枢密院事文及翁、同签书院事倪普讽台谏劾己，章未上，亟出关遁。太皇太后闻之，诏榜朝堂云："我朝三百余年，待士大夫以礼。吾与嗣君，遭家多难，尔大小臣工，未尝有出一言以救国者。内而庶僚，畔官离次，外而守令，委印弃城。耳目之司既不能为吾纠击，二三执政又不能倡率群工，方且表里合谋，接踵宵遁。平日读圣贤书，自许谓何，乃于此时作此举措，生何面目对人，死亦何以见先帝！天命未改，国法尚在，其在朝文武官，并转二资，其负国弃予者，令御史台觉察以闻。"然不能禁也。

辛卯，元主遣礼部尚书廉希贤、工部侍郎严忠范奉国书来，至建康，希贤请兵自卫。伯颜曰："行人以言不以兵，兵多，反致疑耳。"希贤固请，遂以兵五百送之。伯颜仍下令，诸将各守营垒，勿得妄有侵掠。希贤等至独松关，张濡部曲杀忠范，执希贤，送临安，希贤病创死。濡，俊之曾孙也。朝廷使人移书元军，言："杀使之事乃边将，太后及嗣君实不知，当按诛之，愿输币，请罢兵通好。"伯颜曰："彼为诈计，视我虚实耳。当择人同往，观其事体，令彼速降。"乃遣议事官张羽同使人还临安，羽，至平江被杀。

壬辰，元阿里海涯入岳州。岳州安抚使高世杰复会郢、复、岳三州及上流诸军，战船数千艘，扼荆江口。阿里海涯督诸翼水军屯东岸，世杰乘夜阵于洞庭湖中，阿里海涯分道击之，世杰败走，力屈乃降，阿里海涯斩世杰以徇。岳州总制孟之绍举城降。

夏四月，元兵入广德县，知县王汝翼与寓居官赵时晦率义兵战，孟唐老与其二子皆死。汝翼被执，至建康，死之。

丙午，元兵破沙市城，都统孟纪死之。监镇司马梦求自经死。

戊申，京湖宣抚朱禩孙、湖北制置副使高达以江陵降元。初，高达解鄂州之围，贾似道许以建节，后忌而不与，达遂怨望。至是，元阿里海涯自岳州攻江陵，达战累败。及元屠沙市，达与禩孙及提刑青阳梦炎等遂出降。阿里海涯入城，命禩孙檄所部归附，于是归、（岐）〔峡〕、郢、复、（鼎）（据元史卷一二八阿里海牙传改并删。按：鼎州即常德，元史卷八世祖纪详叙各地降元之事，亦无鼎州）、澧、辰、沅、靖、随、常德、均、房、施、荆门诸郡相继皆降，阿里海涯承制并复官守。江陵捷闻，元主喜，谓近臣曰："伯颜东下，阿里海涯孤军守鄂，朕常忧之，今荆南定，吾东兵可无后患矣。"乃亲作手诏褒之，授高达参知政事。禩孙至上都，死。

庚申，知金坛县李成大率义勇兵与元兵战，被执，不屈，与二子俱死之。

时元兵东下，所过迎降，李庭芝率励所部固守扬州。阿术遣李虎持招降榜入城，庭芝杀虎，焚其榜。总制张俊出战，持降臣孟之缙书来招降，庭芝复焚其书，枭俊首于市。时出金帛牛酒燕犒将士，人人感激自奋。

壬戌，阿术攻真州，知州苗再成、宗子赵孟锦帅兵大战于老鹳觜，败绩。庚午，阿术乘胜进趋扬州，姜才为三叠阵逆之于三里沟，败之。阿术佯退，才逐之，阿术反战，至杨子桥，扬州拨发官雷大震出战，死之。两军夹水而阵，元张弘范以十二骑绝渡，冲才军，才军坚不可动。弘范引却以诱之，才将回回跃马出众，奋大刀，直前向弘范，弘范反辔迎刺之，回回应手而仆，才军遂溃。阿术与弘范追之，自相蹂践，俱陷壕水，死者甚众。流矢中才肩，才拔矢，挥刀而前，元军辟易不敢逼，遂以身免。元军进薄扬州南门。

五月，刘师勇复常州，加和州防御使，助姚訔守常，以张彦守吕城，兵威稍振，繇是浙右诸城降元者，复与张世杰军合。

秋七月辛未，张世杰与刘师勇、孙虎臣等大出舟师万余艘，次于焦山，令以十舟为方，碇江中流，非有号令，无得发碇，示以必死。元阿术登石公山望之，曰："可烧而走也。"遂遣健卒善彀者千人，载以巨舰，分两翼夹射，阿术居中，合势进战，继以火矢，篷樯俱焚，烟焰蔽江。诸军死战，欲走不能前，多赴江死。张弘范、董文炳复以锐卒横冲，世杰不复能军，奔圌山。〔阿术〕（据续纲目、薛鉴补）、弘范追之，获白鹞子七百余艘。师勇还常州，虎臣还真州。世杰请济师，不报。

是月，元主召伯颜还，至上都，面呈形势，乞即进兵，遂拜右丞相。伯颜辞曰："阿术功多，臣宜居后。"乃进阿术左丞相，仍诏伯颜直趋临安，阿术仍攻淮南，阿里海涯取湖南，万户宋都解及吕师夔、李恒等取江西。

八月，文天祥至临安，上疏言："本朝惩五季之乱，削藩镇，建都邑，一时虽足以矫尾大之弊，然国以浸弱。故敌至一州则一州破，至一县则一县残，中原陆沉，痛悔何及！今宜分境内为四镇，建都统居中：以广西益湖南，而建阃于长沙；以广东益江西，而建阃于隆兴；以福建益江东，而建阃于番阳；以淮西益淮东，而建阃于扬州。责长沙取鄂，隆兴取蕲〔黄〕（据宋史卷四一八文天祥传、续纲目、薛鉴补），番阳取江东，扬州取两淮。地大力众，乃足以抗敌，约日齐奋，有进无退，日夜以图之。彼备多力分，疲于奔命，而吾民之豪杰者又伺间出于其中，如此则敌不难却也。"时议以为迂阔，不报。

九月，郑虎臣杀贾似道于漳州。先是，台谏、三学生皆上书，请诛似道。诏谪似道高州团练副使，循州安置，遣使监押之贬所。会稽县尉郑虎臣以其父尝为似道所配，欲报之，欣然请行。舟次南剑州黯淡滩，虎臣曰："水清甚，何不死于此。"似道曰："太皇许我不死。俟有诏，即死。"至漳州木绵庵，虎臣曰："吾为天下杀似道，虽死何憾！"遂拘其子与妾于别馆，即厕上拉其胸，杀之。后虎臣为陈宜中所杀。

冬十月，壬戌，元兵发建康，分为三道：阿剌罕、奥鲁赤将右军，出四安镇，趋独松关；董文炳、范文虎将左军，出江，入江阴军；伯颜将中军，入常州。

十一月甲申，元伯颜至常州，会兵围城。知州姚訔、通判陈炤、都统王安节、刘师勇力战固守。伯颜遣人招之，不听。伯颜怒，命降人王良臣役城外居民，运土为垒，土至，并人以筑之，且杀民煎膏取油以作炮，焚其牌杈，日夜攻不息。城中甚急，而訔等守志益坚。伯颜叱帐前诸军奋勇争先，四面并进，攻二日，城破，訔死之。炤与安节犹巷战，或谓炤曰："城东北门未合，可走。"炤曰："去此一步，非死所矣！"日中兵至，死焉。伯颜命尽屠其民。执安节至军前，不屈，亦死。师勇以八骑溃〔围〕（据宋史卷四七瀛国公纪、续纲目、薛鉴补）走平江。

丘濬曰：作元史者谓："伯颜下江南不杀一人。"呜呼！常州非江南地耶？元之号令，凡攻城临敌，但以一矢相加遗者，得即屠之。伯颜前此潜兵渡汉，固已屠沙洋矣。至是，攻常州，忿其久不下，招之不从，于是役城外居民运土为垒，并人筑之，杀人煎膏取油作炮，及城陷之日，尽屠戮之。一城生聚，何啻千万，斩艾之余，止有七人伏于桥坎获免。夷性残忍，一至此哉！彼夷狄如虎狼，杀人固其本性，而中国之人秉史笔者，乃亦曲为之讳，至比之曹彬，岂其伦哉！或曰，所谓不杀，（者）〔谓〕入临〔安〕（据薛鉴改并补）之时也。呜呼！伯颜至皋亭，谢太后即遣使奉玺迎降，寂无一人敢出一语者，当是时，苟有人心者，皆不杀也，岂但伯颜哉！

己丑，元兵破独松关，冯骥死之，守将张濡遁。独松既破，邻邑望风皆遁，朝廷大惧。时勤王师尚三四万人，文天祥与张世杰议，以为"淮东坚壁，闽、广全城，若与敌血战，万一得捷，则命淮师以截其后，国事犹可为也。”世杰大喜。陈宜中白太后降诏，以王师务宜持重，议遂止。

是年，元军尽陷江西诸郡县，都统密（祐）〔佑〕（据宋史卷四五一忠义传改）死之。

宋史纪事本末卷一百七

元伯颜入临安

帝㬎德祐二年（丙子、一二七六）春正月，遣监察御史刘岊奉表称臣于元。先是，元军既迫，朝廷遣柳岳奉书如元军前，称廉尚书之死，乃盗杀之，非朝廷意，乞班师修好。岳见伯颜于无锡，泣请曰：“嗣君幼冲，在衰绖中，自古礼不伐丧。凡今日事至此者，皆奸臣贾似道失信误国耳。”伯颜曰：“汝国执戮我行人，故我兴师。钱氏纳土，李氏出降，皆汝国之法也。汝国得天下于小儿，亦失于小儿，其道如此，尚何多言！”岳还。陈宜中复奏遣岳及陆秀夫、吕师孟等，求称侄纳币，不从则请称侄孙，且敕吕文焕令通好罢兵。秀夫等见伯颜于平江，伯颜不许。至是，太后命用臣礼复往，陈宜中难之。太后涕泣曰：“苟存社稷，称臣非所较也。”遂遣岊奉表称臣，上尊号，岁贡银、绢二十五万两、匹，乞存境土，以奉蒸尝，且约伯颜会长安镇以输平。

时陈宜中以元不许和，计无所出，乃率群臣入宫请迁都，太后不许。宜中恸哭以请，太后命具装以俟。及暮，宜中不入，太后怒曰："吾初不欲迁，而数以为请，顾欺我耶！"脱簪珥投之地，遂闭阁，群臣请见，皆不纳。盖宜中实以翌日行，仓卒失于奏耳。

甲申，元伯颜至长安镇，陈宜中违约，不往议事。伯颜乃进次皋亭山，阿剌罕、董文炳之师皆会，游骑至临安府北阙。文天祥、张世杰请移三宫入海，而已帅众背城一战。宜中不许，白太后遣监察御史杨应奎上传国玺降，表曰："宋国主㬎谨百拜奉表言：㬎眇然幼冲，遭家多难，权奸贾似道，背盟误国，至勤兴师问罪。㬎非不能趋避以求苟全，今天命有归，㬎将焉往！谨奉太皇太后命，削去帝号，以两浙、福建、江东、西、湖南、二广、四川、两淮见存州郡，悉上圣朝，为宗社生灵祈哀请（死）〔命〕（据宋史卷四七瀛国公纪、元史九世祖纪改）。伏望圣慈垂念，不忍㬎三百余年宗社遽至殒绝，令赵氏子孙世世有赖，不敢弭忘！"伯颜受之，遣使诏宜中出议降事，而使囊加歹奉玺表赴上都。是夜，宜中遁归温州之清澳。

戊子，命文天祥、吴坚、谢堂、贾余庆使元军，见伯颜于明因寺。天祥因说伯颜曰："北朝若以宋为与国，请退兵平江或嘉兴，然后议岁币与金帛犒师，北朝全兵以还，策之上也。若欲毁其宗社，则淮、浙、闽、广尚多未下，利钝未可知，兵连祸结，必自此始。”伯颜以北诏为辞，顾天祥举动不常，疑有他志，留之军中，遣坚等还。天祥怒，数请归，曰：“我之此来，为两国大事，何故留我？”伯颜曰：“勿怒，君为宋大臣，责任非轻，今日之事，正当与我共之。”令万户忙兀台、宣抚唆都羁縻之，且以其降表不称臣，仍书宋号，遣程鹏飞、洪君祥偕来使贾余庆复往易之。

二月丁酉，帝率文武百僚诣祥曦殿，望元阙上表，乞为藩辅。

元伯颜承制，以临安为两浙大都督府，命忙兀台、范文虎入城，治都督府事。又令程鹏飞取太皇太后手诏，及三省枢密院吴坚、贾余庆等檄，谕天下州郡降附。执政皆署，家铉翁独不署，鹏飞令缚之，铉翁曰：“中书省无缚执政之理，归私第以待命可也。”乃止。

元伯颜进屯湖州市，复令吕文焕、范文虎等慰谕太皇太后。文焕因使人上表谢而出，有曰：“兹衔北命，来抗南师，视以犬马，报以仇雠，非曰子弟攻其父母，不得已也，尚何言哉！”伯颜令张惠、阿剌罕、董文炳、张弘范、唆都等封府库，收史馆、秘省图书及百司符印、告敕，罢官府及侍卫军。

以贾余庆、刘岊、吴坚、谢堂、家铉翁并充祈请使，如元。元伯颜引文天祥与坚等同坐，天祥面斥余庆卖国，且责伯颜失信。吕文焕从旁（慰）〔谕〕（据续纲目、薛鉴改）解之，天祥并斥文焕及其侄师孟，“父子兄弟，受国厚恩，不能以死报国，乃合族为逆，尚何言！”文焕等惭恚。伯颜遂拘天祥，随祈请使北行。

是日，元兵屯钱塘江沙上，临安人方幸波涛大作，一洗而空之，潮三日不至。

丁未，元诏谕临安新附府、州、司、县官吏军民曰："间者，行中书省右丞相伯颜遣使来奏，宋母后、幼主暨诸大臣百官赍玺绶奉表附降。朕惟自古降王必有朝覲之礼，已遣使特往迎致。尔等各守职业，其勿妄生疑畏。"仍命伯颜就遣宋内侍王埜入宫，收宋国衮冕、圭璧、符玺及宫中图籍、宝玩、车辂、辇乘、卤簿、麾仗等物。

是月，夏贵以淮西叛降元。时阿术屯淮南东道，其西道属之万户昂吉儿，俾驻和州，进攻庐州。夏贵以书抵伯颜曰："愿毋（废）〔费〕（据元史类编一八夏贵传改）国力，攻夺边城，若行都归附，边城焉往！"至是，举所部纳款于元，元以贵为淮西安抚使。有洪福者，贵家僮也，从贵积劳知镇巢军。贵既北降，招福，不听；使其从子往，福斩之。元兵攻城久不拔，贵至城下，好语语福，请单骑入城。福信之，门发而伏兵起，突入执福父子，屠城中。贵（泣）〔莅〕（据宋史卷四五一忠义传、续纲目改）杀福，子大源、大渊呼曰："法止诛首谋，何乃举家为戮？"福叱曰："以一命报宋朝，何至告人求活耶！"次及福，福大骂，数贵不忠，请身向南死，以明不肯背国。闻者流涕。

元人索宫女、内侍及诸乐官，宫女赴水死者以百数。

三月丁丑，元伯颜自湖州市入临安城，建大将旗鼓，率左右翼万户巡城，观潮于浙江，又登狮子峰，观临安形势，部分诸将。时福王亦自绍兴至，伯颜深慰之。太皇太后及帝欲与相见，伯颜曰：“未入朝，无相见之礼。”明日，发临安，阿答海等入宫宣诏，免牵羊系颈之礼，趋帝及太后入觐。太后全氏泣谓帝曰：“荷天子圣慈活汝，宜拜谢。”礼毕，帝与太后肩舆出宫。太皇太后谢氏以疾留内。与芮及沂王乃猷、度宗母隆国夫人黄氏，并杨镇、谢堂、高应松、庶僚刘褒然三学生等皆行。太学生徐应镳与其二子琦、崧一女同赴井死。

元伯颜引兵北还，以忙兀台镇浙西，唆都镇浙东，董文炳、阿剌罕经略闽、浙未下州郡。闰月，帝及太后随元兵北行。至瓜洲，李庭芝、姜才涕泣誓将士，出兵夺两宫，将士皆感泣。乃尽散金帛犒兵，以四万人夜捣瓜洲，战三时，元兵拥帝避去，才追战至浦子市，夜犹不退。阿术使人招之，才曰：“吾宁死，岂作降将军耶！”真州苗再成亦谋夺驾，不克。

五月丙申，元主忽必烈废帝为瀛国公。初，吴坚等至燕，不得命，留馆中，贾余庆病卒，惟家铉翁闻国亡，旦夕哭泣，不饮食者数日。元主高其节，欲官之，铉翁义不二君，直辞不受。帝及太后至燕，高应松亦不食卒。坚及铉翁迎谒，伏地流涕，称谢奉使无状，不能保存社稷。帝遂赴上都，见元主于大安殿。元主寻命帝为僧，全太后亦为尼于正智寺。时太皇太后谢氏以病独留临安，后元人忽自宫中舁其床以出，侍卫七十余人，同赴燕，降封寿春郡夫人，留燕七年而终。福王与芮亦降封为平原郡公。

元主尝召宋降将，问曰：“汝等降何容易？”对曰：“贾似道专国，每优礼文士而轻武臣。臣等久积不平，故望风送款。”元主曰：“似道实轻尔曹，特似道一人之过，汝主何负焉。正如尔言，则似道轻尔也固宜。”

元伯颜入朝，元主命百官郊迎以劳之。既至，拜为同知枢密院事，以陵州、藤州户六千为食邑。

秋七月，李庭芝、姜才赴召，至泰州，扬州守将朱焕、泰州裨将孙贵等皆降于元，庭芝、才死之，淮东尽陷。初，临安既陷，阿术以太皇太后手诏谕庭芝使降。庭芝登城谓使者曰：“奉诏守城，未闻以诏谕降也。”及帝次瓜洲，太皇太后复赐庭芝诏曰：“比诏卿纳款，日久未报，岂未悉吾意，尚欲固圉耶？今吾与嗣君既已臣（元）〔伏〕（据宋史卷四二一李庭芝传、续纲目、薛鉴改），卿尚为谁守之！”庭芝不答，命发弩射使者，毙一人，余皆奔去。阿术乃遣兵守高邮、宝应，以绝其饷道。博罗欢又攻拔泰州之新城，驱夏贵淮西降卒至城下，以示庭芝。幕客或劝为计，庭芝曰：“吾惟一死而已！”阿术复遣使者持元主诏招庭芝，庭芝开壁纳使者，斩之，焚其诏于陴上。既而淮安、盱眙、泗州以粮尽降元，庭芝犹括民间粟以给兵；粟尽，又令官人出粟；粟又尽，令将校出粟，杂牛皮曲蘖以给之，兵有自食其子者，然犹力战不屈。姜才闻高邮米运将至，出步骑五千，战于丁村，自夜达旦，元兵多败，董士元战死。阿术使伯颜察救之，所将皆阿术麾下，才军识其旗帜，皆溃，才脱身走。阿术请元主降诏，赦庭芝焚诏杀使之罪，令

〔早〕(据续纲目、薛鉴补)归款，庭芝不纳。会福州使至，庭芝命制置副使朱焕守扬，而自与姜才将兵七千趋泰州，将东入海。庭芝既行，焕即以城降。阿术分道追及庭芝，杀步卒千余人。庭芝走入泰州，阿术围之，且驱其妻子至陴下，招降。会姜才疽发背，不能战。泰州裨将孙贵、胡惟孝、尹端甫、李遇春开北门纳元军。庭芝赴莲池中，水浅不死，遂与姜才俱被执。至扬州，阿术责其不降，才曰：“不降〔者〕(据宋史卷四五一忠义传、续纲目、薛鉴补)，我也。”愤骂不已。然犹爱其才勇，未忍杀之。朱焕请曰：“扬自用兵以来，积骸满野，皆庭芝与才所为。不杀之，何俟!”阿术乃皆杀之。扬民闻者，莫不泣下。有宋应龙者，为泰州谘议官，泰守孙良臣之弟舜臣自军中来说降，良臣(诏)〔召〕(据薛鉴改)应龙与计，应龙极陈国家恩泽，君臣大义，请杀舜臣，以戒持二心者。良臣不得已杀之。及泰州降，应龙夫妇自经死。未几，真州亦陷，苗再成死之。

先是，元兵自元年十月围潭州，湖南安抚兼知州事李芾拒守，大小战数十合。至是年正月，阿里海涯督战益急，与诸将画地分围，决(湟)〔隍〕(据元史卷一二八阿里海牙传改)水，以树梯冲城。城中大窘，力不能支，诸将泣请曰：“事急矣，吾属为国死，可也，如民何!”芾骂曰：“国家平时所以厚养汝者，为今日也。汝第死守，若再复言，吾先戮汝!”元兵登城，蚁附而上。知衡州尹縠时寓城中，知事不可为，乃为二子行冠礼。或曰：“此何时，行此迂阔事。”縠曰：“正欲令儿曹冠带见先人于地下耳!”既毕礼，与其家人自焚。芾命酒（酬）〔酹〕（据宋史卷四五〇忠义传、续纲目、薛鉴改）之，因留宾佐会饮，夜传令，犹手书“尽忠”字为号。饮达旦，诸宾佐出，参议杨霆（宋史卷四五〇李芾传及续纲目均作“震”，宋史李芾传所附本传作“霆”。按：霆字震仲，“霆”“震”形近易误）赴园池死。芾坐熊湘阁，召帐下沈忠，遗之金，曰：“吾力竭，分当死，吾家人亦不可辱于俘。汝尽杀之，而后杀我。”忠伏地叩头，辞以不能，芾固命之，忠泣而诺。取酒饮其家人，尽醉，乃遍刃之，芾亦引颈受刃。忠纵火焚其居，还家，尽杀其妻子，复至火所，大恸，（遽）（据宋史卷四五〇忠义传、续纲目、薛鉴删）举身投地，乃自刎。幕僚陈亿孙、颜应焱皆死。潭民闻之，多举家自尽，城无虚井，缢林木者相望。守将吴继明、刘孝忠以城降。阿里海涯传檄诸郡，繇是袁、连、衡、永、郴、全、道、桂阳、武冈皆降。宝庆通判曾如骥亦不屈而死。

宋史纪事本末卷一百八

二王之立

帝㬎德祐二年（丙子、一二七六）春正月癸未，进封吉王昰为益王，判福州；信王昺为广王，判泉州。初，召文天祥知临安府，天祥辞不就，请以福王、秀王判临安，系民望，身为少尹，以死卫宗庙；又乞命吉王、信王镇闽、广，以图兴复，俱不许。至是，宗亲复请，太后从之，以驸马都尉杨镇及杨淑妃弟亮节、俞充容弟如圭提举二王府事。

戊子，驸马都尉杨镇等奉益王、广王走婺州，杨淑妃、秀王与檡从行，以元军将入临安故也。

二月，元伯颜遣范文虎以兵追二王。杨镇得报即还，曰："我将就死于彼，以缓追兵。"杨亮节等遂负二王及杨淑妃，徒步，匿山中七日。统制张全以兵数十人至，遂同走温州。三月，文天祥自镇江与其客杜浒等十二人夜亡，入真州。苗再成出迎，喜且泣曰："两淮兵足以兴复，特二阃少隙，不能合从耳。"天祥问计将安出，再成曰："今先约淮西兵趋建康，彼必悉力以捍吾西兵。指挥淮东诸将，以通、泰兵攻湾头，以高邮、宝应、淮安兵攻杨子桥，以扬兵攻瓜步，吾以舟师直捣镇江，同日大举。湾头、杨子桥皆沿江脆兵，且日夜望我师之至，攻之即下。合攻瓜步之三面，吾自江中一面薄之，虽有智者，不能为之谋矣。瓜步既举，以淮东兵入京口，淮西兵入金陵，要其归路，其大帅可坐致也。"天祥大称善，即以书遗李庭芝，遣使四出约结。初，天祥未至真时，扬有逸卒言元密遣一丞相入真州说降矣，庭芝信之，以天祥为元说降也，使再成亟杀之。再成不忍，绐天祥出相城垒，以制司文示之，闭之门外。久之，复遣二路分觇天祥，果说降者，即杀之。二路分与天祥语，见其忠义，亦不忍杀，以兵二十人道之如扬。四鼓抵城下，闻候门者谈制置司下令捕文丞相甚急，众相顾吐舌，天祥乃变姓名为清江刘洙，东入海。道遇元兵，伏环堵中得免，然饥莫能起，从樵者乞得余糁羹。行入板桥，元兵又（出）〔至〕（据宋史卷四一八文天祥传、续纲目、薛鉴改），众走入丛篠中。兵入索之，执杜浒、金应以去；浒、应以所怀金与卒，得逸。二樵者以蒉荷天祥至高邮嵇家庄，嵇耸迎天祥至其家，遣子德润卫送至泰州。遂繇通州泛海，如温州以求二王。

闰月，陆秀夫、苏刘义等闻二王走温州，继追及于道。

遣人召陈宜中于清澳，宜中来谒。复召张世杰于定海，世杰亦以所部兵来。温之江心寺，旧有高宗南奔时御座，众相率哭座下，奉益王为天下兵马都元帅，广王副之。发兵除吏，以秀王与檡为福建察访使，先入闽中，抚吏民，谕同姓，檄召诸路忠义，同奖王室。会太皇太后遣二宦者以兵百人召二王还临安，宜中等沉其兵于江中，遂入闽。时黄万石降元，以尝为福建漕使，欲取全闽为己功。汀、建诸州，方谋从万石送款，闻二王至，复闭门拒万石。南建守臣林起鳌遣军逐之，万石败走，其将士多来归，兵势稍振。宜中等遂传檄岭海，言夏贵已复濒江州郡。元诸戍将以江路既绝，不可北归，皆欲托计事还静江，独广西宣慰使史格曰："君等勿为虚声所惧，待贵逾岭，审不可北归，取途云南，未为不可，岂敢辄弃戍哉！"元行省又欲弃广之肇庆、德庆、封州，并戍梧州，亦为格所沮。

五月己未朔，益王即位于福州，改元景炎，遥上帝尊号为孝恭懿圣皇帝，又上太皇太后尊号，册杨贵妃为皇太妃，同听政。升福州为福安府，以大都督府为垂拱殿，便厅为延和殿，王刚中知福安府。是日，有大声出府中，众皆惊仆。进封弟昺为卫王。

以陈宜中为左丞相，兼枢密使，都督诸路军马。陈文龙、刘黼参知政事，张世杰为枢密副使，陆秀夫为直学士，苏刘义主管殿前司。

诏以赵溍为江西制置使，进兵邵武；谢枋得为江东制置使，进兵饶州；李世（逵）〔达〕（本书下文作"李世达"，宋史四七二王纪、元史一二九阿剌罕传均与本书下文同，今据改）、方兴等进兵浙东；吴浚为江西招谕使，邹㵯副之；毛统繇海道至淮，约兵会合。仍诏傅卓、翟国秀等，分道出师，兴复帝室。

文天祥至行都，拜右丞相，兼枢密使，都督诸路军马。天祥以国事皆决于陈宜中，固辞不拜，乃以为枢密使同都督。天祥使吕武招豪杰于江、淮，杜浒募兵于温州。

六月丁卯，元兵入广州。广东经略使徐直谅遣其将梁雄飞请降于隆兴阿里海涯，假雄飞招讨使，使徇广东。既而直谅闻益王即位，乃命权通判李性道、摧锋军将黄俊等拒雄飞于石门。性道不战，俊战败，直谅弃城遁，雄飞入广州。诸降将皆授以官，俊独不受，被杀。

吴浚聚兵于广昌，遂复南丰、宜黄、宁都三县。翟国秀取秀山。傅卓至衢、信诸县，民多应之者。会浚兵遇元兵败走，国秀引还，卓兵亦败，诣元兵降。

秋七月，文天祥开府南剑州，经略江西。天祥欲还温州进取，陈宜中以己弃温州入闽，欲倚张世杰复浙东、西以自洗濯，遂不从天祥请，而命开府南剑。

八月，秀王与檡围婺州，元董文炳拒之，与檡乃还。时杨亮节居中秉权，与檡自以国家亲贤，多所谏止，遂犯忌嫉，诸将皆惮之。至是，诏出兵浙东，朝臣言："与檡有刘更生之忠，曹王皋之孝，宜留（府）〔辅〕（据宋史卷四五〇忠义传、续纲目、薛鉴改）以隆国本。"谮者益急，卒遣之。

以王积翁为福建招捕使。积翁兼知南剑州，备御上三州；副使黄恮兼知漳州，备御下三州。

张世杰遣都统张文虎与吴浚合兵十万，期必复建昌。与元将李恒战，兵败，浚奔宁都。九月，元军分道寇闽、广，阿剌罕、董文炳及忙兀台、唆都以舟师出明州，塔出及吕师夔、李恒等以骑兵出江西。

东莞民熊飞为元人守潮、惠，闻赵溍至，即以兵应之，攻梁雄飞于广州，雄飞遁去，遂复韶州。新会令曾逢龙亦帅兵至广州，李性道出迎谒，飞与逢龙执性道，杀之，溍遂入广州。

时知邕州马塈将入卫而临安已陷，因留静江，总屯戍诸军。会元使阿里海涯取广西，塈发所部及诸峒兵守静江，而自将三千人守严关。元兵攻关，不克，乃以偏师入平乐，过临桂，夹攻塈，塈退保静江。阿里海涯使人招降，塈发弩射之。攻三月，塈不解甲，前后百余战，城中死伤相藉，讫无降意。

冬十月，文天祥帅师次于汀州。天祥遣赵时赏等将一军趋赣，以取宁都；吴浚将一军取雩都。刘洙等皆自江西起兵来会。

元吕师夔等将兵度梅岭。赵溍使熊飞及曾逢龙御元军于南雄，逢龙败死，飞走韶州。元军围之，守将刘自立以城降，飞率兵巷战，败，赴水死。十一月，元阿剌罕、董文炳入处州，秀王与檡与弟与櫖、子孟备及观察使李世达、监军赵由璃、察访使林温被执，皆不屈而死。知处州李珏、知瑞安府方洪俱以城降。

元兵入建宁府邵武军。

北兵既逼，陈宜中、张世杰备海舟，奉帝及卫王、杨太妃登舟。时军十七万人，民兵三十万人，淮兵万人，与北舟相遇，值天雾，晦冥不辨，舟得以进。

王积翁叛降元。先是，积翁弃南剑州，走行都，遣人纳款于元。至是，元军侵福安，积翁为内应，遂与王刚中同降。

帝至泉州，舟泊于港。招抚使蒲寿庚来谒，请驻跸，张世杰不可。初，寿庚提举市舶，擅舶利者三十年。或劝世杰留寿庚不遣，则凡海舶不令自随。世杰不从，纵之归。继而舟不足，乃掠其舟，并没其赀。寿庚怒，杀诸宗室及士大夫与淮兵之在泉者，宜中等乃奉帝趋潮州。

十二月，蒲寿庚与知泉州田（子）真〔子〕（据宋史卷四七瀛国公纪、续纲目改）以城降元。

赵溍弃广州遁，制置副使方兴亦遁。

元人入福州，遂入兴化军，知军事陈文龙死之。时降将王世强及王刚中导元兵至福，复遣使徇兴化，文龙斩之，而纵其副持书责世强、刚中负国，遂发民兵固守。阿剌罕复遣使招之，文龙复斩之。有风其纳款者，文龙曰："诸君特畏死耳，未知此生能不死乎！"乃使其部将林华伺元兵于境上，华反导元兵至城下。通判曹澄孙开门降，执文龙，欲降之，文龙不屈。左右陵挫之，文龙指其腹曰："此皆节义文章也，可相逼耶！"卒不屈。乃械送杭州，文龙不食死。其母系福州尼寺中，病甚，左右视之泣下。母曰：“吾与吾儿同死，又何恨哉！”亦死之。众叹曰：“有是母，宜有是子。”为收葬之。

元阿里海涯破静江，马塈死之。先是，阿里海涯为书许马塈为广西大都督，塈不听。又请元主亲降手诏谕之，塈焚诏，斩其使。静江以水为固，阿里海涯乃筑堰，断大阳、小溶二江以遏上流，决东南埭以涸其隍，城遂破。塈闭内城城守，又破之。塈率死士巷战，刀伤臂，被执，断其首，犹握拳奋起立，逾时始仆。静江破，邕守马成旺及其子都统应麒以城降，独塈部将娄钤辖，犹以二百五十人守月城不下。阿里海涯笑曰：“是何足攻。”围之十余日。娄从壁上呼曰：“吾属饥，不能出降。苟赐之食，当听命。”乃遗之牛数头，米数斛。一部将开门取归，复闭壁。大军乘高视之，兵皆分米炊，未熟，生脔牛，啖立尽，鸣角伐鼓。诸将以为出战，被甲以待。娄乃令所部人拥一火炮然之，声如雷霆，震城，城坏皆崩，烟气涨天，外兵多惊死者。火息入视之，灰烬无遗矣。阿里海涯尽坑其民，分兵取郁林、浔、蓉、藤、梧等州。广西提刑邓得遇闻静江破，朝服南望拜辞，投南流江而死。

帝驻于惠州之甲子门，遣倪宙奉表诣元军请降，唆都命其子百家奴偕宙赴燕。

端宗景炎二年（丁丑、一二七七）春正月，元兵破汀关，文天祥欲据城拒敌，汀守黄去疾闻车驾航海，拥兵有异志，天祥乃移军漳州。时赵孟濚等军还，惟吴浚不至。未几，浚与去疾降元。

二月，元兵入广州，遂陷广东诸郡。

吴浚既降元，因至漳州说文天祥降。天祥责以大义，斩之。

元兵引还，留潜说友为福州宣慰使，王积翁副之。时北方有警，元主召诸将班师，凡诸将及淮兵在福安者，命李雄统之。

三月，文天祥复梅州。

陈瓒起兵复兴化军。瓒，文龙从子也。举兵诛林华，复其城。

夏四月，广东制置使张镇孙复广州。

五月，张世杰复潮州。文天祥引兵自梅州出江西，吉、赣兵皆会之，遂复会昌县。

淮人张德兴与淮西野人原寨刘源等起兵兴复，司空山民傅高举兵应之，遂复黄州寿昌军，用景炎正朔。元贾居贞使湖北宣慰使郑鼎将兵拒之，鼎言："鄂之大姓，皆与高通。请先除之，以绝祸本。"居贞不可。鼎将行，留其所善部将曰："闻吾军还，汝〔就〕（据续纲目、薛鉴补）举烽城楼，内外合发，当尽杀城中大姓。"鼎与德兴遇于樊口，战败，溺死。

六月辛酉，文天祥败元军于雩都。

秋七月，文天祥遣赵时赏等分道复吉、赣诸县，遂围赣州。衡山人赵璠、抚州人何时皆起兵应之。

乙巳，张世杰以元军既退，自将淮兵讨蒲寿庚。时汀、漳诸剧盗陈吊眼及许夫人所统诸峒畲军皆会，兵势稍振。寿庚闭城自守，世杰遂传檄诸路，陈瓒起家丁、义民五百人应世杰。世杰遣将高日新复邵武军。

淮兵在福州者，谋杀王积翁以应张世杰。事觉，皆为积翁所杀。

八月，元李恒遣兵援赣，而自将攻文天祥于兴国。天祥不意恒猝至，遣兵战钟步，不利。时邹沨聚兵数万于永丰，天祥引兵就之。会沨兵先溃，恒追天祥至（万）〔方〕石岭（据宋史卷四一八文天祥传、续纲目、薛鉴改），及之。巩信以短兵接战，恒骇其以寡敌众，疑有伏，敛兵不进。信坐巨石，余卒侍左右，箭雨集，屹不动。恒从间道就视之，创被体而死不仆。天祥至空阬，兵〔尽〕（据续纲目、薛鉴补）溃。赵时赏坐肩舆后，元军问为谁，时赏曰："我姓文。"众以为天祥，禽之。恒遍求俘虏人识认，有曰："此赵督参时赏也。"天祥繇是得与杜浒、邹沨乘骑逸去。至循州，散兵颇集。天祥妻子及幕僚客将皆被执。时赏至隆兴，奋骂不屈，僚属有系累至者，辄麾去，云："小小佥厅官耳，执之何为。"得脱者甚众。临刑，刘洙颇自辩，时赏叱曰："死耳，何必然！"于是被执者皆死。恒送天祥妻子家属于燕，二子死于道。

九月戊申，元将也的迷失陷邵武军，入福州。帝舟次广之浅湾。

元主诏塔出与李恒、吕师夔等以步卒入大庾岭，忙兀台、唆都、蒲寿庚及元帅刘深等以舟师下海，合追二王。

张世杰使谢洪永进攻泉州南门，不利。蒲寿庚复阴赂畬军，攻城不力，得间道求救于唆都。至是，唆都来援，世杰〔遂〕（据续纲目补）解围，还浅湾。

元遣昂吉儿等将兵袭司空山寨，破之，黄州复陷。杀张德兴，执其三子以去。傅高变姓名出走，寻被获，死之。

冬十月，以陆秀夫同签书枢密院事。秀夫之谪，张世杰让陈宜中曰："此何如时，动以台谏论人！"宜中惶恐，亟召秀夫还行朝。时播越海滨，庶事疏略，杨太妃垂帘，与群臣语犹自称奴。每时节朝会，独秀夫俨然正笏立如治朝，或时在行中，凄然泣下，以朝衣拭泪，衣尽湿，左右无不悲恸者。

甲辰，元唆都至兴化，陈瓒闭城坚守。唆都临城谕之，矢石雨下。乃造云梯炮石，攻破其城。瓒以死自誓，巷战终日，获瓒，车裂之。屠其民，血流有声。

十一月，元将塔出初令唆都取道泉州，泛海，会于广之富场。唆都既取兴化军及漳州，进攻潮州，守臣马发竭力拒守，唆都恐失期，乃舍之而去。至惠州，与吕师夔合军趋广州。制置使张镇孙及侍郎谭应斗以城降，塔出遂夷广州城。

元将刘深攻帝于浅湾，张世杰战不利，奉帝走秀山，至井澳。陈宜中遁入占城，遂不返。

十二月丙子，帝至井澳，飓风大作，舟败，几溺，帝惊悸成疾。旬余，诸兵士稍集，死者过半。

元刘深袭井澳，帝奔谢女峡，复入海，至七里洋，欲往占城，不果。

三年（戊寅、一二七八）二月，帝舟还广州。元将塔出令唆都还攻潮州，知州马发城守益备，唆都塞堑填濠，造云梯鹅车，日夜急攻，发潜遣人焚之。凡相拒二十余日而败，发死之，唆都屠其民。

三月，元倪宙至燕，元主召塔出等北还，议二王事宜，乃留唆都、蒲寿庚行省事于福州，镇抚濒海诸郡。

文天祥以弟璧及母在惠州，乃趋之，行收兵，出海丰县，遂次于丽江浦。

都统凌震及转运判官王道夫复广州。

帝迁驻碙洲。

曾渊子至自雷州，以为参知政事、广西宣谕使。时渊子起兵据雷州，元兵谕降，不听。进兵攻之，渊子奔至碙洲，遂有是命。

夏四月，帝崩，年十一。群臣多欲散去，陆秀夫曰："度宗皇帝一子尚在，将焉置之？古人有以一旅一成中兴者。今百官有司皆具，士卒数万，天若未欲绝宋，此岂不可为国耶！"乃与众共立卫王，年八岁矣。方登坛礼毕，御辇所向，有黄龙自海中见。既入宫，云阴不见。上大行皇帝庙号曰端宗，杨太妃仍同听政。陈宜中入占城，日候其还朝，宜中竟不至。时张世杰秉政，而秀夫裨助之，外筹军旅，内调工役，凡有述作，尽出其手，虽匆遽流离中，犹日书大学章句以劝讲。

五月，改是年为祥兴元年。乙酉，升碙洲为翔龙县。

遣张应科、王用将兵取雷州，应科与元兵三战，不利，用因降元。

六月，张应科收兵，复与元战，败死。张世杰悉众围城，城中绝粮。士以草为食，元史格漕钦、廉、高、化诸州粮以给之。世杰引还。

帝迁居新会之厓山。时六军所泊居雷、化犬牙处，而厓山在新会县南八十里钜海中，与奇石山相对立如两扉，潮汐之所出入也，故有镇戍。张世杰以为天险，可扼以自固，乃奉帝移驻。遣人入山伐木，造行宫三十间，军屋三千间，正殿曰慈元，杨太妃居之。升广州为祥兴府。时官、民兵尚二十余万，多居于舟，资粮取办于广右诸郡、海外四州。复刷人匠，造舟楫，制器仗，至十月始罢。

庚辰，升广州为翔龙府。

元张弘范言："张世杰复立广王，闽、广响应，宜进取之。"元主以弘范为蒙古、汉军都元帅，赐宝剑，专决军事。弘范荐李恒自副，从之。弘范至扬州，选将校，发水陆之师二万，分道而南。元主复命塔出留后，供军费。

秋七月，湖南制置使张烈良及提刑刘应龙起兵以应厓山，雷、琼、全、永与潭属县之民周隆、贺十二等咸应之，大者众数万，小者不下数千。元主命阿里海涯往讨，获周隆、贺十二，斩之。烈良等举宗及余兵奔思州乌罗洞，为元军所袭，皆战死。阿里海涯略地海外，甚猛，唯琼州安抚赵与珞及冉安国、黄之杰等，率兵拒于白沙口，相约固守，以死自誓，日望援兵不至，繇是琼、南宁、万安、吉阳诸州县及八蕃、罗甸诸蛮皆附于元。

八月，加文天祥少保信国公，张世杰越国公。天祥闻帝即位，上表自劾兵败江西之罪，乞入朝。优诏不许，而加官爵。天祥移书陆秀夫云："天子幼冲，宰相遁荒，诏令皆出诸公之口，岂得以游词相拒！"会军中大疫，士卒多死，天祥母亦病没，诏起复之。天祥长子复亡，家属皆尽。

九月，葬端宗皇帝于厓山，陵号永福。

冬十月，元蒙古、汉军数路并进，张弘范以舟师繇海道袭漳、潮、惠三州；李恒以步骑繇梅岭袭广州；阿里海涯遣人招安抚使赵与珞及冉安国、黄之杰等于琼州，不从，率兵御之。十一月，琼州民作乱，执赵与珞等降于元，与珞、冉安国、黄之杰皆死之。

李恒兵至清远，王道夫迎战大败；恒遂击凌震，又败，二人弃广州遁。恒入广州，以待弘范。

十二月，王道夫、凌震攻广州，与李恒复战，兵败。震走厓山，与翟国秀军合。文天祥屯潮阳，邹㵯、刘子俊皆集师会之，遂讨剧盗陈懿、刘兴于潮。兴死，懿遁，以海舟道张弘范兵济潮阳。天祥帅麾下走海丰，先锋将张弘正追之。天祥方饭五坡岭，弘正兵突至，众不及战，天祥遂被执，吞脑子，不死。邹㵯自刭。刘子俊自诡为天祥，冀元兵不穷追，天祥可间走也。别队执天祥至，相遇于途，各争真伪，得实，元遂烹子俊。天祥至潮阳，见弘范。左右命之拜，天祥不屈，弘范释其缚，以客礼之。天祥固请死，弘范不许，处之舟中，求族属被俘者，悉还之。

帝昺祥兴二年（己卯、一二七九）春正月，元张弘范繇潮阳港乘舟入海，至甲子门，获斥候将刘青、顾凯，知帝所在，乃至厓山。或谓张世杰曰："北兵以舟师塞海口，则我不能进退。盍往据之，幸而胜，国之福也；不胜，犹可西走。"世杰恐久在海中，士卒离心，动则必散，乃曰："频年航海，何时已乎！今须与决胜负。"遂焚行朝草市，结大舶千余，作一字阵，碇海中，中舻外舳，贯以大索，四周起楼棚如城堞，奉帝居其间，为死计，人皆危之。厓山北浅，舟胶不可进，弘范由山东转而南，入大洋，与世杰之师相遇，薄之，且出奇兵断官军汲路。世杰舟坚不能动，弘范乃舟载茅茨，沃以膏脂，乘风纵火焚之。世杰战舰皆涂泥缚长木以拒火，舟不爇，弘范无如之何。时世杰有甥韩在元军中，弘范三使韩招世杰，世杰不从，曰："吾知降生且富贵，但义不可移尔！"因历数古忠臣以答之。弘范乃命文天祥为书招世杰，天祥曰："吾不能捍父母，乃教人叛父母，可乎！"固命之，天祥书所过零丁洋诗与之，其末有云："人生自古谁无死，留取丹心照汗青。"弘范笑而置之。弘范复遣人语厓山士民曰："汝陈丞相已去，文丞相已执，汝复欲何为？"士民亦无叛者。弘范又以舟师据海口。世杰兵士茹干粮十余日，下掬海水饮之，水咸，饮即呕泄，兵士大困。世杰帅苏刘义、方兴等旦夕大战。既而李恒自广州以师来会，弘范命恒守厓山北。

二月，都统制张达夜袭元军，败还。

癸未，元张弘范乃四分其军，自将一军，相去里许。

令诸将曰："宋舟西舣厓山，潮至必东〔遁〕（据元史卷一五六张弘范传、续纲目、薛鉴补），急攻之，闻吾乐作乃战。违令者斩！"时黑气出山西。李恒乘早潮退攻其北，张世杰以淮兵殊死战。至午，潮上，元军乐作，世杰以为且懈，不设备。弘范以舟攻其南，世杰南北受敌，兵士皆疲，不能复战。俄有一舟樯旗仆，诸舟之樯旗皆仆。世杰知事去，乃抽精兵入中军。诸军大溃，翟国秀、凌震等皆解甲降元。元军薄中军，会日暮风雨，昏雾四塞，咫尺不相辨。世杰遣小舟至帝所，欲取帝至其舟中，旋谋遁去。秀夫恐来舟不得免，又虑为人所卖，或被俘辱，执不肯赴，秀夫因帝舟大，且诸舟环结，度不得出走，乃先驱其妻子入海，谓帝曰："国事至此，陛下当为国死。德祐皇帝辱已甚，陛下不可再辱！"即负帝同溺，后宫诸臣从死者甚众。世杰乃与苏刘义断维夺港，乘昏雾溃去。余舟尚八百，尽为弘范所得。越七日，尸浮海上者十余万人。元卒有求物尸间者，遇一尸，小而衣黄衣，负诏书之宝，取宝以献弘范。弘范亟往求之，已不获矣，遂以帝崩报，年九岁。杨太后闻之，抚膺大恸曰："我忍死艰关至此者，正为赵氏一块肉耳。今无望矣！"遂赴海死，世杰葬之海滨。世杰将赴占城，土豪强之还广东，乃回舟舣南恩之海陵山，散溃稍集，议入广。飓风大作，将士劝世杰登岸，世杰曰："无以为也。"登舵楼，露香祝曰："我为赵氏亦已至矣。一君亡，复立一君，今又亡，我未死者，庶几敌兵退，别立赵氏以存祀耳。今若此，岂天意耶！"风涛愈甚，世杰堕水溺死。

史臣曰：宋虽起于用武，功成治定之后，以仁传家。然仁之弊失于弱，中世有欲自强以革其弊，用乖其方，驯致棼扰。建炎而后，土宇分裂，犹能六主百五十年而后亡。岂非礼义足以维持君子之志，恩惠足以固结黎庶之心欤！所可恨者，嗣主昏庸，奸臣接迹，驯致大命以倾，虽有善者亦末如之何。区区奉二王为海上之谋，固无救于亡，然人臣忠于所事而至于斯，其亦可悲也夫！

初，元兵入蜀，惟重庆久不下。张珏自合州遣兵复泸、涪二州，数与元兵战。元不花、汪良臣等既陷重庆，命李德辉为书与张珏曰："君之为臣，不亲于宋之子孙。合州为州，不大于宋之天下。"珏不答。不花至城下，营浮屠，造梯冲，将攻之。珏悉众与良臣鏖战，良臣身中四矢，明日督战益急。珏与也速觪儿战扶桑坝，元兵从后合击之，珏兵大溃。其夜，都统赵安以城降。珏率兵巷战，不支，归，索鸩饮不得，乃顺流走涪。不花遣舟师邀之，被执，至安西，解弓弦自经死。

宋史纪事本末卷一百九

文谢之死

帝昺祥兴二年（己卯、一二七九）二月，厓山破，张弘范等置酒大会，谓文天祥曰："国亡，丞相忠孝尽矣！能改心以事宋者事今，将不失为宰相也。"天祥泫然出涕曰："国亡不能救，为人臣者，死有余罪，况敢逃其死而贰其心乎！"弘范义之，遣使护送天祥赴燕。道经吉州，痛恨不食，八日犹生，乃复食。

十月，至燕。馆人供张甚盛，天祥不寝处，坐达旦，遂移兵马司，设卒守之。既而丞相孛罗等召见于枢密院，天祥入长揖。欲使跪，天祥曰："南之揖，北之跪，予南人行南礼，可赘跪乎！"孛罗叱左右曳之地，或抑项，或扼其背，天祥不屈，仰首言曰："天下事有兴有废，自古帝王以及将相，灭亡诛戮，何代无之？天祥今日忠于宋氏，以至于此，愿早求死!”孛罗曰：“汝谓有兴有废，且问盘古帝王至今日，几帝几王？一一为我言之。”天祥曰：“一部十七史，从何处说起？吾今日非应博学宏词、神童科，何暇泛论。”孛罗曰：“汝不肯说兴废事，且道自古以来，有以宗庙、土地与人而复逃者乎?”天祥曰：“奉国与人，是卖国之臣也。卖国者有所利而为之，必不去，去者必非卖国者也。予前辞宰相不拜，奉使军前，寻被拘执。已而有贼臣献国，国亡当死，所以不死者，以度宗二子在浙东，老母在广故耳。”孛罗曰：“弃德祐嗣君而立二王，忠乎?”天祥曰：“当此之时，社稷为重，君为轻。吾别立君，为宗庙、社稷计也。从怀、愍而北者非忠，从元帝为忠。从徽、钦而北者非忠，从高宗为忠。”孛罗语塞，忽曰：“晋元帝、宋高宗皆有所受命，二王立不以正，篡也。”天祥曰：“景炎乃度宗长子，德祐亲兄，不可谓不正。登极于德祐去位之后，不可谓篡。陈丞相以太皇命奉二王出宫，不可谓无所受命。”孛罗等皆无辞，但以无受命为解。天祥曰：“天与之，人归之，虽无传授之命，推戴拥立，亦何不可。”孛罗怒曰：“尔立二王，竟成何功!”天祥曰：“立君以存宗社，存一日则尽臣子一日之责，何功之有!”曰：“既知其不可，何必为?”天祥曰：“父母有疾，虽不可为，无不下药之理，尽吾心焉，不救则天命也。今日天祥至此，有死而已，何必多言!”孛罗欲杀之，而元主及大臣不可；弘范病中亦表奏天祥忠于所事，欲释勿杀，乃囚之。

元至元十九年（壬午、一二八二）十二月，杀宋丞相文天祥。先是，天祥留燕三年，坐卧一小楼，足不履地。时帝求南人有才者甚急，王积翁荐之，帝即遣积翁谕旨，欲用之。天祥曰："国亡，吾分一死耳。倘缘宽假，得以黄冠归故乡，他日以方外备顾问可也。若遽官之，非直亡国之大夫不足以图存，举其平生而尽弃之，将焉用我！"积翁欲令宋官谢昌言等十人请释为道士，留梦炎不可，曰："天祥出，复号召江南，置吾十人于何地！"事遂寝。帝知其不可屈，议将释之，有以天祥起兵江西事为言者，乃不果释。至是，有闽僧言土星犯帝座，疑有变。未几，中山有狂人，自称宋主，有众千人，欲取文丞相。京城亦有中山薛保住上匿名书，言："某日烧蓑城苇，率两翼兵为乱，丞相可无忧者。"朝廷疑之，遂撤蓑城苇，迁瀛国公及宋宗室于上都。疑丞相为天祥，乃诏天祥入，谕之曰："汝移所以事宋者事我，当以汝为相矣。"天祥曰："天祥为宋宰相，安事二姓？愿赐之一死，足矣！"帝犹未忍，遽麾之退。左右力赞从其请，遂诏杀之于都城之柴市。天祥临刑，从容谓吏卒曰："吾事毕矣！"南向再拜，死，年四十七。其衣带中有赞曰："孔曰成仁，孟曰取义，惟其义尽，所以仁至。读圣贤书，所学何事？而今而后，庶几无愧！"其妻欧阳氏收其尸，面如生。

天祥为人丰颐，两目炯然，博学善论事，作文未尝起草，尤长于诗，居狱四年，忠义之气，一著于诗歌，累数十百篇。至是，兵马司籍所存上之，观者无不流泪悲恸。有得其一履者，亦宝藏之。寻有义士张毅甫者，负其骨归葬吉州，适家人自广东奉其母曾夫人之柩，同日至城下，人以为忠孝所感云。

初，天祥开督府，置僚属，一时知名者四十余人，而遥请号令称幕府文武士者不可悉数，然皆一念向正，至死靡悔。庐陵邓光荐曰："天祥奉诏勤王，独行其志，屡踬而愈奋。故其军日败，势日蹙，而归附日众，从之者（沉）〔亡〕家（亡）〔沉〕（据续纲目、薛鉴改）族而不悔。虽人心向中国，思赵氏，亦繇天祥之神气意度足以感悟之也。"

史臣曰：自古志士欲信大义于天下者，不以成败利钝动其心，君子命之曰仁，以其合天理之正，即人心之安耳。宋〔至〕（据宋史卷四一八文天祥传补）德祐亡矣，文天祥奉两孱（主）〔王〕（据宋史卷四一八文天祥传、续纲目改），崎岖岭海，以图兴复，兵败身执，终不可屈，而从容伏锧，就死如归，是其所欲有甚于生者，可不谓之仁哉！

许有壬曰：宋养士三百年，得人之盛，轶汉、唐而过之。及天命已去，文天祥万变不渝，一旦就义，光明俊伟，俯视一世，〔顾〕（据续纲目、薛鉴补）肤敏裸将之士，不知为何物也！宋之亡，守节不屈者有之，未有有为若天祥者，事固不可以成败论也。

二十五年（戊子、一二八八）夏四月，征故宋江西招谕使谢枋得。初，枋得遁入建阳，时程钜夫至江南访求人才，荐宋遗士三十人，枋得亦在列。枋得方居母丧，遗书钜夫曰："大元制世，民物一新。宋室孤臣，只欠一死。枋得所以不死者，九十三岁之母在堂耳。罪大恶极，天不慭厥命，而夺其所恃以为命，枋得自今无意人间事矣。当执事荐士时，岂知枋得有母之丧，衰绖之服，不可入公门。稽之古礼，子有父母之丧，君命三年不过其门，所以教天下之孝也。传曰：'求忠臣必于孝子之门。'为人臣不尽孝于家而能忠于国者，未之有也。枋得亲丧未克葬，持服未三年，若违礼背法，从郡县之令，顺执事之意，其为不孝莫大焉。语曰：'人岂不自知？'枋得自知不才久矣。'亡国之大夫，不可以图存。'李左车犹能言之，况稍知诗、书，〔颇〕（据续纲目、薛鉴补）识义理者乎！淳祐甲辰，丞相史嵩之父没，天子诏起复，嵩之虽不来，太学生叩阍而攻之，其词曰：'天子当为国家扶纲常，为天地立人极。夺情非令典，起复非美名。'朝臣惟徐元杰上疏主正论，力劝君父宜令嵩之终三年丧，人心天理，不可泯灭。咸淳甲戌而后，不复有礼法矣，贾似道起复为平章，徐直方起复为尚书，陈宜中起复为宰相，刘黼起复为执政。三纲、四维，一朝断绝，此生灵所以为肉为血，宋之所以为肉为血也，岂非后车之明鉴乎！忠臣论事，必识大体，君子取人，先观大节。执事不可称匪其人，而孤大元求才之意，枋得不可进不以礼，而误执事知人之明。"既而留梦炎亦荐之，枋得复遗书梦炎曰："江南〔无〕（据宋史卷四二五谢枋得传、续纲目补）人才，未有如今日之可耻。春秋以下人物本不足道，今欲求为人如吕饴甥、程婴、杵臼厮养卒，不可得也！纣之亡也，以八百国之精兵而不敢抗夷、齐之正论，武王、太公凛凛无所容，急以兴灭继绝谢天下，殷之后遂与周并立，使三监、淮夷不叛，武庚必不死，殷命必不黜。夫女真之待二帝亦惨矣，王伦一狎邪无赖，市井小人，谓梓宫可还，太后可归，终则二事皆符其言。今一王伦且无之，则江南无人才可见也。今吾年六十余矣，所欠一死耳，岂复有他志哉！”终不行。

二十六年（己丑、一二八九）夏四月，福建参知政事魏天祐执宋谢枋得至燕，不屈，死之。初，天祐见时方以求才为急，欲荐枋得为功，使其友赵孟適诱枋得入城。与之言，坐而不对，或嫚言无礼。天祐不能堪，乃让曰：“封疆之臣当死封疆，安仁之败何不死?”枋得曰：“程婴、公孙杵臼二人皆忠于赵，一死于十五年之前，一死于十五年之后，万世之下，皆不失为忠臣。王莽篡汉十四年，龚胜乃饿死，亦不失为忠臣。司马子长云：‘死有重于泰山，有轻于鸿毛。’参政岂足知此！”天祐怒，逼之北行。枋得以死自誓，自离嘉兴即不食，二十余日不死，乃复食。既渡采石，惟茹少蔬果，积数月，困殆。是月朔日，至燕，问太后攒所及瀛国所在，再拜，恸哭。已而疾甚，迁悯忠寺。见壁间曹娥碑，泣曰：“小女子犹尔，我岂不汝若哉！”留梦炎使医持药杂米饮进之，枋得怒，掷之于地。不食五日，死。子定之护骸骨，归葬信州。枋得天资严厉，雅负奇气，风岸孤峭，不能与世轩轾，而以天时人事，推宋必亡于二十年后。每论乐毅、申包胥、张良、诸葛亮事，尝若有千古之愤者，而以植世教，立民彝为任，富贵贫贱，一不动其中。初，枋得之北行也，贫苦已甚，衣结屦穿。人有尝德之者，赒以金帛，辞不受。又为诗别其门人、故友，时以为读其辞见其心，慷慨激烈，真可以使顽夫廉，懦夫立云。

附录一

宋史纪事本末叙（陈邦瞻）

宋史纪事本末者，论次宋事而比之，以续袁氏通鉴之编者也。先是，宗伯冯公欲为是书而未就，侍御斗阳刘先生得其遗稿若干帙，以视京兆徐公，徐公以授门下沈生，俾雠正之，因共属不佞续成焉。凡不佞所增辑凡十七，大都则侍御之旨而宗伯之志也。编成宜有叙，叙曰：

史自纪传而外，益以编年，代有全书，尚矣。事不改于前，词无增于旧，胪列而汇属之，以为讨论者径，斯于述作之体不已末乎？而非然也。善乎杨氏之言曰："提事之微以先于其明，搴事之成以后于其萌，其情匿而泄，其故悉而约。"是述本末者旨也，而不佞于宋事尤重有慨焉。

夫史者征往而训来，考世而定治者也。五帝、三王之事既已若存若亡，而汉、唐之盛，智名勇功独为诵说者所艳慕，然而未暇考其世已。宇宙风气，其变之大者有三：鸿荒一变而为唐、虞，以至于周，七国为极；再变而为汉，以至于唐，五季为极；宋其三变，而吾未睹其极也。变未极则治不得不相为因，今国家之制，民间之俗，官司之所行，儒者之所守，有一不与宋近者乎？非慕宋而乐趋之，而势固然已。舟行乎水而不得不视风以为南北，治出乎人而不得不视世以为上下。故周而上持世者式道德，汉而下持世者式武力，皆其会也。逮于宋，则仁义礼乐之风既远，而机权诈力之用亦穷，艺祖、太宗睹其然，故举一世之治而绳之于格律，举一世之才而纳之于准绳规矩，循循焉守文应令，雍容顾盼，而世已治。大抵宋三佰年间，其家法严，故吕、武之变不生于肘腋；其国体顺，故莽、卓之祸不作于朝廷；吏以仁为治而苍鹰乳虎之暴无所施于郡国，人以法相守而椎埋结驷之侠无所容于闾巷，其制世定俗，盖有汉、唐之所不能臻者。独其弱势宜矫而烦议当黜，事权恶其过夺，而文法恶其太拘，要以矫枉而得于正则善矣，非必如东西南北之不相为而寒暑昼夜之必相代也。故曰，世变未及〔一〕则治不得不相为因。善因者鉴其所以得与其所以失，有微，有明，有成，有萌，有先，有后，则是编者，夫亦足以观矣。余故不揣而叙之，俾论世之君子有考焉。

万历乙巳仲春，南京吏部稽勋清吏司郎中高安陈邦瞻书。

（据万历三十三年原刻本）

〔一〕“世变未及”，原文如此，文津阁本四库全书改“及”字为“极”，于义为长。

附录二

刻宋史纪事本末序（刘曰梧）

夫古今之有史，皆纪事也，而经纬不同。左、马之义例精矣，一以年为经，一以人为经，而建安袁先生复别开户牖，乃又以事为经而始末具载，士有游心得失之林，而希合出门之辙者，咸有取焉。余尝为之评曰：是书也，事固无改于前，其范围在二子之内，例则有取于会其标指，为二子之功。试即所纪一事论之，志盛以举衰则升降具，镜成以照败则人事明，观变以著渐则几微彰，因事以察人则材品列，其于编年、列传，未尝不可合而见也。袁氏纪汉、唐，顾未及宋；枢本宋人，忌讳繁矣。国家于宋称近古，高皇帝规天条地，国势之强弱大小，法度之疏密，虽不可同日语，然三代而降，其纪纲风俗何遂能有加于乾德？“周监二代”，岂无有取于斯乎！即濂、洛之疏注，盖二百年用之矣。昔人谓三皇之事若存若亡，盖时运历今日，而汉、唐之事亦若存若亡，汴都、临安之际，史亦犂然具乎？一何芜秽也！士欲修宋事之阙，不禀命素王，取裁龙门、扶风，而务为袁氏后劲，即事或有待，固未可知，毋亦以其胪列事体深切著明，盖亦论事之权舆，征往之符契耶！

余师临朐冯先生盖尝慨然于斯，稍为编次，凡例初具，天复不予。及余行部旧京，从京兆徐公所，得故沈侍御所辑事纪于其子朝阳，义例适与冯先生合，而删润未备，条贯稍遗。会余乡司勋陈公德远，博观二酉之藏，能以其精神疏观古人于千载之后，事惟择其关时，言无取于枝叶，或累牍而兼取，或单词以见意，即前人未发之指间一阐扬，而不穿凿附会以为高。盖经三公之手而书始成，其有光于建安可知也。

夫以两宋近古之事，方内外固不乏通儒，而削牍摩编，欲就而未决者又数百年，机缘偶值，聚于一日。昔人谓文章经国大业，岂偶然哉！士君子读天下书，固将为世用，前事之师，自古谈之，徒区区务师心以游于轇轕，幸而后败，不可为训。要之，榫不从式，车不合辙，亦必未有能济者也。明治固号为雍熙，其间亦多故矣，姑以宋事证之，若灵州之议，澶渊之策，濮园之辨，洛、蜀之党，盖亦有髣髴于今者，而善败之故，一彼一此，斯亦可以备得失之林矣。善谱者不尽弈之变，然未有不学谱而弈者也。余承宗伯先生志，遂寿诸梓，而余有弟适为国子祭酒，以其本授之，列在学宫，令四方士得观览焉。

万历三十三年岁在乙巳仲春谷旦，京畿道监察御史南昌刘曰梧阳生父撰。

（据万历三十三年原刻本）

附录三

宋史纪事本末后序（徐申）

两汉而下代有史，史以征往训来，其不可废明甚。然当世学士雅以经术名，末流所渐，号称习史氏，百不能一，盖直弁髦视之，间或知所从事，则又苦浩博而乏淹通，即片言之笔削，曾于何有？譬之导江河者，徒涉津涯，概未得其原委，虽日事疏凿，奚当乎！南雍旧有建安袁机仲辑通鉴纪事本末，独阙宋、元，冯宗伯将续成之，屡易草未就。直指使者刘公，宗伯门下士也，岁甲辰弭节留都，乃属陈司勋德远，俾竟其事；然余闻故沈侍御者亦尝有所撰述，其子朝阳为京兆府弟子员，能守家学，则以语沈子并佐司勋。于是司勋总括宋史，参伍二书，为之提本挈末，各以事系题，以论系事，其法一与机仲氏合，尤以宋多议论，少成功，于大奏议载述稍详，以俟论世者考焉。其文雅训，其事综核，上下三百余年，累若贯珠，宁惟博洽之宗领，抑亦经济之前茅也。刘公受而卒业，喟然叹曰：“语云：‘千金之裘，非一狐之腋。’信然哉！机仲氏号称硕儒，然恶能舍史臣、世本别有采摭？要以折衷群言，功倍作者，彼夫龙门、兰台各成一家之业，不妨并传矣！兹编寔补建安所未备。”遂与予共加校订，付之剞劂氏。异日者尚当编辑元书，使学士得睹全史，请胥后命。

万历乙巳仲春应天府府丞勾吴徐申书。

（据万历三十三年原刻本）

附录四

宋史纪事本末提要（四库全书总目）

宋史纪事本末二十六卷〔一〕（两淮盐政采进本）

明陈邦瞻撰。邦瞻字德远，高安人，万历戊戌进士，官至兵部左侍郎，事具明史本传。初，礼部侍郎临朐冯琦，欲仿通鉴纪事本末例，论次宋事，分类相比，以续袁枢之书，未就而没。御史南昌刘曰梧得其遗稿，因属邦瞻增订成编，大抵本于琦者十之三，出于邦瞻者十之七。自太祖代周迄文谢之死，凡分一百九目，于一代兴废治乱之迹，梗概略具。袁枢义例最为赅博，其镕铸贯串亦极精密，邦瞻能墨守不变，故铨叙颇有条理。诸史之中，宋史最为芜秽，不似资治通鉴本有脉络可寻，此书部列区分，使一一就绪，其书虽亚于枢，其寻绎之功乃视枢为倍矣。惟是书中纪事既兼及辽、金两朝，当时南北分疆，未能统一，自当称“宋辽金三史纪事”，方于体例无乖，乃专用“宋史”标名，殊涉偏见。至元史纪事本末，邦瞻已别有成书，此内如蒙古诸帝之立、蒙古立国之制诸篇，皆专纪元初事实，即应析归元纪之中，使其首尾相接，乃以临安未破，一概列在宋编，尤失于限断。此外因仍宋史之旧，舛讹疏漏未及订正者，亦所不免。然于纪载冗杂之内，实有披榛得路之功，读通鉴者不可无袁枢之书，读宋史者亦不可无此一编也。

（据一九六五年中华书局影印本）

〔一〕“宋史纪事本末二十六卷”，文津阁和文溯阁本四库全书与提要均作“二十八卷”，总目提要之“六”字应为“八”字之讹。